2020

21天突破

审计

Auditing

2020年注册会计师全国统一考试应试指导

李彬 编著　BT学院 组编

CPA

李彬教你考注会®

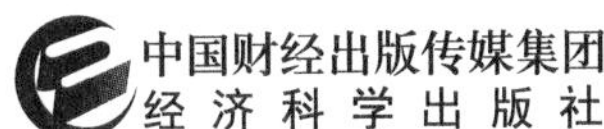

中国财经出版传媒集团
经济科学出版社

图书在版编目（CIP）数据

审计.2020/李彬编著.—北京：经济科学出版社，2020.3

（李彬教你考注会）

ISBN 978-7-5218-1412-5

Ⅰ.①审… Ⅱ.①李… Ⅲ.①审计-资格考试-自学参考资料 Ⅳ.①F239

中国版本图书馆CIP数据核字（2020）第046782号

责任编辑：孙丽丽　何　宁

责任校对：隗立娜

责任印制：李　鹏

审　计

李　彬　编著　BT学院　组编

经济科学出版社出版、发行　新华书店经销

社址：北京市海淀区阜成路甲28号　邮编：100142

总编部电话：010-88191217　发行部电话：010-88191522

网址：www.esp.com.cn

电子邮箱：esp@esp.com.cn

天猫网店：经济科学出版社旗舰店

网址：http://jjkxcbs.tmall.com

北京鑫海金澳胶印有限公司印装

787×1092　16开　50.25印张　1340000字

2020年4月第1版　2020年4月第1次印刷

ISBN 978-7-5218-1412-5　定价：93.00元

使用说明

满怀欣喜地又在春夏交叠之际与大家见面，2017 年是本套教材的出版元年，幸得各位同学的支持和喜爱，给予了编写组不尽的创意与动力，2020 年的再版相信会带给你们新的惊喜。

一、本书特点说明

初心不忘，我们的目标依旧是做一套真正符合青年学员胃口的注会辅导书，这意味着本套书需要在兼顾科学、全面的基础上，以简洁的语言、活泼的例证让你学通学透，这目标说白了就是一个字——“俗”。如何才能做到“俗”，我们一帮“俗人”做了诸多尝试。

关于章节设置。在章节设置上，我们做了较大的创新，以《会计》为例，我们将全书 28 章重新整合化为总论、资产、负债和所有者权益、收入及财务报告、特殊事项 10 篇，其中资产篇为整本书的重中之重，资产（一）包含了按“初始计量—后续计量—处置”三段式处理方法进行会计处理的存货、固定资产、无形资产、投资性房地产；资产（二）则是讲述关联度极高的长期股权投资和企业合并报表两部分内容。审计、财务管理、税法等科目也重新搭建了全书构架，在每本书的前言皆有详细表述。

关于前言。有心的同学可能发现，我们这套书的“前言”都很长，像《会计》《审计》《财务成本管理》等，甚至从前言就开始讲述知识点。是因为 21 天的时间太紧迫了，要提前加课吗？确实是。前言就像是一节先修课。想要在 21 天内入手一门新的学科，其最大的难度在于对该领域建立整体的认知，所以在前言提纲挈领地为大家搭建好“手脚架”是提升大家“搬砖”速度的关键，在各科的前言中，我们将常见的问题拢了拢，一起呈现给你，希望你先大致略读一遍，有个印象，等真正遇到问题时，就能体会其中深意了。

关于双色。本书采用双色印刷，重要的词句均以彩色标识，这大大提升了我们的学习效率，同学们在阅读时也要对彩印部分加以重视。但切不可偷懒！**为避免造成“满篇皆是重点反而无重点的情况”，我们并没有对所有需要注意的语句进行标识。**各位同学在初学时要一视同仁，不可怀着侥幸心理只关注彩色部分，这可能使你错过理解重点难点的关键解释性段落。

关于提示。为了保证内容的严谨性，我们大多采用删减掉不必要语句段落的教材原文作为本书正文，并以【提示】的方式对原文知识点进行注解或重难点提示，对于【提示】的内容，请大家务必默读三遍以上，确保理解。

关于例题。书中所选择的例题覆盖近 5 年真题，同时收录教材和相关准则中的经典例题，紧扣考点，权威性强且含金量高。希望各位在学习、复习过程中通过例题多揣摩知识点的考查方式，将题目做会、做熟。

二、彬哥学习五法

这“五法”也讲究个顺序，首先要有良好而稳定的心态；其次是要按照框架法“从宏观到微观”再“从微观回到宏观”的反复学习；再次是题目至少做“三遍”，这里所说的三遍是**每次连续地做三遍**，短时间内高强度地重复可助你深刻体会一道题的精髓；然后就是要建立好改错本，这是整个学习过程中最具个性化也是成效最显著的环节；最后则是要在冲刺阶段善用真题去夯实基础、查缺补漏以及锻炼临场心态。

接下来，我们就详细讲讲这制胜五法。

＊第一法　彬哥心态法＊

心态，我一直认为是考试第一法，也是最重要的方法，我们准备考试时，心要似磐石，定而稳。当你身边出现各种嘈杂声音时，有嗤笑围观的，有摇头反对的，有约饭、约影、约旅游的，此时就别浪费时间感叹天地人狗皆不仁了，既然闲言碎语免不了，不如想想如何面对吧！

（1）**树立必过的信念！**即使每年报考的人犹如过江之鲫，而实际被端盘上菜的“烤生”只有40%左右，这40%中也会有很大比例的人并未做好充足准备，鳞未去，腹未剖。因此像你这种花数月时间认认真真把自己洗干净准备上“烤场”的人实属罕见，过关率会非常高的。因此，在准备注会的那一刻开始，我们就应该告诉自己，我只要认真复习了，那么过关就是必然的事情！

（2）**学习过程中学会调节自己的心态！**其实每个人的坚持都是有极限的，每过一段时间都有崩溃的感觉，轻则厌学，重则厌世，好不容易把炸毛的自己安抚好了，过了段日子又炸了。这种“心道好轮回”会反复循环发作，其实解决之法倒也不难，只要明白你不是一个人，这是每个考生都会面临的常态即可，放平心态，炸着炸着也就习惯了。

（3）**学会取舍！**有舍才有得，我们在学习知识的时候不需要一次性100%学完吃透！有选择性地放弃一点内容，留着第二遍、第三遍慢慢来补足反而更佳。比如，我们在学习第三章的时候，可能遇到了第十三章的概念，你也知道为了这个概念追本溯源先把第十三章看一遍是没必要的，所以此时最有效率的做法是在不影响我们总进度的前提下，把这块内容先放一放，往后继续学习，待后面学到了再回头看或许会有更加饱满的认知。其实大家不必多虑，对于这个问题，我们已经在相应位置为你做好了提示，你只需要把心放在肚子里，安安心心地学下去即可。

（4）**动笔！动笔！动笔！**好记性不如烂笔头，当你拿起书本的那一刻开始，你就要拿起你手中的笔，不断地在书上或讲义上画画写写，可能很多时候只是无心的一些勾画也能增强你的记忆，所以看书务必拿出笔。

（5）**学而不思则罔，必须要学会深思。**在手机面前，我们都是它忠实的奴仆，我们习惯性地每隔几分钟就要温柔地对它又抚又摸念念叨叨，导致我们总是在浅层次思考。可是在学习上，要想透彻地想明白一个知识点，对一种类型的题目触类旁通，就必须要形成自己的思维，不让自己沉下去思考怎么可能做到呢？因此，在学习的时候要学会摆脱手机的控制，深思2个小时强于浮躁地学习5个小时。

＊第二法　彬哥框架法＊

所谓框架法，就是“从宏观到微观”，然后“从微观回到宏观”。

如果是自学，那么框架法的应用如下：

1. 要读书，先读目录

学习整本书前，先翻一遍本书的大概章节，大致了解一下各章的内容，对本书有一定的初步了解。

学习每章之前，将每节的标题列出来，将每节的次级标题也可以列出来，比如合同法：合同法概述—合同的订立—合同的生效—合同的履行—合同的担保—合同的变更和转让—合同的终止—违约责任。

从标题中我们就可以发现本章的大致思路：合同订立了到底能否生效？生效了怎么履行？履行的过程中可能需要提供担保也可能变更？完成或者不能完成合同要终止，终止了谁有过错谁来承担责任。

纵观章节标题，我们可以对本章有个初步了解，当然在理清章节构架之后，还可以深入到每一节，借助小标题再理清一下每节构架。

2. 心怀框架，进入细节的学习

第三步就是进入到每节的细节学习，在细节的学习过程中可能会有一点点的乱。这时要心怀警惕，一旦有要乱的苗头就赶紧跳出包围圈重新去回顾一下自己列的框架，定位一下目前学到了哪里，理顺之后再继续深入学习。

3. 重新整理框架，再回“高地”

经过前面的学习，我们已经学完了本章，这个时候不要急急忙忙地学习下一章，最好重新拿出框架，做细化完善，这时你的框架就正式形成，再将这个框架熟记于心，你会发现这章知识你已经彻底掌握。

如果跟直播学习，那么框架法的应用如下：

（1）每科的第一课花 1 个小时时间熟悉整本书的内容，对整本书有大致的了解，对每章有大致的了解。

（2）在每章的学习中，花半个小时将本章的内容稍微详细地讲述一遍，对本章要阐述的基本问题做到心中有数，也是为了消除学生心中的紧张情绪和对未知事物的抵触。

（3）进入到每章节的细节学习。每次直播课学习的内容多达几十页，大家可能学到中间又会模糊，不知身在何处，我会带领大家跳出细节回到框架，定位当前的学习进度。当然在跟上节奏的前提下，希望各位自己也要学会这种跳出定位法。

（4）当所有内容学完再重新回到框架时，对框架的理解也会更加深刻。在此基础上，可以对着框架回忆细节，让框架的血肉更加饱满。

（5）下课后，要在适当的时点，多多回忆框架，这样学习、复习都会更加轻松。

＊第三法　彬哥三遍法＊

所谓三遍法的思想精髓就是“贪精不贪多”。回忆一下之前我们做题的习惯，很多时候我们做了一大堆的题目，可再做第二遍时又感觉和没做一样。这是因为你对这众多的题目没有消化分解，故而难免积食。我认为做题的目的在于消化吸收，才能做到举一反三，而不仅仅止于完成。

遇见好题目，就像遇见你心爱的恋人一般，看见之后都应该有兴奋的感觉、都应该有喜极而泣的感觉、都应该有爱不释手的感觉、都应该有马上搞懂抄下来的冲动。题目不在多，而在精，课本的例题是最好的练习题，默写几遍都不为过。真题是第二好的题目，也需要多思考几遍才能使其发挥应有的价值。

那么三遍法该如何应用呢?

第一遍，看到好的题目，自己独立做一遍，正确弄懂这道题考点在哪里？妙在哪里？错误了要思考几分钟之后看着答案搞懂，然后问问自己思维误区在哪里？

第二遍，在第一遍的基础上，马上重新做一遍，其实对一道较长的题目，马上做依旧会出错，可借此再次检验自己的思维误区。

第三遍，在第二遍的基础上赶紧再重做一遍，这个时候你会感觉到彻底消化了这道题目，这才是好题的正确打开方式。

经历了上面的三个步骤，你已经初步掌握了好题，但是也要时刻拿出来重温，对于做错的题目和特别好的题目，应该记入你的改错本。

* 第四法　彬哥改错本法 *

就像你上高中时班主任耳提面命地让你抄错题一样，我也要一次一次地将改错本拎出来告诉你它的妙用。改错本法是经过实际验证卓有成效的方法，因为每个人的思维都是定式的，第一遍出错时，我们以为看了答案就足够了，但要真的从潜意识里纠正误区，需要下狠功夫，死皮赖脸地去磨、去看，直到让错误思维烦不胜烦地自己出走，才算罢休，这就是改错本法。

1. 改错本只是记录错题吗

改错本不只是记录错题，还应该记录经典的题目。

2. 改错本的格式

如果是短题目：第一步，抄写上题目；第二步，写上你的错误方式；第三步，纠正你的错误；第四步，写上总结，总结是自己为什么错误了，思路有什么问题，这类题目以后怎么办。

如果是长题目：题目太长的话，则无须抄写，但是要详细写明从这道题中你学到的知识，你的思路出错的地方。

3. 错题本该怎么用

首先，利用业余时间要多翻翻改错本，不断地修正自己的错误和学习经典的题目。

其次，一定要学会“撕掉”改错本，一本改错本看了10多遍之后，你会发现很多题目已经烂熟于心了，而且对你意义也不大了，但是有些题目你却特别喜欢，这个时候你就需要将前面经典的部分抄写到新的地方，前面的改错本要学会“撕掉”。

请记住：“慢即是快”，不要去节约改错本这点时间，从这里获得的收获远远大于你的付出，这也是将外在的知识内化成自己的知识必经的一步。

* 第五法　彬哥真题法 *

“书上例题 + 真题”是学习注会甚至是学习所有考试科目的最好的练习题，试想，这么多年的考试，任何一个考点基本都有所涉及，如果我们能够将真题涉及的每个考点都吃透，那么考试还怕什么呢？

因此，除了书上例题之外，真题就是我们最重要的习题资料，务必“内化”成自己的知识。所谓“内化”就是将真题的考点真正地消化成自己的，那么也需要经历上面说过的几点：

（1）心态上务必重视真题，真题的每一道题目都要重视；

（2）在每章节的经典习题里面，会涉及很多真题，在每章节的习题中要弄明白真题的考点；

（3）学习完之后，将汇总的每年的完整的真题重新做 3 遍以上，以便弄明白每年的考点都是怎么分布，整套试卷是什么感觉？

（4）将真题的答案在 Word 中完整地动手打出来，感受一下机考的时候打字的感觉。

“彬哥学习五法”是基本方法的总结，也是在大量实践中不断总结改进所得出的，其核心思想就是将知识真正消化，真正消化并不是靠完全的背诵，而是“动笔 + 思考”的有机结合。如果只是纯粹的看书、做题、抄错题本，而不动脑筋思考，那最终的分数必然很低，因为根本没有完全消化。如果只是盯着书本，笔都不拿地在脑子里头脑风暴，分数可能也就 60 分左右，稍有不慎就和过关失之交臂了，因为在真正的考试中你就会发现自己的下笔无神，一边写一边战战兢兢，对错就完全听天由命了。

总之，合理运用好上面的五法，多尝试“动笔 + 思考”的模式，相信会给同学们的学习多一份助力。

三、21 天计划及使用方法

在讲述 21 天学习计划时，我们首先要强调，本学习计划可能不适合于所有人，即使本方法是我们的教研团队将每门课程的章节设置特点、记忆规律与在教学实践中无数学生的经验反馈相结合并经反复推敲设计而成。但我们坚信该计划适用于绝大多数考生朋友，是否每位同学都能将这套计划发挥出其最大的价值，还要因人而异。直白地说，本计划只适合于那些有决心、有定力、肯吃苦并在这 21 天中每天能够拿出一个专门的时段（4 小时左右）专心攻克一门科目的同学，对于连专心和投入都做不到的同学，我想，再精巧的计划也无济于事，所以在各位考生朋友开始学习本书之前，先问自己几个问题。

- 我已经准备好学习一门新的学科了吗？
- 在这 21 天中，我能够每天至少确保 3 个小时的学习时间吗？
- 在接下来的计划中，我可能面临着极大的理解压力和复习压力，我真的做好准备去攻克，无论遇到什么样的困难都不退缩了吗？

如果上面三个问题，你的答案都是肯定的，那么就请进入下一环节——请听我给大家解释一下本套丛书 21 天计划的设计理念。

其一，关于 21 天。初学者最初接触到一门新鲜的学科，总会感到无所适从，对未知的恐惧会造成不断的自我怀疑，“我这样做可不可以？”“我是不是又走了弯路？”“为什么这门课我还是零零散散毫无印象？”这是正常的心理状态，随着认知的不断深入，你对一个新鲜的概念越来越熟悉，对其特性越来越了解，心理就会感到安定。在学习的后期不需要他人替你引导，你也可以根据自己的实际情况制订最适合自己的学习计划。授人以鱼不如授人以渔，这套书要做的就是带你入门。

那么为什么是21天呢？美国医学博士麦克斯威尔·马尔茨曾在他的自救书 *Power Self Image Pyschology* 中提到过21天习惯养成法，他告诉我们要改变心理意象一般至少需要21天。在各科的21天学习计划中，我们设计了新学课和2～3轮复习以帮助大家建立对该门学科的“心理意象”。在这21天的学习中，你将会逐渐构建学科框架，对重点、难点、记忆点、易考点做到心中有数，随着认知的不断加深和知识的不断重复，你还会发现知识点之间的明里暗里的关联，这会使你真正地明白框架结构的原理为何，这时候整个知识体系才牢牢扎根在你心里，任谁也拔不走了。除此之外，发现个性才是对于你而言最宝贵的东西，认真贯彻落实彬哥错题法，你会了解到自己的薄弱点所在，守好自己的命门，焉会有59分的道理？

所以，虽说想要顺利通关，21天可能并不是充分条件，但作为奠基性的21天，它却是十分关键的。

其二，关于新学科。我们把每本书根据内容的难易程度划分不同的任务单元，按照往年的教学经验，学员在新接触一门学科的前几天，容易产生因为搞不清楚我是谁、我在哪、我在学什么、我该怎么学而由内心升起一种迷茫情绪，重症者可能演化成抵抗情绪，这会相应地减缓知识的接受程度。考虑到这一点，我们一般不会在前3天赶进度，而是希望大家循序渐进地慢慢接受新知识，感悟到新学科的知识结构和学习方法，并在重大章节之后设置复习日，以便让同学们能够在缓冲期将迷失的自己拉回来，整理行程继续上路，希望同学们能够合理利用复习日，把已学的内容夯实，毫无压力地继续下一天的学习。综上，每一天的学习计划都是我们精心为大家设计的，希望大家多体会、多思考。

其三，关于三轮复习。请大家合上眼回想一下，21天前发生的事你还能记得多少？学习更是这样，理解吃透只是第一步，不断地循环复习才是制胜的法宝。为避免大家陷入“熊瞎子劈棒子”的窘境中，我们特意在21天的学习进程中穿插入2～3轮复习。

复习计划的设计也付诸了我们诸多心血。我们翻阅了许多记忆规律方面的文献发现，学习者在学习过程中效率低下的原因常常是因为没有在恰好的时间做及时的复习和巩固，使之前所学内容逐步被遗忘，再次拿起书本时又像是新的一样了，这就造成了大量的重复劳动和时间浪费，严重的还会使学习者信心严重受挫，多来上几回，可能连再拿起课本的念头都没有了。所以，我们这套计划，将艾宾浩斯记忆规律与新学课的内容多少和难易程度相结合，为大家在不同时点针对不同的目的设计了两轮复习。一轮复习的时间安排在新学课的次日，一是为了让大家再回顾一遍旧识，二是紧凑的复习计划其实也是一种复习习惯的养成。二轮复习的安排相对松散，复习时点与初学时相隔3～4天，这是因为根据艾宾浩斯记忆规律，4天是一个重要记忆周期。且为了不与新学课和一轮复习冲突，二轮复习任务多安排在复习日，有充足的时间进行复习。二轮计划每次安排的复习章节数都相对于一轮多，也是为了让大家对整本书的知识做一个整合。最后一轮复习则在整个计划的末尾（有时会超出21天），为的是让大家最后集中起来对整本书再复习一遍，这一遍的学习压力应该大大减轻，各位所需做的就是查缺补漏了。

子曰：“温故而知新”，每用心复习一遍都会对知识有一层新的领悟，所以我们提醒大家重视复习习惯的力量，重视知识重复的力量。

最后预祝同学们顺利通过考试！

目录 Contents

第1天

前言 / 3

第一编　审计基本原理

第2天

第一章　审计概述 …… 19
第一节　审计的概念与保证程度 …… 19
第二节　审计要素 …… 23
第三节　审计目标 …… 28
第四节　审计基本要求 …… 33
第五节　审计风险 …… 36
第六节　审计过程 …… 40

第3天

第二章　审计计划 …… 44
第一节　初步业务活动 …… 44
第二节　总体审计策略和具体审计计划 …… 49
第三节　重要性 …… 55

第4天

第三章　审计证据 …… 66
第一节　审计证据的性质 …… 66
第二节　审计程序 …… 69
第三节　函证 …… 71
第四节　分析程序 …… 78

第5天

第四章　审计抽样方法 …… 83
第一节　审计抽样的基本概念 …… 83

第二节　审计抽样在控制测试中的应用 ………………… 88

第三节　审计抽样在细节测试中的应用 ………………… 96

第五章　信息技术对审计的影响 ……………………………… 109

第一节　信息技术对企业财务报告和内部控制的影响 ……………………………… 109

第二节　信息技术中的一般控制和应用控制测试 ……… 111

第三节　信息技术对审计过程的影响 …………………… 114

第6天

第六章　审计工作底稿 ……………………………………… 118

第一节　审计工作底稿概述 ……………………………… 118

第二节　审计工作底稿的格式、要素和范围 …………… 120

第三节　审计工作底稿的归档 …………………………… 122

第二编　审计测试流程

第7天

第七章　风险评估 ……………………………………………… 128

第一节　风险识别和评估概述 …………………………… 128

第二节　风险评估程序、信息来源以及项目组内部的讨论 ……………………………… 129

第三节　了解被审计单位及其环境 ……………………… 131

第四节　了解被审计单位的内部控制 …………………… 133

第五节　评估重大错报风险 ……………………………… 146

第8天

第八章　风险应对 ……………………………………………… 154

第一节　针对财务报表层次重大错报风险的总体应对措施 ……………………………… 155

第二节　针对认定层次重大错报风险的进一步审计程序 ……………………………… 156

第三节　控制测试 ………………………………………… 158

第四节　实质性程序 ……………………………………… 167

第9天

第三编　各类交易和账户余额的审计

第九章　销售与收款循环的审计 ………… 176
第一节　销售与收款循环的风险评估 ………… 176
第二节　销售与收款循环的风险应对 ………… 183
第十章　采购与付款循环的审计 ………… 194
第一节　采购与付款循环的风险评估 ………… 194
第二节　采购与付款循环的风险应对 ………… 197

第10天

第十一章　生产与存货循环的审计 ………… 207
第一节　生产与存货循环的风险评估 ………… 207
第二节　生产与存货循环的风险应对 ………… 208
第十二章　货币资金的审计 ………… 218
第一节　货币资金审计概述 ………… 218
第二节　货币资金的风险评估 ………… 219
第三节　货币资金的风险应对 ………… 220

第11天
第12天

第四编　对特殊事项的考虑

第十三章　对舞弊和法律法规的考虑 ………… 231
第一节　财务报表审计中与舞弊相关的责任 ………… 231
第二节　财务报表审计中对法律法规的考虑 ………… 243

第13天

第十四章　审计沟通 ………… 250
第一节　注册会计师与治理层的沟通 ………… 250
第二节　前任注册会计师和后任注册会计师的沟通 ………… 258
第十五章　注册会计师利用他人的工作 ………… 264
第一节　利用内部审计的工作 ………… 264
第二节　利用专家的工作 ………… 271

第14天
第15天

第十六章　对集团财务报表审计的特殊考虑 ······ 278
第一节　集团财务报表审计概述 ······ 279
第二节　集团财务报表审计计划 ······ 281
第三节　集团财务报表审计的风险评估 ······ 283
第四节　集团财务报表审计的风险应对 ······ 285
第五节　集团项目组的沟通与评价 ······ 288
第六节　合并过程 ······ 290

第16天

第十七章　其他特殊项目的审计 ······ 294
第一节　审计会计估计 ······ 294
第二节　关联方的审计 ······ 302
第三节　考虑持续经营假设 ······ 309
第四节　首次接受委托时对期初余额的审计 ······ 314

第17天

第五编　完成审计工作与出具审计报告

第十八章　完成审计工作 ······ 323
第一节　完成审计工作概述 ······ 323
第二节　期后事项 ······ 327
第三节　书面声明 ······ 331
第十九章　审计报告 ······ 336
第一节　审计报告概述 ······ 336
第二节　在审计报告中沟通关键审计事项 ······ 341
第三节　非无保留意见审计报告 ······ 344
第四节　在审计报告中增加强调事项段和其他事项段 ······ 349
第五节　比较信息 ······ 353
第六节　注册会计师对其他信息的责任 ······ 357

第18天

第六编　质量控制

第二十章　会计师事务所业务质量控制 …… 365
第一节　质量控制制度的目标 …… 365
第二节　质量控制制度要素的具体内容 …… 366

第19天

第七编　职业道德

第二十一章　职业道德基本原则和概念框架 …… 377
第一节　职业道德基本原则 …… 377
第二节　职业道德概念框架 …… 378
第三节　注册会计师对职业道德概念框架的具体运用 …… 379
第二十二章　审计业务对独立性的要求 …… 385
第一节　基本概念和要求 …… 385
第二节　经济利益 …… 388
第三节　贷款和担保以及商业关系、家庭和私人关系 …… 392
第四节　与审计客户发生人员交流 …… 395
第五节　与审计客户长期存在业务关系 …… 397
第六节　为审计客户提供非鉴证服务 …… 400
第七节　收费 …… 404
第八节　影响独立性的其他事项 …… 405

第20天

第八编　企业内部控制审计

第二十三章　企业内部控制审计 …… 411
第一节　内部控制审计的概念 …… 411
第二节　计划审计工作 …… 413
第三节　实施审计工作 …… 414
第四节　内部控制缺陷评价 …… 427
第五节　出具审计报告 …… 429

第21天

第 1 天

复习旧内容：

无

学习新内容：

前言

学习方法：

（1）前言主要是为我们了解审计整本书写的，简单介绍审计是什么，注册会计师如何审计等内容。

（2）审计语言有些晦涩难懂，所以一定要遵守一个原则，即“遵照原文”。

你今天可能有的心态：

开始学习审计，无疑内心是激动的，也是忐忑的，很多学员从来没有接触过审计，或许也有一丝丝恐惧。但请放宽心安静下来，你会慢慢发现，审计没有想象的那么难。

简单解释今天学习内容：

所谓前言，就是简单告诉大家，审计是什么，注册会计师在审计过程中扮演着什么样的角色，注册会计师又是如何审计的，以此为基础，引出全书的框架。

可能会遇到的难点：

（1）所谓风险评估，就是评价这个企业的风险有多大。通过前言的学习，我们知道，审计就是找出一个企业的财务报表有多少问题，有多少错报，而风险评估，就是通过对企业的了解，去发现企业在哪些方面可能存在错报。

（2）风险应对，就是发现企业可能存在错报以后，我们要如何去证明这个错报对企业的财务报表是否有影响。

建议学习时间：

1 小时

前　　言

很多人都怕审计，觉得审计很难。之所以有这种想法，我认为有几个原因，一是一般人很少接触审计工作，对其相当陌生。二是审计专业性强，专业术语（也就是行话）多，比较抽象，刚学习时感觉云里雾里。三是审计知识点多，感觉逻辑性不强，容易彼此混淆。针对以上几个问题，我们会在前言中进行针对性的解决，先用通俗语言给大家简单介绍下什么是审计，以及审计的基本流程、几个重要问题和知识框架，帮助大家对审计建立一个感性认识，为今后学习打下一个基础，同时尽量扫除学习审计的各种障碍。

一、什么是审计？

简单地说，审计就是对企业财务报表是否真实反映企业实际经营状况作出一个结论，如果财务报表的编制合法合规，真实反映了企业的经营状况，那就出具一个肯定结论，否则就出具否定或者其他结论。

为什么会有审计呢？因为现在企业普遍存在所有者和管理者不是同一人的问题，对于企业管理者编制的财务报表，所有者不敢轻易相信，担心管理者弄虚作假，所以需要请注册会计师这个专业人员对财务报表把关。**（注：这里的解释并不完整，因为审计报告的使用者不只是所有者，但是为了大家轻松入门，我们假定只有所有者）**

为了便于大家形象理解，我在这里把注册会计师对财务报表的审计比作医生对人的体检。注册会计师怎么来对企业的财务报表进行审计呢？财务报表审计一般是按照**“审计计划—风险评估—风险应对—完成审计工作—出具审计报告”**这个流程来进行的。这其实和医生对你进行体检一样，在接受你的委托后，首先，医生在正式开始做检查前，会通过望、闻、问、切等方法了解你的一些基本情况，比如你的职业、过往病史、当前身体状况等，为下一步具体检查找准方向。不然，医生就得把所有检查全部来一遍，才能尽可能减少误诊的可能性，但这样太浪费时间和金钱，你和医生都不会同意这种做法。审计也是如此，接受审计委托后，注册会计师不会立即对财务报表上的每个数字进行检查，而是通过先了解企业的外部环境和内部经营状况，初步评估企业财务报表存在哪些高风险的领域，为下一步具体检查找准方向。对于企业财务报表存在的风险，我们根据相应的检查方法进行了分类，将风险分为财务报表层次风险和认定层次的风险，其中财务报表层次风险是影响多个财务报表项目的整体风险，对于这种整体风险，我们是通过安排更专业的人员、提供更多的督导等方法来应对；认定层次风险是影响某个具体财务报表项目的个别风险，我们一般可以通过某个具体的审计程序来应对它，如对于企业多记录应收账款、高估收入的风险，我们就可以通过向付款方发送确认函的方法进行验证。这种对风险划分的方法，也和医生对门诊病人的分类诊断一样，如果医生通过初诊，认为你身体健康问题很大（相当于身体存在整体性风险），往往会把你安排到住院部，为你提供更专业、更细致的检查。继续回到医生给人体检的比喻上来，初步确定风险后，如医生知道你是眼睛不舒服，那么医生就会对眼睛实施专门的检查。审计也是如此，如果注册会计师初步认为企业存货存在虚假记录的可能性，就会决定对存货实施检查的审计程序，这就是针对存货高估风险的风险应对措施。医生对可能存在问题的地方都进行相应的检查后，就要完成检查工作，得出检查结论，进而出具体检报告。如果你的身体没有什么大问题，那就出具你的身体是健康的体检报告。审计也是这样，经过风险评估—风险应对流程后，注册会计师就要根据审计的情况得出最后的结论，并出具相应的审计报告。例如，经过审计，没有发现财务报表存在错误，就会出具一个标准的审计报告，告诉企业所有者财务报表是可以信赖的。

当然，并不是说财务报表存在任何错误，都会导致注册会计师发表否定财务报表的结论。这也和医生对人做体检判断各项指标结果是阴性和阳性一样，不是说血液中检出一个病毒就会得出你生病的结论，而是会根据实际情况设定一个临界值，超过这个临界值的才是阳性。财务报表也是如此，会对错误值设定一个重要性水平。

另外，具体的审计程序和医生诊断疾病方法也差不多，也是望（观察、检查）、闻（分析程序）、问（询问）、切（重新计算、重新执行等）。当然，出于时间成本考虑，注册会计师对具体项目进行审计的时候，不会对某个项目的所有资料进行检查，对于资料太多的检查项目，往往会抽取一个较小的样本进行检查，通过样本检查结果推论总体的情况。这和医生通过抽血检查你身体情况的原理一样。

二、注册会计师如何开展审计?

经常有人把注册会计师比作经济警察，下面，我们就以警察办案的程序来大致讲讲注册会计师是如何开展审计的，如图 0－1 所示。

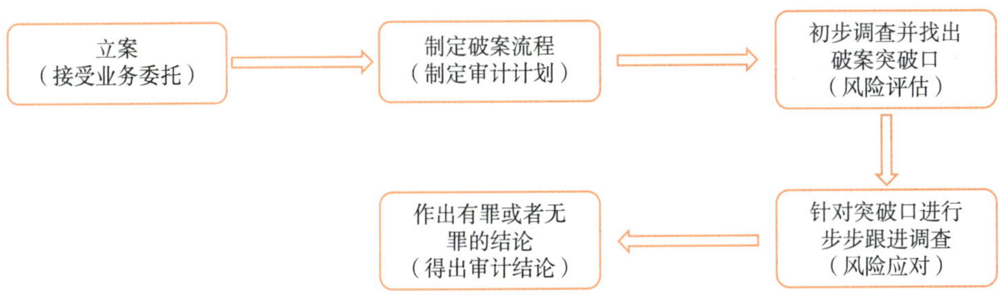

图 0－1　注册会计师如何开展审计

1. 接受业务委托

在接受业务委托的时候，我们需要知己知彼，需要考虑以下几个信息：

（1）客户是否缺乏诚信。如果客户缺乏诚信，则该客户风险太高，应该避免接受此类审计业务。

（2）自身是否具备执行业务必要的素质、专业胜任能力、时间和资源。

（3）接受这个业务是否会损害相关职业道德要求。

2. 制定审计计划

制定计划，首先在整体层面需要制定总的规划，在审计中叫“总体审计策略”，同时针对具体的审计事项还要规定具体审计计划，这就是两个层面的审计计划。

3. 风险评估

对于任何一个行业的任何一个企业，其风险点都不一样。因此接到一个新企业的审计业务，首先应该进行风险评估，只有进行了风险评估，我们才知道这个企业的风险点在哪里，我们才能确定把有限的审计资源主要投入在哪些方面。

审计的专业术语叫“了解被审计单位及其环境，以识别和评估重大错报风险”，那么应该从哪些方面了解被审计单位及其环境呢？从哪些方面去识别风险点呢？主要从六个方面了解：

（1）相关行业状况、法律环境和监管环境及其他外部因素（如整个行业在衰退，而该企业收入在大幅度增长，则表明该企业的收入很可能存在高估风险，应该重点关注）。

（2）被审计单位的性质，包括所有权结构、治理结构、组织结构等（如该企业的组织结构存在问题，董事会和经理层基本重叠，则意味着缺乏对管理层的必要监督，舞弊就很容易发生，需要重点关注）。

（3）被审计单位对会计政策的选择和运用（如被审计单位面临的经营压力巨大，有可能通过改变会计政策来增加利润，需要重点关注）。

（4）被审计单位的目标、战略以及可能导致重大错报风险的相关经营风险（如被审计单位的目标、战略就有问题，可能会带来较高的经营风险，对此需要重点关注）。

（5）被审计单位财务业绩的衡量和评价（如某些企业完全以收入增长为业绩考核的标准，然后出现了很多负面新闻，这也是需要重点关注的事情）。

（6）被审计单位的内部控制（合理的运营必须有合理的内控，否则企业必将走向失控，如某企业对投资没有合理控制，横跨视频、手机、电视、汽车等多个行业，最终可能会导致现金流枯竭）。

这六个方面包括外部环境也包括内部环境，从内外多方面来了解被审计单位，以达到在风险评估的阶段能够更加准确的目的，让我们在后续的应对当中能够有的放矢，而不是盲目抓瞎！

在了解完被审计单位的环境后，我们在风险评估阶段需要得出结论，到底被审计单位存在哪些风险，其实这些风险从整体上来看分为“财务报表层次的风险”和“认定层次的风险”，如整个行业环境都非常差或者被审计单位的组织结构问题大，那么这个影响的可不是具体某个项目，而是整个财务报表都可能存在风险，这就叫“财务报表层次的风险”，但是有些情况下却是具体项目存在风险，如企业对销售费用的内部控制存在问题，就限定到了销售费用，这就是“认定层次的风险”。

【提示】

所谓的财务报表层次的风险是指对整体财务报表有广泛影响的风险。认定层次的风险，这是审计专业术语，意思是具体科目面临的风险。比如存货面临高估的风险、营业成本面临低估的风险。

4. 风险应对

前面已经识别出各种重大错报风险，故此就要针对识别出的重大错报风险进行应对，这就是风险应对。

上一个知识点已经讲过，风险分为两种：一种是财务报表层次的风险，另一种是认定层次的风险，那么针对这两种风险也有两种不同的应对措施，如图0－2所示。

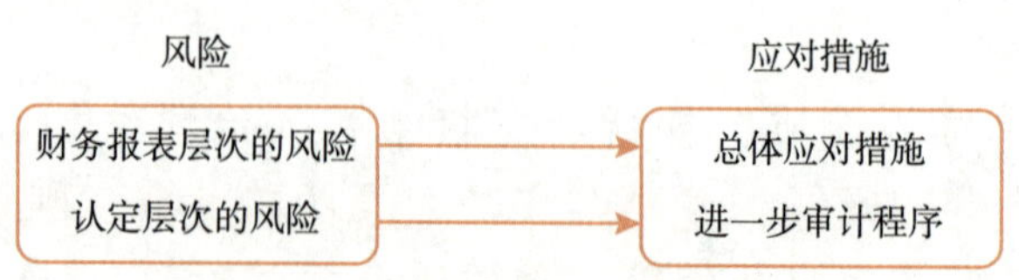

图0－2　针对两种风险的应对措施

（1）总体应对措施：

①向项目组强调保持职业怀疑的必要性；

②指派更有经验或具有特殊技能的审计人员；

③提供更多的督导；

④在选择拟实施的进一步审计程序时融入更多的不可预见的因素；

⑤对拟实施审计程序的性质、时间安排或范围作出总体修改。

我们可以发现，这些所谓的总体应对措施并没有具体的安排，其实还是要合伙人在审计过程中给予特别关注，不能忽视总体风险。

（2）进一步审计程序。

进一步审计程序是相对于风险评估程序而言，是针对可能存在错误的项目进一步实施审计以发现具体错误的程序，包括实质性程序和控制测试。实质性程序就是能够直接发现错误的审计程序，包括实质性分析程序和细节测试。针对可能存在错误的报表项目，我们如何去发现其错误呢？比如我们确认了某企业收入存在错误的可能，现在要进一步发现收入项目到底存在哪些错误，我们有两种方法：①将本年的收入跟去年、同行业其他公司、预测数据等进行比较，分析比较结果与我们事先了解的情况是否一致，如果存在较大差异，则需要进一步确认差异是否可以接受。这就是所谓的“分析程序”。②将本期收入的交易记录和有关凭证全部找出来，我们来一一比对交易记录和实际凭证是否一致，如销售发票上的金额和营业收入的金额是否一致，这就叫作“细节测试”。

控制测试是用来干什么的呢？其实控制测试是个可选程序，只有在需要的时候才会实施。例如，如果企业内部控制做得很好，就会减少财务报表发生错误的可能，意味着该企业的风险比较低，注册会计师可以适当减少实质性程序，从而提高审计效率。当然，审计准则规定，懒可不能随便偷，不允许注册会计师只要认为企业内部控制好就可以偷懒少做实质性程序，还得专门做个测试验证企业内部控制是否真的如注册会计师所想的那么美好，这就是控制测试。

那么针对认定层次的重大错报风险的应对措施是（见图0－3）：

图0－3　应对措施

5. 完成审计工作并出具审计报告

对风险点进行检查之后，如果发现错误，可以要求被审计单位更正，如果被审计单位不更正，那么我们可以根据情况出具不同的审计报告，总的来说审计报告分为两种：一种是标准审计报告；另一种是非标准审计报告，如表0－1所示。

表0－1　审计报告的分类

审计报告	标准审计报告	是指不含有说明段、强调事项段、其他事项段或其他任何修饰性用语的无保留意见的审计报告
	非标准审计报告	带强调事项段或其他事项段的无保留意见的审计报告
		保留意见、否定意见、无法表示意见的审计报告

【解释】

（1）所谓无保留意见的意思就是毫无保留的赞同，完全没问题。

（2）标准审计报告不仅要求是无保留意见，而且还不能附加任何事项段对财务报表作出解释，因为既然不存在问题还解释什么？

（3）非标准审计报告不仅包括保留意见、否定意见和无法表示意见，也包括带强调事项段和其他事项段的无保留意见的审计报告。

（4）所谓保留意见、否定意见和无法表示意见，这个具体要在专门章节学习。

综上所述，审计的基本流程就是（见图0－4）：

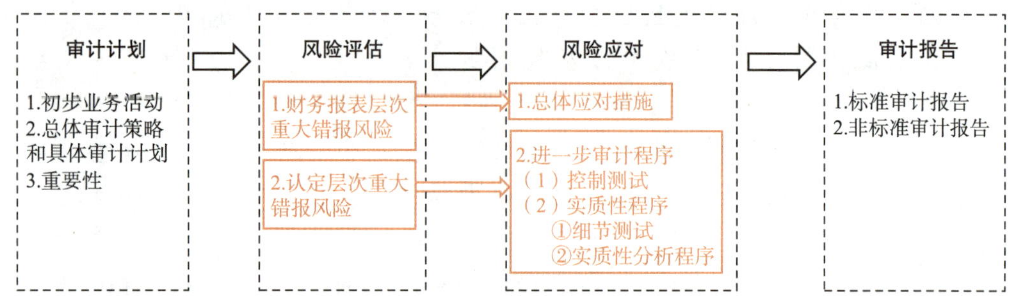

图0－4　审计的基本流程

三、有关审计的几个重要问题

（一）如何定义财务报告的错报是不是重大？（审计语言的“重要性”如何解释）

（1）某大型企业2016年的营业收入5 200亿元，经过审计发现该企业的财务报表的收入发生错报100万元，因此我们能否认为财务报表存在问题？我们能否出具保留意见或否定意见的审计报告？很显然不能这么认为！

（2）某小微企业2016年的营业收入1 000万元，经过审计发现其收入存在错报100万元，占比达10%，因此我们任何一个有常识的人都应该认为其财务报表存在重大错报。

那么，说明我们在衡量一个公司的错报是否重大的时候有一根无形的“线”，而且这根“线”对每个公司来说都是不一样的，超过这根线就是重大错报，就要出具非无保留意见审计报告，不超过那就没问题。

这根“线”就是审计所说的“重要性”，这根“线”的确定主要是根据被审计单位的情况来确定的，有可能根据营业收入来确定，但是如果是亏损企业呢，那就有可能根据营业成本来确定，同时这根“线”不只是考虑金额，跟性质也有关系，如出现了欺诈，那么就算100元也可能构成重大。

注：上面只是给重要性一个简单解释，让大家简单理解，后续还会详细学习。

（二）关于会计做账流程，关于“顺查”和“逆查”

1. 会计做账流程（见图0－5）

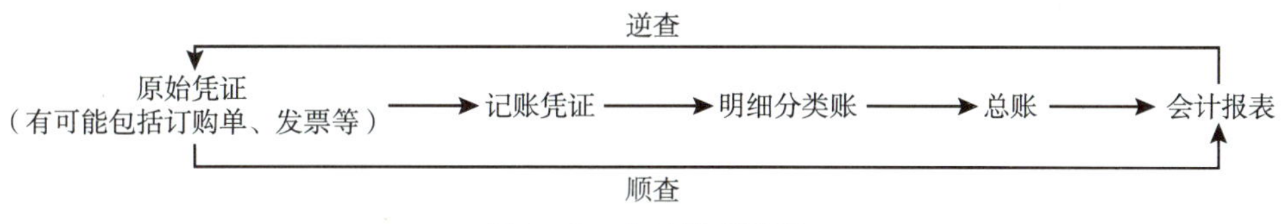

图0－5　会计做账流程

2. 关于“顺查”和“逆查”

为什么要区分顺查和逆查的方向呢？因为追查起点和方向不同，能够查处的问题类型有所区别。所以针对可能存在的问题确定检查手段的时候，需要考虑检查方向的问题。

所谓顺查就是按照记账流程来查，从原始凭证往会计报表追查。例如，我们要查看固定资产是否登记入账，那就看原始发票是否存在，原始发票在，就看有没有编制记账凭证，然后逐步追查到看会计报表是否记录，这就是“顺查”。顺查是从原始凭证开始追查，可以发现虽有原始凭证但没记录的错误，也就是可以查漏记（完整性）的错误。

所谓逆查就是按照相反的方向追查，例如，我们要看会计报表的某固定资产是否存在，那么就首先从会计报表中选取一个资产，然后往回看账簿是否记录，然后看是否有发票，然后看固定资产是否存在。逆查是从记录开始追查，可以发现虽有记录但没有凭证支持的错误，也就是可以查多记（发生和存在）的错误。

（三）关于治理层和管理层

管理层，是指对被审计单位经营活动的执行负有经营管理责任的人员。通俗地讲，管理层就是高级管理人员，包括总经理、副经理，以及相当于副经理级别的财务总监、总会计师等其他高级管理人员。

治理层，是指对被审计单位战略方向以及管理层履行经营管理责任负有监督责任的人员或组织。治理层的责任包括监督财务报告的编制和披露过程。

注意以下几个事项：

(1) 治理层有一项重要职责就是监督管理层的运营。

(2) 有时治理层和管理层会有交叉，如执行董事不仅是董事会成员，也是管理层成员。

(3) 编制财务报表一般是管理层的责任，但是，对于财务报告的编制和披露过程，治理层负有监督职责。

(四) 关于上市实体

审计中多次提到“上市实体”，因为对上市实体的审计要求更严格，那在前言我们就先将上市实体的定义搬出来。

上市实体：是指**股份、股票或债券**在法律法规认可的证券交易所报价或挂牌，或在法律法规认可的证券交易所或其他类似机构的监管下进行交易的实体。

可见，上市实体不仅包括上市公司，还包括公开发行债券的企业，范围比上市公司大。

四、审计教材的知识框架

经过上面的基础铺垫，那我们将本书的大致框架列出来。

《审计》整本书主要就是讲述了作为注册会计师，如何去审计一家企业。

第一，我们作为一个注册会计师，先要明白一些审计的基本原理，例如，审计是什么？为了实现审计目标，我们需要怎样制定审计计划呢？既然注册会计师作为经济警察，那我们又要如何去获取审计证据呢？面对庞大的被审计企业的资料，我们要如何进行审计抽样才能得到我们想要的审计证据呢？随着会计信息技术化的成熟，信息技术对审计工作有什么样的影响？面对注册会计师获取的大量审计证据，我们要如何记录、归档和保存呢？

第二，了解了审计的基本原理，我们接下来了解审计过程。为了实现审计目标，我们需要评估被审计企业具有什么样的审计风险，还要考虑如何去应对这些风险，达到我们想要的目的。

第三，我们就正式进入审计实务，即在实务工作中我们如何进行审计。通常，我们按照被审计企业的业务流程实施审计，将整个审计计划分为几个循环，包括销售与收款、采购与付款、生产与存货及货币资金等，按照循环划分完报表内容以后再对这些不同的循环实施风险评估和风险应对程序。

第四，在审计过程中，要考虑是否有舞弊存在；审计过程中要和谁沟通；面对如此大的工作量，我们考虑是否可以利用别人的工作来减轻自己的工作量或弥补自己的专业不足；如果被审计企业是集团企业，我们又要如何审计；在审计过程中，总会有一些特殊非常规的事项，我们还要考虑这些特殊事项如何审计。

第五，我们就完成了审计工作。根据得出的审计结果对该被审计企业出具审计报告。

第六，会计师事务所和注册会计师作为审计方，如何才能保证出具的审计报告是客观公正的呢，就要涉及会计师事务所业务质量控制制度、审计人员需要遵守的职业道德，特别是独立性。

审计的整体框架如图0-6所示。

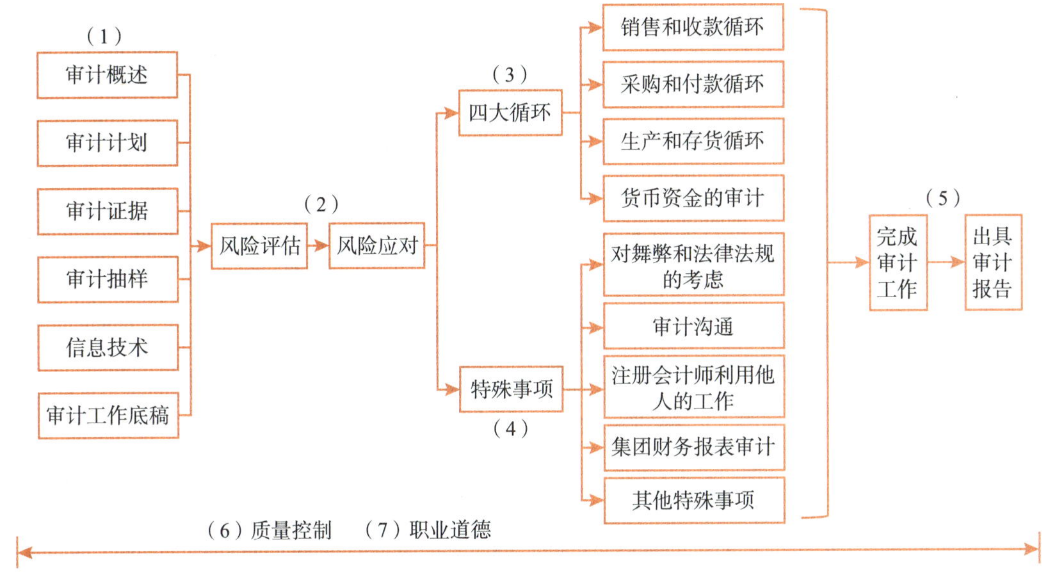

图0-6　审计整体框架

针对上述整个过程，本书将其主要分为七编，每一编内容如下：

(1) 第一编：审计基本原理，主要讲述审计是什么，如何进行审计抽样，如何获取审计证据，审计工作底稿如何保存。

(2) 第二编：审计测试流程，即“风险评估—风险应对”。

(3) 第三编：各类交易和账户余额的审计，即是以生产企业为假设，按照不同的循环对被审计单位的具体业务实施风险评估和应对程序。

(4) 第四编：对特殊事项的考虑。第三编属于一般风险的处理，第四编就是对于一些特殊事项的处理。

(5) 第五编：完成审计工作和出具审计报告。

(6) 第六编：质量控制制度。质量控制制度是会计师事务所要制定的确保审计工作高质量地完成的政策和程序。

(7) 第七编：职业道德。会计师事务所和注册会计师务必遵循一些基本的道德原则，包括诚信、独立性、客观和公正、专业胜任能力和应有的关注、保密、良好职业行为等。

五、如何做一个合格的“审计人”

最后我们换一种视角来纵观全书，全书其实一直在为一个问题的提出做准备，那就是：

作为一个审计人，究竟需要具备哪些素质？（见图0-7）

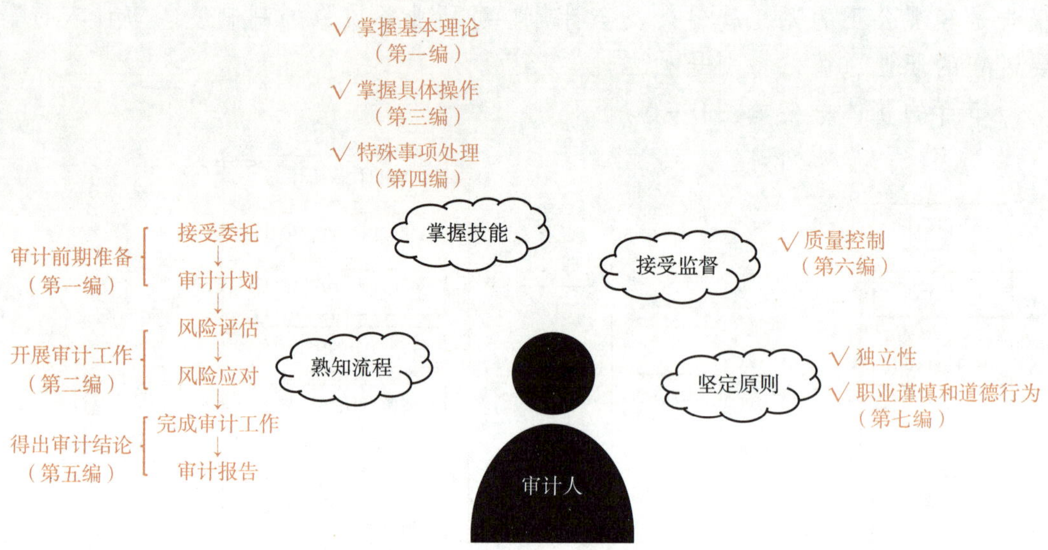

图0-7 审计人需要具备的素质

如图0-7所示，作为一个合格的审计人，我们至少要做好四点：熟知流程、掌握技能、接受监督和坚定原则。

审计因受托责任的产生而产生，也因受托责任的发展而发展，因此审计的基本目标或总目标就是评价受托人履行经济责任的情况，其一般目标是评价经济活动的真实性、合法性和有效性。再结合审计流程，我们可以轻松地理解上图所示的六个审计步骤。这六个步骤也可再次简化为**"审计前期准备—开展审计工作—得出审计结论"三个大阶段**，分别对应着第一编的前两章、第二编和第五编。

那么同学们可能会疑惑，第一编的后几章和第三编、第四编去哪里了呢？

在这个视角下所讲述的框架和我们的章节顺序略有出入，其原因在于，为了让大家清楚地看到《审计》的知识结构，**在这里我们将流程和技能（即审计方法）剥离开来，但在实际学习中，流程和方法势必是要穿插着进行讲述的**，因为脱离流程讲方法会让大家空有技能不知用武之地，而脱离方法讲流程会让大家有纸上谈兵的空虚感。**审计整体框架告诉我们"审计要以什么顺序学习哪些东西"，而这里要告诉我们的是"我们为什么要学这些东西"**。

所以回答刚才提出的疑惑，第一编的后四章是在讲审计中的几种基础方法，第三编讲述的四大循环，是向大家介绍在具体的各类交易和账户余额审计中应该如何操作，而第四编则汇总了一些重要的特殊事项，合起来就构成了审计人需要掌握的基本技能。

熟知流程和掌握技能反映的是在技术层面，一个审计人为了完成审计工作

所必须具备的知识储备；而坚定原则和接受监督则保证了审计人能够站在一个独立、公正的立场上开展审计工作，所作出的审计结论能够公允反映被审计单位的财务状况。做审计人和做人是一个道理，我们寒窗苦读十数载，学的是提升自我之道，而从小接触诸如诚信、文明、谦逊、友爱等价值观，是我们的安身立命之本。同学们切勿陷入白马非马的误区，要明白在开展审计工作时，独立性是审计的根本特征，职业谨慎和道德行为是审计的重要原则，这两点虽然在书末才集中讲述，但在之前的流程和审计方法的学习中却无时无刻不体现着这两点。

至此，相信同学们对审计已经有了一个基本的了解。那么让我们一起愉快地学习起来吧！

第一编
审计基本原理

依照我们在前言“五、”中的观点，我们将第一编分为两部分，如图 1 所示。

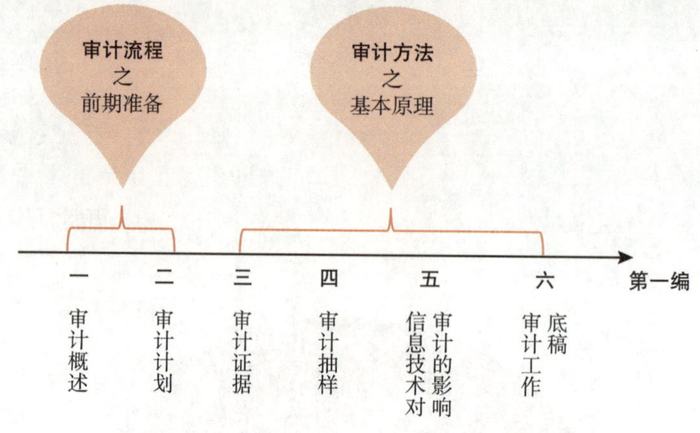

图 1 审计基本原理内容

在前言中我们已经讲到，审计流程大致可分为三大阶段，六小步骤。第一编的前两章，尤其是第二章，则着重介绍了审计流程的第一大阶段——审计前期准备（接受审计委托、制定审计计划）。

相应的，同学们随着流程的不断推进，也应慢慢增加对审计方法的掌握，在本编则介绍了审计方法的几个基本概念，即第三章至第五章，下面我们来依次看看每一章究竟讲了什么内容：

第一章，审计概述。主要告诉我们什么是审计？主要通过以下几个方面讲述：注册会计师审计的目标是什么？注册会计师在审计过程中需要遵守哪些基本要求？审计过程中我们要面临哪些风险，这些风险是如何影响审计的？审计是如何进行的，过程如何？

第二章，审计计划。了解了审计以后，我们就要开始为审计做准备工作了。我们要通过初步业务活动去了解被审计的公司，以此来决定我们是否可以接受对这家公司的审计。经过了解以后决定接受审计工作，那么为了审计工作的顺利进行，我们要制定总体审计策略和具体审计计划，在制定总体审计策略的过程中，我们要确定重要性水平，以此为基础，才可以顺利进行接下来的具体审计计划。

第三章，审计证据。当我们了解被审计单位，并决定接受审计工作时，我们就已经开始对这家单位进行评估了，在前言中已经讲了，审计就是去查这家单位有没有问题。那么我们要收集多少证据才可以证明这家公司有或者没有问题？我们又要执行哪些审计程序去获取相应的证据？函证作为审计程序中从第三方获取证据的一种，我们要如何去合理运用，才能得到我们想要的审计证据呢？分析程序作为处理不同数据之间的内在关系的一种，我们又要如何合理运用呢？这些问题，都在本章讲述。

第四章，审计抽样方法。企业规模和经营复杂程度不断上升，使得注册会计师对每一笔交易进行检查变得既不可行又没有必要，这个时候，就运用到了审计抽样，以此来得到我们需要的审计证据。这一章主要讲述我们审计抽样有哪些种类，每一种类适用于审计过程的哪一部分。对于审计过程中涉及一些审计程序，审计抽样要如何运用。

第五章，信息技术对审计的影响。随着信息化的发展及企业业务的增多，也为了能更直观地了解企业，越来越多的企业都运用了信息技术，这一章主要就是讲述在审计过程中，对于一些依靠信息技术提供的内部审计证据，我们要如何运用这些证据。（本章不重要，所以学习的时候，了解一下）

第六章，审计工作底稿。为了注册会计师工作的严谨性，以及方便后期查找相关资料，我们需要把注册会计师制定的审计计划、实施的审计程序、获取的审计证据，以及最后得出的审计结论，都要记录下来，这就形成了审计工作底稿。审计工作底稿作为审计证据的载体，就需要有一定的格式、涉及的要素、包含的内容等。审计工作底稿作为载体，需要进行归档相关的处理。

审计基本原理在审计流程中的作用和审计基本原理框架如图 2 和图 3 所示。

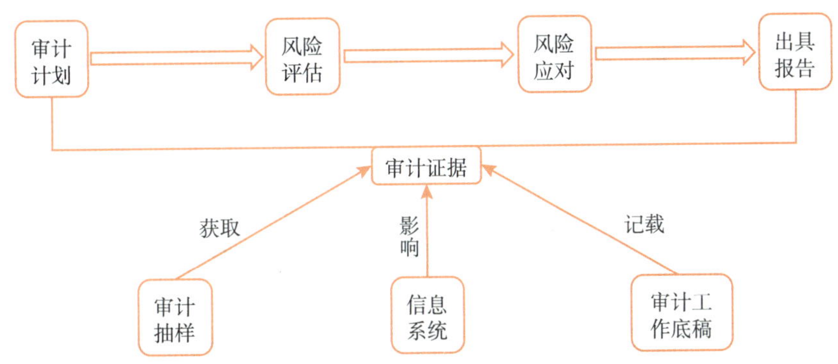

图 2　审计基本原理在审计流程中的作用

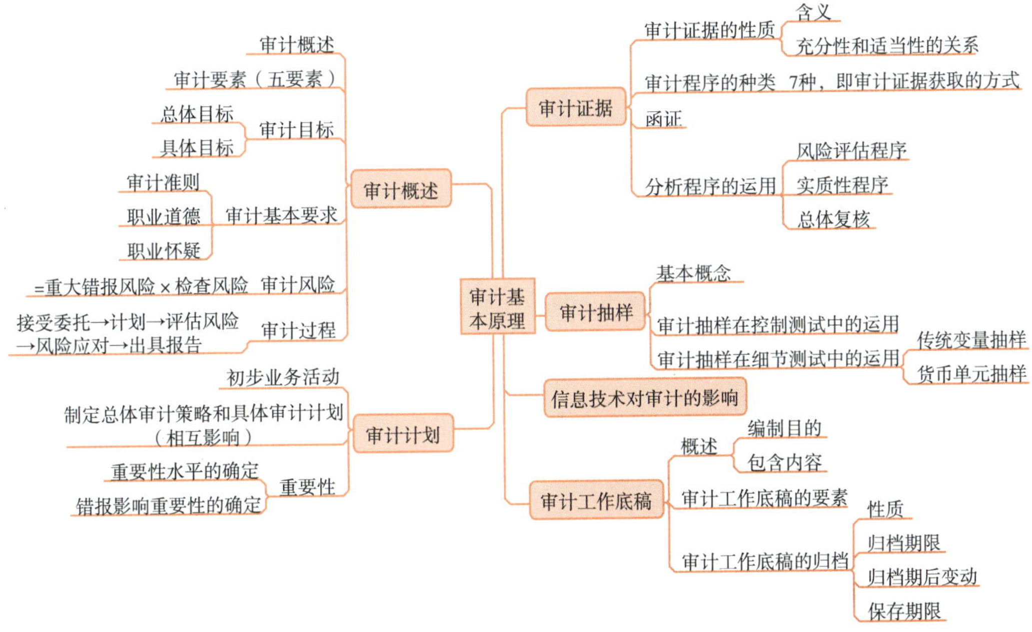

图 3　审计基本原理框架

第 2 天

复习旧内容：

回顾整本书的大体框架

学习新内容：

审计概述（第一章）

学习方法：

切忌不可直接进入具体内容的学习，而是应该首先看一遍最前面的框架表格，了解整章的大概内容之后再进入细节的学习。

你今天可能有的心态：

经过前面的了解，我们应该大致知道什么是审计了，那么接下来我们将进入细节的学习，你可能非常兴奋，但是真的进入细节学习的时候你也会发现你会遇到很多问题，其实审计不难，任何晦涩的语言你都可以换成通俗的语言来表述。

简单解释今天学习内容：

（1）所谓的审计就是注册会计师检查被审计单位的财务报表，以得出财务报表是否有问题的审计结论，因此审计就涉及了注册会计师、被审计单位管理层和预期使用者三方关系人。

（2）如何得出结论？需要获得审计证据！如何获取审计证据？需要实施怎样的审计程序？审计程序很高大上？审计程序就是日常生活中所使用的观察、检查、询问、重新执行等。

（3）注册会计师是全能的？绝对不是！因为财务报表是被审计单位编制的，而且被审计单位可能涉及故意隐瞒信息。因此注册会计师审计也存在一定的审计风险，那么这个风险主要受哪几方面影响呢？首先是被审计单位的财务报表本身的风险，即所谓的重大错报风险；其次是注册会计师实施了各种程序，还是存在没有发现错报的风险。这些都构成了审计风险。

可能会遇到的难点：

今日内容基本没难点，但有以下几个问题，需要注意：

（1）具体审计目标，这部分可能理解起来稍有困难，多看几遍，就基本没有问题了。

（2）重大错报风险并不能通过注册会计师的工作来降低，因为它独立于财务报表之外，是客观存在的。

建议学习时间：

3 小时

第一章　审计概述

本章的学习框架如图 1－1 所示。

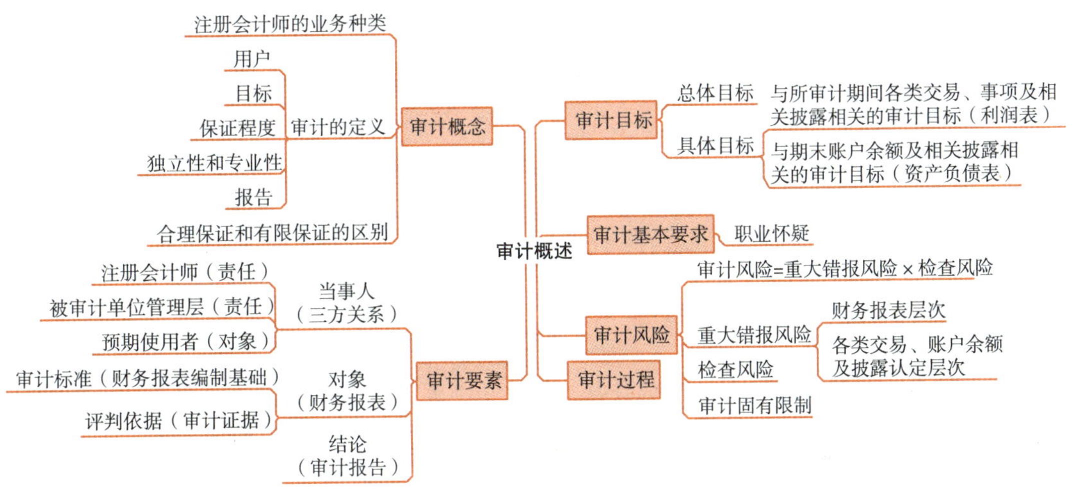

图 1－1　审计概述框架

第一节　审计的概念与保证程度

一、注册会计师的业务种类

注册会计师的业务分为**鉴证业务**和**相关服务**两类，如图 1－2 所示。

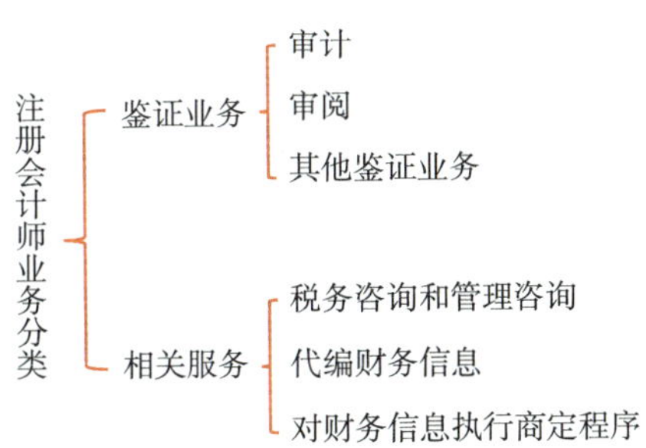

图 1－2　注册会计师业务分类

1. 鉴证业务

鉴证业务包括审计、审阅和其他鉴证业务。

既然是鉴证业务，那么注册会计师就要提供不同程度的保证，不过业务不同，保证程度也会不同，例如，审计是高水平的保证，审阅就可以要求低一点，低于审计业务的保证水平。

2. 相关服务

注册会计师除了提供鉴证业务之外，还可以帮客户提供一些非鉴证服务，如税务服务、代编财务信息、执行商定程序等，这些其实是很多小型事务所的主要业务。相关服务不需要提供任何程度的保证。

本书的书名叫《审计》，因此本书就只讲解鉴证业务中的审计业务。包括财务报表审计和企业内部控制审计。

【例题1-1·单选题】下列各项中，不属于鉴证业务的是（　　）。(2017年)

A. 财务报表审计　　B. 对财务信息执行商定程序

C. 财务报表审阅　　D. 预测性财务信息审核

【答案】B

【解析】鉴证业务包括审计、审阅和其他鉴证业务。相关服务包括税务代理、代编财务信息、对财务信息执行商定程序等。

二、审计的定义

财务报表审计是指注册会计师对财务报表是否不存在重大错报提供合理保证，以积极方式提出意见，增强除管理层之外的预期使用者对财务报表信赖的程度。

【提示】

1.审计的用户（谁需要审计？）

审计的用户是财务报表的预期使用者，包括股东、潜在投资者、债权人、政府相关部门和社会公众等，审计可以有效满足财务报表预期使用者的需求

2.审计的目的（审计能够做什么？）

审计的目的是改善财务报表的质量或者内涵，增强预期使用者对财务报表的信赖程度，即以合理保证的方式提高财务报表的可信度，而不涉及为如何利用信息提供建议

3.审计的保证程度（使用者可以信赖到什么样的地步？）

合理保证是一种高水平保证。注册会计师只是企业外部的独立第三方，而且由于审计存在固有限制，故注册会计师只能将审计风险降低至可以接受的低水平，即合理保证。注册会计师据以得出结论和形成审计意见的大多数审计证据是说服性而非结论性的，因此，审计只能提供合理保证，不能提供绝对保证

4.审计的独立性和专业性（审计的基础是什么？）

审计的基础是独立性和专业性，通常由具备专业胜任能力和独立性的注册会计师来执行，注册会计师应当独立于被审计单位和预期使用者

5.审计报告（审计最终产品是什么？）

审计的最终产品是审计报告。注册会计师针对财务报表是否在所有重大方面按照财务报告编制基础编制并实现公允反映发表审计意见，并以审计报告的形式予以传达

【例题 1－2·单选题】下列有关财务报表审计的说法中，错误的是（　　）。（2014 年）

A. 审计可以有效满足财务报表预期使用者的需求

B. 审计的目的是增强财务报表预期使用者对财务报表的信赖程度

C. 审计涉及为财务报表预期使用者如何利用相关信息提供建议

D. 财务报表审计的基础是注册会计师的独立性和专业性

【答案】C

【解析】审计不涉及为如何利用信息提供建议。

三、合理保证与有限保证

鉴证业务和非鉴证业务（相关服务）的区别之一就是鉴证业务需要提供保证，而非鉴证业务不需要提供保证，但是不同的鉴证业务需要的保证水平是不一样的。**审计属于高水平的保证，即合理保证，而审阅是有限保证，保证程度低于合理保证。**那么合理保证和有限保证有什么区别呢？（见表 1－1）

表 1－1　　合理保证与有限保证

项目	合理保证（财务报表审计）	有限保证（财务报表审阅）
证据收集程序	通过一个不断修正的、系统化的执业过程，获取充分、适当的证据，证据收集程序**包括检查、观察、询问、函证、重新计算、重新执行、分析程序**等	通过一个不断修正的、系统化的执业过程，获取充分、适当的证据，证据收集程序主要采用**询问和分析程序**
所需证据数量	较多	较少
检查风险	较低	较高
财务报表的可信性	较高	较低
提出结论的方式	以积极方式提出结论	以消极方式提出结论
	例如，我们认为，ABC 公司财务报表在所有重大方面按照企业会计准则的规定编制，公允反映了 ABC 公司 2014 年 12 月 31 日的财务状况以及 2014 年度的经营成果和现金流量	例如，根据我们的审阅，我们没有注意到任何事项使我们相信，ABC 公司财务报表没有按照企业会计准则的规定编制，未能在所有重大方面公允反映被审阅单位的财务状况、经营成果和现金流量

注意：初学者看到这里其实开始疑惑。审计是什么？审阅又是什么？合理保证是什么？有限保证又是什么？其实无须去纠结，继续往前走，审计的这些内容很多是可以意会但是不可以量化解释，用大白话来表述这几个内容就是：

审计和审阅都是对财务报表（或其他内容）是否存在错误发表看法，只是详细程度不同，既然详细程度不同，那么可信度也会有差异，因此也就有了合理保证和有限保证的说法。

【提示】

（1）财务报表审计以“**积极方式**”提出审计意见，不是以消极方式提出审计意见。

（2）财务报表审计要求注册会计师将审计业务风险降至审计业务环境下**可接受的低水平**，而不是“可接受的水平”。

（3）注册会计师应当运用各种审计程序，获取充分、适当的审计证据，才能形成审计结论，发表审计意见，出具审计报告。

【例题1－3·多选题】 下列对于财务报表审计和财务报表审阅的理解，不恰当的有（　　）。

A. 在财务报表审计业务中，注册会计师应当以积极方式提出结论，而在财务报表审阅业务中，注册会计师可以以积极方式提出结论，也可以以消极方式提出结论

B. 由于财务报表审计是保证程度较高的鉴证业务，因此注册会计师无须实施足够的审计程序，也能够将财务报表审计风险降至在具体业务环境下的可接受的低水平

C. 由于财务报表审阅是一种有限保证的鉴证业务，因此无法增强预期使用者对财务报表的信任

D. 财务报表审计业务是保证程度更高的鉴证业务

【答案】 ABC

【解析】 选项A，财务报表审阅业务中，注册会计师应当以消极方式提出结论；选项B，审计是保证程度较高的鉴证业务，因此注册会计师需要实施足够的审计程序，才能将报表审计风险降至可接受的低水平；选项C，即使审阅是有限保证的鉴证业务，也可以增强预期使用者对财务报表的信任。

四、注册会计师审计和政府审计

注册会计师审计是指注册会计师接受客户委托，对客户财务报表进行独立检查并发表意见。

政府审计主要是指政府审计机关，例如，审计署和地方审计厅局，依法对政府部门的财政收支进行的检查监督，还包括对国有金融机构和企事业组织的财务收支进行的检查监督（见表1－2）。

表1－2　　注册会计师审计和政府审计的区别

项目	政府审计	注册会计师审计
执行主体	政府审计机关（审计署和地方审计厅局）	会计师事务所
审计对象	政府的**财政收入或国有金融机构和企事业组织财务收支**	**企业财务报表**
审计目标	确定其是否真实、合法和具有效益	确定其是否符合会计准则和相关会计制度，是否公允反映了财务状况、经营成果和现金流量

续表

项目	政府审计	注册会计师审计
审计标准	依据《中华人民共和国审计法》和审计署制定的《中华人民共和国国家审计准则》	依据《中华人民共和国注册会计师法》和财政部批准发布的注册会计师审计准则
经费或收入来源	行政行为，列入同级财政预算，由同级人民政府予以保证	市场行为，有偿服务，由注册会计师和审计客户协商确定
取证权限	相关单位有责任配合，但具有更大的强制力，有关单位和个人应当支持、协助	相关单位有责任配合，但依赖于企业及相关单位配合和协助，对企业和相关单位没有行政强制力
发现问题处理方式	在职权范围内作出审计决定或向有关主管机关提出处理、处罚意见	只能提请企业调整有关数据或进行披露，没有行政强制力

五、职业责任和期望差距

注册会计师的职业责任是指注册会计师作为一个职业应尽的义务，在很大程度上反映财务报表使用人的期望。

社会公众希望发现全部错误，而注册会计师受限于客观情形，不能发现全部错误，故社会公众与注册会计师职业界在对职业责任的认识上存在的差距便形成了“期望差距”。

了解公众期望并尽可能缩小公众期望差是注册会计师职业界继续生存并更好地服务于社会公众的前提和努力方向，也是整个行业积极发展和不断走向成熟的重要标志。

六、审计报告和信息差距

审计报告是注册会计师对财务报表发表审计意见形成的书面报告，同时也是注册会计师与财务报表使用者沟通审计事项的主要手段。审计报告是财务信息生成链条上关键的一环，对增强财务信息的可信性起着至关重要的作用。原来的审计报告模式是短式标准审计报告模式，在格式、要素和内容上，都体现了标准化，其核心内容是审计意见，即注册会计师对财务报表是否具有合法性和公允性发表高度浓缩的意见。

审计报告的标准化具有格式统一、要素一致、内容简洁、意见明确等优点，但也存在着信息含量低、相关性差等缺陷。这种缺陷导致公众产生“信息差距”，也就是说，财务报表使用者作出明智投资和信托决策需要的信息，与他们从审计报告和已审计财务报表中得到的信息之间存在着较大的差距。这种“信息差距”会影响资本市场的效率和资本的成本。

第二节　审计要素

所谓审计要素，就是审计所需要涉及的各个方面，第一，审计需要当事人（三方关系人)；第二，审计需要一个对象（财务报表）；第三，我们去审计总要有个标准（财务报表编制基础）；第四，审计就像查案，需要审计证据；第五，出具审计报告（见图1－3）。本节重点突出，不用背诵。

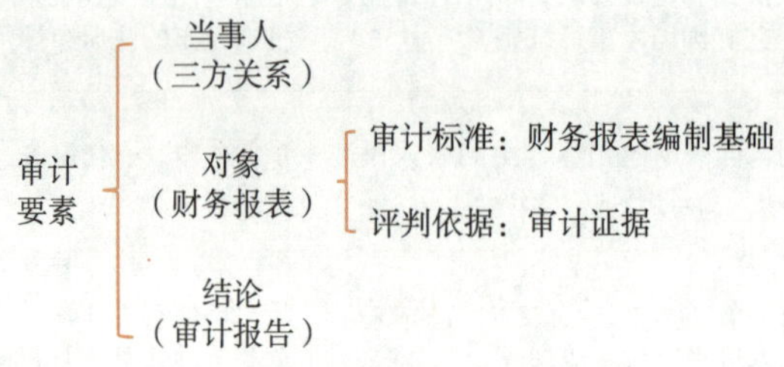

图1－3　审计要素

一、审计业务的当事人——三方关系

（一）总体规定

（1）审计业务的当事人（三方关系）是：注册会计师、被审计单位管理层（责任方）、财务报表预期使用者（股东、潜在投资人、债权人、政府相关部门、社会公众等）（见图1－4）。

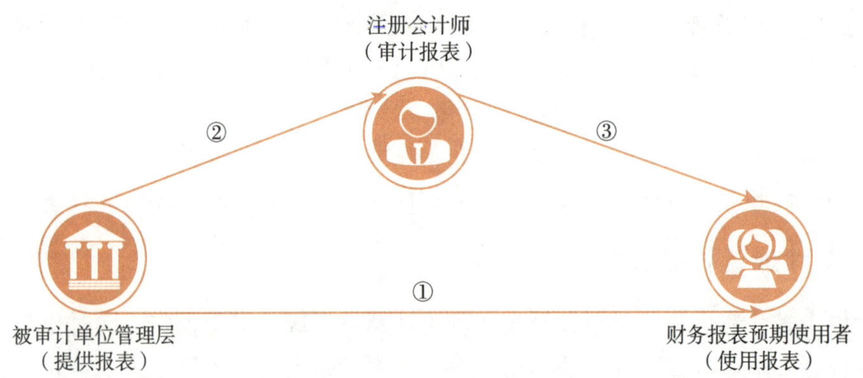

图1－4　审计业务的当事人

（2）注册会计师对由被审计单位管理层负责的财务报表发表审计意见，以增强除管理层之外的预期使用者对财务报表的信赖程度。

（3）在某些情况下，管理层和预期使用者可能来自同一企业，但并不意味着两者就是同一方。例如，某公司同时设有董事会和监事会，监事会需要对董事会和管理层负责的财务报表进行监督。

由于审计意见有利于提高财务报表的可信性，有可能对管理层有用，因此，在这种情况下，管理层也会成为预期使用者之一，但不能是唯一的预期使用者。

（4）由上述情况可知，是否存在三方关系是判断某项业务是鉴证业务还是相关业务的重要标准之一。

【提示】

(1) 财务报表是由被审计单位管理层编制并负责的，本来应该是直接提供给预期使用者，但是为了增强除管理层之外的预期使用者的信赖程度，所以引入第三方机构“注册会计师”。

(2) 注册会计师对被审计单位管理层编制的财务报表进行审计。

(3) 注册会计师审计的目的是让预期使用者更加信任财务报表。

(二) 注册会计师

注册会计师的责任是按照审计准则的规定对财务报表发表审计意见。

注册会计师应当遵守相关职业道德要求，按照审计准则的规定计划和实施审计工作，获取充分、适当的审计证据，并根据获取的审计证据得出合理的审计结论，发表恰当的审计意见。

注册会计师通过签署审计报告的方式确认其责任。

(三) 被审计单位管理层（责任方）

管理层是指对被审计单位经营活动的执行负有经营管理责任的人员。

管理层和治理层执行审计工作的前提，是指管理层和治理层（如适用）认可并理解其应当承担的下列责任（见表1-3）。

表1-3　管理层和治理层责任

简记	具体内容
编表	(1) 按照适用的财务报告编制基础编制财务报表，并使其实现公允反映（如适用）
内控	(2) 设计、执行和维护必要的内部控制，以使财务报表不存在由于舞弊或错误导致的重大错报
提供必要工作条件（信息、人员）	(3) 向注册会计师提供必要的工作条件，包括允许注册会计师接触与编制财务报表相关的所有信息（如记录、文件和其他事项），向注册会计师提供审计所需的其他信息，允许注册会计师在获取审计证据时不受限制地接触其认为必要的内部人员和其他相关人员

【提示】

(1) 财务报表审计并不减轻管理层或治理层的责任，管理层和治理层理应对编制的财务报表承担完全责任。尽管在审计过程中，注册会计师可能向管理层和治理层提出调整建议，甚至在不违反独立性的前提下为管理层编制财务报表提供协助，但管理层仍然对编制财务报表承担责任，并通过签署财务报表确认这一责任。

(2) 如果财务报表存在重大错报，而注册会计师通过审计没能发现，也不能因为财务报表已经由注册会计师审计这一事实而减轻管理层和治理层对财务报表的责任。

（四）预期使用者

（1）预期使用者是指预期使用审计报告和财务报表的组织或人员，包括股东、潜在投资人、债权人、政府相关部门、社会公众等。

（2）注册会计师可能无法识别使用审计报告的所有组织和人员，尤其在各种可能的预期使用者对财务报表存在不同的利益需求时。此时，预期使用者**主要是指那些与财务报表有重要和共同利益的主要利益相关者**。

（3）审计报告的收件人应当尽可能地明确为所有的预期使用者，但在实务中往往很难做到这一点。例如，收件人为"××股份公司全体股东"，但除了股东外，公司债权人、证券监管机构等显然也是预期使用者。

【例题1-4·单选题】下列有关财务报表审计业务三方关系的说法中，错误的是（　　）。（2014年）

A. 审计业务的三方关系人分别是注册会计师、被审计单位管理层和财务报表预期使用者

B. 如果注册会计师无法识别出使用审计报告的所有组织或人员，则预期使用者主要是指那些与财务报表有重要和共同利益的主要利益相关者

C. 委托人通常是财务报表预期使用者之一，也可能由责任方担任

D. 如果责任方和财务报表预期使用者来自同一企业，则两者是同一方

【答案】D

【解析】在某些情况下，管理层（责任方）和预期使用者可能来自同一企业，但并不意味着两者就是同一方。

二、财务报表（鉴证对象信息）（了解）

在财务报表审计中，审计的对象是历史的财务状况、经营业绩和现金流量，审计对象的载体是财务报表。

管理层和治理层（如适用）在编制财务报表时需要：

（1）根据相关法律法规的规定确定适用的财务报告编制基础；

（2）根据适用的财务报告编制基础编制财务报表；

（3）在财务报表中对适用的财务报告编制基础作出恰当的说明。编制财务报表要求管理层根据适用的财务报告编制基础运用判断作出合理的会计估计，选择和运用恰当的会计政策。

三、财务报表编制基础（标准）（了解）

注册会计师在运用职业判断对审计对象作出合理一致的评价或计量时，需要有适当的标准。

在财务报表审计中，财务报告编制基础即是标准。适用的财务报告编制基础，是指法律法规要求采用的财务报告编制基础；或者管理层和治理层（如适用）在编制财务报表时，就被审计单位性质和财务报表目标而言，采用的可接受的财务报告

编制基础。

财务报告编制基础分为**通用目的的编制基础**和**特殊目的的编制基础**。通用目的的编制基础，旨在满足广大财务报表使用者共同的财务信息需求的财务报告编制基础，主要是指会计准则和会计制度。特殊目的的编制基础，旨在满足财务报表特定使用者对财务信息需求的财务报告编制基础，包括计税核算基础、监管机构的报告要求和合同的约定等。

四、审计证据

注册会计师对财务报表提供合理保证是建立在获取充分、适当证据的基础上的。审计证据，是指注册会计师为了得出审计结论和形成审计意见而使用的必要信息。

审计证据在性质上具有累积性，主要是在审计过程中通过实施审计程序获取的（见图1-5）。

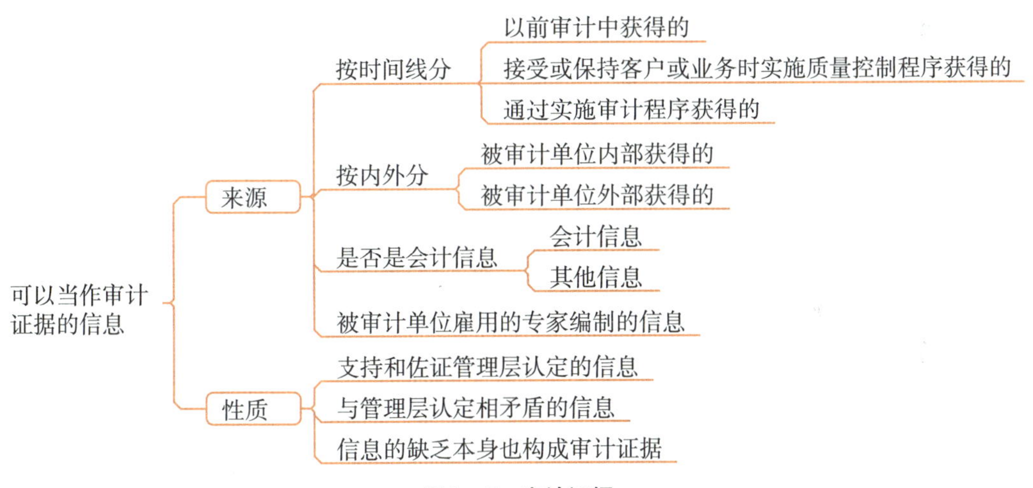

图1-5　审计证据

【例题1-5·单选题】下列关于审计证据的说法中，错误的是（　　）。

A. 审计证据主要是在审计过程中通过实施审计程序获取的

B. 审计证据不包括会计师事务所接受与保持客户时实施质量控制程序获取的信息

C. 审计证据包括支持和佐证管理层认定的信息，也包括与这些认定相矛盾的信息

D. 在某些情况下，信息的缺乏（如管理层拒绝提供注册会计师要求的声明）本身也构成审计证据

【答案】B

【解析】审计证据是指注册会计师为了得出审计结论、形成审计意见时使用的所有信息。包括会计师事务所接受与保持客户时实施质量控制程序获取的信息。

五、审计报告（注册会计师的成果）

注册会计师的审计成果通过审计报告展现，审计报告最核心的就是审计意见。注册会

计师可以发表的审计意见类型如图1-6所示。

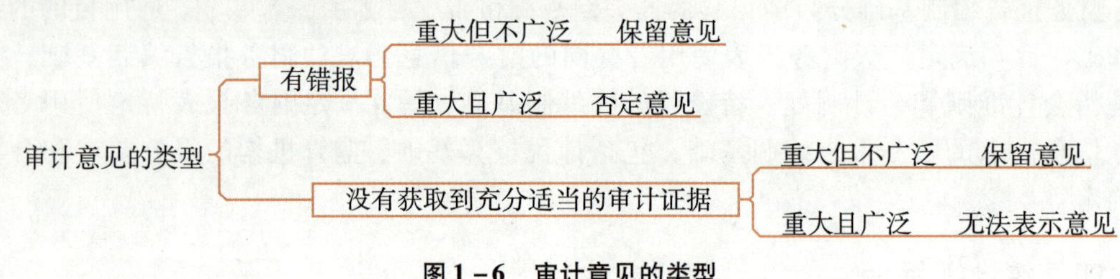

图1-6　审计意见的类型

第三节　审计目标（重要）

所谓审计的目标，简而言之就是审计需要达到的目的，总体上来看，审计的目标无非就是找出被审计单位财务报表的所有重大问题，并予以纠正，就像警察一样，最后出具恰当的审计报告。但是大目标的实现也是通过小目标的实现而达到的，针对每个细节，我们也需要有小目标，如资产，我们的目标无非就是判断资产虚增了吗？资产存在吗？资产计价正确吗？资产减值正确吗？所有资产都登记了吗？这就是所谓的总体目标和具体目标。

一、审计的总体目标

（1）在执行财务报表审计工作时，注册会计师的总体目标（获取合理保证、发表审计意见、出具审计报告）：

①对财务报表整体是否不存在由于舞弊或错误导致的重大错报获取合理保证，使得注册会计师能够对财务报表是否在所有重大方面按照适用的财务报告编制基础编制发表审计意见；

②按照审计准则的规定，根据审计结果对财务报表出具审计报告，并与管理层和治理层沟通。

（2）审计准则作为一个整体，为注册会计师执行审计工作以实现总体目标提供了标准。审计准则规范了注册会计师的一般责任以及在具体方面履行这些责任时的进一步考虑。每项具体审计准则通常包含了总则、定义、目标、要求和附则。

每项审计准则均包含一个或多个目标，这些目标将审计准则的要求与注册会计师的总体目标联系起来。每项审计准则规定目标的作用在于，使注册会计师关注每项审计准则预期实现的结果。这些目标足够具体，可以帮助会计师：

①理解所需完成的工作，以及在必要时为完成这些工作使用的恰当手段；

②确定在审计业务的具体情况下是否需要完成更多的工作以实现目标。

注册会计师需要将每项审计准则规定的目标与总体目标联系起来进行理解。

（3）在注册会计师的总体目标下，获取审计证据（见图1-7）。

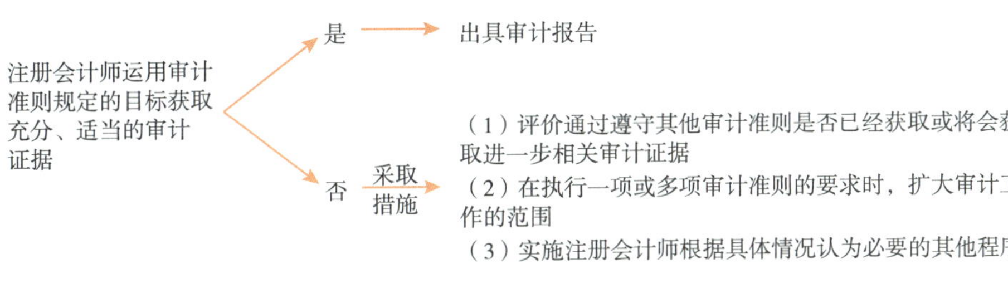

图 1－7　获取审计证据

【例题 1－6·多选题】 关于财务报表审计的总体目标，下列说法中，恰当的有（　　）。

A. 合理保证财务报表整体不存在重大错报

B. 合理保证财务报表整体不存在舞弊

C. 出具审计报告，并与管理层和治理层沟通

D. 出具审计报告，并向相关行业监管部门沟通

【答案】 AC

【解析】 审计的秘诀就是"遵照原文"，不管是客观题还是主观题，都应当最大限度地遵照原文。

二、具体审计目标

我们已经确定了总体审计目标，那么对于接下来的具体目标，我们要如何判断呢？这里就要引入"认定"。注册会计师的基本职责是确定被审计单位管理层对其财务报表的认定是否恰当，只有了解了认定，才能容易确定每个项目的具体审计目标。

认定是指管理层在财务报表中作出的明确或隐含的表达，注册会计师将其（明确或隐含的表达）用于考虑可能发生的不同类型的潜在错报。

甲公司资产负债表在财务报表日所列示的期末存货账面价值是 800 万元，可以有以下几种含义：

（1）财务报表日甲公司资产中所记录的存货 800 万元是存在的。隐含的意思是存货的存在是真实的，没有无中生有虚假记载。

（2）财务报表日甲公司资产中所记录的存货所记载的 800 万元是准确的。隐含的意思是存货的期末是按"存货成本跟可变现净值孰低"的原则准确处理的。没有多记也没有少记。

（3）甲公司的 800 万元存货是应当记录且均已记录。隐含的意思是存货已完整记录，没有少记一分。

（4）甲公司记录的存货 800 万元均由其拥有。隐含的意思是：存货没有被抵押、质押或作为担保物，由甲公司完全拥有。

（5）分类是正确的，隐含的意思是，这 800 万元对应的项目，计入"存货"项目是恰当的，没有被错误计入的。

（6）列报是正确的，隐含的意思是，800 万元是存货的期末余额减去备抵科目后的净额填入资产负债表中"存货"栏目。

甲公司利润表中**主营业务收入**有800万元，可以有以下几种含义：

（1）这800万元是甲公司销售产品而来，不是虚假的。即为甲公司真实发生的，不是无中生有的。

（2）这800万元包含了甲公司所有的主营业务收入，没有少记。即已完整记录所有发生的业务。

（3）这800万元的数据是准确的，没有错误。即交易金额是按正确金额记录的。没有多记也没有少记。

（4）这800万元都是当年的主营业务收入。即该计入当年的主营业务收入都已经计入进来了，不该计入当年的全部未计入，不存在跨期问题。

（5）这800万元准确的分类为“主营业务收入”，而不是其他科目。即该项记录的交易经过恰当的分类，计入恰当的账户。

（6）列报是正确的，800万元的主营业务收入填列在利润表中“营业收入”的项目，没有填列错误。

因审计的财务报表通常是指整套的财务报表，包括资产负债表、利润表、现金流量表或所有者权益变动表、附注。故认定也分为以下两种（见图1－8）。

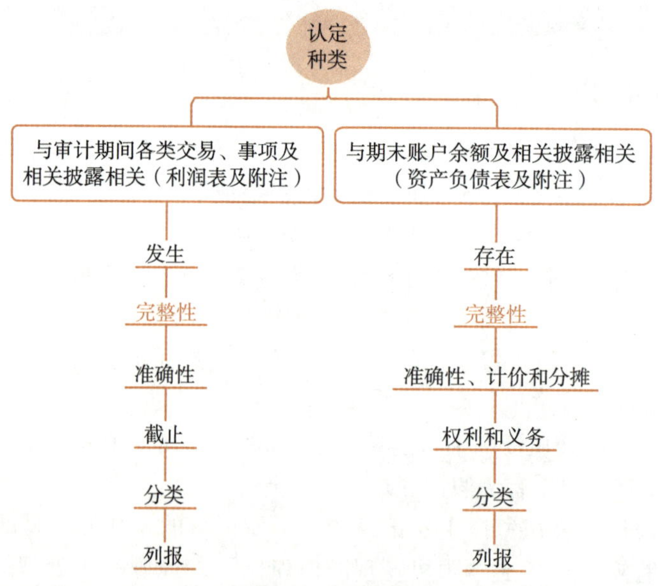

图1－8　认定种类

了解认定后，我们就可以针对每个认定设置不同的审计目标，并以此作为评估重大错报风险以及设计和实施进一步审计程序的基础。

（一）与所审计期间各类交易、事项及相关披露相关的审计目标（利润表及附注）

与所审计期间各类交易、事项及相关披露相关的审计目标如表1－4所示。

表 1-4　与所审计期间各类交易、事项及相关披露相关的审计目标（利润表及附注）

认定分类	认定的含义	理解	具体审计目标	举例
发生	记录或披露的交易和事项已发生，且与被审计单位有关	没有"多计"和"高估"	已记录的交易是真实的	记录主营业务收入 1 000 万元，该收入是否真的发生
完整性	所有应当记录的交易和事项均已记录，所有应当包括在财务报表中的相关披露均已包括	没有"少计"和"低估"	确认已发生的交易确实已经记录	记录的主营业务成本 1 000 万元，该成本是否完整包含了当年的所有成本
准确性	与交易和事项有关的金额及其他数据已恰当记录，相关披露已得到恰当计量和描述	金额准确	确认已记录的交易是按正确金额反映	记录资产减值损失 100 万元，那这个数字记录是否准确
截止	交易和事项已记录于正确的会计期间	入账时间正确，没有推迟或提前	确认接近于资产负债表日的交易记录于恰当的期间	记录的收入 1 000 万元，是否发生提前或延后确认收入的情况
分类	交易和事项已记录于恰当的账户	入账科目正确	被审计单位记录的交易经过恰当分类	记录的收入 1 000 万元，是否将"营业外收入"给划分进"营业收入"或其他科目
列报	交易和事项已被恰当地汇总或分解且表述清楚，相关披露在适用的财务报告编制基础下是相关的、可理解的	在报表中的列示和在附注中的披露是正确的	确认被审计单位的交易和事项已被恰当地汇总或分解且表述清楚，相关披露在适用的财务报告编制基础下是相关的、可理解的	比如，编制利润表时，是否没有对基本每股收益和稀释每股收益金额进行单独列示

【提示】

（1）发生和完整性两者强调的是相反的关注点。发生目标针对**多记、虚构交易（高估）**，而完整性目标则针对**漏记交易（低估）**。

（2）准确性与发生、完整性之间存在区别。例如，若已记录的销售交易是不应当记录的（如发出的商品是寄销商品），则即使发票金额是准确计算的，仍违反了发生目标。再如，若已入账的销售交易是对正确发出商品的记录，若金额计算错误，则违反了准确性目标，但没有违反发生目标。

（3）将本期交易推到下期记录，或将下期交易提到本期记录，均违反了截止目标。

（4）若将现销改为赊销，将出售经营性固定资产所得的收入记录为营业收入，则导致交易分类的错误，违反了分类的目标。

（二）与期末账户余额及相关披露相关的审计目标（资产负债表项目及附注）

与期末账户余额及相关披露相关的审计目标（见表 1-5）。

表 1－5　　与期末账户余额及相关披露相关的审计目标（资产负债表及附注）

认定分类	认定的含义	理解	具体审计目标	举例
存在	记录的资产、负债和所有者权益是存在的	没有“多计”和“高估”	记录的金额确实存在	资产负债表记录的资产 1 000 万元，是否真的存在？是否多记
权利和义务	记录的资产由被审计单位拥有或控制，记录的负债是被审计单位应当履行的偿还义务	没有不属于自己的	资产归属于被审计单位，负债属于被审计单位的义务	资产负债表记录的资产 1 000 万元，资产是否属于自己？不是人家寄存的吗？有没有被担保或者抵押给别人
完整性	所有应当记录的资产、负债和所有者权益均已记录，所有应当包括在财务报表中的相关披露均已包括	没有“少计”和“低估”	已存在的金额均已记录	资产负债表记录的资产 1 000 万元，我们是否存在漏记资产
准确性、计价和分摊	资产、负债和所有者权益以恰当的金额包括在财务报表中，与之相关的计价或分摊调整已恰当记录，相关披露已得到恰当计量和描述	金额准确	资产、负债和所有者权益以恰当的金额包括在财务报表中，与之相关的计价或分摊调整已恰当记录	资产负债表记录的资产 1 000 万元，期末的减值是不是准确的？计价有没有错误
分类	资产、负债和所有者权益已记录于恰当的账户	入账科目正确	资产、负债和所有者权益已记录于恰当的账户	资产负债表记录的存货 1 000 万元，计入“存货”这个科目是不是正确的
列报	资产、负债和所有者权益已被恰当地汇总或分解且表述清楚，相关披露在适用的财务报告编制基础下是相关的、可理解的	在报表中的列示和在附注中的披露是正确的	资产、负债和所有者权益已被恰当地汇总或分解且表述清楚，相关披露在适用的财务报告编制基础下是相关的、可理解的	资产负债表中“存货”的列示是否包括了所有应当包括的项目，是否根据科目余额减去其备抵项目后的净额填列

【提示】

（1）如果不存在某顾客的应收账款，但在应收账款明细表中却列入了对该顾客的应收账款，则违反了存在目标。

（2）将他人寄售商品列入被审计单位的存货中，违反了权利目标；将不属于被审计单位的债务记入账内，违反了义务目标。

（3）完整性是指资产没有少记、漏记。

（4）准确性、计价和分摊，重点关注应收账款等资产项目是否发生减值。

【例题 1－7·多选题】 以下情形中，注册会计师为了获取审计证据证明长期股权投资的准确性、计价与分摊认定是否恰当，其应当选择的实质性程序包括（　　）。

A. 结合银行借款等的检查，了解长期股权投资是否存在质押、担保情况

B. 获取或编制长期股权投资明细表，复核加计，并与总账数和明细账合计数核对

C. 结合长期股权投资减值准备科目，将其与报表数核对是否相符
D. 对于长期股权投资分类发生变化的，检查其核算是否正确
【答案】BCD
【解析】选项A是针对“权利和义务”认定。

第四节　审计基本要求（了解）

一、遵守审计准则

注册会计师执行审计业务，必须按照执业准则、规则确定的工作程序出具报告。

二、遵守职业道德守则

职业道德基本原则如图1－9所示。

图1－9　职业道德基本原则

三、保持职业怀疑（理解，无须记忆）

（一）职业怀疑的含义

在计划和实施审计工作时，注册会计师应当保持职业怀疑，认识到可能存在导致财务报表发生重大错报的情形。

职业怀疑是指注册会计师执行审计业务的一种态度，包括采取质疑的思维方式，对可能表明由于错误或舞弊导致错报的迹象保持警觉，以及对审计证据进行审慎评价（见表1－6）。

表1－6　职业怀疑的含义

理解要点	说明
本质	注册会计师应具有批判和质疑的精神，摒弃“存在即合理”，对于提供的证据和解释，不应不假思索地全盘接受 职业怀疑与客观和公正、独立性两项职业道德基本原则密切相关。保持独立性可以增强注册会计师在审计中保持客观公正、职业怀疑的能力
对引起疑虑的情形保持警觉	（1）相互矛盾的证据 （2）对可靠性产生怀疑的信息 （3）表明可能存在舞弊的情况 （4）表明需要实施除审计准则规定外的其他审计程序的情形

续表

理解要点	说明
审慎评价审计证据	（1）质疑相互矛盾的审计证据的可靠性 （2）在怀疑信息的可靠性或存在舞弊迹象时，注册会计师需要作出进一步调查，并确定需要修改哪些审计程序或实施哪些追加审计程序 （3）虽然注册会计师需要在审计成本与信息的可靠性之间进行权衡，但是，**审计中的困难、时间或成本等事项本身，不能作为省略不可替代的审计程序或满足于说服力不足的审计证据的理由**
客观评价管理层和治理层	注册会计师不应依赖以往对管理层和治理层诚信形成的判断

（二）保持职业怀疑的作用

职业怀疑是保证审计质量的关键要素。保持职业怀疑有助于注册会计师恰当运用职业判断，提高审计程序设计及执行的有效性，降低审计风险。

在审计过程中，保持职业怀疑的作用如表1－7所示。

表1－7　　保持职业怀疑的作用

在识别和评估重大错报风险时	（1）有助于注册会计师设计恰当的风险评估程序，有针对性地了解被审计单位及其环境 （2）有助于使注册会计师对引起疑虑的情形保持警觉，充分考虑错报发生的可能性和重大程度，有效识别和评估财务报表层次和认定层次的重大错报风险
在设计和实施进一步审计程序应对重大错报风险时	（1）有助于注册会计师针对评估出的重大错报风险，恰当设计进一步审计程序的性质、时间安排和范围，降低选取不适当的审计程序的可能性 （2）有助于注册会计师对已获取的审计证据表明可能存在未识别的重大错报风险的情形保持警觉，并作出进一步调查
在评价审计证据时	（1）有助于注册会计师评价是否已获取充分、适当的审计证据以及是否还需执行更多的工作 （2）有助于注册会计师审慎评价审计证据，纠正仅获取最容易获取的审计证据、忽视存在相互矛盾的审计证据的偏向
在发现舞弊时	（1）有助于使注册会计师认识到存在由于舞弊导致的重大错报的可能性，不受以前对管理层、治理层正直和诚信形成的判断的影响 （2）使注册会计师对获取的信息和审计证据是否表明可能存在由于舞弊导致的重大错报风险始终保持警惕 （3）使注册会计师在认为文件可能是伪造的或文件中的某些条款可能已被篡改时，作出进一步调查

【例题1－8·单选题】下列有关职业怀疑的说法中，错误的是（　　）。（2015年）

A. 职业怀疑与所有职业道德基本原则均密切相关

B. 职业怀疑是保证审计质量的关键要素

C. 保持职业怀疑可以提高审计程序设计和执行的有效性

D. 职业怀疑要求注册会计师质疑相互矛盾的审计证据的可靠性

【答案】A

【解析】职业怀疑与客观和公正、独立性两项职业道德基本原则密切相关。

【注意】在审计中，看见“所有”这种字眼的答案我们都应该关注，根据审计的谨慎性，一般不会用绝对性的字眼，所以需要特别关注。

四、合理运用职业判断（了解，无须记忆）

职业判断是指在审计准则、财务报告编制基础和职业道德要求的框架下，注册会计师综合运用相关知识、技能和经验，作出适合审计业务具体情况、有根据的行动决策。

职业判断是注册会计师行业的精髓，涉及注册会计师执业的各个环节，在作出下列决策时尤为重要：

（1）确定重要性，识别和评估重大错报风险；

（2）为满足审计准则的要求和收集审计证据的需要，确定所需实施的审计程序的性质、时间安排和范围；

（3）为实现审计准则规定的目标和注册会计师的总体目标，评价是否已获取充分、适当的审计证据以及是否还需执行更多的工作；

（4）评价管理层在应用适用的财务报告编制基础时作出的判断；

（5）根据已获取的审计证据得出结论，如评估管理层在编制财务报表时作出的估计的合理性；

（6）运用职业道德概念框架识别、评估和应对对职业道德基本原则不利的影响。

衡量职业判断质量标准如表 1－8 所示。

表 1－8　职业判断质量标准

标准	解释
准确性或意见一致性	职业判断结论与特定标准或客观事实的相符程度 不同职业判断主体针对同一职业判断问题所作判断彼此认同的程度
决策一贯性和稳定性	同一注册会计师针对同一项目的不同判断问题，所作出的判断之间是否符合应有的内在逻辑，以及同一注册会计师针对相同的职业判断问题，在不同时点所作出的判断是否结论相同或相似
可辩护性	注册会计师是否能够证明自己的工作，通常，理由的充分性、思维的逻辑性和程序的合规性是可辩护性的基础

注册会计师需要对职业判断作出适当的书面记录，对下列事项进行书面记录，有利于提高职业判断的可辩护性：

（1）对职业判断问题和目标的描述；

（2）解决职业判断相关问题的思路；

（3）收集到的相关信息；

（4）得出的结论以及得出结论的理由；

（5）就决策结论与被审计单位进行沟通的方式和时间。

【例题1-9·多选题】 注册会计师需要对职业判断作出适当的书面记录。下列各项记录内容中，有利于提高职业判断的可辩护性的有（　　）。(2018年)

A. 注册会计师得出的结论及理由

B. 注册会计师解决职业判断相关问题的思路

C. 注册会计师收集到的相关信息

D. 注册会计师就决策结论与被审计单位进行沟通的方式和时间

【答案】 ABCD

【解释】 注册会计师需要对职业判断作出适当的书面记录，对下列事项进行书面记录，有利于提高职业判断的可辩护性：(1) 对职业判断问题和目标的描述；(2) 解决职业判断相关问题的思路（选项B）；(3) 收集到的相关信息（选项C）；(4) 得出的结论以及得出结论的理由（选项A）；(5) 就决策结论与被审计单位进行沟通的方式和时间（选项D）。

【例题1-10·单选题】 下列有关职业判断的说法中，错误的是（　　）。(2017年)

A. 职业判断能力是注册会计师胜任能力的核心

B. 注册会计师应当书面记录其在审计过程中作出的所有职业判断

C. 注册会计师保持独立有助于提高职业判断质量

D. 注册会计师工作的可辩护性是衡量职业判断质量的重要方面

【答案】 B

【解析】 在审计题目中，一般看见“所有”“肯定”“必须”字眼的都要谨慎对待，这里一般都会出现陷阱。此题中选项B，注册会计师需要对职业判断作出适当的书面记录，但是并非对其在审计过程中作出的所有职业判断均进行书面记录。

第五节　审计风险（超级重点）

【提示】

审计到底应该怎么学？

经过前面几节的学习，我们发现审计好奇怪！学了，看懂了但不知道是什么的感觉，学到了知识但是又感觉什么都没学到！前面有合理保证和有限保证，本章还有重大错报风险和检查风险！什么？什么是重大错报风险，我好像有感觉但是却无法表述出来，书上的解释也是似懂非懂的状态！对，这就是审计，真的没办法做到“1+1=2”的这种精确表达，这是一种思维，所以不要去纠结单个词语的意思，整体往前推进，你需要掌握的点全部在例题中，无须太担心。

审计风险是指当财务报表存在重大错报时，注册会计师发表不恰当审计意见的可能性。审计风险取决于重大错报风险和检查风险。即：**审计风险=重大错报风险×检查风险**（见图1-10）。

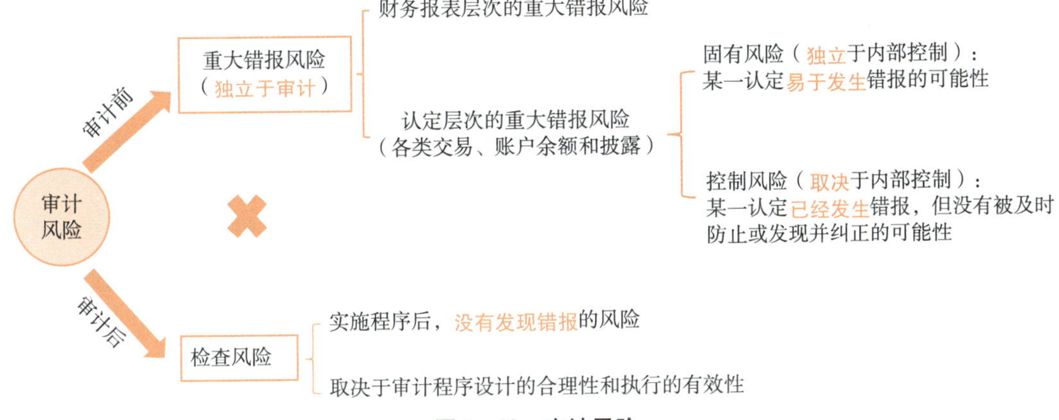

图 1-10　审计风险

【提示】
本节所讲的审计风险是指可接受的审计风险水平，这一风险水平在制定审计计划时就应该确定了。

一、重大错报风险

重大错报风险是指财务报表在审计前存在重大错报的可能性。重大错报风险与被审计单位的风险相关，且独立于财务报表审计而存在。

【提示】
重大错报风险是审计前存在重大错报的可能性，是客观存在的，不能降低，只能评估，能够降低的只是检查风险。

注册会计师在设计审计程序以确定财务报表整体是否存在重大错报时，应当从财务报表层次和各类交易、账户余额及披露认定层次方面考虑重大错报风险。

1. 两个层次的重大错报风险

（1）财务报表层次重大错报风险与财务报表整体存在广泛联系，受被审计单位控制环境的影响，可能影响多项认定，但难以界定于某类交易、账户余额和披露的具体认定。

（2）认定层次的重大错报风险与各类交易、账户余额和披露认定有关，有助于注册会计师确定认定层次上实施的进一步审计程序的性质、时间安排和范围。

2. 固有风险和控制风险

认定层次的重大错报风险又可以进一步细分为固有风险和控制风险，但是本教材一般不单独提固有风险和控制风险，而只提认定层次的重大错报风险。

（1）固有风险是指在考虑相关的内部控制之前，某类交易、账户余额或披露的某一认定易于发生错报（该错报单独或连同其他错报可能是重大的）的可能性。

（2）控制风险是指某类交易、账户余额或披露的某一认定发生错报，该错报单独或连同其他错报是重大的，但没有被内部控制及时防止或发现并纠正的可能性。控制风险取决于与财务报表编制有关的内部控制设计的合理性和运行的有效性。由于控制的固有局限性，某种程度的控制风险始终存在。

【例题 1－11·单选题】 下列关于重大错报风险的说法中，错误的是（　　）。（2012 年）

A. 重大错报风险是指如果存在某一错报，该错报单独或连同其他错报可能是重大的，注册会计师为将审计风险降至可接受的低水平而实施程序后没有发现这种错报的风险

B. 重大错报风险包括财务报表层次和各类交易、账户余额及列报和披露认定层次的重大错报风险

C. 财务报表层次的重大错报风险可能影响多项认定，此类风险通常与控制环境有关，但也可能与其他因素有关

D. 认定层次的重大错报风险可以进一步细分为固有风险和控制风险

【答案】 A

【解析】 选项 A 属于“检查风险”的含义，即检查风险是指如果存在某一错报，该错报单独或连同其他错报可能是重大的，注册会计师为将审计风险降至可接受的低水平而实施程序后没有发现这种错报的风险。（每年必考，注意区分检查风险和重大错报风险的定义，重大错报风险是客观存在的，即使不执行任何审计程序都存在于财务报表中的。）

二、检查风险

检查风险是指如果存在某一错报，该错报单独或连同其他错报可能是重大的，注册会计师为将审计风险降至可接受的低水平而实施程序后没有发现这种错报的风险。**检查风险取决于审计程序设计的合理性和执行的有效性！**

注册会计师应当合理设计审计程序的性质、时间安排和范围，并有效执行审计程序，以控制检查风险。

由于注册会计师通常不对所有的交易、账户余额和披露进行检查，以及其他原因，**检查风险可以降低，但是不可能降低为零。**

注册会计师可以通过适当计划、在项目组成员之间进行恰当的职责分配、保持职业怀疑的态度以及监督、指导和复核项目组成员执行的审计工作降低检查风险。

【例题 1－12·单选题】 下列有关检查风险的说法中，错误的是（　　）。（2017 年）

A. 检查风险是指注册会计师未通过审计程序发现错报，因而发表不恰当审计意见的风险

B. 检查风险取决于审计程序设计的合理性和执行的有效性

C. 检查风险通常不可能降低为零

D. 保持职业怀疑有助于降低检查风险

【答案】 A

【解析】 审计风险是指当财务报表存在重大错报时，注册会计师发表不恰当审计意见的可能性。而检查风险是指如果存在某一错报，该错报单独或连同其他错报可能是重大的，注册会计师为将审计风险降至可接受的低水平而实施程序后没有发现这种错报的风险。

三、检查风险与重大错报风险的方向关系

在既定的审计风险水平下，可接受的检查风险水平与认定层次重大错报风险的评估结果呈反向关系。即：

审计风险（audit risk）= 重大错报风险（material misstatement risks）
×检查风险（detection risk）

评估的重大错报风险越高，可接受的检查风险就越低。

【提示】

（1）上述公式可以变形为：检查风险（D）= 审计风险（A）/重大错报风险（M）。

（2）其中审计风险是注册会计师根据实际情况预先设定的，重大错报风险是客观存在的，因此当评估的重大错报风险越高，就要求注册会计师降低检查风险，如何降低检查风险？那就是实施越多的审计程序，以发现更多的错报。

（3）也就是说，当审计风险一定时：

如果评估的重大错报风险越高—检查风险就必须越低—审计程序就必须越多；

如果评估的重大错报风险越少—检查风险就可以高—审计程序就可以少。

【例题1-13·单选题】 关于可接受的检查风险水平与评估的认定层次重大错报风险之间的关系，下列说法正确的是（　　）。(2012年)

A. 在既定的审计风险水平下，两者存在反向变动关系

B. 在既定的审计风险水平下，两者存在正向变动关系

C. 在既定的审计风险水平下，两者之和等于100%

D. 在既定的审计风险水平下，两者没有关系

【答案】 A

【解析】 在既定的审计风险水平下，可接受的检查风险水平与评估的认定层次重大错报风险之间两者存在反向变动关系。

四、审计的固有限制

审计的固有限制如图1-11所示。

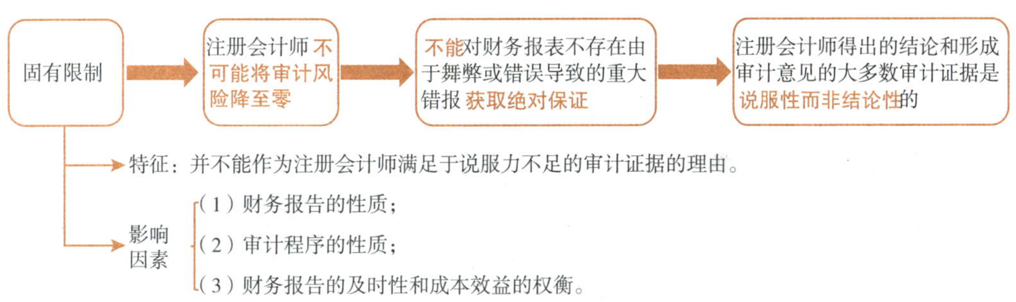

图1-11　审计的固有限制

1. 财务报告的性质

管理层编制财务报表，需要根据被审计单位的事实和情况运用适用的财务报告编制基础的规定，在这一过程中需要作出判断。此外，许多财务报表项目涉及主观决策、评估或不确定性，金额本身存在一定的变动幅度，这种变动幅度不能通过实施审计程序予以消除。

2. 审计程序的性质

（1）管理层或其他人员可能有意或无意的不提供与财务报表编制相关的或注册会计师要求的全部信息；

（2）舞弊可能涉及精心策划和蓄意实施以进行隐瞒；

（3）审计不是对涉嫌违法行为的官方调查。

3. 财务报告的及时性和成本效益的权衡

为了在合理的时间内以合理的成本对财务报表形成审计意见，注册会计师有必要：

（1）计划审计工作，以使审计工作以有效的方式得到执行；

（2）将审计资源投向最可能存在重大错报风险的领域，并相应地在其他领域减少审计资源；

（3）运用测试和其他方法检查总体中存在的错报。

此外，由于审计存在固有限制：

（1）大多数审计证据是说服性而非结论性的；

（2）注册会计师不能对财务报表不存在由于舞弊或错误导致的重大错报获取绝对保证；

（3）完成审计工作后发现由于舞弊或错误导致的财务报表重大错报，其本身并不表明注册会计师没有按照审计准则的规定执行审计工作；

（4）固有限制不是注册会计师满足于说服力不足的审计证据的理由。

第六节　审计过程（了解基本流程）

风险导向审计模式要求注册会计师在审计过程中，以重大错报风险的识别、评估和应对作为工作主线。相应地，审计过程大致可分为以下几个阶段（见图1－12）。

接受业务委托 ⇒ 计划审计工作 ⇒ 识别和评估重大错报风险 ⇒ 应对重大错报风险 ⇒ 编制审计报告

图1－12　审计的几个阶段

一、接受业务委托

（1）会计师事务所应当按照执业准则的规定，谨慎决策是否接受或保持某客户关系和具体审计业务。在接受新客户的业务前，或决定是否保持现有业务或考虑接受现有客户的新业务时，会计师事务所应当执行有关客户接受与保持的程序，以获取如下信息：

①考虑客户的诚信，没有信息表明客户缺乏诚信；

②具有执行业务必要的素质、专业胜任能力、时间和资源；

③能够遵守相关职业道德要求。

（2）一旦决定接受业务委托，注册会计师应当与客户就审计约定条款达成一致意见。对于连续审计，注册会计师应当根据具体情况确定是否需要修改业务约定条款，以及是否需要提醒客户注意现有的业务约定书。

二、计划审计工作

对于任何一项审计业务，注册会计师在执行具体审计程序之前，都必须根据具体情况制定科学、合理的计划，使审计业务以有效的方式得到执行。一般来说，计划审计工作主要包括：在本期审计业务开始时开展的初步业务活动；制定总体审计策略；制定具体审计计划等。需要指出的是，计划审计工作不是审计业务的一个孤立阶段，而是一个持续的、不断修正的过程，贯穿于整个审计业务的始终。

三、实施风险评估程序

风险评估程序是指注册会计师为了解被审计单位及其环境，以识别和评估财务报表层次和认定层次的重大错报风险（无论该错报是由于舞弊或错误导致）而实施的审计程序。风险评估程序是必要程序，了解被审计单位及其环境实际上是一个连续和动态地收集、更新与分析信息的过程，贯穿于整个审计过程的始终。

一般来说，实施风险评估程序的主要工作包括：了解被审计单位及其环境；识别和评估财务报表层次以及各类交易、账户余额和披露认定层次的重大错报风险，包括确定需要特别考虑的重大错报风险（即特别风险）以及仅通过实质性程序无法应对的重大错报风险等。

四、应对重大错报风险

注册会计师实施风险评估程序本身并不足以为发表审计意见提供充分、适当的审计证据，还应当实施进一步审计程序，包括实施控制测试（必要时或决定测试时）和实质性程序。因此，注册会计师评估财务报表重大错报风险后，应当运用职业判断，针对评估的财务报表层次重大错报风险确定总体应对措施，并针对评估的认定层次重大错报风险设计和实施进一步审计程序，以将审计风险降至可接受的低水平。

五、编制审计报告

注册会计师在完成财务报表所有循环的进一步审计程序后，还应当按照有关审计准则的规定做好审计完成阶段的工作，并根据所获取的各种证据，合理运用专业判断，形成适当的审计意见。

第一章　审计概述

彬哥跟你说：

在学习注册会计师的路上，没有智商和基础的差异，在 BT，我见证了太多的奇迹，所以，此时的你，可能还没有养成关手机的习惯，可能还没学会合理规划时间，那么，逐步养成。可是，就算你真的很自律，但是我不相信你没有放纵的那一刻，因此，请原谅自己的不完美！

今日复习步骤：

第一遍：回忆 & 重新复习一遍框架（10 分钟）

学习要求：这一遍的目的是自己重新找一遍框架，不需要掌握所有细节，但求框架了然于心。

（1）审计概述主要讲了哪些内容？

（2）审计要素、审计目标等六个部分，分别包括哪几部分内容，大概包括哪些内容。

第二遍：对细节进一步掌握（30 分钟）

第三遍：重新复习一遍框架（5 分钟）

我问你答：

（1）相关服务包括什么？相关服务有保证程度吗？

（2）鉴证服务包括什么？分别有什么保证程度？

（3）审计报告的最终产品是审计报告和财务报表吗？

（4）审计业务要素包括什么？三方关系中，被审计单位管理层的责任是什么？审计能不能减轻管理层对财务报表的责任？

（5）审计的总体目标是什么？审计的目的是否涉及为如何利用信息提供建议？

（6）职业怀疑是否与所有道德基本原则都密切相关（如果不是，是与什么相关）？职业怀疑的四个理解要点是什么？保持职业怀疑的作用是否为了降低成本？

（7）注册会计师是否需要对所有作出的职业判断都进行书面记录？

（8）审计风险是什么？重大错报风险跟检查风险是什么关系？重大错报风险是否可以通过审计来降低？固有风险和控制风险是否属于财务报表层次的重大错报风险？

（9）如果存在某一错报，该错报单独或连同其他错报可能是重大的，注册会计师为将审计风险降至可接受的低水平而实施程序后没有发现这种错报的风险叫作审计风险，是否正确？如果不正确，审计风险是指什么？上面描述的是什么风险？

本章作业：

（1）请把讲义例题做三遍（做错的题目，请分析错误原因并记录到改错本）。

（2）请复习完口述一遍框架，睡前请再回忆一遍框架。

（3）第二天早上，请再回忆一遍框架，对于回忆不起来的内容，请翻书看一遍。

第 3 天

复习旧内容：

审计概述（第一章）

学习新内容：

审计计划（第二章）

学习方法：

本章内容较为简单，我认为你们应该多花一点时间去复习昨天的内容。今天的内容主要是三节“初步业务活动—审计计划—重要性”，应该来说学习的时候不断地告诉自己今天的三节内容很关键，这样可以保证自己在学习的过程中一直不迷路。

你今天可能有的心态：

学习审计无非就是不断重复，经过昨天的学习，你可能感觉有点迷茫，这个审计到底在学什么呀？对，就是这个感觉，感觉什么都学了，但是感觉什么都没学，审计就是这样一门课程，所以继续坚持下去！心中不忘框架，慢慢前行。

简单解释今天学习内容：

凡事预则立，不预则废！审计计划就是讲在做审计的时候应该如何制定计划。首先必须跟被审计单位签订合同（审计业务约定条款）；然后就是必须制定总体的审计策略，包括哪些方向要重视、审计资源怎么分配、重要性是多高，等等；最后还要制定具体审计计划，针对具体的项目准备制定哪些程序？

可能会遇到的难点：

重要性的概念，正如前面所讲，一个年营业收入 6 000 亿元的公司和一个年营业收入 1 000 万元的公司的错误重大性判断标准必然不一样，这就是重要性的概念，超过这个标准就构成了重大，否则就不是重大，这就是重要性最基本的概念。

习题注意事项：

本章出题多为选择题，偶有简答题的时候，一般也是判断对错并说明理由，所以，一定要遵照原文进行答题，千万不可肆意揣摩。

建议学习时间：

2.5 小时

第二章　审计计划

审计计划框架如图 2－1 所示。

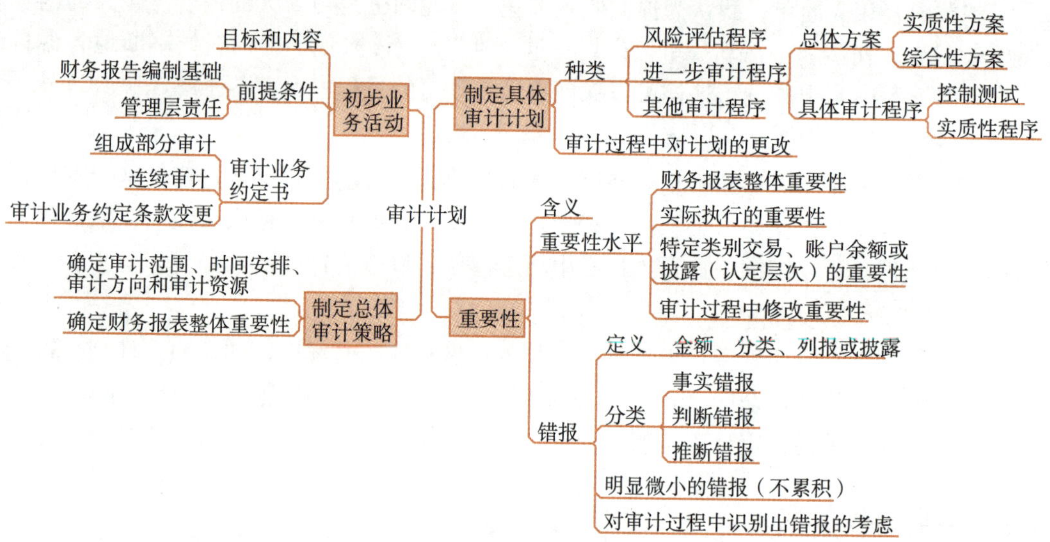

图 2－1　审计计划框架

第一节　初步业务活动

所谓初步业务活动，意思就是在审计计划中，第一步要做的工作，那无非就是考察项目然后签订合同。

一、初步业务活动的目的和内容

初步业务活动的目的和内容如表 2－1 所示。

表 2－1　　初步业务活动的目的和内容

	目的	内容
考察自己	具备执行业务所需的独立性和专业胜任能力	评价遵守相关职业道德要求的情况
考察对方	不存在因管理层诚信问题而可能影响注册会计师保持该项业务的意愿的事项	针对保持客户关系和具体审计业务，实施相应的质量控制程序
要求一致	与被审计单位之间不存在对业务约定条款的误解	就审计业务约定条款与被审计单位达成一致意见

在连续审计的业务中，这些初步业务活动通常是在上期审计工作结束后不久或将要结束时就已经开始了。

【例题2－1·多选题】 注册会计师应当在审计业务开始时开展初步业务活动。下列各项中，不属于初步业务活动的是（　　）。（2012年、2014年）

A. 针对保持客户关系和具体审计业务实施相应的质量控制程序

B. 评价遵守相关职业道德要求的情况

C. 在执行首次审计业务时，查阅前任注册会计师的审计工作底稿

D. 就审计业务约定条款与被审计单位达成一致意见

E. 确定项目组成员及拟利用的专家

【答案】 CE

【解析】 选项C是接受业务委托后与前任注册会计师的沟通，不属于初步业务活动的内容。选项E是总体审计策略。

二、审计的前提条件

审计的前提条件是指管理层在编制财务报表时采用可接受的财务报告编制基础，以及管理层对注册会计师执行审计工作的前提的认同（见图2－2）。

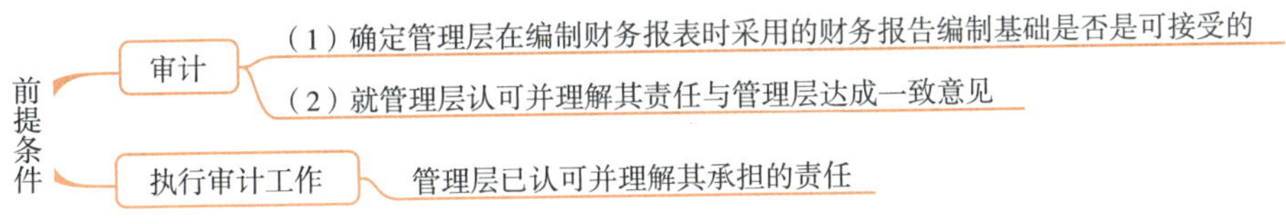

图2－2　审计和执行审计工作的前提条件

1. 财务报告编制基础

如果不存在可接受的财务报告编制基础，管理层就不具有编制财务报表的恰当基础，注册会计师也不具有对财务报表进行审计的适当标准。

确定财务报告编制基础的可接受性时，需要考虑以下相关因素：

（1）被审计单位的性质；

（2）财务报表的目的；

（3）财务报表的性质；

（4）法律法规是否规定了适用的财务报告编制基础。

2. 管理层责任

就管理层的责任达成一致意见。按照审计准则的规定执行审计工作的前提是管理层已认可并理解其承担的责任，其责任包括：

（1）按照适用的财务报告编制基础编制财务报表，并使其实现公允反映（如适用）。

（2）设计、执行和维护必要的内部控制，以使编制的财务报表不存在由于舞弊或错误导致的重大错报。

（3）向注册会计师提供必要的工作条件，包括允许注册会计师接触与编制财务报表相关的所有信息（如记录、文件和其他事项），向注册会计师提供审计所需要的其他信息，

允许注册会计师在获取审计证据时不受限制地接触其认为必要的内部人员和其他相关人员。

3. 确认的形式

注册会计师应当要求管理层就其已履行的某些责任提供书面声明。

如果管理层不认可其责任，或不同意提供书面声明，注册会计师将不能获取充分、适当的审计证据。在这种情况下，注册会计师承接此类业务是不恰当的，除非法律法规另有规定。如果法律法规要求承接此类审计业务，注册会计师可能需要向管理层解释这种情况的重要性及其对审计报告的影响。

【例题 2-2·多选题】 管理层应当认可并理解其对财务报表的责任，包括（　　）。

A. 按照适用的财务报告编制基础编制财务报表，并使其实现公允反映

B. 管理层对与财务报表相关内部控制的设计、运行与维护承担完全责任

C. 如果管理层不认可或不理解其对财务报表的责任，则注册会计师只能考虑出具非无保留意见

D. 向注册会计师提供必要的工作条件，包括允许注册会计师接触与编制财务报表相关的所有信息

【答案】 ABD

【解析】 选项 C 不恰当。如果管理层不认可其责任，或不同意提供书面声明，注册会计师将不能获取充分、适当的审计证据。在这种情况下，注册会计师承接此类审计业务是不恰当的，除非法律法规另有规定。

三、审计业务约定书（了解）

审计业务约定书是指会计师事务所与被审计单位签订的，用以记录和确认审计业务的委托与受托关系、审计目标和范围、双方的责任以及报告的格式等事项的书面协议。会计师事务所承接任何审计业务，都应与被审计单位签订审计业务约定书。

（一）审计业务约定书的基本内容（了解）

（1）财务报表审计的目标与范围；

（2）注册会计师的责任；

（3）管理层的责任；

（4）指出用于编制财务报表所适用的财务报告编制基础；

（5）提及注册会计师拟出具的审计报告的预期形式和内容，以及对在特定情况下出具的审计报告可能不同于预期形式和内容的说明。

（二）审计业务约定书的特殊考虑

1. 组成部分审计

如果母公司的注册会计师同时也是组成部分注册会计师，需要考虑下列因素，决定是否向组成部分单独致送审计业务约定书：

（1）组成部分注册会计师的委托人；

（2）是否对组成部分单独出具审计报告；

（3）与审计委托相关的法律法规的规定；

（4）母公司占组成部分的所有权份额；

（5）组成部分管理层相对于母公司的独立程度。

2. 连续审计（了解）

对于连续审计，注册会计师应当根据具体情况评估是否需要对审计约定条款作出修改，以及是否需要提醒被审计单位注意现有的条款。

注册会计师可以决定不在每期都致送新的业务约定书或其他书面协议。然而，下列因素可能导致注册会计师修改审计业务约定条款或提醒被审计单位注意现有的业务约定条款：

（1）有迹象表明被审计单位误解审计目标和范围；

（2）需要修改约定条款或增加特别条款；

（3）被审计单位高级管理人员近期发生变动；

（4）被审计单位所有权发生重大变动；

（5）被审计单位业务的性质或规模发生重大变化；

（6）法律法规的规定发生变化；

（7）编制财务报表采用的财务报告编制基础发生变更；

（8）其他报告要求发生变化。

【例题2-3·单选题】如果是连续审计业务，在下列情况下，需要A注册会计师提醒甲公司管理层关注或修改现有业务约定条款的是（　　）。(2010年)

A. 注册会计师对上期财务报表出具了非标准审计报告

B. 注册会计师更换两名审计助理人员

C. 甲公司对上期财务报表作出重述

D. 甲公司高级管理人员近期发生变动

【答案】D

3. 审计业务约定条款的变更

（1）变更审计业务约定条款的要求。

在完成审计业务前，如果被审计单位或委托人要求将审计业务变更为保证程度较低的业务，注册会计师应当确定是否存在合理理由予以变更（见表2-2）。

表2-2　　要求变更业务是否合理

下列原因可能导致被审计单位要求变更业务	是否合理
（1）环境变化对审计服务的需求产生影响 （2）对原来要求的审计业务的性质存在误解	通常被认为是变更业务的合理理由，但如果有迹象表明该变更要求与错误的、不完整的或者不能令人满意的信息有关除外
（3）无论是管理层施加的还是其他情况引起的审计范围受到限制	通常不被认为是变更业务的合理理由

（2）不同意变更业务的处理。

如果没有合理的理由，注册会计师不应同意变更业务。如果注册会计师不同意变更审计业务约定条款，而管理层又不允许继续执行原审计业务，注册会计师应当：

①在适用的法律法规允许的情况下，**解除审计业务约定**；

②确定是否有约定义务或其他义务**向治理层、所有者或监管机构等报告该事项**。

(3) 变更为审阅业务或相关服务业务的要求。

如果注册会计师认为将审计业务变更为审阅业务或相关服务业务具有合理理由，截至变更日已执行的审计工作可能与变更后的业务相关，相应地，注册会计师需要执行的工作和出具的报告会适用于变更后的业务。

①将审计变更审阅、相关服务业务，**不应提及**原审计业务和在原审计业务中已执行的程序；

②**将审计业务变更为执行商定程序业务**，注册会计师才可在报告中**提及**已执行的程序（见图2－3）。

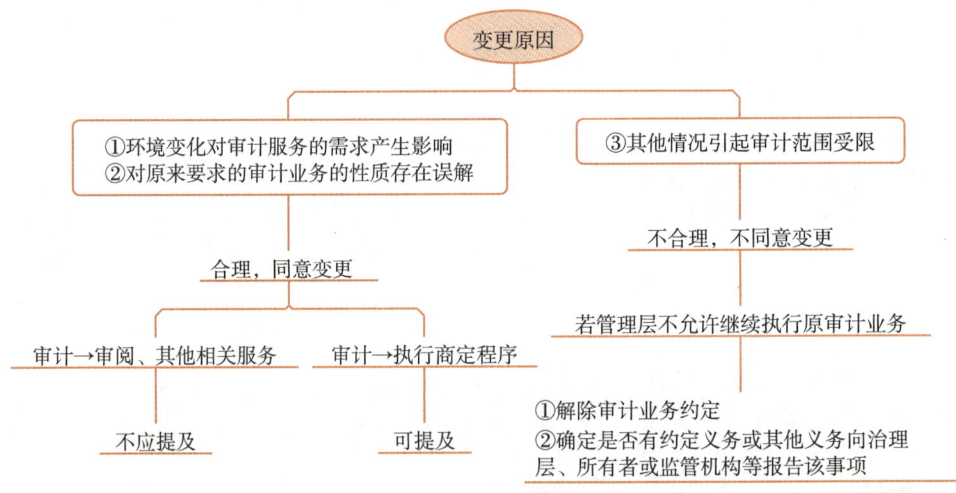

图2－3　业务变更原因

【例题2－4·单选题】在完成审计业务前，如果将审计业务变更为保证程度较低的鉴证业务，注册会计师认为合理的是（　　）。(2010年)

A. 注册会计师不能获取完整和令人满意的信息

B. 注册会计师不能获取充分、适当的审计证据

C. 被审计单位提出大幅度削减审计费用

D. 被审计单位对原来要求的审计业务的性质存在误解

【答案】D

【解析】变更业务的合理理由包括：(1) 环境变化对审计服务的需求产生影响；(2) 对原来要求的审计业务的性质存在误解。所以选项D正确。选项ABC均属于审计范围受限的情形，都不属于变更业务的合理理由。

【例题2－5·单选题】如果认为将审计业务变更为审阅业务具有合理理由，并且截至变更日已执行的审计工作与变更后的审阅业务相关，在出具审阅报告时，注册会计师正确的做法是（　　）。

A. 在审阅报告中提及原审计业务中已执行的工作

B. 在审阅报告中提及原审计业务

C. 在审阅报告中说明业务变更的合理理由

D. 在审阅报告中不提及原审计业务的任何情况

【答案】D

【解析】审计业务变更为审阅、其他相关服务都不应提及原审计业务和在原审计业务中已执行的程序，选项D正确。

第二节　总体审计策略和具体审计计划

审计计划分为两个层次，首先整个审计过程需要制定整个项目的整体规划，包括审计方向、目标、资源的调配等，但是对于具体的项目，需要制定具体的审计计划。**因此，总体审计策略指导具体审计计划的制定，通常在具体审计计划之前**，两个层次之间的关系如图2－4所示。

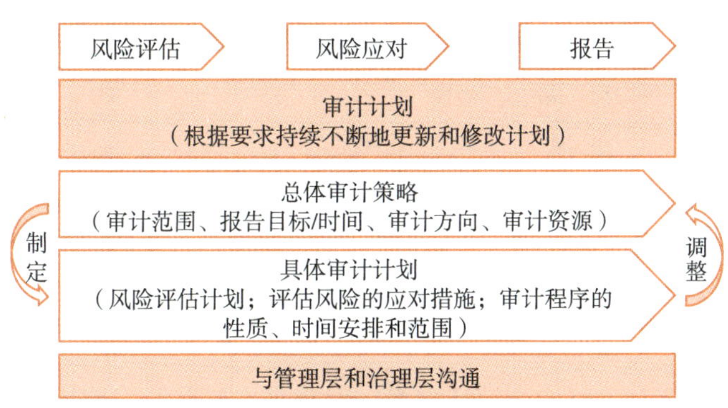

图2－4　审计计划的两个层次

【提示】

（1）总体审计策略是一个大框架，需要把握全局方向；具体审计计划是确定使用何种程序（方法）来实现总体审计计划的要求。

（2）注册会计师应当针对总体审计策略中所识别的不同事项，制定具体审计计划。

（3）虽然制定**总体审计策略通常在具体审计计划之前**，但两项计划具有内在紧密联系，对其中一项的决定可以影响甚至改变另一项的决定。

（4）总体审计策略不是一成不变的，注册会计师应当根据具体审计计划中的审计程序，相应调整总体审计策略。

(5) 我们需要与管理层和治理层沟通，根据要求以及在审计过程中随着工作的开展的需要，不断地对计划进行修订。

一、总体审计策略

注册会计师制定总体审计策略的目的是用于确定**审计范围、时间安排和审计方向，并指导具体审计计划的制定**（见图2-5）。

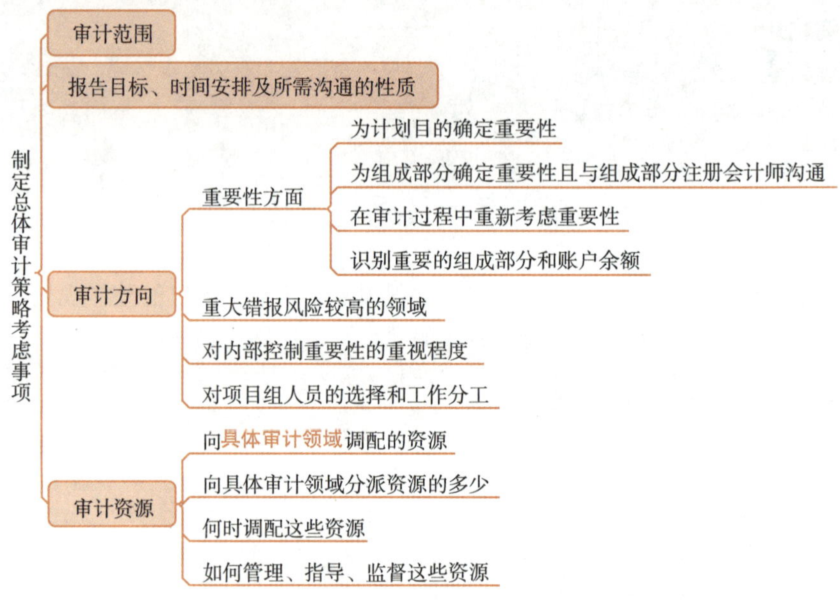

图2-5 制定总体审计策略考虑事项

【提示】
确定重要性水平是总体审计策略的内容，不是具体审计计划的内容，这是常考项。

书本上关于总体审计策略的内容特别多，但是基本不需要我们详细的关注，我们主要需要知道哪些内容属于总体审计策略，实际上我们学完具体审计计划就知道哪些属于总体审计策略了。总体审计策略参考格式见附录2-1。

附录2-1

总体审计策略参考格式

被审计单位：	索引号：
项目：总体审计策略	财务报表截止日/期间：
编制：	复核：
日期：	日期：

一、审计范围

报告要求	
适用的财务报告编制基础（包括是否需要将财务信息按照其他财务报告编制基础进行转换）	
适用的审计准则	
与财务报告相关的行业特别规定	例如，监管机构发布的有关信息披露法规、特定行业主管部门发布的与财务报告相关的法规等
由组成部分注册会计师审计的组成部分的范围	
……	

二、审计业务时间安排

（一）报告时间要求

审计工作	时间
1. 提交审计报告草稿	
2. 签署正式审计报告	
3. 公布已审计报表和审计报告	
……	

（二）执行审计工作的时间安排

审计工作	时间
1. 制定总体审计策略	
2. 制定具体审计计划	
3. 执行存货监盘	
……	

（三）沟通的时间安排

沟通	时间
1. 与管理层的沟通	
2. 与治理层的沟通	
3. 项目组会议（包括预备会和总结会）	
4. 与注册会计师的专家的沟通	
5. 与组成部分注册会计师沟通	
6. 与前任注册会计师沟通	
……	

三、影响审计业务的重要因素

（一）重要性

重要性	索引号
1. 财务报表整体重要性	
2. 特定类别的交易、账户余额或披露的一个或多个重要性水平（如适用）	
3. 实际执行的重要性	
4. 明显微小错报的临界值	

（二）可能存在较高重大错报风险的领域

可能存在较高重大错报风险的领域	索引号

（三）识别重要组成部分

重要组成部分名称	索引号

（四）识别重要的交易、账户余额和披露

重要的交易、账户余额和披露及相关认定	索引号

四、人员安排

（一）项目组主要成员的责任

姓名	职级	主要职责

注：在分配职责时可以根据被审计单位的不同情况按会计科目划分，或按交易类别划分。

（二）质量控制复核人员

姓名	职级	主要职责

五、对专家或其他第三方工作的利用

（一）对专家工作的利用

主要报表项目	专家名称	主要职责及工作范围	索引号

（二）对内部审计工作的利用

主要流程/报表项目	拟利用的内部审计工作	索引号

（三）对组成部分注册会计师工作的利用

组成部分注册会计师名称	利用其工作范围及程度	索引号

（四）对被审计单位使用服务机构的考虑

主要报表项目	服务机构名称	服务机构提供的相关服务及其注册会计师出具的审计报告意见及日期（如有）	索引号

六、其他事项

二、具体审计计划（认定层次）

具体审计计划比总体审计策略更加详细（见图2－6）。可以说，为获取充分、适当的审计证据，而确定审计程序的性质、时间安排和范围的决策是具体审计计划的核心。

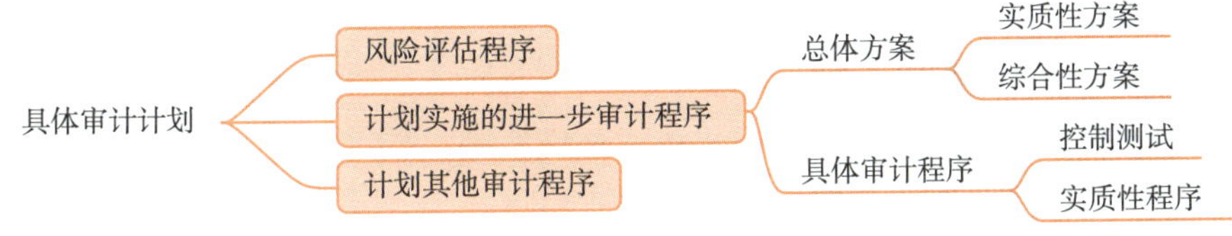

图2－6　具体审计计划

计划的其他审计程序可以包括进一步审计程序中没有涵盖的、根据其他审计准则的要求注册会计师应当执行的既定程序。

所谓具体审计计划，就是实施的具体审计程序，即是“风险评估—风险应对”这个程序，除了具体的审计程序，其他都算是总体审计策略。

三、审计过程中对计划的更改

1. 总体要求

计划审计工作并非审计业务的一个孤立阶段，而是一个持续的、不断修正的过程，贯穿于整个审计业务的始终。

例如，如果在制定审计计划时，注册会计师基于对材料采购交易的相关控制的设计和执行获取的审计证据，认为相关控制设计合理并得以执行，因此未将其评价为高风险领域并且计划执行控制测试。但是在执行控制测试时获得的审计证据与审计计划阶段获得的审计证据相矛盾，注册会计师认为该类交易的控制没有得到有效执行，此时，注册会计师可能需要修正对该类交易的风险评估，并基于修正的评估风险修改计划的审计方案，如采用实质性方案。

如果注册会计师在审计过程中对总体审计策略或具体审计计划作出重大修改，应当在审计工作底稿中记录作出的重大修改及其理由。

2. 特别事项（准确掌握）

以下事项的修改会直接导致修改审计计划，也会导致对审计工作作出适时调整：

（1）对重要性水平的调整；

（2）对某类交易、账户余额和披露的重大错报风险评估的更新和修改；

（3）对进一步审计程序的更新和修改。

四、指导、监督与复核

注册会计师应当制定计划，确定对项目组成员的指导、监督以及对其工作进行复核的性质、时间安排和范围。在计划复核的性质、时间安排和范围时，注册会计师还应**考虑单个项目组成员**的专业素质和胜任能力。

项目组成员的指导、监督以及对其工作进行复核的性质、时间安排和范围主要取决于下列因素：

（1）被审计单位的规模和复杂程度；

（2）审计领域；

（3）评估的重大错报风险；

（4）执行审计工作的项目组成员的专业素质和胜任能力。

【例题 2-6·单选题】下列有关审计计划的说法中，正确的是（　　）。（2015 年）

A. 制定总体审计策略的过程通常在具体审计计划之前

B. 总体审计策略不受具体审计计划的影响

C. 制定审计计划的工作应当在实施进一步审计程序之前完成

D. 具体审计计划的核心是确定审计的范围和审计方案

【答案】A

【解析】虽然制定总体审计策略的过程通常在具体审计计划之前，但这两项计划具有内在联系，B项错误，具体审计计划制定的内容之一就是计划实施的进一步审计程序，C错误，D项是总体审计策略的核心。

【例题2－7·单选题】 在确定项目组内部复核的性质、时间安排和范围时，下列各项中，注册会计师无须考虑的是（　　）。（2019年）

A. 被审计单位的规模

B. 项目组成员的专业素质和胜任能力

C. 评估的重大错报风险

D. 项目质量控制复核人员的经验和能力

【答案】D

【解析】项目组成员的指导、监督以及对其工作进行复核的性质、时间安排和范围主要取决于下列因素：（1）被审计单位的规模和复杂程度（选项A正确）；（2）审计领域；（3）评估的重大错报风险（选项C正确）；（4）执行审计工作的项目组成员的专业素质和胜任能力（选项B正确）。

第三节　重要性（重要）

所谓重要性，简单来讲就是一个标准线，一个企业的错报到底达到多少金额就算达到了重大的程度？很显然每个企业的这个标准线是不一样的，这条线就可以简单地理解为重要性。例如，用营业收入乘以5%作为重要性水平，超过这个水平就构成了重大错报。当然这个理解可能稍微有些误差，但是对我们自学理解本章有重大意义。

一、重要性的含义

重要性概念可从下列三个方面理解：

（1）单独或汇总：如果合理预期错报（包括漏报）单独或汇总起来可能影响财务报表使用者依据财务报表作出的经济决策，则通常认为错报是重大的；

（2）金额或性质：对重要性的判断是根据具体环境作出的，并受错报的金额或性质的影响，或受两者共同作用的影响；

（3）整体：判断某事项对财务报表使用者是否重大，是在考虑财务报表使用者整体共同的财务信息需求的基础上作出的。由于不同财务报表使用者对财务信息的需求可能差异很大，因此不考虑错报对个别财务报表使用者可能产生的影响。

在实施审计前，就必须对重大错报的规模和性质作出一个判断，包括确定财务报表整体的重要性和特定交易类别、账户余额和披露认定层次的重要性水平。当错报金额高于重要性水平时，就很可能对使用者根据财务报表作出的经济决策产生影响。

重要性的运用（见表2－3）。

表 2-3　重要性的运用

计划审计工作阶段	（1）决定风险评估程序的性质、时间安排和范围 （2）识别和评估重大错报风险 （3）确定进一步审计程序的性质、时间安排和范围
形成审计结论阶段	评价已识别的错报对财务报表的影响和对审计报告中审计意见的影响

【提示】

（1）其实对重要性的判断，我们在实务中主要关注金额的大小，但是性质我们也要关注，如**舞弊导致的错报，不论金额大小，很可能都是重大的**。

（2）是否构成重大，并不是站在个别投资者的角度来说的，而是从整体共同的财务信息需求的角度来看的。

【例题 2-8·单选题】下列各项中，不属于注册会计师使用财务报表整体重要性的目的的是（　　）。（2019 年）

A. 决定风险评估程序的性质、时间安排和范围

B. 确定审计中识别出的错误是否需要累积

C. 评价已识别的错报对审计意见的影响

D. 识别和评估重大错报风险

【答案】B

【解析】注册会计师使用整体重要性水平（将财务报表作为整体）的目的有：（1）决定风险评估程序的性质、时间安排和范围（选项 A）；（2）识别和评估重大错报风险（选项 D 正确）；（3）确定进一步审计程序的性质、时间安排和范围。在整个业务过程中，随着审计工作的进展，注册会计师应当根据所获得的新信息更新重要性。在形成审计结论阶段，要使用整体重要性水平和为了特定交易类别、账户余额和披露而确定的较低金额的重要性水平来评价已识别的错报对财务报表的影响和对审计报告中审计意见的影响（选项 C 正确）。

二、重要性水平的确定

在计划审计工作时，注册会计师应当确定一个合理的重要性水平，以发现在金额上重大的错报。

重要性水平是注册会计师对财务报表能容忍的**最大错报**。如果重要性水平定的较低（指金额的大小），表明注册会计师对错报的容忍度越低，注册会计师在审计过程中就必须执行较多的测试，获取较多的证据。重要性水平的确定包括三个方面，如图 2-7 所示。

重要性水平的确定
- 财务报表整体重要性
- 特定类别交易、账户余额或披露的重要性水平（认定层次）
- 实际执行的重要性（认定层次）

图 2-7　重要性水平的确定

【提示】

重要性水平的确定：

首先，我们审计最终是要汇总到整个财务报表，很显然要确定财务报表整体的重要性。

其次，我们一般不用确定具体认定的重要性，因为认定太多了，但是对于某些少数认定，由于影响重大，有可能需要针对这个认定确定重要性。

最后，由于审计涉及审计抽样，也就是并不是对项目百分百进行审计，而是采取样本的方法进行，因此为了将风险进一步降低，我们在实际执行的时候还会选定一个比财务报表整体低很多的重要性水平，这就叫“实际执行的重要性水平”。

（一）财务报表整体的重要性

财务报表整体的重要性如图 2－8 所示。

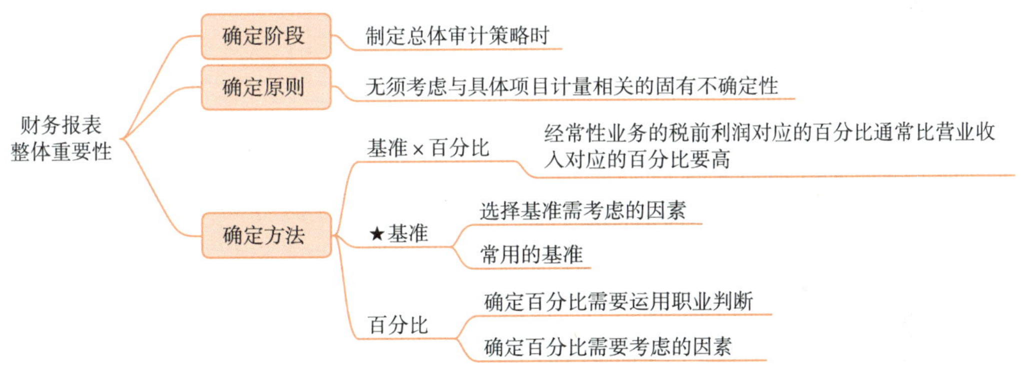

图 2－8　财务报表整体重要性

1. 确定原则

注册会计师在确定重要性水平时，无须考虑与具体项目计量相关的固有不确定性。例如，财务报表含有高度不确定性的大额估计，注册会计师不会因此确定一个比不含有该估计的财务报表更高或更低的财务报表整体重要性。

2. 选择基准时，需要考虑的因素

（1）财务报表要素（如资产、负债、所有者权益、收入和费用）；

（2）是否存在特定会计主体的财务报表使用者特别关注的项目（如为了评价财务业绩，使用者可能更关注利润、收入或净资产）；

（3）被审计单位的性质、所处的生命周期阶段以及所处行业和经济环境；

（4）被审计单位的所有权结构和融资方式（例如，如果被审计单位仅通过债务而非权益进行融资，财务报表使用者可能更关注资产及资产的索偿权，而非被审计单位的收益）；

（5）基准的相对波动性。

常用的基准如表 2－4 所示。

表 2-4　常用的基准

<table>
<tr><th>被审计单位的情况</th><th>可能选择的基准</th></tr>
<tr><td>（1）企业的盈利水平稳定</td><td>经常性业务的税前利润</td></tr>
<tr><td>（2）企业近年来经营状况大幅度波动，盈利和亏损交替发生，或者由正常盈利变为微利或微亏，或本年度税前利润因情况变化而出现意外增减</td><td rowspan="2">过去 3～5 年经常性业务的平均税前利润/亏损（取绝对值），或其他基准，如营业收入</td></tr>
<tr><td>（3）企业处于微利或微亏状态</td></tr>
<tr><td>（4）企业为新设企业，处于开办期，尚未开始经营，目前正在建造厂房及购买机器设备</td><td>总资产</td></tr>
<tr><td>（5）企业处于新兴行业，目前侧重于抢占市场份额、扩大企业知名度和影响力</td><td>营业收入</td></tr>
<tr><td>（6）为某开放式基金，致力于优化投资组合、提高基金净值、为基金持有人创造投资价值</td><td>净资产</td></tr>
<tr><td>（7）为某国际企业集团设立在中国的研发中心，主要为集团下属各企业提供研发服务，并向相关企业收取成本</td><td>成本与营业费用总额</td></tr>
<tr><td>（8）为公益性质的基金会</td><td>捐赠收入或捐赠支出总额</td></tr>
</table>

如果被审计单位的经营规模较上年度没有重大变化，通常使用替代性基准确定的重要性不宜超过上年度的重要性。

3. 确定百分比时，需要考虑的因素

（1）被审计单位是否为上市公司或公众利益实体；

（2）财务报表使用者的范围；

（3）被审计单位是否由集团内部关联方提供融资或是否有大额对外融资（如债券或银行贷款）；

（4）财务报表使用者是否对基准数据特别敏感（如具有特殊目的的财务报表的使用者）。

【例题 2-9·多选题】 注册会计师在确定财务报表整体的重要性时通常选定一个基准。下列各项因素中，在选择基准时不需要考虑的是（　　）。（2013 年、2014 年）

A. 被审计单位所处的生命周期阶段

B. 被审计单位的所有权结构和融资方式

C. 基准的相对波动性

D. 基准的重大错报风险

E. 以前年度审计调整的金额

F. 是否存在财务报表使用者特别关注的项目

【答案】 DE

【例题 2-10·单选题】 注册会计师通常选定基准乘以某一百分比确定财务报表整体重要性。关于选定的基准的相关表述，正确的是（　　）。（2015 年）

A. 盈利水平稳定的企业，选择过去三到五年经常性业务平均税前利润为基准

B. 处于开办期的企业，选择费用总支出为基准

C. 在新兴行业中，现阶段以抢占市场、扩大知名度为目标，选择营业收入为基准

D. 公益性基金会，选择总资产为基准

【答案】C

（二）实际执行的重要性

实际执行的重要性如图 2－9 所示。

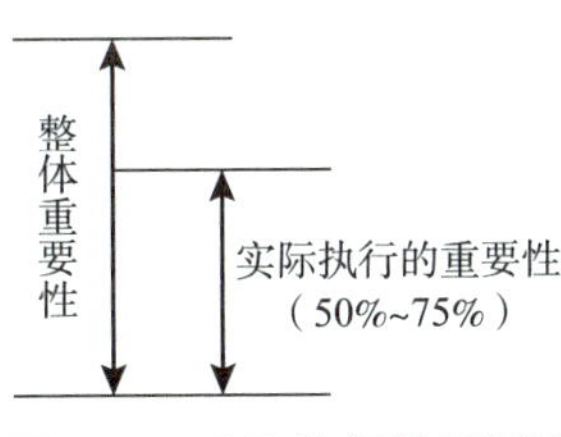

图 2－9　实际执行的重要性

“实际执行的重要性”是指注册会计师确定的低于“财务报表整体重要性”的一个或多个金额，旨在将未更正和未发现错报的汇总数超过“财务报表整体重要性”的可能性降至适当的低水平。如果适用，“实际执行的重要性”还指注册会计师确定的低于“特定类别交易、账户余额或披露的重要性水平”的一个或多个金额。

1. 确定“实际执行的重要性”应考虑的因素

（1）对被审计单位的了解（这些了解在实施风险评估程序的过程中会得到更新）；

（2）前期审计工作中识别出的错报的性质和范围；

（3）根据前期识别出的错报对本期错报作出的预期。

2. 实际执行的重要性通常为财务报表整体重要性的 50%～75%（见表 2－5）

表 2－5　实际执行的重要性（重要）

经验值	情形
接近财务报表整体重要性 50% 的情况	（1）首次接受委托的审计项目 （2）连续审计的项目，以前年度审计调整较多 （3）项目总体风险较高（如处于高风险行业，经常面临较大市场压力） （4）存在或者预期存在值得关注的内部控制缺陷
接近财务报表整体重要性 75% 的情况	（1）连续审计的项目，以前年度审计调整较少 （2）项目总体风险低到中等（如处于低风险行业，市场压力较小） （3）以前期间的审计经验表明内部控制运行有效

【提示】

（1）这里有个理解误区需要强调一下，所谓财务报表整体重要性的 50%～75%，如果到 50%，说明实际执行的重要性水平很低，审计项目风险较高，在进行审计工作时要求应当更为严格。如果是整体重要性的 75%，说明重要性水平较高，风险较低。做题的时候一定要多思考！

（2）重要性和重要性水平是不一样的，重要性既要考虑错报的金额，又要考虑错报的性质。而重要性水平仅指金额这一数量标志。

3. 在审计中运用实际执行的重要性

（1）注册会计师在计划审计工作时可以根据实际执行的重要性确定需要对哪些类型的交易、账户余额和披露实施进一步审计程序，即通常选取金额超过实际执行的重要性的财务报表项目。

（2）但这不代表注册会计师可以对所有金额低于实际执行的重要性的财务报表项目不实施进一步审计程序，考虑因素：

①汇总：单个金额低于实际执行的重要性的财务报表项目汇总起来可能金额重大，注册会计师需要考虑汇总后的潜在错报风险；

②低估：对于存在低估风险的财务报表项目，不能仅仅因为其金额低于实际执行的重要性而不实施进一步审计程序；

③舞弊：对于识别出存在舞弊风险的财务报表项目，不能因为其金额低于实际执行的重要性而不实施进一步审计程序。

【例题 2－11・单选题】 下列情形中，注册会计师通常考虑采用较高的百分比确定实际执行的重要性的是（　　）。(2017 年)

A. 首次接受委托执行审计

B. 预期本年被审计单位存在值得关注的内部控制缺陷

C. 以前年度审计调整较少

D. 本年被审计单位面临较大的市场竞争压力

【答案】 C

【解析】 如果存在下列情况，注册会计师可能考虑选择较低的百分比来确定实际执行的重要性：

（1）首次接受委托的审计项目；

（2）连续审计项目，以前年度审计调整较多；

（3）项目总体风险较高，例如处于高风险行业、管理层能力欠缺、面临较大市场竞争压力或业绩压力等；

（4）存在或预期存在值得关注的内部控制缺陷。

（三）特定类别交易、账户余额或披露的重要性水平（认定层次的重要性水平）

尽管特定类别的交易、账户余额或披露发生的错报金额低于财务报表整体的重要性，但很可能被合理预期将对使用者根据财务报表作出的经济决策产生影响，例如：

（1）法律法规或适用的财务报告编制基础是否影响财务报表使用者对特定项目（如关联方交易、管理层和治理层的薪酬及对具有较高估计不确定性的公允价值会计估计的敏感性分析）计量或披露的预期；

（2）与被审计单位所处行业相关的关键性披露（如制药企业的研究与开发成本）；

（3）财务报表使用者是否特别关注财务报表中单独披露的业务的特定方面（如关于分部或重大企业合并的披露）。

在根据被审计单位的特定情况考虑是否存在上述交易、账户余额或披露时，了解治理层和管理层的看法和预期通常是有用的。

【提示】

所谓“特定类别交易、账户余额或披露的重要性水平”是指认定层次的重要性水平，并非每个认定都需要制定，而是某些特殊的项目才需要制定认定层次的重要性水平。

【例题 2－12·单选题】 关于特定类别交易、账户余额或披露的重要性水平，下列说法中，错误的是（　　）。(2012 年)

A. 只有在适用的情况下，才需确定特定类别交易、账户余额或披露的重要性水平

B. 确定特定类别交易、账户余额或披露的重要性水平时，可将与被审计单位所处行业相关的关键性披露作为一项考虑因素

C. 特定类别交易、账户余额或披露的重要性水平应低于财务报表整体的重要性

D. 不需确定特定类别交易、账户余额或披露的实际执行的重要性

【答案】 D

（四）审计过程中修改重要性

由于存在下列原因，注册会计师可能需要修改财务报表整体的重要性和特定类别的交易、账户余额或披露的重要性。

（1）审计过程中情况发生重大变化（如决定处置被审计单位的一个重要组成部分）；

（2）获取新信息；

（3）通过实施进一步审计程序，注册会计师对被审计单位及其经营的了解发生变化。

最主要是修改财务报表整体和特定类别的计划的重要性，因为实际执行的重要性是由前两者决定的。

【提示】

审计过程中修改财务报表整体重要性，注册会计师需要考虑：

（1）是否修改实际执行的重要性；

（2）是否修改进一步审计程序的性质、时间安排和范围；

（3）评估错报对财务报表的影响时，应当使用调整后的财务报表整体重要性。

【例题 2－13·多选题】 下列情形中，注册会计师可能认为需要在审计过程中修改财务报表整体的重要性的有（　　）。

A. 被审计单位情况发生重大变化

B. 注册会计师获取新的信息

C. 通过实施进一步审计程序，注册会计师对被审计单位及其经营情况的了解发生变化

D. 审计过程中累积错报的汇总数接近财务报表整体的重要性

【答案】ABC

三、错报

（一）错报的定义

错报是指某一财务报表项目的金额、分类或列报，与按照适用的财务报告编制基础应当列示的金额、分类或列报之间存在的差异，或根据注册会计师的判断，为使财务报表在所有重大方面实现公允反映，需要对金额、分类或列报作出的必要调整。错报可能是由于错误和舞弊导致的。

【提示】

所谓的错报就是被审计单位财务报表有错误，跟按照规定财务报告准则制定的有出入，这种出入不只是体现在金额上的出入，可能是科目分类、科目列报的错误。

错报可能是错误导致，也可能是舞弊导致。错误是无意识的行为，舞弊是有意而为之，因此，**舞弊导致的重大错报未被发现的风险，大于错误导致的重大错报未被发现的风险。**

（二）错报的分类

错报的分类如表 2 -6 所示。

表 2 -6　　错报的分类

错报分类	具体情形
事实错报	（1）被审计单位收集和处理数据的错误 （2）对事实的忽略或误解 （3）故意舞弊行为
判断错报	（1）管理层和注册会计师对会计估计值的判断差异 （2）管理层和注册会计师对选择和运用会计政策的判断差异，由于注册会计师认为管理层选用会计政策造成错报，管理层却认为选用会计政策适当，导致出现判断差异
推断错报	通过测试样本估计出的总体的错报减去在测试中发现的已经识别的具体错报

（三）明显微小错报

【提示】

所谓明显微小的错报是指，虽是错报，但金额太小，无足轻重，无须过多关注，也不需要累积起来考察对财务报表的影响。

（1）注册会计师需要在制定审计策略和审计计划时，确定一个明显微小错报的临界值，低于该临界值的错报视为明显微小错报，可以不累积，因为注册会计师认为这些错报的汇总数明显不会对财务报表产生重大影响。

（2）注册会计师可能将**明显微小错报的临界值确定为财务报表整体重要性的3%～5%**，也可能低一些或高一些，但通常不超过财务报表整体重要性的10%！

（3）如果注册会计师不确定一个或多个错报是否明显微小，就不能认为这些错报是明显微小的。

（4）确定明显微小错报的临界值**应当**考虑的因素：

①以前年度审计中识别出的错报（包括已更正和未更正错报）的数量和余额；

②重大错报风险的评估结果；

③被审计单位治理层和管理层对注册会计师与其沟通错报的期望；

④被审计单位的财务指标是否勉强达到监管机构的要求或投资者的期望。

（四）对审计过程识别出的错报的考虑

（1）错报可能不会孤立发生，一项错报的发生还可能表明存在其他错报。

（2）抽样风险和非抽样风险可能导致某些错报未被发现。审计过程中累积错报的汇总数接近确定的重要性，则表明存在比可接受的低风险水平更大的风险，即可能未被发现的错报连同审计过程中累积错报的汇总数，可能超过重要性。

（3）注册会计师可能要求管理层检查某类交易、账户余额或披露，以使管理层了解注册会计师识别出的错报的产生原因，并要求管理层采取措施以确定这些交易、账户余额或披露实际发生错报的金额，以及对财务报表作出适当的调整。

【提示】

简而言之，错报就是财务报表的处理跟会计准则的规定有不一致的地方。注意，这里的不一致不只是指金额，也包括分录和披露等！这是考点！

【例题2-14·多选题】下列各项因素中，注册会计师在确定明显微小错报的临界值时通常需要考虑的有（　　）。（2018年）

A. 以前年度审计中识别出的错报的数量和金额

B. 重大错报风险的评估结果

C. 被审计单位的财务指标是否勉强达到监管机构的要求

D. 财务报表使用者的经济决策受错报影响的程度

【答案】ABC

【解析】确定明显微小错报的临界值应当考虑的因素：

（1）以前年度审计中识别出的错报（包括已更正和未更正错报）的数量和金额；（选项A）

（2）重大错报风险的评估结果；（选项B）

（3）被审计单位治理层和管理层对注册会计师与其沟通错报的期望；

（4）被审计单位的财务指标是否勉强达到监管机构的要求或投资者的期望。（选项C）

第二章　审计计划

彬哥跟你说：

不小心就到了第二章了，目前的你应该还没完全入门审计，还是处于“混沌”状态！是的，入门一种新思维是有一个过程，别着急，今天的你要干什么呢？早读和复习

今日复习步骤：

第一遍：回忆 & 重新复习一遍框架（10 分钟）

学习要求：这一遍的目的是自己重新找一遍框架，不需要掌握所有细节，但求框架了然于心。

初步业务活动包括目的、内容、前提条件、审计业务约定书；总体审计策略、具体审计计划、重要性等各包括哪几个部分，大概有什么内容，依次去进行回忆。

第二遍：对细节进一步掌握（30 分钟）

第三遍：重新复习一遍框架（5 分钟）

我问你答：

（1）初步业务活动的内容是什么？目的是什么？审计的前提条件是什么？

（2）审计业务约定书对组成部分审计的特殊考虑是什么？

（3）审计业务约定书的变更原因有哪些是合理的，有哪些是不合理的？变更后可以提及以前原审计业务所执行的审计程序吗？

（4）确定重要性水平属于总体审计策略还是具体审计计划？审计资源的调配呢？总体审计策略大致包括哪些内容？

（5）哪些事项的修改会直接导致修改审计计划？如果作出重大修改，应当在审计工作底稿中记录什么？

（6）选择基准的时候，需要考虑重大错报风险吗？跟以前年度调整有关吗？如果无关，需要考虑什么因素？基准是不是一成不变的？

（7）确定特定类别交易、账户余额或披露的重要性水平的考虑因素有哪些？

（8）实际执行的重要性越大，也就是越接近财务报表整体重要性 75%，是属于审计要求越高，还是越低？适用的情形包括哪些？接近 50% 的适用情形呢？

（9）错报仅指某一财务报表项目金额与按照企业会计准则应当列示的金额之间的差异，是否正确？比如错报金额小，但使利润由盈利转为亏损，是否属于重大错报？

本章作业：

（1）请把讲义例题做三遍（做错的题目，请分析错误原因并记录到改错本）。

（2）请复习完口述一遍框架，睡前请再回忆一遍框架。

（3）第二天早上，请再回忆一遍框架，对于回忆不起来的内容，请翻书看一遍。

第 4 天

复习旧内容：

审计概述、审计计划（第一章、第二章）

学习新内容：

审计证据（第三章）

学习方法：

学到现在我们应该开始明白，学习审计的最大问题就是学着学着就忘记了自己学到哪里了，所以每次在学到模糊的时候都要跳出来问一下自己这是第几章第几节，主要讲了什么内容。

你今天可能有的心态：

学到现在应该慢慢进入状态了，发现审计其实就是生活，考点也比较清晰，慢慢也觉得没有那么的难了。

简单解释今天学习内容：

所谓审计证据，就是得出结论的各类依据。对于严谨的注册会计师来说，审计证据应该有数量的要求（充分性）和质量的要求（适当性），只有同时满足这两者的审计证据才能够满足审计的需求；

那怎么得到这些审计证据的，是通过实施各种审计程序获得的，主要包括检查、观察、询问、函证、重新计算、重新执行、分析程序。

何谓函证，就是向相关拥有证据的单位发文件去核实，如要核实银行存款的真实性，那就需要向银行发函解决；

何谓分析程序，分析程序就是站在最上面进行分析，例如，分析今年的营业收入和去年的营业收入，从总体上看这两年变化大吗，变化的原因合理吗？

可能会遇到的难点：

今日的内容难点倒不多，主要是函证可能稍微有点难理解，不过函证用通俗的语言表述出来就很简单，就是向拥有审计证据的第三方单位了解真实性的意思。

建议学习时间：

1.5 小时新内容、1 小时复习

第三章 审计证据

审计证据主要内容框架如图 3－1 所示。

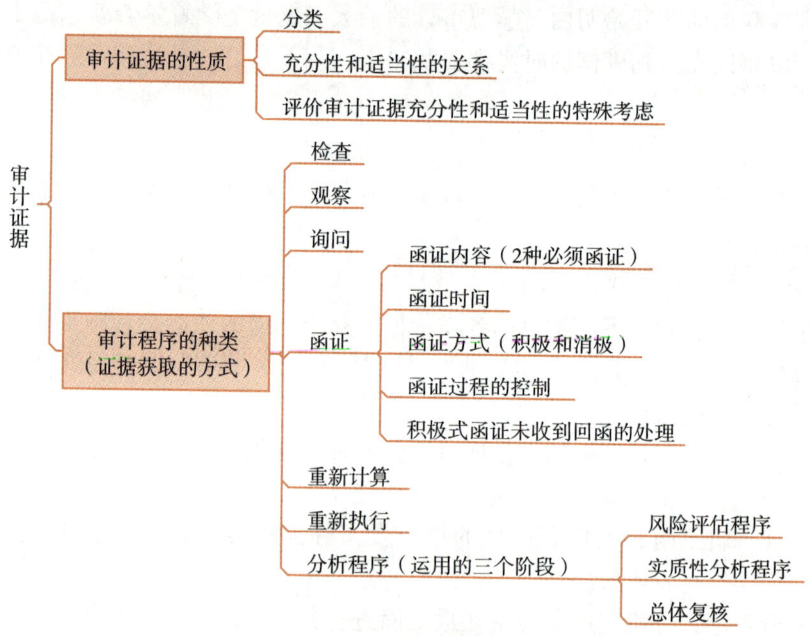

图 3－1 审计证据框架

第一节 审计证据的性质

注册会计师应当获取充分、适当的审计证据，以得出合理的审计结论，作为形成审计意见的基础。

一、审计证据的含义

审计证据是指注册会计师为了得出审计结论、形成审计意见而使用的所有信息，包括**构成财务报表基础的会计记录所含有的信息和其他的信息（见图 3－2）。（这里是考点，审计证据不仅包含了会计记录所含有的信息，还包括非会计记录含有的信息，甚至信息本身的缺乏也构成审计证据）**

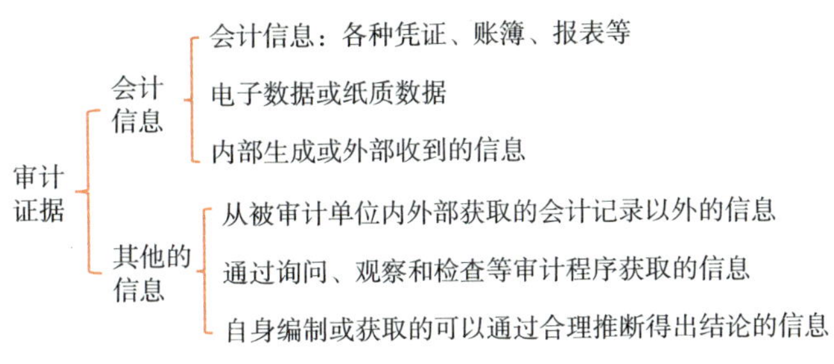

图3－2　审计证据

（1）会计记录通常是电子数据，因而要求注册会计师对内部控制予以充分关注，以获取这些记录的真实性、准确性和完整性。

（2）审计证据不仅来源于会计记录，也来源于其他的信息，如会议记录、分析师报告，跟对手的比较数据等。

（3）会计记录含有的信息本身并不足以提供充分的审计证据作为财务报表发表审计意见的基础，注册会计师还应当获取用作审计证据的其他的信息。

（4）财务报表依据的会计记录中包含的信息和其他的信息共同构成了审计证据，**两者缺一不可**。如果没有前者，审计工作将无法进行；如果没有后者，可能无法识别重大错报风险。

值得注意的是，用作审计证据的其他的信息，与注册会计师执行财务报表审计时应当阅读被审计单位年度报告中除财务报表和审计报告外的其他的信息是两个不同的概念。

（5）审计证据很少是绝对的，从性质上来看反而是说服性的。

（6）注册会计师将不同来源和不同性质的审计证据综合起来考虑，从而佐证会计记录中的信息。如果审计证据不一致，而且这种不一致可能是重大的，注册会计师应当扩大审计程序的范围，直到不一致得到解决，并针对账户余额或各类交易获得必要保证。

二、审计证据的充分性和适当性

（一）审计证据的充分性

审计证据的充分性如图3－3所示。

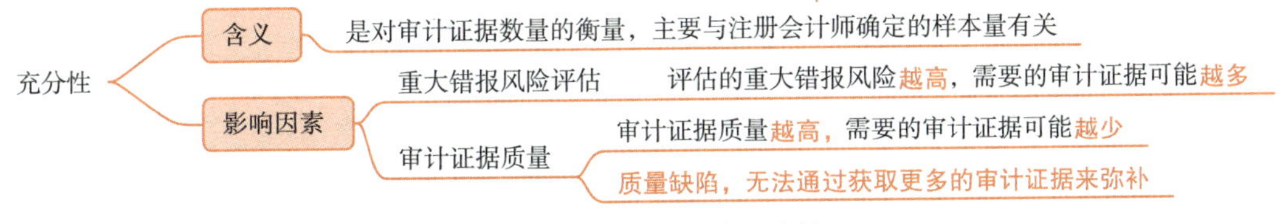

图3－3　审计证据的充分性

（二）审计证据的适当性（了解）

审计证据的适当性，是对审计证据质量的要求。**审计证据的适当性又包含相关性和可靠性，只有相关且可靠的审计证据才是高质量的。**

1. 相关性（见图3－4）

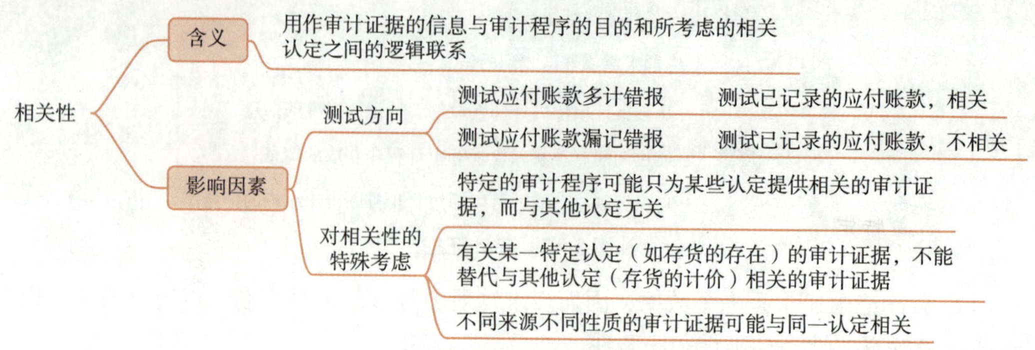

图3－4　审计证据的相关性

2. 可靠性

审计证据的可靠性受其来源和性质的影响，并取决于获取审计证据的具体环境。注册会计师在判断审计证据的可靠性时，通常会考虑下列原则（见表3－1）。

表3－1　审计证据可靠性原则

审计证据可靠性	说明
（1）外部独立来源获取 > 其他来源获取	特殊情况下，审计证据虽然是从独立的外部来源获得，但如果该证据是由不知情或不具备资格者提供，审计证据也可能是不可靠的
（2）内部控制有效时内部生成的 > 内部控制薄弱时内部生成的	如果被审计单位有着健全的内部控制且在日常管理中得到一贯的执行，会计记录的可信赖程度将会增加。如果被审计单位内部控制薄弱，甚至不存在任何内部控制，被审计单位内部凭证记录的可靠性就大为降低
（3）直接获取的 > 间接获取或推论得出的	间接获取的审计证据有被涂改及伪造的可能性，降低了可信赖程度。推论得出的审计证据，其主观性较强，人为因素较多，可信赖程度也受到影响。但是如果注册会计师不具备评价证据的专业能力，那么直接获取的证据，也可能不可靠
（4）以文件、记录形式（无论是纸质、电子或其他介质）存在的审计证据 > 口头形式的	口头证据本身并不足以证明事实的真相，一般情况下，口头证据往往需要得到其他相应证据的支持。纸质和电子证据的可靠性没有孰优孰劣之分
（5）从原件获取的 > 从传真件或复印件获取	传真件和复印件的可靠性不存在孰优孰劣之分

【例题3－1·单选题】关于审计证据的含义，以下理解中，不恰当的是（　　）。

A. 注册会计师仅仅依靠会计记录不能有效形成结论，还应当获取用作审计证据的其他的信息

B. 注册会计师对财务报表发表审计意见的基础是会计记录中含有的信息

C. 如果会计记录是电子数据，注册会计师必须对生成这些信息所依赖的内部控制予以充分关注

D. 注册会计师将会计记录和其他信息两者结合在一起，才能将审计风险降至可接受的低水平，为发表审计意见提供合理基础

【答案】B

【解析】选项B不恰当。会计记录中含有的信息本身并不足以提供充分的审计证据作为对财务报表发表审计意见的基础，注册会计师还应当获取用作审计证据的其他的信息。

【例题3-2·单选题】在确定审计证据的相关性时，下列表述中错误的是（　　）。

A. 特定的审计程序可能只为某些认定提供相关的审计证据，而与其他认定无关

B. 只与特定认定相关的审计证据并不能替代与其他认定相关的审计证据

C. 针对某项认定从不同来源获取的审计证据存在矛盾，表明审计证据不存在说服力

D. 针对同一项认定可以从不同来源获取审计证据或获取不同性质的审计证据

【答案】C

【解析】从不同来源获取的审计证据存在矛盾时，注册会计师应该实施必要的追加程序解决这种问题，而不是直接表明审计证据不存在说服力。

（三）充分性和适当性之间的关系

（1）充分性和适当性是审计证据的两个重要特征，两者缺一不可，只有充分且适当的审计证据才是有证明力的。

（2）审计证据的数量受审计证据质量的影响，审计证据质量越高，需要的审计证据数量可能越少。但审计证据的质量却不受审计证据数量的影响，如果审计证据的质量存在缺陷，那么注册会计师仅靠获取更多的审计证据可能无法弥补其质量上的缺陷。

（四）评价审计证据充分性和适当性时的特殊考虑（了解）

（1）对文件记录可靠性的考虑。审计工作通常不涉及鉴定文件记录的真伪，注册会计师也不是鉴定文件记录真伪的专家，但应当考虑用作审计证据的信息的可靠性，并考虑与这些信息生成和维护相关控制的有效性。如果在审计过程中识别出的情况使其认为文件记录是伪造的，或文件记录中的某些条款已经发生变动，注册会计师应当作出进一步的调查。必要时，聘请专家予以鉴定。

（2）使用被审计单位生成信息时的考虑。注册会计师为获取可靠的审计证据，实施审计程序时使用的被审计单位生成的信息需要足够完整和准确。

（3）审计证据相互矛盾时的考虑。如果针对某项认定从不同来源获取的审计证据或获取的不同性质的审计证据能够相互印证，与该项认定相关的审计证据则具有更强的说服力；如果不一致，则应当实施追加的审计程序。

（4）获取审计证据时对成本的考虑。注册会计师可以考虑获取审计证据的成本与所获取信息的有用性之间的关系，但不应以获取审计证据的困难和成本为由减少不可替代的审计程序。

第二节　审计程序

注册会计师面临的主要决策之一，就是通过实施审计程序，获取充分、适当的审计证

据，以满足对财务报表发表意见。

审计程序是指注册会计师在审计过程中的某个时间，对将要获取的某类审计证据如何进行收集的详细指令。

注册会计师利用审计程序获取审计证据涉及以下四个方面的决策：

（1）选用何种审计程序；

（2）对选定的审计程序，应当选取多大的样本规模；

（3）应当从总体中选取哪些项目；

（4）何时执行这些程序。

在审计过程中，注册会计师可根据需要单独或综合运用以下审计程序，以获取充分、适当的审计证据。

审计程序的种类（审计证据的获取方式）（见表3－2）。

表3－2　审计程序的种类

（1）检查	指注册会计师对被审计单位内部或外部生成的，以纸质、电子或其他介质形式存在的记录和文件进行审查，或对资产进行实物审查
（2）观察	指注册会计师查看相关人员正在从事的活动或实施的程序 观察可以提供执行有关过程或程序的审计证据，但观察所提供的审计证据仅限观察发生的时点，而且被观察人员的行为可能因被观察而受到影响，这也会使观察提供的审计证据受到限制
（3）询问	指注册会计师以书面或口头方式，向被审计单位内部或外部的知情人员获取财务信息和非财务信息，并对答复进行评价的过程。作为其他审计程序的补充，询问广泛应用于整个审计过程中。针对某些事项，注册会计师可能认为有必要向管理层和治理层（如适用）获取书面声明，以证实对口头询问的答复
（4）函证	指注册会计师直接从第三方（被询证者）获取书面答复以作为审计证据的过程，书面答复可以采用纸质、电子或其他介质等形式
（5）重新计算	指注册会计师对记录和文件中的数据计算的准确性进行核对
（6）重新执行	指注册会计师独立执行原本作为被审计单位内部控制组成部分的程序或控制
（7）分析程序	指注册会计师通过分析不同财务数据之间以及财务数据与非财务数据之间的内在关系，对财务信息作出评价

【例题3－3·单选题】下列有关询问程序的说法中，错误的是（　　）。（2018年）

A. 询问可以以口头或书面方式进行

B. 询问适用于风险评估、控制测试和实质性程序

C. 注册会计师应当就管理层对询问作出的口头答复获取书面声明

D. 询问是指注册会计师向被审计单位内部或外部的知情人员获取财务信息和非财务信息，并对答复进行评价的过程

【答案】C

【解析】选项C错误，针对某些事项，注册会计师可能认为有必要向管理层和治理层（如适用）获取书面声明，以证实对口头询问的答复。

第三节 函 证

所谓函证，就是去跟第三方核对真实性，用“函件”去“证真伪”，所以就叫“函证”。以什么形式去函证？可以发邮件，可以用快递，甚至可以直接去现场询问，这都是函证的方法。

一、函证决策（无须记忆）

在作出函证决策时，注册会计师应当考虑以下三个主要因素（见图3-5）：

1. 评估的认定层次重大错报风险

（1）评估的认定层次重大错报风险水平越高，注册会计师对通过实质性程序获取的审计证据的相关性和可靠性的要求越高。因此，随着评估的认定层次重大错报风险的增高，注册会计师就要设计实质性程序获取更加相关和可靠的审计证据，或者更具说服力的审计证据。这时，函证程序的运用对于提供充分、适当的审计证据可能是有效的。

（2）如果认为某项风险属于特别风险，注册会计师需要考虑是否通过函证特定事项以降低检查风险。

2. 函证程序针对的认定

函证可以为某些认定提供审计证据，但是对不同的认定，函证的证明力是不同的。在函证应收账款时函证可能为存在、权利和义务认定提供相关可靠的审计证据，但是不能为计价和分摊认定（应收账款涉及的坏账准备计提）提供证据。

3. 实施除函证以外的其他审计程序

注册会计师还可以考虑以下因素以确定是否选择函证程序作为实质性程序：

（1）被询证者对函证事项的了解；

（2）预期被询证者回复询证函的能力和意愿；

（3）预期被询证者的客观性。

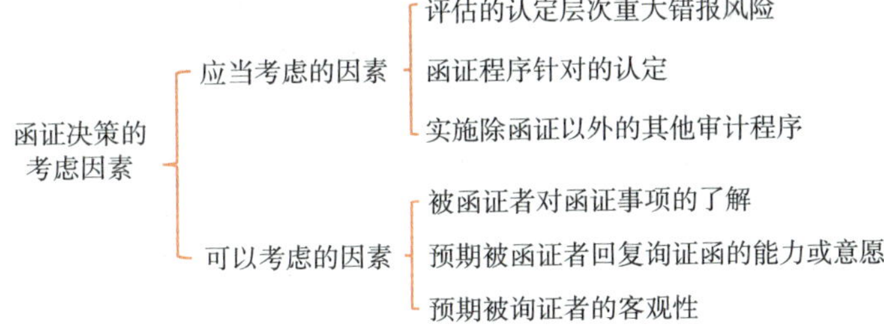

图3-5 函证决策应考虑的因素

【例题3-4·多选题】下列各项因素中，通常影响注册会计师是否实施函证的决策的有（　　）。(2017年)

A. 评估的认定层次重大错报风险　　B. 被审计单位管理层的配合程度

C. 函证信息与特定认定的相关性　　D. 被询证者的客观性

【答案】ACD

【解析】在作出决策时，注册会计师应当考虑以下三个因素：(1) 评估的认定层次重大错报风险；(2) 函证程序所审计的认定；(3) 实施其他审计程序。

除上述三个因素外，注册会计师还可以考虑下列因素以确定是否选择函证程序作为实质性程序：(1) 被询证者对函证事项的了解；(2) 预期被询证者回复询证函的能力或意愿；(3) 预期被询证者的客观性。

二、函证的内容

（一）函证的对象（见表3－3，重要）

表3－3　　函证的对象

函证对象	函证情形	不函证的情形	不函证的处理
银行存款（包括零余额账户和在本期内注销的账户）、借款及与金融机构往来的其他重要信息	应当函证	除非有充分证据表明对财务报表不重要且与之相关的重大错报风险很低	如果不函证，注册会计师应当在审计工作底稿中说明理由
应收账款	应当函证	除非有充分证据表明应收账款对财务报表不重要，或函证很可能无效	如果认为函证很可能无效，注册会计师应当实施替代审计程序，获取相关、可靠的审计证据
			如果不对应收账款函证，注册会计师应当在审计工作底稿中说明理由
其他内容	可以函证		

其他内容不一一列举，只要觉得可以函证的都可以进行函证。函证通常适用于账户余额及其组成部分，但是不一定限于这些项目。

【例题3－5·单选题】下列有关注册会计师是否实施应收账款函证程序的说法中，正确的是（　　）。(2013年)

A. 对上市公司财务报表执行审计时，注册会计师应当实施应收账款函证程序

B. 对小型企业财务报表执行审计时，注册会计师可以不实施应收账款函证程序

C. 如果有充分证据表明函证很可能无效，注册会计师可以不实施应收账款函证程序

D. 如果在收入确认方面不存在由于舞弊导致的重大错报风险，注册会计师可以不实施应收账款函证程序

【答案】C

【解析】注册会计师应当对应收账款实施函证程序，除非有充分证据表明应收账款对财务报表不重要，或函证很可能无效。如果认为函证很可能无效（选项C正确），注册会计师应当实施替代审计程序，获取相关、可靠的审计证据。（函证的对象是非常重要的考点，是学审计的基础，必背）

（二）范围（了解即可）

（1）金额较大的项目；
（2）账龄较长的项目；
（3）交易频繁但期末余额较小的项目；
（4）重大关联方交易；
（5）重大或异常的交易；
（6）可能存在争议、舞弊或错误的交易。

（三）函证的时间（重要）

函证的时间如图3－6所示。

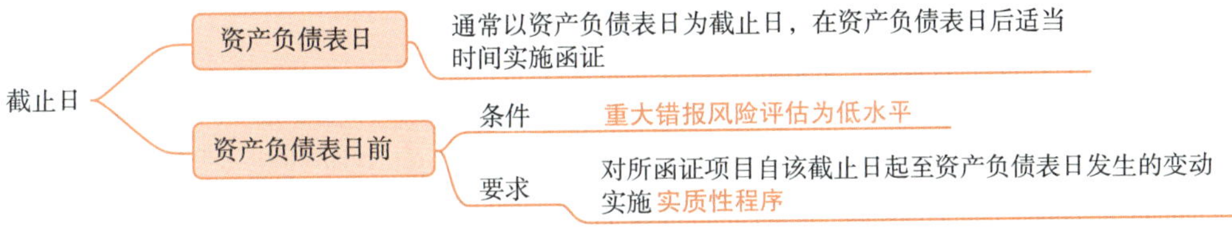

图3－6　函证的时间

（四）管理层要求不实施函证时的处理

管理层要求不实施函证的处理如图3－7所示。

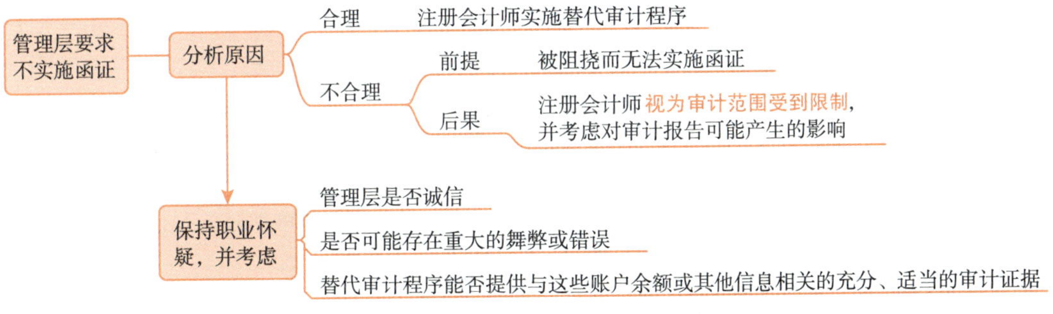

图3－7　不实施函证的处理

三、询证函的设计

1. 设计询证函（见图3－8）

2. 积极与消极的函证方式

注册会计师可采用积极或消极的函证方式实施函证，也可将两种方式结合使用，那么两种函证方式有什么区别呢？（见图3－9）

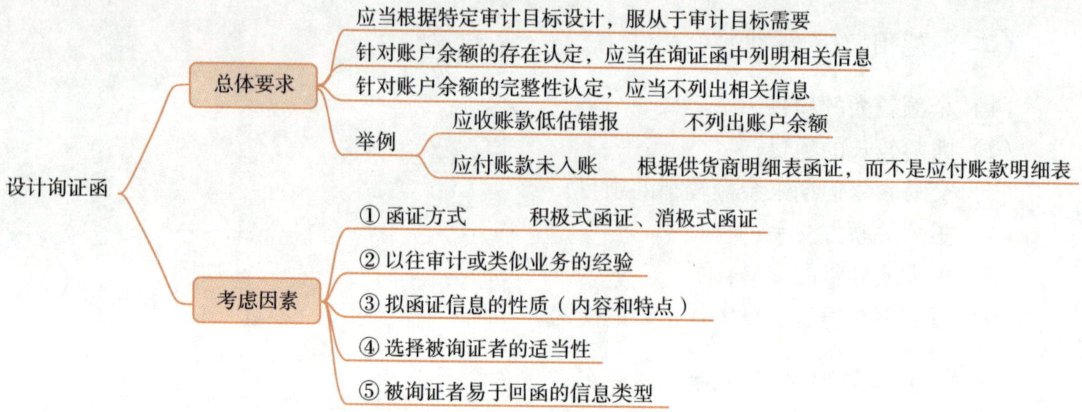

设计询证函
- 总体要求
  - 应当根据特定审计目标设计，服从于审计目标需要
  - 针对账户余额的存在认定，应当在询证函中列明相关信息
  - 针对账户余额的完整性认定，应当不列出相关信息
  - 举例
    - 应收账款低估错报　不列出账户余额
    - 应付账款未入账　根据供货商明细表函证，而不是应付账款明细表
- 考虑因素
  - ① 函证方式　积极式函证、消极式函证
  - ② 以往审计或类似业务的经验
  - ③ 拟函证信息的性质（内容和特点）
  - ④ 选择被询证者的适当性
  - ⑤ 被询证者易于回函的信息类型

图 3－8　设计询证函

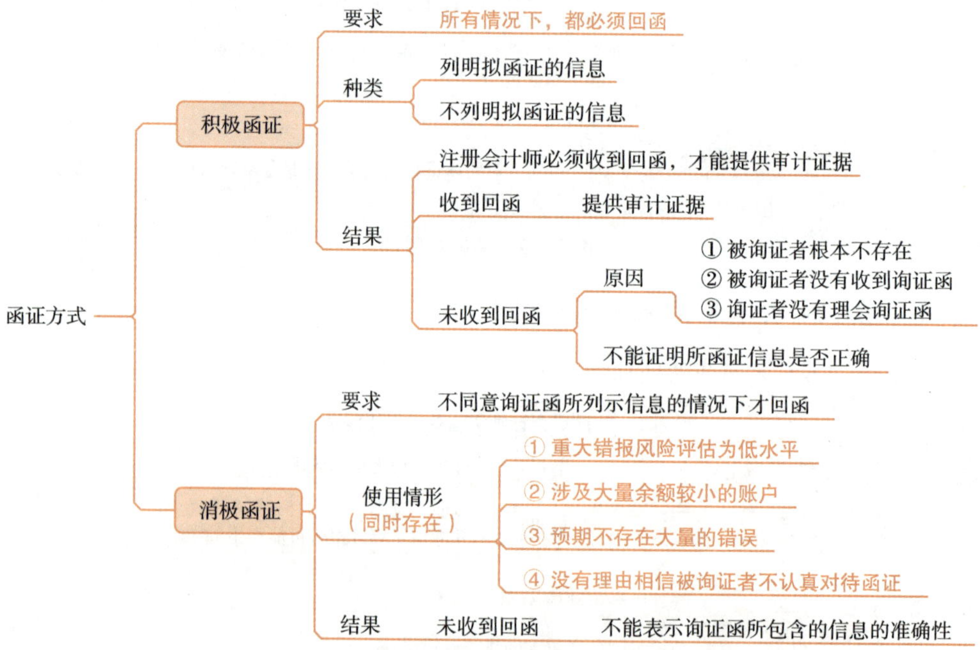

函证方式
- 积极函证
  - 要求　所有情况下，都必须回函
  - 种类
    - 列明拟函证的信息
    - 不列明拟函证的信息
  - 结果
    - 注册会计师必须收到回函，才能提供审计证据
    - 收到回函　提供审计证据
    - 未收到回函
      - 原因
        - ① 被询证者根本不存在
        - ② 被询证者没有收到询证函
        - ③ 询证者没有理会询证函
      - 不能证明所函证信息是否正确
- 消极函证
  - 要求　不同意询证函所列示信息的情况下才回函
  - 使用情形（同时存在）
    - ① 重大错报风险评估为低水平
    - ② 涉及大量余额较小的账户
    - ③ 预期不存在大量的错误
    - ④ 没有理由相信被询证者不认真对待函证
  - 结果　未收到回函　不能表示询证函所包含的信息的准确性

图 3－9　函证方式

积极函证的种类如表 3－4 所示。

表 3－4　积极函证种类

积极函证种类	含义	特点
列明拟函证信息	在询证函中列明拟函证的账户余额或其他信息，要求被询证者确认所函证的款项是否正确	询证函的回复能够提供可靠的审计证据，但询证者可能对所列示信息根本不加以验证就予以回函确认
不列明拟函证信息	在询证函中不列明账户余额或其他信息，而要求被询证者填写有关信息或提供进一步信息	可能会导致回函率降低，进而导致注册会计师执行更多的替代程序

四、函证的实施与评价

（一）对函证过程的控制

对函证过程的控制如表3－5所示。

表3－5　　函证过程的控制

原则	注册会计师应当对函证的全过程保持控制	
发出前的控制	谁发出	询证函经被审计单位盖章后，应当由注册会计师直接发出
	填列要求	（1）询证函中填列的需要被询证者确认的信息与被审计单位账簿中有关记录保持一致 （2）考虑选择的被询证者是否恰当，包括被询证者对函证信息是否知情、是否具有客观性、是否拥有回函的授权等 （3）在询证函中正确填列被询证者直接向注册会计师回函的地址 （4）将部分或全部被询证者的名称、地址与被审计单位有关记录进行核对，以确保询证函的名称、地址等内容的准确性
函证发出方式的控制	邮寄	注册会计师可以在核实由被审计单位提供的被询证者的联系方式后，不使用被审计单位本身的邮寄设施，而是独立寄发询证函（例如，直接在邮局投递）
	跟函	所谓跟函，即注册会计师独自或在被审计单位员工的陪伴下亲自将询证函送至被询证者，在被询证者核对并确认回函后，亲自将回函带回的方式
		如果被询证者同意注册会计师独自前往被询证者执行函证程序，注册会计师可以独自前往 如果注册会计师跟函需要被审计单位员工陪伴，注册会计师需要在整个过程中保持对询证函的控制

（二）积极式函证未收到回函时的处理

积极式函证未收到回函时的处理如图3－10所示。

积极式函证未回函
- 考虑再次寄发询证函
- 实施替代程序
- 确定对审计工作和审计意见的影响（某些情况下）

图3－10　积极式函证未收到回函的处理

（1）如果在合理的时间内没有收到询证函回函时，注册会计师应当考虑必要时再次向被询证者寄发询证函。

（2）如果未能得到被询证者的回应，注册会计师应当实施替代审计程序。

（3）如果注册会计师认为取得积极式函证回函是获取充分、适当的审计证据的必要程序，则替代程序不能提供注册会计师所需要的审计证据。在这种情况下，如果未获取回函，注册会计师应当确定其对审计工作和审计意见的影响。

这些情况包括：

①可获取的佐证管理层认定的信息只能从被审计单位外部获得；

②存在特定舞弊风险因素，例如，管理层凌驾于内部控制之上、员工和管理层串通使注册会计师不能信赖从被审计单位获取的审计证据。

【例题3－6·单选题】下列有关函证的说法中，正确的是（　　）。(2014年)

A. 如果注册会计师认为取得积极式函证回函是获取充分、适当的审计证据的必要程序，则替代程序不能提供注册会计师所需要的审计证据

B. 如果被审计单位与银行存款存在认定有关的内部控制设计良好并有效运行，注册会计师可适当减少函证的样本量

C. 注册会计师应当对应收账款实施函证程序，除非应收账款对财务报表不重要且评估的重大错报风险低

D. 如果注册会计师将重大错报风险评估为低水平，且预期不符事项的发生率很低，可以将消极式函证作为唯一的实质性程序

【答案】A

【解析】选项B，注册会计师应当对银行存款实施函证程序，除非有充分证据表明某一银行存款对财务报表不重要且与之相关的重大错报风险很低；选项C，注册会计师应当对应收账款实施函证程序，除非应收账款对财务报表不重要，或函证很可能无效；选项D，首先可以考虑采用消极的函证方式的条件还应包括涉及大量余额较小的账户、没有理由相信被询证者不认真对待函证，四个条件，缺一不可。其次实质性程序是多种程序的组合，一般不具有唯一性。

（三）评价函证的可靠性（了解）

1. 评价函证的可靠性时应当考虑的因素（了解）

（1）对询证函的设计、发出及收回的控制情况；

（2）被询证者的胜任能力、独立性、授权回函情况、对函证项目的了解及其客观性；

（3）被审计单位施加的限制或回函中的限制。

2. 验证回函的可靠性（见表3－6）

表3－6　　验证回函可靠性的程序

回函方式	验证程序
邮寄	（1）被询证者确认的询证函是否是原件，是否与注册会计师发出的是同一份 （2）回函是否由被询证者直接寄给注册会计师 （3）寄给注册会计师的回邮信封中记录的发件方名称、地址是否与询证函中记载的被询证者名称、地址一致 （4）回邮信封上寄出方的邮戳显示发出城市或地区是否与被询证者的地址一致 （5）被询证者加盖在询证函上的印章以及签名中显示的被询证者名称是否与询证函中记载的被询证者名称一致
跟函	（1）了解被函证者处理函证的通常流程和处理人员 （2）确认处理询证函人员的身份和处理询证函的权限 （3）观察处理询证函的人员是否按照处理函证的正常流程认真处理询证函

续表

回函方式	验证程序
电子形式	(1) 注册会计师和回函者可以采用一定的程序为电子形式的回函创造安全环境，如加密技术、电子数码签名技术、网页真实性认证程序 (2) 当注册会计师存在疑虑时，可以与被询证者联系以核实回函的来源及内容，必要时，注册会计师可以要求被询证者提供回函原件
口头回复	(1) 只对询证函进行口头回复不是对注册会计师的直接书面回复，不符合函证的要求，因此，不能作为可靠的审计证据 (2) 在收到对询证函口头回复的情况下，注册会计师可以要求被询证者提供直接书面回复 (3) 如果仍未收到书面回函，注册会计师需要通过实施替代程序，寻找其他审计证据以支持口头回复中的信息

【提示】

(1) 如果被询证者将回函寄至被审计单位，被审计单位将其转交注册会计师，该回函不能视为可靠的审计证据。

(2) 如果认为询证函回函不可靠，注册会计师应当评价其对评估的相关重大错报风险（包括舞弊风险），以及其他审计程序的性质、时间安排和范围的影响。

3. 回函中的限制性条款（见表3－7）

询证者的回函中可能包括免责或其他限制条款。回函中存在免责或其他限制条款是影响外部函证可靠性的因素之一，但这种限制不一定使回函失去可靠性，注册会计师能否依赖回函信息以及依赖的程度取决于免责或限制条款的性质和实质。

表3－7　　回函中的限制性条款

	举例	说明
不产生影响	(1)“提供的本信息仅出于礼貌，我方没有义务必须提供，我方不因此承担任何明示或暗示的责任、义务和担保” (2)“本回复仅用于审计目的，被询证方、其员工或代理人无任何责任，也不能免除注册会计师做其他询问或执行其他工作的责任”	限制条款如果与所测试的认定无关，也不会导致回函失去可靠性
产生影响	(1)“本信息是从电子数据库中取得，可能不包括被询证方所拥有的全部信息” (2)“本信息既不保证准确也不保证是最新的，其他方可能会持有不同意见” (3)“接收人不能依赖函证中的信息”	限制条款使注册会计师将回函作为可靠审计证据的程度受到了限制

（四）对不符事项的处理

注册会计师应当调查不符事项，以确定是否存在错报。

某些不符事项并不表明存在错报。例如，注册会计师可能认为询证函回函的差异是由于函证程序的时间安排、计量或书写错误造成的。

（五）实施函证时需要关注的舞弊风险迹象

(1) 管理层不允许寄发询证函；

(2) 管理层试图拦截、篡改询证函或回函，如坚持以特定的方式发送询证函；

(3) 被询证者将回函寄至被审计单位，被审计单位将其转交注册会计师；

(4) 注册会计师跟进访问被询证者，发现回函信息与被询证者记录不一致；

(5) 从私人电子信箱发送的回函；

(6) 收到同一日期发回的、相同笔迹的多份回函；

(7) 位于不同地址的多家被询证者的回函邮戳显示的发函地址相同；

(8) 收到不同被询证者用快递寄回的回函，但快递的交寄人或发件人是同一个人或是被审计单位的员工；

(9) 回函邮戳显示的发函地址与被审计单位记录的被询证者的地址不一致；

(10) 不正常的回函率；

(11) 被询证者缺乏独立性。

第四节　分析程序

一、分析程序的目的

分析程序是指注册会计师通过分析不同财务数据之间以及财务数据与非财务数据之间的内在关系，对财务信息作出评价。分析程序还包括在必要时对识别出的、与其他相关信息不一致或与预期值差异重大的波动或关系进行调查。

注册会计师实施分析程序的目的包括以下三种情形（见表3-8）。

表3-8　注册会计师实施分析程序的目的

运用阶段	目的	是否必须运用
风险评估程序	了解被审计单位及其环境并评估重大错报风险	必须运用
实质性程序（实质性分析程序）	单独或结合细节测试，收集充分、适当的审计证据	有需要时运用，并不做强制要求
总体复核	审计（临近）结束时，确定财务报表整体是否与被审计单位的了解一致	必须运用

二、分析程序在三个阶段运用的说明

（一）用作风险评估程序

(1) 注册会计师在实施风险评估程序时，应当运用分析程序，以了解被审计单位及其环境。

(2) 需要注意的是，注册会计师**无须在了解被审计单位及其环境的每一方面时都实施分析程序**。例如，**在了解内部控制时，注册会计师一般不会运用分析程序**。

(3) 风险评估程序中运用分析程序的主要目的在于识别那些可能表明财务报表存在重大错报风险的异常变化。因此，所使用的数据汇总性比较强，其对象主要是财务报表中账户余额及其相互之间的关系；所使用的分析程序通常包括对账户余额变化的分析，并辅之以趋势分析和比率分析。

(4) 与实质性分析程序相比，在风险评估过程中使用的分析程序所进行比较的性质、预期值的精确程度，以及所进行的分析和调查的范围都并不足以提供充分、适当的审计证据。

【例题 3-7·单选题】下列有关用作风险评估程序的分析程序的说法中，错误的是(　　)。(2018 年)

A. 此类分析程序的主要目的在于识别可能表明财务报表存在重大错报风险的异常变化

B. 此类分析程序所使用数据的汇总性较强

C. 此类分析程序通常不需要确定预期值

D. 此类分析程序通常包括对账户余额变化的分析，并辅之以趋势分析和比率分析

【答案】C

【解析】选项 C 不正确，风险评估程序中使用的分析程序也需要确定预期值，只不过其精确程度不如实质性分析程序。

第三章

(二) 用作实质性程序

分析程序在三个阶段都可以使用，**但是用作实质性程序的时候可以叫作实质性分析程序，说到实质性分析程序专指风险应对的分析程序**（见图 3-11）。

实质性程序：细节测试；实质性分析程序

图 3-11　实质性程序

在实质性程序中，并非必须使用分析程序，但是根据情况可以使用分析程序。

1. 设计和实施实质性分析程序考虑的因素（见图 3-12）

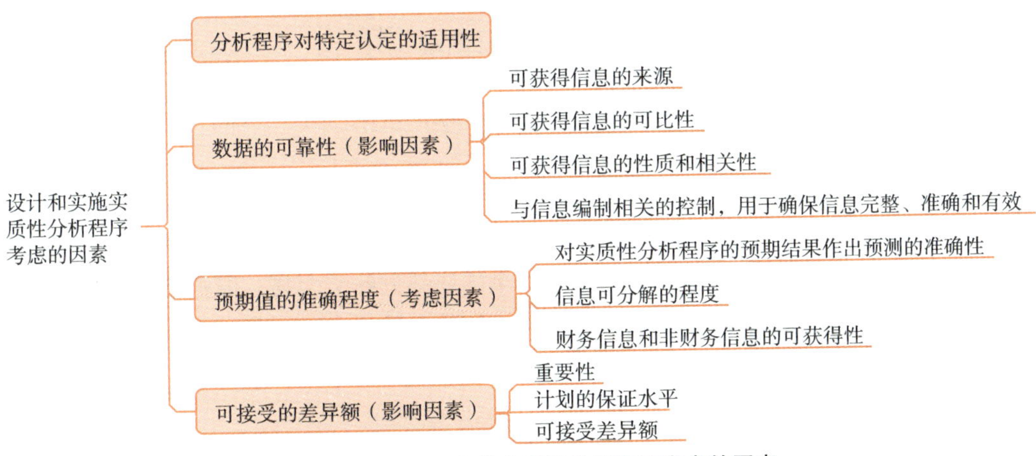

图 3-12　设计和实施实质性分析程序考虑的因素

2. 确定实质性分析程序对特定认定的适用性

（1）前提。分析程序适用于在一段时期内存在预期关系的大量交易，并不适用所有的财务报表认定。

（2）当使用分析程序比细节测试能更有效地将认定层次的检查风险降至可接受的水平时，注册会计师可以考虑单独或结合细节测试，运用实质性分析程序。

（3）实质性分析程序不仅仅是细节测试的一种补充，在某些审计领域，如果重大错报风险较低且数据之间具有稳定的预期关系，注册会计师可以单独使用实质性分析程序获取充分、适当的审计证据。

（4）当针对评估的风险实施实质性分析程序时，如果使用被审计单位编制的信息，注册会计师可能需要考虑测试与信息编制相关的控制的有效性。

【例题 3－8·多选题】下列有关在实施实质性分析程序时确定可接受差异额的说法中，正确的有（　　）。(2014 年)

A. 评估的重大错报风险越高，可接受差异额越低

B. 重要性影响可接受差异额

C. 确定可接受差异额时，需要考虑一项错报单独或连同其他错报导致财务报表发生重大错报的可能性

D. 需要从实质性分析程序中获取的保证程序越高，可接受差异额越高

【答案】ABC

【解析】如果注册会计师需要从实质性分析程序中获取的保证程度越高，越需要获取有说服力的审计证据，可接受的、无须做进一步调查的差异额将会降低。

（三）用于总体复核

（1）在审计结束或临近结束时，注册会计师运用分析程序的目的是确定财务报表整体是否与其对被审计单位的了解一致。

（2）分析程序在风险评估程序、实质性程序和总体复核阶段的比较。

①相同点：所进行的比较和使用的手段基本相同。

②不同点：

与风险评估程序相比：目的不同；实施分析程序的时间和重点不同；所取得的数据的数量和质量不同。

与实质性分析程序相比：没有那么详细和具体，往往集中在报表层次。

（3）再评估重大错报风险。在运用分析程序进行总体复核时，如果识别出以前未识别的重大错报风险，注册会计师应当重新考虑对全部或部分各类交易、账户余额和披露评估的风险是否恰当，并在此基础上重新评价之前计划的审计程序是否充分、是否有必要追加审计程序。

第三章　审计证据

彬哥跟你说：

学完审计证据，你开始有学东西的感觉了吗？还没有吗？那也没关系！

因为要去验证财务报表正确与否，难道不需要一些证据吗？这就是审计证据！说到证据，也要按照基本的思路去思考：审计证据来源于哪里？用什么方式去获取？

今日复习步骤：

第一遍：回忆 & 重新复习一遍框架（10 分钟）

学习要求：这一遍的目的是自己重新找一遍框架，不需要掌握所有细节，但求框架了然于心。

（1）审计证据的内容包括哪些？

（2）审计程序包括哪些？每个部分需要关注的有什么内容？

第二遍：对细节进一步掌握（35 分钟）

第三遍：重新复习一遍框架（5 分钟）

我问你答：

（1）审计证据包括哪些信息？信息的缺乏本身是否也构成审计证据？

（2）审计证据的充分性受什么因素影响？可靠的审计证据就是具有适当性的，这样说是否正确？如果审计证据的质量存在缺陷，是否可以通过获取更多的审计证据来弥补？

（3）注册会计师除了要考虑用作审计证据的信息的可靠性，还需要考虑什么？是否可以以获取审计证据的困难和成本为由减少不可替代的审计程序？

（4）函证决策应考虑的因素包括什么？

（5）银行存款的函证对象包括哪些？银行存款对财务报表不重要“或”与之相关的重大错报风险很低的时候，是否需要函证？应收账款不函证的情形是什么？

（6）积极函证和消极函证的区别是什么？消极函证的使用情形是哪四个？是四个条件缺一不可才使用消极函证还是只需要满足其中的一个条件？

（7）被询证者的回函由被审计单位转交给注册会计师，该回函是否可靠？邮寄的询证函，是否要确认是否是原件？只对询证函进行口头回复，是否可靠？只要回函中存在限制性条款，是否就证明回函不可靠？如果不是，分哪两种情况？

（8）分析程序可以用在哪三个阶段？每个阶段是否都是必需的？注册会计师是否需要在了解被审计单位及其环境的每一个方面时都实施分析程序？仅仅分析财务数据，还是包括非财务数据？用作总体复核的手段与用作风险评估的手段是否相同？目的是否相同？

本章作业：

（1）请把讲义例题做三遍（做错的题目，请分析错误原因并记录到改错本）。

（2）请复习完口述一遍框架，睡前请再回忆一遍框架。

（3）第二天早上，请再回忆一遍框架，对于回忆不起来的内容，请翻书看一遍。

第 5 天

复习旧内容：

审计证据（第三章）

学习新内容：

审计抽样方法、信息技术对审计的影响（第四章、第五章）

学习方法：

今日的学习一定要保持思路清晰，在审计抽样中，第一节和第二节是从总体上讲述审计抽样是什么，是什么程序，第三节和第四节是看审计抽样在细节测试和控制测试中的应用，而且审计抽样不管怎么应用都是遵循三步走的套路：

第一步，样本设计阶段；

第二步，选取样本阶段；

第三步，评价样本结果阶段。

你今天可能有的心态：

保持平和的心态去学习，审计你已经入门了，不要怀疑自己的学习能力，第一遍学审计就是现在你的感觉！

简单解释今天学习内容：

（1）审计抽样，就是对不是百分百的项目实施审计程序，因为样本量如果足够大，不可能也没必要对所有的项目实施审计程序，因此，需要进行抽样；

（2）信息技术对审计的影响，这是不重要的章节，主要讲述信息技术的发展对审计造成的影响。

可能会遇到的难点：

基本没难点。

建议学习时间：

1.5 小时新内容、0.5 小时复习

第四章　审计抽样方法

所谓审计抽样，是由于被审计单位的交易越来越多，数目庞大，注册会计师不可能对每一笔交易、每一项资产进行审计，所以只能采取一定的方式选出样本进行审计，这就是审计抽样（见图4-1）。

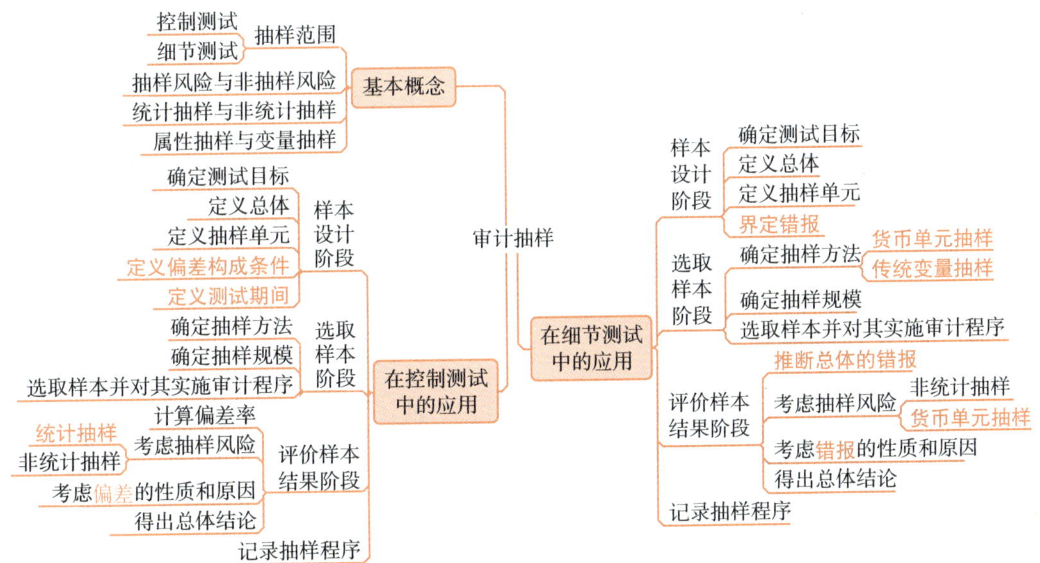

图4-1　审计抽样的主要框架

第一节　审计抽样的基本概念

一、测试的方法

测试的方法如表4-1所示。

表4-1　测试的方法

方法	适用情形/特征	适用范围
选取全部项目测试	(1) 总体由少量的大额项目构成 (2) 存在特别风险且其他方法未提供充分适当的审计证据 (3) 当信息系统自动执行计算或其他程序而具有重复性时，对全部项目进行检查符合成本效益原则，注册会计师可运用计算机辅助技术选取全部项目进行测试	通常更适用于细节测试

续表

方法	适用情形/特征	适用范围
选取特定项目测试	（1）大额或关键项目 （2）超过某一金额的全部项目 （3）被用于测试控制活动的项目 （4）被用于获取某些信息的项目	根据对被审计单位的了解、评估的重大错报风险以及所测试总体的特征来选取特定项目
审计抽样	特征： （1）对具有审计相关性的总体中低于百分之百的项目实施审计程序 （2）所有抽样单元都有被选取的机会 （3）可以根据样本项目的测试结果推断有关抽样总体的结论	（1）留下运行轨迹的控制测试 （2）细节测试

【提示】

（1）审计抽样时，注册会计师的目的并不是评价样本，而是对整个总体得出结论。

（2）只有当抽样总体中选取的样本具有代表性时，注册会计师才能根据样本项目的测试结果推断有关总体的结论。样本具有代表性并不意味着根据样本测试结果推断的错报一定与总体中的错报完全相同。

（3）代表性与整个样本而非样本中的单个项目相关，与样本规模无关，而与如何选取样本相关。

（4）代表性通常只与错报的发生率而非错报的特定性质相关。

二、审计抽样的定义

审计抽样是指注册会计师对具有审计相关性的总体中低于百分之百的项目实施审计程序，使所有抽样单元都有被选取的机会，为注册会计师针对整个总体得出结论提供合理基础（见表4－2）。

表4－2　　审计抽样的范围（并非所有审计程序都可适用审计抽样）

审计程序		适用	不适用
风险评估程序		不涉及审计抽样	
进一步审计程序	控制测试	已留下运行轨迹的	未留下运行轨迹的（询问、观察）
	实质性程序	细节测试	实质性分析程序

【提示】

（1）风险评估程序通常不涉及审计抽样。

（2）当控制的运行留下轨迹时，注册会计师可以考虑使用审计抽样实施控制测试。对于未留下运行轨迹的控制，注册会计师通常实施询问、观察等审计程序，以获取有关控制运行有效性的审计证据，此时不宜使用审计抽样。

（3）在被审计单位采用信息技术处理中选取一笔或几笔交易进行测试，就能获取有关信息技术应用控制运行有效性的审计证据，此时无须使用审计抽样。

（4）实质性程序包含细节测试和实质性分析程序，其中细节测试可以使用审计抽样，而实质性分析程序不宜使用审计抽样。

（5）审计抽样可以与其他选取测试项目的方法结合进行。

【例题 4－1·单选题】 下列有关选取测试项目的方法的说法中，正确的是（　　）。（2013 年）

A. 从某类交易中选取特定项目进行检查构成审计抽样

B. 从总体中选取特定项目进行测试时，应当使总体中每个项目都有被选取的机会

C. 对全部项目进行检查，通常更适用于细节测试

D. 审计抽样更适用于控制测试

【答案】 C

【解析】 选取测试项目的方法有三种，本题中，选项 A 和选项 B 属于混淆概念，选项 D 中控制测试必须留下运行轨迹才可。

三、抽样风险和非抽样风险

在使用审计抽样时，审计风险既可能受到抽样风险的影响，又可能受到非抽样风险的影响。抽样风险和非抽样风险在重大错报风险的评估和检查风险的确定过程中均可能涉及。

（一）抽样风险

抽样风险是指注册会计师根据样本得出的结论，可能不同于如果对整个总体实施与样本相同的审计程序得出的结论的风险。

抽样风险是由抽样引起的，与样本规模和抽样方法相关（见表 4－3、图 4－2）。

表 4－3　　抽样风险分类

控制测试	信赖过度风险	指推断的控制有效性高于其实际有效性的风险，但是实际偏差率不支持该信赖程度的风险
	信赖不足风险	指推断的控制有效性低于其实际有效性的风险
细节测试	误受风险	指注册会计师推断某一重大错报不存在而实际上存在的风险。即过度相信
	误拒风险	指注册会计师推断某一重大错报存在而实际上不存在的风险。即过度不相信

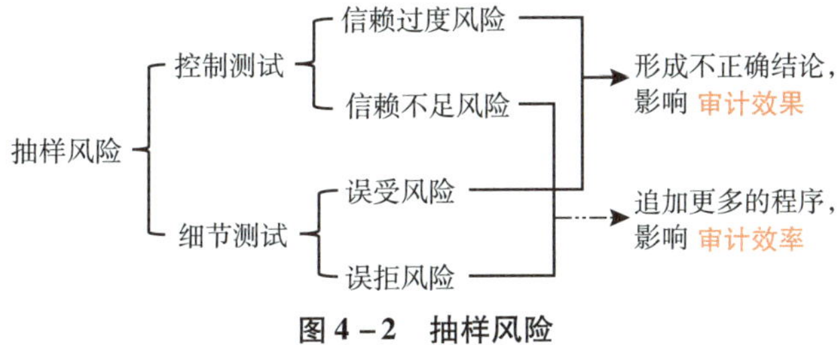

图 4－2　抽样风险

【提示】

(1) 只要抽样，抽样风险就存在。

(2) 抽样风险与样本规模呈反方向变动：样本规模越小，抽样风险越大；样本规模越大，抽样风险越小。如果对总体中的所有项目都实施检查，就不存在抽样风险，此时审计风险完全由非抽样风险产生。

(二) 非抽样风险

非抽样风险是指由于任何与抽样风险无关的原因而得出错误结论的风险。

在审计过程中，可能导致非抽样风险的原因包括下列情况：

(1) 注册会计师选择了不适于实现特定目标的审计程序。例如，注册会计师依赖应收账款函证来揭露未入账的应收账款。

(2) 注册会计师选择的总体不适合于测试目标。

(3) 注册会计师未能适当地定义误差（包括控制偏差或错报），导致注册会计师未能发现样本中存在的偏差或错报。

(4) 注册会计师未能适当地评价审计发现的情况。例如，注册会计师错误解读审计证据可能导致没有发现误差。注册会计师对所发现误差的重要性的判断有误，从而忽略了性质十分重要的误差，也可能导致得出不恰当的结论。

【提示】

(1) 非抽样风险是由人为错误造成的，虽不能量化，但可以通过仔细设计其审计程序以及对审计实务的适当改进，将非抽样风险降至可接受的水平。

(2) 非抽样风险与样本规模无关。

【例题4-2·单选题】 下列有关抽样风险和非抽样风险的表述，错误的是（　　）。(2015年)

A. 信赖不足风险与审计的效果有关

B. 误受风险影响审计效果，容易导致注册会计师发表不恰当的审计意见，因此注册会计师更应重点关注

C. 如果对总体中的所有项目都实施检查，就不存在抽样风险，此时审计风险完全由非抽样风险产生

D. 注册会计师依赖应收账款函证来揭露未入账的应收账款，此时可能产生非抽样风险

【答案】 A

【解析】 信赖过度和误受风险表明被骗了，所以影响效果；信赖不足和误拒风险表明多干活了，吃亏了，所以影响效率。

四、统计抽样和非统计抽样

(1) 注册会计师在审计抽样时，既可以选择统计抽样，也可以选择非统计抽样，言外

之意是不管统计抽样还是非统计抽样，都是审计抽样，既然有抽样那也有抽样风险。

（2）统计抽样应当具备两个条件：①随机选取样本项目；②运用概率论评价样本结果。不满足这两个条件就是非统计抽样。

（3）注册会计师在统计抽样与非统计抽样方法之间进行选择时主要考虑成本效益（见表4－4）。如果设计得当，非统计抽样也能提供与统计抽样方法同样有效的结果。

表4－4　　统计抽样与非统计抽样

	统计抽样	非统计抽样
优点	（1）客观地计量抽样风险，通过调整样本规模精确地控制风险 （2）有助于注册会计师高效地设计样本，定量评价样本结果	（1）操作简单，使用成本低 （2）适合定性分析
缺点	（1）需要特殊的专业技能，增加培训注册会计师的成本 （2）单个样本项目要符合统计要求，增加了额外费用	无法量化抽样风险，只能估计
相同点	（1）都是抽样，都存在抽样风险，均通过扩大样本规模来降低抽样风险 （2）运用得当都可以获取充分、适当的审计证据 （3）对选取的样本项目实施的审计程序通常与使用的抽样方法无关 （4）均通过样本中发现错报或偏差率推断总体的特征 （5）在设计、选取、评价样本时都需要运用职业判断	

【例题4－3·单选题】下列有关统计抽样和非统计抽样的说法中，错误的是（　　）。（2012年）

A. 注册会计师应当根据具体情况并运用职业判断，确定使用统计抽样或非统计抽样方法

B. 注册会计师在统计抽样与非统计抽样方法之间进行选择时主要考虑成本效益

C. 非统计抽样如果设计适当，也能提供与统计抽样方法同样有效的结果

D. 注册会计师使用非统计抽样时，不需要考虑抽样风险

【答案】D

【解析】审计抽样的方法包括统计抽样和非统计抽样。只要有抽样，抽样风险总会存在。非抽样风险和样本规模没有关系。在使用统计抽样时，注册会计师可以准确地计量和控制抽样风险。在使用非统计抽样时，注册会计师无法量化抽样风险，只能根据职业判断对其进行定性的评价和控制，选项D错误。

【例题4－4·多选题】下列有关审计抽样的说法中，恰当的有（　　）。

A. 在审计抽样中，抽样风险是客观存在的

B. 注册会计师在统计抽样与非统计抽样方法之间进行选择时主要考虑成本效益

C. 非抽样风险是由人为错误造成的，在审计中可以将其量化并加以控制

D. 审计抽样可以运用于所有审计程序

【答案】AB

【解析】非抽样风险是由人为错误造成的，不能量化，但可以通过仔细设计其审计程序来降低、消除或防范。有些审计程序不适宜抽样，如询问、观察、分析程序。

五、统计抽样的方法

1. 属性抽样——适用于控制测试

通常用于测试某一设定控制的偏差率，以支持注册会计师评估的控制风险水平。

2. 变量抽样——适用于细节测试

主要用来对总体金额得出结论，以确定记录金额是否合理。

第二节 审计抽样在控制测试中的应用

在控制测试中应用审计抽样有两种方法。一种是发现抽样，在预计控制高度有效时使用，以证实控制的有效性；另一种是属性估计抽样，用以估计被测试控制的偏差发生率，或控制未有效运行的频率。

在控制测试中使用审计抽样可以分为样本设计、选取样本和评价样本结果三个阶段（见图4－3），通常需要考虑下列问题：（1）测试目标和相关认定是什么？（2）如何定义偏差？（3）如何定义总体？总体是否完整？（4）如何从总体中抽样？包括确定抽样计划、抽样单元和抽样方法；（5）样本规模是多少？（6）如何评价并解释抽样结果？

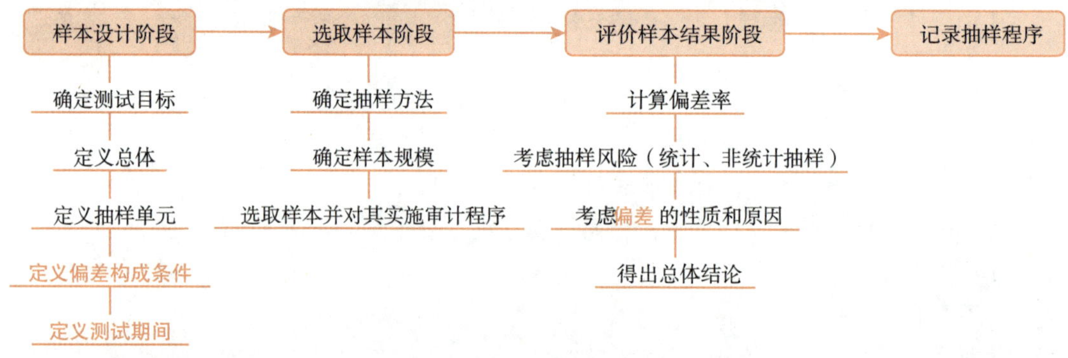

图4－3 审计抽样在控制测试中的运用流程

一、样本设计阶段

审计抽样中样本设计阶段的工作主要步骤如表4－5所示。

表4－5 样本设计工作的主要步骤

确定测试目标	控制测试的目的是提供关于控制运行有效性的审计证据，以支持计划的重大错报风险评估水平。 只有认为控制设计合理、能够防止或发现并纠正认定层次的重大错报时，注册会计师才有必要对控制运行的有效性实施测试	
定义总体	同质性	总体中的所有项目应该具有同样的特征。例如，出口和内销业务的处理方式不同，则注册会计师应分别评价两种不同的控制情况，因而出现两个独立的总体
	适当性	注册会计师应确定总体适合于特定的审计目标，包括适合于测试的方向。例如，要测试用以保证所有发运商品都已开单的控制是否运行有效，注册会计师从已开单的项目中抽取样本不能发现误差，因为该总体不包含那些已发运但未开单的项目。应该将所有已发运的项目作为总体比较适当

续表

<table>
<tr><td>定义总体</td><td>完整性</td><td>注册会计师应当从总体项目内容和涉及时间等方面确定总体的完整性。注册会计师通常从代表总体的实物中选取样本项目。例如，如果注册会计师从档案中选取付款证明，除非确定所有的付款证明都已归档，否则不能对该期间的所有付款证明得出结论。又如，如果注册会计师对某一控制活动在财务报告期间是否有效运行得出结论，总体应该包括来自整个期间的所有相关项目</td></tr>
<tr><td>定义抽样单元</td><td colspan="2">（1）定义的抽样单元应与审计测试目标相适应
（2）抽样单元是指构成总体的个体项目
（3）通常是能够提供控制运行证据的一份文件资料、一个记录或其中一行</td></tr>
<tr><td>定义偏差构成条件</td><td colspan="2">在控制测试中，偏差是指偏离对设定控制的预期执行。在评估控制运行的有效性时，注册会计师应当考虑其认为必要的所有环节</td></tr>
<tr><td rowspan="3">定义测试期间</td><td colspan="2">注册会计师通常在期中实施控制测试。由于期中测试获取的证据只与控制截止期中测试时点的运行有关，注册会计师需要确定如何获取关于剩余期间的证据。注册会计师可以有两种做法</td></tr>
<tr><td>（1）将测试扩展至在剩余期间发生的交易，以获取额外的证据。（即测试整个会计期间）</td><td>（1）期中实施初始测试
（2）估计总体的特征。注册会计师需要估计剩余期间抽样单元的数量，以确定总体规模。这种估计可能存在两种风险：
①高估剩余期间抽样单元的数量。这导致部分被选取的项目编号对应的交易没有发生。处理：用其他交易代替
②低估剩余期间抽样单元的数量。导致一些交易没有被选取的机会。处理：注册会计师可以重新定义总体，将样本中未包含的项目排除在新的总体之外。对未包含在重新定义总体中的项目，注册会计师可以实施替代程序
有时，虽然审计期间尚未结束，已发现的偏差数量就已经超过允许的偏差数，注册会计师可能决定中止控制测试</td></tr>
<tr><td>（2）不将测试扩展至在剩余期间发生的交易。（即测试期初到期中）</td><td>总体只包括年初到期中测试日为止的交易，测试结果只能针对此期间进行推断，注册会计师可以使用替代方法测试剩余期间的控制有效性。
在确定是否需要针对剩余期间获取额外证据以及获取哪些证据时，注册会计师通常会考虑下列因素：
（1）评估的认定层次重大错报风险的重要程度
（2）在期中测试的特定控制和测试结果，以及自期中测试后控制发生的重大变动
（3）在期中对有关控制运行有效性获取的审计证据的程度
（4）剩余期间的长度
（5）在信赖控制的基础上拟缩小实质性程序的范围
（6）控制环境
注册会计师应当获取与控制在剩余期间发生的所有重大变化的性质和程度有关的证据，包括其人员的变化。如果发生了重大变化，注册会计师应修正其对内部控制的了解，并考虑对变化后的控制进行测试。或者，注册会计师也可以考虑对剩余期间实施实质性分析程序或细节测试</td></tr>
</table>

二、选取样本阶段

（一）确定抽样方法

选取样本时，只有从抽样总体中选出具有代表性的样本项目，注册会计师才能根据样本的测试结果推断有关总体的结论（见表4－6）。

表 4－6　　选取样本的基本方法

方法	说明	统计抽样	非统计抽样
简单随机选样	相同数量的抽样单元组成的每种组合被选取的概率都相等。注册会计师可以使用计算机或随机数表获得所需的随机数，选取匹配的随机样本	√	√
系统选样	(1) 确定选样间隔。选样间隔＝总体中抽样单元的总数量/样本规模在第一个间隔中确定一个随机起点，从这个随机起点开始，按照选样间隔，从总体中顺序选取样本 (2) 总体中每一个抽样单元被选取的机会都相等，但使用系统选样方法要求总体必须是随机排列的	在总体随机分布时适用	√
随意选样	注册会计师要避免任何有意识的偏向或可预见性，从而保证总体中所有项目都有被选中的机会，使选择的样本具有代表性	×	√
整群选样	从总体中选取一群（或多群）连续的项目。整群选样通常不能在审计抽样中使用	×	×

控制测试中使用统计抽样方法时，注册会计师必须在随机数表或计算机辅助审计技术选样和系统选样中选择一种方法。

【例题 4－5·多选题】 下列选取样本的方法中，可以在统计抽样中使用的有（　　）。(2014 年)

A. 使用随机数表选样　　B. 随意选样

C. 使用计算机辅助审计技术选样　　D. 系统选样

【答案】 ACD

【解析】 选项 B，随意选样虽然也可以选出代表性样本，但是其属于非随机基础选样方法，因而不能在统计抽样中使用。

（二）确定样本规模

1. 影响样本规模的因素（见表 4－7）

表 4－7　　影响控制测试样本规模的因素

影响因素	与样本规模的关系	说明
可接受的信赖过度风险	反向变动	通常对所有控制测试确定一个统一的可接受信赖风险水平，然后对每一测试根据计划的重大错报风险评估水平和控制有效性分别确定其可容忍偏差率
可容忍偏差率	反向变动	(1) 是注册会计师能够接受的最大偏差率，如果偏差超过这一比率则减少或取消对内部控制的信赖 (2) 确定可容忍偏差率时，应考虑计划评估的控制有效性，有效性越低，可容忍偏差率越高，所需要的样本规模越小 (3) 反之，在风险评估时越依赖控制运行的有效性，确定的可容忍偏差率越低，进行控制测试的范围越大，因此样本规模增加

续表

影响因素	与样本规模的关系	说明
预计总体偏差率	同向变动	在既定的可容忍偏差率下，预计总体偏差率越大，所需的样本规模越大。但是预计总体偏差率不应超过可容忍偏差率，如果预期总体偏差率高的无法接受，意味着控制有效性很低，注册会计师通常决定不实施控制测试，而实施更多的实质性程序
总体规模	影响很小	通常将抽样单元超过 2 000 个的总体视为大规模总体。对大规模总体而言，总体的实际容量对样本规模几乎没有影响
其他因素		（1）控制运行的相关期间（同向） （2）控制程序复杂度（同向） （3）测试的控制类型，人工控制实施的测试要多过自动化控制

2. 针对运行频率较低的内部控制的考虑

注册会计师可以根据表 4－8 确定所需的样本规模。一般情况下，样本规模接近表 4－8 中样本数量区间的下限是适当的。如果拟测试的控制是针对相关认定的唯一控制，注册会计师往往可能需要测试表 4－8 中所列的更多样本。

表 4－8　　测试运行频率较低的内部控制的有效性

控制运行频率和总体的规模	测试的样本数量
1 次/季度（4）	2
1 次/月度（12）	2～5
1 次/半月（24）	3～8
1 次/周（52）	5～15

3. 确定样本量

实施控制测试时，注册会计师可能使用统计抽样，也可能使用非统计抽样。

在非统计抽样中，注册会计师可以只对影响样本规模的因素进行定性的估计，并运用职业判断确定样本规模。

在统计抽样中，注册会计师必须对影响样本规模的因素进行量化，并利用专门的计算机程序或样本量表来确定样本规模。

【例题 4－6·多选题】下列有关对样本规模的提法中，不正确的有（　　）。

A. 可接受的信赖过度风险越低，样本规模应越大

B. 可接受的信赖过度风险越低，样本规模应越小

C. 在既定的可容忍偏差率下，预计总体偏差率越高，样本规模应越大

D. 在既定的可容忍偏差率下，预计总体偏差率越高，样本规模应越小

【答案】BD

【解析】可接受的信赖过度风险与样本规模呈反方向关系；预计总体偏差率与样本规模呈同向关系。

（三）选取样本并对其实施审计程序

注册会计师可以根据具体情况，从简单随机选样、系统选样或随意选样中挑选适当的选样方法选取样本。注册会计师应当针对选取的样本项目，实施适当的审计程序，以发现并记录样本中存在的控制偏差。

在对选取的样本实施审计程序时可能出现以下几种情况（见表4－9）。

表4－9　　　　选取样本实施审计程序时一些情况的应对

情形	应对
无效单据	能合理确信该收据的无效是正常的，且不构成对设定控制的偏差，则选取其他单据来替代
未使用或者不适用的单据	如选取到空白单据或者选取的项目不适用于事先定义的偏差，如果合理确信该交易不适用且不构成控制偏差，则选取其他交易来替代
对总体估计错误	若高估了总体的规模和编号范围，选取的样本中超出实际编号的所有数字都被视为未使用单据。在这种情况下，注册会计师要用额外的随机数字代替这些数字，以确定对应的适当单据
在结束之前停止测试	在对样本的第一部分进行测试时就发现了大量偏差，不用测试其余部分就能确定样本的结果不支持计划的重大错报风险评估水平。在这种情况下，注册会计师要重新估计重大错报风险并考虑是否有必要继续进行测试
无法对选取的项目实施检查	注册会计师应当针对选取的每个项目，实施适合于具体审计目标的审计程序 如果注册会计师无法对选取的项目实施计划的审计程序或适当的替代程序，应考虑在评价样本时将该样本项目视为控制偏差

【例题4－7·单选题】在使用审计抽样实施控制测试时，下列情形中，注册会计师不能另外选取替代样本的是（　　）。（2017年）

A. 单据丢失　　B. 单据不适用　　C. 单据无效　　D. 单据未使用

【答案】A

【解析】无效单据、未使用或者不适用的单据，应当选取其他单据来替代。但是如果找不到该单据（单据丢失），或出于其他原因注册会计师无法对选取的项目实施检查，注册会计师可能无法使用替代程序测试控制是否适当运行。

三、评价样本结果阶段

（一）计算偏差率

样本偏差率就是注册会计师对总体偏差率的最佳估计，因而在控制测试中无须另外推断总体偏差率，但必须考虑抽样风险。

（二）考虑抽样风险

如果总体偏差率（即样本偏差率）低于可容忍偏差率，注册会计师还要考虑实际的总体偏差率仍有可能大于可容忍偏差率的风险。

1. 统计抽样

（1）注册会计师在统计抽样中通常使用公式、表格或计算机程序直接计算在确定的信赖过度风险水平下可能发生的偏差率上限。

①使用统计公式评价样本结果。

总体偏差率上限 = 风险系数 ÷ 样本量

控制测试中常用的风险系数表，见表4－10。

表4－10　　控制测试中常用的风险系数表

样本中发现偏差的数量	信赖过度风险	
	5%	10%
0	3.0	2.3
1	4.8	3.9
2	6.3	5.3
3	7.8	6.7
4	9.2	8.0
5	10.5	9.3
6	11.9	10.6
7	13.2	11.8
8	14.5	13.0
9	15.7	14.2
10	17.0	15.4

②使用样本结果评价表（此表在这里不重要，故没有添加，做题的时候题目会给）。即直接使用样本结果评价表，通过查表得出结果。

（2）计算出估计的总体偏差率上限后，注册会计师通常可以对总体进行如下判断：

①如果总体偏差率上限低于可容忍偏差率，则总体可以接受。

②如果总体偏差率上限大于或等于可容忍偏差率，则总体不能接受。此时，注册会计师应当修正重大错报风险评估水平，并增加实质性程序的数量。注册会计师也可以对影响重大错报风险评估水平的其他控制进行测试，以支持计划的重大错报风险评估水平。

③如果总体偏差率上限低于但接近可容忍偏差率，注册会计师应当结合其他审计程序的结果，考虑是否接受总体，并考虑是否需要扩大测试范围，以进一步证实计划评估的控制有效性和重大错报风险水平。

2. 非统计抽样

非统计抽样中，抽样风险无法直接计量。注册会计师通常将估计的总体偏差率（即样本偏差率）与可容忍偏差率相比较，以判断总体是否可以接受。

（1）若总体偏差率大于可容忍偏差率，则总体不能接受。

（2）若总体偏差率大大低于可容忍偏差率，注册会计师通常认为总体可以接受。

（3）若总体偏差率低于但接近可容忍偏差率，注册会计师通常认为实际的总体偏差率

第四章

高于可容忍偏差率的抽样风险很高，因而总体不可接受。

（4）若总体偏差率与可容忍偏差率之间的差额不是很大也不是很小，以至于不能认定总体是否可以接受时，注册会计师则要考虑扩大样本规模或实施其他测试，以进一步收集证据。

（三）考虑偏差的性质和原因

注册会计师应当调查识别出的所有偏差的性质和原因。

无论是统计抽样还是非统计抽样，均需要对样本结果进行定性评估和定量评估；即使样本的评价结果在可接受的范围内，注册会计师也应对样本中的所有控制偏差进行定性分析。

控制偏差并不一定导致财务报表中的金额错报。控制偏差虽然增加了金额错报的风险，但两者不是一一对应的关系。如果某项偏差更容易导致金额错报，该项控制偏差就更加重要。

样本中发现了控制偏差，注册会计师有两种处理办法。一是扩大样本规模，以进一步收集证据。二是认为控制没有有效运行，增加对相关账户的实质性程序。

如果在预期不存在偏差的初始样本中发现两个或更多偏差，追加测试的样本量通常会大大超过初始样本量，此时，注册会计师可能认为采取第二种处理方法更有效。即不采取大量追加测试样本量，而是选择不再信赖内部控制。

如果确定控制偏差是系统偏差或舞弊导致，扩大样本规模通常无效，注册会计师需要直接采用第二种方法。

（四）得出总体结论

如果样本结果及其他相关审计证据支持计划评估的控制有效性，从而支持计划的重大错报风险评估水平，注册会计师可能不需要修改计划的实质性程序。如果样本结果不支持计划的控制运行有效性和重大错报风险的评估水平，注册会计师通常有两种选择：

（1）进一步测试其他控制（如补偿性控制），以支持计划的控制运行有效性和重大错报风险的评估水平；

（2）提高重大错报风险评估水平，并相应修改计划的实质性程序的性质、时间安排和范围。

（五）统计抽样示例

注册会计师准备使用统计抽样方法，测试现金支付授权控制运行的有效性。

注册会计师作出下列判断：

（1）为发现未得到授权的现金支付，注册会计师将所有已支付现金的项目作为总体；（2）定义的抽样单元为现金支付单据上的每一行；（3）偏差被定义为没有授权人签字的发票和验收报告等证明文件的现金支付；（4）可接受信赖风险为10%；（5）可容忍偏差率为7%；（6）根据上年测试结果和对控制的初步了解，预计总体的偏差率为1.75%；（7）由于现金支付业务数量很大，总体规模对样本规模的影响可以忽略。

查表（教材表4-4，控制测试统计抽样样本规模）可知，信赖过度风险为10%时，7%可容忍偏差率对1.75%预计总体偏差率的交叉处为55，即需要的样本规模为55。注册会计师使用简单随机选样法选择了55个样本项目，并对其实施了既定的审计程序。

（1）假设这55个项目中没有发现偏差，利用统计公式，在表4-10中查到风险系数为2.3，并据此计算出总体最大偏差率为4.18%。这意味着，如果样本量为55且无一例偏差，总体实际偏差率超过4.18%的风险为10%，即有90%的把握保证总体实际偏差率不超过4.18%。由于注册会计师确定的可容忍偏差率为7%，因此可以得出结论，总体的实际偏差率超过可容忍偏差率的风险很小，总体可以接受。也就是说，样本结果证实注册会计师对控制运行有效性的估计和评估的重大错报风险水平是适当的。

（2）假定在55个样本中发现两个偏差，利用统计公式，计算出总体最大偏差率为9.64%。这意味着，如果样本量为55且有两个偏差，总体实际偏差率超过9.64%的风险为10%。在可容忍偏差率为7%的情况下，注册会计师得出结论，总体的实际偏差率超过可容忍偏差率的风险很大，因而不能接受总体。

四、记录抽样程序

注册会计师应当记录所实施的审计程序，以形成审计工作底稿。

【例题4-8·简答题】 A注册会计师负责审计甲公司2011年度财务报表。甲公司本年度银行存款账户数一直为60个。甲公司财务制度规定，每月末由与银行存款核算不相关的财务人员H针对每个银行存款账户编制银行存款余额调节表。A注册会计师决定运用统计抽样方法测试该项控制在全年的运行有效性。相关事项如下：

（1）A注册会计师计算了各银行存款账户在2011年12月31日余额的标准差，作为确定样本规模的一个因素。

（2）在确定样本规模后，A注册会计师采用随机数表的方式选取样本。选取的一个银行存款账户余额极小，A注册会计师另选了一个余额较大的银行存款账户予以代替。

（3）在对选取的样本项目进行检查时，A注册会计师发现其中一张银行存款余额调节表由甲公司银行存款出纳I代为编制，A注册会计师复核后发现该表编制正确，不将其视为控制偏差。

（4）在对选取的样本项目进行检查后，A注册会计师将样本中发现的偏差数量除以样本规模得出的数值作为该项控制运行总体偏差率的最佳估计。

（5）假设A注册会计师确定的可接受的信赖过度风险为10%，样本规模为45。测试样本后，发现1例偏差。当信赖过度风险为“10%”、样本中发现的偏差率为“1”时，控制测试的风险系数为“3.9”。

要求：

（1）计算确定总体规模，并简要回答在运用统计抽样方法对某项手工执行的控制运行有效性进行测试时，总体规模对样本规模的影响。

（2）针对事项（1）~（4），假设上述事项互不关联，逐项指出A注册会计师的做法是否正确。如不正确，简要说明理由。

（3）针对事项（5），计算总体偏差率上限。

第四章

【答案】

(1) 总体规模 =60 个账户 ×12 月 =720 个账户

运用统计抽样方法对某项手工执行的控制运行有效性进行测试时，确定样本规模时，除非总体非常小，一般而言，总体规模对样本规模的影响几乎为零。对小规模总体而言，总体规模越大，则样本规模也应该越大。

(2) 针对事项 (1)～(4) 项：

①第 (1) 项，注册会计师做法不正确。本题中注册会计师运用统计抽样方法进行的是控制测试，无须计算标准差。标准差的计算是在细节测试中运用的，所以在控制测试中将标准差作为确定样本规模的因素是不正确的。

②第 (2) 项，注册会计师做法不正确。在审计抽样中，需要根据抽样的结果推断总体，利用随机数表选择的样本具有一定的代表性，如果随意更换了样本，则审计抽样就不具有代表性了，而且控制测试是不考虑余额的，所以此处替换样本的做法不恰当。

③第 (3) 项，注册会计师的做法不正确。A 注册会计师是在控制测试中执行审计抽样，目的在于确定被审计单位控制是否有效运行，虽然报表编制正确，但是其错误在于没有按照控制规定由 H 编制，而是由不应当承担该职责的出纳 I 编制，所以表明该项控制没有得到有效运行，所以属于一项控制偏差。

④第 (4) 项，注册会计师的做法正确。

(3) 总体偏差率上限 =3.9 ÷45 ×100% =8.67%

第三节 审计抽样在细节测试中的应用

审计抽样在细节测试中的运用流程如图 4 -4 所示。

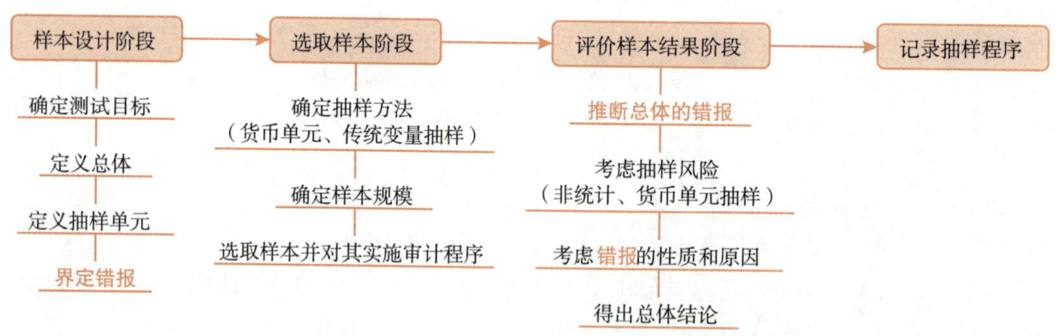

图 4 -4 审计抽样在细节测试中的运用流程

一、样本设计阶段

（一）确定测试目标

细节测试的目的是识别财务报表中各类交易、账户余额和披露中存在的重大错报。在细节测试中，抽样通常用来为有关**财务报表金额**的一项或多项认定提供特定水平的合理保证。

（二）定义总体

（1）考虑总体的适当性和完整性。

（2）识别单个重大项目（超过可容忍错报应当单独测试的项目）和极不重要的项目。

①单个重大项目。

注册会计师应当对单个重大项目逐一实施检查，以将抽样风险控制在合理的范围。单个重大项目包括那些潜在错报可能超过可容忍错报的所有单个项目，以及异常的余额或交易。注册会计师进行单独测试的所有项目都不构成抽样总体。增加单独测试的账户可以减少样本规模。因此，单独测试的账户越多，拟抽样的剩余总体越小，可容忍错报占抽样总体的比例越高。

②识别极不重要项目。

如果主要关注高估，注册会计师会发现总体中有些项目加总起来是不重要的，或者被认为存在较低的重大错报风险，可以从抽样计划中剔除这些项目，以集中精力于与测试目标相关度更高的项目，必要时可以对重大错报风险很低的项目实施分析程序。

（三）定义抽样单元

抽样单元可能是一个账户余额、一笔交易或交易中的一个记录，甚至是每个货币单元。

注册会计师应考虑实施计划的审计程序或替代程序的难易程度（如果将抽样单元界定为客户明细账余额，当客户没有回函证实该余额时，注册会计师可能对构成该余额的每一笔交易进行测试，因此，如果将抽样单元界定为构成应收账款余额的每笔交易，审计抽样效率可能更高）。

（四）界定错报

（1）误差是指错报。可容忍错报可能低于或等于实际执行的重要性。

（2）不构成误差的情形：

①收款在途、付款在途、退回货物在途、拒付货物在途；

②被审计单位在不同客户之间误登明细账不影响应收总账余额。

（3）注册会计师还可能将被审计单位自己发现并已在适当期间予以更正的错报排除在外。

二、选取样本阶段

（一）确定抽样方法

在细节测试中进行审计抽样，可能使用统计抽样，也可能使用非统计抽样。注册会计师在细节测试中常用的统计抽样方法包括货币单元抽样和传统变量抽样。

1. 货币单元抽样

货币单元抽样是一种运用属性抽样原理对货币金额而不是对发生率得出结论的统计抽样方法。货币单元抽样是以货币单位作为抽样单元进行选样的一种方法。

总体中的每个货币单元被选中的机会相同，所以总体中某一项目被选中的概率等于该项目与总体金额的比率。

项目金额越大，被选中的概率就越大。

实际上注册会计师并不是对总体中的货币单元实施检查，而是对包含被选取货币单元的余额或交易实施检查。

注册会计师检查的余额或交易被称为逻辑单元或实物单元。

货币单元抽样的优缺点如表4－11所示。

表4－11　　货币单元抽样的优缺点

优点	（1）比传统变量抽样更易于使用 （2）在确定样本规模时无须考虑直接总体的特征（如变异性） （3）项目被选取的概率与其货币金额大小成比例，因而无须通过分层减少变异性 （4）如果项目金额等于或大于选择间距，货币单元抽样将自动识别所有单个重大项目，即该项目一定会被选中 （5）如果注册会计师预计不存在错报，货币单元抽样的样本规模通常比传统变量抽样方法更小 （6）样本更容易设计，且可在能够获得完整的总体之前开始选取样本
缺点	（1）不适用于测试低估，因为被低估的项目被选取的概率更低 （2）对零余额或负余额的选取需要在设计时特别考虑 （3）当发现错报时，如果风险水平一定，货币单元抽样在评价样本时可能高估抽样风险的影响，从而导致注册会计师可能拒绝一个可接受的总体账面金额 （4）在货币单元抽样中注册会计师通常需要逐个累计总体金额。但如果相关的会计数据以电子形式储存，就不会额外增加大量的审计成本 （5）当预计总体错报的金额增加时，货币单元抽样所需的样本规模也会增加

2. 传统变量抽样

传统变量抽样运用正态分布理论，根据样本结果推断总体的特征。

传统变量抽样的优缺点如表4－12所示。

表4－12　　传统变量抽样的优缺点

优点	（1）如果账面金额与审定金额之间存在较多差异，传统变量抽样可能只需较小的样本规模就能满足审计目标 （2）注册会计师关注总体的低估时，使用传统变量抽样比货币单元抽样更合适 （3）需要在每一层追加选取额外的样本项目时，传统变量抽样更易于扩大样本规模 （4）对零余额或负余额项目的选取，传统变量抽样不需要在设计时予以特别考虑
缺点	（1）传统变量抽样比货币单元抽样更复杂，注册会计师通常需要借助计算机程序 （2）在传统变量抽样中确定样本规模时，注册会计师需要估计总体特征的标准差，而这种估计往往难以作出，注册会计师可能利用以前对总体的了解或根据初始样本的标准差进行估计 （3）如果存在非常大的项目，或者在总体的账面金额与审定金额之间存在非常大的差异，而且样本规模比较小，正态分布理论可能不适用，注册会计师更可能得出错误的结论 （4）如果几乎不存在错报，传统变量抽样中的差异法和比率法将无法使用

在细节测试中运用传统变量抽样时，常见的方法有：均值法、差额法和比率法。

（1）均值法。指通过抽样审查确定样本的平均值，再根据样本平均值推断总体的平均值和总值的一种变量抽样方法。

样本审定金额的平均值＝样本审定金额÷样本规模

估计的总体金额＝样本审定金额的平均值×总体规模

推断的总体错报＝总体账面金额－估计的总体金额

（2）差额法。指以样本实际金额与账面金额的平均差额来估计总体实际金额与账面金额的平均差额，然后再以这个平均差额乘以总体规模，从而求出总体的实际金额与账面金额的差额（即总体错报）的一种方法。

样本平均错报 =（样本账面金额 − 样本审定金额）÷ 样本规模

推断的总体错报 = 样本平均错报 × 总体规模

估计的总体金额 = 总体账面金额 − 推断的总体错报

（3）比率法。指以样本的实际金额与账面金额之间的比率关系来估计总体实际金额与账面金额之间的比率关系，然后再以这个比率去乘总体的账面金额，从而求出估计的总体实际金额的一种抽样方法。

比率 = 样本审定金额 ÷ 样本账面金额

估计的总体金额 = 总体账面金额 × 比率

推断的总体错报 = 总体账面金额 − 估计的总体金额

【提示】

（1）如果未对总体进行分层，注册会计师通常不使用均值法；

（2）如果注册会计师决定使用统计抽样，且预计没有差异或只有少量差异，就不应使用比率法和差额法（即不存在抽样风险，从而使注册会计师在评价样本结果时得出错误结论）；

（3）在评价样本结果时，如果发现错报金额与项目的数量紧密相关，注册会计师通常会选择差额法；如果发现错报金额与项目的金额紧密相关，注册会计师通常选择比率法。

（二）确定样本规模

1. 影响样本规模的因素（见表 4－13）

表 4－13　　影响样本规模的因素

影响样本规模因素	样本规模变动情况	说明
可接受的误受风险	反向变动	（1）确定可接受的误受风险水平时，注册会计师需要考虑的因素有： ①注册会计师愿意接受的审计风险水平 ②评估的重大错报风险水平 ③针对同一审计目标或财务报表认定的其他实质性程序的检查风险 （2）与控制测试中对信赖不足风险的关注相比，注册会计师在细节测试中对误拒风险的关注程度通常更高
可容忍错报	反向变动	可容忍错报可能等于或低于实际执行的重要性
预计总体错报	同向变动	预计总体错报不应超过可容忍错报
总体的变异性	同向变动	（1）衡量总体变异性的指标是标准差 （2）如果使用非统计抽样，注册会计师不需要量化总体标准差，但需要定性估计总体的变异性 （3）对总体进行分层，分层可以降低每一层中项目的变异性，从而在抽样风险没有成比例增加的前提下减少样本规模 （4）分层后，每层分别独立选取样本，分别推断错报
总体规模	影响很小	—

2. 利用模型确定样本规模

$$样本规模 = 总体账面金额 \div 可容忍错报 \times 保证系数$$

【提示】

本模型只用于说明计划抽样时需要考虑的各种因素对样本规模的影响，它不能代替职业判断。

注册会计师在使用本模型时，需要在下列方面运用职业判断：

（1）评估重大错报风险，将其评估为最高、高、中和低四个等级。

（2）确定可容忍错报。

（3）估计预计总体错报。

（4）评估用于测试相同认定的其他实质性程序（如分析程序）未能发现（该认定中）重大错报的风险：

①最高——没有实施其他实质性程序测试相同认定；

②高——预计用于测试相同认定的其他实质性程序不能有效发现该认定中重大错报风险；

③中——预计有效程度适中；

④低——预计能有效发现。

（5）剔除百分之百检查的项目后估计总体的账面金额。

（6）调整确定样本规模；通过调整确定样本规模以体现非统计抽样方法和本模型使用的统计抽样方法的差异。

（三）选取样本并对其实施审计程序

注册会计师可以根据具体情况，从简单随机选样、系统选样或随意选样中挑选适当的选样方法选取样本，也可以使用计算机辅助审计技术提高选样的效果。

在选取样本之前，注册会计师通常先识别单个重大项目。然后从剩余项目中选取样本，或者对剩余项目分层，并将样本规模相应分配给各层（见图4－5）。

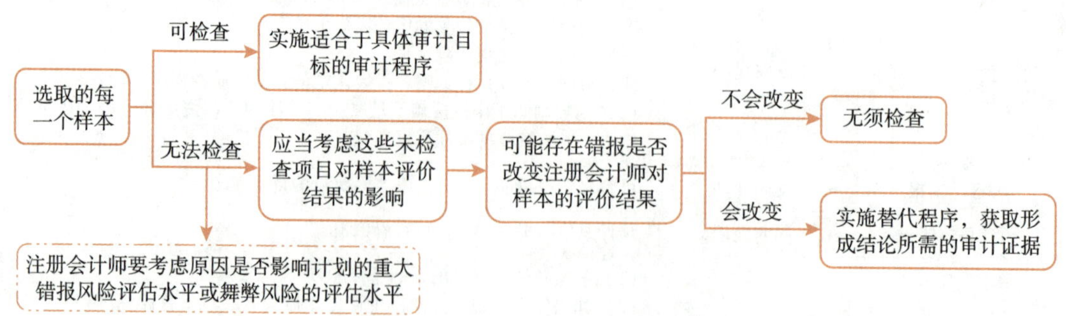

图4－5 注册会计师对选取样本的检查

货币单元抽样以货币单元作为抽样单元。因为总体中的每一个货币单元都有相同的规模，项目被选取的概率与其货币金额大小成比例，因而无须分层。如果用系统选样法选取样本，注册会计师需要先确定选样间隔，即用总体账面金额除以样本规模，得到样本间隔，然后在第一个间隔中确定一个随机起点，从这个随机起点开始，按照选样间隔，从总体中顺序选取样本，注册会计师再对包含被选取货币单元的账户余额或交易（即逻辑单元）实施检查。

【案例4－1】在应收账款明细账户中，账户A1，A2，A3，A4，A5……的账面金额分别为200元、150元、350元、100元、700元……则A1占的货币区间为1～200元，A2占201～350元，A3占351～700元，A4占701～800元，A5占801～1 500元……如果注册会计师确定的选样间隔为300元，然后从1～300元（含300元）之间选择一个随机起点，如第150元，随后挑选出来的样本依次为第450元（150＋300）、第750元（450＋300）、第1 050元（750＋300）、第1 350元（1 050＋300）……注册会计师将要实施检查的逻辑单元为账户A1（包含第150元）、A3（包含第450元）、A4（包含第750元）、A5（包含第1 050元）……

从【案例4－1】可以看出，如果逻辑单元的账面金额大于或等于选样间隔，该项目一定会被挑出来。如果逻辑单元的账面金额是选样间隔的数倍，该项目将不止一次被挑选出来，如账户A5，包含了第1 050元和第1 350元，有两次被选取的机会。这种情况下，最终选取的逻辑单元数量小于确定的样本规模。为简化样本评价工作，注册会计师可能对账面金额大于或等于选样间隔的项目实施100%的检查，而不将其纳入抽样总体。

三、评价样本结果阶段

（一）推断总体的错报

根据样本中发现的错报金额估计总体的错报金额时，注册会计师可以使用比率法、差额法及货币单元抽样法等。如果注册会计师在设计样本时将进行抽样的项目分为几层，则要在每层分别推断错报，然后将各层推断的金额加总，计算估计总体错报。注册会计师还要将在进行百分之百检查的个别重大项目中发现的所有错报与推断的错报金额汇总。

使用货币单元抽样时：

（1）逻辑单元的账面金额“＞”或“＝”选样间隔，推断的错报＝该逻辑单元的实际错报金额；

（2）逻辑单元的账面金额“＜”选样间隔。

$$推断的错报=\frac{样本账面金额-样本审定金额}{样本账面金额}\times 选样间隔$$

【案例4－2】注册会计师确定的选样间隔是3 000元，如果在样本中发现了3个高估错报，项目的账面金额分别为100元、200元和5 000元，审定金额分别为0、150元和4 000元，则注册会计师推断的错报金额为4 750元（100%×3 000＋25%×3 000＋1 000）。

（二）考虑抽样风险

在细节测试中，推断的错报是注册会计师对总体错报作出的最佳估计。当推断的错报接近或者超过可容忍错报时，总体中的实际错报金额很可能超过了可容忍错报。如果推断的错报总额低于可容忍错报，注册会计师要考虑总体中实际错报仍有可能大于可容忍错报的风险。

1. 非统计抽样

注册会计师运用职业判断和经验考虑抽样风险。

（1）如果推断的错报总额接近或超过可容忍错报，注册会计师通常得出总体实际错报超过可容忍错报的结论。

（2）如果推断的错报总额与可容忍错报的差距既不很小又不很大时，注册会计师应当仔细考虑，总体实际错报超过可容忍错报的风险是否高得无法接受，这时注册会计师可能会扩大样本规模以降低抽样风险的影响。

（3）如果推断的错报大于注册会计师确定样本规模是预计的总体错报，注册会计师也可以得出结论，认为总体实际错报金额超过可容忍错报的抽样风险是不可接受的。

2. 货币单元抽样

注册会计师通常使用表 4－14 中的保证系数，考虑抽样风险的影响，计算总体错报的上限。

表 4－14　货币单元抽样评价样本结果时的保证系数

高估错报的数量	误受风险								
	5%	10%	15%	20%	25%	30%	35%	37%	50%
0	3.00	2.31	1.90	1.61	1.39	1.21	1.05	1.00	0.70
1	4.75	3.89	3.38	3.00	2.70	2.44	2.22	2.14	1.68
2	6.30	5.33	4.73	4.28	3.93	3.62	3.35	3.25	2.68
3	7.76	6.69	6.02	5.52	5.11	4.77	4.46	4.35	3.68
4	9.16	8.00	7.27	6.73	6.28	5.90	5.55	5.43	4.68
5	10.52	9.28	8.50	7.91	7.43	7.01	6.64	6.50	5.68
6	11.85	10.54	9.71	9.08	8.56	8.12	7.72	7.57	6.67
7	13.15	11.78	10.90	10.24	9.69	9.21	8.79	8.63	7.67
8	14.44	13.00	12.08	11.38	10.81	10.31	9.85	9.68	8.67
9	15.71	14.21	13.25	12.52	11.92	11.39	10.92	10.74	9.67
10	16.97	15.41	14.42	13.66	13.02	12.47	11.98	11.79	10.67
11	18.21	16.60	15.57	14.78	14.13	13.55	13.04	12.84	11.67
12	19.45	17.79	16.72	15.90	15.22	14.63	14.09	13.89	12.67
13	20.67	18.96	17.86	17.02	16.32	15.70	15.14	14.93	13.67
14	21.89	20.13	19.00	18.13	17.40	16.77	16.20	15.98	14.67
15	23.10	21.30	20.13	19.24	18.49	17.84	17.25	17.02	15.67

续表

高估错报的数量	误受风险								
	5%	10%	15%	20%	25%	30%	35%	37%	50%
16	24.31	22.46	21.26	20.34	19.58	18.90	18.29	18.06	16.67
17	25.50	23.61	22.39	21.44	20.66	19.97	19.34	19.10	17.67
18	26.70	24.76	23.51	22.54	21.74	21.03	20.38	20.14	18.67
19	27.88	25.91	24.63	23.64	22.81	22.09	21.43	21.18	19.67
20	29.07	27.05	25.74	24.73	23.89	23.15	22.47	22.22	20.67

注：此表以泊松分布为基础。

（1）如果在样本中**没有发现错报，总体错报的上限＝保证系数×选样间隔**。例如，如果误受风险为5%，选样间隔为3 000元，注册会计师没有在样本中发现错报，总体错报的上限为9 000元（3×3 000）。没有发现错报时估计的总体错报上限也被称作“基本精确度”。

（2）如果在账面金额**大于或等于**选样间隔的逻辑单元中**发现了错报**，无论该错报的百分比是否为100%，**总体错报的上限＝事实错报＋基本精确度**。例如，如果误受风险为5%，选样间隔为3 000元，注册会计师在样本中发现1个错报，该项目的账面金额为5 000元，审定金额为4 000元，总体错报的上限为10 000元（1 000＋3×3 000）。又如，如果误受风险为5%，选样间隔为3 000元，注册会计师在样本中发现1个错报，该项目的账面金额为5 000元，审定金额为0，总体错报的上限为14 000元（5 000＋3×3 000）。注册会计师还要将计算出来的总体错报上限，与在需要实施100%检查的其他项目中发现的事实错报累计起来。

（3）如果在样本（排除账面金额大于或等于选样间隔的逻辑单元）中发现了**错报百分比为100%的错报，总体错报的上限＝保证系数×选样间隔**。例如，如果误受风险为5%，选样间隔为3 000元，注册会计师在样本中发现1个错报，该项目的账面金额为20元，审定金额为0，则总体错报的上限为14 250元（4.75×3 000）。

（4）如果在样本（排除账面金额大于或等于选样间隔的逻辑单元）中发现了**错报百分比低于100%的错报**，注册会计师**先计算推断错报，再将推断错报按金额降序排列后，分别乘以对应的保证系数增量**（即在既定的误受风险水平下，特定数量的高估错报所对应的保证系数与上一行保证系数之间的差异），加上基本精确度之后，最终计算出总体错报的上限。**总体错报的上限＝推断错报×保证系数的增量＋基本精确度**。例如，如果误受风险为5%，选样间隔为3 000元，注册会计师在样本中发现2个错报，账户A的账面金额为2 000元，审定金额为1 500元，推断错报为750元（500÷2 000×3 000）；账户B的账面金额为1 000元，审定金额为200元，推断错报为2 400元（800÷1 000×3 000）。将推断错报按金额降序排列后，由表4－14可知，在5%的误受风险水平下，账户A对应的保证系数增量为1.55，账户B对应的保证系数增量为1.75。因此，总体错报的上限为14 363元（750×1.55＋2 400×1.75＋3×3 000）。

如果样本中既有账面金额大于或等于选样间隔的逻辑单元，又有账面金额小于选样间隔的逻辑单元，而且在账面金额小于选样间隔的逻辑单元中，既发现了错报百分比为100%的错报，又发现了错报百分比低于100%的错报。注册会计师可以将所有样本项目分成两组：

（1）第一组是账面金额**大于或等于**选样间隔的逻辑单元，注册会计师计算出该组项目的事实错报；

（2）第二组是账面金额**小于**选样间隔的逻辑单元，无论该组项目的错报百分比是否为100%，注册会计师都先计算出各项目的推断错报，再将所有推断错报按金额降序排列后，分别乘以对应的保证系数增量，并将计算结果累计起来。用这个累计结果加上基本精确度，再加上第一组项目中的事实错报，就是最终总体错报的上限。

在货币单元抽样中，注册会计师将总体错报的上限与可容忍错报进行比较。如果总体错报的上限**小于**可容忍错报，注册会计师可以初步得出结论，样本结果**支持总体的账面金额**。不过，注册会计师还应将推断错报（排除被审计单位管理层已更正的事实错报）与其他事实错报和推断错报汇总，以评价财务报表整体是否可能存在重大错报。

（三）考虑错报的性质和原因

除了评价错报的金额和频率以及抽样风险之外，注册会计师还应当考虑：

（1）错报的性质和原因，是原则还是应用方面的差异？是错误还是舞弊导致？是误解指令还是粗心大意所致？

（2）错报与审计工作其他阶段之间可能存在的关系。

（四）得出总体结论

如果样本结果不支持总体账面金额，且注册会计师认为账面金额可能存在错报，注册会计师通常会建议被审计单位对错报进行调查，并在必要时调整账面记录。

如果样本结果表明注册会计师作出抽样计划时依据的假设有误，注册会计师应当采取适当的行动。

【例题4-9·非统计抽样示例】注册会计师准备使用非统计抽样法，通过函证测试ABC公司2017年12月31日应收账款余额的存在认定。2017年12月31日，ABC公司应收账款账户共有935个，其中，借方账户有905个，账面金额为4 250 000元；贷方账户有30个，账面金额为5 000元。

【解析】

序号	步骤	分析
1	确定测试目标	应收账款余额的存在认定
2	定义总体	（1）单独测试30个贷方账户 （2）另有5个借方账户被视为单个重大项目（单个账户的账面金额大于50 000元，账面金额共计500 000元），实施100%检查 （3）剩下的900个应收账款借方账户就是注册会计师定义的总体，总体账面金额为3 750 000元

续表

<table>
<tr><th>序号</th><th>步骤</th><th>分析</th></tr>
<tr><td>3</td><td>定义抽样单元</td><td>每个应收账款明细账账户</td></tr>
<tr><td>4</td><td>确定样本规模和确定样本量</td><td>(1) 考虑总体的变异性：将总体分成两层：第一层包含 250 个账户（单个账户的账面金额大于或等于 5 000 元），账面金额共计 2 500 000 元；第二层包含 650 个账户（单个账户的账面金额小于 5 000 元），账面金额共计 1 250 000 元
(2) 可接受的误受风险为 10%
(3) 可容忍的错报为 150 000 元
(4) 预计的总体错报为 30 000 元
(5) 查表得到样本量为 86
(6) 注册会计师运用职业判断和经验，认为这个样本规模是适当的，不需要调整</td></tr>
<tr><td>5</td><td>选取样本并实施审计程序</td><td>(1) 注册会计师根据各层账面金额在总体账面金额中的占比大致分配样本，从第一层选取 58 个项目，从第二层选取 28 个项目
(2) 注册会计师对 91 个账户（86 个样本加上 5 个单个重大项目）逐一实施函证程序，收到了 80 个询证函回函
(3) 注册会计师对没有收到回函的 11 个账户实施了替代程序，认为能够合理保证这些账户不存在错报</td></tr>
<tr><td>6</td><td>推断总体的错报及考虑抽样风险</td><td>(1) 在收到回函的 80 个账户中，有 4 个存在高估，如下（单位：元）
<table>
<tr><th>账户</th><th>总体账面金额</th><th>样本账面金额</th><th>样本审定金额</th><th>样本错报金额</th></tr>
<tr><td>单个重大账户</td><td>500 000</td><td>500 000</td><td>499 000</td><td>1 000</td></tr>
<tr><td>第一层</td><td>2 500 000</td><td>739 000</td><td>738 700</td><td>300</td></tr>
<tr><td>第二层</td><td>1 250 000</td><td>62 500</td><td>62 350</td><td>150</td></tr>
<tr><td>合计</td><td>4 250 000</td><td>1 301 500</td><td>1 300 050</td><td>1 450</td></tr>
</table>
(2) 注册会计师运用职业判断和经验认为，错报金额与项目的金额而非数量紧密相关，因此选择比率法评价样本结果，如下（单位：元）
<table>
<tr><td rowspan="2">推断错报金额</td><td>第一层</td><td>1 015 = 300 ÷ 739 000 × 2 500 000</td></tr>
<tr><td>第二层</td><td>3 000 = 150 ÷ 62 500 × 1 250 000</td></tr>
<tr><td rowspan="2">事实错报</td><td>单个重大项目</td><td>1 000</td></tr>
<tr><td>合计</td><td>5 015 = 1 015 + 3 000 + 1 000</td></tr>
</table></td></tr>
<tr><td>7</td><td>考虑错报的性质和原因</td><td>注册会计师对其作了进一步调查，确定只是笔误导致，不涉及舞弊等因素</td></tr>
<tr><td>8</td><td>考虑抽样风险得出总体结论</td><td>(1) 管理层同意更正 1 450 元的事实错报
(2) 剩余的推断错报为 5 015 − 1 450 = 3 565（元）
(3) 剩余的推断错报远远低于可容忍错报
(4) 注册会计师认为总体实际错报金额超过可容忍错报的抽样风险很低
(5) 注册会计师得出结论，样本结果支持应收账款账面金额。不过，还应将剩余的推断错报与其他事实错报和推断错报汇总，以评价财务报表整体是否可能存在重大错报</td></tr>
</table>

【例题4－10·统计抽样示例】 注册会计师准备使用货币单元抽样法，通过函证测试XYZ公司2015年12月31日应收账款余额的存在认定。2015年12月31日，XYZ公司应收账款账户共有602个，其中，借方账户有600个，账面金额为2 300 000元；贷方账户有2个，账面金额为3 000元。

【解析】

<table>
<tr><th>序号</th><th>步骤</th><th>分析</th></tr>
<tr><td>1</td><td>确定测试目标</td><td>应收账款余额的存在认定</td></tr>
<tr><td>2</td><td>定义总体</td><td>（1）单独测试2个贷方账户
（2）另有6个借方账户被视为单个重大项目（单个账户的账面金额大于25 000元，账面金额共计300 000元）
（3）剩下的594个应收账款借方账户就是注册会计师定义的总体，总体账面金额为2 000 000元</td></tr>
<tr><td>3</td><td>定义抽样单元</td><td>每个货币单元</td></tr>
<tr><td>4</td><td>确定样本规模和确定样本量</td><td>（1）可接受的误受风险为10%
（2）可容忍的错报为40 000元
（3）预计的总体错报为8 000元
（4）可容忍的错报与总体账面金额之比为2%
（5）预计总体错报与可容忍错报之比为20%
（6）查表得到样本量为171</td></tr>
<tr><td>5</td><td>选取样本并实施审计程序</td><td>（1）注册会计师使用系统选样
（2）选样间隔＝2 000 000÷171≈11 695（元）
（3）注册会计师对171个账户（上述两个贷方项目及6个单个重大项目已单独测试）逐一实施函证程序
（4）收到了155个询证函回函
（5）对没有收到回函的16个账户实施了替代程序，能够合理保证这些账户不存在错报</td></tr>
<tr><td>6</td><td>推断总体的错报及考虑抽样风险</td><td>在收到回函的155个账户中，有4个存在高估，列表如下（单位：元）
<table>
<tr><th>账户</th><th>账面</th><th>审定</th><th>错报</th><th>百分比</th><th>选样间隔</th><th>推断错报</th></tr>
<tr><td>A1</td><td>200</td><td>190</td><td>10</td><td>5%</td><td>11 695</td><td>585</td></tr>
<tr><td>A2</td><td>10 000</td><td>0</td><td>10 000</td><td>100%</td><td>11 695</td><td>11 695</td></tr>
<tr><td>A3</td><td>3 000</td><td>2 700</td><td>300</td><td>10%</td><td>11 695</td><td>1 170</td></tr>
<tr><td>A4</td><td>16 000</td><td>15 000</td><td>1 000</td><td>不适用</td><td>不适用</td><td>1 000</td></tr>
</table></td></tr>
<tr><td>7</td><td>考虑抽样风险</td><td>（1）基本精确度＝保证系数×选样间隔＝2.31×11 695＝27 015（元）
（2）大单元事实错报＝1 000元
（3）小单元各账户推断错报按金额降序排列，如下（单位：元）
<table>
<tr><th>账户</th><th>推断错报</th><th>保证系数增量</th><th>推断错报×保证系数增量</th></tr>
<tr><td>A2</td><td>11 695</td><td>1.58</td><td>18 478</td></tr>
<tr><td>A3</td><td>1 170</td><td>1.44</td><td>1 685</td></tr>
<tr><td>A1</td><td>585</td><td>1.36</td><td>796</td></tr>
<tr><td colspan="3">小计</td><td>20 959</td></tr>
</table>（4）总体错报上限＝27 015＋1 000＋20 959＝48 974（元）</td></tr>
</table>

续表

序号	步骤	分析
8	考虑错报的性质和原因	注册会计师对其作了进一步调查，确定只是记账疏忽导致，不涉及舞弊等因素
9	得出总体结论	由于总体错报上限 48 974 元大于可容忍错报 40 000 元，注册会计师得出结论，样本结果不支持应收账款账面金额。注册会计师进一步建议被审计单位对错报进行调查，并在必要时调整账面记录

四、记录抽样程序

注册会计师应当记录所实施的审计程序，以形成审计工作底稿。

第四章　审计抽样方法

彬哥跟你说：

在《审计》的路上，咱们一路前行，这是第四章了，对于很多人来说，还是“懵懂”的状态，还是没搞清楚审计想要表达什么？审计就是这样一个学科，就是教给你的一整套方法，而不是“2 + 3 = 5”这样确定的公式，所以你需要的是掌握这一套方法。

今日复习步骤：

第一遍：回忆 & 重新复习一遍框架（10 分钟）

学习要求：这一遍的目的是自己重新找一遍框架，不需要掌握所有细节，但求框架了然于心。

第二遍：对细节进一步掌握（35 分钟）

审计抽样涉及哪些考点？在控制测试和细节测试中的运用涉及哪些考点？

第三遍：重新复习一遍框架（5 分钟）

我问你答：

（1）审计抽样的基本特征是什么？选取特定项目是否属于审计抽样？

（2）风险评估程序是否涉及审计抽样？控制测试在什么情况下适用审计抽样？细节测试是否适用审计抽样？实质性分析程序是否适用？

（3）只要抽样，就存在抽样风险，是否正确？非抽样风险与样本规模的关系呢？非抽样风险可能是什么原因造成的？是否可以降低？

（4）控制测试和细节测试的抽样风险包括什么？哪些影响审计效果？

（5）统计抽样和非统计抽样，是否都产生抽样风险，区别是什么，相同点是什么？选择的时候主要考虑什么？可以在统计抽样中使用的方法包括什么？属性抽样和变量抽样是否都属于统计抽样，哪个适用控制测试，哪个适用细节测试？

（6）在控制测试中，与样本规模呈反向变动的影响因素有哪些？同向变动呢？在细节测试中呢？总体规模对控制测试和细节测试的影响呢？总体的变异性与控制测试的样本规模有关吗？对细节测试的影响？货币单元抽样中是否需要考虑总体的变异性？优缺点有哪些？传统变量抽样常用的方法有哪三个？

（7）单独测试的所有项目是否构成抽样总体？增加单独测试账户可否减少样本规模？

（8）非统计抽样，无法客观计量抽样风险，因此，无论是在控制测试或是细节测试中，使用非统计抽样方法，推断出来的错报“小于但接近”可容忍偏差率或可容忍错报，则不接受总体。这句话是否正确？如果正确，在什么情况下才接受总体？

本章作业：

（1）请把讲义例题做三遍（做错的题目，请分析错误原因并记录到改错本）。

（2）请复习完口述一遍框架，睡前请再回忆一遍框架。

（3）第二天早上，请再回忆一遍框架，对于回忆不起来的内容，请翻书看一遍。

第五章　信息技术对审计的影响

信息技术对审计的影响，如图 5－1 所示。

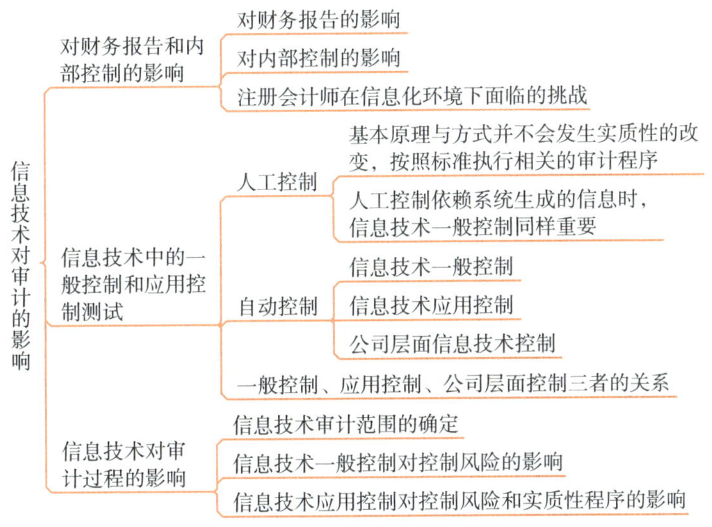

图 5－1　信息技术对审计的影响

第一节　信息技术对企业财务报告和内部控制的影响

信息技术对企业财务报告和内部控制的影响如图 5－2 所示。

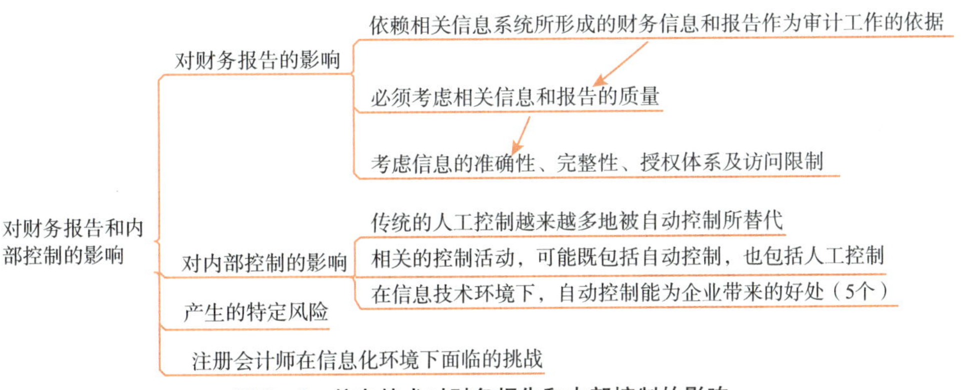

图 5－2　信息技术对财务报告和内部控制的影响

一、信息技术对企业财务报告的影响

注册会计师在进行财务报表审计时，如果依赖相关信息系统所形成的财务信息和报告作为审计工作的依据，则必须考虑相关信息和报告的质量，而财务报告相关的信息质量是通过交易的录入到输出整个过程中适当的控制来实现的。

所以，注册会计师需要在整个过程中考虑信息的准确性、完整性、授权体系及访问限制。

二、信息技术对企业内部控制的影响

1. 在信息技术环境下，传统的人工控制越来越多地被自动控制所替代

当然，被审计单位采用信息系统处理业务，并不意味着人工控制被完全取代。信息系统对控制的影响，取决于被审计单位对信息系统的依赖程度。**相关的控制活动，可能既包括自动控制，也包括人工控制。**

例如，系统进行自动操作来实现对交易信息的创建、记录、处理和报告，并将相关信息保存为电子形式（如电子的采购订单、采购发票、发运凭证和相关会计记录），涉及自动控制。但同时也可能包括手工的部分，例如，订单的审批和事后审阅以及会计记录调整之类的人工控制。

2. 在信息技术环境下，自动控制能为企业带来的好处（5 个方面）

（1）自动控制能够有效处理大量交易及数据，因为自动信息系统可以提供与业务规则一致的系统处理方法；

（2）自动控制比较不容易被绕过；

（3）自动信息系统、数据库及操作系统的相关安全控制可以实现有效的职责分离；

（4）自动信息系统可以提高信息的及时性、准确性，并使信息变得更易获取；

（5）自动信息系统可以提高管理层对企业业务活动及相关政策的监督水平。

3. 信息技术在改进被审计单位内部控制的同时，也产生了特定的风险

（1）信息系统或相关系统程序可能会对数据进行错误处理，也可能会去处理那些本身就错误的数据；

（2）自动信息系统、数据库及操作系统的相关安全控制如果无效，会增加对数据信息非授权访问的风险，这种风险可能导致系统对非授权交易及虚假交易请求的拒绝处理功能遭到破坏，系统程序、系统内的数据遭到不适当的改变，系统对交易进行不适当的记录，以及信息技术人员获得超过其职责范围的过大系统权限等；

（3）数据丢失风险或数据无法访问风险，如系统瘫痪；

（4）不适当的人工干预，或人为绕过自动控制。

三、注册会计师在信息化环境下面临的挑战

注册会计师将面临来自信息化环境的众多挑战，主要体现在以下方面：

1. 对业务流程开展和内部控制运作的理解

传统环境下，业务流程的开展和内部控制的运作主要依赖人工处理。信息化环境

下，相当部分的内部控制环节转移到信息系统中自动执行，或者人工与信息系统相结合而执行。因此，注册会计师需要重新建立对业务流程开展和内部控制运作的理解和认识。

2. 对信息系统相关审计风险的认识

信息系统在带来效率效果提升的同时，也产生了由于信息技术导致的风险。注册会计师在执行财务报表审计时，需要充分识别并评估与会计核算和财务报告编制相关的信息技术运用相伴而生的风险，如程序逻辑的错误、权限的不当授予等。企业的应用系统架构如何？信息系统间的数据流向是怎样的？如果对这些根本性问题认识不清楚，往往会导致在确定审计范围时产生遗漏。

3. 审计范围的确定

注册会计师在确定审计范围时，往往受困于信息技术的复杂性和专业性。

4. 审计内容的变化

由于在信息化环境下，会计核算与财务报告是由信息系统通过程序进行自动处理的，因此审计内容很有可能包括对信息系统中的相关自动控制的测试。**例如，在针对存货计价不准确的重大错报风险执行审计程序时，由于被审计单位存货的计价依赖于高度自动化处理，不存在或很少存在人工干预，针对该风险仅实施实质性程序可能不可行。获取的审计证据，即存货的库龄分析仅以电子形式存在，注册会计师必须测试存货的计价相关的内部控制的有效性，以及存货库龄计算的准确性。**

5. 审计线索的隐性化

在信息化环境下，会计信息已经全面数字化，传统的审计线索可能已经不复存在。

6. 审计技术改进的必要性

面对海量的交易、数据和财务信息，传统的审计技术在抽样针对性和样本覆盖程度方面的局限性越来越突出。

7. 有待优化的知识结构

在信息化环境下，注册会计师必须熟悉信息技术的运用和信息系统的风险及控制，应对以上新的挑战，对审计的策略、范围、内容、方法和手段作出有针对性的调整，获取充分、适当的审计证据，从而发表恰当的审计意见。

8. 与专业团队的充分协同工作

第二节　信息技术中的一般控制和应用控制测试

信息技术中的一般控制和应用控制测试如图 5 - 3 所示。

一、人工控制

在信息技术环境下，人工控制的基本原理与方式并不会发生实质性的改变，注册会计师仍需要按照标准执行相关的审计程序。

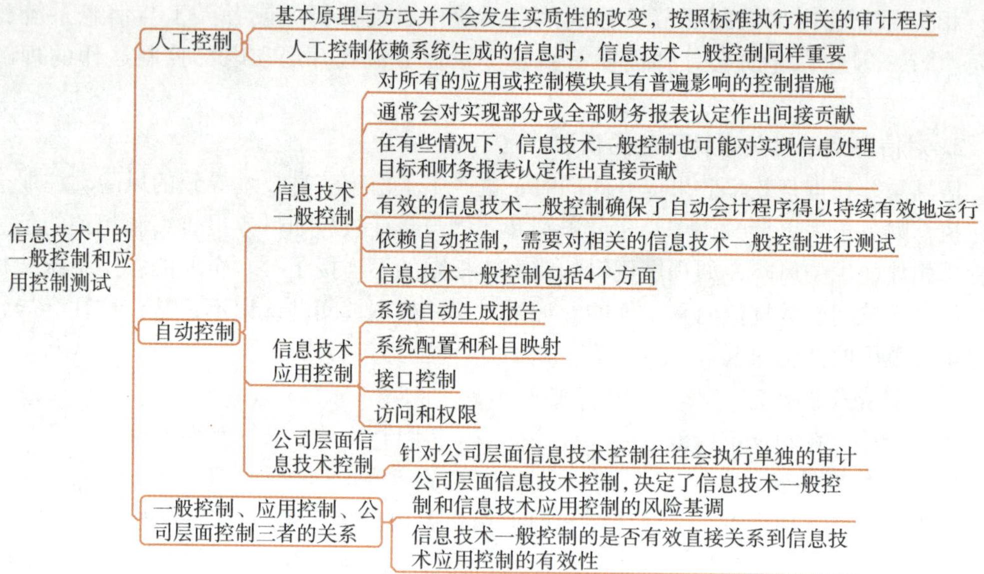

图5-3　信息技术中的一般控制测试和应用控制测试

二、自动控制

对于自动控制，需要从信息技术一般控制审计、信息技术应用控制审计以及公司层面信息技术控制审计三方面进行考虑。

1. 信息技术一般控制

信息技术一般控制是指为了保证信息系统的安全，对整个信息系统以及外部各种环境要素实施的、对所有的应用或控制模块具有普遍影响的控制措施。

信息技术一般控制通常会对实现部分或全部财务报表认定作出间接贡献。在有些情况下，信息技术一般控制也可能对实现信息处理目标和财务报表认定作出直接贡献。这是因为有效的信息技术一般控制确保了应用系统控制和依赖计算机处理的自动会计程序得以持续有效地运行。

当人工控制依赖系统生成的信息时，信息技术一般控制同样重要。如果注册会计师计划依赖自动应用控制、自动会计程序或依赖系统生成信息的控制，他们就需要对相关的信息技术一般控制进行测试。（依赖自动控制，就需要测试信息技术一般控制）

信息技术一般控制包括程序开发、程序变更、程序和数据访问以及计算机运行四个方面。

【例题5-1·简答题】 A注册会计师在审计工作底稿中记录了具体审计计划，部分内容摘录如下：甲集团公司采用账龄分析法对部分应收账款计提坏账准备，财务人员根据信息系统生成的账龄信息计算坏账准备金额，由财务经理复核并报财务总监批准。A注册会计师拟询问财务经理和财务总监，检查复核与批准记录，以测试该控制的运行有效性。该做法是否恰当。简要说明理由。

【答案】 该做法不恰当。由于该人工控制依赖信息系统生成的信息，A注册会计师还应当验证相关的信息系统控制（自动控制）/如答“信息技术一般控制”或“信息技术应用控制”也可得分。

【例题5-2·单选题】下列有关信息技术一般控制的说法中，错误的是（　　）。（2018年）

A. 信息技术一般控制对所有应用控制具有普遍影响

B. 信息技术一般控制只能对实现部分或全部财务报表认定作出间接贡献

C. 信息技术一般控制包括程序开发、程序变更、程序和数据访问以及计算机运行四个方面

D. 信息技术一般控制旨在保证信息系统的安全

【答案】B

【解析】选项B错误，信息技术一般控制通常会对实现部分或全部财务报表认定作出间接贡献。在有些情况下，信息技术一般控制也可能对实现信息处理目标和财务报表认定作出直接贡献。

2. 信息技术应用控制

信息技术应用控制一般要经过输入、处理及输出等环节。和人工控制类似，系统自动控制关注的要素包括：完整性、准确性、存在和发生等。

针对系统自动控制的信息技术应用控制审计需要在理解业务流程的基础上进行识别和定义，常见的系统自动控制以及信息技术应用控制审计关注点列示如下：

（1）系统自动生成报告。

企业的业务或财务系统会定期或按需生成各类报告。信息技术应用控制审计包括对这些报告生成逻辑（包括完整性和准确性）的测试、异常报告跟进控制的审计等。

（2）系统配置和科目映射。

信息系统中包含了大量的自动校验控制和映射关系。信息技术应用控制审计会对这些系统配置和映射关系的存在性和有效性进行测试。

（3）接口控制。

接口控制包括各系统之间的接口数据传输。信息技术应用控制审计会对这些接口数据传输的完整性和准确性进行测试。

（4）访问和权限。

企业内部各业务部门、财务部门、信息技术部门等均会根据各自的职责需要来对信息系统进行访问，各部门、各团队甚至各岗位访问的权限均可能存在差异，因此在系统控制层面需要对这些权限进行明确的定义和部署，以保证适当的人员配备适当的访问权限。信息技术应用控制审计会对这些访问权限授予情况的合理性进行测试。

3. 公司层面信息技术控制

常见的公司层面信息技术控制包括但不限于：信息技术规划的制定；信息技术年度计划的制定；信息技术内部审计机制的建立；信息技术外包管理；信息技术预算管理；信息安全和风险管理；信息技术应急预案的制定；信息系统架构和信息技术复杂性。

目前审计机构针对公司层面信息技术控制往往会执行单独的审计，以评估企业信息技术的整体控制环境，来决定信息技术一般控制和应用控制的审计重点、风险等级、审计测试方法等。

三、信息技术一般控制、应用控制与公司层面控制三者之间的关系

公司层面信息技术控制会影响该公司信息技术一般控制应用控制的部署和落实。

根据目前信息技术审计的业内最佳实践，注册会计师在执行信息技术一般控制和信息技术应用控制审计之前，会首先执行配套的公司层面信息技术控制审计，以了解公司的信息技术整体控制环境，并基于此识别出信息技术一般控制和信息技术应用控制的主要风险点以及审计重点。

如果在带有关键的编辑检查功能的应用系统所依赖的计算机环境中发现了信息技术一般控制的缺陷，注册会计师可能就不能信赖上述编辑检查功能按设计发挥作用。（也就是说，如果信息技术一般控制存在缺陷，那很可能就不能信赖与其相关的应用控制）

因此，**公司层面信息技术控制是公司信息技术整体控制环境，决定了信息技术一般控制和信息技术应用控制的风险基调；信息技术一般控制是基础，信息技术一般控制的有效与否会直接关系到信息技术应用控制的有效性是否能够信任。**

【例题5－3·简答题】 A注册会计师在审计工作底稿中记录了实施的进一步审计程序，部分内容摘录如下：甲公司收入交易高度依赖信息系统。ABC事务所的信息技术专家对甲公司信息技术一般控制和与收入相关的信息技术应用控制进行了测试，结果满意。该做法是否恰当。简要说明理由。

【答案】 处理恰当。信息技术一般控制是为了保证信息系统的安全，题目中“甲公司收入交易高度依赖信息系统”，所以对信息技术一般控制进行测试是恰当的，同时要对收入相关的信息技术应用控制进行测试。

第三节　信息技术对审计过程的影响

信息技术对审计过程的影响如图5－4所示。

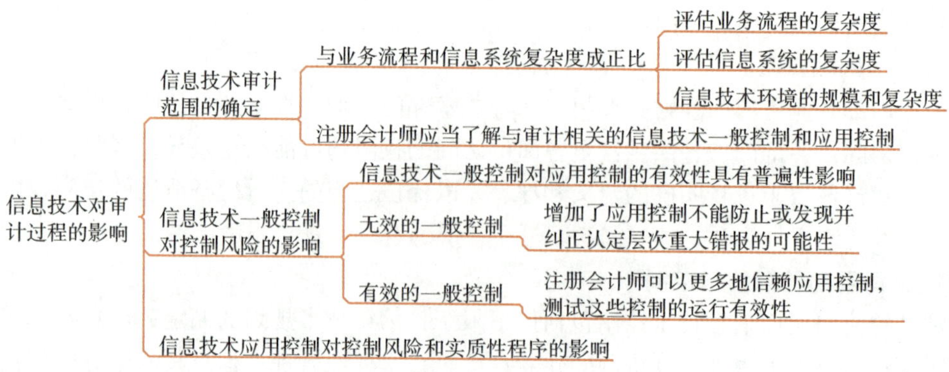

图5－4　信息技术对审计过程的影响

一、信息技术审计范围的确定

被审计单位的流程和信息系统可能拥有各自不同的特点，因此注册会计师应按各自特

点制定审计计划中包含的信息技术审计内容；另外，如果注册会计师计划依赖自动控制或自动信息系统生成的信息，那么他们就需要适当扩大信息技术审计的范围。

信息技术审计的范围与被审计单位在业务流程及信息系统相关方面的复杂度成正比，在具体评估复杂度时，可以从以下几个方面予以考虑：

（1）评估业务流程的复杂度（如销售流程、薪酬流程、采购流程等）。对业务流程复杂度的评估并不是一个纯粹客观的过程，而是需要注册会计师的职业判断。

（2）评估信息系统的复杂度。与评估业务流程的复杂度相似，对企业信息系统复杂度的评估也不是一个纯粹客观的过程，评估过程包含大量的职业判断，也受所使用系统类型的影响。

（3）信息技术环境的规模和复杂度。信息技术环境复杂并不意味着信息系统是复杂的，反之亦然。

了解内部控制有助于注册会计师识别潜在错报的类型和影响重大错报风险的因素，以及设计进一步审计程序的性质、时间安排和范围。无论被审计单位运用信息技术的程度如何，注册会计师均需了解与审计相关的信息技术一般控制和应用控制。

【例题5-4·单选题】下列有关注册会计师评估被审计单位信息系统的复杂度的说法中，错误的是（　　）。（2016年）

A. 信息技术环境复杂，意味着信息系统也是复杂的

B. 评估信息系统的复杂度，需要考虑系统生产的交易数量

C. 评估信息系统的复杂度，需要考虑系统中进行的复杂计算的数量

D. 对信息系统复杂度的评估，受被审计单位所使用的系统类型的影响

【答案】A

【解析】信息技术环境复杂，并不一定意味着信息系统是复杂的，两者没有必然联系。

二、信息技术一般控制对控制风险的影响

信息技术一般控制对应用控制的有效性具有普遍性影响。

无效的一般控制增加了应用控制不能防止或发现并纠正认定层次重大错报的可能性，即使这些应用控制本身得到了有效设计。如果一般控制有效，注册会计师可以更多地信赖应用控制，测试这些控制的运行有效性，并将控制风险评估为低于“最高”水平。

考虑到公司层面信息技术控制是公司的整体控制环境，决定了信息技术的风险基准，因此，注册会计师通常优先评估公司层面信息技术控制和信息技术一般控制的有效性。

三、信息技术应用控制对控制风险和实质性程序的影响

在评估应用控制对控制风险和实质性程序的影响时，注册会计师需要将控制与具体的审计目标相联系，注册会计师首先针对每个具体的审计目标，了解和识别相关的控制与缺陷，在此基础上，对每个相关审计目标评估初步控制风险。但对于一般控制而言，由于其影响广泛，注册会计师通常不将控制与具体的审计目标相联系。

如果针对某一具体审计目标，注册会计师能够识别出有效的应用控制，在通过测试确定其运行有效后，注册会计师能够减少实质性程序。

第五章　信息技术与审计的影响

彬哥跟你说：

第五章考的可能性不太大，本章就可以快速地跨过去，有些专业术语你们可能觉得有些陌生，这个没关系，后面会多次接触，现在以最快的时间跨过去，然后用这个时间去复习以前的知识。

今日复习步骤：

第一遍：回忆 & 重新复习一遍框架（6 分钟）

学习要求：这一遍的目的是自己重新找一遍框架，不需要掌握所有细节，但求框架了然于心。

（1）信息技术对财务报告和内部控制的影响。

（2）信息技术中的一般控制和应用控制（自动控制要考虑 3 个方面、三者之间的关系）。

（3）信息技术对审计过程的影响（范围的确定、信息技术一般控制及应用控制的影响）。

第二遍：对细节进一步掌握（20 分钟）

第三遍：重新复习一遍框架（5 分钟）

我问你答：

（1）被审计单位采用信息系统处理业务，是不是意味着只有自动控制，而没有人工控制？

（2）人工控制依赖系统生成的信息时，信息技术的什么控制同样重要？

（3）考虑自动控制，要从哪三个方面进行考虑？

（4）如果注册会计师计划依赖自动应用控制、自动会计程序或依赖系统生成信息的控制，需要对相关的信息技术的什么控制进行测试？

（5）一般控制、应用控制、公司层面控制三者之间存在怎样的关系？

（6）信息技术一般控制有效的时候，如何影响应用控制？无效的时候呢？

（7）信息技术一般控制指的是什么？

本章作业：

（1）请把讲义例题做三遍（做错的题目，请分析错误原因并记录到改错本）。

（2）请复习完口述一遍框架，睡前请再回忆一遍框架。

（3）第二天早上，请再回忆一遍框架，对于回忆不起来的内容，请翻书看一遍。

第6天

复习旧内容：

第一章至第五章（今天的重点是复习前面五章，新内容比较少）

学习新内容：

审计工作底稿（第六章）

学习方法：

今天学习第一编的最后一章，在学习本章内容前，先把前面的所有内容复习一遍，再开始今天的学习。

你今天可能有的心态：

首先复习第一章至第五章，你会逐步对内容感到清楚，学习就是不断重复！如果发现还有点模糊，就动笔去画一下框架，你也会变得清晰！

加油，你在逐步进步！

简单解释今天学习内容：

审计工作底稿，在第一编说明中我们就了解了，审计工作底稿也是贯穿审计全程的，是对审计得到的资料进行的记录。既然作为记录，自然不能随心所欲地想怎么写就怎么写。审计工作底稿需要一定的格式，对内容也有要求，随着审计工作的结束，工作底稿也要进行整理归档。如果已经归档了，出现特殊情况需要变动的，我们也要处理。本章就是讲述了这些内容。

可能会遇到的难点：

本章基本没有难点，只要对硬性要求熟记于心就好。

建议学习时间：

0.5 小时新内容、1.5 小时复习

第六章　审计工作底稿

审计工作底稿的主要内容框架如图6－1所示。

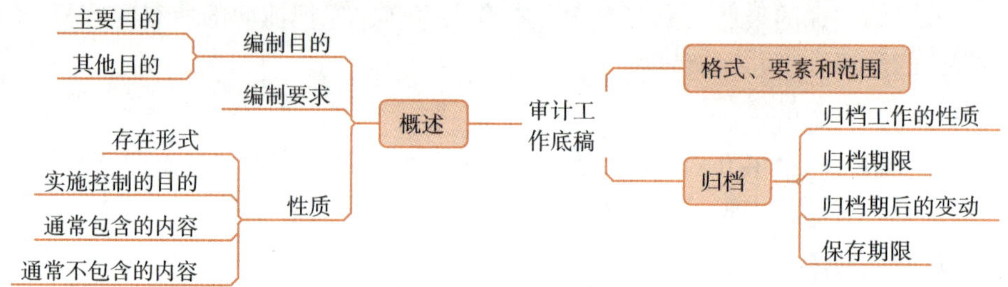

图6－1　审计工作底稿的主要内容框架

第一节　审计工作底稿概述

一、审计工作底稿的含义

审计工作底稿是指注册会计师对制定的审计计划、实施的审计程序、获取的相关审计证据，以及得出的审计结论作出的记录。审计工作底稿是审计证据的载体，是注册会计师在审计过程中形成的审计工作记录和获取的资料。审计工作底稿形成于审计过程，同时也反映整个审计过程。

二、审计工作底稿编制的目的

1. 主要目的

（1）提供充分、适当的记录，作为出具审计报告的基础；

（2）提供证据，证明注册会计师已经按照审计准则和相关法律法规的规定计划和执行了审计工作。

2. 其他目的（无须记忆）

（1）有助于项目组计划和执行审计工作；

（2）有助于负责督导的项目组成员按照审计准则的规定，履行指导、监督与复核审计工作的责任；

(3) 便于项目组说明其执行审计工作的情况；

(4) 保留对未来审计工作持续产生重大影响的事项的记录；

(5) 便于会计师事务所按照质量控制准则的规定实施质量控制复核与检查；

(6) 便于监管机构和注册会计师协会根据相关法律法规或其他相关要求，对会计师事务所实施执业质量检查。

【例题 6－1 · 多选题】 关于编制审计工作底稿的主要目的，以下说法中，恰当的有（ ）。

A. 便于审计项目组说明其执行审计工作的情况

B. 提供证据，作为注册会计师得出实现总体目标结论的基础

C. 提供证据，证明注册会计师已经按照审计准则和相关法律法规的规定计划和执行了审计工作

D. 便于监管机构和注册会计师协会根据相关法律法规或其他相关要求，对会计师事务所实施执业质量检查

【答案】 BC

三、审计工作底稿的编制要求（了解）

1. 注册会计师编制的审计工作底稿，应当使得未曾接触该项审计工作的有经验的专业人士清楚地了解

(1) 按照审计准则和相关法律法规的规定实施的审计程序的性质、时间安排和范围；

(2) 实施审计程序的结果和获取的审计证据；

(3) 审计中遇到的重大事项和得出的结论，以及在得出结论时作出的重大职业判断。

2. 有经验的专业人士，是指会计师事务所内部或外部的具有审计实务经验，并且对下列方面有合理了解的人士

(1) 审计过程；

(2) 审计准则和相关法律法规的规定；

(3) 被审计单位所处的经营环境；

(4) 与被审计单位所处行业相关的会计和审计问题。

【例题 6－2 · 多选题】 注册会计师编制的审计工作底稿应当使未曾接触该项审计工作的有经验的专业人士清楚了解审计程序、审计证据和重大审计结论。下列条件中，有经验的专业人士应当具备的条件有（ ）。(2009 年)

A. 在会计师事务所长期从事审计工作

B. 了解注册会计师的审计过程

C. 了解与被审计单位所处行业相关的会计和审计问题

D. 了解相关法律法规和审计准则的规定

【答案】 BCD

四、审计工作底稿的性质（存在形式和包含的内容）

1. 审计工作底稿存在形式

审计工作底稿可以以纸质、电子或其他介质形式存在。

但无论审计工作底稿以哪种形式存在，会计师事务所都应当针对审计工作底稿设计和实施适当的控制，以实现下列目的：

（1）使审计工作底稿清晰地显示其生成、修改及复核的时间和人员；

（2）在审计业务的所有阶段，尤其是在项目组成员共享信息或通过互联网将信息传递给其他人员时，保护信息的完整性和安全性；

（3）防止未经授权改动审计工作底稿；

（4）允许项目组和其他经授权的人员为适当履行职责而接触审计工作底稿。

在实务中，为了便于复核，注册会计师可以将电子或其他介质存在的审计工作底稿通过打印等方式，转换成纸质形式的审计工作底稿，并与其他纸质形式的审计工作底稿一并归档，同时，单独保存以电子或其他介质形式存在的审计工作底稿。

2. 审计工作底稿内容（见表6－1）

表6－1　审计工作底稿内容

审计工作底稿通常包含的内容	审计工作底稿通常不包含的内容
总体审计策略、具体审计计划、分析表、问题备忘录、重大事项概要、询证函回函和声明、核对表、有关重大事项的往来函件（包括电子邮件）等众多与审计相关的资料	（1）已被取代的审计工作底稿的草稿或财务报表的草稿 （2）反映不全面或初步思考的记录 （3）存在印刷错误或其他错误而作废的文本 （4）重复的文件记录

【例题6－3·单选题】在编制审计工作底稿时，下列各项中，注册会计师通常认为不必形成最终审计工作底稿的是（　　）。（2011年）

A. 注册会计师与甲公司管理层对重大事项进行讨论的结果

B. 注册会计师不能实现相关审计标准规定的目标的情形

C. 注册会计师识别出的信息与针对重大事项得出的最终结论不一致的情形

D. 注册会计师取得的已被取代的财务报表草稿

【答案】D

第二节　审计工作底稿的格式、要素和范围

一、确定审计工作底稿的格式、要素和范围时考虑的因素

注册会计师应当考虑下列因素：

（1）被审计单位的规模和复杂程度；

（2）拟实施审计程序的性质；

（3）识别出的重大错报风险；

（4）已获取的审计证据的重要程度；

（5）识别出的例外事项的性质和范围；

（6）当从已执行审计工作或获取审计证据的计量中不易确定结论或结论的基础时，记录结论或结论基础的必要性；

（7）审计方法和使用的工具。

二、审计工作底稿的要素（简单了解）

审计工作底稿的要素如图 6－2 所示。

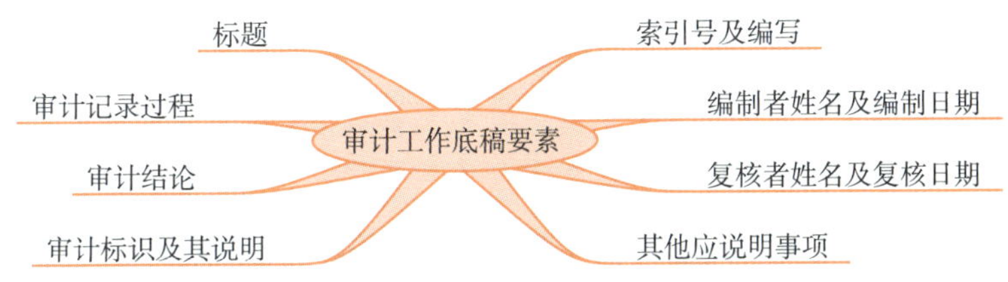

图 6－2　审计工作底稿要素

在记录审计过程中，要注意以下几个重点方面：

（1）具体项目或事项的识别特征。如发票的编号、订购单的日期和编号等。

（2）重大事项及相关重大职业判断。重大事项通常包括：

①引起特别风险的事项；

②实施审计程序的结果，该结果表明财务信息可能存在重大错报，或需要修正以前对重大错报风险的评估和针对这些风险拟采取的应对措施；

③导致注册会计师难以实施必要审计程序的情形；

④导致出具非无保留意见或者带强调事项段“与持续经营相关的重大不确定性”等段落的审计报告的事项。

（3）针对重大事项如何处理不一致的情况。

如果识别出的信息与针对某重大事项得出的最终结论不一致，注册会计师应当记录如何处理不一致的情况。

为了明确责任，在各自完成与特定工作底稿相关的任务后，编制者和复核者都应在工作底稿上签名并注明编制日期和复核日期。

在记录已实施审计程序的性质、时间安排和范围时，注册会计师应当记录。

（1）测试的具体项目或事项的识别特征。对某一个具体项目或事项而言，识别特征通常具有唯一性。

（2）审计工作的执行人员及完成审计工作的日期。

（3）审计工作的复核人员及复核的日期和范围。

第六章

第三节　审计工作底稿的归档

一、审计工作底稿归档工作的性质

（1）在出具审计报告前，注册会计师应完成所有必要的审计程序，取得充分、适当的审计证据并得出适当的审计结论。

（2）在审计报告日后将审计工作底稿归整为最终审计档案是一项事务性的工作，不涉及实施新的审计程序或得出新的结论。包括：

①删除或废弃被取代的审计工作底稿；

②对审计工作底稿进行分类、整理和交叉索引；

③对审计档案归整工作的完成核对表签字认可；

④记录在审计报告日前获取的、与项目组相关成员进行讨论并达成一致意见的审计证据。

【例题6－4·单选题】下列各情形中，注册会计师认为不属于在归档期间对审计工作底稿作出事务性变动的是（　　）。（2011年）

A. 注册会计师删除被取代的审计工作底稿

B. 注册会计师对审计工作底稿进行分类、整理和交叉索引

C. 注册会计师对审计档案规整工作的完成核对表签字认可

D. 注册会计师记录在审计报告日后实施补充审计程序获取的审计证据

【答案】D

二、审计工作底稿归档的期限

审计工作底稿的归档期限为审计报告日后60天内，如果注册会计师未能完成审计业务，审计工作底稿的归档期限为审计业务中止后的60天内。

三、审计工作底稿归档后的变动

在完成最终审计档案的归整工作后，注册会计师不应在规定的保存期限届满前删除或废弃任何性质的审计工作底稿。

1. 需要变动审计工作底稿的情形

一般情况下，在审计报告归档之后不需要对审计工作底稿进行修改或增加，有必要修改现有审计工作底稿或增加新的审计工作底稿的情形主要有以下两种：

（1）注册会计师已实施了必要的审计程序，取得了充分、适当的审计证据并得出了恰当的审计结论，但审计工作底稿的记录不够充分；

（2）审计报告日后，发现例外情况要求注册会计师实施新的或追加审计程序，或导致注册会计师得出新的结论。

2. 变动审计工作底稿时的记录要求

在完成最终审计档案的归整工作后，如果发现有必要修改现有审计工作底稿或增加新

的审计工作底稿，无论修改或增加的性质如何，注册会计师均应当记录下列事项：

（1）修改或增加审计工作底稿的理由；

（2）修改或增加审计工作底稿的时间和人员，以及复核的时间和人员。

【例题6－5·多选题】 下列有关注册会计师在审计报告日后对审计工作底稿作出变动的做法中，正确的有（　　）。(2014年)

A. 在归档期间删除或废弃被取代的审计工作底稿

B. 在归档期间记录在审计报告日前获取的、与项目组相关成员进行讨论并达成一致意见的审计证据

C. 以归档期间收到的询证函回函替换审计报告日前已实施的替代程序审计工作底稿

D. 在归档后由于实施追加的审计程序而修改审计工作底稿，并记录修改的理由、时间和人员，以及复核的时间和人员

【答案】 ABD

【解析】 归档期间对审计工作底稿作出的事务性变动包括删除或废弃被取代的审计工作底稿和记录在审计报告日前获取的、与项目组相关成员进行讨论并达成一致意见的审计证据等，选项A、B正确；选项D属于归档后需要变动审计工作底稿的情形和记录要求；归档期间收到的询证函回函不属于事务性变动，不应替换替代审计程序的审计工作底稿，选项C错误。

四、审计工作底稿的保存期限

会计师事务所应当自审计报告日起，对审计工作底稿至少保存10年。如果注册会计师未能完成审计业务，会计师事务所应当自审计业务中止日起，对审计工作底稿至少保存10年（见图6－3）。

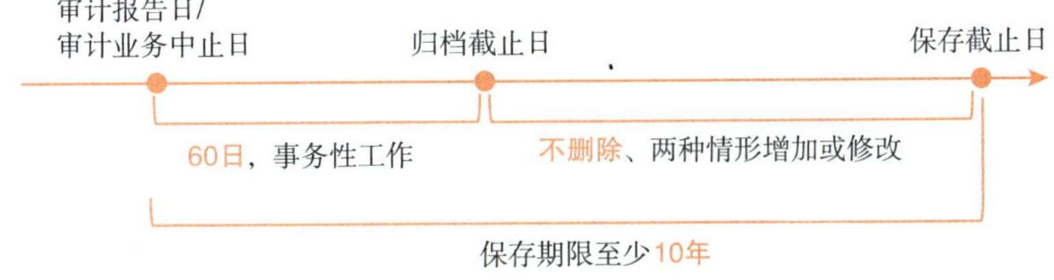

图6－3　审计工作底稿的保存期限

第六章　审计工作底稿

彬哥跟你说：

本章内容是很简单的，学完本章你也没必要急着往后面冲，先缓一缓，先把前面几章的内容拉通了复习一遍，慢慢摸索出学习的感觉！慢慢摸索出审计的感觉！

今日复习步骤：

第一遍：回忆 & 重新复习一遍框架（10 分钟）

学习要求：这一遍的目的是自己重新找一遍框架，不需要掌握所有细节，但求框架了然于心。

（1）审计工作底稿包括三大部分：概述；格式、要素和范围考虑因素；归档。

（2）概述主要是编制目的、要求，以及底稿的性质（性质主要搞清楚包括什么，不包括什么）；第二部分主要注意识别特征以及应当记录的内容；归档主要是性质、归档期限、变动、保存期限；回忆每部分大概包括什么内容。

第二遍：对细节进一步掌握（25 分钟）

第三遍：重新复习一遍框架（5 分钟）

我问你答：

（1）审计底稿编制的目的包括哪两个？分别是什么？编制的目的包括便于后任注册会计师查阅吗？有经验的专业人士仅仅是指会计师事务所内部的人士吗？还是包括外部？

（2）审计工作底稿的内容包括草稿吗？初稿呢？还有哪些是不包括的？

（3）审计程序的哪些内容是应当记录的？识别特征应具有唯一性，发票的日期、商品的名称、数量等具有唯一性吗？发票的编号呢？

（4）归档工作是否涉及新的审计程序或得出新的结论？归档工作是事务性的，包括哪些内容？

（5）集团财务报表审计，审计报告日应以集团审计报告日为准，是否正确？底稿什么时候应该归档（完成和未完成审计业务）？归档后应保存多久？

（6）底稿归档后，在保存期限届满前，不应删除或废弃任何性质的审计工作底稿，是否正确？那归档后，是否可以修改或增加呢？在什么情形下可以，应当记录什么？

（7）底稿在归档期间，是否可以删除或废弃被取代的底稿呢（草稿、初稿等）？如果在归档期间收到的是之前的询证函回函，不属于事务性变动，是否应该替换之前的审计工作底稿？还是只将其纳入底稿？

本章作业：

（1）请把讲义例题做三遍（做错的题目，请分析错误原因并记录到改错本）。

（2）请复习完口述一遍框架，睡前请再回忆一遍框架。

（3）第二天早上，请再回忆一遍框架，对于回忆不起来的内容，请翻书看一遍。

第二编
审计测试流程

上一编我们讲了审计流程的第一阶段和审计方法的基本原理。这一编我们集中介绍一下审计流程的第二阶段——开展审计工作，如图 1 所示。

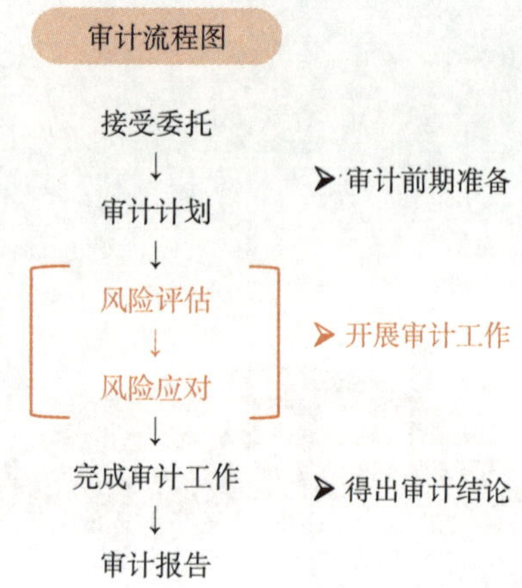

图 1　审计流程之开展审计工作

这一编主要讲述如何对重大错报风险进行识别、评估和应对，并最终将审计风险降至可接受的低水平，如图 2 所示。

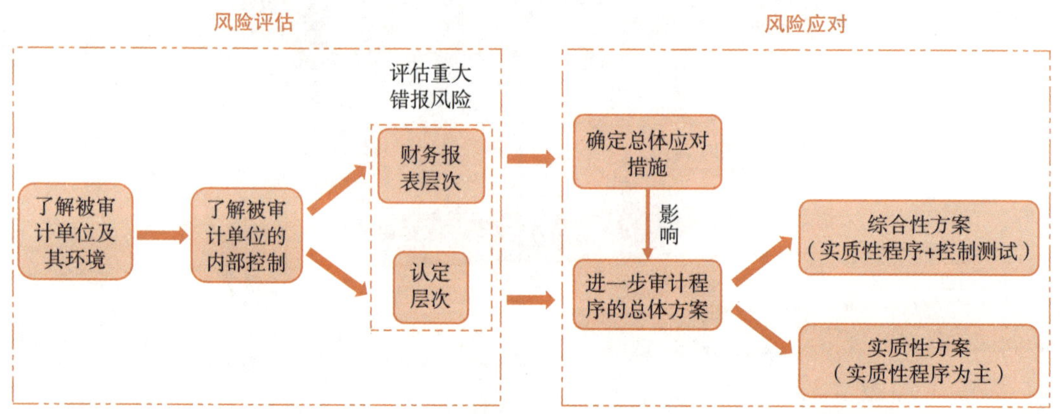

图 2　风险评估和风险应对

第 7 天

复习旧内容：

无

学习新内容：

风险评估（第七章）

学习方法：

风险评估一定要“从上往下”的学习。先了解风险评估主要从哪几方面去了解企业，然后每一方面又要从哪些具体方面去了解。最后，通过这些了解去评估企业的风险。

你今天可能有的心态：

其实在今天开始学习前，你可以再花一天时间夯实一下前面的知识，也可以在开始新的学习前，把前面学过的知识闪电般地翻一遍，这样可以起到复习的作用。

简单解释今天学习内容：

风险评估是指“了解被审计单位及其环境，以识别和评估重大错报风险”，那么被审计单位及其环境应该怎么了解呢？主要是从六个方面去了解：

（1）相关行业状况、法律环境和监管环境及其他外部因素；

（2）被审计单位的性质；

（3）被审计单位对会计政策的选择和应用；

（4）被审计单位的目标、战略以及可能导致重大错报风险的相关经营风险；

（5）对被审计单位财务业绩的衡量和评价；

（6）被审计单位的内部控制。

那么了解的方法有哪些呢？（审计程序），主要有以下几个审计程序：

（1）询问；

（2）观察和检查；

（3）分析程序。

可能会遇到的难点：

今天的章节超级重要，可以说是本书的核心知识，但是本节重点虽多，但是难点基本没有，都属于容易理解的内容。

建议学习时间：

3 小时

第七章　风险评估

风险识别和风险评估流程如图 7－1 所示。

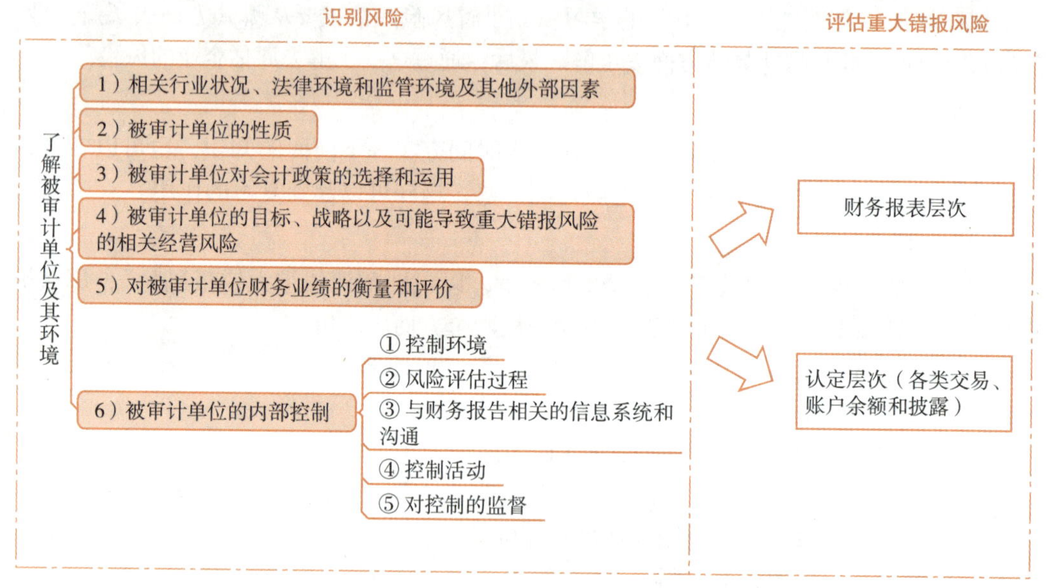

图 7－1　风险识别和风险评估流程

所谓风险评估，就是了解被审计单位及其环境，以识别和评估重大错报风险。那么如何了解呢？从六个方面去进行了解，就是上面提到的六点，但是对内部控制的了解尤其重要。因此对内部控制要专门来详细讲解该如何了解，了解完毕之后就是评估哪些方面存在重大错报风险，有可能是整个财务报表都存在这种风险，也有可能是某些项目存在这种风险。

第一节　风险识别和评估概述

1. 风险识别和评估的概念

在风险导向审计模式下，注册会计师以重大错报风险的识别、评估和应对为审计工作的主线，最终将审计风险控制在可接受的低水平。风险识别和评估是审计风险控制流程的起点。

风险识别是指找出**财务报表层次和认定层次重大错报风险**。

风险评估是指对重大错报发生的可能性和后果严重程度进行评估。

2. 风险识别和评估的作用（了解）

了解被审计单位及其环境是必要程序，特别是为注册会计师在下列关键环节作出职业判断提供重要基础：

（1）确定重要性水平，并随着审计工作的进程评估对重要性水平的判断是否仍然适当；

（2）考虑会计政策的选择和运用是否恰当，以及财务报表的列报是否适当；

（3）识别需要特别考虑的领域，包括关联方交易、管理层运用持续经营假设的合理性，或交易是否具有合理的商业目的等；

（4）确定在实施分析程序时所使用的预期值；

（5）设计和实施进一步审计程序，以将审计风险降至可接受的低水平；

（6）评价所获取审计证据的充分性和适当性。

了解被审计单位及其环境是一个连续和动态地收集、更新与分析信息的过程，贯穿于整个审计过程的始终。注册会计师应当运用职业判断确定需要了解被审计单位及其环境的程度。

第二节 风险评估程序、信息来源以及项目组内部的讨论

一、风险评估程序和信息来源

风险评估所需要信息的来源如图 7－2 所示。

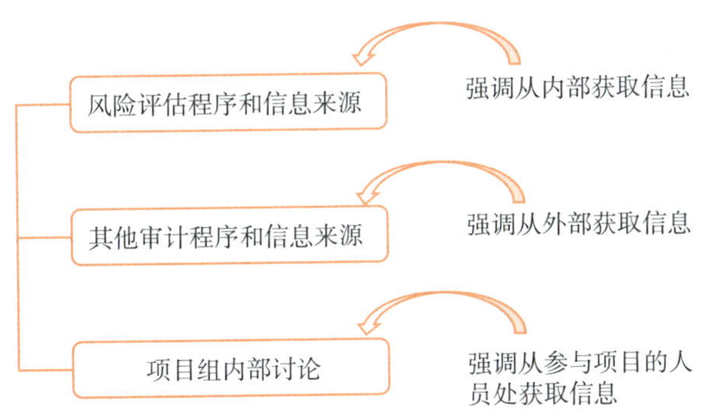

图 7－2 风险评估所需信息的来源

注册会计师了解被审计单位及其环境，是为了识别和评估财务报表重大错报风险。为了解被审计单位及其环境而实施的程序称为“风险评估程序”。

注册会计师在审计过程中应当实施下列审计程序，但在了解被审计单位及其环境的每一方面时，无须实施表 7－1 中的所有程序。

表 7-1 风险评估程序

审计程序	说明
询问	询问对象：管理层、财务负责人、治理层、内部审计人员、内部法律顾问、营销或销售人员
分析程序	是指注册会计师通过研究不同财务数据之间以及财务数据与非财务数据之间的内在关系，对财务信息作出评价
观察和检查	（1）观察被审计单位的经营活动 （2）检查文件、记录和内部控制手册 （3）阅读由管理层和治理层编制的报告 （4）实地察看被审计单位的生产经营场所和厂房设备 （5）追踪交易在财务报告信息系统中的处理过程（穿行测试）。这是注册会计师了解被审计单位业务流程及其相关控制时经常使用的审计程序

二、其他审计程序和其他信息来源（了解）

意思即是：除了采用上述三种审计程序之外，还可以采用其他程序或者从其他信息来源获取审计证据，不需要记忆，了解就行。

1. 其他审计程序

（1）询问被审计单位聘请的外部法律顾问、专业评估师、投资顾问和财务顾问等；

（2）阅读外部信息，包括证券分析师、银行、评级机构出具的报告；相关的报纸期刊；行业报告等。

2. 其他信息来源

（1）对新的审计业务，注册会计师应在业务承接阶段对被审计单位及其环境有一个初步的了解，以确定是否承接该业务。

（2）对连续审计业务，也应在每年的续约过程中对上年审计作总体评价，并更新对被审计单位的了解和风险评估结果，以确定是否续约。

（3）注册会计师还应当考虑向被审计单位提供其他服务（如执行中期财务报表审阅业务）所获得的经验是否有助于识别重大错报风险。

三、项目组内部的讨论

项目组内部的讨论（见表 7-2）在所有业务阶段都非常必要，可以保证所有事项得到恰当的考虑。

表 7-2 项目组内部讨论

讨论的目标	（1）使成员更好地了解在各自负责的领域中，由于舞弊或错误导致财务报表重大错报的可能性 （2）使成员更好地了解各自实施审计程序的结果如何影响审计的其他方面，包括对确定进一步审计程序的性质、时间安排和范围的影响
讨论的内容	（1）被审计单位面临的经营风险 （2）财务报表容易发生错报的领域以及发生错报的方式 （3）特别是由于舞弊导致重大错报的可能性

续表

参与讨论的人员	（1）关键成员应当参与讨论 （2）项目组需要拥有信息技术或其他特殊技能的专家根据需要参与讨论 （3）项目合伙人应当确定向未参与讨论的项目组成员通报哪些事项
讨论的时间和方式	在整个审计过程中持续交换有关财务报表发生重大错报可能性的信息

项目组在讨论时应当强调在整个审计过程中保持职业怀疑，警惕可能发生重大错报的迹象。

第三节　了解被审计单位及其环境

一、总体要求

注册会计师应当从图7－3所列方面了解被审计单位及其环境（由宽到窄，由外到内，由国家到行业再到被审计单位）。

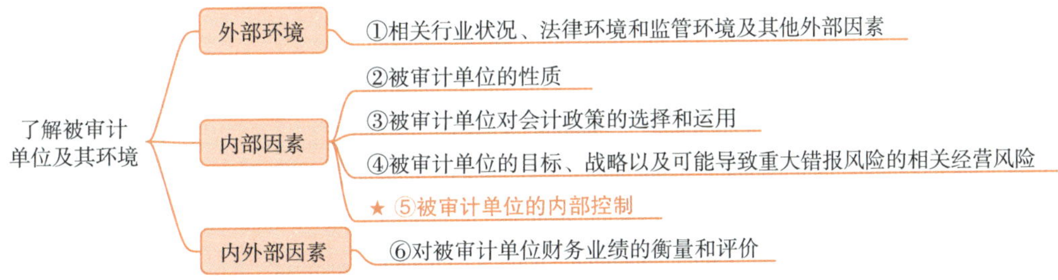

图7－3　了解被审计单位及其环境

注册会计师针对以上六个方面实施的风险评估程序的性质、时间安排和范围取决于审计业务的具体情况，如被审计单位的规模和复杂程度以及注册会计师的相关审计经验。另外，识别被审计单位及其环境在上述方面与以前期间相比发生的重大变化对于充分了解被审计单位及其环境、识别和评估重大错报风险尤为重要。

二、相关行业状况、法律环境和监管环境及其他外部因素（了解，无须背诵）

1. 行业状况

注册会计师可以从以下几个方面去了解行业状况：

所处行业的市场与竞争、生产经营的季节性和周期性、与被审计单位产品相关的生产技术、能源供应与成本、行业的关键指标和统计数据。

2. 法律环境与监管环境

注册会计师应当了解的法律环境和监管环境，主要包括：

会计原则和行业特定惯例、受管制行业的法规框架、对被审计单位经营活动产生重大影响的法律法规、目前对被审计单位开展经营活动产生影响的政府政策、影响行业和被审计单位活动的环保要求。

3. 其他外部因素

主要包括总体经济情况、利率、融资的可获得性、通货膨胀水平或币值变动等。

三、被审计单位的性质（了解）

（1）所有权结构；（2）治理结构；（3）组织结构；（4）经营活动；（5）投资活动；（6）筹资活动；（7）财务报告等。

四、被审计单位对会计政策的选择和运用

（1）重大和异常交易的会计处理方法；
（2）在缺乏权威性标准或共识，有争议的或新兴领域采用重要会计政策产生的影响；
（3）会计政策的变更；
（4）新颁布的财务报告准则、法律法规，以及被审计单位何时采用、如何采用这些规定；
（5）是否选择激进的会计政策、方法、估计和判断；
（6）财会人员是否拥有足够的运用会计准则的知识、经验和能力；
（7）是否拥有足够的资源支持会计政策的运用。

五、被审计单位的目标、战略以及相关经营风险

（1）目标是企业经营活动的指针。企业管理层和治理层一般会根据企业经营面临的外部环境和内部各种因素，制定合理可行的经营目标。

（2）战略是管理层为实现经营目标采用的方法。

（3）经营风险是指可能对被审计单位实现目标和实施战略的能力产生不利影响的重要状况、事项、情况所导致的风险，或由于制定不恰当的目标和战略而导致的风险。

（4）经营风险对重大错报风险的影响：

①经营风险与财务报表重大错报风险是既有联系又相互区别的两个概念。前者比后者范围更广。

②注册会计师了解被审计单位的经营风险有助于其识别财务报表重大错报风险。**但并非所有的经营风险都与财务报表相关，注册会计师没有责任识别或评估对财务报表没有重大影响的经营风险。**

③多数经营风险最终都会产生财务后果，从而影响财务报表。但并非所有的经营风险都会导致重大错报风险。

④经营风险可能对某类交易、账户余额和披露的认定层次重大错报风险或财务报表层次重大错报风险产生直接影响。

【例题7－1·单选题】 下列有关经营风险对重大错报风险的影响的说法中，错误的是（　　）。（2017年）

A. 多数经营风险最终都会产生财务后果，从而可能导致重大错报风险

B. 注册会计师在评估重大错报风险时，没有责任识别或评估对财务报表没有重大影响的经营风险

C. 经营风险通常不会对财务报表层次重大错报风险产生直接影响

D. 经营风险可能对认定层次重大错报风险产生直接影响

【答案】C

【解析】选项C错误，经营风险可能对各类交易、账户余额和披露的认定层次重大错报风险或财务报表层次重大错报风险产生直接影响。

六、被审计单位财务业绩的衡量和评价（了解）

1. 在了解被审计单位财务业绩衡量和评价情况时，注册会计师应当关注下列信息

（1）关键业绩指标（财务的或非财务的）、关键比率、趋势和经营统计数据；

（2）同期财务业绩比较分析；

（3）预算、预测、差异分析、分部信息与分部、部门或其他不同层次的业绩报告；

（4）员工业绩考核与激励性报酬政策；

（5）被审计单位与竞争对手的业绩比较。

2. 关注内部财务业绩衡量的结果

（1）被审计单位内部财务业绩衡量所显示的未预期到的结果或趋势；

（2）管理层的调查结果和纠正措施；

（3）相关信息是否显示财务报表可能存在重大错报。

3. 考虑财务业绩衡量指标的可靠性

4. 对小型被审计单位的考虑

【例题7－2·单选题】下列有关了解被审计单位及其环境的说法中，正确的是（　　）。(2017年)

A. 注册会计师无须在审计完成阶段了解被审计单位及其环境

B. 注册会计师对被审计单位及其环境了解的程度，低于管理层为经营管理企业而对被审计单位及其环境需要了解的程度

C. 对小型被审计单位，注册会计师可以不了解被审计单位及其环境

D. 注册会计师对被审计单位及其环境了解的程度，取决于会计师事务所的质量控制政策

【答案】B

【解析】了解被审计单位及其环境是一个连续的和动态的收集、更新和分析信息的过程，贯穿于整个审计过程的始终。注册会计师应当运用职业判断确定需要了解被审计单位及其环境的程度。注册会计师对被审计单位及其环境了解的程度，要低于管理层为经营管理企业而对被审计单位及其环境需要了解的程度。

第四节　了解被审计单位的内部控制（重点）

了解被审计单位的内部控制的知识结构如图7－4所示。

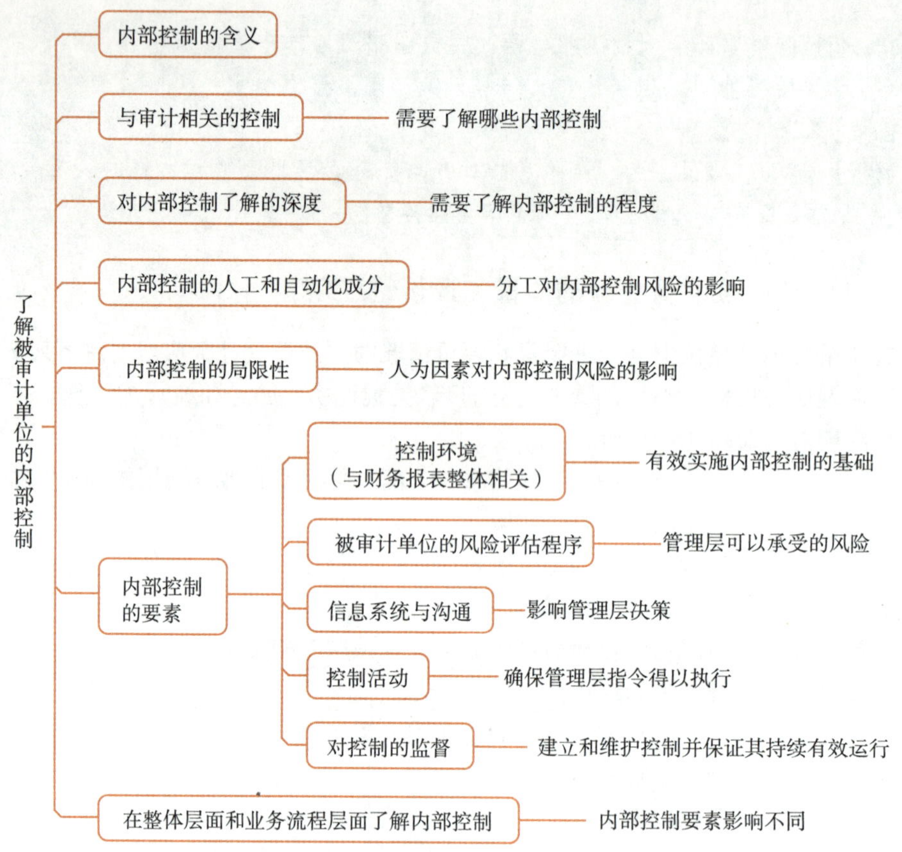

图7－4　了解被审计单位的内部控制知识结构

一、内部控制的含义和要素

内部控制是被审计单位为了合理保证财务报告的可靠性、经营的效率和效果以及对法律法规的遵守，由**治理层、管理层和其他人员**设计与执行的政策及程序。

1. 可以从以下几方面理解内部控制（见表7－3）

表7－3　　内部控制含义的理解

内部控制的目标是合理保证	（1）**财务报告的可靠性**，这一目标与管理层履行财务报告编制责任密切相关 （2）**经营的效率和效果**，即经济有效地使用企业资源，以最优方式实现企业的目标 （3）**遵守适用的法律法规的要求**，即在法律法规的框架下从事经营活动
设计和实施内部控制的责任主体	是治理层、管理层和其他人员，组织中的每一个人都对内部控制负有责任（全员参与）
实现内部控制目标的手段	是设计和执行控制政策及程序

2. 内部控制的要素

所谓内部控制的要素，就是内部控制包含的几个方面，也即我们在了解被审计单位的内部控制的时候，要从这五个方面去了解（见图7－5），而不是像无头苍蝇一样没有目标地乱撞。

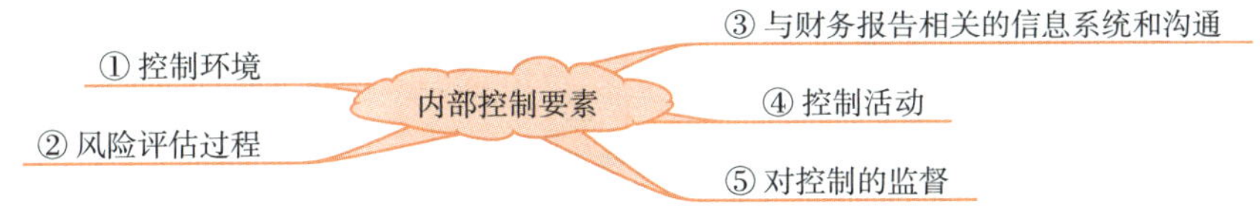

图 7－5　内部控制五要素

【例题 7－3 · 单选题】 在下列各项中，不属于内部控制要素的是（　　）。(2009 年)

A. 控制风险　　　　B. 控制活动

C. 对控制的监督　　　　D. 控制环境

【答案】 A

【解析】 本题考核内部控制要素。内部控制包括下列要素：控制环境；风险评估程序；信息系统与沟通；控制活动；对控制的监督。

二、与审计相关的控制

(1) 内部控制的目标是合理保证财务报告的可靠性、经营的效率和效果以及对法律法规的遵守。

(2) 审计的目标是对财务报表是否不存在重大错报发表审计意见，尽管在审计中需要考虑与审计相关的内部控制，但目的并非对被审计单位内部控制的有效性发表意见。

(3) 因此，注册会计师需要了解和评价的内部控制只是与财务报表审计相关的内部控制，并非被审计单位所有的内部控制。

(4) 被审计单位通常有一些与内部控制目标相关但与审计无关的控制，注册会计师无须对其加以考虑。例如，被审计单位可能依靠某一复杂的自动化控制提高经营活动的效率和效果（如航空公司用于维护航班时间表的自动化控制系统），但这些控制通常与审计无关。进一步讲，**虽然内部控制应用于整个被审计单位或所有经营部门或业务流程，但是了解与每个经营部门和业务流程相关的内部控制，可能与审计无关。**

三、对内部控制了解的深度（非常重要）

对内部控制了解的深度，是指在了解被审计单位及其环境时对内部控制了解的程度。**包括评价控制的设计，并确定其是否得到执行。但不包括对控制是否得到一贯执行的测试。**

1. 评价控制的设计

评价控制的设计，涉及考虑该控制单独或连同其他控制是否能够有效防止或发现并纠正重大错报。

2. 审计程序

(1) 询问；(2) 观察；(3) 检查；(4) 穿行测试。

第七章

【提示】

(1) 很多人有疑问，风险评估程序不是只有“询问、观察、检查、分析程序”吗？怎么这里有个穿行测试，这也不是审计程序中的类型啊？其实在第一节我们学过，它是一个集观察、检查等程序于一体的复合程序。

(2) 为什么“了解内部控制”这个知识点重要？因为“了解内部控制”是本章风险评估的内容，而下一章我们还会学“控制测试”，其实控制测试是在了解的基础上进行的下一步工作，更加详细，因为两者的工作会有一些差异，也因此时常用来作为考点，如他们所使用的审计程序就不一样：

了解内部控制用的审计程序是“询问、观察、检查、穿行测试”。

控制测试使用的审计程序就是“询问、观察、检查、重新执行”，因此说到“重新执行”肯定不可能是风险评估中的了解内部控制。

(3) 询问本身不足以评价控制的设计以及确定其是否得到执行，注册会计师应当将询问与其他风险评估程序结合使用。

3. 了解内部控制与测试控制运行有效性的关系

除非存在某些可以使控制得到一贯运行的自动化控制，否则注册会计师对控制的了解并不足以测试控制运行的有效性。例如，获取某一人工控制在某一时点得到执行的审计证据，并不能证明该控制在所审计期间内的其他时点也有效运行。

由于信息技术处理流程的内在一贯性，实施审计程序确定某项自动控制能否得到执行，也可能实现对控制运行有效性测试的目标，这取决于注册会计师对控制的评估和测试。

【例题7-4·多选题】下列有关注册会计师了解内部控制的说法中，正确的有(　　)。

A. 注册会计师在了解被审计单位内部控制时，应当确定其是否得到一贯执行

B. 注册会计师不需要了解被审计单位所有的内部控制

C. 注册会计师对内部控制的了解通常不足以测试控制运行的有效性

D. 注册会计师询问被审计单位人员不足以评价内部控制设计的有效性

【答案】BCD

【解析】对内部控制了解的深度，是指在了解被审计单位及其环境时对内部控制了解的程度。包括评价控制的设计，并确定其是否得到执行。但不包括对控制是否得到一贯执行的测试，所以选项A错误。

注册会计师需要了解和评价的内部控制只是与财务报表审计相关的内部控制，并非被审计单位所有的内部控制，所以选项B正确；除非存在某些可以使控制得到一贯运行的自动化控制，否则注册会计师对控制的了解并不足以测试控制运行的有效性，所以选项C正确；询问本身并不足以评价控制的设计以及确定其是否得到执行，注册会计师应当将询问与其他风险评估程序结合使用，所以选项D正确。

四、内部控制的人工和自动化成分（了解，无须记忆）

本知识点很少会考，读一遍即可，别花时间去记忆。

大多数被审计单位出于编制财务报告和实现经营目标的需要使用信息技术。然而，即使信息技术得到广泛使用，人工因素仍然会存在于这些系统之中。内部控制可能既包括人工成分，又包括自动化成分，在风险评估以及设计和实施进一步审计程序时，注册会计师应当考虑内部控制的人工和自动化特征及其影响。

1. 信息技术的优势及相关内部控制风险（见表7－4）

表7－4　信息技术的优势及相关内部控制风险

优势	风险
(1) 在处理大量的交易或数据时，一贯运用事先确定的业务规则，并进行复杂运算 (2) 提高信息的及时性、可获得性及准确性 (3) 促进对信息的深入分析 (4) 提高对被审计单位的经营业绩及其政策和程序执行情况进行监督的能力 (5) 降低控制被规避的风险 (6) 通过对应用程序系统、数据库系统和操作系统执行安全控制，提高不兼容职务分离的有效性	(1) 所依赖的系统或程序不能正确处理数据，或处理了不正确的数据，或两种情况并存 (2) 未经授权访问数据，可能导致数据的毁损或对数据不恰当的修改，包括记录未经授权或不存在的交易，或不正确地记录了交易，多个用户同时访问同一数据库可能造成特定风险 (3) 信息技术人员可能获得超越其职责范围的数据访问权限，因此，破坏了系统应有的职责分工 (4) 未经授权改变主文档的数据 (5) 未经授权改变系统或程序 (6) 未能对系统或程序作出必要的修改 (7) 不恰当的人为干预 (8) 可能丢失数据或不能访问所需要的数据

2. 人工控制的适用范围（见表7－5）

表7－5　人工控制的适用范围和不适用范围

适用范围	不适用范围
(1) 存在大额、异常或偶发的交易 (2) 存在难以界定、预计或预测的错误的情况 (3) 针对变化的情况，需要对现有的自动化控制进行人工干预 (4) 监督自动化控制的有效性	(1) 存在大量或重复发生的交易 (2) 事先可预计或预测的错误能够通过自动化控制参数得以防止或发现并纠正 (3) 用特定方法实施控制的控制活动可得到适当设计和自动化处理

3. 人工控制的风险

由于人工控制由人执行，受人为因素的影响，也产生了特定风险，注册会计师应当从下列方面了解人工控制产生的特定风险：

（1）人工控制可能更容易被规避、忽视或凌驾；

（2）人工控制可能不具有一贯性；

（3）人工控制可能更容易产生简单错误或失误。

五、内部控制的局限性

内部控制无论如何有效，都只能为被审计单位实现财务报告目标提供合理保证。内部控制的固有局限性包括（重要）：

（1）在决策时人为判断可能出现错误和因人为失误而导致内部控制失效。

（2）控制可能由于两个或更多的人员串通或管理层不当地凌驾于内部控制之上而被规避。

（3）人员素质不适应岗位：如果被审计单位内部行使控制职能的人员素质不适应岗位要求，也会影响内部控制功能的正常发挥。

（4）成本效益考虑：被审计单位实施内部控制的成本效益问题也会影响其效能，当实施某项控制成本大于控制效果而发生损失时，就没有必要设置该控制环节或控制措施。

（5）不经常发生或未预计到的业务：内部控制一般都是针对经常而重复发生的业务设置的，如果出现不经常发生或未预计到的业务，原有控制就可能不适用。

六、内部控制五要素

接下来的内容，就是注册会计师分别从五个要素层面去了解被审计单位的内部控制。

（一）控制环境——与财务报表整体相关

控制环境包括治理职能和管理职能，以及治理层和管理层对内部控制及其重要性的态度、认识和措施。防止或发现并纠正舞弊和错误是被审计单位治理层和管理层的责任。

控制环境设定了被审计单位的内部控制的基调，影响员工对内部控制的认识。良好的控制环境是实施有效内部控制的基础。实际上，在审计业务承接阶段，注册会计师就需要对控制环境作出初步了解和评价。

与控制环境相关的因素如表 7 –6 所示。

表 7 –6　与控制环境相关的因素

分类	说明
对诚信和道德价值观念的沟通与落实	（1）被审计单位是否有书面的行为规范并向所有员工传达 （2）被审计单位的企业文化是否强调诚信和道德价值观念的重要性 （3）管理层是否身体力行，高级管理人员是否起表率作用 （4）对违反有关政策和行为规范的情况，管理层是否采取适当的惩罚措施
对胜任能力的重视	（1）财务人员以及信息管理人员是否具备与被审计单位业务性质和复杂程度相称的足够的胜任能力和培训，在发生错误时，是否通过调整人员或系统来加以处理 （2）管理层是否配备足够的财务人员以适应业务发展和有关方面的需要 （3）财务人员是否具备理解和运用会计准则所需的技能
治理层的参与程度	（1）董事会是否建立了审计委员会或类似机构 （2）董事会、审计委员会或类似机构是否与内部审计人员以及注册会计师有联系和沟通联系及沟通的性质以及频率是否与被审计单位的规模和业务复杂程度相匹配 （3）董事会、审计委员会或类似机构的成员是否具备适当的经验和资历 （4）董事会、审计委员会或类似机构是否独立于管理层 （5）审计委员会或类似机构举行会议的数量和时间是否与被审计单位的规模和业务复杂程度相匹配 （6）董事会、审计委员会或类似机构是否充分地参与了监督编制财务报告的过程 （7）董事会、审计委员会或类似机构是否对经营风险的监控有足够的关注，进而影响被审计单位和管理层的风险评估过程 （8）董事会成员是否保持相对的稳定性

续表

分类	说明
管理层的理念和经营风格	（1）管理层是否对内部控制，包括信息技术的控制，给予了适当的关注 （2）管理层是否由一个或几个人所控制，董事会、审计委员会或类似机构对其是否实施了有效监督 （3）管理层在承担和监控经营风险方面是风险偏好者还是风险规避者 （4）管理层在选择会计政策和作出会计估计时是倾向于激进还是保守 （5）管理层对于信息管理人员以及财会人员是否给予了适当关注 （6）对于重大的内部控制和会计事项，管理层是否征询注册会计师的意见，或者经常在这些方面与注册会计师存在不同意见
组织结构及职权与责任的分配	（1）在被审计单位内部是否有明确的职责划分，是否将业务授权、业务记录、资产保管和维护以及业务执行的责任尽可能地分离 （2）数据处理和管理的职责划分是否合理 （3）是否已针对授权交易建立适当的政策和程序
人力资源政策和实务	（1）被审计单位在招聘、培训、考核、咨询、晋升、薪酬、补救措施等方面是否都有适当的政策和实务（特别是在会计、财务和信息系统方面） （2）是否有书面的员工岗位职责手册，或者在没有书面文件的情况下，对于工作职责和期望是否做了适当的沟通和交流 （3）人力资源政策与实务是否清晰，并且定期发布和更新 （4）是否设定适当的程序，对分散在各地区和海外的经营人员建立和沟通人力资源政策与程序

（1）在确定构成控制环境的要素是否得到执行时，注册会计师应当考虑将询问与其他风险评估程序相结合以获取审计证据。

（2）控制环境对重大错报风险的评估具有广泛影响，注册会计师应当考虑控制环境的总体优势是否为内部控制的其他要素提供了适当的基础。

（3）注册会计师在评估重大错报风险时，存在令人满意的控制环境是一个积极的因素。虽然令人满意的控制环境并不能绝对防止舞弊，但却有助于降低发生舞弊的风险。有效的控制环境还能为注册会计师相信在以前年度和期中所测试的控制将继续有效运行提供一定基础。相反，控制环境中存在的弱点可能削弱控制的有效性。例如，注册会计师在进行风险评估时，如果认为被审计单位控制环境薄弱，则很难认定某一流程的控制是有效的。

（4）控制环境本身并不能防止或发现并纠正各类交易、账户余额和披露认定层次的重大错报，注册会计师在评估重大错报风险时，应当将控制环境连同其他内部控制要素产生的影响一并考虑。例如，将控制环境和对控制的监督和具体的控制活动一并考虑。

【提示】

所谓控制环境，就是整个公司对内控的重视程度，以及整个公司的整体态度。与控制环境有关的因素包括六个，具体细节不用去记忆，主要是需要知道这六个是与控制环境相关，例如，题目出到人力资源相关的政策是内部控制里面的控制环境还是控制活动？那人力资源政策就属于控制环境！

【例题7-5·单选题】下列各项中，不属于控制环境要素的是（ ）。(2013年)

A. 被审计单位的人力资源政策与实务　　B. 被审计单位的组织结构

C. 被审计单位管理层的理念　　D. 被审计单位的信息系统

【答案】D

【解析】控制环境要素（6个）包括：对诚信和道德价值观念的沟通与落实、对胜任能力的重视、治理层的参与程度、管理层的理念和经营风格、组织结构及职权与责任的分配以及人力资源政策与实务。

【例题7-6·单选题】下列有关控制环境的说法中，错误的是（ ）。(2012年)

A. 控制环境本身能防止或发现并纠正认定层次的重大错报

B. 控制环境的好坏影响注册会计师对财务报表层次重大错报风险的评估

C. 控制环境影响被审计单位内部生成的审计证据的可信赖程度

D. 控制环境影响实质性程序的性质、时间安排和范围

【答案】A

【解析】控制环境本身并不能防止或发现并纠正各类交易、账户余额和披露认定层次的重大错报，注册会计师在评估重大错报风险时，应当将控制环境连同其他内部控制要素产生的影响一并考虑。

（二）被审计单位的风险评估程序

风险评估过程的作用是识别、评估和管理影响被审计单位实现经营目标能力的各种风险。

被审计单位的风险评估过程包括识别与财务报告相关的经营风险，以及针对这些风险所采取的措施。

在评价被审计单位风险评估过程的设计和执行时，注册会计师应当确定管理层如何识别与财务报告相关的经营风险，如何估计该风险的重要性，如何评估风险发生的可能性，以及如何采取措施管理这些风险。如果被审计单位的风险评估过程符合其具体情况，了解被审计单位的风险评估过程和结果有助于注册会计师识别财务报表的重大错报风险。

注册会计师可以通过了解被审计单位及其环境的其他方面信息，评价被审计单位风险评估过程的有效性。

在审计过程中，如果发现与财务报表有关的风险因素，注册会计师可通过向管理层询问和检查有关文件确定被审计单位的风险评估过程是否也发现了该风险；如果识别出管理层未能识别的重大错报风险，注册会计师应当考虑被审计单位的风险评估过程为何没有识别出这些风险，以及评估过程是否适合于具体环境，或者确定与风险评估过程相关的内部控制是否存在值得关注的内部控制缺陷。

（三）信息系统与沟通

1. 与财务报告相关的信息系统

（1）含义。

与财务报告相关的信息系统，包括用于**生成、记录、处理和报告交易、事项和情况，**

对相关资产、负债和所有者权益履行经营管理职责的程序和记录。

（2）财务报告信息系统的职能。（无须记忆，只是帮助大家理解一下什么叫财务报告信息系统）

①识别与记录所有的有效交易。

②及时、详细地描述交易，以便在财务报告中对交易作出恰当分类。

③恰当计量交易，以便在财务报告中对交易的金额作出准确记录。

④恰当确定交易生成的会计期间。

⑤在财务报表中恰当列报交易。

当被审计单位运用信息技术进行数据的传递时，发生篡改可能不会留下痕迹或证据。

2. 与财务报告相关的沟通

了解与财务报告相关的信息系统应当包括了解信息系统中与财务报表所披露信息相关的方面，无论这些信息是从总账和明细账中获取，还是从总账和明细账之外的其他途径获取。

与财务报告相关的沟通包括使员工了解各自在与财务报告有关的内部控制方面的角色和职责、员工之间的工作联系，以及向适当级别的管理层报告例外事项的方式。

注册会计师应当了解被审计单位内部如何对财务报告的岗位职责以及与财务报告相关的重大事项进行沟通。注册会计师还应当了解管理层和治理层之间的沟通，以及被审计单位与外部（包括与监管部门）的沟通。

（四）控制活动（重点）

1. 与审计相关的控制活动的含义

控制活动是指有助于确保管理层的指令得以执行的政策和程序。包括与授权、业绩评价、信息处理、实物控制和职责分离等相关的活动。

注册会计师应当了解的控制活动如表 7－7 所示。

表 7－7　　注册会计师应当了解的控制活动

类别	子类	内容
授权	一般授权	指管理层制定的要求组织内部遵守的普遍适用于某类交易或活动的政策
	特别授权	指管理层针对特定类别的交易或活动逐一设置的授权，如重大资本支出和股票发行
业绩评价		（1）被审计单位分析评价实际业绩与预算（或预测、前期业绩）的差异 （2）综合分析财务数据与经营数据的内在关系 （3）将内部数据与外部信息来源相比较 （4）评价职能部门、分支机构或项目活动的业绩等
信息处理	一般控制	指与多个应用系统有关的政策和程序，有助于保证信息系统持续恰当的运行（包括信息的完整性和数据的安全性），支持应用控制作用的有效发挥，通常包括数据中心和网络运行控制，系统软件的购置、修改及维护控制，接触或访问权限控制，应用系统的购置、开发及维护控制
	应用控制	指主要在业务流程层面运行的人工或自动化程序，与用于生成、记录、处理、报告交易或其他财务数据的程序相关，通常包括检查数据计算的准确性，审核账户和试算平衡表，设置对输入数据和数字序号的自动检查，以及对例外报告进行人工干预

第七章

续表

实物控制	(1) 对资产和记录采取适当的安全保护措施 (2) 对访问计算机程序和数据文件设置授权 (3) 定期盘点并将盘点记录与会计记录核对
职责分离	了解被审计单位如何将交易授权、交易记录以及资产保管等职责分配给不同员工，以防范同一员工在履行多项职责时可能发生的舞弊和错误

【例题7-7·多选题】 下列活动中，注册会计师认为属于控制活动的有（　　）。(2010年)

A. 授权　　B. 业绩评价

C. 风险评估　　D. 职责分离

【答案】 ABD

【解析】 控制活动是指有助于确保管理层的指令得以执行的政策和程序。包括与授权、业绩评价、信息处理、实物控制和职责分离等相关的活动。

2. 对控制活动的了解

(1) 在了解控制活动时，注册会计师应当重点考虑一项控制活动**单独或连同**其他控制活动，是否能够以及如何防止或发现并纠正各类交易、账户余额和披露存在的重大错报。

(2) 注册会计师的工作重点是识别和了解针对重大错报可能发生的领域的控制活动。如果多项控制活动能够实现同一目标，注册会计师不必了解与该目标相关的每项控制活动。

(3) 注册会计师对**被审计单位整体层面**的控制活动进行了解和评估时，主要是针对被审计单位的**一般控制活动，特别是信息技术的一般控制**。

(五) 对控制的监督

(1) 对控制的监督是指被审计单位评价内部控制在一段时间内运行有效性的过程，对控制的监督涉及及时评估控制的有效性并采取必要的补救措施。

(2) 管理层通过持续的监督活动、单独的评价活动或者将两者相结合实现对控制的监督。

①**持续的监督**活动通常贯穿于被审计单位**日常重复的活动**中，包括常规管理和监督工作。

②**单独的评价**活动是由内部审计人员或具有类似职能的人员对内部控制的设计和执行进行的，以找出内部控制的优点和不足，并提出改进建议。

(3) 注册会计师可以利用被审计单位监督活动中产生的信息（包括内部审计报告）；如果拟利用这些信息，注册会计师应当考虑该信息是否具有可靠的基础，是否足以实现审计目标。**——该段话的意思是：我们可以利用被审计单位内部生成的信息，但是在利用时必须考虑信息的真实、可靠性。**

【例题7-8·单选题】下列各项中，属于对控制的监督的是（　　）。(2017年)

A. 授权与批准　　B. 职权与责任的分配

C. 业绩评价　　D. 内审部门定期评估控制的有效性

【答案】D

【解析】选项A、B、C都是属于控制活动的内容，只有选项D属于对控制的监督。

七、在整体层面和业务流程层面了解内部控制

内部控制的某些要素（如控制环境）更多地对被审计单位整体层面产生影响，而其他要素（如信息系统与沟通、控制活动）则可能更多地与特定业务流程相关。在实务中，注册会计师应当从被审计单位整体层面和业务流程层面分别了解和评价被审计单位的内部控制。

（一）两者的关系

（1）整体层面的控制（包括对管理层凌驾于内部控制之上的控制）和信息技术一般控制通常在所有业务活动中普遍存在。业务流程层面控制主要是对工薪、销售和采购等交易的控制。

（2）整体层面的控制对内部控制在所有业务流程中得到严格的设计和执行具有重要影响。整体层面的控制较差甚至可能使最好的业务流程层面控制失效。

（3）管理层凌驾于内部控制之上也是不好的公司行为中的普遍问题——也就是说所有的公司都存在管理层凌驾于控制之上的风险。

（二）业务流程层面了解内部控制

在初步计划审计工作时，注册会计师需要确定在被审计单位财务报表中可能存在重大错报风险的重大账户及其相关认定。通常采取下列步骤（见图7-6）。

业务流程层面内部控制步骤：
- （1）确定重要业务流程和重要交易类别
- （2）了解重要交易流程，并进行记录
- （3）确定可能发生错报的环节
- （4）识别和了解相关控制
- （5）执行穿行测试，证实对交易流程和相关控制的了解
- （6）进行初步评价和风险评估

图7-6　业务流程层面内部控制步骤

在实务中，这些步骤也可能同时进行。下面对某些步骤进行详细讲解。

1. 了解重要交易流程，并进行记录

注册会计师通常只针对每一年的变化修改记录流程的工作底稿，除非被审计单位的交易流程发生重大改变。然而无论业务流程和以前年度相比是否有变化，注册会计师每年都要确保对被审计单位的了解是最新的，并已包括被审计单位交易流程中相关的重大变化。

2. 识别和了解相关控制

（1）注册会计师对被审计单位的了解可能表明被审计单位在业务流程层面的针对某些重要交易流程所设计的控制是无效的，或者注册会计师并不打算信赖控制，这时注册会计师没有必要进一步了解在业务流程层面的控制。

（2）如果认为仅通过实质性程序无法将认定层次的检查风险降至可接受的水平，或者针对特别风险，注册会计师应当了解和评估相关的控制活动。

（3）通常将业务流程中的控制分为预防性控制和检查性控制（见表7-8）。

预防性控制。预防性控制通常用于正常业务流程的每一项交易，以防止错报的发生。

检查性控制。检查性控制的目的是发现流程中可能发生的错报。

预防性控制和检查性控制可能是人工的，也可能是自动化的。

表7-8　　预防性控制和检查性控制

	对控制的描述	控制的作用
预防性控制	①计算机程序自动生成收货报告，同时也更新采购档案	防止出现购货漏记账的情况
	②在更新采购档案之前必须先有收货报告	防止记录了未收到购货的情况
	③销货发票上的价格根据价格清单上的信息确定	防止销货计价错误
	④计算机将各凭证上的账户号码与会计科目表对比，然后进行一系列的逻辑测试	防止出现分类错误
检查性控制	①定期编制银行存款余额调节表，跟踪调查挂账的项目	在对其他项目进行审核的同时，查找存入银行但没有计入日记账的现金收入，未记录的银行现金支付或虚构入账的不真实的银行现金收入或支付，未及时入账或未正确汇总分类的银行现金收入或支付
	②将预算与实际费用间的差异列入计算机编制的报告中并由部门经理复核	在对其他项目进行审核的同时，查找本月发生的重大分类错报或没有记录及没有发生的大笔收入、支出以及相关联的资产和负债项目
	③计算机每天比较运出货物的数量和开票数量	查找没有开票和记录的出库货物以及与真实发货无关的发票
	④每季度复核应收账款贷方余额并找出原因	查找未予入账的发票和销售与现金收入中的分类错误

需要指出的是，注册会计师并不需要了解与每一控制目标相关的所有控制活动。在了解控制活动时，注册会计师应当重点考虑一项控制活动或连同其他控制活动，是否能够以及如何防止或发现并纠正各类交易、账户余额和披露存在的重大错报。**如果多项控制活动能够实现同一目标，注册会计师不必了解与该目标相关的每项控制活动。**

【例题7-9·单选题】下列各项中，属于预防性控制的是（　　）。（2017年）

A. 财务主管定期盘点现金和有价证券

B. 管理层分析评价实际业绩与预算的差异，并针对超过规定金额的差异调查原因

C. 董事会复核并批准由管理层编制的财务报表

D. 由不同的员工负责职工薪酬档案的维护和职工薪酬的计算

【答案】D

【解析】选项 ABC 属于检查性控制。

【例题 7 - 10 · 单选题】下列各项中，通常属于业务流程层面控制的是（　　）。（2014 年 A 卷）

A. 应对管理层凌驾于控制之上的控制

B. 信息技术一般控制

C. 信息技术应用控制

D. 对期末财务报告流程的控制

【答案】C

【解析】选项 ABD 属于整体层面控制。

3. 执行穿行测试，证实对交易流程和相关控制的了解

执行穿行测试的目的：

（1）确认对业务流程的了解；

（2）确认对重要交易的了解是完整的，即在交易流程中所有与财务报表认定相关的可能发生错报的环节都已识别；

（3）确认所获取的有关流程中的预防性控制和检查性控制信息的准确性；

（4）评估控制设计的有效性；

（5）确认控制是否得到执行；

（6）确认之前所做的书面记录的准确性。

需要注意的是，如果不打算信赖控制，注册会计师仍需要执行穿行测试以确认以前对业务流程及可能发生错报环节了解的准确性和完整性。

【例题 7 - 11 · 多选题】下列各项中，属于注册会计师通过实施穿行测试可以实现的目的有（　　）。（2019 年）

A. 确认对业务流程的了解

B. 评价控制设计的有效性

C. 确认控制是否得到执行

D. 确认对重要交易的了解是否完整

【答案】ABCD

【解析】执行穿行测试可获得下列方面的证据：（1）确认对业务流程的了解（选项 A）；（2）确认对重要交易的了解是完整的（选项 D），即在交易流程中所有与财务报表认定相关的可能发生错报的环节都已识别；（3）确认所获取的有关流程中的预防性控制和检查性控制信息的准确性；（4）评估控制设计的有效性（选项 B）；（5）确认控制是否得到执行（选项 C）；（6）确认之前所做的书面记录的准确性。

4. 初步评价和风险评估

注册会计师对控制的评价结论可能是：

（1）所设计的控制单独或连同其他控制能够防止或发现并纠正重大错报，并得到执行；

（2）控制本身的设计是合理的，但没有得到执行；

（3）控制本身的设计就是无效的或缺乏必要的控制。

由于对控制的了解和评价是在穿行测试完成后但又在测试控制运行有效性之前进行的，因此，上述评价结论只是初步结论，仍可能随控制测试后实施实质性程序的结果而发生变化。

除非存在某些可以使控制得到一贯运行的自动化控制，注册会计师对控制的了解和评价并不能够代替对控制运行有效性的测试。

第五节　评估重大错报风险

评估重大错报风险是风险评估阶段的最后一个步骤。评估将作为确定进一步审计程序的性质、范围和时间安排的基础，以应对识别的风险。

一、评估财务报表层次和认定层次的重大错报风险

（一）评估重大错报风险时考虑的因素

评估重大错报风险时考虑的因素如表 7－9 所示。

表 7－9　　评估重大错报风险时考虑的因素

1. 风险内容（已识别的风险是什么?）	
财务报表层次	（1）源于薄弱的被审计单位整体层面内部控制或信息技术一般控制 （2）与财务报表整体广泛相关的特别风险 （3）与管理层凌驾和舞弊相关的风险因素 （4）管理层愿意接受的风险，例如小企业因缺乏职责分离导致的风险
认定层次	（1）与完整性、准确性、存在或计价相关的特定风险 ①收入、费用和其他交易 ②账户余额 ③财务报表披露 （2）可能产生多重错报的风险
相关内部控制程序	（1）特别风险 （2）用于预防、发现或者减轻已识别风险的恰当设计并执行的内部控制程序 （3）仅通过执行控制测试应对的风险
2. 错报（金额影响）可能发生的规模有多大	
财务报表层次	什么事项可能导致财务报表重大错报？考虑管理层凌驾、舞弊、未预期事件和以往的经验
认定层次	考虑： （1）交易、账户余额或披露的固有性质 （2）日常和例外事件 （3）以往经验

续表

3. 风险发生的可能性	
财务报表层次	考虑： （1）来自高层的基调 （2）管理层风险管理的方法 （3）采用的政策和程序 （4）以往的经验
认定层次	考虑： （1）相关的内部控制活动 （2）以往经验
相关内部控制程序	识别对于降低事件发生可能性非常关键的管理层风险应对要素

（二）评估重大错报风险的审计程序

（1）在了解被审计单位及其环境（包括与风险相关的控制）的整个过程中，结合对财务报表中各类交易、账户余额和披露的考虑，识别风险。

（2）结合对拟测试的相关控制的考虑，将识别出的风险与认定层次可能发生错报的领域相联系。

（3）评估识别出的风险，并评价其是否更广泛地与财务报表整体相关，进而潜在地影响多项认定。

（4）考虑发生错报的可能性（包括发生多项错报的可能性），以及潜在错报的重大程度是否足以导致重大错报。

（三）识别两个层次的重大错报风险

识别两个层次的重大错报风险如图 7 –7 所示。

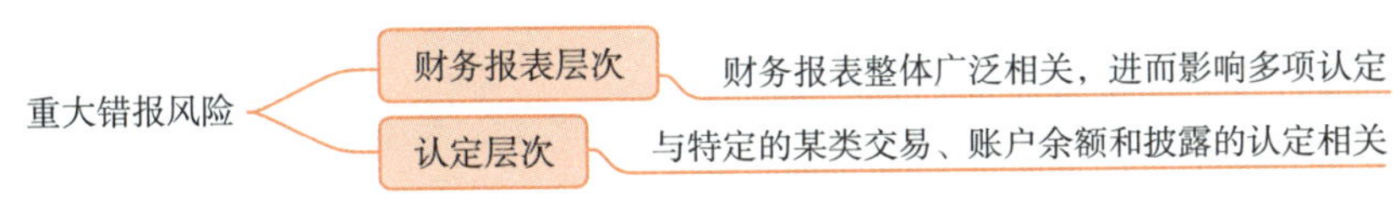

图 7 –7　两个层次的重大错报风险

（1）某些重大错报风险可能与特定的某类交易、账户余额和披露的认定相关。例如，被审计单位存在复杂的联营或合资，这一事项表明长期股权投资账户的认定可能存在重大错报风险。又如，被审计单位存在重大的关联方交易，该事项表明关联方及关联方交易的披露认定可能存在重大错报风险。

（2）某些重大错报风险可能与财务报表整体广泛相关，进而影响多项认定。例如，在经济不稳定的国家和地区开展业务、资产的流动性出现问题、重要客户流失、融资能力受到限制等，可能导致注册会计师对被审计单位的持续经营能力产生重大疑虑。又如，管理层缺乏诚信或承受异常的压力可能引发舞弊风险，这些风险与财务报表整体相关。

【例题 7－12 · 多选题】 在识别和评估重大错报风险时，注册会计师可能实施的审计程序有（　　）。(2009 年)

A. 识别被审计单位的所有经营风险

B. 考虑识别的错报风险导致财务报表发生重大错报的可能性

C. 考虑识别的错报风险是否重大

D. 将识别的错报风险与认定层次可能发生错报的领域相联系

【答案】 BCD

【解析】 选项 A，注册会计师没有必要也不可能识别被审计单位所有经营风险。

【例题 7－13 · 单选题】 下列各项中，属于认定层次重大错报风险的是（　　）。(2012 年)

A. 被审计单位治理层和管理层不重视内部控制

B. 被审计单位管理层凌驾于内部控制之上

C. 被审计单位大额应收账款可收回性具有高度不确定性

D. 被审计单位所处行业陷入严重衰退

【答案】 C

【解析】 应收账款是资产负债表项目中的，因此属于认定层次重大错报风险。而选项 A、B、D 均包含在整个被审计单位中，无法细致归类于某报表某项目中，因此属于财务报表层次重大错报风险。

【例题 7－14 · 多选题】 下列情形中，通常表明可能存在财务报表层次重大错报风险的有（　　）。(2019 年)

A. 被审计单位财务人员不熟悉会计准则

B. 被审计单位频繁更换财务负责人

C. 被审计单位内部控制环境薄弱

D. 被审计单位投资了多家联营企业

【答案】 ABC

【解析】 被审计单位存在复杂的联营或合资，这一事项表明长期股权投资账户的认定可能存在重大错报风险。

（四）控制环境对评估财务报表层次重大错报风险的影响

财务报表层次的重大错报风险很可能源于薄弱的控制环境。薄弱的控制环境带来的风险可能对财务报表产生广泛影响，难以限于某类交易、账户余额和披露，注册会计师应当采取总体应对措施。

（五）控制对评估认定层次重大错报风险的影响

控制对评估认定层次重大错报风险的影响如图 7－8 所示。

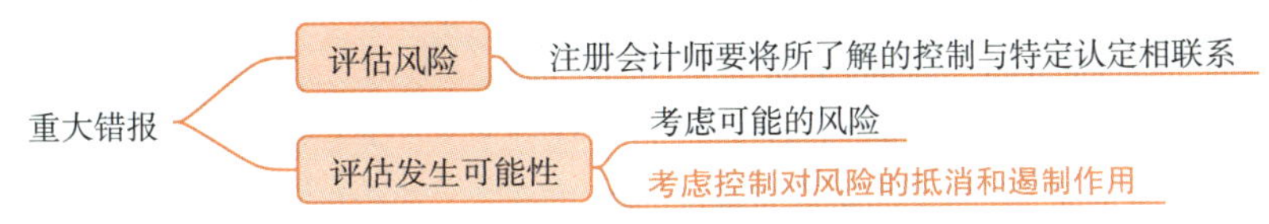

图 7－8　控制对评估认定层次重大错报风险的影响

（1）控制有助于防止或发现并纠正认定层次的重大错报。**在评估重大错报发生的可能性时，除了考虑可能的风险外，还要考虑控制对风险的抵消和遏制作用。**有效的控制会减少错报发生的可能性，而控制不当或缺乏控制，错报就会有可能变成现实。

（2）控制可能与某一认定直接相关，也可能与某一认定间接相关。关系越间接，控制在防止或发现并纠正认定中错报的作用越小。

（六）考虑财务报表的可审计性

注册会计师在了解被审计单位内部控制后，可能对被审计单位财务报表的可审计性产生怀疑。

如果通过对内部控制的了解发现下列情况，并对财务报表局部或整体的可审计性产生疑问，注册会计师应当考虑出具**保留意见或无法表示意见**的审计报告：

（1）被审计单位会计记录的状况和可靠性存在重大问题，不能获取充分、适当的审计证据以发表无保留意见；

（2）对管理层的诚信存在严重疑虑。

必要时，注册会计师应当考虑解除业务约定。

【例题 7－15·单选题】下列有关识别、评估和应对重大错报风险的说法中，错误的是（　　）。（2014 年）

A. 注册会计师应当将识别的重大错报风险与特定的某类交易、账户余额和披露的认定相联系

B. 在识别和评估重大错报风险时，注册会计师应当考虑发生错报的可能性以及潜在错报的重大程度

C. 对于某些重大错报风险，注册会计师可能认为仅通过实质性程序无法获取充分、适当的审计证据

D. 在实施进一步审计程序的过程中，注册会计师可能需要修正对认定层次重大错报风险的评估结果

【答案】A

【解析】应当将识别出的重大错报风险与认定层次可能发生错报的领域相联系，在对重大错报风险评估和识别后，注册会计师应当确定，识别出的重大错报风险与特定某类交易、账户余额和披露的认定相关，还是与财务报表整体广泛相关。

【提示】

在评估重大错报风险发生的可能性时，还要考虑控制对风险的抵消和遏制作用。（注意与特别风险区别）。在判断哪些风险是特别风险时，注册会计师不应考虑识别出的控制对相关风险的抵消效果。

【例题 7－16 · 单选题】 下列情形中，通常可能导致注册会计师对财务报表整体的可审计性产生疑问的是（　　）。(2019 年)

A 注册会计师对管理层的诚信存在重大疑虑

B. 注册会计师对被审计单位的持续经营能力产生重大疑虑

C. 注册会计师识别出与员工侵占资产相关的舞弊风险

D. 注册会计师识别出被审计单位严重违反税收法规的行为

【答案】 A

【解析】 如果通过对内部控制的了解发现下列情况，并对财务报表局部或整体的可审计性产生疑问，注册会计师应当考虑出具保留意见或无法表示意见的审计报告：(1) 被审计单位会计记录的状况和可靠性存在重大问题，不能获取充分、适当的审计证据以发表无保留意见；(2) 对管理层的诚信存在严重疑虑（选项 A 正确）。必要时，注册会计师应当考虑解除业务约定。

二、需要特别考虑的重大错报风险

1. 特别风险

特别风险是指注册会计师识别和评估的、根据判断认为需要特别考虑的重大错报风险（见图 7－9）。

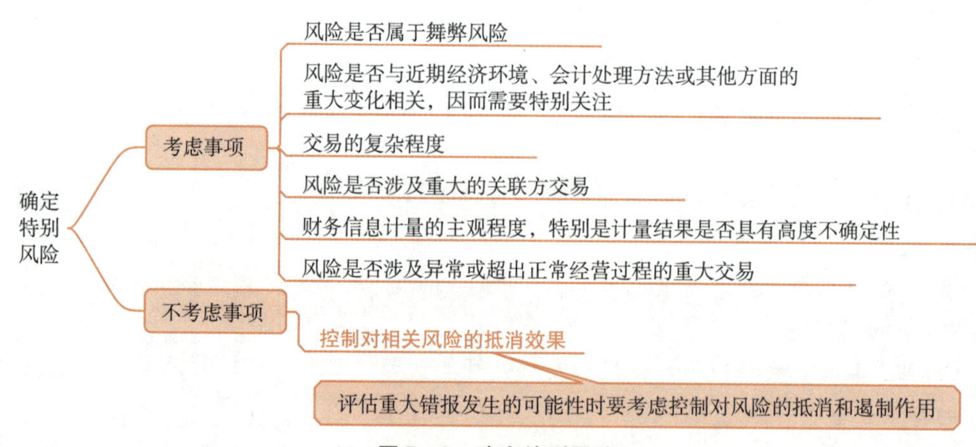

图 7－9　确定特别风险

2. 特别风险来源（见表 7－10）

特别风险通常与重大的非常规交易和判断事项有关。

非常规交易是指由于金额或性质异常而不经常发生的交易。

判断事项通常包括作出的会计估计（具有计量的重大不确定性）。

表 7-10　　特别风险来源

非常规交易特征	重大判断事项
（1）管理层更多地干预会计处理（管理层凌驾于控制之上） （2）数据收集和处理进行更多的人工干预 （3）复杂的计算或会计处理方法 （4）非常规交易的性质可能使被审计单位难以对由此产生的特别风险实施有效控制	（1）对涉及会计估计、收入确认等方面的会计原则存在不同的理解 （2）所要求的判断可能是主观和复杂的，或需要对未来事项作出假设

3. 考虑与特别风险相关的控制（了解）

（1）对特别风险，注册会计师应当评价相关控制的设计情况，并确定其是否已经得到执行，由于与重大非常规交易或判断事项相关的风险很少受到日常控制的约束，注册会计师应当了解被审计单位是否针对该特别风险设计和实施了控制。

（2）如果管理层未能实施控制以恰当应对特别风险，注册会计师应当认为内部控制存在重大缺陷，并考虑其对风险评估的影响。在此情况下，注册会计师应当就此类事项与治理层沟通。

【例题 7-17·单选题】下列各项中，注册会计师在确定特别风险时不需要考虑的是（　　）。(2014 年)

A. 控制对相关风险的抵消效果　　B. 潜在错报的重大程度

C. 错报发生的可能性　　D. 风险的性质

【答案】A

【解析】在判断哪些风险是特别风险时，注册会计师不应考虑识别出的控制对相关风险的抵消效果。

三、仅通过实质性程序无法应对的重大错报风险

作为风险评估的一部分，如果认为仅通过实质性程序获取的审计证据无法应对认定层次的重大错报风险，注册会计师应当评价被审计单位针对这些风险设计的控制，并确认执行的情况。

这里主要是考虑在被审计单位对日常交易采用高度自动化处理的情况下，审计证据可能仅以电子形式存在，其充分性和适当性通常取决于自动化信息系统相关控制的有效性，注册会计师应当考虑仅通过实质性程序不能获取充分、适当审计证据的可能性。同时考虑依赖的相关控制的有效性，并对其进行了解、评估和测试。

四、对风险评估的修正

注册会计师对认定层次重大错报风险的评估，可能随着审计过程中不断获取审计证据而作出相应的变化。

评估重大错报风险与了解被审计单位及其环境一样，也是一个连续和动态的收集、更新与分析信息的过程，贯穿于整个审计过程的始终。

第七章　风险评估

彬哥跟你说：

学到现在，我感觉你们只要消化好了第一编的内容，入门就没有什么大问题了，也知道审计在学习什么了，接下来就是过关的问题了！所以充满信心地去学习吧！

今日复习步骤：

第一遍：回忆 & 重新复习一遍框架（15 分钟）

学习要求：这一遍的目的是自己重新找一遍框架，不需要掌握所有细节，但求框架了然于心。

第二遍：对细节进一步掌握（45 分钟）

了解被审计单位的内部控制和评估重大错报风险分别涉及哪些考点？

第三遍：重新复习一遍框架（6 分钟）

我问你答：

（1）项目组内部参与讨论的人员应当包括谁？谁应当确定向未参与讨论的项目组成员通报哪些事项？

（2）了解被审计单位及其环境，是不是所有的被审计单位都应当去了解？注册会计师应当运用什么方法去确定需要了解被审计单位及其环境的程度？

（3）了解被审计单位及其环境，需要从哪六个方面去了解？是否需要了解所有的经营风险？如果不是，需要了解哪些经营风险？是否所有的经营风险都会导致重大错报风险？

（4）了解内部控制是必须的吗？进行控制测试是不是必须的呢？对内部控制了解的深度包括什么？包括一贯执行吗？要了解所有的内部控制或是所有与财务报告相关的内部控制吗？应当了解的情况包括哪些？

（5）风险评估程序包括什么？了解内部控制的程序包括什么？了解内部控制属于风险评估，但是分析程序并不适用了解内部控制，是否正确？询问本身是否足以评价控制的设计以及确定其是否得到执行？

（6）内部控制要素包括什么？人力资源政策属于哪个要素？内部审计的职能范围呢？

（7）控制环境本身是否能防止或发现并纠正各类交易、账户余额和披露认定层次的重大错报？控制活动包括哪几部分？所有的公司都存在管理层凌驾于控制之上的风险，是否正确？

（8）信息技术应用控制是否属于业务层面？业务流程中的控制包括哪两个？

（9）评估重大错报风险，需要考虑控制对风险的抵消和遏制吗？对于特别风险，需要考虑抵消吗？如果管理层未能实施控制以恰当应对特别风险，注册会计师可能认为内部控制存在重大缺陷，是否正确？哪些事项一定是特别风险？哪些需要判断是否特别风险？

本章作业：

（1）请把讲义例题做三遍（做错的题目，请分析错误原因并记录到改错本）。

（2）请复习完口述一遍框架，睡前请再回忆一遍框架。

（3）第二天早上，请再回忆一遍框架，对于回忆不起来的内容，请翻书看一遍。

第 8 天

复习旧内容：

风险评估（第七章）

学习新内容：

风险应对（第八章）

学习方法：

风险应对的布局跟审计抽样一样，首先第一节和第二节总体讲风险应对的方法，包括控制测试和实质性程序，第三节和第四节是分别讲述控制测试和实质性程序的细节，因此是“总分”结构，各位学习的时候要保持清醒。

你今天可能有的心态：

心态在慢慢平复，没有那么多的波动了，学习无非就是静下来去看书做题就行了。但是不管学什么知识，“三遍法”这些都是不能少的。

简单解释今天学习内容：

前面章节学习了风险评估，今天就学习风险应对，就是对评估的风险的应对。财务报表层次的重大错报风险有总体应对措施，认定层次的重大错报风险有进一步审计程序。

认定层次的重大错报风险的应对措施又分为控制测试和实质性程序，控制测试是为了测试控制是否有效地审计程序，而实质性程序是为了分析具体的项目的金额是否存在错报。

可能会遇到的难点：

本章没有难点，但是基本上所有的知识点都是重点，所以本章我们每个知识点都要重视。

建议学习时间：

2 小时新内容、0.5 小时复习

第八章　风险应对

风险应对的主要框架如图 8－1 所示。

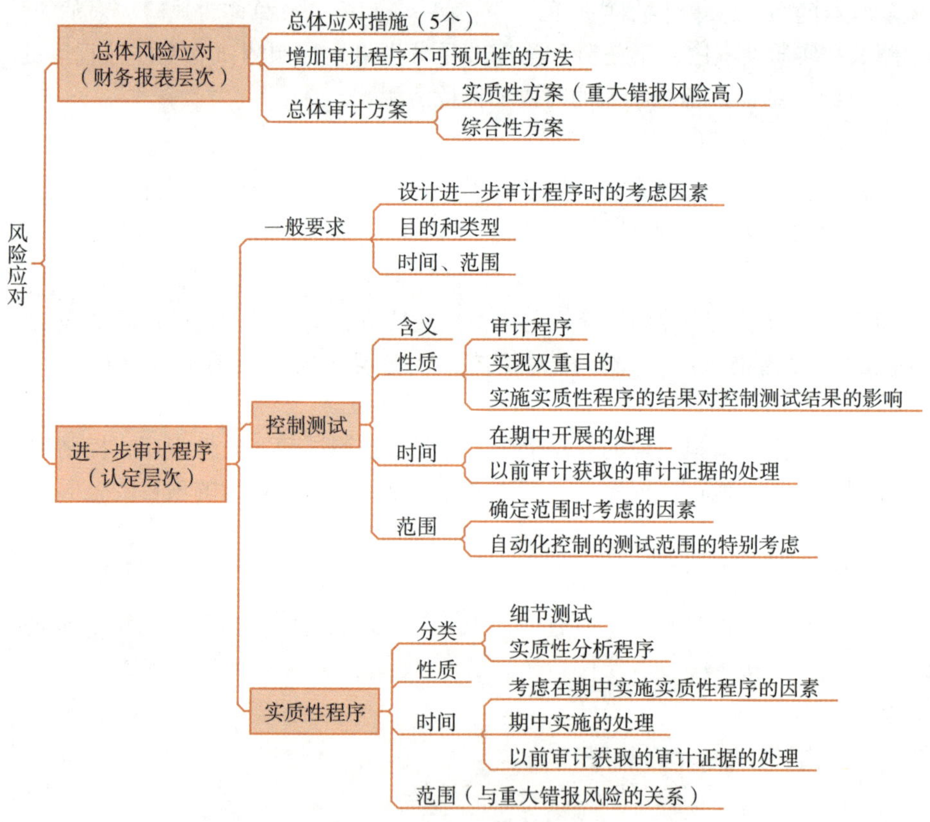

图 8－1　风险应对的主要框架

风险应对与风险评估的关系如图 8－2 所示。

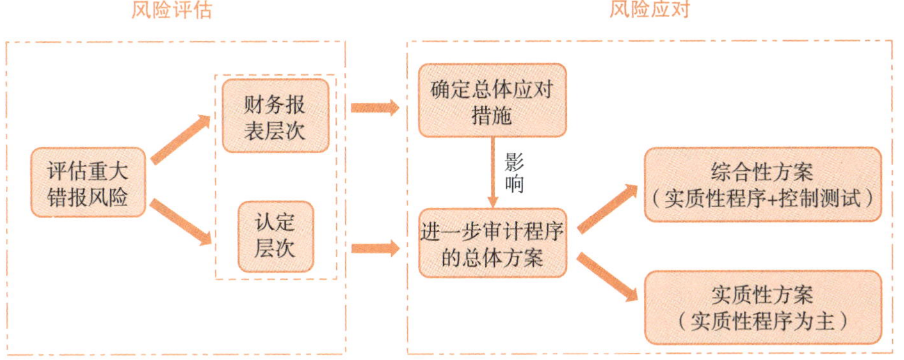

图 8－2　风险应对与风险评估

第一节　针对财务报表层次重大错报风险的总体应对措施

一、财务报表层次重大错报风险与总体应对措施

注册会计师应当针对评估的财务报表层次重大错报风险确定总体应对措施（见图 8－3）。

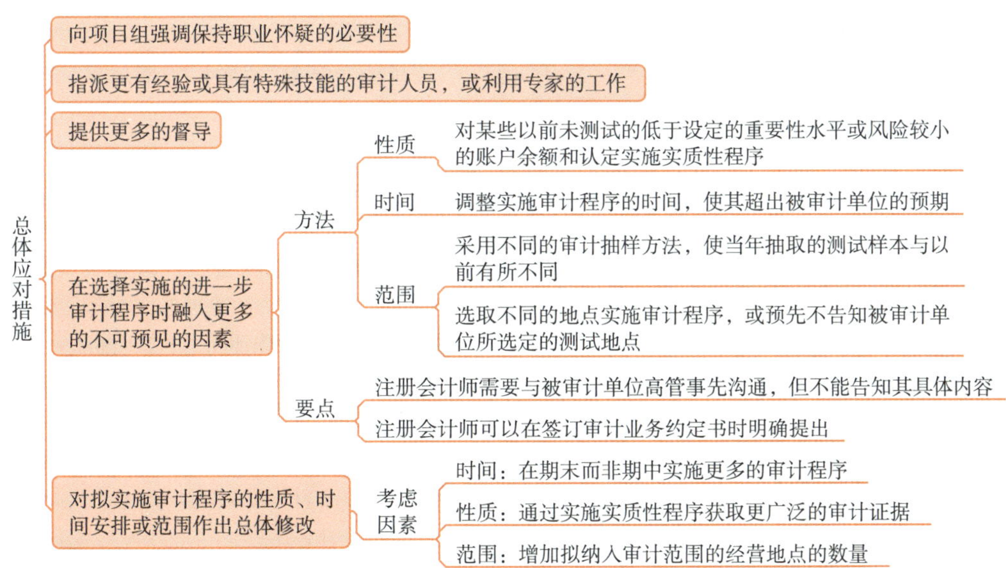

图 8－3　总体应对措施

如果控制环境存在缺陷，注册会计师要对拟实施审计程序的性质、时间安排或范围作出总体修改。

【例题 8-1·多选题】下列有关审计程序不可预见性的说法中，正确的有（　　）。(2015 年)

A. 注册会计师需要与被审计单位管理层事先沟通拟实施具有不可预见性的审计程序的要求，但不能告知其具体内容

B. 注册会计师应当在签订审计业务约定书时，明确提出拟在审计过程中实施具有不可预见性的审计程序，但不能明确其具体内容

C. 注册会计师采取不同的抽样方法使当年抽取的测试样本与以前有所不同，可以增加审计程序的不可预见性

D. 注册会计师通过调整实施审计程序的时间，可以增加审计程序的不可预见性

【答案】ACD

【解析】注册会计师可以在签订审计业务约定书时，明确提出拟在审计过程中实施具有不可预见性的审计程序，但不能明确其具体内容，故选项 B 错误。

二、总体应对措施对拟实施进一步审计程序的总体审计方案的影响

注册会计师评估的财务报表层次重大错报风险以及采取的总体应对措施，对拟实施的进一步审计程序的总体审计方案具有重大影响（见图 8-4）。

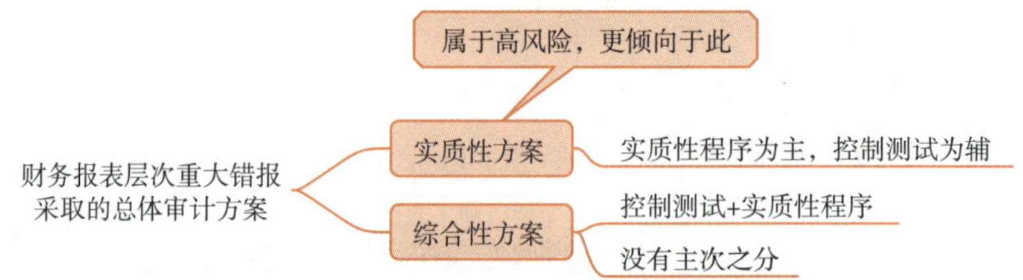

图 8-4　财务报表层次重大错报采取的总体审计方案

当重大错报风险很高时（控制风险也很高），控制往往无效，以实质性程序为主。

第二节　针对认定层次重大错报风险的进一步审计程序

审计程序如图 8-5 所示。

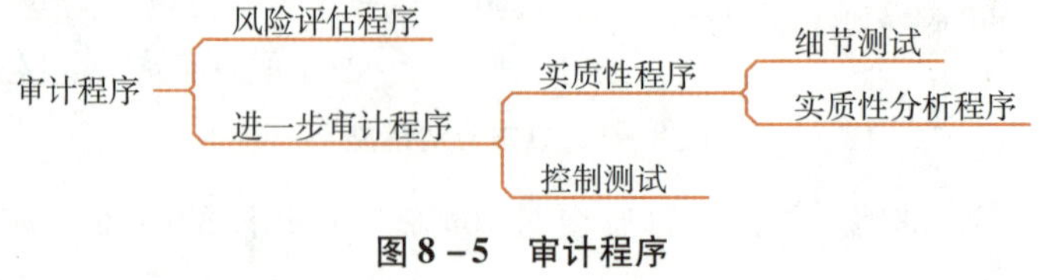

图 8-5　审计程序

一、进一步审计程序的含义和要求

1. 进一步审计程序的含义

进一步审计程序相对于风险评估程序而言，是指注册会计师针对评估的各类交易、账

户余额和披露认定层次重大错报风险实施的审计程序，包括控制测试和实质性程序。

注册会计师应当根据评估的认定层次重大错报风险设计和实施进一步审计程序，进一步审计程序的性质、时间安排和范围应当与评估的认定层次重大错报风险具备明确的对应关系。

2. 设计进一步审计程序时的考虑因素

（1）风险的重要性；

（2）重大错报发生的可能性；

（3）涉及的各类交易、账户余额和披露的特征；

（4）被审计单位采用的特定控制的性质；

（5）注册会计师是否拟获取审计证据，以确定内部控制在防止或发现并纠正重大错报方面的有效性。如果注册会计师在风险评估时预期内部控制运行有效，随后拟实施的进一步审计程序就必须包括控制测试，且实质性程序自然会受到之前控制测试结果的影响。

【提示】

（1）风险越严重或重大错报发生的可能性越大，越需要注册会计师关注和重视，越需要精心设计有针对性的进一步审计程序。

（2）通常情况下，注册会计师出于成本效益的考虑，可以采用综合性方案设计进一步审计程序。

（3）注册会计师的风险评估程序未能识别出与认定相关的任何控制，或注册会计师认为控制测试很可能不符合成本效益原则，则可以认为仅实施实质性程序就是适当的。

（4）无论选择何种方案，注册会计师都应当对所有重大类别的交易、账户余额和披露设计和实施实质性程序。

二、进一步审计程序的性质（方法）

进一步审计程序的性质如图 8－6 所示。

图 8－6　进一步审计程序的性质

在确定进一步审计程序的性质时，注册会计师首先需要考虑的是认定层次重大错报风险的评估结果。

（1）注册会计师应当根据认定层次重大错报风险的评估结果选择审计程序。评估的认定层次重大错报风险越高，对通过实质性程序获取的审计证据的相关性和可靠性的要求越高。例如，当注册会计师判断某类交易协议的完整性存在更高的重大错报风险时，除了检查文件以外，注册会计师还可能决定向第三方询问或函证协议条款的完整性。

（2）如果在实施进一步审计程序时拟利用被审计单位信息系统生成的信息，注册会计师应当就信息的准确性和完整性获取审计证据。

三、进一步审计程序的时间（第三节和第四节会详细讲）

（1）进一步审计程序的时间，是指注册会计师何时实施进一步审计程序，或审计证据适用的期间或时点。

（2）当重大错报风险较高时，注册会计师应当考虑在期末或接近期末实施实质性程序，或采用不通知的方式，或在管理层不能预见的时间实施审计程序。

（3）如果在期中实施了进一步审计程序，注册会计师还应当针对剩余期间获取审计证据。

（4）要注意，某些审计程序只能在期末或期末以后实施，包括将财务报表与会计记录相核对，检查财务报表编制过程中所作的会计调整等。

（5）注册会计师在确定何时实施审计程序时要考虑的因素：控制环境、何时能得到相关信息、错报风险的性质、审计证据适用的期间或时点、编制财务报表的时间，尤其是编制某些披露的时间。

四、进一步审计程序的范围

进一步审计程序的范围，是指实施进一步审计程序的数量，包括抽取的样本量、对某项控制活动的观察次数等。

确定进一步审计程序的范围时，注册会计师应当考虑下列因素：

（1）确定的重要性水平。重要性水平越低，审计程序范围越广。

（2）评估的重大错报风险。重大错报风险越高，范围越广。

（3）计划获取的保证程度。保证程度越高，范围越广。

【例题8-2·单选题】下列有关注册会计师实施进一步审计程序的时间的说法中，错误的是（　　）。（2015年）

A. 如果被审计单位的控制环境良好，注册会计师可以通过在期中实施进一步审计程序

B. 注册会计师在确定何时实施进一步审计程序时需要考虑能够获取相关信息的时间

C. 对于被审计单位发生的重大交易，注册会计师应当在期末或期末以后实施实质性程序

D. 如果评估的重大错报风险为低水平，注册会计师可以选择资产负债表日前适当日期为截止日实施审计程序

【答案】C

【解析】注册会计师在很多情况下可以根据具体情况选择实施进一步审计程序的时间，但也存在着一些限制选择的情况。如果被审计单位在期末或接近期末发生了重大交易，或重大交易在期末尚未完成，注册会计师应当考虑交易的发生或截止等认定可能存在的重大错报风险，并在期末或期末以后检查此类交易。

第三节　控制测试

控制测试是为了获取关于控制防止或发现并纠正认定层次重大错报的有效性而实施的测试。注册会计师应当选择为相关认定提供证据的控制进行测试。

一、控制测试的含义和要求

（一）控制测试的含义

控制测试是指用于评价内部控制在防止或发现并纠正认定层次重大错报方面的运行有效性的审计程序。

在测试控制运行的有效性时，注册会计师应当从下列方面获取关于控制是否有效运行的证据：

（1）控制在所审计期间的相关时点是如何运行的；

（2）控制是否得到一贯执行；

（3）控制由谁或以何种方式执行。

从这三个方面看来，控制运行有效性强调的是控制能够在各个不同的时点按照既定的设计得以一贯执行。

控制运行有效性和了解控制是否得到执行异同如表8－1所示。

表8－1　控制运行有效性和了解控制是否得到执行异同

	控制运行有效性（控制测试）	了解控制是否得到执行（了解内部控制）
强调不同	控制能够在各个不同时点按照既定设计得以一贯执行（运行有效）	（1）评价控制的设计 （2）确定控制是否得到执行
程序不同	（1）询问；（2）观察；（3）检查；（4）重新执行	（1）询问；（2）观察；（3）检查；（4）穿行测试
所需证据不同	抽取足够数量的交易进行检查或观察多个不同时点	只需少量的交易进行检查或观察某几个时点
相同点	为评价控制设计和确定控制是否得到执行而实施的某些风险评估程序并非为控制测试而设计，但可能提供有关控制运行有效性的审计证据，注册会计师可以考虑在评价控制设计和获取其得到执行的审计证据的同时测试控制运行有效性	

（二）控制测试的要求

控制测试并非在任何情况下都需要实施，但注册会计师应当实施控制测试的情形有：

（1）在评估认定层次重大错报风险时，预期控制的运行是有效的。

（2）仅实施实质性程序并不能够提供认定层次充分、适当的审计证据。

【例题8－3·多选题】在测试内部控制的运行有效性时，注册会计师应当获取的审计证据有（　　）。（2009年）

A. 控制是否存在

B. 控制在所审计期间不同时点是如何运行的

C. 控制是否得到一贯执行

D. 控制由谁执行

【答案】BCD

【解析】在测试控制运行的有效性时，注册会计师应当从下列方面获取关于控制是否有效运行的证据：

(1) 控制在所审计期间的相关时点是如何运行的；

(2) 控制是否得到一贯执行；

(3) 控制由谁或以何种方式执行。

二、控制测试的性质

(一) 控制测试的性质的含义

控制测试的性质，是指控制测试所使用的审计程序的类型及其组合。

在计划和实施控制测试时，对**控制有效性的信赖程度越高**，注册会计师应当获取越有说服力的审计证据。——也就是说，如果预期控制风险为中等或低水平时，表明拟信赖被审计单位的内部控制，应执行较多的控制测试来获取审计证据。

当拟实施的进一步审计程序主要以控制测试为主，尤其是仅实施实质性程序无法或不能获取充分、适当的审计证据时，注册会计师应当获取有关控制运行有效性的更高的保证水平（见表8-2）。

表8-2　　控制测试采用的审计程序

审计程序	说明
询问	询问本身并不足以测试控制运行的有效性，注册会计师需要将询问与其他审计程序结合使用
观察	观察是测试不留下书面记录的控制（如职责分离）的运行情况的有效方法 观察的证据仅限于观察发生的时点
检查	对运行情况留有书面证据的控制，检查非常适用
重新执行	通常只有当询问、观察和检查程序结合在一起仍无法获得充分的证据时，注册会计师才考虑通过重新执行来证实控制是否有效运行

综上所述，将询问与检查或重新执行结合使用，可能比仅实施询问和观察获取更高水平的保证。

【提示】

区别两种审计程序，这是常考点。

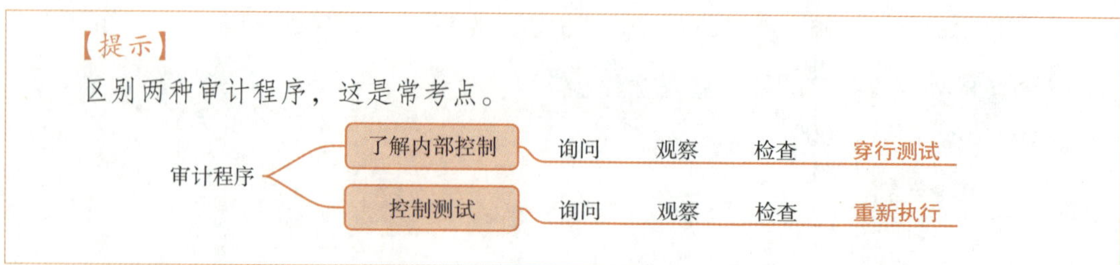

【例题 8 -4 · 单选题】下列有关控制测试程序的说法中，正确的是（ ）。(2013 年)

A. 注册会计师应当将观察与其他审计程序结合使用

B. 检查程序适用于所有控制测试

C. 重新执行程序适用于所有控制测试

D. 通常只有当询问、观察和检查程序结合在一起仍无法获得充分的证据时，注册会计师才考虑实施重新执行程序

【答案】D

【解析】观察程序可以单独使用，只是观察提供的证据仅限于观察发生的时点，选项 A 错误；检查和重新执行适用于运行情况留有书面证据的控制，选项 B 和 C 错误。通常只有当询问、观察和检查程序结合在一起仍无法获得充分的证据时，注册会计师才考虑通过重新执行来证实控制是否有效运行，选项 D 正确。

（二）确定控制测试的性质时的要求

（1）考虑特定控制的性质。注册会计师应当根据特定控制的性质选择所需实施审计程序的类型。

（2）考虑测试与认定直接相关和间接相关的控制。在设计控制测试时，注册会计师不仅应当考虑与认定直接相关的控制，还应当考虑这些控制所依赖的与认定间接相关的控制，以获取支持控制运行有效性的审计证据。

（3）如何对一项自动化的应用控制实施控制测试。对于一项自动化的应用控制，由于信息技术处理过程的内在一贯性，注册会计师可以利用该项控制得以执行的审计证据和信息技术一般控制（特别是对系统变动的控制）运行有效性的审计证据，作为支持该项控制在相关期间运行有效性的重要审计证据。

（三）实施控制测试时对双重目的的实现

（1）控制测试的目的是评价控制是否有效运行。

（2）细节测试的目的是发现认定层次的重大错报。

（3）尽管控制测试和细节测试两者目的不同，但注册会计师可以考虑针对同一交易同时实施控制测试和细节测试，以实现双重目的。例如，注册会计师通过检查某笔交易的发票可以确定其是否经过适当的授权，也可以获取关于该交易的金额、发生时间等细节证据。

（四）实施实质性程序的结果对控制测试结果的影响

实施实质性程序的结果对控制测试结果的影响如表 8 -3 所示。

表 8-3　　实施实质性程序的结果对控制测试结果的影响

情形		影响
通过实施实质性程序	**未发现某项认定存在错报**	**并不能说明与该认定有关的控制是有效运行的**
	发现某项认定存在错报	注册会计师应当考虑其对评价控制运行有效性的影响： （1）降低对相关控制的信赖程度 （2）调整实质性程序的性质 （3）扩大实质性程序的范围
	发现被审计单位**没有识别出的重大错报**	通常表明**内部控制存在重大缺陷**，注册会计师应当就这些缺陷与管理层和治理层进行沟通

三、控制测试的时间

（一）在期中开展控制测试

对于控制测试，注册会计师在期中实施此类程序具有更积极的作用！但需要说明的是，即使注册会计师已获取有关控制在期中运行有效性的审计证据，仍然需要考虑如何能够将控制在期中运行有效性的审计证据**合理延伸到期末**。

如果已获取有关控制在期中运行有效性的审计证据，并拟利用该证据，注册会计师应当实施审计程序（见图 8-7）。

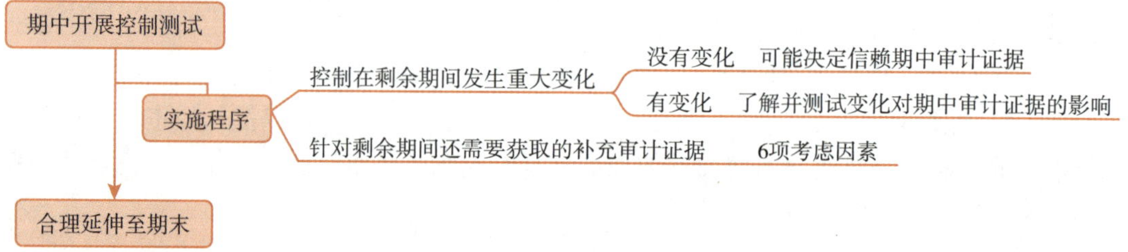

图 8-7　审计程序

针对期中证据以外的、剩余期间的补充证据，注册会计师应当考虑的因素如表 8-4 所示。

表 8-4　　针对补充证据、注册会计师应当考虑的因素

因素	说明
评估的认定层次重大错报风险的重要程度	评估的重大错报风险对财务报表的影响越大，补充证据越多（同向变动）
在期中测试的特定控制，以及自期中测试后发生的重大变动	对自动化运行的控制，可以通过测试信息系统一般控制的有效性获取控制在剩余期间运行有效的审计证据
在期中对有关控制运行有效性获取审计证据的程度	在期中对有关控制运行有效性获取的审计证据比较充分，可以考虑适当减少补充证据
剩余期间的长度	剩余期间越长，补充证据越多

续表

在信赖控制的基础上拟缩小实质性程序的范围	注册会计师对相关控制的信赖程度越高，需要的补充证据越多
控制环境	在注册会计师总体上拟信赖控制的前提下，控制环境越薄弱，需要的补充证据越多

通过测试剩余期间控制的运行有效性或测试被审计单位对控制的监督，注册会计师可以获取补充审计证据。

【例题 8-5·单选题】 如果注册会计师在期中执行了控制测试，并获取了控制在期中运行有效性的审计证据，下列说法中，正确的是（ ）。(2012 年)

A. 如果在期末实施实质性程序未发现某项认定存在错报，说明与该项认定相关的控制是有效的，不需要再对相关控制进行测试

B. 如果某一控制在剩余期间内发生变动，在评价整个期间的控制运行有效性时，无须考虑期中测试的结果

C. 对某些自动化运行的控制，可以通过测试信息系统一般控制的有效性获取控制在剩余期间运行有效的审计证据

D. 如果某一控制在剩余期间内未发生变动，不需要补充剩余期间控制运行有效性的审计证据

【答案】 C

【解析】 对自动化运行的控制，注册会计师更可能测试信息系统一般控制的运行有效性，以获取控制在剩余期间运行有效性的审计证据，选项 C 正确；如果在期末实施实质性程序未发现某项认定存在错报，并不能说明控制是有效的，选项 A 错误；如果某一控制在剩余期间内发生变动，注册会计师需要了解并测试控制变化对期中审计证据的影响，选项 B 错误；注册会计师要确定针对剩余期间还要获取的补充审计证据，选项 D 错误。

（二）如何考虑以前审计获取的审计证据

（1）基本思路。即考虑拟信赖的以前审计中测试的控制在本期是否发生变化。如果拟信赖以前审计获取的有关控制运行有效性的审计证据，注册会计师应当通过实施询问并结合观察或检查程序，获取这些控制是否已经发生变化的审计证据。

（2）如果控制在本期发生变化，注册会计师应当考虑以前审计获取的有关控制运行有效性的审计证据是否与本期相关。如果拟信赖的控制自上次测试后已发生实质性变化，以致影响以前审计所获取证据的相关性，注册会计师应当在本期审计中测试这些控制的运行有效性。

（3）如果拟信赖的控制自上次测试后未发生变化，且不属于旨在减轻特别风险的控制，注册会计师应当运用职业判断确定是否在本期审计中测试其运行有效性，以及本次测试与上次测试的时间间隔，但每三年至少对控制测试一次。

如果拟信赖以前审计获取的某些控制运行有效性的审计证据，注册会计师应当在每次

审计时选取足够数量的控制，测试其运行的有效性；在确定利用以前审计获取的有关控制运行有效性的审计证据是否适当以及再次测试控制的时间间隔时，注册会计师应当考虑的因素或情况包括：

①内部控制其他要素的有效性，包括控制环境、对控制的监督以及被审计单位的风险评估过程；

②控制特征（是人工控制还是自动化控制）产生的风险；

③信息技术一般控制的有效性；

④影响内部控制的重大人事变动；

⑤由于环境发生变化而特定控制缺乏相应变化导致的风险；

⑥重大错报的风险和对控制的信赖程度。

（4）不得依赖以前审计所获取证据的情形：鉴于特别风险的特殊性，对于旨在减轻特别风险的控制，不论该控制在本期是否发生变化，注册会计师都不应依赖以前审计获取证据。

注册会计师在确定利用以前审计获取的有关控制运行有效性的审计证据是否适当，以及再次测试控制的时间间隔时，我们可以从图 8 – 8 中得出答案。

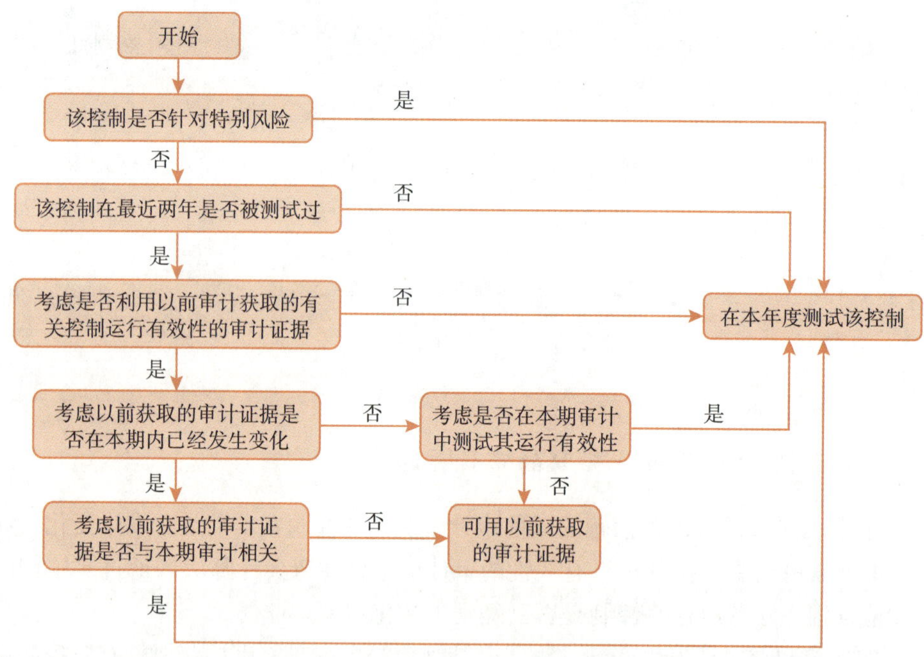

图 8 – 8　控制运行有效性的审计证据是否适当及再次测试的时间间隔

【提示】

（1）对于旨在减轻特别风险的控制，不论该控制在本期是否发生变化，注册会计师都不应依赖以前审计获取的证据。

（2）如果拟信赖的控制自上次测试后已发生实质性变化，以致影响以前审计所获取证据的相关性，注册会计师应当在本期审计中测试这些控制的运行有效性。

（3）如果不是针对特别风险，看最近两年是否被测试过，如果最近两年测试过，且自上次测试后未发生变化，则本年可以不用测试，可以依赖前期的测试结果（意思是如果不属于特别风险的控制，也未发生变动，每三年至少测试一次）。

（4）为满足每年测试一部分控制的要求而进行测试。

第八章

【例题8-6·多选题】对于以前审计获取的有关下列控制运行有效性的审计证据，注册会计师在本期审计中通常不能直接利用的有（　　）。(2010年)

A. 自上次测试后已发生变化的控制　　B. 旨在减轻特别风险的控制

C. 信息技术一般控制　　D. 自动化应用控制

【答案】AB

【解析】注册会计师对于以前期间已测试的内部控制运行有效性，本期审计测试能否利用上期测试的结果，则应当考虑三个方面因素：

（1）自上次测试以来该控制活动是否变化；

（2）该控制是否旨在减轻特别风险的控制；

（3）最近两年是否被测试过。

【例题8-7·多选题】下列有关利用以前审计获取的有关控制运行有效性的审计证据的说法中，错误的有（　　）。

A. 如果拟信赖以前审计获取的有关控制运行有效性的审计证据，注册会计师应当通过询问程序获取这些控制是否已经发生变化的审计证据

B. 如果拟信赖的控制在本期发生变化，注册会计师应当考虑以前审计获取的有关控制运行有效性的审计证据是否与本期审计相关

C. 如果拟信赖的控制在本期未发生变化，注册会计师可以运用职业判断决定不在本期测试其运行的有效性

D. 如果拟信赖的控制在本期未发生变化，控制应对的重大错报风险越高，本次控制测试与上次控制测试的时间间隔越短

【答案】AC

【解析】选项A错误，如果拟信赖以前审计获取的有关控制运行有效性的审计证据，注册会计师应当通过实施询问并结合观察或检查程序，获取这些控制是否已经发生变化的审计证据。

选项C错误如果拟信赖的控制在本期未发生变化，注册会计师应当运用职业判断确定是否在本期审计中测试其运行有效性，以及本次测试与上次测试的时间间隔，但每三年至少对控制测试一次。

【例题8-8·单选题】对于财务报表审计业务，在决定是否信赖以前审计获取的有关控制运行有效性的审计证据时，下列各项中，注册会计师通常无须考虑的是（　　）。(2019年)

A. 控制发生的频率　　B. 控制是否是复杂的人工控制

C. 控制是否是自动化控制　　D. 控制在本年是否发生变化

【答案】A

【解析】关于如何考虑以前审计获取的有关控制运行有效性的审计证据，基本思路是考虑拟信赖的以前审计中测试的控制在本期是否发生变化（选项D）。在确定利用以前审计获取的有关控制运行有效性的审计证据是否适当以及再次测试控制的时间间隔时，注册会计师应当考虑的因素或情况包括：(1) 内部控制其他要素的有效性，包括控制环境、对控制的监督以及被审计单位的风险评估过程。(2) 控制特征（是人工控制还是自动化控制）产生的风险（选项BC）。(3) 信息技术一般控制的有效性。(4) 影响内部控制的重大人事变动。(5) 由于环境发生变化而特定控制缺乏相应变化导致的风险。(6) 重大错报的风险和对控制的信赖程度。

四、控制测试的范围

1. 确定控制测试范围的考虑因素（见表8－5）

表8－5　确定控制测试范围的考虑因素

因素	影响
在拟信赖期间，被审计单位执行控制的频率	控制执行的频率越高，控制测试的范围越大（同向变动）
在所审计期间，注册会计师拟信赖控制运行有效性的时间长度	拟信赖期间越长，控制测试的范围越大（同向变动）
控制的预期偏差	控制的预期偏差率越高，需要实施控制测试的范围越大（同向变动）
通过测试与认定相关的其他控制获取的审计证据的范围	其他控制获取审计证据的充分性和适当性较高时，测试控制的范围可适当缩小（反向变动）
拟获取的有关认定层次控制运行有效性的审计证据的相关性和可靠性	有关认定层次控制运行有效性的审计证据的相关性和可靠性较高时，测试控制的范围可以适当缩小（反向变动）

2. 对自动化控制的测试范围的特别考虑（选择题考点）

除非自动化控制系统（包括系统使用的表格、文档或其他永久性数据）发生变动，注册会计师通常不需要增加自动化控制的测试范围。

对于一项自动化应用控制，一旦确定被审计单位正在执行该控制，注册会计师通常无须扩大控制测试的范围，但需要考虑执行下列测试以确定该控制持续有效运行：

(1) 测试与该应用控制有关的一般控制的运行有效性；

(2) 确定系统是否发生变动，如果发生变动，是否存在适当的系统变动控制；

(3) 确定对交易的处理是否使用授权批准的软件版本。

【提示】

(1) 控制测试可以用于被审计单位每个层次的内部控制。

(2) 对整体层次控制进行测试，通常比业务流程层次控制更加难以记录。

(3) 注册会计师最好在审计的早期测试整体层次控制。

【例题8－9·多选题】 在确定控制测试的范围时，注册会计师正确的做法有（　　）。

A. 在风险评估时对控制运行有效性的拟信赖程度较高，通常应当考虑扩大实施控制测试的范围

B. 如果控制的预期偏差率较高，通常应当考虑扩大实施控制测试的范围

C. 在拟信赖期间，被审计单位执行控制的频率越高，控制测试的范围越大

D. 对于一项持续有效运行的自动化控制，通常应当考虑扩大实施控制测试的范围

【答案】 ABC

【解析】 对于一项持续有效运行的自动化控制，通常无须扩大实施控制测试的范围。

【例题8－10·多选题】 被审计单位某项应用控制是自动化控制，且在当年未发生变化。A注册会计师测试该项控制在当年的运行有效性时，正确的做法有（　　）。

A. 同时考虑信息技术一般控制运行有效性

B. 测试与该应用控制有关的一般控制的运行有效性

C. 确定的测试范围与该项控制由手工执行时的测试范围相同

D. 一旦确定正在执行该项控制，则通常无须扩大控制测试的范围

【答案】 ABD

第四节　实质性程序

一、实质性程序的含义和要求

（1）实质性程序是指用于发现认定层次重大错报的审计程序。包括对各类交易、账户余额和披露的细节测试和实质性分析程序。

注册会计师实施的实质性程序应当包括下列与财务报表编制完成阶段相关的审计程序：

①将财务报表与其所依据的会计记录进行核对或调节，包括核对或调节披露中的信息，无论该信息是从总账和明细账中获取，还是从总账和明细账之外的其他途径获取；

②检查财务报表编制过程中作出的重大会计分录和其他调整。

（2）无论评估的重大错报风险如何，注册会计师都应当针对所有重大类别的交易、账户余额和披露实施实质性程序。

（3）如果认为评估的认定层次重大错报风险是特别风险，注册会计师应当专门针对该风险实施实质性程序。如果针对特别风险实施的程序仅为实质性程序，这些程序应当包括细节测试，或将细节测试和实质性分析程序结合使用。针对特别风险，仅实施实质性分析程序不足以获取有关特别风险的充分、适当的审计证据（这句话的意思就是，如果针对特别风险，没有控制测试，那么就必须细节测试，如果有控制测试，可以选择控制测试＋实质性程序）。

（4）如果仅通过实质性程序获取的审计证据无法应对认定层次的重大错报风险，注册会计师应当实施控制测试（见图8-9）。

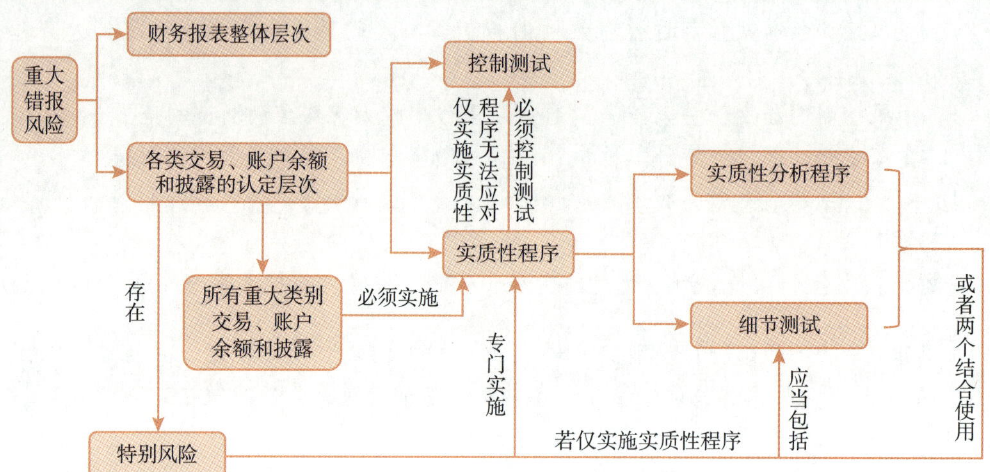

图8-9　实施实质性程序的要求

【例题8-11·单选题】下列有关实质性分析程序的适用性说法中，错误的是（　　）。（2017年）

A. 实质性分析程序通常更适用于在一段时间内存在预期关系的大量交易

B. 注册会计师无须在所有审计业务中运用实质性分析程序

C. 实质性分析程序不适用于识别出特别风险的认定

D. 对特定实质性分析程序适用性的确定，受到认定的性质和注册会计师对重大错报风险评估的影响

【答案】C

【解析】如果针对特别风险实施的程序仅为实质性程序，这些程序应当包括细节测试，或将细节测试和实质性分析程序结合使用。

二、实质性程序的性质

实质性程序的性质，是指实质性程序的类型及其组合。前面已经讲过，实质性程序的两种基本类型包括细节测试和实质性分析程序（见表8-6）。

表8-6　实质性程序的性质

类型		含义	适用
实质性程序	细节测试	对各类交易、账户余额和披露的具体细节进行测试，目的在于直接识别财务报表认定是否存在错报	各类交易、账户余额和披露认定的测试，如存在、发生、计价等
	实质性分析程序	通过研究数据间关系评价信息，用以识别各类交易、账户余额和披露及相关认定是否存在错报	更适用于在一段时间内存在可预期关系的大量交易

注册会计师需要根据不同的认定层次的重大错报风险设计有针对性的细节测试。

设计实质性分析程序时应当考虑的因素：

（1）对特定认定使用实质性分析程序的适当性；

（2）对已记录的金额或比率作出预期时，所依据的内部或外部数据的可靠性；

（3）作出预期的准确程度是否足以在计划的保证水平上识别重大错报；

（4）已记录金额与预期值之间可接受的差异额。

三、实质性程序的时间

在控制测试中，期中获取审计证据可能具有更积极的作用，但是在实质性程序中，期中获取审计证据则更需要考虑成本效益的权衡。

1. 如何考虑是否在期中实施实质性程序（见表8－7）

表8－7　在期中实施实质性程序要考虑的因素

因素	是否在期中实施实质性程序
控制环境和其他相关的控制	控制越薄弱，越不宜在期中实施实质性程序
实施审计程序所需信息在期中之后的可获得性	在期中之后可能难以获取，应考虑在期中实施实质性程序
实质性程序的目的	目的就包括获取该认定的期中审计证据（从而与期末比较），应在期中实施实质性程序
评估的重大错报风险	评估的某项认定的重大错报风险越高，越应当考虑将实质性程序集中于期末（或接近期末）实施
特定类别交易或账户余额以及相关认定的性质	某些交易或账户余额以及相关认定的特殊性质（如收入截止认定、未决诉讼）决定了必须在期末（或接近期末）实施实质性程序
针对剩余期间，能否通过实施实质性程序或将实质性程序与控制测试相结合，降低期末存在错报而未被发现的风险	如果较有把握降低期末存在错报而未被发现的风险，可以考虑在期中实施实质性程序

2. 将期中审计结论合理延伸至期末

（1）方法：如果在期中实施了实质性程序，注册会计师应当针对剩余期间实施进一步的实质性程序，或将实质性程序和控制测试结合使用。

（2）由于舞弊导致的重大错报风险（特别风险）：为将期中得出的结论延伸至期末而实施的审计程序通常是无效的，注册会计师应当考虑在期末或者接近期末实施实质性程序。

3. 如何考虑以前审计获取的审计证据

（1）在以前审计中实施实质性程序获取的审计证据，通常对本期只有很弱的证据效力或没有证据效力，不足以应对本期的重大错报风险。

（2）只有当以前获取的审计证据及其相关事项未发生重大变动时（例如，以前审计通过实质性程序测试过的某项诉讼在本期没有任何实质性进展），以前获取的审计证据才可能用做本期的有效审计证据。

（3）如果拟利用以前审计中实施实质性程序获取的审计证据，注册会计师应当在本期实施审计程序，以确定这些审计证据是否具有持续相关性。

【例题 8－12·单选题】 下列有关实质性程序时间安排的说法中，错误的是（　　）。（2014 年）

A. 控制环境和其他相关的控制越薄弱，注册会计师越不宜在期中实施实质性程序

B. 注册会计师评估的某项认定的重大错报风险越高，越应当考虑将实质性程序集中在期末或接近期末实施

C. 如果实施实质性程序所需信息在期中之后难以获取，注册会计师应考虑在期中实施实质性程序

D. 如果在期中实施了实质性程序，注册会计师应当针对剩余期间实施控制测试，以将期中测试得出的结论合理延伸至期末

【答案】 D

【解析】 如果在期中实施了实质性程序，注册会计师应当针对剩余期间实施进一步的实质性程序（而不是控制测试），或将实质性程序和控制测试结合使用，以将期中测试得出的结论合理延伸至期末。

【例题 8－13·单选题】 下列有关实质性程序的说法中，正确的是（　　）。（2016 年）

A. 注册会计师应当对所有类别的交易、账户余额和披露实施实质性程序

B. 注册会计师对认定层次的特别风险实施的实质性程序应当包括实质性分析程序

C. 如果在期中实施了实质性程序，注册会计师应当对剩余期间实施控制测试和实质性程序

D. 注册会计师实施的实质性程序应当包括将财务报表与其所依据的会计记录进行核对或调节

【答案】 D

【解析】 选项 A 错误，无论评估的重大错报风险结果如何，注册会计师都应当针对所有重大类别的交易、账户余额和披露实施实质性程序，而不是所有类别的；

选项 B 错误，如果针对特别风险实施的程序仅为实质性程序，这些程序应当包括细节测试，或将细节测试和实质性分析程序结合使用，以获取充分、适当的审计证据；

选项 C 错误，针对剩余期间可以仅实施进一步实质性程序，也可以将实质性程序与控制测试结合使用。

四、实质性程序的范围

在确定实质性程序的范围时，注册会计师应当考虑：

（1）评估的认定层次重大错报风险。**注册会计师评估的认定层次的重大错报风险越高，需要实施实质性程序的范围越广。**

（2）实施控制测试的结果。如果对控制测试结果不满意，注册会计师应当考虑扩大实质性程序的范围。

第八章　风险应对

彬哥跟你说：

本章的难度应该是小于上一章节的，但是你今日所学也并不轻松，这两章整体来说还是有很多内容，所以这两章你可以学得慢一点，可以多花点时间，慢慢磨一下！

今日复习步骤：

第一遍：回忆 & 重新复习一遍框架（15 分钟）

学习要求：这一遍的目的是自己重新找一遍框架，不需要掌握所有细节，但求框架了然于心。

第二遍：对细节进一步掌握（50 分钟）

总体风险应对涉及哪些考点？进一步审计程序涉及哪些考点？

第三遍：重新复习一遍框架（10 分钟）

我问你答：

（1）总体应对措施包括哪 5 个？融入更多不可预见的因素包括哪些方法？是否可以在审计业务约定书中明确提出？可否明确其具体内容？是否可以告知管理层具体内容？

（2）实质性方案等于实质性程序，是否正确？实质性方案跟综合性方案的区别是什么？被审计单位属于高风险的情况，更倾向于选择哪种方案？如果是出于成本效益的考虑，更倾向哪种方案？

（3）测试控制运行的有效性，需要考虑哪三个方面？控制测试的审计程序包括什么？跟了解内部控制的程序有什么区别？必须实施控制测试的情形有哪两个？越信赖控制，越应当获取更多的审计证据，是否正确？

（4）重大错报风险高，应当在什么时候实施实质性程序？控制测试更恰当的实施时间是什么时候？如果在期中实施，是否二者都需要针对剩余期间获取审计证据？如果识别出由于舞弊导致的重大错报风险，是否可以在期中实施实质性程序？

（5）如果实施实质性程序未发现某项认定存在错报，是否能说明与该认定有关的控制是有效运行的？对控制的了解是否足以测试控制运行的有效性？

（6）控制测试中，什么情况下不应依赖以前获取的审计证据？

（7）应该对自动化应用控制的哪几方面进行测试？

（8）注册会计师应当针对所有类别的交易、账户余额和披露实施实质性程序，是否正确？如果针对特别风险实施的程序仅为实质性程序，是否可以只实施实质性分析程序？

（9）控制测试的样本是可以选取某一段还是要涵盖整个期间？如果年中控制发生变化，是否前后要分别测试？如果分别测试，是否要分别确定样本规模数量？

本章作业：

（1）请把讲义例题做三遍（做错的题目，请分析错误原因并记录到改错本）。

（2）请复习完口述一遍框架，睡前请再回忆一遍框架。

（3）第二天早上，请再回忆一遍框架，对于回忆不起来的内容，请翻书看一遍。

第9天

复习旧内容：

风险应对（第八章）

学习新内容：

销售与收款循环、采购与付款循环（第九章、第十章）

学习方法：

本章教材上内容比较多，但是考点比较明确，因此要紧跟考点学习，解释性的文字可以选择不详细看，主要看本书写的内容。

你今天可能有的心态：

平静地去学习，学习就是跟遗忘做斗争的过程，配合框架法建立好改错本，我相信你们已经逐步地熟悉起来。很少有天才的存在，基本都是通过大量的训练达到熟练的程度即可。

简单解释今天学习内容：

四大循环，是对财务报表进行具体的审计。我们把第二编审计测试流程作为审计测试的原理，那么第三编，就是对财务报表进行测试的具体运用。首先我们要了解每个循环所涉及的主要业务活动，其次针对相关业务的审计目标，去了解关键的内部控制评估风险，最后运用控制测试、实质性程序来应对这些风险。

可能会遇到的难点：

我们要将销售与收款、采购与付款循环和内部控制、控制测试及实质性程序结合起来考虑。内部控制是被审计单位作出的，注册会计师需要针对被审计单位的内部控制来实施一定的控制测试和实质性程序，用来检查被审计单位是否实现了内部控制的目标。

建议学习时间：

2.5小时新内容、0.5小时复习

第三编
各类交易和账户余额的审计

通过前两编的学习，审计流程的介绍已经推进大半。那么具体来讲，我们需要掌握什么样的技能才能确保流程的顺利进行呢？在本编我们将介绍具体事项处理中的四类循环审计，如图 1 所示。

审计方法

√ 基本理论

√ 具体事项处理（四类）
- 销售与收款循环的审计
- 采购与付款循环的审计
- 生产与存货循环的审计
- 货币资金的审计

√ 特殊事项处理

图 1　审计方法之具体事项的审计

我们把财务报表中紧密联系的交易种类和账户余额归为一个循环，按照此标准，我们可以将财务报表分成几个循环进行审计。本教材中，我们将交易和账户余额划分为销售与收款循环、采购与付款循环、生产与存货循环、人力资源与工薪循环、投资与筹资循环，并以销售与收款循环、采购与付款循环、生产与存货循环为例，具体讲述各业务循环的审计。因货币资金与上述多个业务循环均密切相关，并且货币资金的业务和内部控制又不同于其他业务循环，因此我们将货币资金审计单独安排在第十二章。

业务循环与主要财务报表项目的对照如表 1 所示。

表 1　　业务循环与主要财务报表项目对照（了解）

业务循环	资产负债表项目	利润表项目
销售与收款循环	应收票据及应收账款、应收款项融资、合同资产、长期应收款、预收款项、应交税费、合同负债	营业收入、税金及附加
采购与付款循环	预付款项、持有待售资产、固定资产、在建工程、生产性生物资产、油气资产、无形资产、开发支出、长期待摊费用、应付票据及应付账款、持有待售负债、长期应付款	销售费用、管理费用 研发费用、其他收益
生产与存货循环	存货	营业成本
人力资源与工薪循环	应付职工薪酬	营业成本、销售费用、管理费用
投资与筹资循环	交易性金融资产、衍生金融工具、其他应收款、其他流动资产、债权投资、其他债权投资、长期股权投资、其他权益工具投资、其他非流动金融资产、投资性房地产、商誉、递延所得税资产、短期借款、交易性金融负债、衍生金融负债、其他应付款、长期借款、应付债券、预计负债、递延收益、递延所得税负债、实收资本（或股本）、其他权益工具、资本公积、其他综合收益、专项储备、盈余公积、未分配利润	财务费用、资产减值损失、信用减值损失、投资收益、净敞口套期收益、公允价值变动收益、资产处置收益、营业外收入、营业外支出、专项储备、所得税费用

各业务循环之间的关系如图 2 所示。

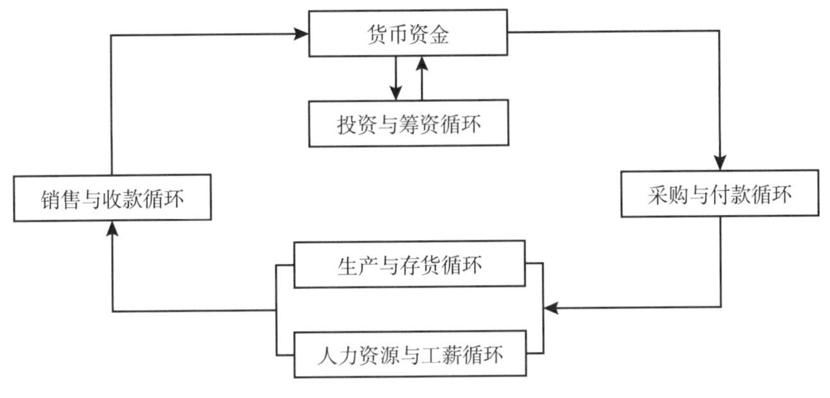

图 2　各业务循环之间的关系

本编内容的学习，我们按照审计测试流程来学，对于每一部分的审计，都要先进行风险评估，然后再风险应对。在学习的过程中，大家始终不要忘记，我们到底是在进行风险评估还是风险应对，这样理解起来应该就很轻松了。

第九章　销售与收款循环的审计

销售与收款循环的审计如图 9－1 所示。

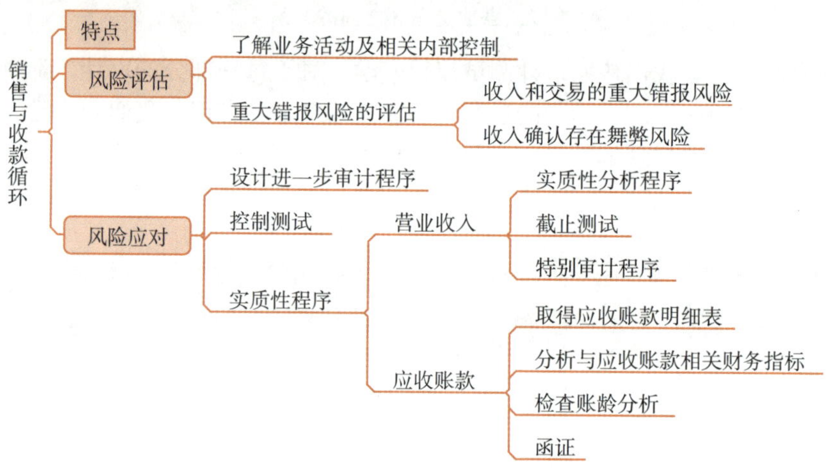

图 9－1　销售与收款循环的审计

企业的收入主要来自出售商品、提供服务等，由于所处行业不同，企业具体的收入来源有所不同。

一个企业所处的行业和经营性质决定了该企业的收入来源，以及为获取收入而相应产生的各项费用支出。注册会计师需要对被审计单位的相关行业活动和经营性质有比较全面的了解，才能因地制宜地执行被审计单位收入、支出的审计工作。

企业销售与收款循环中会涉及的主要单据与会计记录如下：

客户订购单、销售单、发运凭证、销售发票、商品价目表、贷项通知单、应收账款账龄分析表、应收账款明细账、主营业务收入明细账、折扣与折让明细账、汇款通知单、现金日记账和银行存款日记账、坏账核销审批表、客户对账单、转账凭证、现金和银行凭证。

第一节　销售与收款循环的风险评估

一、了解业务活动和相关内部控制

（一）涉及的主要业务活动

销售主要业务活动的流程如图 9－2 所示。

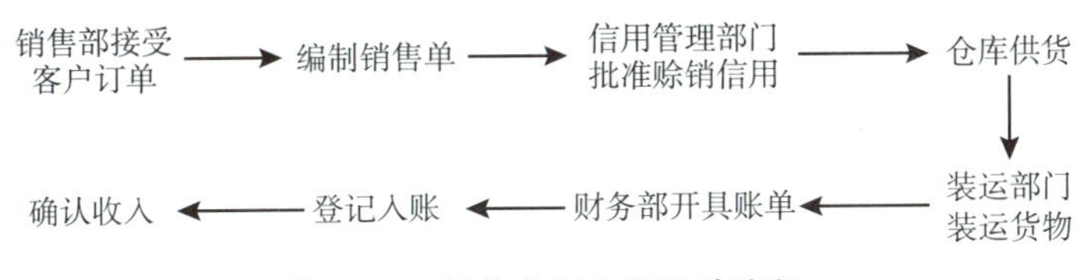

图 9－2 销售主要业务活动流程

1. 接受客户订购单

（1）客户提出订货要求是整个销售和收款循环的起点。

（2）客户订购单只有在符合企业管理层的授权标准时才能被接受。如果该客户未被列入批准销售的客户名单，则通常需要由销售单管理部门的主管来决定。

（3）销售单管理部门根据审批后的“客户订购单”编制连续编号的“销售单”。

2. 批准赊销信用

（1）信用管理部门根据本单位的赊销政策进行信用批准。

（2）通常应对每个新客户进行信用调查。

（3）无论是否批准赊销，都要求被授权的信用管理部门人员在销售单上签署意见，然后再送回销售单管理部门。

（4）设置信用批准控制是为了降低坏账风险，因此与应收账款“计价和分摊”认定相关。

3. 根据销售单编制发运凭证并发货（出库单）

仓库人员只有在收到经过批准的销售单时才能供货，设立这项控制程序是为了防止仓库在未经授权的情况下擅自发货。

4. 按销售单装运货物（发运凭证）

（1）按照经批准的销售单装运货物。

（2）**将按经批准的销售单供货与按销售单装运货物职责相分离**。发运凭证与营业收入的“发生”认定相关。

（3）发运凭证需连续编号。——与营业收入“完整性”相关。

5. 向客户开具账单

开具账单是指开具并向客户寄送事先连续编号的销售发票。为了降低开具发票过程中出现遗漏、重复、错误计价或其他差错的风险，应设立以下的控制程序：

（1）开具账单部门职员在开具每张销售发票之前，独立检查是否存在“发运凭证”和相应的经批准的“销售单”；

（2）依据已授权批准的商品价目表开具销售发票；

（3）独立检查销售发票计价和计算的正确性；

（4）将发运凭证上的商品总数与相对应的销售发票上的商品总数进行比较。

6. 记录销售（入账）

记录销售的控制程序包括以下内容：

（1）依据附有有效“装运凭证”“销售单”的销售发票记录销售业务；

（2）使用事先连续编号的销售发票并对发票使用情况进行监督；

（3）独立检查已销售发票上的销售金额与会计记录金额的一致性；

（4）记录销售的职责应与处理销售交易的其他功能相分离；

（5）对记录过程中所涉及的有关记录的接触权限予以限制，以减少未经授权批准的记录发生；

（6）定期独立检查应收账款的明细账与总账的一致性；

（7）由不负责现金出纳和销售及应收账款记账的人员定期向客户寄发对账单，对不符事项进行调查，必要时调整会计记录，编制对账情况汇总报告并交管理层审核。

7. 办理和记录现金、银行存款收入

8. 办理和记录销售退回、销售折扣与折让

9. 提取坏账准备

10. 核销坏账

【例题9-1·单选题】注册会计师检查被审计单位销售业务，下列销售业务活动符合企业内部控制制度规定的是（　　）。(2015年)

A. 赊销业务须经过销售部门经理审批

B. 会计人员A收到发货单、发运凭证、销售发票等原始凭证后，登记主营业务收入明细账及总账

C. 登记应收账款的会计人员根据客户退货要求，登记账簿

D. 负责装运货物的职员与按经批准的销售单供货的职员为不同的人员

【答案】D

【解析】选项A，赊销业务应经过信用管理部门审批，而非销售部经理；选项B，主营业务收入明细账与总账不应由同一人登记；选项C，办理销售退回、销售折扣与折让，应经过适当授权批准；选项D，将按经批准的销售单供货与按销售单装运货物的职责分离，有助于避免负责装运货物的职员在未经授权的情况下装运产品。

（二）销售交易的内部控制活动（了解）

销售交易的内部控制活动如图9-3所示。

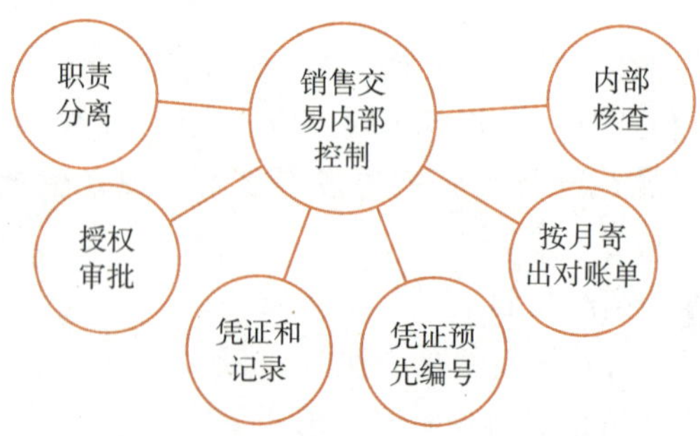

图9-3　销售交易的内部控制活动

1. 适当的职责分离（预防性控制）

（1）主营业务收入账、应收账款明细账应由两位职员独立登记，并由另一位不负责账簿记录的职员定期调节总账和明细账（借贷分离、记账与稽核相分离）。

（2）负责主营业务收入和应收账款记录的职员不得经手货币资金（借贷分离）。

（3）赊销批准职能和销售职能分离（销售与信用审核相分离）。

（4）企业应当分别设立办理销售、发货、收款三项业务的部门（销售、发货、收款相分离）。

（5）企业签订销售合同前，应当指定专门人员进行谈判。谈判人员至少两名以上，并与订立合同的人员相分离（谈判与订立合同相分离）。

（6）编制销售发票通知单的人员与开具销售发票的人员应相互分离；销售人员应当避免接触销售现款（开票通知与开票相分离、销售与收款相分离）。

（7）企业的应收票据的取得和贴现必须经由保管票据以外的主管人员的书面批准（批准与执行相分离）。

2. 适当授权审批的四个关键点（见表9-1）

表9-1　适当授权审批的四个关键点

四个关键点的审批程序	审批控制目的
销售之前，赊销已经正确审批	防止企业因向虚构或无力支付货款的客户发货而蒙受损失
非经正常审批，不得发出货物	
销售价格、销售条件、运费、折扣等必须经过审批	保证销售交易按企业定价政策规定的价格开票收款
审批人员应当在授权范围内进行审批，不得超越审批权限	防止因审批人决策失误而造成严重损失

3. 充分的凭证和记录

如果企业在收到客户订购单后，就立即编制一份预先编号的销售单。这样，只要定期清点销售单和销售发票，就可以防止漏开发票或漏记销售的情形。

4. 凭证的预先编号

旨在防止销售后遗漏向客户开具发票或登记入账，也可防止重复开具发票或重复记账。当然，如果不对凭证的编号作清点，预先编号就会失去其控制意义。

由收款员对每笔销售开具发票后，将发运凭证按顺序归档，而由另一位职员定期检查全部凭证的编号，并调查凭证缺号的原因，就是实施这一控制的一种方法。

5. 按月寄出对账单

由不负责现金出纳和销售及应收账款记账的人员按月向客户寄发对账单，能促使客户在发现应付账款余额不正确后及时反馈有关信息（三不负责人员）。

6. 内部核查程序（略）

由内部审计人员或其他独立人员检查销售交易的处理和记录。

二、销售与收款循环存在的重大错报风险

（一）收入交易和余额存在的重大错报风险

相关交易和余额存在的重大错报风险主要包括：

（1）收入舞弊风险。中国注册会计师审计准则要求注册会计师基于收入确认存在舞弊风险的假定（只是假定，不是就一定存在舞弊，是否存在还需验证），评价哪些类型的收

入、收入交易或认定导致舞弊风险。

（2）收入的复杂性导致的错误。

（3）发生的收入交易未能得到准确记录。

（4）期末收入交易和收款交易可能未计入正确期间。

（5）收款未及时入账或计入不正确的账户。

（6）应收账款坏账准备的计提不准确。

（二）收入确认存在舞弊风险的评估

假定收入确认存在舞弊风险，并不意味着注册会计师应当将与收入确认相关的所有认定都假定为存在舞弊风险。

如果注册会计师认为收入确认存在舞弊风险的假定不适用于业务的具体情况，从而未将收入确认作为由于舞弊导致的重大错报风险领域，注册会计师应当在审计工作底稿中记录得出该结论的理由。

1. 通过实施风险评估程序识别与收入确认相关的舞弊风险

注册会计师应当评价通过实施风险评估程序和执行其他相关活动获取的信息是否表明存在舞弊风险因素。

2. 常用的收入确认舞弊手段（见表9-2）

表9-2　　常用的收入确认舞弊手段

为了达到粉饰财务报表的目的而虚增收入或提前确认收入
（1）虚构销售交易，包括： ①在无存货实物流转的情况下，通过与其他方（包括已披露或未披露的关联方、非关联方等）签订虚假购销合同，虚构存货进出库，并通过伪造出库单、发运单、验收单等单据，以及虚开商品销售发票虚构收入 ②在多方串通的情况下，通过与其他方（包括已披露或未披露的关联方、非关联方等）签订虚假购销合同，并通过存货实物流转、真实的交易单证票据和资金流转配合，虚构收入 ③被审计单位根据其所处行业特点虚构销售交易。例如，从事网络游戏运营业务的被审计单位，以游戏玩家的名义，利用体外资金购买虚拟物品或服务，并予以消费，以虚增收入 从是否涉及安排货款回笼的角度看，被审计单位可能通过两种方式掩盖虚构的收入。一种是虚构收入后无货款回笼，虚增的应收账款/合同资产通过日后不当计提减值准备或核销等方式加以消化。另一种是相对复杂和隐蔽，被审计单位会使用货币资金配合货款回笼，并需要解决因虚构收入而带来的虚增资产或虚减负债问题。 被审计单位采用上述第二种方法虚构收入时，相应确认应收账款/合同资产，同时通过虚假存货采购套取其自有资金用于货款回笼，形成资金闭环。但通过虚假存货采购套取的资金金额可能小于虚构收入金额，或者对真实商品进行虚假销售而无须虚构存货，导致虚构收入无法通过上述方法套取的资金实现货款全部回笼。此时，被审计单位还可能采用如下手段： A. 通过虚假预付款项（预付商品采购款、预付工程设备款等）套取资金用于虚构收入的货款回笼 B. 虚增长期资产采购金额。被审计单位通过虚增对外投资、固定资产、在建工程、无形资产、开发支出等购买金额套取资金，用于虚增收入的货款回笼。形成的虚增长期资产账面价值，通过折旧、摊销或计提资产减值准备等方式在日后予以消化 C. 通过被投资单位套取投资资金。被审计单位将资金投入被投资单位，再从被投资单位套取资金用于虚构收入的货款回笼形成的虚增投资账面价值通过日后计提减值准备予以消化 D. 通过对负债不入账或虚减负债套取资金。例如，被审计单位开具商业汇票给子公司，子公司将票据贴现后用于货款回笼 E. 伪造回款单据进行虚假货款回笼。采用这种方法通常会形成虚假货币资金 F. 对应收账款/合同资产不当计提减值准备 G. 被审计单位实际控制人或其他关联方将资金提供给被审计单位客户或第三方，客户或第三方以该笔资金向被审计单位支付货款

续表

为了达到粉饰财务报表的目的而虚增收入或提前确认收入
需要注意的是，被审计单位在进行虚构收入舞弊时并不一定采用上述某一种方式，可能采用上述某几种方式的组合。例如，被审计单位生产非标准化产品，毛利率不具有可比性，可能无须虚构大量与虚增收入相匹配的存货采购交易，可以通过实际控制人或其他关联方的体外资金，或以虚增长期资产采购金额套取的资金实现货款回笼 （2）进行显失公允的交易，包括： ①通过与未披露的关联方或真实非关联方进行显失公允的交易。例如，以明显高于其他客户的价格向未披露的关联方销售商品。与真实非关联方客户进行显失公允的交易，通常会由实际控制人或其他关联方以其他方式弥补客户损失 ②通过出售关联方的股权，使之从形式上不再构成关联方，但仍与之进行显失公允的交易，或与未来或潜在的关联方进行显失公允的交易 ③与同一客户或同受一方控制的多个客户在各期发生多次交易，通过调节各次交易的商品销售价格，调节各期销售收入金额 （3）在客户取得相关商品控制权前确认销售收入。例如，在委托代销安排下，在被审计单位向受托方转移商品时确认收入，而受托方并未获得对该商品的控制权。又如，在客户取得相关商品控制权前，通过伪造出库单、发运单、验收单等单据，提前确认销售收入 （4）通过隐瞒退货条款，在发货时全额确认销售收入 （5）通过隐瞒不符合收入确认条件的售后回购或售后租回协议，而将以售后回购或售后租回方式发出的商品作为销售商品确认收入 （6）在被审计单位属于代理人的情况下，被审计单位按主要责任人确认收入。例如，被审计单位为代理商，在仅向购销双方提供帮助接洽、磋商等中介代理服务的情况下，按照相关购销交易的总额而非净额（佣金和代理费等）确认收入。又如，被审计单位将虽然签订购销合同但实质为代理的受托加工业务作为正常购销业务处理，按照相关购销交易的总额而非净额（加工费）确认收入 （7）对于属于在某一时段内履约的销售交易，通过高估履约进度的方法实现当期多确认收入 （8）当存在多种可供选择的收入确认会计政策或会计估计方法时，随意变更所选择的会计政策或会计估计方法 （9）选择与销售模式不匹配的收入确认会计政策 （10）通过调整与单独售价或可变对价等相关的会计估计，达到多计或提前确认收入的目的 （11）对于存在多项履约义务的销售交易，未对各项履约义务单独进行核算，而整体作为单项履约义务一次性确认收入 （12）对于应整体作为单项履约义务的销售交易，通过将其拆分为多项履约义务，达到提前确认收入的目的
为了达到报告期内降低税负或转移利润等目的而少计收入或延后确认收入
（1）被审计单位在满足收入确认条件后，不确认收入，而将收到的货款作为负债挂账，或转入本单位以外的其他账户 （2）被审计单位采用以旧换新的方式销售商品时，以新旧商品的差价确认收入 （3）对于应采用总额法确认收入的销售交易，被审计单位采用净额法确认收入 （4）对于属于在某一时段内履约的销售交易，被审计单位未按实际履约进度确认收入，或采用时点法确认收入 （5）对于属于在某一时点履约的销售交易，被审计单位未在客户取得相关商品或服务控制权时确认收入，推迟收入确认时点 （6）通过调整与单独售价或可变对价等相关的会计估计，达到少计或推迟确认收入的目的

3. 表明被审计单位在收入确认方面可能存在舞弊风险的迹象

舞弊风险迹象，是注册会计师在实施审计过程中发现的、需要引起对舞弊风险警觉的事实或情况。存在舞弊迹象并不必然表明发生了舞弊，但了解舞弊风险迹象，有助于注册会计师对审计过程中发现的异常情况产生警觉，从而更有针对性地采取应对措施。

通常表明被审计单位在收入确认方面可能存在舞弊风险的迹象举例如下：

（1）销售客户方面出现异常情况，包括：

①销售情况与客户所处行业状况不符。例如，客户所处行业景气度下降，但对该客户的销售却出现增长；又如，销售数量接近或超过客户所处行业的需求；

②与同一客户同时发生销售和采购交易，或者与同受一方控制的客户和供应商同时发生交易；

③交易标的对交易对方而言不具有合理用途；

④主要客户自身规模与其交易规模不匹配；

⑤与新成立或之前缺乏从事相关业务经历的客户发生大量或大额的交易，或者与原有客户交易金额出现不合理的大额增长；

⑥与关联方或疑似关联方客户发生大量或大额交易；

⑦与个人、个体工商户发生异常大量的交易；

⑧对应收款项账龄长、回款率低或缺乏还款能力的客户，仍放宽信用政策；

⑨被审计单位的客户是否付款取决于下列情况：

A. 能否从第三方取得融资；

B. 能否转售给第三方（如经销商）；

C. 被审计单位能否满足特定的重要条件。

⑩直接或通过关联方为客户提供融资担保。

（2）销售交易方面出现异常情况，包括：

①在临近期末时发生了大量或大额的交易；

②实际销售情况与订单不符，或者根据已取消的订单发货或重复发货；

③未经客户同意，在销售合同约定的发货期之前发送商品或将商品运送到销售合同约定地点以外的其他地点；

④被审计单位的销售记录表明，已将商品发往外部仓库或货运代理人，却未指明任何客户；

⑤销售价格异常。例如，明显高于或低于被审计单位和其他客户之间的交易价格；

⑥已经销售的商品在期后有大量退回；

⑦交易之后长期不进行结算。

（3）销售合同、单据方面出现异常情况，包括：

①销售合同未签字盖章，或者销售合同上加盖的公章并不属于合同所指定的客户；

②销售合同中重要条款（例如，交货地点、付款条件）缺失或含糊；

③销售合同中部分条款或条件不同于被审计单位的标准销售合同，或过于复杂；

④销售合同或发运单上的日期被更改；

⑤在实际发货之前开具销售发票，或实际未发货而开具销售发票；

⑥记录的销售交易未经恰当授权或缺乏出库单、货运单、销售发票等证据支持。

（4）销售回款方面出现异常情况，包括：

①应收款项收回时，付款单位与购买方不一致，存在较多代付款的情况；

②应收款项收回时，银行回单中的摘要与销售业务无关；

③对不同客户的应收款项从同一付款单位收回；

④经常采用多方债权债务抵销的方式抵销应收款项。

（5）被审计单位通常会使用货币资金配合收入舞弊，注册会计师需要关注资金方面出现的异常情况，包括：

①通过虚构交易套取资金；

②发生异常大量的现金交易，或被审计单位有非正常的资金流转及往来，特别是有非

正常现金收付的情况；

③在货币资金充足的情况下仍大额举债；

④被审计单位申请公开发行股票并上市，连续几个年度进行大额分红；

⑤工程实际付款进度明显快于合同约定付款进度；

⑥与关联方或疑似关联方客户发生大额资金往来。

（6）其他方面出现异常情况，包括：

①采用异常于行业惯例的收入确认方法；

②与销售和收款相关的业务流程、内部控制发生异常变化，或者销售交易未按照内部控制制度的规定执行；

③非财务人员过度参与与收入相关的会计政策的选择、运用以及重要会计估计的作出；

④通过实施分析程序发现异常或偏离预期的趋势或关系；

⑤被审计单位的账簿记录与询证函回函提供的信息之间存在重大或异常差异；

⑥在被审计单位业务或其他相关事项未发生重大变化的情况下，询证函回函相符比例明显异于以前年度；

⑦被审计单位管理层不允许注册会计师接触可能提供审计证据的特定员工、客户、供应商或其他人员。

需要注意的是，被审计单位存在列举的某一迹象也并不意味着其在收入确认方面一定存在舞弊风险，注册会计师应当结合对被审计单位及其环境的了解，在审计过程中对异常情况保持高度警觉和职业怀疑，在此基础上运用职业判断确定被审计单位在收入确认方面是否可能存在舞弊风险。

4. 对收入确认实施分析程序

（1）将账面销售收入、销售清单和销售增值税销项清单进行核对；

（2）将本期销售收入金额与以前可比期间的对应数据或预算数进行比较；

（3）分析月度或季度销售量、销售单价、销售收入金额、毛利率变动趋势；

（4）将销售收入变动幅度与销售商品及提供劳务收到的现金、应收账款/合同资产、存货、税金等项目的变动幅度进行比较；

（5）将销售毛利率、应收账款/合同资产周转率、存货周转率等关键财务指标与可比期间数据、预算数或同行业其他企业数据进行比较；

（6）分析销售收入等财务信息与投入产出率、劳动生产率、产能、水电能耗、运输数量等非财务信息之间的关系；

（7）分析销售收入与销售费用之间的关系，包括销售人员的人均业绩指标、销售人员薪酬、广告费、差旅费，以及销售机构的设置、规模、数量、分布等。

第二节　销售与收款循环的风险应对

一、根据重大错报风险评估结果设计进一步审计程序

注册会计师基于销售与收款循环的重大错报风险评估结果，制定实施进一步审计程序

的总体方案，继而实施控制测试和实质性程序，以应对识别出的认定层次的重大错报风险（见表9－3）。

表9－3　　销售与收款循环的重大错报风险和进一步审计程序总体方案

重大错报风险描述	相关财务报表项目及认定	风险程度	是否信赖控制	进一步审计程序的总体方案	拟从控制测试中获取的保证程度	拟从实质性程序中获取的保证程度
销售收入可能未真实发生	收入：发生 应收账款：存在	特别	是	综合性方案	高	中
销售收入计量可能不完整	收入/应收账款：完整性	一般	否	实质性方案	无	低
期末收入交易可能未计入正确的期间	收入：截止 应收账款：存在/完整性	特别	否	实质性方案	无	高
发生的收入交易未能得到准确记录	收入：准确性 应收账款：计价和分摊	一般	是	综合性方案	部分	低
应收账款坏账准备的计提不准确	应收账款：计价和分摊	一般	否	实质性方案	无	中

注："拟从控制测试中获取的保证程度"和"拟从实质性程序中获取的保证程度"的确定属于注册会计师的判断的职业判断。

注册会计师根据重大错报风险的评估结果初步确定实施进一步审计程序的具体审计计划，因为风险评估和审计计划都是贯穿审计全过程的动态的活动，而且控制测试的结果可能导致注册会计师改变对内部控制的信赖程度。

二、测试销售与收款循环的内部控制

风险评估和风险应对是整个审计过程的核心，因此，注册会计师通常以识别的重大错报风险为起点，选取拟测试的控制并实施控制测试（见图9－4、表9－4）。

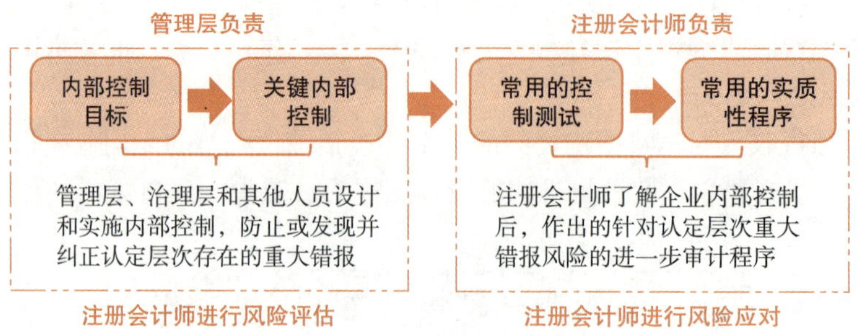

图9－4　内部控制目标、内部控制与控制测试的关系

表 9－4　　销售与收款循环的风险、存在的控制及控制测试程序

可能发生错报的环节	相关的财务报表项目及认定	存在的内部控制（自动）	存在的内部控制（人工）	内部控制测试程序
订单处理和赊销的信用控制				
可能向没有获得赊销授权或超出其信用额度的客户赊销	收入：发生 应收账款：存在	订购单上的客户代码与应收账款主文档记录的代码一致。目前未偿付余额加上本次销售额在信用限额范围内。上述两项均满足才能生成销售单	对于不在主文档中的客户或是超过信用额度的客户订购单，需要经过适当授权批准，才可生成销售单	询问员工销售单的生成过程，检查是否所有生成的销售单均有对应的客户订购单为依据。检查系统中自动生成销售单的生成逻辑，是否确保满足了客户范围及其信用控制的要求。对于系统外授权审批的销售单，检查是否经过适当批准
发运商品				
可能在没有批准发货的情况下发出了商品	收入：发生 应收账款：存在	当客户销售单在系统中获得发货批准时，系统自动生成连续编号的发运凭证	保安人员只有当附有经批准的销售单和发运凭证时才能放行	检查系统内发运凭证的生成逻辑以及发运凭证是否连续编号 询问并观察发运时保安人员的放行检查
发运商品与客户销售单可能不一致	收入：准确性 应收账款：计价与分摊	计算机把发运凭证中所有准备发出的商品种类和数量进行比对。打印种类或数量不符的例外报告，并暂缓发货	管理层复核例外报告和暂缓发货的清单，并解决问题	检查例外报告和暂缓发货的清单
已发出商品可能与发运凭证上的商品种类和数量不符	收入：准确性 应收账款：计价与分摊		商品打包发运前，装运部门对商品和发运凭证内容进行独立核对，并在发运凭证上签字以示商品已与发运凭证核对且种类和数量相符 客户要在发运凭证上签字以作为收到商品且商品与订购单一致的证据	检查发运凭证上相关员工及客户的签名，作为发货一致的证据
已销售商品可能未实际发运给客户	收入：发生 应收账款：存在		客户要在发运凭证上签字以作为收到商品且商品与订购单一致的证据	检查发运凭证上客户的签名，作为收货的证据
开具发票				
商品发运可能未开具销售发票或已开出发票没有发运凭证的支持	应收账款：存在/完整/权利和义务 收入：发生/完整	发货以后系统根据发运凭证及相关信息自动生成连续编号的销售发票 系统自动复核连续编号的发票和发运凭证的对应关系，并定期生成例外报告	复核例外报告并调查原因	检查系统生成发票的逻辑。检查例外报告及跟进情况

续表

可能发生错报的环节	相关的财务报表项目及认定	存在的内部控制（自动）	存在的内部控制（人工）	内部控制测试程序
开具发票				
由于定价或产品摘要不正确，以及销售单或发运凭证或销售发票代码输入错误，可能导致销售价格不正确	收入：准确性 应收账款：计价与分摊	通过逻辑登录限制控制定价主文档的更改。只有得到授权的员工才能进行更改 系统通过使用和检查主文档版本序号，确定正确的定价主文档版本已经被上传 系统检查录入的产品代码的合理性	核对经授权的有效的价格更改清单与计算机获得的价格更改清单是否一致 如果发票由手工填写或没有定价主文档，则有必要对发票的价格进行独立核对	检查文件以确定价格更改是否经授权 重新执行以确定打印出的更改后价格与授权是否一致。通过检查IT的一般控制和收入交易的应用控制，确定正确的定价主文档版本是否已被用来生成发票 如果发票由手工填写，检查发票中价格复核人员的签名。通过核对经授权的价格清单与发票上的价格，重新执行该核对过程
发票上的金额可能出现计算错误	收入：准确性 应收账款：计价与分摊	每张发票的单价、计算、商品代码、商品摘要和客户账户代码均由计算机程序控制。如果由计算机控制的发票开具程序的更改是受监控的，在操作控制帮助下，可以确保使用的是正确的发票生成程序版本。系统代码有密码保护，只有经授权的员工才可以更改。定期打印所有系统上作出的更改	上述程序的所有更改由上级复核和审批。如果由手工开具发票，独立复核发票上计算的增值税和总额的正确性	自动：询问发票生成程序更改的一般控制情况，确定是否经授权以及现有的版本是否正在被使用 检查有关程序更改的复核审批程序 手工：检查与发票计算金额正确，确系相关的人员的签名。重新计算发票金额，证实其是否正确
记录赊销				
销售发票入账的会计期间可能不正确	收入：截止/发生 应收账款：存在/完整/权利和义务	系统根据销售发票的信息自动汇总生成当期销售入账记录	定期执行人工销售截止检查程序。向客户发送月末对账单，调查并解决客户质询的差异	检查系统中销售记录生成的逻辑。重新执行销售截止检查程序。检查客户质询信件并确定问题是否已得到解决
销售发票入账金额可能不准确	收入：准确性 应收账款：计价和分摊	系统根据销售发票的信息自动汇总生成当期销售入账记录	复核明细账与总账间的调节。向客户发送月末对账单，调查客户质询的差异	检查系统销售入账记录的生成逻辑，对于手工调节项目进行检查，并调查原因是否合理。检查客户质询信件确定问题是否已得到解决

续表

可能发生错报的环节	相关的财务报表项目及认定	存在的内部控制（自动）	存在的内部控制（人工）	内部控制测试程序
记录赊销				
销售发票可能被记入不正确的应收账款明细账户	应收账款：计价与分摊	系统将客户代码、商品发送地址、发运凭证、发票与应收账款主文档中的相关信息进行比对	应收账款客户主文档中明细账的汇总金额应与应收账款总分类账核对。对于二者之间的调节项需要调查原因并解决。向客户发送月末对账单，调查并解决客户质询的差异	检查应收账款客户主文档中明细余额汇总金额的调节结果与应收款总分类账是否核对相符，以及负责该项工作的员工签名。检查质询信件并确定问题是否已得到解决
记录应收账款的收款				
应收账款记录的收款与银行可能不一致	应收账款/货币资金：完整/存在/权利和义务/计价与分摊	在每日编制电子版存款清单时，系统自动贷记应收账款	将每日收款汇总表、电子版收款清单相比较。定期取得银行对账单，独立编制银行存款余额调节表。向客户发送月末对账单，对客户质询的差异应予以调查并解决	检查核对每日收款汇总表、电子版收款清单和银行存款清单的核对记录和核对人签名。检查银行存款余额调节表负责编制的员工的签名。检查客户质询信件并确定问题是否已被解决
收款可能被记入不正确的应收账款账户	应收账款：计价与分摊/存在	电子版的收款清单与应收账款明细账之间建立连接界面，根据对应的客户名称、代码、发票号等将收到的款项对应到相应的客户账户。对于无法对应的款项生成例外事项报告。系统定期生成按客户细分的应收账款账龄分析表	将生成的例外事项报告的项目进行手工核对，或调查产生的原因并解决。向客户发送月末对账单，对客户质询的差异应予以调查并解决。管理层每月复核按客户细分的应收账款账龄分析表，并调查长期余额或其他异常余额	检查系统中的对应关系审核设置是否合理。检查对例外事项报告中的信息进行核对的记录以及无法核对事项的解决情况。检查客户质询信件并确定问题是否已被解决。检查管理层对应收账款账龄分析表复核及跟进措施
坏账准备计提及坏账核销				
坏账准备的计提可能不充分	应收账款：计价与分摊	依据公司计提坏账的规则，自动生成应收账款账龄分析表	管理层对财务人员基于账龄分析表，采用预期信用损失模型计算编制的坏账准备计提表进行复核。复核无误后需在坏账准备计提表上签字。管理层复核坏账核销的依据，并进行审批	检查财务系统计算账龄分析表的规则是否正确。询问管理层如何复核坏账准备计提表的计算，检查是否有复核人员的签字。检查坏账核销是否经过管理层的恰当审批

续表

可能发生错报的环节	相关的财务报表项目及认定	存在的内部控制（自动）	存在的内部控制（人工）	内部控制测试程序
记录现金销售				
登记入账的现金收入与企业已经实际收到的现金不符	收入：完整/发生/截止/准确性 货币资金：完整/存在	现金销售通过统一的收款台用收银机集中收款，并自动打印销售小票	销售小票应交与客户确认金额一致。通过监视器监督收款台。每个收款台都打印每日现金销售汇总表。盘点每个收款日的现金，并与相关销售汇总表调节相符。独立检查所有收到的现金已存入银行。将每日现金销售汇总表与银行存款单相比较。定期取得银行对账单，独立编制银行存款余额调节表	实地观察收银台、销售点的收款过程，并检查在这些地方是否有足够的物理监控。检查收款台打印销售小票和现金销售汇总表的程序设置和修改权限设置。检查盘点记录和结算记录上负责计算现金和与销售汇总表相调节工作的员工的签名。检查银行存款单和销售汇总表上的签名，证明已实施复核。检查银行存款余额调节表的编制和复核人员的审核记录

三、销售与收款循环的实质性程序

在完成控制测试之后，注册会计师基于控制测试的结果（即控制运行是否有效），确定从控制测试中已获得的审计证据及其保证程度，确定是否需要对具体审计计划中设计的实质性程序的性质、时间安排和范围作出适当调整。

（一）营业收入的实质性程序

1. 主营业务收入的一般实质性分析程序

（1）获取营业收入明细表。

①复核加计是否正确，并与总账数和明细账合计数核对是否相符。

②检查以非记账本位币结算的主营业务收入使用的折算汇率及折算是否正确。

（2）实施实质性分析程序

①针对已识别需要运用分析程序的有关项目，并基于对被审计单位及其环境的了解，通过进行以下比较，同时考虑有关数据间关系的影响，以建立有关数据的期望值：

A. 将账面销售收入、销售清单和销售增值税销项清单进行核对；

B. 将本期销售收入金额与以前可比期间的对应数据或预算数进行比较；

C. 分析月度或季度销售量、销售单价、销售收入金额、毛利率变动趋势；

D. 将销售收入变动幅度与销售商品及提供劳务收到的现金、应收账款/合同资产、存货、税金等项目的变动幅度进行比较；

E. 将销售毛利率、应收账款/合同资产周转率、存货周转率等关键财务指标与可比期间数据、预算数或同行业其他企业数据进行比较；

F. 分析销售收入等财务信息与投入产出率、劳动生产率、产能、水电能耗、运输数量等非财务信息之间的关系；

G. 分析销售收入与销售费用之间的关系，包括销售人员的人均业绩指标、销售人员薪酬、广告费、差旅费，以及销售机构的设置、规模、数量、分布等。

②确定可接受的差异额。

③将实际金额与期望值相比较，计算差异。

④如果差异额超过确定的可接受差异额，调查并获取充分的解释和恰当的、佐证性质的审计证据（如通过检查相关的凭证等）。需要注意的是，如果差异超过可接受差异额，注册会计师需要对差异额的全额进行调查证实，而非仅针对超出可接受差异额的部分。

⑤评估实质性分析程序的结果。

（3）检查主营业务收入确认方法是否符合企业会计准则的规定。

企业应当在履行了合同中的履约义务，及在客户取得相关商品控制权时确认收入。

（4）逆查。

以主营业务收入明细账中的会计分录为起点，检查相关原始凭证如订购单、销售单、发运凭证、发票等，以评价已入账的营业收入是否真实发生。

（5）顺查。

①从发运凭证（客户签收联）中选取样本，追查至主营业务收入明细账，以确定是否存在遗漏事项（完整性认定）。

②注册会计师需要确认全部发运凭证均已归档，可以通过检查发运凭证的顺序编号来查明。

（6）结合对应收账款实施的函证程序，选择主要客户函证本期销售额。

（7）主营业务收入的截止测试。

①选取资产负债表日前后若干天的发运凭证，与应收账款和收入明细账进行核对；同时，从应收账款和收入明细账选取在资产负债表日前后若干天的凭证，与发运凭证核对，以确定销售是否存在跨期现象。

②复核资产负债表日前后销售和发货水平，确定业务活动水平是否异常，并考虑是否有必要追加实施截止测试程序。

③取得资产负债表日后所有的销售退回记录，检查是否存在提前确认收入的情况。

④结合对资产负债表日应收账款的函证程序，检查有无未取得对方认可的销售。

2. 营业收入的特别审计程序

（1）附有销售退回条件的商品销售，评估对退货部分的估计是否合理，确定其是否按估计不会退货部分确认收入。

（2）售后回购，了解回购安排属于远期安排、企业拥有回购选择权还是客户拥有回售选择权，确定企业是否根据不同的安排进行了恰当的会计处理。

（3）以旧换新销售，确定销售的商品是否按照商品销售的方法确认收入，回收的商品是否作为购进商品处理。

（4）出口销售，根据交易的定价和成交方式（离岸价格、到岸价格或成本加运费价格等），并结合合同（包括购销合同和运输合同）中有关货物运输途中风险承担的条款，确定收入确认的时点和金额。

如果识别出被审计单位收入真实性存在重大异常情况，且通过常规审计程序无法获取充分、适当的审计证据，注册会计师需要考虑实施“延伸检查”程序，即对检查范围进行合理延伸，以应对识别出的舞弊风险。

实务中，注册会计师可以实施的“延伸检查”程序举例如下：

（1）在获取被审计单位配合的前提下，对相关供应商、客户进行实地走访，针对相关采购、销售交易的真实性获取进一步的审计证据。在实施实地走访程序时，注册会计师通常需要关注以下事项：

①被访谈对象的身份真实性和适当性；

②相关供应商、客户是否与被审计单位存在关联方关系或“隐性”关联方关系；

③观察相关供应商、客户的生产经营场地，判断其与被审计单位之间的交易规模是否和其生产经营规模匹配；

④相关客户向被审计单位进行采购的商业理由；

⑤相关客户采购被审计单位商品的用途和去向，是否存在销售给被审计单位指定单位的情况；

⑥相关客户从被审计单位采购的商品的库存情况，必要时进行实地察看；

⑦是否存在“抽屉协议”，如退货条款、价格保护机制等；

⑧相关供应商向被审计单位销售的产品是否来自被审计单位的指定单位；

⑨相关供应商、客户与被审计单位是否存在除购销交易以外的资金往来，如有，了解资金往来的性质。

（2）利用企业信息查询工具，查询主要供应商和客户的股东至其最终控制人，以识别相关供应商和客户与被审计单位是否存在关联方关系。

（3）在采用经销模式的情况下，检查经销商的最终销售实现情况。

（4）当注意到存在关联方（例如，被审计单位控股股东、实际控制人、关键管理人员）配合被审计单位虚构收入的迹象时，获取并检查相关关联方的银行账户资金流水，关注是否存在与被审计单位相关供应商或客户的异常资金往来。

如果识别出收入舞弊或获取的信息表明可能存在舞弊，注册会计师可与被审计单位治理层沟通，并要求治理层就舞弊事项进行调查。

审计程序的性质、时间安排和范围应当能够应对评估的由于舞弊导致的认定层次重大错报风险。如果注册会计师认为“延伸检查”程序是必要的，但受条件限制无法实施，或实施“延伸检查”程序后仍不足以获取充分、适当的审计证据，注册会计师应当考虑审计范围是否受限，并考虑对审计报告意见类型的影响或解除业务约定。

（二）应收账款的实质性程序

1. 取得应收账款明细表

复核加计是否正确，并于总账数和明细账合计数核对是否相符；结合坏账准备科目与报表数核对是否相符。

检查非记账本位币的应收账款的折算汇率及折算是否正确。

分析有贷方余额的项目，查明原因，必要时建议作重分类调整。

结合其他应收款、预收款项等往来项目的明细余额，调查有无同一客户多处挂账、异常余额或与销售无关的其他款项。如有，应作出记录，必要时提出调整建议。

2. 分析与应收账款相关的财务指标

复核应收账款借方累计发生额与主营业务收入的关系是否合理；

计算应收账款周转率、周转天数等，并与被审计单位赊销政策、被审计单位以前年度指标、同行业相关指标对比分析，分析是否存在重大异常并查明原因。

3. 检查应收账款账龄分析是否正确

（1）获取应收账款账龄分析表，以便了解和评估应收账款的可收回性；

（2）测试应收账款账龄分析表计算的准确性，并将应收账款账龄分析表中的合计数与应收账款总分类账余额相比较，并调查重大调节项目；

（3）检查原始凭证，如销售发票、运输记录等，测试账龄划分的准确性。

4. 函证应收账款（超重点）

我们在第三章（审计证据）已经学过函证，此处，再复习一下（见表9－5）。

表9－5　　函证应收账款

函证目的	证实应收账款账户余额的真实性、正确性，防止或发现被审计单位及其有关人员在销售交易中发生的错误或舞弊行为
函证要求	（1）注册会计师应当对应收账款实施函证程序，除非有充分证据表明应收账款对财务报表不重要，或函证很可能无效 （2）如果认为函证很可能无效，注册会计师应当实施替代审计程序，获取相关、可靠的审计证据 （3）如果不对应收账款函证，注册会计师应当在审计工作底稿中说明理由
函证的范围和对象	函证应收账款范围的影响因素主要有： （1）应收账款在全部资产中的重要性；比重大，范围大 （2）被审计单位内部控制的有效性；控制越有效，范围相应可减少 （3）以前期间的函证结果，以前有重大差异，则范围大
函证的方式	（1）积极函证方式（列明明细和未列明明细） （2）消极函证方式 （3）积极函证方式和消极函证方式相结合
函证时间	（1）通常以资产负债日为截止日，在资产负债日后适当时间内实施函证 （2）如果重大错报风险评估为低水平，注册会计师可选择资产负债日前适当日期为截止日实施函证，并对所函证项目自该截止日起至资产负债日止发生的变动实施其他实质性程序

（1）函证过程控制。

注册会计师通常利用被审计单位提供的应收账款明细账户名称及客户地址等资料据以编制询证函，但注册会计师应当对函证全过程保持控制。并对确定需要确认或填列的信息、选择适当的被询证者、设计询证函以及发出和跟进（包括收回）询证函保持控制。

（2）对回函不符事项的处理（见表9－6）。

表 9-6　对回函不符事项的处理

导致不符事项的原因	处理
（1）登记入账的时间不同而导致的： ①客户已经付款，而被审计单位尚未收到货款（收款在途） ②被审计单位的货物已经发出并已做销售记录，但货物仍在途中，客户尚未收到货款（货物在途） ③客户由于某种原因将货物退回，而被审计单位尚未收到（退货在途） ④客户对收到的货物的数量、质量及价格方面有异议而全部或部分拒付货款（拒货在途）	不属于错报
（2）记账错误导致的	构成错报。注册会计师应当评价该错报是否表明存在舞弊，并重新考虑所实施审计程序的性质、时间安排和范围
（3）舞弊导致的	

（3）对未回函项目实施替代程序。

①检查资产负债表日后收回的货款。注册会计师要查看应收账款的贷方**发生额和相关的收款单据**，以证实付款方确为该客户且确与资产负债表日的应收账款相关。

②检查相关的销售合同、销售单、发运凭证等文件。注册会计师需要根据被审计单位的收入确认条件和时点，确定能够证明收入发生的凭证。

③检查被审计单位与客户之间的往来邮件，如有关发货、对账、催款等事宜邮件。

【提示】

（1）注册会计师应当将询证函的回函作为审计证据，纳入审计工作底稿管理，询证函回函的所有权属于所在的会计师事务所。

（2）除法院、检察院及其他有关部门依法查阅审计底稿，注册会计师协会对执业情况进行检查以及前后任注册会计师沟通等情形外，会计师事务所没有义务将询证函回函提供给被审计单位作为法律诉讼证据。

（三）坏账准备的实质性程序

（1）取得坏账准备明细表，复核加计是否正确，与坏账准备总账数、明细账合计数核对是否相符。

（2）将应收账款坏账准备本期计提数与资产减值损失相应明细项目的发生额核对是否相符。

（3）检查应收账款坏账准备计提与核销的批准程序，取得书面报告等证明文件，结合应收账款函证回函结果，评价计提坏账准备所依据的资料、假设和方法。

（4）实际发生坏账损失的，检查转销依据是否符合有关规定，会计处理是否正确。

（5）已经确认并转销的坏账重新收回，检查其会计处理是否正确。

（6）确定应收账款坏账准备的披露是否恰当。

第九章　销售与收款循环的审计

彬哥跟你说：

你会发现本章内容学了很多，感觉又没有几个考点。是的，第九章至第十二章都是这种模式，基本上都是看起来内容多，但是更接近实务的要求，所以其实考点不多！那么你们在复习的时候对非考点要快速跨过去，对考点要进行适当的记忆！

在这四章中，其中内容的重点是第九章和第十一章，这两章是常考章节，相对来说，另外两章的考核频率就要低很多！

今日复习步骤：

第一遍：回忆 & 重新复习一遍框架（15 分钟）

学习要求：自己重新找一遍框架，不需要掌握所有细节，但求框架了然于心。

第二遍：对细节进一步掌握（40 分钟）

第三遍：重新复习一遍框架（6 分钟）

我问你答：

（1）销售部门根据赊销政策进行信用批准是否正确？与销售信用批准控制相关的认定是什么？发运凭证与营业收入的“完整性”认定相关是否正确？如果不正确，与营业收入“完整性”相关的是什么？

（2）将按批准的销售单供货与按销售单装运货物可否由同一个人来做？主营业务收入明细账与总账可否由同一人登记？除此之外，适当的职责分离还包括哪些内容？

（3）评价收入存在的重大错报风险要基于什么假定？这个假定，是否就是认为一定存在舞弊？是否意味着注册会计师应当将与收入确认相关的所有认定都假定为存在舞弊风险？收入确认舞弊手段有哪两大类？

（4）主营业务收入的实质性分析程序包括哪些步骤？如果其差额超过可接受的差异额，仅需要针对超出可接受差异额的部分进行调查，是否正确？

（5）主营业务收入的截止测试中，顺查是以什么为起点？防止少计还是多计？

（6）注册会计师应当对应收账款实施函证程序，除非有充分证据表明应收账款对财务报表不重要，且函证很可能无效，是否正确？如果认为函证很可能无效，注册会计师应当做什么？如果不对应收账款函证，是否需要在审计工作底稿中说明理由？

（7）回函不符事项，是否表明就一定存在错报？如果不一定，注册会计师要通过什么程序予以证实，可否通过检查相关的复印件等？

（8）询证函回函的所有权是否属于会计师事务所？询证函是否应当作为审计证据，纳入审计工作底稿？

本章作业：

（1）请把讲义例题做三遍（做错的题目，请分析错误原因并记录到改错本）。

（2）请复习完口述一遍框架，睡前请再回忆一遍框架。

（3）第二天早上，请再回忆一遍框架，对于回忆不起来的内容，请翻书看一遍。

第十章　采购与付款循环的审计

采购与付款循环知识结构如图 10－1 所示。

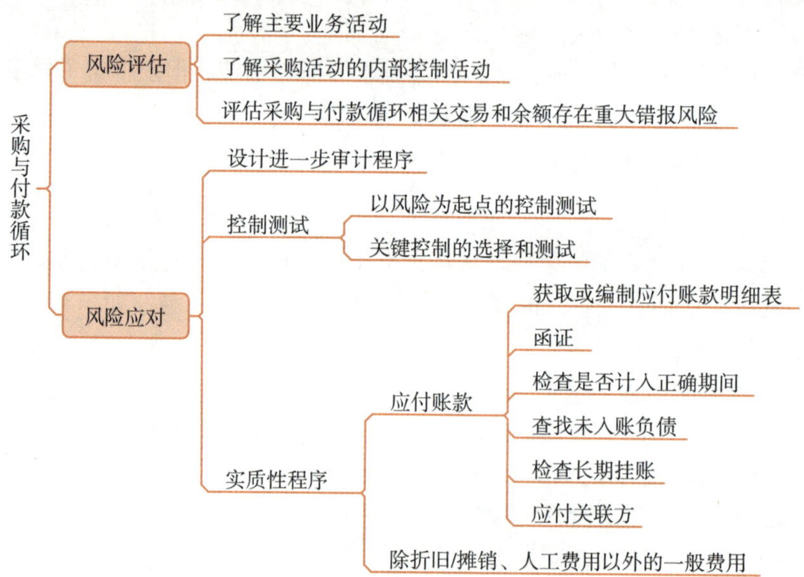

图 10－1　采购与付款循环知识结构

第一节　采购与付款循环的风险评估

一、了解主要业务活动

采购与付款循环知识流程如图 10－2 所示。

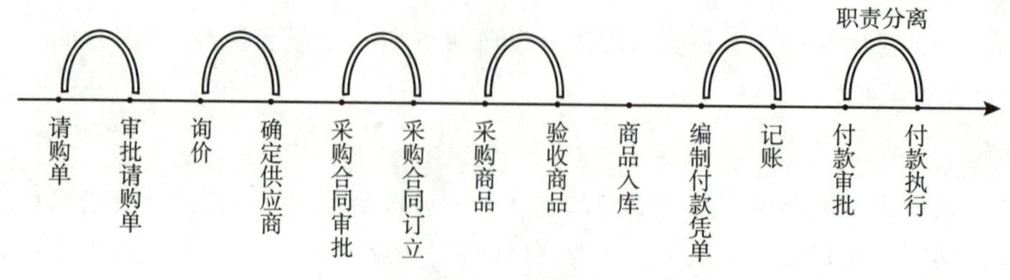

图 10－2　采购与付款循环知识流程

1. 制定采购计划

基于企业的生产经营计划，生产、仓库等部门定期编制采购计划，经部门负责人等适当的管理人员审批后提交采购部门，具体安排商品及服务采购。

2. 供应商认证及信息维护

企业通常对于合作的供应商事先进行资质等审核、将通过审核的供应商信息等录入系统，形成完整的供应商清单，并及时对其信息变更进行更新。采购部门只能向通过审核的供应商进行采购。

3. 请购商品和劳务（请购单）

（1）请购单必须经对这类支出预算负责的主管人员签字批准。

（2）请购单是采购交易“发生”认定的凭据之一。

4. 编制订购单——只能对经过批准的请购单发出订购单

5. 验收商品（验收单）

（1）验收单应按顺序连续编号。

（2）验收单是支持资产以及与采购有关的负债的“存在或发生”认定的重要凭据。

（3）定期独立检查验收单的顺序以确定每笔采购交易都已编制凭证，与采购交易“完整性”认定有关。

6. 储存已验收的商品

将已验收商品的保管与采购的其他职责相分离，可减少未经授权的采购和盗用商品的风险。与商品“存在”认定相关。

7. 编制付款凭单

（1）确定供应商发票的内容与相关的验收单、订购单的一致性。

（2）确定供应商发票计算的正确性。

（3）编制有预先顺序编号的付款凭单，并附上支持性凭证（如订购单、验收单和供应商发票等）。

（4）独立检查付款凭单计算的正确性。

（5）在付款凭单上填入应借记的资产或费用账户名称。

（6）由被授权人员在凭单上签字，以示批准照此凭单要求付款。

8. 确认与记录负债

（1）与应付账款确认和记录相关的部门一般有责任核查购置的财产，并在应付凭单登记簿或应付账款明细账中加以记录；在收到供应商发票时，应付账款部门应将供应商发票上所记载的品名、规格、价格、数量、条件及运费与订购单上的有关资料核对，如有可能，还应与验收单上的资料进行比较。

（2）记录现金支出的人员不得经手现金、有价证券和其他资产。

（3）在手工系统下，应将已批准的未付款凭单送达会计部门，据以编制有关记账凭证和登记有关账簿。会计主管应监督为采购交易而编制的记账凭证中账户分类的适当性；通过定期核对编制记账凭证的日期与凭单副联的日期，监督入账的及时性。独立检查会计人员核对所记录的凭单总数与应付凭单部门送来的每日凭单汇总表是否一致，并定期独立检查应付账款总账余额与应付凭单部门未付款凭单档案中的总金额是否一致。

9. 付款

（1）独立检查已签发支票的总额与所处理的付款凭单的总额的一致性。

（2）应由被授权的财务部门的人员负责签署支票。

（3）被授权签署支票的人员应确定每张支票都附有一张已经适当批准的未付款凭单，并确定支票收款人姓名和金额与凭单内容的一致。

（4）支票一经签署就应在其凭单和支持性凭证上用加盖印戳或打洞等方式将其注销，以免重复付款。

（5）支票签署人不应签发无记名甚至空白的支票。

（6）支票应预先顺序编号，保证支出支票存根的完整性和作废支票处理的恰当性。

（7）应确保只有被授权的人员才能接近未经使用的空白支票。

10. 记录现金、银行存款支出

以记录银行存款为例，有关控制包括：

（1）会计主管应独立检查记入银行存款日记账和应付账款明细账的金额的一致性，以及与支票汇总记录的一致性。

（2）通过定期比较银行存款日记账记录的日期与支票副本的日期，独立检查入账的及时性。

（3）独立编制银行存款余额调节表（不能由出纳编制，否则属于内部控制缺陷）。

二、了解采购活动的内部控制活动

1. 适当的职责分离

采购与付款交易不相容岗位至少包括：请购与审批；询价与确定供应商；采购合同的订立与审批；采购与验收；采购、验收与相关会计记录；付款审批与确定付款执行。

2. 恰当的授权审批

付款需要由经授权的人员审批，审批人员在审批前需检查相关支持文件，并对其发现例外事项进行跟进处理。

3. 凭证的预先编号及对例外报告的跟进处理

【例题 10－1·多选题】下列控制活动中，与应付账款“完整性”认定相关的有（　　）。

A. 订购单均经事先连续编号并确保已完成的采购交易登记入账

B. 验收单、供应商发票上的日期与采购明细账中的日期已经核对一致

C. 应付凭单均经事先连续编号并确保已付款的交易登记入账

D. 验收单均经事先连续编号并确保已验收的采购交易登记入账

【答案】ACD

【解析】将验收单、供应商发票上的日期与采购明细账中的日期进行核对，其目的是控制采购业务入账时间的恰当性。

【例题 10 -2 · 单选题】以下对采购与付款业务流程相关控制活动与相关认定的对应关系的陈述中，不恰当的是（　　）。

A. 确定供应商发票计算的正确性能够降低应付账款的计价和分摊认定、相关费用的准确性认定的错报风险

B. 订购单的连续编号控制能够有效降低应付账款“完整性”认定错报风险

C. 支票预先顺序编号能够确保支出支票存根的完整性和作废支票处理的恰当性

D. 连续编号的验收单与应付账款的“存在”认定最有关

【答案】D

【解析】连续编号的验收单与应付账款的“完整性”认定最有关。

三、评估采购与付款循环的相关交易和余额存在的重大错报风险

影响采购与付款交易和余额的重大错报风险可能包括：

1. 低估负债或相关准备

（1）遗漏交易；

（2）采用不正确的费用支出截止期；

（3）将应当及时确认损益的费用性支出资本化，然后通过资产的逐步摊销予以消化等。

2. 管理层错报负债费用支出的偏好和动因

（1）平滑利润。通过多计准备或少计负债和准备，把损益控制在被审计单位管理层希望的程度；

（2）利用特别目的实体把负债从资产负债表中剥离，或利用关联方间的费用定价优势制造虚假的收益增长趋势；

（3）被审计单位管理层把私人费用计入企业费用，把企业资产当作私人资金运作。

3. 费用支出的复杂性

4. 不正确地记录外币交易

5. 舞弊和盗窃的固有风险

6. 存在未记录的权利和义务

第二节　采购与付款循环的风险应对

一、根据重大错报风险的评估结果设计进一步审计程序

针对评估的财务报表层次重大错报风险，注册会计师应计划进一步审计程序的总体方案，包括确定针对相关认定计划采用综合性方案还是实质性方案，以及考虑审计程序的性质、时间安排和范围。当存在下列情形之一时，注册会计师应当设计和实施控制测试：

（1）在评估认定层次重大错报风险时，预期控制的运行是有效的。

（2）仅实施实质性程序并不能够提供认定层次充分、适当的审计证据。

表 10－1 假定评估应付账款为重要账户，且相关认定包括存在/发生、完整、准确性及截止的前提下，注册会计师计划的进一步审计程序总体方案示例。

表 10－1　　采购与付款循环的重大错报风险及进一步审计程序总体审计方案

重大错报风险描述	相关财务报表科目及认定	风险程度	是否信赖控制	进一步审计程序的总体方案	拟从控制测试中获取的保证程度	拟从实质性程序中获取的保证程度
确认的负债及费用并未实际发生	应付账款/其他应付款：存在 销售费用/管理费用：发生	一般	是	综合性方案	高	低
不计提采购相关的负债或不计提尚未付款的已经购买的服务支出	应付账款/其他应付款：完整 销售费用/管理费用：完整	特别	是	综合性方案	高	中
采用不正确的费用支出截止期，例如，将本期的支出延迟到下期确认	应付账款/其他应付款：存在/完整 销售费用/管理费用：截止	一般	否	实质性方案	无	高
发生的采购未能以正确的金额记录	应付账款/其他应付款：计价和分摊 销售费用/管理费用：准确性	一般	是	综合性方案	高	低

二、采购与付款循环的控制测试

（一）以风险为起点的控制测试

采购与付款循环的风险、存在的控制及控制测试程序如表 10－2 所示。

表 10－2　　采购与付款循环的风险、存在的控制及控制测试程序

可能发生错报的环节	相关的财务报表项目及认定	对应的内部控制示例（自动）	对应的内部控制示例（人工）	内部控制测试程序
采购计划未经适当审批	存货：存在 其他费用：发生 应付账款：存在		生产、仓储等部门根据生产计划制定需求计划，采购部门汇总需求，按采购类型制定采购计划，经复核人复核后执行	询问复核人复核采购计划的过程，检查采购计划是否经复核人恰当复核

续表

可能发生错报的环节	相关的财务报表项目及认定	对应的内部控制示例（自动）	对应的内部控制示例（人工）	内部控制测试程序
新增供应商或供应商信息变更未经恰当的认证	存货：存在 其他费用：发生 应付账款：存在	采购订单上的供应商代码必须在系统供应商清单中存在匹配的代码，才能生效并发送供应商	复核人复核并批准每一对供应商数据的变更请求。包括供应商地址或银行账户的变更以及新增供应商等。复核时，评估拟进行的供应商数据变更是否得到合适文件的支持，诸如由供应商提供的新地址或银行账户明细或经批准新供应商的授权表格。当复核完成且复核人提出的问题/要求的修改已经得到满意的解决后，复核人在系统中确认复核完成	询问复核人复核供应商数据变更请求的过程，抽样检查变更需求是否有相关文件支持及有复核人的复核确认。检查系统中采购订单的生成逻辑，确认是否存在供应商代码匹配的要求
录入系统的供应商数据可能未经恰当复核	存货：存在 其他费用：发生 应付账款/其他应付款：存在	系统定期生成对供应商信息所有新增变更的报告（包括新增供应商、更改银行账户等）	复核人员定期复核系统生成报告中的项目是否均经恰当授权，当复核工作完成或要求的修改得到满意解决后签字确认工作完成	检查系统报告的生成逻辑及完整性。询问复核人对报告的检查过程，确认其是否签署
采购订单与有效的请购单不符	存货：存在、准确性 其他费用：发生、准确性 应付账款/其他应付款：存在、准确性、计价和分摊		复核人复核并批准每一个采购订单，包括复核采购订单是否有经适当人员签署的请购单支持。复核人也确认采购订单的价格与供应商协商一致且该供应商已通过审批。当复核完成且复核人提出的问题/要求的修改已经得到满意的解决后，签署确认复核完成	询问复核人复核采购订单的过程，包括复核人提出的问题及其跟进记录。抽样检查采购订单是否有对应的请购单及复核人签署确认
订单未被录入系统或在系统中重复录入	存货：存在、完整性 其他费用：发生、完整性 应付账款/其他应付款：存在、完整性	系统每月末生成列明跳码或重码的采购订单的例外报告	复核人定期复核列明重码或跳码的采购订单编号的例外报告，以确定是否有遗漏、重复的记录。要复核确定所有采购订单是否都输入系统，且仅输入了一次	检查系统例外报告的生成逻辑。询问复核人对例外报告的检查过程，确认发现的问题是否及时得到了跟进处理
接收了缺乏有效采购订单或未经验收的商品	应付账款：存在、完整性 存货：存在、完整性 其他费用：发生、完整性	入库确认后，系统生成连续编号的入库单	收货人员只有完成以下程序后，才能在系统中确认商品入库： ①检查是否存在有效的采购订单 ②检查是否存在有效的验收单 ③检查收到的货物的数量是否与发货单一致	检查系统入库单编号的连续性 询问收货人员的收货过程，抽样检查入库单是否有对应一致的采购订单及验收单

第十章

续表

可能发生错报的环节	相关的财务报表项目及认定	对应的内部控制示例（自动）	对应的内部控制示例（人工）	内部控制测试程序
临近会计期末的采购未被记录在正确的会计期间	应付账款：完整性 存货/其他费用：完整性	系统每月末生成列明跳码或重码的入库单的例外报告	复核人复核系统生成的例外报告、检查是否有遗漏、重复的入库单。当复核完成且复核人提出的问题/要求的修改已经得到满意的解决后，签署确认复核已经完成	检查系统例外报告的生成逻辑 询问复核人对例外报告的检查过程，确认发现的问题是否得到了跟进处理
	应付账款：存在、完整性 存货：存在、完整性 其他费用：发生、完整性	系统每月末生成包含所有已收货但相关发票未录入系统货物信息的例外报告	复核人复核该例外报告中的项目，确定采购是否被记录在正确的期间以及负债计提是否有效。当复核完成且复核人提出的问题/要求的修改已经得到满意的解决后，签署确认复核已经完成	检查系统例外报告的生成逻辑 询问复核人对报告的复核过程，核对报告中的采购是否计提了相应负债，检查复核人的签署确认
发票未被正确编码，导致在成本或费用之间的错误分类	存货：准确性、计价和分摊、完整性 其他费用：准确性、完整性 应付账款：存在、完整性	系统自动将相关的发票归集入对应的总分类账费用科目	每张发票开具前均经复核人复核并批准，复核人评估正确的总分类账代码是否被应用到该项目	询问复核人对发票编号/总分类代码的复核过程，抽样检查相关发票是否被恰当分类到了相关费用
	费用/成本：完整性、准确性 应付账款：完整性、计价和分摊		定期编制所选定关键绩效指标（例如，分成本中心/部门的费用、费用占收入的比例等）与管理层预期（包括以前期间或预算等信息）相比较的报告，复核人识别关键绩效指标与预期之间差异的相关问题（例如，波动、例外或异常调整），并与相关人员跟进。所有问题会被合理应对，复核人通过签署关键绩效指标报告以证明完成复核	根据样本量要求选取关键绩效报告，确定是否经管理层复核；复核是否在合理的时间内完成；检查关键绩效指标的计算是否准确，是否与账面记录核对一致；评估用于调查重大差异的界限是否恰当 向复核人询问其复核方法，对于其提出的问题，检查是否经恰当根据处理。评价使用数据的完整性和准确性

续表

可能发生错报的环节	相关的财务报表项目及认定	对应的内部控制示例（自动）	对应的内部控制示例（人工）	内部控制测试程序
批准付款的发票上存在价格/数量错误或劳务尚未提供的情形	应付账款：完整性、计价和分摊 存货/成本：完整性、计价和分摊	当入库单录入系统后，系统将其与采购订单进行核对。当发票录入系统后，系统将其详细信息与采购订单及入库单进行核对。如信息相符或差异不超过可接受差异，系统将自动批准发票可以付款。如信息不符，发票将被列示例外报告中，由人工跟进	负责应付账款且无职责冲突的人员负责跟进例外报告中的所有项目。仅当不符信息从例外报告中消除后发票才可以付款	检查系统报告的生成逻辑，确认例外报告的完整性及准确性。 与复核人讨论其复核过程，抽样选取例外/删改情况报告。检查每一份报告并确定： ①是否存在管理层复核的证据 ②复核是否在合理的时间范围内完成 ③复核人提出问题的跟进是否恰当、是否能使交易恰当记录于会计系统 抽样选取采购发票，检查是否与入库单和采购订单所记载的价格、供应商、日期、描述及数量一致
现金支付未记录、未记录在正确的供应商账户（串户）或记录金额不正确	应付账款：计价与分摊、存在 存货：计价与分摊 其他费用：准确性		独立于负责现金交易处理的会计人员每月末编制银行存款余额调节表。所有重大差异由调节表编制人跟进，并根据具体情形进行跟进处理。经授权的管理人员复核所编制的银行余额调节表，当复核工作完成或复核人提出的问题/要求的修改已得到满意的解决后，签署确认复核工作已完成	询问复核人对银行存款余额调节表的复核过程。 抽样检查银行余额调节表，检查其是否及时得到复核、复核的问题是否得到了恰当跟进处理、复核人是否签署确认
	应付账款：存在、完整性、计价与分摊 存货：存在、完整性、计价和分摊 其他费用：发生、完整性、计价和分摊		应付账款会计人员将供应商提供的对账单与应付账款明细表进行核对，并对差异进行跟进处理 复核人定期复核供应商对账结果，该对账通过从应付账款明细账中抽取的一定数量的应付供应商余额与供应商提供的对账单进行核对。当复核工作完成或复核人提出的问题/要求的修改已得到满意的解决后，签署确认复核工作已完成	询问复核人对供应商对账结果的复核过程，抽样选取供应商对账单，检查其是否与应付账款明细账得到了正确的核对，差异是否得到了恰当的跟进处理。检查复核人的相关签署确认
员工具有不适当的访问权利，使其能够实施违规交易或隐瞒错误	应付账款：存在、完整性、准确性 存货：存在、完整性、计价和分摊 其他费用：发生、完整性、计价和分摊	采购系统根据管理层对的授权进行权限设置，以支持采购职能所要求的上述职责分离	管理层分离以下活动： ①供应商主信息维护 ②请购授权 ③输入采购订单 ④开具供应商发票 ⑤按照订单收取货物 ⑥存货盘点调整等	检查系统中相关人员的访问权限 复核管理层的授权职责分配表，对不相容职位（申请与审批等）是否设置了恰当的职责分离

第十章

续表

可能发生错报的环节	相关的财务报表项目及认定	对应的内部控制示例（自动）	对应的内部控制示例（人工）	内部控制测试程序
总账与明细账中记录不一致	应付账款：完整性及准确性 其他费用：完整性及准确性	应付账款/费用明细账的总余额与总账账户间的调节表会在每个期间末及时执行	任何差异会被调查，如恰当，将进行调整 复核人会复核调节表及相关支持文档，任何差异及/或调整会被批准	核对总账与明细账的一致性，检查复核人的复核及差异跟进记录

（二）关键控制的选择和测试

注册会计师在实际工作中并不需要对某一流程的所有控制点进行测试，而是应该针对识别的可能发生错报环节选择足以应对评估的重大错报风险的关键控制进行控制测试。

控制测试的具体方法需要根据具体控制的性质确定。

三、采购与付款循环的实质性程序

（一）应付账款的实质性程序

1. 获取或编制应付账款明细表

（1）复核加计是否正确，并与报表数、总账数和明细账合计数核对是否相符；

（2）检查非记账本位币应付账款的折算汇率及折算是否正确；

（3）分析出现借方余额的项目，查明原因，必要时，建议作重分类调整；

（4）结合预付账款、其他应付款等往来项目的明细余额，检查有无针对同一交易在应付账款和预付款项同时记账的情况、异常余额或与购货无关的其他款项（如关联方账户或雇员账户）。

2. 函证应付账款

（1）向债权人发送询证函。注册会计师应当对询证函保持控制，必要时再次向被询证者寄发询证函等。

（2）将询证函回函余额与已记录金额相比较，如存在差异，检查支持性文件。

（3）对于未做回复的函证实施替代程序：如检查至付款文件（现金支出、电汇凭证和支票复印件）、相关的采购文件（采购订单、验收单、发票和合同）或其他适当文件。

（4）如果认为回函不可靠，评价对评估的重大错报风险以及其他审计程序的性质、时间安排和范围的影响。

3. 检查应付账款是否计入了正确的会计期间，是否存在未入账的应付账款

（1）对本期发生的应付账款增减变动，检查至相关支持性文件，确认会计处理是否正确。

（2）检查资产负债表日后应付账款明细账贷方发生额的相应凭证，关注其验收单、购货发票的日期，确认其入账时间是否合理。

（3）获取并检查被审计单位与其供应商之间的对账单以及被审计单位编制的差异调节表，确定应付账款金额的准确性。

(4) 针对资产负债表日后付款项目，检查银行对账单及有关付款凭证（银行汇款通知、供应商收据等），询问被审计单位内部或外部的知情人员，查找有无未及时入账的应付账款。

(5) 结合存货监盘程序，检查被审计单位在资产负债日前后的存货入库资料（验收报告或入库单），检查相关负债是否计入了正确的会计期间。

4. 查找未入账负债的测试（重要）

获取期后收取、记录或支付的发票明细，从中选取项目（尽量接近审计报告日）进行测试并实施以下程序：

(1) 检查支持性文件，如相关的发票、采购合同、验收单以及接受劳务明细，以确定收到商品或接受劳务的日期，以及应在期末之前入账的日期。

(2) 追踪已选取项目至应付账款明细账、货到票未到的暂估入账和/或预提费用明细表等，关注费用所计入的会计期间。

(3) 评价费用是否被记录于正确的会计期间，并相应确定是否存在期末未入账负债。

5. 检查应付账款长期挂账的原因并作出记录，对确实无须支付的应付款的会计处理是否正确

6. 如存在应付关联方的款项

(1) 了解交易的商业理由。

(2) 检查证实交易的支持性文件。

(3) 检查被审计单位与关联方的对账记录或向关联方函证。

7. 检查应付账款是否已按照企业会计准则的规定在财务报表中作出恰当列报和披露

(二) 除折旧/摊销、人工费用以外的一般费用的实质性程序

1. 一般费用的审计目标

一般费用的审计目标一般包括：确定利润表中记录的一般费用是否确认发生（发生认定）；确定所有应当记录的费用是否均已记录（完整性认定）；确定一般费用是否以恰当的金额包括在财务报表中（准确性认定）；确定费用是否已计入恰当的会计期间（截止认定）。

2. 一般费用的实质性程序

获取一般费用明细表，复核其加计数是否正确、并与总账和明细账合计数核对是否正确。

实质性分析程序：

(1) 考虑可获取信息的来源、可比性、性质和相关性以及信息编制相关的控制，评价在对记录的金额或比率作出预期时适用数据的可靠性。

(2) 将费用细化到适当层次，根据关键因素和相互关系设定预期值，评价预期值是否足够精确以识别重大错报。

(3) 确定已记录金额与预期值之间可接受的、无须做进一步调查的可接受的差异额。

(4) 将已记录金额与期望值进行比较，识别需要进一步调查的差异。

(5) 调查差异，询问管理层，针对管理层的答复获取适当的审计证据；根据具体情况

在必要时实施其他审计程序。

从资产负债表日后的银行对账单或付款凭证中选取项目进行测试，检查支持性文件（如合同或发票），关注发票日期和支付日期，追踪已选取项目至相关费用明细表，检查费用所计入的会计期间，评价费用是否被记录于正确的会计期间。

对本期发生的费用选取样本，检查其支持性文件，确定原始凭证是否齐全，记账凭证与原始凭证是否相符以及账务处理是否正确。

抽取资产负债表日前后的凭证，实施截止测试，评价费用是否被记录于正确的会计期间。

检查一般费用是否已按照企业会计准则及其他相关规定在财务报表中作出恰当的列报和披露。

第十章　采购与付款循环的审计

彬哥跟你说：

在学习 CPA 的路上，没有智商和基础的差异，在 BT，我见证了太多的奇迹，所以，此时的你，可能还没有养成关手机的习惯，可能还没学会合理规划时间，那么，逐步养成。可是，就算你真的很自律，但是我不相信你没有放纵的那一刻，因此，请原谅自己的不完美！

今日复习步骤：

第一遍：回忆 & 重新复习一遍框架（15 分钟）

学习要求：自己重新找一遍框架，不需要掌握所有细节，但求框架了然于心。

第二遍：对细节进一步掌握（40 分钟）

第三遍：重新复习一遍框架（6 分钟）

我问你答：

（1）请购单必须经过谁的签字批准？请购单与采购交易的什么认定相关？将已验收商品的保管与采购的其他职责相分离，可减少未经授权的采购和盗用商品的风险，与商品的什么认定相关。

（2）采购与付款交易不相容的岗位至少包括哪些？付款的授权审批程序是什么？

（3）影响采购与付款交易和余额的重大错报风险可能包括哪几类？

（4）检查应付账款是否计入了正确的会计期间，是否存在未入账的应付账款的五个步骤是什么？

（5）查找未入账负债的测试的步骤是什么？

（6）函证应付账款是不是必需的？询证函余额与已记录金额比较，如果存在差异，应检查什么？对于未做回复的函证是否应实施替代程序？如果认为回函不可靠，应评估其对什么的影响？

（7）如存在应付关联方的款项，应实施什么程序？

（8）对于长期挂账的应付账款应如何处理？

本章作业：

（1）请把讲义例题做三遍（做错的题目，请分析错误原因并记录到改错本）。

（2）请复习完口述一遍框架，睡前请再回忆一遍框架。

（3）第二天早上，请再回忆一遍框架，对于回忆不起来的内容，请翻书看一遍。

第 10 天

复习旧内容：

销售与收款循环、采购与付款循环（第九章、第十章）

学习新内容：

生产与存货循环、货币资金的审计（第十一章、第十二章）

学习方法：

学习方法跟第 9 天一样，这是四大循环的最后两个循环：生产与存货循环以及货币资金的循环。

你今天可能有的心态：

继续坚持下去，我们已经完成了 50% 了，可能你还会有很多不懂的，但是第二遍的梳理会很快让你清晰，不着急！

简单解释今天学习内容：

今天的内容很简单：

（1）存货的审计就是看存货是否存在，是否有错误，直接现场去检查就可以做到；

（2）货币资金的审计也是很简单，主要看库存现金存在吗？银行存款是真实的吗？

可能会遇到的难点：

无

建议学习时间：

1.5 小时新内容、1 小时复习

第十一章　生产与存货循环的审计

生产与存货循环的审计框架如图 11 －1 所示。

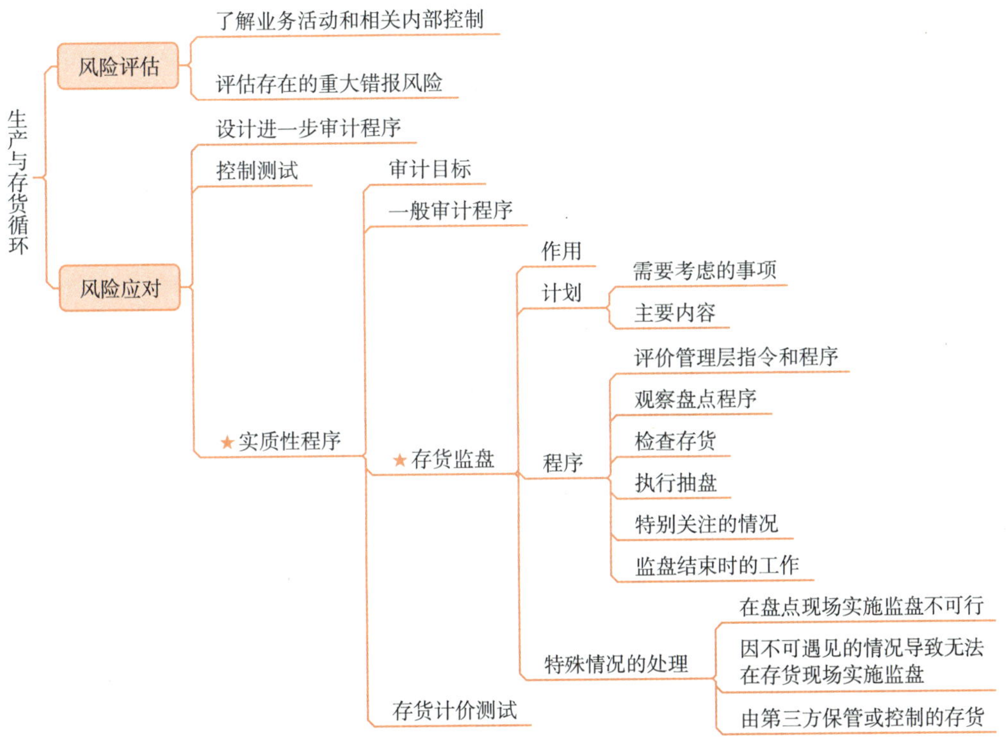

图 11 －1　生产与存货循环的审计框架

第一节　生产与存货循环的风险评估

一、了解业务活动和相关内部控制

生产与存货主要活动流程如图 11 －2 所示。

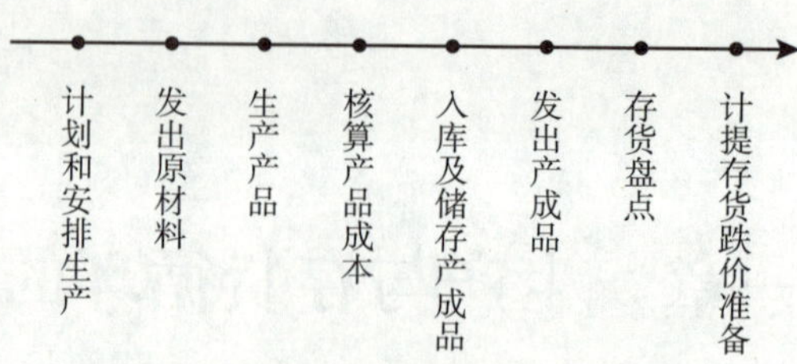

图 11－2　生产与存货主要活动流程

二、评估生产与存货循环存在的重大错报风险

一般制造类企业的存货的重大错报风险通常包括：

（1）存货实物可能不存在（存在认定）；

（2）属于被审计单位的存货可能未在账面反映（完整性认定）；

（3）存货的所有权可能不属于被审计单位（权利和义务认定）；

（4）存货的单位成本可能存在计算错误（计价和分摊认定/准确性认定）；

（5）存货的账面价值可能无法实现，即跌价损失准备的计提可能不充分（计价和分摊认定）。

第二节　生产与存货循环的风险应对

一、根据重大错报风险评估结果设计进一步审计程序

注册会计师基于生产与存货循环的重大错报风险评估结果，制定实施进一步审计程序的总体方案（见表 11－1），继而实施控制测试和实质性程序，以应对识别出的认定层次的重大错报风险。

表 11－1　　生产与存货循环的重大错报风险和进一步审计程序总体方案

重大错报风险描述	相关财务报表项目及认定	风险程度	是否信赖控制	进一步审计程序的总体方案	拟从控制测试中获取的保证程度	拟从实质性程序中获取的保证程度
存货实物可能不存在	存货：存在	特别	是	综合性	中	高
存货的单位成本可能存在计算错误	存货：计价和分摊 营业成本：准确性	一般	是	综合性	中	低
已销售产品的成本可能没有准确结转至营业成本	存货：计价和分摊 营业成本：准确性	一般	是	综合性	中	低
存货的账面价值可能无法实现	存货：计价和分摊	特别	否	实质性	无	高

二、生产与存货循环的控制测试

生产与存货循环的风险、存货的控制及控制测试程序如表 11－2 所示。

表 11－2　　生产与存货循环的风险、存在的控制及控制测试程序

可能发生错报的环节	相关财务报表项目及认定	存在的内部控制（自动）	存在的内部控制（人工）	内部控制测试程序
发出原材料				
原材料的发出可能未经授权	生产成本：存在		所有领料单由生产主管签字批准，仓库管理员凭经批准的领料单发出原材料	选择领料单，了解生产主管如何执行相关审核，检查是否有生产主管的签字授权
发出的原材料可能未正确记入相应产品的生产成本中	生产成本：计价和分摊	领料单信息输入系统时须输入对应的生产任务单编号和所生产的产品代码，每月末系统自动归集生成材料成本明细表	生产主管每月末将其生产任务单及相关领料单存根联与材料成本明细表进行核对，调查差异并处理	检查生产主管核对材料成本明细表的记录，并询问其核对过程及结果
记录人工成本				
生产工人的人工成本可能未得到准确反映	生产成本：准确性	所有员工有专属员工代码和部门代码，员工的考勤记录记入相应员工代码	人事部每月编制工薪费用分配表，按员工所属部门将工薪费用分配至生产成本、制造费用、管理费用和销售费用，经财务经理复核后入账	检查系统中员工的部门代码设置是否与其实际职责相符 询问并检查财务经理复核工资费用分配表的过程和记录
记录制造费用				
发生的制造费用可能没有得到完整归集	制造费用：完整性	系统根据输入成本和费用代码自动识别制造费用并进行归集	成本会计每月复核系统生成的制造费用明细表并调查异常波动。必要时由财务经理批准进行调整	检查系统的自动归集设置是否符合有关成本和费用的性质，是否合理。询问并检查成本会计复核制造费用明细表的过程和记录，检查财务经理对调整制造费用的分录的批准记录
计算产品成本				
生产成本和制造费用在不同产品之间、在产品和产品之间的分配可能不正确	存货：计价和分摊 营业成本：准确性		成本会计执行产品成本核算日常成本核算，财务经理每月末审核产品成本计算表及相关资料（原材料成本核算表、工资费用分配表、制造费用分配表等），并调查异常项目	询问财务经理如何执行复核及调查。选取产品成本计算表及相关资料，检查财务经理的复核记录
产成品入库				
已完工产品的生产成本可能没有转移到产成品中	存货：计价和分摊	系统根据当月输入的产成品入库单和出库单信息自动生成产成品收（入库）和发（出库）存（余额）报表	成本会计将产成品收发存报表中的产品入库数量与当月成本计算表中结转的产成品成本对应的数量进行核对	询问和检查成本会计将产成品收发存报表与成本计算表进行核对的过程和记录

第十一章

续表

可能发生错报的环节	相关财务报表项目及认定	存在的内部控制（自动）	存在的内部控制（人工）	内部控制测试程序
发出产成品				
销售发出的产成品的成本可能没有准确转入营业成本	存货：计价和分摊 营业成本：准确性	系统根据确认的营业收入所对应的售出产品自动结转营业成本	财务经理和总经理每月对毛利率进行比较分析，对异常波动进行调查和处理	检查系统设置的自动结转功能是否正常运行，成本结转方式是否符合公司成本核算政策 询问和检查财务经理和总经理进行毛利率分析过程和记录，并对异常波动的调查和处理结果进行核实
盘点存货				
存货可能被盗或因材料领用/产品销售未入账而出现账实不符	存货：存在		仓库保管员每月末盘点存货并与仓库台账核对并调节一致；成本会计监督其盘点与核对，并抽查部分存货进行复盘 每年末盘点所有存货，并根据盘点结果分析盘盈盘亏并进行账面调整	
计提存货跌价准备				
可能存在残冷背次的存货，影响存货的价值	存货：计价和分摊 资产减值损失：完整性	系统根据存货入库日期自动统计货龄，每月末生成存货货龄分析表	财务部根据系统生成的存货货龄分析表，结合生产和仓储部门上报的存货损毁情况及存货盘点中对存货状况的检查结果，计提存货减值准备，报总经理审核批准后入账	询问财务经理识别减值风险并确定减值准备的过程，检查总经理的复核批准记录

三、生产与存货循环的实质性程序（重要）

存货监盘的审计程序如图 11－3 所示。

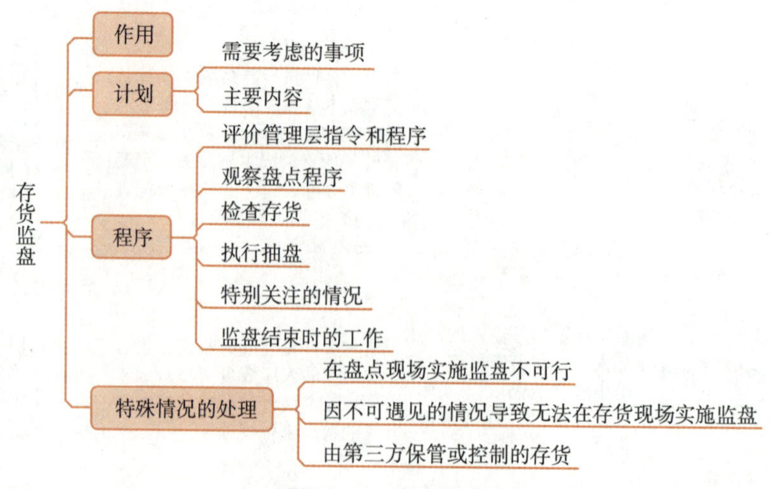

图 11－3　存货监盘

（一）存货的审计目标

（1）账面存货余额对应的实物是否真实存在（存在认定）；
（2）属于被审计单位的存货是否均已入账（完整性认定）；
（3）存货是否属于被审计单位（权利和义务）；
（4）存货单位成本的计量是否准确（计价和分摊认定）；
（5）存货的账面价值是否可以实现（计价和分摊认定）。

（二）存货的一般审计程序

获取年末存货余额明细表，并执行以下工作：
（1）复核单项存货金额的计算（单位成本×数量）和明细表的加总计算是否准确。
（2）将本年末存货余额与上年末存货余额进行比较，总体分析变动原因。

（三）存货监盘

1. 存货监盘作用

（1）如果存货对财务报表是重要的，注册会计师应当实施下列审计程序，对存货的存在和状况获取充分、适当的审计证据：

①在存货盘点现场实施监盘（除非不可行）；
②对期末存货记录实施审计程序，以确定其是否准确反映实际的存货盘点结果。

（2）在存货盘点现场实施监盘时，注册会计师应当实施下列审计程序：

①评价管理层用以记录和控制存货盘点结果的指令和程序；
②观察管理层制定的盘点程序的执行情况；
③检查存货；
④执行抽盘。

（3）存货监盘并不能取代被审计单位管理层定期盘点存货、合理确定存货数量和状况的责任。

（4）存货监盘的目的。

①目的：获取有关存货数量和状况的审计证据。

②认定：存货监盘针对的主要是存货的存在认定，对存货的完整性认定及计价和分摊、准确性认定，也能提供部分审计证据。

③还可能获取有关存货所有权部分审计证据，但**存货监盘本身不足以提供注册会计师确定存货的所有权**，注册会计师可能需要执行其他实质性审计程序以应对所有权认定的相关风险。

2. 存货监盘计划

根据存货的特点、盘存制度、存货内部控制的有效性和管理层制定的存货盘点程序。
制定存货监盘计划应考虑的相关事项如图 11－4 所示。

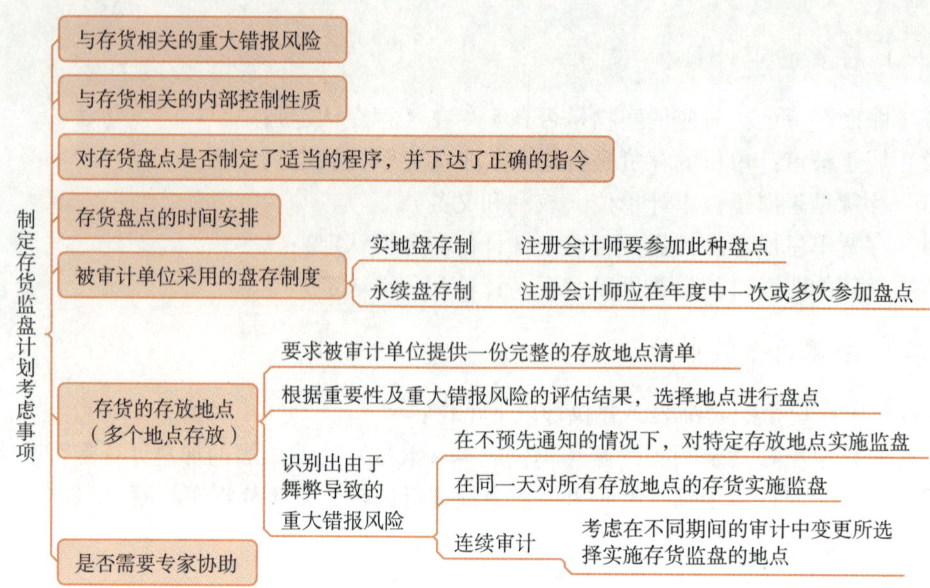

图 11-4　制定存货监盘计划考虑的事项

存货监盘计划的主要内容：

（1）存货监盘的目标、范围和时间安排。存货监盘范围的大小取决于存货的内容、性质以及与存货相关的内部控制的完善程度和重大错报风险的评估结果；

（2）存货监盘的要点及关注事项：存货移动、存货的状况、存货的截止确认、存货的各个存放地点及金额等；

（3）参加存货监盘人员的分工；

（4）抽盘存货的范围：如果认为被审计单位内部控制良好且得到有效实施，存货盘点组织良好，可以相应缩小实施检查程序的范围。

3. 存货监盘程序（见图 11-5）

图 11-5　存货监盘程序

（1）评价管理层用以记录和控制存货盘点结果的指令和程序。

注册会计师需要考虑这些指令和程序是否包含下列方面：

①适当控制活动的运用，例如，收集已使用的存货盘点记录，清点未使用的存货盘点表单，实施盘点和复盘程序；

②准确认定在产品的完工程度，流动缓慢（呆滞）、过时或毁损的存货项目，以及第三方拥有的存货（如寄存货物）；

③在适用的情况下用于估计存货数量的方法，如可能需要估计煤堆的重量；

④对存货在不同存放地点之间的移动以及截止日前后期间出入库的控制。

（2）观察管理层制定的盘点程序（如对盘点时及其前后的存货移动的控制程序）的执行情况。

尽管盘点存货时最好能保持存货不发生移动，但在某些情况下存货的移动是难以避免的。如果在盘点过程中被审计单位的生产经营仍将持续进行，注册会计师应通过实施必要的检查程序，确定被审计单位是否已经对此设置了相应的控制程序，确保在适当的期间内对存货作出准确记录。

此外，注册会计师可以获取有关截止性信息（如存货移动的具体情况）的复印件，有助于日后对存货移动的会计处理实施审计程序。具体来说，注册会计师一般应当获取盘点日前后存货收发及移动的凭证，检查库存记录与会计记录期末截止是否正确。

（3）检查存货。

在存货监盘过程中检查存货，虽然不一定能确定存货的所有权，但有助于确定存货的存在，以及识别过时、毁损或陈旧的存货。

应把过时、毁损或陈旧的存货详细地记录下来，以便于进一步追查这些存货的处置情况，也能为被审计单位存货跌价准备计提的准确性提供证据（计价与分摊）。

（4）执行抽盘。

双向抽盘：

①从存货盘点记录选取项目追查至存货实物。

②从存货实物中选取项目追查至盘点记录。

不可预见：注册会计师应尽可能避免让被审计单位事先了解将抽盘的存货项目；

发现差异：注册会计师在执行抽盘时发现差异，很可能表明被审计单位的存货盘点在准确性或完整性方面存在错误；很可能意味着被审计单位的存货盘点还存在着其他错误。

①注册会计师应当查明原因，并及时提请被审计单位进行改正；

②注册会计师应当考虑错误的潜在范围和重大程度，在可能的情况下，扩大检查范围以减少错误的发生；

③注册会计师还可要求被审计单位重新盘点，重新盘点的范围可限于某一特殊领域的存货或特定盘点小组。

（5）需要特别关注的情况。

存货盘点范围：

①在被审计单位盘点存货前，注册会计师应当观察盘点现场，确定应纳入盘点范围的存货是否已经恰当整理和排列，并附有盘点标识，防止遗漏或重复盘点；

②对未纳入盘点范围的存货，注册会计师应当查明未纳入的原因；

③对所有权不属于被审计单位的存货，注册会计师应当取得其规格、数量等有关资料，确定是否已单独存放、标明，且未被纳入盘点范围；

④即使被审计单位声明不存在受托代存存货的情形下，注册会计师在进行存货监盘时也应当关注是否存在某些存货不属于被审计单位的迹象，以避免盘点范围不当。

（6）存货监盘结束时的工作。

①再次观察盘点现场，以确定所有应纳入盘点范围的存货是否均已盘点；

②取得并检查已填用、作废或未使用盘点表单的号码记录，确定其是否连续编号，查明已发放的表单是否均已收回，并与存货盘点的汇总记录进行核对，并对被审计单位最终的存货盘点汇总记录进行复核，并评估其是否正确地反映了实际盘点的结果；

如果存货盘点日不是资产负债表日，注册会计师应当实施恰当的审计程序，确定盘点日与资产负债表日之间存货的变动是否已得到恰当的记录。

对特殊类型存货的监盘举例如表 11 -3 所示。

表 11 -3　　对特殊类型存货的监盘举例

木材、钢筋盘条、管子	（1）检查标记或标识 （2）利用专家或被审计单位内部有经验人员的工作
贵金属、石器、艺术品与收藏品	选择样品进行化验与分析，或利用专家的工作
生产纸浆用木材、牲畜（牛奶、猪油）	（1）通过高空摄影以确定其存在 （2）不同时点的数量进行比较，并依赖永续存货记录
堆积型存货（糖、煤、钢废料）	（1）运用工程估测、几何计算、高空勘测，并依赖详细的存货记录 （2）如果堆场中的存货堆不高，可进行实地监盘，或通过旋转存货堆加以估计
使用磅秤测量存货	在监盘前和监盘过程中均应检验磅秤的精准度，并留意磅秤的位置移动与重新调校程序；将检查和重新称量程序相结合；检查称量尺度的换算问题
散装物品	（1）使用容器进行监盘或通过预先编号的清单列表加以确定 （2）使用浸蘸、测量棒、工程报告以及依赖永续存货记录 （3）选择样品进行化验与分析，或利用专家的工作

4. 特殊情况的处理（见表 11 -4）

表 11 -4　　特殊情况的处理

<table>
<tr><th>特殊情况</th><th colspan="3">处理方法</th></tr>
<tr><td rowspan="4">在存货盘点现场实施监盘不可行</td><td rowspan="2">产生原因</td><td>合理</td><td>存货性质或存放地点等造成</td></tr>
<tr><td>不合理</td><td>审计中的困难、时间或成本等事项本身，不能作为注册会计师省略不可替代程序或满足于说服力不足的审计证据的正当理由</td></tr>
<tr><td colspan="2">替代程序可行</td><td>应当实施替代审计程序，如检查盘点日后出售、盘点日前取得或购买的特定存货的文件记录</td></tr>
<tr><td colspan="2">替代程序不可行</td><td>注册会计师需要按照规定发表非无保留意见</td></tr>
<tr><td>因不可预见的情况导致无法在存货盘点现场实施监盘</td><td colspan="3">注册会计师无法亲临现场或气候因素导致
注册会计师应当另择日期实施监盘，并对间隔期间内发生的交易实施审计程序</td></tr>
<tr><td>由第三方保管或控制的存货</td><td colspan="3">（1）向持有被审计单位存货的第三方函证存货的数量和状况
（2）实施检查或其他适合具体情况的审计程序
①实施或安排其他注册会计师实施对第三方的存货监盘（如可行）
②获取其他注册会计师或服务机构注册会计师针对用以保证存货得到恰当盘点和保管的内控的适当性而出具的报告
③检查与第三方持有的存货相关的文件记录，如仓储单
④当存货被作为抵押品时，要求其他机构或人员进行确认
（3）可以考虑应由第三方保管存货的商业理由的合理性，以进行存货相关风险的评估，包括舞弊风险的评估，并计划和实施适当的审计程序，例如，检查被审计单位和第三方所签署的存货保管协议的相关条款，复核被审计单位调查及评价第三方工作的程序</td></tr>
</table>

（四）存货计价测试

存货监盘程序主要是对存货的数量进行测试。为了验证财务报表上存货余额的真实性，还应当对存货的计价进行审计（见图 11 –6）。

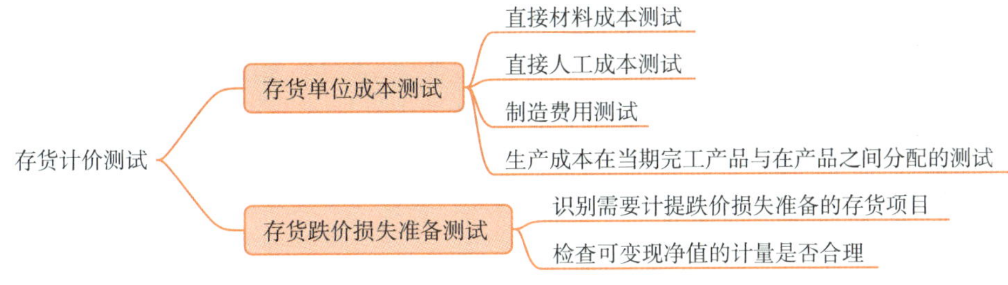

图 11 –6　存货计价测试

【例题 11 –1·单选题】下列有关存货监盘的说法中，正确的是（　　）。（2015 年）

A. 注册会计师主要采用观察程序实施存货监盘

B. 注册会计师在实施存货监盘过程中不应协助被审计单位的盘点工作

C. 由于不可预见的情况而导致无法在预定日期实施存货监盘，注册会计师可以实施替代程序

D. 注册会计师实施存货监盘通常可以确定存货的所有权

【答案】B

【解析】选项 A，存货监盘程序不止观察程序一种；选项 C，如果由于不可预见的情况无法在存货盘点现场实施监盘，注册会计师应当另择日期实施监盘，并对间隔期内发生的交易实施审计程序；选项 D，存货监盘主要验证存货的存在认定和完整性认定，存货监盘本身并不足以提供注册会计师确定存货的所有权，注册会计师可能需要执行其他实质性审计程序以应对所有权认定的相关风险。

【例题 11 –2·简答题】ABC 会计师事务所的 A 注册会计师负责审计甲公司 2016 年度财务报表，与存货审计相关的部分事项如下：

（1）甲公司的存货存在特别风险。A 注册会计师在了解部分内部控制后，未测试控制运行的有效性，直接实施了细节测试。

（2）2016 年 12 月 25 日，A 注册会计师对存货实施监盘，结果满意。因年末存货余额与盘点日余额差异较小，A 注册会计师根据监盘结果认可了年末存货数量。

（3）在执行抽盘时，A 注册会计师从存货盘点记录中选取项目追查至存货实物，从存货实物中选取项目追查至盘点记录，以获取有关盘点记录准确性和完整性的审计证据。

（4）A 注册会计师向乙公司函证由其保管的甲公司存货的数量和状况，收到的传真件回函显示，数量一致，状况良好。A 注册会计师据此认可了回函结果。

要求：针对上述第（1）至（4）项，逐项指出A注册会计师的做法是否恰当，如不恰当，简要说明理由。(2017年)

【答案】

（1）恰当。

（2）不恰当。如果存货盘点日不是资产负债表日，注册会计师应当实施适当的审计程序，确定盘点日与资产负债表日之间存货的变动是否已得到恰当的记录。

（3）恰当。

（4）不恰当。在收到电子形式的回函（包括传真件）时，A注册会计师可以与被询证者联系以核实回函的来源及内容，必要时，可以要求被询证者提供回函原件。

第十一章　生产与存货循环的审计

彬哥跟你说：

本章没什么说的，主要就是抓住考点即可。

今日复习步骤：

第一遍：回忆 & 重新复习一遍框架（15 分钟）

学习要求：自己重新找一遍框架，不需要掌握所有细节，但求框架了然于心。

（1）风险评估：了解业务活动和相关内部控制、评估存在的重大错报风险。

（2）风险应对：控制测试、实质性程序。实质性程序包括：目标、一般审计程序、存货监盘（目的、监盘计划、监盘程序、特殊情况处理）、存货计价测试。

第二遍：对细节进一步掌握（45 分钟）

第三遍：重新复习一遍框架（10 分钟）

我问你答：

（1）存货通常可能存在的重大错报风险包括什么？分别与哪些认定相关？

（2）存货监盘的目的是什么？

（3）如果存货对财务报表是重要的，应当实施什么审计程序？存货监盘能否取代被审计单位管理层定期盘点存货、合理确定存货数量和状况的责任？存货监盘的相关程序可以用作控制测试或者实质性程序吗？

（4）存货盘点现场实施监盘的四个程序是什么？四个程序是否缺一不可？

（5）在被审计单位盘点存货前，注册会计师应当做什么？对未纳入盘点范围的存货，是否能直接忽略？对所有权不属于被审计单位的存货，是否无须执行工作？对于被审计单位的声明，我们直接相信吗？

（6）检查存货，能否确定存货的所有权？如果不能，能够达到什么目的？执行抽盘是否只需要从存货盘点记录选取项目追查至存货实物？存货监盘的相关程序是否可以用作控制测试或者实质性程序？

（7）如果存货存放在不同地点，注册会计师的监盘应当覆盖所有存放地点，是否正确？如果存货盘点日不是资产负债表日，注册会计师应当实施什么程序？

（8）审计中的困难、时间或成本等事项本身，能否作为在存货盘点现场实施监盘不可行的理由？在存货盘点现场实施监盘不可行，应当另择日期实施监盘还是实施替代审计程序？如果替代程序不可行，应当发表什么意见？因不可预见的情况导致无法在存货盘点现场实施监盘，应当实施什么程序？

（9）对于由第三方保管或控制的存货，注册会计师应当实施什么程序？

本章作业：

（1）请把讲义例题做三遍（做错的题目，请分析错误原因并记录到改错本）。

（2）请复习完口述一遍框架，睡前请再回忆一遍框架。

（3）第二天早上，请再回忆一遍框架，对于回忆不起来的内容，请翻书看一遍。

第十二章　货币资金的审计

第一节　货币资金审计概述

货币资金控制如图 12－1 所示。

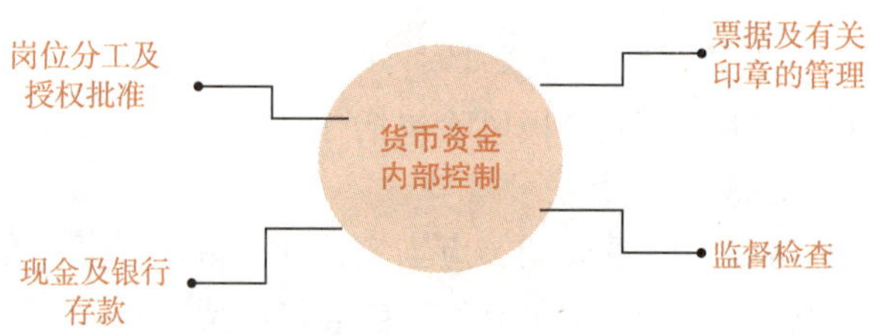

图 12－1　货币资金内部控制

1. 岗位分工及授权批准

（1）出纳员不得兼任稽核、会计档案的保管和收入、支出、费用、债权债务等账目的登记工作。

（2）货币资金业务建立严格的授权批准制度，明确审批人对货币资金业务的授权批准方式、权限、程序、责任和相关控制措施。

（3）按照企业规定办理货币资金支付业务。

（4）对于重要货币资金支付业务，应当实行集体决策和审批。

（5）严禁未授权的机构或人员办理货币资金业务或直接接触货币资金。

2. 现金和银行存款管理

（1）企业现金收入应当及时存入银行，不得用于直接支付企业自身的支出。**因特殊情况需要坐支的，应事先报经开户银行审查批准。**

（2）企业取得的现金应及时入账，不得私设“小金库”，不得账外设账，严禁收款不入账。

（3）每月末，会计主管指定出纳员以外的人员核对银行存款日记账和银行对账单，编制**银行存款余额调节表**，使银行存款账面余额和银行对账单调节相符。

3. 票据及有关印章管理

（1）企业应当加强与货币资金相关的票据的管理。防止空白票据的遗失和被盗用。

（2）企业应当加强银行预留印鉴的管理。财务专用章应由专人保管，个人名章必须由本人或其授权人保管。严禁一人保管支付款项所需的全部印章。

4. 监督检查

企业应当进行定期和不定期检查。

【例题 12－1·单选题】 以下情形中，可能表明被审计单位货币资金内部控制存在重大缺陷的是（　　）。

A. 被审计单位指定出纳员每月必须核对银行账户，针对每一银行账户分别编制银行存款余额调节表，使银行存款账面余额与银行对账单调节相符

B. 被审计单位的财务专用章由财务负责人本人或其授权人员保管，出纳员个人名章由其本人保管

C. 对重要货币资金支付业务，被审计单位实行集体决策授权控制

D. 被审计单位现金收入及时存入银行，特殊情况下，经开户银行审查批准方可坐支现金

【答案】 A

【解析】 职责分离。

第二节　货币资金的风险评估

一、货币资金可能发生错报的环节

（1）被审计单位资产负债表的货币资金项目中的库存现金和银行存款在资产负债表日不存在。（存在）

（2）被审计单位所有应当记录的现金收支业务和银行存款收支业务未得到完整记录，存在遗漏。（完整性）

（3）被审计单位的现金收款通过舞弊手段被侵占。（完整性）

（4）记录的库存现金和银行存款不是为被审计单位所拥有或控制。（权利和义务）

（5）库存现金和银行存款的金额未被恰当地包括在财务报表的货币资金项目中，与之相关的计价调整未得到恰当记录。（计价和分摊）

（6）库存现金和银行存款未按照企业会计准则的规定在财务报表中作出恰当列报。（列报）

二、识别应对可能发生错报环节的内部控制

1. 库存现金内部控制

（1）现金收支与记账的岗位分离；

（2）现金收支要有合理、合法的凭据；

（3）全部收入及时准确入账，并且现金支出应严格履行审批、复核制度；

（4）控制现金坐支，当日收入现金应及时送存银行；

（5）按月盘点现金，以做到账实相符；

（6）对现金收支业务进行内部审计。

2. 银行存款内部控制

（1）银行存款收支与记账的岗位分离；

（2）银行存款收支要有合理、合法的凭据；

（3）全部收支及时准确入账，全部支出要有核准手续；

（4）按月编制银行存款余额调节表，以做到账实相符；

（5）加强对银行存款收支业务的内部审计。

三、与货币资金相关的重大错报风险

货币资金业务交易、账户余额和列报的认定层次的重大错报风险可能包括：

（1）被审计单位存在虚假的货币资金余额或交易，因而导致银行余额的存在或交易的发生存在重大错报风险。

（2）被审计单位存在大额的外币交易和余额，可能存在外币交易或余额未被准确记录的风险。

（3）银行存款的期末收支存在大额的截止性错误（截止）。

（4）被审计单位可能存在未能按照企业会计准则的规定对货币资金作出恰当披露的风险。

第三节　货币资金的风险应对

一、货币资金的控制测试

（一）库存现金的控制测试

1. 现金付款的审批和复核

根据企业的内部控制要求，作出相应的控制测试（见表 12－1）。

表 12－1　　根据内部控制要求作出相应的控制测试

内部控制要求	控制测试
（1）部门经理审批本部门的付款申请，审核付款业务是否真实发生、付款金额是否准确，以及后附票据是否齐备，并在复核无误后签字认可 （2）财务部门安排付款前，财务经理再次复核经审批的付款申请及后附相关凭据或证明，如核对一致，进行签字认可并安排付款	（1）询问相关业务部门的部门经理和财务经理其在日常现金付款业务中执行的内部控制，以确定其是否与被审计单位内部控制政策要求保持一致 （2）观察财务经理复核付款申请的过程，是否核对了付款申请的用途、金额及后附相关凭据，以及在核对无误后是否进行了签字确认 （3）重新核对经过审批及复核的付款申请及其相关凭据，并检查是否经签字确认

2. 现金盘点

注册会计师针对被审计单位的现金盘点实施的现金监盘可能涉及：

（1）检查现金以确定其是否存在，并检查现金盘点结果。

（2）观察执行现金盘点的人员对盘点计划的遵循情况，以及用于记录和控制现金盘点结果的程序的实施情况。

（3）获取有关被审计单位现金盘点程序可靠性的审计证据。

现金监盘程序是用作控制测试还是实质性程序，取决于注册会计师对风险评估结果、审计方案和实施的特定程序的判断。注册会计师可以将现金监盘同时用作控制测试和实质性程序。

（二）银行存款的控制测试

银行存款的控制测试如表12－2所示。

表12－2　银行存款的控制测试

内部控制环节	内部控制要求	控制测试程序
银行账户的开立、变更和注销	会计主管根据被审计单位的实际业务需要就银行账户的开立、变更和注销提出申请，经财务经理审核后报总经理审批	（1）询问会计主管被审计单位本年开户、变更、撤销的整体情况 （2）取得本年度账户开立、变更、撤销申请项目清单，检查清单的完整性，并在选取适当样本的基础上检查账户的开立、变更、撤销项目是否已经得到财务经理和总经理的审批
编制银行存款余额调节表	（1）每月末，会计主管指定应收账款会计核对银行存款日记账和银行对账单，编制银行存款余额调节表，如存在差异项，查明原因并进行差异调节说明 （2）会计主管复核银行存款余额调节表，对需要进行调整的调节项目及时进行处理，并签字确认	（1）询问应收账款会计和会计主管，以确定其执行的内部控制是否与被审计单位内部控制政策保持一致，特别是针对未达账项的编制及审批流程 （2）针对选取的样本，检查银行存款余额调节表，查看调节表中记录的企业银行存款日记账余额是否与银行存款日记账余额保持一致、调节表中记录的银行对账单余额是否与被审计单位提供的银行对账单中的余额保持一致 （3）针对调节项目，检查是否经会计主管的签字复核 （4）针对大额未达账项进行期后收付款的检查

二、货币资金的实质性程序

（一）库存现金的实质性程序

1. 核对库存现金日记账与总账的金额是否相符，检查非记账本位币库存现金的折算汇率及折算金额是否正确

2. 监盘库存现金（见表12－3）

表12－3　监盘库存现金

监盘范围	已收到但未存入银行的现金、零用钱、找换金等
参加监盘人员	出纳员（盘点人）、会计主管和注册会计师（监盘人）
监盘时间	最好选择在上午上班前或下午下班时进行。若库存现金存放部门两处或两处以上，应同时进行盘点
监盘步骤	（1）查看被审计单位制定的盘点计划，确定监盘时间 （2）审阅库存现金日记账并同时与现金收付凭证相核对 （3）检查被审计单位现金实存数，并将监盘金额与库存现金日记账余额进行核对，如有差异，应要求被审计单位查明原因，必要时应提请被审计单位作出调整。如无法查明原因，应要求被审计单位按管理权限批准后作出调整。若有冲抵库存现金的借条、未提现支票、未做报销的原始凭证，应在“库存现金监盘表”中注明，必要时应提请被审计单位作出调整 （4）在非资产负债表日进行盘点和监盘时，应将监盘金额调整至资产负债表日的金额，并对变动情况实施程序

3. 抽查大额库存现金收支

4. 检查库存现金是否在财务报表中作出恰当列报

（二）银行存款的实质性程序

1. 对银行账户的完整性执行审计程序

获取银行存款余额明细表，复核加计是否正确，并与总账数和日记账合计数核对是否相符；检查非记账本位币银行存款的折算汇率及折算金额是否正确。

如果对被审计单位银行账户的完整性存有疑虑，注册会计师可以考虑额外实施以下实质性程序：

（1）注册会计师亲自到中国人民银行或基本存款账户开户行查询并打印《已开立银行结算账户清单》，以确认被审计单位账面记录的银行人民币结算账户是否完整；

（2）结合其他相关细节测试，关注原始单据中被审计单位的收（付）款银行账户是否包含在注册会计师已获取的开立银行账户清单内。

2. 实施实质性分析程序

计算银行存款累计余额应收利息收入，分析比较被审计单位银行存款应收利息收入与实际利息收入的差异是否恰当。

3. 检查银行存款账户发生额

（1）分析漏记银行交易的可能性，获取相关账户相关期间的全部银行对账单。

（2）如果对被审计单位银行对账单的**真实性存有疑虑**，注册会计师可以在被审计单位的协助下亲自到银行获取银行对账单。在获取银行对账单时，注册会计师要**全程关注**银行对账单的打印过程。

（3）从银行对账单中选取样本与被审计单位银行日记账记录进行核对；从被审计单位银行存款日记账上选取样本，核对至银行对账单。

（4）浏览银行对账单，选取**大额异常交易**，如银行对账单上有一收一付相同金额，或分次转出相同金额等，检查被审计单位银行存款日记账上有无该项收付金额记录。

4. 取得并检查银行对账单和银行存款余额调节表

（1）目的：为了证实资产负债表中所列银行存款是否存在。

（2）测试程序（见图 12－2）。

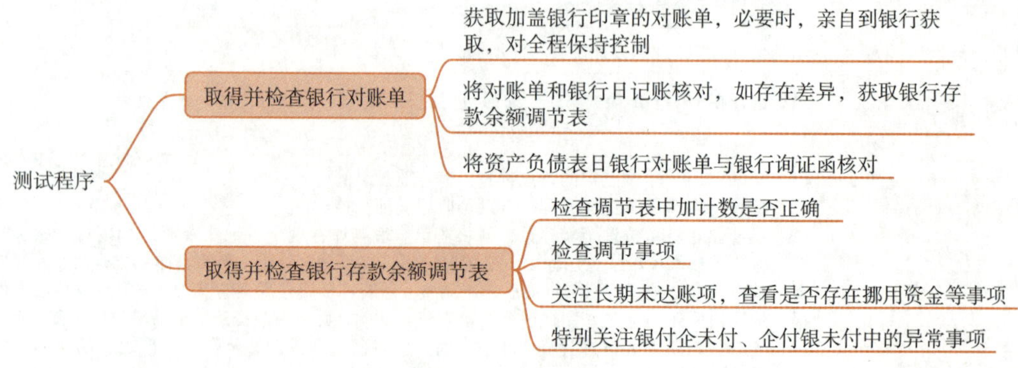

图 12－2 测试程序

（3）银行存款余额调节表（见表12－4）。

表12－4　　银行存款余额调节表

银行存款日记账	银行存款对账单
加：银行已收，企业未收的款项	加：企业已收，银行未收的款项
减：银行已付，企业未付的款项	减：企业已付，银行未付的款项
真实的银行存款余额	

【提示】

（1）银行存款日记账是企业编制的账簿，故调整时，只需调整银行已收付，而企业未收付的款项。

（2）银行存款对账单是银行编制的，故调整时，只需要调整企业已收付，而银行未收付的款项。

（3）注册会计师进行调整时，不论选择哪一个方向进行调整，最后得出的结果均一样，即企业真实的银行存款余额。

【例题12－2·单选题】被审计单位某开户银行的银行对账单余额为1 585 000元，在检查该账户银行存款余额调节表时，注册会计师注意到以下事项：在途存款100 000元；未提现支票50 000元；未入账的银行存款利息收入35 000元；未入账的银行代扣水电费25 000元。假定不考虑其他因素，注册会计师审计后确认的该银行存款账户余额应是（　　）元。

A. 1 635 000　　B. 1 535 000　　C. 1 595 000　　D. 1 575 000

【答案】A

【解析】选项A恰当。注册会计师审计后确认的该银行存款账户实有数为1 585 000＋100 000－50 000＝1 635 000（元）。

【例题12－3·多选题】被审计单位2013年12月31日的银行存款余额调节表包括一笔“企业已付、银行未付”调节项，其内容为以支票支付赊购材料款。下列审计程序中，能为该调节项提供审计证据的有（　　）。(2014年)

A. 检查付款申请单是否经适当批准

B. 就2013年12月31日相关供应商的应付账款余额实施函证

C. 检查支票开具日期

D. 检查2014年1月的银行对账单

【答案】BCD

【解析】选项A，付款申请单即使被批准，也并不能表明该款项已通过支票支付，因此无法提供审计证据。

5. 函证银行存款余额

函证范围：

（1）注册会计师应当对银行存款（包括零余额账户和在本期内注销的账户）、借款及与金融机构往来的其他重要信息实施函证程序，除非有充分证据表明某一银行存款、借款及与金融机构往来的其他重要信息对财务报表不重要且与之相关的重大错报风险很低。

（2）如果不对这些项目实施函证程序，注册会计师应当在审计工作底稿中说明理由。

函证的目的：通过函证，可以获取证据证实资产负债表中所列银行存款是否存在，了解企业欠银行的债务情况和企业未入账的银行借款以及未披露的或有负债。

函证的方式：银行存款函证的方式是采用积极式询证函方式。

在实施银行函证时，注册会计师需要以被审计单位的名义向银行发询证函。

三、其他货币资金的实质性程序

其他货币资金的实质性程序如表 12－5 所示。

表 12－5　　其他货币资金的实质性程序

类型	审计程序
定期存款	（1）向管理层询问定期存款存在的商业理由并评估其合理性 （2）获取定期存款明细表，检查是否与账面记录金额一致，以及是否被质押或限制使用 （3）在监盘库存现金的同时，监盘定期存款凭据 （4）对未质押的定期存款，检查开户证实书原件，以防止被审计单位提供的复印件是未质押（或未提现）前原件的复印件 （5）对已质押的定期存款，检查定期存单复印件，并与相应的质押合同核对 （6）函证定期存款相关信息 （7）结合财务费用审计测试利息收入的合理性，判断是否存在体外资金循环的情形 （8）在资产负债表日后已提取的定期存款，核对相应的兑付凭证等 （9）关注附注中对定期存款是否给予充分披露
保证金存款	检查开立银行承兑汇票的协议或银行授信审批文件
存出投资款	跟踪资金流向，并获取董事会决议等批准文件、开户资料、授权操作资料等

第十二章　货币资金的审计

彬哥跟你说：

本章和前面三章一样，抓住考点即可，如果不理解，多看几遍。

今日复习步骤：

第一遍：回忆 & 重新复习一遍框架（10 分钟）

学习要求：这一遍的目的是自己重新找一遍框架，不需要掌握所有细节，但求框架了然于心。

（1）风险评估：了解内部控制（内部控制中的岗位分工及授权批准、现金和银行存款管理、票据及有关印章管理、监督检查分别要注意什么）和评估重大错报风险（容易发生错报的环节有哪些？与货币资金相关的重大错报风险是什么）。

（2）风险应对：控制测试和实质性程序（库存现金、银行存款的控制测试和实质性程序包括哪些主要内容）。

第二遍：对细节进一步掌握（40 分钟）

第三遍：重新复习一遍框架（6 分钟）

我问你答：

（1）是否可以由一个人办理货币资金业务的全过程？出纳员不得兼任什么工作？企业现金收入可以直接支付支出吗？如果需要坐支，如何处理？一人可以保管支付款项所需的全部印章吗？是否可以由出纳员编制银行存款余额调节表？

（2）货币资金可能发生错报的环节有哪些？影响哪些认定？（主要去理解）

（3）监盘库存现金：参加监盘的人员有哪些？监盘时间最好选择什么时候？有两处或两处以上的地方存放现金，是否应该同时进行盘点？在非资产负债表日进行盘点和监盘，是否需要调整至资产负债表日的金额？是否需要对这段时间的变动实施程序？

（4）取得并检查银行存款余额调节表应实施的程序是什么？取得并检查银行对账单的程序有哪些？

（5）银行存款余额调节表中，银行存款日记账如何调整？银行存款对账单呢？

（6）现金监盘程序是否可以同时用作控制测试和实质性程序？用作哪种程序取决于什么？

（7）函证银行存款的目的是什么？积极函证还是消极函证？零余额账户和在本期内注销的账户是否应当函证？什么情况下才不需要函证？

（8）对未质押的定期存款应实施什么实质性程序？已质押的定期存款呢？定期存款还有哪些审计程序？

本章作业：

（1）请把讲义例题做三遍（做错的题目，请分析错误原因并记录到改错本）。

（2）请复习完口述一遍框架，睡前请再回忆一遍框架。

（3）第二天早上，请再回忆一遍框架，对于回忆不起来的内容，请翻书看一遍。

第 11 天

复习旧内容：

第一章至第八章

学习新内容：

无

学习方法：

今天是复习课，所以仔细看一遍前面学过的内容，把没有理解的知识点再看看，我想你一定会有一些新的感悟。

你今天可能有的心态：

今日内容很轻松——复习，但是请不要随意对待，或者直接跳过今日的复习计划，请认真对待。如果觉得看完仍然懵懵懂懂，也请不要担心，毕竟我们这才是第二遍复习，时间还长，你还会进行很多次的复习，每一遍都是对知识的一个补充。如果觉得累了，不妨看完以后给自己放个假休息一下。毕竟休息好了才能有更好的精力学习。

简单解释今天学习内容：

孔子曰"温故而知新，可以为师矣"，温习旧知识从而得知新的理解和体会。所以，今天的任务就是复习前面一至八章的知识，我想之前有些不清晰的地方，会慢慢清晰起来的。

建议学习时间：

至少 1 小时

第 12 天

复习旧内容：

四大循环（第九章至第十二章）

学习新内容：

对舞弊和法律法规的考虑（第十三章）

学习方法：

应该说本编内容再特殊，也是按照基本的原则处理：

风险评估—风险应对。

但是本章的特殊之处，因为既然是特殊风险，除了普通的风险应对之外，肯定还有对特殊风险的应对之策。

你今天可能有的心态：

本编内容可能有点散，但是考点非常明确，所以不用担心，本编学完，基本上就学到了 70% 以上了。

简单解释今天学习内容：

因为财务报表是管理层编制的，所以不可避免地会存在舞弊风险。那么这些舞弊风险对审计有什么影响呢，注册会计师要如何应对这些风险呢？企业的经营过程中必然要涉及很多法律法规，那这些法律法规又是如何影响财务报表的，进而注册会计师面对这些影响又要如何应对。这些都是今日要学习的内容。

可能会遇到的难点：

本章难点并不那么明确，应该说审计整体都没什么难点，毕竟是文字性的内容，总之，本编主要是抓考点。

建议学习时间：

2 小时新内容、1 小时复习

第四编
对特殊事项的考虑

上一编，我们讲了审计方法中的具体事项的处理方法，这一编则汇集了审计工作中的一些特殊事项的处理方法，如图 1 所示。

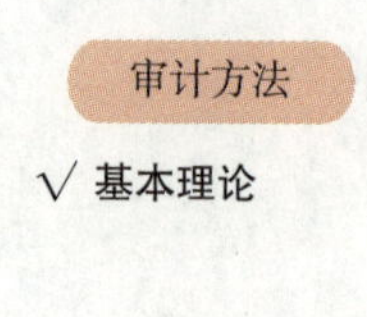

图 1　审计流程之特殊事项处理

在审计过程中，我们要考虑是否有舞弊的存在，相关的法律法规如何影响财务报表？遇到无法确定或解决不了的问题，注册会计师要和谁去沟通解决这些问题？面对大量和复杂的工作，我们是否可以考虑利用内部审计的工作来减轻自己的工作量，以及是否可以利用专家的工作来弥补我们的不足？

面对现在越来越多的集团企业，我们又要如何进行审计？对于会计估计、关联方和期初余额等内容特殊、性质敏感、金额较大、情况复杂的项目，我们又要如何进行审计？

这一编，我们将就以上内容进行详细的学习。

特殊事项知识结构如图 2 所示。

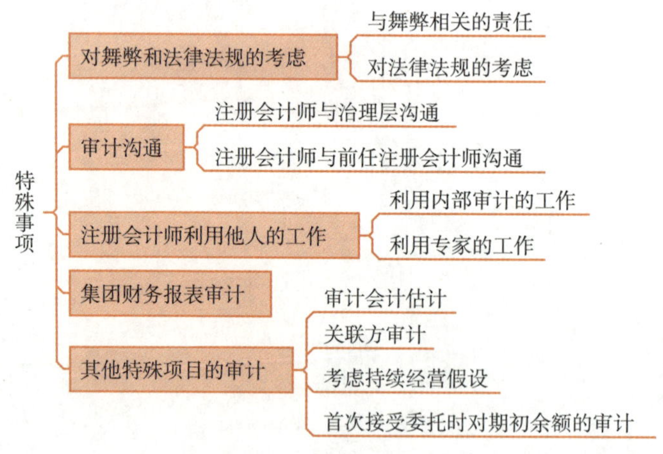

图 2　特殊事项知识结构

第十三章　对舞弊和法律法规的考虑

第一节　财务报表审计中与舞弊相关的责任

财务报表审计中与舞弊相关的责任框架如图 13－1 所示。

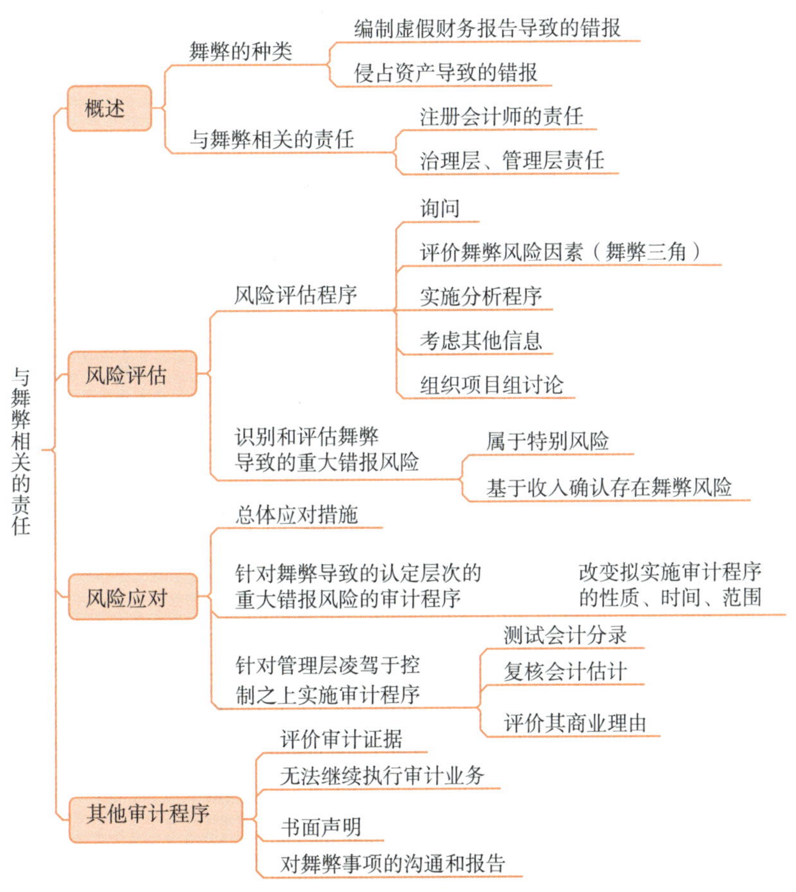

图 13－1　与舞弊相关的责任框架

舞弊是指被审计单位的管理层、治理层、员工或第三方使用欺骗手段获取不当或非法利益的故意行为。

一、与舞弊有关的概述

（一）舞弊的种类

舞弊是一个宽泛的法律概念，但在财务报表审计中，注册会计师关注的是导致财务报表发生重大错报的舞弊。与财务报表审计相关的故意错报，包括**编制虚假财务报告导致的错报**和**侵占资产导致的错报**（见图13－2、表13－1）。

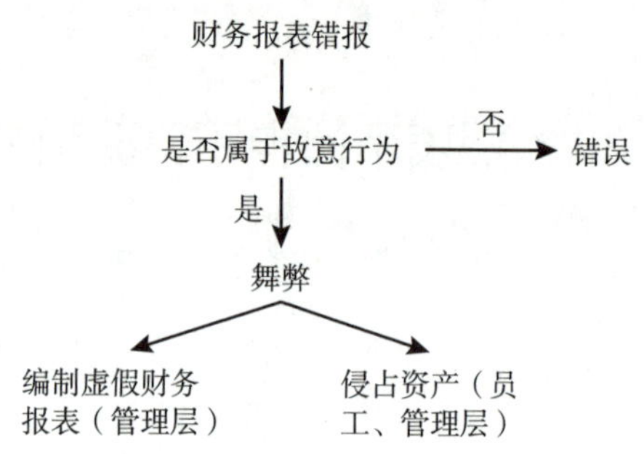

图13－2　发现舞弊的流程

表13－1　编制虚假财务报告导致的错报和侵占资产导致的错报

1. 编制虚假财务报告导致的错报	
定义	编制虚假财务报告涉及为欺骗财务报表使用者而作出的故意错报（包括对财务报表金额和披露的遗漏）
种类	（1）对编制财务报表所依据的会计记录或支持性文件进行操纵、弄虚作假（包括伪造）或篡改 （2）在财务报表中错误表达或故意漏记事项、交易或其他重要信息 （3）故意地错误使用与金额、分类、列报或披露相关的会计原则
2. 侵占资产导致的错报	
定义	侵占资产包括盗窃被审计单位资产，通常的做法是员工盗窃金额较小且不重要的资产。侵占资产也可能涉及管理层，他们通常更能够通过难以发现的手段掩饰或隐瞒侵占资产的行为
种类	（1）贪污收到的款项 （2）盗窃实物资产或无形资产 （3）使被审计单位对未收到的商品或未接受的劳务付款 （4）将被审计单位资产挪为私用 侵占资产通常伴随着虚假或误导性的记载或文件，其目的是隐瞒资产丢失或未经适当授权而被抵押的事实

（二）治理层、管理层的责任与注册会计师的责任

1. 治理层、管理层——主要责任

被审计单位治理层和管理层对防止或发现舞弊**负有主要责任**。管理层在治理层的监督下，高度重视舞弊的防范和遏制是非常重要的。

2. 注册会计师的责任——合理保证

（1）在按照审计准则的规定执行审计工作时，注册会计师有责任对财务报表整体是否不存在由于舞弊或错误导致的重大错报获取合理保证。

（2）由于审计的固有限制，即使注册会计师按照审计准则的规定恰当计划和执行了审计工作，也不可避免地存在财务报表中的某些重大错报未被发现的风险。注册会计师不能对财务报表整体不存在重大错报获取绝对保证。

【提示】

（1）注册会计师按照审计准则的规定实施审计，并不能发现财务报表中的全部重大错报行为。

（2）舞弊导致的重大错报未被发现的风险，大于错误导致的重大错报未被发现的风险。

（3）管理层舞弊导致的重大错报未被发现的风险，大于员工导致的重大错报未被发现的风险。

（4）如果完成审计工作后发现舞弊导致的财务报表重大错报，特别是串通舞弊或伪造文件记录导致的重大错报，并不一定表明注册会计师没有遵守审计准则（工作失职或失误）。

【例题 13－1·单选题】 针对舞弊导致的重大错报风险，下列说法中正确的是（　　）。(2015 年)

A. 被审计单位管理层对防止或发现舞弊负有全部责任

B. 注册会计师对财务报表整体存在由于舞弊或错误导致的重大错报获取合理保证

C. 未发现被审计单位的舞弊行为，表明注册会计师工作失误

D. 注册会计师不能对财务报表整体不存在重大错报获取绝对保证

【答案】 D

【解析】 选项 A，被审计单位治理层和管理层对防止或发现舞弊负有主要责任；选项 B，注册会计师有责任对财务报表是否不存在由于舞弊或错误导致的重大错报获取合理保证；选项 C，由于审计的固有限制，即使注册会计师按照审计准则的规定恰当计划和执行了审计工作，也不可避免地存在财务报表中的某些重大错报未被发现的风险。

二、风险评估

（一）风险评估程序

风险评估程序如图 13－3 所示。

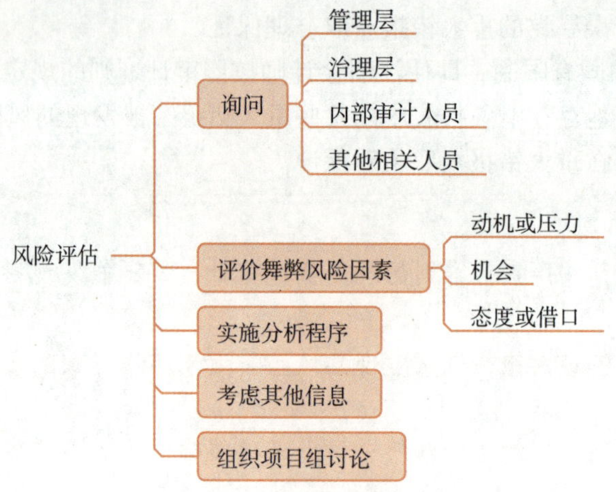

图 13-3 风险评估程序

1. 询问

询问对象：注册会计师应当询问治理层、管理层、内部审计人员及其他相关人员，以确定其是否知悉任何舞弊事实、舞弊嫌疑或舞弊指控（见表 13-2）。

表 13-2 询问内容（了解）

询问管理层	(1) 管理层对财务报表可能存在由于舞弊导致的重大错报风险的评估，包括评估的性质、范围和频率等 (2) 管理层对舞弊风险的识别和应对过程，包括管理层识别出的或注意到的特定舞弊风险，或可能存在舞弊风险的各类交易、账户余额或披露 (3) 管理层就其对舞弊风险的识别和应对过程向治理层的通报 (4) 管理层就其经营理念和道德观念向员工的通报
询问治理层	(1) 除非治理层全部成员参与管理被审计单位，注册会计师应当了解治理层如何监督管理层对舞弊风险的识别和应对过程，以及为降低舞弊风险而建立的内部控制 (2) 除非治理层全部成员参与管理被审计单位，对治理层的询问内容包括治理层是否知悉任何舞弊事实、舞弊嫌疑或舞弊指控
内部审计人员	如果被审计单位设有内部审计，注册会计师应当询问内部审计人员，以确定其是否知悉任何影响被审计单位的舞弊事实、舞弊嫌疑或舞弊指控，并获取这些人员对舞弊风险的看法
被审计单位内部的其他相关人员	(1) 不直接参与财务报告过程的业务人员 (2) 拥有不同级别权限的人员 (3) 参与生成、处理或记录复杂或异常交易的人员及其进行监督的人员 (4) 内部法律顾问 (5) 负责道德事务的主管人员或承担类似职责的人员 (6) 负责处理舞弊指控的人员

2. 评价舞弊风险因素（见图 13－4、表 13－3 和表 13－4）

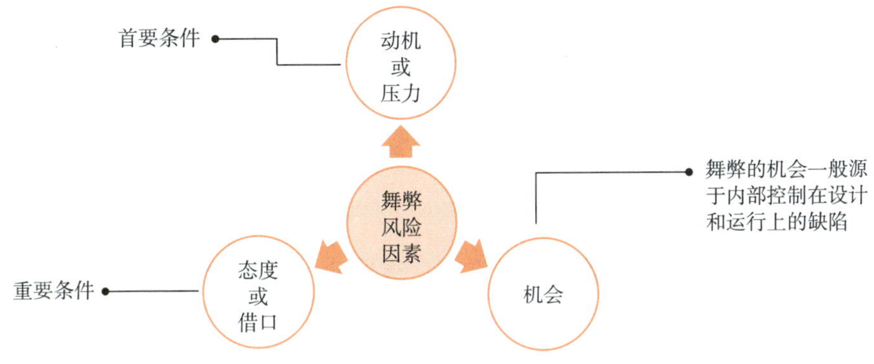

图 13－4　舞弊“铁三角”

表 13－3　与编制虚假财务报告导致的错报相关的舞弊风险因素

舞弊风险因素	舞弊风险因素细类
动机或压力	（1）财务稳定性或盈利能力受到经济环境、行业状况或被审计单位经营情况的威胁 （2）管理层为满足第三方要求或预期而承受过度的压力 （3）管理层或治理层的个人财务状况受到被审计单位财务业绩的影响 （4）管理层或经营者受到更高级管理层或治理层对财务或经营指标过高要求的压力
机会	（1）被审计单位所在行业或其他行业的性质为编制虚假财务报告提供了机会 （2）组织结构复杂或不稳定 （3）对管理层的监督失效 （4）内部控制要素存在缺陷
态度或借口	（1）管理层态度不端或缺乏诚信 （2）管理层与现任或前任注册会计师之间的关系紧张

表 13－4　与侵占资产导致的错报相关的舞弊风险因素

舞弊风险因素	舞弊风险因素细类
动机或压力	（1）个人的生活方式或财务状况问题 （2）接触现金或其他易被盗窃资产的员工与被审计单位之间存在的紧张关系
机会	（1）资产的某些特征或特定情形可能增加其被侵占的可能性 （2）与资产相关的不恰当的内部控制可能增加资产被侵占的可能性
态度或借口	（1）管理层或员工不重视相关控制 （2）对被审计单位存在不满甚至敌对情绪

【例题13－2·单选题】 下列舞弊风险因素中，与实施舞弊的动机或压力相关的是（　）。(2015年)

A. 组织结构过于复杂，存在异常的法律实体或管理层级

B. 非财务管理人员过度参与会计政策的选择或重大会计评估的确定

C. 管理层在被审计单位中拥有重大经济利益

D. 职责分离或独立审核不充分

【答案】 C

【解析】 选项AD与实施舞弊的机会相关，选项B与实施舞弊的态度或借口有关。

3. 实施分析程序

注册会计师应当评价在实施分析程序时识别出的异常或偏离预期的关系（包括与收入账户有关的关系），是否表明存在由于舞弊导致的重大错报风险。

4. 考虑其他信息

注册会计师应当考虑获取的其他信息是否表明存在由于舞弊导致的重大错报风险。其他信息可能来源于项目组内部的讨论、客户承接或续约过程以及向被审计单位提供其他服务所获得的经验。

5. 组织项目组讨论（见表13－5，了解）

表13－5　项目组讨论的目的和内容

目的	(1) 具有较多经验的项目组成员与其他成员分享关于财务报表易于发生由于舞弊导致的重大错报的方式和领域的见解 (2) 针对舞弊导致的重大错报的方式和领域考虑适当的应对措施，并确定分派哪些项目组成员实施特定的审计程序 (3) 确定如何在项目组成员中共享实施审计程序的结果，以及如何处理可能引起注册会计师注意的舞弊指控
内容（内容多，无须记忆）	(1) 项目组成员认为财务报表易于发生由于舞弊导致的重大错报的方式和领域、管理层可能编制和隐瞒虚假财务报告的方式以及侵占资产的方式等 (2) 可能表明管理层操纵利润的迹象，以及管理层可能采取的导致虚假财务报告的利润操纵手段 (3) 管理层企图通过晦涩难懂的披露使披露事项无法得到正确理解的风险 (4) 已知悉的对被审计单位产生影响的外部和内部因素，这些因素可能产生动机或压力使管理层或其他人员实施舞弊、可能提供实施舞弊的机会、可能表明存在为舞弊行为寻找借口的文化或环境 (5) 对接触现金或其他易被侵占资产的员工，管理层对其实施监督的情况 (6) 注意到的管理层或员工在行为或生活方式上出现的异常或无法解释的变化 (7) 强调在整个审计过程中对由于舞弊导致重大错报的可能性保持适当关注的重要性 (8) 遇到的哪些情形可能表明存在舞弊 (9) 如何在拟实施审计程序的性质、时间安排和范围中增加不可预见性 (10) 为应对由于舞弊导致财务报表发生重大错报的可能性而选择实施的审计程序，以及特定类型的审计程序是否比其他审计程序更为有效 (11) 注册会计师注意到的舞弊指控 (12) 管理层凌驾于控制之上的风险

（二）识别和评估由于舞弊导致的重大错报风险

1. 舞弊导致的重大错报风险属于需要注册会计师特别考虑的重大错报风险，即特别风险

2. 收入确认存在舞弊风险的假定（重要）

审计准则规定，在识别和评估由于舞弊导致的重大错报风险时，注册会计师应当基于收入确认存在舞弊风险的假定，评价哪些类型的收入、收入交易或认定导致舞弊风险。如果认为收入确认存在舞弊风险的假定不适用于业务的具体情况，从而未将收入确认作为由于舞弊导致的重大错报风险领域，注册会计师应当在审计工作底稿中记录得出该结论的理由（见图 13－5）。

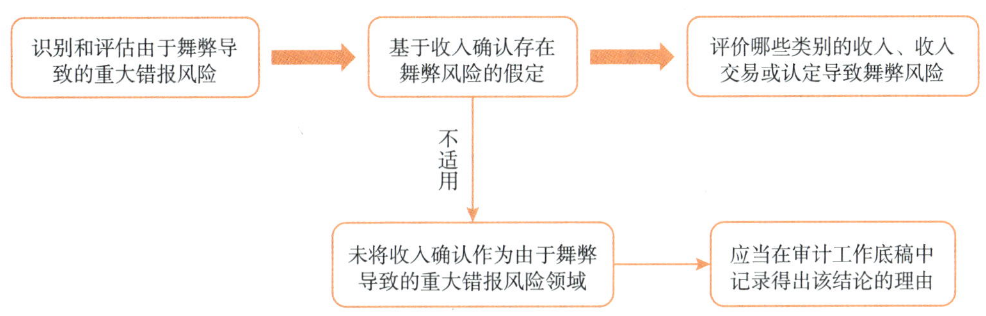

图 13－5　收入确认存在舞弊风险的假定

【提示】

只是假定收入存在舞弊风险，还需要去评价，不能直接说收入一定存在舞弊风险，用词要准确。

【例题 13－3·多选题】关于注册会计师对特别风险的考虑中，下列说法中正确的有（　　）。(2015 年)

A. 注册会计师应当在考虑识别出的控制对相关风险的抵销效果前，根据风险的性质、潜在错报的重要程度和发生的可能性，判断风险是否属于特别风险

B. 重大非常规交易容易导致特别风险

C. 针对特别风险，注册会计师应当了解和评估相关的控制活动

D. 注册会计师应当直接认定被审计单位收入确认存在特别风险

【答案】ABC

【解析】选项 D，注册会计师通常应当基于收入确认存在特别风险的假定，分析可能存在的风险类型、发生错报的方式及影响的认定，但并非所有情况下都直接认定收入确认存在特别风险。

第十三章

上面我们学完了风险评估，那么接下来就应该学习风险应对（见图 13 -6）。

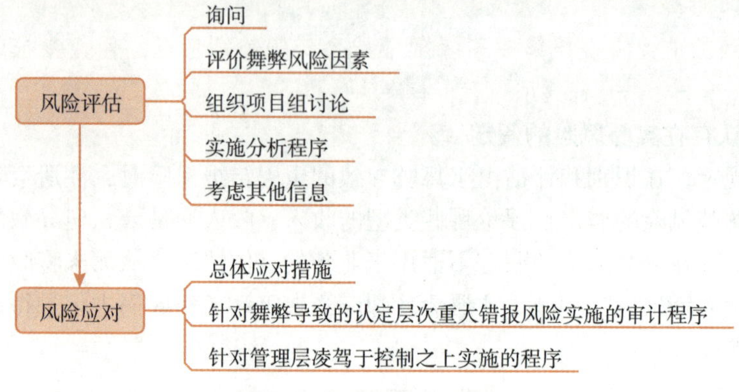

图 13 -6　风险评估与风险应对

三、风险应对

（一）应对舞弊导致的重大错报风险

在识别和评估舞弊导致的重大错报风险后，注册会计师需要采取适当的应对措施以将审计风险降至可接受的低水平。

舞弊导致的重大错报风险属于特别风险。注册会计师通常从三个方面应对此风险（见表 13 -6）。

1. 总体应对措施

2. 针对舞弊导致的认定层次重大错报风险实施的审计程序

3. 针对管理层凌驾于控制之上的风险实施审计程序

表 13 -6　应对舞弊导致的重大错报风险注册会计师通常采取的措施

1. 总体应对措施
（1）在分派和督导项目组成员时，考虑承担重要业务职责的项目组成员所具备的知识、技能和能力，并考虑由于舞弊导致的重大错报风险的评估结果 （2）评价被审计单位对会计政策（特别是涉及主观计量和复杂交易的会计政策）的选择和运用，是否可能表明管理层通过操纵利润对财务信息作出虚假报告 （3）在选择审计程序的性质、时间安排和范围时，增加审计程序的不可预见性
2. 针对舞弊导致的认定层次重大错报风险实施的审计程序（性质、时间、范围）
（1）改变拟实施审计程序的性质，以获取更为可靠、相关的审计证据，或获取其他佐证性信息 （2）改变实质性程序的时间，包括在期末或接近期末实施实质性程序，或针对本期较早时间发生的交易事项或贯穿于本会计期间的交易事项实施测试 （3）改变审计程序的范围，包括扩大样本规模，采用更详细的数据实施分析程序等
3. 注册会计师针对管理层凌驾于控制之上的风险所应当实施的审计程序（重点）
背景：由于管理层在被审计单位的地位，管理层凌驾于控制之上的风险在所有被审计单位都会存在；管理层凌驾于控制之上的风险属于特别风险，无论对管理层凌驾于控制之上的风险的评估结果如何，注册会计师都应当设计和实施审计程序

3. 注册会计师针对管理层凌驾于控制之上的风险所应当实施的审计程序（重点）
（1）测试日常会计核算过程中作出的会计分录以及编制财务报表过程中作出的其他调整是否适当 （2）复核会计估计是否存在偏向，并评价产生这种偏向的环境是否表明存在由于舞弊导致的重大错报风险 （3）对于超出被审计单位正常经营过程的重大交易，或基于对被审计单位及其环境的了解以及在审计过程中获取的其他信息而显得异常的重大交易，评价其商业理由（或缺乏商业理由）是否表明被审计单位从事交易的目的是对财务信息作出虚假报告或掩盖侵占资产的行为

（1）测试日常会计核算过程中作出的会计分录以及编制财务报表过程中作出的其他调整是否适当，注册会计师应当：

①向参与财务报告过程的人员询问与处理会计分录和其他调整相关的不恰当或异常的活动；

②选择在报告期末作出的会计分录和其他调整；

③考虑是否有必要测试整个会计期间的会计分录和其他调整。

（2）表明被审计单位从事超出其正常经营过程的重大交易，或虽然未超出其正常经营过程但显得异常的重大交易的迹象：

①交易的形式显得过于复杂（例如，交易涉及集团内部多个实体，或涉及多个非关联的第三方）；

②管理层未与治理层就此类交易的性质和会计处理进行过讨论，且缺乏充分的记录；

③管理层更强调采用某种特定的会计处理的需要，而不是交易的经济实质；

④对于涉及不纳入合并范围的关联方（包括特殊目的实体）的交易，治理层未进行适当的审核与批准；

⑤交易涉及以往未识别出的关联方，或涉及在没有被审计单位帮助的情况下不具备物质基础或财务能力完成交易的第三方。

【例题 13－4·单选题】 如果注册会计师认为存货数量存在舞弊导致的重大错报风险，下列做法中，通常不能应对该风险的是（　　）。

A. 扩大与存货相关的内部控制测试的样本规模

B. 要求被审计单位在报告期末或邻近期末的时点实施存货盘点

C. 在不预先通知的情况下对特定存放地点的存货实施监盘

D. 利用专家的工作对特殊类型的存货实施更严格的检查

【答案】 A

【解析】 数量存在舞弊导致的重大错报风险，控制测试无法实现，要通过实质性程序来应对。

【例题 13－5·单选题】 下列审计程序中，通常不能应对管理层凌驾于控制之上的风险的是（　　）。（2017 年）

A. 测试会计分录和其他调整

B. 获取有关重大关联方交易的管理层书面声明

C. 复核会计估计是否存在偏向

D. 评价重大非常规交易的商业理由

【答案】B

【解析】无论对管理层凌驾于控制之上的风险评估结果如何，注册会计师都应当设计和实施审计程序，用以：(1) 测试日常会计核算过程中作出的会计分录以及编制财务报表过程中作出的其他调整是否适当。(2) 复核会计估计是否存在偏向，并评价产生这种偏向的环境是否表明存在由于舞弊导致的重大错报风险。(3) 对于超出被审计单位正常经营过程的重大交易，或基于对被审计单位及其环境的了解以及在审计过程中获取的其他信息而显得异常的重大交易，评价其商业理由（或缺乏商业理由）是否表明被审计单位从事交易的目的是对财务信息作出虚假报告或掩盖侵占资产的行为。

（二）会计分录测试

在所有财务报表审计业务中，注册会计师都需要专门针对管理层凌驾于控制之上的风险设计和实施会计分录测试（见图13－7）。

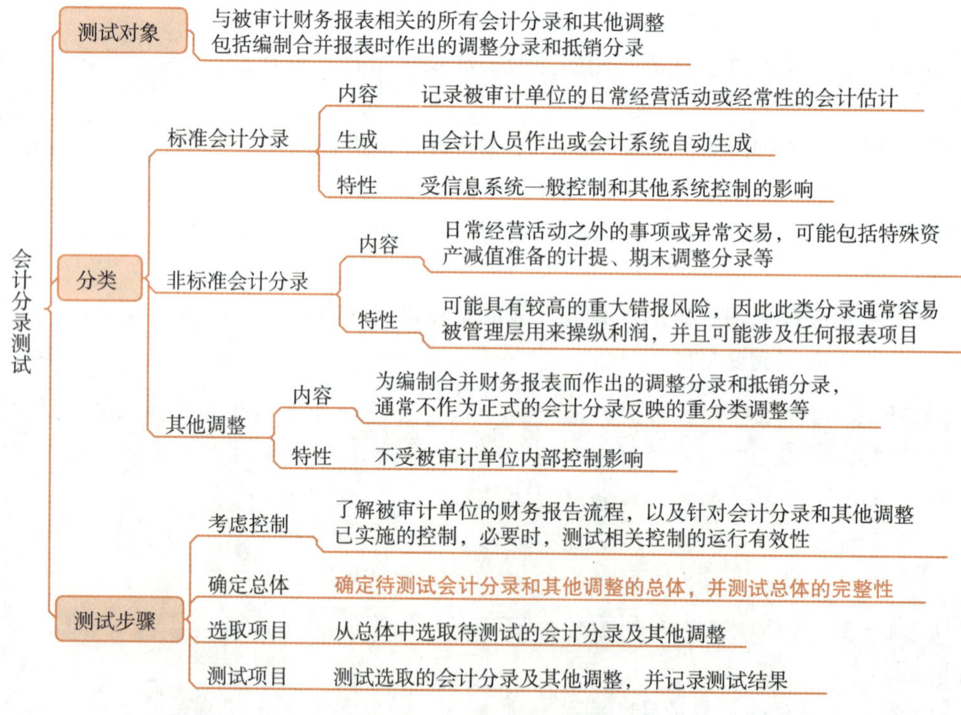

图13－7　会计分录测试

1. 被审计单位内部控制系统中针对会计分录和其他调整的控制措施

(1) 针对会计分录和其他调整的授权、过账、审核、核对等方面设置职责分离。

(2) 在会计系统中设置系统访问权限，用以控制会计分录的记录权和审批权。

(3) 用以防止并发现虚假会计分录或未经授权的更改的控制措施。

(4) 由管理层、治理层或其他适当人员对会计分录记录和过入总账以及在编制财务报表过程中作出其他调整的过程进行监督。

（5）由被审计单位的内部审计人员（如有）定期测试控制运行的有效性。

2. 确定待测试会计分录及其他调整的总体并测试总体的完整性

注册会计师在测试会计分录和其他调整时，首先需要确定待测试会计分录和其他调整的总体，然后针对该总体实施完整性测试（见表13－7）。

表13－7　确定总体并实施完整性测试

确定总体	（1）因虚假会计分录和其他调整通常在报告期末作出，因此，审计准则要求注册会计师在对报告期末作出的会计分录和其他调整进行测试 （2）因舞弊导致的财务报表重大错报可能发生于整个会计期间，并且舞弊者可能运用各种方法隐瞒舞弊，因此，审计准则要求注册会计师考虑是否有必要测试整个会计期间的会计分录和其他调整	
测试总体完整性	考虑因素	（1）舞弊导致的财务报表重大错报风险 （2）对被审计单位财务报告流程的了解
	测试流程	（1）从会计信息系统中导出所有待测试分录和调整 （2）加计所有会计分录和其他调整的本期发生额，与科目余额表中的各科目本期发生额核对相符 （3）将系统生成的重要账户余额与明细账和总账及科目余额表中的余额核对，测试计算准确性 （4）检查所有结账后作出的与本期财务报表有关的分录和其他调整，测试其完整性 （5）将总账与财务报表核对，以检查是否存在其他调整

3. 选取并测试会计分录和其他调整时考虑的因素

（1）对由于舞弊导致的重大错报风险的评估。

（2）对会计分录和其他调整已实施的控制。内部控制有效的前提下，可以缩小实质性程序的范围。

（3）被审计单位的财务报告过程以及所能获取的证据的性质。

（4）虚假会计分录和其他调整的特征。

（5）账户的性质和复杂程度。

（6）在日常经营活动之外处理的会计分录或其他调整。

在审计拥有多个组成部分的被审计单位时，注册会计师需要考虑从不同的组成部分选取会计分录进行测试。

【例题13－6·多选题】下列有关会计分录测试的说法中，正确的有（　　）。（2016年）

A. 在所有财务报表审计业务中，注册会计师均应当实施会计分录测试

B. 注册会计师应当对测试会计分录总体实施完整性测试

C. 即使被审计单位对会计分录和其他调整实施的控制有效，注册会计师也不可以缩小会计分录的测试范围

D. 会计分录测试的对象包括被审计单位编制合并财务报表时作出的抵销分录

【答案】ABD

【解析】被审计单位对会计分录和其他调整实施的控制有效，注册会计师可以缩小会计分录的测试范围，但需要充分考虑管理层凌驾于控制之上的风险，选项C错误。

四、其他审计程序

（一）评价审计证据

（1）如果识别出某项错报，注册会计师应当评价该错报是否表明存在舞弊。如果存在舞弊的迹象，由于舞弊涉及实施舞弊的动机和压力、机会或借口，**因此一个舞弊事项不太可能是孤立发生的事项。注册会计师应当评价该项错报对审计工作其他方面的影响，特别是对管理层声明可靠性的影响。**

（2）如果识别出某项错报，并有理由认为该项错报是或可能是由于舞弊导致的，且涉及管理层，特别是涉及较高层级的管理层，无论该项错报是否重大，**注册会计师都应当重新评价对由于舞弊导致的重大错报风险的评估结果，以及该结果对旨在应对评估的风险的审计程序的性质、时间安排和范围的影响。**

（3）在重新考虑此前获取的审计证据的可靠性时，注册会计师还应当考虑相关的情形是否表明可能存在涉及员工、管理层或第三方的串通舞弊。

（4）如果确认财务报表存在由于舞弊导致的重大错报，或无法确定财务报表是否存在由于舞弊导致的重大错报，注册会计师应当评价对审计的影响。

（二）无法继续执行审计业务

1. 对继续执行审计业务的能力产生怀疑的异常情形

（1）被审计单位没有针对舞弊采取适当的、注册会计师根据具体情况认为必要的措施，即使该舞弊对财务报表并不重大。

（2）注册会计师对由于舞弊导致的重大错报风险的考虑以及实施审计测试的结果，表明存在重大且广泛的舞弊风险。

（3）注册会计师对管理层或治理层的胜任能力或诚信产生重大疑虑。

2. 对继续执行审计业务的能力产生怀疑的异常情形出现时，注册会计师的处理

（1）确定适用于具体情况的职业责任和法律责任，包括是否需要向审计业务委托人或监管机构报告。

（2）在相关法律法规允许的情况下，考虑是否需要解除业务约定。

3. 解除业务约定

如果决定解除业务约定，注册会计师应当采取下列措施：

（1）与适当层级的管理层和治理层讨论解除业务约定的决定和理由。

（2）考虑是否存在职业责任或法律责任，需要向审计业务委托人或监管机构报告解除业务约定的决定和理由。

（三）书面声明

1. 获取针对舞弊事项的书面说明

（1）管理层对财务报表可能存在由于舞弊导致的重大错报风险的评估结果。

（2）对影响被审计单位的舞弊事实、舞弊嫌疑或舞弊指控的了解程度。

2. 就舞弊事项获取书面说明的内容

（1）管理层和治理层认可其设计、执行和维护内部控制以防止和发现舞弊的责任；

（2）管理层和治理层已向注册会计师披露了管理层对由于舞弊导致的财务报表重大错报风险的评估结果；

（3）管理层和治理层已向注册会计师披露了已知的涉及管理层、在内部控制中承担重要职责的员工以及其他人员的舞弊或舞弊嫌疑；

（4）管理层和治理层已向注册会计师披露了从现任和前任员工、分析师、监管机构等方面获知的、影响财务报表的舞弊指控或舞弊嫌疑。

（四）与管理层、治理层和监管机构的沟通

与管理层、治理层和监管机构的沟通如表 13－8 所示。

表 13－8　　与管理层、治理层和监管机构的沟通

管理层	沟通要求	当注册会计师已获取的证据表明存在或可能存在舞弊时，尽快提请适当层级的管理层关注这一事项是很重要的。即使该事项（如被审计单位组织结构中处于较低职位的员工挪用小额公款）可能被认为不重要，注册会计师也应当这样做
	拟沟通的适当层级	通常情况下，适当层级的管理层至少要比涉嫌舞弊人员高出一个级别
治理层	沟通要求	（1）如果确定或怀疑舞弊涉及管理层、在内部控制中承担重要职责的员工以及其舞弊行为可能导致财务报表重大错报的其他人员，注册会计师应当尽早就此类事项与治理层沟通 （2）如果怀疑舞弊涉及管理层，注册会计师应当将此怀疑向治理层通报，并与其讨论为完成审计工作所必需的审计程序的性质、时间安排和范围 （3）如果根据判断认为还存在与治理层职责相关的、涉及舞弊的其他事项，注册会计师应当就此与治理层沟通
	沟通事项	（1）对管理层评估的性质、范围和频率的疑虑 （2）管理层未能恰当应对识别出的值得关注的内部控制缺陷或舞弊 （3）注册会计师对被审计单位控制环境的评价，包括对管理层胜任能力和诚信的疑虑 （4）可能表明存在编制虚假财务报告的管理层行为 （5）对超出正常经营过程的交易的授权的适当性和完整性的疑虑
监管机构	（1）如果识别出舞弊或怀疑存在舞弊，注册会计师应当确定是否有责任向被审计单位以外的机构报告 （2）尽管注册会计师对客户信息负有的保密义务可能妨碍这种报告，但如果法律法规要求注册会计师履行报告责任，注册会计师应当遵守法律法规的规定	

第二节　财务报表审计中对法律法规的考虑

违反法律法规，是指被审计单位、治理层、管理层或者为被审计单位工作或者受其指导的其他人，有意或无意违背除适用的财务报告编制基础以外的现行法律法规的行为。违反法律法规不包括与被审计单位经营活动无关的不当个人行为。

被审计单位需要遵守的两类不同的法律法规如表 13－9 所示。

表 13 – 9　　被审计单位需要遵守的法律法规

直接影响	通常对决定财务报表的重大金额和披露有直接影响的法律法规（如税收和企业年金方面的法律法规）
间接影响	对决定财务报表中的金额和披露没有直接影响的其他法律法规，但遵守这些法律法规对被审计单位的经营活动、持续经营能力或避免大额罚款至关重要；违反这些法律法规，可能对财务报表产生重大影响

【提示】

（1）在考虑被审计单位的某项行为是否违反法律法规时，应当征询法律意见（法律业务专家意见）。

（2）某项行为是否违反法律法规最终只能由法院或其他适当的监管机构作出判决。

（3）许多法律法规主要与被审计单位的经营活动相关，并不影响财务报表，且不能被财务报表相关的信息系统所获取。

一、管理层遵守法律法规的责任

管理层有责任在治理层的监督下确保被审计单位的经营活动符合法律法规的规定。

二、注册会计师的责任

注册会计师有责任对财务报表整体不存在由于舞弊或错误导致的重大错报获取合理保证。

由于审计的固有限制，即使注册会计师按照审计准则的规定恰当地计划和执行审计工作，也不可避免地存在财务报表中的某些重大错报风险未被发现的风险。

因此，注册会计师**没有责任防止**被审计单位违反法律法规行为，也**不能期望其发现所有**的违反法律法规行为。

被审计单位需要遵守的法律法规与注册会计师的责任如表 13 – 10 所示。

表 13 – 10　　被审计单位需遵守的法律法规和注册会计师的责任

需遵守的法律法规	注册会计师责任
有**直接**影响的法律法规	就被审计单位遵守这些法律法规的规定**获取充分、适当的审计证据**
有**间接**影响的法律法规	**仅限于实施特定的审计程序**，以有助于识别可能对财务报表产生重大影响的违反这些法律法规的行为

【例题 13 – 7 · 单选题】关于注册会计师对被审计单位违反法律法规行为的审计责任，下列说法中，正确的是（　　）。（2012 年）

A. 注册会计师有责任发现被审计单位所有的违反法律法规行为

B. 针对通常对决定财务报表中的重大金额和披露有直接影响的法律法规的规定，注册会计师应当获取被审计单位遵守这些规定的充分、适当的审计证据

C. 注册会计师没有责任专门实施审计程序以发现被审计单位的违反法律法规行为

D. 对被审计单位的违反法律法规行为，注册会计师应当在审计报告中予以反映

【答案】 B

【解析】 注册会计师没有责任发现被审计单位所有的违反法律法规的行为，选项 A 错误；对有直接影响的法律法规，注册会计师有责任专门实施审计程序以发现被审计单位的违反法律法规的行为，选项 C 错误；对于被审计单位的违反法律法规的行为，对直接影响财务报表的，注册会计师应当在审计报告中予以反映，选项 D 错误。

三、对被审计单位遵守法律法规的考虑

在了解被审计单位及其环境时，注册会计师应当总体了解下列事项：

（1）适用于被审计单位及其所处行业或领域的法律法规框架；

（2）被审计单位如何遵守这些法律法规框架。

识别被审计单位是否存在违反法律法规行为的程序或要求如表 13－11 所示。

表 13－11　　识别被审计单位是否存在违反法律法规行为的程序或要求

项目		程序或要求
主要程序	直接影响	注册会计师应当获取被审计单位遵守这些规定的充分、适当的审计证据
	间接影响	（1）向管理层和治理层（如适用）询问被审计单位是否遵守了这些法律法规 （2）检查被审计单位与许可证颁发机构或监管机构的往来函件
其他程序		（1）阅读会议纪要 （2）向被审计单位管理层、内部或外部法律顾问询问诉讼、索赔及评估情况 （3）对某类交易、账户余额和披露实施细节测试
书面声明		（1）由于法律法规对财务报表的影响差异很大，对于管理层识别出的或怀疑存在的，可能对财务报表产生重大影响的违反法律法规的行为，书面声明可以提供必要的审计证据 （2）书面声明本身并不提供充分、适当的审计证据，因此，不影响注册会计师拟获取的其他审计证据的性质和范围

四、识别出的或怀疑存在的违反法律法规行为时实施的审计程序

1. 注意到与识别出的或怀疑存在的违反法律法规行为相关的信息，注册会计师的审计程序

（1）了解违反法律法规行为的性质及其发生的环境。

（2）获取进一步的信息，以评价对财务报表可能产生的影响。包括：

①违反法律法规行为对财务报表产生的潜在财务后果，如受到罚款、处分、赔偿、封存财产、强制停业和诉讼等；

②潜在财务后果是否需要列报；

③潜在财务后果是否非常严重，以致对财务报表的公允反映产生怀疑或导致财务报表产生误导。

2. 怀疑被审计单位存在违反法律法规行为时的审计程序（见图 13－8）

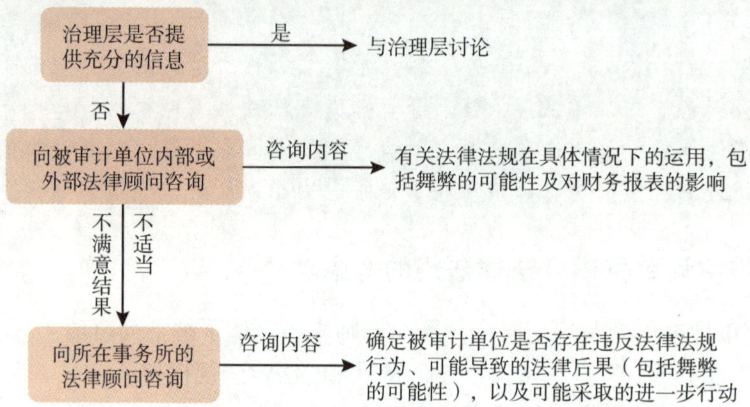

图 13－8　怀疑被审计单位存在违反法律法规行为时的审计程序

3. 评价识别出的或怀疑存在的违反法律法规行为的影响

（1）评价对其他方面可能的影响，包括对注册会计师风险评估和被审计单位书面声明可靠性的影响。

（2）考虑是否有必要解除业务约定。

①在某些情况下，如果管理层或治理层没有采取注册会计师认为适合具体情况的补救措施，**或者识别出的或怀疑存在的违反法律法规行为导致对管理层或治理层的诚信产生质疑（即使违反法律法规行为对财务报表不重要）**，如果法律法规允许，注册会计师也可能考虑是否有必要解除业务约定。

②在决定是否有必要解除业务约定时，注册会计师可以考虑征询法律意见。

③在特殊情况下，管理层或治理层没有采取注册会计师认为在具体情形下适当的补救行动，并且不可能解除业务约定，在其他事项段中描述识别出的或怀疑存在的违反法律法规行为。

五、对识别出的或怀疑存在的违反法律法规行为的报告

1. 与治理层沟通（见表 13－12）

表 13－12　　与治理层沟通

<table>
<tr><td>总体要求</td><td colspan="2">除非治理层全部成员参与管理被审计单位，因而知悉注册会计师已沟通的、涉及识别出的或怀疑存在的违反法律法规行为的事项，注册会计师应当与治理层沟通审计过程中注意到的有关违反法律法规的事项（除非法律法规禁止），但不必沟通明显不重要的事项</td></tr>
<tr><td>沟通方式</td><td colspan="2">（1）通常采用书面形式，则沟通文件副本作为工作底稿
（2）若采用口头形式，应形成沟通记录作为工作底稿</td></tr>
<tr><td rowspan="2">情节严重时的沟通要求</td><td>故意和重大的违反法规行为</td><td>注册会计师应当就此尽快向治理层通报</td></tr>
<tr><td>怀疑违反法律法规行为涉及管理层或治理层</td><td>（1）注册会计师应当向被审计单位审计委员会或监事会等更高层级的机构通报
（2）如果不存在更高层级的机构，或注册会计师认为被审计单位可能不会对通报作出反应，或注册会计师不能确定向谁报告，注册会计师应当考虑是否需要向外部监管机构（如有）报告或征询法律意见</td></tr>
</table>

2. 出具审计报告（见图 13－13）

表 13－13　　出具审计报告

考虑违反法规行为的影响	（1）如果认为识别出的或怀疑存在的违反法律法规行为对财务报表具有重大影响，注册会计师应当要求被审计单位在财务报表中予以恰当反映 （2）如果认为识别出的或怀疑存在的违反法律法规行为对财务报表有重大影响，且未能在财务报表中得到恰当反映，注册会计师应当出具**保留意见或否定意见**的审计报告
考虑审计范围受到限制的影响	（1）来自被审计单位的限制。如果因为管理层或治理层阻挠而无法获取充分、适当的审计证据，以评价是否存在或可能存在对财务报表产生重大影响的违反法律法规行为，注册会计师应当根据审计范围受到限制的程度，发表**保留意见或无法表示意见** （2）其他方面的限制。如果由于审计范围受到管理层或治理层以外的其他方面的限制而无法确定被审计单位是否存在违反法律法规行为，注册会计师应当评价这一情况对审计意见的影响

3. 向被审计单位之外的适当机构报告识别出的或怀疑存在的违反法律法规行为

如果识别出的或怀疑存在的违反法律法规行为，注册会计师应当考虑**是否有责任**向被审计单位以外的适当机构报告。

【例题 13－8·多选题】识别出被审计单位违反法律法规的行为。下列各项程序，注册会计师应当实施的有（　　）（2015 年）

A. 了解违反法律法规行为的性质及其发生的环境

B. 评价识别出的违反法律法规行为对注册会计师风险评估的影响

C. 就识别出的所有违反法律法规行为与治理层进行沟通

D. 评价被审计单位书面声明的可靠性

【答案】ABD

【解析】除非治理层全部成员参与管理被审计单位，因而知悉注册会计师已沟通的、涉及识别出的或怀疑存在的违反法律法规行为的事项，注册会计师应当与治理层沟通审计过程中注意到的有关违反法律法规的事项，但不必沟通明显不重要的事项。

第十三章

第十三章　对舞弊和法律法规的考虑

彬哥跟你说：

对特殊事项的考虑，也就是特殊事项要特殊对待，本来审计的语言就很拗口，那么你还来个特殊事项特殊对待，那就更加拗口了，那么学习方法要注意：一定不要陷入微观内容出不来，时不时就跳出来梳理一下框架。

今日复习步骤：

第一遍：回忆 & 重新复习一遍框架（15 分钟）

学习要求：自己重新找一遍框架，不需要掌握所有细节，但求框架了然于心。

第二遍：对细节进一步掌握（50 分钟）

与舞弊相关的责任涉及哪些考点？对法律法规的考虑涉及哪些考点？

第三遍：重新复习一遍框架（7 分钟）

我问你答：

（1）舞弊导致财务报表发生的错报是哪两种？编制虚假财务报告导致的重大错报风险，大于侵占资产导致的重大错报风险是否正确？舞弊导致的重大错报未被发现的风险，大于错误导致的重大错报未被发现的风险，是否正确？

（2）谁对防止或发现舞弊负有主要责任？注册会计师是提供绝对保证吗？如果完成审计工作后发现舞弊导致的重大错报，是否一定表明注册会计师没有遵守审计准则？

（3）舞弊风险因素包括哪三个？首要条件是什么？风险评估程序包括什么？实质性分析程序是否属于风险评估？

（4）舞弊导致的重大错报风险是否属于特别风险？识别和评估的时候，应当基于什么假定？能否说收入一定存在舞弊风险？如果该假定不适用，应当如何做？

（5）应该从哪三个方面应对舞弊导致的重大错报风险？每一方面的具体内容是什么？管理层凌驾于控制之上的风险是否在所有的被审计单位都会存在？

（6）是否在所有财务报表审计业务中，注册会计师都需要专门针对管理层凌驾于控制之上的风险设计和实施会计分录测试？测试对象是否只包括会计分录？

（7）注册会计师是否需要对所有的法律法规都获取充分、适当的审计证据？是否有责任防止被审计单位违反法律法规以及发现所有的违反法律法规的行为？

（8）识别被审计单位是否存在违反法律法规行为的程序有哪些？

（9）是否需要与治理层沟通所有识别出的违反法律法规行为？怀疑违反法律法规行为涉及管理层或治理层，应向谁通报？考虑违反法规行为的影响，什么情况下发表保留或否定意见？考虑审计范围受到被审计单位的限制，应发表什么意见？

本章作业：

（1）请把讲义例题做三遍（做错的题目，请分析错误原因并记录到改错本）。

（2）请复习完口述一遍框架，睡前请再回忆一遍框架。

（3）第二天早上，请再回忆一遍框架，对于回忆不起来的内容，请翻书看一遍。

第 13 天

复习旧内容：

无

学习新内容：

审计沟通、注册会计师利用他人的工作（第十四章、第十五章）

学习方法：

第 12 天的内容稍微还有点需要理解的地方，今天的内容就没有太多需要理解的了，简单易懂，放轻松即可。

你今天可能有的心态：

如果说一个习惯的养成，需要 21 天，那么恭喜你，已经过了一半了，今天的内容还是很简单的，不要因为简单而松懈，还请认真学习。

简单解释今天学习内容：

所谓审计沟通，就是指审计机构与被审计单位、组织适当管理层就审计有关事项、依据、结论、决定或建议进行积极有效探讨和交流的过程。那么主要是跟谁沟通呢？一是跟治理层沟通，二是跟前任注册会计师沟通。

而利用他人的工作，是指在审计过程中，面对庞大复杂的审计证据，我们能否利用他人的工作为注册会计师减少工作量，且得出可靠的审计证据。能够利用谁的工作呢？主要是利用专家的工作和利用内部审计的工作。

可能会遇到的难点：

这两章基本没有难点，但是要注意以下几点：

（1）必须要书面沟通的事项（3 个）；

（2）前后任注册会计师的定义；

（3）前后任注册会计师沟通的每个阶段的区别；

（4）如何去评价专家的工作和利用内部审计的工作能否实现审计目的。

建议学习时间：

2 小时

第十四章　审计沟通

第一节　注册会计师与治理层的沟通

注册会计师与治理层的沟通框架如图 14－1 所示。

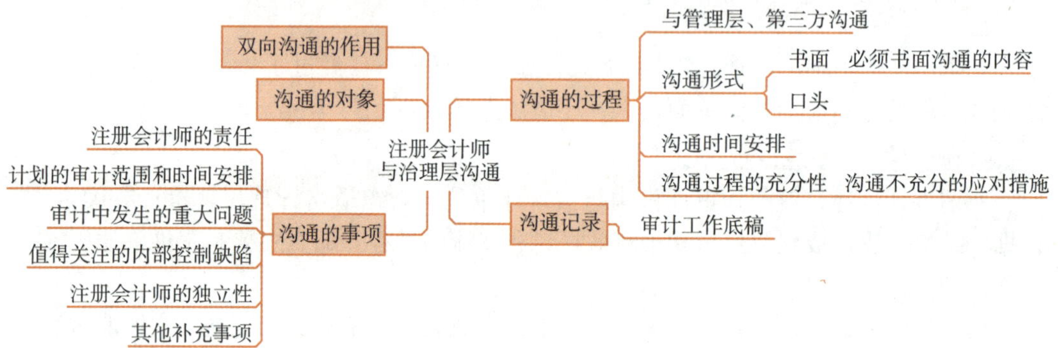

图 14－1　注册会计师与治理层的沟通框架

一、注册会计师与治理层的双向沟通

治理层、管理层与注册会计师的关系如图 14－2 所示。

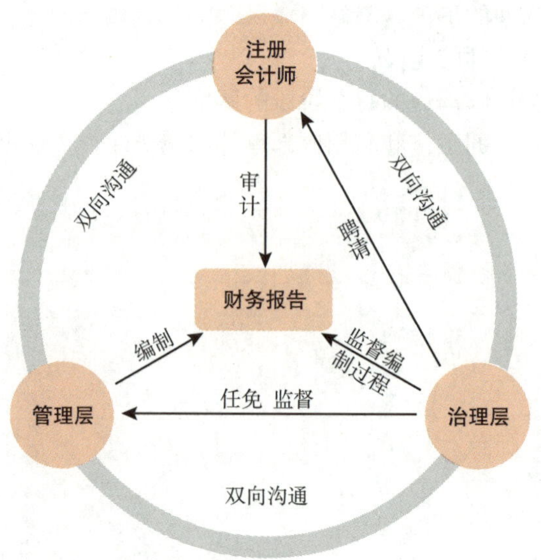

图 14－2　治理层、管理层与注册会计师的关系

1. 双向沟通的原因

（1）在财务报告编制过程中监督和财务报表审计职责方面存在共同关注点。

（2）在履行职责方面存在很强的互补性。

2. 双向沟通的作用

（1）有助于了解与审计相关的背景事项，并建立建设性的工作关系，在建立这种关系时，注册会计师需要保持独立性和客观性；

（2）有助于获取与审计相关的信息，例如，治理层可以帮助注册会计师了解被审计单位及其环境，确定审计证据的适当来源，以及提供有关具体交易或事项的信息；

（3）有助于治理层履行对其财务报告的监督责任，从而降低财务报表重大错报风险。

3. 双向沟通的主要目的

（1）就审计范围和时间以及注册会计师、治理层、管理层各方在财务报表审计和沟通中的责任，取得相互了解；

（2）及时向治理层告知审计中发现的与治理层责任相关的事项；

（3）共享有助于注册会计师获取审计证据和治理层履行责任的其他信息。

二、沟通的对象

1. 总体要求

（1）确定沟通对象的一般要求。

上市公司审计中，有关注册会计师独立性问题的沟通，其沟通对象最好是被审计单位治理结构中有权决定聘任、解聘注册会计师的组织或人员。有关管理层胜任能力和诚信问题方面的事项，就不宜与兼任高级管理职务的治理层成员沟通。

（2）需要商定沟通对象的特殊情形。（略）

2. 与治理层的下设组织或个人沟通

（1）决定与治理层的下设组织或个人沟通时应当考虑的主要因素：

①治理层的下设组织与治理层各自的责任。

②拟沟通事项的性质。

③相关法律法规的要求。

④下设组织是否有权就沟通的信息采取行动，以及是否能够提供注册会计师可能需要的进一步的信息和解释。

（2）被审计单位设有审计委员会时，良好的治理原则建议：

①邀请注册会计师定期参加审计委员会会议。

②审计委员会主席和其他相关成员定期与注册会计师联系。

③审计委员会每年至少一次在管理层不在场的情况下会见注册会计师。

【提示】

（1）注册会计师通常没有必要（实际上也不可能）就全部沟通事项与治理层进行沟通。

（2）对具体事项适当的沟通对象往往是治理层的下设组织和人员，如董事会下设的审计委员会、独立董事、监事会或者被审计单位特别指定的组织和人员。

三、沟通的事项（关注不沟通的事项！）

沟通的事项如图 14－3 所示。

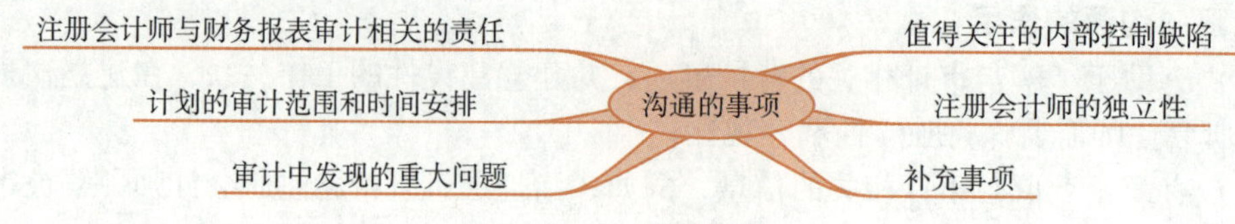

图 14－3　沟通事项

（一）注册会计师与财务报表审计相关的责任

（1）注册会计师负责对在治理层监督下管理层编制的财务报表形成和发表意见。

（2）财务报表审计并不减轻管理层或治理层的责任。

（二）计划的审计范围和时间安排

1. 沟通的作用及内容（见表 14－1）

表 14－1　沟通的作用及内容

沟通作用	（1）帮助治理层更好地了解注册会计师工作的结果，与注册会计师讨论风险问题和重要性的概念，以及识别可能需要注册会计师追加审计程序的领域 （2）帮助注册会计师更好地了解被审计单位及其环境
沟通内容	（1）识别的特别风险 （2）注册会计师拟如何应对由于舞弊或错误导致的特别风险以及重大错报风险评估水平较高的领域 （3）注册会计师对与审计相关的内部控制采取的方案 （4）在审计中对重要性概念的运用（不是具体的重要性水平） （5）实施计划的审计程序或评价审计结果需要的专门技术或知识的性质和程度，包括利用专家的工作 （6）当准则适用时，注册会计师对哪些事项可能需要重点关注因而可能构成关键审计事项所作的初步判断 （7）针对适用的财务报告编制基础或者被审计单位所处的环境、财务状况或活动发生的重大变化对单一报表及披露产生的影响，注册会计师拟采取的应对措施

2. 可能适合与治理层讨论的计划方面的其他事项（了解）

（1）如果被审计单位设有内部审计，注册会计师拟利用内部审计工作的程度，以及注册会计师和内部审计人员如何以建设性和互补的方式更好地协调和配合工作。

（2）治理层对下列问题的看法：

①与被审计单位治理结构中的哪些适当人员沟通；

②治理层和管理层之间的责任分配；

③被审计单位的目标和战略，以及可能导致重大错报的相关经营风险；

④治理层认为审计过程中需要特别关注的事项，以及治理层要求注册会计师追加审计程序的领域；

⑤与监管机构的重要沟通；

⑥治理层认为可能会影响财务报表审计的其他事项。

（3）治理层对下列问题的态度、认识和措施：

①被审计单位的内部控制及其在被审计单位中的重要性，包括治理层如何监督内部控制的有效性；

②舞弊发生的可能性或如何发现舞弊。

（4）治理层应对会计准则、公司治理实务、交易所上市规则和相关事项变化的措施。

（5）治理层对以前与注册会计师沟通作出的反应。

尽管与治理层的沟通可以帮助注册会计师计划审计的范围和时间安排，但并不改变注册会计师独自承担制定总体审计策略和具体审计计划（包括获取充分、适当的审计证据所需程序的性质、时间安排和范围）的责任。

（三）审计中发现的重大问题

审计中发现的重大问题如图 14－4 所示。

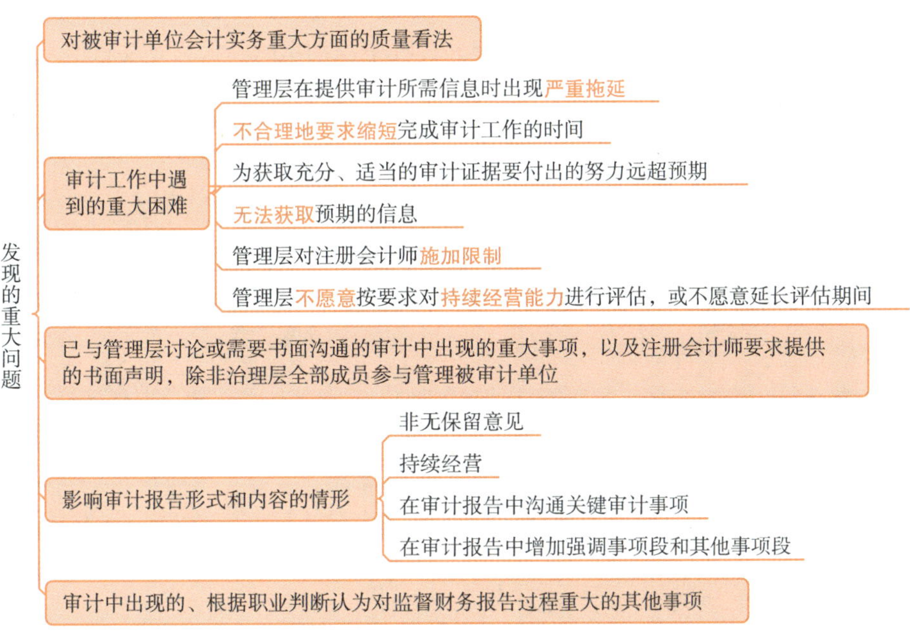

图 14－4　审计中发现的重大问题

（四）值得关注的内部控制缺陷

注册会计师应当评价其与治理层之间双向沟通对实现审计目的是否充分。

1. 内部控制缺陷和值得关注的内部控制缺陷的定义

（1）内部控制缺陷，是指在下列任一情况下内部控制存在的缺陷：

①某项控制的设计、执行或运行不能及时防止或发现并纠正财务报表错报；

②缺少用以及时防止或发现并纠正财务报表错报的必要控制。

（2）值得关注的内部控制缺陷，是指注册会计师根据职业判断，认为足够重要从而值得治理层关注的内部控制的一个缺陷或多个缺陷的组合。

2. 向治理层和管理层通报内部控制缺陷——通报

注册会计师应当**以书面形式**及时向治理层通报审计过程中识别出的值得关注的内部控制缺陷。

注册会计师还**应当**及时向相应层级的**管理层**通报下列内部控制缺陷：

（1）已向或拟向治理层通报的值得关注的内部控制缺陷，除非在具体情况下不适合直接向管理层通报；

（2）在审计过程中识别出的、其他方尚未向管理层通报而注册会计师根据职业判断认为足够重要从而值得管理层关注的内部控制其他缺陷。

3. 在向治理层和管理层提供信息时，注册会计师应当特别说明的事项——责任划分

（1）注册会计师执行审计工作的目的是对财务报表发表审计意见；

（2）审计工作包括考虑与财务报表编制相关的内部控制，其目的是设计适合具体情况的审计程序，并非对内部控制的有效性发表意见（如果结合财务报表审计对内部控制的有效性发表意见，应当删除“并非对内部控制的有效性发表意见”的措辞）；

（3）报告的事项**仅限于**注册会计师在审计过程中识别出的、认为足够重要从而值得向治理层报告的缺陷。

【例题 14－1·单选题】 如果被审计单位未纠正注册会计师在上一年度审计时识别出的值得关注的内部控制缺陷，注册会计师在执行本年度审计时，下列做法中，正确的是（　　）。(2013 年)

A. 在制定审计计划时予以考虑，不再与管理层沟通

B. 以书面形式再次向治理层通报

C. 在审计报告中增加强调事项段予以说明

D. 在审计报告中增加其他事项段予以说明

【答案】 B

【解析】 注册会计师应当以书面形式及时向治理层通报审计过程中识别出的值得关注的内部控制缺陷。

（五）注册会计师的独立性（了解）

拟沟通的事项通常包括：

（1）对独立性的不利影响，包括因自身利益、自我评价、过度推介、密切关系和外在压力产生的不利影响；

（2）法律法规和职业规范规定的防范措施、被审计单位采取的防范措施，以及会计师事务所内部自身的防范措施。

（六）补充事项

在确定是否与治理层沟通补充事项时，注册会计师可能就其注意到的某类事项与适当层级的管理层进行讨论，除非在具体情形下不适合这么做。

如果需要沟通补充事项，注册会计师使治理层注意下列事项可能是适当的：

（1）识别和沟通这类事项对审计目的（旨在对财务报表形成意见）而言，只是附

带的；

（2）除对财务报表形成审计意见所需实施的审计程序外，没有专门针对这些事项实施其他程序；

（3）没有实施程序来确定是否还存在其他的同类事项。

【例题 14－2·多选题】下列各项中，注册会计师应当与被审计单位治理层沟通的有（　　）。（2012 年）

A. 注册会计师在审计过程中识别出的值得关注的内部控制缺陷

B. 注册会计师与财务报表审计相关的责任

C. 被审计单位管理层拒绝对其持续经营能力进行评估

D. 注册会计师对被审计单位会计实务重大方面的质量的看法

【答案】ABCD

【解析】注册会计师与治理层沟通的事项包括：（1）注册会计师与财务报表审计相关的责任；（2）计划的审计范围和时间安排；（3）审计中发现的重大问题；（4）值得关注的内部控制缺陷；（5）注册会计师的独立性；（6）补充事项。其中，选项 C 和选项 D 属于审计中发现的重大问题中的重大困难。

四、沟通的过程

沟通的过程主要从确定的沟通顺序、沟通的形式、时间安排和充分性等方面分别展开。

（一）确定沟通过程

1. 与管理层的沟通

在与治理层沟通某些事项前，注册会计师可以就这些事项与管理层讨论，除非这种做法并不适当。例如，就管理层的胜任能力或诚信与其讨论是不恰当的。

2. 与第三方的沟通

治理层可能希望向第三方（如银行或特定监管机构）提供注册会计师书面沟通文件的副本。在某些情况下，向第三方披露书面沟通文件可能是违法或不适当的。在向第三方提供为治理层编制的书面沟通文件时，在书面沟通文件中声明以下内容，告知第三方这些书面沟通文件不是为他们编制，可能是非常重要的：

（1）书面沟通文件仅为治理层的使用而编制，在适当的情况下也可供集团管理层和集团注册会计师使用，但不应被第三方依赖。

（2）注册会计师对第三方不承担责任。

（3）书面沟通文件向第三方披露或分发的任何限制。

应当注意的是，**除非法律法规要求向第三方提供注册会计师与治理层的书面沟通文件的副本，否则注册会计师在向第三方提供前可能需要事先征得治理层同意。**

（二）沟通的形式

对于审计中发现的重大问题，如果根据职业判断认为采用口头形式沟通不适当，注册会计师应当以书面形式与治理层沟通，以下事项应当采取**书面形式**：

（1）对于审计准则要求的注册会计师的独立性；

（2）向治理层通报值得关注的内部控制缺陷；

（3）向治理层提供审计业务约定书。

在审计实务中，对于审计准则规定的应当以书面形式沟通的事项，注册会计师一般采用**致治理层的沟通函件**的方式进行书面沟通。

【例题14-3·单选题】ABC会计师事务所的A注册会计师负责审计上市公司甲公司2013年度财务报表。下列各项中，A注册会计师可以以口头形式与甲公司治理层沟通的是（　　）。（2014年）

A. 涉及甲公司管理层的舞弊嫌疑

B. 值得关注的内部控制缺陷

C. ABC会计师事务所和甲公司审计项目组成员按照相关职业道德要求与甲公司保持了独立性

D. ABC会计师事务所在2013年度为甲公司提供审计和非审计服务收费总额

【答案】A

【解析】以下事项应当采取书面形式：

（1）对于审计准则要求的注册会计师的独立性（选项C）。

（2）向治理层通报值得关注的内部控制缺陷（选项B）。

（3）向治理层提供审计业务约定书（选项D）。

（三）沟通的时间安排

（1）对于计划事项的沟通，通常在审计业务的**早期阶段**进行，如系首次接受委托，沟通可以随同就审计业务条款达成一致意见一并进行。

（2）对于审计中遇到的重大困难，如果治理层能够协助注册会计师克服这些困难，或者这些困难可能导致发表非无保留意见，可能需要**尽快**沟通。

（3）如果识别出值得关注的内部控制缺陷，注册会计师可能在进行**书面**沟通前，尽快向治理层口头沟通。

（4）对独立性进行沟通，任何时候都可能是适当的。

（5）沟通审计中发现的问题，包括注册会计师对被审计单位会计实务质量的看法，可能作为总结性讨论的一部分。

【例题14-4·单选题】在审计过程中，注册会计师需要与被审计单位治理层进行沟通，下列关于与治理层沟通的说法中，错误的是（　　）。（2015年）

A. 首次承接委托时，与治理层的沟通随同就审计业务达成一致意见一并进行

B. 在审计过程中遇到的重大困难，应汇总在完成审计工作时与治理层进行沟通

C. 如果注册会计师与治理层之间的双向沟通不充分，且情况得不到解决，应当采取适当防范措施

D. 对于审计准则要求的注册会计师的独立性，注册会计师应当以书面形式与治理层沟通

【答案】B

【解析】选项B，对于审计中遇到的重大困难，应尽快与治理层沟通。

（四）沟通过程的充分性（不重要）

1. 注册会计师不需要设计专门程序以支持其对与治理层之间的双向沟通的评价，这种评价可以建立在为其他目的而实施的审计程序所获取的见解的基础上

2. 沟通不充分的应对措施

如果注册会计师与治理层之间的双向沟通不充分，并且这种情况得不到解决，注册会计师可以采取下列措施：

（1）根据范围受到的限制发表非无保留意见；

（2）就采取不同措施的后果征询法律意见；

（3）与第三方（如监管机构）、被审计单位外部的在治理结构中拥有更高权力的组织或人员（如企业的业主、股东大会中的股东）或对公共部门负责的政府部门进行沟通；

（4）在法律法规允许的情况下解除业务约定。

【例题14－5·单选题】如果注册会计师与治理层之间的双向沟通不充分，并且这种情况得不到解决，下列有关注册会计师采取的措施中，错误的是（　　）。

A. 根据范围受到限制的情况，发表非无保留意见或增加其他事项段

B. 就采取不同措施的后果征询法律意见

C. 与被审计单位外部的在治理结构中拥有更高权力的组织或人员进行沟通

D. 在法律法规允许的情况下解除业务约定

【答案】A

【解析】根据范围受到限制的情况，发表非无保留意见。注意参照原文。

第十四章

（五）沟通的记录

（1）注册会计师应当记录与治理层沟通的重大事项，包括记录那些对于表明形成审计报告的合理基础、证明审计工作的执行遵循了审计准则和其他法律法规要求而言很重要的事项。

（2）如果审计准则要求沟通的事项是以口头形式沟通的，注册会计师应当将其包括在审计工作底稿中，并记录沟通的时间和对象。

（3）如果审计准则要求沟通的事项是以书面形式沟通的，注册会计师应当保存一份沟通文件的副本，作为审计工作底稿的一部分。

（4）如果被审计单位编制的会议纪要是沟通的适当记录，注册会计师可以将其副本作为对口头记录的补充，并作为审计工作底稿的一部分；如果发现这些记录不能恰当地反映沟通的内容，且有差别的事项比较重大，注册会计师一般会另行编制能恰当记录沟通内容

的纪要，将其**副本**连同被审计单位编制的纪要**一起致送治理层**，提示两者的差别，以免引起不必要的误解。

【提示】

本章关注两个重点（见图14-5）。

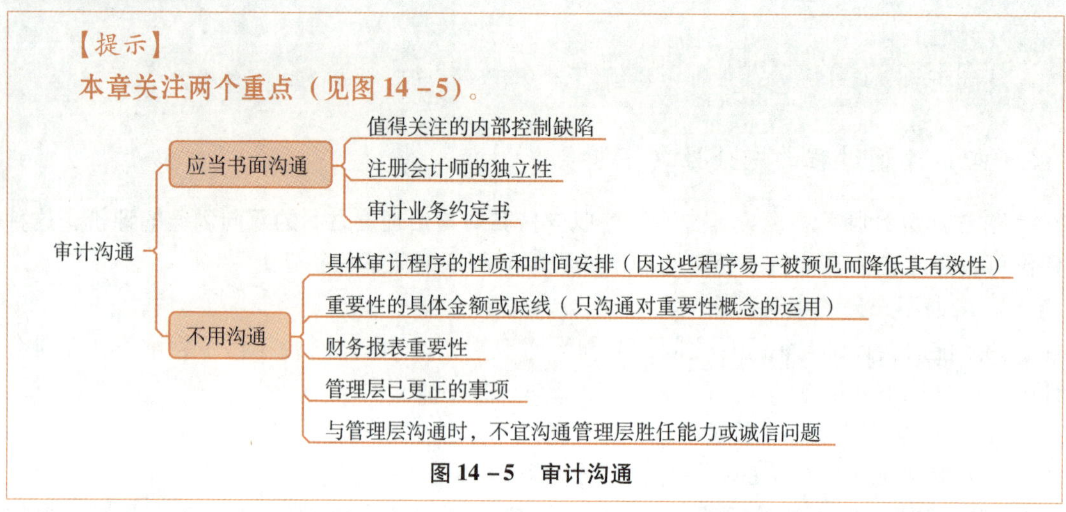

图14-5　审计沟通

【例题14-6·单选题】关于注册会计师与被审计单位治理层的沟通，下列说法中，正确的是（　　）。（2012年）

A. 对于与治理层沟通的事项，应当事先与管理层讨论

B. 对于涉及舞弊等敏感信息的沟通，应当避免书面记录

C. 与治理层沟通的书面记录是一项审计证据，所有权属于会计师事务所

D. 如果注册会计师应治理层的要求向第三方提供为治理层编制的书面沟通文件的副本，注册会计师有责任向第三方解释其在使用中产生的疑问

【答案】C

【解析】选项C正确，与治理层沟通的书面记录属于审计工作底稿，审计工作底稿的所有权属于会计师事务所。选项A错误，在与治理层沟通某事项前，可能先与管理层沟通，除非这种做法不适当，例如，就管理层胜任能力或诚信问题与其讨论可能是不适当的；选项B错误，审计发现的重大问题，如果根据职业判断认为口头形式不适当，应以书面形式沟通。选项D错误，如果注册会计师应治理层的要求向第三方提供为治理层编制的书面沟通文件的副本，注册会计师对第三方不承担责任。

第二节　前任注册会计师和后任注册会计师的沟通

前任注册会计师和后任注册会计师的沟通框架如图14-6所示。

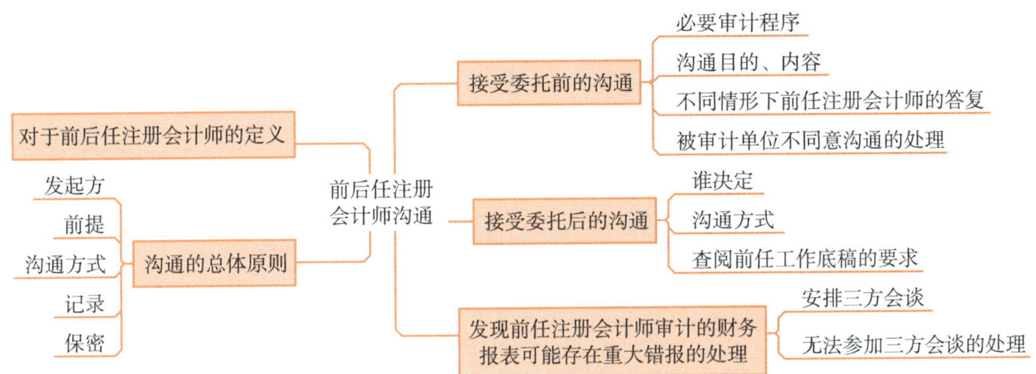

图 14－6　前后任注册会计师的沟通框架

前任注册会计师和后任注册会计师的定义，这是常考点。所谓前任注册会计师还是后任注册会计师，判断的核心就是**是否属于同一会计师事务所**（见图 14－7）。

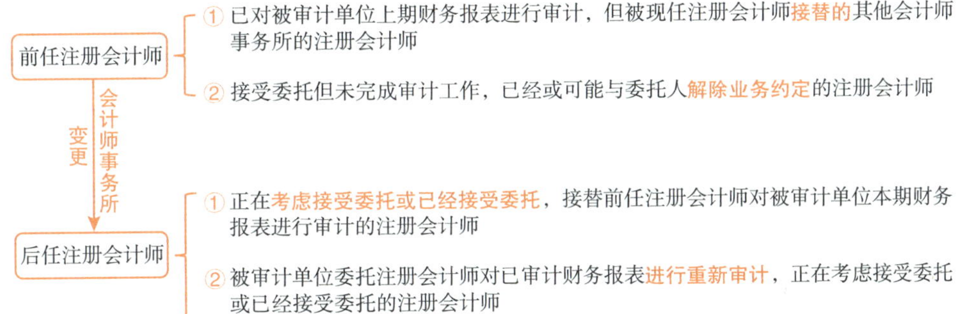

图 14－7　前后任注册会计师的定义

在未发生会计师事务所变更的情况下，同处于某一会计师事务所中的不同的注册会计师不属于前后任注册会计师的范畴。

【例题 14－7·单选题】 下列有关后任注册会计师的说法中，错误的是（　　）。（2014 年）

A. 当会计师事务所发生变更时，正在考虑接受委托的会计师事务所是后任注册会计师

B. 当会计师事务所发生变更时，已经接受委托的会计师事务所是后任注册会计师

C. 被审计单位的财务报表已经审计但需要重新审计时，接受委托执行重新审计的会计师事务所为后任注册会计师

D. 会计师事务所以投标方式承接审计业务时，所有参与投标的会计师事务所均为后任注册会计师

【答案】 D

【解析】 当会计师事务所以投标方式承接审计业务时，只有中标的会计师事务所才是后任注册会计师。

第十四章

一、沟通的总体原则

（1）发起方：后任注册会计师主动发起。

（2）前提：征得被审计单位的书面同意。

（3）沟通方式：可以采取书面或口头的方式。

（4）记录：后任注册会计师应当将沟通的情况记录于审计工作底稿。

（5）保密：前后任注册会计师应当对沟通中获知的信息保密，即使未接受委托，后任注册会计师仍应履行保密业务。

二、接受委托前沟通（必要沟通）

接受委托前的沟通是必要的审计程序（见表 14－2）。

表 14－2　接受委托前的沟通

	说明	
沟通的目的	了解被审计单位更换会计师事务所的原因以及是否存在不应该接受委托的情况，以确定是否接受委托	
沟通的内容	（1）是否发现被审计单位管理层存在诚信方面的问题 （2）前任注册会计师与管理层在重大会计、审计等问题上存在的意见分歧 （3）前任注册会计师向被审计单位治理层通报的管理层舞弊、违反法律法规行为以及值得关注的内部控制缺陷 （4）前任注册会计师认为导致被审计单位变更会计师事务所的原因	
前任注册会计师的答复	一般情况	被审计单位允许前任注册会计师对后任注册会计师的询问作出充分答复的情况下，前任注册会计师可以作出充分答复
	多家竞标	前任注册会计师应在被审计单位明确选定一家作为后任注册会计师之后，再对该后任的询问作出答复。例如，以投标方式承接业务时，前任注册会计师只需对中标的事务所的询问作出答复
	决定不答复	（1）前任注册会计师应当向后任注册会计师表明其答复是有限的，并说明原因 （2）后任注册会计师需要判断是否存在由被审计单位或潜在法律诉讼引起的答复限制，并考虑对接受委托的影响
	未得到答复	（1）如果未得到答复，且没有理由认为变更会计师事务所的原因异常，后任注册会计师需要设法以其他方式与前任注册会计师再次进行沟通 （2）如果仍得不到答复，后任注册会计师可以致函前任注册会计师，说明如果在适当的时间内得不到答复，将假设不存在专业方面的原因使其拒绝接受委托，并表明拟接受委托
被审计单位不同意沟通	（1）后任注册会计师应当提请被审计单位以书面方式允许前任注册会计师对其询问作出充分答复 （2）如果受到被审计单位的限制或存在法律诉讼的顾虑，决定不向后任注册会计师作出充分答复，前任注册会计师应当向后任注册会计师表明其答复是有限的，并说明原因。如果得到的答复是有限的，或未得到答复，后任注册会计师应当考虑是否接受委托	

三、接受委托后的沟通

（1）接受委托后的沟通不是必要程序，而是由后任注册会计师根据审计工作需要自行决定的。

（2）沟通方式：查阅前任注册会计师的工作底稿及询问有关事项等。沟通可以采用电话询问、举行会谈、致送审计问卷等方式，但最有效、最常用的方法是查阅前任工作底稿。

（3）查阅前任注册会计师的工作底稿（见表14－3）。

表14－3　查阅前任注册会计师的工作底稿

前提	后任注册会计师应当征得被审计单位同意，并与前任注册会计师进行沟通
查阅要求	（1）审计工作底稿的所有权属于会计师事务所，前任注册会计师所在的会计师事务所可自主决定是否允许后任注册会计师获取工作底稿部分内容，或摘录部分工作底稿 （2）在允许查阅工作底稿之前，前任注册会计师应当向后任注册会计师获取确认函，就工作底稿的使用目的、范围和责任等与其达成一致意见 （3）在实务中，如果后任注册会计师在工作底稿的使用方面作出了更高程度的限制性保证，那么，前任注册会计师可能会愿意向其提供更多的接触工作底稿的机会。相应地，为了获取对工作底稿的更多的接触机会，后任注册会计师可以考虑同意前任注册会计师在自己查阅工作底稿过程中可能作出的限制
利用工作底稿的责任	查阅前任注册会计师工作底稿获取的信息可能影响后任注册会计师实施审计程序的性质、时间安排和范围，但后任注册会计师应当对自身实施的审计程序和得出的审计结论负责。后任注册会计师不应在审计报告中表明，其审计意见全部或部分地依赖前任注册会计师的审计报告或工作

四、发现前任注册会计师审计财务报表可能存在重大错报时的处理

1. 安排三方会谈

后任注册会计师应当提请被审计单位告知前任注册会计师。必要时，后任注册会计师应当要求被审计单位安排三方会谈。

2. 无法参加三方会谈的处理

如果被审计单位拒绝告知前任注册会计师，或前任注册会计师拒绝参加三方会谈，或后任注册会计师对解决问题的方案不满意，后任注册会计师应当考虑对审计意见的影响或解除业务约定。具体来讲，后任注册会计师的考虑：

（1）对当前审计业务的潜在影响，并根据具体情况出具恰当的审计报告；

（2）是否退出当前审计业务；

（3）考虑向其法律顾问咨询，以便决定如何采取进一步措施。

前任和后任沟通——总结（见表14－4）。

表14－4　前任和后任沟通

时间	前提条件	沟通方式	目的
接受委托前（必须）	被审计单位书面同意	后任主动与前任沟通	确定是否接受委托
接受委托后（可能）	后任注册会计师需要	后任决定是否与前任沟通	设计计划进一步审计程序
发现前任财务报表审计可能存在重大错报（必须）	后任发现前任有未查出的重大错报时	后任提请被审计单位告知前任，必要时要求安排三方会议	按审计准则的要求执业

【例题14－8·单选题】下列有关前后任注册会计师沟通的说法中，错误的是（　　）。

A. 接受委托前的沟通是必要的审计程序，接受委托后的沟通不是必要的审计程序

B. 如果被审计单位不同意前任注册会计师对后任注册会计师的询问作出答复，后任注册会计师应当拒绝接受委托

C. 接受委托后，如果需要查阅前任注册会计师的审计工作底稿，后任注册会计师应当征得被审计单位同意

D. 当会计师事务所通过投标方式承接审计业务时，前任注册会计师无须对所有参与投标的会计师事务所进行答复

【答案】 B

【解析】 选项B，应该考虑是否接受委托，而不是一定拒绝接受委托。

【例题14－9·单选题】 下列有关前后任注册会计师沟通的说法中，错误的是（　　）。

A. 在确定向后任注册会计师提供哪些审计工作底稿时，前任注册会计师应当征得被审计单位同意

B. 在查阅前任注册会计师的审计工作底稿前，后任注册会计师应当征得被审计单位同意

C. 在允许后任注册会计师查阅审计工作底稿前，前任注册会计师应当向其取得确认函

D. 为获取更多接触前任注册会计师审计工作底稿的机会，后任注册会计师可以在工作底稿使用方面作出较高程度的限制性保证

【答案】 A

【解析】 审计工作底稿的所有权属于会计师事务所，前任注册会计师应当自主决定可供后任注册会计师查阅、复印或摘录的工作底稿内容

第十四章　审计沟通

彬哥跟你说：

本章难度较前一章难度较小，但是本章是必考点，所以还请各位重视。至于学习方法，今天没有太多需要说的！

今日复习步骤：

第一遍：回忆 & 重新复习一遍框架（15 分钟）

学习要求：自己重新找一遍框架，不需要掌握所有细节，但求框架了然于心。

（1）与治理层的沟通：沟通的作用、对象、沟通事项（哪 6 个）、沟通的过程（必须书面沟通的内容、沟通不充分的应对措施）、沟通记录（审计工作底稿）；

（2）前任和后任的沟通：前后任如何判断、沟通的总体原则、接受委托前沟通（是否必要、沟通的内容）、接受委托后的沟通（是否必要、查阅前任底稿的要求、利用工作底稿的责任）、发现前任审计的财务报表可能存在重大错报的处理。

第二遍：对细节进一步掌握（50 分钟）

第三遍：重新复习一遍框架（7 分钟）

我问你答：

（1）与治理层的沟通，包括哪些方面的内容？计划的审计范围和时间安排需要沟通的具体内容包括什么？该部分的沟通是否会改变注册会计师独自承担制定计划的责任？

（2）哪些属于审计中发现的重大问题？对于审计中遇到的重大困难，什么时候沟通？

（3）应当与治理层书面沟通的事项包括什么？哪些属于不用与治理层沟通的事项？

（4）与第三方的沟通需要注意什么？应当在书面沟通文件中声明什么内容？

（5）与治理层沟通不充分的应对措施包括哪 4 个？

（6）如果审计准则要求沟通的事项是以书面形式沟通的，注册会计师应当保存什么作为审计工作底稿的一部分？如果被审计单位编制了会议纪要，注册会计师应当将其副本作为对口头沟通的记录，是否正确？

（7）如何判断是前任还是后任注册会计师？投标方式承接的，什么情况才是后任？

（8）前后任沟通的总体原则包括哪 5 个？接受委托前的沟通是不是必要的审计程序？接受委托前沟通的内容包括什么？

（9）接受委托后的沟通是不是必要程序？前提是什么？查阅前任注册会计师的工作底稿的要求是什么？

（10）发现前任注册会计师审计财务报表可能存在重大错报时的处理是什么？

本章作业：

（1）请把讲义例题做三遍（做错的题目，请分析错误原因并记录到改错本）。

（2）请复习完口述一遍框架，睡前请再回忆一遍框架。

（3）第二天早上，请再回忆一遍框架，对于回忆不起来的内容，请翻书看一遍。

第十五章　注册会计师利用他人的工作

第一节　利用内部审计的工作

内部审计，是指由被审计单位负责执行鉴证和咨询活动，以评价和改进被审计单位的治理、风险管理和内部控制流程有效性的部门、岗位或人员。内部审计的职能包括检查、评价和监督内部控制的恰当性和有效性等。

利用内部审计工作的知识结构如图 15－1 所示。

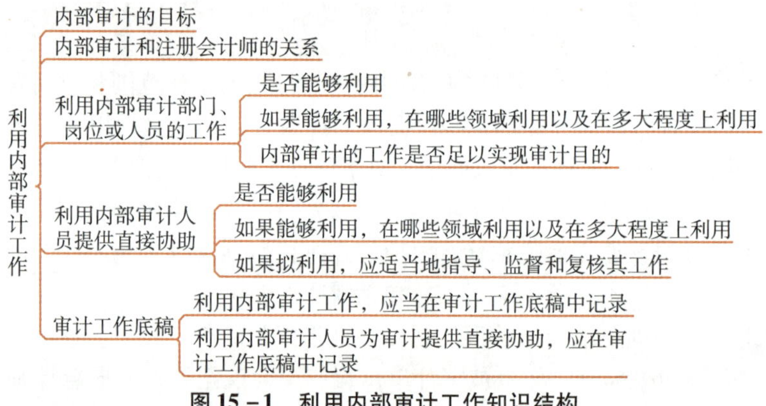

图 15－1　利用内部审计工作知识结构

一、内部审计的目标

1. 与公司治理有关的活动

内部审计可能评估被审计单位的治理流程是否能够实现下列方面的目标：道德和价值观，绩效管理和问责机制，向组织内的适当范围传达风险和控制信息，以及治理层、注册会计师、内部审计人员和管理层之间的有效沟通。

2. 与风险管理有关的活动

（1）内部审计可能有助于被审计单位识别和评价面临的重大风险，改善风险管理和内部控制（包括财务报告过程的有效性）；

（2）内部审计可能实施程序，以有助于被审计单位发现舞弊情形。

3. 与内部控制有关的活动

（1）评价内部控制。内部审计可能承担复核内部控制、评价内部控制的运行以及对内部控制提出改进建议等方面的特定责任。

（2）检查财务和经营信息。内部审计可能被要求复核用以识别、确认、计量、分类和报告财务和经营信息的方法，并针对个别事项实施专门调查，包括对交易、账户余额和程序进行详细测试。

（3）复核经营活动。内部审计可能被要求复核被审计单位经营活动（包括非财务活动）的经济性、效率和效果。

（4）复核遵守法律法规的情况。内部审计可能被要求复核被审计单位对法律法规、其他外部要求以及管理层的政策、指令和其他内部要求的遵守情况。

二、内部审计与注册会计师审计的关系

内部审计与注册会计师审计的关系如图15－2所示。

图15－2　内部审计与注册会计师审计的关系

注册会计师在审计中利用内部审计人员的工作包括：

（1）在获取审计证据的过程中利用内部审计的工作；

（2）在注册会计师的指导、监督和复核下利用内部审计人员提供直接协助。

【例题15－1·多选题】 下列各项审计工作中，注册会计师不能利用内部审计工作的有（　　）。（2014年）

A. 评估重大错报风险　　B. 确定重要性水平

C. 确定控制测试的样本规模　　D. 评估会计政策和会计估计

【答案】 ABCD

【解析】 注册会计师必须对与财务报表审计有关的所有重大事项独立作出职业判断。通常，审计过程中涉及的职业判断，如重大错报风险的评估、重要性水平的确定、样本规模的确定、对会计政策和会计估计的评估等，均应当由注册会计师负责执行。

三、确定是否利用、在哪些领域利用以及在多大程度上利用内部审计的工作

当被审计单位存在内部审计，并且注册会计师预期将利用其工作以调整注册会计师直接实施的审计程序的性质、时间安排，或缩小其范围时，注册会计师应当确定（见图15－3）：

（1）是否能够利用内部审计的工作；

（2）如果能够利用，在哪些领域利用以及在多大程度上利用；

（3）内部审计的工作是否足以实现审计目的。

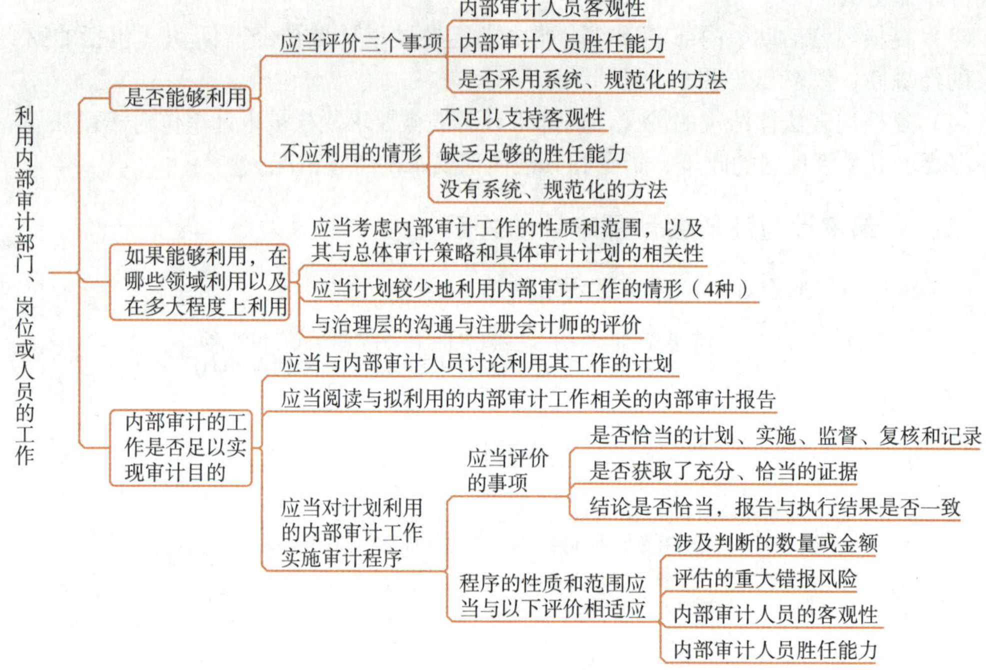

图 15－3　利用内部审计部门岗位或人员的工作

（一）是否能够利用内部审计工作

1. 注册会计师应当通过评价下列事项，确定是否能够利用内部审计工作的工作以实现审计目的

（1）内部审计在被审计单位中的**地位**，以及相关政策和程序支持内部审计人员**客观性**的程度；

（2）内部审计人员的**胜任能力**；

（3）内部审计是否采用**系统、规范化的方法**（包括质量控制）。

2. 如果存在下列情形之一，注册会计师不得利用内部审计的工作

（1）内部审计在被审计单位的地位以及相关政策和程序不足以支持内部审计人员的客观性。

（2）内部审计人员缺乏足够的胜任能力。

（3）内部审计没有采用系统、规范化的方法（包括质量控制）。

（二）在哪些领域利用以及多大程度上利用

1. 注册会计师应当考虑内部审计已执行和拟执行工作的性质和范围，以及这些工作与注册会计师总体审计策略和具体审计计划的相关性，以作为确定能够利用内部审计工作的领域和程度的基础

2. 注册会计师应当作出审计业务中的所有重大判断，并防止不当利用内部审计工作

当存在下列情况之一时，注册会计师应当计划较少地利用内部审计工作，而更多地执

行审计工作：

（1）当在下列方面涉及较多判断时：①计划和实施相关的审计程序；②评价收集的审计证据。

（2）当评估的认定层次重大错报风险较高，需要对识别出的特别风险予以特殊考虑时。

（3）当内部审计在被审计单位中的地位以及相关政策和程序对内部审计人员客观性的支持程度较弱时。

（4）当内部审计人员的胜任能力较低时。

3. 与治理层的沟通与注册会计师的评价

当注册会计师按照《中国注册会计师审计准则第 1151 号——与治理层的沟通》的规定与治理层沟通计划的审计范围和时间安排的总体情况时，应当包括其计划如何利用内部审计工作。

由于注册会计师对发表的审计意见独立承担责任，注册会计师应当评价从总体上而言，在计划的范围内利用内部审计工作是否仍然能够使注册会计师充分地参与审计工作。

第十五章

【例题 15－2 · 多选题】 下列情形中，注册会计师不得利用内部审计工作的有（　　）。(2019 年)

A. 评估的认定层次的重大错报风险较高

B. 计划和实施相关的审计程序涉及较多判断

C. 内部审计没有采用系统、规范化的方法

D. 内部审计的地位不足以支持内部审计人员的客观性

【答案】 CD

【解析】 如果存在下列情形之一，注册会计师不得利用内部审计的工作：

（1）内部审计在被审计单位的地位以及相关政策和程序不足以支持内部审计人员的客观性（选项 D）；（2）内部审计人员缺乏足够的胜任能力；（3）内部审计没有采用系统、规范化的方法（包括质量控制）（选项 C）。选项 AB，属于注册会计师应当计划较少地利用内部审计工作的情形。

（三）内部审计的工作是否足以实现审计目的

如果计划利用内部审计工作，注册会计师应当：

1. 与内部审计人员讨论利用其工作的计划，以作为协调各自工作的基础

2. 阅读与拟利用的内部审计工作相关的内部审计报告，以了解其实施的审计程序的性质和范围以及相关发现

3. 注册会计师应当针对计划利用的内部审计工作整体实施充分的审计程序，以确定其对于实现审计目的是否适当

（1）应当包括评价下列事项：

①内部审计工作是否经过恰当的计划、实施、监督、复核和记录；

②内部审计是否获取了充分、适当的证据，以使其能够得出合理的结论；

③内部审计得出的结论在具体环境下是否适当，编制的报告与执行工作的结果是否

一致。

（2）注册会计师实施审计程序的性质和范围应当与其对以下事项的评价相适应，**并应当包括重新执行内部审计的部分工作：**

①涉及判断的数量或金额；

②评估的重大错报风险；

③内部审计在被审计单位中的地位以及相关政策和程序支持内部审计人员客观性的程度；

④内部审计人员的胜任能力。

四、确定是否利用、在哪些领域利用以及在多大程度上利用内部审计人员提供直接协助

当被审计单位存在内部审计，并且注册会计师预期将利用内部审计人员提供直接协助时，注册会计师应当：

（1）确定是否能够利用内部审计人员提供直接协助；

（2）如果能够利用，确定在哪些领域利用以及在多大程度上利用；

（3）如果拟利用内部审计人员提供直接协助，适当地指导、监督和复核其工作。

（一）是否能够利用内部审计人员提供直接协助

1. 如果法律法规不禁止利用内部审计人员提供直接协助，并且注册会计师计划利用内部审计人员在审计中提供直接协助，注册会计师应当评价：

（1）是否存在对内部审计人员**客观性**的不利影响及其严重程度，应当包括询问内部审计人员可能对其客观性产生不利影响的利益和关系；

（2）提供直接协助的内部审计人员的**胜任能力**。

2. 当存在下列情形之一时，注册会计师不得利用内部审计人员提供直接协助：

（1）存在对内部审计人员客观性的重大不利影响；

（2）内部审计人员对拟执行的工作缺乏足够的胜任能力。

（二）在哪些领域利用以及在多大程度上利用

1. 在确定可能分配给内部审计人员的工作的性质和范围，以及根据具体情况对内部审计人员进行指导、监督和复核的性质、时间安排和范围时，注册会计师应当考虑下列方面（见图 15－4）：

（1）在计划和实施相关审计程序以及评价收集的审计证据时，涉及判断的程度；

（2）评估的重大错报风险；

（3）针对拟提供直接协助的内部审计人员，注册会计师关于是否存在对其客观性的不利影响及其严重程度的评价结果，以及关于其胜任能力的评价结果。

2. 注册会计师不得利用内部审计人员提供直接协助以实施具有下列特征的程序：

（1）在审计中涉及作出重大判断；

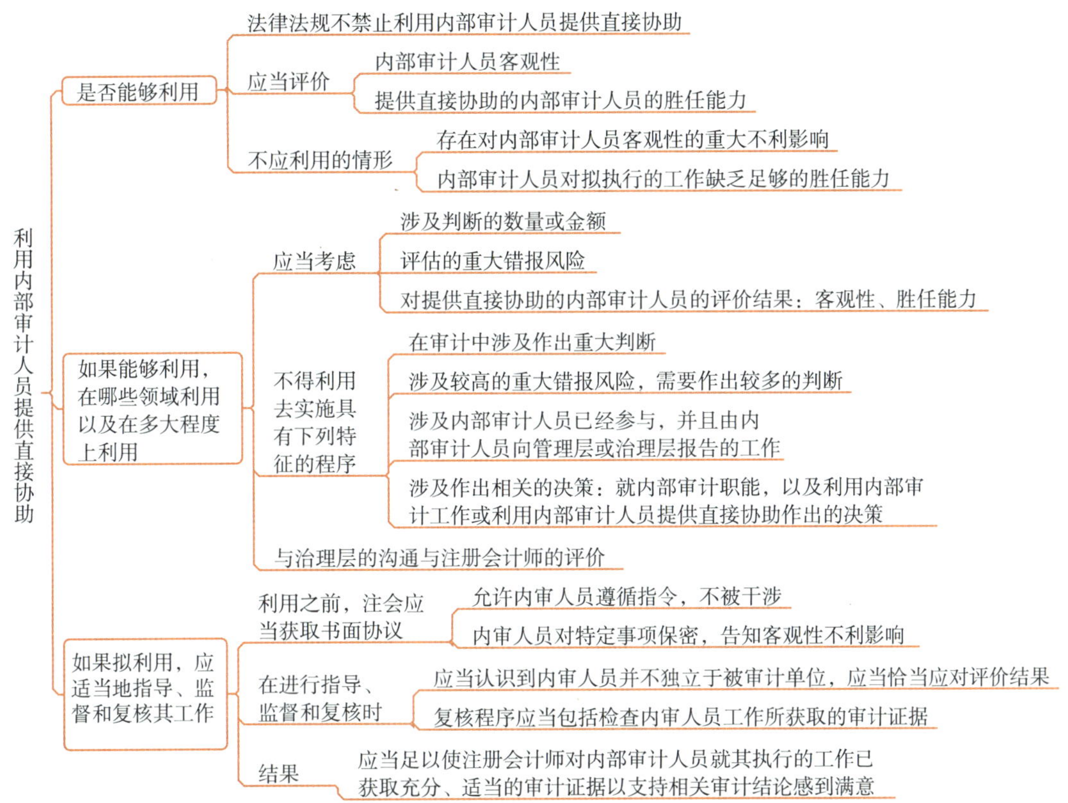

图 15－4　利用内部审计人员提供直接协助

（2）涉及较高的重大错报风险，在实施相关审计程序或评价收集的审计证据时需要作出较多的判断；

（3）涉及内部审计人员已经参与并且已经或将要由内部审计向管理层或治理层报告的工作；

（4）涉及注册会计师按照规定就内部审计职能，以及利用内部审计工作或利用内部审计人员提供直接协助作出的决策。

3. 与治理层的沟通与注册会计师的评价

在恰当评价是否利用以及在多大程度上利用内部审计人员在审计中提供直接协助后，注册会计师在按照《中国注册会计师审计准则第 1151 号——与治理层的沟通》的规定与治理层沟通计划的审计范围和时间安排的总体情况时，应当沟通拟利用内部审计人员提供直接协助的性质和范围，以使双方就在业务的具体情形下**并未过度利用内部审计人员提供直接协助**达成共识。

由于注册会计师对发表的审计意见独立承担责任，注册会计师应当评价在计划的范围内利用内部审计人员提供直接协助，以及对内部审计工作的利用，从总体上而言，是否仍然能够使注册会计师充分地参与审计工作。

（三）如果拟利用内部审计人员提供直接协助，适当地指导、监督和复核其工作

1. 在利用内部审计人员为审计提供直接协助之前，注册会计师应当

（1）从拥有相关权限的被审计单位代表人员处获取书面协议，允许内部审计人员遵循注册会计师的指令，并且被审计单位不干涉内部审计人员为注册会计师执行的工作；

（2）从内部审计人员处获取书面协议，表明其将按照注册会计师的指令对特定事项保密，并将对其客观性受到的任何不利影响告知注册会计师。

2. 注册会计师应当按照《中国注册会计师审计准则第1121号——对财务报表审计实施的质量控制》的规定对内部审计人员执行的工作进行指导、监督和复核。在进行指导、监督和复核时

（1）注册会计师在确定指导、监督和复核的性质、时间安排和范围时应当认识到内部审计人员并不独立于被审计单位，并且指导、监督和复核的性质、时间安排和范围应当恰当应对：对涉及判断的数量或金额、评估的重大错报风险、拟提供直接协助的内部审计人员客观性和胜任能力的评价结果；

（2）复核程序应当包括由注册会计师检查内部审计人员执行的部分工作所获取的审计证据。

注册会计师对内部审计人员执行的工作的指导、监督和复核应当足以使注册会计师对内部审计人员就其执行的工作已获取充分、适当的审计证据以支持相关审计结论感到满意。

五、审计工作底稿

（一）如果利用内部审计工作，注册会计师应当在审计工作底稿中记录

1. 对下列事项的评价

（1）内部审计在被审计单位中的地位、相关政策和程序是否足以支持内部审计人员的客观性；

（2）内部审计人员的胜任能力；

（3）内部审计是否采用系统、规范化的方法（包括质量控制）。

2. 利用内部审计工作的性质和范围以及作出该决策的基础

3. 注册会计师为评价利用内部审计工作的适当性而实施的审计程序

（二）如果利用内部审计人员为审计提供直接协助，注册会计师应当在审计工作底稿中记录

（1）关于是否存在对内部审计人员客观性的不利影响及其严重程度的评价，以及关于提供直接协助的内部审计人员的胜任能力的评价；

（2）就内部审计人员执行工作的性质和范围作出决策的基础；

（3）根据《中国注册会计师审计准则第1131号——审计工作底稿》的规定，所执行工作的复核人员及复核的日期和范围；

（4）从拥有相关权限的被审计单位代表人员和内部审计人员处获取的书面协议；

（5）在审计业务中提供直接协助的内部审计人员编制的审计工作底稿。

第二节　利用专家的工作

一、专家的概念、利用专家工作的目标及责任

专家的概念、利用专家工作的目标及责任如图 15－5 所示。

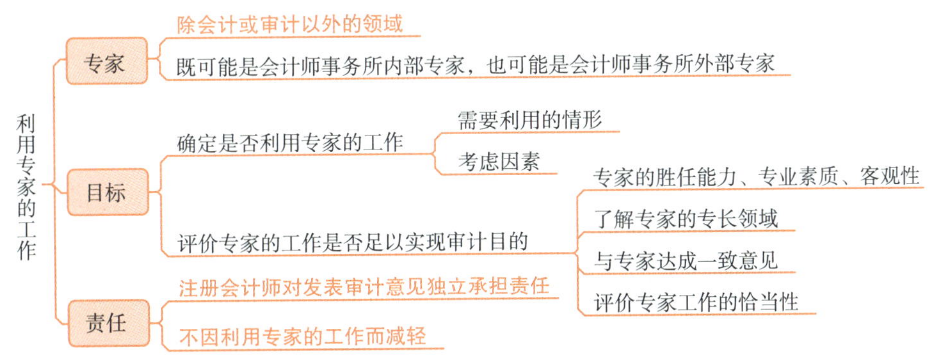

图 15－5　专家的概念、利用专家工作的目标及责任

【例题 15－3·单选题】下列参与审计业务的人员中，不属于注册会计师的专家的是（　　）。（2015 年）

A. 对保险合同进行精算的会计师事务所精算部门人员

B. 受聘于会计师事务所对投资性房地产进行评估的资产评估师

C. 对与企业重组相关的复杂税务问题进行分析的会计师事务所税务部门人员

D. 就复杂会计问题提供建议的会计师事务所技术部门人员

【答案】D

【解析】选项 A、B、C 均属于注册会计师的专家；选项 D，归根结底没有逃出会计这个圈子，因此不属于注册会计师的专家。

二、确定是否利用专家的工作（了解）

1. 可能需要利用专家工作的情形

（1）了解被审计单位及其环境；

（2）识别和评估重大错报风险；

（3）针对评估的财务报表层次风险，确定并实施总体应对措施；

（4）针对评估的认定层次风险，设计和实施进一步审计程序，包括控制测试和实质性程序；

（5）在对财务报表形成审计意见时，评价已获取的审计证据的充分性和适当性。

2. 确定是否利用专家工作，注册会计师可能考虑的因素

（1）管理层在编制财务报表时是否利用了管理层的专家的工作；

（2）专家工作涉及的事项的性质和重要性，包括复杂程度；

（3）专家工作涉及的事项存在的重大错报风险；

（4）应对识别出的风险的预期程序的性质，包括注册会计师对与这些事项相关的专家工作的了解和具有的经验，以及是否可以获得替代性的审计证据。

三、确定专家的工作是否足以实现审计目的

确定专家的工作是否足以实现审计目的如图15－6所示。

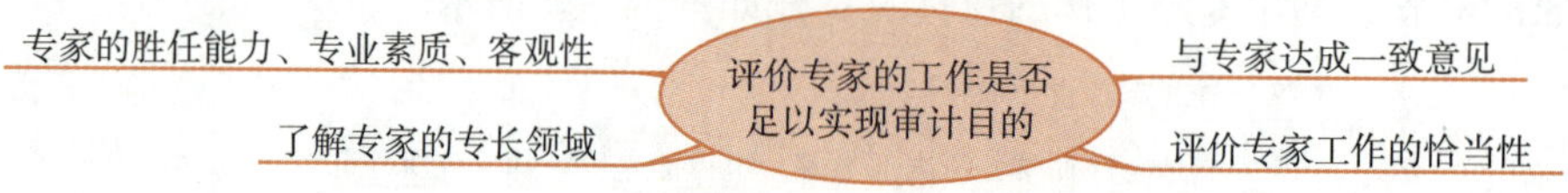

评价专家的工作是否足以实现审计目的
- 专家的胜任能力、专业素质、客观性
- 了解专家的专长领域
- 与专家达成一致意见
- 评价专家工作的恰当性

图15－6　评价专家的工作是否足以实现审计目的

（一）专家的胜任能力、专业素质和客观性

（1）专家的胜任能力、专业素质和客观性，对评价专家的工作是否适合审计目的具有重大影响；

（2）专家的胜任能力与其专长的性质和水平有关；

（3）专家的专业素质与在业务的具体情况下对胜任能力的发挥相关；

（4）专家的客观性与其偏见、利益冲突及其他可能影响其职业判断或商业判断的因素相关。

（二）了解专家的专长领域

注册会计师应当充分了解专家的专长领域，以能够为了实现审计目的，确定专家工作的性质、范围和目标；评价专家的工作是否足以实现审计目的。

注册会计师可以凭借审计工作经验或通过与专家及其他有关人士进行讨论的方式，了解专家的专长领域。

（三）与专家达成一致意见

总体要求：无论是对外部专家还是内部专家，注册会计师都有必要就相关事项与其达成一致意见，并根据需要形成**书面协议**（见图15－7）。

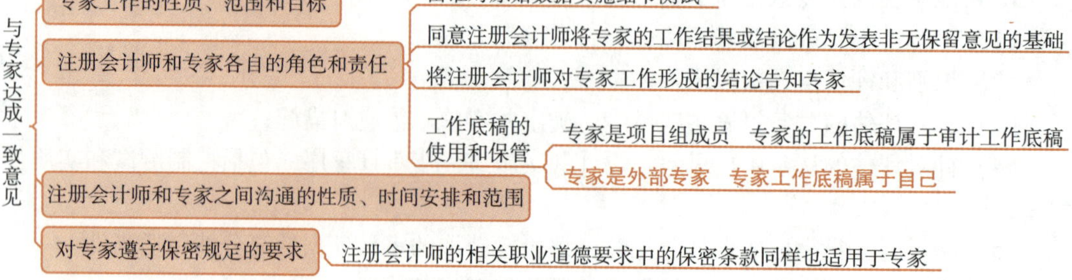

与专家达成一致意见
- 专家工作的性质、范围和目标
- 注册会计师和专家各自的角色和责任
  - 由谁对原始数据实施细节测试
  - 同意注册会计师将专家的工作结果或结论作为发表非无保留意见的基础
  - 将注册会计师对专家工作形成的结论告知专家
  - 工作底稿的使用和保管
    - 专家是项目组成员　专家的工作底稿属于审计工作底稿
    - 专家是外部专家　专家工作底稿属于自己
- 注册会计师和专家之间沟通的性质、时间安排和范围
- 对专家遵守保密规定的要求
  - 注册会计师的相关职业道德要求中的保密条款同样也适用于专家

图15－7　注册会计师与专家达成一致意见的相关事项

（四）评价专家工作的恰当性

（1）注册会计师评价专家工作是否足以实现审计目的所实施的特定程序：

①询问专家；

②复核专家的工作底稿和报告；

③实施用于证实的程序：观察、检查、询问、分析程序、重新计算；

④必要时与具有相关专长的其他专家讨论；

⑤与管理层讨论专家的报告。

（2）评价内容。

①专家的工作结果或结论的相关性和合理性，以及与其他审计证据的一致性；

②如果专家的工作涉及使用重要的假设和方法（不是所有的），这些假设和方法在具体情况下的相关性和合理性；

③如果专家的工作涉及使用原始数据，这些原始数据的相关性、完整性和准确性。

（3）如果评价专家的结果为不恰当时，注册会计师的措施。

①就专家拟执行的进一步工作的性质和范围，与专家达成一致意见；

②根据具体情况，实施追加的审计程序。

③如果注册会计师认为专家的工作不足以实现审计目的，且注册会计师通过实施追加的审计程序，或者通过雇用、聘请其他专家仍不能解决问题，则意味着没有获取充分、适当的审计证据，注册会计师有必要按规定发表非无保留意见。

（4）在考虑专家是否需要遵守会计师事务所的质量控制政策和程序时，应当区分内部专家和外部专家。由于外部专家不是项目组成员，不受会计师事务所的质量控制政策和程序的约束（见表15－1）。

表15－1　专家是否需要遵守会计师事务所的质量控制政策和程序

专家是否需要遵守		会计师事务所的质量控制政策和程序	保密规定
内部专家	事务所合伙人	需要遵守	遵守
	事务所员工（临时员工）		
外部专家		不用遵守	遵守

【例题15－4·单选题】下列有关注册会计师利用外部专家工作的说法中，错误的是（　　）。（2013年）

A. 外部专家需要遵守适用于注册会计师的相关职业道德要求中的保密条款

B. 外部专家不受会计师事务所按照质量控制准则制定的质量控制政策和程序的约束

C. 外部专家的工作底稿是审计工作底稿的一部分

D. 在审计报告中提及外部专家的工作并不减轻注册会计师对审计意见承担的责任

【答案】C

【解析】除非协议另作安排，外部专家的工作底稿属于外部专家，不是审计工作底稿的一部分，所以选C。

【例题15-5·单选题】 注册会计师在评价专家的工作是否足以实现审计目的时，下列各项中，不需评价的是（　　）。(2012年)

A. 专家工作结果或结论的合理性和相关性

B. 专家工作涉及使用的所有假设和方法的合理性和相关性

C. 专家工作结果或结论与其他审计证据的一致性

D. 专家工作涉及使用的重要原始数据的相关性、完整性和准确性

【答案】 B

【解析】 并不是所有假设和方法的合理性和相关性，都是涉及使用重要的假设和方法的合理性和相关性。

第十五章　注册会计师利用他人的工作

彬哥跟你说：

本章我需要特别提醒你们，第一节利用内部审计工作有新的准则，因此本章很多老题目都不再适用，都要发生新的变更，因此希望各位在本章能够多投入一点时间，今年在这里可能会有较多的分数！

今日复习步骤：

第一遍：回忆 & 重新复习一遍框架（10 分钟）

学习要求：自己重新找一遍框架，不需要掌握所有细节，但求框架了然于心。

第二遍：对细节进一步掌握（45 分钟）

利用内部审计涉及哪些考点？利用专家的工作涉及哪些考点？

第三遍：重新复习一遍框架（6 分钟）

我问你答：

（1）注册会计师利用内部审计工作，能否减轻其审计责任？是否应当对其发表的审计意见独立承担责任？应当对什么事项独立作出职业判断（不能利用内部审计的工作）？

（2）确定是否利用内部审计的工作，需要评价哪三个事项？不应利用的情形是什么？

（3）应计划较少利用内部审计工作的情形是哪四种？

（4）对计划利用的内部审计工作实施审计程序，应当评价什么事项？

（5）利用内部审计人员直接提供协助，应当考虑什么事项？不得利用去实施的审计程序是什么？

（6）在利用内部审计人员提供直接协助之前，注册会计师应当获取什么书面协议？

（7）在进行指导、监督和复核时，复核程序应当包括什么？

（8）利用内部审计工作，审计工作底稿包括哪两个部分的内容？

（9）利用专家的工作，专家指的是什么领域的专家？是会计师事务所内部还是外部？

（10）确定专家工作是否足以实现审计目的，需要评价哪些内容？

（11）评价专家工作的恰当性，需要评价什么内容？评价结果不恰当，需要采取什么措施？

（12）外部专家与内部专家，哪个受会计师事务所的质量控制政策和程序的约束？是否都需要遵守保密规定？工作底稿属于谁？

本章作业：

（1）请把讲义例题做三遍（做错的题目，请分析错误原因并记录到改错本）。

（2）请复习完口述一遍框架，睡前请再回忆一遍框架。

（3）第二天早上，请再回忆一遍框架，对于回忆不起来的内容，请翻书看一遍。

第 14 天

复习旧内容：

第十三章至第十五章

学习新内容：

无

学习方法：

请认真看一遍书本，把书上习题再做一遍，对于仍然没有理解的地方，请不要过多纠结，做好标注就好。

你今天可能有的心态：

今天的内容还是很轻松的，回顾一下前两天学的内容。如果觉得有点累，那么也请先复习完今日的内容，然后看个久违的电影，约小伙伴吃个夜宵，稍微放松一下，也是可以的。毕竟休息好是为了后续更好的学习。

建议学习时间：

2 ~ 3 小时

第 15 天

复习旧内容：

无

学习新内容：

对集团财务报表审计的特殊考虑（第十六章）

学习方法：

本章内容涉及较多，在学习中要时时翻回本章导图，看看自己在学什么。本章内容不难，但是要细心，因为有些内容其实比较相似，要注意它们之间的区别。

你今天可能有的心态：

长征之路很快会结束了，这个时候你可能有点疲倦了，身边很多人已经彻底放弃了，所以你需要的是继续坚持下去。

回望之前所学，你可能会觉得都忘记了，其实不是，你的知识已经在逐步地消化了，在没事的时候也可以翻一下前面的内容，慢慢地形成整体框架，一本书要有整体感。

学习的过程就是跟遗忘斗争的过程，大家都一样，不要以为人家不忘记，人家只是不断地在翻而已。所以，加油！

简单解释今天学习内容：

现在的企业规模越来越大，越来越多的公司有集团母公司和子公司。那么我们针对这样的集团企业，如何进行审计，就是我们今天要学习的内容。

可能会遇到的难点：

（1）对于集团企业下的子公司，分为重要组成部分和不重要组成部分，对于重要组成部分，一定是要进行审计的，而对于不重要的组成部分，进行集团层面的分析即可。

（2）重要性。集团项目组确定集团财务报表整体的重要性，而重要组成部分的重要性也是由集团项目组确定的。这里要注意，组成部分的实际执行的重要性是由组成部分注册会计师制定的，即谁执行审计，谁制定实际执行的重要性。

建议学习时间：

2.5 小时

第十六章　对集团财务报表审计的特殊考虑

对集团财务报表审计的特殊考虑如图 16－1 所示。

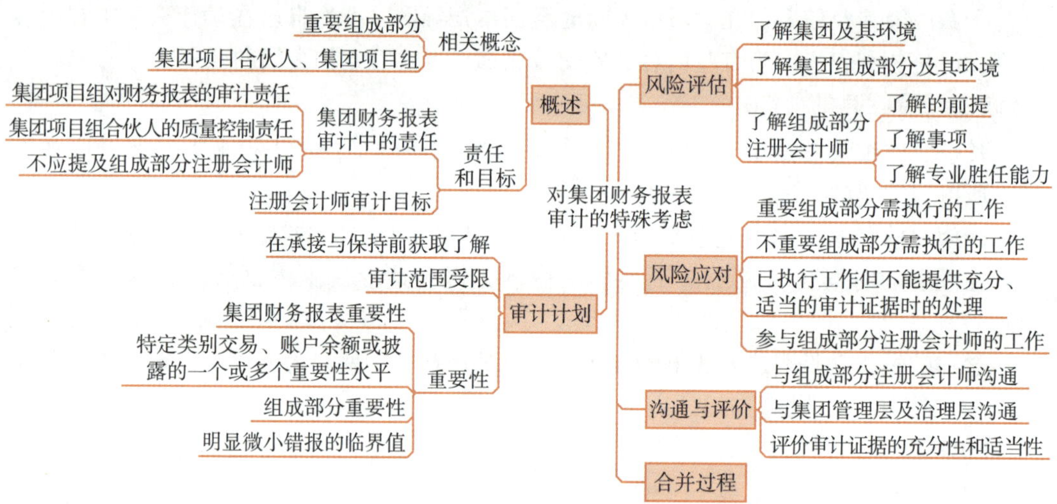

图 16－1　对集团财务报表审计的特殊考虑

关于集团财务报表审计，我先在这里放一个图，先可以看一遍，然后学完之后再回头看这个图你们就会觉得更加清晰（见图 16－2）。

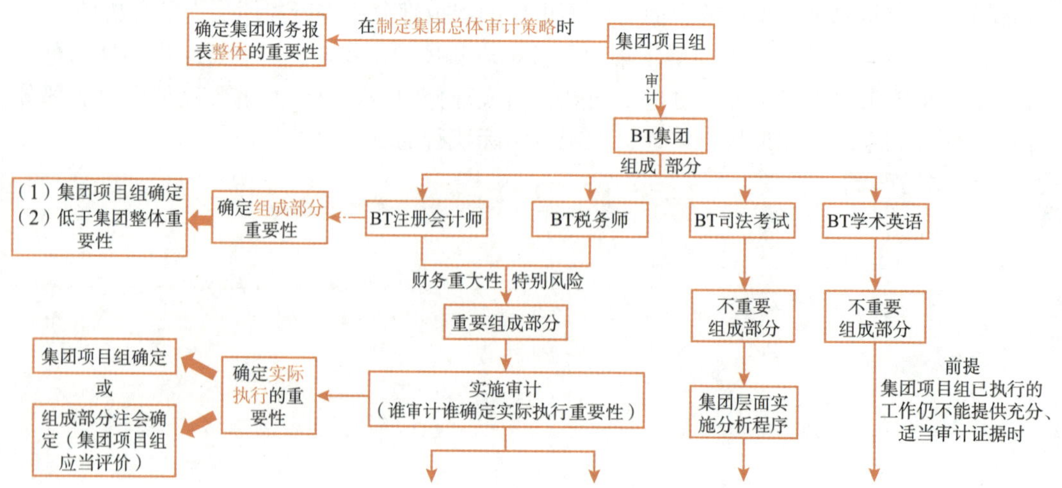

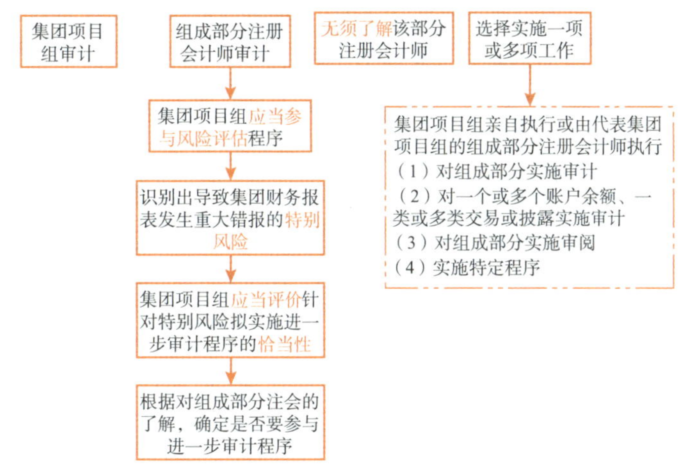

图 16－2　集团财务报表审计

第一节　集团财务报表审计概述

一、与集团财务报表审计有关的概念

1. 集团

集团是指所有组成部分构成的整体，并且所有组成部分的财务信息包括在集团财务报表中。

2. 重要组成部分

（1）重要组成部分，是指集团项目组识别出的具有下列特征之一的组成部分：

①单个组成部分对集团具有财务重大性；

②由于单个组成部分的特定性质或情况，可能存在导致集团财务报表发生重大错报的特别风险。

（2）判断重要组成部分特征。

①将选定的基准乘以某一百分比，以协助识别对集团具有财务重大性的单个组成部分；

②某些组成部分由于其特定性质或情况，可能存在导致集团财务报表发生重大错报的特别风险。

适当的基准可能包括集团资产、负债、现金流量、利润总额或营业收入。例如，集团项目组可能认为超过选定基准 15% 的组成部分是重要组成部分。

特定性质和情况：例如，某组成部分进行外汇交易，虽然其对集团并不具有财务重大性，但仍使集团面临导致重大错报的特别风险。

3. 集团财务报表

集团财务报表，是指包括一个以上组成部分财务信息的财务报表。集团财务报表也指没有母公司但处在同一控制下的各组成部分编制的财务信息所汇总生成的财务报表。

4. 集团审计和集团审计意见

集团审计，是指对集团财务报表进行的审计。

集团审计意见，是指对集团财务报表发表的审计意见。

5. 集团项目合伙人和集团项目组

集团项目合伙人，是指会计师事务所中负责某项集团审计业务及其执行，并代表会计师事务所在对集团财务报表出具的审计报告上签字的合伙人。

集团项目组，是指参与集团审计的，包括集团项目合伙人在内的所有合伙人和员工。集团项目组负责制定集团总体审计策略，与组成部分注册会计师沟通，针对合并过程执行相关工作，并评价根据审计证据得出的结论，作为形成集团财务报表审计意见的基础。

6. 组成部分注册会计师

组成部分注册会计师，是指基于集团审计目的，按照集团项目组的要求，对组成部分财务信息执行相关工作的注册会计师。

基于集团审计目的，集团项目组成员可能按照集团项目组的工作要求，对组成部分财务信息执行相关工作。在这种情况下，该成员也是组成部分注册会计师。

7. 集团管理层和组成部分管理层

集团管理层是指编制集团财务报表的管理层。

组成部分管理层是指编制组成部分财务报表的管理层。

8. 集团层面控制

集团层面控制是指集团管理层设计、执行和维护的与集团财务报告相关的控制。

9. 合并过程

（1）通过合并、比例合并、权益法或成本法，在集团财务报表中对组成部分财务信息进行确认、计量、列报与披露；

（2）对没有母公司但处在同一控制下的各组成部分编制的财务信息进行汇总。

二、集团财务报表审计中的责任设定

（1）**集团项目组**对整个集团财务报表审计工作及审计意见**负全部责任**，这一责任不因利用组成部分注册会计师的工作而减轻。

（2）审计报告的要求：

①注册会计师对集团财务报表出具的审计报告**不应提及组成部分注册会计师**，除非法律法规另有规定；

②如果法律法规要求在审计报告中提及组成部分注册会计师，审计报告应当指明，**这种提及并不减轻集团项目合伙人及其所在的会计师事务所对集团审计意见承担的责任**；

③如果因未能就组成部分财务信息获取充分、适当的审计证据，导致集团项目组在对集团财务报表出具的审计报告中发表非无保留意见，集团项目组需要在形成保留/否定/无法表示意见的基础部分中说明不能获取充分、适当审计证据的原因。此种情形下，除非法律法规要求在审计报告中提及组成部分注册会计师，并且这样做对充分说明情况是必需的，否则不应提及组成部分注册会计师。

三、注册会计师的审计目标

在集团财务报表审计中，注册会计师的目标是：

（1）就组成部分注册会计师对组成部分财务信息执行工作的范围、时间安排和发现的问题，与组成部分注册会计师进行清晰的沟通；

（2）针对组成部分财务信息和合并过程，获取充分、适当的审计证据，以对集团财务报表是否在所有重大方面按照适用的财务报告编制基础编制发表审计意见。

第二节　集团财务报表审计计划

一、在承接和保持阶段获取了解

（1）集团项目合伙人应当确定是否能够合理预期获取与合并过程和组成部分财务信息相关的充分、适当的审计证据，以作为形成集团审计意见的基础；

（2）集团项目组应当了解集团及其环境、集团组成部分及其环境，以足以识别可能的重要组成部分；

（3）如果组成部分注册会计师对重要组成部分财务信息执行相关工作，集团项目合伙人应当评价集团项目组参与组成部分注册会计师工作的程度是否足以获取充分、适当的审计证据。

二、审计范围受到限制

如果集团项目合伙人认为由于集团管理层施加的限制，使集团项目组不能获取充分、适当的审计证据，集团项目合伙人应当视具体情况采取下列措施：

（1）如果是新业务，拒绝接受业务委托，如果是连续审计业务，在法律法规允许的情况下，解除业务约定；

（2）如果法律法规禁止注册会计师拒绝接受业务委托，或者注册会计师不能解除业务约定，在可能的范围内对集团财务报表实施审计，并对集团财务报表发表无法表示意见。

三、重要性

（一）确定集团财务报表整体的重要性

在制定集团总体审计策略时，集团项目组确定集团财务报表整体的重要性。

（二）确定适用于特定类别交易、账户余额或披露的一个或多个重要性水平

根据集团的特定情况，如果集团财务报表中存在特定类别的交易、账户余额或披露，其发生的错报金额低于集团财务报表整体的重要性，但合理预期将影响财务报表使用者依据集团财务报表作出的经济决策，则需要确定适用于这些交易、账户余额或披露的一个或多个重要性水平。

集团项目组确定的“特定类别的交易、账户余额或披露”重要性水平应当低于集团财务报表整体的重要性水平。

（三）组成部分重要性

1. 如果对组成部分财务信息实施审计或审阅，集团项目组应当为这些组成部分确定组成部分重要性（组成部分重要性由集团项目组确定）

2. 组成部分重要性需设定为低于集团财务报表整体的重要性

3. 确定组成部分重要性

（1）针对不同的组成部分确定的重要性可能有所不同；

（2）在确定组成部分重要性时，**无须采用将集团财务报表整体重要性按比例分配的方式；**

（3）**单个**组成部分的重要性**低于**集团财务报表**整体的重要性；**

（4）对不同组成部分确定的重要性的**汇总数，有可能高于**集团财务报表**整体重要性；**

（5）在**制定组成部分总体审计策略**时，需要**使用组成部分**的重要性；

（6）组成部分注册会计师需要**使用组成部分重要性**，评估组成部分财务信息的重大错报风险。

4. 组成部分实际执行的重要性

（1）由**组成部分注册会计师（或集团项目组）**根据需要确定**组成部分**层面**实际执行**的重要性。

（2）如果基于集团审计目的，由组成部分注册会计师对组成部分财务信息执行审计工作，集团项目组**应当评价**在组成部分层面确定的实际执行的重要性的适当性。

集团重要性和组成部分重要性的关系如图 16－3 所示。

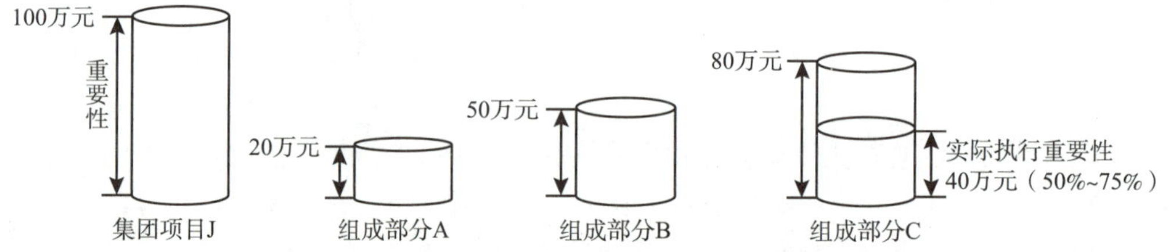

图 16－3　集团重要性和组成部分重要性

【提示】

（1）圆筒左边的数额（即组成部分重要性）由集团项目组定：J→A、B、C。

（2）组成部分重要性均要小于集团项目重要性，A/B/C 均要＜100 万元（无须按比例分配）。

（3）全部组成部分的重要性是可以大于集团项目重要性的，A＋B＋C≥100 万元是可以的。

（4）谁审计组成部分，组成部分的实际执行的重要性就由谁确定：

①如果由组成部分注册会计师审计，那么组成部分注册会计师确定实际执行重要性，但是，集团项目组需对其进行**评价**；

②如果集团项目组同时审计集团财务报表和组成部分 C 财务信息，或者集团项目组认为组成部分财务信息不可靠时，由集团项目组确定组成部分 C 的实际执行的重要性。

（四）明显微小错报的临界值

注册会计师需要设定临界值，不能将超过该临界值的错报视为对集团财务报表明显的微小错报。组成部分注册会计师需要将组成部分财务信息中识别出的超过临界值的错报通报给集团项目组。

【例题 16－1·多选题】在审计集团财务报表时，下列有关组成部分重要性的说法中，正确的有（　　）。(2017 年)

A. 组成部分重要性的汇总数不能高于集团财务报表整体的重要性

B. 集团项目组应当将组成部分重要性设定为低于集团财务报表整体的重要性

C. 组成部分重要性应当由集团项目组确定

D. 集团项目组应当为所有组成部分确定组成部分重要性

【答案】BC

【解析】在确定组成部分重要性时，无须采用将集团财务报表整体重要性按比例分配的方式，因此，对不同组成部分确定的重要性的汇总数，有可能高于集团财务报表整体重要性，选项 A 不正确；为将未更正和未发现错报的汇总数超过集团财务报表整体的重要性的可能性降至适当的低水平，集团项目组应当将组成部分重要性设定为低于集团财务报表整体的重要性，选项 B 正确；如果组成部分注册会计师对组成部分财务信息实施审计或审阅，集团项目组应当基于集团审计目的，为这些组成部分确定组成部分重要性，选项 C 正确；选项 D 不正确，如果集团项目组仅计划对不重要的组成部分在集团层面实施分析程序，那么无须为其确定重要性。

第三节　集团财务报表审计的风险评估

一、了解集团及其环境、集团组成部分及其环境

注册会计师应当通过了解被审计单位及其环境，识别和评估财务报表重大错报风险。

审计风险取决于重大错报风险和检查风险。在集团审计中，审计风险包括：

（1）组成部分注册会计师可能没有发现组成部分财务信息存在的错报（该错报导致集团财务报表发生重大错报）的风险；

（2）集团项目组可能没有发现该错报的风险。

（一）集团管理层下达的指令（了解）

集团管理层下达的指令通常包括：（1）运用的会计政策；（2）适用于集团财务报表的法定和其他披露要求，包括分部的确定和报告、关联方关系及其交易、集团内部交易、未实现内部交易损益以及集团内部往来余额；（3）报告的时间要求。

（二）舞弊（了解）

注册会计师需要识别和评估由于舞弊导致财务报表发生重大错报的风险，针对评估的

风险设计和实施适当的应对措施。用以识别由于舞弊导致的集团财务报表重大错报风险所需的信息可能包括：

（1）集团管理层对集团财务报表可能存在由于舞弊导致的重大错报风险的评估；

（2）集团管理层对集团舞弊风险的识别和应对过程，包括集团管理层识别出的任何特定舞弊风险，或可能存在舞弊风险的账户余额、某类交易或披露；

（3）是否有特定组成部分可能存在舞弊风险；

（4）集团治理层如何监督集团管理层识别和应对集团舞弊风险的过程，以及集团管理层为降低集团舞弊风险而建立的控制；

（5）就集团项目组对是否知悉任何影响组成部分或集团的舞弊事实、舞弊嫌疑或舞弊指控的询问，集团治理层、管理层和内部审计人员作出的答复。

（三）集团项目组成员和组成部分注册会计师对集团财务报表重大错报风险（包括舞弊风险）的讨论

项目组关键成员需要讨论由于舞弊或错误导致被审计单位财务报表发生重大错报的可能性，并特别强调舞弊导致的风险。在集团审计中，参与讨论的成员还可能包括组成部分注册会计师。集团项目合伙人对参与讨论的项目组成员、讨论的方式、时间和内容的确定，受多项因素（如以前与集团交往的经验）的影响。

（四）了解集团及其环境、集团组成部分及其环境的程序（重要）

1. 集团项目组应当对集团及其环境、集团组成部分及其环境获取充分的了解

（1）确认或修正最初识别的重要组成部分；

（2）评估由于舞弊或错误导致集团财务报表发生重大错报的风险。

2. 集团项目组可以基于下列信息，在集团层面评估集团财务报表重大错报风险

（1）在了解集团及其环境、集团组成部分及其环境和合并过程时获取的信息，包括在评价集团层面控制以及与合并过程相关的控制的设计和执行时获取的审计证据；

（2）从组成部分注册会计师获取的信息。

二、了解组成部分注册会计师

1. 了解组成部分注册会计师的要求（见表16－1）

表16－1　了解组成部分注册会计师的要求

了解组成部分注册会计师的前提	处理
只有当基于集团审计目的，计划要求由组成部分注册会计师执行组成部分财务信息的相关工作时	集团项目组才需要了解组成部分注册会计师
如果集团项目组计划仅在集团层面对某些组成部分实施分析程序	无须了解这些组成部分注册会计师

2. 了解组成部分注册会计师的事项

如果计划要求组成部分注册会计师执行组成部分财务信息的相关工作，集团项目组应当了解下列事项：（重点）

（1）组成部分注册会计师是否了解并将遵守与集团审计相关的职业道德要求，特别是独立性要求；

（2）组成部分注册会计师是否具备专业胜任能力；

（3）集团项目组参与组成部分注册会计师工作的程度是否足以获取充分、适当的审计证据；

（4）组成部分注册会计师是否处于积极的监管环境中。

3. 组成部分注册会计师的专业胜任能力（见表16－2）

表16－2　组成部分注册会计师的专业胜任能力

<table>
<tr><th colspan="2"></th><th>集团项目组处理</th><th>能否消除相关影响</th></tr>
<tr><td colspan="2">组成部分注册会计师不符合与集团审计相关的独立性要求</td><td rowspan="2">应当就组成部分财务信息亲自获取充分、适当的审计证据，而不应要求组成部分注册会计师对组成部分财务信息执行相关工作</td><td>不能消除组成部分注册会计师不具有独立性的影响</td></tr>
<tr><td rowspan="2">集团项目组对组成部分注册会计师职业道德、专业胜任能力和所处的监管环境</td><td>存在重大疑虑</td><td>—</td></tr>
<tr><td>并非重大的疑虑</td><td>—</td><td>消除对专业胜任能力、未处于积极有效的监管环境中的影响</td></tr>
</table>

注：能否消除，是指通过参与组成部分注册会计师的工作，实施追加的风险评估程序或对组成部分财务信息实施进一步审计程序，确定能否消除相关影响。

【例题16－2·单选题】在了解组成部分注册会计师后，下列情形中，集团项目组可以采取措施消除其疑虑或影响的是（　　）。

A. 组成部分注册会计师不符合与集团审计相关的独立性要求

B. 集团项目组对组成部分注册会计师的专业胜任能力存有重大疑虑

C. 集团项目组对组成部分注册会计师的职业道德存有重大疑虑

D. 组成部分注册会计师未处于积极有效的监管环境中

【答案】D

【解析】首先，不符合独立性的要求，是绝对不行的，所以选项A首先排除；

如果对组成部分的注册会计师专业胜任能力的并非重大疑虑或未处于积极有效的监管环境中的影响，则可消除此影响，所以选项B错误，选项D正确；集团对组成部分注册会计师职业道德、专业胜任能力和所处的监管环境存有重大疑虑，集团项目组应当就组成部分财务信息亲自获取充分、适当的审计证据，而不应要求组成部分注册会计师对组成部分财务信息执行相关工作，选项C错误。

第四节　集团财务报表审计的风险应对

针对评估的风险采取的应对措施如图16－4所示。

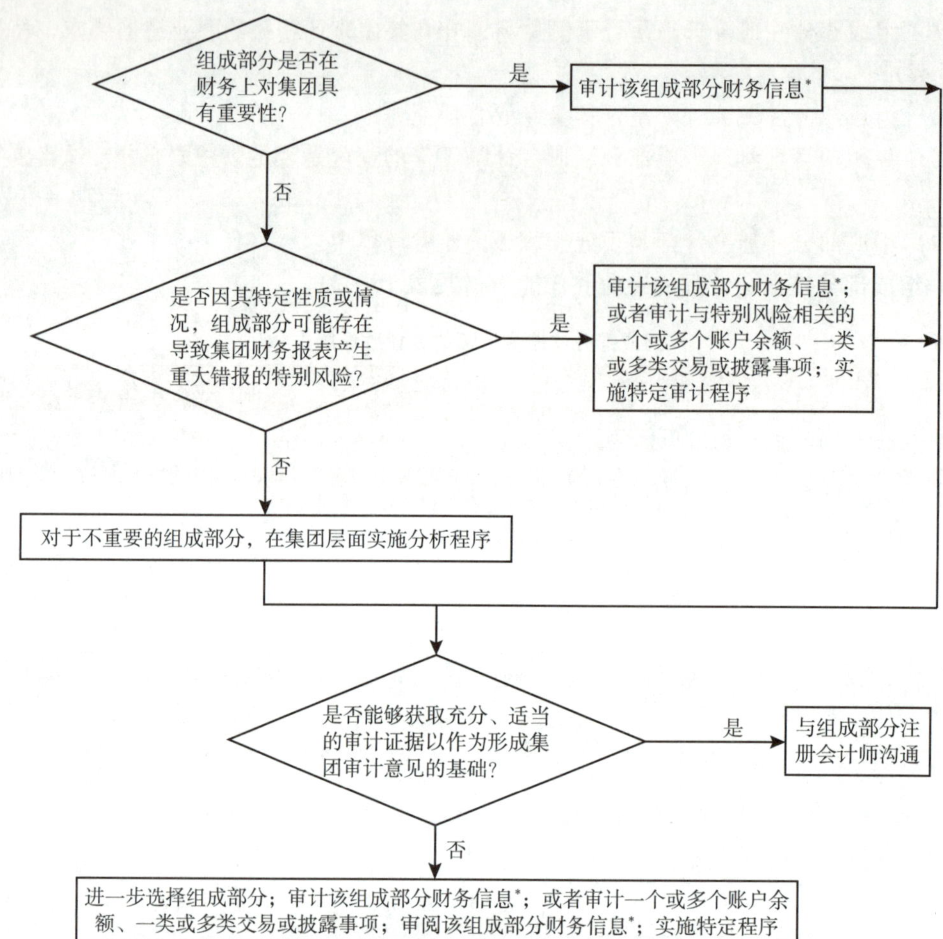

图 16 – 4　针对评估的风险采取的应对措施

注：＊为应当使用组成部分重要性。

一、对组成部分需执行的工作

对组成部分需要执行的工作如表 16 – 3 所示。

表 16 – 3　对组成部分需要执行的工作

性质		谁负责	执行工作
重要组成部分	具有**财务重大性**	集团项目组或代表集团项目组的组成部分注册会计师	应当运用**该组成部分的重要性**，对该组成部分的财务信息**实施审计**
	具有**特别风险**		（1）使用**组成部分重要性对组成部分**财务信息**实施审计** （2）针对可能导致集团财务报表发生重大错报的特别风险相关的**一个或多个账户余额、一类或多类交易或披露事项**实施**审计** （3）针对可能导致集团财务报表发生重大错报的特别风险实施**特定的审计程序**
不重要的组成部分		集团项目组	**应当在集团层面实施分析程序**

二、已执行的工作仍不能提供充分、适当审计证据时的处理

【提示】

本知识点的意思是，注册会计师在执行完前面两项工作之后，即“对重要组成部分需执行的工作”和“对不重要的组成部分所需执行的工作”，但还是不能获得充分、适当的审计证据，这时我们要进行一些追加的工作，以获得充分、适当的审计证据。

如果集团项目组认为对重要组成部分财务信息执行的工作、对集团层面控制和合并过程执行的工作以及在集团层面实施的分析程序还不能获取形成集团审计意见所依据的充分、适当的审计证据，集团项目组应当选择某些不重要的组成部分，并对已选择的组成部分财务信息亲自执行或由代表集团项目组的组成部分注册会计师执行下列一项或多项工作：

（1）使用组成部分重要性对组成部分财务信息实施审计；

（2）对一个或多个账户余额、一类或多类交易或披露实施审计；

（3）使用组成部分重要性对组成部分财务信息实施审阅；

（4）实施特定程序。

【例题 16－3·单选题】在审计集团财务报表时，下列工作类型中，不适用于重要组成部分的是（　　）。（2017 年）

A. 特定项目审计　　B. 实施特定审计程序

C. 财务信息审阅　　D. 财务信息审计

【答案】C

【解析】选项 C 属于针对重要组成部分已执行工作仍不能提供充分、适当审计证据时，对于不重要的组成部分实施的工作。所以财务报表审阅针对的是不重要的组成部分。

三、参与组成部分注册会计师的工作

参与组成部分注册会计师的工作如表 16－4 所示。

表 16－4　　参与组成部分注册会计师的工作

情形	集团项目组工作	目的
组成部分注册会计师对重要组成部分财务信息执行审计	应当参与组成部分注册会计师实施的风险评估程序	以识别导致集团财务报表发生重大错报的特别风险
由组成部分注册会计师执行相关工作的组成部分内，识别出导致集团财务报表发生重大错报的特别风险	应当评价针对识别出的特别风险拟实施的进一步审计程序的恰当性	根据对组成部分注册会计师的了解，集团项目组应当确定是否有必要参与进一步审计程序

1. 集团项目组参与的性质、时间安排和范围受其对组成部分注册会计师所了解情况的影响

（1）与组成部分注册会计师或组成部分管理层讨论对集团而言重要的组成部分业务活动；

（2）与组成部分注册会计师讨论由于舞弊或错误导致组成部分财务信息发生重大错报的可能性；

（3）复核组成部分注册会计师对识别出的导致集团财务报表发生重大错报的特别风险形成的审计工作底稿。审计工作底稿可以采用备忘录的形式，反映组成部分注册会计师针对识别出的特别风险得出的结论。

2. 可能影响集团项目组参与组成部分注册会计师工作的因素

（1）组成部分的重要程度；

（2）识别出的导致集团财务报表发生重大错报的特别风险；

（3）集团项目组对组成部分注册会计师的了解。

3. 集团项目组参与组成部分注册会计师工作的方式（了解）

（1）与组成部分管理层或组成部分注册会计师**会谈**，获取对组成部分及其环境的了解。

（2）**复核**组成部分注册会计师的总体审计策略和具体审计计划。

（3）**实施风险评估程序，**识别和评估组成部分层面的重大错报风险。**集团项目组可以单独或与组成部分注册会计师共同实施这类程序。**

（4）设计和实施**进一步审计程序。集团项目组可以单独或与组成部分注册会计师共同设计和实施这类程序。**

（5）参加组成部分注册会计师与组成部分管理层的**总结会议和其他重要会议。**

（6）**复核**组成部分注册会计师的审计工作底稿的其他相关部分。

4. 如果组成部分是不重要的组成部分，集团项目组参与组成部分注册会计师工作的性质、时间安排和范围，将根据集团项目组对组成部分注册会计师的了解不同而不同。而该组成部分不是重要组成部分这一事实，称为次要考虑的因素

【例题 16－4·单选题】注册会计师在确定对组成部分财务信息执行的工作类型时，下列说法错误的是（　　）。(2015 年)

A. 具有财务重大性的重要组成部分，实施审计业务

B. 针对可能存在导致集团财务报表发生重大错报的特别风险的重要组成部分，实施审计业务

C. 不重要组成部分，无须实施相关程序

D. 对重要组成部分财务信息已执行的工作仍不能提供充分、适当审计证据时，集团项目组应选择某些不重要的组成部分，实施审计或审阅业务

【答案】C

【解析】不重要组成部分，应当在集团层面实施分析程序。

第五节　集团项目组的沟通与评价

一、与组成部分注册会计师的沟通

如果集团项目组与组成部分注册会计师之间未能建立有效的双向沟通关系，则存在集

团项目组可能无法获取形成集团审计意见所依据的充分、适当的审计证据的风险。集团项目组清晰、及时地通报工作要求，是集团项目组和组成部分注册会计师之间形成有效的双向沟通关系的基础（见表 16－5）。

表 16－5　　集团项目组和组成部分注册会计师之间的沟通

集团项目组→组成部分注册会计师通报	（1）明确组成部分注册会计师应执行的工作和集团项目组对其工作的利用 （2）组成部分注册会计师与集团项目组沟通的形式和内容 （3）在组成部分注册会计师知悉集团项目组将利用其工作的前提下，要求组成部分注册会计师确认其将配合集团项目组的工作 （4）与集团审计相关的职业道德要求，特别是独立性要求 （5）在对组成部分财务信息实施审计或审阅的情况下，组成部分的重要性和针对特定类别的交易、账户余额或披露采用的一个或多个重要性水平以及临界值，超过临界值的错报不能视为对集团财务报表明显微小的错报 （6）识别出的与组成部分注册会计师工作相关的、由于舞弊或错误导致集团财务报表发生重大错报的特别风险 （7）集团管理层编制的关联方清单和集团项目组知悉的任何其他关联方
组成部分注册会计师→集团项目组沟通	（1）组成部分注册会计师是否已遵守与集团审计相关的职业道德要求，包括对独立性和专业胜任能力的要求 （2）组成部分注册会计师是否已遵守集团项目组的要求 （3）指出作为组成部分注册会计师出具报告对象的组成部分财务信息 （4）因违反法律法规而可能导致集团财务报表发生重大错报的信息 （5）组成部分财务信息中未更正错报的清单（清单不必包括低于集团项目组通报的临界值且明显微小的错报） （6）表明可能存在管理层偏向的迹象 （7）描述识别出的组成部分层面值得关注的内部控制缺陷 （8）组成部分注册会计师向组成部分治理层已通报或拟通报的其他重大事项，包括涉及组成部分管理层、在组成部分层面内部控制中承担重要职责的员工以及其他人员的舞弊或舞弊嫌疑 （9）可能与集团审计相关或者组成部分注册会计师期望集团项目组加以关注的其他事项，包括在组成部分注册会计师要求组成部分管理层提供的书面声明中指出的例外事项 （10）组成部分注册会计师的总体发现、得出的结论和形成的意见
集团项目组评价沟通	（1）与组成部分注册会计师、组成部分管理层或集团管理层讨论在评价过程中发现的重大事项 （2）确定是否有必要复核组成部分注册会计师审计工作底稿的相关部分 （3）如果认为组成部分注册会计师的工作不充分，集团项目组应当确定需要实施哪些追加的程序，以及这些程序是由组成部分注册会计师还是由集团项目组实施

二、与集团管理层和集团治理层的沟通

集团项目组与管理层和治理层的沟通如表 16－6 所示。

表 16－6　　集团项目组与管理层和治理层的沟通

沟通对象	沟通内容
集团管理层	（1）集团项目组识别出的集团层面内部控制缺陷 （2）集团项目组识别出的组成部分层面内部控制缺陷 （3）组成部分注册会计师提请集团项目组关注的内部控制缺陷
集团治理层	（1）对组成部分财务信息拟执行工作类型的概述 （2）在组成部分注册会计师对重要组成部分财务信息拟执行的工作中，集团项目组计划参与其工作的性质的概述 （3）对组成部分注册会计师的工作作出的评价，引起集团项目组对其工作质量产生疑虑的情形 （4）集团审计受到的限制，如集团项目组接触某些信息受到的限制 （5）涉及集团管理层、组成部分管理层、在集团层面控制中承担重要职责的员工以及其他人员（在舞弊行为导致集团财务报表出现重大错报的情况下）的舞弊或舞弊嫌疑

【例题16－5·单选题】 下列有关集团项目组与集团治理层的沟通内容的说法中，错误的是（　　）。(2013年)

A. 沟通内容应当包括引起集团项目组对组成部分注册会计师工作质量产生疑虑的情形

B. 沟通内容应当包括集团项目组计划参与组成部分注册会计师工作的性质的概述

C. 如果集团项目组认为组成部分管理层的舞弊行为不会导致集团财务报表发生重大错报，无须就该事项进行沟通

D. 沟通内容应当包括集团项目组对组成部分注册会计师工作作出的评价

【答案】 C

【解析】 集团项目组与集团治理层的沟通内容包括：涉及集团管理层、组成部分管理层、在集团层面控制中承担重要职责的员工以及其他人员（在舞弊行为导致集团财务报表出现重大错报的情况下）的舞弊或舞弊嫌疑。

三、评价审计证据的充分性和适当性

集团项目组应当评价，通过对合并过程实施的审计程序以及由集团项目组和组成部分注册会计师对组成部分财务信息执行的工作，是否已获取充分、适当的审计证据，作为形成集团审计意见的基础。

如果认为未能获取充分、适当的审计证据作为形成集团审计意见的基础，**集团项目组可以要求组成部分注册会计师对组成部分财务信息实施追加的程序。如果不可行，集团项目组可以直接对组成部分财务信息实施程序。**

集团项目合伙人应当评价未更正错报和未能获取充分、适当的审计证据的情况对集团审计意见的影响；集团项目合伙人对错报的汇总影响的评价，能够使其确定集团财务报表整体是否存在重大错报。

第六节　合并过程（了解）

集团项目组应当了解集团层面的控制和合并过程，包括**集团管理层向组成部分下达的指令**。

如果对合并过程执行工作的性质、时间安排和范围基于预期集团层面控制有效运行，或者仅实施实质性程序不能提供认定层次的充分、适当的审计证据，**集团项目组应当亲自测试或要求组成部分注册会计师代为测试集团层面控制运行的有效性。**

集团项目组应当针对合并过程设计和实施进一步审计程序，以应对评估的、由合并过程导致的集团财务报表发生重大错报的风险。设计和实施的进一步审计程序应当包括评价所有组成部分是否均已包括在集团财务报表中。

集团项目组应当评价合并调整和重分类事项的适当性、完整性和准确性，并评价是否存在舞弊风险因素或可能存在管理层偏向的迹象。集团项目组对合并调整和重分类事项的适当性、完整性和准确性的以下内容进行评价：

（1）评价重大调整是否恰当反映了相关事项和交易；

（2）确定重大调整是否得到集团管理层和组成部分管理层（如适用）的正确计算、

处理和授权；

（3）确定重大调整是否有适当的证据支持并得到充分的记录；

（4）检查集团内部交易、未实现内部交易损益以及集团内部往来余额是否核对一致并抵销。

如果组成部分财务信息没有按照集团财务报表采用的会计政策编制，集团项目组应当评价组成部分财务信息是否已得到适当调整，以满足编制和列报集团财务报表的要求。集团项目组应当确定，组成部分注册会计师上报的财务信息是否就是包括在集团财务报表中的财务信息。

如果集团财务报表包括的组成部分财务报表的报告期末不同于集团财务报表，集团项目组应当评价是否已按照适用的财务报告编制基础对这些财务报表作出恰当调整。

第十六章　对集团财务报表审计的特殊考虑

彬哥跟你说：

本章特点：内容多，但是可考点少，而且清晰！无须特别担心！

今日复习步骤：

第一遍：回忆 & 重新复习一遍框架（15 分钟）

学习要求：是自己重新找一遍框架，不需要掌握所有细节，但求框架了然于心。

第二遍：对细节进一步掌握（50 分钟）

集团财务报表审计计划、风险评估、风险应对，分别涉及哪些考点？

第三遍：重新复习一遍框架（7 分钟）

我问你答：

（1）重要组成部分是否仅仅指对集团具有财务重大性的部分？

（2）谁对整个集团财务报表审计工作及审计意见负全部责任？注册会计师对集团财务报表出具的审计报告是否应提及组成部分注册会计师，除非什么情况？如果提及，是否减轻集团项目合伙人及其所在的会计师事务所对集团审计意见承担的责任？

（3）集团财务报表整体重要性由谁确定？组成部分重要性呢？组成部分重要性是低于还是高于整体的重要性？在确定组成部分重要性时，是否需要采用将集团财务报表整体重要性按比例分配的方式？不同组成部分重要性汇总，是否可能高于整体重要性？

（4）组成部分实际执行的重要性是否必须由组成部分注册会计师确定？如果由组成部分注册会计师来确定，集团项目组应当做什么？如果仅对组成部分实施分析程序，是否需要为该组成部分确定重要性，是否需要了解组成部分注册会计师？

（5）什么情况下才需要了解组成部分注册会计师？了解组成部分注册会计师，需要了解什么？组成部分注册会计师不符合独立性要求，集团项目组应如何处理？

（6）如果是对组成部分注册会计师职业道德、专业胜任能力和所处的监管环境存有重大疑虑，应如何处理？专业胜任能力、监管环境什么情况下是可消除影响的？

（7）对重要组成部分需执行什么工作？对不重要的组成部分呢？已执行工作但不能提供充分、适当的审计证据时的处理是什么？参与组成部分注册会计师的工作，至少应包括什么？

（8）与组成部分注册会计师要沟通什么？

（9）与集团管理层要沟通什么？

（10）与集团治理层的沟通内容包括什么？

本章作业：

（1）请把讲义例题做三遍（做错的题目，请分析错误原因并记录到改错本）。

（2）请复习完口述一遍框架，睡前请再回忆一遍框架。

（3）第二天早上，请再回忆一遍框架，对于回忆不起来的内容，请翻书看一遍。

第 16 天

复习旧内容：

对集团财务报表审计的特殊考虑（第十六章）

学习新内容：

其他特殊项目的审计（第十七章）

学习方法：

因本章涉及四个特殊事项，所以要知道自己在学的是哪一个事项，搞不清楚的时候，要随时去翻看自己在学哪一部分的内容。

本章有个重要的学习方法，那就是如果觉得写得很乱，那么你可以自己动手把本章每节的知识点写一遍就清晰了，例如，审计会计估计我们可以这样写一下：

会计估计的性质—风险评估程序和相关活动—识别和评估重大错报风险—应对评估的重大错报风险—实施进一步实质性程序以应对特别风险—评价会计估计的合理性并确定错报—其他相关审计程序。

这样一来，你会发现原来不管字数多少，其实还是在按照“风险评估—风险应对”这个流程在走，脑海中瞬间清晰起来。

你今天可能有的心态：

这一章内容比较多而且杂，你们可能会看不下去，也可能会觉得看着不知所以然，但是不论怎么样，都要认真看下去。动手去画画框架图，去总结知识点。这章知识会在你的这些动笔动脑的过程中渐渐清晰的。

简单解释今天学习内容：

今天主要学习对于审计中遇到的四个特殊情况的考虑：审计会计估计、关联方审计、持续经营假设、首次接受委托时对期初余额的审计。

可能会遇到的难点：

本章无难点，要注意以下几个方面：

（1）注册会计师利用点估计和区间估计评估；

（2）超出被审计单位正常经营过程的重大关联方交易导致的风险为特别风险；

（3）针对识别出的关联方的重大错报风险的应对措施；

（4）考虑持续经营假设不同情况对审计结论和报告的影响；

（5）对期初余额审计的审计程序。

建议学习时间：

3 小时

第十七章　其他特殊项目的审计

其他特殊项目的审计知识结构如图17－1所示。

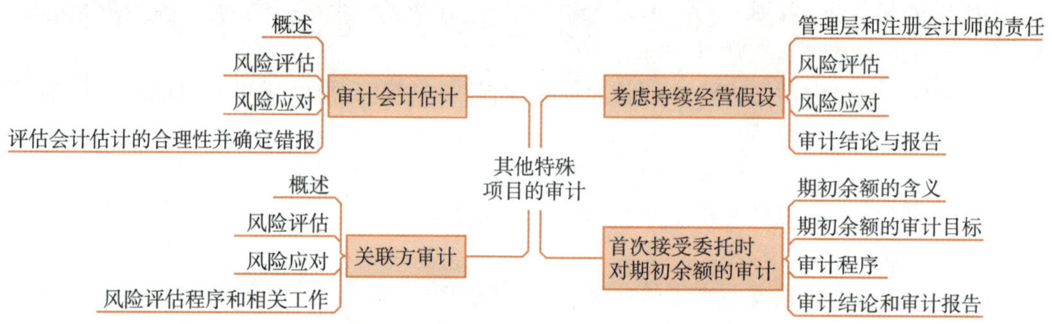

图17－1　其他特殊项目的审计知识结构

第一节　审计会计估计

审计会计估计框架如图17－2所示。

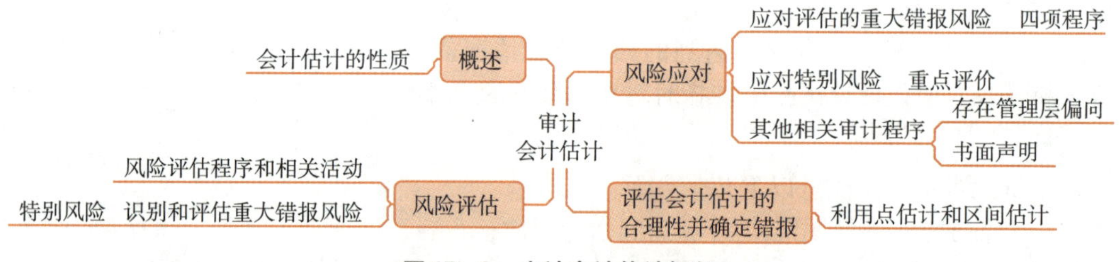

图17－2　审计会计估计框架

一、会计估计概述

1. 含义

会计估计是指在缺乏精确计量手段的情况下，采用的某项金额的近似值。会计估计一般包括存在估计不确定性时以公允价值计量的金额，以及其他需要估计的金额。**（本准则将会计估计分为两大类：一是公允价值会计估计；二是其他估计）**

2. 责任

（1）被审计单位**管理层责任：**应当对其作出的包括在财务报表中的**会计估计负责**。

（2）注册会计师责任：获取充分、适当的审计证据，评价被审计单位作出的会计估计是否合理、披露是否充分。

【提示】

（1）由于会计估计的主观性、复杂性和不确定性，管理层作出的会计估计发生重大错报的可能性较大，**注册会计师应当确定会计估计的重大错报风险是否属于特别风险**。

（2）会计估计的结果与财务报表中原来已确认或披露的金额存在差异，并不必然表明财务报表存在错报。这对于公允价值会计估计而言尤其如此，因为任何观察到的结果都不可避免地受到作出会计估计的时点后所发生的事项或情况的影响。

二、风险评估

（一）风险评估程序和相关活动

风险评估程序和相关活动如图 17－3 所示。

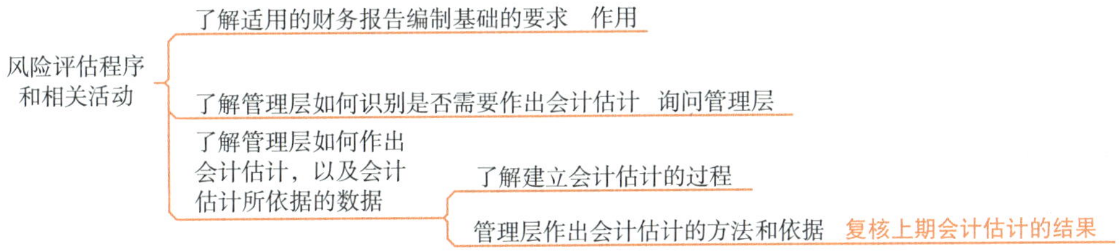

风险评估程序和相关活动
- 了解适用的财务报告编制基础的要求　作用
- 了解管理层如何识别是否需要作出会计估计　询问管理层
- 了解管理层如何作出会计估计，以及会计估计所依据的数据
  - 了解建立会计估计的过程
  - 管理层作出会计估计的方法和依据　复核上期会计估计的结果

图 17－3　风险评估程序和相关活动

1. 了解适用的财务报告编制基础的要求

了解适用的财务报告编制基础的要求，有助于注册会计师确定该编制基础是否：

（1）规定了会计估计的确认条件和计量方法；

（2）明确了某些允许或要求采用公允价值计量的条件（如与管理层执行与某项资产或负债相关的特定措施的意图挂钩）；

（3）明确了要求作出或允许作出的披露。

2. 了解管理层如何识别是否需要作出会计估计（了解）

注册会计师**主要通过询问管理层**，就可以了解管理层如何识别需要作出会计估计的情形。询问的内容可以包括：

（1）被审计单位是否已从事可能需要作出会计估计的新型交易；

（2）需要作出会计估计的交易的条款是否已改变；

（3）由于适用的财务报告编制基础的要求或其他规定的变化，与会计估计相关的会计政策是否已经相应变化；

（4）可能要求管理层修改或作出新会计估计的外部监管变化或其他不受管理层控制的变化是否已经发生；

（5）是否已经发生可能需要作出新估计或修改现有估计的新情况和事项。

3. 了解管理层如何作出会计估计

（1）管理层作出会计估计的方法和依据包括：

①用以作出会计估计的方法，包括模型（如适用）；

②相关控制；

③管理层是否利用专家的工作；

④会计估计所依据的假设；

⑤用以作出会计估计的方法是否已经发生或应当发生不同于上期的变化，以及变化的原因；

⑥管理层是否评估以及如何评估估计不确定性的影响。

（2）注册会计师应当复核上期财务报表中会计估计的结果，或者复核管理层在本期财务报表中对上期会计估计作出的后续重新估计。注册会计师复核的目的不是质疑上期依据当时可获得的信息而作出的判断。

（3）会计估计的结果与上期财务报表中已确认金额之间的差异，并不必然表明上期财务报表存在错报。但是，由于没有运用或错误运用下列两类信息而产生的差异可能表明上期财务报表存在错误：①在上期财务报表编制完成阶段管理层可以获得的信息；②合理预期管理层已经获得并在编制和列报财务报表时已予以考虑的信息。

（二）识别和评估重大错报风险

识别和评估重大错报风险的过程如图 17－4 所示。

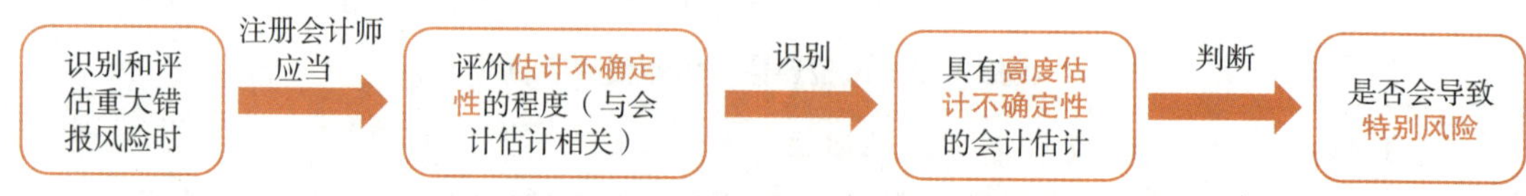

图 17－4 识别和评估重大错报风险

1. 估计不确定性的影响因素（了解即可）

（1）会计估计对判断的依赖程度；

（2）会计估计对假设变化的敏感性；

（3）是否存在可以降低估计不确定性的经认可的计量技术；

（4）预测期的长度和从过去事项得出的数据对预测未来事项的相关性；

（5）是否能够从外部来源获得可靠数据；

（6）会计估计依据可观察到的或不可观察到的输入数据的程度。

2. 具有高度估计不确定性的会计估计

（1）高度依赖判断的会计估计，如对未决诉讼的结果或未来现金流量的金额和时间安排的判断，而未决诉讼的结果或未来现金流量的金额和时间安排取决于多年后才能确定结果的不确定事项；

（2）未采用经认可的计量技术计算的会计估计；

（3）注册会计师对上期财务报表中类似会计估计进行复核的结果表明最初会计估计与实际结果之间存在很大差异时管理层作出的会计估计；

（4）采用高度专业化的、由被审计单位自主开发的模型，或在缺乏可观察到的输入数据的情况下作出的公允价值会计估计。

【例题 17－1·多选题】在评价会计估计的不确定性时，下列会计估计中，注册会计师通常认为具有高度不确定性的有（　　）。（2011 年）

A. 高度依赖判断的会计估计

B. 采用高度专业化的，由被审计单位自已开发的模型作出的公允价值会计估计

C. 存在公开活跃市场情况下作出的公允价值会计估计

D. 上期财务报表中确认的金额与实际结果存在差异的会计估计

【答案】AB

【解析】选项 C 中，存在公开活跃市场情况下作出的公允价值会计估计，具备可观察到的输入数据，不属于此类范畴；选项 D 中，上期财务报表中确认的会计估计金额与实际结果存在差异，而非重大差异，并不一定表明会计估计具有高度不确定性。

【例题 17－2·多选题】下列各项中，影响会计估计的估计不确定性程度的有（　　）。（2018 年）

A. 会计估计涉及的预测期的长度

B. 会计估计对假设变化的敏感性

C. 会计估计对判断的依赖程度

D. 会计估计依据不可观察到的输入数据的程度

【答案】ABCD

【解析】估计不确定性的影响因素包括：（1）会计估计对判断的依赖程度（选项C）；（2）会计估计对假设变化的敏感性（选项 B）；（3）是否存在可以降低估计不确定性的经认可的计量技术；（4）预测期的长度和从过去事项得出的数据对预测未来事项的相关性（选项 A）；（5）是否能够从外部来源获得可靠数据；（6）会计估计依据可观察到的或不可观察到的输入数据的程度（选项 D）。

三、风险应对

（一）应对评估的重大错报风险

基于评估的重大错报风险，注册会计师应当确定：

（1）管理层是否恰当运用与会计估计相关的适用的财务报告编制基础的规定。

（2）作出会计估计的方法是否恰当，并得到一贯运用，以及会计估计或作出会计估计的方法不同于上期的变化是否适合于具体情况。

应对评估的重大错报风险的原则和程序如图 17－5 所示。

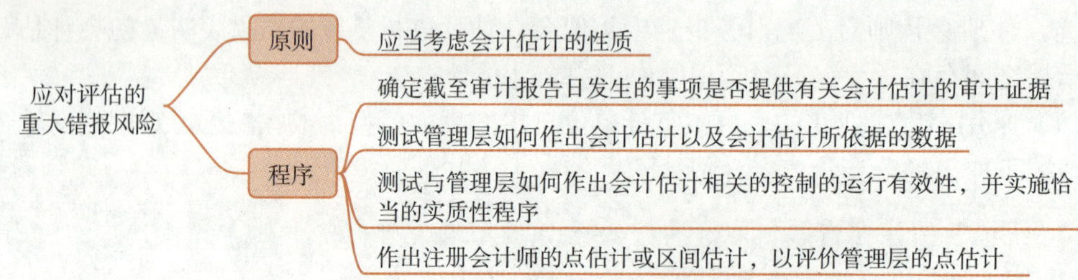

图 17－5　应对评估的重大错报风险的原则和程序

注册会计师的点估计或区间估计：是指从审计证据中得出的、用于评价管理层点估计的金额或金额区间（见图 17－6）。

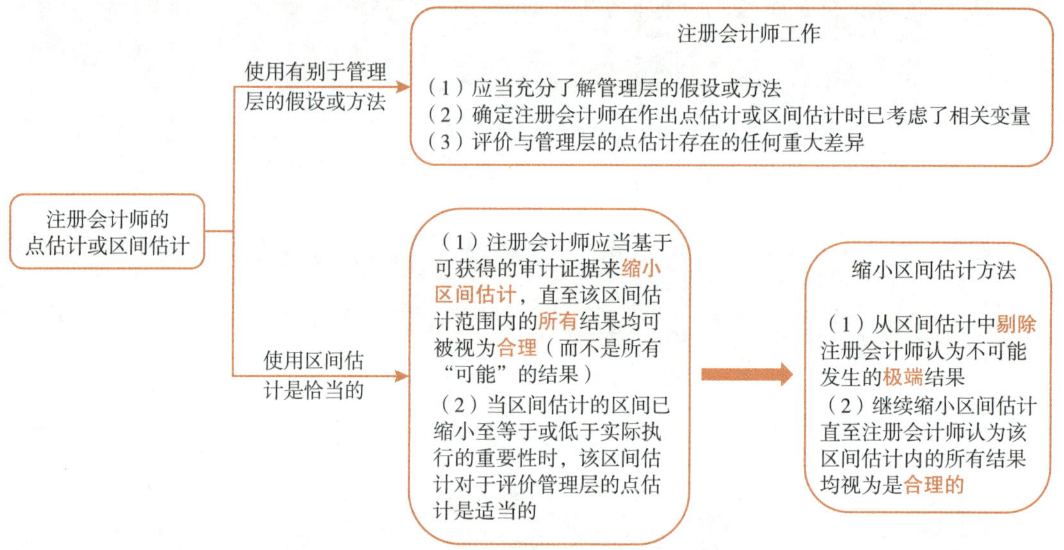

图 17－6　注册会计师的点估计或区间估计

【例题 17－3·多选题】下列有关注册会计师作出的区间估计的说法中，正确的有（　　）。(2017 年)

A. 注册会计师作出的区间估计需要包括所有可能的结果

B. 注册会计师有可能缩小区间估计直至审计证据指向点估计

C. 当区间估计的区间缩小至等于或低于财务报表整体的重要性时，该区间估计对于评价管理层的点估计是适当的

D. 如果使用有别于管理层的假设或方法作出区间估计，注册会计师应当充分了解管理层的假设或方法

【答案】BD

【解析】注册会计师作出的区间估计需要包括所有“合理”的结果，而非“可能”的结果，选项 A 不正确；通常情况下，当区间估计的区间已缩小至等于或低于实际执行的重要性时，该区间估计对于评价管理层的点估计是适当的，选项 C 不正确。

【例题 17-4·单选题】下列与会计估计审计相关的程序中，注册会计师应当在风险评估阶段实施的是（ ）。(2015 年)

A. 确定管理层是否恰当运用与会计估计相关的财务报告编制基础

B. 复核上期财务报表中会计估计的结果

C. 评价会计估计的合理性

D. 确定管理层作出会计估计的方法是否恰当

【答案】B

【解析】复核上期财务报表中会计估计的结果是为了了解管理层如何作出会计估计，属于风险评估阶段实施的；选项 ACD 属于应对评估的重大错报风险阶段实施的。

（二）应对特别风险

在审计导致特别风险的会计估计时，注册会计师在实施进一步实质性程序时需要重点评价：

（1）管理层是如何评估不确定性对会计估计的影响，以及这种不确定性对财务报表中会计估计的确认的恰当性可能产生的影响；

（2）相关披露的充分性。

应对特别风险所实施的应对措施及审计程序如表 17-1 所示。

表 17-1　应对特别风险所实施的应对措施及审计程序

应对措施	审计程序
估计不确定性	（1）评价管理层如何考虑替代性的假设或结果，以及拒绝采纳的原因，或者在管理层没有考虑替代性的假设或结果的情况下，评价管理层在作出会计估计时如何处理估计不确定性 （2）评价管理层使用的重大假设是否合理 （3）当管理层实施特定措施的意图和能力与其使用的重大假设的合理性或对适用的财务报告编制基础的恰当应用相关时，评价这些意图和能力
作出区间估计	如果认为管理层没有适当处理估计不确定性对导致特别风险的会计估计的影响，注册会计师应当在必要时作出用于评价会计估计合理性的区间估计
确认和计量的标准	确定下列方面是否符合适用的财务报告编制基础的规定： （1）管理层对会计估计在财务报表中予以确认或不予确认的决策 （2）作出会计估计所选择的计量基础

【例题 17-5·多选题】下列各项审计工作中，可以应对与会计估计相关的重大错报风险的有（ ）。(2015 年)

A. 测试管理层如何作出会计估计以及会计估计所依据的数据

B. 测试管理层作出会计估计相关的控制的运行有效性

C. 确定截至审计报告日发生的事项是否提供有关会计估计的审计依据

D. 作出注册会计师的点估计或区间估计，以评价管理层的点估计

【答案】 ABCD

【解析】 在应对评估的重大错报风险时，注册会计师应当考虑会计估计的性质，并实施下列一项或多项程序：

（1）确定截至审计报告日发生的事项是否提供有关会计估计的审计证据（选项C）；（2）测试管理层如何作出会计估计以及会计估计所依据的数据（选项A）；（3）测试与管理层如何作出会计估计相关的控制的运行有效性，并实施恰当的实质性程序（选项B）；（4）作出注册会计师的点估计或区间估计，以评价管理层的点估计（选项D）。

（三）其他相关审计程序

1. 关注与会计估计相关的披露

（1）注册会计师应当获取充分、适当的审计证据，以确定与会计估计相关的财务报表披露是否**符合**适用的财务报告**编制基础**的规定。

（2）对导致**特别风险**的会计估计，注册会计师还应当评价在适用的财务报告编制基础下，财务报表对**估计不确定性的披露的充分性**。

2. 识别可能存在管理层偏向的迹象

注册会计师应当复核管理层作出会计估计时的判断和决策，以识别是否可能存在管理层偏向的迹象。但是，**在得出某项会计估计是否合理的结论时，可能存在管理层偏向的迹象本身并不构成错报。**

与会计估计相关的、可能存在管理层偏向迹象的例子包括：

（1）管理层主观地认为环境已经发生变化，并相应地改变会计估计或估计方法；

（2）针对公允价值会计估计，被审计单位的自有假设与可观察到的市场假设不一致，但仍使用被审计单位的自有假设；

（3）管理层选择或作出重大假设以产生有利于管理层目标的点估计；

（4）选择带有乐观或悲观倾向的点估计。

3. 获取书面声明

注册会计师**应当**向管理层和治理层（如适用）获取书面声明，以确定其是否认为在作出会计估计时使用的重大假设是合理的。

【例题 17－6·单选题】 下列有关管理层偏向的说法中，错误的是（　　）。（2013 年）

A. 某些形式的管理层偏向为主观决策所固有，在作出这些决策时，如果管理层有意误导财务报表使用者，则管理层偏向具有欺诈性质

B. 会计估计对管理层偏向的敏感性随着管理层作出估计的主观性的增加而增加

C. 在得出某项会计估计是否合理的结论时，存在管理层偏向的迹象表明存在错报

D. 对于连续审计，以前审计中识别出的可能存在管理层偏向的迹象，会对注册会计师本期计划审计工作、风险识别和评估活动产生影响

【答案】C

【解析】风险不等于错报，疑虑也不能等于错报，迹象更不等于错报。如果存在管理层偏向的迹象，应该进一步实施审计程序，获取充分、适当的审计证据，以确定是否存在错报。因为在得出某项会计估计是否合理的结论时，可能存在管理层偏向的迹象本身并不构成错报。选项C错误。

四、评价会计估计的合理性并确定错报

注册会计师应当根据获取的审计证据，评价财务报表中的会计估计在适用的财务报告编制基础下是合理的还是存在错报。

一项错报，无论是由于舞弊还是错误导致，当与会计估计相关时，可能是由于下列因素导致的（联系第二章第三节错报的知识点）：

（1）毋庸置疑地存在错报（事实错报）；

（2）由注册会计师认为管理层对会计估计作出的判断不合理，或认为管理层对会计政策的选择或运用不恰当而产生的差异（判断错报）；

（3）注册会计师对总体中错报的最佳估计，包括由审计样本中识别出的错报推断出总体中的错报（推断错报）。（注意什么情况属于判断错报，什么情况属于推断错报，这也是常考点）

那么，会计估计是否合理，我们从点估计和区间估计两种估计去看看（见图17－7）。

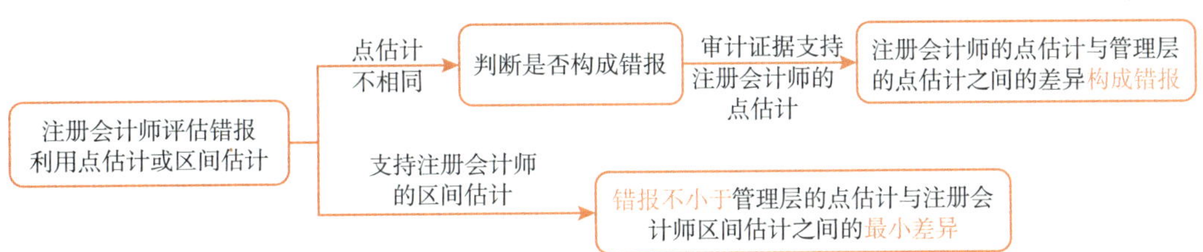

图17－7　注册会计师利用点估计或区间估计评估错报

通俗解释什么是会计估计的错报：

（1）如果注册会计师作出了点估计（也就是确定的一个金额），并且这个点估计跟管理层在财务报表中的不一样，那这里可能构成错报；

（2）如果注册会计师作出了区间估计，例如，注册会计师认为某项费用应该在30万～50万元之间，但是管理层在财务报表中作出的点估计是70万元，那么这个时候就存在错报，并且错报至少是20万元。

【例题17－7·单选题】下列有关会计估计错报的说法中，正确的是（　　）。（2017年）

A. 当审计证据支持注册会计师的点估计时，该点估计与管理层的点估计之间的差异构成错报

B. 由于会计估计具有主观性，与会计估计相关的错报是判断错报

C. 如果会计估计的结果与上期财务报表中已确认的金额存在重大差异，表明上期财务报表存在错报

D. 如果管理层的点估计在注册会计师的区间估计内，表明管理层的点估计不存在错报

【答案】A

【解析】与会计估计相关的错报包括事实错报、判断错报和推断错报，所以选项B错误；会计估计的结果与上期财务报表中已确认金额之间的差异，并不必然就表明上期财务报表存在错报，所以选项C错误；通常情况下，当区间估计的区间已缩小至等于或低于实际执行的重要性时，该区间估计对于评价管理层的点估计是适当的，需要评价注册会计师区间估计的恰当性，所以选项D错误。

第二节　关联方的审计

关联方的审计框架如图17－8所示。

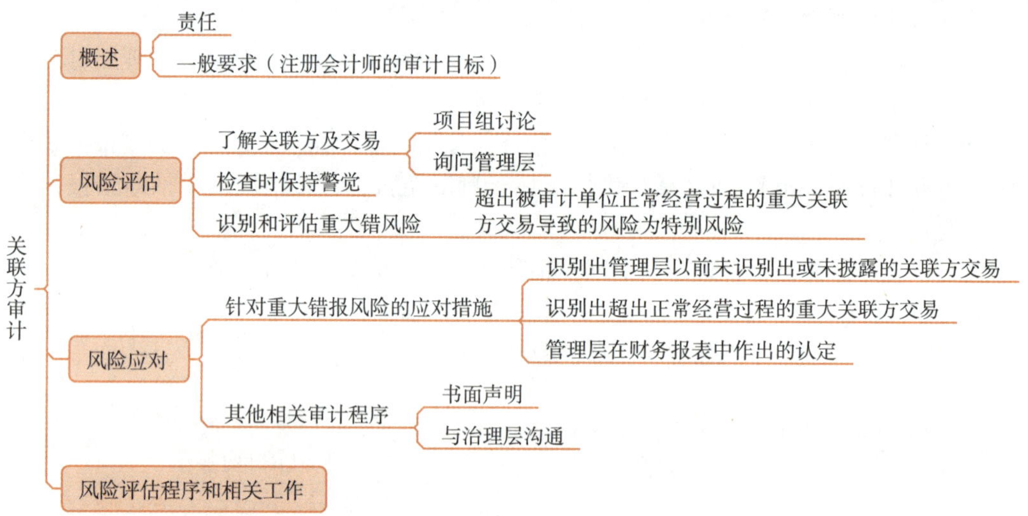

图17－8　关联方审计框架

一、关联方审计概述

（一）责任

（1）在适用的财务报告编制基础作出规定的情况下，注册会计师有责任实施审计程序，以识别、评估和应对被审计单位未能按照适用的财务报告编制基础对关联方关系及其交易进行恰当会计处理或披露导致的重大错报风险。

（2）即使适用的财务报告编制基础对关联方作出很少的规定或没有作出规定，注册会计师仍然需要了解被审计单位的关联方关系及其交易，足以确定财务报表是否实现公允反映。

（3）但是，由于审计的固有限制，即使注册会计师按照审计准则的规定恰当计划和实施了审计工作，也不可避免地存在财务报表中的某些重大错报未被发现的风险。

（二）注册会计师审计关联方的目标

（1）无论适用的财务报告编制基础是否对关联方作出规定，充分了解关联方关系及其交易，以便能够确认由此产生的、与识别和评估由于舞弊导致的重大错报风险相关的舞弊风险因素（如有）；根据获取的审计证据，就财务报表受到关联方关系及其交易的影响而言，确定财务报表是否实现公允反映。

（2）如果适用的财务报告编制基础对关联方作出规定，获取充分、适当的审计证据，确定关联方关系及其交易是否已按照适用的财务报告编制基础得到恰当识别、会计处理和披露。

二、风险评估

风险评估程序和相关工作如图 17－9 所示。

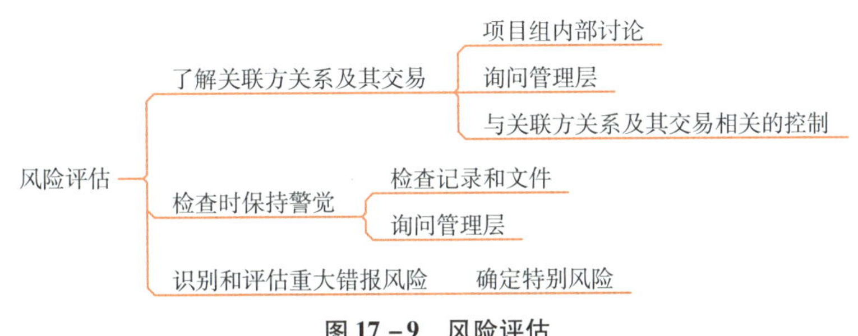

图 17－9　风险评估

（一）了解关联方关系及其交易

1. 项目组内部的讨论（了解）

项目组内部讨论的内容可能包括：

（1）关联方关系及其交易的性质和范围（如利用在每次审计后更新的有关识别出的关联方的记录进行讨论）；

（2）强调在整个审计过程中对关联方关系及其交易导致的潜在重大错报风险保持职业怀疑的重要性；

（3）可能显示管理层以前未识别或未向注册会计师披露的关联方关系或关联方交易的情形或状况（如被审计单位组织结构复杂，利用特殊目的实体从事表外交易，或信息系统不够完善）；

（4）可能显示存在关联方关系或关联方交易的记录或文件；

（5）管理层和治理层对关联方关系及其交易（如果适用的财务报告编制基础对关联方作出规定）进行识别、恰当会计处理和披露的重视程度，以及管理层凌驾于相关控制之上的风险。

2. 询问管理层

注册会计师应当向管理层询问下列事项：

（1）关联方的名称和特征，包括关联方自上期以来发生的变化；

（2）被审计单位和关联方之间关系的性质；

（3）被审计单位在本期是否与关联方发生交易，如发生，交易的类型、定价政策和目的。

3. 与关联方关系及其交易相关的控制

注册会计师应当询问管理层和被审计单位内部其他人员，实施其他适当的风险评估程序，以获取对相关控制的了解：

（1）按照适用的财务报告编制基础，对关联方关系及其交易进行识别、会计处理和披露；

（2）授权和批准重大关联方交易和安排；

（3）授权和批准超出正常经营过程的重大交易和安排。

被审计单位内部的其他人员在某种程度上并不构成管理层，但也可能知悉关联方关系及其交易以及相关控制。这些人员可能包括：

（1）治理层人员；

（2）负责生成、处理或记录超出正常经营过程的重大交易的人员，以及对其进行监督或监控的人员；

（3）内部审计人员；

（4）内部法律顾问；

（5）负责道德实务的人员。注意是内部人员，没有外部单位如证券监管机构、外部法律顾问等。

（二）在检查记录或文件时对关联方信息保持警觉

（1）检查记录和文件。注册会计师**应当**检查：

①注册会计师实施审计程序时获取的银行和律师的**询证函回函**；

②股东会和治理层**会议的纪要**；

③注册会计师认为必要的其他记录和文件。

（2）询问管理层。在检查记录和文件时，如果识别出被审计单位超出正常经营过程的重大交易，注册会计师应当向管理层询问这些交易的性质以及是否涉及关联方。

超出正常经营过程的交易的情形：

①复杂的股权交易，如公司重组或收购；

②与公司法制不健全的国家或地区的境外实体之间的交易；

③对外提供厂房租赁或管理服务，而没有收取对价；

④具有异常大额折扣或退货的销售业务；

⑤循环交易，如售后回购交易；

⑥在合同期限届满之前变更条款的交易。

（三）识别和评估重大错报风险

1. 确定特别风险

（1）注册会计师应当识别和评估关联方关系及其交易导致的重大错报风险，并确定这些风险是否为特别风险。

（2）在确定时，注册会计师应当将识别出的、**超出被审计单位正常经营过程的重大关**

联方交易导致的风险确定为特别风险。（上面一个知识点已经介绍了超出正常经营过程的交易的情形）

2. 关联方施加支配性影响的情形

如果在实施与关联方有关的风险评估程序和相关工作中识别出舞弊风险因素，包括与能够对被审计单位或管理层施加支配性影响的关联方的情形，注册会计师应当在识别和评估由于舞弊导致的重大错报风险时考虑这些信息。

关联方施加的支配性影响可能表现在下列方面：

（1）关联方否决管理层或治理层作出的重大经营决策；

（2）重大交易需经关联方的最终批准；

（3）对关联方提出的业务建议，管理层和治理层未曾或很少进行讨论；

（4）对涉及关联方（或与关联方关系密切的家庭成员）的交易，极少进行独立复核和批准。

如果关联方在被审计单位的设立和日后管理中均发挥主导作用，也可能表明存在支配性影响。

3. 在出现下列风险因素的情况下，存在具有支配性影响的关联方，可能表明存在由于舞弊导致的特别风险

（1）异常频繁变更高级管理人员或专业顾问，可能表明被审计单位为关联方谋取利益而从事不道德或虚假的交易；

（2）利用中间机构从事难以判断是否具有正当商业理由的重大交易，可能表明关联方出于欺诈目的，通过控制这些中间机构从交易中获利；

（3）有证据显示关联方过度干涉或关注会计政策的选择或重大会计估计的作出，可能表明存在虚假财务报告。

特别风险总结（见图 17－10）。

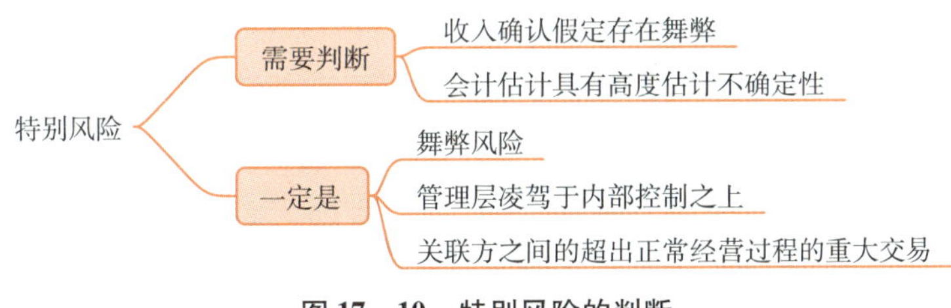

图 17－10　特别风险的判断

三、风险应对

风险应对如图 17－11 所示。

（一）针对重大错报风险的应对措施

（1）识别出可能表明存在管理层以前未识别出或未披露的关联方关系或交易的安排或信息，注册会计师应当确定相关情况能否证实关联方关系或关联方交易的存在。

（2）识别出管理层以前未识别出或未披露的关联方关系或重大关联方交易。

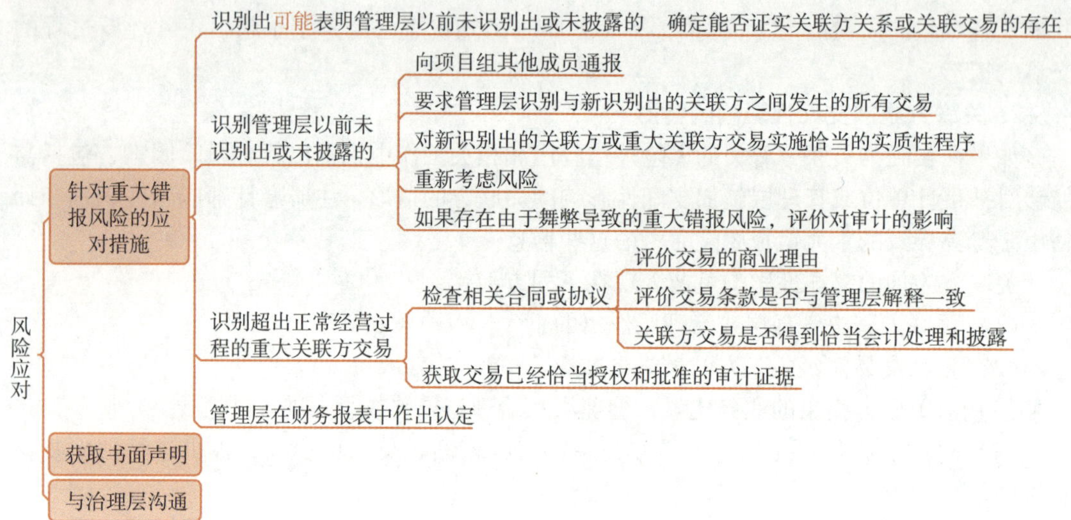

图 17－11　风险应对

注册会计师应当：

①立即将相关信息向项目组其他成员通报。

②在适用的财务报告编制基础对关联方作出规定的情况下，**要求管理层识别与新识别出的关联方之间发生的所有交易**，以便注册会计师作出进一步评价，并询问与关联方关系及其交易相关的控制为何未能识别或披露该关联方关系或交易。

③对新识别出的关联方或重大关联方交易**实施恰当的实质性程序**。

④重新考虑可能存在管理层以前未识别出或未向注册会计师披露的其他关联方或重大关联方交易的风险，如有必要，实施追加的审计程序。

⑤如果管理层不披露关联方关系或交易看似是有意的，因而显示可能存在由于舞弊导致的重大错报风险，评价这一情况对审计的影响。

（3）识别出超出正常经营过程的重大关联方交易。**（重要）**

①检查相关合同或协议（如有）。

如果检查相关合同或协议，注册会计师应当评价：

交易的商业理由（或缺乏商业理由）是否表明被审计单位从事交易的目的可能是为了对财务信息作出虚假报告或为了隐瞒侵占资产的行为；

交易条款是否与管理层的解释一致；

关联方交易是否已按照适用的财务报告编制基础得到**恰当会计处理和披露**。

②获取交易已经恰当授权和批准的审计证据。

如果超出正常经营过程的重大关联方交易经管理层、治理层或股东（如适用）授权和批准，可以为注册会计师提供审计证据，表明该项交易已在被审计单位内部的适当层面进行了考虑，并在财务报表中恰当披露了交易的条款和条件。

当然，**授权和批准本身并不足以就是否不存在由于舞弊或错误导致的重大错报风险得出结论**，原因在于如果被审计单位与关联方串通舞弊或关联方对被审计单位具有支配性的影响，被审计单位与授权和批准相关的控制可能是无效的。

（4）管理层在财务报表中作出认定。

如果管理层在财务报表中作出认定，声明关联方交易是按照等同于公平交易中通行的条款执行的，注册会计师应当就该项认定获取充分、适当的审计证据。

管理层用于支持认定的措施有：

①将关联方交易条款与相同或类似的非关联方交易条款进行比较；

②聘请外部专家确定交易的市场价格，并确认交易的条款和条件；

③将关联方交易条款与公开市场进行的类似交易的条款进行比较。

注册会计师应当检查关联方交易披露的充分性，同时就关联方交易为公平交易的披露进行评价。评价管理层如何支持这项认定，可能涉及以下一个或多个方面：

①考虑管理层用于支持其认定的程序是否恰当；

②验证支持管理层认定的内部或外部数据来源，对这些数据进行测试，以判断其准确性、完整性和相关性；

③评价管理层认定所依据的重大假设的合理性。

如果无法获取充分、适当的审计证据，注册会计师可以要求管理层撤销此披露。

【例题 17－8·单选题】在评估和应对与关联方交易相关的重大错报风险时，下列说法中，注册会计师认为正确的是（　　）。(2011 年)

A. 所有的关联方和余额都存在重大错报风险

B. 实施实质性程序应对与关联方交易相关的重大错报风险更有效，因此无须了解和评价与关联方和交易相关的内部控制

C. 超出正常经营过程的重大关联方交易导致的风险属于特别风险

D. 注册会计师应当评价所有关联方交易的商业理由

【答案】C

【解析】选项 A，在了解、识别和评估关联方和关联方关系后，才能确定关联方交易和余额是否存在重大错报风险；选项 B，注册会计师应当了解和评价与关联方关系和交易相关的内部控制；选项 D，注册会计师针对超出正常经营过程中的重大交易的商业理由进行评价，而不是所有。

【例题 17－9·单选题】A 注册会计师负责审计甲公司 2010 年度财务报表，A 注册会计师发现 2010 年度甲公司向乙公司支付大额咨询费，乙公司是甲公司总经理弟弟开设的一家管理咨询公司，并未包括在管理层提供的关联方清单内。下列各项应对措施中，注册会计师通常首先采取的是（　　）。(2011 年)

A. 向甲公司董事会通报

B. 向项目质量控制复核人员通报

C. 要求甲公司管理层在财务报表中披露该交易是否为公平交易

D. 要求甲公司管理层识别与乙公司之间发生的所有交易，并询问与关联方相关的控制为何未能识别出该关联方

【答案】D

（二）其他相关审计程序

1. 获取书面声明

如果适用的财务报告编制基础对关联方作出规定，注册会计师应当向管理层和治理层（如适用）获取下列书面声明：

（1）已经向注册会计师披露了全部已知的关联方名称和特征、关联方关系及其交易；

（2）已经按照适用的财务报告编制基础的规定，对关联方关系及其交易进行了恰当的会计处理和披露。

2. 与治理层沟通

除非治理层全部成员参与管理被审计单位，注册会计师应当与治理层沟通审计工作中发现的与关联方相关的重大事项。

注册会计师与治理层沟通审计工作中发现的与关联方相关的重大事项，包括：

（1）管理层有意或无意未向注册会计师披露关联方关系或重大关联方交易。沟通这一情况可以提醒治理层关注以前未识别的重要关联方和关联方交易。

（2）识别出的未经适当授权和批准的、可能产生舞弊嫌疑的重大关联方交易。

（3）注册会计师与管理层在按照适用的财务报告编制基础的规定披露重大关联方交易方面存在分歧。

（4）违反适用的法律法规有关禁止或限制特定类型关联方交易的规定。

（5）在识别被审计单位最终控制方时遇到的困难。

【例题 17－10·多选题】在适用的财务报告编制基础对关联方作出规定的情况下，下列各项中，应当包含在被审计单位管理层和治理层（如适用）书面声明中的有（　　）。(2012 年)

A. 已向注册会计师披露了全部已知的关联方名称和特征

B. 已向注册会计师披露了全部已知的关联方关系及其交易

C. 已按照适用的财务报告编制基础的规定，对关联方关系和交易进行了恰当的会计处理

D. 已按照适用的财务报告编制基础的规定，对关联方关系和交易进行了恰当的披露

【答案】ABCD

【解析】如果适用的财务报告基础对关联方作出规定，注册会计师应当向被审计单位管理层和治理层（如适用）获取下列书面声明：(1) 已向注册会计师披露了全部已知的关联方名称和特征、关联方关系及其交易；(2) 已按照适用的财务报告编制基础的规定，对关联方关系和交易进行了恰当的会计处理和披露。选项 ABCD 均正确。

四、评价会计处理和披露

当按照《中国注册会计师审计准则第 1501 号——对财务报表形成审计意见和出具审计报告》的规定对财务报表形成审计意见时，注册会计师应当评价：

（1）识别出的关联方关系及其交易是否已按照适用的财务报告编制基础得到恰当会计处理和披露。

（2）关联方关系及其交易是否导致财务报表未实现公允反映。

第三节 考虑持续经营假设

考虑持续经营假设框架如图 17－12 所示。

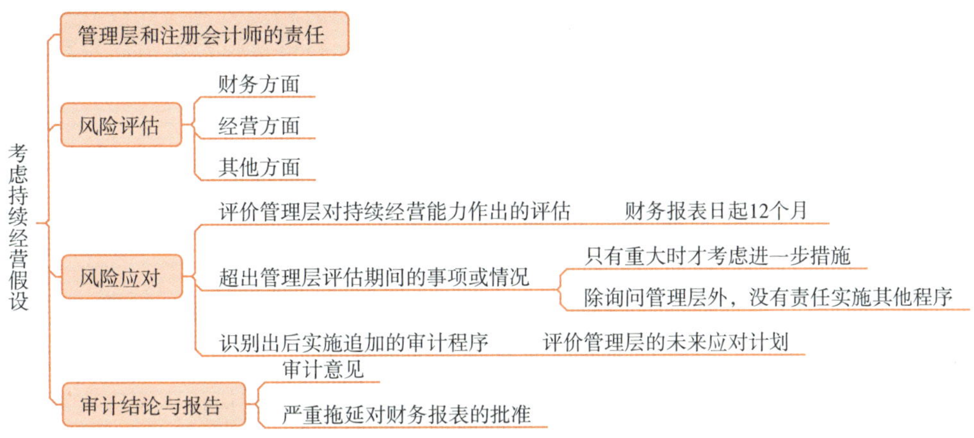

图 17－12 考虑持续经营假设框架

持续经营假设，是指被审计单位在编制财务报表时，假定其经营活动在可预见的将来会继续下去，不准备也不必终止经营或破产清算，可以在正常的经营过程中变现资产、清偿债务。

一、管理层的责任和注册会计师的责任

1. 管理层的责任

不论财务报告编制基础是否要求管理层对持续经营能力进行评估作出明确规定，管理层都需要在编制财务报表时评估持续经营能力。

2. 注册会计师的责任

（1）就管理层在编制和列报财务报表时运用持续经营假设的适当性获取充分、适当的审计证据，并就持续经营能力是否存在重大不确定性得出结论。**即使编制财务报表时采用的财务报告编制基础没有明确要求管理层对持续经营能力作出专门评估，注册会计师的这种责任仍然存在。**

（2）如果存在可能导致被审计单位不再持续经营的未来事项或情况时，注册会计师**不能对这些未来的事项或情况作出预测**。

（3）若注册会计师未在审计报告中提及持续经营的不确定性，**不能被视为对被审计单位持续经营能力的保证**。

【例题 17－11·单选题】 下列有关注册会计师对持续经营假设的审计责任的说法中，错误的是（　　）。（2014 年）

A. 注册会计师有责任就管理层在编制和列报财务报表时运用持续经营假设的适当性获取充分、适当的审计证据

B. 如果适用的财务报告编制基础不要求管理层对持续经营能力作出专门评估，注册会计师没有责任对被审计单位的持续经营能力是否存在重大不确定性作出评估

C. 除询问管理层外，注册会计师没有责任实施其他审计程序，以识别超出管理层评估期间并可能导致对被审计单位持续经营能力产生重大疑虑的事项或情况

D. 注册会计师未在审计报告中提及持续经营能力的不确定性，不能被视为对被审计单位持续经营能力的保证

【答案】 B

【解析】 即使编制财务报表时采用的财务报告编制基础没有明确要求管理层对持续经营能力作出专门评估，注册会计师的这种责任仍然存在。所以选项 B 错误。

二、风险评估

被审计单位在财务、经营以及其他方面存在的某些事项或情况可能导致经营风险，这些事项或情况单独或连同其他事项或情况可能导致对持续经营假设产生重大疑虑（见表 17－2）。（无须记忆，了解即可）

表 17－2　　风险类别及需要注意的事项

风险类别	具体事项或情况
财务方面	（1）净资产为负数或营运资金出现负数 （2）定期借款即将到期，但预期不能展期或偿还，或过度依赖短期借款为长期资产筹资 （3）存在债权人撤销财务支持的迹象 （4）历史财务报表或预测性财务报表表明经营活动产生的现金流量净额为负数 （5）关键财务比率不佳 （6）发生重大经营亏损或用以产生现金流量的资产的价值出现大幅下跌 （7）拖欠或停止发放股利 （8）在到期日无法偿还债务 （9）无法履行借款合同的条款 （10）与供应商由赊购变为货到付款 （11）无法获得开发必要的新产品或进行其他必要的投资所需的资金
经营方面	（1）管理层计划清算被审计单位或终止经营 （2）关键管理人员离职且无人替代 （3）失去主要市场、关键客户、特许权、执照或主要供应商 （4）出现用工困难问题 （5）重要供应短缺 （6）出现非常成功的竞争者
其他方面	（1）违反有关资本或者其他法定要求 （2）未决诉讼或监管程序，可能导致其无法支付索赔金额 （3）法律法规或政府政策的变化预期会产生不利影响 （4）对发生的灾害未购买保险或保额不足

需要说明的是，上面的列举不一定涵盖了所有的事项或情况，也不意味着存在其中一个或多个项目就一定表明存在重大不确定性，就必然导致被审计单位无法持续经营。某些措施通常可以减轻这些事项或情况的严重性，注册会计师对此应作出职业判断。例如，被审计单位无法正常偿还债务的影响，可能被管理层通过替代方法（如处置资产、重新安排贷款偿还或获得额外资本金计划）保持足够的现金流量所抵销。类似地，主要供应商的流失也可以通过寻找适当的替代供应来源以降低损失。

【例题 17－12·单选题】 下列情形不会导致注册会计师对被审计单位持续经营能力产生重大疑虑的是（ ）。(2015 年)

A. 净资产为负或营运资金出现负数　　B. 关键管理人员离职且无人代替

C. 对发生的灾害未购买保险或保额不足　　D. 进行股权融资

【答案】 D

【解析】 股权融资为正常融资方式，不能表明对持续经营能力产生重大疑虑。

三、风险应对

（一）评价管理层对持续经营能力作出的评估

1. 管理层评估涵盖的期间

一般指**财务报表日后 12 个月**，如果管理层评估持续经营能力涵盖的期间短于自财务报表日起的 12 个月，注册会计师应当提请管理层将其**至少延长至自财务报表日起的 12 个月**。

2. 管理层的评估、支持性分析和注册会计师的评价

（1）纠正管理层缺乏分析的错误不是注册会计师的责任。

（2）在某些情况下，管理层缺乏详细分析以支持其评估，可能不妨碍注册会计师确定管理层运用持续经营假设是否适合具体情况。例如，如果被审计单位具有盈利经营的记录并很容易获得财务支持，管理层可能不需要进行详细分析就能作出评估。

（3）注册会计师应当考虑管理层作出的评估是否已考虑所有相关信息，其中包括注册会计师实施审计程序获取的信息。

（4）在考虑管理层作出的评估所依据的假设时，注册会计师需要考虑管理层对相关事项或情况结果的预测所依据的假设是否合理，并特别关注具有以下几类特征的假设：

①对预测性信息具有重大影响的假设；

②特别敏感的或容易发生变动的假设；

③与历史趋势不一致的假设。

【例题 17－13·单选题】 注册会计师应当评价管理层对持续经营能力作出的评估。下列说法中，错误的是（ ）。(2014 年)

A. 在某些情况下，管理层缺乏详细分析以支持其评估，并不妨碍注册会计师确定管理层运用持续经营假设是否适合具体情况

B. 注册会计师应当考虑管理层作出的评估是否已经考虑所有相关信息，这些信息不包括注册会计师实施审计程序时获取的信息

C. 如果管理层评价持续经营能力涵盖的期间短于自财务报表日起的十二个月，注册会计师应当要求管理层延长评估期间

D. 注册会计师应当考虑管理层对相关事项或情况结果的预测所依据的假设是否合理

【答案】B

【解析】注册会计师应当考虑管理层作出的评估是否已经考虑所有相关信息，这些信息包括注册会计师实施审计程序时获取的信息。

（二）超出管理层评估期间的事项或情况

（1）注册会计师应当**询问**管理层是否知悉超出评估期间的、可能导致对持续经营能力产生重大疑虑的事项或情况。

（2）在考虑更远期间发生的事项或情况时，**只有持续经营事项的迹象达到重大时，注册会计师才需要考虑采取进一步措施。**

（3）如果识别出上述（1）的情况，注册会计师可能需要提请管理层评价这些事项或情况对于其评估被审计单位持续经营能力的潜在重要性。注册会计师应当通过实施追加的审计程序，获取充分、适当的审计证据，以确定是否存在重大不确定性。

（4）除询问管理层外，注册会计师没有责任实施其他任何审计程序，以识别超出管理层评估期间并可能导致对被审计单位持续经营能力产生重大疑虑的事项或情况。

（三）识别出事项或情况时实施追加的审计程序

如果识别出**可能导致**对持续经营能力产生重大疑虑的事项或情况，注册会计师应当通过**实施追加的审计程序**，获取充分、适当的审计证据，以确定是否存在重大不确定性。

这些程序应当包括：

（1）如果管理层尚未对被审计单位持续经营能力作出评估，提请其进行评估。

（2）评价管理层与持续经营能力评估相关的**未来应对计划**。**管理层的应对计划可能包括管理层变卖资产、对外借款、重组债务、削减或延缓开支或者获得新的资本。**

（3）如果被审计单位已编制现金流量预测，且对预测的分析是评价管理层未来应对计划时所考虑的事项或情况的未来结果的重要因素，评价用于编制预测的基础数据的可靠性，并确定预测所基于的假设是否具有充分的支持。

（4）考虑自管理层作出评估后是否存在其他可获得的事实或信息。

（5）要求管理层和治理层（如适用）提供有关未来应对计划及其可行性的**书面声明**。

【例题 17－14·多选题】当被审计单位存在对持续经营能力产生重大疑虑的事项时，被审计单位管理层实施的下列应对措施正确的有（　　）。（2015 年）

A. 变卖资产　　　　B. 债务融资

C. 缩减开支　　　　D. 增加权益资本

【答案】ABCD

四、审计结论与报告

1. 审计意见（见图 17-13，重点）

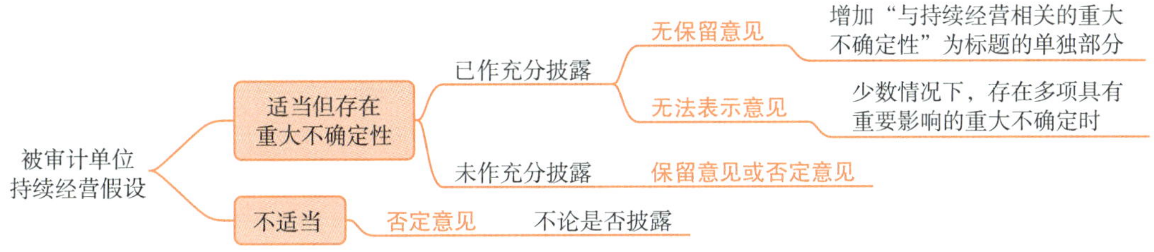

图 17-13　审计意见

2. 严重拖延对财务报表的批准

如果管理层或治理层在财务报表日后严重拖延对财务报表的批准，注册会计师应当询问拖延的原因；如果认为拖延可能涉及与持续经营评估相关的事项或情况，注册会计师有必要实施前述识别出可能导致对持续经营能力产生重大疑虑的事项或情况时追加的审计程序，并就存在的重大不确定性考虑对审计结论的影响。

【例题 17-15·多选题】根据对被审计单位持续经营能力的审计结论，注册会计师在判断应出具何种类型的审计报告时，下列说法中，正确的有（　　）。(2012 年)

A. 如果被审计单位运用持续经营假设适当但存在重大不确定性，且财务报表附注已作充分披露，应当发表无保留意见，并在审计报告中增加“与持续经营相关的重大不确定性”为标题的单独部分

B. 如果存在多项对财务报表整体具有重要影响的重大不确定性，且财务报表附注已作充分披露，在极少数情况下，可能认为发表无法表示意见是适当的

C. 如果存在可能导致对被审计单位持续经营能力产生重大疑虑的事项和情况，且财务报表附注未做充分披露，应当发表保留意见

D. 如果管理层编制财务报表时运用持续经营假设不适当，应当发表否定意见

【答案】ABD

【解析】如果存在可能导致对被审计单位持续经营能力产生重大疑虑的事项和情况，且财务报表附注未做充分披露，应当发表保留意见或否定意见。

五、与治理层的沟通

注册会计师应当与治理层就识别出的可能导致对被审计单位持续经营能力产生重大疑虑的事项或情况进行沟通，除非治理层全部成员参与管理被审计单位。

与治理层的沟通应当包括下列方面：

（1）这些事项或情况是否构成重大不确定性。

（2）管理层在编制财务报表时运用持续经营假设是否适当。

（3）财务报表中的相关披露是否充分。

（4）对审计报告的影响（如适用）。

【例题 17－16 · 单选题】如果注册会计师识别出可能导致对被审计单位持续经营能力产生重大疑虑的事项或情况，下列说法中，错误的是（　　）。(2019 年)

A. 注册会计师应当通过实施追加的审计程序，以确定这些事项或情况是否存在重大不确定性

B. 注册会计师应当考虑自管理层对持续经营能力作出评估后是否存在其他可获得的事实或信息

C. 注册会计师应当评价管理层与持续经营能力评估相关的未来应对计划对具体情况是否可行

D. 注册会计师应当根据对这些事项或情况是否存在重大不确定性的评估结果，确定是否与治理层沟通

【答案】D

【解析】选项 D 错误。注册会计师应当与治理层就识别出的可能导致对被审计单位持续经营能力产生重大疑虑的事项或情况进行沟通，除非治理层全部成员参与管理被审计单位。

【例题 17－17 · 多选题】针对识别出的可能导致对被审计单位持续经营能力产生重大疑虑的事项或情况，假定治理层不参与管理被审计单位，下列各项中，注册会计师应当与治理层沟通的有（　　）。(2015 年)

A. 这些事项或情况是否构成重大不确定性

B. 注册会计师对这些事项或情况实施的追加审计程序

C. 在财务报表编制和列报中运用持续经营假设是否适当

D. 财务报表中的相关披露是否充分

【答案】ACD

【解析】选项 B 错误，不属于沟通的范围，因为如果沟通注册会计师对这些事项或情况实施的追加审计程序，会降低审计程序的不可预见性。

第四节　首次接受委托时对期初余额的审计

首次接受委托时对期初余额的审计框架如图 17－14 所示。

一、期初余额的审计的含义

1. 含义

（1）注册会计师首次接受委托对被审计单位的财务报表进行审计时所涉及的如何审计财务报表期初余额的问题；

（2）注册会计师执行连续审计业务时所涉及的如何审计财务报表期初余额的问题。

由于第二种情况在下一章还会详细介绍，所以本节只是介绍首次接受委托对被审计单位的财务报表进行审计时所涉及的如何审计财务报表期初余额的问题。

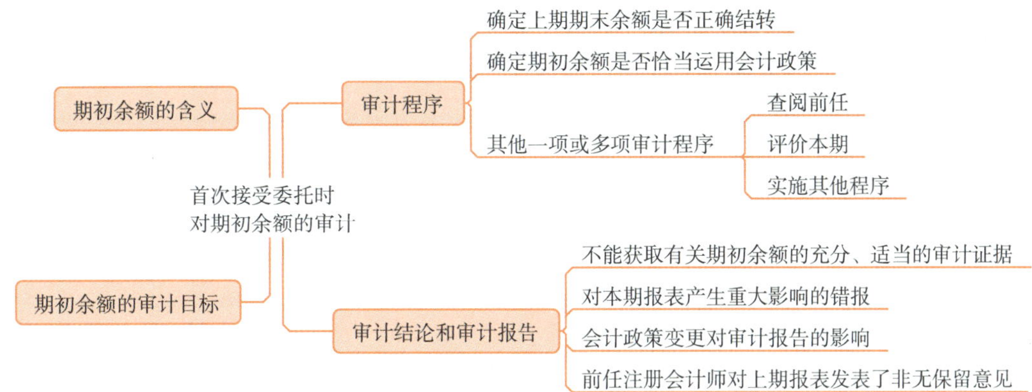

图 17－14　首次接受委托时对期初余额的审计框架

2. 首次接受委托的含义

首次接受委托包括两类情况：

（1）会计师事务所在被审计单位财务报表首次接受审计的情况下接受的审计委托；

（2）会计师事务所在被审计单位上期财务报表由其他会计师事务所审计的情况下接受的审计委托，即由于种种原因，被审计单位更换会计师事务所对其本期财务报表进行审计。

二、期初余额的含义

期初余额是指期初存在的账户余额。期初余额以上期期末余额为基础，反映了以前期间的交易和事项以及上期采用的会计政策的结果。

（1）期初余额是期初已存在的账户余额；

（2）期初余额反映了以前期间的交易和事项以及上期采用的会计政策的结果；

（3）期初余额与注册会计师首次审计业务相联系。

注册会计师对财务报表进行审计，是对被审计单位所审期间财务报表发表审计意见，一般无须专门对期初余额发表审计意见，但因为期初余额是本期财务报表的基础，所以要对期初余额实施恰当的审计程序。

三、期初余额的审计目标

（1）确定期初余额是否含有对本期财务报表产生重大影响的错报。

①主要是判断期初余额的错报对本期财务报表使用者进行决策的影响程度，是否足以改变或影响其判断；

②如果期初余额存在对本期财务报表产生重大影响的错报，则注册会计师在审计中必须对此提出恰当的审计调整或披露建议。反之，注册会计师无须对此予以特别关注和处理。

（2）确定期初余额反映的恰当的会计政策是否在本期财务报表中得到一贯运用，或会计政策的变更是否已按照适用的财务报告编制基础作出恰当的会计处理和充分的列报与披露。

可以变更会计政策的情形：

①法律、行政法规或者国家统一的会计制度等要求变更会计政策；

②会计政策变更能够提供更可靠、更相关的会计信息（应当采用追溯调整法处理）。

【例题 17－18·单选题】 首次接受委托时，下列审计工作中，注册会计师应当执行的是（　　）。(2018 年)

A. 评价期初余额是否含有对上期财务报表产生重大影响的错报

B. 为期初余额确定财务报表整体的重要性和实际执行的重要性

C. 查阅前任注册会计师的审计工作底稿

D. 确定期初余额反映的恰当的会计政策是否在本期财务报表中得到一贯应用

【答案】 D

【解析】 选项 A 错误，注册会计师应评价期初余额是否含有对本期财务报表产生重大影响的错报；选项 B 错误，注册会计师无须为期初余额确定财务报表整体的重要性和实际执行的重要性水平；选项 C 错误，查阅前任注册会计师的审计工作底稿，需要征得被审计单位的同意，且前任有自主决定权确定是否允许后任查阅以及摘录部分审计工作底稿。

四、审计程序

为达到上述期初余额的审计目标，注册会计师应当**阅读**被审计单位最近期间的财务报表和相关披露，以及**前任注册会计师出具的审计报告**（如有），获取与期初余额相关的信息。

注册会计师对期初余额实施的审计程序如图 17－15 所示。

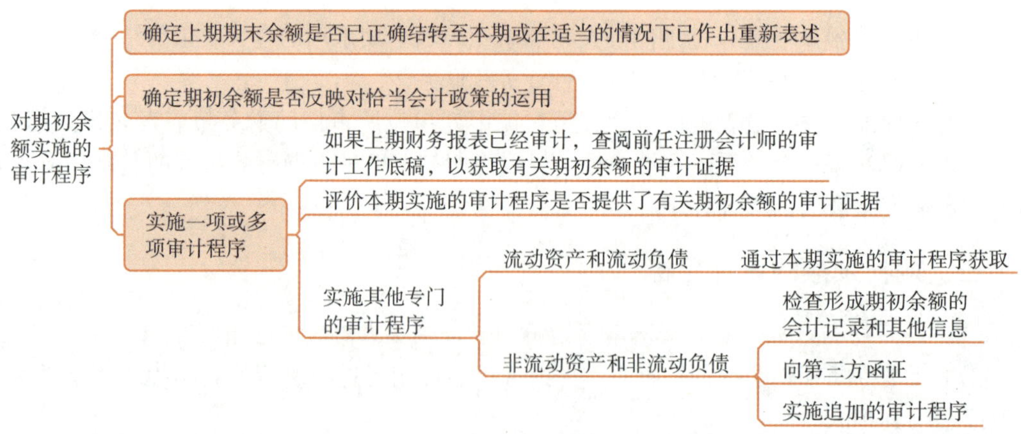

图 17－15　对期初余额实施的审计程序

五、审计结论和审计报告

审计意见如图 17－16 所示。

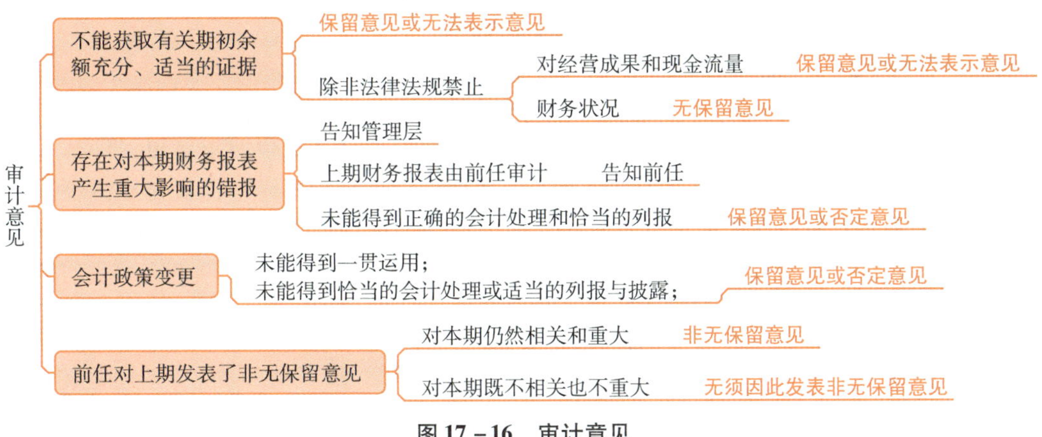

图 17－16　审计意见

【例题 17－19·单选题】 注册会计师对期初余额的理解中正确的是（　　）。（2015年）

A. 上期期末余额即为本期期初余额

B. 期初余额反映了以前期间的交易和事项以及上期采用的会计政策的结果

C. 首次承接审计业务，注册会计师应当对期初余额发表审计意见

D. 首次承接审计业务，注册会计师无须对期初余额实施审计程序

【答案】 B

【解析】 选项 A，期初余额是以上期期末余额为基础，反映了以前期间的交易和事项以及上期采用的会计政策的结果，期初余额是由上期结转至本期的金额或者是上期期末余额调整的余额；选项 C，注册会计师一般无须专门对期初余额发表审计意见；选项 D，期初余额是本期财务报表的基础，应对期初余额实施适当的审计程序，获取充分适当的审计证据。

第十七章　其他特殊项目的审计

彬哥跟你说：

我觉得本章是全书最难理解的章节，很多考生到考完都不是很清楚这里，那么我要特别跟你们强调一下：持续经营假设这里比较清晰，而且特别容易考！要完全清晰！其他几节，都有点乱！那么你们应该这样做：首先，把大标题列出来，看看大标题讲了什么？其次，把大标题里面的关键语句标出来，看看主要讲了什么？然后把整个框架梳理一遍！最后，结合例题把刚刚的这些框架梳理一遍！

今日复习步骤：

第一遍：回忆 & 重新复习一遍框架（15 分钟）

学习要求：自己重新找一遍框架，不需要掌握所有细节，但求框架了然于心。

第二遍：对细节进一步掌握（60 分钟）

审计会计估计、关联方的审计、考虑持续经营假设、首次接受委托对期初余额的审计都涉及哪些考点？

第三遍：重新复习一遍框架（10 分钟）

我问你答：

（1）审计会计估计的风险评估程序包括什么内容？注册会计师是否应当复核上期财务报表中会计估计的结果？目的是否质疑上期依据当时可获得的信息而作出的判断？结果与上期报表确认金额之间的差异，是否必然表明上期财务报表存在错报？

（2）哪些是具有高度估计不确定性的会计估计？是否必然会导致特别风险？对于导致特别风险的会计估计，需要重点评价什么？

（3）审计会计估计，应对评估的重大错报风险程序是什么？注册会计师作出的区间估计需要包括所有可能的结果，是否正确？区间估计的区间要缩小至等于或低于什么重要性的时候，才是恰当的？什么情况构成错报（利用点估计或区间估计）？

（4）关联方审计：风险评估程序是什么？什么情况下确定为特别风险？风险应对措施包括什么？如果适用，注册会计师应当向管理层和治理层获取什么书面声明？

（5）管理层、注册会计师是否必须对持续经营假设作出评估？管理层评估涵盖的期间是多长？当持续经营假设适当但存在重大不确定性的时候，发表什么意见？

（6）期初余额审计：是否需要专门对期初余额发表审计意见？对期初余额实施的审计程序包括什么？审计意见包括哪四种情况？分别发表什么审计意见？

本章作业：

（1）请把讲义例题做三遍（做错的题目，请分析错误原因并记录到改错本）。

（2）请复习完口述一遍框架，睡前请再回忆一遍框架。

（3）第二天早上，请再回忆一遍框架，对于回忆不起来的内容，请翻书看一遍。

第 17 天

复习旧内容：

第十六章、第十七章

学习新内容：

完成审计工作、审计报告（第十八章、第十九章）

学习方法：

动笔动笔动笔，审计报告这里要自己动笔总结，每种情形下出具什么样的审计报告。

你今天可能有的心态：

还有一点点就要学完了，是不是有点小激动，审计这座大山已经快要爬到山顶了，请再接再厉。

简单解释今天学习内容：

审计的最后一个阶段——得出审计结论。这个阶段又分为完成审计工作和出具审计报告。注册会计师需要在审计完成阶段对审计结果进行汇总，进行更具综合性的审计工作。在此基础上，评价审计结果，确定应出具的审计报告的意见类型。

可能会遇到的难点：

本章内容简单，没有难点，但是要注意以下几点：

（1）要运用分析程序进行总体复核；

（2）复核审计工作底稿分为项目组内部复核和项目质量控制复核；

（3）期后事项每一时间段，注册会计师如何处理的；

（4）不同情形下的审计报告意见类型；

（5）对于重大不一致的处理。

建议学习时间：

3 小时

第五编
完成审计工作与出具审计报告

介绍完了所有的审计方法，我们的审计工作也得以顺利开展，很快就到了审计流程的最后一个阶段——**得出审计结论**。在这个阶段又分为**完成审计工作和出具审计报告**两个小步骤，如图 1 所示。

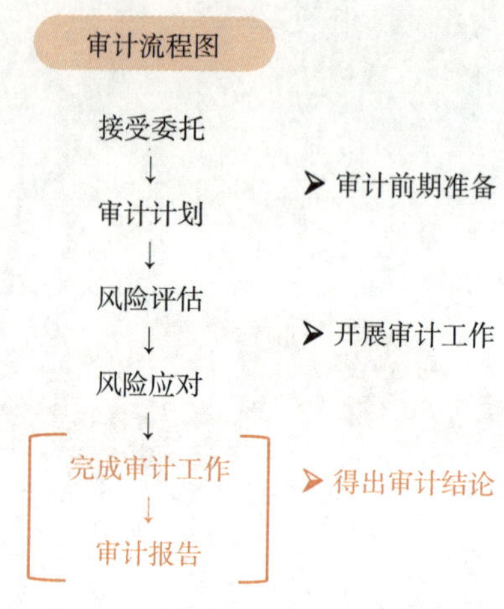

图 1　审计流程之得出审计结论

具体来讲，注册会计师按业务循环完成各财务报表项目的审计测试和一些特殊的审计工作后，在审计完成阶段汇总审计测试结果，进行更具综合性的审计工作，如评价审计中的重大发现，评价审计过程中发现的错报，关注期后事项对财务报表的影响，复核审计工作底稿和财务报表等。在此基础上，评价审计结果，在与客户沟通以后，获取管理层声明，确定应出具的审计报告的意见类型和措辞，进而编制并致送审计报告，总结审计工作。

第十八章　完成审计工作

完成审计工作的知识结构如图 18－1 所示。

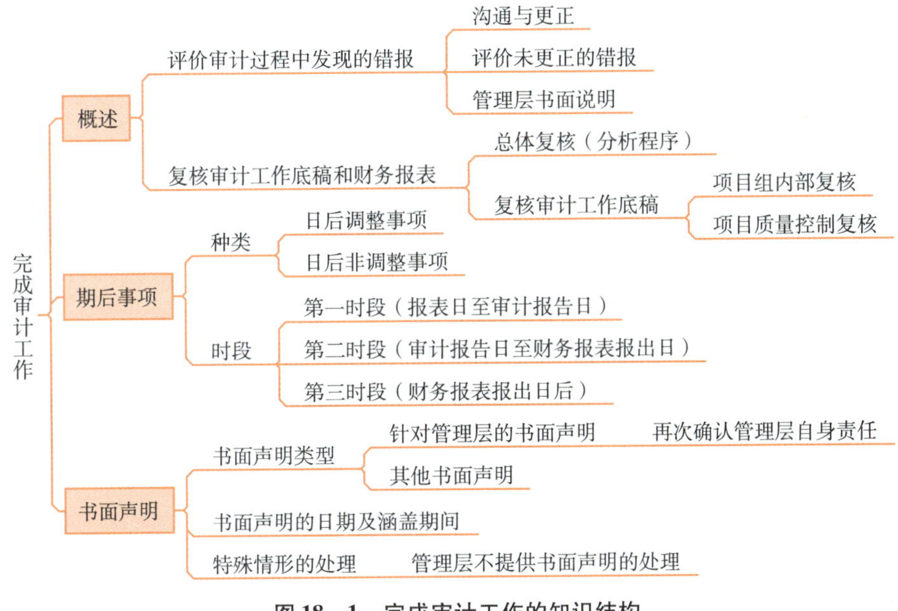

图 18－1　完成审计工作的知识结构

第一节　完成审计工作概述

一、评价审计过程中发现的错报

（一）错报的沟通和更正

（1）除非法律法规禁止，注册会计师应当及时将审计过程中**累积的所有错报**与适当层级的管理层沟通。注册会计师还应当要求管理层更正这些错误。**及时与适当层级的管理层沟通错报**事项是重要的。

（2）法律法规**可能限制**注册会计师向管理层或被审计单位内部的其他人员通报某些错报。例如，法律法规可能专门规定禁止通报某事项或采取其他行动，这些通报或行动可能不利于有关权力机构对实际存在的或怀疑存在的违法行为展开调查。

在某些情况下，注册会计师的保密义务与通报义务之间存在的潜在冲突可能很复杂。此时，注册会计师可以考虑征询法律意见。

（3）**管理层更正所有错报**（包括注册会计师通报的错报），能够保持会计账簿和记录的准确性，降低由于与本期相关的、非重大的且尚未更正的错报的累积影响而导致未来期间财务报表出现重大错报的风险。

（4）如果管理层拒绝更正沟通的部分或者全部错报，注册会计师应当了解管理层不更正错报的理由，并在评价财务报表整体是否不存在重大错报时考虑该理由。

（二）评价未更正错报的影响（理解即可）

未更正错报，是指注册会计师在审计过程中**累积的且被审计单位未予更正**的错报。

（1）评价错报前可能需要对重要性作出修改。

①在评价未更正错报的影响之前，注册会计师可能有必要依据实际的财务结果对重要性作出修改。

②如果在审计过程中获知了某项信息，而该信息可能导致注册会计师确定与原来不同的财务报表整体重要性或特定类别交易、账户余额或披露的一个或多个重要性水平，注册会计师应当予以修改。

③如果注册会计师对重要性或重要性水平（如适用）进行的重新评价导致需要确定**较低的金额**，则应重新考虑实际执行的重要性和进一步审计程序的性质、时间安排和范围的适当性，以获取充分、适当的审计证据，作为发表审计意见的基础。

④注册会计师需要考虑每一单项错报，以评价其对相关类别的交易、账户余额或披露的影响，包括评价该项错报是否超过特定类别的交易、账户余额或披露的重要性水平（如适用）。

（2）某一单项错报的抵销是否恰当。

①**如果注册会计师认为某一单项错报是重大的，则该项错报不太可能被其他错报抵销**。例如，如果收入存在重大高估，即使这项错报对收益的影响完全可被相同金额的费用高估所抵销，注册会计师仍认为财务报表整体存在重大错报。

②**对于同一账户余额或同一类别的交易内部的错报，这种抵销可能是适当的**，然而，在得出抵销非重大错报是适当的这一结论之前，需要考虑可能存在其他未被发现的错报的风险。

（3）确定一项分类错报是否重大，需要进行定性评估。例如，分类错报对负债或其他合同条款的影响，对单个财务报表项目或小计数的影响，以及对关键比率的影响。即使分类错报超过了在评价其他错报时运用的重要性水平，注册会计师可能仍然认为该分类错报对财务报表整体不产生重大影响。

（4）**在某些情况下，即使某些错报低于财务报表整体的重要性，但因与这些错报相关的某些情况，在将其单独或连同在审计过程中累积的其他错报一并考虑时，注册会计师也可能将这些错报评价为重大错报**。例如，某项错报的金额虽然低于财务报表整体的重要性，但对被审计单位的盈亏状况有决定性的影响，注册会计师应认为该项错报是重大错报。

（5）除非法律法规禁止，注册会计师应当与治理层沟通未更正错报，以及这些错报单独或汇总起来可能对审计意见产生的影响。在沟通时，注册会计师应当逐项指明重大的未更正错报。注册会计师应当要求被审计单位更正未更正错报。

注册会计师应当与治理层沟通与以前期间相关的未更正错报对相关类别的交易、账户余额或披露以及财务报表整体的影响。

（三）书面声明

注册会计师应当要求管理层和治理层（如适用）提供书面声明，说明其是否认为未更正错报单独或汇总起来对财务报表整体的影响不重大。

【例题 18－1·单选题】 对于审计过程中累积的错报，下列做法中，正确的是（　　）。（2013 年）

A. 如果错报单独或汇总起来未超过实际执行的重要性，注册会计师可以不要求管理层更正

B. 如果错报不影响确定财务报表整体的重要性时选定的基准，注册会计师可以不要求管理层更正

C. 如果错报单独或汇总起来未超过财务报表整体的重要性，注册会计师可以不要求管理层更正

D. 除非法律法规禁止，注册会计师应当要求管理层更正审计过程中累积的所有错报

【答案】 D

【解析】 除非法律法规禁止，注册会计师应当及时将审计过程中累积的所有错报与适当层级的管理层沟通，注册会计师还应当要求管理层更正这些错误。

二、复核审计工作底稿和财务报表

（一）对财务报表总体合理性进行总体复核（分析程序）

（1）在审计结束或临近结束时，注册会计师运用分析程序的目的是确定经审计调整后的财务报表整体是否与对被审计单位的了解一致，是否具有合理性。

（2）在运用分析程序进行总体复核时，如果识别出以前未识别的重大错报风险，注册会计师应当重新考虑：

①对全部或部分各类别交易、账户余额、披露评估的风险是否恰当；

②重新评价之前计划的审计程序是否充分；

③是否有必要追加审计程序。

（二）复核审计工作底稿（包括项目组内部复核和项目质量控制复核）

复核审计工作底稿如图 18－2 所示。

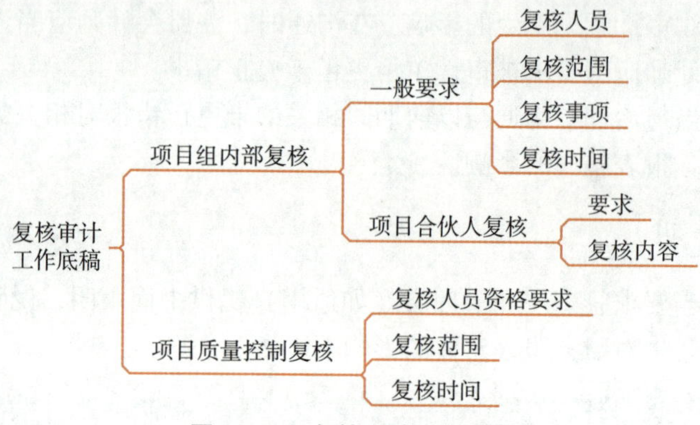

图 18－2　复核审计工作底稿

1. 项目组内部复核（人员、时间、范围、项目合伙人的复核）（见表 18－1）

表 18－1　　项目组内部复核

<table>
<tr><td>复核人员</td><td colspan="2">（1）在安排复核工作时，应当由项目组内经验较多的人员复核经验较少的人员的工作
（2）项目组需要在制定审计计划时确定复核人员的指派
（3）对一些较为复杂、审计风险较高的领域，需要指派经验丰富的项目组成员执行复核，必要时可以由项目合伙人执行复核。例如，舞弊风险的评估与应对、重大会计估计及其他复杂的会计问题、审核会议记录和重大合同、关联方关系和交易、持续经营存在的问题等</td></tr>
<tr><td>复核范围</td><td colspan="2">所有的审计工作底稿至少要经过一级复核</td></tr>
<tr><td>复核事项</td><td colspan="2">（1）审计工作是否已按照职业准则和适用的法律法规的规定执行
（2）重大事项是否已提请进一步考虑
（3）相关事项是否已进行适当咨询，由此形成的结论是否已得到记录和执行
（4）是否需要修改已执行审计工作的性质、时间安排和范围
（5）已执行的审计工作是否支持形成的结论，并已得到适当记录
（6）已获取的审计证据是否充分、适当
（7）审计程序的目标是否已实现</td></tr>
<tr><td>复核时间</td><td colspan="2">审计项目复核贯穿审计全过程</td></tr>
<tr><td rowspan="4">项目合伙人复核</td><td>责任承担</td><td>应当对会计师事务所分派的每项审计业务的总体质量负责</td></tr>
<tr><td>复核范围</td><td>项目合伙人无须复核所有审计工作底稿</td></tr>
<tr><td>复核的内容</td><td>（1）对关键领域所作的判断，尤其是执行业务过程中识别出的疑难问题或争议事项
（2）特别风险
（3）项目合伙人认为重要的其他领域</td></tr>
<tr><td>复核时间</td><td>在审计报告日或审计报告日之前</td></tr>
</table>

2. 项目质量控制复核（见表 18－2）（后面会有专门章节进行讲解，这里了解）

表 18－2　　项目质量控制复核

复核人员（资格要求）	（1）履行职责需要的技术资格，包括必要的经验和权限 （2）在不损害其客观性的前提下，项目质量控制复核人员能够提供业务咨询的程度

续表

复核范围	（1）评价工作应当涉及下列内容： ①与项目合伙人讨论重大事项 ②复核财务报表和拟出具的审计报告 ③复核选取的与项目组作出的重大判断和得出的结论相关的审计工作底稿 ④评价在编制审计报告时得出的结论，并考虑拟出具审计报告的恰当性
	（2）对于上市实体财务报表审计，还应当考虑： ①项目组就具体审计业务对会计师事务所独立性作出的评价 ②项目组是否已就涉及意见分歧的事项，或者其他疑难问题或争议事项进行适当咨询，以及咨询得出的结论 ③选取的用于复核的审计工作底稿，是否反映了项目组针对重大判断执行的工作，以及是否支持得出的结论
复核时间	（1）只有完成了项目质量控制复核，才能签署审计报告 （2）在审计过程中实施，而非在出具审计报告前才实施复核

【例题 18－2·单选题】下列有关项目合伙人复核的说法中，错误的是（　　）。（2016 年）

A. 项目合伙人无须复核所有审计工作底稿

B. 项目合伙人通常需要复核项目组对关键领域所做的判断

C. 项目合伙人应当复核与重大错报风险相关的所有审计工作底稿

D. 项目合伙人应当在审计工作底稿中记录复核的范围和时间

【答案】C

【解析】项目合伙人复核的内容包括：（1）对关键领域所做的判断，尤其是执行业务过程中识别出的疑难问题或争议事项；（2）特别风险；（3）项目合伙人认为重要的其他领域。项目合伙人无须复核所有审计工作底稿。所以选项 C 错误。

第二节　期后事项

注册会计师在审计被审计单位某一会计年度的财务报表时，除了对所审会计年度内发生的交易和事项实施必要的审计程序外，还必须考虑所审年度之后发生和发现的事项对财务报表和审计报告的影响，以保证一个会计期间的财务报表的真实性和完整性。

一、期后事项的种类

期后事项是指财务报表日至审计报告日之间发生的事项，以及注册会计师在审计报告日后知悉的事实。

1. 期后事项的种类（见表 18－3）

表 18－3　**期后事项**

	财务报表日后调整事项	财务报表日后非调整事项
定义	对财务报表日已经存在的情况提供证据的事项，即对财务报表日已经存在的情况提供了新的或进一步证据的事项	对财务报表日后发生的情况提供证据的事项，即表明财务报表日后发生的事项

续表

	财务报表日后调整事项	财务报表日后非调整事项
特点	影响财务报表金额	虽不影响财务报表金额，但可能影响对财务报表的正确理解
处理	提请被审计单位管理层调整财务报表及与之相关的披露信息	必要时在财务报表中以附注形式予以适当披露
举例	（1）财务报表日后诉讼案件结案 （2）财务报表日后取得确凿证据，表明某项资产在财务报表日发生了减值或者需要调整该项资产原先确认的减值金额 （3）财务报表日后进一步确定了财务报表日前购入资产的成本或售出资产的收入 （4）财务报表日后发现了财务报表舞弊或差错	（1）财务报表日后发生重大诉讼、仲裁、承诺 （2）财务报表日后资产价格、税收政策、外汇汇率发生重大变化 （3）财务报表日后因自然灾害导致资产发生重大损失 （4）财务报表日后发行股票和债券以及其他巨额举债 （5）财务报表日后资本公积转增资本 （6）财务报表日后发生巨额亏损 （7）财务报表日后发生企业合并或处置子公司 （8）财务报表日后企业利润分配方案中拟分配的以及经审议批准宣告发放的股利或利润

注：不管对于会计还是审计，这里都是一个考点，那就是判断哪些是“调整事项”、哪些是“非调整事项”。主要的区别就是看上一年是不是已经存在该事项。如果是上一年已经存在，现在才最终确定，那么这就是“调整事项”，如果是现在新发生的重大事项，那就是“非调整事项”。

2. 期后事项三个时间段

期后事项可以按时段划分为三个时段（见图 18 -3）。

（1）第一个时段是财务报表日后至审计报告日，即**“第一时段期后事项”**；

（2）第二个时段是审计报告日后至财务报表报出日，即**“第二时段期后事项”**；

（3）第三个时段是财务报表报出日后，即**“第三时段期后事项”**。

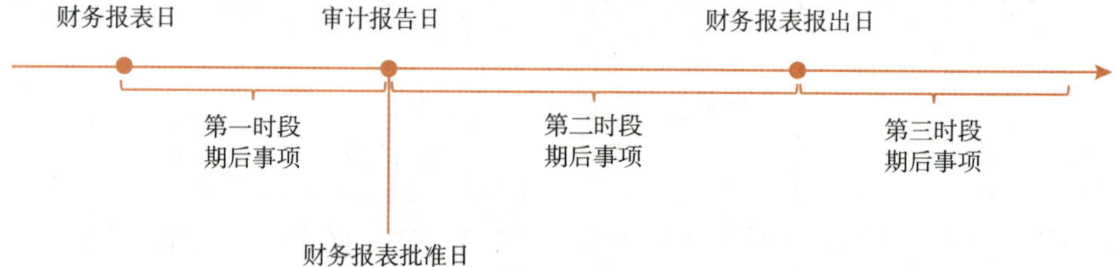

图 18 -3 期后事项分段示意

3. 三个时段期后事项的责任划分（见表 18 -4）

表 18 -4 三个时段期后事项的责任划分

时段	责任划分	具体规定
第一时段 （发生的事项）	主动识别	应当设计专门的审计程序来识别这些期后事项，并根据这些事项的性质判断其对财务报表的影响，进而确定是进行调整还是披露
第二时段 （知悉的事实）	被动识别	（1）在审计报告日后至财务报表报出日前，如果知悉了某事实，且若在审计报告日知悉可能导致修改审计报告，注册会计师应当与管理层和治理层（如适用）讨论该事项 （2）确定财务报表是否需要修改 （3）如果需要修改，询问管理层将如何在财务报表中处理该事项

续表

时段	责任划分	具体规定
第三时段 （知悉的事实）	没有义务识别	（1）与管理层和治理层（如适用）讨论该事项 （2）确定财务报表是否需要修改 （3）如果需要修改，询问管理层将如何在财务报表中处理该事项

二、三个时段的审计要求

（一）第一时段期后事项

1. 注册会计师的责任（有义务）

主动识别第一时段期后事项；

注册会计师应当设计和实施审计程序，获取充分、适当的审计证据，以确定所有在财务报表日至审计报告日之间发生的、需要在财务报表中调整或披露的事项均已得到识别；

注册会计师并不需要对之前已实施审计程序并已得出满意结论的事项执行追加的审计程序。

2. 识别期后事项的审计时间

针对期后事项的专门审计程序，其实施时间越接近审计报告日越好。

3. 识别期后事项的审计程序（了解）

（1）了解管理层为确保识别期后事项而建立的程序；

（2）询问管理层和治理层（如适用），确定是否已发生可能影响财务报表的期后事项；

（3）查阅被审计单位的所有者、管理层和治理层在财务报表日后举行会议的纪要，在不能获取会议纪要的情况下，询问此类会议讨论的事项；

（4）查阅被审计单位最近的中期财务报表（如有）；

（5）查阅被审计单位在财务报表日后最近期间内的预算、现金流量预测和其他相关的管理报告；

（6）就诉讼和索赔事项询问被审计单位的法律顾问，或扩大之前口头或书面查询的范围；

（7）考虑是否有必要获取涵盖特定期后事项的书面声明以支持其他审计证据，从而获取充分、适当的审计证据。

4. “知悉”对财务报表有重大影响的期后事项时的考虑

（1）应当确定这些事项是否按照适用的财务报告编制基础的规定在财务报表中得到恰当反映；

（2）如果所知悉的期后事项属于调整事项，注册会计师应当考虑被审计单位是否已对财务报表作出适当的调整；

（3）如果所知悉的期后事项属于非调整事项，注册会计师应当考虑被审计单位是否在财务报表附注中予以充分披露。

（二）第二时段期后事项

1. 注册会计师的责任

没有义务针对财务报表实施任何审计程序。

2. 管理层责任

管理层有责任将发现的可能影响财务报表的事实告知注册会计师，同时注册会计师还可能从媒体报道、举报信或者证券监管部门告知等途径获悉影响财务报表的期后事项。

3. “知悉”第二时段期后事项时的考虑

在审计报告日后至财务报表报出日前，如果知悉了某事实，且若在审计报告日知悉可能导致修改审计报告，注册会计师应当采取以下措施（见图 18－4）。

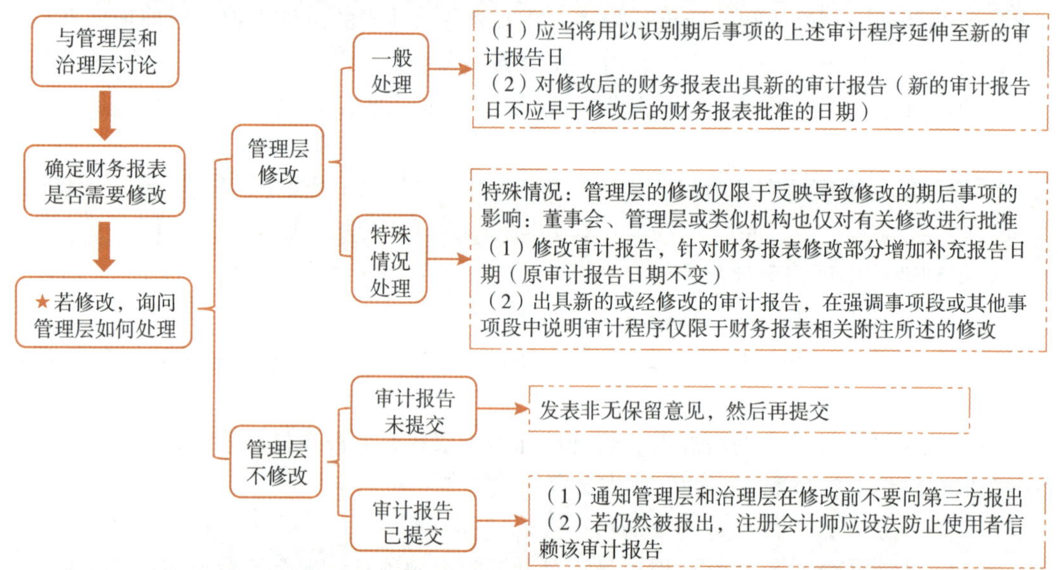

图 18－4　对于在报告日后至财务报表报出日前知悉的事实注册会计师应采取的措施

（三）第三时段的期后事项

1. 注册会计师的责任

没有义务识别第三时段的期后事项。

2. 知悉第三时段期后事项时的考虑

如果注册会计师在财务报表报出后知悉了某事实，且若在审计报告日知悉可能导致修改审计报告，注册会计师应当采取以下措施（见图 18－5）。

3. 注册会计师在知悉第三时段期后事项后，采取行动的条件（同时满足）

（1）这类期后事项应当是在审计报告日已经存在的事实；

（2）该事实如果被注册会计师在审计报告日前获知，可能影响审计报告。

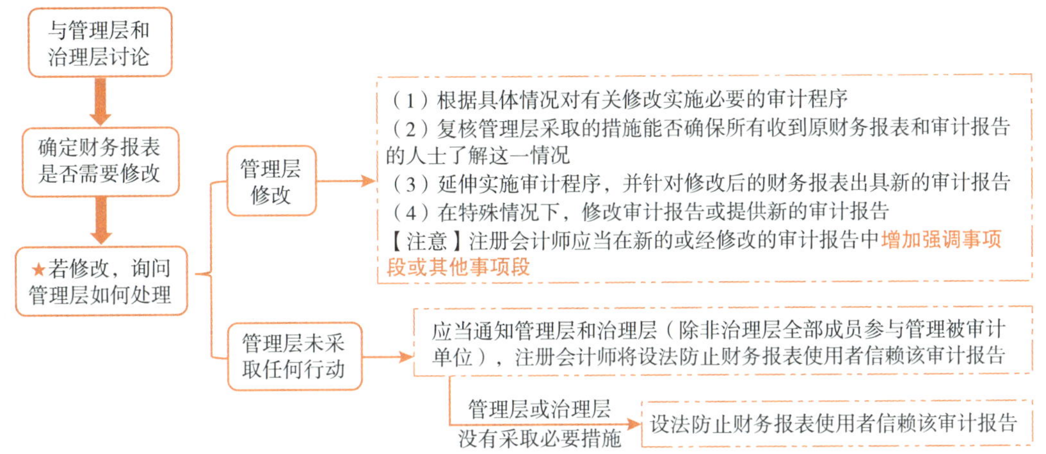

图 18－5　对于在财务报表报出后知悉的事实注册会计师应采取的措施

【例题 18－3·单选题】关于注册会计师对期后事项的责任，下列表述中错误的是（　　）。（2009 年）

A. 有责任实施必要的审计程序，以确定截至审计报告日发生的期后事项是否均已得到识别

B. 在审计报告日后，没有责任针对财务报表实施审计程序

C. 在审计报告日后至财务报表报出日前，如果知悉可能对财务报表产生重大影响的事实，有责任采取措施

D. 在财务报表报出日后，如果知悉可能对财务报表产生重大影响的实施，没有责任采取措施

【答案】D

【解析】在财务报表报出日后，如果知悉了某事实，且若在审计报告日知悉可能导致修改审计报告，注册会计师有责任采取以下措施：与管理层和治理层讨论该事项；确定财务报表是否需要修改；如果需要修改，询问管理层将如何在财务报表中处理该事项。

第三节　书面声明

书面声明是指管理层向注册会计师提供的书面陈述，用以确认某些事项或支持其他审计证据。书面声明不包括财务报表及其认定，以及支持性账簿和相关记录。

书面声明的特征**（重点）：**

（1）书面声明是注册会计师在财务报表审计中需要获取的**必要信息**，是审计证据的重要来源；

（2）在很多情况下，要求管理层提供书面声明而非口头声明，可以促使管理层更加认真地考虑声明所涉及的事项，从而提高声明的质量；

（3）尽管书面声明提供必要的审计证据，但其本身并不为所涉及的任何事项提供充分、适当的审计证据；

（4）管理层已提供可靠书面声明的事实，**并不影响**注册会计师就管理层责任履行情况或具体认定获取的其他审计证据的性质和范围。

一、书面声明的类型

（一）针对管理层责任的书面声明

针对财务报表的编制，注册会计师应当要求管理层提供书面声明，确认其根据审计业务约定条款，履行了按照适用的财务报告编制基础编制财务报表并使其实现公允反映（如适用）的责任。

1. 针对完整性的书面声明

（1）按照审计业务约定条款，已向注册会计师提供所有相关信息，并允许注册会计师不受限制地接触所有相关信息以及被审计单位内部人员和其他相关人员；

（2）所有交易均已记录并反映在财务报表中。

2. 管理层责任

如果未从管理层获取其确认已履行责任的书面声明，注册会计师在审计过程中获取的有关管理层已履行这些责任的其他审计证据是不充分的。

3. 注册会计师要求管理层再次确认管理层自身责任的情况

（1）代表被审计单位签订审计业务约定条款的人员不再承担相关责任；

（2）审计业务约定条款是在以前年度签订的；

（3）有迹象表明管理层误解了其责任；

（4）情况的改变需要管理层再次确认其责任。

（二）其他书面声明

除了针对财务报表的编制，注册会计师应当要求管理层提供基本书面声明以确认其履行了责任外，注册会计师可能认为有必要获取有关财务报表的其他书面声明。

1. 财务报表的额外书面声明

其他书面声明可能是对基本书面声明的补充，但不构成其组成部分。

其他书面声明，可能包括针对下列事项作出的声明：

（1）会计政策的选择和运用是否适当；

（2）是否按照适用的财务报告编制基础对下列事项进行了确认、计量、列报或披露：

①可能影响资产和负债账面价值或分类的计划或意图；

②负债（包括实际负债和或有负债）；

③资产的所有权或控制权，资产的留置权或其他物权，用于担保的抵押资产；

④可能影响财务报表的法律法规及合同（包括违反法律法规及合同的行为）。

2. 向注册会计师提供信息有关的额外书面声明

除了针对管理层提供的信息和交易的完整性的书面声明外，注册会计师可能认为有必要要求管理层提供书面声明，确认其已将注意到的所有**内部控制缺陷**向注册会计师通报。

3. 特定认定的书面声明

注册会计师可能认为有必要要求管理层提供有关财务报表特定认定的书面声明，尤其是支持注册会计师就管理层的判断或意图或者完整性认定从其他审计证据中获取的了解。

二、书面声明的日期和涵盖的期间（重要）

书面声明的日期如图 18－6 所示。

图 18－6　书面声明的日期

由于书面声明是必要的审计证据，在管理层签署书面声明前，注册会计师不能发表审计意见，也不能签署审计报告。

若在审计报告中提及的所有期间内，出现现任管理层均尚未就任的情形。他们可能由此声称无法就上述期间提供部分或全部书面声明。然而，这一事实并不能减轻现任管理层对财务报表整体的责任。相应地，注册会计师仍然需要向现任管理层获取涵盖整个相关期间的书面声明。

三、书面声明的形式

书面声明应当以声明书的形式致送注册会计师。

四、特殊情形的处理

（一）对书面声明可靠性的疑虑

1. 对管理层的胜任能力、诚信、道德价值观或勤勉尽责存在疑虑（重点掌握）

（1）注册会计师应当确定这些疑虑对书面或口头声明和审计证据总体的可靠性可能产生的影响。

（2）注册会计师可能认为，管理层在财务报表中作出不实陈述的风险很大，以至于审计工作无法进行；在这种情况下，除非治理层采取适当的纠正措施，否则注册会计师可能需要考虑解除业务约定（如果法律法规允许）。

（3）很多时候，治理层采取的纠正措施可能并不足以使注册会计师发表无保留意见。

2. 书面声明与其他审计证据不一致

（1）注册会计师应当实施审计程序以设法解决这些问题。

（2）注册会计师可能需要考虑风险评估结果是否仍然适当。如果认为不适当，注册会计师需要修正风险评估结果，并确定进一步审计程序的性质、时间安排和范围，以应对评估的风险。

（3）如果问题仍未解决，注册会计师应当重新考虑对管理层的胜任能力、诚信、道德价值观或勤勉尽责的评估，或者重新考虑对管理层在这些方面的承诺或贯彻执行的评估，并确定书面声明与其他审计证据的不一致对书面或口头声明和审计证据总体的可靠性可能产生的影响。

（4）如果认为书面声明不可靠，注册会计师应当采取适当措施，包括确定其对审计意见可能产生的影响。

（二）管理层不提供要求的书面声明（重点掌握）

1. 如果管理层不提供要求的一项或多项书面声明

注册会计师应当：

（1）与管理层讨论该事项；

（2）重新评价管理层的诚信，并评价该事项对书面或口头声明和审计证据总体的可靠性可能产生的影响；

（3）采取适当措施，包括确定该事项对审计意见可能产生的影响。

2. 如果存在下列情形之一，注册会计师应当对财务报表发表无法表示意见（见图18－7）

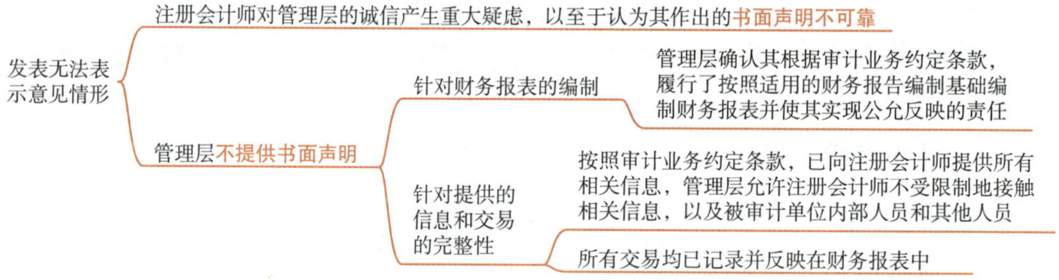

发表无法表示意见情形
- 注册会计师对管理层的诚信产生重大疑虑，以至于认为其作出的书面声明不可靠
- 管理层不提供书面声明
  - 针对财务报表的编制：管理层确认其根据审计业务约定条款，履行了按照适用的财务报告编制基础编制财务报表并使其实现公允反映的责任
  - 针对提供的信息和交易的完整性
    - 按照审计业务约定条款，已向注册会计师提供所有相关信息，管理层允许注册会计师不受限制地接触相关信息，以及被审计单位内部人员和其他人员
    - 所有交易均已记录并反映在财务报表中

图18－7 发表无法表示意见的情形

【例题18－4·单选题】如果甲公司管理层拒绝就其责任的履行情况提供书面声明，下列做法中，A注册会计师认为错误的是（　　）。

A. 重新评价甲公司管理层的诚信情况

B. 重新评价获取审计证据的总体可靠性

C. 对财务报表出具无法表示意见的审计报告

D. 对财务报表出具保留意见的审计报告

【答案】D

【解析】如果管理层不提供要求的一项或多项书面声明，注册会计师应当：

（1）与管理层讨论该事项；

（2）重新评价管理层的诚信，并评价该事项对书面或口头声明和审计证据总体的可靠性可能产生的影响；

（3）采取适当措施，包括确定该事项对审计意见可能产生的影响。

如果注册会计师对管理层的诚信存在重大疑虑，以至于认为其作出的书面声明不可靠，或者管理层不提供有关其责任的书面声明，应当对财务报表发表无法表示意见。

第十八章　完成审计工作

彬哥跟你说：

是的，看到这个标题应该很开心！“完成审计工作”！是的，我们的审计也在接近尾声了！但是后面的分值越来越重，咱们不可松懈！

今日复习步骤：

第一遍：回忆 & 重新复习一遍框架（15 分钟）

学习要求：自己重新找一遍框架，不需要掌握所有细节，但求框架了然于心。

第二遍：对细节进一步掌握（50 分钟）

复核审计工作底稿和财务报表、期后事项、书面声明分别涉及哪些考点？

第三遍：重新复习一遍框架（10 分钟）

我问你答：

（1）未更正错报是指什么？是否所有错报都要求管理层更正？什么样的错报是重大错报？

（2）项目组内部复核的人员包括哪些？是否所有的审计工作底稿至少要经过一级复核？审计项目复核是否只在审计结束的时候进行？

（3）项目合伙人复核，应当对什么负责？项目合伙人是否需要复核所有审计工作底稿？复核的内容包括什么？可否在完成项目质量控制复核前，签署审计报告？

（4）期后事项是指财务报表日至审计报告日之间发生的事项，是否正确？哪些属于调整事项？哪些属于非调整事项？

（5）第一时段指的是哪段时间？注册会计师的责任是要确定所有在财务报表日至审计报告日之间发生的事项均已得到识别，是否正确？

（6）第二时段、第三时段指的是哪段时间？注册会计师的责任分别是什么？

（7）书面声明的两个特征是什么？书面声明应当涵盖什么期间？可否在审计报告日后？

（8）在管理层签署书面声明前，注册会计师能否发表审计意见和签署审计报告？

（9）若在审计报告中提及的所有期间内，存在现任管理层均尚未就任的情形，注册会计师是否需要向其获取书面声明？

（10）如果管理层不提供要求的一项或多项书面声明，注册会计师应当做什么？什么情形下，注册会计师应当对财务报表发表无法表示意见？

本章作业：

（1）请把讲义例题做三遍（做错的题目，请分析错误原因并记录到改错本）。

（2）请复习完口述一遍框架，睡前请再回忆一遍框架。

（3）第二天早上，请再回忆一遍框架，对于回忆不起来的内容，请翻书看一遍。

第十九章 审计报告

审计报告知识结构如图 19－1 所示。

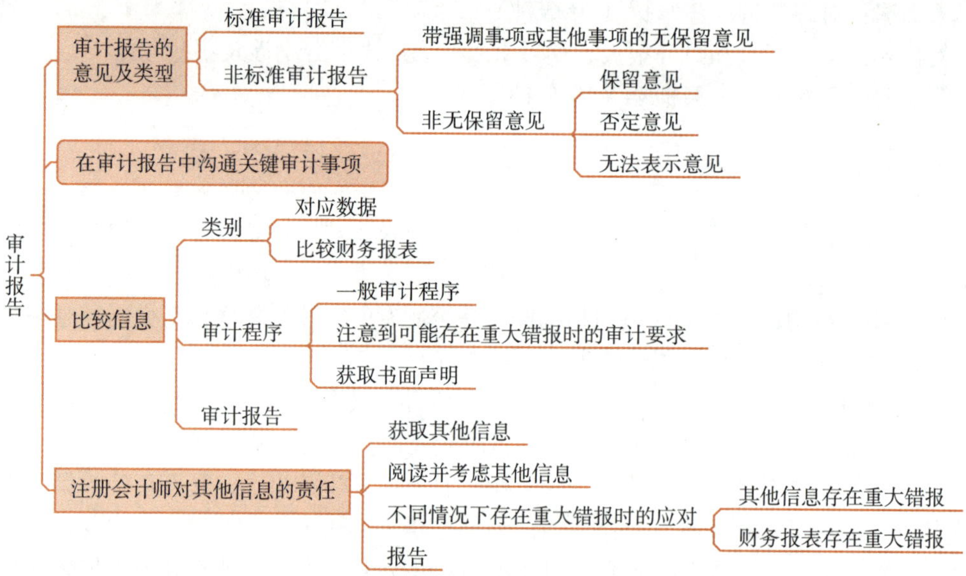

图 19－1 审计报告知识结构

第一节 审计报告概述

审计报告，是指注册会计师根据审计准则的规定，在执行审计工作的基础上，对财务报表发表审计意见的书面文件。

注册会计师**一旦在审计报告上签名并盖章，就表明对其出具的审计报告负责！**

注册会计师签发的审计报告，主要具有鉴证、保护和证明的作用。

一、审计意见的形成

注册会计师应当就财务报表是否在所有重大方面按照适用的财务报告编制基础编制并实现公允反映形成审计意见。为了形成审计意见，针对财务报表整体是否不存在由于舞弊或错误导致的重大错报，注册会计师应当得出结论，确定是否已就此获取合理保证。

在得出结论时，注册会计师应当考虑下列方面：

（1）是否已获取充分、适当的审计证据；

（2）未更正错报单独或汇总起来是否构成重大错报；

（3）评价财务报表是否在所有重大方面按照适用的财务报告编制基础编制。注册会计师应当依据适用的财务报告编制基础特别评价下列内容：

①财务报表是否恰当披露了所选择和运用的重要会计政策。作出这一评价时注册会计师应当考虑会计政策与被审计单位的相关性，以及会计政策是否以可理解的方式予以表述；

②选择和运用的会计政策是否符合适用的财务报告编制基础，并适合被审计单位的具体情况；

③管理层作出的会计估计是否合理；

④财务报表列报的信息是否具有相关性、可靠性、可比性和可理解性。

作出这一评价时，注册会计师应当考虑：

A. 应当包括的信息是否均已包括，这些信息的分类、汇总或分解以及描述是否适当；

B. 财务报表的总体列报（包括披露）是否由于包括不相关的信息或有碍正确理解所披露事项的信息而受到不利影响。

⑤财务报表是否作出充分披露，使财务报表预期使用者能够理解重大交易和事项对财务报表所传递的信息的影响；

⑥财务报表使用的术语（包括每一财务报表的标题）是否适当。

（4）评价财务报表是否实现公允反映；

（5）评价财务报表是否恰当提及或说明适用的财务报告编制基础。

二、审计意见的类型

审计意见的类型如图19－2所示。

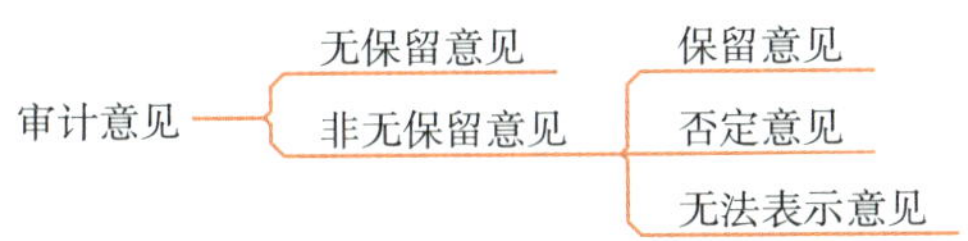

图19－2　审计意见类型

（1）无保留意见是指当注册会计师认为财务报表在所有重大方面按照适用的财务报告编制基础编制并实现公允反映时发表的审计意见。

（2）非无保留意见是指对财务报表发表的保留意见、否定意见或无法表示意见。

（3）如果财务报表没有实现公允反映，注册会计师应当就该事项与管理层讨论，并根据适用的财务报告编制基础的规定和该事项得到解决的情况，决定是否有必要在审计报告中发表非无保留意见。

（4）发表非无保留意见的情形：

①根据获取的审计证据，得出财务报表整体存在重大错报的结论；

②无法获取充分、适当的审计证据，不能得出财务报表整体不存在重大错报的结论。

三、审计报告的基本内容

（一）审计报告的要素

审计报告要素如图 19－3 所示。

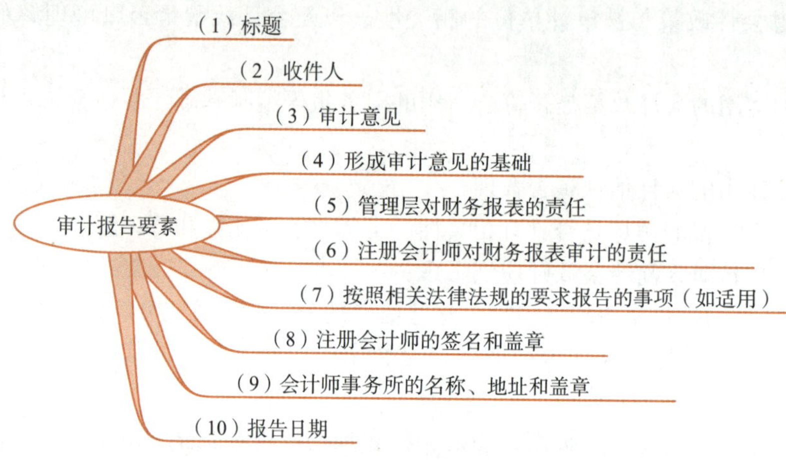

图 19－3　审计报告要素

（二）审计报告具体内容

1. 标题

审计报告应当具有标题，统一规范为“审计报告”。

2. 收件人

收件人是指注册会计师按照业务约定书的要求致送审计报告的对象，一般是指审计业务的委托人。审计报告应当按照审计业务的约定载明收件人的全称。

3. 审计意见

审计意见部分由两部分构成。

第一部分指出已审计财务报表，应当包括下列方面：

（1）指出被审计单位的名称；

（2）说明财务报表已经审计；

（3）指出构成整套财务报表的每一财务报表的名称；

（4）提及财务报表附注（包括重要会计政策概要和其他解释性信息）；

（5）指明构成整套财务报表的每一财务报表的日期或涵盖的期间。

第二部分应当说明注册会计师发表的审计意见。

4. 形成审计意见的基础

该部分提供关于审计意见的重要背景，应当紧接在审计意见部分之后，并包括下列方面：

（1）说明注册会计师按照审计准则的规定执行了审计工作；

（2）提及审计报告中用于描述审计准则规定的注册会计师责任的部分；

（3）声明注册会计师按照与审计相关的职业道德要求对被审计单位保持了独立性，并履行了职业道德方面的其他责任。声明中应当指明适用的职业道德要求，如中国注册会计师职业道德守则；

（4）说明注册会计师是否相信获取的审计证据是充分、适当的，为发表审计意见提供了基础。

5. 管理层对财务报表的责任

审计报告应当包含标题为“管理层对财务报表的责任”的部分，其中应当说明管理层的责任。

6. 注册会计师对财务报表审计的责任

应当包括下列内容：

（1）说明注册会计师的目标是对财务报表整体是否不存在由于舞弊或错误导致的重大错报获取合理保证，并出具包含审计意见的审计报告。

（2）说明合理保证是高水平的保证，但按照审计准则执行的审计并不能保证一定会发现存在的重大错报。

（3）说明错报可能由于舞弊或错误导致。

（4）说明在按照审计准则执行审计工作的过程中，注册会计师运用职业判断，并保持职业怀疑。

（5）通过说明注册会计师的责任，对审计工作进行描述。

（6）说明注册会计师与治理层就计划的审计范围、时间安排和重大审计发现等事项进行沟通，包括沟通注册会计师在审计中识别的值得关注的内部控制缺陷。

（7）对于上市实体财务报表审计，指出注册会计师就已遵守与独立性相关的职业道德要求向治理层提供声明，并与治理层沟通可能被合理认为影响注册会计师独立性的所有关系和其他事项，以及相关的防范措施（如适用）。

（8）对于上市实体财务报表审计，以及决定沟通关键审计事项的其他情况，说明注册会计师从已与治理层沟通的事项中确定哪些事项对本期财务报表审计最为重要，因而构成关键审计事项。注册会计师应当在审计报告中描述这些事项，除非法律法规禁止公开披露这些事项，或在极少数情形下，注册会计师合理预期在审计报告中沟通某事项造成的负面后果超过在公众利益方面产生的益处，因而决定不应在审计报告中沟通该事项。

7. 按照相关法律法规的要求报告的事项（如适用）

除审计准则规定的注册会计师对财务报表出具审计报告的责任外，相关法律法规可能对注册会计师设定了其他报告责任。

在某些情况下，相关法律法规可能要求或允许注册会计师将对这些其他责任的报告作为对财务报表出具的审计报告的一部分。在另外一些情况下，相关法律法规可能要求或允许注册会计师在单独出具的报告中进行报告。

8. 注册会计师签名和盖章

9. 会计师事务所的名称、地址和盖章

10. 报告日期（重要）

（1）审计报告日不应早于注册会计师获取充分、适当的审计证据（包括管理层认可对

财务报表的责任且已批准财务报表的证据），并在此基础上对财务报表形成审计意见的日期。

（2）在确定审计报告日时，注册会计师应当确信已获取下列两方面的审计证据：

①构成整套财务报表的所有报表（含披露）已编制完成；

②被审计单位的董事会、管理层或类似机构已经认可其对财务报表负责。

（3）审计报告日期的确定。

①注册会计师在正式签署审计报告前，通常把审计报告草稿和已审计财务报表草稿一同提交给管理层；

②如果管理层批准并签署已审计财务报表，注册会计师即可签署审计报告；

③注册会计师签署审计报告的日期通常与管理层签署已审计财务报表的日期为同一天，或晚于管理层签署已审计财务报表的日期。

标准审计报告的基本要素如参考格式 19－1 所示。

参考格式 19－1　　对上市实体财务报表出具的审计报告（无保留意见）

背景信息：

1. 对上市实体整套财务报表进行审计。该审计不属于集团审计（即不适用《中国注册会计师审计准则第 1401 号——对集团财务报表审计的特殊考虑》）。

2. 管理层按照企业会计准则编制财务报表。

3. 审计业务约定条款体现了《中国注册会计师审计准则第 1111 号——就审计业务约定条款达成一致意见》关于管理层对财务报表责任的描述。

4. 基于获取的审计证据，注册会计师认为发表无保留意见是恰当的。

5. 适用的相关职业道德要求为中国注册会计师职业道德守则。

6. 基于获取的审计证据，根据《中国注册会计师审计准则第 1324 号——持续经营》，注册会计师认为可能导致对被审计单位持续经营能力产生重大疑惑的相关事项或情况不存在重大不确定性。

7. 已按照《中国注册会计师审计准则第 1504 号——在审计报告中沟通关键审计事项》的规定沟通了关键审计事项。

8. 负责监督财务报表的人员与负责编制财务报表的人员不同。

9. 除财务报表审计外，按照法律法规的要求，注册会计师负有其他报告责任，且注册会计师决定在审计报告中履行其他报告责任。

审计报告

ABC 股份有限公司全体股东：

一、对财务报表出具的审计报告

（一）审计意见

我们审计了 ABC 股份有限公司（以下简称“ABC 公司”）财务报表，包括 20×1 年 12 月 31 日的资产负债表，20×1 年度的利润表、现金流量表、股东权益变动表以及相关财务报表附注。

我们认为，后附的财务报表在所有重大方面按照企业会计准则的规定编制，公允反映了 ABC 公司 20×1 年 12 月 31 日的财务状况以及 20×1 年度的经营成果和现金流量。

（二）形成审计意见的基础

我们按照中国注册会计师审计准则的规定执行了审计工作。审计报告的“注册会计师对财务报表审计的责任”部分进一步阐述了我们在这些准则下的责任。按照中国注册会计师职业道德守则，我们独立于 ABC 公司，并履行了职业道德方面的其他责任。我们相信，我们获取的审计证据是充分、适当的，为发表审计意见提供了基础。

（三）关键审计事项

关键审计事项是根据我们的职业判断，认为对本期财务报表审计最为重要的事项。这些事项是在对财务报表整体进行审计并形成意见的背景下进行处理的，我们不对这些事项提供单独的意见。

[按照《中国注册会计师审计准则第 1504 号——在审计报告中沟通关键审计事项》的规定描述每一关键审计事项]

（四）管理层和治理层对财务报表的责任

管理层负责按照企业会计准则的规定编制财务报表，使其实现公允反映，并设计、执行和维护必要的内部控制，以使财务报表不存在由于舞弊或错误导致的重大错报。

在编制财务报表时，管理层负责评估 ABC 公司的持续经营能力，披露与持续经营相关的事项（如适用），并运用持续经营假设，除非计划清算 ABC 公司、停止营运或别无其他现实的选择。

治理层负责监督 ABC 公司的财务报告过程。

（五）注册会计师对财务报表审计的责任

我们的目标是对财务报表整体是否不存在由于舞弊或错误导致的重大错报获取合理保证，并出具包含审计意见的审计报告。合理保证是高水平的保证，但并不能保证按照审计准则执行的审计在某一重大错报存在时总能发现。错报可能由于舞弊或错误导致，如果合理预期错报单独或汇总起来可能影响财务报表使用者依据财务报表作出的经济决策，则通常认为错报是重大的；

在按照审计准则执行审计的过程中，我们运用职业判断，保持了职业怀疑。我们同时：

（1）识别和评估由于舞弊或错误导致的财务报表重大错报风险；对这些风险有针对性地设计和实施审计程序；获取充分、适当的审计证据，作为发表审计意见的基础。由于舞弊可能涉及串通、伪造、故意遗漏、虚假陈述或凌驾于内部控制之上，未能发现由于舞弊导致的重大错报风险高于未能发现由于错误导致的重大错报的风险。

（2）了解与审计相关的内部控制，以设计恰当的审计程序，但目的并非对内部控制的有效性发表意见。

（3）评价管理层选用会计政策的恰当性和作出会计估计及相关披露的合理性。

（4）对管理层使用持续经营假设的恰当性得出结论。同时，根据获取的审计证据，就可能导致对 ABC 公司持续经营能力产生重大疑虑的事项或情况是否存在重大不确定性得出结论。如果我们得出结论认为存在重大不确定性，审计准则要求我们在审计报告中提请报表使用者注意财务报表中的相关披露；如果披露不充分，我们应当发表非无保留意见。我们的结论基于审计报告日可获得的信息。然而，未来的事项或情况可能导致 ABC 公司不能持续经营。

（5）评价财务报表的总体列报、结构和内容（包括披露），并评价财务报表是否公允反映相关交易和事项。

我们与治理层就计划的审计范围、时间安排和重大审计发现（包括我们在审计中识别的值得关注的内部控制缺陷）等事项进行沟通。

我们还就遵守关于独立性的相关职业道德要求向治理层提供声明，并就可能被合理认为影响我们独立性的所有关系和其他事项，以及相关的防范措施（如适用）与治理层进行沟通。

从已与治理层沟通的事项中，我们确定哪些事项对本期财务报表审计最为重要，因而构成关键审计事项。我们在审计报告中描述这些事项，除非法律法规禁止公开披露这些事项，或在极其罕见的情形下，如果合理预期在审计报告中沟通某事项造成的负面后果超过在公众利益方面产生的益处，我们确实不应在审计报告中沟通该事项。

二、按照相关法律法规的要求报告的事项

[本部分的格式和内容，取决于法律法规对其他报告责任的性质的规定。法律法规规范的事项（其他报告责任）应当在本部分处理，除非其他报告责任与审计准则所要求的报告责任涉及相同的主题。如果涉及相同的主题，其他报告责任可以在审计准则所要求的同一报告要素部分中列示。当其他报告责任和审计准则规定的报告责任涉及同一主题，并且审计报告中的措辞能够将其他报告责任与审计准则规定的责任予以清楚地区分（如差异存在）时，允许将两者合并列示（即包含在“对财务报表出具的审计报告”部分中，并使用适当的副标题）]

××会计师事务所　　　　　　　　　　中国注册会计师：×××（项目合伙人）
（盖章）　　　　　　　　　　　　　　（签名并盖章）
　　　　　　　　　　　　　　　　　　中国注册会计师：×××
　　　　　　　　　　　　　　　　　　（签名并盖章）
中国××市　　　　　　　　　　　　　二〇×二年×月×日

第二节　在审计报告中沟通关键审计事项

关键审计事项，是指注册会计师根据职业判断认为对当期财务报表审计最为重要的事项。

注册会计师在上市实体整套通用目的财务报表审计中增加关键审计事项部分，用于沟通关键审计事项。

沟通关键审计事项的作用：

（1）可以提高已执行审计工作的透明度，从而提高审计报告的决策相关性和有用性。

（2）为财务报表使用者提供额外的信息，以帮助其了解被审计单位、已审计财务报表中涉及重大管理层判断的领域，以及注册会计师根据职业判断认为对当期财务报表审计最为重要的事项。

（3）为财务报表预期使用者就与被审计单位、已审计财务报表或已执行审计工作相关的事项进一步与管理层和治理层沟通提供基础。

一、确定关键审计事项的决策框架

注册会计师在确定关键审计事项时，需要遵循的决策框架如图 19－4 所示。

以“与治理层沟通的事项”为起点选择关键审计事项。

从“与治理层沟通的事项”中选出“在执行审计工作时重点关注过的事项”。

从“在执行审计工作时重点关注过的事项”中选出“最为重要的事项”，从而构成关键审计事项。

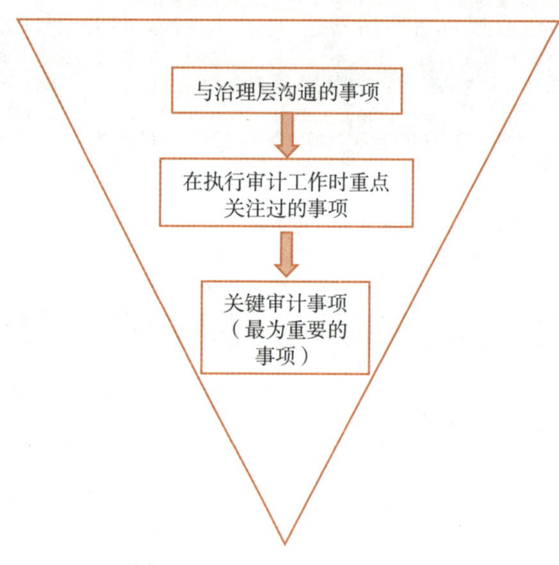

图 19－4　关键审计事项的决策框架

（1）注册会计师在确定哪些事项属于重点关注过的事项时，需要特别考虑下列方面：

①评估的**重大错报风险较高**的领域或识别出的**特别风险**。

②与财务报表中涉及重大管理层判断的领域相关的**重大审计判断**。

③当期**重大交易或事项**对审计的影响。

（2）在确定某一与治理层沟通过的事项的相对重要程度以及该事项是否构成关键审计事项时，需要考虑：

①该事项对预期使用者理解财务报表整体的**重要程度**，尤其是对财务报表的重要性。

②与该事项相关的会计政策的性质或与同行业其他实体相比，管理层在选择恰当的会计政策时涉及的**复杂程度或主观程度**。

③从**定性和定量**方面考虑，与该事项相关的由于舞弊或错误导致的**已更正错报和累计未更正错报**（如有）的性质和重要程度。

④为应对该事项所需要付出的**审计努力的性质和程度**，包括特殊知识技能或项目组之外的咨询。

⑤在实施审计程序、评价实施审计程序的结果、获取相关的可靠的审计证据以作为发表审计意见的基础时，注册会计师遇到的**困难的性质和严重程度**，尤其是当注册会计师的

判断变得更加主观时。

⑥识别出的与该事项相关的控制缺陷的严重程度。

⑦该事项是否涉及数项可区分但又相互关联的审计考虑。

“最为重要的事项”并不意味着只有一项。数量可能受被审计单位规模和复杂程度、业务和经营环境的性质，以及审计业务具体事实和情况的影响。

二、关键审计事项的沟通

（一）在审计报告中沟通关键审计事项

注册会计师应当在审计报告中单设一部分，以“关键审计事项”为标题，并在该部分使用恰当的子标题逐项描述关键审计事项。

1. 关键审计事项的引言应当同时说明的事项

（1）关键审计事项是注册会计师根据职业判断，认为对本期财务报表审计最为重要的事项；

（2）关键审计事项的应对以对财务报表整体进行审计并形成审计意见为背景，注册会计师对财务报表整体形成审计意见，而不对关键审计事项单独发表意见。

2. 关键审计事项的披露要求

（1）导致非无保留意见的事项、可能导致对被审计单位持续经营能力产生重大疑虑的事项或情况存在重大不确定性等，虽然符合关键审计事项的定义，但这些事项在审计报告中专门的部分披露，不在关键审计事项部分披露。

（2）在关键审计事项部分披露的关键审计事项必须已经得到满意解决，即不存在审计范围受限，也不存在注册会计师与被审计单位管理层意见分歧的情况。

（3）注册会计师应当按照适用的审计准则的规定报告这些事项，并在关键审计事项部分提及形成保留（否定）意见的基础部分或与持续经营相关的重大不确定性部分。

3. 逐项描述每一关键审计事项

对某项关键审计事项的描述是否充分属于职业判断问题（见表 19－1）。

表 19－1　对某项关键审计事项的描述

	描述要点
同时说明内容	（1）该事项被认定为审计中最为重要的事项之一，因而被确定为关键审计事项的原因 （2）该事项在审计中是如何应对的： ①审计应对措施或审计方法中，与该事项最为相关或对评估的重大错报风险最有针对性的方面 ②对已实施审计程序的简要概述 ③实施审计程序的结果 ④对该事项作出的主要看法
描述要求	注册会计师还应当分别索引至财务报表的相关披露（如有），以使预期使用者能够进一步了解管理层在编制财务报表时如何应对这些事项
描述语言	（1）不暗示注册会计师在对财务报表形成审计意见时尚未恰当解决该事项 （2）将该事项与被审计单位的具体情形紧密相扣，避免使用通用或标准化的语言 （3）考虑该事项在相关财务报表披露（如有）中是如何处理的 （4）不包含或暗示对财务报表单一要素单独发表的意见

4. 原始信息

原始信息是指与被审计单位相关、尚未由被审计单位公布的信息，提供这些信息是被审计单位**管理层和治理层的责任**。

注册会计师以一种简明且可理解的形式提供有用的信息，而**不应成为**被审计单位原始信息的提供者。

在描述关键审计事项时，注册会计师需要**避免不恰当地提供**与被审计单位相关的原始信息，对关键审计事项的描述通常**不构成**有关被审计单位的原始信息。

（二）不在审计报告中沟通关键审计事项的情形

（1）法律法规禁止公开披露某事项。

（2）在极其罕见的情况下，如果合理预期在审计报告中沟通某事项造成的负面后果超过产生的公众利益方面的益处，注册会计师确定不应在审计报告中沟通该事项，则注册会计师应当在审计报告中逐项描述关键审计事项。

（三）就关键审计事项与治理层沟通

（1）注册会计师确定的关键审计事项；

（2）根据被审计单位和审计业务的具体情况，注册会计师确定不存在需要在审计报告中沟通的关键审计事项（如适用）（见参考格式 19－2）。

参考格式 19－2　　关键审计事项——商誉的减值测试

相关信息披露详见财务报表附注——××

（一）事项描述

截至 201×年 12 月 31 日，集团因收购 YYY 公司而确认了×××万元的商誉。贵公司管理层于每年末对商誉进行减值测试。本年度，YYY 公司产生了经营损失，该商誉出现减值迹象。

报告期末，集团管理层对 YYY 公司的商誉进行了减值测试，以评价该项商誉是否存在减值。管理层采用现金流预测模型来计算商誉的可收回金额，并将其与商誉的账面价值相比较。该模型所使用的折现率、预计现金流，特别是未来收入增长率等关键指标需要作出重大的管理层判断。通过测试，管理层得出商誉没有减值的结论。

（二）实施的审计程序

我们针对管理层减值测试所实施的审计程序包括：

1. 对管理层的估值方法予以评估

2. 基于我们对相关行业的了解，我们质疑了管理层假设的合理性，如收入增长率、折现率等

3. 检查录入数据与支持证据的一致性，例如，已批准的预算以及考虑这些预算的合理性

（三）实施审计程序的结果

我们认为，基于目前所获取的信息，管理层在对商誉减值测试所使用的假设是合理的，相关信息在财务报表附注——××中所作出的披露是适当的。

第三节　非无保留意见审计报告

审计报告的种类如图 19－5 所示。

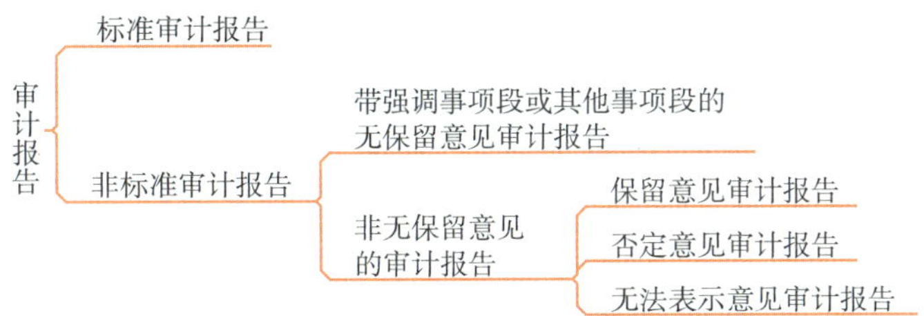

图 19－5　审计报告的种类

一、非无保留意见的含义

非无保留意见，是指保留意见、否定意见或无法表示意见。

注册会计师应当在审计报告中发表非无保留意见的情形：

（1）根据获取的审计证据，得出财务报表整体存在重大错报的结论。

（2）无法获取充分、适当的审计证据，不能得出财务报表整体不存在重大错报的结论。

二、确定非无保留意见的类型

1. 确定非无保留意见时一般考虑

注册会计师确定恰当的非无保留意见类型，取决于下列事项（见图 19－6）。

（1）导致非无保留意见的事项的性质，是财务报表存在重大错报，还是在无法获取充分、适当的审计证据的情况下，财务报表可能存在重大错报；

（2）注册会计师就导致非无保留意见的事项对财务报表产生或可能产生影响的广泛性作出的判断。

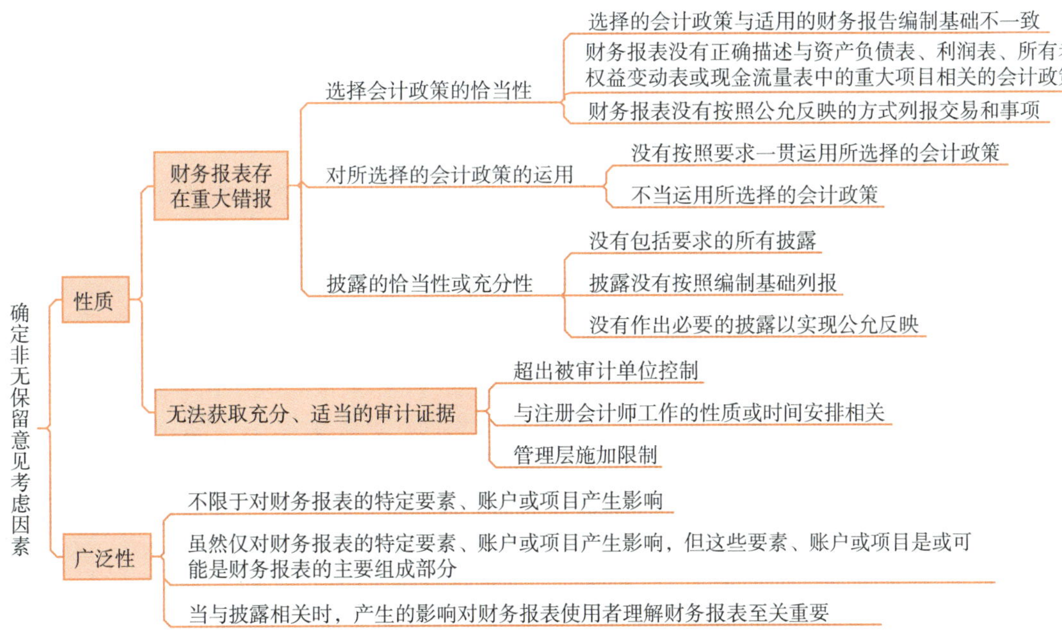

图 19－6　确定非无保留意见的考虑因素

广泛性是描述错报影响的术语，用以说明对财务报表的影响。

事项的性质和影响的广泛性对审计意见的影响如表 19 –2 所示。

表 19 –2　　事项的性质和影响的广泛性对审计意见的影响

导致发表非无保留意见的事项的性质	这些事项对财务报表产生或可能产生影响的广泛性	
	重大但不具有广泛性	重大且具有广泛性
财务报表存在重大错报	保留意见	否定意见
无法获取充分、适当的审计证据	保留意见	无法表示意见

注：财务报表存在重大错报，是指在获取充分、适当的审计证据后，发现财务报表存在重大错报。

2. 确定非无保留意见时特殊考虑

（1）管理层对审计范围施加了限制（见图 19 –7）。

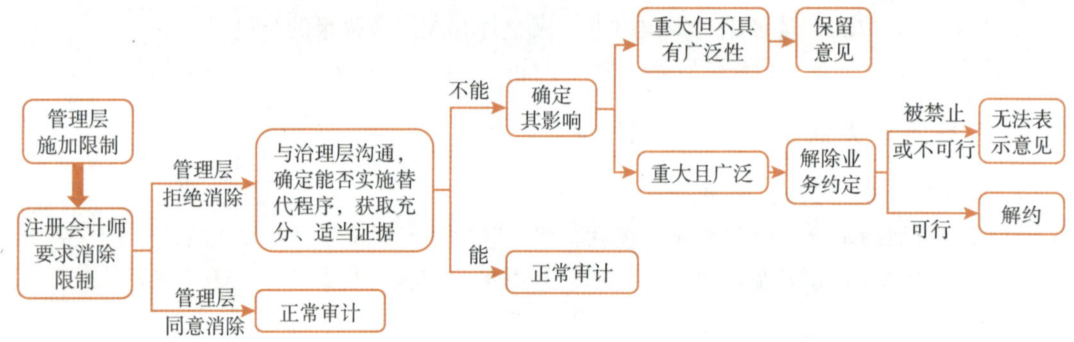

图 19 –7　管理层对审计范围限制

法律法规要求注册会计师继续执行审计业务，无法解除审计业务约定的情形：

①注册会计师接受委托审计公共部门实体的财务报表；

②注册会计师接受委托审计涵盖特定期间的财务报表，或者接受一定期间的委托，在完成财务报表审计前或在受托期间结束前，不允许解除审计业务约定。

（2）审计意见的统一性。

①如果对财务报表整体发表否定意见或无法表示意见，注册会计师不应在同一审计报告中对按照相同财务报告编制基础编制的单一财务报表或者财务报表特定要素、账户或项目发表无保留意见。

②允许对经营成果、现金流量发表无法表示意见，而对财务状况发表无保留意见。

【例题 19 –1 · 多选题】 承接审计业务后，如果注意到被审计单位管理层对审计范围施加了限制，且认为这些限制可能导致对财务报表发表保留意见或无法表示意见，注册会计师采取的下列措施中，正确的有（　　）。（2012 年）

A. 要求管理层消除这些限制，如果管理层拒绝消除限制，应当与治理层沟通

B. 如果无法获取充分、适当的审计证据，且未发现的错报（如存在）对财务报表的影响重大且具有广泛性，应当在可行时解除业务约定

C. 如果无法获取充分、适当的审计证据，且未发现的错报（如存在）对财务报表的影响重大且具有广泛性，若解除业务约定不可行，应当发表无法表示意见

D. 如果无法获取充分、适当的审计证据，且未发现的错报（如存在）可能对财务报表的影响重大，但不具有广泛性，应当发表保留意见

【答案】ABCD

【例题19－2·多选题】下列各项错报中，通常对财务报表具有广泛影响的有（　　）。(2014年)

A. 被审计单位没有披露关键管理人员薪酬

B. 信息系统缺陷导致的应收账款、存货等多个财务报表项目的错报

C. 被审计单位没有将年内收购的一家重要子公司纳入合并范围

D. 被审计单位没有按照成本与可变现净值孰低原则对存货进行计量

【答案】BC

【解析】对财务报表具有广泛影响是指不限于对财务报表的特定要素、账户或项目产生影响，选项A限定了特定项目“应付职工薪酬”，选项D也限定了特定项目“存货”，只有选项B和选项C可能影响多个项目。

三、非无保留意见的审计报告格式和内容（超级重点）

（一）审计意见段

审计意见的种类及在意见段中的说明如表19－3所示。

表19－3　审计意见的种类及在意见段中的说明

审计意见	在意见段中说明	
发表保留意见	重大错报原因	注册会计师认为，除了形成保留意见的基础部分所述事项产生的影响外，财务报表在所有重大方面按照适用的财务报告编制基础编制，并实现公允反映
	无法获取充分、适当的审计证据的原因	注册会计师认为，除了形成保留意见的基础部分所述事项可能产生的影响外，财务报表在所有重大方面按照适用的财务报告编制基础编制，并实现公允反映
否定意见	注册会计师认为，由于形成否定意见的基础部分所述事项的重要性，财务报表没有在所有重大方面按照适用的财务报告编制基础编制，未能实现公允反映	
无法表示意见	由于形成无法表示意见的基础部分所述事项的重要性，注册会计师无法获取充分、适当的审计证据为发表审计意见提供基础，因此，注册会计师不对这些财务报表发表审计意见	

（二）非无保留意见的审计报告要素

1. 发表保留意见或否定意见的审计报告

描述说明：注册会计师相信，注册会计师已获取的审计证据是充分、适当的，为发表非无保留意见提供了基础（见参考格式19－3）。

参考格式 19－3　　由于财务报表存在重大错报而发表保留意见的审计报告（节选）

（一）保留意见

我们审计了 ABC 股份有限公司（以下简称“ABC 公司”）财务报表，包括 20×1 年 12 月 31 日的资产负债表，20×1 年度的利润表、现金流量表、股东权益变动表以及相关财务报表附注。

我们认为，除“形成保留意见的基础”部分所述事项产生的影响外，后附的财务报表在所有重大方面按照企业会计准则的规定编制，公允反映了 ABC 公司 20×1 年 12 月 31 日的财务状况以及 20×1 年度的经营成果和现金流量。

（二）形成保留意见的基础

ABC 公司 20×1 年 12 月 31 日资产负债表中存货的列示金额为×元。管理层根据成本对存货进行计量，而没有根据成本与可变现净值孰低的原则进行计量，这不符合企业会计准则的规定。ABC 公司的会计记录显示，如果管理层以成本与可变现净值孰低来计量存货，存货列示金额将减少×元。相应地，资产减值损失将增加×元，所得税、净利润和股东权益将分别减少×元、×元和×元。

我们按照中国注册会计师审计准则的规定执行了审计工作。审计报告的“注册会计师对财务报表审计的责任”部分进一步阐述了我们在这些准则下的责任。按照中国注册会计师职业道德守则，我们独立于 ABC 公司，并履行了职业道德方面的其他责任。我们相信，我们获取的审计证据是充分、适当的，为发表保留意见提供了基础。

（三）关键审计事项

关键审计事项是根据我们的职业判断，认为对本期财务报表审计最为重要的事项。这些事项是在对财务报表整体进行审计并形成意见的背景下进行处理的，我们不对这些事项提供单独的意见。除“形成保留意见的基础”部分所述事项外，我们确定下列事项是需要在审计报告中沟通的关键审计事项。

［按照《中国注册会计师审计准则第 1504 号——在审计报告中沟通关键审计事项》的规定描述每一关键审计事项］

2. 发表无法表示意见的审计报告

描述说明：注册会计师接受委托审计财务报表；注册会计会师不对后附的财务报表发表审计意见；由于形成无法表示意见的基础部分所述事项重要性，注册会计师无法获取充分、适当的审计证据以作为对财务报表发表审计意见的基础（见参考格式 19－4）。

参考格式 19－4　　由于注册会计师无法针对财务报表多个要素获取充分、适当的审计证据而发表无法表示意见的审计报告（节选）

（一）无法表示意见

我们接受委托，审计了 ABC 股份有限公司（以下简称“ABC 公司”）财务报表，包括 20×1 年 12 月 31 日的资产负债表，20×1 年度的利润表、现金流量表、股东权益变动表以及相关财务报表附注。

我们不对后附的 ABC 公司财务报表发表审计意见。由于“形成无法表示意见的基础”部分所述事项的重要性，我们无法获取充分、适当的审计证据以作为发表审计意见的基础。

（二）形成无法表示意见的基础

我们于 20×2 年 1 月接受 ABC 公司的审计委托，因而未能对 ABC 公司 20×1 年初金额为×元的存货和年末金额为×元的存货实施监盘程序。此外，我们也无法实施替代审计程序获取充分、适当的审计证据。并且，ABC 公司于 20×1 年 9 月采用新的应收账款电算化系统，由于存在系统缺陷导致应收账款出现大量错误。截至审计报告日，管理层仍在纠正系统缺陷并更正错误，我们也无法实施替代审计程序，以对截至 20×1 年 12 月 31 日的应收账款总额×元获取充分、适当的审计证据。因此，我们无法确定是否有必要对存货、应收账款以及财务报表其他项目作出调整，也无法确定应调整的金额。

3. 发表无法表示意见的特别说明

（1）不应提及审计报告中用于描述注册会计师责任的部分，也不应说明注册会计师是否已获取充分、适当的审计证据以作为形成审计意见的基础。

（2）注册会计师对财务报表审计的责任部分，仅包括下列内容：

①注册会计师的责任是按照中国注册会计师审计准则的规定，对被审计单位财务报表执行审计工作，以出具审计报告；

②但由于形成无法表示意见的基础部分所述的事项，注册会计师无法获取充分、适当的审计证据以作为发表审计意见的基础；

③声明注册会计师在独立性和职业道德方面的其他责任。

第四节　在审计报告中增加强调事项段和其他事项段

一、强调事项段

审计报告的强调事项段，是指审计报告中含有的一个段落，该段落**提及已在财务报表中恰当列报或披露的事项**，根据注册会计师的职业判断，该事项对财务报表使用者理解财务报表至关重要（见表19－4）。

表19－4　强调事项段的说明

项目	说明
增加条件（同时满足）	（1）该事项不会导致注册会计师发表非无保留意见 （2）该事项未被确定为在审计报告中沟通的关键审计事项
审计准则**要求增加**的情形	（1）法律法规规定的财务报告编制基础不可接受，但其是由法律或法规作出的规定 （2）提醒财务报表使用者注意财务报表按照特殊目的编制基础编制 （3）注册会计师在审计报告日后知悉了某些事实（即期后事项），并且出具了新的审计报告或修改了审计报告
注册会计师**可能**认为需要增加的情形	**（1）异常诉讼或监管行动的未来结果存在不确定性** **（2）提前应用（在允许的情况下）对财务报表有广泛影响的新会计准则** **（3）存在已经或持续对被审计单位财务状况产生重大影响的特大灾难**
应当采取的措施	（1）将强调事项段作为单独的一部分置于审计报告中，并使用包含"强调事项"这一术语的适当标题 （2）明确提及被强调事项以及相关披露的位置，以便能够在财务报表中找到对该事项的详细描述 （3）指出审计意见没有因该强调事项而改变

参考格式19－5　由于偏离适用的财务报告基础的规定导致的带强调事项段的保留意见的审计报告（节选）

（一）保留意见

我们审计了ABC股份有限公司（以下简称"ABC公司"）财务报表，包括20×1年12月31日的资产负债表，20×1年度的利润表、现金流量表、股东权益变动表以及相关财务报表附注。

我们认为，除"形成保留意见的基础"部分所述事项产生的影响外，后附的财务报表在所有重大方面按照企业会计准则的规定编制，公允反映了ABC公司20×1年12月31日的财务状况以及20×1年度的经营成果和现金流量。

（二）形成保留意见的基础

ABC公司20×1年12月31日资产负债表中列示的以公允价值计量且其变动计入当期损益的金融资产为×元，管理层对这些金融资产未按照公允价值进行后续计量，而是按照其历史成本进行计量，这不符合企业会计准则的规定。如果按照公允价值进行后续计量，ABC公司20×1年利润表中公允价值变动损失将减少×元，20×1年12月31日资产负债表中以公允价值计量且其变动计入当期损益的金融资产将减少×元。相应地，所得税、净利润和股东权益将分别减少×元、×元和×元。

续表

我们按照中国注册会计师审计准则的规定执行了审计工作。审计报告的"注册会计师对财务报表审计的责任"部分进一步阐述了我们在这些准则下的责任。按照中国注册会计师职业道德守则，我们独立于ABC公司，并履行了职业道德方面的其他责任。我们相信，我们获取的审计证据是充分、适当的，为发表保留意见提供了基础。 （三）强调事项 我们提醒财务报表使用者关注，财务报表附注×描述了火灾对ABC公司的生产设备造成的影响。本段内容不影响已发表的审计意见。

二、其他事项段

其他事项段是指审计报告中含有的一个段落，该段落提及**未在财务报表中列报或披露的事项**，根据注册会计师的职业判断，该事项与财务报表使用者理解审计工作、注册会计师的责任或审计报告相关。

其他事项段不包括法律法规或其他职业准则禁止注册会计师提供的信息，也不包括要求管理层提供的信息。

1. 增加其他事项段条件（同时满足）

（1）未被法律法规禁止；

（2）该事项未被确定为审计报告中沟通的关键审计事项。

2. 需要增加其他事项段的情形

（1）与使用者**理解审计工作**相关的情形；

（2）与使用者**理解注册会计师的责任**或审计报告相关的情形；

不涉及下列情形：

①除根据审计准则的规定有责任对财务报表出具审计报告外，注册会计师还有其他报告责任；

②注册会计师可能被要求实施额外的规定的程序并予以报告，或对特定事项发表意见。

（3）对**两套以上财务报表**出具审计报告的情形；

（4）**限制审计报告分发和使用**的情形。

总结：增加强调事项段或其他事项段的情形（见表19－5）。

表19－5　增加强调事项段或其他事项段的情形

强调事项段	（1）**异常诉讼**或**监管行动**的未来结果存在不确定性 （2）允许提前应用对报表有广泛影响的新会计准则 （3）存在已经或持续对被审计单位财务状况产生重大影响的特大灾难 （4）运用持续经营假设**不适当**，但管理层被要求或自愿选择**替代基础**编制财务报表，并对此作出了**充分披露**，注册会计师可以发表无保留意见，但可以增加强调事项段 （5）即使某一项**会计估计**没有得到确认，且注册会计师认为这种处理是恰当的，可能仍然有必要在财务报表附注中披露具体情况。注册会计师也可能认为有必要在审计报告中增加强调事项段，以提醒财务报表使用者关注**重大不确定性**的存在 （6）上期财务报表存在重大错报时，若对应数据已在本期财务报表中得到**适当重述或恰当披露**，注册会计师可以在审计报告中**增加强调事项段**，以描述这一情况，并提及详细描述该事项的相关披露在财务报表中的位置

续表

其他事项段	（1）与使用者理解审计工作相关的情形 ①由于管理层对审计范围施加的限制导致的影响具有广泛性，注册会计师不能解除业务约定，可以增加其他事项段，解释为何不能解除业务约定 ②法律法规可能要求注册会计师在审计报告中沟通与计划及范围相关的事项，或者注册会计师可能认为有必要在其他事项段中沟通这些事项 （2）与使用者理解注册会计师的责任或审计报告相关的情形 （3）对两套以上财务报表出具审计报告的情形 （4）限制审计报告分发和使用的情形，说明审计报告只是提供给财务报表预期使用者，不应分发给其他机构或人员或者被其他机构或人员使用 （5）如果上期财务报表已由前任注册会计师审计，注册会计师在审计报告中可以提及前任注册会计师的审计报告，并应在其他事项段中说明 （6）如果上期财务报表已由前任注册会计师审计，除非前任注册会计师对上期财务报表出具的审计报告与财务报表一同对外提供，注册会计师除对本期财务报表发表意见外，还应当增加其他事项段 （7）如果认为存在影响上期财务报表的重大错报，而前任注册会计师以前出具了无保留意见的审计报告，前任注册会计师可能无法或不愿对上期财务报表重新出具审计报告。注册会计师可以在审计报告中增加其他事项段，指出前任注册会计师对更正前的上期财务报表出具了报告 （8）当因本期审计而对上期财务报表发表审计意见时，如果对上期财务报表发表的意见与以前发表的意见不同，注册会计师应当在其他事项段中披露导致不同意见的实质性原因 （9）如果上期财务报表未经审计，注册会计师应当在审计报告的其他事项段中予以说明
强调或其他事项段	（1）针对第二时段期后事项，如果管理层的修改仅限于反映导致修改的期后事项的影响，董事会、管理层或类似机构也仅对有关修改进行批准，注册会计师可以仅针对有关修改将用以识别期后事项的第一时段的审计程序延伸至新的审计报告日。在这种情况下，注册会计师可以出具新的或经修改的审计报告，在强调事项段或其他事项段中说明注册会计师对期后事项实施的审计程序仅限于财务报表相关附注所述的修改 （2）针对第三时段期后事项，如果管理层修改财务报表，注册会计师应在修改或重新提交的审计报告中增加强调事项段或其他事项段，提醒财务报表使用者关注修改原财务报表的原因和注册会计师提供的原审计报告

【例题 19－3·单选题】 针对下列提及的相关事项，注册会计师认为不需要考虑增加强调事项段的是（　　）。（2015 年）

A. 异常诉讼或监管行动的未来结果存在不确定性

B. 提前应用（在允许的情况下）对财务报表有广泛影响的新会计准则

C. 存在已经或持续对被审计单位财务状况产生重大影响的特大灾难

D. 对两套以上财务报表出具审计报告的情形

【答案】 D

【解析】 选项 D，注册会计师应该考虑增加其他事项段，而不是增加强调事项段。

三、与治理层的沟通

（1）如果拟在审计报告中增加强调事项段或其他事项段，注册会计师应当就该事项和拟使用的措辞与治理层沟通；

（2）与治理层的沟通能使治理层了解注册会计师拟在审计报告中所强调的特定事项的性质，并在必要时为治理层提供向注册会计师作出进一步澄清的机会。当审计报告中针对某一特定事项增加其他事项段在连续审计业务中重复出现时，注册会计师可能认为没有必要在每次审计业务中重复沟通。

【例题 19－4·简答题】 ABC 会计师事务所的 A 注册会计师担任多家被审计单位 2013 年度财务报表审计的项目合伙人，遇到下列导致出具非标准审计报告的事项：

（1）甲公司为 ABC 会计师事务所 2013 年度承接的新客户。前任注册会计师由于未就 2011 年 12 月 31 日存货余额获取充分、适当的审计证据，对甲公司 2012 年度财务报表发表了保留意见。审计项目组认为，导致保留意见的事项对本期数据本身没有影响。

（2）2013 年 10 月，上市公司乙公司因涉嫌信息披露违规被证券监管机构立案稽查。截至审计报告日，尚无稽查结论。管理层在财务报表附注中披露了上述事项。

（3）丙公司管理层对固定资产实施减值测试，按照未来现金流量现值与固定资产账面净值的差额确认了重大减值损失。管理层无法提供相关信息以支持现金流量预测中假设的未来 5 年营业收入，审计项目组也无法作出估计。

（4）2014 年 2 月，丁公司由于生产活动产生严重污染，被当地政府部门责令无限期停业整改。截至审计报告日，管理层的整改计划尚待董事会批准。管理层按照持续经营假设编制了 2013 年度财务报表，并在财务报表附注中披露了上述情况。审计项目组认为管理层运用持续经营假设符合丁公司的具体情况。

（5）戊公司于 2013 年 9 月起停止经营活动，董事会拟于 2014 年内清算戊公司。2013 年 12 月 31 日，戊公司账面资产余额主要为货币资金、其他应收款以及办公家具等固定资产，账面负债余额主要为其他应付款和应付工资。管理层认为，如采用持续经营编制基础，对上述资产和负债的计量并无重大影响，因此，仍以持续经营假设编制 2013 年度财务报表，并在财务报表附注中披露了清算计划。

（6）2013 年 1 月 1 日，己公司通过收购取得子公司庚公司。由于庚公司账目混乱，己公司管理层决定在编制 2013 年度合并财务报表时不将其纳入合并范围。庚公司 2013 年度的营业收入和税前利润约占己公司未审合并财务报表相应项目的 30%。

要求：

针对上述第（1）至（6）项，假定不考虑其他条件，逐项指出 A 注册会计师应当出具何种类型的非标准审计报告，并简要说明理由。(2014 年)

【答案】

（1）保留意见审计报告。2012 年度审计报告中导致保留意见的事项对本期数据和对应数据的可比性仍有影响。

（2）带强调事项段的无保留意见审计报告。证券监管机构的稽查结果存在不确定性。

（3）保留意见/无法表示意见审计报告。无法获取充分、适当的审计证据/审计范围受到限制。

（4）无保留意见审计报告，且增加以“持续经营相关的重大不确定性”为标题的单独部分。导致对持续经营能力产生疑虑的事项或情况具有重大不确定性。

（5）否定意见审计报告。运用持续经营假设不适当。

（6）否定意见审计报告。重要子公司未合并，导致合并财务报表重大而广泛的错报。

第五节　比较信息

比较信息包括对应数据和比较财务报表，相应地，注册会计师履行比较信息的报告责任有两种不同的方法。采用的方法通常由法律法规规定，但也可能在业务约定条款中作出约定。两种方法导致审计报告存在的主要差异表现在：**对于对应数据，审计意见仅提及本期；对于比较财务报表，审计意见提及列报的财务报表所属的各期。**

一、比较信息的含义

比较信息是指包含于财务报表中的、符合适用的财务报告编制基础的、与一个或多个以前期间相关的金额和披露。

1. 比较信息的类别

比较信息包括对应数据和比较财务报表，二者内容如表 19－6 所示。

表 19－6　　对应数据和比较财务报表

对应数据	属于比较信息，是指作为本期财务报表组成部分的上期金额和相关披露，这些金额和披露只能和与本期相关的金额和披露（称为“本期数据”）联系起来阅读。对应数据列报的详细程度主要取决于其与本期数据的相关程度
比较财务报表	属于比较信息，是指为了与本期财务报表相比较而包含的上期金额和相关披露。比较财务报表包含信息的详细程度与本期财务报表包含信息的详细程度相似。**如果上期金额和相关披露已经审计，则将在审计意见中提及**

2. 比较信息的审计目标

（1）获取充分、适当的审计证据，确定在财务报表中包含的比较信息是否在所有重大方面按照适用的财务报告编制基础有关比较信息的要求进行列报；

（2）按照注册会计师的报告责任出具审计报告。

二、审计程序

（一）一般审计程序

注册会计师应当确定财务报表中是否包括适用的财务报告编制基础要求的比较信息，以及比较信息是否得到恰当分类。基于上述目的，注册会计师应当评价：

（1）比较信息是否与上期财务报表列报的金额和相关披露一致，如果必要，比较信息是否已经重述；

（2）在比较信息中反映的会计政策是否与本期采用的会计政策一致，如果会计政策已发生变更，这些变更是否得到恰当处理并得到充分列报与披露。

（二）注意到比较信息可能存在重大错报时的审计要求

在实施本期审计时，如果注意到比较信息可能存在重大错报，注册会计师应当根据实际情况**追加必要的审计程序，获取充分、适当的审计证据，以确定是否存在重大错报。**

本期财务报表中的比较信息出现重大错报的情形：

（1）上期财务报表存在重大错报，该财务报表虽经审计，但注册会计师因未发现而未在针对上期财务报表出具的审计报告中对该事项发表非无保留意见，本期财务报表中的比较信息未做更正；

（2）上期财务报表存在重大错报，该财务报表未经注册会计师审计，比较信息未做更正；

（3）上期财务报表不存在重大错报，但比较信息与上期财务报表存在重大不一致，由此导致重大错报；

（4）上期财务报表不存在重大错报，但在某些特殊情形下，比较信息未按照会计准则和相关会计制度的要求恰当重述。

上期财务报表已经审计，注册会计师还应当遵守《中国注册会计师审计准则第1332号——期后事项》的相关规定。如果上期财务报表已经得到更正，注册会计师应当确定比较信息与更正后的财务报表是否一致。

注册会计师在对本期财务报表进行审计时，可能注意到影响上期财务报表的重大错报，而以前未就该重大错报出具非无保留意见的审计报告，这时就要根据具体情况采取适当措施：

（1）如果上期财务报表未经更正，也未重新出具审计报告，且比较数据未经恰当重述和充分披露，注册会计师**应当对本期财务报表出具非无保留意见的审计报告**，说明比较数据对本期财务报表的影响；

（2）如果上期财务报表已经更正，并已重新出具审计报告，注册会计师应当获取充分、适当的审计证据，以确定比较信息与更正的财务报表是否一致。

（三）获取书面声明

对于管理层作出的、更正上期财务报表中影响比较信息的重大错报的任何重述，注册会计师还应当获取特定的书面声明。

在**比较财务报表**的情形下，由于管理层需要再次确认其以前作出的与上期相关的书面声明仍然适当，注册会计师需要要求管理层提供与审计意见**所提及的所有期间**相关的书面声明。

在**对应数据**的情形下，由于审计意见针对包括对应数据的本期财务报表，注册会计师需要要求管理层**仅就本期**财务报表提供书面声明。

三、审计报告

（一）对应数据

当财务报表中列报对应数据时，由于审计意见是针对包括对应数据的本期财务报表整体的，审计意见**通常不提及对应数据。只有在特定情况下，注册会计师才应当在审计报告中提及对应数据。特定情形如表19-7所示。**

表 19－7　　注册会计师在审计报告中提及对应数据的情形

特定情形	具体处理	
导致对上期财务报表发表了非无保留意见的事项在本期仍未解决	对本期对应数据的影响或可能的影响重大	应当在导致非无保留事项段中同时提及本期数据和对应数据
	对本期对应数据的影响或可能的影响不重大	发表非无保留意见
上期财务报表存在重大错报时的报告要求	上期财务报表存在重大错报，而以前对该财务报表发表了无保留意见，且对应数据未经适当重述或恰当披露	应当就包括在财务报表中的对应数据，在审计报告中对本期财务报表发表保留意见或否定意见
	存在错报的上期财务报表尚未更正，并且没有重新出具审计报告，但对应数据已在本期财务报表中得到适当重述或恰当披露	增加强调事项段，以描述这一情况，并提及详细描述该事项的相关披露在财务报表中的位置
上期财务报表已由前任注册会计师审计	注册会计师在审计报告中可以提及前任注册会计师对对应数据出具的审计报告。决定提及时，在审计报告中增加其他事项段说明： （1）上期财务报表已由前任注册会计师审计 （2）前任注册会计师发布的意见的类型（如果是非无保留意见，还应当说明发表非无保留意见的理由） （3）前任注册会计师出具的审计报告的日期	
上期财务报表未经审计	注册会计师应当在审计报告的其他事项段中说明对应数据未经审计 但这种说明并不减轻注册会计师获取充分、适当的审计证据，以确定期初余额不含有对本期财务报表产生重大影响的错报的责任	

（二）比较财务报表

当列报比较财务报表时，审计意见应当提及列报财务报表所属的各期，以及发表的审计意见涵盖的各期。

由于对比较财务报表出具的审计报告涵盖所列报的每期财务报表，注册会计师可以对一期或多期财务报表发表保留意见、否定意见或无法表示意见，或者在审计报告中增加强调事项段，而对其他期间的财务报表发表不同的审计意见。各种情形如表 19－8 所示。

表 19－8　　比较财务报表对本期审计报告的影响

情形	具体处理
对上期财务报表发表的意见与以前发表的意见不同	注册会计师应当在其他事项段中披露导致不同意见的实质性原因
上期财务报表已由前任审计	除非前任注册会计师对上期财务报表出具的审计报告与财务报表一同对外提供，注册会计师除对本期财务报表发表意见外，还应当在其他事项段中说明： （1）上期财务报表已由前任注册会计师审计 （2）前任注册会计师发表的意见的类型（如果是非无保留意见，还应当说明发表非无保留意见的理由） （3）前任注册会计师出具的审计报告的日期

续表

情形	具体处理	
认为存在影响上期财务报表的**重大错报**，而**前任**注册会计师以前**出具了无保留意见**的审计报告	（1）注册会计师应当与管理层进行沟通，并**要求其告知前任注册会计师** （2）还应当与治理层进行沟通，除非治理层全部成员参与管理被审计单位	
	上期财务报表已经更正，且前任注册会计师同意对更正后的上期财务报表出具新的审计报告	仅对本期财务报表出具审计报告
	前任注册会计师可能无法或不愿对上期财务报表重新出具审计报告	可以在审计报告中**增加其他事项段**，指出前任注册会计师对更正前的上期财务报表出具了报告
上期财务报表未经审计	应当在**其他事项段**中说明比较财务报表未经审计 但这种说明**并不减轻**注册会计师获取充分、适当的审计证据，以确定期初余额不含有对本期财务报表产生重大影响的错报的责任	

有关对应数据和比较财务报表的审计报告如参考格式 19－6 和参考格式 19－7 所示。

参考格式 19－6　　有关对应数据的审计报告（节选）

（二）形成保留意见的基础

由于我们在 20×0 年末接受 ABC 公司的委托，我们无法对 20×0 年初的存货实施监盘，也不能实施替代程序确定存货的数量。鉴于年初存货影响经营成果的确定，我们不能确定是否应对 20×0 年度的经营成果和年初留存收益作出必要的调整。因此，我们对 20×0 年度的财务报表发表了保留意见。由于该事项对本期数据和对应数据的可比性存在影响或可能存在影响，我们对本期财务报表发表了保留意见。

我们按照中国注册会计师审计准则的规定执行了审计工作：审计报告的“注册会计师对财务报表审计的责任”部分进一步阐述了我们在这些准则下的责任。按照中国注册会计师职业道德守则，我们独立于 ABC 公司，并履行了职业道德方面的其他责任。我们相信，我们获取的审计证据是充分、适当的，为发表保留意见提供了基础。

参考格式 19－7　　有关比较财务报表的审计报告（节选）

（二）形成保留意见的基础

如财务报表附注×所述，ABC 公司未按照企业会计准则的规定对房屋建筑物和机器设备计提折旧。如果按照房屋建筑物 5% 和机器设备 20% 的年折旧率计提折旧，20×1 年度和 20×0 年度的当年亏损将分别增加×元和×元，20×1 年末和 20×0 年末的房屋建筑物和机器设备的净值将因累计折旧而减少×元和×元，并且 20×1 年末和 20×0 年末的累计亏损将分别增加×元和×元。

我们按照中国注册会计师审计准则的规定执行了审计工作。审计报告的“注册会计师对财务报表审计的责任”部分进一步阐述了我们在这些准则下的责任。按照中国注册会计师职业道德守则，我们独立于 ABC 公司，并履行了职业道德方面的其他责任。我们相信我们获取的审计证据是充分、适当的，为发表保留意见提供了基础。

【例题 19－5·单选题】如果上期导致非无保留意见的未解决事项对对应数据产生重大影响，也对本期数据产生重大影响，注册会计师应当（　　）。(2015 年)

A. 因为是上期的事项，注册会计师审计的是本期的财务报表，所以注册会计师不用予以关注

B. 在说明段中仅需说明未解决事项对比较数据的重大影响

C. 对本期财务报表整体发表非无保留意见，在导致非无保留意见事项段中同时提及本期数据和对应数据

D. 在审计报告中增加强调事项段说明这一情况

【答案】C

【解析】如果上期未解决事项对对应数据产生重大影响，也对本期数据产生重大影响，注册会计师应当对本期财务报表整体发表非无保留意见，在导致非无保留意见事项段中同时提及本期数据和对应数据。

第六节 注册会计师对其他信息的责任

在被审计单位年度报告中，除包含财务报表和审计报告外，还通常包括实体的发展，未来前景、风险和不确定事项，治理层声明，以及包含治理事项的报告等信息，这些财务信息和非财务信息称为其他信息。

虽然注册会计师对财务报表发表的审计意见不涵盖其他信息，但是注册会计师**应当阅读和考虑其他信息**，是由于如果其他信息与财务报表或者与注册会计师在审计中了解到的情况存在重大不一致，可能表明财务报表或其他信息存在重大错报，两者均会损害财务报表和审计报告的可信性。

一、获取其他信息

注册会计师应当通过与管理层讨论，确定哪些文件组成**年度报告**，以及被审计单位计划公布这些文件的方式和时间安排。

年度报告，是指管理层或治理层根据法律法规的规定或惯例，旨在向所有者提供实体经济经营情况和财务业绩及财务状况信息的一个文件或系列文件组合（见表 19 -9）。

表 19 -9 年度报告所包括的和不包括的内容

年度报告包括	年度报告不包括
（1）董事会报告 （2）公司董事会、监事会及董事、监事、高级管理人员保证年度报告内容的真实、准确、完整，不存在虚假记载、误导性陈述或重大遗漏，并承担个别和连带法律责任的声明 （3）公司治理情况说明 （4）内部控制自我评价报告	（1）单独的行业或监管报告（如资本充足率报告），如可能由银行、保险和养老金行业编制的报告 （2）公司社会责任报告 （3）可持续发展报告 （4）多元化和平等机会报告 （5）产品责任报告 （6）劳工做法和工作条件报告

注册会计师应当就及时获取组成年度报告的文件的最终版本与管理层作出适当安排。如果可能，在审计报告日前获取。**如果组成年度报告的部分或全部文件在审计报告日后才能取得，要求管理层提供书面声明**，声明上述文件的最终版本将在可获取时并且在被审计单位公布前提供给注册会计师，以使注册会计师可以完成准则要求的程序。

二、阅读并考虑其他信息

（1）其他信息中，与财务报表中的金额或其他项目相一致，或对其进行概括，或为其提供更详细的信息，注册会计师应当考虑这些**其他信息和财务报表之间**是否存在重大不一致。

（2）其他信息中，针对注册会计师在审计财务报表过程中已经了解到一些情况，注册会计师应当考虑其与注册会计师在**审计中了解到的情况**是否存在重大不一致。

（3）其他信息中，针对注册会计师在审计财务报表过程中了解到的情况**不相关**的部分，注册会计师应当对财务报表或了解到的情况不相关的其他信息中似乎存在重大错报的迹象**保持警觉**。

三、不同情况下存在重大错报时的应对

如果注册会计师识别出似乎存在重大不一致，或者知悉其他信息似乎存在重大错报，注册会计师**应当与管理层讨论该事项**，必要时，实施其他程序以确定：

（1）其他信息是否存在重大错报；

（2）财务报表是否存在重大错报；

（3）注册会计师对被审计单位及其环境的了解是否需要更新。

（一）其他信息存在重大错报时的应对

如果注册会计师认为其他信息存在重大错报，应当要求管理层更正其他信息：

（1）如果管理层同意更正，则注册会计师确定**更正**已经完成；

（2）如果管理层拒绝作出更正，则注册会计师就该事项与治理层沟通，并要求作出更正。

注册会计师认为审计报告日前和报告日后获取的其他信息存在重大错报，应采取的措施如表 19－10 所示。

表 19－10　　审计报告日前、后获取的其他信息存在重大错报的应对措施

<table>
<tr><th>获取时间</th><th colspan="2">采取措施</th></tr>
<tr><td>审计报告日前获取，且与治理层沟通后未得到更正</td><td colspan="2">（1）考虑对审计报告的影响，并就注册会计师计划如何在审计报告中处理重大错报与治理层进行沟通。注册会计师可在审计报告中指明其他信息存在重大错报。在少数情况下，当拒绝更正其他信息的重大错报导致对管理层和治理层的诚信产生怀疑，进而质疑审计证据总体上的可靠时，对财务报表发表无法表示意见可能是恰当的
（2）在相关法律法规允许的情况下，解除业务约定</td></tr>
<tr><td rowspan="2">审计报告日后获取</td><td>其他信息得以更正</td><td>注册会计师应当根据具体情形实施必要的程序，包括确定更正已经完成，也可能包括复核管理层为与收到其他信息的人士沟通并告知其修改而采取的步骤</td></tr>
<tr><td>其他信息未得到更正</td><td>（1）向管理层提供一份新的或修改后的审计报告，其中指出其他信息的重大错报
（2）提醒审计报告使用者关注其他信息的重大错报
（3）与监管机构或相关职业团体沟通未更正的重大错报
（4）考虑对持续承接业务的影响</td></tr>
</table>

（二）当财务报表存在重大错报或注册会计师对被审计单位及其环境的了解需要更新时的应对

如果注册会计师认为财务报表存在重大错报，或者注册会计师对被审计单位及其环境的了解需要更新，注册会计师应当作出恰当应对，包括修改注册会计师对风险的评估、评

估错报、考虑注册会计师关于期后事项的责任。

四、报告

如果在审计报告日存在下列两种情况之一，审计报告应当包括一个单独部分，以“其他信息”为标题：

（1）对于上市实体财务报表审计，注册会计师已获取或预期将获取其他信息；

（2）对于上市实体以外其他被审计单位的财务报表审计，注册会计师已获取部分或全部其他信息。

审计报告包含的其他信息部分应当包括：

（1）管理层对其他信息负责的说明。

（2）指明：

①注册会计师于审计报告日前已获取的其他信息（如有）；

②对于上市实体财务报表审计，预期将于审计报告日后获取的其他信息（如有）；

③说明**注册会计师的审计意见未涵盖其他信息**，因此，**注册会计师对其他信息不发表（或不会发表）审计意见或任何形式的鉴证结论**。

④描述注册会计师根据审计准则的要求，对其他信息进行阅读、考虑和报告的责任。

⑤如果审计报告日前已经获取其他信息，则选择下列两种做法之一进行说明：

说明注册会计师无任何需要报告的事项；

如果注册会计师认为其他信息存在未更正的重大错报，应说明其他信息中的未更正重大错报。

如果发表保留或者否定意见，注册会计师应当考虑导致非无保留意见的事项对上述说明的影响。

参考格式 19－8　当注册会计师在审计报告日前已获取所有其他信息，且未识别出其他信息存在重大错报时的无保留意见审计报告（节选）

（四）其他信息

管理层对其他信息负责。其他信息包括［X 报告中涵盖的信息，但不包括财务报表和我们的审计报告］。

我们对财务报表发表的审计意见并不涵盖其他信息，我们也不对其他信息发表任何形式的鉴证结论。

结合我们对财务报表的审计，我们的责任是阅读其他信息，在此过程中，考虑其他信息是否与财务报表或我们在审计过程中了解到的情况存在重大不一致或似乎存在重大错报。基于我们已经执行的工作，如果我们确定其他信息存在重大错报，我们应当报告该事实。在这方面，我们无任何事项需要报告。

第十九章

第十九章　审计报告

彬哥跟你说：

审计报告是注册会计师的工作成果，因此务必了解，这里也有很多考点，但是要注意，学习不是背书，这些审计报告不需要你们去死记硬背，审计意见段那几句话背诵一下即可！以免考到时写不出这段话！

今日复习步骤：

第一遍：回忆 & 重新复习一遍框架（15 分钟）

学习要求：这一遍的目的是自己重新找一遍框架，不需要掌握所有细节，但求框架了然于心。

第二遍：对细节进一步掌握（50 分钟）

总结一下本章考点都有哪些？考试会在哪里挖坑，设置障碍？

第三遍：重新复习一遍框架（10 分钟）

我问你答：

（1）审计报告日不应早于什么日期？注册会计师签署审计报告的日期通常与什么日期为同一天？可否晚于管理层签署已审计财务报表的日期？

（2）非无保留意见的类型有哪些？事项的性质和影响的广泛性如何影响审计意见？

（3）如果管理层对审计范围施加限制，应如何考虑审计意见？

（4）注册会计师可否对经营成果、现金流量发表无法表示意见，而对财务状况发表无保留意见？

（5）增加强调事项段的情形包括什么？增加其他事项段的情形呢？

（6）对应数据：审计意见通常不提及，只有在特定情况下，注册会计师才应当在审计报告中提及对应数据，特定情形包括什么？

（7）比较财务报表：上期财务报表未经审计，应当在其他事项段还是强调事项段中说明？上期财务报表已由前任审计，应当如何处理？认为存在影响上期财务报表的重大错报，而前任注册会计师以前出具了无保留意见的审计报告。应当如何处理？

（8）其他信息：当其他信息存在错报时，应如何应对？

（9）其他信息：在审计报告日存在什么情况时，审计报告应当包括一个单独部分，以“其他信息”为标题？

本章作业：

（1）请把讲义例题做三遍（做错的题目，请分析错误原因并记录到改错本）。

（2）请复习完口述一遍框架，睡前请再回忆一遍框架。

（3）第二天早上，请再回忆一遍框架，对于回忆不起来的内容，请翻书看一遍。

第18天

复习旧内容：

复习一下上一编的内容（无须细节复习，简单翻一遍）

学习新内容：

会计师事务所业务质量控制（第二十章）

学习方法：

今日的内容纯属记忆的内容，但是也不用死记硬背，因为考点就那些，我们在整体思路的基础上，突出考点，后续还可以通过真题来加深理解。

你今天可能有的心态：

首先恭喜你，终于要快学完审计了，这就是审计的最后的一些内容，也很简单，但是审计的特点就是容易忘记，如果你是自学，接下来你就要不断地抓框架，增强细节的记忆，不断地进步！加油！

简单解释今天学习内容：

作为一个合格的注册会计师，我们还需要具备一定的职业道德，保证审计报告的质量。今天就学习会计师事务所如何保持一定的质量要求，主要从六个方面保持：

（1）对业务质量承担的领导责任。准则要求主任会计师对质量控制制度承担最终责任。

（2）相关职业道德要求。会计师事务所及其员工一定要遵守相关职业道德要求。

（3）客户关系和具体业务的接受和保持。在承接业务和连续审计业务的过程中，注册会计师一定要保持谨慎。

（4）人力资源。会计师事务所一定要保持良好的人力资源制度，减少事务所员工犯错的风险。

（5）业务执行。在业务执行的过程中要形成良好的制度，要指导、监督和复核，也要形成良好的咨询氛围，对有争议的事项也要解决完毕才能出具报告，还要有独立的外部复核最后把关。

（6）监控。良好的制度还要有良好的监控，最大限度地避免错误的发生。

可能会遇到的难点：

今天的内容基本没有难点，就是内容比较多，请各位同学认真学习，再次提醒，要动笔，多去总结，在总结的过程中将知识内化，转为自己的。

建议学习时间：

3~4小时

第六编
质 量 控 制

在前言“五”中，我们从“如何做一个合格的审计人”视角，将全书分为四大块：熟知流程、掌握技能、接受监督和坚定原则。当时我们做了这样一个比喻——**熟知流程和掌握技能是提升之道，而接受监督和坚定原则则是立身之本，如图1所示。**

从第六编开始，我们就开始学习何为“立身之本”。

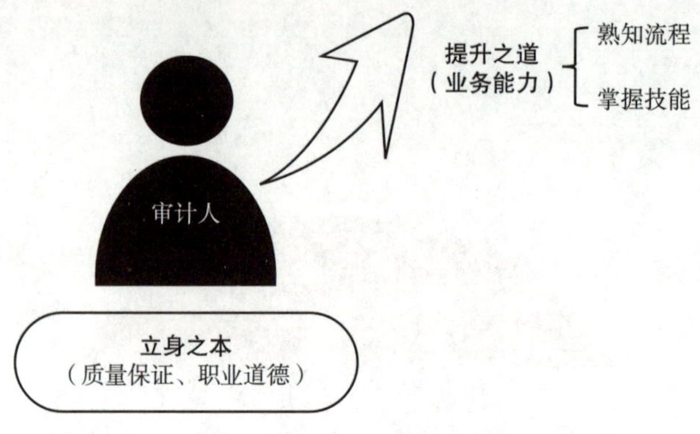

图1　审计人的基本素养

执业质量是会计师事务所的生命线，是注册会计师维护公共利益的专业基础和诚信义务。

第二十章　会计师事务所业务质量控制

会计师事务所质量控制知识结构如图 20 - 1 所示。

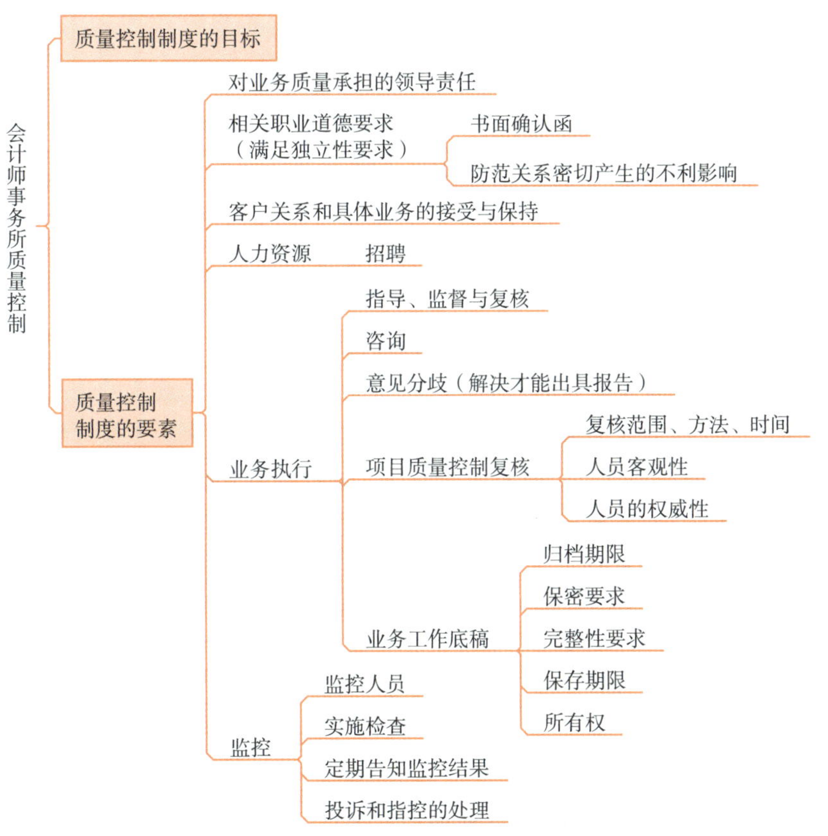

图 20 - 1　会计师事务所质量控制知识结构

第一节　质量控制制度的目标

质量控制制度的目标主要对以下两个方面内容提出了合理保证：

(1) 会计师事务所及其人员遵守职业准则和适用的法律法规的规定（所有人员都要遵守）；

(2) 会计师事务所和项目合伙人出具适合具体情况的报告。

质量控制制度的制度要素如图 20 - 2 所示。

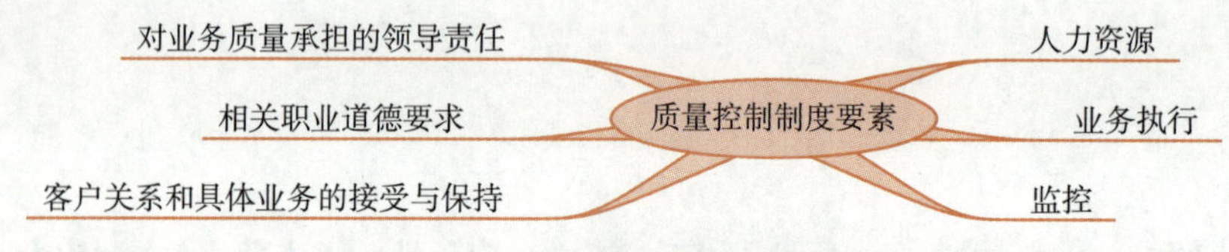

图 20－2　质量控制制度要素

第二节　质量控制制度要素的具体内容

一、对业务质量承担的领导责任

（1）会计师事务所应当制定政策和程序，培育以质量为导向的内部文化。

（2）会计师事务所主任会计师对质量控制制度承担最终责任。

（3）会计师事务所主任会计师必须委派适当的人员并授予其必要的权限，以帮助主任会计师正确履行其责任。所委派承担质量控制制度运作责任的人员，应当具有足够、适当的经验和能力以及必要的权限以履行其责任。

二、相关职业道德要求（满足独立性要求）

会计师事务所应当制定政策和程序，以合理保证会计师事务所及其人员，包括雇用的专家和其他需要满足独立性要求的人员，保持相关职业道德要求规定的独立性。

为合理保证会计师事务所及其人员或其他受独立性要求约束的人员（包括网络事务所的人员），保持相关职业道德要求规定的独立性，会计师事务所应当制定政策和程序：

（1）向会计师事务所人员以及其他受独立性要求约束的人员传达独立性要求；

（2）识别和评价对独立性产生不利影响的情形，并采取适当的行动消除这些不利影响；或通过采取防范措施将其降至可接受的水平；或如果认为适当，在法律法规允许的情况下解除业务约定。

（一）书面确认函

（1）会计师事务所应当每年至少一次向所有按照相关职业道德要求保持独立性的人员获取其遵守独立性政策和程序的书面确认函；

（2）当有其他会计师事务所参与执行部分业务时，会计师事务所也可以考虑向其获取有关独立性的书面确认函；

（3）书面确认函可以是纸质的，也可以是电子形式的。

（二）防范关系密切产生的不利影响

（1）明确标准，以确定长期委派同一名合伙人或高级员工执行某种鉴证业务时，是否需要采取防范措施，将因密切关系产生的不利影响降至可接受的水平；

（2）对所有上市实体财务报表审计业务，按相关职业道德要求和法律法规的规定，在规定期限届满时轮换合伙人、项目质量控制复核人员，以及受轮换要求约束的其他人员。

【提示】

这里要注意两个考点：

（1）上市实体的定义在前言已经详细讲过，上市实体的范围大于上市公司；

（2）轮换的人员不是全部人员，而是主要人员，例如，合伙人、项目质量控制复核人员以及受轮换要求约束的其他人员。

三、客户关系和具体业务的接受与保持

1. 业务接受与保持

会计师事务所应当制定有关客户关系和具体业务接受与保持的政策和程序，以合理保证只有在下列情况下，才能接受或保持客户关系和具体业务：

（1）会计师事务所及项目组能够胜任该项业务，并具有执行该项业务必要的素质、时间和资源；

（2）会计师事务所及项目组能够遵守相关职业道德要求；

（3）会计师事务所及项目组已考虑客户的诚信，没有信息表明客户缺乏诚信。

2. 接受新业务的要求

（1）会计师事务所在接受新业务前，还必须评价自身的执业能力，不得承接不能胜任和无法完成的业务。

（2）在确定是否接受新业务时，会计师事务所还应当考虑接受该业务是否会导致现实或潜在的利益冲突。

四、人力资源

会计师事务所应当制定政策和程序，合理保证拥有足够的具有胜任能力和必要素质并承诺遵守职业道德要求的人员，以使：

会计师事务所按照职业准则和适用的法律法规的规定执行业务；

会计师事务所和项目合伙人能够出具适合具体情况的报告；

（1）人力资源管理的要素（见图 20－3）。

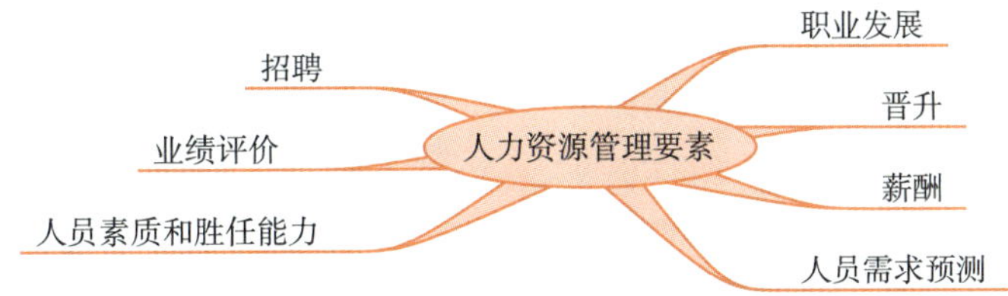

图 20－3　人力资源管理要素

（2）会计师事务所应当指定人事管理部门负责定期或不定期的招聘人员。招聘有经验的从业人员尤其高级业务人员时，会计师事务所可执行额外的程序。

（3）会计师事务所应当在人力资源政策和程序中强调对各级别人员进行继续培训的重要性，并提供必要的培训资源和帮助。

（4）会计师事务所应当制定业绩评价、工薪及晋升程序，对遵守的人员给予应有的肯

第二十章

定和奖励。

（5）会计师事务所应当对每项业务委派至少一名项目合伙人。对于高风险的审计项目，会计师事务所可以规定委派具有丰富经验的审计人员担任第二项目合伙人或质量控制复核人。

五、业务执行（超重点）

业务执行是指会计师事务所委派项目组按照执业准则和适用的法律法规的规定执行业务，使会计师事务所和项目合伙人能够出具适合具体情况的报告。

（一）指导、监督与复核

会计师事务所通常使用书面或电子手册、软件工具、标准化底稿以及行业和特定业务对象的指南性材料等方式，通过质量控制政策和程序，保持业务执行质量的一致性。

合理有效地监督工作，是提高会计师事务所工作质量，完成各项任务，向客户提供符合质量要求的服务的必要保证。

复核人员应当拥有适当的经验、专业胜任能力和责任感，因此，确定复核人员的原则是，**由项目组内经验较多的人员复核经验较少的人员执行的工作**，只有这样，复核才能达到目的。

（二）咨询

会计师事务所应当制定政策和程序，以合理保证以下四个方面：

（1）就疑难问题或争议事项进行适当咨询；

（2）能够获取充分的资源进行适当咨询；

（3）咨询的性质和范围以及咨询形成的结论得以记录，并经过咨询者和被咨询者的认可；

（4）咨询形成的结论得到执行。

咨询要求如图 20－4 所示。

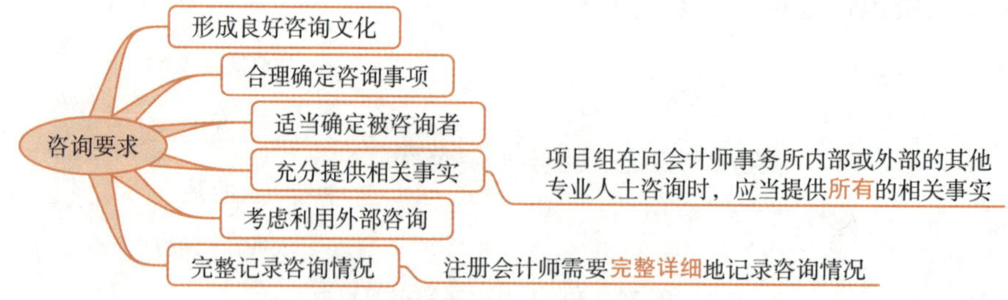

图 20－4　咨询要求

（三）意见分歧

会计师事务所应当制定政策和程序，以处理和解决项目组内部、项目组与被咨询者之间以及项目合伙人与项目质量控制复核人员之间的意见分歧。

只有意见分歧得到解决，项目合伙人才能出具报告。

（四）项目质量控制复核

项目质量控制复核如表 20－1 所示。

表 20－1　项目质量控制复核

要求	是由会计师事务所指派不参与该业务的人员担任； 在出具报告前，对项目组作出的重大判断和在准备报告时形成的结论作出客观评价的过程； 项目质量控制复核并不减轻项目合伙人的责任，更不能替代项目合伙人的责任
复核的对象	（1）所有上市实体财务报表审计必须复核 （2）明确标准，据此评价所有其他历史财务信息审计和审阅，其他鉴证和相关业务，以确定是否应当实施 （3）对所有符合标准的业务实施 （4）会计师事务所可以自行建立判断标准，确定对那些涉及公众利益的范围较大，或已识别出存在重大差异情况或较高风险的特定业务实施项目质量控制复核
复核方法	（1）与项目合伙人讨论 （2）复核财务报表或其他业务对象信息及报告，尤其考虑报告是否恰当 （3）选取与项目组作出重大判断及形成结论的有关的工作底稿进行复核（不是逐张工作底稿进行复核，也不是随机选取若干张）
复核时间	（1）应当在出具报告前完成项目质量控制复核 （2）项目质量控制复核人员应当在业务过程中的适当阶段（不是完成审计工作时）及时实施复核
复核范围	（1）项目组就具体业务对会计师事务所独立性作出的评价 （2）项目组是否已就涉及意见分歧的事项，或者其他疑难问题或争议事项进行适当咨询，以及咨询得出的结论 （3）选取的用于复核的业务工作底稿，是否反映项目组针对重大判断执行的工作，以及是否支持得出的结论
人员的客观性	（1）如果可行，不由项目合伙人挑选 （2）在复核期间不以其他方式参与业务（否则影响其客观性） （3）不代替项目组进行决策
人员的权威性	（1）需要具备履行职责所需的充分、适当的技术专长、经验和权限 （2）需要具备质疑项目合伙人所需的适当资历（经验、能力），以便能切实履行复核责任 （3）履行职责不应受到项目合伙人职级的影响
其他规定	（1）当 1 名复核人员在一定时间内承担较多的项目质量控制复核任务时，可能对实现项目质量控制复核目标产生不利影响 （2）对属于公众利益实体的被审计单位的特别要求：相关关键合伙人任职时间不得超过 5 年，在任期结束后 2 年内，不得为该被审计单位的审计业务（不是审阅）实施质量控制复核

（五）业务工作底稿

1. 归档期限

鉴证业务的工作底稿，包括历史财务信息审计和审阅业务、其他鉴证业务的工作底稿的归档期限为业务报告日后 60 日内；针对客户的同一财务信息执行不同委托业务，出具多个报告，应分别归档。

2. 业务工作底稿保密

应当对业务工作底稿予以保密，下列特定情形除外：

（1）取得客户授权；

（2）根据法律法规的规定，会计师事务所为法律诉讼准备文件或提供证据，以及向监管机构报告发现的违反法规行为；

（3）接受注册会计师协会和监管机构依法进行的质量检查。

3. 工作底稿的完整性

应当保留已扫描的原纸质记录。

4. 工作底稿的保存期限

自业务报告日起，对业务工作底稿至少保存 10 年。

5. 所有权：归会计师事务所

会计师事务所可自主决定是否允许客户获取业务工作底稿部分内容，但披露这些信息不得损害会计师事务所执行业务的有效性。

【提示】

审计工作底稿归档期限为审计报告日后或审计业务终止日后的 60 日内。

审计工作底稿保存期限为自审计报告日或审计业务终止日起，至少 10 年。

六、监控

会计师事务所应当制定监控政策和程序，以合理保证与质量控制制度相关的政策和程序具有相关性和适当性，并正在有效运行。

1. 监控人员

会计师事务所可以委派主任会计师、副主任会计师或具有足够、适当经验和权限的其他人员履行监控责任。

2. 实施检查

（1）检查周期：周期最长不得超过 3 年，在每个周期内，应对每个项目合伙人的业务至少选取一项进行检查。

（2）检查方式：会计师事务所可以决定某分支机构是否经授权执行自我检查，或只有总部才有检查的权力。

（3）检查的时间：会计师事务所在选取单项业务进行检查时，可以不事先告知相关项目组。

（4）检查人员：参与业务执行或项目质量控制复核的人员不应承担该项业务的检查工作。

（5）检查范围：会计师事务所可以考虑外部独立检查的范围或结论，但并不能替代自身的内部监控。

3. 定期告知监控结果

会计师事务所应当每年至少一次将质量控制制度的监控结果，向项目合伙人及会计师事务所内部的其他适当人员通报。

4. 投诉和指控的处理

（1）处理方式：投诉和指控人要求对其身份保密，注册会计师应当予以保密，未经本人许可，不得披露其姓名。

（2）处理记录：会计师事务所应当表明所有的投诉和指控都将得到记录、调查并将结果反馈给投诉和指控人。反馈结果通常采用书面形式。

（3）处理人员：会计师事务所应当委派本所内部不参与该项业务的具有足够、适当经验和权限的人员负责对调查的监督。必要时，聘请法律专家参与调查工作。

【例题 20－1·单选题】 会计师事务所在委派项目组时，下列做法中正确的是（　　）。(2015 年)

A. 会计师事务所可以派遣刚考过注册会计师但没有实务经验的人员作为项目合伙人

B. 会计师事务所对某一项审计业务委派两名项目合伙人

C. 项目合伙人可以兼任该项目质量控制复核工作

D. 对于同一客户的连续审计业务应尽量委派同一富有经验的人员担任项目合伙人

【答案】 B

【解析】 选项 A，项目合伙人应具有履行职责所要求的适当的胜任能力、必要素质和权限，虽然考过了注册会计师，但是并没有实际经验是不具备项目合伙人所要求的胜任能力的；选项 C，项目质量控制复核工作应挑选不参与该业务的人员；选项 D，会计师事务所应当制定政策和程序，监控项目合伙人连续服务同一客户的期限及胜任情况。不能长时间内连续由同一项目合伙人负责审计同一客户，否则可能对独立性产生不利影响。

【例题 20－2·单选题】 在识别被审计单位管理层未向注册会计师披露的诉讼事项时，下列各项审计程序中，通常无效的是（　　）。(2012 年)

A. 复核法律费用账户记录

B. 查阅治理层的会议纪要

C. 查阅被审计单位与外部法律顾问之间的往来信函

D. 根据管理层提供的诉讼事项清单，检查相关的文件记录

【答案】 D

【解析】 管理层提供的诉讼事项清单肯定都是已经披露的事项，检查相关的文件记录无法识别未披露的诉讼事项，选项 D 无效。选项 A、B、C 能够识别被审计单位管理层未向注册会计师披露的诉讼事项。

第二十章　会计师事务所业务质量控制

彬哥跟你说：

接下来还有三章，你能够耐心学到这里，应该来说过关没问题了，不要放弃，加油！

今日复习步骤：

第一遍：回忆 & 重新复习一遍框架（10 分钟）

学习要求：自己重新找一遍框架，不需要掌握所有细节，但求框架了然于心。

第二遍：对细节进一步掌握（40 分钟）

质量控制的目标是什么？质量控制制度要素涉及哪些考点？

第三遍：重新复习一遍框架（10 分钟）

我问你答：

（1）会计师事务所是否可以制定不统一的质量控制制度？应当培育以什么为导向的文化？

（2）谁应当对质量控制制度承担最终责任？

（3）会计师事务所应当什么时候向所有按照相关职业道德要求保持独立性的人员获取其遵守独立性政策和程序的书面确认函？

（4）对所有上市实体财务报表审计业务，在规定期限届满时，应轮换什么人员？

（5）在什么情况下，会计师事务所才能接受或保持客户关系和具体业务？是否应形成书面业务约定书？

（6）谁应当负责定期或不定期的招聘人员？会计师事务所应当对每项业务委派多少名项目合伙人？

（7）业务执行：业务复核应当由谁复核谁执行的工作？项目组在向会计师事务所内部或外部的其他专业人士咨询时，是否可以只提供部分相关事实？

（8）业务执行：意见分歧未得到解决，项目合伙人可否出具报告？项目质量控制复核包括什么内容？

（9）业务执行：业务工作底稿的所有权属于谁？会计师事务所是否应当对业务工作底稿保密？什么情形除外？在什么情形下，会计师事务所可自主决定是否允许客户获取业务工作底稿部分内容？

（10）监控：检查周期多长？应当检查什么内容？参与业务执行或项目质量控制复核的人员可否承担该项业务的检查工作？什么时候告知监控结果？

本章作业：

（1）请把讲义例题做三遍（做错的题目，请分析错误原因并记录到改错本）。

（2）请复习完口述一遍框架，睡前请再回忆一遍框架。

（3）第二天早上，请再回忆一遍框架，对于回忆不起来的内容，请翻书看一遍。

第 19 天

复习旧内容：

简单翻一遍前面的内容

学习新内容：

第二十一章和第二十二章

学习方法：

今日的内容纯属记忆的内容，但是也不用死记硬背，因为考点就那些，我们在整体思路的基础上，突出考点，后续还可以通过真题来加深理解。

你今天可能有的心态：

最后一点内容，加油！

简单解释今天学习内容：

前面一天学习了质量控制，今天就学习会计师事务所和注册会计师应当遵循的职业道德，本章的内容大体如下：

（1）职业道德的基本原则包括：诚信、独立性、客观和公正、专业胜任能力和应有的关注、保密、良好职业行为。

（2）本章的基本模式是：某行为发生—某行为产生不利影响—防范措施是哪些。

例如，注册会计师去审计客户兼职—会对独立性产生不利影响—防范措施可以将该注册会计师调离审计项目组。

可能会遇到的难点：

今天的内容基本没有难点，就是内容比较多，请各位同学认真学习，再次提醒，要动笔，多去总结，在总结的过程中将知识内化，转为自己的。

建议学习时间：

2 ~3 小时

第七编
职 业 道 德

上一编我们介绍了审计人保证质量的相关控制，这一编我们将要学习审计人的灵魂所在——职业道德。

本编合称为“职业道德”，实际上包括两章、三方面的问题，即职业谨慎、道德行为与独立性的要求。

合理的职业谨慎或应有的审计关注是审计工作的重要原则，这个概念要求审计师按照职业谨慎原则实施审计工作，以便查出应该查出的错误和舞弊。职业谨慎的概念虽在本书中描述得不多，但纵观全书理念，谨慎性原则贯穿了始终。虽然财务报表审计的目的是验证财务报表的公允性和会计方法运用的一致性，而不是寻找所有的差错和舞弊，但是如果审计师按照规定的程序和审计准则进行审计，重大舞弊和差错是可以发现的。一旦重大舞弊和差错未被发现而给投资人造成了损失，审计师将要负一定的责任。可见审计师在潜在的舞弊和差错方面，处于两难的境地，为了尽量减少自己的责任、降低审计风险，审计师必须坚持合理的职业谨慎概念。

职业道德行为是指审计职业必须执行公认的道德标准。审计是一种职业，它要求审计人员必须对委托人负责、对社会负责、对本职业同仁负责。按莫茨的说法，还要对自己负责。因此，他们的行为必须符合职业团体或政府制定的职业道德规范。

独立性是审计的根本特征，也是审计工作的基本概念。没有独立性，就没有客观和公正可言。按西方的说法，所谓独立是指审计人员的精神（或实质）独立和形式独立两个方面，精神独立是要求审计人员在思想观念上不偏不倚，能公正地发表意见而不受制于其他任何组织和人员的干预；形式独立则指审计人员在组织地位上与客户是独立的，即审计组织独立于被审计单位之外。但应当指出的是，绝对的和纯粹的独立是不存在的。因为按照“经济人假设”理论，任何人包括法人和自然人都是经济人，他们都有自己的利益，且必然与其他组织和人发生这样或那样的关系。由此，为了保持审计业务的相对独立，审计准则中也对独立性作出了规范，以在最大程度上保证审计业务的公平公正。

第二十一章　职业道德基本原则和概念框架

第一节　职业道德基本原则

职业道德基本原则如图 21－1 所示。

图 21－1　职业道德基本原则

一、诚信

（1）诚信原则要求注册会计师在所有的职业活动中，保持正直，诚实守信。注册会计师不得与下列有问题的信息发生牵连，如果发生牵连，则应当消除牵连。

①含有严重虚假或误导性的陈述；

②含有缺乏充分依据的陈述或信息；

③存在遗漏或含糊其词的信息。

（2）在鉴证业务中，如果注册会计师依据执业准则出具了恰当的非标准业务报告，则不被视为违反诚信原则。

二、独立性

独立性，是指不受外来力量控制、支配，按照一定之规行事。

注册会计师的独立性包括两个方面——**实质上的独立和形式上的独立**。注册会计师执行鉴证业务时，应当从实质上和形式上保持独立性，不得因任何利害关系影响其客观性。

会计师事务所在承办鉴证业务时，应当从整体层面和具体业务层面采取措施，以保持会计师事务所和项目组的独立性。

三、客观和公正

客观和公正原则要求会员应当公正处事，实事求是，不得由于偏见、利益冲突或他人的不当影响而损害自己的职业判断。如果存在导致职业判断出现偏差，或对职业判断产生不当影响的情形，会员不得提供相关专业服务。

四、专业胜任能力和应有的关注

专业的胜任能力和应有的职业关注要求会员通过教育、培训和执业实践获取和保持专业胜任能力。

五、保密

注册会计师应当对在职业活动中获知的涉密信息保密，不得有下列行为：

（1）未经客户授权或法律法规允许，向事务所以外的第三方披露其所获知的涉密信息；

（2）利用自己所获知的涉密信息为自己或第三方谋取利益。

六、良好的职业行为

会员应当遵守相关法律法规，避免发生任何损害职业声誉的行为。

会员应当诚实、实事求是，不得有下列行为：

（1）夸大宣传提供的服务、拥有的资质或获得的经验；

（2）贬低或无根据地比较其他注册会计师的工作。

第二节　职业道德概念框架

一、职业道德概念框架的内涵

职业道德概念框架，是指解决职业道德基本原则问题的思路和方法，用以指导注册会计师：

（1）**识别**对职业道德基本原则产生不利影响的各种关系或情形；

（2）**评价**不利影响的严重程度；

（3）必要时采取防范措施消除不利影响或将其降低至可接受的水平**（应对）**。

二、对遵守职业道德基本原则产生不利影响的因素及防范措施

注册会计师对职业道德基本原则的遵循可能受到多种因素的不利影响，如图 21－2 所示。

防范措施，是指可以消除不利影响或将其降至可接受水平的行动或其他措施。

应对不利影响的防范措施包括下列两类：

（1）法律法规和职业规范规定的防范措施；

（2）在具体工作中采取的防范措施。

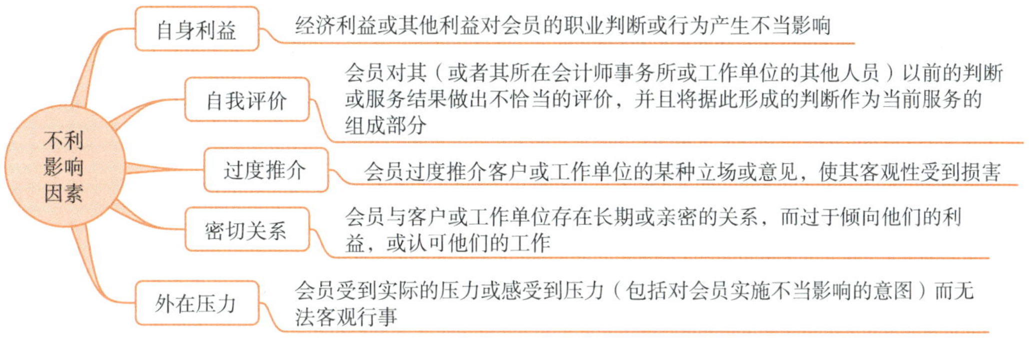

不利影响因素

- 自身利益：经济利益或其他利益对会员的职业判断或行为产生不当影响
- 自我评价：会员对其（或者其所在会计师事务所或工作单位的其他人员）以前的判断或服务结果做出不恰当的评价，并且将据此形成的判断作为当前服务的组成部分
- 过度推介：会员过度推介客户或工作单位的某种立场或意见，使其客观性受到损害
- 密切关系：会员与客户或工作单位存在长期或亲密的关系，而过于倾向他们的利益，或认可他们的工作
- 外在压力：会员受到实际的压力或感受到压力（包括对会员实施不当影响的意图）而无法客观行事

图 21－2　对职业道德基本原则产生不利影响的因素

第三节　注册会计师对职业道德概念框架的具体运用

一、可能对职业道德基本原则产生不利影响的因素

可能对职业道德基本原则产生不利影响的因素如表 21－1 所示。

表 21－1　可能对职业道德基本原则产生不利影响的因素

自身利益	(1) 鉴证业务项目组成员在鉴证客户中拥有直接经济利益 (2) 会计师事务所的收入过于依赖某一客户 (3) 鉴证业务项目组成员与鉴证客户存在重大且密切的商业关系 (4) 会计师事务所担心可能失去某一重要客户 (5) 鉴证业务项目组成员正在与鉴证客户协商受雇于该客户 (6) 会计师事务所与客户就鉴证业务达成或有收费的协议 (7) 注册会计师在评价所在会计师事务所以往提供的专业服务时，发生了重大错误
自我评价	(1) 会计师事务所在对客户提供财务系统的设计或操作服务后，又对系统的运行有效性出具鉴证报告 (2) 会计师事务所为客户编制原始数据，这些数据构成鉴证业务的对象 (3) 鉴证业务项目组成员担任或最近曾经担任客户的董事或高级管理人员 (4) 鉴证业务项目组成员目前或最近曾受雇于客户，并且所处职位能够对鉴证对象施加重大影响 (5) 会计师事务所为鉴证客户提供直接影响鉴证对象信息的其他服务
过度推介	(1) 会计师事务所推介审计客户的股份 (2) 在审计客户与第三方发生诉讼或纠纷时，注册会计师担任该客户的辩护人
密切关系	(1) 项目组成员的近亲属担任客户的董事或高级管理人员 (2) 项目组成员的近亲属是客户的员工，其所处职位能够对业务对象施加重大影响 (3) 客户的董事、高级管理人员或所处职位能够对业务对象施加重大影响的员工，最近曾担任会计师事务所的项目合伙人 (4) 注册会计师接受客户的礼品或款待 (5) 会计师事务所的合伙人或高级员工与鉴证客户存在长期业务关系
外在压力	(1) 会计师事务所受到客户解除业务关系的威胁 (2) 审计客户表示，如果会计师事务所不同意对某项交易的会计处理，则不再委托其承办拟议中的非鉴证业务 (3) 客户威胁将起诉会计师事务所 (4) 会计师事务所受到降低收费的影响而不恰当地缩小工作范围 (5) 由于客户员工对所讨论的事项更具有专长，注册会计师面临服从其判断的压力 (6) 会计师事务所合伙人告知注册会计师，除非同意审计客户不恰当地会计处理，否则将影响晋升

二、应对不利影响的防范措施

注册会计师应当运用判断，确定如何应对超出可接受水平的不利影响，包括采取防范措施消除不利影响或将其降低至可接受的水平，或者终止业务约定或拒绝接受业务委托。

在具体工作中，应对不利影响的防范措施包括**会计师事务所层面**的防范措施和**具体业务层面**的防范措施。

三、具体运用原则

（一）专业服务委托（了解）

专业服务委托主要从“接受客户关系”“承接业务”和“客户变更委托”三方面分析了不利影响及防范措施（见表21－2）。

表21－2　　专业服务委托

情形	可能违反的原则	防范措施
接受客户关系	注册会计师应当考虑客户的主要股东、关键管理人员和治理层是否诚信，以及客户是否涉足非法活动或存在可疑的财务报告问题，将对**诚信、良好职业行为**产生不利影响	（1）对客户及其主要股东、关键管理人员、治理层和负责经营活动的人员进行了解 （2）要求客户对完善公司治理结构和内部控制作出承诺 如果不能将客户存在的问题产生的不利影响降低至可接受的水平，注册会计师应当拒绝接受客户关系
承接业务	如果项目组不具备或不能获得执行业务所必需的胜任能力，将对**专业胜任能力和应有的职业关注**产生不利影响	（1）了解客户的业务性质、经营的复杂程度，以及所在行业的情况 （2）了解专业服务的具体要求和业务对象，以及注册会计师拟执行工作的目的、性质和范围 （3）了解相关监管要求或报告要求 （4）分派足够的具有胜任能力的员工 （5）必要时利用专家的工作 （6）就执行业务的时间安排与客户达成一致意见 （7）遵守质量控制政策和程序，以合理保证仅承接能够胜任的业务 （8）当利用专家的工作时，注册会计师应当考虑专家的声望、专长及其可获得的资源，以及适用的执业准则和职业道德规范等因素，以确定专家的工作结果是否值得依赖
客户变更委托	如果注册会计师在了解所有相关情况前就承接业务，可能对**专业胜任能力和应有的关注**原则产生不利影响	（1）在应邀投标时，在投标书中说明，在承接业务前需要与前任注册会计师沟通，以了解是否存在不应接受委托的理由 （2）要求前任注册会计师提供已知悉的相关事实或情况，即前任注册会计师认为，后任注册会计师在作出承接业务的决定前，需要了解的事实或情况 （3）从其他渠道获取必要的信息

（二）利益冲突

1. 利益冲突的情形

（1）与客户存在**直接竞争**关系，或与客户的**主要竞争者**存在**合资或类似**关系，可能对客观和公正原则产生不利影响。

（2）注册会计师为两个以上客户提供服务，而这些客户之间存在利益冲突或者对某一事项或交易存在争议，可能对客观和公正原则或保密原则产生不利影响。

2. 注册会计师应当根据具体情形，采取防范措施

（1）如果会计师事务所的商业利益或业务活动可能与客户存在利益冲突，注册会计师应当告知客户，并在征得其同意的情况下执行业务。

（2）如果为存在利益冲突的两个以上客户服务，注册会计师应当告知所有已知相关方，并在征得他们同意的情况下执行业务。

（3）如果为某一特定行业或领域中的两个以上客户提供服务，注册会计师应当告知客户，并在征得他们同意的情况下执行业务。

3. 如果客户不同意注册会计师为存在利益冲突的其他客户提供服务，注册会计师应当终止为其中一方或多方提供服务

4. 如果利益冲突对职业道德基本原则产生不利影响，并且采取防范措施无法消除不利影响或将其降低至可接受的水平，注册会计师应当拒绝承接某一特定业务，或者解除一个或多个存在冲突的业务约定

（三）应客户的要求提供第二次意见

应客户要求提供第二次意见是指某公司或实体不是注册会计师的现行客户，而该公司或实体要求注册会计师对前任注册会计师在运用会计、审计、报告或其他准则或原则处理有关情形和交易的情况提供第二次意见。

如果被要求提供第二次意见，注册会计师应当评价不利影响的严重程度，并在必要时采取防范措施消除不利影响或将其降低至可接受的水平：

（1）征得客户同意与前任注册会计师沟通；

（2）在与客户沟通中说明注册会计师发表专业意见的局限性；

（3）向前任注册会计师提供第二次意见的副本。

如果客户不允许与前任注册会计师沟通，注册会计师应当在考虑所有情况后决定是否适宜提供第二次意见。

（四）收费

收费问题往往对注册会计师职业道德基本原则或对独立性产生重大影响，注册会计师行业中最主要的收费问题包括过低收费、或有收费、收取介绍费或佣金等（见表 21－3）。

表 21－3　注册会计师行业中最主要的收费问题及防范措施

	说明	防范措施
过低收费	在承接业务时，如果收费报价过低，可能导致难以按照执业准则和职业道德规范的要求执行业务，从而对专业胜任能力和应有的关注原则产生不利影响	会计师事务所应当确保在提供专业服务时，遵守执业准则和职业道德规范的要求，使工作质量不受损害并使客户了解专业服务的范围和收费基础

续表

	说明	防范措施
或有收费	或有收费可能对职业道德基本原则产生不利影响 除法律法规允许外，注册会计师不得以或有收费方式提供鉴证服务，收费与否或收费多少不得以鉴证工作结果或实现特定目的为条件	（1）预先就收费的基础与客户达成书面协议 （2）向预期的报告使用者披露注册会计师所执行的工作及收费的基础 （3）实施质量控制政策和程序 （4）由独立第三方复核注册会计师已执行的工作
收取介绍费或佣金	注册会计师不得收取与客户相关的介绍费或佣金。若收取，可能对客观和公正原则以及专业胜任能力和应有的关注原则产生非常严重的不利影响	没有防范措施能够消除不利影响或将其降低至可接受的水平

注：注册会计师不得向客户或其他方支付业务介绍费。

（五）专业服务营销

注册会计师通过广告或其他营销方式招揽业务时，不得有下列行为：

（1）夸大宣传提供的服务、拥有的资质或获得的经验。

（2）贬低或无根据地比较其他注册会计师的工作。

（3）暗示有能力影响有关主管部门、监管机构或类似机构。

（4）作出其他欺骗性的或可能导致误解的声明。

（5）不得采用强迫、欺诈、利诱或骚扰等方式招揽业务。

注册会计师可以利用媒体刊登设立、合并、分立、解散、迁址、名称变更和招聘员工等信息。

（六）礼品和款待

注册会计师不得向客户索取、收受委托合同以外的酬金或其他财物，或者利用执行业务之便，牟取其他不正当的利益。

如果款待超出业务活动的正常往来，注册会计师应当拒绝接受。

（七）保管客户资产

除非法律法规允许或要求，注册会计师不得提供保管客户资金或其他资产的服务。

注册会计师如果保管客户资金或其他资产，应当符合下列要求：

（1）将客户资金或其他资产与其个人或会计师事务所的资产分开；

（2）仅按照预定用途使用客户资金或其他资产；

（3）随时准备向相关人员报告资产状况及产生的收入、红利或利得；

（4）遵守所有与保管资产和履行报告义务相关的法律法规。

（八）对客观和公正原则的要求

（1）在提供专业服务时，注册会计师如果在客户中拥有经济利益，或者与客户董事、高级管理人员或员工存在家庭和私人关系或商业关系，应当确定是否对客观和公正原则产生不利影响。

（2）在提供专业服务时，对客观和公正原则的不利影响及其严重程度，取决于业务的具体情形和注册会计师所执行工作的性质。注册会计师应当评价不利影响的严重程度，并在必要时采取防范措施消除不利影响或将其降低至可接受的水平。

防范措施包括：

（1）退出项目组；

（2）实施督导程序；

（3）终止产生不利影响的经济利益或商业关系；

（4）与会计师事务所内部较高级别的管理人员讨论有关事项；

（5）与客户治理层讨论有关事项。

如果防范措施不能消除不利影响或将其降低至可接受的水平，注册会计师应当拒绝接受业务委托或终止业务。

第二十一章　职业道德基本原则和概念框架

彬哥跟你说：

学完不等于过关！请保持消化！保持刻意练习！

今日复习步骤：

第一遍：回忆 & 重新复习一遍框架（10 分钟）

学习要求：这一遍的目的是自己重新找一遍框架，不需要掌握所有细节，但求框架了然于心。

（1）包括：基本原则（6 项）、概念框架（内涵、不利影响的因素）、不同情形下的具体运用。

（2）具体运用包括（情形、防范措施）：专业服务委托、利益冲突、应客户要求提供第二次意见、收费、专业服务营销、礼品和款待、对客观和公正原则的要求。

第二遍：对细节进一步掌握（40 分钟）

第三遍：重新复习一遍框架（10 分钟）

我问你答：

（1）注册会计师应当对在职业活动中获知的涉密信息保密，不得有什么行为？

（2）对职业道德基本原则造成不利影响的因素包括什么？

（3）专业服务委托：主要从哪三个方面分析不利影响？分别可能违反什么原则？

（4）利益冲突：利益冲突的情形包括什么？应当采取什么防范措施？客户不同意注册会计师为有利益冲突的其他客户提供服务，应当采取什么措施？

（5）采取防范措施无法消除利益冲突产生的不利影响或将其降低至可接受的水平，注册会计师应当采取什么措施？

（6）应客户的要求提供第二次意见：注册会计师应当评价什么，并采取什么措施？

（7）收费：收费问题包括哪几种？分别采取什么防范措施？

（8）专业服务营销：注册会计师通过广告或其他营销方式招揽业务时，不得有什么行为？

（9）礼品和款待：注册会计师不得向客户索取什么？是否可以接受超出业务活动的款待？

（10）注册会计师是否可以提供保管客户资金或其他资产的服务？

（11）在提供专业服务时，什么情况下应当确定是否对客观和公正原则产生不利影响？防范措施包括什么？

本章作业：

（1）请把讲义例题做三遍（做错的题目，请分析错误原因并记录到改错本）。

（2）请复习完口述一遍框架，睡前请再回忆一遍框架。

（3）第二天早上，请再回忆一遍框架，对于回忆不起来的内容，请翻书看一遍。

第二十二章　审计业务对独立性的要求

第一节　基本概念和要求

一、独立性概念框架

1. 独立性包括实质上的独立性和形式上的独立性

（1）实质上的独立性是一种内心状态，使注册会计师在提出结论时不受损害职业判断的因素影响，诚信行事，遵循客观和公正原则，保持职业怀疑态度。

（2）形式上的独立性是一种外在表现，使一个理性且掌握充分信息的第三方，在权衡所有相关事实和情况后，认为会计师事务所或审计项目组成员没有损害诚信原则、客观和公正原则或职业怀疑态度。

2. 独立性概念框架是指解决独立性问题的工作思路

（1）识别对独立性产生的不利影响；

（2）评价不利影响的严重程度；

（3）必要时采取防范措施消除不利影响或将其降低至可接受的水平。

二、网络和网络事务所

1. 网络和网络事务所的定义

网络，是指由多个实体组成，旨在通过合作实现下列一个或多个目的的联合体：

（1）共享收益或分担成本；

（2）共享所有权、控制权或管理权；

（3）共享统一的质量控制政策和程序；

（4）共享同一经营战略；

（5）使用同一品牌；

（6）共享重要的专业资源。

网络事务所，是指属于某一网络的会计师事务所或实体。如果某一会计师事务所被视为网络事务所，则应当与网络中其他会计师事务所的审计客户保持独立。

2. 判断一个联合体是否形成网络的标准（以下视为网络）

（1）一个联合体旨在通过合作，在各实体之间共享收益或分担成本；

如果构成“联合体”的实体之间分担的成本不重要，或分担的成本仅限于与开发审计

第二十二章

方法、编制审计手册或提供培训课程有关的成本，则不被视为网络事务所。如果会计师事务所与某一实体以联合方式提供服务或研发产品，虽然构成联合体，但不形成网络。

（2）一个联合体旨在通过合作，在各实体之间共享所有权、控制权或管理权；

（3）一个联合体旨在通过合作，在各实体之间共享统一的质量控制政策和程序；

（4）一个联合体旨在通过合作，在各实体之间共享同一经营战略；

（5）一个联合体旨在通过合作，在各实体之间使用同一品牌；

（6）一个联合体旨在通过合作，在各实体之间共享重要的专业资源。

在下列情形中，共享的资源被视为不重要：

①共享的资源仅限于共同的审计手册或审计方法；

②共享培训资源，而并不交流人员、客户信息或市场信息；

③没有一个共有的技术部门。

三、公众利益实体

在评价对独立性产生不利影响的重要程度以及消除不利影响或将其降低至可接受水平采取的必要防范措施时，注册会计师应当考虑实体涉及公众利益的程度。

公众利益实体包括：

（1）上市公司；

（2）法律法规界定的公众利益实体；

（3）法律法规规定按照上市公司审计独立性的要求接受审计的实体（如中央企业）。

（4）其债券在法律法规认可的证券交易所报价或挂牌，或是在法律法规认可的证券交易所或其他类似机构的监管下进行交易的实体。

四、关联实体

关联实体，是指与客户存在下列任一关系的实体：

（1）能够对客户施加直接或间接控制的实体，并且客户对该实体重要；

（2）在客户内拥有直接经济利益的实体，并且该实体对客户具有重大影响，在客户内的利益对该实体重要；

（3）受到客户直接或间接控制的实体；

（4）客户（或受到客户直接或间接控制的实体）拥有其直接经济利益的实体，并且客户能够对该实体施加重大影响，在实体内的经济利益对客户重要；

（5）与客户处于同一控制下的实体（即“姐妹实体”），并且该实体和客户对其控制方均重要。

如果审计客户是上市公司，审计客户包括其所有的“关联实体”。如果不是上市公司，则审计客户仅包括该客户直接或间接控制的关联实体。

五、业务期间（从时间上判断）

注册会计师应当在业务期间和财务报表涵盖的期间独立于审计客户。

1. 定义

业务期间是指自审计项目组开始执行审计业务之日起，至出具审计报告之日止。

如果审计业务具有连续性，业务期间结束日应以其中一方通知解除业务关系或出具最终审计报告两者时间孰晚为准。

2. 业务期间和财务报表涵盖期间的关系

如图22－1所示，假设ABC会计师事务所于2013年3月1日首次接受委托，承接甲上市公司2013年度财务报表审计业务，这项工作将从2013年3月1日开始实施并持续到2014年4月6日，根据ABC事务所的该项审计业务，则：

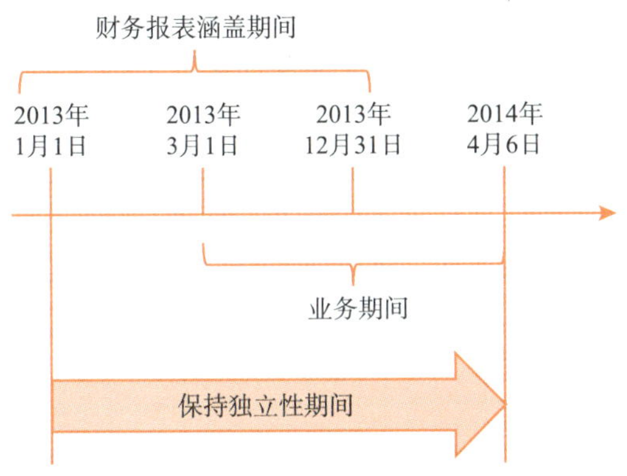

图22－1 业务期间和财务报表涵盖期间示例

【例题22－1·单选题】 假设ABC会计师事务所于2013年8月1日首次接受委托，承接甲上市公司2013年度财务报表审计业务，在2013年审计业务约定书中双方达成一致条款，约定审计报告出具时间是2014年3月5日。假设ABC会计师事务所于2014年3月5日签发了审计报告，则对业务期间的理解正确的是（　　）。

A. 2013年8月1日至2014年8月1日

B. 2013年8月1日至2014年12月31日

C. 2013年8月1日至2014年3月5日

D. 2013年1月1日至2014年12月31日

【答案】 C

【例题22－2·单选题】 假设ABC会计师事务所于2013年8月1日首次接受委托，承接甲上市公司2013年财务报表审计业务，双方约定2014年3月5日对2013年度的财务报表出具审计报告并且决定在2014年5月1日后双方终止审计业务关系。则ABC会计师事务所应当保持独立性的期间是（　　）。

A. 2013年1月1日至2014年3月5日

B. 2013年1月1日至2014年5月1日

C. 2013年12月1日至2014年3月5日

D. 2013年12月1日至2014年5月1日

【答案】 B

如果一个实体委托会计师事务所对其财务报表发表意见，并且在该财务报表涵盖的期间或之后成为审计客户，会计师事务所应当确定下列因素是否对独立性产生不利影响：

（1）在财务报表涵盖的期间或之后、接受审计业务委托之前，与审计客户之间存在的经济利益或商业关系；

（2）以往向审计客户提供的服务。

如果在财务报表涵盖的期间或之后，在审计项目组开始执行审计业务之前，会计师事务所向审计客户提供了非鉴证服务，并且该非鉴证服务在审计期间不允许提供，会计师事务所应当评价提供的非鉴证服务对独立性产生的不利影响。

如果不利影响超出可接受的水平，会计师事务所只有在采取防范措施消除不利影响或将其降低至可接受的水平的情况下，才能接受审计业务。

防范措施主要包括：

（1）不允许提供非鉴证服务的人员担任审计项目组成员；

（2）必要时由其他的注册会计师复核审计和非鉴证工作；

（3）由其他会计师事务所评价非鉴证业务的结果，或由其他会计师事务所重新执行非鉴证业务，并且所执行工作的范围能够使其承担责任。

六、近亲属

主要近亲属是指配偶、父母或子女。

其他近亲属，是指兄弟姐妹、祖父母、外祖父母、孙子女、外孙子女。

第二节　经济利益

一、经济利益的种类

1. 直接经济利益

（1）个人或实体直接拥有并控制的经济利益（包括授权他人管理的经济利益）；

（2）个人或实体通过投资工具拥有的经济利益，并且有能力控制投资工具，或影响其投资决策。

一些常见的直接经济利益包括证券或其他参与权，诸如包括股票、债券、认沽权、认购权、期权、权证和卖空权等。

2. 间接经济利益

如果个人或实体通过投资工具拥有经济利益，但受益人不能控制投资工具或不具有影响其投资决策的能力，这种经济利益界定为间接经济利益。如投资了公募基金。

二、对独立性产生不利影响的情形和防范措施

（一）在审计客户中不被允许拥有的经济利益（红线）

在审计客户中不被允许拥有的经济利益如表 22 - 1 所示。

表 22－1　在审计客户中不被允许拥有的经济利益

不被允许拥有的经济利益的人员	不被允许拥有的经济利益的条件	防范措施
会计师事务所、审计项目组成员或其主要近亲属	不得在审计客户中拥有	将因自身利益产生非常严重的不利影响，导致没有防范措施能够将其降低至可接受的水平
	不得在该实体中（当一个实体在审计客户中拥有控制性的权益，并且审计客户对该实体重要时）拥有	
其他合伙人或其主要近亲属	当其他合伙人与执行审计业务的项目合伙人同处一个分部时，不得在审计客户中拥有	
其他合伙人、管理人员或其主要近亲属	为审计客户提供非审计服务的，不得在审计客户中拥有	

【提示】

（1）上述的经济利益是指直接经济利益或重大间接经济利益。

（2）审计项目组成员的定义中所包括的人员除了为执行审计业务成立的项目组成员外，还包括会计师事务所和网络事务所中能够直接影响审计业务结果的其他人员。

（二）审计项目组成员其他近亲属的经济利益（黄线）

如果审计项目组某一成员的其他近亲属在审计客户中拥有直接经济利益或重大间接经济利益，将因自身利益产生非常严重的不利影响。不利影响的严重程度取决于下列因素：

（1）审计项目组成员与其他近亲属之间的关系；

（2）经济利益对其他近亲属的重要性。

会计师事务所应当评价不利影响的严重程度，并在必要时采取防范措施消除不利影响或将其降低至可接受的水平。防范措施主要包括：

（1）其他近亲属尽快处置全部经济利益，或处置全部直接经济利益并处置足够数量的间接经济利益，以使剩余经济利益不再重大；

（2）由审计项目组以外的注册会计师复核该成员已执行的工作；

（3）将该成员调离审计项目组。

（三）会计师事务所的退休金计划

如果审计项目组成员通过会计师事务所的退休金计划，在审计客户中拥有直接经济利益或重大间接经济利益的，将因自身利益产生不利影响。

（四）主要近亲属因受雇于审计客户而产生的经济利益

主要近亲属因受雇于审计客户而产生的经济利益如图 22－2 所示。

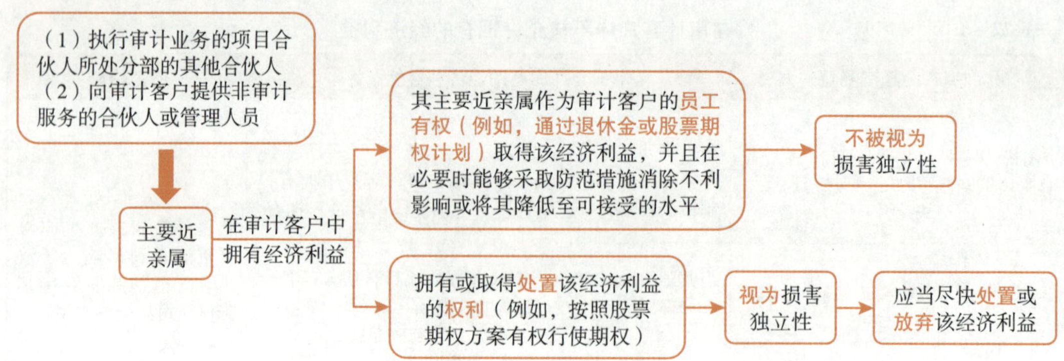

图 22-2　主要近亲属受雇于审计客户而产生的经济利益

（五）在非审计客户中拥有经济利益

在非审计客户中拥有经济利益的防范措施如图 22-3 所示。

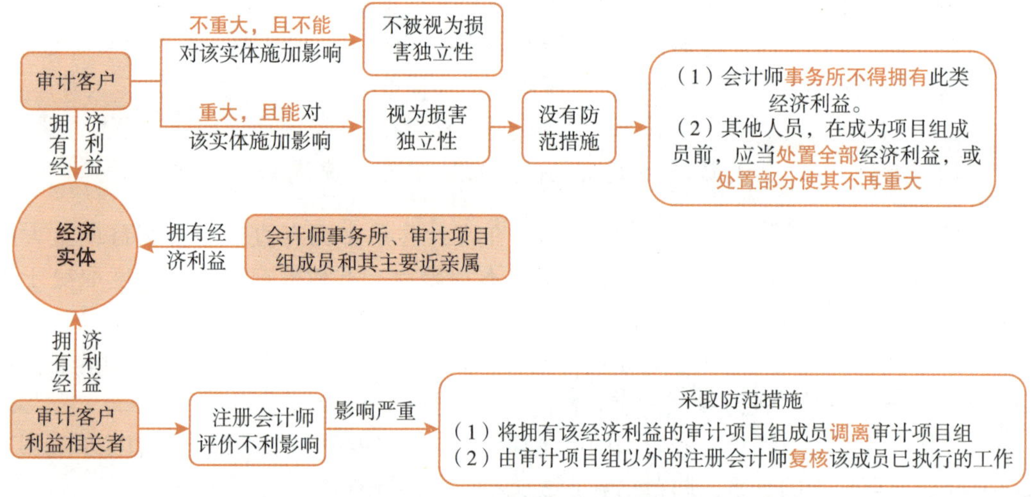

图 22-3　在非审计客户中拥有经济利益的防范措施

注：①经济实体是指除审计客户之外的某一实体。
②审计客户利益相关者是指审计客户的董事、监事、高级管理人员或具有控制权的所有者。

（六）受托管理人

下列人员作为受托管理人在审计客户中拥有直接经济利益或重大间接经济利益，将因自身利益产生不利影响：

（1）会计师事务所；

（2）审计项目组成员或其近亲属；

（3）与执行审计业务的项目合伙人处在同一分部的其他合伙人或其主要近亲属；

（4）向审计客户提供非审计服务的其他合伙人和管理人员或其主要近亲属。

只有在同时满足下列条件时，才允许拥有上述经济利益：

（1）审计项目组成员及其主要近亲属和会计师事务所均不是受托财产的受益人；

（2）委托人在审计客户中拥有的经济利益对委托人并不重大。例如，在审计客户中拥有的经济利益占委托人的资产净值低于某个百分比（如5%）及其在实体中并未拥有可影响实体运营或财务等重要决策的控制权或表决权；

（3）委托人不能对审计客户施加重大影响；

（4）针对委托人在审计客户中拥有的经济利益，受托管理人及其主要近亲属和会计师事务所对其任何投资决策都不能施加重大影响。

（七）其他相关人员拥有经济利益

审计项目组成员应当确定下列人员在审计客户中拥有已知的经济利益可能会因自身利益产生不利影响：

（1）会计师事务所合伙人、专业人员或其主要近亲属；

（2）与审计项目组成员存在密切关系的人员。

注册会计师应当评价不利影响的严重程度，并在必要时采取防范措施消除不利影响或将其降低至可接受的水平。防范措施主要包括：

（1）将存在密切私人关系的审计项目组成员**调离**审计项目组；

（2）不允许该审计项目组成员**参与**有关审计业务的任何**重大决策**；

（3）由审计项目组以外的注册会计师**复核**该审计项目组成员已执行的工作。

（八）通过继承、馈赠或因合并而获得经济利益

如果会计师事务所、合伙人或其主要近亲属、员工或其主要近亲属从审计客户处通过继承、馈赠或因合并而获得直接经济利益或重大间接经济利益，**在未采取防范措施前不能承接该审计业务**。

防范措施：

（1）会计师事务所、审计项目组成员或其主要近亲属，应当**立即处置**全部经济利益，或处置全部直接经济利益并处置足够数量的间接经济利益，以使剩余经济利益不再重大；

（2）审计项目组以外的人员或其主要近亲属获得经济利益，应当在**合理期限内尽快处置**。针对以上提及的各种情况作出了汇总，如表22－2所示。

表22－2　　经济利益汇总

受限制人员/实体	实体			
	审计客户*	在审计客户中拥有控制权并且审计客户对其重要的实体	在审计客户中拥有经济利益的非审计客户实体	审计客户的董事、高级管理人员或具有控制权的所有者拥有经济利益的实体
1. 会计师事务所	×	×	×***	评价不利影响
2. 审计项目组成员				
（1）自身	×	×	×***	评价不利影响
（2）其配偶、父母或子女	×	×	×***	评价不利影响

第二十二章

续表

受限制人员/实体	实体			
	审计客户*	在审计客户中拥有控制权并且审计客户对其重要的实体	在审计客户中拥有经济利益的非审计客户实体	审计客户的董事、高级管理人员或具有控制权的所有者拥有经济利益的实体
(3) 其兄弟姐妹、祖父母、外祖父母、孙子女、外孙子女	评价不利影响	√	√	√
3. 与执行审计业务的项目合伙人同处一个分部的其他合伙人				
(1) 自身	×	视情况而定	√	√
(2) 其配偶、父母或子女	×**	视情况而定	√	√
4. 为审计客户提供非审计服务的其他合伙人、管理人员				
(1) 自身	×	视情况而定	√	√
(2) 其配偶、父母或子女	×**	视情况而定	√	√
5. 除以上提及人员以外的其他人员				
(1) 合伙人或其主要近亲属	评价不利影响	√	√	√
(2) 专业人员或其主要近亲属	评价不利影响	√	√	√
(3) 与审计组成员有密切关系的人员	评价不利影响	√	√	√

注："√"表示可以在以下实体拥有直接经济利益或重大间接经济利益；"×"表示不可以在以下实体拥有直接经济利益或重大间接经济利益。

* 包括通过继承、馈赠或因合并而获得经济利益。但不包括以受托人身份而获得经济利益。

** 如果是作为审计客户的员工有权（例如，通过退休金或股票期权计划）取得该经济利益，并且在必要时能够采取防范措施消除不利影响或将其降低至可接受的水平，则不被视为损害独立性。但是，如果拥有或取得处置该经济利益的权利，例如，按照股票期权方案有权行使期权，则应当尽快处置或放弃该经济利益。

*** 如果经济利益重大，并且审计客户能够对该实体施加重大影响。

第三节　贷款和担保以及商业关系、家庭和私人关系

一、贷款和担保

与贷款和担保有关要求如图 22－4 所示。

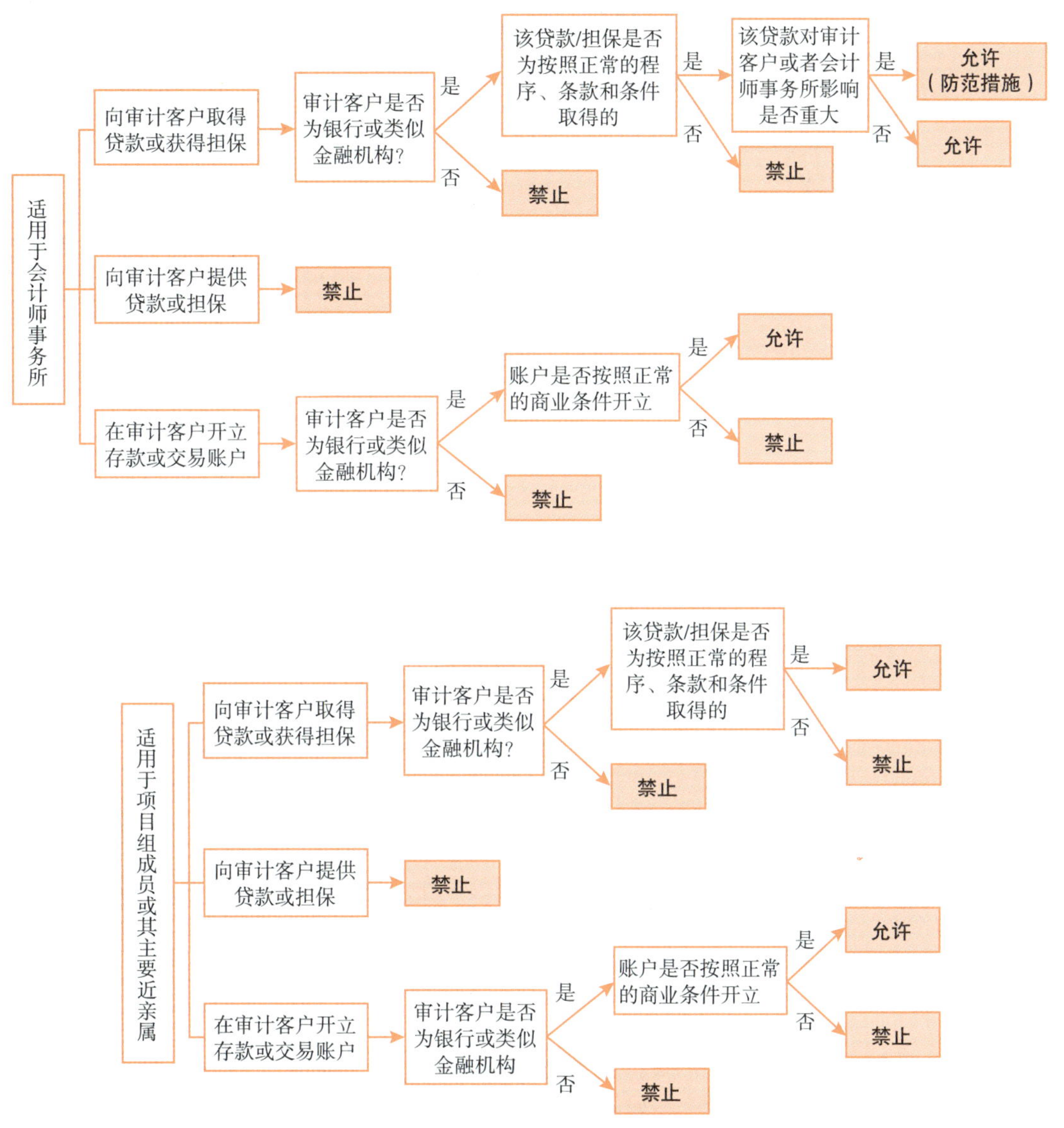

图 22－4　与贷款和担保有关独立性要求

二、商业关系

会计师事务所、审计项目组成员或其主要近亲属与审计客户或其高级管理人员之间，由于商务关系或共同的经济利益而存在密切的商业关系，可能因自身利益或外在压力产生严重的不利影响（见表 22－3）。

表 22－3　　　　商业关系的种类及说明

商业关系	说明
（1）在与客户或其控股股东、董事、高级管理人员共同开办的企业中拥有经济利益； （2）按照协议，将会计师事务所的产品或服务与客户的产品或服务结合在一起，并以双方名义捆绑销售； （3）按照协议，会计师事务所销售或推广客户的产品或服务，或者客户销售或推广会计师事务所的产品或服务	事务所不得介入上述涵盖情况中提及的商业关系，如果存在此类商业关系，应当予以终止。如果此类商业关系涉及审计项目组成员，会计师事务所应当将该成员调离审计项目组
	审计项目组成员的主要近亲属与审计客户或其高级管理人员存在此类商业关系，注册会计师应当评价不利影响的严重程度，并在必要时采取防范措施消除不利影响或将其降低至可接受的水平
与审计客户或利益相关者一同在某股东人数有限的实体中拥有利益	同时满足下列条件时，这种商业关系不会对独立性产生不利影响： （1）这种商业关系对于会计师事务所、审计项目组成员或其主要近亲属以及审计客户均不重要 （2）该经济利益对一个或几个投资者并不重大 （3）该经济利益不能使一个或几个投资者控制该实体
从审计客户购买商品或服务	（1）如果按照正常的商业程序公平交易，通常不影响 （2）如果交易性质特殊或金额较大，可能因自身利益产生不利影响
	会计师事务所应当评价不利影响，采取防范措施： （1）取消交易或降低交易规模 （2）将相关审计项目组成员调离审计项目组

三、家庭和私人关系

如果审计项目组成员与审计客户的董事、高级管理人员，或所处职位能够对客户会计记录或被审计财务报表的编制施加重大影响的员工（以下简称特定员工）存在家庭和私人关系，可能因自身利益、密切关系或外在压力产生不利影响，具体情形与防范措施如表 22－4 所示。

表 22－4　　　　可能产生不利影响的家庭和私人关系及防范措施

<table>
<tr><th colspan="2">情形</th><th>防范措施</th></tr>
<tr><td rowspan="2">审计项目组成员的主要近亲属</td><td>处于重要职位（是审计客户的董事、高级管理人员或特定员工，或者在业务期间或财务报表涵盖的期间曾担任上述职务）</td><td>只有把该成员调离审计项目组，才能将对独立性的不利影响降低至可接受的水平</td></tr>
<tr><td>可以对客户的财务状况、经营成果和现金流量施加重大影响</td><td rowspan="2">（1）将该成员调离审计项目组
（2）合理安排审计项目组成员的职责，使该成员的工作不涉及其主要近亲属的职责范围</td></tr>
<tr><td colspan="2">审计项目组的成员的其他近亲属处在重要职位（是审计客户的董事、高级管理人员或特定员工）</td></tr>
<tr><td colspan="2">审计项目组的成员与审计客户重要职位的人员存在密切关系，且该员工是审计客户的董事、高级管理人员或特定员工</td><td>（1）将该成员调离审计项目组
（2）合理安排该成员的职责，使其工作不涉及与之存在密切关系的员工的职责范围</td></tr>
</table>

续表

情形	防范措施
审计项目组以外的合伙人或员工，与审计客户的董事、高级管理人员或特定员工之间存在家庭或私人关系	(1) 合理安排该合伙人或员工的职责，以减少对审计项目组可能产生的影响 (2) 由审计项目组以外的注册会计师复核已执行的相关审计工作

第四节　与审计客户发生人员交流

一、与审计客户发生雇佣关系

（一）一般规定

审计项目组“前任合伙人、前任成员”加入审计客户，担任重要职位，具体情形与防范措施如表22－5所示。

表22－5　　“前任合伙人、前任成员”与审计客户发生雇佣关系

情形		防范措施
审计项目组“前任合伙人、前任成员”加入审计客户，担任重要职位	与会计师事务所仍保持重要联系	将产生非常严重的不利影响，导致没有防范措施能够将其降低至可接受的水平 如果同时满足下列条件，将不被视为损害独立性： (1)“前任合伙人、前任成员”无权从会计师事务所获取报酬或福利（除非报酬或福利是按照预先确定的固定金额支付的，并且未付金额对会计师事务所不重要） (2)“前任合伙人、前任成员”未继续参与，并且在外界看来未参与会计师事务所的经营活动或专业活动
	与会计师事务所已经没有重要联系	(1) 修改审计计划 (2) 向审计项目组分派经验更丰富的人员 (3) 由审计项目组以外的注册会计师复核前任审计项目组成员已执行的工作
前任合伙人加入的某一实体成为审计客户		应当评价对独立性不利影响的严重程度，并在必要时采取防范措施消除不利影响或将其降低至可接受的水平
审计项目组某成员拟加入审计客户		会计师事务所应当制定政策和程序，要求审计项目组成员在与审计客户协商受雇于该客户时，向会计师事务所报告。在接到报告后，会计师事务所应当评价不利影响的严重程度，并在必要时采取防范措施消除不利影响或将其降低至可接受的水平。 防范措施主要包括： (1) 将该成员调离审计项目组 (2) 由审计项目组以外的注册会计师复核该成员在审计项目组中作出的重大判断

注：重要职位是指“董事、高级管理人员、特定员工”。

（二）审计客户属于公众利益实体

审计客户属于公众利益实体的情形和说明，如表22－6所示。

第二十二章

表 22-6　　审计客户属于公众利益实体的情形和说明

情形	说明
关键审计合伙人加入审计客户担任重要职位	关键审计合伙人，是指项目合伙人、实施项目质量控制复核的负责人，以及审计项目组中负责对财务报表审计所涉及的重大事项作出关键决策或判断的其他审计合伙人（其他审计合伙人还包括负责审计重要子公司或分支机构的项目合伙人） 将因密切关系或外在压力产生不利影响 除非该合伙人不再担任关键审计合伙人后，该公众利益实体发布了已审计财务报表，其涵盖期间不少于12个月，并且该合伙人不是该财务报表的审计项目组成员，否则独立性将视为受到损害。从不再担任关键审计合伙人至最早可以加入客户的这一期间，称为“冷却期”（见图22-5）
前任高级合伙人加入审计客户担任重要职位	将因外在压力产生不利影响。 除非该高级合伙人离职已超过12个月，否则独立性将视为受到损害
因企业合并导致前任成员加入审计客户担任重要职位	同时满足下列条件，则不被视为独立性受到损害： （1）当前任关键审计合伙人接受该职务时，并未预料到会发生企业合并 （2）前任关键审计合伙人在会计师事务所中应得的报酬或福利都已全额支付（除非报酬或福利是按照预先确定的固定金额支付的，并且未付金额对会计师事务所不重要） （3）前任关键审计合伙人未继续参与，或在外界看来未参与会计师事务所的经营活动或专业活动 （4）已就前任关键审计合伙人在审计客户中的职位与治理层讨论

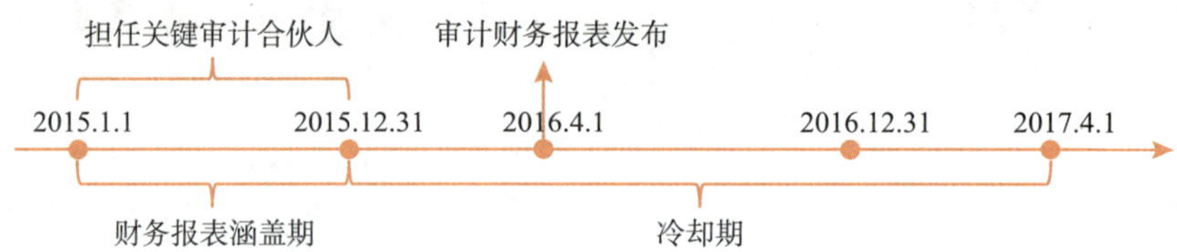

图 22-5　关键合伙人可以加入审计客户的“冷却期”

二、临时借调员工

如果会计师事务所向审计客户借出员工，可能因自我评价产生不利影响。会计师事务所应当评价借出员工产生不利影响的严重程度，并在必要时采取防范措施消除不利影响或将其降低至可接受的水平（见表22-7）。

表 22-7　　会计师事务所向审计客户借出员工所要满足的条件及防范措施

不会产生不利影响（同时满足）	采取防范措施
（1）只能短期向客户借出员工 （2）借出的员工不得为审计客户提供中国注册会计师职业道德守则禁止提供的非鉴证服务 （3）借出的员工不得承担审计客户的管理层职责	（1）对借出员工的工作进行额外复核 （2）合理安排审计项目组成员的职责，使借出员工不对其在借调期间执行的工作进行审计 （3）不安排借出员工作为审计项目组成员

三、最近曾任审计客户的董事、高级管理人员或特定员工

如果审计项目组成员最近曾担任审计客户的董事、高级管理人员或特定员工，可能因自身利益、自我评价或密切关系产生不利影响。具体情形、影响及措施如表22-8所示，受限制时段示例如图22-6所示。

表 22－8　　审计项目组成员曾任重要职位的具体情形、影响及措施

情形	影响及措施	
在财务报表涵盖的期间	将产生非常严重的不利影响，导致没有防范措施能够将其降低至可接受的水平	注册会计师不得将此类人员分派到审计项目组
在财务报表涵盖的期间之前	可能因自身利益、自我评价或密切关系对独立性产生不利影响。 评价不利影响存在与否以及严重程度取决于下列因素： （1）该成员在客户中曾担任的职务 （2）该成员离开客户的时间长短 （3）该成员在审计项目组中的角色	

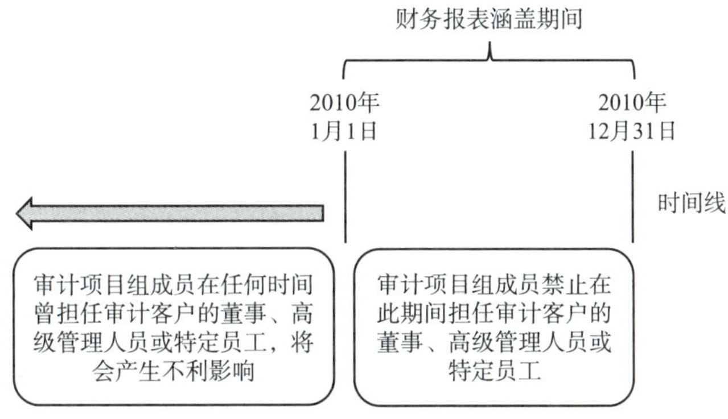

图 22－6　受限制的时段示例

四、兼任审计客户的董事或高级管理人员

（1）如果会计师事务所的合伙人或员工兼任审计客户的董事或高级管理人员，将因自我评价和自身利益产生非常严重的不利影响，导致没有防范措施能够将其降低至可接受的水平。

（2）会计师事务所的合伙人或员工不得兼任审计客户的公司秘书。

（3）会计师事务所提供日常和行政事务性的服务以支持公司秘书职能，或提供与公司秘书行政事项有关的建议，只要所有相关决策均由审计客户管理层作出，通常不会损害独立性。

第五节　与审计客户长期存在业务关系

一、一般规定

会计师事务所长期委派同一名合伙人或高级员工执行某一客户的审计业务，将因密切关系和自身利益产生不利影响（见表 22－9）。

表 22－9　评价不利影响时主要考虑的因素及防范措施

评价不利影响时主要考虑下列因素	防范措施
（1）该人员加入审计项目组的时间长短 （2）该人员在审计项目组中的角色 （3）会计师事务所的组织结构 （4）审计业务的性质 （5）客户的管理团队是否发生变动 （6）客户的会计和报告问题的性质或复杂程度是否发生变化	会计师事务所应当评价因密切关系和自身利益产生的不利影响的严重程度，并在必要时采取下列防范措施消除不利影响或将其降低至可接受的水平。 **（1）将该人员轮换出审计项目组** **（2）由审计项目组以外的注册会计师复核该人员已执行的工作** **（3）定期对该业务实施独立的质量复核**

二、属于公众利益实体的审计客户

1. 关键审计合伙人的任职时间

如果某关键审计合伙人负责审计属于公众利益实体的审计客户，**五年后关键审计合伙人应当轮换**（见图 22－7）。

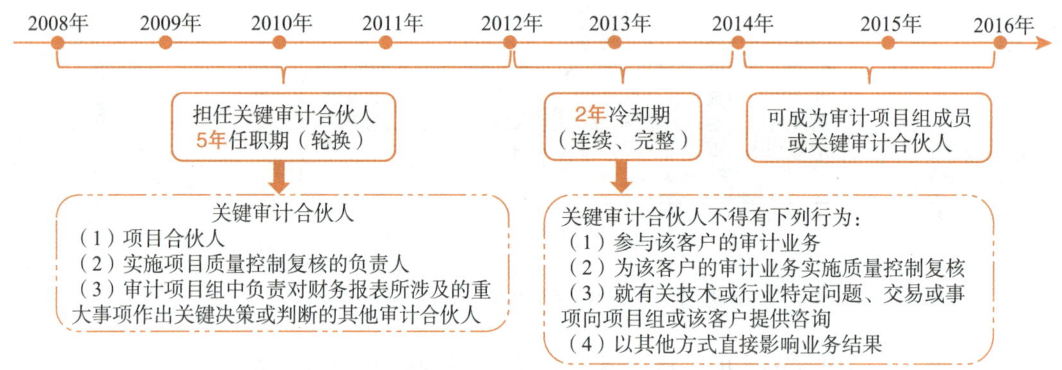

图 22－7　审计公众利益实体的关键合伙人的任期时间

2. 关键审计合伙人任职时间延长

在极其特殊的情况下，会计师事务所可能因无法预见和控制的情形而不能按时轮换关键审计合伙人。如果关键审计合伙人的连任对审计质量特别重要，并且通过采取防范措施能够消除对独立性产生的不利影响或将其降低至可接受的水平，则在法律法规允许的情况下，**该关键审计合伙人在审计项目组的时限可以延长一年。**

3. 审计客户成为公众利益实体时，关键审计合伙人的轮换要求

（1）在审计客户成为公众利益实体之前，如果关键审计合伙人已为该客户服务的时间不超过三年，则该合伙人还可以为该客户继续提供服务的年限为五年减去已经服务的年限；

（2）如果关键审计合伙人为该客户服务了四年或更长的时间，在该客户成为公众利益实体之后，该合伙人还可以继续服务两年；

（3）如果审计客户是首次公开发行证券的公司，关键审计合伙人在该公司上市后连续提供审计服务的期限，不得超过两个完整会计年度。

总结如表 22－10 和表 22－11 所示。

表 22－10　　适用于一般公众利益实体的审计客户

已为公众利益实体的审计客户	轮换前最长服务年限	暂停期间
一般情况	5 年	2 年
特殊情况	5＋1 年	2 年

表 22－11　　适用于客户成为公众利益实体后的轮换时间

成为公众利益实体之前服务年限	成为公众利益实体后继续提供服务的年限	暂停期间
Y≤3 年	（5－Y）年	2 年
Y≥4 年	2 年	2 年
审计客户是首次公开发行证券	上市后连续提供审计服务的期限≤2 年	2 年

【例题 22－3·简答题】 上市公司甲公司是 ABC 会计师事务所的常年审计客户。乙公司是非公众利益实体，于 2014 年 6 月被甲公司收购，成为甲公司重要的全资子公司；XYZ 公司和 ABC 会计师事务所处于同一网络。审计项目组在甲公司 2014 年度财务报表审计中遇到下列事项：

（1）A 注册会计师自 2012 年度起担任甲公司财务报表审计项目合伙人，其妻子在甲公司 2013 年年度报告公告后购买了甲公司股票 3 000 股，在 2014 年度审计工作开始前卖出了这些股票。

（2）B 注册会计师自 2009 年度起担任乙公司财务报表审计项目合伙人，在乙公司被甲公司收购后，继续担任乙公司 2014 年度财务报表审计项目合伙人，并成为甲公司的关键审计合伙人。

（3）在收购过程中，甲公司聘请 XYZ 公司对乙公司的各项资产和负债进行了评估，并根据评估结果确定了购买日乙公司可辨认净资产的公允价值。

（4）C 注册会计师曾是 ABC 会计师事务所的管理合伙人，于 2014 年 1 月退休后担任甲公司董事。

（5）丙公司是甲公司新收购的海外子公司，为甲公司不重要的子公司。丙公司聘请 XYZ 公司将其按照国际财务报告准则编制的财务报表转化为按照中国企业会计准则编制的财务报表。

（6）甲公司的子公司丁公司提供信息系统咨询服务，与 XYZ 公司组成联合服务团队，向目标客户推广营业税改增值税相关咨询和信息系统咨询一揽子服务。

要求：

针对上述第（1）至（6）项，逐项指出是否可能存在违反中国注册会计师职业道德守则有关独立性规定的情况，并简要说明理由。

【答案】

（1）违反。因针对甲公司的审计业务具有连续性，2013年度审计报告出具后至2014年度审计工作开始前期间仍属于业务期间，A注册会计师的妻子在此期间持有甲公司的股票，因自身利益对独立性产生严重不利影响。

（2）不违反。B注册会计师在成为公众利益实体的关键审计合伙人后还可以继续服务两年。

（3）违反。该评估结果对甲公司合并财务报表影响重大，因自我评价对独立性产生严重不利影响。

（4）违反。C注册会计师作为高级合伙人在离职后十二个月内加入甲公司担任董事，因外在压力对独立性产生严重不利影响。

（5）违反。该服务不属于日常性和机械性地工作，将因自我评价对独立性产生严重不利影响。

（6）违反。XYZ公司和丁公司以双方的名义捆绑提供服务，因自身利益/外在压力对独立性产生严重不利影响/上述关系属于守则禁止的商业关系。

第六节　为审计客户提供非鉴证服务

【提示】

本节内容较多，但是考点较少，建议不要花太多时间在本节，因此本书也做了一些删减。

一、一般规定

会计师事务所为审计客户提供非鉴证服务，可能对独立性产生不利影响，包括**因自我评价、自身利益和过度推介**等产生的不利影响。

1. 会计师事务所通常不向审计客户的下列关联实体提供非鉴证业务

（1）不是会计师事务所的审计客户，但能够直接或间接控制审计客户的实体；

（2）不是会计师事务所的审计客户，但在审计客户中拥有直接经济利益的实体，该实体能够对审计客户施加重大影响，并且经济利益对该实体重大；

（3）不是会计师事务所的审计客户，但与审计客户处于同一控制下的实体。

2. 但可以向同时满足下列条件的上述关联实体提供非鉴证业务

（1）向上述关联实体提供的非鉴证服务的结果不构成实施审计程序的对象，该服务不因自我评价产生不利影响；

（2）已采取防范措施将非鉴证服务所产生的任何不利影响予以消除，或将其降低至可接受的水平。

二、具体规定

（一）管理层职责

会计师事务所不得承担审计客户的管理层职责（见表22－12）。

表22－12 管理层职责的界定

管理层职责	不视为管理层职责
（1）制定政策和战略方针 （2）指导员工的行动并对其行动负责 （3）对交易进行授权 （4）确定采纳会计师事务所或其他第三方提出的建议 （5）负责按照适用的会计准则编制财务报表 （6）负责设计、实施和维护内部控制	（1）代客户从事日常和行政性的事务或不重要的活动 （2）执行一项已由管理层授权的非重要交易 （3）跟踪法定申报资料规定的提交日期，并告知审计客户这些日期 （4）向管理层提供意见和建议，以协助管理层履行职责

（二）编制会计记录和财务报表

会计师事务所向审计客户提供编制会计记录或财务报表等服务，随后又审计该财务报表，将因自我评价产生不利影响。

具体活动对独立性的影响如表22－13所示。

表22－13 具体活动对独立性的影响

具体情形		是否对独立性产生影响
沟通审计相关的事项	（1）对会计准则或财务报表披露要求的运用 （2）与财务报表相关的内部控制的有效性，以及资产、负债计量方法的适当性 （3）会计调整分录的建议	不影响
提供特定技术支持（不承担管理层责任）	（1）解决账户调节问题 （2）分析和积累监管机构要求提供的信息 （3）将按照某种会计准则编制的财务报表，转换成按照另一种会计准则编制的财务报表	
向非公众利益实体的审计客户提供日常性和机械性的工作（属于日常性和机械性的工作）	（1）根据来源于客户的数据提供工资服务 （2）在客户确定或批准账户分类的基础上记录交易 （3）将已记录的交易过入总分类账 （4）将客户批准的分录过入试算平衡表 （5）根据试算平衡表中的信息编制财务报表	
非审计项目组成员向公众利益实体的审计客户提供日常性和机械性的工作	（1）工资服务 （2）编制所审计的财务报表 （3）编制所审计财务报表依据的财务信息	影响（不得提供）

（三）评估服务

评估包括对未来发展趋势提出相关假设，运用适当的方法和技术，以确定资产、负债或企业整体的价值或价值区间。评估服务包括（但不限于）评估房地产、收购的业务和股票期权等资产，还包括精算评估，例如，养老金负债和保单损失准备评估，以及测试资产潜在减值情况的评估。

对公众利益实体审计客户的一般要求如表 22－14 所示。

表 22－14　　对公众利益实体审计客户的一般要求

审计客户	评估结果	是否提供评估服务
不属于公众利益实体	评估服务对被审计财务报表具有重大影响，且评估结果涉及高度的主观性	不得提供 没有防范措施能够将因自我评价产生的不利影响降低至可接受的水平
属于公众利益实体	评估结果单独或累积起来对被审计财务报表具有重大影响	不得提供

（四）税务服务

税务服务的种类及说明如表 22－15 所示。

表 22－15　　税务服务的种类及说明

税务服务种类	说明
编制纳税申报表	由于纳税申报表须经税务机关审查和批准，如果管理层对纳税申报表承担责任，会计师事务所提供此类服务通常不对独立性产生不利影响
为编制会计分录计算税额	在审计客户属于公众利益实体的情况下，除非出现紧急或极其特殊的情况，并征得相关监管机构的同意，会计师事务所不得计算当期所得税或递延所得税负债（或资产），以用于编制对被审计财务报表具有重大影响的会计分录
税务筹划和其他税务咨询服务	（1）具有法律依据，或得到税务机关的明确认可，通常不对独立性产生不利影响 （2）税务建议的有效性取决于某项特定会计处理或财务报表列报，且同时存在下列情况，将因自我评价产生非常严重的不利影响，导致没有防范措施能够消除不利影响或将其降低至可接受的水平： ①审计项目组对于相关会计处理或财务报表列报的适当性存有疑问 ②税务建议的结果或执行后果将对被审计财务报表产生重大影响
协助解决税务纠纷	（1）会计师事务所人员不得在为审计客户提供税务服务时担任辩护人 （2）在公开审理或仲裁期间，会计师事务所可以继续为审计客户提供有关法庭裁决事项的咨询

（五）内部审计服务

会计师事务所人员在向审计客户提供内部审计服务时不得承担管理层职责。

在审计客户属于公众利益实体的情况下，会计师事务所不得提供与下列方面有关的内部审计服务：

（1）与财务报告相关的内部控制；

（2）财务会计系统；

（3）对被审计财务报表具有重大影响的金额或披露。

（六）信息技术系统服务

如果会计师事务所人员不承担管理层职责，则提供下列信息技术系统服务不被视为对独立性产生不利影响：

（1）设计或操作与财务报告内部控制无关的信息技术系统；

（2）设计或操作信息技术系统，其生成的信息不构成会计记录或财务报表的重要组成部分；

（3）操作由第三方开发的会计或财务信息报告软件；

（4）对由其他服务提供商或审计客户自行设计并操作的系统进行评价和提出建议。

会计师事务所不得向属于公众利益实体的审计客户提供与设计或操作信息技术系统相关的服务的情形：

（1）信息技术系统构成财务报告内部控制的重要组成部分；

（2）信息技术系统生成的信息对会计记录或被审计财务报表影响重大。

上述情形，对于非公众利益实体，要评价产生的不利影响。

（七）诉讼支持服务

会计师事务所向审计客户提供诉讼支持服务，可能因自我评价或过度推介产生不利影响。

诉讼支持服务可能包括下列活动：

（1）担任专家证人；

（2）计算诉讼或其他法律纠纷涉及的估计损失或其他应收、应付的金额；

（3）协助管理和检索文件。

（八）法律服务

在审计客户解决纠纷或进行法律诉讼时，若纠纷或法律诉讼所涉金额对被审计财务报表有重大影响，会计师事务所人员不得担任辩护人。若影响不重大，则评价不利影响，并采取防范措施。

会计师事务所人员不得为审计客户提供担任首席法律顾问的服务。

（九）招聘服务

会计师事务所为审计客户提供人员招聘服务，可能因自身利益、密切关系或外在压力产生不利影响。

会计师事务所通常可以提供下列服务：

（1）审查申请者的专业资格；

（2）对申请者是否适合相关职位提出咨询意见；

（3）对候选人进行面试；

（4）对候选人在财务会计、行政管理或内部控制等职位上的胜任能力提出咨询意见。

如果属于公众利益实体的审计客户拟招聘董事、高级管理人员，或所处职位能够对客户会计记录或被审计财务报表的编制施加重大影响的高级管理人员，会计师事务所不得提供下列招聘服务：

（1）寻找候选人，或从候选人中挑选出适合相应职位的人员；

（2）对可能录用的候选人的证明文件进行核查。

（十）公司理财服务

会计师事务所提供财务服务，可能因自我评价或过度推介产生不利影响。会计师事务所应当评价不利影响的严重程度，并在必要时采取防范措施消除不利影响或将其降低至可接受的水平。公司财务服务主要包括下列活动：

（1）协助审计客户制定公司战略；

（2）为审计客户并购识别可能的目标；

（3）对资产处置交易提供建议；

（4）协助实施融资交易；

（5）对合理安排资本结构提供建议。

第七节　收　费

一、收费结构

如果会计师事务所从某一审计客户收取的全部费用占其收费总额的比重很大，则对该客户的依赖及对可能失去该客户的担心将因自身利益或外在压力产生不利影响。收费结构的情形、影响及措施如表 22－16 所示。

表 22－16　　收费结构对审计工作的影响及措施

情形	影响及措施
占某一合伙人从所有客户收取的费用总额比重很大时	将因自身利益或外在压力产生不利影响。采取措施： （1）降低对来源于该客户的收费的依赖程度 （2）由审计项目组以外的注册会计师复核已执行的工作或必要时提出建议 （3）定期实施独立的质量控制复核
连续两年从某一属于公众利益实体的审计客户及其关联实体收取的全部费用占其从所有客户收取的全部费用的比重较大时	**比重超过 15%，会计师事务所应当向审计客户治理层披露这一事实，并讨论选择下列何种防范措施，以将不利影响降低至可接受的水平：** **（1）在对第二年度财务报表发表审计意见之前，由其他会计师事务所对该业务再次实施项目质量控制复核** **（2）在对第二年度财务报表发表审计意见之后、对第三年度财务报表发表审计意见之前，由其他会计师事务所对第二年度的审计工作再次实施项目质量控制复核** 在收费比例明显超过 15% 的情况下，如果采用发表审计意见后复核无法将不利影响降低至可接受的水平，会计师事务所应当采用发表审计意见前复核

二、逾期收费

如果审计客户长期未支付应付的审计费用，尤其是相当部分的审计费用在出具下一年度审计报告前仍未支付，可能因自身利益产生不利影响。

会计师事务所通常要求审计客户在审计报告出具前付清上一年度的审计费用。

会计师事务所应当确定逾期收费是否可能被视同向客户贷款。

三、或有收费

或有收费是指收费与否或收费多少取决于交易的结果或所执行工作的结果。如果一项收费是由法院或政府有关部门规定的，则该项收费不被视为或有收费。

会计师事务所不得采用这种收费安排。

第八节　影响独立性的其他事项

一、薪酬或业绩评价政策

关键审计合伙人的薪酬或业绩评价不得与其向审计客户推销的非鉴证服务直接挂钩。

某一审计项目组成员的薪酬或业绩评价与其向审计客户推销的非鉴证服务挂钩，将因自身利益产生不利影响。防范措施：

（1）将该成员调离审计项目组；

（2）由审计项目组以外的注册会计师复核该成员已执行的工作。

二、礼品和款待

会计师事务所或审计项目组成员不得接受礼品。

如果款待超出业务活动中的正常往来，会计师事务所或审计项目组成员应当拒绝接受。

三、诉讼或诉讼产生威胁

如果会计师事务所或审计项目组成员与审计客户发生诉讼或很可能发生诉讼，将因自身利益和外在压力产生不利影响。会计师事务所应当评价不利影响的严重程度，并在必要时采取防范措施消除不利影响或将其降低至可接受的水平（见表22－17）。

表22－17　诉讼产生的不利影响及防范措施

不利影响的严重程度主要取决于下列因素	防范措施
（1）诉讼的重要性 （2）诉讼是否与前期审计业务相关	（1）如果诉讼涉及某一审计项目组成员，将该成员调离审计项目组 （2）由审计项目组以外的专业人员复核已执行的工作 如果此类防范措施不能将不利影响降低至可接受的水平，会计师事务所应当拒绝接受审计业务委托，或解除审计业务约定

【例题22－4·简答题】 上市公司甲公司从事保险业务。2013年5月，ABC会计师事务所拟承接甲公司2013年度财务报表审计业务，在执行客户和业务的接受评估过程中发现下列事项：

（1）A注册会计师曾任ABC会计师事务所合伙人，自2011年12月退休后担任ABC会计师事务所技术顾问及甲公司独立董事。

（2）ABC会计师事务所自2010年起每年按通行商业条款购买甲公司的员工医疗补充保险产品。

（3）B注册会计师是ABC会计师事务所金融保险业务部的合伙人，其妻子是甲公司某分公司的人事部经理。

（4）C注册会计师是ABC会计师事务所金融保险业务部主管合伙人，其父亲通过二级市场买入并持有甲公司股票2 000股。

（5）ABC会计师事务所的美国网络事务所与甲公司美国分公司正就2013年度有关精算系统的内审服务进行洽谈。

（6）2012年1月起，ABC会计师事务所智利网络事务所的D合伙人担任甲公司智利子公司的公司秘书，提供公司秘书服务。

要求：

针对上述第（1）至（6）项，假定ABC会计师事务所接受甲公司审计委托，逐项指出是否存在可能对ABC会计师事务所的独立性产生不利影响的情况，并简要说明理由。如果存在可能产生不利影响的情况，简要说明可以采取的防范措施。(2014年)

【答案】

事项序号	是否可能产生不利影响（是/否）	理由	防范措施
（1）	是	前任合伙人加入甲公司担任独立董事，并作为技术顾问继续参与ABC会计师事务所的专业活动/与事务所保持重要交往或联系，将因密切关系/外在压力对独立性产生严重不利影响	在ABC会计师事务所接受审计委托之前A注册会计师辞去独立董事职务/不再担任技术顾问
（2）	否	ABC会计师事务所按通行商业条款/正常商业程序购买甲公司的保险产品，一般不会对独立性产生不利影响	不适用
（3）	否	B注册会计师的妻子不属于甲公司高级管理人员/能够对甲公司会计记录或财务报表的编制产生重大影响的员工/特定员工，因此该家庭关系不会对独立性产生不利影响	不适用
（4）	是	C注册会计师作为同一分部的合伙人/审计项目组成员，其主要近亲属不得持有甲公司的股票，否则将因自身利益对独立性产生严重不利影响	C注册会计师的父亲在ABC会计师事务所接受审计委托之前卖出股票
（5）	是	因甲公司是公众利益实体，该内审服务涉及财务会计系统，将因自我评价对独立性产生严重不利影响	ABC会计师事务所不提供有关精算系统的2013年度内审服务
（6）	是	担任公司秘书将因自我评价/过度推介对独立性产生严重不利影响	D合伙人在ABC会计师事务所接受审计委托之前终止担任公司秘书

第二十二章　审计业务对独立性的要求

彬哥跟你说：

本章是真的真的很重要！重要到什么程度呢？重要到每年十几分的分数！而且主要是主观题！对于主观题如何跨过去？我认为就是刻意练习为佳！“自己去思考——自己动笔写出来——自己去对照标准答案——修改自己的答案往标准答案靠拢”！这就是主观题的训练方式，其实主观题的基本思路是高中语文，如果高中语文不好的，那就多练习即可！

今日复习步骤：

第一遍：回忆 & 重新复习一遍框架（15 分钟）

学习要求：自己重新找一遍框架，不需要掌握所有细节，但求框架了然于心。

第二遍：对细节进一步掌握（50 分钟）

总结一下，哪些事项影响审计业务独立性？哪些不影响？

第三遍：重新复习一遍框架（10 分钟）

我问你答：

（1）公众利益实体包括什么？业务期间指的是哪段时间？如果是连续审计呢？

（2）不被允许拥有直接经济利益或重大间接经济利益的人员有哪些？

（3）通过继承、馈赠或因合并而获得经济利益：如果是会计师事务所、审计项目组成员或其主要近亲属，应如何处理？

（4）向审计客户提供贷款或担保，什么情况下不影响独立性？

（5）哪些商业关系是事务所和项目组成员都绝对被禁止的商业关系？

（6）家庭和私人关系：审计项目组成员的主要近亲属，在被审计单位担任什么职位的情形下，会对独立性产生不利影响？分别采取什么防范措施？

（7）审计项目组“前任合伙人、前任成员”加入审计客户担任重要职位，采取什么措施？

（8）审计客户属于公众利益实体，前任高级合伙人加入审计客户担任重要职位，离职应超过多少个月，否则独立性将视为受到损害？

（9）临时借调员工，同时满足什么条件才不会产生不利影响？

（10）如果某关键审计合伙人负责审计属于公众利益实体的审计客户，关键审计合伙人轮换要求？特殊情形，可以延长几年？冷却期多久？冷却期内不得有什么行为？

（11）提供非鉴证服务不得承担管理层职责，哪些属于管理层职责，哪些不是？

（12）是否可以采用或有收费？逾期收费是否产生不利影响？

本章作业：

（1）请把讲义例题做三遍（做错的题目，请分析错误原因并记录到改错本）。

（2）请复习完口述一遍框架，睡前请再回忆一遍框架。

（3）第二天早上，请再回忆一遍框架，对于回忆不起来的内容，请翻书看一遍。

第 20 天

复习旧内容：

第二十一章和第二十二章

学习新内容：

第二十三章

学习方法：

企业内部控制审计和对企业财务报表的审计有很多共同点，都是关注财务报告质量和审计风险。

学习内部控制审计要自上而下地去学习，从“审计计划—审计方法—内部控制测试”这些方面去学习。

你今天可能有的心态：

过了今天，就要学完审计了，你会觉得兴奋，会觉得万里长征终于到了最后一步，但是不管怎么样，都请坚持下去，安静学完今天的知识。

建议学习时间：

2 小时

第八编
企业内部控制审计

至此，我们已经完整学习了企业财务报表的审计。

企业为了合理保证财务报告的可靠性、经营的效率和效果以及对法律法规的遵守，由治理层、管理层和其他人员设计与执行的政策及程序，是企业的内部控制。

为了要求企业管理者对其内部控制进行自我评估，于是企业聘请了会计师事务所依照相关审计标准对其财务报告内部控制的有效性进行审计，出具审计报告，这就形成了企业内部控制审计。

内部控制审计是对被审计单位内部控制设计与运行的有效性进行审计，并重点就财务报告内部控制的有效性发表审计意见；

财务报表审计是对财务报表是否按照国家统一的会计准则制度的规定编制、是否在所有重大方面公允反映被审计单位的财务状况、经营成果和现金流量发表审计意见。

财务报表审计是对财务报表进行审计，重在审计“结果”，而内部控制审计是对保证财务报表质量的内部控制的有效性进行审计，重在审计“过程”。

由于内部控制审计与财务报表审计两者均关注财务报告质量和审计风险，审计过程中形成的审计证据又可以相互支持、相互利用，注册会计师在计划和执行内部控制审计工作时，可以根据实际情况将内部控制审计与财务报表审计进行整合，以降低审计成本，提高审计质量。

我们在第七章风险评估中学习了内部控制。主要是学习了我们要了解企业的内部控制，才能对企业的风险进行一个客观的评估。本章主要是对企业内部控制进行审计，这两部分可以相互联系起来学习。

第二十三章　企业内部控制审计

企业内部控制审计框架如图 23－1 所示。

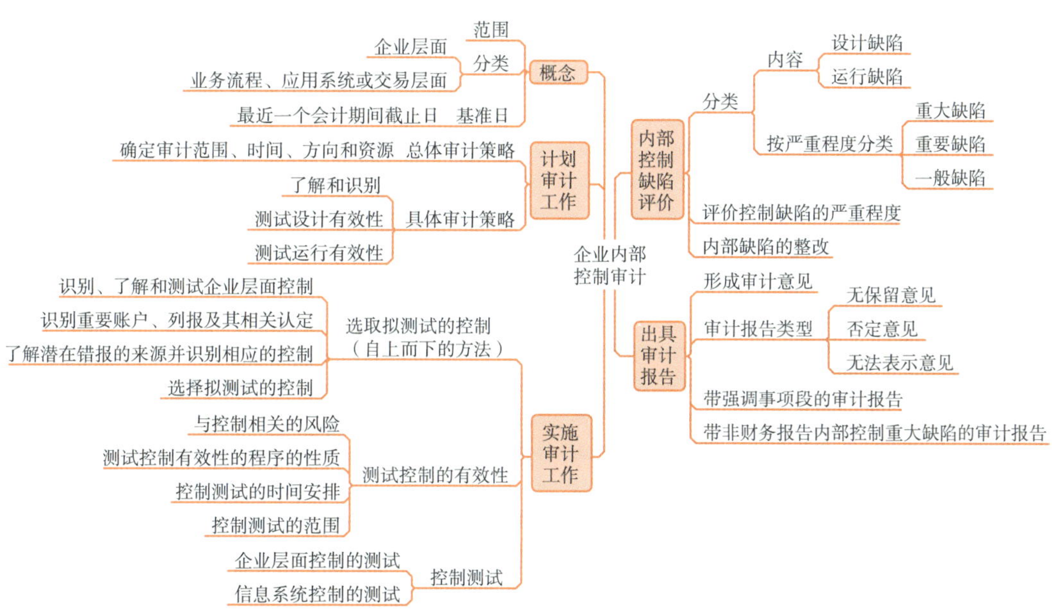

图 23－1　企业内部控制审计框架

第一节　内部控制审计的概念

内部控制审计，是指会计师事务所接受委托，对特定基准日内部控制设计与运行的有效性进行审计。注册会计师执行的内部控制审计，是严格限定在财务报告内部控制审计。

一、内部控制审计的范围

内部控制是由企业董事会、监事会、经理层和全体员工实施的、旨在实现控制目标的过程。内部控制的目标是合理保证企业经营管理合法合规、资产安全、财务报告及相关信息真实完整，提高经营效率和效果，促进企业实现发展战略。

尽管这里提及的是内部控制审计，但是无论从国外审计规定和实践看，还是从我国的相关规定看，**注册会计师执行的内部控制审计都是严格限定在财务报告内部控制审计**，因此，审计意见覆盖的范围是：

（1）针对**财务报告内部控制**，注册会计师对其**有效性发表审计意见**；

（2）针对**非财务报告内部控制**，注册会计师针对内部控制审计过程中注意到的非财务报告内部控制的**重大缺陷**，在内部控制审计报告中**增加"非财务报告内部控制重大缺陷描述段"**予以披露。

财务报告内容控制内容如表23－1所示。

表23－1　财务报告控制内容

<table>
<tr><td rowspan="6">企业层面控制</td><td>（1）与控制环境相关的控制</td><td>如对诚信和道德价值沟通和落实、对胜任能力的重视、治理层的参与程度、管理层的理念和经营风格、组织结构、职权与责任的分配、人力资源政策和实务</td></tr>
<tr><td>（2）针对管理层和治理层凌驾于内部控制之上的风险而设计的内部控制</td><td>例如，针对重大非常规交易的控制、针对关联方交易的控制、减弱伪造或不恰当操作财务结果的动机和压力的控制</td></tr>
<tr><td>（3）被审计单位的风险评估过程</td><td>如何识别经营风险、估计其重要性、评估其发生的可能性、采取措施应对和管理风险及其结果</td></tr>
<tr><td>（4）对内部信息传递和期末财务报告流程的控制</td><td>例如，与会计政策选择和运用的程序、调整分录和合并分录的编制和批准相关的控制</td></tr>
<tr><td>（5）对控制有效性的内部监督和内部控制评价</td><td>内部监督即监督其他控制的控制</td></tr>
<tr><td>（6）集中化的处理和控制、监控经营成果的控制，以及重大经营控制和风险管理实务的政策</td><td>—</td></tr>
<tr><td rowspan="4">业务流程、应用系统或交易层面的内部控制</td><td colspan="2">（1）授权与审批</td></tr>
<tr><td colspan="2">（2）信息技术应用控制</td></tr>
<tr><td colspan="2">（3）实物控制。如保护资产的实物安全、对接触计算机程序和数据文档设置授权、定期盘点并将盘点记录与控制记录相核对</td></tr>
<tr><td colspan="2">（4）复核和调节</td></tr>
</table>

二、内部控制审计基准日

内部控制审计基准日，是指注册会计师评价内部控制在某一时日是否有效所涉及的基准日，也是被审计单位评价基准日，即最近一个会计期间截止日。

注册会计师对特定基准日内部控制的有效性发表意见，并不意味着注册会计师只测试基准日这一天的内部控制，而是需要考察足够长一段时间内部控制设计和运行的情况。

对控制有效性的测试涵盖的期间越长，提供的控制有效性的审计证据越多。

在整合审计中，控制测试所涵盖的期间应当尽量与财务报表审计中拟信赖内部控制的期间保持一致。

【提示】

所谓整合审计，是指财务报表审计和内部控制的审计同时进行。

第二节　计划审计工作

一、计划审计工作时应当考虑的事项

（1）与企业相关的风险；

（2）相关法律法规和行业概况；

（3）企业组织结构、经营特点和资本结构等相关重要事项；

（4）企业内部控制最近发生变化的程度；

（5）与企业沟通过的内部控制缺陷；

（6）重要性、风险等与确定内部控制重大缺陷相关的因素；

（7）对内部控制有效性的初步判断；

注册会计师综合上述考虑以及借鉴以前年度的经验，形成对企业内部控制有效性的初步判断。对于内部控制可能存在重大缺陷的领域，注册会计师应给予充分的关注，具体表现在：①对相关的内部控制亲自进行测试而非利用他人工作；②在接近内部控制评价基准日的时间测试内部控制；③选择更多的子公司或业务部门进行测试；④增加相关内部控制的控制测试量等。

（8）可获取的、与内部控制有效性相关的证据的类型和范围。

【例题 23-1·多选题】在执行集团公司内部控制审计时，对于内部控制可能存在重大缺陷的业务流程，下列做法中，正确的有（　　）。（2019 年）

A. 亲自测试相关内部控制而非利用他人工作

B. 再选择更多的子公司进行内部测试

C. 增加相关内部控制的控制测试量

D. 在接近内部控制评价基准日的时间测试内部控制

【答案】ABCD

【解析】对于内部控制可能存在重大缺陷的领域，注册会计师应给予充分的关注，具体表现在：对相关的内部控制亲自进行测试而非利用他人工作（选项 A）；在接近内部控制评价基准日的时间测试内部控制（选项 D）；选择更多的子公司或业务部门进行测试（选项 B）；增加相关内部控制的控制测试量等（选项 C）。

二、总体审计策略和具体审计计划

总体审计策略用以总结计划阶段的成果，**确定审计的范围、时间和方向，并指导具体审计计划的制定**（见表 23-2）。

表 23-2　　　　总体审计策略和具体审计计划体现的内容

总体审计策略体现的内容	具体审计计划体现的内容
(1) 确定审计业务的特征，以界定审计范围 (2) 明确审计业务的报告目标，以计划审计的时间安排和所需沟通的性质 (3) 根据职业判断，考虑用以指导项目组工作方向的重要因素 (4) 考虑初步业务活动的结果，并考虑对被审计单位执行其他业务时获得的经验是否与内部控制审计业务相关 (5) 确定执行业务所需资源的性质、时间安排和范围	(1) 了解和识别内部控制的程序的性质、时间安排和范围 (2) 测试控制设计有效性的程序的性质、时间安排和范围 (3) 测试控制运行有效性的程序的性质、时间安排和范围

制定总体审计策略的过程有助于注册会计师结合风险评估程序的结果确定下列事项：

(1) 向具体审计领域分配资源的类别和数量，包括向高风险领域分派经验丰富的项目组成员，向高风险领域分配的审计时间预算等；

(2) 何时分配这些资源，包括是在期中审计阶段还是关键日期调配资源等；

(3) 如何管理、指导和监督这些资源，包括预期何时召开项目组预备会和总结会，预期项目合伙人和经理如何进行复核，是否需要实施项目质量控制复核等。

第三节　实施审计工作

控制测试的过程如图 23-2 所示。

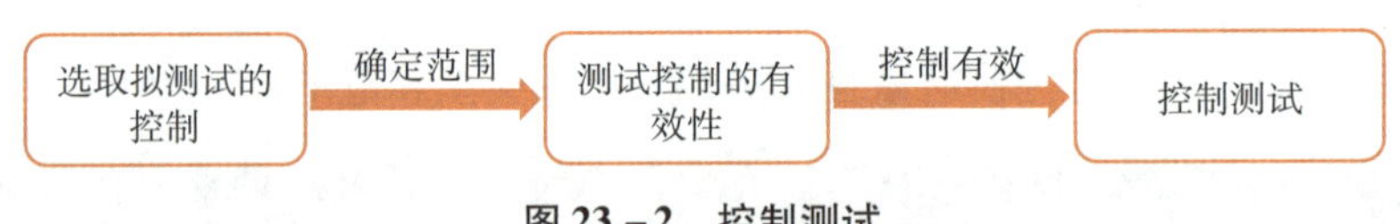

图 23-2　控制测试

一、选择拟测试的控制——自上而下的方法

注册会计师应当采用自上而下的方法选择拟测试的控制（见图 23-3）。

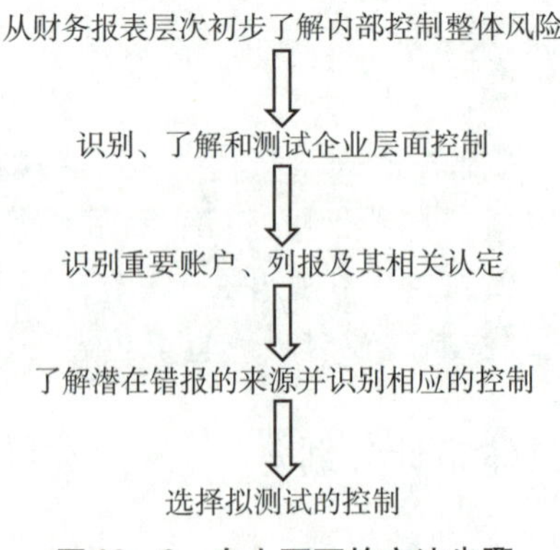

图 23-3　自上而下的方法步骤

（一）识别、了解和测试企业层面控制

1. 企业层面控制的内涵（见图23-4）

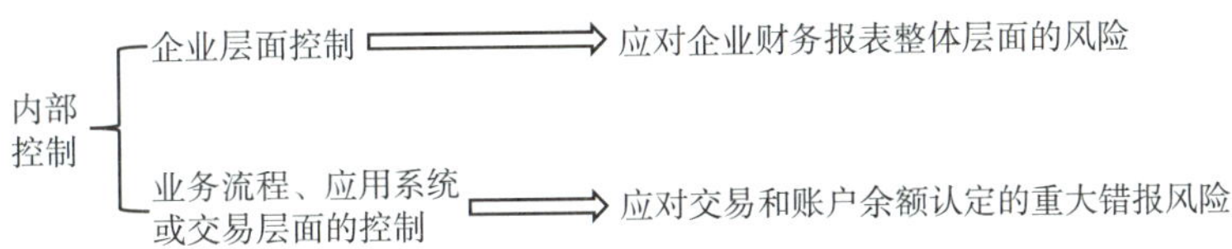

图23-4 企业内部控制所应对的风险

企业层面的控制通常在比业务流程更高的层面上乃至整个企业范围内运行，其作用比较广泛，通常不局限于某个具体认定。

业务流程、应用系统或交易层面的控制主要针对交易的生产、记录、处理和报告等环节。

2. 企业层面控制的内容

（1）与控制环境（即内部环境）相关的控制；

（2）针对管理层和治理层凌驾于控制之上的风险而设计的控制；

（3）被审计单位的风险评估过程；

（4）对内部信息传递和期末财务报告流程的控制；

（5）对控制有效性的内部监督（即监督其他控制的控制）和内部控制评价；

（6）集中化的处理和控制（包括共享的服务环境）、监控经营成果的控制以及针对重大经营控制及风险管理实务的政策。

3. 企业层面控制对其他控制及其测试的影响

（1）某些与控制环境相关的控制，对及时防止或发现重大错报的可能性有间接的重要影响，可能影响注册会计师拟测试的其他控制及其对其他控制所执行程序的性质、时间安排和范围。

（2）某些企业层面控制能够监督其他控制的有效性。这些控制本身并非精确到足以及时防止或发现相关认定的重大错报。当这些控制运行有效时，注册会计师可以减少原本拟对其他控制的有效性进行的测试。

（3）某些企业层面控制本身能精确到足以及时防止或发现一个或多个相关认定中存在的重大错报。如果一项企业层面控制足以应对已评估的重大错报风险，注册会计师可能可以不必测试与该风险相关的其他控制。

（二）识别重要账户、列报及其相关认定

注册会计师在确定重要性水平之后，应当识别重要账户、列报及其相关认定（见表23-3）。

表23-3　　识别重要账户或列报及其相关认定

重要账户或列报	如果某账户或列报可能存在一个错报，该错报单独或连同其他错报将导致财务报表发生重大错报，则该账户或列报为重要账户或列报

续表

相关认定	如果某财务报表认定可能存在一个或多个错报，这个或这些错报将导致财务报表发生重大错报，则该认定为相关认定

在识别重要账户、列报及其相关认定时，识别要求如下：

（1）会计师应当从**定性和定量**两个方面作出评价。

①定性：考虑舞弊和固有风险。

②定量：超过财务报表整体重要性的账户，无论是在内部控制审计，还是财务报表审计中，通常情况下被认定为重要账户，但一个账户或列报的金额超过财务报表整体重要性，并**不必然**表明其属于重要账户或列报，还要考虑定性问题。

（2）注册会计师应当深入账户或列报的成分考虑风险。

（3）注册会计师不应考虑控制的影响，因为内部控制审计的目标本身就是评价控制的有效性。

（4）在确定某账户、列报是否重要和某认定是否相关时，注册会计师应当将所有可获得的信息加以综合考虑。如确定重大错报的可能来源。

（5）考虑以前年度审计中了解到的情况影响注册会计师对固有风险的评估。

（6）应当评价的风险因素，与财务报表审计中考虑的因素相同。因此，**在这两种审计中识别的重要账户、列报及其相关认定应当相同**。

【例题 23－2·单选题】注册会计师执行内部控制审计时，下列有关识别重要账户、列报及其相关认定的说法中，错误的是（　　）。（2017 年）

A. 注册会计师应当从定性和定量两个方面识别重要账户、列报及其相关认定

B. 在识别重要客户、列报及其相关认定时，注册会计师应当确定重大错报的可能来源

C. 注册会计师通常将超过财务报表整体重要性的账户认定为重要账户

D. 在识别重要账户、列报及其相关认定时，注册会计师应当考虑控制的影响

【答案】D

【解析】在识别重要账户、列报及其相关认定时，注册会计师不应考虑控制的影响，因为内部控制审计的目标本身就是评价控制的有效性。

【例题 23－3·多选题】对于内部控制审计，下列有关重要账户的说法中，正确的有（　　）。（2019 年）

A. 超过财务报表整体重要性的账户未必是重要账户

B. 在识别重要账户时，注册会计师不应考虑控制的影响

C. 在识别重要账户时，注册会计师无须确定重大错报的可能来源

D. 存在舞弊风险的账户，即使其金额小于财务报表整体重要性，仍是重要账户

【答案】ABD

【解析】选项C错误，在确定某账户、列报是否重要和某认定是否相关时，注册会计师应当将所有可获得的信息加以综合考虑。例如，在识别重要账户、列报及其相关认定时，注册会计师还应当确定重大错报的可能来源。

（三）了解潜在错报的来源并识别相应的控制

注册会计师应当进一步了解潜在错报的来源，并为选择拟测试的控制奠定基础。

穿行测试通常是评价控制设计的有效性以及确定控制是否得到执行的有效方法。

注册会计师一般会实施穿行测试的情况包括：

（1）存在较高固定风险的复杂领域；

（2）以前年度审计中识别出的缺陷（要考虑缺陷的严重程度）；

（3）由于引入新的人员、新的系统、收购和采取新的会计政策而导致流程发生重大变化。

如果注册会计师首次接受委托执行内部控制审计，通常预期会对重要流程实施穿行测试。(可以利用他人工作)

注册会计师应当使用与被审计单位人员使用的相同的文件和信息技术对业务流程实施穿行测试，并向参与该流程或控制重要方面的相关人员进行询问。

（四）选择拟测试的控制

1. 选择拟测试控制的基本要求

注册会计师应当针对每一相关认定获取控制有效性的审计证据，以便对内部控制整体的有效性发表意见，但没有责任对单项控制的有效性发表意见。

注册会计师没有必要测试与某些相关认定有关的所有控制。

在确定是否测试某项控制时，注册会计师应当考虑该项控制单独或连同其他控制，是否足以应对评估的某项相关认定的错报风险，而不论该项控制的分类和名称如何。

2. 选择拟测试的控制的考虑因素

注册会计师在选取拟测试的控制时，通常不会选取整个流程中的所有控制，而是选择关键控制，即能够为一个或多个重要账户或列报的一个或多个相关认定提供最有效果或最有效率的证据的控制。选取关键控制需要注册会计师作出职业判断。

注册会计师无须测试那些即使有缺陷也合理预期不会导致财务报表重大错报的控制。

对于与所有重要账户和列报相关的所有相关认定，注册会计师都需要取得关于控制设计和运行是否有效的证据。

管理层在执行内部控制自我评价时选择测试的控制，可能多于注册会计师认为为了评价内部控制的有效性有必要测试的控制。

【例题23－4·单选题】在执行内部控制审计时，下列有关注册会计师选择拟测试的控制的说法中，错误的是（　　）。(2018年)

A. 注册会计师无须测试即使有缺陷也合理预期不会导致财务报表重大错报的控制

B. 注册会计师应当选择测试对形成内部控制审计意见有重大影响的控制

C. 注册会计师选择拟测试的控制，应当涵盖企业管理层在执行内部控制自我评价时测试的控制

D. 注册会计师通常选择能够为一个或多个重要账户或列报的一个或多个相关认定提供最有效果或最有效率的证据的控制进行测试

【答案】 C

【解析】 注册会计师在选取拟测试的控制时，通常不会选取整个流程中的所有控制，而是选择关键控制（选项 A 和选项 B 正确），也就是能够为一个或多个重要账户或列报的一个或多个相关认定提供最有效果或最有效率的证据的控制（选项 D 正确）；选项 C 错误，管理层在执行内部控制自我评价时测试的控制，可能多于注册会计师认为为了评价内部控制的有效性有必要测试的控制。

二、测试控制的有效性

内部控制的有效性包括**内部控制设计的有效性**和**内部控制运行的有效性**。注册会计师应当测试控制设计和运行的有效性。

1. 控制设计的有效性

如果某项控制由拥有有效执行控制所需的授权和专业胜任能力的人员按规定的程序和要求执行，能够实现控制目标，从而有效地防止或发现并纠正可能导致财务报表发生重大错报的错误或舞弊，则表明该项控制的设计是有效的。

2. 控制运行的有效性

如果某项控制正在按照设计运行、执行人员拥有有效执行控制所需的授权和专业胜任能力，能够实现控制目标，则表明该项控制的运行是有效的。

如果被审计单位利用第三方的帮助完成一些财务报告工作，注册会计师在评价负责财务报告及相关控制的人员的专业胜任能力时，可以一并考虑第三方的专业胜任能力。

注册会计师获取的有关控制运行有效性的审计证据包括：

（1）控制在所审计期间的相关时点是如何运行的；

（2）控制是否得到一贯执行；

（3）控制由谁或以何种方式执行。

（一）与控制相关的风险

在测试所选定控制的有效性时，注册会计师应当根据与控制相关的风险，确定所需要获取的审计证据。

与控制相关的风险包括一项控制**可能无效**的风险，以及如果该控制无效，可能导致**重大缺陷**的风险。与控制相关的风险越高，注册会计师需要获取的审计证据就越多（见表 23 -4）。

表 23-4　　与某项控制相关的风险的影响因素

一般因素	(1) 该项控制拟防止或发现并纠正的错报的性质和重要程度 (2) 相关账户、列报及其认定的固有风险 (3) 交易的数量和性质是否发生变化，进而可能对该项控制设计或运行的有效性产生不利影响 (4) 相关账户或列报是否曾经出现错报 (5) 企业层面控制（特别是监督其他控制的控制）的有效性 (6) 该项控制的性质及其执行频率 (7) 该项控制对其他控制（如控制环境或信息技术一般控制）有效性的依赖程度 (8) 执行该项控制或监督该项控制执行的人员的专业胜任能力，以及其中的关键人员是否发生变化 (9) 该项控制是人工控制还是自动化控制 (10) 该项控制的复杂程度，以及在运行过程中依赖判断的程度
连续审计中特别因素	(1) 以前审计所执行的审计程序的性质、时间安排和范围 (2) 以前审计控制测试的结果 (3) 自上次审计以来控制或流程是否发生变化

（二）测试控制有效性的程序的性质

测试控制有效性的审计程序类型包括询问、观察、检查和重新执行（见表 23-5）。

表 23-5　　测试控制有效性的审计程序类型

询问	仅实施询问程序不能为某一特定控制的有效性提供充分适当的证据。注册会计师通常需要获取其他信息以印证询问所取得的信息，这些其他信息包括被审计单位其他人员的佐证，控制执行时所使用的报告、手册或其他文件等
观察	观察是测试运行不留下书面记录的控制的有效方法。观察也可运用于测试对实物的控制。观察可以提供执行有关过程或程序的审计证据，但是观察所提供的审计证据，仅限于观察发生的时点，而且被观察人员的行为可能因被观察而受到影响，这也会使观察提供的审计证据受到限制
检查	检查通常用于确认控制是否得以执行。但是有些情况下，存在书面证据不一定表明控制一定有效
重新执行	重新执行的目的是评价控制的有效性而不是测试特定交易或余额的存在或准确性，即定性而非定量，因此一般不必选取大量的项目，也不必特意选取金额重大的项目进行测试

（三）控制测试的时间安排

1. 内部控制审计业务

对于内部控制审计业务，注册会计师应当获取内部控制在基准日之前一段足够长的期间内有效运行的审计证据。

对控制有效性测试的实施时间越接近基准日，提供的控制有效性的审计证据越有力。

确定测试时间要考虑的因素：

(1) 尽量在接近基准日实施测试；

(2) 实施的测试需要涵盖足够长的期间。

如果被审计单位对内部控制作出改变，注册会计师应当考虑这些变化并适当予以记录。如果注册会计师认为新的控制能够满足控制的相关目标，而且新控制已运行足够长的时间，足以使注册会计师通过实施控制测试评估其设计和运行的有效性，则注册会计师不再需要测试被取代的控制。

但是如果被取代的控制的运行有效性对注册会计师执行财务报表审计时的控制风险评估具有重要影响，注册会计师应当适当地测试这些被取代的控制。

【例题 23－5・单选题】 对于内部控制审计业务，下列有关控制测试的时间安排的说法中，错误的是（　　）。

A. 注册会计师应当获取内部控制在基准日之前一段足够长的期间内有效运行的审计证据

B. 注册会计师对控制有效性测试的实施越接近基准日，提供的控制有效性的审计证据越有力

C. 如果被审计单位在所审计年度内对控制作出改变，注册会计师应当对新的控制和被取代的控制分别实施控制测试

D. 如果已获取有关控制在期中运行有效性的审计证据，注册会计师应当获取补充证据，将期中测试结果前推至基准日

【答案】 C

【解析】 如果被审计单位对内部控制作出改变，注册会计师应当考虑这些变化并适当予以记录。如果注册会计师认为新的控制能够满足控制的相关目标，而且新控制已运行足够长的时间，足以使注册会计师通过实施控制测试评估其设计和运行的有效性，则注册会计师不再需要测试被取代的控制。

2. 整合审计

在**整合审计**中，注册会计师控制测试所涵盖的期间**应尽量**与财务报表审计中**拟信赖内部控制的期间保持一致**。

在整合审计中测试控制在整个会计年度的运行有效性时：

（1）注册会计师可以进行**期中测试**，然后对剩余期间实施**前推测试**；

（2）将样本分成**两部分**，一部分在期中测试，剩余部分在临近年末的期间测试。

在将期中测试结果前推至基准日时，注册会计师应当考虑下列因素以确定需获取的补充审计证据：

（1）基准日之前测试的特定控制，包括与控制相关的风险、控制的性质和测试的结果；

（2）期中获取的有关审计证据的充分性和适当性；

（3）剩余期间的长短；

（4）期中测试之后，内部控制发生重大变化的可能性；

（5）注册会计师基于控制的依赖程度拟减少进一步实质性程序的程度（仅适用于整合审计）；

（6）控制环境。

如果信息技术一般控制有效且关键的自动化控制未发生任何变化，注册会计师就不需要对该自动化控制实施前推测试。

【例题 23－6·案例分析题】X 公司的销售采用客户上门提货的方式，因此通常产品出库即实现销售。注册会计师对 X 公司（基准日为 12 月 31 日）截至 9 月 30 日的应收账款流程中的关键控制实施了测试，并对 10 月 31 日的应收账款余额实施了细节测试。在实施年末审计程序时，注册会计师考虑是否需要对期中测试结果实施前推程序，注册会计师考虑到自实施期中测试之后到基准日（即剩余期间）之间的间隔长度，以及在制定财务报表审计计划时拟对这些控制取得较高程度的保证，注册会计师决定实施一定的前推测试。注册会计师制定的前推测试计划如下：

	控制描述	控制性质	前推程序
控制①	应收账款会计每天将分类账中的收款记录与在线银行收款记录进行核对，并调查任何超过某一金额的差异	应收账款会计负责该控制在全年度内的执行，注册会计师期中控制测试时未发现控制偏差，该控制并不复杂，执行时不需要作出重大判断	向应收账款会计询问该控制是否得到一贯执行以及在 9 月 30 日至 12 月 31 日期间是否出现任何异常现象
控制②	每月末财务总监取得该月最后三天的产品出库报告，将其与当月入账的应收账款明细进行核对，以确保应收账款余额的完整性和存在	尽管该控制并不复杂，但每月最后一周的产品出库量占全月出库量的比例很重大。财务总监可以据此监控是否存在故意错报应收账款的行为。该控制具有多重目的及其运行无效所导致后果较严重	向财务总监和应收账款会计进行询问，并对财务总监执行该复核控制实施数次观察
控制③	每月末财务总监、首席财务官和客户信用经理复核应收账款账龄分析表并共同决定是否需要对长期未收款的应收账款余额计提坏账准备	该控制具有较高的主观性（虽然并不复杂）且对资产负债表和利润表均具有潜在的重大影响。该控制涉及管理层估计，还存在潜在的舞弊风险	决定检查关于该控制在基准日之前几次运行情况的证据，包括上述人员共同讨论的记录和与客户沟通的记录

（四）控制测试的范围

注册会计师在测试控制的运行有效性时，应当在考虑与控制相关的风险的基础上，确定测试的范围（样本规模）。

1. 测试人工控制的最小样本规模

在测试人工控制时，如果采用检查或重新执行程序，注册会计师测试的最小样本规模区间如表 23－6 所示。

表 23－6　测试人工控制的最小样本规模区间

控制运行频率	控制运行的总次数	测试的最小样本规模区间
每年 1 次	1	1
每季 1 次	4	2
每月 1 次	12	2～5
每周 1 次	52	5～15
每天 1 次	250	20～40
每天多次	大于 250 次	25～60

注：测试的最小样本规模是指所需测试的控制运行次数。

第二十三章

如何运用表23－6，如表23－7所示。

表23－7　　　　如何运用表23－6

注册会计师应当注意的事项	（1）测试的最小样本规模是指所需测试的控制运行次数 （2）注册会计师应当根据与控制相关的风险，基于最小样本规模区间确定具体的样本规模 （3）表23－6假设控制的运行偏差率预期为零。如果预期偏差率不为零，注册会计师应当扩大样本规模 （4）如果注册会计师不能确定控制运行的频率，但是知道控制运行的总次数，仍可根据“控制运行的总次数”一列确定测试的最小样本规模
运用测试的最小样本规模区间的最低值的情况（无须全部具备）	（1）与账户及其认定相关的固有风险和舞弊风险为低水平 （2）是日常控制，执行时需要的判断很少 （3）从穿行测试得出的结论和以前年度审计的结果表明未发现控制缺陷 （4）管理层针对该项控制的测试结果表明未发现控制缺陷 （5）存在有效的补偿性控制，且管理层针对补偿性控制的测试结果为运行有效 （6）根据对控制的性质以及内部审计人员客观性和胜任能力的考虑，注册会计师拟更多地利用他人的工作

某公司存在一项每月运行1次的控制，如某一员工对50个银行账户每月编制银行余额调节表。

第一步，计算控制每年运行的总次数，12×50＝600。

第二步，根据总次数选择表23－6中对应的部分，应为大于250次，每天多次，样本规模应为25～60。

（1）如果由多个人员执行同一控制，应当分别确定总体，针对每个人员确定样本规模。如果由两个人执行600次控制，样本规模应为25，即应针对每个人测试25次，一共50个样本。

（2）在确定控制运行的总次数时，还要注意拟测试的控制是否是同质的，能否作为一个总体。在本例中，如果由统一的财务主管复核每个人编制的银行余额调节表，通过了解和评价财务主管的复核控制，可以保证经复核的控制是同质的，则可以将两个人执行的控制作为1个总体。

2. 测试自动化应用控制的最小样本规模

信息技术处理具有内在一贯性，除非系统发生变动，一项自动化应用控制应当一贯运行。对于一项自动化应用控制，一旦确定被审计单位正在执行该控制，注册会计师通常无须扩大控制测试的范围，但需要考虑执行下列测试以确定该控制持续有效运行：

（1）测试与该应用控制有关的一般控制的运行有效性；

（2）确定系统是否发生变动，如果发生变动，是否存在适当的系统变动控制；

（3）确定对交易的处理是否使用授权批准的软件版本。

在信息技术一般控制有效的前提下，除非系统发生变动，注册会计师或其专家可能只需要对某项自动化应用控制的每一相关属性进行一次系统查询以检查其系统设置，即可得出所测试自动化应用控制是否运行有效的结论。

3. 发现偏差时的处理

如果发现控制偏差，注册会计师应当评价控制偏差的影响。

由于有效的内部控制不能为实现控制目标提供绝对保证，单项控制并非一定要毫无偏差地运行，才被认为有效。

注册会计师应当考虑偏差的原因及性质，如果发现的控制偏差是系统性偏差或人为有意造成的偏差，注册会计师应当考虑舞弊的可能迹象以及对审计方案的影响。

当测试发现一项控制偏差，且该偏差不是系统性偏差时，注册会计师可以扩大样本规模进行测试。如果测试后再次发现偏差，则注册会计师可以得出该控制无效的结论；如果扩大样本规模没有再次发现偏差，则注册会计师可以得出控制有效的结论。

三、控制测试

（一）企业层面控制的测试

1. 与控制环境相关的控制

控制环境包括治理职能和管理职能，以及治理层和管理层对内部控制及其重要性的态度、认识和行动。

在了解和评价控制环境时，注册会计师需要考虑的方面有：

（1）管理层的理念和经营风格是否促进了有效的财务报告内部控制；

（2）管理层在治理层的监督下，是否营造并保持了诚信和合乎道德的文化；

（3）治理层是否了解并监督财务报告过程和内部控制。

2. 针对管理层和治理层凌驾于控制之上的风险而设计的控制

针对凌驾风险采用的控制包括但不限于：

（1）针对重大的异常交易（尤其是那些导致会计分录延迟或异常的交易）的控制；

（2）针对关联方交易的控制；

（3）与管理层的重大估计相关的控制；

（4）能够减弱管理层伪造或不恰当操纵财务结果的动机及压力的控制；

（5）建立内部举报投诉制度。

3. 被审计单位的风险评估过程

风险评估过程包括识别与财务报告相关的经营风险，以及针对这些风险所采取的措施。

首先，被审计单位需要有充分的内部控制去识别来自外部环境的风险，如在经济、政治、法律法规、竞争者行为、债权人需求、技术变革等方面。

其次，充分且适当的风险评估过程应当包括对重大风险的估计，对风险发生可能性的评定以及确定应对方法。

4. 对内部信息传递和期末财务报告流程的控制

期末财务报告流程对内部控制审计和财务报表审计有重要影响，注册会计师应当对期末财务报告流程进行评价。

由于期末财务报告流程通常发生在管理层评价日之后，注册会计师一般只能在该日之后测试相关控制（见表23－8）。

表23－8　　期末财务报告流程的内容及评价

期末财务报告流程内容	评价期末财务报告流程
（1）将交易总额登入总分类账的程序 （2）与会计政策的选择和运用相关的程序 （3）总分类账中会计分录的编制、批准等处理程序 （4）对财务报表进行调整的程序 （5）编制财务报表的程序	（1）被审计单位财务报表的编制流程，包括输入、处理及输出 （2）期末财务报告流程中运用信息技术的程度 （3）管理层中参与期末财务报告流程的人员 （4）纳入财务报表编制范围的组成部分 （5）调整分录及合并分录的类型 （6）管理层和治理层对期末财务报告流程进行监督的性质及范围

5. 对控制有效性的内部监督和内部控制评价

监督层面：控制监督可以在企业层面或业务流程层面上实施。

监督方式：通过持续的监督和管理活动、审计委员会或内部审计部门的活动，以及自我评价的方式等来实现。

监督内容：对运营报告的复核和核对、与外部人士的沟通、其他未参与控制执行人员的监控活动，以及信息系统所记录的数据与实物资产的核对等。

在对被审计单位控制有效性的内部监督进行了解和对其有效性进行测试时，注册会计师的特别考虑因素：

（1）管理层是否定期地将会计系统中记录的数额与实物资产进行核对；

（2）管理层是否为保证内部审计活动的有效性而建立了相应的控制；

（3）管理层是否建立了相关的控制以保证自我评价或定期的系统评价的有效性；

（4）管理层是否建立了相关的控制以保证监督性控制能够在一个集中的地点有效进行。

6. 集中化的处理和控制

采用集中化管理可以降低各个下属单位或分部负责人对该单位或分部财务报表的影响，并且可能会使财务报表相关的内部控制更为有效，所以集中化的财务管理可能有助于降低财务报表错报的风险。

特定服务对象单位与财务报表相关的风险越大，注册会计师在进行内控测试过程中可能更需要到共享服务中心或其服务对象单位测试与特定服务对象单位相关的内部控制。

注册会计师可以考虑在较早的阶段执行对共享服务中心内部控制的有效性测试。

注册会计师还可以关注共享服务中心与财务报表相关的信息技术系统。

7. 经营成果的控制

管理层对于各个单位或业务部门经营情况的监控是企业层面的主要内部控制之一（见表23－9）。

表 23-9　　控制内容及要求

控制内容	控制要求
(1) 管理层对于各个单位或业务部门经营情况的监控 (2) 对客户投诉报告的复核及分析 (3) 对违反被审计单位政策或守则行为的处理的复核 (4) 对与员工报酬或晋升相关的员工业绩评价流程的复核 (5) 对企业记录的财务报表编制流程中存在的主要风险的复核	(1) 在了解监督经营成果相关的控制时，注册会计师可以从性质上分析这些监督经营成果的控制是否有足够的精确度以取代对业务流程、应用系统或交易层面的控制的测试 (2) 如果这些监督经营成果的内部控制是有效的，注册会计师可以考虑减少对其他控制的测试

8. 针对重大经营控制及风险管理实务的政策

保持良好的内部控制的企业通常针对重大经营控制及风险管理实务采用相应的内部控制政策，考虑因素（包括但不限于）：

(1) 企业是否建立了重大风险预警机制，明确哪些风险是重大风险，哪些事项一旦出现必须启动应急处理机制；

(2) 企业是否建立了突发事件应急处理机制，确保突发事件得到及时妥善处理。

(二) 业务流程、应用系统或交易层面的控制的测试

1. 了解企业经营活动和业务流程

注册会计师可以通过检查被审计单位的手册和其他书面指引获得有关信息，还可以通过询问和观察来获得全面的了解。

向负责处理具体业务人员的上级进行询问通常更加有效。

2. 识别可能发生错报的环节

注册会计师需要了解和确认被审计单位应在哪些环节设置控制，以防止或发现并纠正各重要业务流程可能发生的错报。

被审计单位设计控制是为了实现某些控制目标（见表 23-10）。

表 23-10　　控制目标

控制目标	说明
完整性：所有的有效交易都已经记录	必须有程序确保没有漏记实际发生的交易
存在/发生：每项已记录的交易均真实发生	必须有程序确保会计记录中没有虚构或重复入账的项目
准确性：准确计量交易	必须有程序确保交易以准确的金额入账
截止：恰当确定交易生成的会计期间	必须有程序确保交易在适当的会计期间内入账（例如，月、季度、年等）
分类	必须有程序确保将交易记入正确的总分类账，必要时，记入相应的明细账
正确汇总和过账	必须有程序确保所有作为账簿记录中的借贷方余额都正确地归集，确保加总后的金额正确过入总账和明细分类账

评价是否实现这些目标的重要标志是，是否存在控制来防止错报的发生，或发现并纠正错报，然后重新提交到业务流程处理程序中进行处理。

3. 识别和了解相关控制

针对业务流程中容易发生错报的环节，注册会计师应当确定：

（1）被审计单位是否建立了有效的控制，以防止或发现并纠正这些错报；

（2）被审计单位是否遗漏了必要的控制；

（3）是否识别了可以最有效测试的控制。

控制的类型。控制分为预防性控制和检查性控制。

识别和了解方法。主要方法是，询问被审计单位各级别的负责人员。通常先询问级别较高的人员，再询问级别较低的人员。业务流程越复杂，注册会计师越有必要询问信息系统人员。

4. 记录相关控制

注册会计师应将其记录于工作底稿，同时记录由谁执行控制。

（三）信息系统控制的测试

被审计单位采用信息系统处理业务，并不意味着手工控制被完全取代，信息系统对控制的影响，取决于被审计单位对信息系统的依赖程度。

与财务报表相关的控制活动一般由一系列手工控制和自动控制所组成。

1. 信息技术一般控制测试

信息系统一般控制是指为了保证信息系统的安全，对整个信息系统以及外部各种环境要素实施的、对所有的应用或控制模块具有普遍影响的控制措施；

信息技术一般控制通常会对实现部分或全部财务报告认定作出间接贡献。在有些情况下，信息技术一般控制也可能对实现信息处理目标和财务报告认定作出直接贡献。

信息技术一般控制包括程序开发、程序变更、程序和数据访问以及计算机运行四个方面。

2. 信息技术应用控制测试

信息技术应用控制一般要经过输入、处理及输出等环节，与手工控制一样，自动系统控制同样关注信息处理目标的四个要素：完整性、准确性、经过授权和访问限制。

所有的自动应用控制都会有一个手工控制与之相对应。在测试的时候，每个自动系统控制都要与其对应的手工控制一起进行测试，才能得到控制是否可信赖的结论。

3. 信息技术应用控制与信息技术一般控制之间的关系

如果带有关键的某些功能的应用系统所依赖的计算机环境存在信息技术一般控制的缺陷，注册会计师可能就不能信赖上述功能按设计发挥作用。

第四节　内部控制缺陷评价

一、控制缺陷的分类

控制缺陷的分类如图 23 –5 所示。

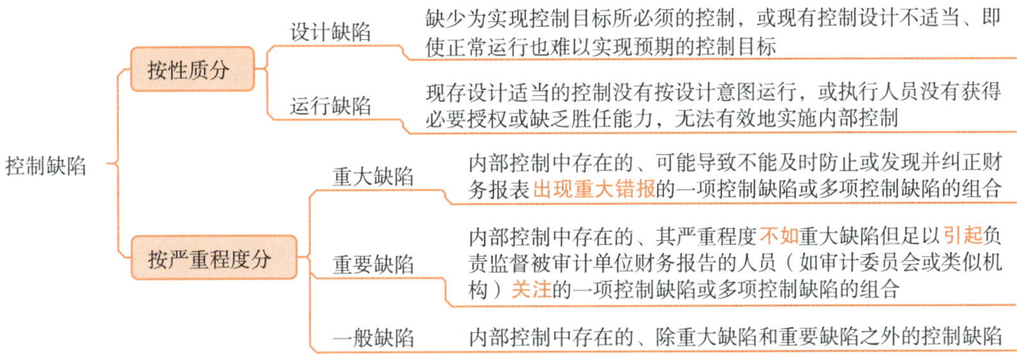

图 23 –5　控制缺陷的分类

二、评价控制缺陷的严重程度

注册会计师应当评价其识别的各项控制缺陷的严重程度，以确定这些缺陷单独或组合起来，是否构成内部控制的重大缺陷。但是，在计划和实施审计工作时，不要求注册会计师寻找单独或组合起来不构成重大缺陷的控制缺陷（见表 23 –11）。

表 23 –11　　控制缺陷的严重程度取决因素

影响因素	说明
控制不能防止或发现并纠正账户或列报发生错报的可能性的大小	（1）控制缺陷的严重程度与错报是否发生无关，而取决于控制不能防止或发现并纠正错报的可能性的大小 （2）评价控制缺陷是否可能导致错报时，注册会计师无须将错报发生的概念量化为某特定的百分比或区间 （3）如果多项控制缺陷影响财务报表的同一账户或列报，错报发生的概率会增加
因一项或多项控制缺陷导致的潜在错报的金额大小	（1）在评价因一项或多项控制缺陷导致的潜在错报的金额大小时，注册会计师应当考虑的因素包括： ①受控制缺陷影响的财务报表金额或交易总额； ②在本期或预计的未来期间受控制缺陷影响的账户余额或各类交易涉及的交易量。 （2）在评价潜在错报的金额大小时，账户余额或交易总额的最大多报金额通常是已记录的金额，但其最大少报金额可能超过已记录的金额 （3）小金额错报比大金额错报发生的概率更高

第二十三章

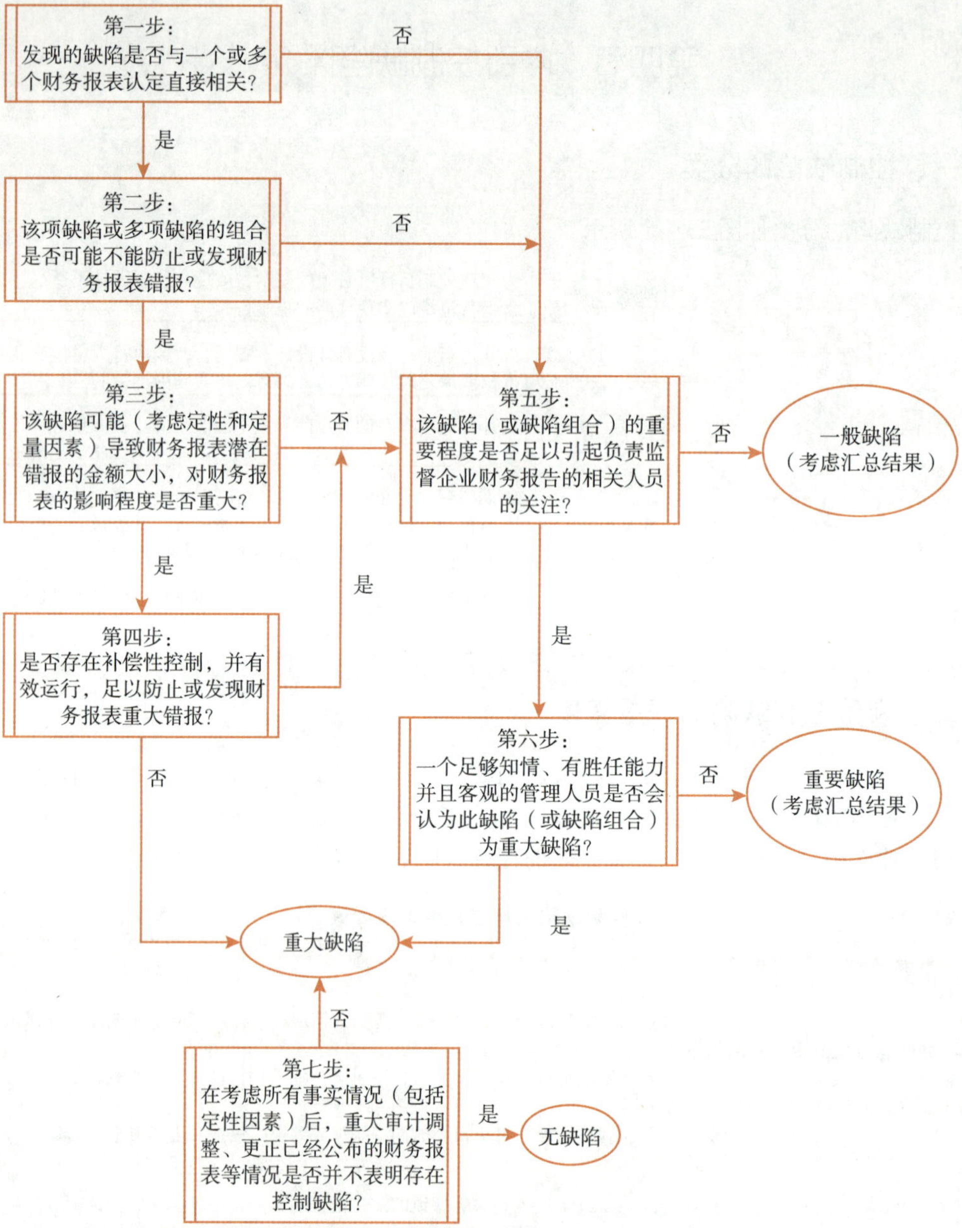

第一步：
发现的缺陷是否与一个或多个财务报表认定直接相关？
是 → 第二步；否 → 第五步

第二步：
该项缺陷或多项缺陷的组合是否可能不能防止或发现财务报表错报？
是 → 第三步；否 → 第五步

第三步：
该缺陷可能（考虑定性和定量因素）导致财务报表潜在错报的金额大小，对财务报表的影响程度是否重大？
是 → 第四步；否 → 第五步

第四步：
是否存在补偿性控制，并有效运行，足以防止或发现财务报表重大错报？
是 → 第五步；否 → 重大缺陷

第五步：
该缺陷（或缺陷组合）的重要程度是否足以引起负责监督企业财务报告的相关人员的关注？
否 → 一般缺陷（考虑汇总结果）；是 → 第六步

第六步：
一个足够知情、有胜任能力并且客观的管理人员是否会认为此缺陷（或缺陷组合）为重大缺陷？
否 → 重要缺陷（考虑汇总结果）；是 → 重大缺陷

第七步：
在考虑所有事实情况（包括定性因素）后，重大审计调整、更正已经公布的财务报表等情况是否并不表明存在控制缺陷？
是 → 无缺陷；否 → 重大缺陷

图 23－6　控制缺陷评价流程

三、内部控制缺陷的整改

如果被审计单位在基准日前对存在缺陷的控制进行了整改，**整改后的控制需要运行足够长的时间**，才能使注册会计师得出其是否有效的审计结论。

注册会计师应当根据控制的性质和与控制相关的风险，合理运用职业判断，确定整改后控制运行的最短时间以及最少测试数量（见表 23－12）。

表 23－12　　整改后控制运行的最短期间（或最少运行次数）和最少测试数量

控制运行频率	整改后控制运行的最短期间或最少运行次数	最少测试数量
每季 1 次	2 个季度	2
每月 1 次	2 个月	2
每周 1 次	5 周	5
每天 1 次	20 天	20
每天多次	25 次（分布于涵盖多天的期间，通常不少于 15 天）	25

如果被审计单位在基准日前对存在重大缺陷的内部控制进行了整改，但新控制尚没有运行足够长的时间，注册会计师应当将其视为内部控制在基准日存在重大缺陷。

【例题 23－7·单选题】 注册会计师执行内部控制审计时，下列有关评价控制缺陷的说法中，错误的是（　　）。(2017 年)

A. 如果一项控制缺陷存在补偿性控制，注册会计师不应将该控制缺陷评价为重大缺陷

B. 注册会计师评价控制缺陷的严重程度时，无须考虑错报是否已经发生

C. 注册会计师评价控制缺陷是否可能导致错报时，无须量化错报发生的概率

D. 注册会计师评价控制缺陷导致的潜在错报的金额大小时，应当考虑本期或未来期间受控制缺陷影响的账户余额或各类交易涉及的交易量

【答案】 A

【解析】 在确定一项控制缺陷或多项控制缺陷的组合是否构成重大缺陷时，注册会计师应当评价补偿性控制的影响。在评价补偿性控制是否能够弥补控制缺陷时，注册会计师应当考虑补偿性控制是否有足够的精确度以防止或发现并纠正可能发生的重大错报。也就是注册会计师可能将该控制评价为重大缺陷。

第五节　出具审计报告

一、形成审计意见

注册会计师应当评价从各种来源获取的审计证据，包括对控制的测试结果、财务报表审计中发现的错报以及已识别的所有控制缺陷，形成对内部控制有效性的意见。

在评价审计证据时，注册会计师应当查阅本年度涉及内部控制的内部审计报告或类似报告，并评价这些报告中指出的控制缺陷。

只有在审计范围没有受到限制时，注册会计师才能对内部控制有效性形成意见。如果审计范围受到限制，注册会计师需要解除业务约定或出具无法表示意见的内部控制审计报告。

在对内部控制的有效性形成意见后，注册会计师应当评价企业内部控制评价报告对相关法律法规规定的要素的列报是否完整和恰当。

二、审计报告类型

注册会计师在完成内部控制审计工作后，应当出具内部控制审计报告。注册会计师需要在审计报告中清楚地表达对内部控制有效性的意见，并对出具的审计报告负责。

在**整合审计**中，注册会计师在完成内部控制审计和财务报表审计后，应当**分别**对内部控制和财务报表**出具**审计报告，并**签署相同的日期**。

内部控制审计报告包括下列要素（见图 23－7）。

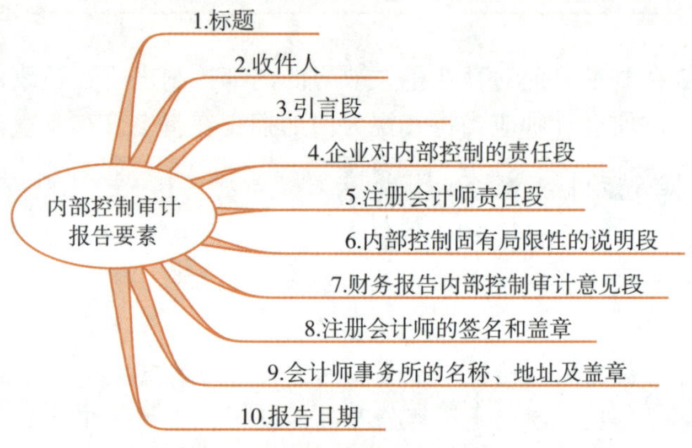

图 23－7　内部控制审计报告要素

内部控制无论如何有效，都只能为企业实现控制目标提供合理保证。

内部控制实现目标的可能性受其固有限制的影响，包括：

（1）在决策时人为判断可能出现错误和因人为失误而导致内部控制失效。

（2）控制的运行也可能无效。

（3）控制可能由于两个或更多的人员进行串通舞弊或管理层不当地凌驾于内部控制之上而被规避。

（4）在设计和执行控制时，如果存在选择执行的控制以及选择承担的风险，管理层在确定控制的性质和范围时需要作出主观判断。

内部控制审计报告的类型如图 23－8 所示。

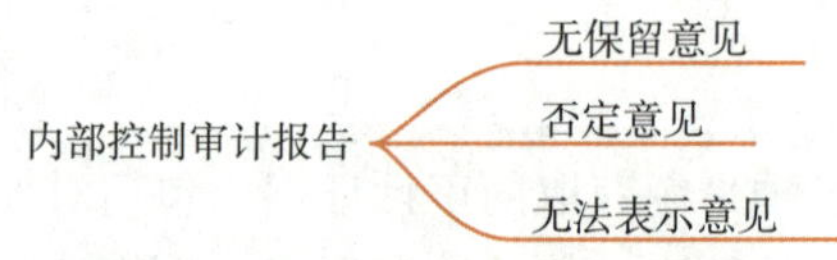

图 23－8　内部控制审计报告类型

注：内部控制审计报告只有三种类型，没有保留意见类型。而财务报表审计报告有四种类型。

（一）无保留意见内部控制审计报告

如果符合下列所有条件，应当对内部控制出具无保留意见的内部控制审计报告：

（1）在基准日，被审计单位按照适用的内部控制标准的要求，在所有重大方面保持了有效的内部控制。

（2）注册会计师已经按照《企业内部控制审计指引》的要求计划和实施审计工作，

在审计过程中未受到限制。

（二）否定意见的内部控制审计报告

适用情形：如果认为内部控制存在一项或多项重大缺陷，除非审计范围受到限制，注册会计师应当对内部控制发表否定意见。

特别内容：否定意见的内部控制审计报告中还应当包括重大缺陷的定义、重大缺陷的性质及其对内部控制的影响程度。注册会计师应当就重大缺陷情况以书面形式与治理层沟通。

对财务报表的审计的影响如图 23－9 所示。

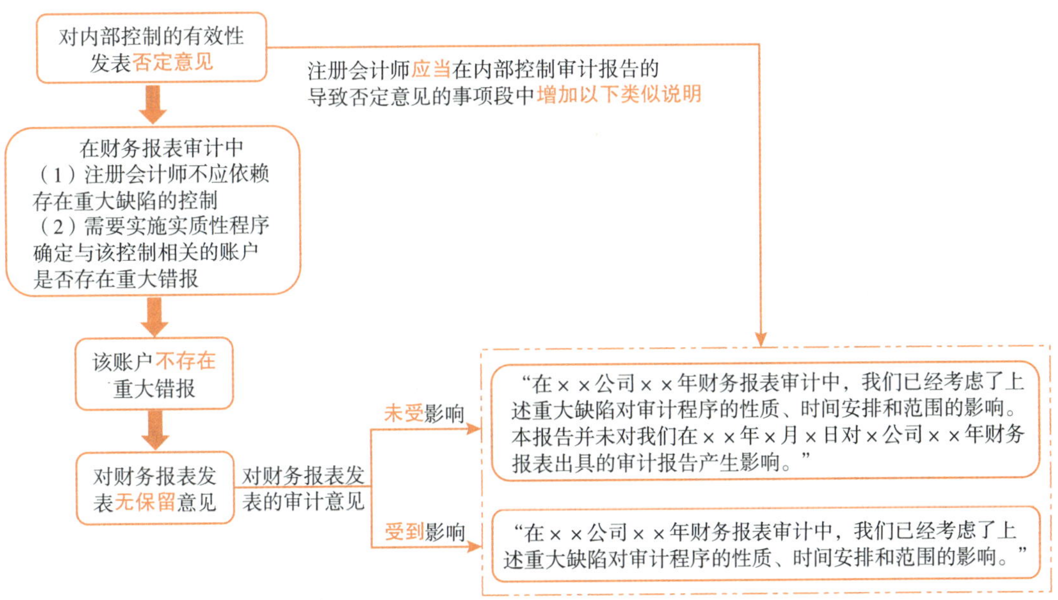

图 23－9　对财务报表审计的影响

（三）无法表示意见的内部控制审计报告

适用情形：

（1）如果审计范围受到限制，注册会计师应当解除业务约定或出具无法表示意见的内部控制审计报告。

（2）如果法律法规的相关豁免规定允许被审计单位不将某些实体纳入内部控制的评价范围，注册会计师可以不将这些实体纳入内部控制审计的范围。这种情况不构成审计范围受到限制，但注册会计师应当在内部控制审计报告中增加强调事项段或者在注册会计师的责任段中，就这些实体未被纳入评价范围和内部控制审计范围这一情况，作出与被审计单位类似的恰当陈述。

只要认为审计范围受到限制将导致无法获取发表审计意见所需的充分、适当的审计证据，注册会计师不必执行任何其他工作即可对内部控制出具无法表示意见的内部控制审计报告。在这种情况下，内部控制审计报告的日期应当为注册会计师已就该报告中陈述的内容获取充分、适当的审计证据的日期。

在因审计范围受到限制而无法表示意见时，注册会计师应当就**未能完成整个内部控制审计工作的情况**，以**书面形式**与管理层和治理层沟通。

三、强调事项、非财务报告内部控制重大缺陷

1. 强调事项

如果认为内部控制虽然**不存在重大缺陷**，但仍有一项或多项重大事项需要提请内部控制审计报告使用者注意，注册会计师应当在内部控制审计报告中增加强调事项段予以说明。

注册会计师应当在强调事项段中指明，该段内容仅用于提醒内部控制审计报告使用者关注，**并不影响**对内部控制发表的审计意见。

如果存在下列情况，注册会计师**应当**考虑在内部控制审计报告中**增加强调事项段**：

（1）如果确定企业内部控制评价报告对**要素的列报不完整或不恰当**，注册会计师应当在内部控制审计报告中增加强调事项段，说明这一情况并解释得出该结论的理由。

（2）如果注册会计师知悉在基准日并不存在、但在期后期间发生的事项，且这类**期后事项对内部控制有重大影响**，注册会计师应当在内部控制审计报告中增加强调事项段，描述该事项及其影响，或提醒内部控制审计报告使用者关注企业内部控制评价报告中披露的该事项及其影响。

2. 非财务报告内部控制重大缺陷

对于审计过程中注意到的**非财务报告内部控制缺陷**，如果发现某项或某些控制对企业发展战略、法规遵循、经营的效率效果等控制目标的实现有重大不利影响，确定该项非财务报告内部控制缺陷为重大缺陷的，注册会计师应当**以书面形式**与企业董事会和经理层沟通，提醒企业加以改进。

在内部控制审计报告中**增加非财务报告内部控制重大缺陷描述段**，对重大缺陷的性质及其实现相关控制目标的影响程度进行披露，提示内部控制审计报告使用者注意相关风险，但无须对其发表审计意见。

【例题 23－8·多选题】在执行内部控制审计时，下列有关非财务报告内部控制重大缺陷的说法中，正确的有（　　）。(2018 年)

A. 注册会计师应当以书面形式与被审计单位董事会沟通发现的非财务报告内部控制重大缺陷

B. 注册会计师可以以书面或口头形式与被审计单位经理层沟通发现的非财务报告内部控制重大缺陷

C. 注册会计师应当在内部控制审计报告中披露非财务报告内部控制重大缺陷

D. 非财务报告内部控制重大缺陷不影响内部控制审计报告的意见类型

【答案】ACD

【解析】选项 B 错误。确定该项非财务报告内部控制缺陷为重大缺陷的，注册会计师应当以书面形式与企业董事会和经理层沟通，提醒企业加以改进。

参考格式 23－1　　无保留意见内部控制审计报告

内部控制审计报告

××股份有限公司全体股东：

按照《企业内部控制审计指引》及中国注册会计师执业准则的相关要求，我们审计了××股份有限公司（以下简称××公司）××年×月×日的财务报告内部控制的有效性。

一、企业对内部控制的责任

按照《企业内部控制基本规范》《企业内部控制应用指引》《企业内部控制评价指引》的规定，建立健全和有效实施内部控制，并评价其有效性是××公司董事会的责任。

二、注册会计师的责任

我们的责任是在实施审计工作的基础上，对财务报告内部控制的有效性发表审计意见，并对注意到的非财务报告内部控制的重大缺陷进行披露。

三、内部控制的固有局限性

内部控制具有固有局限性，存在不能防止和发现错报的可能性。此外，由于情况变化可能导致内部控制变得不恰当，或对控制政策遵循的程度降低，根据内部控制审计结果推测未来内部控制的有效性具有一定风险。

四、财务报告内部控制审计意见

我们认为，××公司于××年×月×日按照《企业内部控制基本规范》和相关规定在所有重大方面保持了有效的财务报告内部控制。

××会计师事务所
（盖章）

中国注册会计师：×××
（签名并盖章）
中国注册会计师：×××
（签名并盖章）

中国××市

二〇×二年×月×日

参考格式 23－2　　带强调事项段的无保留意见内部控制审计报告（节选）

五、强调事项

我们提醒内部控制审计报告使用者，[描述强调事项的性质及其内部控制的重大影响] 本段内容不影响已对财务报告内部控制发表的审计意见。

参考格式 23－3　　否定意见内部控制审计报告（节选）

四、导致否定意见的事项

重大缺陷是内部控制中存在的、可能导致不能及时防止或发现并纠正财务报表出现重大错报的一项控制缺陷或多项控制缺陷的组合。

[指出注册会计师已识别出的重大缺陷，并说明重大缺陷性质及其对财务报告内部控制的影响程度]

有效的内部控制能够为财务报告及相关信息的真实完整提供合理保证，而上述重大缺陷使××公司内部控制失去这一功能。

××公司管理层已识别出上述重大缺陷，并将其包含在企业内部控制评价报告中。上述缺陷在所有重大方面得到公允反映。

在××公司××年财务报表审计中，我们已经考虑了上述重大缺陷对审计程序的性质、时间安排和范围的影响。本报告并未对我们在××年×月×日对×公司××年财务报表出具的审计报告产生影响。

五、财务报告内部控制审计意见

我们认为，由于存在上述重大缺陷及其对实现控制目标的影响，××公司于××年×月×日未能按照《企业内部控制基本规范》和相关规定在所有重大方面保持有效的财务报告内部控制。

参考格式 23－4　　无法表示意见内部控制审计报告（节选）

三、导致无法表示意见的事项

［描述审计范围受到限制的具体情况］

四、财务报告内部控制审计意见

由于审计范围受到上述限制，我们未能实施必要的审计程序以获取发表意见所需的充分、适当证据，因此，我们无法对××公司财务报告内部控制的有效性发表意见。

五、识别的财务报告内部控制重大缺陷

［如在审计范围受到限制前，执行有限程序未能识别出重大缺陷，则应删除本段］

重大缺陷是内部控制中存在的、可能导致不能及时防止或发现并纠正财务报表出现重大错报的一项控制缺陷或多项控制缺陷的组合。

尽管我们无法对××公司财务报告内部控制的有效性发表意见，但在我们实施的有限程序的过程中，发现了以下重大缺陷：

［指出注册会计师已识别出的重大缺陷，并说明重大缺陷的性质及其对财务报告内部控制的影响程度］

有效的内部控制能够为财务报告及相关信息的真实完整提供合理保证，而上述重大缺陷使××公司内部控制失去这一功能。

参考格式 23－5　　非财务报告重大缺陷的内部控制审计报告（节选）

五、非财务报告内部控制重大缺陷

在内部控制审计过程中，我们注意到××公司的非财务报告内部控制存在重大缺陷［描述该缺陷的性质及其对实现相关控制目标的影响程度］。由于存在上述重大缺陷，我们提醒本报告使用者注意相关风险。需要指出的是，我们并不对××公司的非财务报告内部控制发表意见或提供保证。本段内容不影响对财务报告内部控制有效性发表的审计意见。

【例题 23－9·单选题】 下列有关内部控制的说法中，错误的是（　　）。(2012 年 B 卷)

A. 注册会计师应当在所有审计项目中了解内部控制

B. 内部控制无论如何有效，都只能为被审计单位实现财务报告目标提供合理保证

C. 与经营目标和合规目标相关的控制均与审计无关

D. 在某些情况下，控制得到执行，就能为控制运行的有效性提供证据

【答案】C

【解析】如果与经营目标和合规目标相关的控制同注册会计师实施审计程序时评价或使用的数据相关，则这些控制也可能与审计相关。

【例题 23－10·多选题】 下列有关财务报表审计与内部控制审计的共同点的说法中，正确的有（　　）。(2017 年)

A. 两者识别的重要账户、列报及其相关认定相同

B. 两者的审计报告意见类型相同

C. 两者了解和测试内部控制设计和运行有效性的审计程序类型相同

D. 两者测试内部控制运行有效性的范围相同

【答案】AC

【解析】企业内部控制审计意见包括无保留意见、否定意见和无法表示意见三种类型，而财务报表审计还包含保留意见，所以选项 B 错误；在财务报表审计中，如果预期不信赖内部控制，可以不实施控制测试，而在内部控制审计中，注册会计师应当针对所有重要账户和列报的每一个相关认定获取控制设计和运行有效性的审计证据，以便对内部控制整体的有效性发表审计意见，所以两者测试内部控制运行有效性的范围不同。

第 21 天

复习旧内容：

进入细节复习

学习方法：

开始进入每个细节的复习，每复习一章节之前，首先要回忆一下本章各个章节的主要内容，然后再深入细节，从宏观到微观的过程才能让我们复习起来自信满满。

但是切记，复习不可太拖沓，每天可能复习上百页都是正常现象。

你今天可能有的心态：

没什么太复杂的心态了，学完了你已经有 80% 的把握过关了，剩下的 20% 就是看你做真题和改错本的态度了！

建议学习时间：

自定

第二十三章　企业内部控制审计

彬哥跟你说：

最后一章了！我先提醒各位的是，本章叫作内部控制审计，也就是专门审计内部控制的，而前面的所有内容都是财务报表审计，是审计财务报表的，这是区别！

本章学完了，审计的新课算是学完了，接下来，就是消化和过关的时候了，消化和过关会有一个过程，坚持下去，不断地刻意练习！

今日复习步骤：

第一遍：回忆 & 重新复习一遍框架（10 分钟）

学习要求：自己重新找一遍框架，不需要掌握所有细节，但求框架了然于心。

第二遍：对细节进一步掌握（40 分钟）

企业内部控制审计涉及哪些考点？

第三遍：重新复习一遍框架（10 分钟）

我问你答：

（1）注册会计师对特定基准日内部控制的有效性发表意见，意味着注册会计师只测试基准日这一天的内部控制，是否正确？

（2）在整合审计中，控制测试所涵盖的期间应当尽量与什么期间保持一致？

（3）具体审计计划的内容包括什么？

（4）内部控制包括哪两个层面的控制？企业层面的控制对其他控制和测试有哪些影响？

（5）在识别重要账户、列报及其相关认定时，注册会计师应从哪两个方面作出评价？是否需要考虑控制的影响？

（6）注册会计师是否有责任对单项控制的有效性发表意见？是否需要测试与某些相关认定有关的所有控制？是否需要选取整个流程中的所有控制？

（7）对于一项自动化应用控制，一旦确定被审计单位正在执行该控制，注册会计师是否需要扩大控制测试的范围？

（8）控制缺陷如何分类？控制缺陷的严重程度与错报是否发生相关，是否正确？

（9）如果一项控制缺陷存在补偿性控制，是否就不应将其评价为重大缺陷？

（10）内部控制审计报告类型包括哪几类？是否包括保留意见类型？

（11）如果审计范围受到限制，注册会计师应当出具什么意见的内部控制审计报告？

本章作业：

（1）请把讲义例题做三遍（做错的题目，请分析错误原因并记录到改错本）。

（2）请复习完口述一遍框架，睡前请再回忆一遍框架。

（3）第二天早上，请再回忆一遍框架，对于回忆不起来的内容，请翻书看一遍。

明星讲师

李彬

BT 学院（www.btclass.cn）明星老师，注册会计师全国统一考试辅导教材「21 天突破注会」系列丛书作者

2019 年一人带出 15 个一次过六科学员，92 个一次性过五科学员，346 个过四科学员；累计带出一次过 6 科学员 80 名。

零基础开始考证之路，自创框架学习法！2012 年一次性极高分通过注册会计师专业阶段考试（459 分），2013 年 6 月一次性通过注册税务师考试（5 门），2013 年 9 月高分通过司法考试（400+）。

↑备考CPA的同学，可以扫码添加彬哥的微信

向艳老师

主讲：会计
16 年 CPA 全国状元（478.25）
BT 学院教研组负责人，多年财会教学经验
极致耐心细致教学，上课传授高效学神备考方法

七喜老师

主讲：财管
自学半个月过财管，2 年过 CPA
曾在世界 500 强、央企等担任管理会计工作
擅长框架法教学，自带圈粉属性的声音，课堂超高互动率

叶子老师

主讲：税法
注册会计师、中国人民大学会计学毕业
担任多年上市公司会计主管，具有多年财会教学经验
以班主任风格授课，条理清晰，生动形象，重点极其突出！

颖儿老师

主讲：经济法
在职宝妈均分 80+ 过 CPA
擅长多线备考，手握数十本证书的考证狂魔
擅长以图说“法”，自创高效抗遗忘法，帮助学员牢记知识点！

丽丽老师

主讲：审计、战略
注册会计师，2 年过 CPA
曾在立信事务所担任审计、担任多年高校财会老师
被誉为最温柔耐心的 CPA 老师，立志打造最快乐的 CPA 课堂

题库领取

Step 1

扫描二维码

Step 2

扫码后弹出
【BT研习社】，
点击“关注公众号”，
如已关注请忽略此步

Step 3

关注后自动领取7天导学
课+精品课
点击弹出消息中的“2020
年BT学院教材正版验证”
（如何领取APP题库）

Step 4

刮开封面题库码刮银，
获取题库码

Step 5

在领取BT学院APP题库
页面中填写题库优惠码，
填写完毕后点击“兑换”

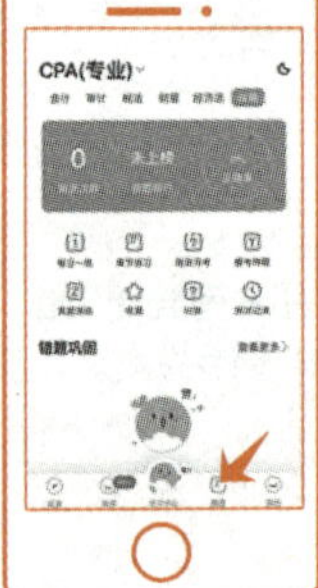

Step 6

领取成功后，
下载【BT学院】APP，
点击【题库】即可做题

下载BT学院APP 

联系官方客服 

BT 学院——陪伴奋斗年华

致敬这个时代最有梦想的人

有时候会觉得自己很孤单，哪怕并不缺少亲人朋友关切的眼神。因为没有处在相同的境地，没有面临等同的压力，没有殊途同归的共同目标，所以有口难言，情绪都烂在心里。想要与志同道合的朋友喝酒聊天，想要在他们眼里找回激情和梦想，想要与保持着同一份初心的人一路前行。

陪伴，是最温暖的情怀，是最长情的告白，而 BT 学院就想要送你这一份温暖，陪伴奋斗年华。

学习知识固然重要，可是陪伴或许才是教育的本质。有“效率”的陪伴，应该是“双向沟通”，就像高效的学习不应当只是“单向传输”一样。老师懂你的困惑，你也能跟上老师的节奏，及时的互通和反馈才是陪伴的真谛！信息时代里，我们缺少的绝对不是那堆冷冰冰的知识，而是能有良师在授业解惑之余不断引导你培养终身受益的学习方法，有益友持续鼓励你坚定不渝地前行，这或许就是教育的本质。这样的经历在我们学生时代也许并不陌生，只是多年之后再回首，那些坚定又充实的学习时光竟然是那般遥远。在 BT 学院里，我们想要给你陪伴，带你再回那段时光。

纵然无线 WiFi 不能传递热能，可是陪伴却可以带来无限温情。直播间里，老师说“懂得了就扣 1”，一连串的 1111 让我们透过屏幕感受到你们的欣喜和雀跃；班级群里，助教说“复习完了要打卡”，同学们较着劲儿地报进度，互相鼓励着去坚持，真切地觉得在奋斗的不只是自己。

纵使我们来自全国各地，可是有着相同的奋斗心情。我们在一群素未谋面的陌生人中嗅到了至真至纯的人情味儿，让早读成为了习惯，拼搏至凌晨成为了常态。助教的督促，老师的答疑，同学的鼓励，让汗水终将换来理想成绩的感动。正是对这份温暖的向往，对目标的矢志不渝，让你在最美的年华，选择了奋斗在 BT 学院。一个人走得很快，但一群人相伴可以走得更远。

熹微晨光中，鸟鸣和 BT 学院陪你；静谧的夜里，咖啡和 BT 学院陪你；没有休息的周六日，没有旅行的假期，BT 学院一直陪你，陪你！陪你遥望真理无穷，陪你感受每进一寸的欢喜，陪你平缓坎坷心情，陪你度过奋斗年华！

BT 学院—陪伴奋斗年华。BestTime，最美的年华，奋斗在 BT 学院！

目　录

CONTENTS

第一章　审计概述……1
第二章　审计计划……3
第三章　审计证据……5
第四章　审计抽样……7
第五章　信息技术对审计的影响……8
第六章　审计工作底稿……9
第七章　风险评估……10
第八章　风险应对……12
第九章　销售与收款循环……14
第十章　采购及付款循环……16
第十一章　生产和存货循环……17
第十二章　货币资金的审计……18
第十三章　对舞弊和法律法规的考虑……19
第十四章　审计沟通……21
第十五章　注册会计师利用他人的工作……23
第十六章　对集团财务报表审计的特殊考虑……25
第十七章　其他特殊项目的审计……27
第十八章　完成审计工作……31
第十九章　审计报告……35
第二十章　会计师事务所业务质量控制……39
第二十一章　职业道德基本原则和概念框架……41
第二十二章　审计业务对独立性的要求……43
第二十三章　企业内部控制审计……47

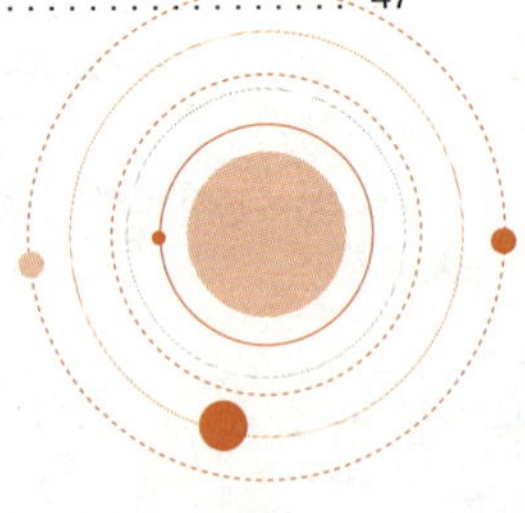

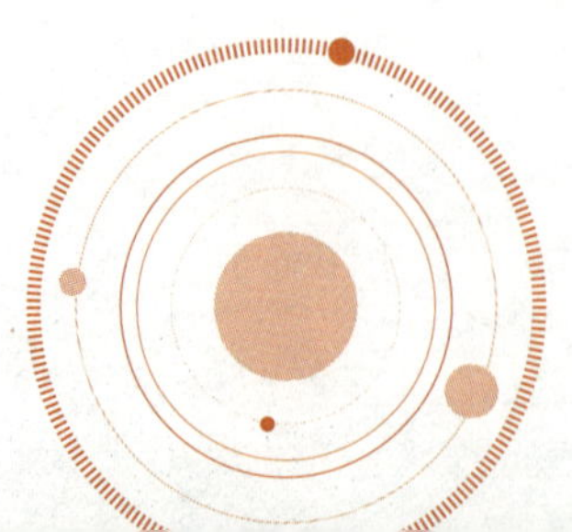

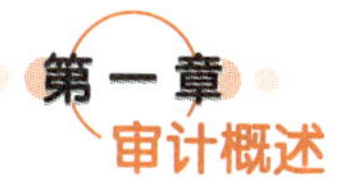

- 审计概述
  - 审计概念
    - 注册会计师业务种类
      - 鉴证业务　审计、审阅、其他鉴证业务
      - 相关服务　税务咨询和管理咨询、代编财务信息、对财务信息执行商定程序
    - 审计定义
      - 用户　财务报表预期使用者
      - 目的　不涉及为如何利用信息提供建议
      - 保证程度　提供合理保证，不能提供绝对保证
      - 独立性和专业性　注册会计师应当独立于被审计单位和预期使用者
      - 审计报告
    - 合理保证和有限保证

	合理保证（财务报表审计）	有限保证（财务报表审阅）
证据收集程序	证据收集程序包括检查记录或文件、检查有形资产、观察、询问、函证、重新计算、重新执行、分析程序等	主要采用询问和分析程序获取证据
所需证据数量	较多	较少
检查风险	较低	较高
财务报表的可信性	较高	较低
提出结论的方式	以积极方式提出结论	以消极方式提出结论

    - 注册会计师审计和政府审计　目标和对象不同；审计标准不同；经费或收入来源不同；取证权限不同；发现问题处理方式不同
  - 审计要素
    - 当事人（三方关系）
      - 注册会计师（责任）　注册会计师对由被审计单位管理层负责的财务报表发表审计意见，以增强除管理层之外的预期使用者对财务报表的信赖程度
      - 被审计单位管理层（责任）
        - （1）按照适用的财务报告编制基础编制财务报表，并使其实现公允反映(如适用)
          （2）设计、执行和维护必要的内部控制，以使财务报表不存在由于舞弊或错误导致的重大错报
          （3）向注册会计师提供必要的工作条件，包括允许注册会计师接触与编制财务报表相关的所有信息(如记录、文件和其他事项)，向注册会计师提供审计所需的其他信息，允许注册会计师在获取审计证据时不受限制地接触其认为必要的内部人员和其他相关人员
        - 财务报表审计并不减轻管理层或治理层的责任，管理层和治理层理应对编制的财务报表承担完全责任
      - 预期使用者（对象）
        - 管理层和预期使用者可能来自同一企业，但并不意味着两者就是同一方
        - 管理层也会成为预期使用者之一，但不是唯一的预期使用者
    - 对象（财务报表）
      - 审计标准（财务报表编制基础）
      - 评判依据（审计证据）
        - 被审计单位雇佣或聘请的专家编制的信息也可以作为审计证据
        - 审计证据既包括支持和佐证管理层认定的信息，也包括与这些认定相矛盾的信息
        - 在某些情况下，信息的缺乏本身也构成审计证据
    - 结论（审计报告）
  - ...（接下页）

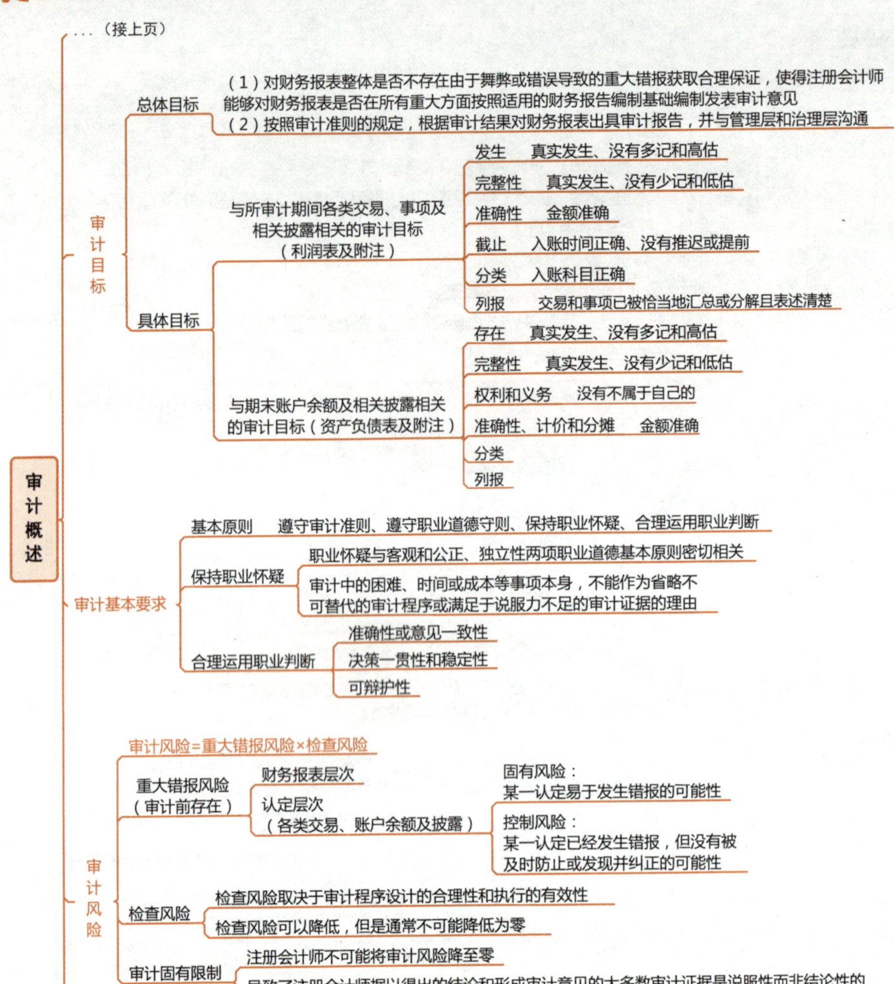
...（接上页）
审计概述
审计目标
总体目标
（1）对财务报表整体是否不存在由于舞弊或错误导致的重大错报获取合理保证，使得注册会计师能够对财务报表是否在所有重大方面按照适用的财务报告编制基础编制发表审计意见
（2）按照审计准则的规定，根据审计结果对财务报表出具审计报告，并与管理层和治理层沟通
具体目标
与所审计期间各类交易、事项及相关披露相关的审计目标（利润表及附注）
发生　真实发生、没有多记和高估
完整性　真实发生、没有少记和低估
准确性　金额准确
截止　入账时间正确、没有推迟或提前
分类　入账科目正确
列报　交易和事项已被恰当地汇总或分解且表述清楚
与期末账户余额及相关披露相关的审计目标（资产负债表及附注）
存在　真实发生、没有多记和高估
完整性　真实发生、没有少记和低估
权利和义务　没有不属于自己的
准确性、计价和分摊　金额准确
分类
列报
审计基本要求
基本原则　遵守审计准则、遵守职业道德守则、保持职业怀疑、合理运用职业判断
保持职业怀疑
职业怀疑与客观和公正、独立性两项职业道德基本原则密切相关
审计中的困难、时间或成本等事项本身，不能作为省略不可替代的审计程序或满足于说服力不足的审计证据的理由
合理运用职业判断
准确性或意见一致性
决策一贯性和稳定性
可辩护性
审计风险
审计风险=重大错报风险×检查风险
重大错报风险（审计前存在）
财务报表层次
认定层次（各类交易、账户余额及披露）
固有风险：某一认定易于发生错报的可能性
控制风险：某一认定已经发生错报，但没有被及时防止或发现并纠正的可能性
检查风险
检查风险取决于审计程序设计的合理性和执行的有效性
检查风险可以降低，但是通常不可能降低为零
审计固有限制
注册会计师不可能将审计风险降至零
导致了注册会计师据以得出的结论和形成审计意见的大多数审计证据是说服性而非结论性的
审计过程

第二章 审计计划

审计计划

初步业务活动

- 目的
  - （1）具备执行业务所需的独立性和专业胜任能力
  - （2）不存在因管理层诚信问题而可能影响注册会计师保持该项业务的意愿的事项
  - （3）与被审计单位之间不存在对业务约定条款的误解
- 内容
  - （1）针对保持客户关系和具体审计业务，实施相应的质量控制程序
  - （2）评价遵守相关职业道德要求的情况
  - （3）就审计业务约定条款与被审计单位达成一致意见
- 前提条件
  - 财务报告编制基础
    - 如果不存在可接受的财务报告编制基础，管理层就不具有编制财务报表的恰当基础，注册会计师也不具有对财务报表进行审计的适当标准
    - 可接受性
      - 被审计单位性质、财务报表的目的、财务报表的性质、法律法规是否规定了适用的财务报告编制基础
  - 管理层认可并理解其责任
  - 确定形式：提供书面声明
- 审计业务约定书
  - 连续审计
    - 修改审计约定条款的情形
      - （1）有迹象表明被审计单位误解审计目标和范围
      - （2）需要修改约定条款或增加特别条款
      - （3）被审计单位高级管理人员近期发生变动
      - （4）被审计单位所有权发生重大变动
      - （5）被审计单位业务的性质或规模发生重大变化
      - （6）法律法规的规定发生变化
      - （7）编制财务报表采用的财务报告编制基础发生变更
      - （8）其他报告要求发生变化
  - 审计业务约定条款变更
    - 变更要求
      - 通常合理
        - （1）环境变化对审计服务的需求产生影响
        - （2）对原来要求的审计业务的性质存在误解
      - 通常不合理
        - 无论是管理层施加的还是其他情况引起的审计范围受到限制
    - 不同意变更处理
      - （1）解除审计业务约定
      - （2）确定是否有约定义务或其他义务向治理层、所有者或监管机构等报告该事项
    - 变更为其他业务的要求
      - 变更为审阅业务，通常不应提及原审计业务及已经执行的程序
      - 只有将审计业务变更为执行商定程序业务，注册会计师才可在报告中提及已执行的程序

总体审计策略和具体审计计划

- 制定总体审计策略
  - 确定审计范围、报告目标、时间安排及所需沟通的性质、审计方向和审计资源
  - 确定财务报表整体重要性
- 制定具体审计计划
  - 1.风险评估程序
    2.进一步审计程序
    3.其他审计程序
  - 是一个持续的、不断修正的过程，贯穿于整个审计业务的始终
  - 修改审计计划的事项
    - 1.对重要性水平的调整
    - 2.对某类交易、账户余额和披露的重大错报风险评估的更新和修改
    - 3.对进一步审计程序的更新和修改
- 总体审计策略通常在具体审计计划之前

...（接下页）

审计计划

...（接上页）

- 重要性
  - 含义
    - 关注金额和性质
    - 站在整体共同的财务信息需求角度来看
    - 单独或汇总起来可能影响财务报表使用者做出的经济决策
  - 重要性水平
    - 财务报表整体重要性
      - 制定总体审计策略时确定
      - 选择基准考虑的因素——报表要素、特别关注项目、单位性质、生命周期、经济环境、所有权结构、融资方式、基准的相对波动性（8个可能选择的基准）
    - 实际执行的重要性
      - 确定时考虑的因素
        - （1）对被审计单位的了解（这些了解在实施风险评估程序的过程中会得到更新）
        - （2）前期审计工作中识别出的错报的性质和范围
        - （3）根据前期识别出的错报对本期错报作出的预期
      - 50%
        - （1）首次接受委托的审计项目
        - （2）连续审计的项目，以前年度审计调整较多
        - （3）项目总体风险较高（如处于高风险行业、经常面临较大市场压力）
        - （4）存在或者预期存在值得关注的内部控制缺陷
      - 75%
        - （1）连续审计的项目，以前年度审计调整较少
        - （2）项目总体风险低到中等（如处于低风险行业、市场压力较小）
        - （3）以前期间的审计经验表明内部控制运行有效
    - 认定层次的重要性
      - 低于财务报表整体的重要性
    - 审计过程中修改整体或认定层次的重要性
      - （1）审计过程中情况发生重大变化
      - （2）获取新信息
      - （3）通过实施进一步审计程序，注册会计师对被审计单位及其经营的了解发生变化
  - 错报
    - 定义
      - 三个维度：金额、分类或列报
      - 错报可能是由于错误和舞弊导致的。舞弊导致的重大错报未被发现的风险，大于错误导致的重大错报未被发现的风险
    - 明显微小的错报（不累积）
      - 临界值确定为财务报表整体重要性的3%至5%（通常不超过10%）
    - 其他错报
      - 需要累积，并判断是否超过重要性水平
      - 分类：事实错报、判断错报、推断错报
    - 错报可能不会孤立发生，一项错报的发生还可能表明存在其他错报

第三章
审计证据

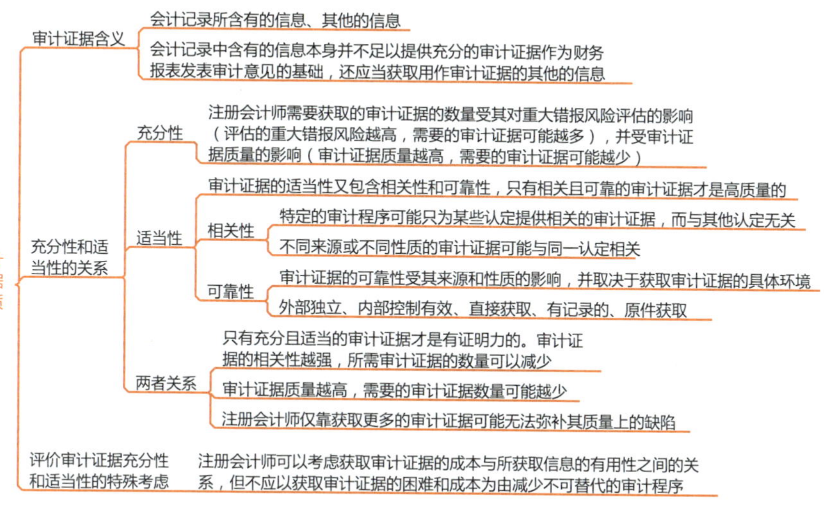
审计证据性质
审计证据含义
会计记录所含有的信息、其他的信息
会计记录中含有的信息本身并不足以提供充分的审计证据作为财务报表发表审计意见的基础，还应当获取用作审计证据的其他的信息
充分性和适当性的关系
充分性
注册会计师需要获取的审计证据的数量受其对重大错报风险评估的影响（评估的重大错报风险越高，需要的审计证据可能越多），并受审计证据质量的影响（审计证据质量越高，需要的审计证据可能越少）
适当性
审计证据的适当性又包含相关性和可靠性，只有相关且可靠的审计证据才是高质量的
相关性
特定的审计程序可能只为某些认定提供相关的审计证据，而与其他认定无关
不同来源或不同性质的审计证据可能与同一认定相关
可靠性
审计证据的可靠性受其来源和性质的影响，并取决于获取审计证据的具体环境
外部独立、内部控制有效、直接获取、有记录的、原件获取
两者关系
只有充分且适当的审计证据才是有证明力的。审计证据的相关性越强，所需审计证据的数量可以减少
审计证据质量越高，需要的审计证据数量可能越少
注册会计师仅靠获取更多的审计证据可能无法弥补其质量上的缺陷
评价审计证据充分性和适当性的特殊考虑
注册会计师可以考虑获取审计证据的成本与所获取信息的有用性之间的关系，但不应以获取审计证据的困难和成本为由减少不可替代的审计程序

审计证据

...（接下页）

...（接上页）

审计证据

- 审计程序的种类（证据获取的方式）
  - 观察
  - 检查
  - 询问
  - 函证
    - 函证决策
      - 应当考虑因素：评估的认定层次重大错报风险、函证程序针对的认定、实施除函证以外的其他审计程序
      - 可以考虑因素：被询证者对函证事项的了解、预期被询证者回复询证函的能力或意愿、预期被询证者的客观性
    - 函证对象(必须函证)
      - 银行存款（包括零余额账户和在本期内注销的账户）、借款及与金融机构往来的其他重要信息
        - 除非有充分证据表明某一银行存款、借款与金融机构往来的其他重要信息对财务报表不重要且与之相关的重大错报风险很低
        - 如果不函证，应当在审计工作底稿中说明理由
      - 应收账款
        - 除非有充分证据表明应收账款对财务报表不重要，或函证很可能无效。如果认为函证很可能无效，注会应当实施替代审计程序，获取相关、可靠的审计证据
        - 如果不函证，应当在审计工作底稿中说明理由
    - 函证时间
      - 1.注册会计师通常以资产负债表日为截止日，在资产负债表日后适当时间内实施函证
      - 2.如果重大错报风险评估为低水平，注册会计师可选择资产负债表日前适当日期为截止日实施函证，并对所函证项目自该截止日起至资产负债表日止发生的变动实施实质性程序
    - 函证方式
      - 积极：必须回函
      - 消极
        - 仅不同意询证函所列示信息的情况下予以回函
        - 同时满足下列4个情况，才考虑使用消极式回函：重大错报风险评估为低水平；涉及大量余额较小的账户；预期不存在大量的错误；没有理由相信被询证者不认真对待函证
    - 函证过程的控制
    - 积极式函证未收到回函的处理
      - 考虑再次寄发询证函
      - 实施替代程序
      - 确定对审计工作和审计意见的影响
    - 评价函证的可靠性：如果被询证者将回函寄至被审计单位，被审计单位将其转交注册会计师，该回函不能视为可靠的审计证据
  - 重新计算
  - 重新执行
  - 分析程序（运用的三个阶段）
    - 风险评估程序（必须运用）：CPA无须在了解被审计单位及其环境的每一方面时都实施分析程序。例如，在了解内部控制时，CPA一般不会运用分析程序
    - 实质性分析程序：实质性分析程序不仅仅是细节测试的一种补充，在某些审计领域，如果重大错报风险较低且数据之间具有稳定的预期关系，注册会计师可以单独使用实质性分析程序获取充分、适当的审计证据
    - 总体复核（必须运用）：进行的比较和使用的手段与风险评估程序中使用的分析程序基本相同，但两者的目的不同

第四章 审计抽样

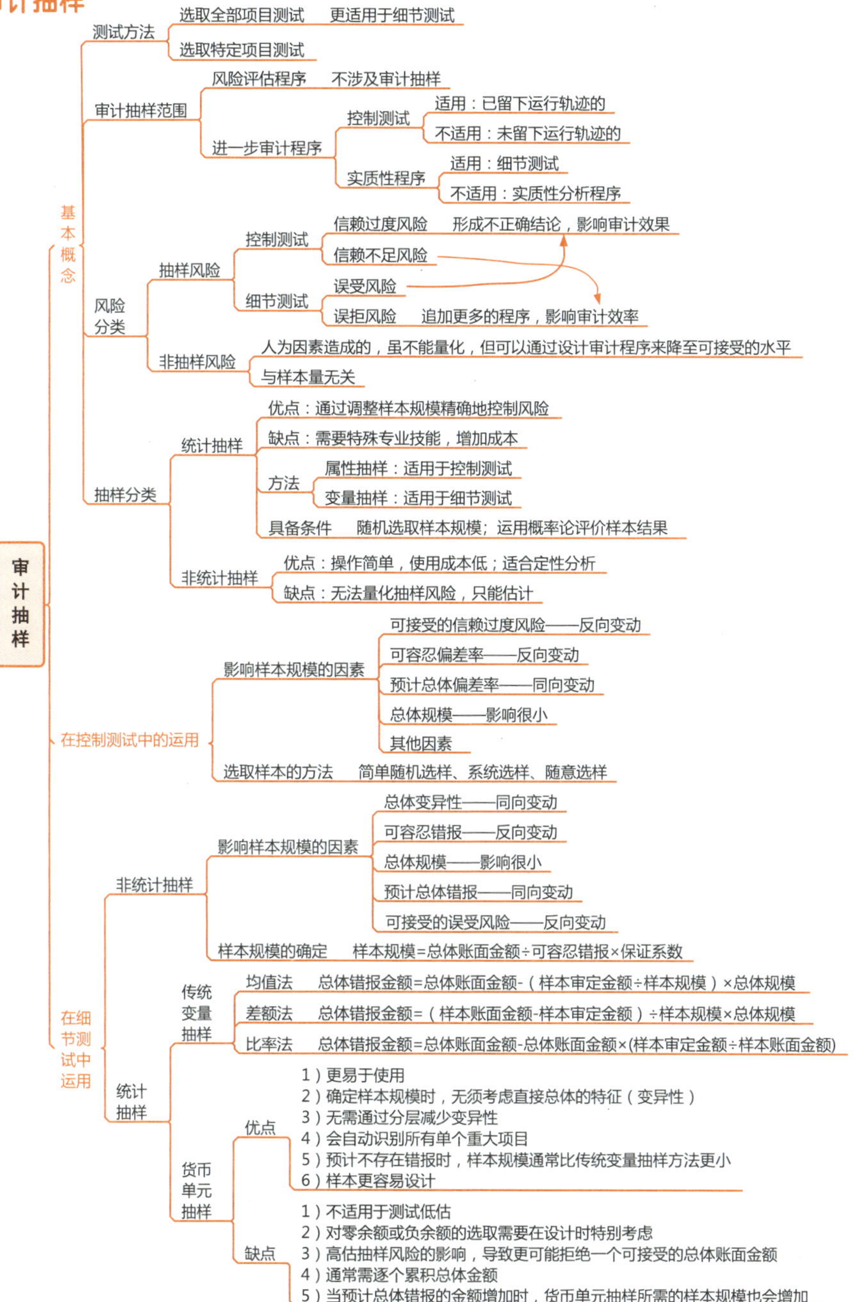
审计抽样
基本概念
测试方法
选取全部项目测试
更适用于细节测试
选取特定项目测试
审计抽样范围
风险评估程序
不涉及审计抽样
进一步审计程序
控制测试
适用：已留下运行轨迹的
不适用：未留下运行轨迹的
实质性程序
适用：细节测试
不适用：实质性分析程序
风险分类
抽样风险
控制测试
信赖过度风险
形成不正确结论，影响审计效果
信赖不足风险
细节测试
误受风险
误拒风险
追加更多的程序，影响审计效率
非抽样风险
人为因素造成的，虽不能量化，但可以通过设计审计程序来降至可接受的水平
与样本量无关
抽样分类
统计抽样
优点：通过调整样本规模精确地控制风险
缺点：需要特殊专业技能，增加成本
方法
属性抽样：适用于控制测试
变量抽样：适用于细节测试
具备条件
随机选取样本规模；运用概率论评价样本结果
非统计抽样
优点：操作简单，使用成本低；适合定性分析
缺点：无法量化抽样风险，只能估计
在控制测试中的运用
影响样本规模的因素
可接受的信赖过度风险——反向变动
可容忍偏差率——反向变动
预计总体偏差率——同向变动
总体规模——影响很小
其他因素
选取样本的方法
简单随机选样、系统选样、随意选样
在细节测试中运用
非统计抽样
影响样本规模的因素
总体变异性——同向变动
可容忍错报——反向变动
总体规模——影响很小
预计总体错报——同向变动
可接受的误受风险——反向变动
样本规模的确定
样本规模=总体账面金额÷可容忍错报×保证系数
统计抽样
传统变量抽样
均值法
总体错报金额=总体账面金额-（样本审定金额÷样本规模）×总体规模
差额法
总体错报金额=（样本账面金额-样本审定金额）÷样本规模×总体规模
比率法
总体错报金额=总体账面金额-总体账面金额×(样本审定金额÷样本账面金额)
货币单元抽样
优点
1）更易于使用
2）确定样本规模时，无须考虑直接总体的特征（变异性）
3）无需通过分层减少变异性
4）会自动识别所有单个重大项目
5）预计不存在错报时，样本规模通常比传统变量抽样方法更小
6）样本更容易设计
缺点
1）不适用于测试低估
2）对零余额或负余额的选取需要在设计时特别考虑
3）高估抽样风险的影响，导致更可能拒绝一个可接受的总体账面金额
4）通常需逐个累积总体金额
5）当预计总体错报的金额增加时，货币单元抽样所需的样本规模也会增加

第五章 信息技术对审计的影响

- 信息技术对审计的影响
  - 对财务报告和内部控制的影响
    - 对财务报告的影响
      - 依赖相关信息系统所形成的财务信息和报告作为审计工作的依据
      - 必须考虑相关信息和报告的质量
      - 考虑信息的准确性、完整性、授权体系及访问限制
    - 对内部控制的影响
      - 传统的人工控制越来越多地被自动控制所替代
      - 相关的控制活动，可能既包括自动控制，也包括人工控制
      - 在信息技术环境下，自动控制能为企业带来的好处（5个）
    - 产生的特定风险
    - 注册会计师在信息化环境下面临的挑战
  - 信息技术中的一般控制和应用控制测试
    - 人工控制
      - 基本原理与方式并不会发生实质性的改变，按照标准执行相关的审计程序
    - 自动控制
      - 信息技术一般控制
        - 对所有的应用或控制模块具有普遍影响的控制措施
        - 通常会对实现部分或全部财务报表认定作出间接贡献
        - 在有些情况下，信息技术一般控制也可能对实现信息处理目标和财务报表认定作出直接贡献
        - 有效的信息技术一般控制确保了自动会计程序得以持续有效地运行
        - 依赖自动控制，需要对相关的信息技术一般控制进行测试
        - 信息技术一般控制包括程序开发、程序变更、程序和数据访问、计算机运行
      - 信息技术应用控制
        - 系统自动生成报告
        - 系统配置和科目映射
        - 接口控制
        - 访问和权限
      - 公司层面信息技术控制
        - 针对公司层面信息技术控制往往会执行单独的审计
    - 一般控制、应用控制、公司层面控制三者的关系
      - 公司层面信息技术控制，决定了信息技术一般控制和信息技术应用控制的风险基调
      - 信息技术一般控制是否有效直接关系到信息技术应用控制的有效性
  - 信息技术对审计过程的影响
    - 信息技术审计范围的确定
      - 与业务流程和信息系统复杂度成正比
        - 评估业务流程的复杂度
        - 评估信息系统的复杂度
        - 信息技术环境的规模和复杂度
      - 注册会计师应当了解与审计相关的信息技术一般控制和应用控制
    - 信息技术一般控制对控制风险的影响
      - 信息技术一般控制对应用控制的有效性具有普遍性影响
      - 无效的一般控制
        - 增加了应用控制不能防止或发现并纠正认定层次重大错报的可能性
      - 有效的一般控制
        - 注册会计师可以更多地信赖应用控制，测试这些控制的运行有效性
    - 信息技术应用控制对控制风险和实质性程序的影响
      - 需要将控制与具体的审计目标相联系
      - 针对某一具体审计目标，能够识别出有效的应用控制，在通过测试确定其运行有效后，能够减少实质性程序

第六章 审计工作底稿

- 审计工作底稿
  - 概述
    - 编制目的
      - 主要目的
        - （1）提供充分适当的记录，作为出具审计报告的基础
        - （2）提供证据，证明注会已经按照准则和法律法规的规定计划和执行了审计工作
      - 其他目的
        - 有助于执行审计工作、便于复核检查、保留记录、说明情况等
    - 编制要求
      - 应当使得未曾接触该项审计工作的有经验的专业人士清楚了解：
      - （1）按照审计准则和相关法律法规的规定实施的审计程序的性质、时间安排和范围
      - （2）实施审计程序的结果和获取的审计证据
      - （3）审计中遇到的重大事项和得出的结论，以及在得出结论时作出的重大职业判断
    - 性质
      - 存在形式
        - 纸质、电子或其他介质
      - 通常包含的内容
        - 总体审计策略、具体审计计划、分析表、问题备忘录、重大事项概要、询证函回函和声明等众多审计相关问题
      - 通常不包含的内容
        - （1）已被取代的审计工作底稿的草稿或财务报表的草稿
        - （2）反映不全面或初步思考的记录
        - （3）存在印刷错误或其他错误而作废的文本
        - （4）重复的文件记录
  - 格式、要素和范围考虑因素
    - 在审计记录过程中，要注意具体项目或事项的识别特征
如，发票的编号、订购单的日期和编号等
识别特征通常具有唯一性
    - 在记录已实施审计程序的性质、时间安排和范围时，注册会计师应当记录：
      - （1）测试的具体项目或事项的识别特征
      - （2）审计工作的执行人员及完成审计工作的日期
      - （3）审计工作的复核人员及复核的日期和范围
  - 归档
    - 性质
      - 是一项事务性的工作，不涉及实施新的审计程序或得出新的结论
      - （1）删除或废弃被取代的审计工作底稿
      - （2）对审计工作底稿进行分类、整理和交叉索引
      - （3）对审计档案归整工作的完成核对表签字认可
      - （4）记录在审计报告日前获取的、与项目组相关成员进行讨论并达成一致意见的审计证据
    - 归档期限
      - 完成：审计报告日后，60天内
      - 未完成：审计业务中止日后，60天内
    - 归档期后的变动
      - 变动情形
        - 已实施必要的审计程序，取得充分、适当的审计证据并得出了恰当的审计结论，但审计工作底稿的记录不充分
        - 审计报告日后，发现例外情况要求实施新的或追加审计程序，或导致得出新的结论
      - 变动记录要求
        - 修改或增加底稿的理由
        - 修改或增加底稿的时间和人员，以及复核的时间和人员
    - 保存期限
      - 完成：审计报告日起，至少保存10年
      - 未完成：审计业务中止日起，至少保存10年

第七章 风险评估

- 风险评估
  - 风险评估所需信息的来源
    - 风险评估程序和信息来源（从内部获取）
      - 询问
      - 分析程序
      - 观察和检查
    - 其他审计程序和信息来源（从外部获取）
      - 其他审计程序
        - 询问被审计单位聘请的顾问
        - 阅读外部信息
      - 其他信息来源
        - 对新业务，在业务承接阶段有初步了解
        - 对连续审计业务，在每年续约过程中对上年审计做总体评价
    - 项目组内部的讨论（从参与项目的人员获取）
      - 在所有业务阶段都非常必要
  - 了解被审计单位及其环境
    - 相关行业状况、法律环境和监管环境及其他外部因素
    - 被审计单位的性质
    - 被审计单位对会计政策的选择和运用
    - 被审计单位的目标、战略以及可能导致重大错报风险的相关经营风险
      - 并非所有的经营风险都与财务报表相关，注会没有责任识别或评估对财务报表没有重大影响的经营风险
      - 并非所有的经营风险都会导致重大错报风险
    - 对被审计单位财务业绩的衡量和评价
    - 被审计单位的内部控制
  - 了解被审计单位的内部控制
    - 与审计相关
      - 了解和评价的内部控制只是与财务报表审计相关的内部控制，并非所有的内部控制
      - 虽然内控应用于整个被审计单位或所有经营部门或业务流程，但是了解与每个经营部门和业务流程相关的内控，可能与审计无关
    - 了解的深度
      - 评价控制的设计，并确定其是否得到执行，但不包括对控制是否得到一贯执行的测试
      - 审计程序：询问、观察、检查、穿行测试
      - 了解内部控制与测试控制运行有效性的关系（除非存在某些可以使控制得到一贯运行的自动化控制，否则注会对控制的了解并不足以测试控制运行的有效性）
    - 固有局限性
      - 决策时人为判断可能出现错误和因人为失误而导致内部控制失效
      - 控制可能由于两个或多人串通或管理层不当地凌驾于内部控制之上而被规避
      - 人员素质不适应岗位
      - 成本效益考虑
      - 不经常发生或未预计到的业务
    - ...（接下页）

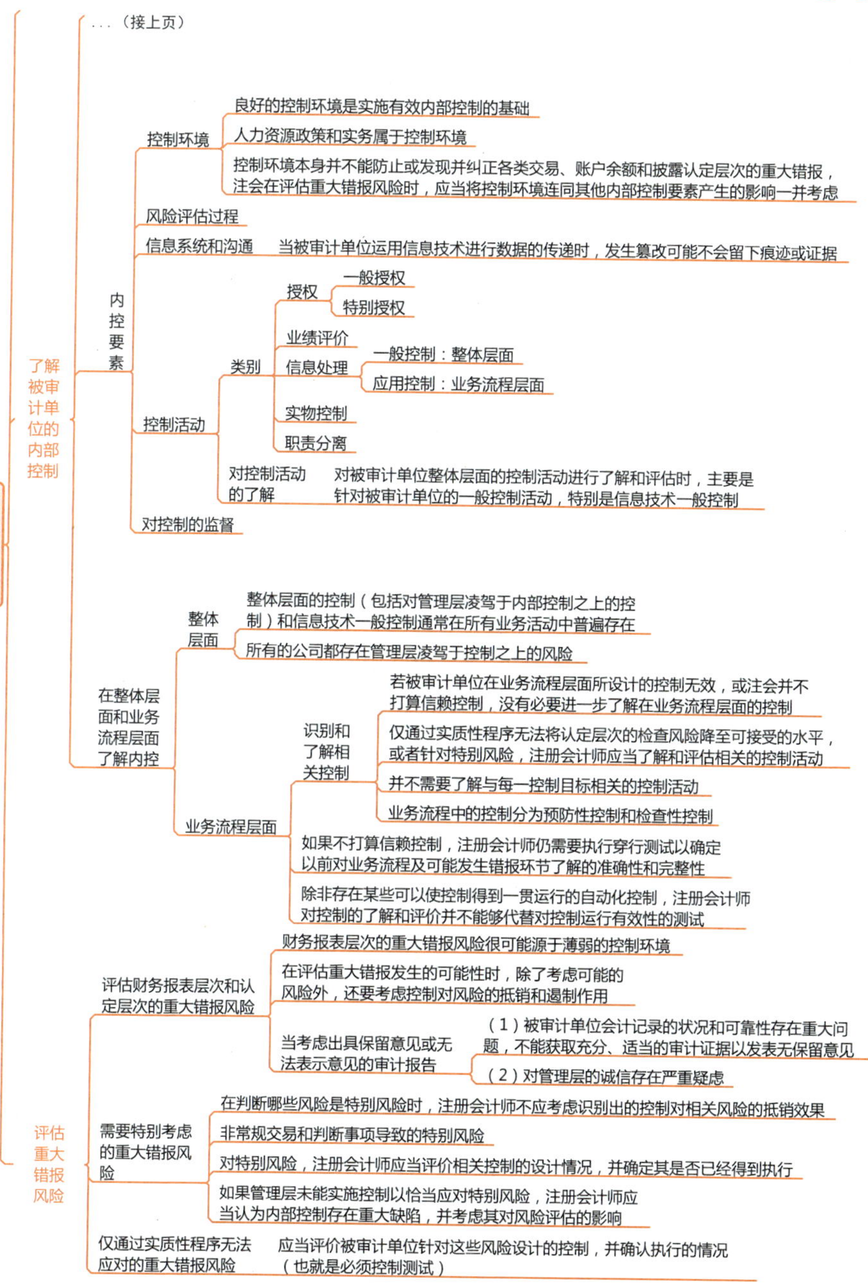

风险评估
了解被审计单位的内部控制
...（接上页）
内控要素
控制环境
良好的控制环境是实施有效内部控制的基础
人力资源政策和实务属于控制环境
控制环境本身并不能防止或发现并纠正各类交易、账户余额和披露认定层次的重大错报，注会在评估重大错报风险时，应当将控制环境连同其他内部控制要素产生的影响一并考虑
风险评估过程
信息系统和沟通
当被审计单位运用信息技术进行数据的传递时，发生篡改可能不会留下痕迹或证据
控制活动
类别
授权
一般授权
特别授权
业绩评价
信息处理
一般控制：整体层面
应用控制：业务流程层面
实物控制
职责分离
对控制活动的了解
对被审计单位整体层面的控制活动进行了解和评估时，主要是针对被审计单位的一般控制活动，特别是信息技术一般控制
对控制的监督
在整体层面和业务流程层面了解内控
整体层面
整体层面的控制（包括对管理层凌驾于内部控制之上的控制）和信息技术一般控制通常在所有业务活动中普遍存在
所有的公司都存在管理层凌驾于控制之上的风险
业务流程层面
识别和了解相关控制
若被审计单位在业务流程层面所设计的控制无效，或注会并不打算信赖控制，没有必要进一步了解在业务流程层面的控制
仅通过实质性程序无法将认定层次的检查风险降至可接受的水平，或者针对特别风险，注册会计师应当了解和评估相关的控制活动
并不需要了解与每一控制目标相关的控制活动
业务流程中的控制分为预防性控制和检查性控制
如果不打算信赖控制，注册会计师仍需要执行穿行测试以确定以前对业务流程及可能发生错报环节了解的准确性和完整性
除非存在某些可以使控制得到一贯运行的自动化控制，注册会计师对控制的了解和评价并不能够代替对控制运行有效性的测试
评估重大错报风险
评估财务报表层次和认定层次的重大错报风险
财务报表层次的重大错报风险很可能源于薄弱的控制环境
在评估重大错报发生的可能性时，除了考虑可能的风险外，还要考虑控制对风险的抵销和遏制作用
当考虑出具保留意见或无法表示意见的审计报告
（1）被审计单位会计记录的状况和可靠性存在重大问题，不能获取充分、适当的审计证据以发表无保留意见
（2）对管理层的诚信存在严重疑虑
需要特别考虑的重大错报风险
在判断哪些风险是特别风险时，注册会计师不应考虑识别出的控制对相关风险的抵销效果
非常规交易和判断事项导致的特别风险
对特别风险，注册会计师应当评价相关控制的设计情况，并确定其是否已经得到执行
如果管理层未能实施控制以恰当应对特别风险，注册会计师应当认为内部控制存在重大缺陷，并考虑其对风险评估的影响
仅通过实质性程序无法应对的重大错报风险
应当评价被审计单位针对这些风险设计的控制，并确认执行的情况（也就是必须控制测试）

第八章 风险应对

- 风险应对
  - 总体风险应对(财务报表层次)
    - 总体应对措施
      - 强调保持职业怀疑的必要性
      - 指派更有经验或具有特殊技能的人员、利用专家工作
      - 提供更多的督导
      - 在进一步审计程序时增加审计程序不可预见性（方法）
        - 1）对某些以前未测试的低于设定的重要性水平或风险较小的账户余额和认定实施实质性程序（性质）
        - 2）调整实施审计程序的时间，使其超出被审计单位的预期（时间）
        - 3）采用不同的审计抽样方法，使当期抽取的测试样本与以前有所不同（范围）
        - 4）选取不同的地点实施审计程序，或预先不告知被审计单位所选定的测试地点（范围）
        - 与被审计单位管理层事先沟通，但不能告知其具体内容。可以在签订审计业务约定书时明确提出这一要求
      - 审计程序的性质、时间安排、范围作出总体修改
        - 1）在期末而非期中实施更多的审计程序（时间）
        - 2）通过实施实质性程序获取更广泛的审计证据（性质）
        - 3）增加拟纳入审计范围的经营地点的数量（范围）
    - 进一步审计程序的总体方案
      - 实质性方案　实质性程序为主
      - 综合性方案　控制测试和实质性程序结合使用
      - 当重大错报风险很高时（控制风险也很高），控制往往无效——没有设计内控or内控运行无效——实质性程序为主
  - 进一步审计程序(认定层次)
    - 设计进一步审计程序时考虑因素
      - （1）风险的重要性
        （2）重大错报发生的可能性
        （3）涉及的各类交易、账户余额和披露的特征
        （4）被审计单位采用的特定控制的性质
        （5）注册会计师是否拟获取审计证据，以确定内部控制在防止或发现并纠正重大错报方面的有效性
      - 如果注会在风险评估程序时预期内部控制运行有效，就必须包括控制测试
      - 注册会计师都应当对所有重大(不是全部)类别的交易、账户余额和披露设计和实施实质性程序
    - 时间
      - 1.当重大错报风险较高时，注册会计师应当考虑在期末或接近期末实施实质性程序
        2.如果在期中实施了进一步审计程序，注册会计师还应当针对剩余期间获取审计证据
        3.某些审计程序只能在期末或期末以后实施
    - 确定范围时，考虑
      - （1）确定的重要性水平
        （2）评估的重大错报风险
        （3）计划获取的保证程度
  - 控制测试
    - 含义
      - 评价内控在防止并纠正认定层次重大错报方面的运行有效性的审计程序
      - 应当从下列方面获取关于控制是否有效运行的证据：
        （1）控制在所审计期间的相关时点是如何运行的
        （2）控制是否得到一贯执行
        （3）控制由谁或以何种方式执行
    - 要求
      - 存在下列情形之一时，注册会计师应当实施控制测试：
        （1）在评估认定层次重大错报风险时，预期控制的运行是有效的
        （2）仅实施实质性程序并不能够提供认定层次充分、适当的审计证据
    - ...（接下页）

风险应对

- 控制测试
  - ...（接上页）
  - 性质
    - 审计程序
      - 询问、观察、检查、重新执行（注意：了解内部控制是——穿行测试）
      - 询问本身并不足以测试控制运行的有效性。因此，注册会计师需要将询问与其他审计程序结合使用
      - 观察是测试不留下书面记录的控制（如职责分离）的运行情况的有效方法
    - 注册会计师可以考虑针对同一交易同时实施控制测试和细节测试，以实现双重目的
    - 实施实质性程序的结果对控制测试结果的影响

情形	影响
未发现某项认定存在错报	并不能说明与该认定有关的控制是有效运行的
发现某项认定存在错报	注册会计师应当考虑对相关控制的运行有效性的影响： （1）降低对相关控制的信赖程度 （2）调整实质性程序的性质 （3）扩大实质性程序的范围
发现被审计单位没有识别出的重大错报	通常表明内部控制存在重大缺陷，注册会计师应当就这些缺陷与管理层和治理层进行沟通

  - 时间
    - 在期中开展
      - 对于控制测试，注册会计师在期中实施此类程序具有更积极的作用
      - 即使已获取期中运行有效性的审计证据，仍然需要考虑如何能够将控制在期中运行有效性的审计证据合理延伸到期末，针对期中至期末这段剩余期间获取充分、适当的审计证据
    - 以前审计获取的审计证据
      - 1.对于旨在减轻特别风险的控制，不论该控制在本期是否发生变化，注册会计师都不应依赖以前审计获取的证据
      - 2.如果拟信赖的控制自上次测试后已发生实质性变化，以致影响以前审计所获取证据的相关性，注册会计师应当在本期审计中测试这些控制的运行有效性
      - 3.如果不属于特别风险的控制，也未发生变动，每三年至少测试一次
      - 4.为满足每年测试一部分控制的要求而进行测试
  - 范围
    - 除非自动化控制系统发生变动，注册会计师通常不需要增加自动化控制的测试范围
    - 对于一项自动化应用控制，一旦确定被审计单位正在执行该控制，注册会计师通常无须扩大控制测试的范围
- 实质性程序
  - 含义和要求
    - 包括细节测试和实质性分析程序
    - 注册会计师都应当针对所有重大类别的交易、账户余额和披露实施实质性程序
    - 如果针对特别风险实施的程序仅为实质性程序，这些程序应当包括细节测试，或将细节测试和实质性分析程序结合使用
    - 仅通过实质性程序获取的审计证据无法应对认定层次的重大错报风险，注册会计师应当控制测试
  - 时间
    - 考虑在期中实施实质性程序的因素
      - 1. 控制越薄弱，越不宜在期中实施实质性程序
      - 2. 在期中之后可能难以获取，应考虑在期中实施实质性程序
      - 3. 评估的某项认定的重大错报风险越高，越应当考虑将实质性程序集中于期末（或接近期末）实施
      - 4. 某些交易或账户余额以及相关认定的特殊性质（如收入截止认定、未决诉讼）决定了必须在期末（或接近期末）实施实质性程序
      - 5. 针对某项认定实施实质性程序的目的包括获取该认定的期中审计证据（从而与期末比较）
      - 6. 如果较有把握降低期末存在错报而未被发现的风险，可以考虑在期中实施实质性程序
    - 期中实施的处理
      - 应当针对剩余期间实施进一步的实质性程序，或将实质性程序和控制测试结合使用，以将期中测试得出的结论合理延伸至期末
      - 对于舞弊导致的重大错报风险，为将期中得出的结论延伸至期末而实施的审计程序通常是无效的，注册会计师应当考虑在期末或者接近期末实施实质性程序
    - 以前审计获取的审计证据的处理
      - 通常对本期只有很弱的证据效力或没有证据效力
      - 当以前获取的审计证据及其相关事项未发生重大变动，才可能用
      - 如果拟利用，应当在本期实施审计程序，以确定这些审计证据是否具有持续相关性
  - 范围　评估的认定层次的重大错报风险越高，需要实施实质性程序的范围越广

第九章 销售与收款循环

- 销售与收款循环
  - 风险评估
    - 业务活动及内部控制
      - 涉及的主要业务活动
        - 订购单
        - 批准赊销信用
          - 信用批准控制的目的是降低坏账风险，与应收账款 " 计价和分摊 " 认定相关
        - 发运凭证
          - 经批准的销售单与发运凭证职责相分离。发运凭证与营业收入的“发生”认定相关
          - 发运凭证需连续编号。——与营业收入“完整性”相关
        - 向客户开具发票
        - 记录销售（入账）
      - 内部控制活动
        - 职责分离（预防性控制）
        - 授权审批
          - （1）销售之前，赊销已经正确审批
          - （2）非经正当审批，不得发出货物
          - （3）销售价格、销售条件、运费、折扣等必须经过审批
          - （4）审批人员应当在授权范围内进行审批，不得超越审批权限
        - 凭证和记录
        - 凭证的预先编号
        - 按月寄出对账单
          - 由不负责现金出纳和销售及应收账款记账的人员按月向客户寄发对账单，能促使客户在发现应付账款余额不正确后及时反馈有关信息。（三不负责人员）
        - 内部核查
    - 重大错报风险
      - 收入确认存在的舞弊风险
        - 基于收入确认存在舞弊风险的假定
        - 存在舞弊迹象并不必然表明发生了舞弊
        - 常用的收入确认舞弊手段
          1. 为达到粉饰财务报表的目的而虚增收入或提前确认收入
          2. 为了达到报告期内降低税负或转移利润等目的而少计收入或延后确认收入
      - 收入的复杂性可能导致的错误
      - 发生的收入交易未能得到准确记录
      - 期末收入交易和收款交易可能未计入正确的期间，包括销售退回交易的截止错误
      - 收款未及时入账或计入不正确的账户，因而导致应收账款的错报
      - 应收账款坏账准备的计提不准确
  - ...（接下页）

销售与收款循环

...（接上页）

- 风险应对
  - 根据重大错报风险评估结果设计进一步审计程序
  - 测试内部控制
  - 实质性程序
    - 营业收入
      - 实质性分析程序(建立有关数据期望值)
        - ①将账面销售收入、销售清单和销售增值税销项清单进行核对
        - ②将本期销售收入金额与以前可比期间的对应数据或预算数进行比较
        - ③分析月度或季度销售量、销售单价、销售收入金额、毛利率变动趋势
        - ④将销售收入变动幅度与销售商品及提供劳务收到的现金、应收账款／合同资产、存货、税金等项目的变动幅度进行比较
        - ⑤将销售毛利率、应收账款／合同资产周转率、存货周转率等关键财务指标与可比期间数据、预算数或同行业其他企业数据进行比较
        - ⑥分析销售收入等财务信息与投入产出率、劳动生产率、产能、水电能耗、运输数量等非财务信息之间的关系
        - ⑦分析销售收入与销售费用之间的关系，包括销售人员的人均业绩指标、销售人员薪酬、广告费、差旅费，以及销售机构的设置、规模、数量、分布等
      - 截止测试
        - 逆查（账簿到凭证），查多记，无法查漏记
        - 顺查（凭证到账簿），防止少记
    - 应收账款(函证应收账款)
      - 要求
        - （1）注册会计师应当对应收账款实施函证程序，除非有充分证据表明应收账款对财务报表不重要，或函证很可能无效
        - （2）如果认为函证很可能无效，注册会计师应当实施替代审计程序，获取相关、可靠的审计证据
        - （3）如果不对应收账款函证，注册会计师应当在审计工作底稿中说明理由
      - 方式
        - 积极方式（列明明细和未列明明细）
        - 消极方式
      - 时间
        - （1）通常以资产负债表日为截止日，在资产负债表日后适当时间内实施函证
        - （2）如果重大错报风险评估为低水平，注册会计师可选择资产负债表日前适当日期为截止日实施函证，并对所函证项目自该截止日起至资产负债表日止发生的变动实施其他实质性程序
      - 回函不符事项的处理
        - 记账错误、舞弊导致的，属于错报
    - 坏账准备的实质性程序

第十章 采购及付款循环

采购及付款循环

风险评估

- 了解主要业务活动
  - 请购单是采购交易“发生”认定的凭据之一
  - 验收单的顺序与采购交易“完整性”认定有关
  - 保管与采购的其他职责相分离,与商品“存在”认定相关
  - 独立编制银行存款余额调节表（不能由出纳编制，否则属于内部控制缺陷）
- 了解内部控制
  - 适当的职责分离　采购与付款交易职责分离
  - 恰当的授权审批　付款需要由经授权的人员审批
  - 凭证的预先编号及对例外报告的跟进处理
- 重大错报风险
  - 低估负债或相关准备
    - 遗漏交易
    - 采用不正确的费用支出截止期
    - 将应当及时确认损益的费用性支出资本化
  - 管理层错报负债费用支出的偏好和动因
  - 费用支出的复杂性
  - 不正确地记录外币交易
  - 舞弊和盗窃的固有风险
  - 存在未记录的权利和义务

风险应对

- 控制测试
  - 以风险为起点的控制测试
  - 关键控制的选择和测试
- 实质性程序
  - 应付账款
    - 获取或编制应付账款明细表
      - 1.复核加计是否正确,并与报表数、总账数和明细账合计数核对是否相符
      - 2.检查非记账本位币应付账款的折算汇率及折算是否正确
      - 3.分析出现借方余额的项目,查明原因,必要时，建议作重分类调整
      - 4.结合预付账款、其他应付款等往来项目的明细余额,检查有无针对同一交易在应付账款和预付款项同时记账的情况、异常余额或与购货无关的其他款项(如关联方账户或雇员账户)
    - 函证应付账款
      - 1.向债权人发送询证函。注册会计师应当对询证函保持控制
      - 2.将询证函回函余额与已记录金额相比较，如存在差异，检查支持性文件
      - 3.对于未作回复的函证实施替代程序：如检查至付款文件、相关的采购文件
      - 4.如果认为回函不可靠，评价对评估的重大错报风险以及其他审计程序的性质、时间安排和范围的影响
    - 检查应付账款是否计入了正确的会计期间，是否存在未入账的应付账款
      - 本期发生增减变动，检查至相关支持性文件，确认会计处理
      - 检查财务报表日后应付账款明细账贷方发生额的相应凭证
      - 获取并检查与供应商之间的账单以及差异调节表
      - 检查银行对账单及有关付款凭证，询问内外部知情人员
      - 结合存货监盘
    - 查找未入账负债的测试
      - 获取期后收取、记录或支付的发票明细，从中选取项目（尽量接近审计报告日）进行测试并实施以下程序
      - 1.检查支持性文件，以确定收到商品或接受劳务的日期，以及在期末之前入账的日期
      - 2.追踪已选取项目至应付账款明细账、货到票未到的暂估入账和/或预提费用明细表等，关注费用所计入的会计期间
      - 3.评价费用是否被记录于正确的会计期间，并相应确定是否存在期末未入账负债
    - 其他实质性程序
      - 检查应付账款长期挂账的原因并作出记录，对确实无需支付的应付款的会计处理是否正确
      - 如存在应付关联方的款项
        - 了解交易的商业理由；
        - 检查证实交易的支持性文件；
        - 检查被审计单位与关联方的对账记录或向关联方函证
      - 检查应付账款是否已按照企业会计准则的规定在财务报表中作出恰当列报和披露
  - 除折旧/摊销、人工费用以外的一般费用的实质性程序

第十一章 生产和存货循环

- 生产和存货循环
  - 风险评估
    - 了解业务活动和相关内部控制
    - 评估重大错报风险
      - 1.存货实物可能不存在（存在）
      - 2.属于被审计单位的存货可能未在账面反映（完整性）
      - 3.存货的所有权可能不属于被审计单位（权利和义务）
      - 4.存货的单位成本可能存在计算错误（计价和分摊认定/准确性）
      - 5.存货的账面价值可能无法实现，即跌价损失准备的计提可能不充分（计价和分摊）
  - 风险应对
    - 控制测试
    - 实质性程序—存货监盘
      - 目的
        - 主要目的：针对的主要是存货的存在认定，对存货的完整性认定及计价和分摊、准确性认定，也能提供部分审计证据
        - 次要目的：可能获取有关存货所有权的部分证据，但不足以确定存货的所有权，需要执行其他实质性审计程序
      - 监盘计划：如果认为被审计单位内部控制良好且得到有效实施，存货盘点组织良好，可以相应缩小实施检查程序的范围
      - 监盘程序
        - 评价管理层用以记录和控制存货盘点结果的指令和程序
        - 观察管理层制定的盘点程序的执行情况
        - 检查存货
          - 虽然不一定能确定存货的所有权，但有助于确定存货的存在，以及识别过时、毁损或陈旧的存货
          - 过时、毁损或陈旧的存货详细的记录下来，以便于进一步追查这些存货的处置情况，也能为测试被审计单位存货跌价准备计提的准确性提供证据（计价和分摊）
        - 执行抽盘
          - 双向抽盘（记录查实物，实物查记录）
          - 避免让被审计单位事先了解将抽盘的存货项目
          - 发现差异
            - 1.查明原因，并改正
            - 2.考虑错误的潜在范围和重大程度，在可能的情况下，扩大检查范围以减少错误的发生
            - 3.要求重新盘点，重新盘点的范围可限于某一特殊领域的存货或特定盘点小组
        - 特别关注情况
          - 盘点范围
            - 盘点存货前，应当观察盘点现场，确定应纳入盘点范围的存货是否已经恰当整理和排列，并附有盘点标识，防止遗漏或重复盘点
            - 对未纳入盘点范围的存货，查明未纳入的原因
            - 对所有权不属于被审单位的存货，取得其规格、数量等有关资料，确定是否已单独存放、标明，且未被纳入盘点范围
            - 即使被审计单位声明不存在受托代存情形，也应关注是否存在某些存货不属于被审计单位的迹象
          - 特殊类型存货的监盘
        - 监盘结束
          - 再次观察盘点现场
          - 取得并检查已填用、作废或未使用盘点表单的号码记录，确定其是否连续编号，查明已发放的表单是否均已收回，并与存货盘点的汇总记录进行核对
      - 特殊情况处理
        - 若盘点日是财务报表日以外的其他日期（4个处理方法）
        - 监盘不可行
          - 产生原因　合理/不合理
          - 替代程序可行　实施替代审计程序
          - 替代程序不可行　注册会计师需要按照规定发表非无保留意见
        - 因不可预见的情况无法现场盘点　另择日期，并对间隔期内发生的交易实施审计程序
        - 由第三方保管或控制的存货
          - 函证存货的数量和状况
          - 实施检查或其他审计程序
            - 实施或安排其他注会实施对第三方的存货监盘（如可行）
            - 获取其他注会 或服务机构注会针对用以保证存货得到恰当盘点和保管的内控的适当性而出具的报告
            - 检查与第三方持有的存货相关的文件记录
            - 当存货被作为抵押品时，要求其他机构或人员进行确认
          - 可以考虑由第三方保管存货的商业理由的合理性并计划和实施适当的审计程序
      - 存货计价测试　存货单位成本测试、存货跌价损失准备测试

货币资金的审计

- 概述
  - 岗位分工及授权批准
    - 出纳员不得兼任稽核、会计档案的保管和收入、支出、费用、债权债务等账目的登记工作
    - 严禁未授权的机构或人员办理货币资金业务或直接接触货币资金
    - 重要货币资金支付业务，应当实行集体决策和审批
  - 现金和银行存款管理
    - 因特殊情况需要坐支的，应事先报经开户银行审查批准
    - 专人定期核对银行账户（每月至少一次），编制银行存款余额调节表
    - 不得私设“小金库”，不得账外设账
  - 票据及有关印章管理
  - 监督检查(定期和不定期检查)
- 风险评估
  - 评估重大错报风险
    - 发生错报环节
    - 错报环节的内部控制
    - 与货币资金相关的重大错报风险
- 风险应对
  - 控制测试
    - 库存现金
      - 现金付款的审批和复核
      - 现金盘点　若库存现金存放部门两处或两处以上，应同时进行盘点
    - 银行存款
      - 银行账户的开立、变更和注销
      - 银行付款的审批和复核
      - 编制银行存款余额调节表
  - 实质性程序
    - 监盘库存现金
      - 目的：证实库存现金是否存在
      - 监盘人员：出纳员（盘点人）、会计主管和注册会计师
      - 时间：最好选择在上午上班前或下午下班时进行
      - 范围：一般包括被审计单位各部门经管的所有现金
      - 方式：突击进行
    - 银行存款
      - 检查银行存款账户发生额
      - 取得并检查银行对账单和银行存款余额调节表
        - 目的：证实是否存在
        - 要求：检查调节事项
        - 关注长期未达账项，查看是否存在挪用资金等事项
        - 特别关注银付企未付、企付银未付中的异常事项
      - 函证
        - 范围
          - （1）银行存款（包括零余额账户和在本期内注销的账户）
          - （2）借款及与金融机构往来的其他重要信息
          - 除非有充分证据表明某一银行存款、借款及与金融机构往来的其他重要信息对财务报表不重要且与之相关的重大错报风险很低
          - 如果不对这些项目实施函证程序，注册会计师应当在审计工作底稿中说明理由
        - 目的　通过函证，可以获取证据证实资产负债表中所列银行存款是否存在，了解企业欠银行的债务情况和企业未入账的银行借款以及未披露的或有负债
        - 方式　积极式
    - 其他货币资金的实质性程序
      - 定期存款
      - 保证金存款
      - 存出投资款

第十三章 对舞弊和法律法规的考虑

- 对舞弊和法律法规的考虑
  - 财务报表审计中与舞弊相关责任
    - 舞弊的种类（故意行为）
      - 1.编制虚假财务报告导致的错报（管理层）
        - 1.操纵、弄虚作假或篡改记录
        - 2.错误表达或故意遗漏
        - 3.故意地错误使用会计原则
      - 2.侵占资产导致的错报（员工、管理层）
        - 贪污、盗窃、不存在交易的付款、私自挪用资产
      - 注意
        - 舞弊导致的重大错报未被发现的风险，大于错误导致的重大错报未被发现的风险
        - 管理层舞弊导致的重大错报未被发现的风险，大于员工导致的重大错报未被发现的风险
    - 与舞弊相关的责任
      - 治理层、管理层责任：负有主要责任（不是全部责任）
      - 注册会计师责任
        - 对财务报表整体是否不存在由于舞弊或错误导致的重大错报获取合理保证
        - 由于审计的固有限制，注册会计师不能对财务报表整体不存在重大错报获取绝对保证
    - 风险评估
      - 风险评估程序和相关活动
        - 询问：询问治理层、管理层、内部审计人员及其他相关人员
        - 评价舞弊风险因素（舞弊三角）
          - 动机或压力（首要条件）
          - 机会（一般源于内部控制在设计和运行上的缺陷）
          - 态度或借口
        - 实施分析程序（不是实质性分析程序）：识别出异常或偏离预期的关系，是否表明存在由于舞弊导致的重大错报风险
        - 考虑其他信息：是否表明存在由于舞弊导致的重大错报风险
        - 组织项目组讨论 目的
          - 1.分享易于发生舞弊的方式及各自的见解
          - 2.考虑应对措施，确定如何分派项目成员
          - 3.确定如何共享审计程序结果，及如何处理舞弊指控
      - 识别和评估舞弊导致的重大错报风险
        - 属于特别风险
        - 收入确认存在舞弊风险
          - 注册会计师应对基于收入确认存在舞弊风险的假定，评价哪些类别的收入、收入交易或认定导致舞弊风险
          - 若收入确认存在舞弊风险的假定不适用于业务的具体情况，从而未将收入确认作为由于舞弊导致的重大错报风险领域，注册会计师应当在审计工作底稿中记录得出该结论的理由
    - 风险应对
      - 应对舞弊导致的风险
        - 总体应对措施
          - 1.分派和督导项目组成员时，考虑人员的合适性（指派更有经验、知识、技能和能力的成员），考虑舞弊导致的重大错报风险的评估结果
          - 2.评价被审计单位对会计政策的选择和运用
          - 3.在选择审计程序的性质、时间安排和范围时，增加审计程序的不可预见性
        - 进一步审计程序
          - 1.改变拟实施审计程序的性质
          - 2.改变实质性程序的时间（在期末或接近期末实施）
          - 3.改变审计程序的范围（扩大样本规模）
        - 针对管理层凌驾于控制之上的风险
          - 在所有被审计单位中都会存在
          - 审计程序
            - 测试所有与审计财务报表相关的会计分录及其他调整是否恰当
              - 向参与财务报告过程的人员询问相关的不恰当或异常的活动
              - 测试报告期末作出的
              - 是否有必要测试整个会计期间的
            - 复核会计估计是否存在偏向
            - 对于超出被审计单位正常经营过程的重大交易，评价其商业理由
      - ...（接下页）

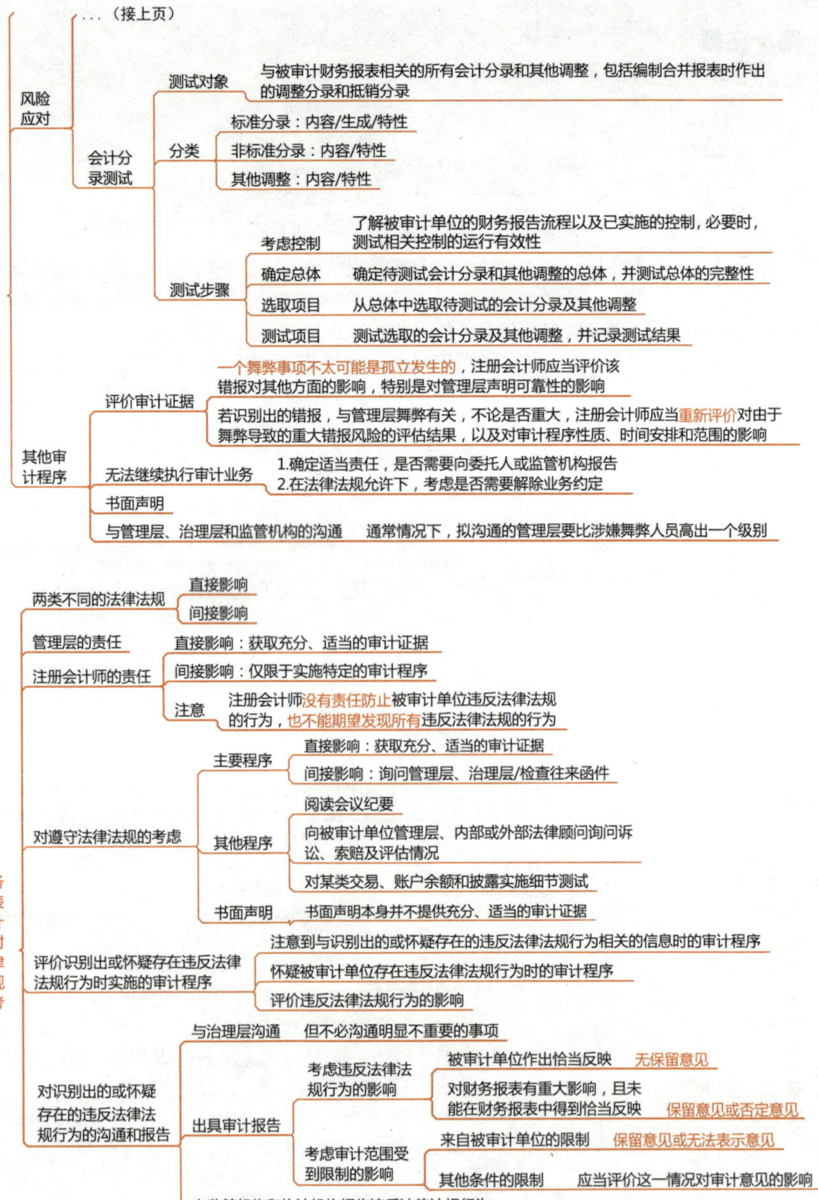
对舞弊和法律法规的考虑
...（接上页）
风险应对
会计分录测试
测试对象
与被审计财务报表相关的所有会计分录和其他调整，包括编制合并报表时作出的调整分录和抵销分录
分类
标准分录：内容/生成/特性
非标准分录：内容/特性
其他调整：内容/特性
测试步骤
考虑控制
了解被审计单位的财务报告流程以及已实施的控制，必要时，测试相关控制的运行有效性
确定总体
确定待测试会计分录和其他调整的总体，并测试总体的完整性
选取项目
从总体中选取待测试的会计分录及其他调整
测试项目
测试选取的会计分录及其他调整，并记录测试结果
其他审计程序
评价审计证据
一个舞弊事项不太可能是孤立发生的，注册会计师应当评价该错报对其他方面的影响，特别是对管理层声明可靠性的影响
若识别出的错报，与管理层舞弊有关，不论是否重大，注册会计师应当重新评价对由于舞弊导致的重大错报风险的评估结果，以及对审计程序性质、时间安排和范围的影响
无法继续执行审计业务
1.确定适当责任，是否需要向委托人或监管机构报告
2.在法律法规允许下，考虑是否需要解除业务约定
书面声明
与管理层、治理层和监管机构的沟通
通常情况下，拟沟通的管理层要比涉嫌舞弊人员高出一个级别
财务报表审计中对法律法规的考虑
两类不同的法律法规
直接影响
间接影响
管理层的责任
注册会计师的责任
直接影响：获取充分、适当的审计证据
间接影响：仅限于实施特定的审计程序
注意
注册会计师没有责任防止被审计单位违反法律法规的行为，也不能期望发现所有违反法律法规的行为
对遵守法律法规的考虑
主要程序
直接影响：获取充分、适当的审计证据
间接影响：询问管理层、治理层/检查往来函件
其他程序
阅读会议纪要
向被审计单位管理层、内部或外部法律顾问询问诉讼、索赔及评估情况
对某类交易、账户余额和披露实施细节测试
书面声明
书面声明本身并不提供充分、适当的审计证据
评价识别出或怀疑存在违反法律法规行为时实施的审计程序
注意到与识别出的或怀疑存在的违反法律法规行为相关的信息时的审计程序
怀疑被审计单位存在违反法律法规行为时的审计程序
评价违反法律法规行为的影响
对识别出的或怀疑存在的违反法律法规行为的沟通和报告
与治理层沟通
但不必沟通明显不重要的事项
出具审计报告
考虑违反法律法规行为的影响
被审计单位作出恰当反映
无保留意见
对财务报表有重大影响，且未能在财务报表中得到恰当反映
保留意见或否定意见
考虑审计范围受到限制的影响
来自被审计单位的限制
保留意见或无法表示意见
其他条件的限制
应当评价这一情况对审计意见的影响
向监管机构和执法机构报告违反法律法规行为

第十四章 审计沟通

- 审计沟通
  - 注册会计师与治理层沟通
    - 注册会计师与治理层的双向沟通
      - 原因/作用/目的
    - 沟通的对象
      - 当被审计单位设有审计委员会
        - 邀请注会定期参加审计委员会会议
        - 审计委员会主席和其他成员定期与注会联系
        - 审计委员会每年至少一次在管理层不在场的情况下会见注册会计师
    - 沟通的事项
      - 注会的责任
        - 对财务报表形成和发表意见
        - 财务报表审计并不减轻管理层或治理层的责任
      - 计划的审计范围和时间安排
        - 识别的特别风险
        - 注会拟如何应对由于舞弊或错误导致的特别风险以及重大错报风险评估水平较高的领域
        - 注会对与审计相关的内部控制采取的方案
        - 在审计中对重要性概念的运用（不是具体的重要性水平）
        - 实施计划的审计程序或评价审计结果需要专门技术或知识的性质和程度，包括利用专家的工作
        - 注会对哪些事项可能需要重点关注
      - 审计中发生的重大问题
      - 值得关注的内部控制缺陷
        - 不是所有的内部控制缺陷都需要沟通，仅限于注会在审计过程中识别的、认为重要值得关注的才需要
        - 注会考虑与财务报表编制相关的内部控制，是为了设计适合具体情况的审计程序，不是对内部控制的有效性发表意见
      - 注册会计师的独立性
        - 1.对独立性的不利影响
        - 2.法律法规、职业规范、会计师事务所内部自身的防范措施
      - 其他补充事项
    - 不用沟通的事项
      - 具体审计程序的性质和时间安排（因这些程序易于被预见而降低其有效性）
      - 重要性的具体金额或底线（只沟通对重要性概念的运用）
      - 财务报表重要性
      - 管理层已更正的事项
      - 与管理层沟通时，不宜沟通管理层胜任能力或诚信问题
    - 沟通过程
      - 确定沟通过程
        - 与管理层沟通
          - 在与治理层沟通前，可以就某些事项与管理层沟通，除非这种做法不适当
        - 与第三方沟通
          - 注册会计师对第三方不承担责任
          - 除非法律法规要求向第三方提供注册会计师与治理层的书面沟通文件的副本，否则注册会计师在向第三方提供前可能需要事先征得治理层同意
      - 沟通的形式
        - 可以口头或者书面沟通
        - 必须书面沟通的事项（一般采用致管理层的沟通函件）
          - 独立性
          - 值得关注的内部控制缺陷
          - 向治理层提供审计业务约定书
      - 沟通的时间安排
      - 沟通不充分的应对措施
        - 1.根据范围受到限制发表非无保留意见
        - 2.就采取不同措施的后果征询法律意见
        - 3.与第三方、被审计单位外部的拥有更高权利的组织或人员或对公共部门负责的政府部门进行沟通
        - 4.在法律法规允许的情况下解除业务约定
      - 沟通的记录
        - 以口头形式沟通的，应当将其包括在审计工作底稿中，并记录沟通的时间和对象
        - 以书面形式沟通的，应当保存一份沟通文件的副本，作为审计工作底稿的一部分
        - 会议记录
          - 1.若被审计单位编制的会议纪要是沟通的适当记录，可以将其副本作为补充，作为审计工作底稿的一部分
          - 2.若这些记录不能恰当反映，且有差别的事项比较重大，注会另行编制能恰当反映的内容纪要，并将两份同时致送治理层，并提示两者的差别
  - ...（接下页）

...（接上页）

审计沟通

- 前后任注册会计师沟通
  - 前后任会计师
    - 判断核心：是否属于同一会计师事务所
    - 注意
      - 若通过投标方式，只有中标的才属于后任
      - 未发生会计师事务所变更，同处于某一会计师事务所的不同的注册会计师不属于前后任
  - 沟通的总体原则
    - 后任注册会计师主动发起
    - 征得被审计单位的同意
    - 可以采取书面或口头方式
    - 后任注册会计师应当将沟通的情况记录于审计工作底稿
    - 前后任注册会计师应当对沟通中获知的信息保密。即使未接受委托，后任注册会计师仍应履行保密义务
  - 接受委托前的沟通
    - 必要审计程序
    - 沟通的内容（4个）
    - 前任注册会计师的答复
      - 一般情况：前任注册会计师可以作出充分答复
      - 多家竞标：在被审计单位明确选定一家作为后任注册会计师之后，再对该后任的询问作出答复
      - 决定不答复
        - 前任应表明其答复是有限的，并说明原因
        - 后任注会需要判断是否存在由被审计单位或潜在法律诉讼引起的答复限制，并考虑对接受委托的影响
      - 未得到答复
        - 若没有得到答复，且没有理由认为变更事务所原因异常，后任要设法再次与前任进行沟通
        - 若仍然得不到答复，后任可以致函前任，说明在适当时间得不到答复，将假设不存在使其拒绝接受的专业方面的原因，并接受委托
    - 被审计单位不同意沟通的处理
      - 后任注册会计师应当提请被审计单位以书面方式允许前任注册会计师对其询问作出充分答复
      - 如果受到被审计单位的限制或存在法律诉讼的顾虑，决定不向后任注册会计师作出充分答复，前任应向后任表明其答复是有限的，并说明原因
      - 如果得到的答复是有限的，或未得到答复，后任注册会计师应当考虑是否接受委托
  - 接受委托后的沟通
    - 不是必要审计程序
    - 若需要查阅前任的工作底稿，后任注会应当征得被审计单位同意，并与前任进行沟通
    - 查阅要求
      - 前任会计师事务所可以自主决定是否允许后任获取工作底稿部分内容
      - 在允许查阅工作底稿前，前任注册会计师应当向后任注册会计师获取确认函，就工作底稿的使用目的、范围和责任与其达成一致意见
      - 如果后任作出了更高程度的限制性保证，前任注册会计师可能会愿意向其提供更多的接触工作底稿的机会
    - 利用审计工作底稿的责任：后任会计师应当对自身实施的审计程序和得出的审计结论负责。后任注会不应在审计报告中表明，其审计意见全部或部分地依赖前任注会的审计报告或工作
  - 发现前任注册会计师审计的财务报表可能存在重大错报的处理
    - 安排三方会谈：提请被审计单位告知前任注会，必要时，后任注会应当要求安排三方会谈
    - 无法参加三方会谈（后任注会应当考虑）
      - 对审计业务的影响，并根据情况出具恰当审计报告
      - 是否退出当前审计业务
      - 考虑向其法律顾问咨询，决定如何采取进一步措施

第十五章 注册会计师利用他人的工作

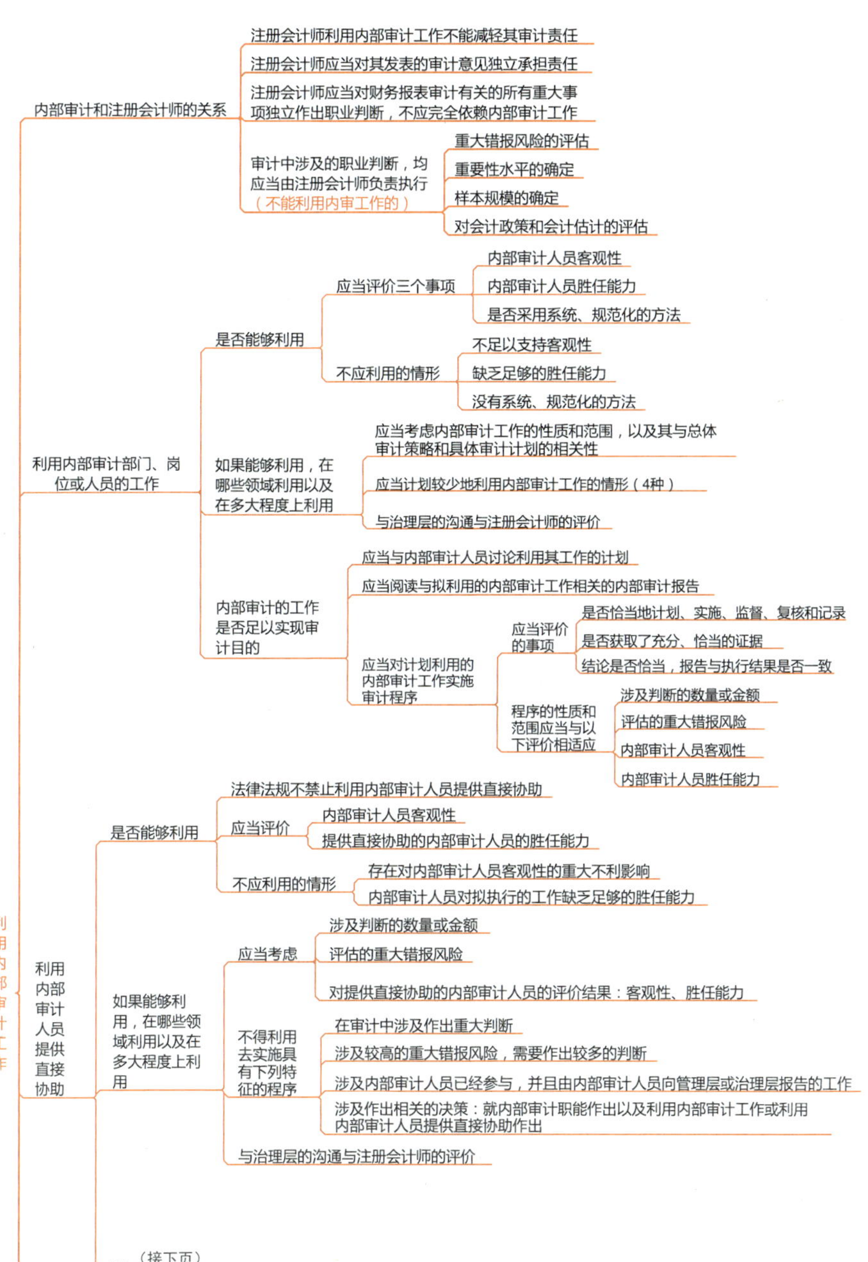

...（接下页）

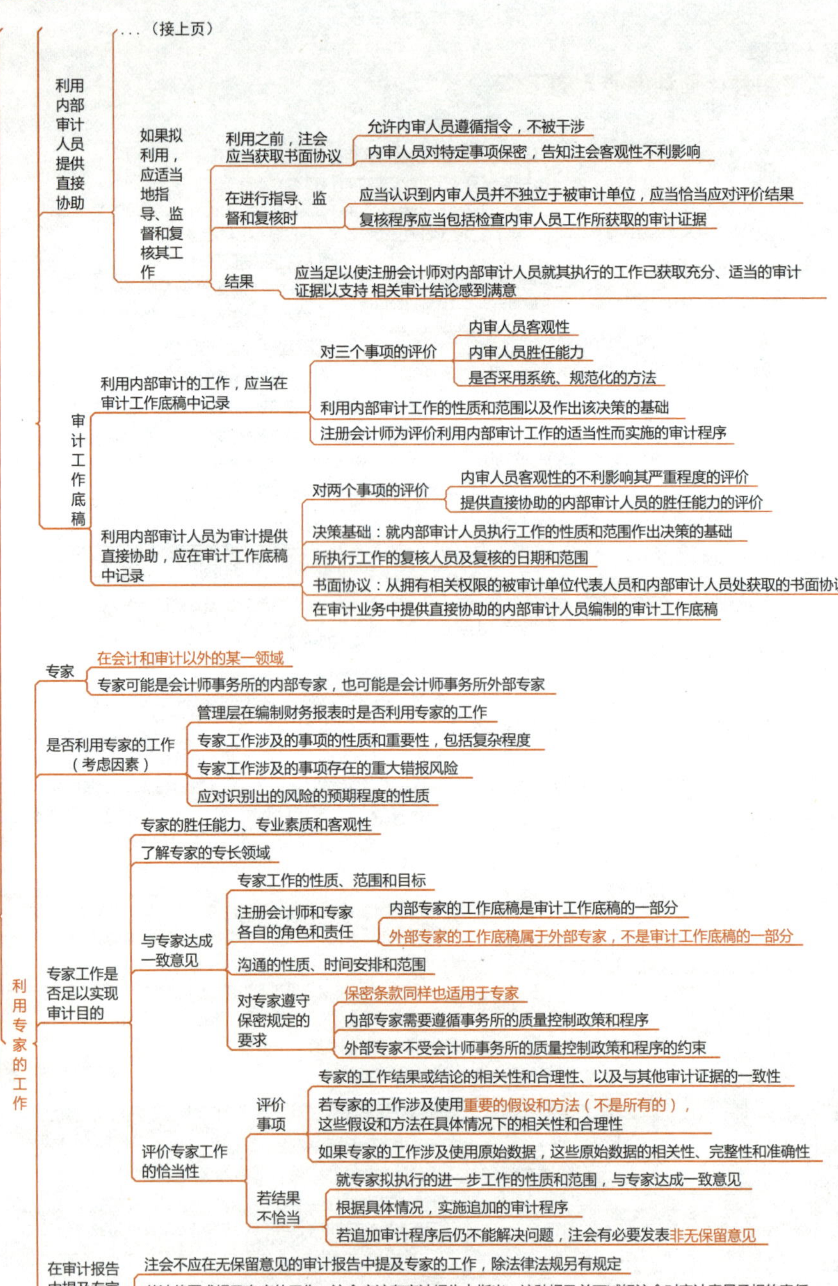
...（接上页）
利用内部审计人员提供直接协助
如果拟利用，应适当地指导、监督和复核其工作
利用之前，注会应当获取书面协议
允许内审人员遵循指令，不被干涉
内审人员对特定事项保密，告知注会客观性不利影响
在进行指导、监督和复核时
应当认识到内审人员并不独立于被审计单位，应当恰当应对评价结果
复核程序应当包括检查内审人员工作所获取的审计证据
结果
应当足以使注册会计师对内部审计人员就其执行的工作已获取充分、适当的审计证据以支持相关审计结论感到满意
审计工作底稿
利用内部审计的工作，应当在审计工作底稿中记录
对三个事项的评价
内审人员客观性
内审人员胜任能力
是否采用系统、规范化的方法
利用内部审计工作的性质和范围以及作出该决策的基础
注册会计师为评价利用内部审计工作的适当性而实施的审计程序
利用内部审计人员为审计提供直接协助，应在审计工作底稿中记录
对两个事项的评价
内审人员客观性的不利影响其严重程度的评价
提供直接协助的内部审计人员的胜任能力的评价
决策基础：就内部审计人员执行工作的性质和范围作出决策的基础
所执行工作的复核人员及复核的日期和范围
书面协议：从拥有相关权限的被审计单位代表人员和内部审计人员处获取的书面协议
在审计业务中提供直接协助的内部审计人员编制的审计工作底稿
注册会计师利用他人的工作
利用专家的工作
专家
在会计和审计以外的某一领域
专家可能是会计师事务所的内部专家，也可能是会计师事务所外部专家
是否利用专家的工作（考虑因素）
管理层在编制财务报表时是否利用专家的工作
专家工作涉及的事项的性质和重要性，包括复杂程度
专家工作涉及的事项存在的重大错报风险
应对识别出的风险的预期程度的性质
专家工作是否足以实现审计目的
专家的胜任能力、专业素质和客观性
了解专家的专长领域
与专家达成一致意见
专家工作的性质、范围和目标
注册会计师和专家各自的角色和责任
内部专家的工作底稿是审计工作底稿的一部分
外部专家的工作底稿属于外部专家，不是审计工作底稿的一部分
沟通的性质、时间安排和范围
对专家遵守保密规定的要求
保密条款同样也适用于专家
内部专家需要遵循事务所的质量控制政策和程序
外部专家不受会计师事务所的质量控制政策和程序的约束
评价专家工作的恰当性
评价事项
专家的工作结果或结论的相关性和合理性、以及与其他审计证据的一致性
若专家的工作涉及使用重要的假设和方法（不是所有的），这些假设和方法在具体情况下的相关性和合理性
如果专家的工作涉及使用原始数据，这些原始数据的相关性、完整性和准确性
若结果不恰当
就专家拟执行的进一步工作的性质和范围，与专家达成一致意见
根据具体情况，实施追加的审计程序
若追加审计程序后仍不能解决问题，注会有必要发表非无保留意见
在审计报告中提及专家
注会不应在无保留意见的审计报告中提及专家的工作，除法律法规另有规定
若法律要求提及专家的工作，注会应该在审计报告中指出，这种提及并不减轻注会对审计意见承担的责任

第十六章 对集团财务报表审计的特殊考虑

对集团财务报表审计的特殊考虑

- 概述
  - 相关概念
    - 重要组成部分
      - 单个组成部分对集团具有财务重大性
      - 单个组成部分的特定性质或情况，可能存在导致集团财务报表发生重大错报的特别风险（外汇交易）
    - 不重要的组成部分 — 集团层面实施分析程序
    - 集团项目合伙人，是负责集团审计业务及其执行，在审计报告上签字的合伙人
    - 集团项目组 — 负责制定集团总体审计策略
  - 责任和目标
    - 集团财务报表审计中的责任
      - 集团项目组对整个集团财务报表审计工作及审计意见负全部责任，这一责任不因利用组成部分注册会计师的工作而减轻
      - 注册会计师对集团财务报表出具的审计报告不应提及组成部分注册会计师
    - 注册会计师审计目标
      - （1）就组成部分注册会计师对组成部分财务信息执行工作的范围、时间安排和发现的问题，与组成部分注册会计师进行清晰的沟通
      - （2）针对组成部分财务信息和合并过程，获取充分、适当的审计证据，以对集团财务报表是否在所有重大方面按照适用的财务报告编制基础编制发表审计意见
- 审计计划
  - 业务的承接与保持
    - 在承接与保持前获取了解
    - 审计范围受限
      - 发表无法表示意见
      - 采取措施
        - 新业务——拒绝接受
        - 连续审计业务——允许的情况下，解除业务约定
        - 若法律禁止注会拒绝接受，或注会不能解除——发表无法表示意见
  - 重要性
    - 集团财务报表重要性 — 制定集团总体审计策略时，集团项目组确定集团财务报表整体的重要性
    - 特定类别交易、账户余额或披露的一个或多个重要性水平 — 重要性水平应当低于集团财务报表整体的重要性水平
    - 组成部分重要性
      - 1.组成部分的重要性是集团项目组确定
2.但是组成部分实际执行的重要性可以由集团项目组也可以由组成部分注册会计师自己确定
3.如果是组成部分确定的实际执行的重要性，集团项目组需要评价其适当性
      - 将组成部分重要性设定为低于集团财务报表整体的重要性
      - 确定组成部分重要性水平时无需按比例分配
      - 使用组成部分重要性，评估组成部分财务信息的重大错报风险
    - 明显微小错报的临界值
- 风险评估
  - 了解集团及其环境、集团组成部分及其环境
  - 了解组成部分注册会计师
    - 了解的前提
      - 只有当基于集团审计目的，计划要求由组成部分注册会计师执行组成部分财务信息的相关工作时，才需要了解
      - 如果集团项目组计划仅在集团层面对某些组成部分实施分析程序，则无需了解
    - 了解事项
      - 1）独立性
      - 2）专业胜任能力
      - 3）集团项目组参与组成部分注会工作的程度是否足以获取充分、适当的审计证据
      - 4）组成部分注册会计师是否处于积极的监管环境中
    - 组成部分注会的专业胜任能力

		集团项目组处理	能否消除相关影响
组成部分注册会计师不符合与集团审计相关的独立性要求		应当就组成部分财务信息亲自获取充分、适当的审计证据，而不应要求组成部分注册会计师对组成部分财务信息执行相关工作	不能消除组成部分注册会计师不具有独立性的影响
集团项目组对组成部分注册会计师职业道德、专业胜任能力和所处的监管环境	存在重大疑虑		——
	并非重大的疑虑	——	消除对专业胜任能力、未处于积极有效的监管环境中的影响

……（接下页）

...（接上页）

对集团财务报表审计的特殊考虑

风险应对

- 重要组成部分需执行的工作
  - 财务重大性：用该组成部分重要性，实施审计
  - 特别风险
    - 1.使用组成部分重要性对组成部分财务信息实施审计
    - 2.针对与可能导致集团财务报表发生重大错报的特别风险相关的一个或多个账户余额、一类或多类交易或披露事项实施审计
    - 3.针对可能导致集团财务报表发生重大错报的特别风险实施特定的审计程序
- 不重要组成部分需执行的工作：集团层面实施分析程序
- 已执行工作但不能提供充分、适当的审计证据时的处理：集团项目组选择某些不重要的组成部分亲自执行下列一项或多项工作：
  - 1.使用组成部分重要性对组成部分财务信息实施审计
  - 2.对一个或多个账户余额、一类或多类交易或披露实施审计
  - 3.使用组成部分重要性对组成部分财务信息实施审阅
  - 4.实施特定程序
- 参与组成部分注册会计师的工作
  - 组成部分注会对重要组成部分实施审计——应当参与组成部分注会实施的风险评估程序
  - 组成部分注会识别出特别风险——集团项目组应当评价针对识别出的特别风险拟实施的进一步审计程序的恰当性，并确定是否有必要参与进一步审计程序

评价与沟通

- 与组成部分注册会计师沟通
- 与集团管理层及治理层沟通
  - 与管理层沟通：集团层面、组成部分层面的内部控制缺陷；组成部分注会提醒集团项目组关注的内部控制缺陷
  - 与治理层沟通：审计工作类型、集团审计受限、舞弊或舞弊嫌疑
- 评价审计证据的充分性和适当性

第十七章 其他特殊项目的审计

- 其他特殊项目的审计
  - 审计会计估计
    - 会计估计
      - 概念
        - 1.存在估计不确定性时以公允价值计量的金额
        - 2.其他需要估计的金额
      - 责任
        - 1.被审计单位管理层对会计估计负责
        - 2.获取充分、适当证据，评价被审计单位作出的会计估计是否合理、披露是否充分，是注会的责任
        - 注会应当确定会计估计的重大错报风险是否属于特别风险
    - 风险评估
      - 风险评估程序
        - 了解适用的财务报告编制基础的要求——作用
        - 了解管理层如何识别是否需要作出会计估计（如何识别）——通过询问管理层
        - 了解管理层如何作出会计估计，以及会计估计所依据的数据（如何作出）
      - 识别和评估重大错报风险
        - 具有高度估计不确定性的会计估计是否会导致特别风险
        - 具有高度估计不确定性的情形
          - 1. 高度依赖判断
          - 2. 未采用经认可的计量技术计算
          - 3. 对上期财务报表中类似会计估计进行复核的结果表明最初会计估计与实际结果之间存在很大差异时，作出的会计估计
          - 4. 采用高度专业化、由被审计单位自主开发的模型，或在缺乏可观察到的输入数据的情况下作出的公允价值会计估计
    - 风险应对
      - 应对评估的重大错报风险
        - 1. 确定截至审计报告日发生的事项是否提供有关会计估计的审计证据
        - 2. 测试管理层如何作出会计估计以及会计估计所依据的数据
        - 3. 测试与管理层如何作出会计估计相关的控制的运行有效性，并实施恰当的实质性程序
        - 4.作出注会的点估计或区间估计，以评价管理层的点估计
          - 若使用有别于管理层的假设或方法，注会应当充分了解管理层的假设或方法，以确定注会在作出点估计或区间估计时已考虑了相关变量，并评价与管理层的点估计存在的任何重大差异
          - 若认为使用区间估计是恰当的，注会应当基于可获得的审计证据来缩小区间估计，直至该区间估计范围内的所有结果均可被视为合理
      - 实施进一步实质性程序以应对特别风险
        - 评价管理层是否适当处理估计不确定性
        - 作出区间估计
        - 确定确认和计量的标准是否符合适用的编制基础
      - 其他相关审计程序
        - 关注与会计估计相关的披露
          - 按照适用的财务报告编制基础作出的披露
          - 披露导致特别风险的会计估计的估计不确定性
        - 识别可能存在管理层偏向的迹象
          - 1. 管理层主观认为环境已经发生变化，并相应地改变会计估计或估计方法
          - 2. 针对公允价值会计估计，被审计单位的自有假设与可观察到的市场假设不一致，但仍使用被审计单位的自有假设
          - 3. 管理层选择或作出重大假设以产生有利于管理层目标的点估计
          - 4. 选择带有乐观或悲观倾向的点估计
        - 获取书面声明——以确认会计估计的重大假设的合理性
    - 评价会计估计的合理性并确定错报
      - 利用点估计和区间估计
        - 1. 当审计证据支持点估计时，注会的点估计与管理层的点估计之间的差异构成错报
        - 2. 当注会认为使用其区间估计能够获取充分、适当的审计证据时，则在注会区间估计之外的管理层的点估计构成错报，且错报不小于管理层的点估计与注会区间估计之间的最小差异
      - 错报的类型
        - 事实错报
        - 判断错报
        - 推断错报
      - 注意——会计估计的结果与财务报表中原来已确认或披露的金额存在差异，并不必然表明财务报表存在错报
  - ...

（接下页）

其他特殊项目的审计

……（接上页）

关联方审计

- 关联方审计的责任
  - 即使适用的财务报告编制基础对关联方作出很少的规定或没有作出规定，注册会计师仍然需要了解被审计单位的关联方关系及其交易，以确定财务报表是否实现公允反映
- 风险评估
  - 了解关联方及交易
    - 项目组讨论
    - 询问管理层
      - 关联方名称、特征；与关联方之间关系的性质；在本期是否与关联方发生交易
    - 相关控制
      - 对关联方关系及其交易进行识别、会计处理和披露
      - 授权和批准重大关联方交易和安排
      - 授权和批准超出正常经营过程的重大交易和安排
  - 在检查记录或文件时对关联方信息保持警觉
    - 应当检查
      - 获取的银行和律师的询证函回函
      - 股东和治理层会议的纪要
    - 询问管理层
  - 识别和评估重大错报风险
    - 超出正常经营过程的重大关联方交易导致的风险为特别风险
    - 存在具有支配性影响的关联方，可能表明存在由于舞弊导致的特别风险
      - 异常频繁变更高级管理人员或专业顾问
      - 利用中间机构从事难以判断是否具有正当商业理由的重大交易
      - 有证据显示关联方过度干涉或关注会计政策的选择或重大会计估计的作出
- 风险应对
  - 针对重大错报风险的应对措施
    - 识别出管理层以前未识别出或未披露的关联方交易
      - 立即将相关信息向项目组其他成员通报
      - 要求管理层识别与新识别出的关联方之间发生的所有交易，以便注会作出进一步评价，并询问与关联方关系及其交易相关的控制为何未能识别或披露该关联方关系或交易
      - 对新识别出的关联方或重大关联方交易实施恰当的实质性程序
      - 重新考虑可能存在管理层以前未识别出或未向注册会计师披露的其他关联方或重大关联方交易的风险，如有必要，实施追加审计程序
      - 如果管理层不披露关联方关系或交易看似是有意的，因而显示可能存在由于舞弊导致的重大错报风险，评价这一情况对审计的影响
    - 识别出超出正常经营过程的重大关联方交易
      - 检查相关合同或协议
        - 评价交易的商业理由
        - 评价交易条款是否与管理层解释一致
        - 评价关联方交易是否已按照适用的财务报告编制基础得到恰当会计处理和披露
      - 获取交易已经恰当授权和批准的审计证据（授权和批准本身并不足以就是否不存在由于舞弊或错误导致的重大错报风险得出结论）
    - 管理层在财务报表中作出的认定
      - 注会应当就该项认定获取充分、适当的审计证据
  - 其他相关审计程序
    - 获取书面声明
      - 已向注会披露了全部已知的关联方名称和特征、关联方关系及其交易
      - 已经按照适用的财务报告编制基础的规定，对关联方关系及其交易进行了恰当的会计处理和披露
    - 与治理层沟通
      - 除非治理层全员参与管理，注会应当与治理层沟通与关联方相关的重大事项
      - 1.管理层有意或无意未向注会披露关联方关系或重大关联交易
        2.识别出的未经适当授权和批准的，可能产生舞弊嫌疑的重大关联方交易
        3.注会和管理层按照编制基础规定披露重大关联方交易方面存在分歧
        4.违反适用的法律法规有关禁止或限制特定类型关联方交易的规定
        5.在识别被审计单位最终控制方时遇到的困难
- 评价会计处理和披露
  - 识别出的关联方关系及其交易是否已按照适用的财务报告编制基础得到恰当会计处理和披露
  - 关联方关系及其交易是否导致财务报表未实现公允反映

……（接下页）

…（接上页）

其他特殊项目的审计

考虑持续经营假设

- 责任
  - 管理层责任
    - 即使财务报告编制基础没有要求管理层对持续经营能力进行评估作出明确规定，管理层也需要在编制财务报表时评估持续经营能力
  - 注会责任
    - 就管理层在编制和列报财务报表时运用持续经营假设的适当性获取充分、适当的审计证据，并就持续经营能力是否存在重大不确定性得出结论
    - 即使编制财务报表时采用的财务报告编制基础没有明确要求管理层对持续经营能力作出专门评估，注会的这种责任仍然存在
- 风险评估程序和相关活动
  - 财务方面
  - 经营方面
  - 其他方面
- 风险应对
  - 评价管理层对持续经营能力作出的评估
    - 管理层评估涵盖期间自财务报表日起12个月
    - 注会评价管理层作出的评估
      - 纠正管理层缺乏分析的错误，不是注会的责任
      - 在某些情况下，管理层缺乏详细分析以支持其评估，并不妨碍注会确定管理层运用持续经营假设是否适合具体情况
      - 注会应当考虑管理层作出的评估是否已考虑所有相关信息，其中包括注会实施审计程序获取的信息
      - 注会应当考虑管理层对相关事项或情况结果的预测所依据的假设是否合理
  - 超出管理层评估期间的事项或情况
    - 只有持续经营事项的迹象达到重大时，注会才考虑进一步措施
    - 除询问管理层外，没有责任实施其他程序，以识别超出管理层评估期间并可能导致对被审计单位持续经营能力产生重大疑虑的事项或情况
  - 识别出后实施追加的审计程序
    - 若管理层尚未对被审计单位持续经营能力作出评估，提请其进行评估
    - 评价管理层的未来应对计划（变卖资产、对外借款、重组债务、削减或延缓开支、获得新资本）
    - 若管理层已编制现金流量预测，评价用于编制预测的基础数据的可靠性
    - 考虑自管理层作出评估后是否存在其他可获得的事实或信息
    - 要求管理层和治理层提供有关未来应对计划及其可行性的书面声明
- 对审计报告的影响
  - 运用持续经营假设适当但存在重大不确定性
    - 财务报表已充分披露
      - 无保留意见，增加“与持续经营相关的重大不确定性”为标题的单独部分
      - 极少数情况下，存在多项对财务报表整体具有重要影响的重大不确定性时——无法表示意见
    - 财务报表未充分披露
      - 保留意见或否定意见
  - 运用持续经营假设不适当
    - 否定意见
      - 不论是否披露
- 与治理层的沟通
  - 应当与治理层就识别出的可能导致对被审计单位持续经营能力产生重大疑虑的事项或情况进行沟通，除非治理层全部成员参与管理被审计单位
  - 沟通的内容
    - 这些事项或情况是否构成重大不确定性
    - 管理层在编制财务报表时运用持续经营假设是否恰当
    - 财务报表中的相关披露是否充分
    - 对审计报告的影响（如适用）

…（接下页）

……（接上页）

其他特殊项目的审计

首次接受委托时对期初余额的审计

- 首次的含义
  - 首次接受审计委托
  - 更换会计师事务所后对其本期财务报表进行审计
- 期初余额
  - 一般无须专门对期初余额发表审计意见，但要对期初余额实施适当的审计程序
  - 含义
    - 是期初已存在的账户余额
    - 反映了以前期间的交易和事项以及上期采用的会计政策的结果
    - 期初余额与注册会计师首次审计业务相联系
- 期初余额的审计目标
  - 期初余额是否含有对本期财务报表产生重大影响的错报
  - 期初余额反映的恰当的会计政策是否在本期财务报表中得到一贯运用，或会计政策的变更是否已按照适用的财务报告编制基础作出恰当的会计处理和充分的列报与披露
- 审计程序
  - 确定上期期末余额是否已正确结转至本期，或在适当的情况下已作出重新表述
  - 确定期初余额是否反映对恰当会计政策的运用
  - 实施一项或多项审计程序
    - 如果上期财务报表已审计，查阅前任注册会计师的审计工作底稿，以获取有关期初余额的审计证据
    - 评价本期实施的审计程序是否提供了有关期初余额的审计证据
    - 实施其他专门的审计程序
      - 流动资产和流动负债——通过本期实施的审计程序获取
      - 非流动资产和非流动负债
        - 检查形成期初余额的会计记录和其他信息
        - 向第三方函证
        - 实施追加的审计程序
- 审计结论和审计报告
  - 不能获取有关期初余额的充分、适当的审计证据
    - 保留意见或无法表示意见
    - 除非法律法规禁止
      - 对经营成果和现金流量——保留意见或无法表示意见
      - 财务状况——无保留意见
  - 期初余额存在对本期报表产生重大影响的错报
    - 应当告知管理层
    - 上期财务报表由前任审计——告知前任
    - 未能得到正确处理和恰当列报——保留意见或否定意见
  - 会计政策变更对审计报告的影响
    - 未能得到一贯运用；未能得到恰当会计处理或适当列报和披露——保留意见或否定意见
  - 前任注册会计师对上期报表发表了非无保留意见
    - 本期财务报表仍然相关和重大——非无保留意见
    - 对本期既不相关也不重大——无需因此发表非无保留意见

第十八章 完成审计工作

- 完成审计工作
  - 概述
    - 评价审计过程中发现的错报
      - 沟通与更正
        - 除非法律法规禁止，注会应当及时将审计过程中累积的所有错报与适当层级的管理层沟通；还应当要求管理层更正这些错报
        - 如果管理层拒绝更正沟通的部分或者全部错报，注册会计师应当了解管理层不更正错报的理由，并在评价财务报表整体是否不存在重大错报时考虑该理由
      - 评价未更正的错报
        - 未更正错报的含义：注册会计师在审计过程中累积的且被审计单位未予更正的错报
        - 评价错报前可能需要对重要性作出修改
          - 注册会计师可能有必要依据实际的财务结果对重要性作出修改
          - 注册会计师需要考虑每一单项错报，以评价其对相关类别的交易、账户余额或披露的影响，包括评价该项错报是否超过特定类别的交易、账户余额或披露的重要性水平（如适用）
        - 某一错报的抵销是否恰当
          - 如果注册会计师认为某一单项错报是重大的，则该项错报不太可能被其他错报抵销
          - 对于同一账户余额或同一类别的交易内部的错报，这种抵销可能是适当的
        - 确定一项分类错报是否重大，需要进行定性评估
        - 错报的连同考虑：即使某些错报低于财务报表整体的重要性，在将其单独或连同在审计过程中累积的其他错报一并考虑时，注册会计师也可能将这些错报评价为重大错报
        - 与治理层沟通
          - 除非法律法规禁止，注册会计师应当与治理层沟通未更正错报，以及这些错报单独或汇总起来可能对审计意见产生的影响
          - 应当要求被审计单位更正未更正错报
      - 书面声明：应当要求管理层和治理层（如适用）提供书面声明，说明其是否认为未更正错报单独或汇总起来对财务报表整体的影响不重大
    - 复核审计工作底稿和财务报表
      - 总体复核(分析程序)
        - 目的：确定经审计调整后的财务报表整体是否与对被审计单位的了解一致，是否具有合理性
        - 如果识别出以前未识别的重大错报风险，注册会计师应当重新考虑
          - 对全部或部分各类别交易、账户余额、披露评估的风险是否恰当
          - 重新评价之前计划的审计程序是否充分
          - 是否有必要追加审计程序
      - 复核审计工作底稿
        - 项目组内部复核
          - 复核人员
            - 1）由项目组内经验较多的人员复核经验较少的人员的工作
            - 2）确保所有工作底稿均得到适当层级人员的复核
            - 3）对一些较为复杂、审计风险较高的领域，需要指派经验丰富的项目组成员执行复核，必要时可以由项目合伙人执行复核
            - 较为复杂、审计风险较高的领域：舞弊风险的评估与应对、重大会计估计及其他复杂的会计问题、审核会议记录和重大合同、关联方关系和交易、持续经营存在的问题
          - 复核范围：所有的审计工作底稿至少要经过一级复核
          - 复核事项
          - 复核时间：审计项目复核贯穿审计全过程
        - 项目合伙人复核
          - 责任承担：项目合伙人对总体质量负责
          - 复核范围：项目合伙人无须复核所有审计工作底稿
          - 复核内容：①对关键领域所做的判断（执行业务过程中识别出的疑难问题或争议事项）②特别风险 ③项目合伙人认为重要的其他领域
          - 复核时间：在审计报告日或审计报告日之前
        - ...（接下页）

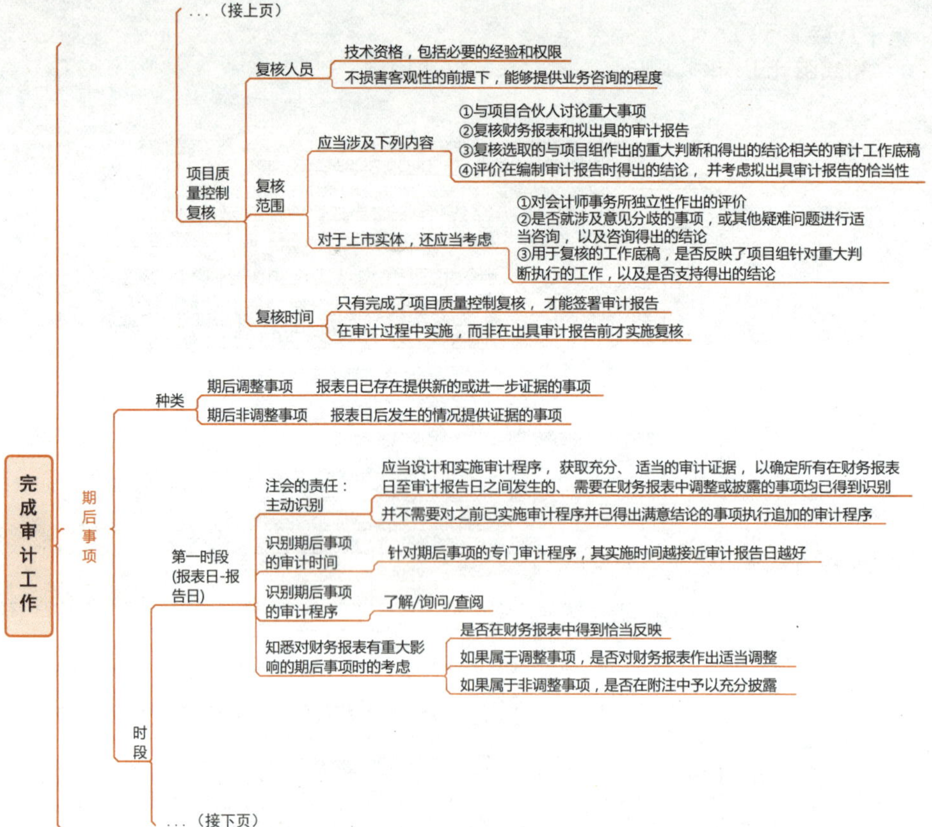
...（接上页）
完成审计工作
项目质量控制复核
复核人员
技术资格，包括必要的经验和权限
不损害客观性的前提下，能够提供业务咨询的程度
复核范围
应当涉及下列内容
①与项目合伙人讨论重大事项
②复核财务报表和拟出具的审计报告
③复核选取的与项目组作出的重大判断和得出的结论相关的审计工作底稿
④评价在编制审计报告时得出的结论，并考虑拟出具审计报告的恰当性
对于上市实体，还应当考虑
①对会计师事务所独立性作出的评价
②是否就涉及意见分歧的事项，或其他疑难问题进行适当咨询，以及咨询得出的结论
③用于复核的工作底稿，是否反映了项目组针对重大判断执行的工作，以及是否支持得出的结论
复核时间
只有完成了项目质量控制复核，才能签署审计报告
在审计过程中实施，而非在出具审计报告前才实施复核
期后事项
种类
期后调整事项　报表日已存在提供新的或进一步证据的事项
期后非调整事项　报表日后发生的情况提供证据的事项
时段
第一时段(报表日-报告日)
注会的责任：主动识别
应当设计和实施审计程序，获取充分、适当的审计证据，以确定所有在财务报表日至审计报告日之间发生的、需要在财务报表中调整或披露的事项均已得到识别
并不需要对之前已实施审计程序并已得出满意结论的事项执行追加的审计程序
识别期后事项的审计时间
针对期后事项的专门审计程序，其实施时间越接近审计报告日越好
识别期后事项的审计程序
了解/询问/查阅
知悉对财务报表有重大影响的期后事项时的考虑
是否在财务报表中得到恰当反映
如果属于调整事项，是否对财务报表作出适当调整
如果属于非调整事项，是否在附注中予以充分披露
...（接下页）

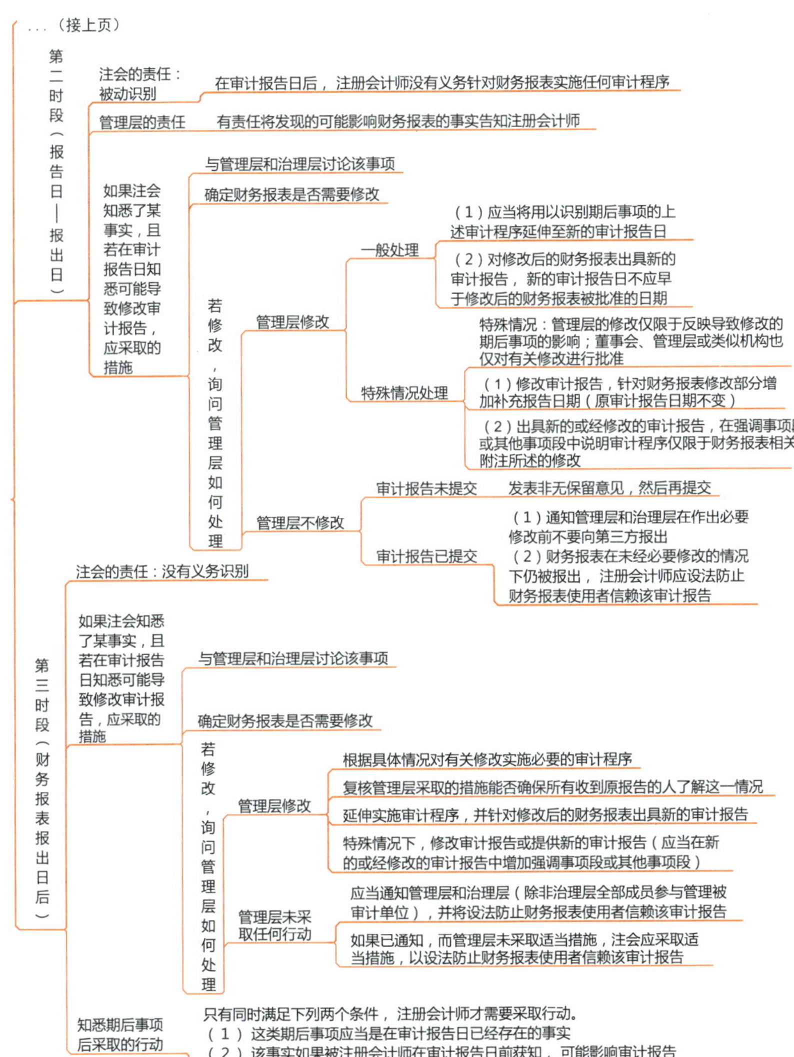

完成审计工作
...（接上页）
第二时段（报告日——报出日）
注会的责任：被动识别
在审计报告日后，注册会计师没有义务针对财务报表实施任何审计程序
管理层的责任
有责任将发现的可能影响财务报表的事实告知注册会计师
如果注会知悉了某事实，且若在审计报告日知悉可能导致修改审计报告，应采取的措施
与管理层和治理层讨论该事项
确定财务报表是否需要修改
若修改，询问管理层如何处理
管理层修改
一般处理
（1）应当将用以识别期后事项的上述审计程序延伸至新的审计报告日
（2）对修改后的财务报表出具新的审计报告，新的审计报告日不应早于修改后的财务报表被批准的日期
特殊情况处理
特殊情况：管理层的修改仅限于反映导致修改的期后事项的影响；董事会、管理层或类似机构也仅对有关修改进行批准
（1）修改审计报告，针对财务报表修改部分增加补充报告日期（原审计报告日期不变）
（2）出具新的或经修改的审计报告，在强调事项段或其他事项段中说明审计程序仅限于财务报表相关附注所述的修改
管理层不修改
审计报告未提交
发表非无保留意见，然后再提交
审计报告已提交
（1）通知管理层和治理层在作出必要修改前不要向第三方报出
（2）财务报表在未经必要修改的情况下仍被报出，注册会计师应设法防止财务报表使用者信赖该审计报告
第三时段（财务报表报出日后）
注会的责任：没有义务识别
如果注会知悉了某事实，且若在审计报告日知悉可能导致修改审计报告，应采取的措施
与管理层和治理层讨论该事项
确定财务报表是否需要修改
若修改，询问管理层如何处理
管理层修改
根据具体情况对有关修改实施必要的审计程序
复核管理层采取的措施能否确保所有收到原报告的人了解这一情况
延伸实施审计程序，并针对修改后的财务报表出具新的审计报告
特殊情况下，修改审计报告或提供新的审计报告（应当在新的或经修改的审计报告中增加强调事项段或其他事项段）
管理层未采取任何行动
应当通知管理层和治理层（除非治理层全部成员参与管理被审计单位），并将设法防止财务报表使用者信赖该审计报告
如果已通知，而管理层未采取适当措施，注会应采取适当措施，以设法防止财务报表使用者信赖该审计报告
知悉期后事项后采取的行动
只有同时满足下列两个条件，注册会计师才需要采取行动。
（1）这类期后事项应当是在审计报告日已经存在的事实
（2）该事实如果被注册会计师在审计报告日前获知，可能影响审计报告
...（接下页）

...（接上页）

完成审计工作

- 书面声明
  - 特征
    - 书面声明是注册会计师在财务报表审计中需要获取的必要信息，是审计证据的重要来源
    - 尽管书面声明提供必要的审计证据，但其本身并不为所涉及的任何事项提供充分、适当的审计证据
  - 类型
    - 针对管理层责任的书面声明
      - 针对完整性
        - 按照审计业务约定条款，已向注册会计师提供所有相关信息，并允许注册会计师不受限制地接触所有相关信息以及被审计单位内部人员和其他相关人员
        - 所有交易均已记录并反映在财务报表中
      - 管理层责任
        - 如果未从管理层获取其确认已履行责任的书面声明，注册会计师在审计过程中获取的有关管理层已履行这些责任的其他审计证据是不充分的
      - 要求管理层再次确认管理层自身责任的情况
        - 1）代表被审计单位签订审计业务约定条款的人员不再承担相关责任
        - 2）审计业务约定条款是在以前年度签订的
        - 3）有迹象表明管理层误解了其责任
        - 4）情况的改变需要管理层再次确认其责任
    - 其他书面声明
      - 关于财务报表的额外书面声明
      - 与向注册会计师提供信息有关的额外书面声明
        - 确认其已将注意到的所有内部控制缺陷向注册会计师通报
      - 关于特定认定的书面声明
  - 书面声明的日期及涵盖期间
    - 日期：应当尽量接近对财务报表出具审计报告的日期，但不得在审计报告日后
    - 涵盖期间：应当涵盖审计报告针对的所有财务报表和期间
    - 时间关系
      - 1）由于书面声明是必要的审计证据，在管理层签署书面声明前，注册会计师不能发表审计意见，也不能签署审计报告
      - 2）若在审计报告中提及的所有期间内，出现现任管理层均尚未就任的情形。相应地，注册会计师仍然需要向现任管理层获取涵盖整个相关期间的书面声明
  - 书面声明的形式：应当以声明书的形式致送注册会计师
  - 特殊情形的处理
    - 对书面声明可靠性的疑虑
      - 对管理层的胜任能力/诚信/道德价值观或勤勉尽责存在疑虑
        - 应当确定这些疑虑对书面或口头声明和审计证据总体的可靠性可能产生的影响
        - 可能认为，管理层在财务报表中作出不实陈述的风险很大，以至于审计工作无法进行，除非治理层采取适当的纠正措施，否则可能需要考虑解除业务约定（如果法律法规允许）
        - 很多时候，治理层采取的纠正措施可能并不足以使注册会计师发表无保留意见
      - 书面声明与其他审计证据不一致
        - 应当实施审计程序以设法解决这些问题
        - 可能需要考虑风险评估结果是否仍然适当
        - 如果问题未解决，需要确定该不一致对书面或口头声明和审计证据总体的可靠性可能产生的影响
        - 如果认为书面声明不可靠，应当采取适当措施，包括确定其对审计意见可能产生的影响
    - 管理层不提供书面声明的处理
      - 1）与管理层讨论该事项
      - 2）重新评价管理层的诚信，并评价该事项对书面或口头声明和审计证据总体的可靠性可能产生的影响
      - 3）采取适当措施，包括确定该事项对审计意见可能产生的影响
      - 发表无法表示意见的情形
        - 注会对管理层的诚信产生重大疑虑，以至于认为其作出的书面声明不可靠
        - 管理层不提供书面声明
          - 针对财务报表的编制
            - 管理层确认其根据审计业务约定条款，履行了按照适用的财务报告编制基础编制财务报表并使其实现公允反映（如适用）的责任
          - 针对提供的信息和交易的完整性
            - 按照审计业务约定条款，已向注册会计师提供所有相关信息，管理层允许注册会计师不受限制地接触相关信息，以及被审计单位内部人员和其他人员
            - 所有交易均已记录并反映在财务报表中

- 审计报告
  - 概述
    - 审计意见类型
      - 无保留意见
      - 非无保留意见
        - 保留意见
        - 否定意见
        - 无法表示意见
    - 审计报告要素(报告日期)
      - 不应早于注册会计师获取充分、适当的审计证据(包括管理层认可对财务报表的责任且已批准财务报表的证据)，并在此基础上对财务报表形成审计意见的日期
      - 日期的确定
        - 管理层批准并签署已审计财务报表，注册会计师即可签署审计报告
        - 审计报告的日期通常与管理层签署已审计财务报表的日期为同一天，或晚于管理层签署已审计财务报表的日期
  - 沟通关键审计事项
    - 在审计报告中沟通关键审计事项
      - 注册会计师对财务报表整体形成审计意见，而不对关键审计事项单独发表意见
      - 披露要求
        - 导致非保留意见的事项、可能导致对被审计单位持续经营能力产生重大疑虑的事项或情况存在重大不确定性等，在审计报告中专门的部分披露，不在关键审计事项部分披露
        - 关键审计事项部分披露的关键审计事项必须已经得到满意解决，即不存在审计范围受限，也不存在注册会计师与被审计单位管理层意见分歧的情况
    - 不在审计报告中沟通关键事项的情形
      - 法律法规禁止公开披露某事项
      - 在极其罕见的情况下，如果合理预期在审计报告中沟通某事项造成的负面后果超过产生的公众利益方面的益处，注册会计师确定不应在审计报告中沟通该事项，则注册会计师应当在审计报告中逐项描述关键审计事项
    - 就关键审计事项与治理层沟通
      - 注册会计师确定的关键审计事项
      - 根据被审计单位和审计业务的具体情况，注册会计师确定不存在需要在审计报告中沟通的关键审计事项（如适用）
  - 非无保留意见
    - 确定非无保留意见的类型
      - 一般考虑
        - 导致非无保留意见的事项的性质
          - 财务报表存在重大错报
            - 考虑的因素
              - 选择会计政策的恰当性
              - 对所选择的会计政策的运用
              - 披露的恰当性或充分性
            - 对审计意见的影响
              - 重大但不广泛　保留意见
              - 重大且广泛　否定意见
          - 无法获取充分、适当的审计证据
            - 考虑的因素
              - 超出被审计单位控制
              - 与注会工作的性质或安排相关
              - 管理层施加限制
            - 对审计意见的影响
              - 重大但不广泛　保留意见
              - 重大且广泛　无法表示意见
        - 广泛性
          - 不限于对财务报表的特定要素、账户或项目产生影响
          - 虽然仅对财务报表的特定要素、账户或项目产生影响，但这些要素、账户或项目是或可能是财务报表的主要组成部分
          - 当与披露相关时，产生的影响对财务报表使用者理解财务报表至关重要
      - 特殊考虑
        - 管理层对审计范围施加限制，注会要求消除限制
          - 管理层拒绝消除
            - 与治理层沟通，确定能否实施替代程序，获取充分、适当的证据
              - 不能
                - 重大但不广泛：保留意见
                - 重大且广泛：①如果解除业务约定可行，则解约 ②如果不可行或法律禁止，发表无法表示意见
              - 能：正常审计
          - 管理层同意消除
            - 正常审计
        - 审计意见的统一性
          - 如果对财务报表整体发布否定意见或无法表示意见，注册会计师不应在同一审计报告中对按照相同财务报告编制基础编制的单一财务报表或者财务报表特定要素、账户或项目发表无保留意见
          - 允许对经营成果、现金流量发表无法表示意见，而对财务状况发表无保留意见
  - ...（接下页）

审计报告

- ...（接上页）
- 非无保留意见
  - ...（接上页）
  - 审计意见段
    - 保留意见
      - 重大错报原因：注册会计师认为，除了形成保留意见的基础部分所述事项产生的影响外，财务报表在所有重大方面按照适用的财务报告编制基础编制，并实现公允反映
      - 无法获取充分、适当的审计证据的原因：注册会计师认为，除了形成保留意见的基础部分所述事项可能产生的影响外，财务报表在所有重大方面按照适用的财务报告编制基础编制，并实现公允反映
    - 否定意见：注册会计师认为，由于形成否定意见的基础部分所述事项的重要性，财务报表没有在所有重大方面按照适用的财务报告编制基础编制，未能实现公允反映
    - 无法表示意见：由于形成无法表示意见的基础部分所述事项的重要性，注册会计师无法获取充分、适当的审计证据为发表审计意见提供基础，因此，注册会计师不对这些财务报表发表审计意见
- 增加强调事项段和其他事项段
  - 强调事项段
    - 含义：提及已在财务报表中恰当列报或披露的事项
    - 增加条件（同时满足）
      - 该事项不会导致注册会计师发表非无保留意见
      - 该事项未被确定为在审计报告中沟通的关键事项
    - 审计准则要求增加的情形
      - 法律法规规定的财务报告编制基础不可接受，但其是由于法律或法规作出的规定
      - 提醒财务报表使用者注意财务报表按照特殊目的编制基础编制
      - 注册会计师在审计报告日后知悉了某些事实（即期后事项），并且出具了新的审计报告或修改了审计报告
    - 注会认为需要增加的情形
      - 异常诉讼或监管行动的未来结果存在不确定性
      - 提前应用(在允许的情况下)对财务报表有广泛影响的新会计准则
      - 存在已经或持续对被审计单位财务状况产生重大影响的特大灾难
    - 采取的措施
      - 将强调事项段作为单独的一部分置于审计报告中，并使用包含“强调事项”这一术语的适当标题
      - 明确提及被强调事项以及相关披露的位置，以便能够在财务报表中找到对该事项的详细描述
      - 指出审计意见没有因该强调事项而改变
  - 其他事项段
    - 含义：提及未在财务报表中列报或披露的事项，根据注册会计师的职业判断，该事项与财务报表使用者理解审计工作、注册会计师的责任或审计报告相关
    - 增加条件（同时满足）
      - 未被法律法规禁止
      - 该事项未被确定为在审计报告中沟通的关键事项
    - 需要增加的情形
      - 与使用者理解审计工作相关
      - 与使用者理解注册会计师的责任或审计报告相关
      - 对两套以上财务报表出具审计报告
      - 限制审计报告分发和使用
    - 不涉及下列情形
      - 除根据审计准则的规定有责任对财务报表出具审计报告外，注册会计师还有其他报告责任
      - 注册会计师可能被要求实施额外的规定的程序并予以报告，或对特定事项发表意见
  - 与治理层的沟通：如果拟在审计报告中增加强调事项段或其他事项段，注册会计师应当就该事项和拟使用的措辞与治理层沟通
- ...（接下页）

...（接上页）

审计报告

- 比较信息
  - 类别
    - 对应数据：审计意见仅提及本期
    - 比较财务报表：审计意见提及列报的财务报表所属的各期
  - 审计程序
    - 一般审计程序：注会应当评价：
      （1）比较信息是否与上期报表列报的金额和相关披露一致，如果必要，比较信息是否已经重述
      （2）会计政策是否一致，如果变更，是否得到恰当处理并得到充分列报与披露
    - 比较信息可能存在重大错报时的审计要求
      - 如果上期财务报表已经审计但未经更正，也未重新出具审计报告，且比较数据未经恰当重述和充分披露：应当对本期财务报表出具非无保留意见的审计报告，说明对本期报表的影响
      - 如果上期财务报表已经审计且已经更正，并已重新出具审计报告：应当获取充分、适当的审计证据，以确定比较信息与更正的财务报表是否一致
    - 获取书面声明
      - 对于管理层作出的、更正上期财务报表中影响比较信息的重大错报的任何重述，注册会计师应当获取特定的书面声明
      - 在比较财务报表的情形下，由于管理层需要再次确认其以前作出的与上期相关的书面声明仍然适当，注册会计师需要让管理层提供与审计意见所提及的所有期间相关的书面声明
      - 在对应数据的情形下，由于审计意见针对包括对应数据的本期财务报表，注册会计师需要要求管理层仅就本期财务报表提供书面声明
  - 审计报告
    - 对应数据
      - 审计意见通常不提及
      - 特定情况下提及对应数据
        - 上期发表了非无保留意见在本期尚未解决
          - 影响是重大，在导致非无保留审计意见事项段中同时提及本期数据和对应数据
          - 影响不重大，发表非无保留意见
        - 上期存在重大错报
          - 上期财务报表存在重大错报，而以前对该财务报表发表了无保留意见，且对应数据未经适当重述或恰当披露：在审计报告中对本期财务报表发表保留意见或否定意见
          - 如果存在错报的上期财务报表尚未更正，并且没有重新出具审计报告，但对应数据已在本期财务报表中得到适当重述或恰当披露：增加强调事项段，以描述这一情况，并提及详细描述该事项的相关披露在财务报表中的位置
        - 上期已审计：可以提及前任注册会计师对对应数据出具的审计报告。
          决定提及时，在审计报告中增加其他事项段说明：
          （1）上期财务报表已由前任注册会计师审计
          （2）前任注会发表的意见的类型（如果是非无保留意见，还应当说明发表非无保留意见的理由）
          （3）出具的审计报告的日期
        - 上期未经审计：在审计报告的其他事项段中说明对应数据未经审计。但这种说明并不减轻注册会计师获取充分、适当的审计证据，以确定期初余额不含有对本期财务报表产生重大影响的错报的责任

...（接下页）

审计报告

- ...（接上页）
- 比较财务报表
  - 应当提及列报财务报表所属的各期，以及发表的审计意见涵盖的各期
  - 各种情形
    - 对上期财务报表发表的意见与以前发表的意见不同
      - 应当在其他事项段中披露导致不同意见的实质性原因
    - 上期已审计
      - 应当在其他事项段中说明（除非前任注册会计师对上期财务报表出具的审计报告与财务报表一同对外提供）：（1）上期财务报表已由前任注册会计师审计（2）前任注册会计师发表的意见的类型（如果是非无保留意见，还应当说明发表非无保留意见的理由）（3）前任注册会计师出具的审计报告的日期
    - 存在影响上期财务报表的重大错报，而前任注册会计师以前出具了无保留意见的审计报告
      - 注册会计师应当与管理层进行沟通，并要求其告知前任注册会计师
      - 还应当与治理层进行沟通，除非治理层全部成员参与管理被审计单位
      - 上期财务报表已经更正，且前任注册会计师同意对更正后的上期财务报表出具新的审计报告
        - 仅对本期财务报表出具审计报告
      - 前任注册会计师可能无法或不愿对上期财务报表重新出具审计报告
        - 可以在审计报告中增加其他事项段，指出前任注册会计师对更正前的上期财务报表出具了报告
    - 上期未经审计
      - 注册会计师应当在其他事项段中说明比较财务报表未经审计
      - 这种说明并不减轻注册会计师获取充分、适当的审计证据，以确定期初余额不含有对本期财务报表产生重大影响的错报的责任
- 注册会计师对其他信息的责任
  - 获取其他信息
  - 阅读并考虑其他信息
    - 其他信息和财务报表之间是否存在重大不一致
    - 其他信息与在审计中了解到的情况是否存在重大不一致
    - 对不相关的其他信息中似乎存在重大错报的迹象保持警觉
  - 不同情况下存在重大错报时的应对
    - 其他信息存在重大错报时的应对
      - 总体应对：应当要求管理层更正其他信息
        - 管理层同意更正，则注册会计师确定更正已经完成
        - 管理层拒绝作出更正，则注册会计师就该事项与治理层沟通，并要求作出更正
      - 审计报告日前获取，且与治理层沟通后未得到更正
        - 考虑对审计报告的影响，并就注册会计师计划如何在审计报告中处理重大错报与治理层进行沟通
        - 注册会计师可在审计报告中指明其他信息存在重大错报
        - 少数情况下，当拒绝更正其他信息的重大错报导致对管理层和治理层的诚信产生怀疑，进而质疑审计证据总体上的可靠性时，对财务报表发表无法表示意见可能是恰当的
        - 在相关法律法规允许的情况下，解除业务约定
      - 审计报告日后获取
        - 其他信息得以更正
          - 应当根据具体情形实施必要的程序，包括确定更正已经完成，也可能包括复核管理层为与收到其他信息的人士沟通并告知其修改而采取的步骤
        - 其他信息未得到更正
          - 向管理层提供一份新的或修改后的审计报告，其中指出其他信息的重大错报
          - 提醒审计报告使用者关注其他信息的重大错报
          - 与监管机构或相关职业团体沟通未更正的重大错报
          - 考虑对持续承接业务的影响
    - 当财务报表存在重大错报或注册会计师对被审计单位及其环境的了解需要更新时的应对
      - 应当作出恰当应对，包括修改对风险的评估、评估错报、考虑注册会计师关于期后事项的责任
  - 报告
    - 如果在审计报告日存在下列两种情况之一，审计报告应当包括一个单独部分，以“其他信息”为标题：（1）对于上市实体财务报表审计，注册会计师已获取或预期将获取其他信息（2）对于上市实体以外其他被审计单位的财务报表审计，注册会计师已获取部分或全部其他信息

第二十章 会计师事务所业务质量控制

- 会计师事务所业务质量控制
  - 质量控制制度的目标
    - 会计师事务所及其人员遵守职业准则和适用的法律法规的规定
    - 会计师事务所和项目合伙人出具适合具体情况的报告
  - 质量控制制度要素
    - 对业务质量承担的领导责任
      - 会计师事务所主任会计师或类似职位的人员对质量控制制度承担最终责任
    - 相关职业道德要求
      - 会计师事务所应当每年至少一次向所有按照相关职业道德要求保持独立性的人员获取其遵守独立性政策和程序的书面确认函
      - 对所有上市实体财务报表审计业务，按相关职业道德要求和法律法规的规定，在规定期限届满时轮换合伙人、项目质量控制复核人员，以及受轮换要求约束的其他人员
    - 客户关系和具体业务的接受与保持
    - 人力资源
      - 指定人事管理部门或其他有资格的人员，负责定期或不定期的招聘人员
      - 应当对每项业务委派至少一名项目合伙人，并制定政策和程序
    - 业务执行
      - 指导、监督与复核
        - 通过质量控制政策和程序，保持业务执行质量的一致性
        - 由项目组内经验较多的人员复核经验较少的人员执行的工作
      - 咨询
      - 意见分歧
        - 只有意见分歧得到解决，项目合伙人才能出具报告
      - 项目质量控制复核
        - 要求
          - 指派不参与该业务的人员担任；在出具报告前，对项目组作出的重大判断和在准备报告时形成的结论作出客观评价的过程
          - 项目质量控制复核并不减轻项目合伙人的责任，更不能替代项目合伙人的责任
        - 范围
          - 所有上市实体财务报表审计必须复核
          - 明确标准，据此评价所有其他历史财务信息审计和审阅，其他鉴证和相关业务，以确定是否应当实施
          - 对所有符合标准的业务实施
          - 会计师事务所可以自行建立判断标准，确定对那些涉及公众利益的范围较大，或已识别出存在重大差异情况或较高风险的特定业务实施项目质量控制复核
        - 复核方法
          - ①与项目合伙人讨论
          - ②复核财务报表或其他业务对象信息及报告，尤其考虑报告是否恰当
          - ③选取与项目组作出重大判断及形成结论的有关的工作底稿进行复核（不是逐张工作底稿进行复核，也不是随机选取若干张）
        - 复核的时间
          - ①应当在出具报告前完成项目质量控制复核。
          - ②项目质量控制复核人员应当在业务过程中的适当阶段（不是完成审计工作时）及时实施复核，以使重大事项在报告日前得到满意解决
        - 人员的客观性
          - ①如果可行，复核人不由项目合伙人挑选
          - ②在复核期间不以其他方式参与业务（否则影响其客观性）
          - ③不代替项目组进行决策
        - 人员的权威性
          - ①需要具备履行职责所需的充分、适当的技术专长、经验和权限
          - ②需要具备质疑项目合伙人所需的适当资历（经验、能力），以便能切实履行复核责任
          - ③履行职责不应受到项目合伙人职级的影响
        - 其他规定
          - 对属于公众利益实体的被审计单位的特别要求：相关关键合伙人任职时间不得超过5年，在任期结束后2年内，不得为该被审计单位的审计业务（不是审阅）实施质量控制复核
          - 当1名复核人员在一定时间内承担较多的项目质量控制复核任务时，可能对实现项目质量控制复核目标产生不利影响
      - ...（接下页）

...（接上页）

- 业务执行
  - 业务工作底稿
    - 归档期限：业务报告日后60日内，出具多个报告，应分别归档
    - 应当对业务工作底稿保密，下列情形除外
      - 取得客户授权
      - 根据法律法规的规定，会计师事务所为法律诉讼准备文件或提供证据，以及向监管机构报告发现的违反法规行为
      - 接受注册会计师协会和监管机构依法进行的质量检查
    - 完整性：保留已扫描的原纸质记录
    - 保存期限：自业务报告日起，对业务工作底稿至少保存10年
    - 所有权
      - 会计师事务所
      - 会计师事务所可自主决定是否允许客户获取业务工作底稿部分内容
- 监控
  - 监控人员：委派主任会计师、副主任会计师或具有足够、适当经验和权限的其他人员
  - 实施检查
    - 检查周期：周期最长不得超过3年，在每个周期内，应对每个项目合伙人的业务至少选取一项进行检查
    - 检查时间：可以不事先告知相关项目组
    - 检查人员：参与业务执行或项目质量控制复核的人员不应承担该项业务的检查工作
    - 检查范围：会计师事务所可以考虑外部独立检查的范围或结论，但并不能替代自身的内部监控
  - 告知监控结果：事务所应当每年至少一次将质量控制制度的监控结果，向项目合伙人及会计师事务所内部的其他适当人员通报
  - 投诉和指控的处理：会计师事务所应当委派本所内部不参与该项业务的具有足够、适当经验和权限的人员负责对调查的监督

第二十一章 职业道德基本原则和概念框架

职业道德基本原则和概念框架

- 基本原则
  - 诚信：在鉴证业务中，如果注册会计师依据执业准则出具了恰当的非标准业务报告，则不被视为违反诚信原则。
  - 独立性：实质上的独立、形式上的独立
  - 客观和公正
  - 专业胜任能力和应有的关注
  - 保密：不得有下列行为
    （1）未经客户授权或法律法规允许，向事务所以外的第三方披露其所获知的涉密信息
    （2）利用自己所获知的涉密信息为自己或第三方谋取利益
  - 良好的职业行为
- 概念框架
  - 内涵：识别、评价、应对
  - 不利影响的因素：自身利益、自我评价、过度推介、密切关系和外在压力
- 具体运用
  - 防范措施
    - 会计师事务所层面
    - 具体业务层面
  - 专业服务委托
  - 利益冲突
    - 情形
      （1）与客户存在直接竞争关系，或与客户的主要竞争者存在合资或类似关系，可能对客观和公正原则产生不利影响
      （2）注册会计师为两个以上客户提供服务，而这些客户之间存在利益冲突或者对某一事项或交易存在争议，可能对客观和公正原则或保密原则产生不利影响
    - 防范措施
      （1）如果会计师事务所的商业利益或业务活动可能与客户存在利益冲突，注册会计师应当告知客户，并在征得其同意的情况下执行业务
      （2）如果为存在利益冲突的两个以上客户服务，注册会计师应当告知所有已知相关方，并在征得他们同意的情况下执行业务
      （3）如果为某一特定行业或领域中的两个以上客户提供服务，注册会计师应当告知客户，并在征得他们同意的情况下执行业务
    - 客户不同意注册会计师为存在利益冲突的其他客户提供服务：应当终止为其中一方或多方提供服务
    - 无法消除或降低不利影响时的决策：应当拒绝承接某一特定业务，或者解除一个或多个存在冲突的业务约定
  - 应客户的要求提供第二次意见
    - 含义：指某公司或实体不是注册会计师的现行客户，而该公司或实体要求注册会计师对前任注册会计师在运用会计、审计、报告或其他准则或原则处理有关情形和交易的情况提供第二次意见
    - 防范措施：
      消除不利影响或将其降低至可接受的水平：
      （1）征得客户同意与前任注册会计师沟通
      （2）在与客户沟通中说明注册会计师发表专业意见的局限性
      （3）向前任注册会计师提供第二次意见的副本
      如果客户不允许与前任注册会计师沟通，注册会计师应当在考虑所有情况后决定是否适宜提供第二次意见
  - ...（接下页）

...（接上页）

- 收费
  - 过低收费
    - 说明：收费报价过低，可能导致难以按照执业准则和职业道德规范的要求执行业务，从而对专业胜任能力和应有的关注原则产生不利影响
    - 防范措施：会计师事务所应当确保在提供专业服务时，遵守执业准则和职业道德规范的要求，使工作质量不受损害并使客户了解专业服务的范围和收费基础
  - 或有收费
    - 说明
      - 或有收费可能对职业道德基本原则产生不利影响
      - 除法律法规允许外，注册会计师不得以或有收费方式提供鉴证服务，收费与否或收费多少不得以鉴证工作结果或实现特定目的为条件
    - 防范措施
      - （1）预先就收费的基础与客户达成书面协议
      - （2）向预期的报告使用者披露注册会计师所执行的工作及收费的基础
      - （3）实施质量控制政策和程序
      - （4）由独立第三方复核注册会计师已执行的工作
  - 收取介绍费或佣金
    - 说明：不得收取与客户相关的介绍费或佣金，若收取，可能对客观和公正原则以及专业胜任能力和应有的关注原则产生非常严重的不利影响
    - 防范措施：没有防范措施能够消除不利影响或将其降低至可接受的水平
  - 支付介绍费：注册会计师不得向客户或其他方支付业务介绍费
- 专业服务营销
  - 不得有此类行为
    - 夸大宣传提供的服务、拥有的资质或获得的经验
    - 贬低或无根据地比较其他注册会计师的工作
    - 暗示有能力影响有关主管部门、监管机构或类似机构
    - 做出其他欺骗性的或可能导致误解的声明
    - 不得采用强迫、欺诈、利诱或骚扰等方式招揽业务
  - 注册会计师可以利用媒体刊登设立、合并、分立、解散、迁址、名称变更和招聘员工等信息
- 礼品和款待
  - 注册会计师不得向客户索取、收受委托合同以外的酬金或其他财物，或者利用执行业务之便，牟取其他不正当的利益
  - 如果款待超出业务活动的正常往来，注册会计师应当拒绝接受
- 保管客户资产：除非法律法规允许或要求，注册会计师不得提供保管客户资金或其他资产的服务
- 对客观和公正原则的要求
  - 说明：注册会计师如果在客户中拥有经济利益，或者与客户董事、高级管理人员或员工存在家庭和私人关系或商业关系，应当确定是否对客观和公正原则产生不利影响
  - 防范措施
    - 退出项目组
    - 实施督导程序
    - 终止产生不利影响的经济利益或商业关系
    - 与会计师事务所内部较高级别的管理人员讨论有关事项
    - 与客户治理层讨论有关事项
  - 如果防范措施不能消除不利影响或将其降低至可接受的水平，注册会计师应当拒绝接受业务委托或终止业务

第二十二章 审计业务对独立性的要求

审计业务对独立性的要求

基本概念和要求

- 网络事务所（标准）
  - 共享收益或分担成本：如果构成“联合体”的实体之间分担的成本不重要，或分担的成本仅限于与开发审计方法、编制审计手册或提供培训课程有关的成本，则不被视为网络事务所
  - 共享所有权、控制权或管理权
  - 共享统一的质量控制和程序
  - 共享同一经营战略
  - 使用同一品牌
  - 共享重要的专业资源：在下列情形中，共享的资源被视为不重要：
    ①共享的资源仅限于共同的审计手册或审计方法
    ②共享培训资源，而并不交流人员、客户信息或市场信息
    ③没有一个共有的技术部门
- 公众利益实体
  - 上市公司
  - 法律法规界定的公众利益实体
  - 非上市但按照上市公司审计独立性的要求接受审计的实体（比如央企）
- 关联实体
- 业务期间
  - 应当在业务期间和财务报表涵盖的期间独立于审计客户
  - 业务期间是指自审计项目组开始执行审计业务之日起，至出具审计报告之日止。如果审计业务具有连续性，业务期间结束日应以其中一方通知解除业务关系或出具最终审计报告两者时间孰晚为准

经济利益

- 种类：直接经济利益、间接经济利益
- 在审计客户中不被允许拥有的经济利益

在审计客户中不被允许拥有的经济利益的情形	防范措施
1. 会计师事务所、审计项目组成员或其主要近亲属不得在审计客户中拥有直接经济利益或重大间接经济利益	将因自身利益产生非常严重的不利影响，导致没有防范措施能够将其降低至可接受的水平
2. 当一个实体在审计客户中拥有控制性的权益，并且审计客户对该实体重要时，会计师事务所、审计项目组成员或其主要近亲属不得在该实体中拥有直接经济利益或重大间接经济利益	
3. 当其他合伙人与执行审计业务的项目合伙人同处一个分部时，其他合伙人或其主要近亲属不得在审计客户中拥有直接经济利益或重大间接经济利益	
4. 为审计客户提供非审计服务的其他合伙人、管理人员或其主要近亲属不得在审计客户中拥有直接经济利益或重大间接经济利益	

- 对审计项目组成员其他近亲属的要求：防范措施：
  （1）其他近亲属尽快处置全部经济利益，或处置全部直接经济利益并处置足够数量的间接经济利益，以使剩余经济利益不再重大
  （2）由审计项目组以外的注册会计师复核该成员已执行的工作
  （3）将该成员调离审计项目组
- 主要近亲属因受雇于审计客户而产生的经济利益
  - 作为员工有权取得该经济利益，不损害
  - 拥有或取得处置该经济利益的权利，视为损害
- 在非审计客户中拥有经济利益

同时在该实体中拥有经济利益的主体		防范措施	
审计客户	经济利益不重大，且审计客户不能对该实体施加重大影响	不被视为损害独立性	
	经济利益重大，且审计客户能够对该实体施加重大影响	没有防范措施能够将不利影响降低至可接受的水平	会计师事务所不得拥有此类经济利益。在成为项目组成员前，应当处置全部经济利益，或处置部分使其不再重大
审计客户的利益相关者（董事、监事、高级管理人员或具有控制权的所有者）		注册会计师应当评价不利影响的严重程度，并在必要时采取防范措施消除不利影响或将其降至可接受的水平。防范措施主要包括： （1）将拥有该经济利益的审计项目组成员调离项目组 （2）由审计项目组以外的注册会计师复核该成员已执行的工作	

- 受托管理人
- 其他相关人员拥有经济利益
- 通过继承、馈赠或因合并而获得经济利益：在未采取防范措施前不能承接该审计业务

...（接下页）

审计业务对独立性的要求

……（接上页）

其他关系

贷款和担保

- 取得贷款或担保
  - 银行或类似金融机构
    - 事务所
      - 正常取得，且不重大，不影响
      - 正常取得，但重大，采取措施降低不利影响
    - 审计项目组成员或主要近亲属：正常取得，不管是否重大，均不对独立性产生影响
  - 非银行或类似金融机构：禁止
- 向审计客户提供贷款或担保：不得提供
- 在审计客户开立存款或交易账户
  - 银行或类似金融机构
    - 正常开立，不影响
    - 非正常开立，禁止
  - 非银行或类似金融机构：禁止

商业关系

- 与审计客户或利益相关者一同在某股东人数有限的实体中拥有利益
- 在同时满足下列条件时，这种商业关系不会对独立性产生不利影响：
  （1）这种商业关系对于会计师事务所、审计项目组成员或其主要近亲属以及审计客户均不重要
  （2）该经济利益对一个或几个投资者并不重大
  （3）该经济利益不能使一个或几个投资者控制该实体

家庭和私人关系

情形		防范措施
审计项目组成员的主要近亲属	处于重要职位（是审计客户的董事、高级管理人员或特定员工，或者在业务期间或财务报表涵盖的期间曾担任上述职务）	只有把该成员调离审计项目组，才能将对独立性的不利影响降低至可接受的水平
	可以对客户的财务状况、经营成果和现金流量施加重大影响	1. 将该成员调离审计项目组 2. 合理安排审计项目组成员的职责，使该成员的工作不涉及其主要近亲属的职责范围
审计项目组的成员的其他近亲属处在重要职位（是审计客户的董事、高级管理人员或特定员工）		
审计项目组的成员与审计客户重要职位的人员存在密切关系，且该员工是审计客户的董事、高级管理人员或特定员工		1. 将该成员调离审计项目组 2. 合理安排该成员的职责，使其工作不涉及与之存在密切关系的员工的职责范围
审计项目组以外的合伙人或员工，与审计客户的董事、高级管理人员或特定员工之间存在家庭或私人关系		1. 合理安排该合伙人或员工的职责，以减少对审计项目组可能产生的影响 2. 由审计项目组以外的注册会计师复核已执行的相关审计工作

长期存在业务关系

- 长期委派同一名合伙人或高级员工执行某一客户的审计业务，将因密切关系和自身利益产生不利影响
- 属于公众利益实体的审计客户
  - 任职时间
    - 五年后关键审计合伙人应当轮换。在轮换后的两年期间内，该关键审计合伙人不得再次成为该客户的审计项目组成员或关键审计合伙人。该两年的冷却期应为连续的两个完整年度
    - 在两年的冷却期内，该关键审计合伙人不得有下列行为：
      （1）参与该客户的审计业务
      （2）为该客户的审计业务实施质量控制复核
      （3）就有关技术或行业特定问题、交易或事项向项目组或该客户提供咨询
      （4）以其他方式直接影响业务结果
  - 特殊情况：如果关键审计合伙人的连任对审计质量特别重要，并且通过采取防范措施能够消除对独立性产生的不利影响或将其降低至可接受的水平，则在法律法规允许的情况下，该关键审计合伙人在审计项目组的时限可以延长一年
  - 轮换要求

成为公众利益实体之前服务年限	成为公众利益实体后继续提供服务的年限	暂停时间
Y ≤ 3 年	(5-Y) 年	2 年
Y ≥ 4 年	2 年	2 年
审计客户是首次公开发行证券	上市后连续提供审计服务的期限≤ 2 年	2 年

……（接下页）

（接上页）

审计业务对独立性的要求

为审计客户提供非鉴证服务

- 管理层职责
  - 会计师事务所承担审计客户的管理层职责，将对独立性产生非常严重的不利影响，导致没有防范措施能够将其降低至可接受的水平
  - 会计师事务所向审计客户提供编制会计记录或财务报表等服务，随后又审计该财务报表，将因自我评价产生不利影响
  - 如果会计师事务所向非公众利益实体的审计客户提供编制会计记录和财务报表相关的服务，只要属于日常性和机械性的工作，并且已采取措施将因自我评价产生的不利影响降低至可接受的水平，则不会损害其独立性
- 编制会计记录和财务报表
  - 会计师事务所通常不得向属于公众利益实体的审计客户提供下列编制会计记录和财务报表的服务：
    ①工资服务
    ②编制所审计的财务报表
    ③编制所审计财务报表依据的财务信息
- 评估服务
  - 不属于公众利益实体 — 对财务报表具有重大影响，且评估结果涉及高度主观 — 不得提供
  - 属于公众利益实体 — 单独或累积起来对财务报表具有重大影响 — 不得提供
- 税务服务
  - 在审计客户属于公众利益实体的情况下，除非出现紧急或极其特殊的情况，并征得相关监管机构的同意，会计师事务所不得计算当期所得税或递延所得税负债（或资产），以用于编制对被审计财务报表具有重大影响的会计分录
  - 协助解决税务纠纷 — 担任辩护人，所涉及金额重大，将因过度推介产生非常严重的不利影响，导致没有防范措施能够消除不利影响或将其降低至可接受的水平
  - 编制纳税申报表 — 管理层承担责任，则不对独立性产生不利影响
- 内部审计服务
  - 提供内部审计服务是承担管理层责任 — 不被允许
  - 不得向属于公众利益实体审计客户提供内部审计服务：
    1.与财务报告相关的内部控制
    2.财务会计系统
    3.对被审计财务报表具有重大影响的金额或披露
- 诉讼支持服务
- 法律服务
  - 会计师事务所不得为审计客户担任辩护人
  - 会计师事务所人员不得为审计客户提供担任首席法律顾问的服务
- 招聘服务
  - 如果属于公众利益实体的审计客户拟招聘董事、高级管理人员，或所处职位能够对客户会计记录或被审计财务报表的编制施加重大影响的高级管理人员，会计师事务所不得提供下列招聘服务：
    1）寻找候选人，或从候选人中挑选出适合相应职位的人员
    2）对可能录用的候选人的证明文件进行核查

（接下页）

…（接上页）

审计业务对独立性的要求

与审计客户发生人员交流

与审计客户发生雇佣关系

审计项目组"前任合伙人、前任成员"加入审计客户，担任"董事、高级管理人员、特定员工"

情形	防范措施
会计师事务所仍保持重要联系	将产生非常严重的不利影响，导致没有防范措施能够将其降低至可接受的水平
与会计师事务所已经没有重要联系	(1) 修改审计计划 (2) 向审计项目组分派经验更丰富的人员 (3) 由审计项目组以外的注册会计师复核前任审计项目组成员已执行的工作

其他情形：
- 前任合伙人加入的某一实体，而该实体随后成为会计师事务所的审计客户
- 审计项目组某成员拟加入审计客户
- 防范措施主要包括：
  1）将该成员调离审计项目组
  2）由审计项目组以外的注册会计师复核该成员在审计项目组中作出的重大判断

属于公众利益实体的审计客户

- 关键审计合伙人加入审计客户担任重要职位：除非该合伙人不再担任关键审计合伙人后，该公众利益发布了已审计财务报表，其涵盖期间不少于12个月，并且该合伙人不是该财务报表的审计项目组成员，否则独立性将视为受到损害
- 前任高级合伙人加入审计客户担任重要职位：除非该高级合伙人离职已超过12个月，否则独立性将视为受到损害
- 因企业合并导致前任成员加入审计客户担任重要职位：同时满足下列条件，则不被视为独立性受到损害：
  1）当前任关键审计合伙人接受该职务时，并未预料到会发生企业合并
  2）前任关键审计合伙人在会计师事务所中应得的报酬或福利都已全额支付（除非报酬或福利是按照预先确定的固定金额支付的，并且未付金额对会计师事务所不重要）
  3）前任关键审计合伙人未继续参与，或在外界看来未参与会计师事务所的经营活动或专业活动
  4）已就前任关键审计合伙人在审计客户中的职位与治理层讨论

临时借调员工

只有同时满足以下情况时才不会因自我评价产生不利影响：
1）只能短期向客户借出员工
2）借出的员工不得为审计客户提供中国注册会计师职业道德守则禁止提供的非鉴证服务
3）借出的员工不得承担审计客户的管理层职责

最近曾任审计客户的董事、高级管理人员或特定员工

- 在财务报表涵盖的期间：注册会计师不得将此类人员分派到审计项目组
- 在财务报表涵盖的期间之前：可能因自身利益、自我评价或密切关系产生对独立性的不利影响

兼任审计客户的董事或高级管理人员

- 将因自我评价和自身利益产生非常严重的不利影响，导致没有防范措施能够将其降低至可接受的水平
- 兼任审计客户的公司秘书：将因自我评价和过度推介产生非常严重的不利影响，导致没有防范措施能够将其降低至可接受的水平
- 提供日常和行政事务性的服务以支持公司秘书职能：只要所有相关决策均由审计客户管理层做出，通常不会损害独立性

收费

收费结构

- 占事务所收费总额的比重很大时
- 占某一合伙人从所有客户收取的费用总额比重很大时
- 连续两年从某一属于公众利益实体的审计客户及其关联实体收取的全部费用占其从所有客户收取的全部费用的比重较大时：比重超过15%，会计师事务所应当向审计客户治理层披露这一事实，并讨论选择下列何种防范措施，以将不利影响降低至可接受的水平：
  1.在对第二年度财务报表发表审计意见之前，由其他会计师事务所对该业务再次实施项目质量控制复核
  2.在对第二年度财务报表发表审计意见之后、对第三年度财务报表发表审计意见之前，由其他会计师事务所对第二年度的审计工作再次实施项目质量控制复核

逾期收费

- 会计师事务所通常要求审计客户在审计报告出具前付清上一年度的审计费用
- 如果审计客户长期未支付应付的审计费用，尤其是相当部分的审计费用在出具下一年度审计报告前仍未支付，可能因自身利益产生不利影响

或有收费

会计师事务所在提供审计服务时，以直接或间接形式取得或有收费，将因自身利益产生非常严重的不利影响，导致没有防范措施能够将其降低至可接受的水平。会计师事务所不得采用这种收费安排

其他事项

- 礼品和款待：会计师事务所或审计项目组成员不得接受礼品
- 诉讼或诉讼产生威胁：将因自身利益和外在压力产生不利影响

企业内部控制审计

- 内部控制审计概念
  - 范围
    - 严格限定在财务报告内部控制审计
    - 针对财务报告内部控制——有效性发表审计意见
    - 针对非财务报告内部控制——过程中注意到的非财务报告内部控制的重大缺陷，增加"非财务报告内部控制重大缺陷描述段"予以披露
  - 分类
    - 企业层面
    - 业务流程、应用系统或交易层面
  - 基准日
    - 最近一个会计期间截止日
- 计划审计工作
  - 总体审计策略
    - 确定审计范围、时间、方向和资源。指导具体审计计划的制定
  - 具体审计策略
    - （1）了解和识别内部控制的程序的性质、时间安排和范围
    - （2）测试控制设计有效性的程序的性质、时间安排和范围
    - （3）测试控制运行有效性的程序的性质、时间安排和范围
- 内部控制审计的方法(自上而下)
  - 1.从财务报表层次初步了解内部控制整体风险
  - 2.识别、了解和测试企业层面控制
    - 企业层面控制：应对财务报表整体层面风险
    - 业务流程、应用系统或交易层面的控制：应对交易和账户余额认定的重大错报风险
  - 3.识别重要账户、列报及其相关认定
  - 4.了解潜在错报的来源并识别相应的控制
    - 了解潜在错报来源
    - 实施穿行测试
  - 5.选择拟测试的控制
    - 对内部控制整体的有效性发表意见，但没有责任对单项控制的有效性发表意见
    - 注册会计师没有必要测试与某项相关认定有关的所有控制
    - 注册会计师无须测试那些即使有缺陷也合理预期不会导致财务报表重大错报的控制
    - 对于与所有重要账户和列报相关的所有相关认定，注册会计师都需要取得关于控制设计和运行是否有效的证据
- 内部控制测试
  - 测试控制的有效性
    - 内部控制的有效性
      - 内部控制设计的有效性
      - 内部控制运行的有效性
    - 与控制相关的风险
    - 测试控制有效性的程序的性质
      - 审计程序：询问、观察、检查和重新执行
    - 控制测试的时间安排
      - 1.尽量在接近基准日实施
      - 2.实施的测试需要涵盖足够长的期间
      - 注册会计师可以进行期中测试，然后对剩余期间实施前推测试，或将样本分成两部分，一部分在期中测试，剩余部分在临近年末的期间测试
      - 如果信息技术一般控制有效且关键的自动化控制未发生任何变化，注册会计师就不需要对该自动化控制实施前推测试
    - 控制测试的范围
      - 1.测试人工控制的最小样本规模
      - 2.测试自动化应用控制的最小样本规模
      - 发现偏差的处理
        - 注册会计师应当评价控制偏差的影响
        - 由于有效的内部控制不能为实现控制目标提供绝对保证，单项控制并非一定要毫无偏差地运行，才被认为有效
  - ...（接下页）

企业内部控制审计

- 内部控制测试
  - ...（接上页）
  - 企业层面控制测试
    - 与控制环境相关的控制
    - 针对管理层和治理层凌驾于控制之上的风险而设计的控制
      - 1）针对重大的异常交易
      - 2）针对关联方交易的控制
      - 3）与管理层的重大估计相关的控制
      - 4）能够减弱管理层伪造或不恰当操纵财务结果的动机及压力的控制
      - 5）建立内部举报投诉制度
    - 被审计单位的风险评估过程
    - 对内部信息传递和期末财务报告流程的控制
    - 对控制有效性的内部监督和内部控制评价
    - 集中化的处理和控制
    - 监督经营成果的控制
    - 针对重大经营控制及风险管理实务的政策
      - 是否建立了重大风险预警机制
      - 是否建立了突发事件应急处理机制
  - 业务流程、应用系统或交易层面的控制的测试
    - 1.了解企业经营活动和业务流程
    - 2.识别可能发生错报的环节
    - 3.识别和了解相关控制
    - 4.记录相关控制
  - 信息系统控制的测试
    - 信息技术一般控制测试：程序开发、程序变更、程序和数据访问以及计算机运行
    - 信息技术应用控制测试：完整性、准确性、经过授权和访问限制
    - 如果带有关键的编辑检查功能的应用系统所依赖的计算机环境存在信息技术一般控制的缺陷，注册会计师可能就不能信赖上述功能按设计发挥作用
- 内部控制缺陷评价
  - 分类
    - 内容：设计缺陷、运行缺陷
    - 按严重程度分类：重大缺陷、重要缺陷、一般缺陷
  - 评价控制缺陷的严重程度
    - 控制不能防止或发现并纠正账户或列报发生错报的可能性的大小
    - 因一项或多项控制缺陷导致的潜在错报的金额大小
  - 内部缺陷的整改
    - 如果被审计单位在基准日前对存在缺陷的控制进行了整改，整改后的控制需要运行足够长的时间，才能使注册会计师得出其是否有效的审计结论
- 出具审计报告
  - 无保留意见内部控制审计报告
  - 否定意见内部控制审计报告：内部控制存在一项或多项重大缺陷
  - 无法表示意见内部控制审计报告：审计范围受到限制
  - 带强调事项段的审计报告
    - 认为内部控制虽然不存在重大缺陷，但仍有一项或多项重大事项需要提请内部控制审计报告使用者注意
    - 确定企业内部控制评价报告对要素的列报不完整或不恰当
    - 注册会计师知悉在基准日并不存在、但在期后期间发生的事项，且这类期后事项对内部控制有重大影响
  - 非财务报告内部控制重大缺陷
    - 增加非财务报告内部控制重大缺陷描述段，但无需对其发表审计意见
    - 应当以书面形式沟通

笔记区

笔记区

笔记区

笔记区

2020

21天突破

审计

Auditing

考点通

李彬 编著 BT学院 组编

CPA

李彬教你考注会®

中国财经出版传媒集团
经济科学出版社

第一编　审计基本原理 …… 1

第一章　审计概述 …… 3
第一节　审计的概念与保证程度 …… 3
第二节　审计要素 …… 6
第三节　审计目标 …… 9
第四节　审计基本要求 …… 13
第五节　审计风险 …… 17
第二章　审计计划 …… 21
第一节　初步业务活动 …… 21
第二节　总体审计策略和具体审计计划 …… 25
第三节　重要性 …… 27
第三章　审计证据 …… 35
第一节　审计证据的性质及审计程序 …… 35
第二节　函证 …… 39
第三节　分析程序 …… 47
第四章　审计抽样方法 …… 52
第一节　审计抽样的相关概念 …… 52
第二节　审计抽样在控制测试中的应用 …… 57
第三节　审计抽样在细节测试中的运用 …… 59
第五章　信息技术对审计的影响 …… 66
第一节　信息技术对企业财务报告和内部控制的影响 …… 66
第二节　信息技术中的一般控制和应用控制测试 …… 66
第三节　信息技术对审计过程的影响 …… 67
第六章　审计工作底稿 …… 68
第一节　审计工作底稿概述 …… 68

第二节　审计工作底稿的归档 …… 70

第二编　审计测试流程 …… 75

第七章　风险评估 …… 77
第一节　了解被审计单位及其环境 …… 77
第二节　了解被审计单位的内部控制 …… 79
第三节　评估重大错报风险 …… 85
第八章　风险应对 …… 91
第一节　针对财务报表层次重大错报风险的总体应对措施 …… 92
第二节　针对认定层次重大错报风险的进一步审计程序 …… 93
第三节　控制测试 …… 94
第四节　实质性程序 …… 100

第三编　各类交易和账户余额的审计 …… 105

第九章　销售与收款循环的审计 …… 107
第一节　销售与收款循环的风险评估 …… 107
第二节　销售与收款循环的风险应对 …… 109
第十章　采购与付款循环的审计 …… 114
第一节　采购与付款循环的风险评估 …… 114
第二节　采购与付款循环的风险应对 …… 115
第十一章　生产与存货循环的审计 …… 118
第一节　生产与存货循环的风险评估 …… 118
第二节　生产与存货循环的风险应对 …… 118
第十二章　货币资金的审计 …… 125
第一节　货币资金审计概述 …… 125
第二节　货币资金的风险评估 …… 125
第三节　货币资金的风险应对 …… 126

第四编　对特殊事项的考虑 …… 131

第十三章　对舞弊和法律法规的考虑 …… 133
第一节　财务报表审计中与舞弊相关的责任 …… 133
第二节　财务报表审计中对法律法规的考虑 …… 142
第十四章　审计沟通 …… 146
第一节　注册会计师与治理层的沟通 …… 146
第二节　前任注册会计师和后任注册会计师的沟通 …… 151
第十五章　注册会计师利用他人的工作 …… 158

第一节 利用内部审计工作 …… 158
第二节 利用专家的工作 …… 161
第十六章 对集团财务报表审计的特殊考虑 …… 164
第一节 集团财务报表审计概述 …… 164
第二节 集团财务报表审计计划 …… 165
第三节 集团财务报表审计的风险评估 …… 166
第四节 集团财务报表审计的风险应对 …… 168
第五节 与集团管理层和治理层的沟通 …… 170
第十七章 其他特殊项目的审计 …… 175
第一节 审计会计估计 …… 175
第二节 关联方的审计 …… 184
第三节 考虑持续经营假设 …… 188
第四节 首次接受委托时对期初余额的审计 …… 192

第五编 完成审计工作与出具审计报告 …… 197

第十八章 完成审计工作 …… 199
第一节 完成审计工作概述 …… 199
第二节 期后事项 …… 201
第三节 书面声明 …… 205
第十九章 审计报告 …… 211
第一节 审计报告概述 …… 211
第二节 在审计报告中沟通关键事项 …… 212
第三节 非无保留意见审计报告 …… 214
第四节 在审计报告中增加强调事项段和其他事项段 …… 216
第五节 比较信息 …… 221
第六节 注册会计师对其他信息的责任 …… 224

第六编 质量控制 …… 227

第二十章 会计师事务所业务质量控制 …… 229

第七编 职业道德 …… 239

第二十一章 职业道德基本原则和概念框架 …… 241
第一节 职业道德基本原则 …… 241
第二节 注册会计师对职业道德概念框架的具体运用 …… 241
第二十二章 审计业务对独立性的要求 …… 245
第一节 基本概念和要求 …… 245

第二节　经济利益 …… 247
第三节　贷款和担保以及商业关系、家庭和私人关系 …… 252
第四节　与审计客户发生人员交流 …… 256
第五节　与审计客户长期存在业务关系 …… 259
第六节　为审计客户提供非鉴证服务 …… 261
第七节　收费 …… 268
第八节　影响独立性的其他事项 …… 269

第八编　企业内部控制审计 …… 271

第二十三章　企业内部控制审计 …… 273
第一节　内部控制审计的概念 …… 273
第二节　计划审计工作 …… 273
第三节　实施审计工作 …… 274
第四节　内部控制缺陷评价 …… 281
第五节　出具审计报告 …… 284

【专题】综合题 …… 287

第一编
审计基本原理

第一章 审计概述

第一节 审计的概念与保证程度

考点一：注册会计师的业务种类

注册会计师的业务分为鉴证业务和相关服务两类。如图所示：

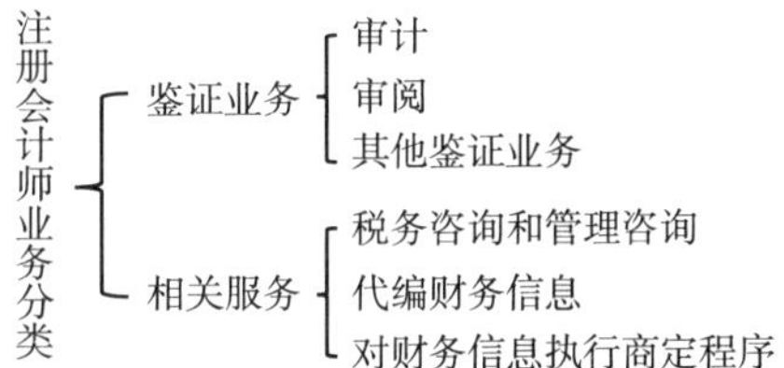

【例题1－1·多选题】下列各项中，属于鉴证业务的有（ ）。（2018年）

A. 财务报表审计　　B. 财务报表审阅

C. 代编财务信息　　D. 对财务信息执行商定程序

【答案】AB

【解析】选项CD不正确。鉴证业务包括审计（选项A）、审阅（选项B）和其他鉴证业务。

【例题1－2·多选题】下列各项中，不属于鉴证业务的有（ ）。（2019年）

A. 财务报表审计　　B. 财务报表审阅

C. 代编财务信息　　D. 对财务信息执行商定程序

【答案】CD

【解析】注册会计师执行的业务分为鉴证业务和相关服务两类。鉴证业务包括审计（选项A）、审阅（选项B）和其他鉴证业务。相关服务包括税务咨询、代编财务信息（选项C）、对财务信息执行商定程序（选项D）等。

考点二：审计的定义

财务报表审计是指注册会计师对财务报表是否不存在重大错报提供合理保证，以积极方式提出意见，增强除管理层之外的预期使用者对财务报表信赖的程度。

【注意事项】

1.审计的用户（谁需要审计？）
审计的用户是财务报表的预期使用者，包括股东、潜在投资者、债权人、政府相关部门和社会公众等，审计可以有效满足财务报表预期使用者的需求。

2.审计的目的（审计能够做什么？）

审计的目的是改善财务报表的质量或者内涵，增强预期使用者对财务报表的信赖程度，即以合理保证的方式提高财务报表的可信度，而不涉及为如何利用信息提供建议。

3.审计的保证程度（使用者可以信赖到什么样的地步？）

合理保证是一种高水平保证。注册会计师只是企业外部的独立第三方，而且由于审计存在固有限制，故注册会计师只能将审计风险降低至可以接受的低水平，即合理保证。注册会计师据以得出结论和形成审计意见的大多数审计证据是说服性而非结论性的，因此，审计只能提供合理保证，不能提供绝对保证。

4.审计的独立性和专业性（审计的基础是什么？）

审计的基础是独立性和专业性，通常由具备专业胜任能力和独立性的注册会计师来执行，注册会计师应当独立于被审计单位和预期使用者。

5.审计报告（审计最终产品是什么？）

审计的最终产品是审计报告。注册会计师针对财务报表是否在所有重大方面按照财务报告编制基础编制并实现公允反映发表审计意见，并以审计报告的形式予以传达。

【例题 1－3·单选题】下列有关财务报表审计的说法中，错误的是（　　）。(2018 年)

A. 财务报表审计的基础是独立性和专业性

B. 财务报表审计的目的是改善财务报表的质量或内涵

C. 财务报表审计可以有效满足财务报表预期使用者的需求

D. 财务报表审计提供的合理保证意味着注册会计师可以通过获取充分、适当的审计证据消除审计风险

【答案】D

【解析】选项 D 错误，注册会计师不能对财务报表不存在由于舞弊或错误导致的重大错报获取绝对保证，即不可能将审计风险降至零，因此，“可以消除审计风险”错误。

【套路】这里注意经常考核的几个点：

（1）提供建议吗？NO！不提供！

（2）最终产品是审计报告和财务报表吗？NO！只是审计报告！

（3）高水平保证？绝对保证？不，是合理保证。这些细节要注意！

考点三：保证程度（合理保证和有限保证）

注册会计师业务分为鉴证业务和相关服务，只有鉴证业务需要提供保证，而非鉴证业务不需要提供保证，但是不同的鉴证业务需要的保证水平是不一样的。审计属于高水平的保证，即合理保证，而审阅是有限保证，保证程度低于合理保证。

	合理保证（财务报表审计）	有限保证（财务报表审阅）
证据收集程序	通过一个不断修正的、系统化的执业过程，获取充分、适当的证据，证据收集程序包括检查、观察、询问、函证、重新计算、重新执行、分析程序等	通过一个不断修正的、系统化的执业过程，获取充分、适当的证据，证据收集程序主要采用询问和分析程序
所需证据数量	较多	较少
检查风险	较低	较高

续表

	合理保证（财务报表审计）	有限保证（财务报表审阅）
财务报表的可信性	较高	较低
提出结论的方式	以积极方式提出结论	以消极方式提出结论
	例如，我们认为ABC公司财务报表在所有重大方面按照企业会计准则的规定编制，公允反映了ABC公司2014年12月31日的财务状况以及2014年度的经营成果和现金流量	例如，根据我们的审阅，我们没有注意到任何事项使我们相信，ABC公司财务报表没有按照企业会计准则的规定编制，未能在所有重大方面公允反映被审阅单位的财务状况、经营成果和现金流量

【例题1-4·单选题】下列有关财务报表审计的说法中，错误的是（　　）。（2019年）

A. 审计的目的是增强预期使用者对财务报表的信赖程度

B. 审计不涉及为如何利用信息提供建议

C. 审计只提供合理保证，不提供绝对保证

D. 审计的最终产品是审计报告和已审计财务报表

【答案】D

【解析】选项D错误，审计的最终产品是审计报告。

【例题1-5·单选题】下列有关财务报表审计和财务报表审阅的区别的说法中，错误的是（　　）。（2017年）

A. 财务报表审计所需证据的数量多于财务报表审阅

B. 财务报表审计提出结论的方式与财务报表审阅不同

C. 财务报表审计采用的证据收集程序少于财务报表审阅

D. 财务报表审计提供的保证水平高于财务报表审阅

【答案】C

【解析】财务报表审计采用的证据收集程序包括检查记录或文件、检查有形资产、观察、询问、函证、重新计算、重新执行、分析程序等。财务报表审阅采用的证据收集程序受到有意识的限制，主要采用询问和分析程序获取证据，因此财务报表审计采用的证据收集程序多于财务报表审阅。

【例题1-6·单选题】下列有关注册会计师执行的业务提供的保证程度的说法中，正确的是（　　）。（2015年）

A. 鉴定业务提供高水平保证

B. 代编财务信息提供合理保证

C. 对财务信息执行商定程序提供低水平保证

D. 财务报表审阅提供有限保证

【答案】D

【解析】看到“鉴证业务”，首先想到鉴证业务既包括审计业务，又包括审阅业务。审计提供的是合理保证，审阅提供的是有限保证；选项A错误，选项D正确。选项BC不属于鉴证业务，没有保证程度一说。

【套路】考核“保证程度”的题目一般有两个坑：

（1）不是鉴证业务的，是没有保证程度的，记得先排除。

（2）鉴证业务，包括审计业务（合理保证）和审阅业务（有限保证），分清楚什么是鉴证业务。

【例题 1 -7 · 单选题】 关于注册会计师执行审计业务，下列说法中错误的是（　　）。(2015 年)

A. 审计业务以积极方式对财务报表整体发表审计意见

B. 注册会计师主要采用询问、分析程序收集审计证据

C. 审计业务需要证据数量高于审阅业务

D. 审计业务可接受的检查风险低于审阅业务

【答案】 B

【解析】 选项 B 属于审阅业务收集证据的程序。审计业务证据收集程序包括检查记录或文件、检查有形资产、观察、询问、函证、重新计算、重新执行、分析程序等。

第二节　审计要素

所谓审计要素，就是审计所需要涉及的各个方面：第一，审计需要当事人（三方关系人）；第二，审计需要一个对象（财务报表）；第三，我们去审计总要有个标准（财务报表编制基础）；第四，审计就像查案，需要审计证据；第五，就是出具审计报告。

审计要素
- 当事人（三方关系）
- 对象（财务报表）
  - 审计标准：财务报表编制基础
  - 评判依据：审计证据
- 结论（审计报告）

考点一：审计业务当事人——三方关系

审计业务的当事人（三方关系）是：注册会计师、被审计单位管理层（责任方）、财务报表预期使用者（股东、潜在投资人、债权人、政府相关部门、社会公众等）。

注册会计师对由被审计单位管理层负责的财务报表发表审计意见，以增强除管理层之外的预期使用者对财务报表的信赖程度。

管理层和预期使用者可能来自同一企业，但并不意味着两者就是同一方。

管理层也会成为预期使用者之一，但不能是唯一的预期使用者。

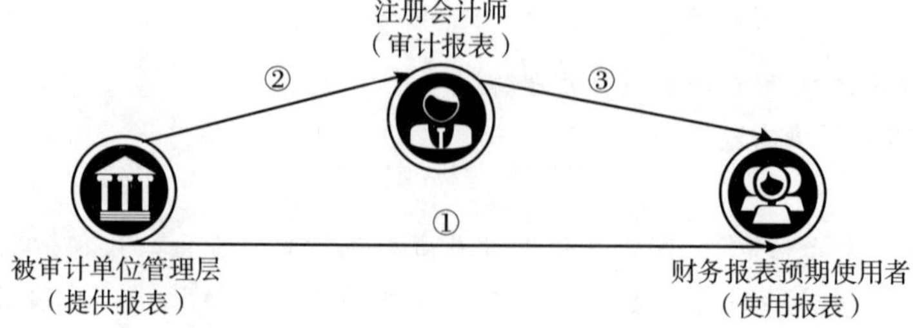

（一）注册会计师

注册会计师的责任是按照审计准则的规定对财务报表发表审计意见。

注册会计师通过签署审计报告的方式确认其责任。

（二）被审计单位管理层（责任方）

管理层和治理层执行审计工作的前提，是指管理层和治理层（如适用）认可并理解其应当承担的下列责任：

简记	具体内容
编表	（1）按照适用的财务报告编制基础编制财务报表，并使其实现公允反映（如适用）
内控	（2）设计、执行和维护必要的内部控制，以使财务报表不存在由于舞弊或错误导致的重大错报
提供必要工作条件（信息、人员）	（3）向注册会计师提供必要的工作条件，包括允许注册会计师接触与编制财务报表相关的所有信息（如记录、文件和其他事项），向注册会计师提供审计所需的其他信息，允许注册会计师在获取审计证据时不受限制地接触其认为必要的内部人员和其他相关人员

1. 财务报表审计并不减轻管理层或治理层的责任，管理层和治理层理应对编制的财务报表承担完全责任。

2. 如果财务报表存在重大错报，而注册会计师通过审计没能发现，也不能因为财务报表已经通过注册会计师审计这一事实而减轻管理层和治理层对财务报表的责任。

（三）预期使用者

注册会计师可能无法识别使用审计报告的所有组织和人员，此时，预期使用者主要是指那些与财务报表有重要和共同利益的主要利益相关者。

【例题1－8·单选题】下列各方中，通常不属于审计报告预期使用者的是（　　）。（2018年）

A. 被审计单位的管理层

B. 被审计单位的股东

C. 对被审计单位财务报表执行审计的注册会计师

D. 向被审计单位提供贷款的银行

【答案】C

【解析】审计业务的三方关系是：注册会计师、被审计单位管理层（责任方）、财务报表预期使用者。注册会计师对财务报表进行审计并发表审计意见，不是审计报告的预期使用者。

【例题1－9·多选题】下列各项中，属于审计业务要素的有（　　）。（2017年）

A. 财务报表

B. 审计证据

C. 财务报表编制基础

D. 审计报告

【答案】ABCD

【解析】审计要素包括审计业务的三方关系、财务报表（鉴证对象信息）（选项A正确）、财务报表编制基础（标准）（选项C正确）、审计证据（选项B正确）和审计报告（选项D正确）。

【例题1－10·单选题】下列有关审计业务的说法中，正确的是（　　）。（2016年）

A. 审计业务的最终产品是审计报告和后附财务报表

B. 如果不存在除责任方之外的其他预期使用者，则该项业务不属于审计业务

C. 审计的目的是改善财务报表质量，因此，审计可以减轻被审计单位管理层对财务报表的责任

D. 执行审计业务获取的审计证据大多数是结论性而非说服性的

【答案】 B

【解析】 选项A错误，审计业务的最终产品是审计报告，不包括财务报表。

选项B正确，对于审计业务，管理层可能是预期使用者，但不能是唯一预期使用者。

选项C错误，审计并不能减轻被审计单位管理层对财务报表的责任。

选项D错误，执行审计业务获取的审计证据大多是说服性的而不是结论性的。

考点二：审计对象（财务报表）

在财务报表审计中，审计的对象是历史的财务状况、经营业绩和现金流量。而审计对象的载体是财务报表。

（一）财务报表编制基础（标准）

在财务报表审计中，财务报告编制基础即是标准。适用的财务报告编制基础，是指法律法规要求采用的财务报告编制基础；或者管理层和治理层（如适用）在编制财务报表时，就被审计单位性质和财务报表目标而言，采用的可接受的财务报告编制基础。

（二）审计证据（评判依据）

审计证据，是指注册会计师为了得出审计结论和形成审计意见而使用的必要信息。

审计证据在性质上具有累积性，主要是在审计过程中通过实施审计程序获取的。

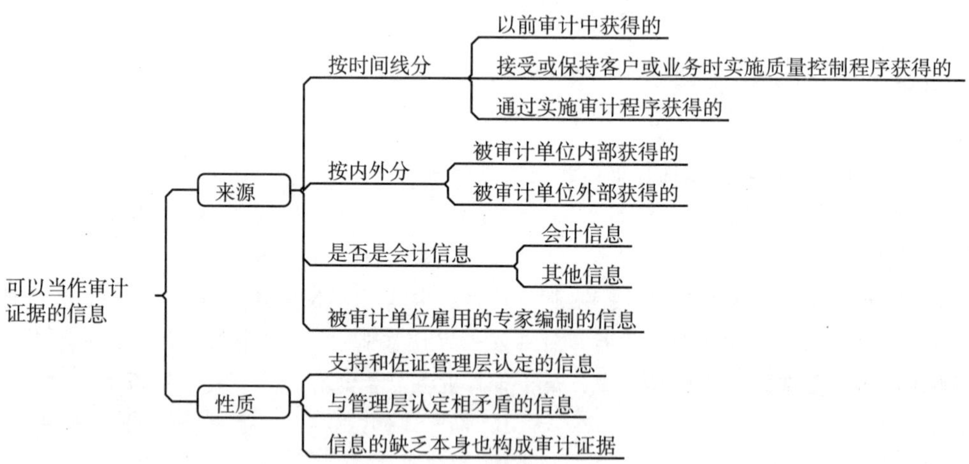

【例题1-11·多选题】 下列各项中，可能构成审计证据的有（　　）。(2018年)

A. 注册会计师在本期审计中获取的信息

B. 注册会计师在以前审计中获取的信息

C. 会计师事务所接受业务时实施质量控制程序获取的信息

D. 被审计单位聘请的专家编制的信息

【答案】 ABCD

【解析】 选项ABCD均正确，审计证据是指注册会计师为了得出审计结论和形成审计意见而使用的必要信息，包括注册会计师在本期或以前审计中获取的信息（选项AB），会计师事务所接

受与保护客户或业务时实施质量控制程序获取的信息（选项C），被审计单位雇佣或聘请专家编制的信息（选项D）。

【例题1－12·单选题】下列有关审计证据的说法中，错误的是（　　）。（2014年）

A. 审计证据包括会计师事务所接受与保持客户或业务时实施质量控制程序获取的信息

B. 审计证据包括从公开渠道获取的与管理层认定相矛盾的信息

C. 审计证据包括被审计单位聘请的专家编制的信息

D. 信息的缺乏本身不构成审计证据

【答案】D

【解析】在某些情况下，信息的缺乏本身也构成审计证据，可以被注册会计师利用。

【套路】审计证据包括会计信息、非会计信息、信息本身的缺乏也构成审计证据。所以审计证据包括的范围是很大的，题目中“……不构成审计证据”是错误的。

第三节　审计目标

考点一：审计的总体目标

1. 注册会计师的总体目标（获取合理保证、发表审计意见、出具审计报告）：

（1）对财务报表整体是否不存在由于舞弊或错误导致的重大错报获取合理保证，使得注册会计师能够对财务报表是否在所有重大方面按照适用的财务报告编制基础编制发表审计意见；

（2）按照审计准则的规定，根据审计结果对财务报表出具审计报告，并与管理层和治理层沟通。

2. 审计准则为注册会计师执行审计工作以实现总体目标提供了标准。注册会计师需要将每项审计准则规定的目标与总体目标联系起来进行理解。

每项审计准则均包含一个或多个目标，这些目标将审计准则的要求与注册会计师的总体目标联系起来。每项审计准则规定目标的作用在于，使注册会计师关注每项审计准则预期实现的结果。这些目标足够具体，可以帮助会计师：

（1）理解所需完成的工作，以及在必要时为完成这些工作使用的恰当手段；

（2）确定在审计业务的具体情况下是否需要完成更多的工作以实现目标。

3. 在总体目标下，获取审计证据

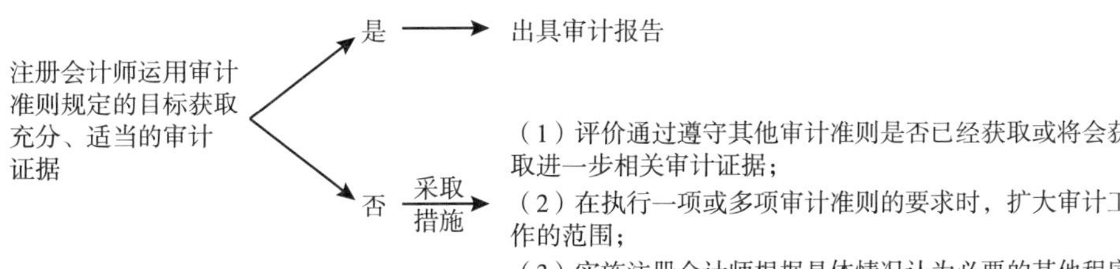

【例题1－13·多选题】关于注册会计师执行财务报表审计工作的总体目标，下列说法中，正确的有（　　）。（2012年）

A. 对财务报表整体是否不存在重大错报获取合理保证，使得注册会计师能够对财务报表是否在所有重大方面按照适用的财务报告编制基础编制发表审计意见

B. 对被审计单位的持续经营能力提供合理保证

C. 对被审计单位内部控制是否存在值得关注的缺陷提供合理保证

D. 按照审计准则的规定，根据审计结果对财务报表出具审计报告，并与管理层和治理层沟通

【答案】AD

【解析】注册会计师执行财务报表审计工作的总体目标包括：(1) 对财务报表整体是否不存在重大错报获取合理保证，使得注册会计师能够对财务报表是否在所有重大方面按照适用的财务报告编制基础编制发表审计意见；(2) 按照审计准则的规定，根据审计结果对财务报表出具审计报告，并与管理层和治理层沟通，选项 AD 正确。

【例题 1 - 14 · 多选题】 关于审计准则中的“目标”的作用，下列说法中，正确的有（　　）。(2012 年)

A. “目标”将审计准则中的“要求”与注册会计师的总体目标联系起来

B. “目标”能够使注册会计师关注每项审计准则预期实现的结果

C. “目标”可以帮助注册会计师理解所需完成的工作，以及在必要时为完成工作使用的恰当手段

D. “目标”可以帮助注册会计师确定在审计业务的具体情况下是否应当完成更多的工作以实现目标

【答案】ABCD

考点二：具体审计目标

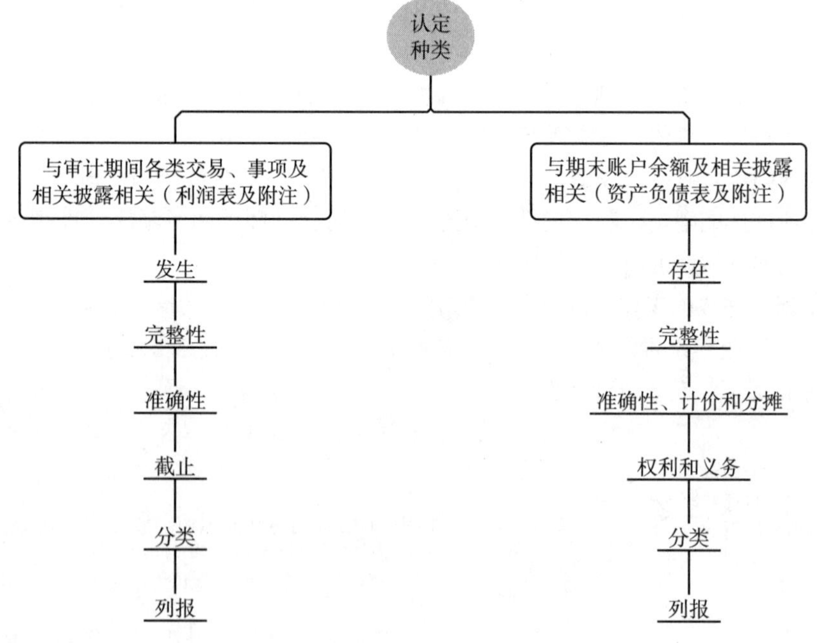

（一）与所审期间各类交易、事项及相关披露相关的审计目标（利润表及附注）

认定分类	认定的含义	理解	具体审计目标	举例
发生	记录或披露的交易和事项已发生，且与被审计单位有关	没有“多计”和“高估”	已记录的交易是真实的	记录主营业务收入1 000万元，该收入是否真的发生？
完整性	所有应当记录的交易和事项均已记录，所有应当包括在财务报表中的相关披露均已包括	没有“少计”和“低估”	确认已发生的交易确实已经记录	记录的主营业务成本1 000万元，该成本是否完整包含了今年的所有成本？
准确性	与交易和事项有关的金额及其他数据已恰当记录，相关披露已得到恰当计量和描述	金额准确	确认已记录的交易是按正确金额反映	记录资产减值损失100万元，那这个数字记录是否准确？
截止	交易和事项已记录于正确的会计期间	入账时间正确，没有推迟或提前	确认接近于资产负债表日的交易记录于恰当的期间	记录的收入1 000万元，是否发生提前或延后确认收入的情况？
分类	交易和事项已记录于恰当的账户	入账科目正确	被审计单位记录的交易经过恰当分类	记录的收入1 000万元，是否将“营业外收入”划分进“营业收入”或其他科目？
列报	交易和事项已被恰当地汇总或分解且表述清楚，相关披露在适用的财务报告编制基础下是相关的、可理解的	在报表中的列示和在附注中的披露是正确的	确认被审计单位的交易和事项已被恰当地汇总或分解且表述清楚，相关披露在适用的财务报告编制基础下是相关的、可理解的	比如，编制利润表时，是否没有对基本每股收益和稀释每股收益金额进行单独列示

1. 发生和完整性两者强调的是相反的关注点。发生目标针对多记、虚构交易（高估），而完整性目标则针对漏记交易（低估）。

2. 准确性与发生、完整性之间存在区别。

例如，若已记录的销售交易是不应当记录的（如发出的商品是寄销商品），则即使发票金额是准确计算的，仍违反了发生目标。

再如，若已入账的销售交易是对正确发出商品的记录，若金额计算错误，则违反了准确性目标，但没有违反发生目标。

3. 将本期交易推到下期记录，或将下期交易提到本期记录，均违反了截止目标。

4. 若将现销改为赊销，将出售经营性固定资产所得的收入记录为营业收入，则导致交易分类的错误，违反了分类的目标。

（二）与期末账户余额及相关披露相关的审计目标（资产负债表项目及附注）

认定分类	认定的含义	理解	具体审计目标	举例
存在	记录的资产、负债和所有者权益是存在的	没有“多计”和“高估”	记录的金额确实存在	资产负债表记录的资产1 000万元，是否真的存在？是否多记？

续表

认定分类	认定的含义	理解	具体审计目标	举例
权利和义务	记录的资产由被审计单位拥有或控制，记录的负债是被审计单位应当履行的偿还义务	没有不属于自己的	资产归属于被审计单位，负债属于被审计单位的义务	资产负债表记录的资产1 000万元，资产是否属于自己？不是人家寄存的吗？有没有被担保或者抵押给别人？
完整性	所有应当记录的资产、负债和所有者权益均已记录，所有应当包括在财务报表中的相关披露均已包括	没有“少计”和“低估”	已存在的金额均已记录	资产负债表记录的资产1 000万元，我们是否存在漏记资产？
准确性、计价和分摊	资产、负债和所有者权益以恰当的金额包括在财务报表中，与之相关的计价或分摊调整已恰当记录，相关披露已得到恰当计量和描述	金额准确	资产、负债和所有者权益以恰当的金额包括在财务报表中，与之相关的计价或分摊调整已恰当记录	资产负债表记录的资产1 000万元，期末的减值是不是准确的？计价有没有错误？
分类	资产、负债和所有者权益已记录于恰当的账户	入账科目正确	资产、负债和所有者权益已记录于恰当的账户	资产负债表记录的存货1 000万元，记入“存货”这个科目是不是正确的？
列报	资产、负债和所有者权益已被恰当地汇总或分解且表述清楚，相关披露在适用的财务报告编制基础下是相关的、可理解的	在报表中的列示和在附注中的披露是正确的	资产、负债和所有者权益已被恰当地汇总或分解且表述清楚，相关披露在适用的财务报告编制基础下是相关的、可理解的	资产负债表中“存货”的列示是否包括了所有应当包括的项目，是否根据科目余额减去其备抵项目后的净额填列？

1. 如果不存在某顾客的应收账款，但在应收账款明细表中却列入了对该顾客的应收账款，则违反了存在目标。

2. 将他人寄售商品列入被审计单位的存货中，违反了权利目标；将不属于被审计单位的债务记入账内，违反了义务目标。

3. 完整性是指资产没有少记、漏记。

4. 准确性、计价和分摊，重点关注应收账款等资产项目是否发生减值。

【例题1－15·单选题】下列各项认定中，与交易、事项及相关披露、期末账户余额及相关披露均相关的是（　　）。(2014年改编)

A. 完整性　　B. 发生　　C. 截止　　D. 权利和义务

【答案】A

【解析】与交易、事项及相关披露、期末账户余额及相关披露均相关的是完整性认定，选项A正确。

【例题1－16·单选题】下列有关具体审计目标的说法中，正确的是（　　）。(2013年改编)

A. 如果财务报表中没有将一年内到期的长期借款列报为短期借款，违反了准确性、计价和分摊

B. 如果财务报表附注中没有分别对原材料、在产品和产成品等存货成本核算方法作出恰当

的说明，违反了分类

C. 如果财务报表中将低值易耗品列报为固定资产，违反了准确性、计价和分摊

D. 如果已入账的销售交易是对确已发出商品、符合收入确认条件的交易的记录，但金额计算错误，违反了准确性目标，但没有违反发生目标

【答案】 D

【解析】 如果财务报表中没有将一年内到期的长期借款列报为短期借款，违背了列报和分类，选项 A 错误；

如果财务报表附注中没有分别对原材料、在产品和产成品等存货成本核算方法作出恰当的说明，违反了列报以及准确性、计价和分摊，选项 B 错误；

如果财务报表中将低值易耗品列报为固定资产，违反了列报和分类，选项 C 错误。

【例题 1－17·单选题】 对于下列存货认定，通过向被审计单位生产和销售人员询问是否存在过时和周转缓慢的存货，注册会计师认为最可能证实的是（　　）。(2010 年)

A. 准确性、计价与分摊　　B. 权利和义务

C. 存在　　D. 完整性

【答案】 A

【解析】 存货的过时和周转缓慢，主要是提供了存货是否跌价的相关信息，因此与计价与分摊相关。

【例题 1－18·单选题】 对于下列销售收入认定，通过比较资产负债表日前后几天的发货单日期与记账日期，注册会计师认为最可能证实的是（　　）。(2010 年)

A. 发生　　B. 完整性　　C. 截止　　D. 分类

【答案】 C

【解析】 比较资产负债表日前后几天的发货单日期和记账日期，主要是防止将两年的收入记错日期，所谓最可能证实的是“截止”认定。

第四节　审计基本要求

考点一：遵守职业道德则

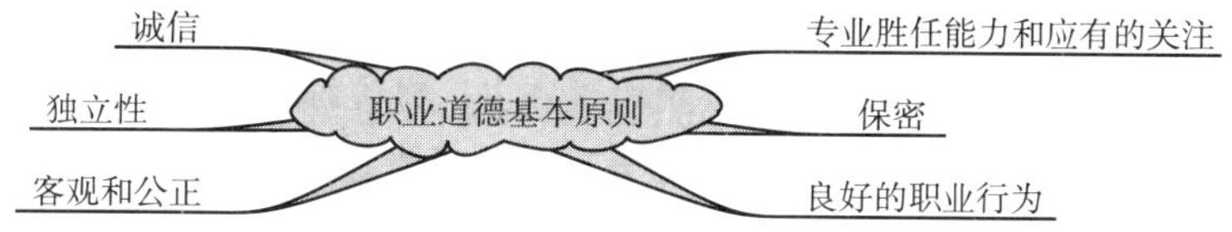

考点二：保持职业怀疑

（一）职业怀疑的含义

职业怀疑是指注册会计师执行审计业务的一种态度，包括采取质疑的思维方式，对可能表明由于错误或舞弊导致错报的迹象保持警觉，以及对审计证据进行审慎评价。

【套路】关于“职业怀疑”容易出错的地方：

(1) 职业怀疑与所有的职业道德基本原则都密切相关吗？NO！只是跟客观和公正、独立性密切相关！

(2) 能否说保持职业怀疑是为了降低成本？NO！

考点三：合理运用职业判断

1. 职业判断是注册会计师行业的精髓，涉及注册会计师执业的各个环节，在作出下列决策时尤为重要：

(1) 确定重要性，识别和评估重大错报风险；

(2) 为满足审计准则的要求和收集审计证据的需要，确定所需实施的审计程序的性质、时间安排和范围；

(3) 为实现审计准则规定的目标和注册会计师的总体目标，评价是否已获取充分、适当的审计证据以及是否还需执行更多的工作；

(4) 评价管理层在应用适用的财务报告编制基础时作出的判断；

(5) 根据已获取的审计证据得出结论，如评估管理层在编制财务报表时作出的估计的合理性。

(6) 运用职业道德概念框架识别、评估和应对对职业道德基本原则不利的影响。

2. 职业判断。

3. 衡量职业判断质量标准如下表所示。

标准	解释
准确性或意见一致性	职业判断结论与特定标准或客观事实的相符程度； 不同职业判断主体针对同一职业判断问题所作判断彼此认同的程度
决策一贯性和稳定性	同一注册会计师针对同一项目的不同判断问题，所作出的判断之间是否符合应有的内在逻辑，以及同一注册会计师针对相同的职业判断问题，在不同时点所作出的判断是否结论相同或相似
可辩护性	注册会计师是否能够证明自己的工作，通常，理由的充分性、思维的逻辑性和程序的合规性是可辩护性的基础

4. 注册会计师需要对职业判断作出适当的书面记录，但并不要求对所有作出的职业判断都进行书面记录。审计准则要求注册会计师编制的审计工作底稿中，应当使未曾接触该项审计工作的有经验的专业人士了解对重大事项得出结论时作出的重大职业判断。

【例题1－24·多选题】下列各项中，通常需要注册会计师运用职业判断的有（　　）。(2017年)

A. 确定财务报表整体的重要性

B. 确定审计工作底稿归档的最晚日期

C. 确定是否利用被审计单位的内部审计工作

D. 评价审计抽样的结果

【答案】ACD

【解析】选项A正确，涉及选定基准以及百分比，需要运用职业判断；选项B不正确，审计工作底稿的归档期限为审计报告日后60天内，是确定的；选项C正确，确定是否利用，涉及评价内审工作，需要运用职业判断；选项D正确，不管统计抽样还是非统计抽样，两种方法都要求注册会计师在设计、选取和评价样本时运用职业判断。

【例题1-25·单选题】 下列有关职业判断的说法中，错误的是（　　）。(2016年)

A. 如果有关决策不被该业务的具体事实和情况所支持，职业判断并不能作为注册会计师作出不恰当决策的理由

B. 注册会计师恰当记录与被审计单位就相关决策结论进行沟通的方式和时间，有利于提高职业判断的可辩护性

C. 保持职业怀疑有助于注册会计师提高职业判断质量

D. 职业判断涉及与具体会计处理和审计程序相关的决策，但不涉及与遵守职业道德要求相关的决策

【答案】 D

【解析】 选项D错误，职业判断涉及注册会计师执业中的各类决策，包括与具体会计处理相关的决策、与审计程序相关的决策，以及与遵守职业道德要求相关的决策。

第五节　审计风险

审计风险是指当财务报表存在重大错报时，注册会计师发表不恰当审计意见的可能性。审计风险取决于重大错报风险和检查风险。即

$$审计风险 = 重大错报风险 \times 检查风险$$

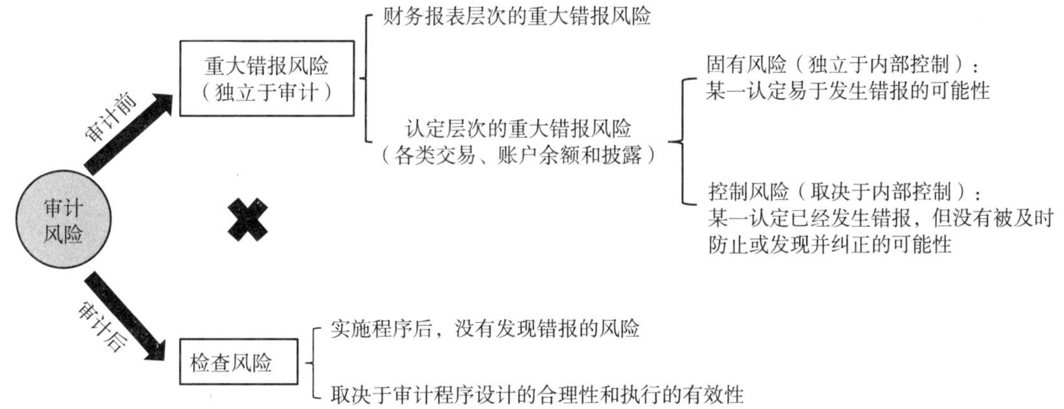

考点一：重大错报风险

重大错报风险是指财务报表在审计前存在重大错报的可能性。重大错报风险与被审计单位的风险相关，且独立于财务报表审计而存在。

注册会计师在设计审计程序以确定财务报表整体是否存在重大错报时，应当从财务报表层次和各类交易、账户余额及披露认定层次方面考虑重大错报风险。

（一）财务报表层次的重大错报风险

财务报表层次重大错报风险与财务报表整体存在广泛联系，受被审计单位控制环境的影响，

可能影响多项认定，但难以界定于某类交易、账户余额和披露的具体认定。

（二）认定层次的重大错报风险

认定层次的重大错报风险与各类交易、账户余额和披露认定有关，有助于注册会计师确定认定层次上实施的进一步审计程序的性质、时间安排和范围。

认定层次的重大错报风险又可以进一步细分为固有风险和控制风险。

1. 固有风险是指在考虑相关的内部控制之前，某类交易、账户余额或披露的某一认定易于发生错报（该错报单独或连同其他错报可能是重大的）的可能性。

2. 控制风险是指某类交易、账户余额或披露的某一认定发生错报，该错报单独或连同其他错报是重大的，但没有被内部控制及时防止或发现并纠正的可能性。控制风险取决于与财务报表编制有关的内部控制设计的合理性和运行的有效性。由于控制的固有局限性，某种程度的控制风险始终存在。

【例题1－26·单选题】下列有关重大错报风险的说法中，错误的是（　　）。（2019年）

A. 重大错报风险是指财务报表在审计前存在重大错报的可能性

B. 注册会计师应当从财务报表层次和各类交易、账户余额和披露认定层次考虑重大错报风险

C. 重大错报风险可进一步细分为固有风险和检查风险

D. 注册会计师可以定性或定量评估重大错报风险

【答案】C

【解析】认定层次的重大错报风险可以进一步细分为固有风险和控制风险，选项C错误。

【例题1－27·单选题】下列有关固有风险和控制风险的说法中，正确的是（　　）。（2018年）

A. 财务报表层次和认定层次的重大错报风险可以细分为固有风险和控制风险

B. 固有风险和控制风险与被审计单位的风险相关，独立于财务报表审计而存在

C. 注册会计师无法单独对固有风险和控制风险进行评估

D. 固有风险始终存在，而运行有效的内部控制可以消除控制风险

【答案】B

【解析】选项A错误，认定层次的重大错报风险才可以进一步细分为固有风险和控制风险；选项C错误，注册会计师既可以对固有风险和控制风险进行单独评估，也可以对其进行合并评估；选项D错误，控制风险取决于与财务报表编制有关的内部控制设计的合理性和运行的有效性。由于控制的固有局限性，某种程度的控制风险始终存在。

【套路】这类题目经常设置的陷阱：

（1）固有风险和控制风险是财务报表层次的吗？NO！是认定层次的！

（2）重大错报风险可以通过审计降低吗？NO！是客观存在的！

（3）重大错报风险跟检查风险成反比关系！

（4）这里甚至会考核概念！将检查风险的概念用到审计风险上去！

【例题1－28·多选题】下列关于重大错报风险的说法中，正确的有（　　）。（2016年）

A. 重大错报风险包括固有风险和检查风险

B. 注册会计师应当将重大错报风险与特定的交易、账户余额和披露的认定相联系

C. 在评估一项重大错报风险是否为特别风险时，注册会计师不应考虑控制对风险的抵销作用

D. 注册会计师对重大错报风险的评估，可能随着审计过程中不断获取审计证据而作出相应的变化

【答案】CD

【解析】认定层次的重大错报风险包括固有风险和控制风险，选项A错误。识别的重大错报风险不仅可能与特定的某类交易、账户余额和披露的认定相关，还可能与财务报表整体广泛相关，财务报表层次的重大错报风险无法与特定的交易、账户余额和披露的认定相联系，选项B错误。

考点二：检查风险

检查风险是指如果存在某一错报，该错报单独或连同其他错报可能是重大的，注册会计师为将审计风险降至可接受的低水平而实施程序后没有发现这种错报的风险。检查风险取决于审计程序设计的合理性和执行的有效性！

检查风险可以降低，但是不可能降低为零。

【例题1－29·多选题】下列各种做法中，能够降低检查风险的有（　　）。(2012年)

A. 恰当设计审计程序的性质、时间安排和范围

B. 限制审计报告用途

C. 审慎评价审计证据

D. 加强对已执行审计工作的监督和复核

【答案】ACD

【解析】检查风险取决于审计程序设计的合理性和执行的有效性！选项ACD正确，选项B限制审计报告用途无法降低检查风险。

考点三：检查风险与重大错报的反向关系

在既定的审计风险水平下，可接受的检查风险水平与认定层次重大错报风险的评估结果呈反向关系。即

审计风险（注册会计师设定）=重大错报风险（客观存在，不可降低）×检查风险（可降低，但不为零）

也就是说，当审计风险一定时：

如果评估的重大错报风险越高——检查风险就必须越低——审计程序就必须越多；

如果评估的重大错报风险越少——检查风险就可以越高——审计程序就可以越少。

【例题1－30·单选题】审计风险取决于重大错报风险和检查风险。下列表述正确的是（　　）。(2007年)

A. 在既定的审计风险水平下，注册会计师应当实施审计程序，将重大错报风险降至可接受的低水平

B. 注册会计师应当合理设计审计程序的性质、时间和范围，并有效执行审计程序，以控制重大错报风险

C. 注册会计师应当合理设计审计程序的性质、时间和范围，并有效执行审计程序，以消除检查风险

D. 注册会计师应当获取认定层次充分、适当的审计证据，以便在完成审计工作时，能够以

可接受的低审计风险对财务报表整体发表意见

【答案】D

【解析】重大错报风险是客观存在的，无法降低，所以A和B错误。注册会计师可以通过合理设计和有效实施审计程序来控制检查风险，但不能消灭检查风险，选项C错误。

考点四：审计的固有限制

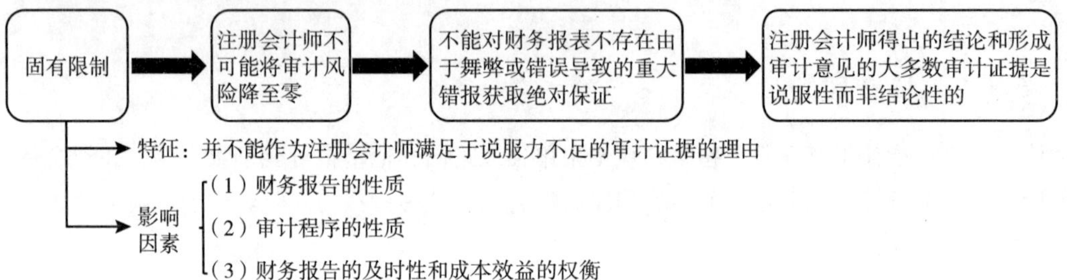

【例题1－31·单选题】下列各项中，不属于审计固有限制的来源的是（　　）。（2019年）

A. 注册会计师可能满足于说服力不足的审计证据

B. 注册会计师获取审计证据的能力受到法律上的限制

C. 管理层可能不提供与财务报表编制相关的全部信息

D. 管理层在编制财务报表的过程中需要运用判断

【答案】A

【解析】选项A错误，审计中的困难、时间或成本等事项本身，不能作为注册会计师省略不可替代的审计程序或满足于说服力不足的审计证据的正当理由。审计的固有限制源于：（1）财务报告的性质（选项D正确）；（2）审计程序的性质（选项B、C正确）；（3）在合理的时间内以合理的成本完成审计的需要。

【例题1－32·多选题】下列各项中，导致审计固有限制的有（　　）。（2018年）

A. 许多财务报表项目涉及主观决策、评估或一定程度的不确定性

B. 注册会计师获取审计证据的能力受到实务和法律上的限制

C. 注册会计师只能在合理的时间内以合理的成本完成审计工作

D. 注册会计师的胜任能力可能不足够

【答案】ABC

【解析】选项D不正确。审计固有限制的影响因素有：（1）财务报告的性质（选项A）；（2）审计程序的性质（选项B）；（3）财务报告的及时性和成本效益的权衡（选项C）。

第二章　审计计划

第一节　初步业务活动

考点一：初步业务活动的目的和内容

	目的	内容
考察自己	具备执行业务所需的独立性和专业胜任能力	评价遵守相关职业道德要求的情况
考察对方	不存在因管理层诚信问题而可能影响注册会计师保持该项业务的意愿的事项	针对保持客户关系和具体审计业务，实施相应的质量控制程序
要求一致	与被审计单位之间不存在对业务约定条款的误解	就审计业务约定条款与被审计单位达成一致意见（签署审计业务约定书）

【例题2－1·多选题】下列各项中，属于注册会计师应当开展的初步业务活动的有（　　）。（2019年）

A. 针对接受或保持客户关系实施相应的质量控制程序

B. 评价遵守相关职业道德要求的情况

C. 确定审计范围和项目组成员

D. 就审计业务约定条款与被审计单位达成一致

【答案】ABD

【解析】注册会计师应当开展下列初步业务活动：(1) 针对保持客户关系和具体审计业务实施相应的质量控制程序；(2) 评价遵守相关职业道德要求的情况；(3) 就审计业务约定条款达成一致意见。

【例题2－2·多选题】下列各项中，会计师事务所在执行客户接受与保持程序时应当获取相关信息的有（　　）。(2018年)

A. 具有执行业务必要的素质和专业胜任能力

B. 没有信息表明客户缺乏诚信

C. 能够遵守相关职业道德要求

D. 具有执行业务必要的时间和资源

【答案】ABCD

【解析】会计师事务所应当制定有关客户关系和具体业务接受与保持的政策和程序，以合理保证只有在下列情况下，才能接受或保持客户关系和具体业务：(1) 能够胜任该项业务，并具有执行该项业务必要的素质、时间和资源（选项A、D）；(2) 能够遵守相关职业道德要求（选项

C)；(3) 已考虑客户的诚信，没有信息表明客户缺乏诚信（选项 B)。

【例题 2-3·多选题】 注册会计师在承接业务之前进行初步业务活动的目的包括（　　）。(2015 年)

A. 确保会计师事务所具备执行业务所需的独立性和专业胜任能力

B. 与被审计单位之间不存在对业务约定条款的误解

C. 不存在因管理层诚信问题而可能影响注册会计师保持该项业务的意愿的事项

D. 识别被审计单位存在的重大错报风险

【答案】 ABC

【解析】 选项 D 为承接业务后进行风险评估程序的目的。

考点二：审计的前提条件

审计的前提条件是指管理层在编制财务报表时采用可接受的财务报告编制基础，以及管理层对注册会计师执行审计工作的前提的认同。

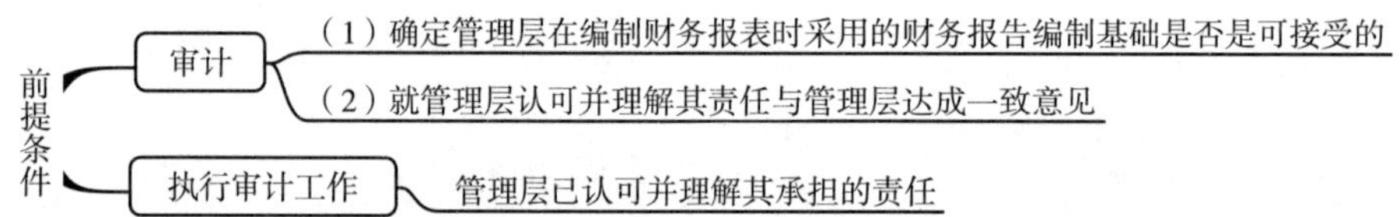

1. 管理层责任。

就管理层的责任达成一致意见。按照审计准则的规定执行审计工作的前提是管理层已认可并理解其承担的责任，其责任包括：

(1) 按照适用的财务报告编制基础编制财务报表，并使其实现公允反映（如适用)。

(2) 设计、执行和维护必要的内部控制，以使编制的财务报表不存在由于舞弊或错误导致的重大错报。

(3) 向注册会计师提供必要的工作条件，包括允许注册会计师接触与编制财务报表相关的所有信息（如记录、文件和其他事项)，向注册会计师提供审计所需要的其他信息，允许注册会计师在获取审计证据时不受限制地接触其认为必要的内部人员和其他相关人员。

2. 注册会计师应当要求管理层就其已履行的某些责任提供书面声明。

【例题 2-4·单选题】 下列各项中，不属于财务报表审计的前提条件的是（　　）。(2018 年)

A. 管理层按照适用的财务报表编制基础编制财务报表，并使其实现公允反映

B. 管理层设计、执行和维护必要的内部控制，以使财务报表不存在由于舞弊或错误导致的重大错报

C. 管理层承诺将更正注册会计师在审计过程中识别出的重大错报

D. 管理层向注册会计师提供必要的工作条件

【答案】 C

【解析】 C 选项不属于财务报表审计的前提条件。

【例题 2-5·多选题】 下列因素中，注册会计师在评价财务报告编制基础的可接受性时需要考虑的有（　　）。(2016 年)

A. 被审计单位的性质

B. 财务报表的性质

C. 财务报表的目的

D. 法律法规是否规定了适用的财务报告编制基础

【答案】 ABCD

【例题2-6·多选题】 为了确定审计的前提条件是否存在，注册会计师应当就管理层认可并理解其责任与管理层达成一致意见。下列有关管理层责任的说法中，正确的有（　　）。（2014年A卷）

A. 管理层应当按照适用的财务报告编制基础编制财务报表，并使其实现公允反映

B. 管理层应当设计、执行和维护必要的内部控制，以使财务报表不存在由于舞弊或错误导致的重大错报

C. 管理层应当向注册会计师提供必要的工作条件，包括允许注册会计师接触与编制财务报表相关的所有信息

D. 管理层应当允许注册会计师在获取审计证据时不受限制地接触其认为必要的内部人员和其他相关人员

【答案】 ABCD

【例题2-7·多选题】 为确定审计的前提条件是否存在，下列各项中，注册会计师应当执行的工作有（　　）。（2013年）

A. 确定被审计单位是否存在违反法律法规行为

B. 确定被审计单位的内部控制是否有效

C. 确定管理层在编制财务报表时采用的财务报告编制基础是否是可接受的

D. 确定管理层是否认可并理解其与财务报表相关的责任

【答案】 CD

【解析】 选项A和选项B均属于注册会计师承接审计业务后的相关工作。

考点三：审计业务约定书

（一）审计业务约定书的内容

1. 基本内容

（1）财务报表审计的目标与范围；

（2）注册会计师的责任；

（3）管理层的责任；

（4）指出用于编制财务报表所适用的财务报告编制基础；

（5）提及注册会计师拟出具的审计报告的预期形式和内容，以及对在特定情况下出具的审计报告可能不同于预期形式和内容的说明。

2. 组成部分审计。如果母公司的注册会计师同时也是组成部分的注册会计师，需要考虑，决定是否向组成部分单独致送审计业务约定书。

3. 连续审计。注册会计师可以决定不在每期都致送新的业务约定书或其他书面协议。然而，下列因素可能导致注册会计师修改审计业务约定条款或提醒被审计单位注意现有的业务约定条款：

（1）有迹象表明被审计单位误解审计目标和范围；

（2）需要修改约定条款或增加特别条款；

（3）被审计单位高级管理人员近期发生变动；

（4）被审计单位所有权发生重大变动；

（5）被审计单位业务的性质或规模发生重大变化；

（6）法律法规的规定发生变化；

（7）采用的财务报告编制基础发生变更；

（8）其他报告要求发生变化。

【例题2－8·单选题】下列各项中，通常无须包含在审计业务约定书中的是（　　）。(2019年)

A. 财务报表审计的目的与范围

B. 出具审计报告的日期

C. 管理层和治理层的责任

D. 用于编制财务报表所适用的财务报告编制基础

【答案】B

【解析】审计业务约定书的具体内容和格式可能因被审计单位的不同而不同，但应当包括以下主要内容：（1）财务报表审计的目标与范围（选项A正确）；（2）注册会计师的责任；（3）管理层的责任（选项C正确）；（4）指出用于编制财务报表所适用的财务报告编制基础（选项D正确）；（5）提及注册会计师拟出具的审计报告的预期形式和内容，以及对在特定情况下出具的审计报告可能不同于预期形式和内容的说明。

【例题2－9·单选题】下列有关审计业务约定书的说法中，错误的是（　　）。(2016年)

A. 审计业务约定书应当包括注册会计师的责任和管理层的责任

B. 如果集团公司的注册会计师同时也是组成部分注册会计师，则无须向组成部分单独致送审计业务约定书

C. 对于连续审计，注册会计师可能不需要每期都向被审计单位致送新的审计业务约定书

D. 注册会计师应当在签订审计业务约定书之前确定审计的前提条件是否存在

【答案】B

【解析】如果母公司的注册会计师同时也是组成部分的注册会计师，需要考虑下列因素，决定是否向组成部分单独致送审计业务约定书：（1）组成部分注册会计师的委托人；（2）是否对组成部分单独出具审计报告；（3）与审计委托相关的法律法规的规定；（4）母公司占组成部分的所有权份额；（5）组成部分管理层相对于母公司的独立程度，所以选项B错误，ACD正确。

（二）审计业务约定书条款的变更

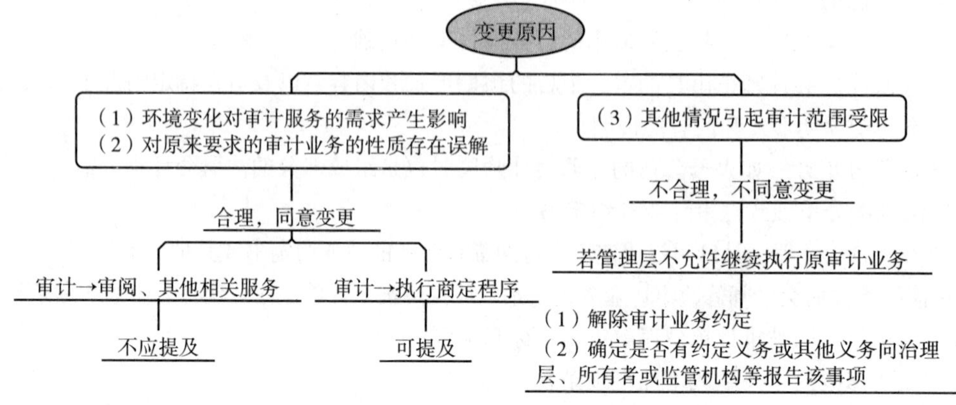

1. 变更审计业务约定条款的要求。

在完成审计业务前，如果被审计单位或委托人要求将审计业务变更为保证程度较低的业务，注册会计师应当确定是否存在合理理由予以变更。

下列原因可能导致被审计单位要求变更业务	是否合理
（1）环境变化对审计服务的需求产生影响 （2）对原来要求的审计业务的性质存在误解	通常被认为是变更业务的合理理由，但如果有迹象表明该变更要求与错误的、不完整的或者不能令人满意的信息有关的除外
（3）无论是管理层施加的还是其他情况引起的审计范围受到限制	通常不认为是变更业务的合理理由

2. 变更为审阅业务或相关服务业务的要求。

如果注册会计师认为将审计业务变更为审阅业务或相关服务业务具有合理理由，截至变更日已执行的审计工作可能与变更后的业务相关，相应地，注册会计师需要执行的工作和出具的报告会适用于变更后的业务。

（1）将审计变更审阅、相关服务业务，不应提及原审计业务和在原审计业务中已执行的程序；

（2）将审计业务变更为执行商定程序业务，注册会计师才可在报告中提及已执行的程序。

【例题 2－10·多选题】下列各项中，通常可以作为变更审计业务的合理理由的有（　　）。（2018 年）

A. 环境变化对审计服务的需求产生影响

B. 委托方对原来要求的审计业务的性质存在误解

C. 管理层对审计范围施加限制

D. 客观因素导致审计范围受到限制

【答案】AB

【解析】选项 CD 不正确，无论是管理层施加的还是其他情况引起的审计范围受到限制，通常不被认为是变更业务的合理理由。通常被认为是变更业务的合理理由有：（1）环境变化对审计服务的需求产生影响（选项 A）；（2）对原来要求的审计业务的性质存在误解（选项 B）。

第二节　总体审计策略和具体审计计划

总体审计策略指导具体审计计划的制定，通常在具体审计计划之前。

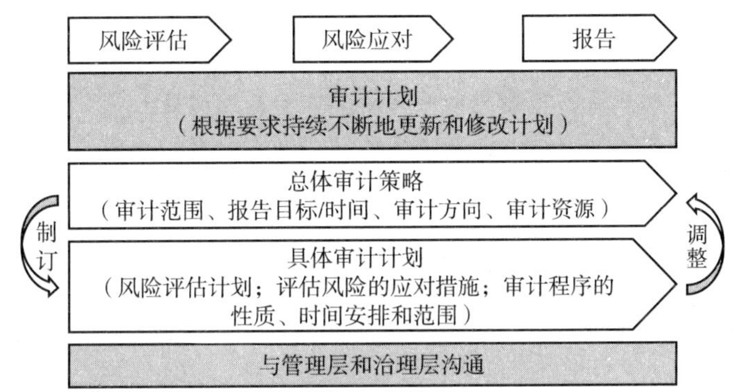

考点一：总体审计策略

确定重要性水平是总体审计策略的内容。

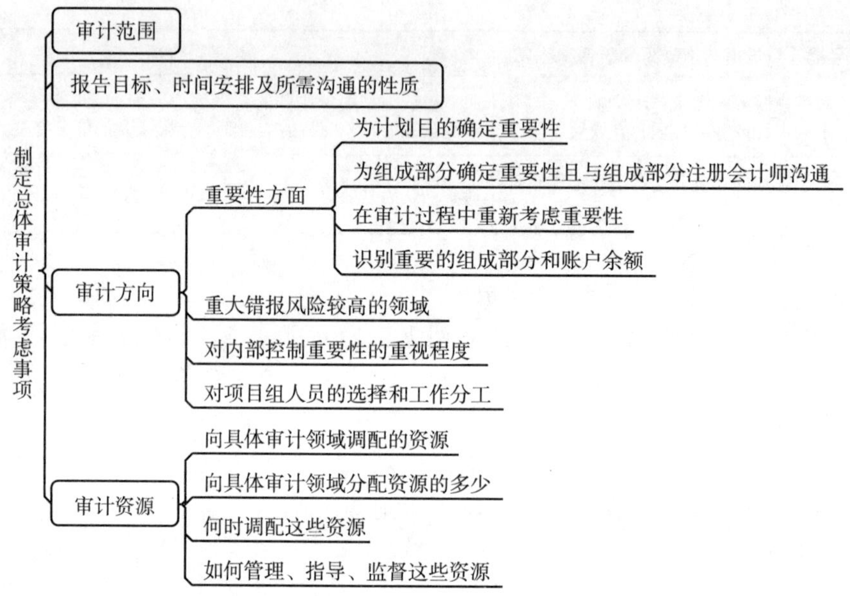

考点二：具体审计计划

确定审计程序的性质、时间安排和范围的决策是具体审计计划的核心。

所谓具体审计计划，就是实施的具体审计程序，即是"风险评估——风险应对"这个程序。

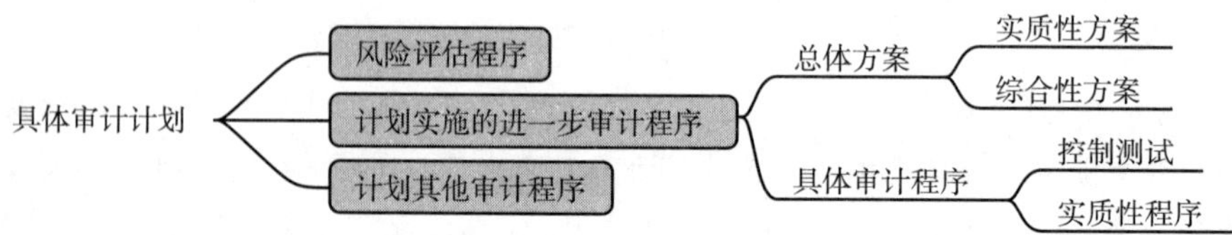

【例题 2－11·多选题】 下列各项中，属于具体审计计划的活动的有（　　）。(2016 年)

A. 确定重要性

B. 确定是否需要实施项目质量控制复核

C. 确定风险评估程序的性质、时间安排和范围

D. 确定进一步审计程序的性质、时间安排和范围

【答案】 CD

【解析】 具体审计计划应当包括风险评估程序、计划实施的进一步审计程序和其他审计程序，所以选项 C、D 正确。重要性水平和是否需要实施项目质量控制复核是在制定总体审计策略时确定的，选项 A、B 错误。属于总体审计策略，注意对比记忆。

考点三：审计过程中对计划的更改

计划审计工作并非审计业务的一个孤立阶段，而是一个持续的、不断修正的过程，贯穿于整个审计业务的始终。

如果注册会计师在审计过程中对总体审计策略或具体审计计划作出重大修改，应当在审计工作底稿中记录作出的重大修改及其理由。

以下事项的修改会直接导致修改审计计划，也会导致对审计工作作出适时调整：

1. 对重要性水平的调整；
2. 对某类交易、账户余额和披露的重大错报风险评估的更新和修改；
3. 对进一步审计程序的更新和修改。

第三节　重要性

考点一：重要性的含义

1. 重要性概念可从下列三个方面理解：

（1）单独或汇总	如果合理预期错报（包括漏报）单独或汇总起来可能影响财务报表使用者的经济决策，则通常认为错报是重大的
（2）金额或性质	对重要性的判断是根据具体环境作出的，并受错报的金额或性质的影响，或受两者共同作用的影响
（3）整体	判断某事项对财务报表使用者是否重大，是在考虑财务报表使用者整体共同的财务信息需求的基础上作出的。由于不同财务报表使用者对财务信息的需求可能差异很大，因此不考虑错报对个别财务报表使用者可能产生的影响

2. 重要性的运用：

计划审计工作阶段	（1）决定风险评估程序的性质、时间安排和范围； （2）识别和评估重大错报风险； （3）确定进一步审计程序的性质、时间安排和范围
形成审计结论阶段	评价已识别的错报对财务报表的影响和对审计报告中审计意见的影响

【例题2－12·多选题】在运用重要性概念时，下列各项中，注册会计师认为应当考虑包括在内的有（　　）。（2011年）

A. 财务报表整体的重要性

B. 实际执行的重要性

C. 特定类别的交易、账户余额或披露的重要性

D. 明显微小错报的临界值

【答案】ABCD

【例题2－13·单选题】下列各项中，不属于注册会计师使用财务报表整体重要性的目的的是（　　）。（2019年）

A. 决定风险评估程序的性质、时间安排和范围

B. 识别和评估重大错报风险

C. 确定审计中识别出的错报是否需要累积

D. 评价已识别的错报对审计意见的影响

【答案】 C

【解析】 注册会计师使用整体重要性水平（将财务报表作为整体）的目的有：(1) 决定风险评估程序的性质、时间安排和范围（选项 A 正确）；(2) 识别和评估重大错报风险（选项 B 正确）；(3) 确定进一步审计程序的性质、时间安排和范围。在整个业务过程中，随着审计工作的进展，注册会计师应当根据所获得的新信息更新重要性。在形成审计结论阶段，要使用整体重要性水平和为了特定类别交易、账户余额和披露而确定的较低金额的重要性水平来评价已识别的错报对财务报表的影响和对审计报告中审计意见的影响（选项 D 正确）。

考点二：重要性水平的确定

重要性和重要性水平是不一样的，重要性既要考虑错报的金额，又要考虑错报的性质。而重要性水平仅指金额这一数量标志。

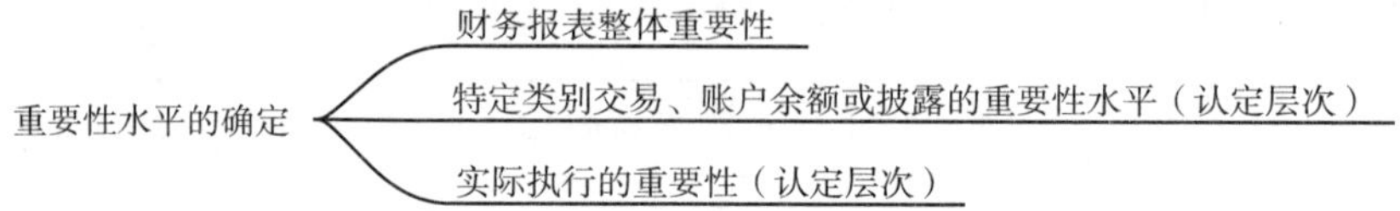

（一）财务报表整体的重要性

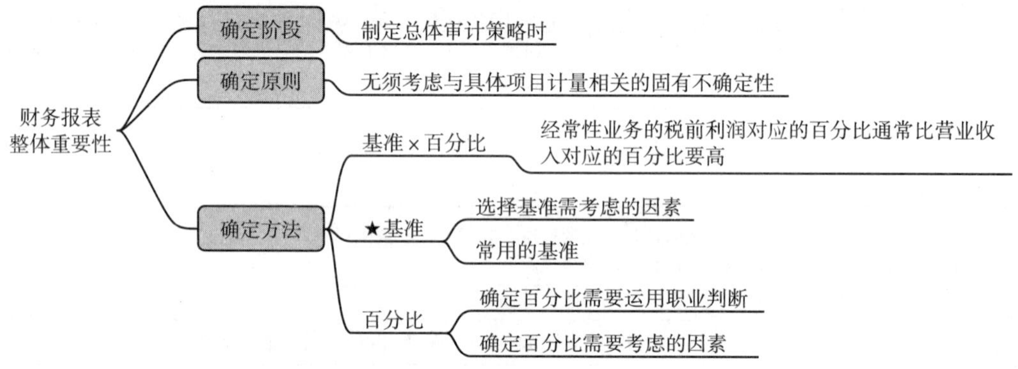

1. 选择基准时，需要考虑的因素包括：

(1) 财务报表要素（如资产、负债、所有者权益、收入和费用）；

(2) 是否存在特定会计主体的财务报表使用者特别关注的项目（如为了评价财务业绩，使用者可能更关注利润、收入或净资产）；

(3) 被审计单位的性质、所处的生命周期阶段以及所处行业和经济环境；

(4) 被审计单位的所有权结构和融资方式（例如，如果被审计单位仅通过债务而非权益进行融资，财务报表使用者可能更关注资产及资产的索偿权，而非被审计单位的收益）；

(5) 基准的相对波动性。

2. 常用的基准。

被审计单位的情况	可能选择的基准
(1) 企业的盈利水平稳定	经常性业务的税前利润

续表

被审计单位的情况	可能选择的基准
(2) 企业近年来经营状况大幅度波动，盈利和亏损交替发生，或者由正常盈利变为微利或微亏，或本年度税前利润因情况变化而出现意外增减	过去3~5年经常性业务的平均税前利润/亏损（取绝对值），或其他基准，例如，营业收入
(3) 企业处于微利或微亏状态	
(4) 企业为新设企业，处于开办期，尚未开始经营，目前正在建造厂房及购买机器设备	总资产
(5) 企业处于新兴行业，目前侧重于抢占市场份额、扩大企业知名度和影响力	营业收入
(6) 为某开放式基金，致力于优化投资组合、提高基金净值、为基金持有人创造投资价值	净资产
(7) 为某国际企业集团设立在中国的研发中心，主要为集团下属各企业提供研发服务，并向相关企业收取成本	成本与营业费用总额
(8) 为公益性质的基金会	捐赠收入或捐赠支出总额

注：如果被审计单位的经营规模较上年度没有重大变化，通常使用替代性基准确定的重要性不宜超过上年度的重要性。

3. 确定百分比时，需要考虑的因素。

(1) 被审计单位是否为上市公司或公众利益实体；

(2) 财务报表使用者的范围；

(3) 被审计单位是否由集团内部关联方提供融资或是否有大额对外融资（如债券或银行贷款）；

(4) 财务报表使用者是否对基准数据特别敏感（如具有特殊目的的财务报表的使用者）。

【例题2-14·单选题】注册会计师在确定重要性时通常选定一个基准。下列因素中，注册会计师在选择基准时不需要考虑的是（　　）。(2014年)

A. 被审计单位的性质

B. 以前年度审计调整的金额

C. 基准的相对波动性

D. 是否存在财务报表使用者特别关注的项目

【答案】B

【解析】在选择基准时，需要考虑的因素包括：财务报表要素；是否存在特定会计主体的财务报表使用者特别关注的项目；被审计单位的性质、所处的生命周期阶段以及所处行业和经济环境；被审计单位的所有权结构和融资方式；基准的相对波动性。

【套路】题目经常会设置陷阱的地方：

(1) 基准跟重大错报风险有关吗？跟以前年度调整有关吗？都无关！

(2) 常用基准中，注意是“可能选择的基准”，而不是应当选择的基准。

【例题2-15·单选题】下列有关在确定财务报表整体的重要性时选择基准的说法中，正确的是（　　）。(2016年)

A. 注册会计师应当充分考虑被审计单位的性质和重大错报风险，选取适当的基准

B. 对于以盈利为目的的被审计单位，注册会计师应当选取税前利润作为基准

C. 基准一经选定，需在各年度中保持一致

D. 基准可以是本期财务数据的预算和预测结果

【答案】 D

【解析】 选项 A 错误，注册会计师应该充分考虑被审计单位的性质、所处的生命周期阶段以及所处行业和经济环境，不用考虑重大错报风险；选项 B 错误，对于以盈利为目的的被审计单位，注册会计师可能（注意，不是“应当”）选取经常性业务的税前利润作为基准；选项 C 错误，根据被审计单位的经营情况的变化，重要性水平的基准可以根据实际来变化，并不是一成不变。

【套路】 题目经常会设置陷阱的地方：

（1）基准跟重大错报风险有关吗？跟以前年度调整有关吗？都无关！

（2）常用基准中，注意是“可能选择的基准”，而不是应当选择的基准。

（二）特定类别交易、账户余额或披露的重要性水平（认定层次的重要性水平）

特定类别的交易、账户余额或披露发生的错报金额低于财务报表整体的重要性。

确定特定类别的交易、账户余额或披露的重要性水平时的考虑因素：

1. 法律法规或适用的财务报告编制基础是否影响财务报表使用者对特定项目（如关联方交易、管理层和治理层的薪酬及对具有较高估计不确定性的公允价值会计估计的敏感性分析）计量或披露的预期；

2. 与被审计单位所处行业相关的关键性披露（如制药企业的研究与开发成本）；

3. 财务报表使用者是否特别关注财务报表中单独披露的业务的特定方面（如关于分部和重大企业合并的披露）。

（三）实际执行的重要性

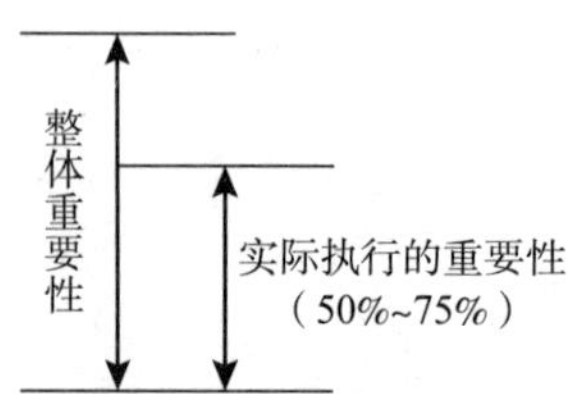

“实际执行的重要性”是指注册会计师确定的低于“财务报表整体重要性”的一个或多个金额；

“实际执行的重要性”还指注册会计师确定的低于“特定类别交易、账户余额或披露的重要性水平”的一个或多个金额。

1. 确定“实际执行的重要性”应考虑的因素。

（1）对被审计单位的了解（这些了解在实施风险评估程序的过程中会得到更新）；

（2）前期审计工作中识别出的错报的性质和范围；

（3）根据前期识别出的错报对本期错报作出的预期。

2. 实际执行的重要性通常为财务报表整体重要性的 50% ~75%（考点）。

经验值	情形
接近财务报表整体重要性50%的情况	（1）首次接受委托的审计项目 （2）连续审计的项目，以前年度审计调整较多 （3）项目总体风险较高（如处于高风险行业，经常面临较大市场压力） （4）存在或者预期存在值得关注的内部控制缺陷
接近财务报表整体重要性75%的情况	（1）连续审计的项目，以前年度审计调整较少 （2）项目总体风险低到中等（如处于低风险行业，市场压力较小） （3）以前期间的审计经验表明内部控制运行有效

3. 对所有金额低于实际执行的重要性的财务报表项目是否实施进一步审计程序，需要考虑下列因素：

（1）汇总：单个金额低于实际执行的重要性的财务报表项目汇总起来可能金额重大，注册会计师需要考虑汇总后的潜在错报风险；

（2）低估：对于存在低估风险的财务报表项目，不能仅仅因为其金额低于实际执行的重要性而不实施进一步审计程序；

（3）舞弊：对于识别出存在舞弊风险的财务报表项目，不能因为其金额低于实际执行的重要性而不实施进一步审计程序。

【例题2-16·单选题】下列情形中，注册会计师通常采用较高的百分比确定实际执行的重要性的是（　　）。(2018年)

A. 以前期间的审计经验表明被审计单位的内部控制运行有效

B. 被审计单位面临较大的市场竞争压力

C. 被审计单位管理层能力欠缺

D. 注册会计师首次接受委托

【答案】A

【解析】选项A正确，注册会计师采用较高的百分比确定实际执行的重要性的几种情况如下：

（1）连续审计的项目，以前年度审计调整较少；

（2）项目总体风险低到中等（如处于低风险行业，市场压力较小）；

（3）以前期间的审计经验表明内部控制运行有效。(选项A)

【例题2-17·单选题】下列关于实际执行的重要性的说法中，错误的是（　　）。(2012年)

A. 实际执行的重要性是指注册会计师确定的低于财务报表整体重要性的一个或多个金额

B. 注册会计师应当确定实际执行的重要性，以评估重大错报风险并确定进一步审计程序的性质、时间安排和范围

C. 确定实际执行的重要性，旨在将未更正和未发现错报的汇总数超过财务报表整体重要性的可能性降至适当的低水平

D. 以前年度审计调整越多，评估的项目总体风险越高，实际执行的重要性越接近财务报表整体的重要性

【答案】D

【解析】重要性不是越大越严格，刚好相反，重要性越小，表明审计要求越高。实际执行的重要性一般是整体重要性的50%~75%，离得越远，说明越小，要求越严格；离得越近，说明越

大，要求越宽松。如果以前年度审计调整越多，说明风险较高，审计要求越严，实际执行重要性越小，通常为财务报表整体重要性的50%，相比75%离整体重要性越远。所以选项D错误。

【例题2-18·单选题】下列有关重要性的说法中，错误的是（　　）。(2012年)

A. 注册会计师应当从定量和定性两方面考虑重要性

B. 注册会计师应当在制定具体审计计划时确定财务报表整体的重要性

C. 注册会计师应当在每个审计项目中确定财务报表整体的重要性、实际执行的重要性和明显微小错报的临界值

D. 注册会计师在确定实际执行的重要性时需要考虑重大错报风险

【答案】B

【解析】注册会计师在制定总体审计策略时应当确定财务报表整体重要性水平。

【套路】(1) 何时确定：制定总体审计策略；(2) 如何确定：定性和定量；(3) 类别：财务报表整体、特定类别（低于整体)、实际执行（低于整体)；(4) 重大错报风险是确定重要性时必须要考虑的因素。

（四）审计过程中修改重要性

审计过程中修改财务报表整体重要性，注册会计师需要考虑：

1. 是否修改实际执行的重要性；

2. 是否修改进一步审计程序的性质、时间安排和范围；

3. 评估错报对财务报表的影响时，应当使用调整后的财务报表整体重要性；

【例题2-19·多选题】如果注册会计师在审计过程中调低了最初确定的财务报表整体的重要性，下列各项中，正确的有（　　）。(2013年)

A. 注册会计师应当调高可接受的检查风险

B. 注册会计师应当确定是否有必要修改实际执行的重要性

C. 注册会计师应当确定进一步审计程序的性质、时间安排和范围是否仍然适当

D. 注册会计师在评估未更正错报对财务报表的影响时应当使用调整后的财务报表整体的重要性

【答案】BCD

【解析】审计过程中修改财务报表整体重要性，注册会计师需要考虑：(1) 是否修改实际执行的重要性；(2) 是否修改进一步审计程序的性质、时间安排和范围；(3) 评估错报对财务报表的影响时，应当使用调整后的财务报表整体重要性，选项BCD正确。

选项A不正确，审计风险=重大错报风险×检查风险，在既定的审计风险下，可接受的检查风险是由注册会计师评估的认定层次重大错报风险决定的，与是否调低财务报表整体的重要性不相关。

考点三：错报

错报是指某一财务报表项目的金额、分类或列报，与按照适用的财务报告编制基础应当列示的金额、分类或列报之间存在的差异。

错报可能是由于错误和舞弊导致的。舞弊导致的重大错报未被发现的风险，大于错误导致的重大错报未被发现的风险。

错报可能不会孤立发生，一项错报的发生还可能表明存在其他错报。

（一）错报的分类

错报分类	具体情形
事实错报	（1）被审计单位收集和处理数据的错误 （2）对事实的忽略或误解 （3）故意舞弊行为
判断错报	（1）管理层和注册会计师对会计估计值的判断差异 （2）管理层和注册会计师对选择和运用会计政策的判断差异，由于注册会计师认为管理层选用会计政策造成错报，管理层却认为选用会计政策适当，导致出现判断差异
推断错报	通过测试样本估计出的总体的错报减去在测试中发现的已经识别的具体错报

（二）明显微小错报

注册会计师需要在制定审计策略和审计计划时，确定一个明显微小错报的临界值，低于该临界值的错报视为明显微小的错报，可以不累积。

注册会计师可能将明显微小错报的临界值确定为财务报表整体重要性的3% ~5%，通常不超过财务报表整体重要性的10%！

确定明显微小错报的临界值应当考虑的因素：

1. 以前年度审计中识别出的错报（包括已更正和未更正错报）的数量和金额；
2. 重大错报风险的评估结果；
3. 被审计单位治理层和管理层对注册会计师与其沟通错报的期望；
4. 被审计单位的财务指标是否勉强达到监管机构的要求或投资者的期望。

【例题2-20·多选题】下列各项因素中，注册会计师在确定明显微小错报的临界值时通常需要考虑的有（　　）。(2018年)

A. 以前年度审计中识别出的错报的数量和金额

B. 重大错报风险的评估结果

C. 被审计单位的财务指标是否勉强达到监管机构的要求

D. 财务报表使用者的经济决策受错报影响的程度

【答案】ABC

【解析】确定明显微小错报的临界值应当考虑的因素：

（1）以前年度审计中识别出的错报（包括已更正和未更正错报）的数量和金额；(选项A)

（2）重大错报风险的评估结果；(选项B)

（3）被审计单位治理层和管理层对注册会计师与其沟通错报的期望；

（4）被审计单位的财务指标是否勉强达到监管机构的要求或投资者的期望。(选项C)

【例题2-21·简答题】上市公司甲公司是ABC会计师事务所的常年审计客户，A注册会计师负责审计甲公司2013年度财务报表。审计工作底稿中与确定重要性和评估错报相关的部分内容摘录如下：

金额单位：万元

项目	2013 年	2012 年	备注
营业收入	16 000（未审数）	15 000（已审数）	2013 年，竞争对手推出新产品抢占市场，甲公司通过降价和增加广告投放促销
税前利润	50（未审数）	2 000（已审数）	2013 年，降价及销售费用增长导致盈利大幅下降
财务报表整体的重要性	80	100	
实际执行的重要性	60	75	
明显微小错报的临界值	0	5	

（1）2012 年度财务报表整体的重要性以税前利润的 5% 计算。2013 年，由于甲公司处于盈亏临界点，A 注册会计师以过去 3 年税前利润的平均值作为基准确定财务报表整体的重要性。

（2）由于 2012 年度审计中提出的多项审计调整建议金额均不重大，A 注册会计师确定 2013 年度实际执行的重要性为财务报表整体重要性的 75%，与 2012 年度保持一致。

（3）2013 年，治理层提出希望知悉审计过程中发现的所有错报，因此，A 注册会计师确定 2013 年度明显微小错报的临界值为 0。

（4）甲公司 2013 年末非流动负债余额中包括一年内到期的长期借款 2 500 万元，占非流动负债总额的 50%。A 注册会计师认为，该错报对利润表没有影响，不属于重大错报，同意管理层不予调整。

（5）A 注册会计师仅发现一笔影响利润表的错报，即管理费用少计 60 万元。A 注册会计师认为，该错报金额小于财务报表整体的重要性，不属于重大错报，同意管理层不予调整。

要求：针对上述第（1）至（5）项，假定不考虑其他条件，逐项指出 A 注册会计师的做法是否恰当。如不恰当，简要说明理由。（2014 年）

【答案】

（1）恰当。

（2）不恰当。2012 年度有多项审计调整，甲公司在 2013 年面临较大市场压力，显示项目总体风险较高，将实际执行的重要性确定为财务报表整体重要性的 75% 不恰当。

（3）恰当。

（4）不恰当。该分类错报对其所影响的账户重大，很可能影响关键财务指标（如营运资金），应作为重大错报（分类错报的知识点将在第十八章详细讲解）。

（5）不恰当。该错报虽然小于财务报表整体的重要性，但会使甲公司税前利润由盈利转为亏损，属于重大错报。

【解析】

（1）第（1）项，属于由正常盈利变为微利或微亏，可能选择的基准：过去 3 ~ 5 年经常性业务的平均税前利润/亏损（取绝对值），或其他基准，例如，营业收入。

（2）第（2）项，关于实际执行重要性，要注意容易误解的地方：所谓财务报表整体重要性的 50% ~ 75%，如果到 50%，说明实际执行的重要性水平很低，说明很严格，说明风险大；如果是整体重要性的 75%，说明重要性水平较高，风险较低。做题的时候一定要多思考！

（3）第（5）项，题目经常会设置这样的陷阱：错报金额很小，但计算之后会发现，会使税前利润由盈利转为亏损，这种情况应作为重大错报。

第三章 审计证据

第一节 审计证据的性质及审计程序

考点一：审计证据的含义

审计证据不仅包含了会计记录所含有的信息，还包括非会计记录含有的信息，甚至信息本身的缺乏也构成审计证据。

会计记录含有的信息本身并不足以提供充分的审计证据作为财务报表发表审计意见的基础，注册会计师还应当获取用作审计证据的其他的信息。

值得注意的是，用作审计证据的其他的信息，与注册会计师执行财务报表审计时应当阅读被审计单位年度报告中除财务报表和审计报告外的其他信息是两个不同的概念。

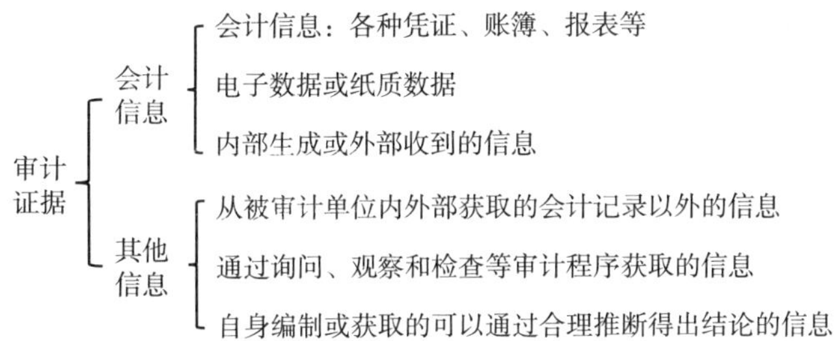

考点二：审计证据的充分性与适当性

（一）审计证据的充分性

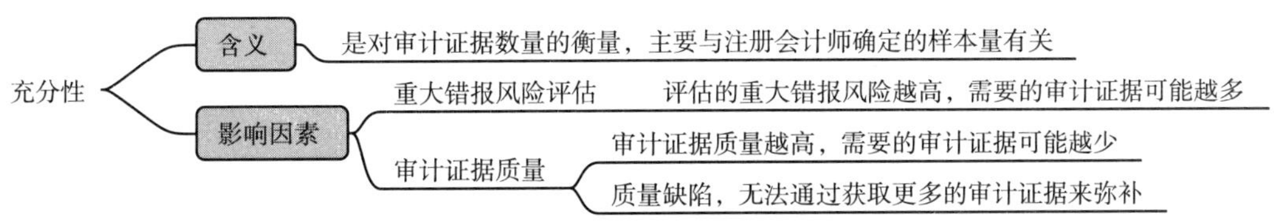

（二）审计证据的适当性（了解）

审计证据的适当性，是对审计证据质量的要求。审计证据的适当性又包含相关性和可靠性，只有相关且可靠的审计证据才是高质量的。

1. 相关性。

相关性，指用作审计证据的信息与审计程序的目的和所考虑的相关认定之间的逻辑联系。

特定的审计程序可能只为某些认定提供相关的审计证据，而与其他认定无关；

有关某一项认定（如存货的存在）的审计证据，不能替代与其他认定（存货的计价）相关的审计证据；

不同来源不同性质的审计证据可能与同一认定相关。

2. 可靠性。

审计证据的可靠性受其来源和性质的影响，并取决于获取审计证据的具体环境。

审计证据可靠性	说明
（1）外部独立来源获取 > 其他来源获取	特殊情况下，审计证据虽然是从独立的外部来源获得，但如果该证据是由不知情或不具备资格者提供，审计证据也可能是不可靠的
（2）内部控制有效时内部生成的 > 内部控制薄弱时内部生成的	如果被审计单位有着健全的内部控制且在日常管理中得到一贯的执行，会计记录的可信赖程度将会增加。如果被审计单位内部控制薄弱，甚至不存在任何内部控制，被审计单位内部凭证记录的可靠性就大为降低
（3）直接获取的 > 间接获取或推论得出的	间接获取的审计证据有被涂改及伪造的可能性，降低了可信赖程度。推论得出的审计证据，其主观性较强，人为因素较多，可信赖程度也受到影响。 但是如果注册会计师不具备评价证据的专业能力，那么直接获取的证据，也可能不可靠
（4）以文件、记录形式（无论是纸质、电子或其他介质）存在的审计证据 > 口头形式的	口头证据本身并不足以证明事实的真相，一般情况下，口头证据往往需要得到其他相应证据的支持。纸质和电子证据的可靠性没有孰优孰劣之分
（5）从原件获取的 > 从传真件或复印件获取	传真件和复印件的可靠性不存在孰优孰劣之分

【例题 3-1·单选题】 下列各项中，不影响审计证据可靠性的是（　　）。（2019 年）

A. 用作审计证据的信息与相关认定之间的关系

B. 被审计单位内部控制是否有效

C. 审计证据的来源

D. 审计证据的存在形式

【答案】 A

【解析】 选项 A 错误，用作审计证据的信息与相关认定之间的关系，指的是审计证据的相关性，不影响可靠性。

（三）充分性和适当性之间的关系

只有充分且适当的审计证据才是有证明力的。

审计证据的数量受审计证据质量的影响，审计证据质量越高，需要的审计证据数量可能越少。但审计证据的质量却不受审计证据数量的影响，如果审计证据的质量存在缺陷，那么注册会计师仅靠获取更多的审计证据可能无法弥补其质量上的缺陷。

审计工作通常不涉及鉴定文件记录的真伪，注册会计师也不是鉴定文件记录真伪的专家，但应当考虑用作审计证据的信息的可靠性，并考虑与这些信息生成和维护相关控制的有效性。

注册会计师可以考虑获取审计证据的成本与所获取信息的有用性之间的关系，但不应以获取审计证据的困难和成本为由减少不可替代的审计程序。

【例题3－2·单选题】下列有关审计证据的充分性和适当性的说法中，错误的是（　　）。（2019年）

A. 审计证据的充分性和适当性分别是对审计证据数量和质量的衡量

B. 只有充分且适当的审计证据才有证明力

C. 审计证据的充分性会影响审计证据的适当性

D. 审计证据的适当性会影响审计证据的充分性

【答案】C

【解析】注册会计师需要获取的审计证据的数量受审计证据质量的影响。审计证据质量越高，需要的审计证据数量可能越少。也就是说，审计证据的适当性会影响审计证据的充分性。但如果审计证据的质量存在缺陷，那么注册会计师仅靠获取更多的审计证据可能无法弥补其质量上的缺陷，所以选项C错误。

【例题3－3·单选题】下列有关审计证据的适当性的说法中，错误的是（　　）。（2018年）

A. 审计证据的适当性包括相关性和可靠性

B. 审计证据的适当性不受审计证据的充分性的影响

C. 审计证据的适当性影响审计证据的充分性

D. 审计证据的适当性是对审计证据质量和数量的衡量

【答案】D

【解析】选项D错误，审计证据的充分性是对审计证据数量的衡量，审计证据的适当性是对审计证据质量的衡量。

【例题3－4·单选题】下列有关审计证据充分性的说法中，错误的是（　　）。（2015年）

A. 初步评估的控制风险越低，需要通过控制测试获取的审计证据的可能越少

B. 计划从实质性程序中获取的保证程度越高，需要的审计证据可能越多

C. 审计证据质量越高，需要的审计证据可能越少

D. 评估的重大错报风险越高，需要的审计证据可能越多

【答案】A

【解析】选项A错误，评估的控制风险越低，说明越预期信赖内部控制，即减少实质性程序越多，则通过实施控制测试获取的审计证据可能越多。控制测试和实质性程序像一个跷跷板，控制测试获取的保证程度高，则可以适当减少实质性程序，如果控制测试获取保证程度低（即内控可能无效），则实质性程序要适当增多。

【套路】这里容易出错的地方：审计证据质量越高，需要的审计证据可能越少，但质量无法通过数量来弥补！（审计证据质量存在缺陷，那么仅靠获取更多的审计证据可能无法弥补其质量上的缺陷。）

什么是质量高？一定是可靠且相关，缺一不可。

【例题3－5·单选题】下列有关审计证据质量的说法中，错误的是（　　）。（2017年）

A. 审计证据的适当性是对审计证据质量的衡量

B. 审计证据的质量与审计证据的相关性和可靠性有关

C. 注册会计师可以通过获取更多的审计证据弥补审计证据质量的缺陷

D. 在既定的重大错报风险水平下，需要获取的审计证据的数量受审计证据质量的影响

【答案】C

【解析】需要注意的是，尽管审计证据的充分性和适当性相关，但如果审计证据的质量存在缺陷，那么注册会计师仅靠获取更多的审计证据可能无法弥补其质量上的缺陷。

【套路】这类题目常考点有：(1) 审计证据的数量受质量以及重大错报风险水平的影响；(2) 质量的缺陷是不可弥补的；(3) 相关且可靠才是高质量的（注意“且”，这里可能设置陷阱）。

【例题3-6·单选题】下列有关审计证据可靠性的说法中，正确的是（　　）。(2016年)

A. 可靠的审计证据是高质量的审计证据

B. 审计证据的充分性影响审计证据的可靠性

C. 内部控制薄弱时内部生成的审计证据是不可靠的

D. 从独立的外部来源获得的审计证据可能是不可靠的

【答案】D

【解析】选项A错误，只有相关且可靠的审计证据才是高质量的；选项B错误，审计证据可靠性受其来源和性质的影响，并取决于获取审计证据的具体环境，不受审计证据的充分性的影响；选项C错误，内部控制薄弱时内部生成的审计证据可能不可靠，但不是一定不可靠。

【套路】这类题目经常设置的陷阱包括：

(1) 可靠的审计证据是高质量的审计证据？NO！因为要可靠并且相关的证据才是高质量的！

(2) 充分性和适当性之间的关系！质量无法通过数量来弥补！

(3) 审计证据可靠性的比较是一个相对的概念，不是绝对的。

【例题3-7·单选题】下列有关审计证据的说法中，正确的是（　　）。(2015年)

A. 外部证据与内部证据矛盾时，注册会计师应当采用外部证据

B. 审计证据不包括会计师事务所接受与保持客户或业务时实施质量控制程序获取的信息

C. 注册会计师可以考虑获取审计证据的成本与获取的信息的有用性之间的关系

D. 注册会计师无须鉴定作为审计证据的文件记录的真伪

【答案】C

【解析】选项A，产生矛盾，首先应查明原因，之后再确定采用哪个审计证据；选项B，审计证据包括会计师事务所接受与保持客户或业务时实施质量控制程序获取的信息；选项D，审计工作通常不涉及鉴定文件记录的真伪，注册会计师也不是鉴定文件记录真伪的专家，但应当考虑用作审计证据的信息的可靠性。

【套路】审计证据包括会计信息、非会计信息、信息本身的缺乏也构成审计证据。所以审计证据包括的范围是很大的，题目中“审计证据不包括……”是错误的。

考点三：审计程序的种类

【例题3-8·单选题】下列有关询问程序的说法中，错误的是（　　）。(2018年)

A. 询问可以以口头或书面方式进行

B. 询问适用于风险评估、控制测试和实质性程序

C. 注册会计师应当就管理层对询问作出的口头答复获取书面声明

D. 询问是指注册会计师向被审计单位内部或外部的知情人员获取财务信息和非财务信息，并对答复进行评价的过程

【答案】C

【解析】针对某些事项，注册会计师可能认为有必要向管理层和治理层（如适用）获取书面声明，以证实对口头询问的答复，选项C错误。

【例题3-9·单选题】下列审计程序中，不适用于细节测试的是（　　）。(2019年)

A. 函证　　B. 检查　　C. 重新执行　　D. 询问

【答案】C

【解析】重新执行适用于控制测试，不适用于细节测试，所以选项C错误。

第二节　函　证

考点一：函证决策（无须记忆）

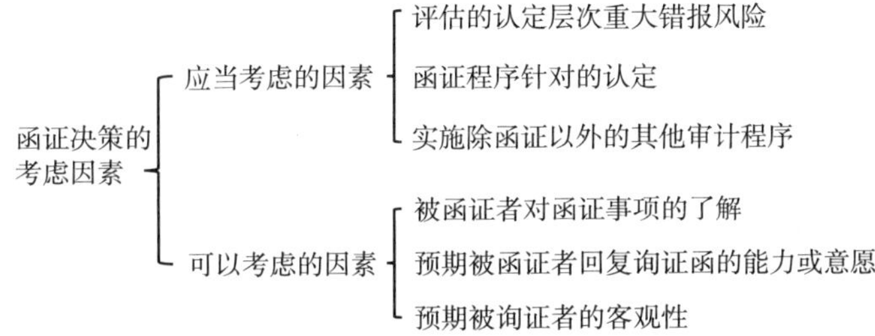

评估的认定层次重大错报风险水平越高，注册会计师对通过实质性程序获取的审计证据的相关性和可靠性的要求越高。

如果认为某项风险属于特别风险，注册会计师需要考虑是否通过函证特定事项以降低检查风险。

考点二：函证的内容

（一）函证的对象（重要）

函证对象	函证情形	不函证的情形	不函证的处理
银行存款（包括零余额账户和在本期内注销的账户）、借款及与金融机构往来的其他重要信息	应当函证	除非有充分证据表明对财务报表不重要且与之相关的重大错报风险很低	如果不函证，注册会计师应当在审计工作底稿中说明理由
应收账款	应当函证	除非有充分证据表明应收账款对财务报表不重要，或函证很可能无效	如果认为函证很可能无效，注册会计师应当实施替代审计程序，获取相关、可靠的审计证据 如果不对应收账款函证，注册会计师应当在审计工作底稿中说明理由
其他内容	可以函证		

（二）函证的时间（重要）

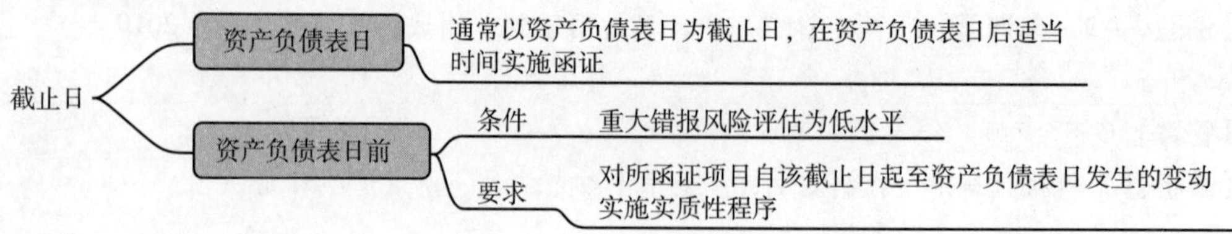

（三）管理层要求不实施函证时的处理

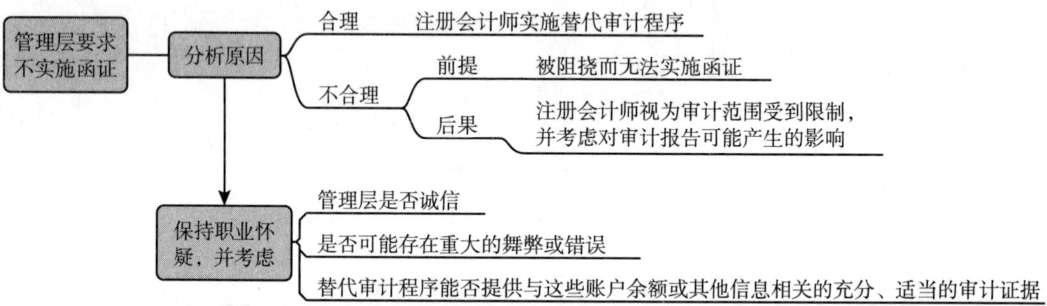

考点三：函证方式

注册会计师可采用积极或消极的函证方式实施函证，也可将两种方式结合使用。

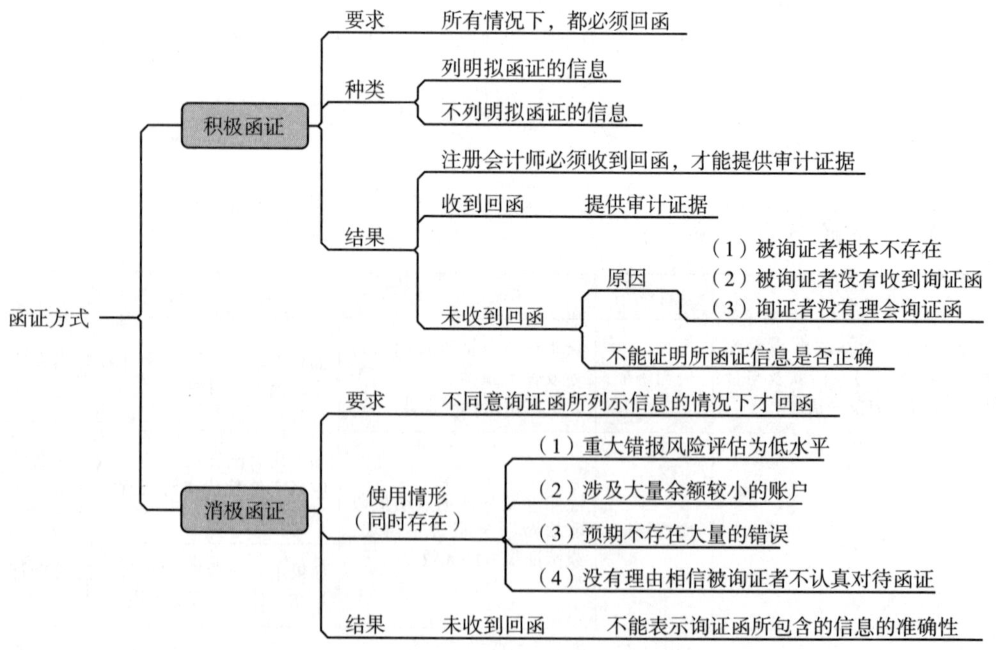

考点四：函证的实施与评价

（一）对函证过程的控制

原则	注册会计师应当对函证的全过程保持控制	
发出前的控制	谁发出	询证函经被审计单位盖章后，应当由注册会计师直接发出
	填列要求	（1）询证函中填列的需要被询证者确认的信息与被审计单位账簿中有关记录保持一致 （2）在询证函中正确填列被询证者直接向注册会计师回函的地址 （3）将部分或全部被询证者的名称、地址与被审计单位有关记录进行核对，以确保询证函的名称、地址等内容的准确性
函证发出方式的控制	邮寄	注册会计师可以在核实由被审计单位提供的被询证者的联系方式时，不使用被审计单位本身的邮寄设施，而是独立寄发询证函（例如，直接在邮局投递）
	跟函	所谓跟函，即注册会计师独自或在被审计单位员工的陪伴下亲自将询证函送至被询证者，在被询证者核对并确认回函后，亲自将回函带回的方式
		如果被询证者同意注册会计师独自前往被询证者执行函证程序，注册会计师可以独自前往； 如果注册会计师跟函需要被审计单位员工陪伴，注册会计师需要在整个过程中保持对询证函的控制

（二）积极式函证未收到回函时的处理

积极式函证未回函：
- 考虑再次寄发询证函
- 实施替代程序
- 确定对审计工作和审计意见的影响（某些情况下）

如果注册会计师认为取得积极式函证回函是获取充分、适当的审计证据的必要程序，则替代程序不能提供注册会计师所需要的审计证据。

（三）评价函证的可靠性（了解）

1. 验证回函的可靠性。

回函方式	验证程序
邮寄	（1）被询证者确认的询证函是否是原件，是否与注册会计师发出的是同一份 （2）回函是否由被询证者直接寄给注册会计师 （3）寄给注册会计师的回邮信封中记录的发件方名称、地址是否与询证函中记载的被询证者名称、地址一致 （4）回邮信封上寄出方的邮戳显示发出城市或地区是否与被询证者的地址一致 （5）被询证者加盖在询证函上的印章以及签名中显示的被询证者名称是否与询证函中记载的被询证者名称一致 【注意】若被询证者将回函寄至被审计单位，被审计单位将其转交注册会计师，该回函不能视为可靠的审计证据
跟函	（1）了解被函证者处理函证的通常流程和处理人员 （2）确认处理询证函人员的身份和处理询证函的权限 （3）观察处理询证函的人员是否按照处理函证的正常流程认真处理询证函

续表

回函方式	验证程序
电子形式	(1) 注册会计师和回函者可以采用一定的程序为电子形式的回函创造安全环境，如加密技术、电子数码签名技术、网页真实性认证程序 (2) 当注册会计师存在疑虑时，可以与被询证者联系以核实回函的来源及内容，必要时，注册会计师可以要求被询证者提供回函原件
口头回复	(1) 只对询证函进行口头回复不是对注册会计师的直接书面回复，不符合函证的要求，因此，不能作为可靠的审计证据 (2) 在收到对询证函口头回复的情况下，注册会计师可以要求被询证者提供直接书面回复 (3) 如果仍未收到书面回函，注册会计师需要通过实施替代程序，寻找其他审计证据以支持口头回复中的信息

2. 回函中的限制性条款。

询证者的回函中的免责或其他限制条款，是否影响外部函证可靠性。

	举例	说明
不产生影响	(1)“提供的本信息仅出于礼貌，我方没有义务必须提供，我方不因此承担任何明示或暗示的责任、义务和担保” (2)“本回复仅用于审计目的，被询证方、其员工或代理人无任何责任，也不能免除注册会计师做其他询问或执行其他工作的责任”	限制条款如果与所测试的认定无关，也不会导致回函失去可靠性
产生影响	(1)“本信息是从电子数据库中取得，可能不包括被询证方所拥有的全部信息” (2)“本信息既不保证准确也不保证是最新的，其他方可能会持有不同意见” (3)“接收人不能依赖函证中的信息”	限制条款使注册会计师将回函作为可靠审计证据的程度受到了限制

【例题 3－10·多选题】下列有关询证函回函可靠性的说法中，错误的有（　　）。(2016 年)

A. 被询证者对于函证信息的口头回复是可靠的审计证据

B. 询证函回函中的免责条款削弱了回函的可靠性

C. 由被审计单位转交给注册会计师的回函不是可靠的审计证据

D. 以电子形式收到的回函不是可靠的审计证据

【答案】ABD

【解析】选项 A 错误，只对询证函进行口头回复不是对注册会计师的直接书面回复，不符合函证的要求，因此，不能作为可靠的审计证据。

选项 B 错误，回函中存在免责或其他限制条款是影响外部函证可靠性的因素之一，但这种限制不一定使回函失去可靠性，注册会计师能否依赖回函信息以及依赖的程度取决于免责或限制条款的性质和实质。

选项 D 错误，注册会计师和回函者采用一定的程序为电子形式的回函创造安全环境，也是可以获取可靠的审计证据的。

【套路】关于回函可靠性，经常考核的方式：

(1) 邮寄一定要确认是否为原件！

(2) 如果是口头回复：

①只对询证函进行口头回复不是对注册会计师的直接书面回复，不符合函证的要求，因此，不能作为可靠的审计证据。

②在收到对询证函口头回复的情况下，注册会计师可以要求被询证者提供直接书面回复。

③如果仍未收到书面回函，注册会计师需要通过实施替代程序，寻找其他审计证据以支持口头回复中的信息。

（3）免责或其他限制性条款，要区分是否产生影响，才能判断可靠性。如“接收人不能依赖函证中的信息”则会影响回函的可靠性。

【例题3－11·简答题】ABC会计师事务所的A注册会计师负责审计甲公司2017年度财务报表。审计工作底稿中与函证相关的部分内容摘录如下：

（1）甲公司2017年末的一笔大额银行借款已于2018年初到期归还。A注册会计师检查了还款凭证等支持性文件，结果满意，决定不实施函证程序，并在审计工作底稿中记录了不实施函证程序的理由。

（2）A注册会计师评估认为应收账款的重大错报风险较高，为尽早识别可能存在的错报，在期中审计时对截至2017年9月末的余额实施了函证程序，在期末审计时对剩余期间的发生额实施了细节测试，结果满意。

（3）A注册会计师对应收乙公司的款项实施了函证程序。因回函显示无差异，A注册会计师认可了管理层对应收乙公司款项不计提坏账准备的处理。

（4）A注册会计师拟对甲公司应付丙公司的款项实施函证程序。因甲公司与丙公司存在诉讼纠纷，管理层要求不实施函证程序。A注册会计师认为其要求合理，实施了替代审计程序，结果满意。

（5）A注册会计师评估认为应付账款存在低估风险，因此，在询证函中未填列甲公司账面余额，而是要求被询证者提供余额信息。

要求：

针对上述第（1）至（5）项，逐项指出A注册会计师的做法是否恰当。如不恰当，简要说明理由。(2018年)

【答案】

（1）不恰当。应当对重要的银行借款实施函证程序。

（2）不恰当。重大错报风险较高时，应在期末或接近期末实施函证/在期末审计时应再次发函。只有重大错报风险评估为低水平，才可以在期中实施函证。

（3）不恰当。函证不能为计价与分摊认定/应收账款坏账准备的计提提供充分证据。

（4）不恰当。还应考虑可能存在重大的舞弊或错误，以及管理层的诚信度。

（5）恰当。

【例题3－12·简答题】ABC会计师事务所负责审计甲公司2013年度财务报表。审计工作底稿中与函证相关的部分内容摘录如下：

（1）甲公司在乙银行开立了一个用以缴纳税款的专门账户，除此以外，与乙银行没有其他业务关系。审计项目组认为，该账户的重大错报风险很低且余额不重大，未对该账户实施函证程序。

（2）审计项目组评估认为应收账款的重大错报风险较低，对甲公司2013年11月30日的应收账款余额实施了函证程序，未发现差异。2013年12月31日的应收账款余额较11月30日无重大变动。审计项目组据此认为已对年末应收账款余额的存在认定获取了充分、适当的审计证据。

（3）审计项目组负责填写询证函信息，甲公司业务员负责填写询证函信封。审计项目组取得加盖公章的询证函及业务员填写的信封后，直接至邮局将询证函寄出。

(4) 客户丙公司的回函并非询证函原件。甲公司财务人员解释，在催收回函时，由于丙公司财务人员表示未收到询证函，因此将其留存的询证函复印件寄送给了丙公司，并要求丙公司财务人员将回函直接寄回至ABC会计师事务所。审计项目组认为该解释合理，无须实施进一步审计程序。

(5) 审计项目组收到的一份银行询证函回函中标注“本行不保证回函的准确性，接收人不能依赖回函中的信息”。审计项目组致电该银行，银行工作人员表示这是标准条款。审计项目组据此认为该回函可靠，并在工作底稿中记录了与银行的电话沟通内容。

(6) 甲公司管理层拒绝审计项目组向客户丁公司寄发询证函。

要求：

(1) 针对上述第 (1) 至 (5) 项，逐项指出审计项目组的做法是否恰当。如不恰当，简要说明理由。

(2) 针对上述第 (6) 项，指出审计项目组应当采取的应对措施。(2014 年)

【答案】

(1)

第 (1) 项恰当。

第 (2) 项不恰当。注册会计师应对2013 年 11 月 30 日和 12 月 31 日之间应收账款的变动情况实施进一步审计程序。

第 (3) 项不恰当。注册会计师没有将被询证者的名称、地址与被审计单位有关记录进行核对。

第 (4) 项不恰当。注册会计师未对询证函的发出保持控制（询证函不应由甲公司财务人员寄发）。

第 (5) 项不恰当。该限制条款影响了回函的可靠性。

(2)

审计项目组应当：

①询问管理层不允许寄发询证函的原因，并就其原因的合理性/正当性收集证据；

②评价管理层不允许寄发询证函对评估的重大错报风险（包括舞弊风险），以及其他审计程序的性质、时间安排和范围的影响；

③实施替代程序，以获取相关、可靠的审计证据。

【解析】

(1) 第 (1) 项，银行存款不函证的情形：除非有充分证据表明对财务报表不重要且与之相关的重大错报风险很低，注意是“且”，缺一不可。

(2) 第 (3) 项，函证中被询证者的信息，注册会计师必须要核实，不能直接听信被审计单位提供的。

(3) 第 (4) 项，注册会计师应当对函证的全过程保持控制，询证函应当由注册会计师直接发出，不得通过被审计单位发出（任何理由都不接受）。

(4) 第 (5) 项，回函中存在免责或其他限制条款，不一定使回函失去可靠性。但如果回函中的限制性条款使得注册会计师对回函所包括的信息的完整性、准确性或注册会计师所能够信赖其所包含信息的程度产生怀疑，则会影响回函的可靠性。产生影响的条款一般包括：

①“本信息是从电子数据库中取得，可能不包括被询证方所拥有的全部信息”。

②“本信息既不保证准确也不保证是最新的，其他方可能会持有不同意见”。

③“接收人不能依赖函证中的信息”。

本题中“接收人不能依赖函证中的信息”，使得注册会计师对是否信赖产生怀疑，所以会影响回函可靠性。

【例题3－13·简答题】 ABC会计师事务所负责审计甲公司2014年度财务报表，审计项目组确定财务报表整体的重要性为100万元，明显微小错报的临界值为5万元，审计工作底稿中与函证程序相关的部分内容摘录如下：

（1）审计项目组在寄发询证函前，将部分被询证方的名称、地址与甲公司持有的合同及发票中的对应信息进行了核对。

（2）甲公司应付账款年末余额为550万元。审计项目组认为应付账款存在低估风险，选取了年末余额合计为480万元的两家主要供应商实施函证，未发现差异。

（3）审计项目组成员跟随甲公司出纳到乙银行实施函证。出纳到柜台办理相关事宜，审计项目组成员在等候区等候。

（4）客户丙公司年末应收账款余额100万元，回函金额90万元，因差异金额高于明显微小错报的临界值，审计项目组据此提出了审计调整建议。

（5）客户丁公司回函邮戳显示发函地址与甲公司提供的地址不一致。甲公司财务人员解释是由于丁公司有多处办公地址所致。审计项目组认为该解释合理，在审计工作底稿中记录了这一情况。

（6）客户戊公司为海外公司。审计项目组收到戊公司境内关联公司代为寄发的询证函回函，未发现差异，结果满意。

要求：针对上述第（1）至（6）项，逐项指出审计项目组的做法是否恰当。如不恰当，简要说明理由。（2015年）

【答案】

（1）恰当。

（2）不恰当。仅选取大金额主要供应商实施函证不能应对低估风险，还应选取小额或者零余额账户。

（3）不恰当。审计项目组成员应当观察函证的处理过程，审计项目组成员需要在整个过程中保持对询证函的控制。

（4）不恰当。审计项目组应当调查不符事项，以确定是否表明存在错报。

（5）不恰当。审计项目组应当对该情况进行核实，口头解释证据不充分，还应实施其他审计程序，直接与丁公司联系核实、前往丁公司办公地点进行验证。

（6）不恰当。未直接取得回函影响回函的可靠性，应取得戊公司直接寄发的询证函。

【解析】

（1）第（1）项，函证控制要求，在发询证函前，将部分或者全部被询证方的名称、地址与甲公司持有的合同及发票中的对应信息进行了核对。所以，并不要求全部核对，部分核对也是允许。

（2）第（4）项，对不符事项的处理，注册会计师应当调查不符事项，以确定是否存在错报，不能直接将其确定为错报，提出调整建议。

(3) 第 (5) 项，询问获取的证据，不是充分适当的证据，一定要结合其他审计程序进行验证。

【例题3－14·简答题】 A注册会计师确定甲公司2012年度财务报表整体的重要性为200万元，明显微小错报的临界值为10万元。

A注册会计师实施了银行及应收账款函证程序，相关审计工作底稿的部分内容摘录如下：

询证函编号	是否回函（是/否）	账面余额	回函金额	差异	审计说明
银行询证函：					(1)
Y1	是	3 500	3 500	0	(2)
Y2	是	235	232	3	(3)
……（略）	……（略）	……（略）	……（略）	……（略）	……（略）
应收账款询证函：					
W1	不适用	900	不适用	不适用	(4)
W2	否	1 300	不适用	不适用	(5)
W3	否	850	不适用	不适用	(6)
……（略）	……（略）	……（略）	……（略）	……（略）	……（略）

审计说明：
(1) 对甲公司2012年12月31日有往来余额的银行账户实施函证程序。
(2) 甲公司为该银行重要客户，有业务专员上门办理各类业务。2013年2月18日，A注册会计师在甲公司财务经理陪同下将函证交予上门办理业务的银行业务专员。银行业务专员当场盖章回函。函证结果满意。
(3) 差异金额3万元，小于明显微小错报的临界值，无须实施进一步审计程序。
(4) 该账户已全额计提坏账准备，不存在风险，选取另一样本实施函证。
(5) 询证函被退回，原因为“原址查无此单位”。已实施替代程序，未发现差异。
(6) 未收到回函，已与客户财务人员电话确认余额，无须实施替代程序

要求：针对上述审计说明第 (1) 至 (6) 项，逐项指出A注册会计师的做法是否恰当。如不恰当，简要说明理由。(2013年)

【答案】

第 (1) 项，不恰当。A注册会计师没有对零余额和在本期内注销的账户实施函证。也未评价这些账户是否对财务报表不重要且与之相关的重大错报风险很低。

第 (2) 项，不恰当。A注册会计师没有评估回函的可靠性/银行业务专员当场办理回函，未实施适当的核对程序和处理流程。

第 (3) 项，不恰当。小额差异也需要进行调查/小额差异可能是由方向相反的大额差异相互抵销形成的。

第 (4) 项，不恰当。函证程序应对的是存在认定，全额计提坏账准备针对的是准确性、计价和分摊的认定，无法应对存在认定。

第 (5) 项，不恰当。对于“原址查无此单位”的异常函证，应当保持足够的职业怀疑，对函证地址信息进行调查/应当实施进一步审计程序检查是否存在被审计单位虚构销售客户的情况，不应直接实施替代程序。

第 (6) 项，不恰当。只对询证函进行口头回复不符合函证的要求，因为其不是对A注册会计师的直接书面回复/当收到口头回复后，A注册会计师可以根据情况要求被询证者提供直接书

面回复/实施替代程序。

【解析】

(1) 第(1)项，银行存款不函证的情形：除非有充分证据表明对财务报表不重要且与之相关的重大错报风险很低，注意是“且”，缺一不可。

(2) 第(2)项，上门办理业务的银行业务专员当场盖章回函，并没有实施其他的核对程序，此时应该考虑该回函是否可靠。

第三节 分析程序

分析程序是指注册会计师通过分析不同财务数据之间以及财务数据与非财务数据之间的内在关系，对财务信息作出评价。分析程序还包括在必要时对识别出的、与其他相关信息不一致或与预期值差异重大的波动或关系进行调查。

注册会计师实施分析程序的目的包括以下三种情形：

运用阶段	目的	是否必须运用
风险评估程序	了解被审计单位及其环境并评估重大错报风险	必须运用
实质性程序（实质性分析程序）	单独或结合细节测试，收集充分、适当的审计证据	有需要时运用，并不做强制要求
总体复核	审计（临近）结束时，确定财务报表整体是否与被审计单位的了解一致	必须运用

考点一：用作风险评估程序

风险评估程序中运用分析程序的主要目的在于识别那些可能表明财务报表存在重大错报风险的异常变化。

注册会计师无须在了解被审计单位及其环境的每一个方面时都实施分析程序。例如，在了解内部控制时，注册会计师一般不会运用分析程序。

与实质性分析程序相比，在风险评估过程中使用的分析程序所进行比较的性质、预期值的精确程度，以及所进行的分析和调查的范围都并不足以提供充分、适当的审计证据。

【例题3-15·单选题】 下列有关用作风险评估程序的分析程序的说法中，错误的是（　　）。(2018年)

A. 此类分析程序的主要目的在于识别可能表明财务报表存在重大错报风险的异常变化

B. 此类分析程序所使用数据的汇总性较强

C. 此类分析程序通常不需要确定预期值

D. 此类分析程序通常包括对账户余额变化的分析，并辅之以趋势分析和比率分析

【答案】 C

【解析】 选项C不正确，风险评估程序中使用的分析程序也需要确定预期值，只不过其精确程度不如实质性分析程序，因此选项C不正确。

考点二：用作实质性程序

用作实质性程序的时候可以叫作实质性分析程序，说到实质性分析程序专指风险应对的

分析程序。

实质性程序 { 细节测试 / 实质性分析程序 }

在实质性程序中，并非必须使用分析程序，是根据情况可以使用分析程序。

1. 设计和实施实质性分析程序考虑因素。

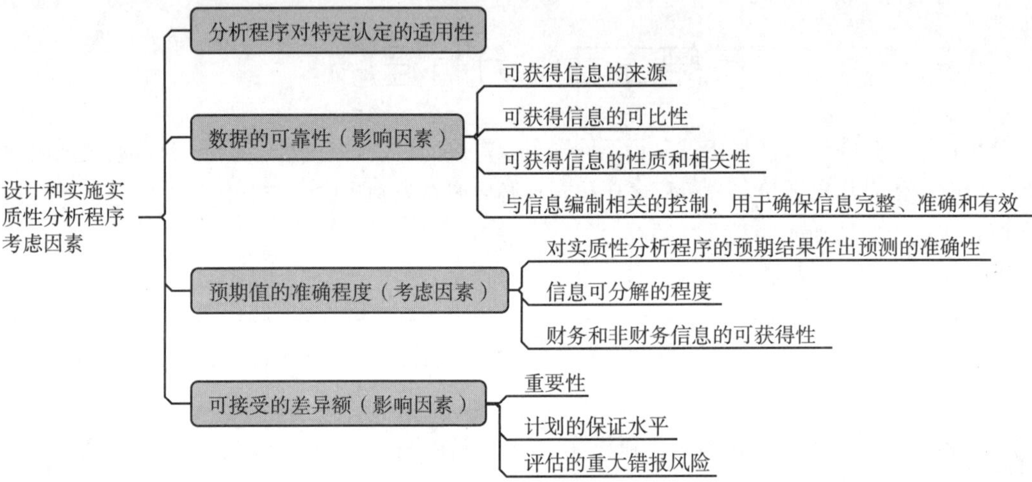

2. 确定实质性分析程序对特定认定的适用性。

（1）前提。分析程序适用于在一段时期内存在预期关系的大量交易，并不适用所有的财务报表认定。

（2）当使用分析程序比细节测试能更有效地将认定层次的检查风险降至可接受的水平时，注册会计师可以考虑单独或结合细节测试，运用实质性分析程序。

（3）实质性分析程序不仅仅是细节测试的一种补充，在某些审计领域，如果重大错报风险较低且数据之间具有稳定的预期关系，注册会计师可以单独使用实质性分析程序获取充分、适当的审计证据。

3. 已记录金额与预期值之间可接受的差异额。

在确定该差异额时，需要考虑一项错报单独或连同其他错报导致财务报表发生重大错报的可能性。

评估的风险越高，越需要有说服力的审计证据，可接受的差异额将会降低。

【例题 3－16·单选题】 下列有关实质性分析程序的说法中，错误的是（　　）。（2019 年）

A. 实质性分析程序达到的精确度低于细节测试

B. 实质性分析程序并不适用于所有财务报表认定

C. 实质性分析程序提供的审计证据是间接证据，因此无法为相关财务报表认定提供充分、适当的审计证据

D. 注册会计师可以对某些财务报表认定同时实施实质性分析程序和细节测试

【答案】 C

【解析】 实质性分析程序与细节测试都可用于收集审计证据，以识别财务报表认定层次的重大错报风险。当使用分析程序比细节测试能更有效地将认定层次的检查风险降至可接受的水平

时，注册会计师可以考虑单独或结合细节测试，所以选项C错误。

【例题3－17·多选题】下列各项因素中，注册会计师在确定实质性分析程序的可接受差异额时需要考虑的有（　　）。（2016年）

A. 重要性

B. 预期值的准确程度

C. 计划的保证水平

D. 一项错报单独或连同其他错报导致财务报表发生重大错报可能性

【答案】ACD

【解析】注册会计师在确定实质性分析程序的可接受差异额时，需要考虑：（1）重要性，包括一项错报单独或连同其他错报导致财务报表发生重大错报的可能性。评估的风险越高，越需要有说服力的审计证据，可接受的差异额将会降低；（2）计划的保证水平；（3）评估的重大错报风险。所以，选项ACD正确。

考点三：用于总体复核

1. 在审计结束或临近结束时，注册会计师运用分析程序的目的是确定财务报表整体是否与其对被审计单位的了解一致。

2. 分析程序在风险评估程序、实质性程序和总体复核阶段的比较。

（1）相同点：所进行的比较和使用的手段基本相同。

（2）不同点：

与风险评估程序相比：目的不同；实施分析程序的时间和重点不同；所取得的数据的数量和质量不同。

与实质性分析程序相比：没有那么详细和具体，往往集中在报表层次。

【例题3－18·单选题】下列有关注册会计师在临近审计结束时运用分析程序的说法中，错误的是（　　）。（2017年）

A. 注册会计师进行分析的重点通常集中在财务报表层次

B. 注册会计师进行分析的目的在于识别可能表明财务报表存在重大错报风险的异常变化

C. 注册会计师采用的方法与风险评估程序中使用的分析程序基本相同

D. 注册会计师进行分析并非为了对特定账户余额和披露提供实质性的保证水平

【答案】B

【解析】注册会计师在总体复核阶段实施分析程序的目的是确定财务报表整体是否与其对被审计单位的了解一致，所以集中在财务报表层次，也不是为了提供保证水平。风险评估程序中运用分析程序的主要目的在于识别那些可能表明财务报表存在重大错报风险的异常变化。

【套路】分析程序可以用作：风险评估程序、实质性分析程序、总体复核，做题时首先判断是用作哪种程序以及有哪些坑：

（1）用作风险评估程序：无须在了解被审计单位及其环境的各个方面实施；既分析财务数据，也分析非财务数据；了解内部控制属于风险评估，但是程序并不包括分析程序（询问、观察、检查、穿行测试）。

（2）用作实质性分析程序：此时属于风险应对程序，而不是风险评估。

（3）用作总体复核：在审计结束或临近结束时，注册会计师运用分析程序的目的是确定经审计调整后的财务报表整体是否与对被审计单位的了解一致，是否具有合理性。

(4) 分析程序用作风险评估和总体复核是必须的，但用作实质性程序则不是必需的。

【例题3-19·简答题】 甲公司是ABC会计师事务所的常年审计客户。A注册会计师负责审计甲公司2014年度财务报表。审计工作底稿中与分析程序相关的部分内容摘录如下：

(1) 甲公司所处行业2014年度市场需求显著下降，A注册会计师在实施风险评估分析程序时，以2013年财务报表已审数为预期值，将2014年财务报表中波动较大的项目评估为存在重大错报风险的领域。

(2) A注册会计师对营业收入实施实质性分析程序，将实际执行的重要性作为已记录金额与预期值之间可接受的差异额。

(3) 甲公司的产量与生产工人工资之间存在稳定的预期关系，A注册会计师认为产量信息来自非财务部门，具有可靠性，在实施实质性分析程序时据以测算直接人工成本。

(4) A注册会计师对运输费用实施实质性分析程序，确定已记录金额与预期值之间可接受的差异额为150万元，实际差异为350万元。A注册会计师就超出可接受差异额的200万元询问了管理层，并对其答复获取了充分、适当的审计证据。

(5) A注册会计师在审计过程中未提出审计调整建议，已审财务报表与未审财务报表一致，因此认为无须在临近审计结束时运用分析程序对财务报表进行总体复核。

要求：针对上述第(1)至(5)项，逐项指出A注册会计师的做法是否恰当。如不恰当，提出改进建议。(2015年)

【答案】

(1) 不恰当。应根据2014年度的变化情况设定预期值。

(2) 恰当。

(3) 不恰当。测试与产量信息编制相关的内部控制/测试产量信息/应测试内部信息的可靠性。

(4) 不恰当。应当针对350万元的差异全额进行调查。

(5) 不恰当。在临近审计结束时，应当运用分析程序对财务报表进行总体复核/总体复核分析是必要程序。

【解析】

(1) 第(1)项，2014年度市场需求显著下降，以2013年财务报表已审数为预期值不恰当。

(2) 第(2)项，实际执行的重要性即是可容忍错报，与认定层次相关。

【例题3-20·简答题】 ABC会计师事务所的A注册会计师负责审计甲公司2018年度财务报表。审计工作底稿中与函证相关的部分内容摘录如下：

(1) A注册会计师对甲公司年内已注销的某人民币银行账户实施函证，银行表示无法就已注销账户回函。A注册会计师检查了该账户的注销证明原件，核对了亲自从中国人民银行获取的《已开立银行结算账户清单》中的相关信息，结果满意。

(2) 在实施应收账款函证程序时，A注册会计师将财务人员在发函信封上填写的客户地址与销售部门提供的客户清单中的地址进行核对后，亲自将询证函交予快递公司发出。

(3) 甲公司根据销售合同在发出商品时确认收入。客户乙公司回函确认金额小于函证金额，甲公司管理层解释系期末发出商品在途所致。A注册会计师检查了合同、出库单以及签收单等支持性文件，并与乙公司财务人员电话确认了相关信息，结果满意。

（4）A注册会计师对应收账款余额实施了函证程序，有15家客户未回函。A注册会计师对其中14家实施了替代程序，结果满意；对剩余一家的应收账款余额，因其小于明显微小错报的临界值，A注册会计师不再实施替代程序。

（5）甲公司未对货到票未到的原材料进行暂估。A注册会计师从应付账款明细账中选取90%的供应商实施函证程序，要求供应商在询证函中填列余额信息。

要求：

针对上述第（1）至（5）项，逐项指出A注册会计师的做法是否恰当。如不恰当，简要说明理由。（2019年）

【答案】

（1）恰当。

（2）不恰当。客户清单属于内部信息/客户清单并不是用以验证发函地址准确性的适当证据/应当通过合同、公开网站等来源核对地址。

（3）恰当。

（4）不恰当。应对所有未回函的余额实施替代程序。

（5）不恰当。应从供应商清单中选取函证对象/从应付账款明细账中选取函证对象不足以应对低估风险。

第四章　审计抽样方法

第一节　审计抽样的相关概念

考点一：审计抽样

审计抽样是指注册会计师对具有审计相关性的总体中低于百分之百的项目实施审计程序，使所有抽样单元都有被选取的机会，为注册会计师针对整个总体得出结论提供合理基础。

1. 审计抽样的范围（并非所有审计程序都可适用审计抽样）。

审计程序		适用	不适用
风险评估程序		不涉及审计抽样	
进一步审计程序	控制测试	已留下运行轨迹的	未留下运行轨迹的（询问、观察）
	实质性程序	细节测试	实质性分析程序

2. 审计抽样的特征。

（1）对具有审计相关性的总体中低于百分之百的项目实施审计程序；

（2）所有抽样单元都有被选取的机会；

（3）可以根据样本项目的测试结果推断有关抽样总体的结论。

【例题 4－1・单选题】下列与内部控制有关的审计工作中，通常可以使用审计抽样的是（　　）。(2019 年)

A. 评价内部控制设计的合理性

B. 确定控制是否得到执行

C. 测试自动化应用控制的运行有效性

D. 测试留下运行轨迹的人工控制的运行有效性

【答案】D

【解析】风险评估程序通常不涉及审计抽样。如果注册会计师在了解控制的设计和确定控制是否得到执行的同时计划和实施控制测试，则可能涉及审计抽样，但此时审计抽样仅适用于控制测试（选项 A、选项 B 错误）。当控制的运行留下轨迹时，注册会计师可以考虑使用审计抽样实施控制测试（选项 D 正确）。对于未留下运行轨迹的控制，注册会计师通常实施询问、观察等审计程序，以获取有关控制运行有效性的审计证据，此时不宜使用审计抽样。在被审计单位采用信息技术处理各类交易及其他信息时，注册会计师通常只需要测试信息技术一般控制，并从各类交易中选取一笔或几笔交易进行测试，就能获取有关信息技术应用控制运行有效性的审计证据，此时不需使用审计抽样（选项C错误）。

【例题4－2·多选题】 下列审计程序中，通常不宜使用审计抽样的有（　　）。（2018年）

A. 风险评估程序

B. 对未留下运行轨迹的控制的运行有效性实施测试

C. 对信息技术应用控制的运行有效性实施测试

D. 实质性分析程序

【答案】 ABCD

【解析】 风险评估程序通常不涉及审计抽样（选项A不正确）；对于未留下运行轨迹的控制，注册会计师通常实施询问、观察等审计程序，以获取有关控制运行有效性的审计证据，此时不宜使用审计抽样（选项B不正确）；在被审计单位采用信息技术处理中选取一笔或几笔交易进行测试，就能获取有关信息技术应用控制运行有效性的审计证据，此时不需使用审计抽样（选项C不正确）；实质性程序包含细节测试和实质性分析程序，其中细节测试可以使用审计抽样，而实质性分析程序不宜使用审计抽样（选项D不正确）。

【例题4－3·多选题】 下列各项中，属于审计抽样基本特征的有（　　）。（2017年）

A. 对具有审计相关性的总体中低于百分之百的项目实施审计程序

B. 可以根据样本项目的测试结果推断出有关抽样总体的结论

C. 所有抽样单元都有被选取的机会

D. 可以基于某一特征从总体中选出特定项目实施审计程序

【答案】 ABC

【解析】 审计抽样应当同时具备三个基本特征：（1）对具有审计相关性的总体中低于百分之百的项目实施审计程序（选项A正确）；（2）所有抽样单元都有被选取的机会（选项C正确）；（3）可以根据样本项目的测试结果推断出有关抽样总体的结论（选项B正确）。

【套路】 陷阱经常在于“特定项目”，审计抽样不是为了选出特定项目，相反，是为了所有抽样单元都有被选取的机会。选取“特定项目”测试和审计抽样是两种不同的测试方法。

【例题4－4·多选题】 下列各项审计程序中，通常不采用审计抽样的有（　　）。（2014年）

A. 风险评估程序

B. 控制测试

C. 实质性分析程序

D. 细节测试

【答案】 AC

【解析】 审计抽样不适用于风险评估程序和实质性分析程序。

考点二：抽样风险和非抽样风险

抽样风险和非抽样风险通过影响重大错报风险的评估和检查风险的确定而影响审计风险。

（一）抽样风险

抽样风险是指注册会计师根据样本得出的结论，可能不同于如果对整个总体实施与样本相同的审计程序得出的结论的风险。

抽样风险是由抽样引起的，与样本规模和抽样方法相关。（只要抽样，抽样风险就存在）

抽样风险分类

控制测试	信赖过度风险	指推断的控制有效性高于其实际有效性的风险，但是实际偏差率不支持该信赖程度的风险
	信赖不足风险	指推断的控制有效性低于其实际有效性的风险
细节测试	误受风险	指注册会计师推断某一重大错报不存在而实际上存在的风险，即过度相信！
	误拒风险	指注册会计师推断某一重大错报存在而实际上不存在的风险，即过度不相信！

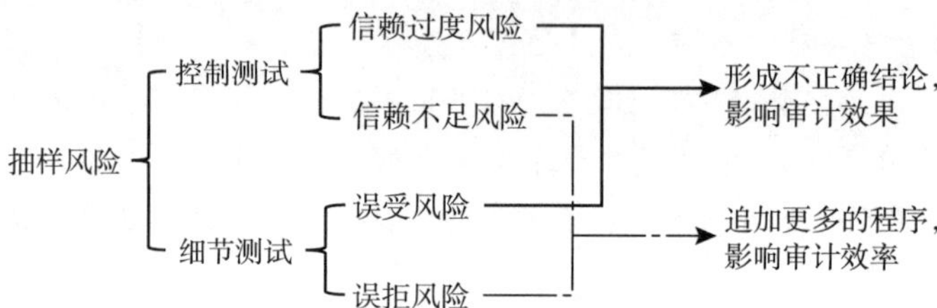

（二）非抽样风险

非抽样风险是指由于任何与抽样风险无关的原因而得出错误结论的风险。

在审计过程中，可能导致非抽样风险的原因包括下列情况：

（1）注册会计师选择了不适于实现特定目标的审计程序。例如，注册会计师依赖应收账款函证来揭露未入账的应收账款。

（2）注册会计师选择的总体不适合于测试目标。

（3）注册会计师未能适当地定义误差（包括控制偏差或错报），导致注册会计师未能发现样本中存在的偏差或错报。

（4）注册会计师未能适当地评价审计发现的情况。

> 【注意事项】
>
> （1）只要抽样，抽样风险就存在，而非抽样风险是由人为错误造成的，虽不能量化，但可以通过仔细设计其审计程序，以及对审计实务的适当改进，将非抽样风险降至可接受的水平。
>
> （2）抽样风险与样本规模呈反方向变动，而非抽样风险与样本规模无关。

【例题4－5·单选题】下列有关非抽样风险的说法中，错误的是（　　）。(2018年)

A. 非抽样风险不能量化

B. 非抽样风险影响审计风险

C. 注册会计师可以通过采取适当的质量控制政策和程序降低非抽样风险

D. 注册会计师可以通过扩大样本规模降低非抽样风险

【答案】D

【解析】选项D错误，抽样风险与样本规模呈反方向变动，而非抽样风险与样本规模无关。

【例题4－6·多选题】下列各项中，属于统计抽样特征的有（　　）。(2017年)

A. 评价非抽样风险

B. 运用概率论评价样本结果

C. 运用概率论计量抽样风险

D. 随机选取样本项目

【答案】 BCD

【解析】 注册会计师在统计抽样和非统计抽样中，均需要考虑和评价非抽样风险。

【例题 4－7·单选题】 下列有关抽样风险的说法中，错误的是（　　）。(2016 年)

A. 在使用非统计抽样中，注册会计师可以对抽样风险进行定性的评价和控制

B. 如果注册会计师对总体中的所有项目都实施检查，就不存在抽样风险

C. 注册会计师未能恰当地定义误差将导致抽样风险

D. 无论是控制测试还是细节测试，注册会计师都可以通过扩大样本规模降低抽样风险

【答案】 C

【解析】 注册会计师未能恰当地定义误差，将导致非抽样风险。

【套路】 这类题目要注意经常会设置的坑：

(1) 只要存在抽样，就一定存在抽样风险。抽样样本规模越大，抽样风险越小。(未对所有项目测试，属于抽样风险)

(2) 非抽样风险，是人为原因造成的，跟规模无关。(未能恰当定义误差、总体不适合测试目标等都是非抽样风险)

【例题 4－8·单选题】 下列有关信赖过度风险的说法中，正确的是（　　）。(2016 年)

A. 信赖过度风险属于非抽样风险

B. 信赖过度风险影响审计效率

C. 信赖过度风险与控制测试和细节测试均相关

D. 注册会计师可以通过扩大样本规模降低信赖过度风险

【答案】 D

【解析】 信赖过度风险属于抽样风险，选项 A 错误；信赖过度风险影响审计效果，选项 B 错误；信赖过度风险是在控制测试中使用审计抽样时的抽样风险，与细节测试无关，选项 C 错误。

【例题 4－9·单选题】 下列有关抽样风险的说法中，错误的是（　　）。(2015 年)

A. 除非注册会计师对总体中所有的项目都实施检查，否则存在抽样风险

B. 在使用统计抽样时，注册会计师可以准确地计量和控制抽样风险

C. 注册会计师可以通过扩大样本规模降低抽样风险

D. 控制测试中的抽样风险包括误受风险和误拒风险

【答案】 D

【解析】 控制测试中的抽样风险包括信赖过度风险和信赖不足风险。

选项 AC 正确，只要存在抽样，就一定存在抽样风险。抽样样本规模越大，抽样风险越小(未对所有项目测试，属于抽样风险)。非抽样风险，是人为原因造成的，跟规模无关（未能恰当定义误差、总体不适合测试目标等都是非抽样风险)。

选项 B 正确，统计抽样和非统计抽样的区别在于，统计抽样可以客观地计量抽样风险，通过调整样本规模精确地控制风险。

选项 D 错误，控制测试中的抽样风险包括信赖过度风险和信赖不足风险。

【套路】 这类题目经常设置的坑：

(1) 控制测试的抽样风险包括信赖过度和信赖不足，而细节测试的抽样风险包括误受风险和误拒风险，这里考试经常张冠李戴，所以一定要记清楚。

（2）信赖过度和误受风险，属于过度信赖和错误接受，导致会接受和信赖一些错误的证据，所以影响审计效果，而信赖不足和误拒风险，属于不相信和不接受合理的证据，导致加大审计工作量，所以影响审计效率。

（3）无论统计抽样还是非统计抽样，都属于抽样，因此都会产生抽样风险！进行选择时主要考虑成本效益。

【例题 4－10·多选题】下列有关抽样风险的说法中，正确的有（　　）。（2014 年）

A. 误受风险和信赖过度风险影响审计效果

B. 误受风险和信赖不足风险影响审计效果

C. 误拒风险和信赖不足风险影响审计效率

D. 误拒风险和信赖过度风险影响审计效率

【答案】AC

【解析】误受风险和信赖过度风险影响审计效果，误拒风险和信赖不足风险影响审计效率。

【例题 4－11·单选题】下列各项中，不会导致非抽样风险的是（　　）。（2014 年）

A. 注册会计师选择的总体不适合于测试目标

B. 注册会计师未能适当地定义误差

C. 注册会计师未对总体中的所有项目进行测试

D. 注册会计师未能适当地评价审计发现的情况

【答案】C

【解析】未对所有项目进行测试，表明进行了审计抽样，所以应导致抽样风险。

【例题 4－12·多选题】下列有关非抽样风险的说法中，正确的有（　　）。（2013 年）

A. 注册会计师保持职业怀疑有助于降低非抽样风险

B. 注册会计师可以通过扩大样本规模降低非抽样风险

C. 注册会计师实施控制测试和实质性程序时均可能产生非抽样风险

D. 注册会计师可以通过加强对审计项目组成员的监督和指导降低非抽样风险

【答案】ACD

【解析】选项 B 中，注册会计师通过扩大样本规模能够降低抽样风险，而非非抽样风险。

考点三：统计抽样和非统计抽样

1. 注册会计师在审计抽样时，既可以选择统计抽样，也可以选择非统计抽样，他们都是审计抽样，故也有抽样风险。

2. 统计抽样应当具备两个条件：（1）随机选取样本项目；（2）运用概率论评价样本结果。不满足这两个条件就是非统计抽样。

3. 注册会计师在统计抽样与非统计抽样方法之间进行选择时主要考虑成本效益。如果设计得当，非统计抽样也能提供与统计抽样方法同样有效的结果。

项目	统计抽样	非统计抽样
优点	（1）客观地计量抽样风险，通过调整样本规模精确地控制风险 （2）有助于注册会计师高效地设计样本，定量评价样本结果	（1）操作简单，使用成本低 （2）适合定性分析

续表

项目	统计抽样	非统计抽样
缺点	(1) 需要特殊的专业技能，增加培训注册会计师的成本 (2) 单个样本项目要符合统计要求，增加了额外费用	无法量化抽样风险，只能估计

4. 统计抽样的方法。

统计抽样方法有属性抽样和变量抽样。

(1) 属性抽样——适用于控制测试。

(2) 变量抽样——适用于细节测试。

【例题 4－13・单选题】 下列抽样方法中，适用于控制测试的是（　　）。(2015 年)

A. 变量抽样　　B. 货币单元抽样

C. 属性抽样　　D. 差额估计抽样

【答案】 C

【解析】 选项 A、B、D 属于统计抽样在细节测试中的应用。

第二节　审计抽样在控制测试中的应用

审计抽样在控制测试中的运用流程：

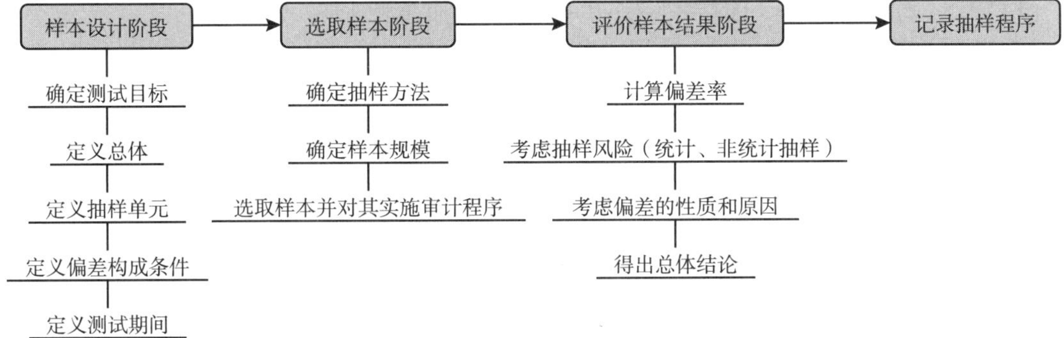

考点一：确定抽样方法

选取样本的基本方法：

方法	说明	统计抽样	非统计抽样
简单随机选样	相同数量的抽样单元组成的每种组合被选取的概率都相等。注册会计师可以使用计算机或随机数表获得所需的随机数，选取匹配的随机样本	√	√
系统选样	(1) 确定选样间隔。选样间隔＝总体中抽样单元的总数量/样本规模 在第一个间隔中确定一个随机起点，从这个随机起点开始，按照选样间隔，从总体中顺序选取样本 (2) 总体中每一个抽样单元被选取的机会都相等，但使用系统选样方法要求总体必须是随机排列的	在总体随机分布时适用	√

续表

方法	说明	统计抽样	非统计抽样
随意选样	注册会计师要避免任何有意识的偏向或可预见性，从而保证总体中所有项目都有被选中的机会，使选择的样本具有代表性	×	√
整群选样	从总体中选取一群（或多群）连续的项目。整群选样通常不能在审计抽样中使用	×	×

控制测试中使用统计抽样方法时，注册会计师必须使用随机数表或计算机辅助审计技术选样和系统选样中选择一种方法。

【例题4－14·单选题】下列有关审计抽样的样本代表性的说法中，错误的是（　　）。(2018年)

A. 样本具有代表性意味着根据样本测试结果推断的错报与总体中的错报相同

B. 如果样本的选取是无偏向的，该样本通常具有代表性

C. 样本的代表性与样本规模无关

D. 样本的代表性通常只与错报的发生率而非错报的特定性质相关

【答案】A

【解析】选项A错误，样本具有代表性是指能根据样本项目的测试结果推断出有关总体的结论，并不意味着根据样本测试结果推断的错报与总体中的错报相同。

【例题4－15·多选题】下列抽样方法中，通常可以用于统计抽样的有（　　）。(2018年)

A. 系统选样　　B. 随机选样　　C. 随意选样　　D. 整群选样

【答案】AB

【解析】系统选样和随机选样既可用于统计抽样也可用于非统计抽样，选项A、选项B正确；随意选样仅适用于非统计抽样，选项C错误；整群选样通常不能在审计抽样中使用，选项D错误。

考点二：确定样本规模

影响控制测试样本规模的因素。

影响因素	与样本规模的关系
可接受的信赖过度风险	反向变动
可容忍偏差率	反向变动
预计总体偏差率	同向变动
总体规模	影响很小

【例题4－16·单选题】下列有关控制测试的样本规模的说法中，错误的是（　　）。(2018年)

A. 预计总体偏差率与样本规模同向变动

B. 可容忍偏差率与样本规模反向变动

C. 信赖不足风险与样本规模反向变动

D. 总体规模对样本规模的影响几乎为零，除非总体非常小

【答案】C

【解析】选项C错误，信赖过度风险与样本规模反向变动。

【例题4-17·单选题】下列有关控制测试的样本规模的说法中，错误的是（　　）。（2017年）

A. 可接受的信赖过度风险与样本规模反向变动

B. 总体规模与样本规模反向变动

C. 可容忍偏差率与样本规模反向变动

D. 预计总体偏差率与样本规模同向变动

【答案】B

【套路】这里可以总结一下：

（1）细节测试：反向变动（可接受的误受风险、可容忍错报）；同向变动（预计总体错报、总体的变异性：变异性是细节测试独有的，跟控制测试无关）。

（2）控制测试：反向变动（可接受的信赖过度风险、可容忍偏差率）；同向变动（预计总体偏差率）。

（3）总体规模对于二者而言，都影响很小。

考点三：选取样本并对其实施审计程序

选取样本实施审计程序时一些情况的应对措施：

情形	应对措施
无效单据	能合理确信该收据的无效是正常的，且不构成对设定控制的偏差，则选取其他单据来替代
未使用或者不适用的单据	如选取到空白单据或者选取的项目不适用于事先定义的偏差，如果合理确信该交易不适用且不构成控制偏差，则选取其他交易来替代
对总体估计错误	若高估了总体的规模和编号范围，选取的样本中超出实际编号的所有数字都被视为未使用单据。在这种情况下，注册会计师要用额外的随机数字代替这些数字，以确定对应的适当单据
在结束之前停止测试	在对样本的第一部分进行测试时就发现了大量偏差，不用测试其余部门就能确定样本的结果不支持计划的重大错报风险评估水平。在这种情况下，注册会计师要重新估计重大错报风险并考虑是否有必要继续进行测试
无法对选取的项目实施检查	注册会计师应当针对选取的每个项目，实施适合于具体审计目标的审计程序；如果注册会计师无法对选取的项目实施计划的审计程序或适当的替代程序，考虑在评价样本时将该样本项目视为控制偏差

第三节　审计抽样在细节测试中的运用

审计抽样在细节测试中的运用流程：

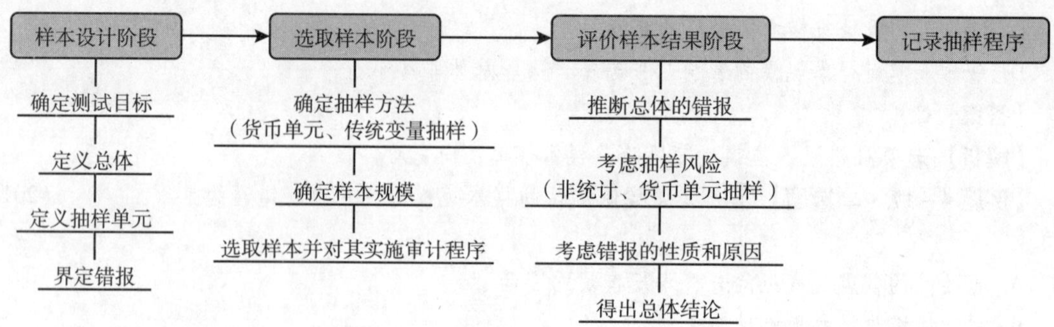

细节测试的目的是识别财务报表中各类交易、账户余额和披露中存在的重大错报。

注册会计师应当对单个重大项目逐一实施检查，注册会计师进行单独测试的所有项目都不构成抽样总体，增加单独测试的账户可以减少样本规模。

在定义抽样单元时，注册会计师应考虑实施计划的审计程序或替代程序的难易程度。

考点一：确定抽样方法

在细节测试中进行审计抽样，可能使用统计抽样，也可能使用非统计抽样。注册会计师在细节测试中常用的统计抽样方法包括货币单元抽样和传统变量抽样。

（一）货币单元抽样

货币单元抽样是一种运用属性抽样原理对货币金额而不是对发生率得出结论的统计抽样方法。

总体中的每个货币单元被选中的机会相同，所以总体中某一项目被选中的概率等于该项目于总体金额的比率；项目金额越大，被选中的概率就越大。

实际上注册会计师并不是对总体中的货币单元实施检查，而是对包含被选取货币单元的余额或交易实施检查。

货币单元抽样优缺点：

优点	（1）比传统变量抽样更易于使用 （2）在确定样本规模时无须考虑直接总体的特征（如变异性） （3）项目被选取的概率与其货币金额大小成比例，因而无须通过分层减少变异性 （4）如果项目金额等于或大于选样间距，货币单元抽样将自动识别所有单个重大项目，即该项目一定会被选中 （5）如果注册会计师预计不存在错报，货币单元抽样的样本规模通常比传统变量抽样方法更小 （6）样本更容易设计，且可在能够获得完整的总体之前开始选取样本
缺点	（1）不适用于测试低估，因为被低估的项目被选取的概率更低 （2）对零余额或负余额的选取需要在设计时特别考虑 （3）当发现错报时，如果风险水平一定，货币单元抽样在评价样本时可能高估抽样风险的影响，从而导致注册会计师更可能拒绝一个可接受的总体账面金额 （4）在货币单元抽样中注册会计师通常需要逐个累计总体金额。但如果相关的会计数据以电子形式储存，就不会额外增加大量的审计成本 （5）当预计总体错报的金额增加时，货币单元抽样所需的样本规模也会增加

（二）传统变量抽样

传统变量抽样运用正态分布理论，根据样本结果推断总体的特征。

传统变量抽样的优缺点：

优点	（1）如果账面金额与审定金额之间存在较多差异，传统变量抽样可能只需较小的样本规模就能满足审计目标 （2）注册会计师关注总体的低估时，使用传统变量抽样比货币单元抽样更合适 （3）需要在每一层追加选取额外的样本项目时，传统变量抽样更易于扩大样本规模 （4）对零余额或负余额项目的选取，传统变量抽样不需要在设计时予以特别考虑
缺点	（1）传统变量抽样比货币单元抽样更复杂，注册会计师通常需要借助计算机程序 （2）在传统变量抽样中确定样本规模时，注册会计师需要估计总体特征的标准差，而这种估计往往难以作出，注册会计师可能利用以前对总体的了解或根据初始样本的标准差进行估计 （3）如果存在非常大的项目，或者在总体的账面金额与审定金额之间存在非常大的差异，而且样本规模比较小，正态分布理论可能不适用，注册会计师更可能得出错误的结论 （4）如果几乎不存在错报，传统变量抽样中的差异法和比率法将无法使用

在细节测试中运用传统变量抽样时，常见的方法：均值法、差额法和比率法。

方法	计算方法	适用	不适用
均值法	样本审定金额的平均值＝样本审定金额÷样本规模 估计总体金额＝样本审定金额的平均值×总体规模 推断的总体错报＝总体账面金额－估计的总体金额	—	未对总体进行分层
差额法	样本平均错报＝（样本账面金额－样本审定金额）÷样本规模 推断的总体错报＝样本平均错报×总体规模 估计的总体金额＝总体账面金额－推断的总体错报	错报金额与项目的数量紧密相关	预计没有差异或只有少量差异
比率法	比率＝样本审定金额÷样本账面金额 估计的总体金额＝总体账面金额×比率 推断的总体错报＝总体账面金额－估计的总体金额	错报金额与项目的金额紧密相关	

【例题4－18·多选题】注册会计师运用审计抽样实施细节测试时，下列各项中，可以作为抽样单元的有（　　）。（2019年）

A. 一个账户余额　　B. 一笔交易

C. 交易中的一个记录　　D. 每个货币单元

【答案】ABCD

【解析】在细节测试中，注册会计师应根据审计目标和所实施审计程序的性质定义抽样单元。抽样单元可能是一个账户余额、一笔交易或交易中的一个记录（如销售发票中的单个项目），甚至是每个货币单元。

【例题4－19·简答题】A注册会计师负责审计甲公司2011年度财务报表。在针对存货实施细节测试时，A注册会计师决定采用传统变量抽样方法实施统计抽样。甲公司2011年12月31日存货账面余额合计为150 000 000元。A注册会计师确定的总体规模为3 000，样本规模为200，样本账面余额合计为12 000 000元，样本审定金额合计为8 000 000元。

【要求】代A注册会计师分别采用均值法、差额法和比率法三种方法计算推断的总体错报金额。（2012年）

【答案】（1）均值法：

样本审定金额的平均值＝8 000 000÷200＝40 000（元）

估计的总体金额 = 40 000 × 3 000 = 120 000 000（元）

推断的总体错报 = 150 000 000 - 120 000 000 = 30 000 000（元）

（2）差额法：

样本平均错报 =（12 000 000 - 8 000 000）÷ 200 = 20 000（元）

推断的总体错报 = 20 000 × 3 000 = 60 000 000（元）

（3）比率法：

比率 = 8 000 000 ÷ 12 000 000 = 2/3

估计的总体金额 = 150 000 000 × 2/3 = 100 000 000（元）

推断的总体错报 = 150 000 000 - 100 000 000 = 50 000 000（元）

考点二：影响样本规模的因素

影响样本规模因素	样本规模变动情况	说明
可接受的误受风险	反向变动	注册会计师需要考虑的因素有： （1）注册会计师愿意接受的审计风险水平 （2）评估的重大错报风险水平 （3）针对同一审计目标或财务报表认定的其他实质性程序的检查风险
可容忍错报	反向变动	可容忍错报可能等于或低于实际执行的重要性
预计总体错报	同向变动	预计总体错报不应超过可容忍错报
总体的变异性	同向变动	（1）如果使用非统计抽样，注册会计师不需要量化总体标准差，但需要定性估计总体的变异性 （2）对总体进行分层，分层可以降低每一层中项目的变异性，从而在抽样风险没有成比例增加的前提下减少样本规模
总体规模	影响很小	—

【例题 4-20·单选题】在运用审计抽样实施细节测试时，下列情形中，对总体进行分层可以提高抽样效率的是（　　）。(2019 年)

A. 总体规模较大　　B. 总体变异性较大

C. 预计总体错报较高　　D. 误拒风险较高

【答案】B

【解析】如果总体项目存在重大的变异性，注册会计师可以考虑将总体分层。分层可以降低每一层中项目的变异性，从而在抽样风险没有成比例增加的前提下减小样本规模，提高审计效率，所以选项 B 正确。

【例题 4-21·单选题】下列有关细节测试样本规模的说法中，错误的是（　　）。（2014 年）

A. 总体项目的变异性越低，通常样本规模越小

B. 当总体被适当分层时，各层样本规模的汇总数通常等于在对总体不分层的情况下确定的样本规模

C. 当误受风险一定时，可容忍错报越低，所需的样本规模越大

D. 对于大规模总体，总体的实际规模对样本规模几乎没有影响

【答案】B

【解析】分层可以降低每一层中项目的变异性，从而在抽样风险没有成比例增加的前提下减小样本规模。因而，总体被适当分层时，各层样本规模的汇总数通常小于不分层情况下确定的样本规模。

【套路】这里可以总结一下：

（1）细节测试：反向变动（可接受的误受风险、可容忍错报）；同向变动（预计总体错报、总体的变异性：变异性是细节测试独有的，跟控制测试无关）。

（2）控制测试：反向变动（可接受的信赖过度风险、可容忍偏差率）；同向变动（预计总体偏差率）。

（3）总体规模对于二者而言，都影响很小。

【例题4－22·单选题】下列有关样本规模的说法中，正确的是（　　）。（2015年）

A. 注册会计师愿意接受的抽样风险越高，样本规模越大

B. 在控制测试中，注册会计师确定的可容忍偏差率越低，样本规模越小

C. 在细节测试中，总体规模越大，注册会计师确定的样本规模越大

D. 在既定的可容忍错报下，注册会计师预计的总体错报越大，样本规模越大

【答案】D

【解析】选项A，注册会计师愿意接受的抽样风险越高，样本规模越小；选项B，在控制测试中，注册会计师确定的可容忍偏差率越低，样本规模越大；选项C，在细节测试中，总体规模对样本规模的影响很小。

【例题4－23·多选题】下列有关注册会计师在实施审计抽样时评价样本结果的说法中，正确的有（　　）。（2016年）

A. 在分析样本错报时，注册会计师应当对所有错报进行定性评估

B. 注册会计师应当实施追加的审计程序，以高度确信异常错报不影响总体的其余部分

C. 控制测试的抽样风险无法计量，但注册会计师在评价样本结果时仍应考虑抽样风险

D. 在细节测试中，如果根据样本结果推断的总体错报小于可容忍错报，则总体可以接受

【答案】AB

【解析】在使用统计抽样时，控制测试的抽样风险可以计量，选项C错误。在细节测试中，使用非统计抽样方法，如果根据样本结果推断的总体错报小于可容忍错报，但二者很接近，则总体不接受，选项D错误。

【套路】统计抽样和非统计抽样，都是抽样的方法，在细节测试和控制测试中都可以应用，要注意它们的区别：

（1）统计抽样（定量分析：客观计量抽样风险）与非统计抽样（抽样风险无法直接计量），但两者都会产生抽样风险，选择主要考虑成本效益。

（2）因为非统计抽样，无法客观计量抽样风险，因此，无论是在控制测试或是细节测试中，使用非统计抽样方法，推断出来的错报“小于但接近”可容忍偏差率或可容忍错报，则不接受总体；“大大低于”的时候则是可接受的。

【例题4－24·多选题】下列有关注册会计师使用非统计抽样实施细节测试的说法中，错误的有（　　）。（2016年）

A. 注册会计师增加单独测试的重大项目，可以减少样本规模

B. 在定义抽样单元时，注册会计师无须考虑实施计划的审计程序或替代程序的难易程度

C. 在确定可接受的误受风险水平时，注册会计师无须考虑针对同一审计目标的其他实质性程序的检查风险

D. 注册会计师根据样本中发现的错报金额推断总体错报金额时，可以采用比率法或差异法

【答案】 BC

【解析】 选项A正确，“增加单独测试的重大项目”，也就是从总体中抽出更多的重大项目单独测试，表明总体剩下的部分减少，相应也可以减少样本规模；选项B错误，在定义抽样单元时，注册会计师也应考虑实施计划的审计程序或替代程序的难度程度；选项C错误，在确定可接受的误受风险水平时，注册会计师需要考虑的因素：针对同一审计目标（财务报表认定）的其他实质性程序的检查风险，包括分析程序。

【例题4-25·单选题】 下列有关细节测试的样本规模说法中，错误的是（　　）。(2017年)

A. 可接受的误拒风险与样本规模同向变动

B. 可容忍错报与样本规模反向变动

C. 总体项目的变异性越低，通常样本规模越小

D. 可接受的误受风险与样本规模反向变动

【答案】 A

【解析】 可接受的误拒风险与样本规模反向变动，选项A错误。

【例题4-26·单选题】 下列有关细节测试的样本规模的说法中，错误的是（　　）。(2018年)

A. 总体的变异性与样本规模同向变动

B. 可容忍错报与样本规模反向变动

C. 总体规模对样本规模的影响很小

D. 可接受的误受风险与样本规模同向变动

【答案】 D

【解析】 可接受的误拒风险与样本规模反向变动。

【例题4-27·统计抽样示例】 注册会计师准备使用货币单元抽样法，通过函证测试XYZ公司2015年12月31日应收账款余额的存在认定。2015年12月31日，XYZ公司应收账款账户共有602个，其中：借方账户有600个，账面金额为2 300 000元；贷方账户有2个，账面金额为3 000元。

【解析】

序号	步骤	分析
1	确定测试目标	应收账款余额的存在认定
2	定义总体	(1) 单独测试2个贷方账户 (2) 另有6个借方账户被视为单个重大项目（单个账户的账面金额大于25 000元，账面金额共计300 000元） (3) 剩下的594个应收账款借方账户就是注册会计师定义的总体，总体账面金额为2 000 000元
3	定义抽样单元	每个货币单元

续表

<table>
<tr><th>序号</th><th>步骤</th><th>分析</th></tr>
<tr><td>4</td><td>确定样本规模和确定样本量</td><td>（1）可接受的误受风险为10%
（2）可容忍的错报为40 000元
（3）预计的总体错报为8 000元
（4）可容忍的错报与总体账面金额之比为2%
（5）预计总体错报与可容忍错报之比为20%
（6）查表得到样本量为171</td></tr>
<tr><td>5</td><td>选取样本并实施审计程序</td><td>（1）注册会计师使用系统选样
（2）选样间隔 =2 000 000 ÷171≈11 695（元）
（3）注册会计师对171个账户（上述2个贷方项目及6个单个重大项目已单独测试）逐一实施函证程序
（4）收到了155个询证函回函
（5）对没有收到回函的16个账户实施了替代程序，能够合理保证这些账户不存在错报</td></tr>
<tr><td>6</td><td>推断总体的错报及考虑抽样风险</td><td>在收到回函的155个账户中，有4个存在高估，如下（单位：元）
<table>
<tr><th>账户</th><th>账面</th><th>审定</th><th>错报</th><th>百分比</th><th>选样间隔</th><th>推断错报</th></tr>
<tr><td>A1</td><td>200</td><td>190</td><td>10</td><td>5%</td><td>11 695</td><td>585</td></tr>
<tr><td>A2</td><td>10 000</td><td>0</td><td>10 000</td><td>100%</td><td>11 695</td><td>11 695</td></tr>
<tr><td>A3</td><td>3 000</td><td>2 700</td><td>300</td><td>10%</td><td>11 695</td><td>1 170</td></tr>
<tr><td>A4</td><td>16 000</td><td>15 000</td><td>1 000</td><td>不适用</td><td>不适用</td><td>1 000</td></tr>
</table></td></tr>
<tr><td>7</td><td>考虑抽样风险</td><td>（1）基本精确度 = 保证系数 × 选样间隔 =2.31 ×11 695 =27 015（元）
（2）大单元事实错报 =1 000元
（3）小单元各账户推断错报按金额降序排列，如下
<table>
<tr><th>账户</th><th>推断错报（单位：元）</th><th>保证系数增量</th><th>推断错报 × 保证系数增量（单位：元）</th></tr>
<tr><td>A2</td><td>11 695</td><td>1.58</td><td>18 478</td></tr>
<tr><td>A3</td><td>1 170</td><td>1.44</td><td>1 685</td></tr>
<tr><td>A1</td><td>585</td><td>1.36</td><td>796</td></tr>
<tr><td colspan="3">小计</td><td>20 959</td></tr>
</table>
（4）总体错报上限 =27 015 +1 000 +20 959 =48 974（元）</td></tr>
<tr><td>8</td><td>考虑错报的性质和原因</td><td>注册会计师对其作了进一步调查，确定只是记账疏忽导致，不涉及舞弊等因素</td></tr>
<tr><td>9</td><td>得出总体结论</td><td>由于总体错报上限48 974元大于可容忍错报40 000元，注册会计师得出结论，样本结果不支持应收账款账面金额。注册会计师进一步建议被审计单位对错报进行调查，并在必要时调整账面记录</td></tr>
</table>

第五章　信息技术对审计的影响

第一节　信息技术对企业财务报告和内部控制的影响

考点：信息技术对企业内部控制的影响

在信息技术环境下，传统的人工控制越来越多地被自动控制所替代。被审计单位采用信息系统处理业务，并不意味着人工控制被完全取代。信息系统对控制的影响，取决于被审计单位对信息系统的依赖程度。相关的控制活动，可能既包括自动控制，也包括人工控制。

第二节　信息技术中的一般控制和应用控制测试

考点一：自动控制

对于自动控制，需要从信息技术一般控制审计、信息技术应用控制审计以及公司层面信息技术控制审计三方面进行考虑。

信息技术一般控制是指为了保证信息系统的安全，对整个信息系统以及外部各种环境要素实施的、对所有的应用或控制模块具有普遍影响的控制措施。

信息技术一般控制通常会对实现部分或全部财务报表认定作出间接贡献。在有些情况下，信息技术一般控制也可能对实现信息处理目标和财务报表认定作出直接贡献。这是因为有效的信息技术一般控制确保了应用系统控制和依赖计算机处理的自动会计程序得以持续有效地运行。

当人工控制依赖系统生成的信息时，信息技术一般控制同样重要。如果注册会计师计划依赖自动应用控制、自动会计程序或依赖系统生成信息的控制，他们就需要对相关的信息技术一般控制进行测试（依赖自动控制，就需要测试信息技术一般控制）。

【例题5-1·单选题】下列有关信息技术一般控制的说法中，错误的是（　　）。(2018年)

A. 信息技术一般控制对所有应用控制具有普遍影响

B. 信息技术一般控制只能对实现部分或全部财务报表认定作出间接贡献

C. 信息技术一般控制包括程序开发、程序变更、程序和数据访问以及计算机运行四个方面

D. 信息技术一般控制旨在保证信息系统的安全

【答案】B

【解析】选项B错误，信息技术一般控制通常会对实现部分或全部财务报表认定作出间接

贡献。在有些情况下，信息技术一般控制也可能对实现信息处理目标和财务报表认定作出直接贡献。

考点二：信息技术一般控制、应用控制与公司层面控制三者之间的关系

公司层面信息技术控制是公司信息技术整体控制环境，决定了信息技术一般控制和信息技术应用控制的风险基调；信息技术一般控制是基础，信息技术一般控制的有效与否会直接关系到信息技术应用控制的有效性是否能够信任。

【例题5-2·简答题】A注册会计师在审计工作底稿中记录了实施的进一步审计程序，部分内容摘录如下：

甲公司收入交易高度依赖信息系统。ABC事务所的信息技术专家对甲公司信息技术一般控制和与收入相关的信息技术应用控制进行了测试，结果满意。

【答案】处理恰当。信息技术一般控制是为了保证信息系统的安全，题目中“甲公司收入交易高度依赖信息系统”，所以对信息技术一般控制进行测试是恰当的，同时要对收入相关的信息技术应用控制进行测试。

第三节　信息技术对审计过程的影响

考点一：信息技术对审计的影响

【例题5-3·单选题】下列有关信息技术对审计的影响的说法中，错误的是（　　）。(2019年)

A. 被审计单位对信息技术的运用不改变注册会计师制定审计目标、进行风险评估和了解内部控制的原则性要求

B. 被审计单位对信息技术的运用影响审计内容

C. 被审计单位对信息技术的运用影响注册会计师需要获取的审计证据的性质

D. 被审计单位对信息技术的运用不影响注册会计师需要获取的审计证据的数量

【答案】D

【解析】如果注册会计师计划依赖自动控制或自动信息系统生成的信息，那么就需要适当扩大信息技术审计的范围。因此被审计单位对信息技术的运用影响注册会计师需要获取的审计证据的数量，所以选项D错误。

考点二：信息技术审计范围的确定

信息技术审计的范围与被审计单位在业务流程及信息系统相关方面的复杂度成正比，在具体评估复杂度时，可以从以下几个方面予以考虑：

（1）评估业务流程的复杂度。

（2）评估信息系统的复杂度。

（3）信息技术环境的规模和复杂度。

无论被审计单位运用信息技术的程度如何，注册会计师均需了解与审计相关的信息技术一般控制和应用控制。

第六章 审计工作底稿

第一节 审计工作底稿概述

审计工作底稿是指注册会计师对制定的审计计划、实施的审计程序、获取的相关审计证据，以及得出的审计结论作出的记录。

考点一：审计工作底稿的编制目的

主要目的	（1）提供充分、适当的记录，作为出具审计报告的基础 （2）提供证据，证明注册会计师已经按照审计准则和相关法律法规的规定计划和执行了审计工作
其他目的（无须记忆）	（1）有助于项目组计划和执行审计工作 （2）有助于负责督导的项目组成员按照审计准则的规定，履行指导、监督与复核审计工作的责任 （3）便于项目组说明其执行审计工作的情况 （4）保留对未来审计工作持续产生重大影响的事项的记录 （5）便于会计师事务所按照质量控制准则的规定实施质量控制复核与检查 （6）便于监管机构和注册会计师协会根据相关法律法规或其他相关要求，对会计师事务所实施执业质量检查

【例题6-1·多选题】下列各项中，属于注册会计师编制审计工作底稿的目的的有（　　）。(2016年)

A. 有助于项目组计划和执行审计工作

B. 保留对未来审计工作持续产生重大影响的事项的记录

C. 便于后任注册会计师的查阅

D. 便于监管机构对会计师事务所实施执业质量检查

【答案】ABD

【解析】编制审计工作底稿的目的，不包括方便后任注册会计师查阅，选项C错误。

考点二：审计工作底稿的编制要求

1. 注册会计师编制的审计工作底稿，应当使得未曾接触该项审计工作的有经验的专业人士清楚地了解：

（1）按照审计准则和相关法律法规的规定实施的审计程序的性质、时间安排和范围；

（2）实施审计程序的结果和获取的审计证据；

（3）审计中遇到的重大事项和得出的结论，以及在得出结论时作出的重大职业判断。

2. 有经验的专业人士，是指会计师事务所内部或外部的具有审计实务经验，并且对下列方面有合理了解的人士：

（1）审计过程；

（2）审计准则和相关法律法规的规定；

（3）被审计单位所处的经营环境；

（4）与被审计单位所处行业相关的会计和审计问题。

【例题 6－2·单选题】 注册会计师编制的审计工作底稿，应当使得未曾接触该项审计工作的有经验的专业人士清楚了解相关事项。下列各项中，有经验的专业人士不必满足的条件的是（　　）。（2015 年）

A. 在会计师事务所从事审计业务

B. 了解审计过程

C. 了解审计准则和相关法律法规的规定

D. 了解被审计单位所处的经营环境

【答案】 A

【例题 6－3·多选题】 编制的审计工作底稿应当使未曾接触该项审计工作的有经验的专业人士清楚了解审计程序、审计证据和重大审计结论。下列条件中，有经验的专业人士应当具备的有（　　）。（2009 年）

A. 了解相关法律法规和审计准则的规定

B. 在会计师事务所长期从事审计工作

C. 了解与被审计单位所处行业相关的会计和审计问题

D. 了解注册会计师的审计过程

【答案】 ACD

【解析】“有经验的专业人士”指事务所内部或外部的具有审计实务经验，并对以下方面具有合理了解的人士：（1）审计过程；（2）法律法规和审计准则的规定；（3）被审计单位所处的经营环境；（4）与被审计单位所处行业相关的会计和审计问题。

考点三：审计工作底稿的形式和内容

审计工作底稿可以以纸质、电子或其他介质形式存在。

1. 审计工作底稿内容。

审计工作底稿通常包括的内容	审计工作底稿通常不包含的内容
总体审计策略、具体审计计划、分析表、问题备忘录、重大事项概要、询证函回函和声明、核对表、有关重大事项的往来函件（包括电子邮件）等众多与审计相关的资料	（1）已被取代的审计工作底稿的草稿或财务报表的草稿 （2）反映不全面或初步思考的记录 （3）存在印刷错误或其他错误而作废的文本 （4）重复的文件记录

2. 在记录已实施审计程序的性质、时间安排和范围时，注册会计师应当记录：

（1）测试的具体项目或事项的识别特征；

（2）审计工作的执行人员及完成审计工作的日期；

（3）审计工作的复核人员及复核的日期和范围。

【例题6-4·单选题】 在某些例外情况下，如果在审计报告日后实施了新的或追加的审计程序，或者得出新的结论，应当形成相应的审计工作底稿。下列各项中，无须包括在审计工作底稿中的是（　　）。(2012年)

A. 有关例外情况的记录

B. 实施的新的或追加的审计程序、获取的审计证据、得出的结论及对审计报告的影响

C. 对审计工作底稿作出相应变动的时间和人员以及复核的时间和人员

D. 审计报告日后，修改后的被审计单位财务报表草稿

【答案】 D

【解析】 审计工作底稿通常不包括已被取代的审计工作底稿的草稿或财务报表的草稿、反映不全面或初步思考的记录、存在印刷错误或其他错误而作废的文本，以及重复的文件记录等。由于这些草稿、错误的文本或重复的文件记录不直接构成审计结论和审计意见的支持性证据，因此，注册会计师通常无须保留这些记录。

【套路】 主要关注哪些是不包括的，初稿（不全面或初步思考的记录）、草稿、作废的文本、重复的记录都是审计工作底稿不包含的内容。

第二节　审计工作底稿的归档

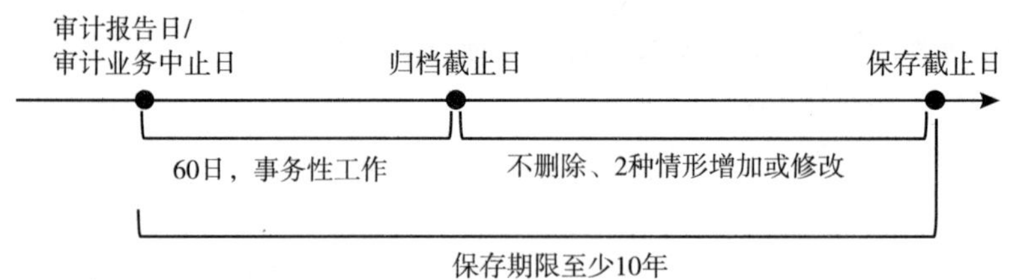

考点一：审计工作底稿归档工作的性质

在审计报告日后将审计工作底稿归整为最终审计档案是一项事务性的工作，不涉及实施新的审计程序或得出新的结论。包括：

（1）删除或废弃被取代的审计工作底稿；

（2）对审计工作底稿进行分类、整理和交叉索引；

（3）对审计档案归整工作的完成核对表签字认可；

（4）记录在审计报告日前获取的、与项目组相关成员进行讨论并达成一致意见的审计证据。

【例题6-5·单选题】 下列各项中，不属于在审计工作底稿归档期间的事务性变动的是（　　）。(2019年)

A. 删除被取代的审计工作底稿

B. 对审计工作底稿进行分类和整理

C. 将在审计报告日后获取的管理层书面声明放入审计工作底稿

D. 将在审计报告日前获取的、与项目组相关成员进行讨论并达成一致意见的审计证据放入审计工作底稿

【答案】 C

【解析】 选项C错误，管理层书面声明应当在审计报告日前获取。如果在归档期间对审计工

作底稿作出的变动属于事务性的，注册会计师可以作出变动，主要包括：(1) 删除或废弃被取代的审计工作底稿（选项 A）；(2) 对审计工作底稿进行分类、整理和交叉索引（选项 B）；(3) 对审计档案归整工作的完成核对表签字认可；(4) 记录在审计报告日前获取的、与项目组相关成员进行讨论并达成一致意见的审计证据（选项 D）。

【例题 6－6・多选题】 注册会计师在审计工作底稿归档期间作出的下列变动中，属于事务性变动的有（　　）。(2018 年)

A. 删除管理层书面声明的草稿

B. 将审计报告日前已收回的询证函进行编号和交叉索引

C. 获取估值专家的评估报告最终版本并归入审计工作底稿

D. 对审计档案归整工作的完成核对表签字认可

【答案】 ABD

【解析】 在审计报告日后将审计工作底稿归整为最终审计档案是一项事务性的工作，不涉及实施新的审计程序或得出新的结论。包括：(1) 删除或废弃被取代的审计工作底稿（选项 A）；(2) 对审计工作底稿进行分类、整理和交叉索引（选项 B）；(3) 对审计档案归整工作的完成核对表签字认可（选项 D）；(4) 记录在审计报告日前获取的、与项目组相关成员进行讨论并达成一致意见的审计证据。选项 C 不正确。

考点二：审计工作底稿归档后的变动

在完成最终审计档案的规整工作后，注册会计师不应在规定的保存期限届满前删除或废弃任何性质的审计工作底稿。

一般情况下，在审计报告归档之后不需要对审计工作底稿进行修改或增加，如果注册会计师认为有必要，则可以修改现有审计工作底稿或增加新的审计工作底稿，同时做好相应的记录。

修改或增加审计工作底稿的情形	(1) 注册会计师已实施了必要的审计程序，取得了充分、适当的审计证据并得出了恰当的审计结论，但审计工作底稿的记录不够充分 (2) 审计报告日后，发现例外情况要求注册会计师实施新的或追加审计程序，或导致注册会计师得出新的结论
修改或增加审计工作底稿时的记录要求	(1) 修改或增加审计工作底稿的理由 (2) 修改或增加审计工作底稿的时间和人员，以及复核的时间和人员

【例题 6－7・单选题】 下列各项中，注册会计师认为不属于在归档期间对审计工作底稿作出事务性变动的是（　　）。(2011 年)

A. 删除被取代的审计工作底稿

B. 对审计工作底稿进行分类、整理和交叉索引

C. 对审计档案归整工作的完成核对表签字认可

D. 记录在审计报告日后实施补充审计程序获取的审计证据

【答案】 D

【解析】 审计报告日后，如果发现例外情况要求注册会计师实施新的或追加审计程序，或导致注册会计师得出新的结论，则需要修改现有审计工作底稿或增加新的审计工作底稿，不属于在归档期间对审计工作底稿作出事务性变动。

【例题6-8·简答题】项目组应当自鉴证业务报告日起六十日内将业务工作底稿归档。归档后，项目组需要删除或增加业务工作底稿，须经主任会计师批准。(2012年)

【答案】不符合规定。归档后，可以增加和修改，但不能删除或废弃审计工作底稿。

考点三：审计工作底稿的归档的期限和保存期限

项目	归档期限	保存期限
完成审计业务	审计报告日后60天内	自审计报告日起，至少保存10年
未能完成审计业务	审计业务中止后的60天内	自审计业务中止日起，至少保存10年

【例题6-9·单选题】组成部分注册会计师为集团审计目的出具审计报告的日期为2014年2月15日，集团项目组出具集团审计报告的日期为2014年3月5日。下列有关组成部分注册会计师的审计工作底稿保存期限的说法中，正确的是（　　）。(2014年)

A. 应当自2014年1月1日起至少保存10年

B. 应当自2014年2月15日起至少保存10年

C. 应当自2014年3月5日起至少保存10年

D. 应当自2014年4月16日起至少保存10年

【答案】C

【解析】为集团审计目的出具审计报告，审计工作底稿保存期限应当自集团审计报告日起，不少于10年，选项C正确。记住集团审计，是以集团审计报告日为起算日。

【例题6-10·简答题】ABC会计师事务所的A注册会计师负责审计多家被审计单位2016年度财务报表。与审计工作底稿相关的部分事项如下：

（1）因无法获取充分、适当的审计证据，A注册会计师在2017年2月28日终止了甲公司2016年度财务报表审计业务。考虑到该业务可能重新启动，A注册会计师未将审计工作底稿归档。

（2）A注册会计师在出具乙公司2016年度审计报告日次日收到一份应收账款询证函回函，确认金额无误后将其归入审计工作底稿，未删除记录替代程序的原审计工作底稿。

（3）在将丙公司2016年度财务报表审计工作底稿归档后，A注册会计师知悉丙公司已于2017年4月清算并注销，认为无须保留与丙公司相关的审计档案，决定销毁。

（4）A注册会计师在丁公司2016年度财务报表审计工作底稿归档后，收到管理层寄回的书面声明原件，与已归档的传真件核对一致后，直接将其归于审计档案。

（5）A注册会计师获取了丁公司2016年年度报告的最终版本，阅读和考虑年度报告中的其他信息后，通过在年度报告封面上注明“已阅读”作为已执行工作的记录。

要求：针对上述第（1）至（5）项，逐项指出A注册会计师的做法是否恰当，如不恰当，简要说明理由。(2017年)

【答案】

（1）不恰当。应在业务中止后的60天内归档/业务中止也应归档。

（2）恰当。

（3）不恰当。会计师事务所应当自审计报告日起对审计工作底稿至少保存10年/在规定保存期届满前，不应删除或废弃任何性质的审计工作底稿。

（4）不恰当。注册会计师应当记录对已归档审计工作底稿的修改或增加/应当记录修改或增加审计工作底稿的理由；应当记录修改或增加审计工作底稿的时间和人员、应当记录复核的时间和人员。

（5）不恰当。应当记录实施的具体程序/应当记录阅读和考虑的程序。

【解析】 要注意以下描述的对比（归档期间和归档后）：

（1）归档期间，可以删除或废弃被取代的审计工作底稿（以前的草稿、初稿等）。但在第（2）项中，A注册会计师已经出具2016年度审计报告，表明在出具审计报告的时候已经获取了充分、恰当的审计证据，也就是说之前实施的替代审计程序是恰当的（不是草稿），无须删除，只需要将回函纳入底稿。

（2）归档后，自审计报告日起对审计工作底稿至少保存10年，在规定保存期届满前，不应删除或废弃任何性质的审计工作底稿（注意是任何性质）。

【例题6－11·简答题】 A注册会计师负责对甲公司2011年度财务报表进行审计。与审计工作底稿相关的部分事项如下：

（1）由于在审计过程中识别出重大错报并提出审计调整建议，A注册会计师重新评估并修改了重要性，并将记录计划阶段评估的重要性的工作底稿删除，代之以记录重新评估的重要性的工作底稿。

（2）对于询问被审计单位特定人员的程序，A注册会计师在形成审计工作底稿时，以询问的时间、被询问人的姓名和岗位名称为识别特征。

（3）A注册会计师在审计过程中无法就关联方关系及交易获取充分、适当的审计证据，并因此出具了保留意见审计报告。A注册会计师将该事项作为重大事项记录在审计工作底稿中。

（4）审计报告日期为2012年4月18日。A注册会计师于2012年4月20日将审计报告提交给甲公司管理层，并于2012年6月19日完成审计工作底稿的归档工作。

（5）在对审计工作底稿进行归档的过程中，A注册会计师对审计工作底稿进行了分类、整理和交叉索引，并签署了审计档案归整工作核对表。

（6）A注册会计师在审计工作底稿归档之后收到了一份银行询证函回函原件，于是用原件替换审计档案中的回函传真件。

要求：针对上述第（1）至（6）项，逐项指出A注册会计师的做法是否恰当。如不恰当，简要说明理由。（2012年）

【答案】

（1）不恰当。应当记录对重要性作出的修改以及理由，因此应当保留原重要性和重新评估的重要性之间的修改痕迹。

（2）恰当。

（3）恰当。

（4）不恰当。应当在报告日后60天内将工作底稿归档，即2012年6月17日前。

（5）恰当。

（6）不恰当。在完成归档后，不应在规定保管期限届满前删除或废弃任何审计工作底稿。

【例题6－12·简答题】 A注册会计师负责审计甲公司2012年度财务报表。与审计工作底稿相关的部分事项如下：

（1）A注册会计师在具体审计计划中记录拟对固定资产采购与付款循环采用综合性方案，因在测试控制时发现相关控制运行无效，将其改为实质性方案，重新编制具体审计计划工作底稿，并替代原具体审计计划工作底稿。

(2) A注册会计师拟利用2011年度审计中获取的有关存货和成本循环的控制运行有效性的审计证据，将信赖这些控制的理由和结论记录于审计工作底稿。

(3) A注册会计师在对销售发票进行细节测试时，将相关销售发票所载明的发票日期以及商品的名称、规格和数量作为识别特征记录于审计工作底稿。

(4) 审计报告日后，A注册会计师对在审计报告日前收到的应付账款询证函回函中存在的差异进行调查，确认其金额和性质均不重大，并记录于审计工作底稿。

(5) 在归整审计档案时，A注册会计师删除了固定资产减值测试审计工作底稿初稿。

(6) 在完成审计档案归整工作后，A注册会计师收到一份应收账款询证函回函，其结果显示无差异。A注册会计师将其归入审计档案，并删除了在审计过程中实施的相关替代程序的审计工作底稿。

要求：针对上述第(1)至(6)项，逐项指出A注册会计师的做法是否恰当。如不恰当，简要说明理由。(2013年)

【答案】

第(1)项，不恰当。注册会计师应在审计工作底稿中记录在审计过程中对具体审计计划作出的任何重大修改和理由。

第(2)项，恰当。

第(3)项，不恰当。识别特征应当具有唯一性，发票日期以及商品的名称、规格和数量不具有唯一性/注册会计师应当将销售发票编号作为识别特征记录于审计工作底稿。

第(4)项，不恰当。在出具审计报告前，注册会计师应当对收到的应付账款询证函回函中存在的差异进行调查，并记录于审计工作底稿。

第(5)项，恰当。

第(6)项，不恰当。在完成审计档案的归整工作后，注册会计师不应在规定的保存期限届满前删除或废弃任何性质的审计工作。

【解析】

(1) 第(4)项，在出具审计报告前，注册会计师应完成所有必要的审计程序，取得充分、适当的审计证据并得出适当的审计结论。所以，题目在“审计报告日后”才开始进行调查，不恰当。

(2) 第(5)项，要注意“初稿”两个字，初稿、草稿、作废的文本、重复的记录都是审计工作底稿不包含的内容。

第二编
审计测试流程

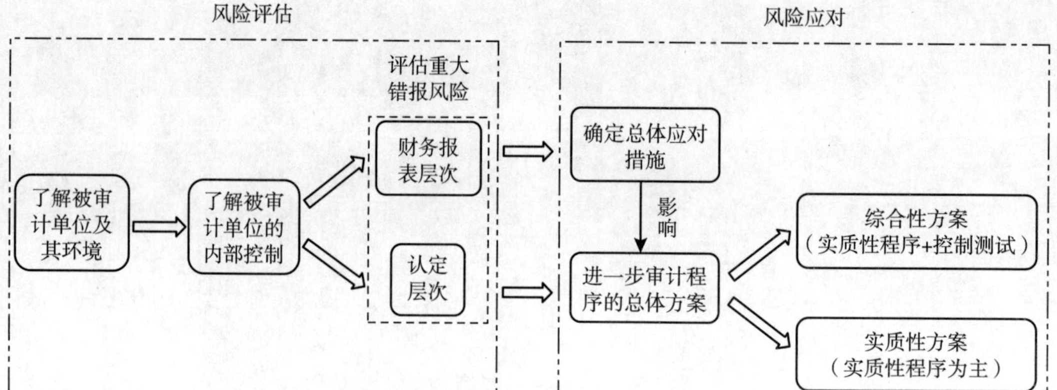
风险评估
风险应对
评估重大
错报风险
了解被审
计单位及
其环境
了解被审
计单位的
内部控制
财务报
表层次
认定
层次
确定总体应对
措施
影
响
进一步审计程
序的总体方案
综合性方案
（实质性程序+控制测试）
实质性方案
（实质性程序为主）

第七章　风险评估

所谓风险评估，就是了解被审计单位及其环境，以识别和评估重大错报风险。

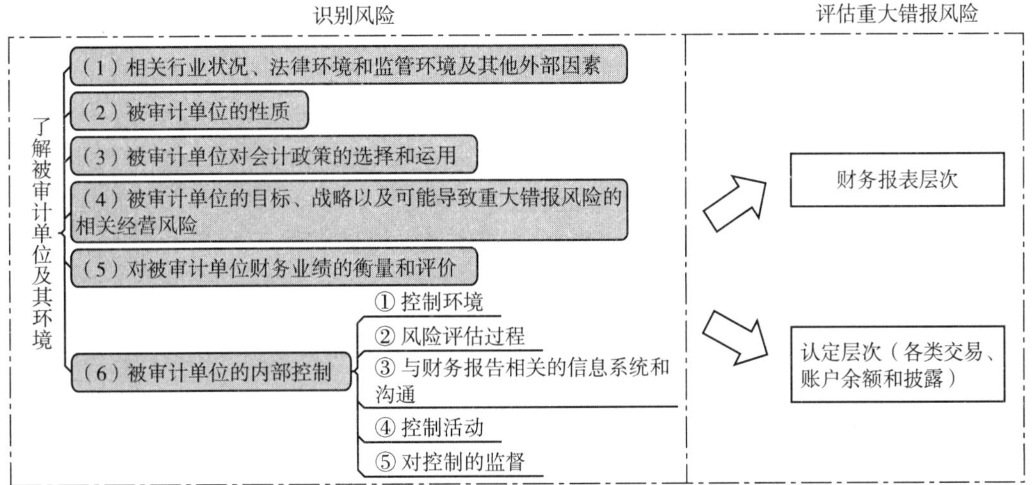

第一节　了解被审计单位及其环境

考点一：风险识别和评估的作用

（一）了解被审计单位及其环境是必要程序，特别是为注册会计师在下列关键环节作出职业判断提供重要基础：

（1）确定重要性水平，并随着审计工作的进程评估对重要性水平的判断是否仍然适当；

（2）考虑会计政策的选择和运用是否恰当，以及财务报表的列报是否适当；

（3）识别需要特别考虑的领域，包括关联方交易、管理层运用持续经营假设的合理性，或交易是否具有合理的商业目的等；

（4）确定在实施分析程序时所使用的预期值；

（5）设计和实施进一步审计程序，以将审计风险降至可接受的低水平；

（6）评价所获取审计证据的充分性和适当性。

（二）了解被审计单位及其环境是一个连续和动态地收集、更新与分析信息的过程，贯穿于整个审计过程的始终。注册会计师应当运用职业判断确定需要了解被审计单位及其环境的程度。

【例题 7 - 1 · 简答题】 ABC 会计师事务所接受委托，负责审计上市公司甲公司 2010 年度财务报表，并委派 A 注册会计师担任审计项目合伙人。在制订审计计划时，A 注册会计师根据其审

计甲公司的多年经验，认为甲公司2010年度财务报表不存在重大错报风险，应当直接实施进一步审计程序。(2011年)

要求：针对上述情形，指出存在哪些可能违反审计准则和质量控制准则的情况，并简要说明理由。

【答案】注册会计师直接实施进一步审计程序是不恰当的。了解被审计单位及其环境是必要程序，注册会计师应当了解被审计单位及其环境，以充分识别和评估财务报表重大错报风险。

考点二：注册会计师应当从以下方面了解被审计单位及其环境

(由宽到窄，由外到内——由国家到行业再到被审计单位)

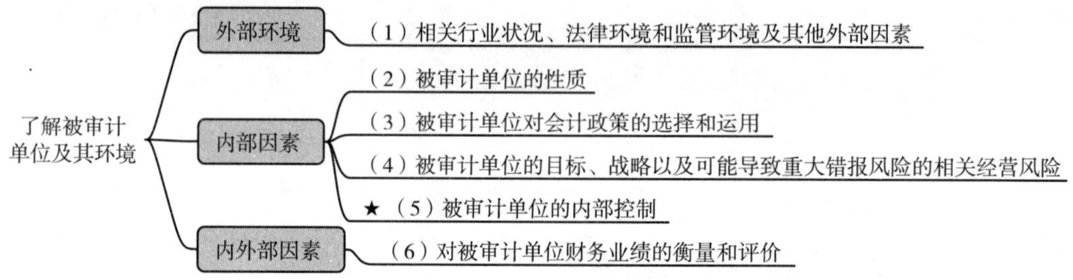

注册会计师了解被审计单位的经营风险有助于其识别财务报表重大错报风险。但并非所有的经营风险都与财务报表相关，注册会计师没有责任识别或评估对财务报表没有重大影响的经营风险。

多数经营风险最终都会产生财务后果，从而影响财务报表，但并非所有的经营风险都会导致重大错报风险。

【例题7-2·单选题】下列有关注册会计师了解被审计单位对会计政策的选择和运用的说法中，错误的是（　　）。(2019年)

A. 如果被审计单位变更了重要的会计政策，注册会计师应当考虑会计政策的变更是否能够提供更可靠、更相关的会计信息

B. 在缺乏权威性标准或共识的领域，注册会计师应当协助被审计单位选用适当的会计政策

C. 当新的会计准则颁布施行时，注册会计师应当考虑被审计单位是否应采用新的会计准则

D. 注册会计师应当关注被审计单位是否采用激进的会计政策

【答案】B

【解析】在缺乏权威性标准或共识的领域，注册会计师应当关注被审计单位选用了哪些会计政策、为什么选用这些会计政策以及选用这些会计政策产生的影响（选项B错误）。如果被审计单位变更了重要的会计政策，注册会计师应当考虑变更的原因及其适当性，即考虑：

(1) 会计政策变更是否是法律、行政法规或者适用的会计准则和相关会计制度要求的变更；

(2) 会计政策变更是否能够提供更可靠、更相关的会计信息（选项A正确）。

除此之外，注册会计师还应当关注会计政策的变更是否得到恰当处理和充分披露。

当新的企业会计准则颁布施行时，注册会计师应考虑被审计单位是否应采用新颁布的会计准则，如果采用，是否已按照新会计准则的要求做好衔接调整工作，并收集执行新会计准则需要的信息资料（选项C正确）。除上述与会计政策的选择和运用相关的事项外，注册会计师还应对被审计单位下列与会计政策运用相关的情况予以关注：

（1）是否采用激进的会计政策、方法、估计和判断（选项 D 正确）；

（2）财会人员是否拥有足够的运用会计准则的知识、经验和能力；

（3）是否拥有足够的资源支持会计政策的运用，如人力资源及培训、信息技术的采用、数据和信息的采集等。

【例题 7－3·多选题】 在了解被审计单位财务业绩的衡量和评价时，下列各项中，注册会计师可以考虑的信息有（　　）。(2013 年)

A. 经营统计数据　　B. 信用评级机构报告

C. 证券研究机构的分析报告　　D. 员工业绩考核与激励性报酬政策

【答案】 ABCD

【解析】 在了解被审计单位财务业绩衡量和评价情况时，注册会计师应当关注下列信息：

（1）关键业绩指标（财务的或非财务的）、关键比率、趋势和经营统计数据（选项 A 正确）；

（2）同期财务业绩比较分析；

（3）预算、预测、差异分析、分部信息与分部、部门或其他不同层次的业绩报告；

（4）员工业绩考核与激励性报酬政策（选项 D 正确）；

（5）被审计单位与竞争对手的业绩比较。

此外，外部机构也会衡量和评价被审计单位的财务业绩，如分析师的报告和信用评级机构的报告，选项 B 和选项 C 正确。

第二节　了解被审计单位的内部控制

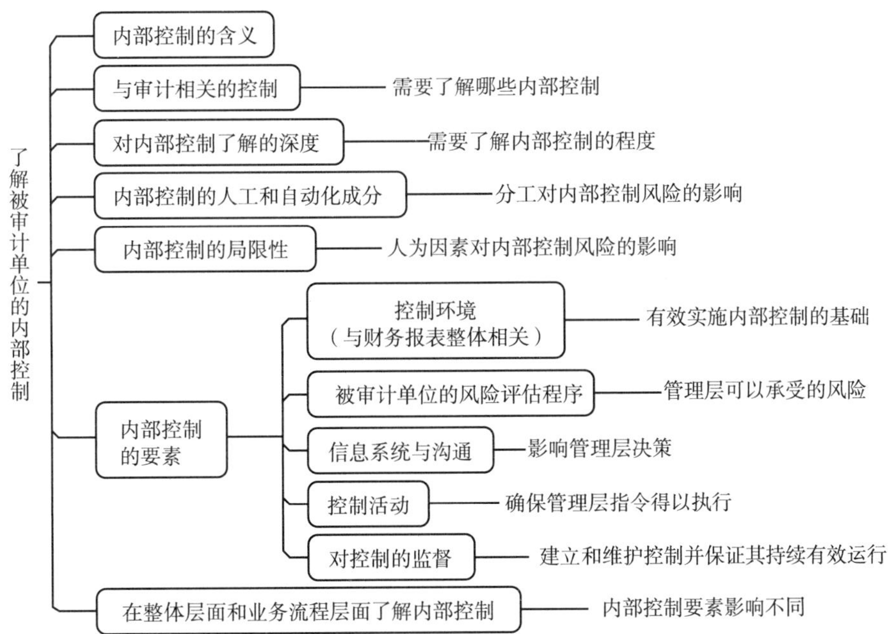

内部控制是被审计单位为了合理保证财务报告的可靠性、经营的效率和效果以及对法律法规的遵守，由治理层、管理层和其他人员设计与执行的政策及程序。

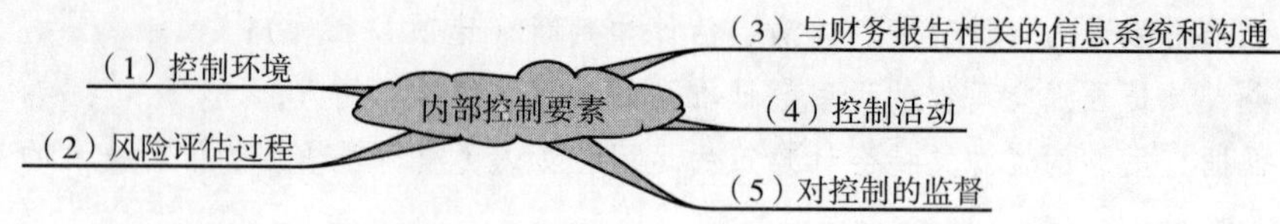

考点一：与审计相关的控制

内部控制的目标是合理保证财务报告的可靠性、经营的效率和效果以及对法律法规的遵守。

注册会计师需要了解和评价的内部控制只是与财务报表审计相关的内部控制，并非被审计单位所有的内部控制。

被审计单位通常有一些与内部控制目标相关但与审计无关的控制，注册会计师无须对其加以考虑。

【例题7－4·单选题】下列有关与审计相关的内部控制的说法中，正确的是（　　）。（2014年）

A. 与财务报告相关的内部控制均与审计相关

B. 与审计相关的内部控制并非均与财务报告相关

C. 与经营目标相关的内部控制与审计无关

D. 与合规目标相关的内部控制与审计无关

【答案】B

【解析】与财务报告相关的内部控制，可能与审计无关，选项A错误；如果与经营和合规目标相关的控制与注册会计师实施审计程序时评价或使用的数据相关，则这些控制也可能与审计相关，选项C、D错误。

考点二：对内部控制了解的深度

对内部控制了解的深度，是指在了解被审计单位及其环境时对内部控制了解的程度。包括评价控制的设计，并确定其是否得到执行。但不包括对控制是否得到一贯执行的测试。

审计程序包括：（1）询问；（2）观察；（3）检查；（4）穿行测试。

除非存在某些可以使控制得到一贯运行的自动化控制，否则注册会计师对控制的了解并不足以测试控制运行的有效性。例如，获取某一人工控制在某一时点得到执行的审计证据，并不能证明该控制在所审计期间内的其他时点也有效运行。

【例题7－5·单选题】下列不属于在了解被审计单位及其环境时实施的审计程序的是（　　）。（2015年）

A. 重新执行　　B. 分析程序

C. 观察　　D. 询问被审计单位管理层

【答案】A

【解析】重新执行适用于控制测试，选项A不正确。

【例题7－6·单选题】下列审计程序中，注册会计师在了解被审计单位内部控制时通常不采用的是（　　）。（2012年）

A. 询问　　B. 观察　　C. 分析程序　　D. 穿行测试

【答案】C

【解析】了解被审计单位的内部控制的审计程序包括：询问、观察、检查、穿行测试。所以，选项 A、B、D 正确；

选项 C 错误，注册会计师无须在了解被审计单位及其环境的每一方面时都实施分析程序。例如，在了解内部控制时，一般不会运用分析程序。

【例题 7－7·多选题】下列有关注册会计师了解内部控制的说法中，正确的有（　　）。(2017 年)

A. 注册会计师在了解被审计单位内部控制时，应当确定其是否得到一贯执行

B. 注册会计师不需要了解被审计单位所有的内部控制

C. 注册会计师对内部控制的了解通常不足以测试控制运行的有效性

D. 注册会计师询问被审计单位人员不足以评价内部控制设计的有效性

【答案】BCD

【解析】选项 A 错误，对内部控制了解的深度，是指在了解被审计单位及其环境时对内部控制了解的程度。包括评价控制的设计，并确定其是否得到执行，但不包括对控制是否得到一贯执行的测试。

选项 B 正确，注册会计师需要了解和评价的内部控制只是与财务报表审计相关的内部控制，并非被审计单位所有的内部控制；

选项 C 正确，除非存在某些可以使控制得到一贯运行的自动化控制，否则注册会计师对控制的了解并不足以测试控制运行的有效性；

选项 D 正确，询问本身并不足以评价控制的设计以及确定其是否得到执行，注册会计师应当将询问与其他风险评估程序结合使用。

考点三：内部控制五要素

（一）控制环境

良好的控制环境是实施有效内部控制的基础。实际上，在审计业务承接阶段，注册会计师就需要对控制环境作出初步了解和评价。

与控制环境相关的因素主要包括：

（1）对诚信和道德价值观念的沟通与落实；

（2）对胜任能力的重视；

（3）治理层的参与程度；

（4）管理层的理念和经营风格；

（5）组织结构及职权与责任的分配；

（6）人力资源政策和实务。

控制环境对重大错报风险的评估具有广泛影响。

有效的控制环境并不能绝对防止舞弊，但却有助于降低发生舞弊的风险。

如果认为被审计单位控制环境薄弱，则很难认定某一流程的控制是有效的。

控制环境本身并不能防止或发现并纠正各类交易、账户余额和披露认定层次的重大错报，注册会计师在评估重大错报风险时，应当将控制环境连同其他内部控制要素产生的影响一并考虑。

【例题 7－8·单选题】下列有关控制环境的说法中，错误的是（　　）。(2014 年)

A. 控制环境对重大错报风险的评估具有广泛影响

B. 有效的控制环境本身可以防止、发现并纠正各类交易、账户余额和披露认定层次的重大错报

C. 有效的控制环境可以防止舞弊

D. 财务报表层次重大错报风险很可能源于控制环境存在缺陷

【答案】 B

【解析】 控制环境本身并不能防止、发现并纠正各类交易、账户余额和披露认定层次的重大错报，在评估重大错报风险时，应将控制环境连同其他内部控制要素产生的影响一并考虑。

【套路】 此类题目经常将控制监督、控制环境、控制活动几部分的内容相互混淆考核：(1) 控制环境与公司整体相关，记住人力资源政策属于控制环境。(2) 控制活动记住：包括与授权、业绩评价、信息处理、实物控制和职责分离等相关的活动。(3) 控制监督：要多注意“评估”“评价”这类的词语。

【例题 7－9 · 单选题】 下列有关控制环境的说法中，错误的是（　　）。(2013 年)

A. 在审计业务承接阶段，注册会计师无须了解和评价控制环境

B. 在实施风险评估程序时，注册会计师需要对控制环境的构成要素获取足够了解，并考虑内部控制的实质及其综合效果

C. 在进行风险评估时，如果注册会计师认为被审计单位的控制环境薄弱，则很难认定某一流程的控制是有效的

D. 在评估重大错报风险时，注册会计师应当将控制环境连同其他内部控制要素产生的影响一并考虑

【答案】 A

【解析】 实际上，在审计业务承接阶段，注册会计师就需要对控制环境作出初步了解和评价，选项 A 错误。

【例题 7－10 · 单选题】 下列各项中，不属于控制环境要素的是（　　）。(2016 年)

A. 对诚信和道德价值观的沟通与落实　　B. 内部审计的职能范围

C. 治理层的参与　　D. 人力资源政策与实务

【答案】 B

【解析】 控制环境要素（6 个）包括：对诚信和道德价值观念的沟通与落实、对胜任能力的重视、治理层的参与程度、管理层的理念和经营风格、组织结构及职权与责任的分配以及人力资源政策与实务，所以选项 A、C、D 正确。

单独的评价活动属于对控制的监督，是由内部审计人员或具有类似职能的人员对内部控制的设计和执行进行的，以找出内部控制的优点和不足，并提出改进建议。所以，选项 B 错误，属于控制要素中控制监督的内容。

【套路】 此类题目经常将控制监督、控制环境、控制活动几部分的内容相互混淆考核：(1) 控制环境与公司整体相关，记住人力资源政策属于控制环境。(2) 控制活动记住：包括与授权、业绩评价、信息处理、实物控制和职责分离等相关的活动。(3) 控制监督：要多注意“评估”“评价”这类的词语。

【例题 7－11 · 单选题】 下列各项中，不属于控制环境要素的是（　　）。(2013 年)

A. 被审计单位的人力资源政策与实务　　B. 被审计单位的组织结构

C. 被审计单位管理层的理念　　　　　　D. 被审计单位的信息系统

【答案】D

【解析】控制环境要素包括：对诚信和道德价值观念的沟通与落实、对胜任能力的重视、治理层的参与程度、管理层的理念和经营风格、组织结构及职权与责任的分配以及人力资源政策与实务。被审计单位的信息系统属于内部控制的信息系统与沟通要素，不属于控制环境要素，选项D错误。

【例题7－12·单选题】下列有关控制环境的说法中，错误的是（　　）。(2012年)

A. 控制环境本身能防止或发现并纠正认定层次的重大错报

B. 控制环境的好坏影响注册会计师对财务报表层次重大错报风险的评估

C. 控制环境影响被审计单位内部生成的审计证据的可信赖程度

D. 控制环境影响实质性程序的性质、时间安排和范围

【答案】A

【解析】选项A错误，控制环境本身并不能防止或发现并纠正各类交易、账户余额和披露认定层次的重大错报，注册会计师在评估重大错报风险时，应当将控制环境连同其他内部控制要素产生的影响一并考虑。

（二）控制活动

控制活动是指有助于确保管理层的指令得以执行的政策和程序。包括与授权、业绩评价、信息处理、实物控制和职责分离等相关的活动。

在了解控制活动时，注册会计师应当重点考虑一项控制活动单独或连同其他控制活动，是否能够以及如何防止或发现并纠正各类交易、账户余额和披露存在的重大错报。

注册会计师对被审计单位整体层面的控制活动进行了解和评估时，主要是针对被审计单位的一般控制活动，特别是信息技术的一般控制。

（三）对控制的监督

对控制的监督是指被审计单位评价内部控制在一段时间内运行有效性的过程，对控制的监督涉及及时评估控制的有效性并采取必要的补救措施。

我们可以利用被审计单位内部生成的信息，但是在利用时必须考虑信息的真实、可靠性。

考点四：在整体层面和业务流程层面了解内部控制

（一）两者的关系

整体层面的控制（包括对管理层凌驾于内部控制之上的控制）和信息技术一般控制通常在所有业务活动中普遍存在。业务流程层面控制主要是对工薪、销售和采购等交易的控制。

整体层面的控制对内部控制在所有业务流程中得到严格的设计和执行具有重要影响。

所有的公司都存在管理层凌驾于控制之上的风险。

（二）业务流程层面了解内部控制

在初步计划审计工作时，注册会计师需要确定在被审计单位财务报表中可能存在重大错报风

险的重大账户及其相关认定。通常采取下列步骤：

业务流程层面内部控制步骤：
（1）确定重要业务流程和重要交易类别；
（2）了解重要交易流程，并进行记录；
（3）确定可能发生错报的环节；
（4）识别和了解相关控制；
（5）执行穿行测试，证实对交易流程和相关控制的了解；
（6）进行初步评价和风险评估

注册会计师对被审计单位的了解可能表明某些控制是无效的，或者注册会计师并不打算信赖控制，则没有必要进一步了解在业务流程层面的控制。

如果认为仅通过实质性程序无法将认定层次的检查风险降至可接受的水平，或者针对特别风险，注册会计师应当了解和评估相关的控制活动。

通常将业务流程中的控制分为预防性控制和检查性控制，它们可能是人工的，也可能是自动化的。

（1）预防性控制。预防性控制通常用于正常业务流程的每一项交易，以防止错报的发生。

（2）检查性控制。检查性控制的目的是发现流程中可能发生的错报。

注册会计师并不需要了解与每一项控制目标相关的所有控制活动。如果多项控制活动能够实现同一目标，注册会计师不必了解与该目标相关的每项控制活动。

如果不打算信赖控制，注册会计师仍需要执行穿行测试以确认以前对业务流程及可能发生错报环节了解的准确性和完整性。

除非存在某些可以使控制得到一贯运行的自动化控制，注册会计师对控制的了解和评价并不能够代替对控制运行有效性的测试。

【例题7－13·多选题】下列各项中，属于注册会计师通过实施穿行测试可以实现的目的的有（　　）。(2019年)

A. 确认对业务流程的了解　　B. 确认对重要交易的了解是否完整

C. 评价控制设计的有效性　　D. 确认控制是否得到执行

【答案】ABCD

【解析】执行穿行测试可获得下列方面的证据：（1）确认对业务流程的了解；（2）确认对重要交易的了解是完整的，即在交易流程中所有与财务报表认定相关的可能发生错报的环节都已识别；（3）确认所获取的有关流程中的预防性控制和检查性控制信息的准确性；（4）评估控制设计的有效性；（5）确认控制是否得到执行；（6）确认之前所做的书面记录的准确性。

【例题7－14·单选题】下列各项控制中，属于检查性控制的是（　　）。(2018年)

A. 财务总监复核并批准财务经理提出的撤销银行账号的申请

B. 出纳不能兼任收入或支出的记账工作

C. 财务经理根据其权限复核并批准相关付款

D. 财务经理复核会计编制的银行存款余额调节表

【答案】D

【解析】选项ABC均属于事前控制，属于预防性控制；财务经理复核会计编制的银行存款余额调节表，属于事后控制，因此是检查性控制。

【套路】检查属于“事后”，发现错报；预防属于“事前”，防止错报发生。

【例题7－15·多选题】下列各项中，属于预防性控制的有（　　）。（2014年）

A. 负责业务收入和应收账款记账的财务人员不得经手货币资金

B. 采购固定资产需要经适当级别的人员批准

C. 会计主管每月末将银行账户余额与银行对账单进行核对，并编制银行存款余额调节表

D. 管理层定期执行存货盘点，以确定永续盘存制的可靠性

【答案】AB

【解析】选项C、D属于检查性控制。

【例题7－16·单选题】下列控制活动中，属于检查性控制的是（　　）。（2014年）

A. 信息技术部根据人事部提供的员工岗位职责表在系统中设定用户权限

B. 仓库管理员根据经批准的发货单办理出库

C. 采购部对新增供应商执行背景调查

D. 财务人员每月末与客户对账，并调查差异

【答案】D

【解析】选项A、B、C属于预防性控制。

【例题7－17·单选题】下列关于了解内部控制的说法中，错误的是（　　）。（2012年）

A. 如果认为仅通过实质性程序无法将认定层次的检查风险降至可接受的低水平，应当了解相关的内部控制

B. 针对特别风险，应当了解与该风险相关的控制

C. 当某重要业务流程有显著变化时，应当根据变化的性质及其对相关账户发生重大错报的影响程度，考虑是否需要对变化前后的业务都执行穿行测试

D. 应当了解所有与财务报告相关的控制

【答案】D

【解析】注册会计师需要了解和评价内部控制只是与财务报表审计相关的内部控制，不需要了解所有与财务报告相关的控制。

【套路】首先，了解内部控制是必须的，但不需要了解所有的内部控制，应当了解内部控制的情况包括两种：（1）如果认为仅通过实质性程序无法将认定层次的检查风险降至可接受的水平；（2）针对特别风险。

其次，要注意“与财务报表审计相关”是对的，“与财务报告相关”是错的。

第三节　评估重大错报风险

考点一：评估财务报表层次和认定层次的重大错报风险

（一）识别两个层次的重大错报风险

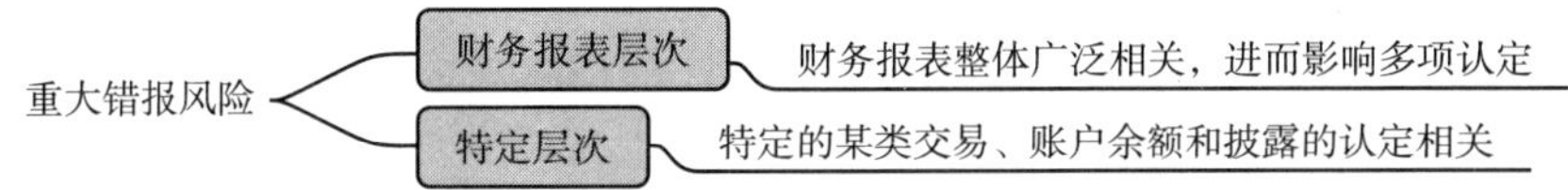

（二）控制环境对评估财务报表层次重大错报风险的影响

财务报表层次的重大错报风险很可能源于薄弱的控制环境。薄弱的控制环境带来的风险可能对财务报表产生广泛影响，难以限于某类交易、账户余额和披露，注册会计师应当采取总体应对措施。

（三）控制对评估认定层次重大错报风险的影响

在评估重大错报发生的可能性时，除了考虑可能的风险外，还要考虑控制对风险的抵销和遏制作用。

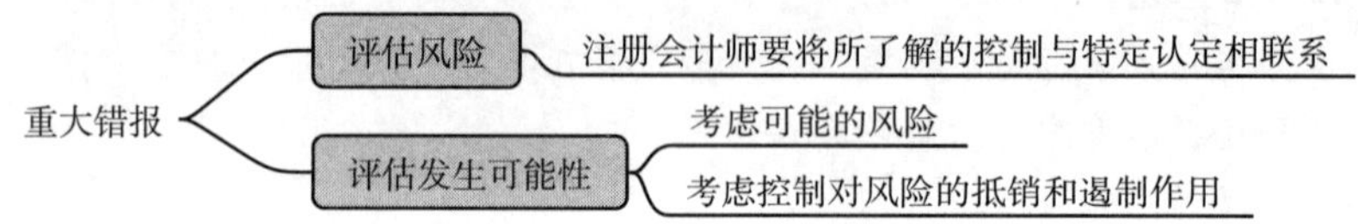

（四）考虑财务报表的可审计性

如果通过对内部控制的了解发现下列情况，并对财务报表局部或整体的可审计性产生疑问，注册会计师应当考虑出具保留意见或无法表示意见的审计报告：

（1）被审计单位会计记录的状况和可靠性存在重大问题，不能获取充分、适当的审计证据以发表无保留意见；

（2）对管理层的诚信存在严重疑虑。

必要时，注册会计师应当考虑解除业务约定。

【例题 7－18·多选题】下列各项中，通常可能导致财务报表层次重大错报风险的有（　　）。（2017 年）

A. 被审计单位新聘任的财务总监缺乏必要的胜任能力

B. 被审计单位的长期资产减值准备存在高度的估计不确定性

C. 被审计单位管理层缺乏诚信

D. 被审计单位的某项销售交易涉及复杂的安排

【答案】AC

【解析】选项 A 正确，财务总监缺乏必要的胜任能力，可能导致财务报表层次重大错报风险；选项 B 不正确，被审计单位的长期资产减值准备存在高度的估计不确定性，影响的是长期资产的准确性、计价和分摊认定，属于认定层次的重大错报风险；选项 C 正确，某些重大错报风险可能与财务报表整体广泛相关，进而影响多项认定。例如，管理层缺乏诚信或承受异常的压力可能引发舞弊风险，这些风险与财务报表整体相关；选项 D 不正确，被审计单位的某项销售交易涉及复杂的安排，可能涉及该项交易是虚构的，影响的是营业收入的发生认定，属于认定层次的重大错报风险。

【例题 7－19·单选题】被审计单位存在的下列事项中，最可能导致注册会计师解除业务约定的是（　　）。（2009 年）

A. 被审计单位没有书面的内部控制

B. 管理层诚信存在严重问题

C. 管理层凌驾于内部控制之上

D. 管理层没有及时完善内部控制存在的缺陷

【答案】 B

【解析】 注册会计师需要考虑财务报表的可审计性，对管理层的诚信存在严重疑虑时，很可能导致注册会计师解除业务约定。

考点二：需要特别考虑的重大错报风险

特别风险，是指注册会计师识别和评估的、根据判断认为需要特别考虑的重大错报风险。

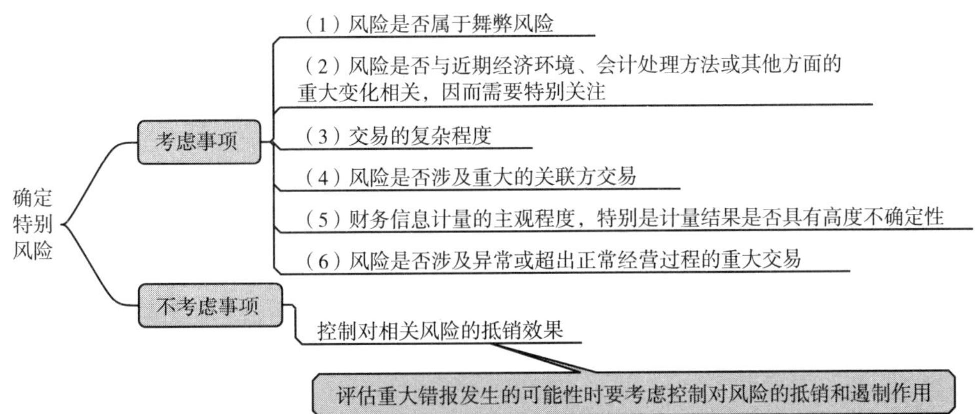

1. 特别风险通常与重大的非常规交易和判断事项有关。

项目	非常规交易	重大判断事项
含义	由于金额或性质异常而不经常发生的交易	包括作出的会计估计（具有计量的重大不确定性）
特征/原因	（1）管理层更多地干预会计处理（管理层凌驾于控制之上） （2）数据收集和处理进行更多的人工干预 （3）复杂的计算或会计处理方法 （4）非常规交易的性质可能使被审计单位难以对由此产生的特别风险实施有效控制	（1）对涉及会计估计、收入确认等方面的会计原则存在不同的理解 （2）所要求的判断可能是主观和复杂的，或需要对未来事项作出假设

2. 考虑与特别风险相关的控制（了解）。

（1）对特别风险，注册会计师应当了解被审计单位是否针对该特别风险设计和实施了控制，还应当评价相关控制的设计情况，并确定其是否已经得到执行。

（2）如果管理层未能实施控制以恰当应对特别风险，注册会计师应当认为内部控制存在重大缺陷，并考虑其对风险评估的影响。

3. 如果认为仅通过实质性程序获取的审计证据无法应对认定层次的重大错报风险，注册会计师应当评价被审计单位针对这些风险设计的控制，并确认执行的情况。（也就是必须控制测试）

【例题 7－20·单选题】 下列有关注册会计师评估特别风险的说法中，正确的是（　　）。（2019 年）

A. 注册会计师应当将具有高度估计不确定性的会计估计评估为存在特别风险

B. 注册会计师应当将管理层凌驾于控制之上的风险作为特别风险

C. 注册会计师应当将涉及重大管理层判断和重大审计判断的事项评估为存在特别风险

D. 注册会计师应当将重大非常规交易评估为存在特别风险

【答案】 B

【解析】 选项B正确，应当评估为特别风险的事项只有三个：（1）舞弊导致的重大错报风险；（2）管理层凌驾于控制之上的风险；（3）超出被审计单位正常经营过程的重大关联方交易导致的重大错报风险。其余的事项都需要进一步评估才能确定是否存在特别风险。

【例题7－21·单选题】 下列各项中，注册会计师在确定某项重大错报风险是否为特别风险时，通常无须考虑的是（　　）。(2018年)

A. 风险是否涉及重大的关联方交易　　B. 交易的复杂程度

C. 被审计单位财务人员的胜任能力　　D. 财务信息计量的主观程度

【答案】 C

【解析】 选项C错误，在确定一项重大错报风险是否为特别风险时，通常无须考虑被审计单位财务人员的胜任能力。需要考虑的事项包括：（1）风险是否属于舞弊风险；（2）风险是否与近期经济环境、会计处理方法或其他方面的重大变化相关；（3）交易的复杂程度；（4）是否涉及重大的关联方交易；（5）财务信息计量的主观程度；（6）是否涉及异常或超出正常经营过程的重大交易。

【例题7－22·多选题】 关于注册会计师对特别风险的考虑中，下列说法中正确的有（　　）。(2015年)

A. 注册会计师应当在考虑识别出的控制对相关风险的抵销效果前，根据风险的性质、潜在错报的重要程度和发生的可能性，判断风险是否属于特别风险

B. 重大非常规交易容易导致特别风险

C. 针对特别风险，注册会计师应当了解和评估相关的控制活动

D. 注册会计师应当直接认定被审计单位收入确认存在特别风险

【答案】 ABC

【解析】 选项D，注册会计师通常应当基于收入确认存在特别风险的假定，分析可能存在的风险类型、发生错报的方式及影响的认定，但并非所有情况下都直接认定收入确认存在特别风险。

【例题7－23·多选题】 下列各项中，注册会计师应当评估为存在特别风险的有（　　）。(2014年)

A. 收入确认

B. 管理层可能凌驾于控制之上

C. 超出正常经营过程的重大关联方交易

D. 具有高度估计不确定性的重大会计估计

【答案】 BC

【解析】 管理层凌驾于控制之上的风险属于特别风险，选项B正确；注册会计师应当将识别出的、超出被审计单位正常经营过程的重大关联方交易导致的风险确定为特别风险，选项C正确；针对具有高度估计不确定性的重大会计估计，注册会计师需要根据职业判断确认是否会导致特别风险，所以选项D错误。

【套路】注意题目的描述“应当将其评估为存在特别风险”，是“应当”而不是“可以”，这是题目的陷阱，我们需要区分哪些属于一定是特别风险，哪些还需要进一步判断。

需要判断的事项：收入确认假定存在舞弊；会计估计具有高度估计不确定性。

一定是特别风险：舞弊风险、管理层凌驾于内部控制之上；关联方之间的超出正常经营过程的重大交易。

【例题 7－24·单选题】下列有关特别风险的说法中，正确的是（　　）。（2015 年）

A. 注册会计师在判断重大错报风险是否为特别风险时，应当考虑识别出的控制对于相关风险的抵消

B. 注册会计师应当将管理层凌驾于控制之上的风险评估为特别风险

C. 注册会计师应当对特别风险实施细节测试

D. 注册会计师应当了解并测试与特别风险相关的控制

【答案】B

【解析】在判断哪些风险是特别风险时，注册会计师不应考虑识别出的控制对相关风险的抵消效果，选项 A 错误；注册会计师应当专门针对特别风险实施实质性程序（而不是细节测试），只有当实施的程序仅为实质性程序的时候，才应当包括细节测试，或将细节测试和实质性分析程序结合使用，选择 C 错误；针对特别风险，注册会计师应当了解和评估相关的控制活动，而不是了解并测试（拟信赖的时候，才进行控制测试），选项 D 错误。

【套路】关于特别风险，容易设置的坑：

在评估重大错报发生的可能性时要考虑控制对风险的抵消和遏制作用，但对于确定特别风险，不需要考虑控制对相关风险的抵消效果，这里一定要分清楚。

【例题 7－25·单选题】下列情形中，注册会计师应当将其评估为存在特别风险的是（　　）。（2016 年）

A. 被审计单位将重要子公司转让给实际控制人控制的企业并取得大额转让收益

B. 被审计单位对母公司的销量占总销量的 50%

C. 被审计单位与收购交易的对方签订了对赌协议

D. 被审计单位销售产品给子公司的价格低于销售给第三方的价格

【答案】A

【解析】注册会计师应当将舞弊导致的重大错报风险、管理层凌驾于控制之上的风险及超出正常经营过程的重大关联方交易导致的风险评估为特别风险。

选项 A 正确，选项 A 中与实际控制人之间进行的重要子公司转让，属于超出了正常经营的事项，并且二者之间为关联方，属于超出正常经营过程的重大关联方交易。

选项 B、C、D 错误，表明可能存在特别风险，但是否应该评估为存在特别风险，还需进一步判断。

【套路】注意题目的描述“应当将其评估为存在特别风险”，是“应当”而不是“可以”，这是题目的陷阱，我们需要区分哪些属于一定是特别风险，哪些还需要进一步判断。

需要判断的事项：收入确认假定存在舞弊；会计估计具有高度估计不确定性。

一定是特别风险：舞弊风险、管理层凌驾于内部控制之上；关联方之间的超出正常经营过程的重大交易。

【例题 7－26·单选题】下列关于特别风险的说法中，错误的是（　　）。（2012 年）

A. 确定哪些风险是特别风险时，应当在考虑识别出的控制对相关风险的抵销效果前，根据风险的性质、潜在错报的重要程度和发生的可能性进行判断

B. 特别风险通常与重大的非常规交易和判断事项相关

C. 管理层未能实施控制以恰当应对特别风险，并不一定表明内部控制存在重大缺陷的迹象

D. 如果针对特别风险实施的程序仅为实质性程序，这些程序应当包括细节测试

【答案】 C

【解析】 选项A正确，特别风险不需要考虑控制的抵销效果，注意题目的描述“抵销前”；选项B正确，特别风险通常与重大的非常规交易和判断事项有关，非常规交易是指由于金额或性质异常而不经常发生的交易，判断事项通常包括作出的会计估计（具有计量的重大不确定性）；选项C错误，如果管理层未能实施控制以恰当应对特别风险，注册会计师应当认为内部控制存在重大缺陷；选项D正确，应对特别风险，如果仅仅通过实质性程序无法应对，应进行控制测试；但如果只实施实质性程序，应当包括细节测试。

第八章　风险应对

风险应对的主要框架：

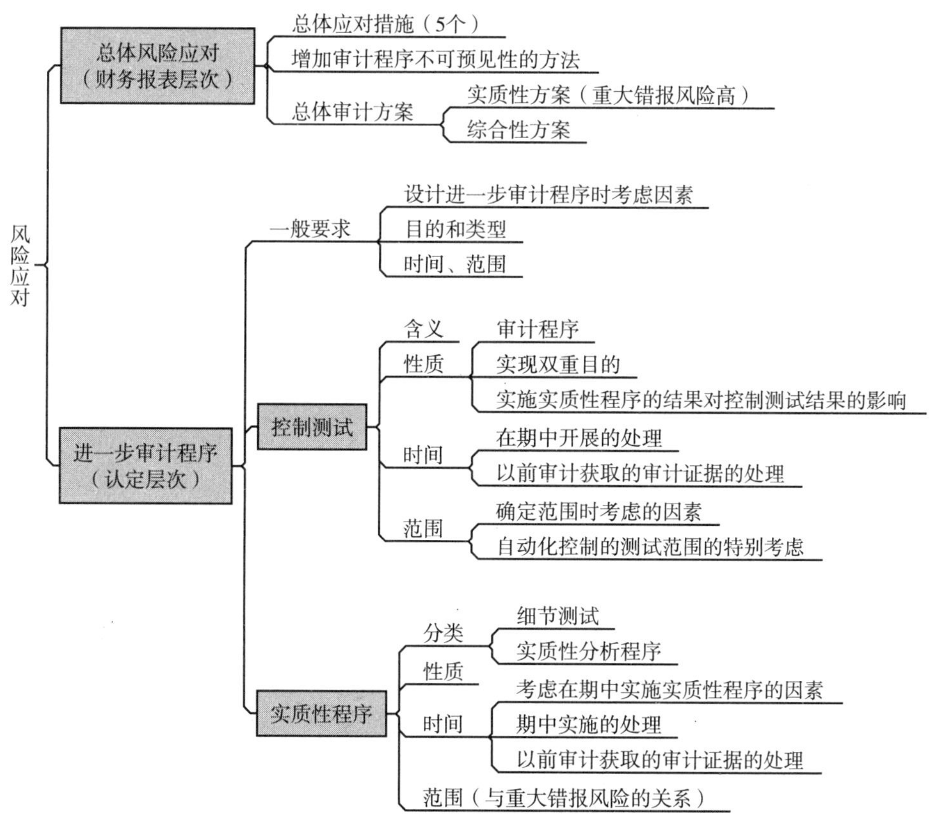

风险应对与风险评估：

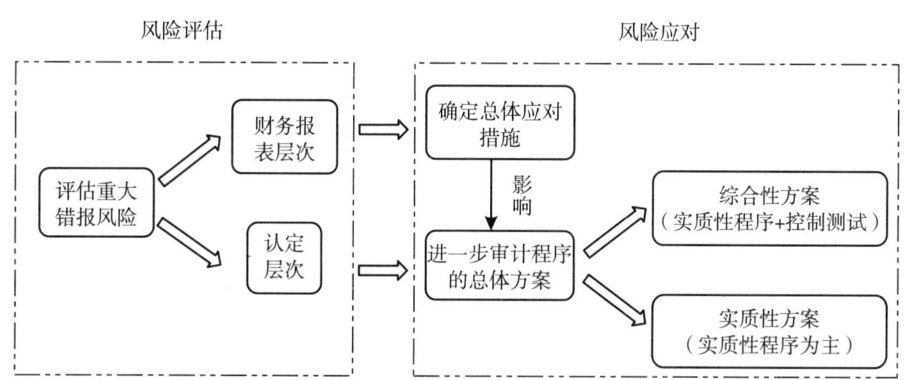

第一节　针对财务报表层次重大错报风险的总体应对措施

考点一：总体应对措施

注册会计师应当针对评估的财务报表层次重大错报风险确定总体应对措施。

如果控制环境存在缺陷，注册会计师再对拟实施审计程序的性质、时间安排或范围作出总体修改。

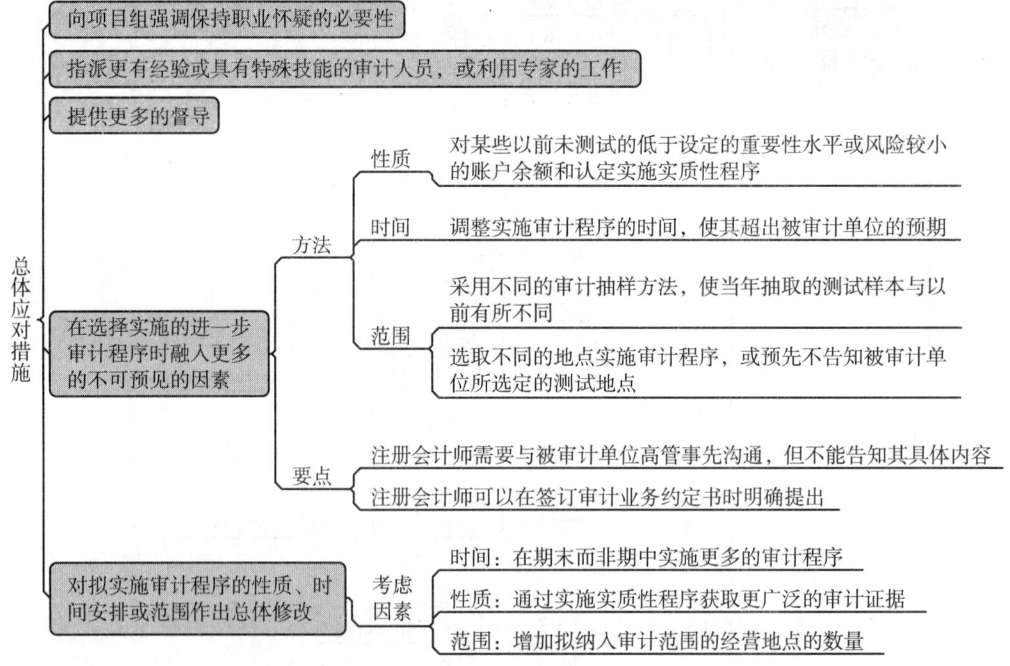

【例题 8－1·单选题】下列有关审计程序不可预见性的说法中，错误的是（　　）。(2019 年)

A. 增加审计程序的不可预见性是为了避免管理层对审计效果的人为干预

B. 增加审计程序的不可预见性会导致注册会计师实施更多的审计程序

C. 注册会计师无须量化审计程序的不可预见性程度

D. 注册会计师在设计拟实施审计程序的性质、时间安排和范围时，都可以增加不可预见性

【答案】B

【解析】增加审计程序的不可预见性主要指调整审计程序的性质、时间安排和范围，提高审计的效率，这种不可预见性的调整，并不是增加了一种新的审计程序。

【例题 8－2·单选题】下列各项措施中，不能应对财务报表层次重大错报风险的是（　　）。(2016 年)

A. 在期末而非期中实施更多的审计程序

B. 扩大控制测试的范围

C. 增加拟纳入审计范围的经营地点的数量

D. 增加审计程序的不可预见性

【答案】 B

【解析】 选项A、C、D都属于总体应对措施，可以应对财务报表层次重大错报风险；选项B，控制测试是为了获取关于控制防止或发现并纠正认定层次的重大错报的有效性而实施的测试，不能应对财务报表层次的重大错报风险。比如财务报表层次的重大错报风险可能是源于薄弱的控制环境，那么此时如果不打算信赖内部控制，不会实施控制测试，也不存在扩大控制测试的范围，选项B错误。

【例题8－3·多选题】 下列做法中，可以提高审计程序的不可预见性的有（　　）。(2012年)

A. 针对销售收入和销售退回延长截止测试期间

B. 向以前没有询问过的被审计单位员工询问

C. 对以前通常不测试的金额较小的项目实施实质性程序

D. 对被审计单位银行存款年末余额实施函证

【答案】 ABC

【解析】 选项D不正确，对被审计单位银行存款年末余额实施函证属于正常审计程序，不属于不可预见审计程序。

考点二：总计审计方案

注册会计师评估的财务报表层次重大错报风险以及采取的总体应对措施，对拟实施的进一步审计程序的总体审计方案具有重大影响。

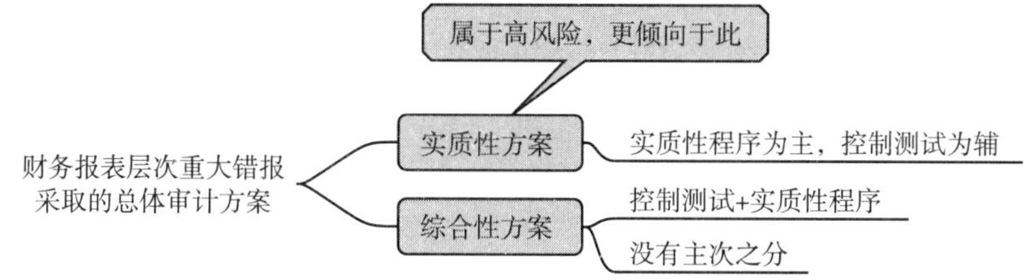

当重大错报风险很高时（控制风险也很高），控制往往无效，实质性程序为主。

第二节　针对认定层次重大错报风险的进一步审计程序

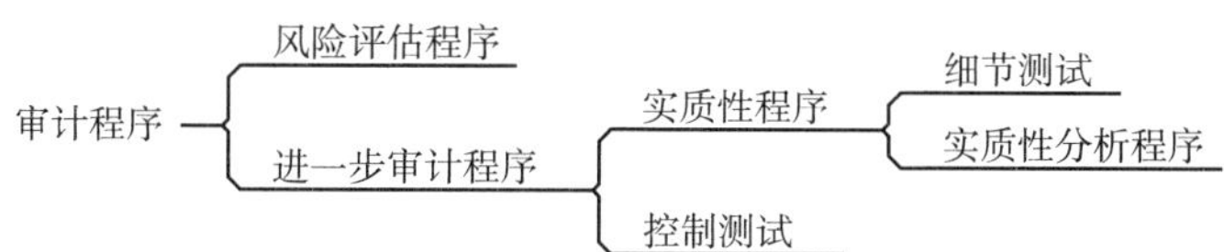

通常情况下，注册会计师出于成本效益的考虑，可以采用综合性方案设计进一步审计程序。

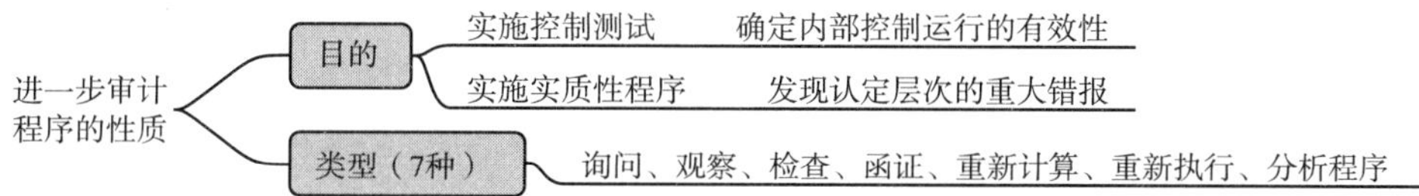

当重大错报风险较高时，注册会计师应当考虑在期末或接近期末实施实质性程序，或采用不通知的方式，或在管理层不能预见的时间实施审计程序。

如果在期中实施了进一步审计程序，注册会计师还应当针对剩余期间获取审计证据。

第三节　控制测试

考点一：控制测试的含义和要求

控制测试是指用于评价内部控制在防止或发现并纠正认定层次重大错报方面的运行有效性的审计程序。

1. 在测试控制运行的有效性时，注册会计师应当从下列方面获取关于控制是否有效运行的证据：

（1）控制在所审计期间的相关时点是如何运行的；

（2）控制是否得到一贯执行；

（3）控制由谁或以何种方式执行。

2. 控制运行有效性和了解控制是否得到执行不同。

	控制运行有效性（控制测试）	了解控制是否得到执行（了解内部控制）
强调不同	控制能够在各个不同时点按照既定设计得以一贯执行（运行有效）	（1）评价控制的设计 （2）确定控制是否得到执行
程序不同	（1）询问；（2）观察；（3）检查；（4）重新执行	（1）询问；（2）观察；（3）检查；（4）穿行测试
所需证据不同	抽取足够数量的交易进行检查或观察多个不同时点	只需少量的交易进行检查或观察某几个时点需要

3. 应当实施控制测试的情形有：

（1）在评估认定层次重大错报风险时，预期控制的运行是有效的。

（2）仅实施实质性程序并不能够提供认定层次充分、适当的审计证据。

【例题 8－4·单选题】下列有关控制测试目的的说法中，正确的是（　　）。（2012 年）

A. 控制测试旨在评价内部控制在防止或发现并纠正认定层次重大错报方面的运行有效性

B. 控制测试旨在发现认定层次发生错报的金额

C. 控制测试旨在验证实质性程序结果的可靠性

D. 控制测试旨在确定控制是否得到执行

【答案】A

【解析】控制测试旨在评价内部控制在防止或发现并纠正认定层次重大错报方面的运行有效性。

考点二：控制测试的性质

控制测试的性质，是指控制测试所使用的审计程序的类型及其组合。

在计划和实施控制测试时，对控制有效性的信赖程度越高，注册会计师应当获取更有说服力的审计证据。

1. 控制测试的审计程序。

审计程序	说明
询问	询问本身并不足以测试控制运行的有效性，注册会计师需要将询问与其他审计程序结合使用
观察	观察是测试不留下书面记录的控制（如职责分离）的运行情况的有效方法 观察的证据仅限于观察发生的时点
检查	对运行情况留有书面证据的控制，检查非常适用
重新执行	通常只有当询问、观察和检查程序结合在一起仍无法获得充分的证据时，注册会计师才考虑通过重新执行来证实控制是否有效运行

综上所述，将询问与检查或重新执行结合使用，可能比仅实施询问和观察获取更高水平的保证。

2. 对于一项自动化的应用控制，由于信息技术处理过程的内在一贯性，注册会计师可以利用该项控制得以执行的审计证据和信息技术一般控制（特别是对系统变动的控制）运行有效性的审计证据，作为支持该项控制在相关期间运行有效性的重要审计证据。

3. 实施控制测试时对双重目的的实现（针对同一交易同时实施控制测试和细节测试）。

（1）控制测试的目的是评价控制是否有效运行。

（2）细节测试的目的是发现认定层次的重大错报。

4. 实施实质性程序的结果对控制测试结果的影响。

实施实质性程序的结果	影响
未发现某项认定存在错报	并不能说明与该认定有关的控制是有效运行的
发现某项认定存在错报	注册会计师应当考虑其对评价控制运行有效性的影响： （1）降低对相关控制的信赖程度 （2）调整实质性程序的性质 （3）扩大实质性程序的范围
发现被审计单位没有识别出的重大错报	通常表明内部控制存在重大缺陷，注册会计师应当就这些缺陷与管理层和治理层进行沟通

考点三：控制测试的时间

（一）在期中开展控制测试

对于控制测试，注册会计师在期中实施此类程序具有更积极的作用！

即使注册会计师已获取有关控制在期中运行有效性的审计证据，仍然需要考虑如何能够将控制在期中运行有效性的审计证据合理延伸到期末。

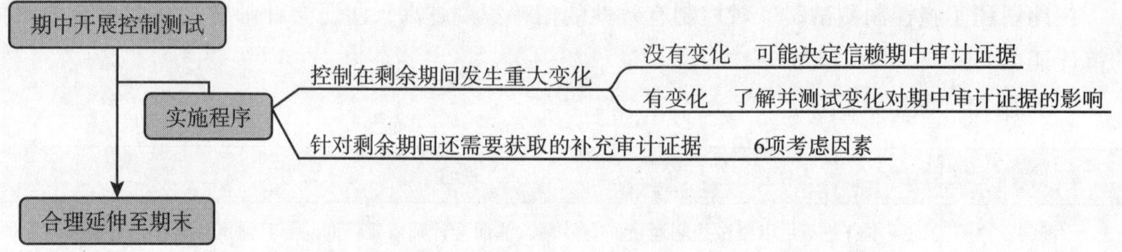

针对剩余期间需要获取的补充证据，注册会计师应当考虑下列因素：

（1）评估的认定层次重大错报风险的重要程度	评估的重大错报风险对财务报表的影响越大，补充证据越多（同向变动）
（2）在期中测试的特定控制，以及自期中测试后发生的重大变动	对自动化运行的控制，可以通过测试信息系统一般控制的有效性获取控制在剩余期间运行有效的审计证据
（3）在期中对有关控制运行有效性获取审计证据的程度	在期中对有关控制运行有效性获取的审计证据比较充分，可以考虑适当减少补充证据
（4）剩余期间的长度	剩余期间越长，补充证据越多
（5）在信赖控制的基础上拟缩小实质性程序的范围	注册会计师对相关控制的信赖程度越高，需要的补充证据越多
（6）控制环境	在注册会计师总体上拟信赖控制的前提下，控制环境越薄弱，需要的补充证据越多

【例题 8－5·单选题】如果注册会计师已获取有关控制在期中运行有效的审计证据，下列有关剩余期间补充证据的说法中，错误的是（　　）。（2018 年）

A. 被审计单位的控制环境越有效，注册会计师需要获取的剩余期间的补充证据越少

B. 注册会计师可以通过测试被审计单位对控制的监督，将控制在期中运行有效的审计证据合理延伸至期末

C. 如果控制在剩余期间发生了变化，注册会计师可以通过实施穿行测试，将期中获取的审计证据合理延伸至期末

D. 注册会计师在信赖控制的基础上拟减少的实质性程序的范围越大，注册会计师需要获取的剩余期间的补充证据越多

【答案】C

【解析】选项 C 错误，如果控制在剩余期间发生了变化，注册会计师需要了解并测试控制的变化对期中审计证据的影响。不能直接通过实施穿行测试，将期中获取的审计证据合理延伸至期末。

（二）考虑以前审计获取的审计证据

对于旨在减轻特别风险的控制，不论该控制在本期是否发生变化，注册会计师都不应依赖以前审计获取的证据。

如果拟信赖的控制自上次测试后已发生实质性变化，以致影响以前审计所获取证据的相关性，注册会计师应当在本期审计中测试这些控制的运行有效性。

如果不属于特别风险的控制，自上次测试后也未发生变动，每三年至少测试一次。

为满足每年测试一部分控制的要求而进行测试：

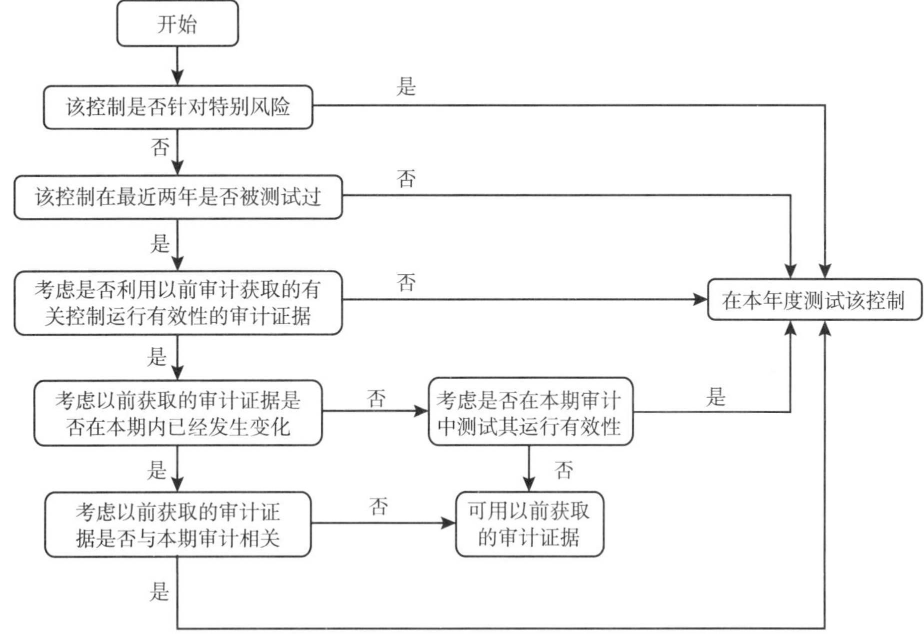

【例题8－6·多选题】 下列情形中，注册会计师不应利用以前年度获取的有关控制运行有效的审计证据的有（　　）。(2017年)

A. 注册会计师拟信赖旨在减轻特别风险的控制

B. 控制在过去两年审计中未经测试

C. 控制在本年发生重大变化

D. 被审计单位的控制环境薄弱

【答案】 ABC

【解析】 选项A正确，鉴于特别风险的特殊性，对于旨在减轻特别风险的控制，不论该控制在本期是否发生变化，注册会计师都不应依赖以前审计获取的证据；选项B正确，每三年至少对控制测试一次；选项C正确，关于如何考虑以前审计获取的有关控制运行有效性的审计证据，基本思路是考虑拟信赖的以前审计中测试的控制在本期是否发生变化，如果控制在本年发生重大变化，则不应利用以前年度获取的有关控制运行有效的审计证据；选项D错误，当被审计单位控制环境薄弱或对控制的监督薄弱时，注册会计师应当缩短再次测试控制的时间间隔或完全不信赖以前审计获取的审计证据。也就是说如果缩短测试控制的时间间隔，以前年度获取的审计证据还是可以信赖的。

【套路】 考试经常考核不应依赖以前审计获取证据的情形：

不应利用的情形包括：(1) 发生变化；(2) 应对特别风险；(3) 最近2年没测试。(每三年至少测一次)

【例题8－7·多选题】 下列有关利用以前审计获取的有关控制运行有效性的审计证据的说法中，错误的有（　　）。(2016年)

A. 如果拟信赖以前审计获取的有关控制运行有效性的审计证据，注册会计师应当通过询问

程序获取这些控制是否已经发生变化的审计证据

B. 如果拟信赖的控制在本期发生变化，注册会计师应当考虑以前审计获取的有关控制运行有效性的审计证据是否与本期审计相关

C. 如果拟信赖的控制在本期未发生变化，注册会计师可以运用职业判断决定不在本期测试其运行的有效性

D. 如果拟信赖的控制在本期未发生变化，控制应对的重大错报风险越高，本次控制测试与上次控制测试的时间间隔越短

【答案】AC

【解析】选项A错误，如果拟信赖以前审计获取的有关控制运行有效性的审计证据，注册会计师应当通过实施询问并结合观察或检查程序，获取这些控制是否已经发生变化的审计证据；选项C错误，针对特别风险时的控制，注册会计师必须年年测试。如果拟信赖的控制在本期未发生变化，注册会计师应当运用职业判断确定是否在本期审计中测试其运行有效性，以及本次测试与上次测试的时间间隔，但每三年至少对控制测试一次。

【套路】考试经常把不应依赖以前审计获取证据的情形混淆进去：

不应利用的情形包括：（1）发生变化；（2）应对特别风险；（3）最近2年没测试。（每三年至少测一次）

考点四：控制测试的范围

1. 确定控制测试范围的考虑因素。

因素	影响
（1）在拟信赖期间，被审计单位执行控制的频率	控制执行的频率越高，控制测试的范围越大（同向变动）
（2）在所审计期间，注册会计师拟信赖控制运行有效性的时间长度	拟信赖期间越长，控制测试的范围越大（同向变动）
（3）控制的预期偏差	控制的预期偏差率越高，需要实施控制测试的范围越大（同向变动）
（4）通过测试与认定相关的其他控制获取的审计证据的范围	其他控制获取审计证据的充分性和适当性较高时，测试控制的范围可适当缩小（反向变动）
（5）拟获取的有关认定层次控制运行有效性的审计证据的相关性和可靠性	有关认定层次控制运行有效性的审计证据的相关性和可靠性较高时，测试控制的范围可以适当缩小（反向变动）

2. 对自动化控制的测试范围的特别考虑。（选择题考点）

除非自动化控制系统（包括系统使用的表格、文档或其他永久性数据）发生变动，注册会计师通常不需要增加自动化控制的测试范围。

对于一项自动化应用控制，一旦确定被审计单位正在执行该控制，注册会计师通常无须扩大控制测试的范围，但需要考虑执行下列测试以确定该控制持续有效运行：

（1）测试与该应用控制有关的一般控制的运行有效性；

（2）确定系统是否发生变动，如果发生变动，是否存在适当的系统变动控制；

（3）确定对交易的处理是否使用授权批准的软件版本。

【例题8－8·简答题】ABC会计师事务所负责审计甲公司2014年度财务报表，审计工作底

稿中与内部控制相关的部分内容摘录如下：

（1）甲公司营业收入的发生认定存在特别风险。相关控制在2013年度审计中经测试运行有效。因这些控制本年未发生变化，审计项目组拟继续予以信赖，并依赖了上年审计获取的有关这些控制运行有效的审计证据。

（2）考虑到甲公司2014年固定资产的采购主要发生在下半年，审计项目组从下半年固定资产采购中选取样本实施控制测试。

（3）甲公司与原材料采购批准相关的控制每日运行数次，审计项目组确定样本规模为25个。考虑到该控制自2014年7月1日起发生重大变化，审计项目组从上半年和下半年的交易中分别选取12个和13个样本实施控制测试。

（4）审计项目组对银行存款实施了实质性程序，未发现错报，因此认为甲公司与银行存款相关的内部控制运行有效。

（5）甲公司内部控制制度规定，财务经理每月应复核销售返利计算表，检查销售收入金额和返利比例是否准确，如有异常进行调查并处理，复核完成后签字存档。审计项目组选取了3个月的销售返利计算表，检查了财务经理的签字，以为该控制运行有效。

（6）审计项目组拟信赖与固定资产折旧计提相关的自动化应用控制，因该控制在2013年度审计中测试结果满意，且在2014年未发生变化，审计项目组仅对信息技术一般控制实施测试。

要求：针对上述第（1）至（6）项，逐项指出审计项目组的做法是否恰当。如不恰当，简要说明理由。(2015年)

【答案】

（1）不恰当。因相关控制是应对特别风险的，应当在当年测试相关控制的运行有效性，不能利用以前审计中获取的审计证据。

（2）不恰当。控制测试的样本应当涵盖整个期间。

（3）不恰当。因为控制发生重大变化，应当分别测试，2014年上半年和下半年与原材料采购批准相关的内部控制活动不同，应当分别测试25个。

（4）不恰当。通过实质性测试未发现错报，并不能证明与所测试认定相关的内部控制是有效的，注册会计师不能以实质性测试的结果推断内部控制的有效性。

（5）不恰当。只检查财务经理的签字不足够，应当检查财务经理是否按规定完整实施了该控制。

（6）恰当。

【解析】

（1）第（5）项，财务经理的职责不仅包括签字，还要复核销售返利计算表。因此，只检查签字是不够的，还要复核销售返利计算表是否正确。

（2）第（6）项，对于自动化应用控制，如果注册会计师计划依赖自动应用控制、自动会计程序或依赖系统生成信息的控制，他们就需要对相关的信息技术一般控制进行测试。由于该项自动化控制在2014年未发生变化，也不是针对特别风险的，且该控制在2013年度审计中测试结果满意，因此可以利用以前的证据，不用对该项应用控制进行测试。所以仅对信息技术的一般控制实施测试是恰当的。

第四节　实质性程序

考点一：实质性程序的含义和性质

实质性程序包括对各类交易、账户余额和披露的细节测试和实质性分析程序。

类型	含义	适用
细节测试	对各类交易、账户余额和披露的具体细节进行测试，目的在于直接识别财务报表认定是否存在错报	各类交易、账户余额和披露认定的测试，如存在、发生、计价等
实质性分析程序	通过研究数据间关系评价信息，用以识别各类交易、账户余额和披露及相关认定是否存在错报	更适用于在一段时间内存在可预期关系的大量交易

无论评估的重大错报风险如何，注册会计师都应当针对所有重大类别的交易、账户余额和披露实施实质性程序。

如果认为评估的认定层次重大错报风险是特别风险，注册会计师应当专门针对该风险实施实质性程序。如果针对特别风险实施的程序仅为实质性程序，这些程序应当包括细节测试，或将细节测试和实质性分析程序结合使用。针对特别风险，仅实施实质性分析程序不足以获取有关特别风险的充分、适当的审计证据。（这句话的意思就是，如果针对特别风险，没有控制测试，那么就必须细节测试，如果有控制测试，可以选择控制测试＋实质性程序）

如果仅通过实质性程序获取的审计证据无法应对认定层次的重大错报风险，注册会计师应当实施控制测试。

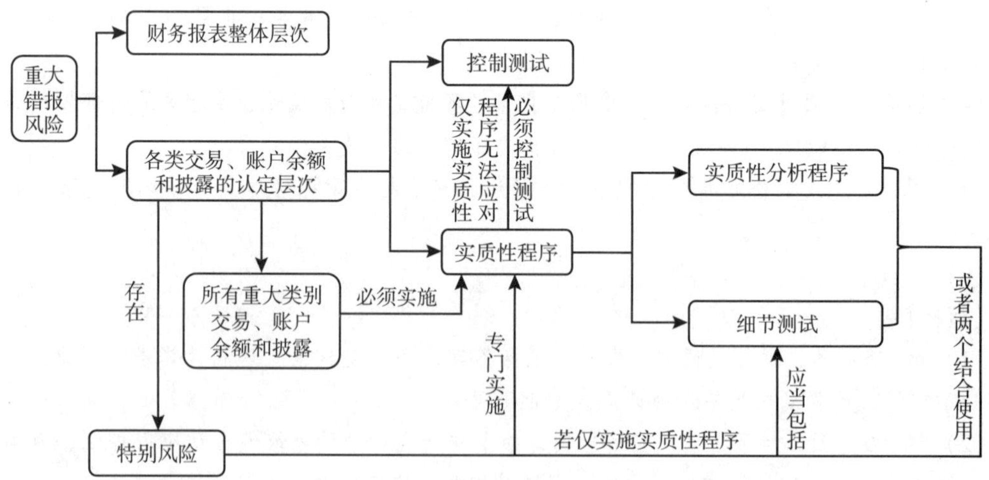

【**例题8－9·多选题**】下列有关与特别风险相关的控制的说法中，正确的有（　　）。（2019年）

A. 注册会计师应当了解和评价与特别风险相关的控制的设计情况，并确定其是否得到执行

B. 对于与特别风险相关的控制，注册会计师不能利用以前审计获取的有关控制运行有效性的审计证据

C. 如果被审计单位未能实施控制以恰当应对特别风险，注册会计师应当针对特别风险实施细节测试

D. 如果注册会计师实施控制测试后认为与特别风险相关的控制运行有效，对特别风险实施的实质性程序可以仅为实质性分析程序

【答案】 ABCD

【解析】 对特别风险，注册会计师应当评价相关控制的设计情况，并确定其是否已经得到执行。所以选项 A 正确；鉴于特别风险的特殊性，对于旨在减轻特别风险的控制，不论该控制在本期是否发生变化，注册会计师都不应依赖以前审计获取的证据，而应在本期审计中测试这些控制的运行有效性。所以选项 B 正确；如果针对特别风险实施的程序仅为实质性程序，这些程序应当包括细节测试，或将细节测试和实质性分析程序结合使用，以获取充分、适当的审计证据。所以选项 C 正确。如果针对特别风险，没有控制测试，那么就必须细节测试，如果有控制测试，可以选择控制测试 + 实质性程序，所以选项 D 正确。

【例题 8 - 10 · 单选题】 下列有关实质性分析程序的适用性说法中，错误的是（　　）。(2017 年)

A. 实质性分析程序通常更适用于在一段时间内存在预期关系的大量交易

B. 注册会计师无须在所有审计业务中运用实质性分析程序

C. 实质性分析程序不适用于识别出特别风险的认定

D. 对特定实质性分析程序适用性的确定，受到认定的性质和注册会计师对重大错报风险评估的影响

【答案】 C

【解析】 分析程序主要是看财务数据之间以及财务数据与非财务数据之间是否存在内在关系，与是否为特别风险无关。

【套路】 分析程序可以用作：风险评估程序、实质性分析程序、总体复核，做题时首先判断是用作哪种程序以及有哪些坑：

(1) 用作风险评估程序：无须在了解被审计单位及其环境的各个方面实施；不仅分析财务数据，也分析非财务数据；了解内部控制属于风险评估，但是程序并不包括分析程序（询问、观察、检查、穿行测试）。

(2) 用作实质性分析程序：此时属于风险应对程序，而不是风险评估。

(3) 用作总体复核：在审计结束或临近结束时，注册会计师运用分析程序的目的是确定经审计调整后的财务报表整体是否与对被审计单位的了解一致，是否具有合理性。

(4) 分析程序用作风险评估和总体复核是必须的，但用作实质性程序则不是必须的。

【例题 8 - 11 · 单选题】 下列有关针对重大账户余额实施审计程序的说法中，正确的是（　　）。(2013 年)

A. 注册会计师应当实施实质性程序

B. 注册会计师应当实施细节测试

C. 注册会计师应当实施控制测试

D. 注册会计师应当实施控制测试和实质性程序

【答案】 A

【解析】 无论评估的重大错报风险结果如何，注册会计师都应当针对所有重大类别的交易、

账户余额和披露实施实质性程序，选项 A 正确。

【套路】 容易忽略的地方：是针对“所有重大类别”应当实施，而不是所有类别，考试可能会在这个地方设置陷阱。

【例题 8－12·多选题】 下列有关采用总体审计方案的说法中，错误的有（　　）。（2013 年）

A. 注册会计师可以针对不同认定采用不同的审计方案

B. 注册会计师可以采用综合性方案或实质性方案应对重大错报风险

C. 注册会计师应当采用实质性方案应对特别风险

D. 注册会计师应当采用与前期审计一致的审计方案，除非评估的重大错报风险发生重大变化

【答案】 CD

【解析】 选项 C 错误，注册会计师应当针对特别风险实施实质性程序，并不是实质性方案。选项 D 错误，注册会计师评估的财务报表层次重大错报风险以及采取的总体应对措施，对拟实施进一步审计程序的总体审计方案具有重大影响，无须考虑要与前期的审计方案一致。

【套路】 实质性方案不等于实质性程序；实质性方案：以实质性程序为主，控制测试为辅。

【例题 8－13·单选题】 下列有关分析程序的说法中，正确的是（　　）。（2012 年）

A. 注册会计师应当在每个审计项目中将分析程序用作风险评估程序、实质性程序和总体复核

B. 对于特别风险，如果注册会计师不信赖内部控制，不能仅实施实质性分析程序，还应当实施细节测试

C. 细节测试比实质性分析程序更能有效地应对认定层次的重大错报风险

D. 注册会计师实施分析程序时应当使用被审计单位外部的数据建立预期

【答案】 B

【解析】 分析程序用作风险评估和总体复核是必须的，选项 A 错误；对于特别风险，仅实施实质性分析程序不能有效地将认定层次的风险降至可接受的水平，应该实施细节测试，选项 B 正确；选项 C，在某些情况下，实质性分析程序比细节测试更能有效地应对认定层次的重大错报风险；选项 D，也可能使用被审计单位内部数据。

考点二：实质性程序的时间

在实质性程序中，期中获取审计证据则更需要考虑成本效益的权衡。

（一）考虑是否在期中实施实质性程序

因素	是否在期中实施实质性程序
（1）控制环境和其他相关的控制	控制越薄弱，越不宜在期中实施实质性程序
（2）实施审计程序所需信息在期中之后的可获得性	在期中之后可能难以获取，应考虑在期中实施实质性程序
（3）实质性程序的目的	目的就包括获取该认定的期中审计证据（从而与期末比较），应在期中实施实质性程序

续表

因素	是否在期中实施实质性程序
（4）评估的重大错报风险	评估的某项认定的重大错报风险越高，越应当考虑将实质性程序集中于期末（或接近期末）实施
（5）特定类别交易或账户余额以及相关认定的性质	某些交易或账户余额以及相关认定的特殊性质（如收入截止认定、未决诉讼）决定了必须在期末（或接近期末）实施实质性程序
（6）针对剩余期间，能否通过实施实质性程序或将实质性程序与控制测试相结合，降低期末存在错报而未被发现的风险	如果较有把握降低期末存在错报而未被发现的风险，可以考虑在期中实施实质性程序

（二）考虑期中审计证据

如果在期中实施了实质性程序，注册会计师应当针对剩余期间实施进一步的审计程序，以将期中测试得出的结论合理延伸至期末。

（1）方法：如果在期中实施了实质性程序，注册会计师应当针对剩余期间实施进一步的实质性程序，或将实质性程序和控制测试结合使用。

（2）由于舞弊导致的重大错报风险（特别风险）：如果已识别出，为将期中得出的结论延伸至期末而实施的审计程序通常是无效的，注册会计师应当考虑在期末或者接近期末实施实质性程序。

（三）如何考虑以前审计获取的审计证据

（1）在以前审计中实施实质性程序获取的审计证据，通常对本期只有很弱的证据效力或没有证据效力，不足以应对本期的重大错报风险。

（2）只有当以前获取的审计证据及其相关事项未发生重大变动时，以前获取的审计证据才可能用作本期的有效审计证据。

（3）如果拟利用以前审计中实施实质性程序获取的审计证据，注册会计师应当在本期实施审计程序，以确定这些审计证据是否具有持续相关性。

【例题 8－14·单选题】下列有关实质性程序的时间安排的说法中，正确的是（　　）。（2013 年）

A. 实质性程序应当在控制测试完成后实施

B. 应对舞弊风险的实质性程序应当在资产负债表日后实施

C. 针对账户余额的实质性程序应当在接近资产负债表日实施

D. 实质性程序的时间安排受被审计单位控制环境的影响

【答案】D

【解析】选项 A 错误，注册会计师可以考虑针对同一交易同时实施控制测试和细节测试，以实现双重目的；选项 B 错误，如果已识别出由于舞弊导致的重大错报风险，为将期中得出的结论延伸至期末而实施的审计程序通常是无效的，注册会计师应当考虑在期末或者接近期末实施实质性程序；选项 C 错误，某些交易或账户余额以及相关认定的特殊性质（如收入截止认定、未决诉讼）决定了注册会计师必须在期末（或接近期末）实施实质性程序；选项 D 正确，控制越薄弱，越不宜在期中实施实质性程序（注意这里是不宜，而不是一定不可以）。

【**例题8－15·单选题**】下列有关实质性程序的说法中，正确的是（　　）。(2016年)

A. 注册会计师应当对所有类别的交易、账户余额和披露实施实质性程序

B. 注册会计师对认定层次的特别风险实施的实质性程序应当包括实质性分析程序

C. 如果在期中实施了实质性程序，注册会计师应当对剩余期间实施控制测试和实质性程序

D. 注册会计师实施的实质性程序应当包括将财务报表与其所依据的会计记录进行核对或调节

【**答案**】D

【**解析**】选项A错误，无论评估的重大错报风险结果如何，注册会计师都应当针对所有重大类别的交易、账户余额和披露实施实质性程序，而不是所有类别的；选项B错误，如果针对特别风险实施的程序仅为实质性程序，这些程序应当包括细节测试，或将细节测试和实质性分析程序结合使用，以获取充分、适当的审计证据；选项C错误，针对剩余期间可以仅实施进一步实质性程序，也可以将实质性程序与控制测试结合使用。

【**套路**】容易忽略的地方：

选项A是“所有重大类别”，而不是所有类别，经常考核的点；选项B是“应当”包括细节测试，而不是可以，也就说细节测试是一定要有的，其他程序可以有也可以没有。

第三编
各类交易和账户余额的审计

第九章　销售与收款循环的审计

第一节　销售与收款循环的风险评估

考点一：了解业务活动和相关内部控制

信用管理部门根据本单位的赊销政策进行信用批准。

设置信用批准控制的目的是为了降低坏账风险，因此与应收账款“计价和分摊”认定相关。

将按批准的销售单供货与按销售单装运货物职责分离。发运凭证与营业收入的“发生”认定相关。

发运凭证需连续编号。——与营业收入“完整性”相关。

【例题9－1·单选题】下列认定中，与销售信用批准控制相关的是（　　）。(2014年)

A. 发生　　B. 计价和分摊　　C. 权利和义务　　D. 完整性

【答案】B

【解析】设计信用批准控制的目的是为了降低坏账风险，因此与应收账款账面余额的“计价和分摊”相关。

【例题9－2·综合题】甲公司相关内部控制摘录如下，假定不考虑其他条件，逐项指出所列控制的设计是否存在缺陷。如认为存在缺陷，请说明理由。(2013年)

序号	风险	控制
(1)	向客户提供过长信用期而增加坏账损失风险	客户的信用期由信用管理部审核批准，如长期客户临时申请延长信用期，由销售部经理批准
(2)	已记账的收入未发生或不准确	财务人员将经批准的销售订单、客户签字确认的发运凭单及发票所载信息相互核对无误后，编制记账凭证（附上述单据），经财务部经理审核后入账
(3)	应收账款记录不准确	每季度末，财务部向客户寄送对账单，如客户未及时回复，销售人员需要跟进，如客户回复表明差异超过该客户欠款余额的5%，则进行调查

【答案】

序号	控制设计是否存在缺陷（是/否）	理由
(1)	是	未实现职责分离目标/长期客户临时申请延长信用期，应经信用管理部审核/可能由于销售人员追求更大销售量而不恰当延长信用期，导致坏账损失风险

续表

序号	控制设计是否存在缺陷（是/否）	理由
(2)	否	
(3)	是	应调查所有差异/即使差异未超过甲公司对该客户应收账款余额的5%，也应当调查/也可能是重大的

考点二：收入确认存在舞弊风险的评估

1. 收入舞弊风险。中国注册会计师审计准则要求注册会计师基于收入确认存在舞弊风险的假定（只是假定，不是就一定存在舞弊，是否存在还需验证），评价哪些类型的收入、收入交易或认定导致舞弊风险。

假定收入确认存在舞弊风险，并不意味着注册会计师应当将与收入确认相关的所有认定都假定为存在舞弊风险。

如果注册会计师认为收入确认存在舞弊风险的假定不适用于业务的具体情况，从而未将收入确认作为由于舞弊导致的重大错报风险领域，注册会计师应当在审计工作底稿中记录得出该结论的理由。

2. 常用的收入确认舞弊手段：

（1）为达到粉饰财务报表的目的而虚增收入或提前确认收入。

（2）为了达到报告期内降低税负或转移利润等目的而少计收入或延后确认收入。

【例题9-3·单选题】下列有关收入确认的舞弊风险的说法中，错误的是（　　）。(2016年)

A. 关联方交易比非关联方交易更容易增加收入的发生认定存在舞弊风险的可能性

B. 对于以营利为目的的被审计单位，收入的发生认定存在舞弊风险的可能性通常大于完整性认定存在舞弊风险的可能性

C. 如果被审计单位已经超额完成当年的利润目标，但预期下一年度的目标较难达到，表明收入的截止认定存在舞弊风险的可能性较大

D. 如果被审计单位采用完工百分比法确认收入，且合同完工进度具有高度估计不确定性，表明收入的准确性认定存在舞弊风险的可能性较大

【答案】B

【解析】选项A，关联方更容易发生虚增收入的舞弊风险，例如，与未披露关联方之间的资金循环虚构交易，通过未披露的关联方进行显失公允的交易；选项B，对于以营利为目的的被审计单位，管理层实施舞弊的动机或压力不同，其舞弊风险所涉及的具体认定也不同，注册会计师需要作出具体分析。例如，如果管理层有隐瞒收入而降低税负的动机，则需要更加关注与收入完整性认定相关的舞弊风险；选项C，“预期下一年度的目标较难达到”，可能存在把当年超额完成的利润延后到下一年确认的风险，也就是“截止”认定存在舞弊风险的可能性较大；选项D，合同完工进度具有高度估计不确定性，因为是按百分比确认收入，所以存在被审计单位操纵收入的风险，也就是“准确性”认定存在舞弊风险的可能性较大。

【例题9-4·单选题】在识别和评估重大错报风险时，下列各项中，注册会计师应当假定存在舞弊风险的是（　　）。(2012年)

A. 复杂衍生金融工具的计价　　　　B. 存货的可变现净值

C. 收入确认　　　　　　　　　　　　　　D. 应付账款的完整性

【答案】C

【解析】注册会计师应当基于收入确认存在舞弊风险的假定。

【套路】只是假定收入存在舞弊风险，还需要去评价，不能直接说收入一定存在舞弊风险，用语要准确。如果直接说收入确认就是存在舞弊，则是错误的，所以也不能直接说收入确认存在特别风险，需要判断之后才能确定。

第二节　销售与收款循环的风险应对

考点一：测试销售与收款循环的内部控制

风险评估和风险应对是整个审计过程的核心，因此，注册会计师通常以识别的重大错报风险为起点，选取拟测试的控制并实施控制测试。

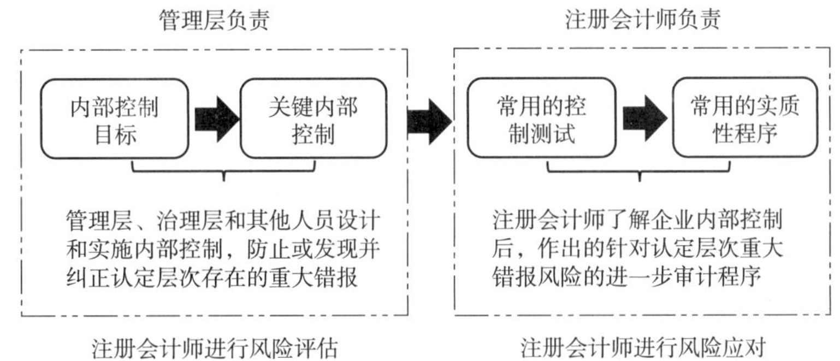

考点二：营业收入的实质性程序

（一）主营业务收入的一般实质性分析程序

1. 获取营业收入明细表。

（1）复核加计是否正确，并与总账数和明细账合计数核对是否相符。

（2）检查以非记账本位币结算的主营业务收入使用的折算汇率及折算是否正确。

2. 实施实质性分析程序。

（1）针对已识别需要运用分析程序的有关项目，并基于对被审计单位及其环境的了解，通过进行以下比较，同时考虑有关数据间关系的影响，以建立有关数据的期望值：

①将账面销售收入、销售清单和销售增值税销项清单进行核对。

②将本期销售收入金额与以前可比期间的对应数据或预算数进行比较。

③分析月度或季度销售量、销售单价、销售收入金额、毛利率变动趋势。

④将销售收入变动幅度与销售商品及提供劳务收到的现金、应收账款/合同资产、存货、税金等项目的变动幅度进行比较。

⑤将销售毛利率、应收账款/合同资产周转率、存货周转率等关键财务指标与可比期间数据、预算数或同行业其他企业数据进行比较。

⑥分析销售收入等财务信息与投入产出率、劳动生产率、产能、水电能耗、运输数量等非财务信息之间的关系。

⑦分析销售收入与销售费用之间的关系，包括销售人员的人均业绩指标、销售人员薪酬、广告费、差旅费，以及销售机构的设置、规模、数量、分布等。

（2）确定可接受的差异额。

（3）将实际金额与期望值相比较，计算差异。

（4）如果差异额超过确定的可接受差异额，调查并获取充分的解释和恰当的、佐证性质的审计证据（如通过检查相关的凭证等）。需要注意的是，如果差异超过可接受差异额，注册会计师需要对差异额的全额进行调查证实，而非仅针对超出可接受差异额的部分。

（5）评估实质性分析程序的结果。

3. 检查主营业务收入确认方法是否符合企业会计准则的规定。

企业应当在履行了合同中的履约义务，及在客户取得相关商品控制权时确认收入。

4. 逆查。以主营业务收入明细账中的会计分录为起点，检查相关原始凭证如订购单、销售单、发运凭证、发票等，以评价已入账的营业收入是否真实发生。

5. 顺查。

（1）从发运凭证（客户签收联）中选取样本，追查至主营业务收入明细账，以确定是否存在遗漏事项（完整性认定）；

（2）注册会计师必须需要确认全部发运凭证均已归档，可以通过检查发运凭证的顺序编号来查明。

6. 结合对应收账款实施的函证程序，选择主要客户函证本期销售额。

7. 主营业务收入的截止测试。

（1）选取资产负债表日前后若干天的发运凭证，与应收账款和收入明细账进行核对；同时，从应收账款和收入明细账选取在资产负债表日前后若干天的凭证，与发运凭证核对，以确定销售是否存在跨期现象。

（2）复核资产负债表日前后销售和发货水平，确定业务活动水平是否异常，并考虑是否有必要追加实施截止测试程序。

（3）取得资产负债表日后所有的销售退回记录，检查是否存在提前确认收入的情况。

（4）结合对资产负债表日应收账款的函证程序，检查有无未取得对方认可的销售。

（二）营业收入的特别审计程序

1. 附有销售退回条件的商品销售，评估对退货部分的估计是否合理，确定其是否按估计不会退货部分确认收入。

2. 售后回购，了解回购安排属于远期安排、企业拥有回购选择权还是客户拥有回售选择权，确定企业是否根据不同的安排进行了恰当的会计处理。

3. 以旧换新销售，确定销售的商品是否按照商品销售的方法确认收入，回收的商品是否作为购进商品处理。

4. 出口销售，根据交易的定价和成交方式（离岸价格、到岸价格或成本加运费价格等），并结合合同（包括购销合同和运输合同）中有关货物运输途中风险承担的条款，确定收入确认的时点和金额。

【例题 9－5·多选题】下列各项审计程序中，可以为营业收入发生认定提供审计证据的有（　　）。(2014 年)

A. 从营业收入明细账中选取若干记录，检查相关原始凭证

B. 对应收账款余额实施函证

C. 检查应收账款明细账的贷方发生额

D. 调查本年新增客户的工商资料、业务活动及财务状况

【答案】ABCD

【解析】选项 A，是逆查，为营业收入发生认定提供证据；选项 B、C，应收账款的存在通常伴随着营业收入的发生，因此可以为营业收入发生认定提供证据；选项 D，调查客户的真实性和相关活动可以为营业收入的真实性提供证据。

考点三：应收账款的实质性程序

（一）取得应收账款明细表

复核加计是否正确。

检查非记账本位币的应收账款的折算汇率是否正确。

分析有贷方余额的项目，查明原因，必要时建议作重分类调整。

（二）检查应收账款账龄分析是否正确

测试应收账款账龄分析表计算的准确性。

【例题 9－6·综合题】甲公司主要从事汽车轮胎的生产和销售，其销售收入主要来源于国内销售和出口销售。ABC 会计师事务所负责甲公司 2018 年度财务报表审计，并委派 A 注册会计师担任项目负责人。

2018 年 12 月 31 日，中国人民银行公布的人民币对美元汇率为 1 美元＝6.8 元人民币。

甲公司编制的应收账款账龄分析表摘录如下：

2018 年 12 月 31 日账龄分析						
客户类别	原币（万元）	人民币（万元）	账龄			
			1 年以内	1～2 年	2～3 年	3 年以上
国内客户		41 158	28 183	7 434	4 341	1 200
国外客户	美元 2 046	15 345	10 981	2 164	2 200	0
合计		56 503	39 164	9 598	6 541	1 200
2017 年 12 月 31 日账龄分析						
客户类别	原币（万元）	人民币（万元）	账龄			
			1 年以内	1～2 年	2～3 年	3 年以上
国内客户		31 982	23 953	4 169	3 860	0
国外客户	美元 2 006	14 046	11 337	2 539	170	0
合计		46 028	35 290	6 708	4 030	0

不考虑其他条件，指出应收账款账龄分析表存在哪些不当之处，并简要说明理由。(2010年)

【答案】

(1) 国外客户美元余额折算为人民币时采用的汇率为1:7.5，与中国人民银行公布的2018年12月31日的汇率不一致；

(2) 国内客户2018年12月31日账龄2~3年的金额（4 341万元）大于2017年12月31日账龄1~2年的金额（4 169万元），不合逻辑。

(三) 函证应收账款（联系第三章考点二——函证的内容）

函证要求	(1) 注册会计师应当对应收账款实施函证程序，除非有充分证据表明应收账款对财务报表不重要，或函证很可能无效 (2) 如果认为函证很可能无效，注册会计师应当实施替代审计程序，获取相关、可靠的审计证据 (3) 如果不对应收账款函证，注册会计师应当在审计工作底稿中说明理由
函证的范围和对象	函证应收账款范围的影响因素主要有： (1) 应收账款在全部资产中的重要性；比重大，范围大 (2) 被审计单位内部控制的有效性；控制越有效，范围相应可减少 (3) 以前期间的函证结果，以前有重大差异，则范围大
函证的方式	(1) 积极函证方式（列明明细和未列明明细） (2) 消极函证方式 (3) 积极函证方式和消极函证方式相结合
函证时间	(1) 通常以资产负债日为截止日，在资产负债日后适当时间内实施函证 (2) 如果重大错报风险评估为低水平，注册会计师可选择资产负债日前适当日期为截止日实施函证，并对所函证项目自该截止日起至资产负债日止发生的变动实施其他实质性程序

1. 函证过程控制。

注册会计师通常利用被审计单位提供的应收账款明细账户名称及客户地址等资料据以编制询证函，但注册会计师应当对函证全过程保持控制。并对确定需要确认或填列的信息、选择适当的被询证者、设计询证函以及发出和跟进（包括收回）询证函保持控制。

2. 对回函不符事项的处理。

对回函中出现的不符事项，注册会计师需要调查核实原因，确定其是否构成错报。注册会计师不能仅通过询问得出结论，还要检查相关的原始凭证和文件资料予以证实。必要时与被询证方联系。

导致不符事项的原因	处理
(1) 登记入账的时间不同而导致的 ①客户已经付款，而被审计单位尚未收到货款（收款在途） ②被审计单位的货物已经发出并已做销售记录，但货物仍在途中，客户尚未收到货款（货物在途） ③客户由于某种原因将货物退回，而被审计单位尚未收到（退货在途） ④客户对收到的货物的数量、质量及价格方面有异议而全部或部分拒付货款（拒货在途）	不属于错报
(2) 记账错误导致的	构成错报。注册会计师应当评价该错报是否表明存在舞弊，并重新考虑所实施审计程序的性质、时间安排和范围
(3) 舞弊导致的	

3. 对未回函项目实施替代程序。

（1）检查资产负债表日后收回的货款。注册会计师要查看应收账款的贷方发生额和相关的收款单据，以证实付款方确为该客户且确与资产负债表日的应收账款相关。

（2）检查相关的销售合同、销售单、发运凭证等文件。注册会计师需要根据被审计单位的收入确认条件和时点，确定能够证明收入发生的凭证。

（3）检查被审计单位与客户之间的往来邮件，如有关发货、对账、催款等事宜邮件。

4. 询证函回函的所有权。

注册会计师应当将询证函回函作为审计证据，纳入审计工作底稿管理，询证函回函的所有权归属所在会计师事务所。

第十章 采购与付款循环的审计

第一节 采购与付款循环的风险评估

考点一：了解主要业务活动

请购单必须经对这类支出预算负责的主管人员签字批准。

请购单是采购交易“发生”认定的凭据之一。

将已验收商品的保管与采购的其他职责相分离，可减少未经授权的采购和盗用商品的风险。与商品“存在”认定相关。

考点二：了解采购活动的内部控制活动

1. 适当的职责分离。

2. 恰当的授权审批。

付款需要由经授权的人员审批，审批人员在审批前需检查相关支持文件，并对其发现例外事项进行跟进处理。

考点三：评估采购与付款循环的相关交易和余额存在的重大错报风险

影响采购与付款交易和余额的重大错报风险可能包括：

1. 低估负债或相关准备。

（1）遗漏交易；

（2）采用不正确的费用支出截止期；

（3）将应当及时确认损益的费用性支出资本化，然后通过资产的逐步摊销予以消化等。

2. 管理层错报负债费用支出的偏好和动因。

（1）平滑利润。通过多计准备或少计负债和准备，把损益控制在被审计单位管理层希望的程度；

（2）利用特别目的实体把负债从资产负债表中剥离，或利用关联方间的费用定价优势制造虚假的收益增长趋势；

（3）被审计单位管理层把私人费用计入企业费用，把企业资产当作私人资金运作。

3. 费用支出的复杂性。

4. 不正确地记录外币交易。

5. 舞弊和盗窃的固有风险。

6. 存在未记录的权利和义务。

第二节 采购与付款循环的风险应对

考点一：应付账款的实质性程序

（一）获取或编制应付账款明细表

1. 复核加计是否正确，并与报表数、总账数和明细账合计数核对是否相符。
2. 检查非记账本位币应付账款的折算汇率及折算是否正确。
3. 分析出现借方余额的项目，查明原因，必要时，建议作重分类调整。
4. 结合预付账款、其他应付款等往来项目的明细余额，检查有无针对同一交易在应付账款和预付款项同时记账的情况、异常余额或与购货无关的其他款项（如关联方账户或雇员账户）。

（二）函证应付账款

1. 向债权人发送询证函。注册会计师应当对询证函保持控制，必要时再次向被询证者寄发询证函等。
2. 将询证函回函余额与已记录金额相比较，如存在差异，检查支持性文件。
3. 对于未做回复的函证实施替代程序：如检查至付款文件（现金支出、电汇凭证和支票复印件）、相关的采购文件（采购订单、验收单、发票和合同）或其他适当文件。
4. 如果认为回函不可靠，评价对评估的重大错报风险以及其他审计程序的性质、时间安排和范围的影响。

（三）检查应付账款是否计入了正确的会计期间，是否存在未入账的应付账款

1. 对本期发生的应付账款增减变动，检查至相关支持性文件，确认会计处理是否正确。
2. 检查资产负债表日后应付账款明细账贷方发生额的相应凭证，关注其验收单、购货发票的日期，确认其入账时间是否合理。
3. 获取并检查被审计单位与其供应商之间的对账单以及被审计单位编制的差异调节表，确定应付账款金额的准确性。
4. 针对资产负债表日后付款项目，检查银行对账单及有关付款凭证（银行汇款通知、供应商收据等），询问被审计单位内部或外部的知情人员，查找有无未及时入账的应付账款。
5. 结合存货监盘程序，检查被审计单位在资产负债日前后的存货入库资料（验收报告或入库单），检查相关负债是否计入了正确的会计期间。

（四）查找未入账负债的测试（重要）

获取期后收取、记录或支付的发票明细，从中选取项目（尽量接近审计报告日）进行测试并实施以下程序：

1. 检查支持性文件，如相关的发票、采购合同、验收单以及接受劳务明细，以确定收到商品

或接受劳务的日期，以及应在期末之前入账的日期。

2. 追踪已选取项目至应付账款明细账、货到票未到的暂估入账和/或预提费用明细表等，关注费用所计入的会计期间。

3. 评价费用是否被记录于正确的会计期间，并相应确定是否存在期末未入账负债。

（五）检查应付账款长期挂账的原因并作出记录，对确实无须支付的应付款的会计处理是否正确

（六）如存在应付关联方的款项

1. 了解交易的商业理由。

2. 检查证实交易的支持性文件。

3. 检查被审计单位与关联方的对账记录或向关联方函证。

【例题 10-1·简答题】 ABC 会计师事务所的 A 注册会计师负责审计甲公司 2015 年度财务报表，审计工作底稿中与负责审计相关的部分内容摘录如下：

（1）甲公司各部门使用的请购单未连续编号，请购单由部门经理批准，超过一定金额还需总经理批准。A 注册会计师认为该项控制设计有效，实施了控制测试，结果满意。

（2）为查找未入账的应付账款，A 注册会计师检查了资产负债表日后应付账款明细账贷方发生额的相关凭证，并结合存货监盘程序，检查了甲公司资产负债表日前后的存货入库资料，结果满意。

（3）甲公司有一笔账龄三年以上、金额重大的其他应付款，因 2015 年度未发生变动，A 注册会计师未实施进一步审计程序。

要求：针对上述第（1）至（3）项，逐项指出 A 注册会计师做法是否恰当。如不恰当，简要说明理由。(2016 年)

【答案】

（1）恰当。

（2）不恰当。还应当检查资产负债表日后货币资金的付款项目/获取甲公司与供应商之间的对账单并与财务记录进行核对调节/检查采购业务形成的相关原始凭证。

（3）不恰当。注册会计师应当对重大账户余额实施实质性程序。

【解析】

（1）第（1）项，请购单因多部门使用，允许不连续编号。

（2）第（2）项，考察审计程序的完整性：检查应付账款是否计入了正确的会计期间，是否存在未入账的应付账款的五个步骤。

（3）第（3）项，对长期挂账的应付账款，应关注账龄超过 3 年的大额应付账款在财务报表日后是否偿还，检查偿还记录、单据及披露情况。没有变动，不代表没有问题，也要考虑长期挂账的原因，等等。

考点二：除折旧/摊销、人工费用以外的一般费用的实质性程序

1. 实质性程序。

获取一般费用明细表，复核其加计数是否正确，并与总账和明细账合计数核对是否正确。

2. 逆查。

对本期发生的费用选取样本，检查其支持性文件，确定原始凭证是否齐全，记账凭证与原始凭证是否相符以及账务处理是否正确。

3. 低估测试。

从资产负债表日后的银行对账单或付款凭证中选取项目进行测试，检查支持性文件（如合同或发票），关注发票日期和支付日期，追踪已选取项目至相关费用明细表，检查费用所计入的会计期间，评价费用是否被记录于正确的会计期间。

4. 截止测试。

抽取资产负债表日前后的凭证，实施截止测试，评价费用是否被记录于正确的会计期间。

第十一章　生产与存货循环的审计

第一节　生产与存货循环的风险评估

考点：评估生产与存货循环存在的重大错报风险

一般制造类企业的存货的重大错报风险通常包括：

1. 存货实物可能不存在（存在认定）；
2. 属于被审计单位的存货可能未在账面反映（完整性认定）；
3. 存货的所有权可能不属于被审计单位（权利和义务认定）；
4. 存货的单位成本可能存在计算错误（计价和分摊认定/准确性认定）；
5. 存货的账面价值可能无法实现，即跌价损失准备的计提可能不充分（计价和分摊认定）。

第二节　生产与存货循环的风险应对

考点一：存货监盘

（一）存货监盘作用

1. 存货监盘的目的。

（1）目的：获取有关存货数量和状况的审计证据。

（2）认定：存货监盘针对的主要是存货的存在认定，对存货的完整性认定及计价和分摊、准确性认定，也能提供部分审计证据。

（3）还可能获取有关存货所有权部分审计证据，但存货监盘本身不足以提供注册会计师确定存货的所有权。

2. 如果存货对财务报表是重要的，注册会计师应当实施下列审计程序：

（1）在存货盘点现场实施监盘（除非不可行）；

（2）对期末存货记录实施审计程序，以确定其是否准确反映实际的存货盘点结果。

3. 存货监盘并不能取代被审计单位管理层定期盘点存货、合理确定存货数量和状况的责任。

（二）存货监盘计划

根据存货的特点、盘存制度、存货内部控制的有效性和管理层制定的存货盘点程序。

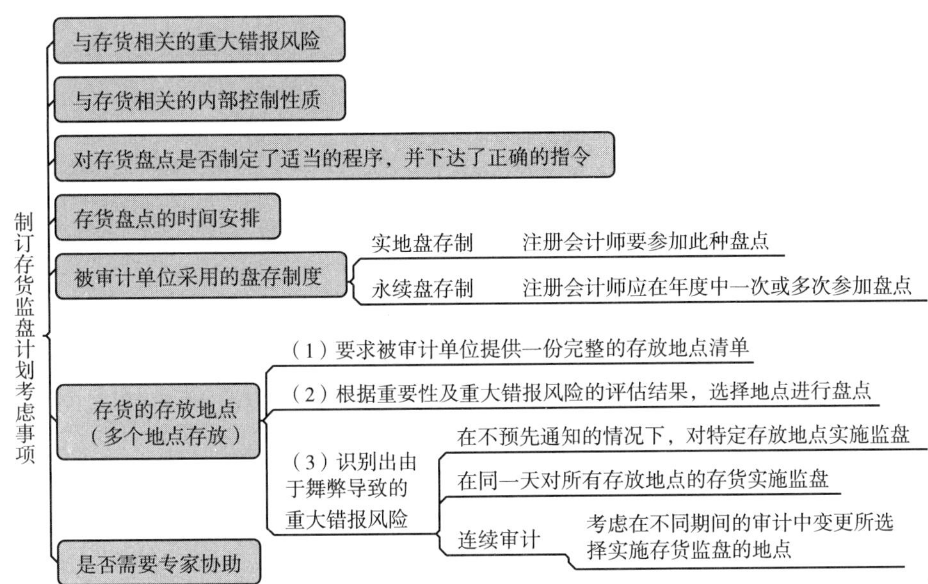

（三）存货监盘程序

1. 监盘开始前。

（1）在被审计单位盘点存货前，注册会计师应当观察盘点现场，确定应纳入盘点范围的存货是否已经恰当整理和排列，并附有盘点标识，防止遗漏或重复盘点。

（2）对未纳入盘点范围的存货，注册会计师应当查明未纳入的原因。

2. 监盘进行时。

（1）盘点存货时最好能保持存货不发生移动。如果在盘点过程中被审计单位的生产经营仍将持续进行，注册会计师应通过实施必要的检查程序，确定被审计单位是否已经对此设置了相应的控制程序，确保在适当的期间内对存货作出准确记录；

（2）注册会计师一般应当获取盘点日前后存货收发及移动的凭证，检查库存记录与会计记录期末截止是否正确。

（3）检查存货。

在存货监盘过程中检查存货，虽然不一定能确定存货的所有权，但有助于确定存货的存在，以及识别过时、毁损或陈旧的存货。

对所有权不属于被审计单位的存货，注册会计师应当取得其规格、数量等有关资料，确定是否已单独存放、标明，且未被纳入盘点范围。

即使被审计单位声明不存在受托代存存货的情形下，注册会计师在进行存货监盘时也应当关注是否存在某些存货不属于被审计单位的迹象，以避免盘点范围不当。

（4）执行抽盘。

双向抽盘	①从存货盘点记录选取项目追查至存货实物 ②从存货实物中选取项目追查至盘点记录
不可预见	注册会计师应尽可能避免让被审计单位事先了解将抽盘的存货项目

续表

发现差异	注册会计师在执行抽盘时发现差异，很可能表明被审计单位的存货盘点在准确性或完整性方面存在错误；很可能意味着被审计单位的存货盘点还存在着其他错误： ①注册会计师应当查明原因，并及时提请被审计单位进行改正 ②注册会计师应当考虑错误的潜在范围和重大程度，在可能的情况下，扩大检查范围以减少错误的发生 ③注册会计师还可要求被审计单位重新盘点，重新盘点的范围可限于某一特殊领域的存货或特定盘点小组

3. 监盘结束时。

（1）再次观察盘点现场，以确定所有应纳入盘点范围的存货是否均已盘点。

（2）取得并检查已填用、作废或未使用盘点表单的号码记录，确定其是否连续编号，查明已发放的表单是否均已收回，并与存货盘点的汇总记录进行核对，并对被审计单位最终的存货盘点汇总记录进行复核，并评估其是否正确地反映了实际盘点的结果。

4. 特殊情况的处理。

特殊情况	处理方法		
在存货盘点现场实施监盘不可行	产生原因	合理	存货性质或存放地点等造成
		不合理	审计中的困难、时间或成本等事项本身，不能作为注册会计师省略不可替代程序或满足于说服力不足的审计证据的正当理由
	替代程序	可行	应当实施替代审计程序，如检查盘点日后出售、盘点日前取得或购买的特定存货的文件记录
		不可行	注册会计师需要按照规定发表非无保留意见。
因不可预见的情况导致无法在存货盘点现场实施监盘	注册会计师无法亲临现场或气候因素导致； 注册会计师应当另择日期实施监盘，并对间隔期间内发生的交易实施审计程序		
由第三方保管或控制的存货	（1）向持有被审计单位存货的第三方函证存货的数量和状况 （2）实施检查或其他适合具体情况的审计程序 ①实施或安排其他注册会计师实施对第三方的存货监盘（如可行） ②获取其他注册会计师或服务机构注册会计师针对用以保证存货得到恰当盘点和保管的内控的适当性而出具的报告 ③检查与第三方持有的存货相关的文件记录，如仓储单 ④当存货被作为抵押品时，要求其他机构或人员进行确认 （3）可以考虑应由第三方保管存货的商业理由的合理性，以进行存货相关风险的评估		

【例题 11－1・单选题】下列有关存货监盘的说法中，错误的是（　　）。（2016 年）

A. 对所有权不属于被审计单位的存货，注册会计师在监盘过程中无须执行工作

B. 注册会计师需要监盘时获取盘点日前最后的出、入库单据编号，用于执行截止测试

C. 如果存货在盘点过程中未停止流动，注册会计师需要观察被审计单位有关存货移动的控制程序是否得到执行

D. 在监盘过程中，注册会计师需要将所有过时、毁损或陈旧存货的详细情况记录下来，为测试存货跌价准备提供证据

【答案】A

【解析】对于所有权不属于被审计单位的存货，注册会计师应当取得其规格、数量等有关资料，确定是否已单独存放、标明且未被纳入盘点范围。

【例题 11－2·多选题】下列有关存货监盘的说法中，正确的有（　　）。(2014 年)

A. 注册会计师在制订监盘计划时，需要考虑是否在监盘中利用专家的工作

B. 如果存货盘点在财务报表日以外的其他日期进行，注册会计师除实施监盘相关审计程序外，还应当实施其他程序，以确定盘点日与财务报表日之间的存货变动已得到恰当记录

C. 如果存货存放在不同地点，注册会计师的监盘应当覆盖所有存放地点

D. 如果由于不可预见的情况，无法在存货盘点现场实施监盘，注册会计师应当实施替代审计程序

【答案】AB

【解析】选项 C，注意不是“所有”，注册会计师通常应当考虑被审计单位的重要存货存放地点，将这些存货地点列入监盘地点；选项 D，如果是不可预见情况导致无法在存货盘点现场实施监盘，应当另择日期实施监盘，并对间隔期内发生的交易实施审计程序。

考点二：存货计价测试

存货监盘程序主要是对存货的数量进行测试。为了验证财务报表上存货余额的真实性，还应当对存货的计价进行审计。

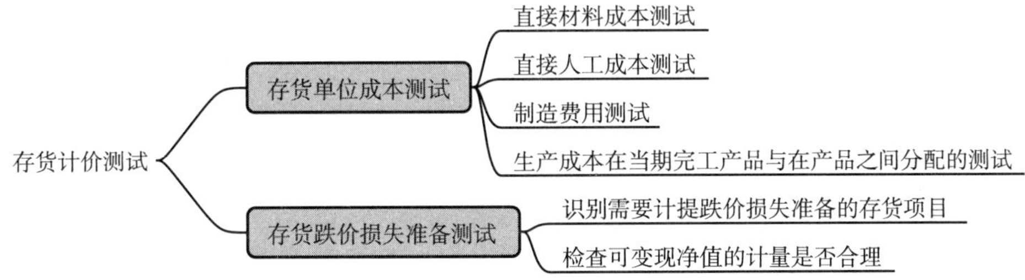

【例题 11－3·单选题】如果注册会计师认为存货数量存在舞弊导致的重大错报风险，下列做法中，通常不能应对该风险的是（　　）。(2015 年)

A. 扩大与存货相关的内部控制测试的样本规模

B. 要求被审计单位在报告期末或邻近期末的时点实施存货盘点

C. 在不预先通知的情况下对特定存放地点的存货实施监盘

D. 利用专家的工作对特殊类型的存货实施更严格的检查

【答案】A

【解析】数量存在舞弊导致的重大错报风险，说明与存货相关的内部控制并没有得到有效执行，不应信赖内部控制，控制测试无法实现，要通过实质性程序来应对。

【例题 11－4·简答题】ABC 会计师事务所的 A 注册会计师负责审计多家被审计单位 2017 年度财务报表。与存货审计相关的部分事项如下：

（1）甲公司为制造型企业，采用信息系统进行成本核算。A 注册会计师对信息系统一般控制和相关的自动化应用控制进行测试后结果满意，不再对成本核算实施实质性程序。

（2）因乙公司存货不存在特别风险，且以前年度与存货相关的控制运行有效，A 注册会计师因此减少了本年度存货细节测试的样本量。

（3）丙公司采用连续编号的盘点标签记录盘点结果，并逐项录入盘点结果汇总表。A 注册会计师将抽盘样本的数量与盘点标签记录的数量进行了核对，未发现差异，据此认可了盘点结果汇

总表记录的存货数量。

(4) 丁公司从事进口贸易，年末存货均于2017年12月购入，金额重大。A注册会计师通过获取并检查采购合同、发票、进口报关单、验收入库单等支持性文件，认为获取了有关存货存在和状况的充分、适当的审计证据。

(5) 戊公司的存货存放在多个地点。A注册会计师取得了存货存放地点清单并检查了其完整性，根据各个地点存货余额的重要性及重大错报风险的评估结果，选取其中几个地点实施了监盘。

(6) A注册会计师在己公司盘点结束后、存货未开始流动前抵达盘点现场，对存货进行检查并实施了抽盘，与己公司盘点数量核对无误，据此认可了盘点结果。

要求：

针对上述第(1)至(6)项，逐项指出A注册会计师的做法是否恰当。如不恰当，简要说明理由。(2018年)

【答案】

(1) 不恰当。制造业的成本核算涉及重大类别交易或账户余额，应当实施实质性程序。

(2) 不恰当。以前年度与存货相关的控制运行有效不构成减少本年度细节测试样本规模的充分理由/注册会计师还应当了解相关控制在本期是否发生变化。

(3) 不恰当。A注册会计师应当对盘点结果汇总表进行复核/应当将抽盘数量与盘点结果汇总表核对/应当将盘点标签数量与盘点结果汇总表核对。

(4) 不恰当。存货对财务报表是重要的，注册会计师应当实施监盘。

(5) 恰当。

(6) 不恰当。注册会计师没有/应当观察己公司管理层制定的盘点程序的执行情况。

【例题11-5·简答题】 ABC会计师事务所的A注册会计师负责审计甲公司等多家被审计单位2015年度财务报表，与存货审计相关的事项如下：

(1) 在对甲公司存货实施监盘时，A注册会计师在存货盘点现场评价了管理层用以记录和控制存货盘点结果的程序，认为其设计有效，A注册会计师在检查存货并执行抽盘后结束了现场工作。

(2) 因乙公司存货品种和数量均较少，A注册会计师仅将监盘程序用作实质性程序。

(3) 丙公司2015年末已入库未收到发票而暂估的存货金额占存货总额的30%，A注册会计师对存货实施了监盘，测试了采购和销售交易的截止，均未发现差错，据此认为暂估的存货记录准确。

(4) 丁公司管理层未将以前年度已全额计提跌价准备的存货纳入本年末盘点范围，A注册会计师检查了以前年度的审计工作底稿，认可了管理层的做法。

(5) 己公司管理层规定，由生产部门人员对全部存货进行盘点，再由财务部门人员抽取50%进行复盘，A注册会计师对复盘项目执行抽盘，未发现差异，据此认可了管理层的盘点结果。

要求：针对上述第(1)至(5)项，逐项指出A注册会计师做法是否恰当。如不恰当，简要说明理由。(2016年)

【答案】

(1) 不恰当。在实施存货监盘程序时，A注册会计师应当观察管理层制定的盘点程序的执行

情况。

（2）恰当。

（3）不恰当。A注册会计师应当检查暂估存货的单价。

（4）不恰当。存货监盘是检查存货的存在，已全额计提跌价的存货价值虽然为零，但仍需对存货是否存在实施监盘。

（5）不恰当。抽盘的总体不完整。

【解析】

（1）第（1）项，存货盘点现场实施监盘，四个程序缺一不可：①评价管理层用以记录和控制存货盘点结果的指令和程序；②观察管理层制定的盘点程序的执行情况；③检查存货；④执行抽盘。（这类题目很多时候就是漏了某个步骤）

（2）第（2）项，存货监盘的相关程序可以用作控制测试或者实质性程序。注册会计师可以根据风险评估结果、审计方案和实施特定程序作出判断。例如，如果只有少数项目构成了存货的主要部分，注册会计师可能选择将存货监盘用作实质性程序。

（3）第（3）项，存货金额 = 数量 × 单价，实施监盘，确定的是数量，测试截止，确定的是是否计入了正确的期间，所以还需要检查暂估存货的单价。

【例题11－6·简答题】甲公司主要从事家电产品的生产和销售。ABC会计师事务所负责审计甲公司2013年度财务报表。审计项目组在审计工作底稿中记录了与存货监盘相关的情况，部分内容摘录如下：

（1）审计项目组拟不信赖与存货相关的内部控制运行的有效性，故在监盘时不再观察管理层制定的盘点程序的执行情况。

（2）审计项目组获取了盘点日前后存货收发及移动的凭证，以确定甲公司是否将盘点日前入库的存货、盘点日后出库的存货以及已确认为销售但尚未出库的存货包括在盘点范围内。

（3）由于甲公司人手不足，审计项目组受管理层委托，于2013年12月31日代为盘点甲公司异地专卖店的存货，并将盘点记录作为甲公司的盘点记录和审计项目组的监盘工作底稿。

（4）审计项目组按存货项目定义抽样单元，选取a产品为抽盘样本项目之一。a产品分布在5个仓库中，考虑到监盘人员安排困难，审计项目组对其中3个仓库的a产品执行抽盘，未发现差异，对该样本项目的抽盘结果满意。

（5）在甲公司存货盘点结束前，审计项目组取得并检查了已填用、作废及未使用盘点表单的号码记录，确定其是否连续编号以及已发放的表单是否均已收回，并与存货盘点汇总表中记录的盘点表单使用情况核对一致。

（6）甲公司部分产成品存放在第三方仓库，其年末余额占资产总额的10%。

要求：（1）针对上述第（1）至（5）项，逐项指出审计项目组的做法是否恰当。如不恰当，简要说明理由。

（2）针对上述第（6）项，列举三项审计项目组可以实施的审计程序。（2014年）

【答案】

（1）

第（1）项不恰当。无论是否信赖内部控制，注册会计师在监盘中均应当观察管理层制定的盘点程序的执行情况。

第（2）项不恰当。已确认为销售但尚未出库的存货不应包括在盘点范围内。

第（3）项不恰当。审计项目组代管理层执行盘点工作，将会影响其独立性/盘点存货是甲公司管理层的责任。

第（4）项不恰当。当a产品被选为样本项目时，应当对所有a产品执行抽盘。

第（5）项恰当。

(2)

审计项目组可以实施的审计程序有（以下答对三项即可）：

①向保管存货的第三方函证存货的数量和状况；

②实施检查程序/检查与第三方保管的存货相关的文件记录；

③对第三方保管的存货实施监盘；

④安排其他注册会计师对第三方保管的存货实施监盘；

⑤获取其他注册会计师或提供仓储服务的第三方的注册会计师针对第三方用以保证存货得到恰当盘点和保管的内部控制的适当性而出具的报告。

第十二章　货币资金的审计

第一节　货币资金审计概述

考点：货币资金内部控制

1. 岗位分工及授权批准。

（1）不得由一人办理货币资金业务的全过程；

（2）出纳员不得兼任稽核、会计档案的保管和收入、支出、费用、债权债务等账目的登记工作。

2. 现金和银行存款管理。

（1）企业现金收入应当及时存入银行，不得用于直接支付企业自身的支出。因特殊情况需要坐支的，应事先报经开户银行审查批准。

（2）企业取得的现金应及时入账，不得私设“小金库”，不得账外设账，严禁收款不入账。

（3）每月末，会计主管指定出纳员以外的人员核对银行存款日记账和银行对账单，编制银行存款余额调节表，使银行存款账面余额和银行对账单调节相符。

3. 票据及有关印章管理。

（1）企业应当防止空白票据的遗失和被盗用。

（2）企业应当加强银行预留印鉴的管理。财务专用章应由专人保管，个人名章必须由本人或其授权人保管。严禁一人保管支付款项所需的全部印章。

4. 监督检查。

企业应当进行定期和不定期检查。

第二节　货币资金的风险评估

考点：货币资金的可能发生错报环节

1. 被审计单位资产负债表的货币资金项目中的库存现金和银行存款在资产负债表日不存在。（存在）

2. 被审计单位所有应当记录的现金收支业务和银行存款收支业务未得到完整记录，存在遗漏。（完整性）

3. 被审计单位的现金收款通过舞弊手段被侵占。（完整性）

4. 记录的库存现金和银行存款不是为被审计单位所拥有或控制。（权利和义务）

5. 库存现金和银行存款的金额未被恰当地包括在财务报表的货币资金项目中，与之相关的计价调整未得到恰当记录。（计价和分摊）

6. 库存现金和银行存款未按照企业会计准则的规定在财务报表中作出恰当列报。（列报）

第三节　货币资金的风险应对

考点一：库存现金的实质性程序

监盘库存现金。

（1）监盘范围	已收到但未存入银行的现金、零用钱、找换金等
（2）参加监盘人员	出纳员（盘点人）、会计主管和注册会计师
（3）监盘时间	最好选择在上午上班前或下午下班时进行 如被审计单位库存现金存放部门有两处或两处以上的，应同时进行盘点
（4）监盘方式	突击进行
（5）监盘程序	①查看被审计单位制定的盘点计划，确定监盘时间 ②审阅库存现金日记账并同时与现金收付凭证相核对 ③检查被审计单位现金实存数，并将监盘金额与库存现金日记账余额进行核对，如有差异，应要求被审计单位查明原因，必要时应提请被审计单位作出调整。如无法查明原因，应要求被审计单位按管理权限批准后作出调整 ④在非资产负债表日进行盘点和监盘时，应将监盘金额调整至资产负债表日的金额，并对变动情况实施程序

考点二：银行存款的实质性程序

（一）对银行账户的完整性执行审计程序

获取银行存款余额明细表，复核加计是否正确，并与总账数和日记账合计数核对是否相符；检查非记账本位币银行存款的折算汇率及折算金额是否正确。

如果对被审计单位银行账户的完整性存有疑虑，注册会计师可以考虑额外实施以下实质性程序：

1. 注册会计师亲自到中国人民银行或基本存款账户开户行查询并打印《已开立银行结算账户清单》，以确认被审计单位账面记录的银行人民币结算账户是否完整。

2. 结合其他相关细节测试，关注原始单据中被审计单位的收（付）款银行账户是否包含在注册会计师已获取的开立银行账户清单内。

（二）实施实质性分析程序

计算银行存款累计余额应收利息收入，分析比较被审计单位银行存款应收利息收入与实际利息收入的差异是否恰当。

（三）检查银行存款账户发生额

1. 分析漏记银行交易的可能性，获取相关账户相关期间的全部银行对账单。

2. 如果对被审计单位银行对账单的真实性存有疑虑，注册会计师可以在被审计单位的协助下亲自到银行获取银行对账单。在获取银行对账单时，注册会计师要全程关注银行对账单的打印过程。

3. 从银行对账单中选取样本与被审计单位银行日记账记录进行核对；从被审计单位银行存款日记账上选取样本，核对至银行对账单。

4. 浏览银行对账单，选取大额异常交易，如银行对账单上有一收一付相同金额，或分次转出相同金额等，检查被审计单位银行存款日记账上有无该项收付金额记录。

（四）取得并检查银行对账单和银行存款余额调节表

1. 目的：为了证实资产负债表中所列银行存款是否存在。

2. 测试程序。

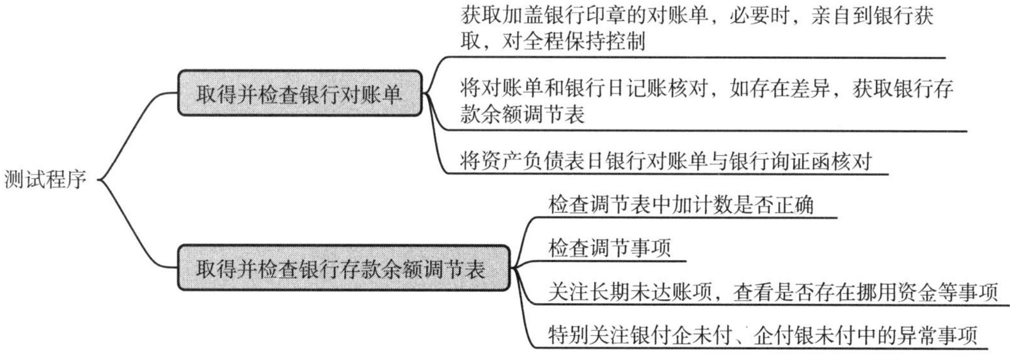

3. 银行存款余额调节表。

银行存款日记账	银行存款对账单
加：银行已收，企业未收的款项	加：企业已收，银行未收的款项
减：银行已付，企业未付的款项	减：企业已付，银行未付的款项
真实的银行存款余额	

（五）函证银行存款余额

1. 函证的目的：通过函证，可以获取证据证实资产负债表中所列银行存款是否存在，了解企业欠银行的债务情况和企业未入账的银行借款以及未披露的或有负债。

2. 函证的方式：银行存款函证的方式是采用积极式询证函方式。

3. 函证范围：

（1）注册会计师应当对银行存款（包括零余额账户和在本期内注销的账户）、借款及与金融机构往来的其他重要信息实施函证程序，除非有充分证据表明某一银行存款、借款及与金融机构往来的其他重要信息对财务报表不重要且与之相关的重大错报风险很低。

（2）如果不对这些项目实施函证程序，注册会计师应当在审计工作底稿中说明理由。

【例题 12－1·单选题】 注册会计师在检查被审计单位 2011 年 12 月 31 日的银行存款余额调节表时，发现下列调节事项，其中有迹象表明性质或范围不合理的是（　　）。（2012 年）

A.“银行已收、企业未收”项目包含一项 2011 年 12 月 31 日到账的应收账款，被审计单位尚未收到银行的收款通知

B.“企业已付、银行未付”项目包含一项被审计单位于 2011 年 12 月 31 日提交的转账支付申请，用于支付被审计单位 2011 年 12 月份的电费

C.“企业已收、银行未收”项目包含一项 2011 年 12 月 30 日收到的退货款，被审计单位已将供应商提供的支票提交银行

D.“银行已付、企业未付”项目包含一项 2011 年 11 月支付的销售返利，该笔付款已经总经理授权，但由于经办人员未提供相关单据，会计部门尚未入账

【答案】 D

【解析】 选项 D 不属于“未达账项”，而是因为经办人员未提供相关单据，会计部门尚未入账，不是与银行之间的未达账项。

【套路】 银行存款调节事项，要有两个对象：一个是企业，一个是银行，选项 D 的表述只有企业，没有银行，所以明显是错误的。其他情况的判断，就看这个事项是先经过企业（企业已收、企业已付），还是先经过银行（银行已收、银行已付）。

考点三：其他货币资金的实质性程序

类型	审计程序
定期存款	（1）向管理层询问定期存款存在的商业理由并评估其合理性 （2）获取定期存款明细表，检查是否与账面记录金额一致，以及是否被质押或限制使用 （3）在监盘库存现金的同时，监盘定期存款凭据 （4）对未质押的定期存款，检查开户证实书原件，以防止被审计单位提供的复印件是未质押（或未提现）前原件的复印件 （5）对已质押的定期存款，检查定期存单复印件，并与相应的质押合同核对 （6）函证定期存款相关信息 （7）结合财务费用审计测试利息收入的合理性，判断是否存在体外资金循环的情形 （8）在资产负债表日后已提取的定期存款，核对相应的兑付凭证等 （9）关注是否附注中对定期存款给予充分披露
保证金存款	检查开立银行承兑汇票的协议或银行授信审批文件
存出投资款	跟踪资金流向，并获取董事会决议等批准文件、开户资料、授权操作资料等

【例题 12－2·单选题】 下列审计程序中，通常不能为定期存款的存在认定提供可靠的审计证据的是（　　）。（2016 年）

A. 函证定期存款的相关信息

B. 对于未质押的定期存款，检查开户证实书原件

C. 对于已质押的定期存款，检查定期存单复印件

D. 对于在资产负债表日后已到期的定期存款，核对兑付凭证

【答案】 C

【解析】 对于已质押的定期存款，检查定期存款复印件，并与相应的质押合同核对，选项 C 错误。

【例题12-3·简答题】 ABC会计师事务所的A注册会计师负责审计甲公司2016年度财务报表，与货币资金审计相关的部分事项如下：

（1）A注册会计师认为库存现金重大错报风险很低，因此，未测试甲公司财务主管每月末盘点库存现金的控制，于2016年12月31日实施了现金监盘，结果满意。

（2）对于账面余额存在差异的银行账户，A注册会计师获取了银行存款余额调节表，检查了调节表中的加计数是否正确，并检查了调节后的银行存款日记账余额与银行对账账单余额是否一致，据此认可了银行存款余额调节表。

（3）因对甲公司管理层提供的银行对账单的真实性存在疑虑，A注册会计师在出纳陪同下前往银行获取银行对账单，在银行柜台人员打印对账单时，A注册会计师前往该银行其他部门实施了银行函证。

（4）甲公司有一笔2015年10月存入的期限两年的大额定期存款。A注册会计师在2015年度财务报表审计中检查了开户证实书原件并实施了函证，结果满意，因此，未在2016年度审计中实施审计程序。

（5）为测试银行账户交易入账的真实性，A注册会计师在验证银行对账单的真实性后，从银行存款日记账中选取样本与银行对账单进行核对，并检查了支持性文件，结果满意。

（6）乙银行在银行询证函回函中注明："接收人不能依赖函证中的信息。"A注册会计师认为该条款不影响回函的可靠性，认可了回函结果。

要求：针对上述第（1）至（6）项，逐项指出A注册会计师的做法是否恰当，如不恰当，简要说明理由。(2017年)

【答案】

（1）恰当。

（2）不恰当。还应检查调节事项/关注长期未达账项，查看是否存在挪用资金等事项/关注未达账中异常的支付款项。

（3）不恰当。当A注册会计师亲自到银行获取银行对账单时，要对获取全过程保持控制。

（4）不恰当。应当对重大账户余额实施实质性程序。即使甲公司该笔大额定期存款未发生变化，A注册会计师拟利用以前审计获取的审计证据时，也应当在本期实施审计程序，以确定这些审计证据是否具有持续相关性。

（5）恰当。

（6）不恰当。询证函中的条款属于对回函可靠性产生影响的限制性条款，可能需要执行额外的或替代审计程序。

【解析】

（1）第（1）项，现金监盘程序是用作控制测试还是实质性程序，取决于注册会计师对风险评估结果、审计方案和实施的特定程序的判断。注册会计师可以将现金监盘同时用作控制测试和实质性程序。因此，注册会计师认为重大错报风险低，直接实施现金监盘，是恰当的。

（2）第（2）项，银行存款余额调节表，是被审计单位编制的，所以在利用这些数据分析前，要先考虑调节表本身的可靠性，所以要取得并检查银行存款余额调节表，实施的程序包括：

①检查调节表中加计数是否正确；②检查调节事项；③关注长期未达账项，查看是否存在挪用资金等事项；④特别关注银付企未付、企付银未付中的异常事项。

（3）第（6）项，回函中存在免责或其他限制条款，不一定使回函失去可靠性。但如果回函中的限制性条款使得注册会计师对回函所包括的信息的完整性、准确性或注册会计师所能够信赖其所包含信息的程度产生怀疑，则会影响回函的可靠性。产生影响的条款一般包括：

①“本信息是从电子数据库中取得，可能不包括被询证方所拥有的全部信息”。

②“本信息既不保证准确也不保证是最新的，其他方可能会持有不同意见”。

③“接收人不能依赖函证中的信息”。

本题中“接收人不能依赖函证中的信息”，使得注册会计师对是否信赖产生怀疑，所以会影响回函可靠性。

第四编
对特殊事项的考虑

特殊事项知识结构：

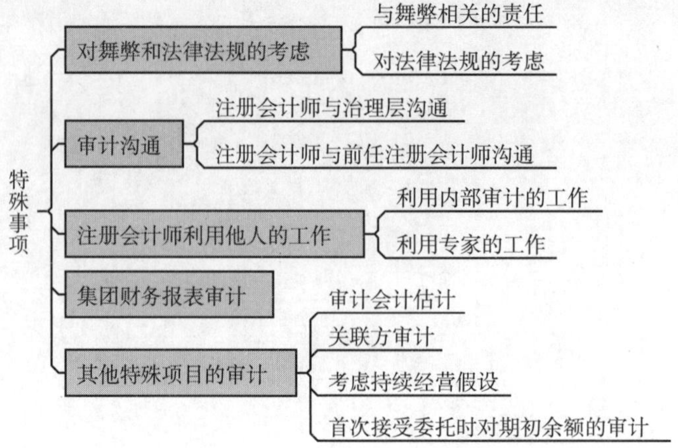
特殊事项
对舞弊和法律法规的考虑
与舞弊相关的责任
对法律法规的考虑
审计沟通
注册会计师与治理层沟通
注册会计师与前任注册会计师沟通
注册会计师利用他人的工作
利用内部审计的工作
利用专家的工作
集团财务报表审计
其他特殊项目的审计
审计会计估计
关联方审计
考虑持续经营假设
首次接受委托时对期初余额的审计

第十三章 对舞弊和法律法规的考虑

第一节 财务报表审计中与舞弊相关的责任

舞弊是指被审计单位的管理层、治理层、员工或第三方使用欺骗手段获取不当或非法利益的故意行为。

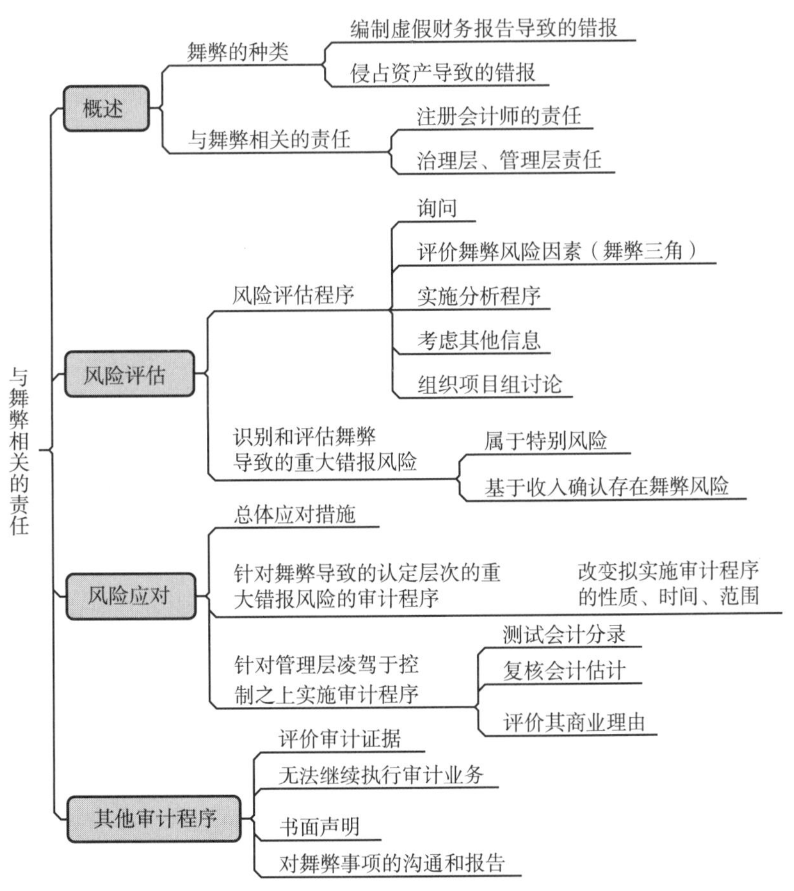

考点一：舞弊的含义和种类

发现舞弊的流程：

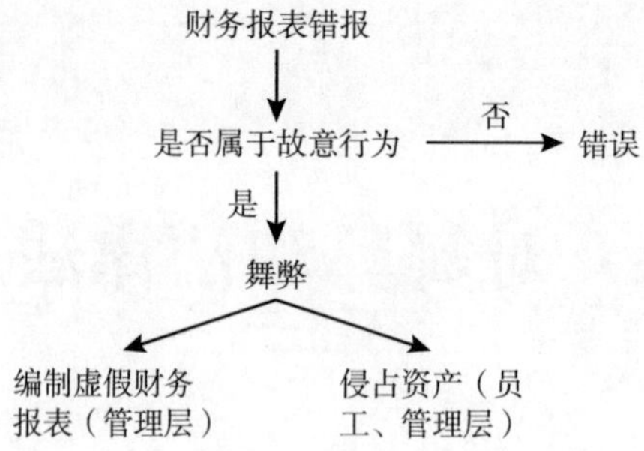

在财务报表审计中，注册会计师关注的是导致财务报表发生重大错报的舞弊。与财务报表审计相关的故意错报，包括编制虚假财务报告导致的错报和侵占资产导致的错报。

<table>
<tr><th>舞弊类型</th><th colspan="2">说明</th></tr>
<tr><td rowspan="2">编制虚假财务报告导致的错报</td><td colspan="2">编制虚假财务报告涉及为欺骗财务报表使用者而作出的故意错报（包括对财务报表金额和披露的遗漏）</td></tr>
<tr><td>实现方式</td><td>（1）对编制财务报表所依据的会计记录或支持性文件进行操纵、弄虚作假（包括伪造）或篡改
（2）在财务报表中错误表达或故意遗漏记事项、交易或其他重要信息
（3）故意地错误使用与金额、分类、列报或披露相关的会计原则</td></tr>
<tr><td rowspan="2">侵占资产导致的错报</td><td colspan="2">侵占资产包括盗窃被审计单位资产，通常的做法是员工盗窃金额较小且不重要的资产。侵占资产也可能涉及管理层，他们通常更能够通过难以发现的手段掩饰或隐瞒侵占资产的行为
侵占资产通常伴随着虚假或误导性的记载或文件，其目的是隐瞒资产丢失或未经适当授权而被抵押的事实</td></tr>
<tr><td>实现方式</td><td>（1）贪污收到的款项
（2）盗窃实物资产或无形资产
（3）使被审计单位对未收到的商品或未接受的劳务付款
（4）将被审计单位资产挪为私用</td></tr>
</table>

考点二：治理层、管理层的责任与注册会计师的责任

1. 治理层、管理层——主要责任。

2. 注册会计师的责任——提供合理保证（并不能发现财务报表中的全部重大错报行为）。

由于审计的固有限制，即使注册会计师按照审计准则的规定恰当计划和执行了审计工作，也不可避免地存在财务报表中的某些重大错报未被发现的风险。注册会计师不能对财务报表整体不存在重大错报获取绝对保证。

舞弊导致的重大错报未被发现的风险，大于错误导致的重大错报未被发现的风险。

如果完成审计工作后发现舞弊导致的财务报表重大错报，特别是串通舞弊或伪造文件记录导致的重大错报，并不一定表明注册会计师没有遵守审计准则（工作失职或失误）。

【例题 13－1・单选题】 下列有关舞弊导致的重大错报风险的说法中，错误的是（　　）。（2014 年）

A. 编制虚假财务报告导致的重大错报风险，大于侵占资产导致的重大错报风险

B. 舞弊导致的重大错报未被发现的风险，大于错误导致的重大错报未被发现的风险

C. 所有被审计单位都存在管理层凌驾于控制之上的风险

D. 收入确认存在舞弊风险的假定可能不适用于所有审计项目

【答案】 A

【解析】 选项A，编制虚假财务报告导致的重大错报风险与侵占资产导致的重大错报风险之间没有明显的大小关系，侵占资产通常伴随着虚假或误导性的文件记录。

选项D，如果认为收入确认存在舞弊风险的假定不适用于业务的具体情况，从而未将收入确认作为由于舞弊导致的重大错报风险领域，注册会计师应当在审计工作底稿中记录得出该结论的理由。

【套路】 注意几个容易混淆的风险大小的比较：

（1）舞弊导致的重大错报未被发现的风险，大于错误导致的重大错报未被发现的风险。

（2）管理层舞弊导致的重大错报未被发现的风险，大于员工导致的重大错报未被发现的风险。

（3）侵占资产和编制虚假财务报表的风险孰大孰小？没法比较。

【例题13-2·单选题】 在判断注册会计师是否按照审计准则的规定执行工作以应对舞弊风险时，下列各项中，不需要考虑的是（　　）。（2015年）

A. 注册会计师在审计过程中是否保持了职业怀疑

B. 注册会计师是否识别出所有的舞弊导致的财务报表重大错报

C. 注册会计师是否根据审计证据评价结果出具了恰当的审计报告

D. 注册会计师是否根据具体情况实施了审计程序，并获取了充分、适当的审计证据

【答案】 B

【解析】 由于审计的固有限制，即使注册会计师按照审计准则的规定恰当计划和执行了审计工作，也不可避免地存在财务报表中的某些重大错报未被发现的风险。注册会计师不能对财务报表整体不存在重大错报获取绝对保证，选项B错误。

【套路】 日常坑，“所有”这个关键词，虽然“所有”不一定是错的，但有“所有”这类字眼的，绝对是值得多考虑几遍的。

考点三：风险评估

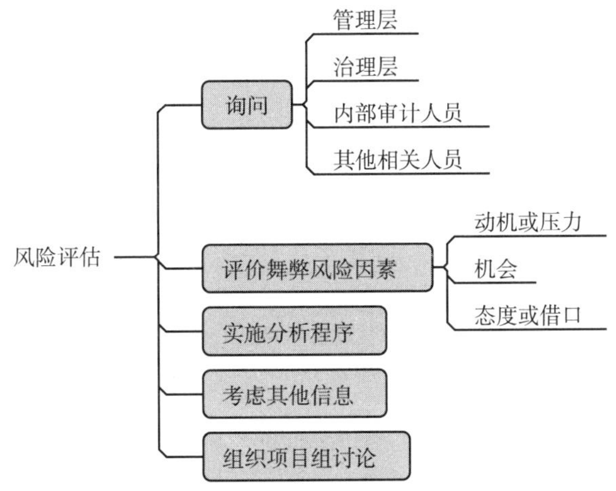

（一）舞弊风险因素

舞弊“铁三角”：

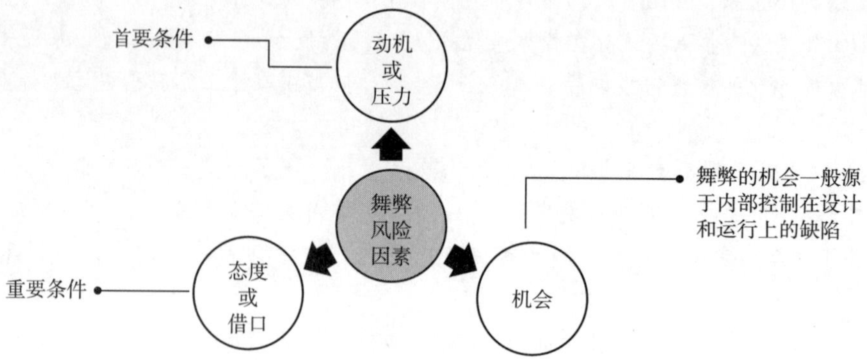

与编制虚假财务报告导致的错报相关的舞弊风险因素：

舞弊风险因素	舞弊风险因素细类
动机或压力	（1）财务稳定性或盈利能力受到经济环境、行业状况或被审计单位经营情况的威胁 （2）管理层为满足第三方要求或预期而承受过度的压力 （3）管理层或治理层的个人财务状况受到被审计单位财务业绩的影响 （4）管理层或经营者受到更高级管理层或治理层对财务或经营指标过高要求的压力
机会	（1）被审计单位所在行业或其他行业的性质为编制虚假财务报告提供了机会 （2）组织结构复杂或不稳定 （3）对管理层的监督失效 （4）内部控制要素存在缺陷
态度或借口	（1）管理层态度不端或缺乏诚信 （2）管理层与现任或前任注册会计师之间的关系紧张

与侵占资产导致的错报相关的舞弊风险因素：

舞弊风险因素	舞弊风险因素细类
动机或压力	（1）个人的生活方式或财务状况问题 （2）接触现金或其他易被盗窃资产的员工与被审计单位之间存在的紧张关系
机会	（1）资产的某些特征或特定情形可能增加其被侵占的可能性 （2）与资产相关的不恰当的内部控制可能增加资产被侵占的可能性
态度或借口	（1）管理层或员工不重视相关控制 （2）对被审计单位存在不满甚至敌对情绪

【例题 13－3・单选题】 下列程序中，通常不用于评估舞弊风险的是（　　）。（2015 年）

A. 询问治理层、管理层和内部审计人员

B. 考虑在客户接受或保持过程中获取的信息

C. 组织项目组内部讨论

D. 实施实质性分析程序

【答案】D

【解析】舞弊相关的风险评估程序包括：询问；评价舞弊风险因素；实施分析程序、考虑其他信息、组织项目组讨论。实质性分析程序属于风险应对，不属于风险评估。

【套路】这里的坑在于：实施分析程序与实施实质性分析程序的区别。

分析程序可以用作风险评估程序，也可以用作风险应对程序。实施分析程序，是用作风险评估；而实施实质性分析程序，是用作风险应对。要仔细区分。

【例题13－4·单选题】下列各项中，属于舞弊发生的首要条件的是（　　）。(2017年)

A. 实施舞弊的动机或压力

B. 治理层和管理层对舞弊行为的态度

C. 实施舞弊的机会

D. 为舞弊行为寻找借口的能力

【答案】A

【解析】舞弊者具有舞弊的动机是舞弊发生的首要条件。

【例题13－5·多选题】下列舞弊风险因素中，与编制虚假财务报告相关的有（　　）。(2015年)

A. 利用商业中介进行交易，但缺乏明显的商业理由

B. 在非所有者管理的主体中，管理层有一人或少数人控制，且缺乏补偿性控制

C. 会计系统和信息系统无效

D. 对高级管理人员支出的监督不足

【答案】ABC

【解析】选项D属于与侵占资产导致的错报相关的舞弊风险因素——机会。

（二）识别和评估由于舞弊导致的重大错报风险

1. 舞弊导致的重大错报风险属于需要注册会计师特别考虑的重大错报风险，即特别风险。

2. 收入确认存在舞弊风险的假定。(重要)

注意：只是假定收入存在舞弊风险，还需要去评价，不能直接说收入一定存在舞弊风险，用语要准确。

审计准则规定，在识别和评估由于舞弊导致的重大错报风险时，注册会计师应当基于收入确认存在舞弊风险的假定，评价哪些类型的收入、收入交易或认定导致舞弊风险。如果认为收入确认存在舞弊风险的假定不适用于业务的具体情况，从而未将收入确认作为由于舞弊导致的重大错报风险领域，注册会计师应当在审计工作底稿中记录得出该结论的理由。

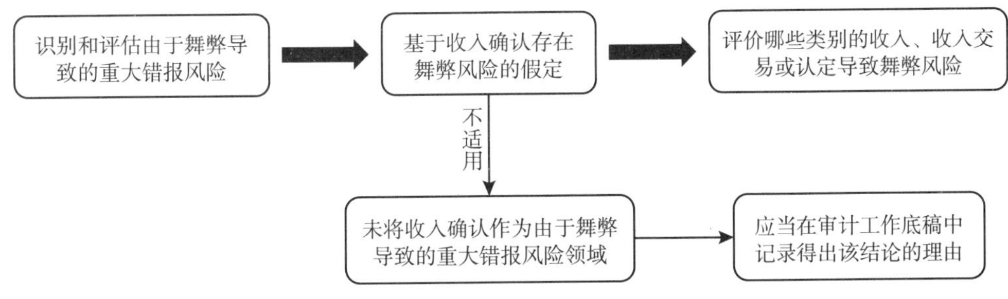

【例题13-6·单选题】在识别和评估重大错报风险时，下列各项中，注册会计师应当假定存在舞弊风险的是（　　）。(2012年)

A. 复杂衍生金融工具的计价　　B. 存货的可变现净值

C. 收入确认　　D. 应付账款的完整性

【答案】C

【解析】注册会计师应当基于收入确认存在舞弊风险的假定。

【套路】只是假定收入存在舞弊风险，还需要去评价，不能直接说收入一定存在舞弊风险，用语要准确。如果直接说收入确认就是存在舞弊，则是错误的，所以也不能直接说收入确认存在特别风险，需要判断之后才能确定。

考点四：风险应对

（一）应对舞弊导致的重大错报风险

在识别和评估舞弊导致的重大错报风险后，注册会计师需要采取适当的应对措施以将审计风险降至可接受的低水平。

舞弊导致的重大错报风险属于特别风险。注册会计师通常从三个方面应对此风险：

（1）总体应对措施；

（2）针对舞弊导致的认定层次重大错报风险实施的审计程序；

（3）针对管理层凌驾于控制之上的风险实施审计程序。

风险应对方向	说明
总体应对措施	（1）在分派和督导项目组成员时，考虑承担重要业务职责的项目组成员所具备的知识、技能和能力，并考虑由于舞弊导致的重大错报风险的评估结果 （2）评价被审计单位对会计政策（特别是涉及主观计量和复杂交易的会计政策）的选择和运用，是否可能表明管理层通过操纵利润对财务信息作出虚假报告 （3）在选择审计程序的性质、时间安排和范围时，增加审计程序的不可预见性
针对舞弊导致的认定层次重大错报风险实施的审计程序（性质、时间、范围）	（1）改变拟实施审计程序的性质，以获取更为可靠、相关的审计证据，或获取其他佐证性信息 （2）改变实质性程序的时间，包括在期末或接近期末实施实质性程序，或针对本期较早时间发生的交易事项或贯穿于本会计期间的交易事项实施测试 （3）改变审计程序的范围，包括扩大样本规模，采用更详细的数据实施分析程序等
针对管理层凌驾于控制之上的风险所应当实施的审计程序（特别风险，所有单位都会存在）	（1）测试日常会计核算过程中作出的会计分录以及编制财务报表过程中作出的其他调整是否适当 （2）复核会计估计是否存在偏向，并评价产生这种偏向的环境是否表明存在由于舞弊导致的重大错报风险 （3）对于超出被审计单位正常经营过程的重大交易，或基于对被审计单位及其环境的了解以及在审计过程中获取的其他信息而显得异常的重大交易，评价其商业理由（或缺乏商业理由）是否表明被审计单位从事交易的目的是为了对财务信息作出虚假报告或掩盖侵占资产的行为

1. 测试日常会计核算过程中作出的会计分录以及编制财务报表过程中作出的其他调整是否适当，注册会计师应当：

（1）向参与财务报告过程的人员询问与处理会计分录和其他调整相关的不恰当或异常的

活动；

（2）选择在报告期末作出的会计分录和其他调整；

（3）考虑是否有必要测试整个会计期间的会计分录和其他调整。

2. 表明被审计单位从事超出其正常经营过程的重大交易，或虽然未超出其正常经营过程但显得异常的重大交易的迹象：

（1）交易的形式显得过于复杂（例如，交易涉及集团内部多个实体，或涉及多个非关联的第三方）；

（2）管理层未与治理层就此类交易的性质和会计处理进行过讨论，且缺乏充分的记录；

（3）管理层更强调采用某种特定的会计处理的需要，而不是交易的经济实质；

（4）对于涉及不纳入合并范围的关联方（包括特殊目的实体）的交易，治理层未进行适当的审核与批准；

（5）交易涉及以往未识别出的关联方，或涉及在没有被审计单位帮助的情况下不具备物质基础或财务能力完成交易的第三方。

【例题 13-7·单选题】如果注册会计师拟信赖旨在应对由于舞弊导致的重大错报风险的人工控制，假设该控制没有发生变化，下列有关测试该控制运行有效性的时间间隔的说法中，正确的是（　　）。(2012 年 B 卷)

A. 每年测试一次　　B. 每二年至少测试一次

C. 每三年至少测试一次　　D. 每四年至少测试一次

【答案】A

【解析】舞弊导致的重大错报风险属于特别风险，对于旨在减轻特别风险的控制，不论该控制在本期是否发生变化，注册会计师都不应依赖以前审计获取的证据。如果拟信赖该控制，就必须在当年进行测试。所以选项 A 正确。

【套路】考试经常考核不应依赖以前审计获取证据的情形：

不应利用的情形包括：(1) 发生变化；(2) 应对特别风险；(3) 最近 2 年没测试（每三年至少测一次）。

【例题 13-8·单选题】注册会计师应当针对评估的由于舞弊导致的财务报表层次重大错报风险确定总体应对措施。下列各项措施中，错误的是（　　）。(2013 年)

A. 修改财务报表整体的重要性

B. 评价被审计单位对会计政策的选择和运用

C. 指派更有经验、知识、技能和能力的项目组成员

D. 在确定审计程序的性质、时间安排和范围时，增加审计程序的不可预见性

【答案】A

【解析】在针对评估的由于舞弊导致的财务报表层次重大错报风险确定总体应对措施时，注册会计师应当：

（1）在分派和督导项目组成员时，考虑承担重要业务职责的项目组成员所具备的知识、技能和能力（选项 C)，并考虑由于舞弊导致的重大错报风险的评估结果；

（2）评价被审计单位对会计政策（特别是涉及主观计量或复杂交易的会计政策）的选择和运用（选项 B)，是否可能表明管理层通过操纵利润对财务信息作出虚假报告；

（3）在选择审计程序的性质、时间安排和范围时，增加审计程序的不可预见性（选项 D)。

注册会计师不能人为地修改财务报表整体的重要性来降低重大错报风险，选项A错误。

【例题13－9·多选题】 下列注册会计师针对收入项目存在舞弊导致的重大错报风险所实施的审计程序中，正确的有（　　）。(2015年)

A. 按月份将本期收入与以前年度收入进行比较

B. 向被审计单位的客户函证应收账款余额

C. 向被审计单位的销售人员询问销售情况

D. 期末在被审计单位的发货现场观察发货情况

【答案】 ACD

【解析】 选项B为常规审计程序，对舞弊导致的重大错报风险应改变审计程序的性质、时间和范围。

【例题13－10·多选题】 下列各项做法中，可以应对舞弊导致的重大错报风险的有（　　）。(2014年)

A. 选取以前年度未寄发询证函的客户的应收账款余额实施函证

B. 在同一天对所有存放在不同地点的存货实施监盘

C. 扩大营业收入细节测试的样本规模

D. 通过实地走访，核实供应商和客户真实存在

【答案】 ABCD

【解析】 舞弊导致的重大错报风险对财务报表的影响广泛，因此注册会计师可能对拟实施程序作出总体修改和融入不可预见的因素，选项A、B、C、D均正确。

【例题13－11·多选题】 针对管理层凌驾于控制之上的风险，下列审计程序中，应当实施的有（　　）。(2012年)

A. 测试被审计单位在报告期末作出的会计分录和其他调整

B. 追溯复核与以前年度财务报表反映的重大会计估计相关的管理层判断和假设

C. 对于超出被审计单位正常经营过程的重大交易，评价其商业理由

D. 在年末对被审计单位的所有存货进行监盘

【答案】 ABC

【解析】 由于管理层在被审计单位的地位，管理层凌驾于控制之上的风险在所有被审计单位都会存在，注册会计师针对管理层凌驾于控制之上的风险所应当实施的审计程序：

(1) 测试日常会计核算过程中作出的会计分录以及编制财务报表过程中作出的其他调整是否适当（选项A）；

(2) 复核会计估计是否存在偏向，并评价产生这种偏向的环境是否表明存在由于舞弊导致的重大错报风险（选项B）；

(3) 对于超出被审计单位正常经营过程的重大交易，或基于对被审计单位及其环境的了解以及在审计过程中获取的其他信息而显得异常的重大交易，评价其商业理由（或缺乏商业理由）是否表明被审计单位从事交易的目的是为了对财务信息作出虚假报告或掩盖侵占资产的行为（选项C）。

（二）会计分录测试

在所有财务报表审计业务中，注册会计师都需要专门针对管理层凌驾于控制之上的风险设计

和实施会计分录测试。

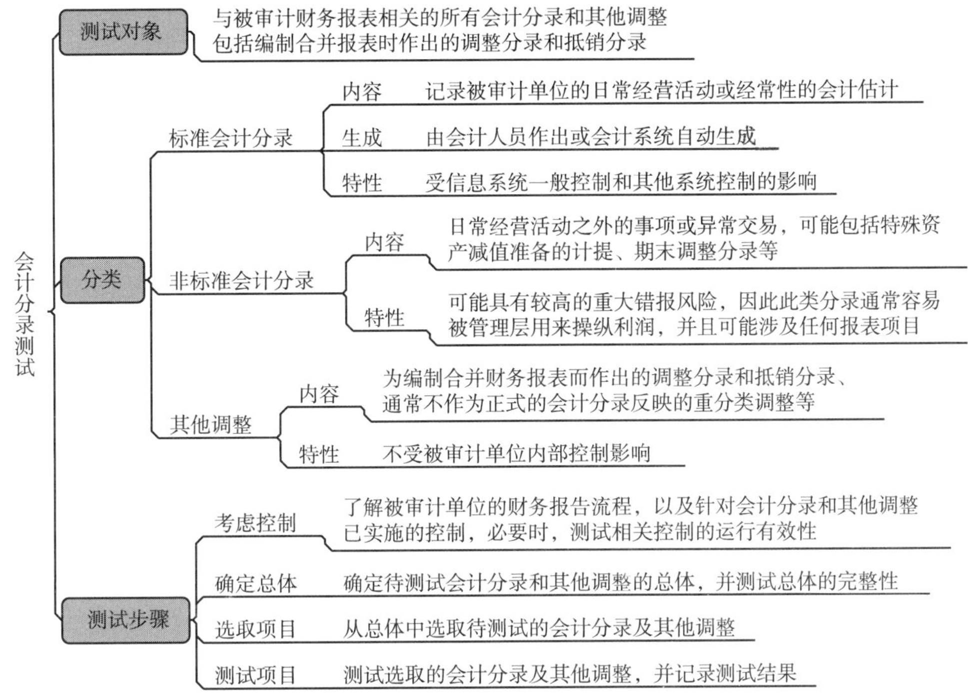

确定待测试会计分录及其他调整的总体并测试总体的完整性。

确定总体	(1) 因虚假会计分录和其他调整通常在报告期末作出，因此，审计准则要求注册会计师在对报告期末作出的会计分录和其他调整进行测试 (2) 因舞弊导致的财务报表重大错报可能发生于整个会计期间，并且舞弊者可能运用各种方法隐瞒舞弊，因此，审计准则要求注册会计师考虑是否有必要测试整个会计期间的会计分录和其他调整	
测试总体完整性	考虑因素	(1) 舞弊导致的财务报表重大错报风险 (2) 对被审计单位财务报告流程的了解
	测试流程	(1) 从会计信息系统中导出所有待测试分录和调整 (2) 加计所有会计分录和其他调整的本期发生额，与科目余额表中的各科目本期发生额核对相符 (3) 将系统生成的重要账户余额与明细账和总账及科目余额表中的余额核对，测试计算准确性 (4) 检查所有结账后作出的与本期财务报表有关的分录和其他调整，测试其完整性 (5) 将总账与财务报表核对，以检查是否存在其他调整

【例题 13-12·多选题】 在设计和实施测试日常会计核算过程中作出的会计分录以及编制财务报表过程中作出的其他调整是否适当时，注册会计师的做法正确的有（　　）。(2015 年)

A. 向不参与财务报告过程的人员询问是否存在异常情况

B. 向参与财务报告过程的人员询问与处理会计分录和其他调整相关的不恰当或异常的活动

C. 选择在报告期末作出的会计分录和其他调整实施测试

D. 考虑是否有必要测试整个会计期间的会计分录和其他调整

【答案】 BCD

【解析】 选项 A，不参与财务报告编制的人员无法了解其中情况，因此询问是无效的。

第二节　财务报表审计中对法律法规的考虑

违反法律法规，是指被审计单位、治理层、管理层或者为被审计单位工作或者受其指导的其他人，有意或无意违背除适用的财务报告编制基础以外的现行法律法规的行为，违反法律法规不包括与被审计单位经营活动无关的不当个人行为。

被审计单位需要遵守以下两类不同的法律法规：

（1）直接影响	通常对决定财务报表的重大金额和披露有直接影响的法律法规（如税收和企业年金方面的法律法规）
（2）间接影响	对决定财务报表中的金额和披露没有直接影响的其他法律法规，但遵守这些法律法规对被审计单位的经营活动、持续经营能力或避免大额罚款至关重要；违反这些法律法规，可能对财务报表产生重大影响

考点一：管理层和注册会计师的责任

1. 管理层责任：在治理层的监督下确保被审计单位的经营活动符合法律法规的规定。

2. 注册会计师责任：注册会计师没有责任防止被审计单位违反法律法规行为，也不能期望其发现所有的违反法律法规行为。

需遵守的法律法规	注册会计师责任
有直接影响的	就被审计单位遵守这些法律法规的规定获取充分、适当的审计证据
有间接影响的	仅限于实施特定的审计程序，以有助于识别可能对财务报表产生重大影响的违反这些法律法规的行为

考点二：风险评估（对被审计单位遵守法律法规的考虑）

识别被审计单位是否存在违反法律法规行为的程序或要求。

		程序或要求
主要程序	直接影响	注册会计师应当获取被审计单位遵守这些规定的充分、适当的审计证据
	间接影响	（1）向管理层和治理层（如适用）询问被审计单位是否遵守了这些法律法规 （2）检查被审计单位与许可证颁发机构或监管机构的往来函件
其他程序		（1）阅读会议纪要 （2）向被审计单位管理层、内部或外部法律顾问询问诉讼、索赔及评估情况 （3）对某类交易、账户余额和披露实施细节测试
书面声明		（1）由于法律法规对财务报表的影响差异很大，对于管理层识别出的或怀疑存在的，可能对财务报表产生重大影响的违反法律法规的行为，书面声明可以提供必要的审计证据 （2）书面声明本身并不提供充分、适当的审计证据，因此，不影响注册会计师拟获取的其他审计证据的性质和范围

【例题 13－13·单选题】下列审计程序中，通常不能识别被审计单位违反法律法规的行为的是（　　）。（2015 年）

A. 阅读董事会和管理层的会议纪要

B. 向管理层、内部或外部法律顾问询问诉讼、索赔及评估情况

C. 对营业外支出中的罚款及滞纳金支出实施细节测试

D. 获取管理层关于被审计单位不存在违反法律行为的书面声明

【答案】D

【解析】为形成审计意见所实施的审计程序，可能使注册会计师注意到识别出的或怀疑存在的违反法律法规的行为。这些审计程序可能包括：（1）阅读会议纪要；（2）向被审计单位管理层、内部或外部法律顾问询问诉讼、索赔及评估情况；（3）对某类交易、账户余额和披露实施细节测试。

获取书面声明并不能识别被审计单位违反法律法规的行为，所以选项D错误。

【例题13－14·单选题】当怀疑被审计单位存在违反法律法规行为时，下列各项审计程序中，通常不能为注册会计师提供额外审计证据的是（　　）。(2018年)

A. 与被审计单位治理层讨论

B. 获取被审计单位管理层的书面声明

C. 向被审计单位内部法律顾问咨询

D. 向会计师事务所的法律顾问咨询

【答案】B

【解析】选项B错误，书面声明本身并不为所涉及的任何事项提供充分、适当的审计证据。

考点三：风险应对（识别出或怀疑存在违反法律法规行为时实施的审计程序）

怀疑被审计单位存在违反法律法规行为时的审计程序。

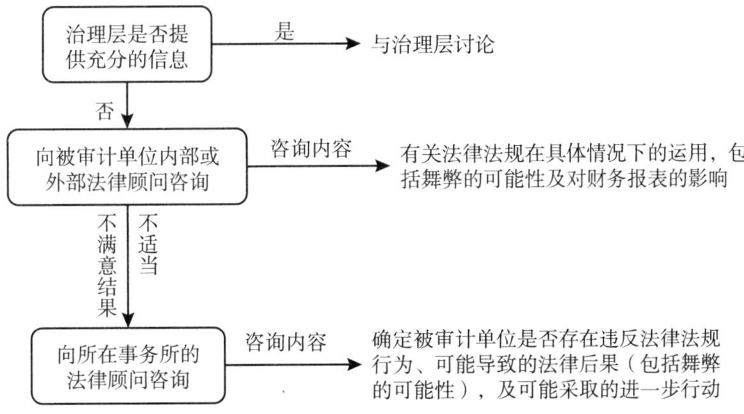

考点四：对识别出的或怀疑存在违反法律法规行为的报告

1. 与治理层沟通。

总体要求	注册会计师应当与治理层沟通审计过程中注意到的有关违反法律法规的事项（除非法律禁止），但不必沟通明显不重要的事项
沟通方式	（1）通常采用书面形式，则沟通文件副本作为工作底稿 （2）若采用口头形式，应形成沟通记录作为工作底稿

续表

情节严重时的沟通要求	故意和重大的违反法规行为	注册会计师应当就此尽快向治理层通报
	怀疑违反法律法规行为涉及管理层或治理层	(1) 应当向被审计单位审计委员会或监事会等更高层级的机构通报 (2) 应当考虑是否需要向外部监管机构（如有）报告或征询法律意见

2. 出具审计报告。

	情形	审计报告类型
(1) 考虑违反法规行为的影响	被审计单位在财务报表对违反法律法规行为作出恰当反映	无保留意见
	认为违反法律法规行为对财务报表有重大影响，且未能在财务报表中得到恰当反映	保留意见或否定意见
(2) 考虑审计范围受到限制的影响	来自被审计单位的限制 如果因为管理层或治理层阻挠而无法获取充分、适当的审计证据，以评价是否存在或可能存在对财务报表产生重大影响的违反法律法规行为	保留意见或无法表示意见
	其他方面的限制 如果由于审计范围受到管理层或治理层以外的其他方面的限制而无法确定被审计单位是否存在违反法律法规行为，注册会计师应当评价这一情况对审计意见的影响	—

【例题 13－15·多选题】 下列有关注册会计师在执行财务报表审计时对法律法规的考虑的说法中，正确的有（　　）。(2019 年)

A. 注册会计师没有责任防止被审计单位违反法律法规

B. 对于直接影响财务报表金额和披露的法律法规，注册会计师应就被审计单位遵守了这些法律法规获取充分、适当的审计证据

C. 对于不直接影响财务报表金额和披露的法律法规，注册会计师应就被审计单位遵守了这些法律法规获取管理层的书面声明

D. 如果识别出被审计单位的违反法律法规行为，注册会计师应当考虑是否有责任向被审计单位以外的监管机构报告

【答案】 ABD

【解析】 选项 A 正确，注册会计师没有责任防止被审计单位违反法律法规行为，也不能期望其发现所有的违反法律法规行为；选项 B 正确，针对被审计单位需要遵守的第一类法律法规，注册会计师的责任是就被审计单位遵守这些法律法规的规定获取充分、适当的审计证据；选项 D 正确，如果识别出或怀疑存在违反法律法规行为，注册会计师应当考虑是否有责任向被审计单位以外的监管机构和执法机构等相关机构或人员报告。

【例题 13－16·单选题】 下列有关财务报表审计中对法律法规的考虑的说法中，错误的是（　　）。(2016 年)

A. 注册会计师没有责任防止被审计单位违反法律法规

B. 注册会计师有责任实施特定的审计程序，以识别和应对可能对财务报表产生重大影响的违反法律法规

C. 注册会计师通常采用书面形式与被审计单位治理层沟通审计过程中注意到的有关违反法

律法规的事项

D. 如果被审计单位存在对财务报表有重大影响的违反法律法规行为，且未能在财务报表中得到充分反映，注册会计师应当发表保留或否定意见

【答案】 B

【解析】 对于有直接影响的法律法规，注册会计师必须获取充分适当的审计证据；对于有间接影响的法律法规，注册会计师的责任仅限于实施特定的审计程序，以有助于识别可能对财务报表产生重大影响的违反这些法律法规的行为，所以选项 B 错误。

【套路】 这里要注意，两类法律法规的应对方式是不一样的，题目经常在这里设置陷阱。例如，选项 B“注册会计师有责任实施特定的审计程序，以识别和应对可能对财务报表产生重大影响的违反法律法规”，这里显然错了，因为特定的审计程序只能适用于第二类法律法规。

第十四章　审计沟通

第一节　注册会计师与治理层的沟通

【注意事项】本章关注两个重点

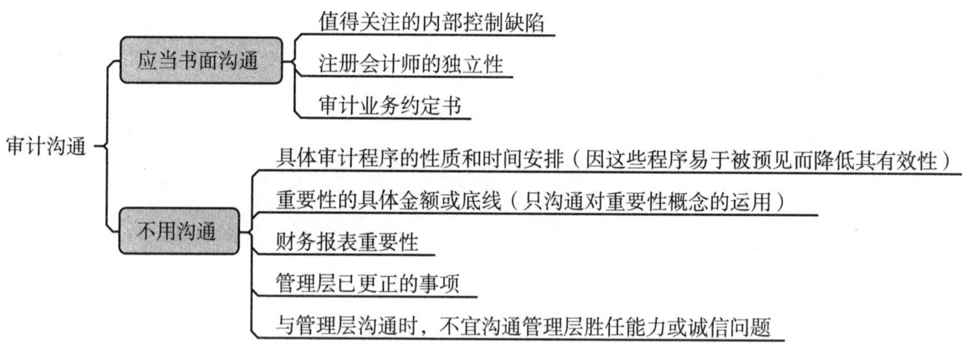

考点一：沟通的对象

注册会计师通常没有必要（实际上也不可能）就全部沟通事项与治理层进行沟通。

对具体事项适当的沟通对象往往是治理层的下设组织和人员，如董事会下设的审计委员会、独立董事、监事会或者被审计单位特别指定的组织和人员。

被审计单位设有审计委员会时，良好的治理原则建议：

1. 邀请注册会计师定期参加审计委员会会议。
2. 审计委员会主席和其他相关成员定期与注册会计师联系。
3. 审计委员会每年至少一次在管理层不在场的情况下会见注册会计师。

考点二：沟通的事项

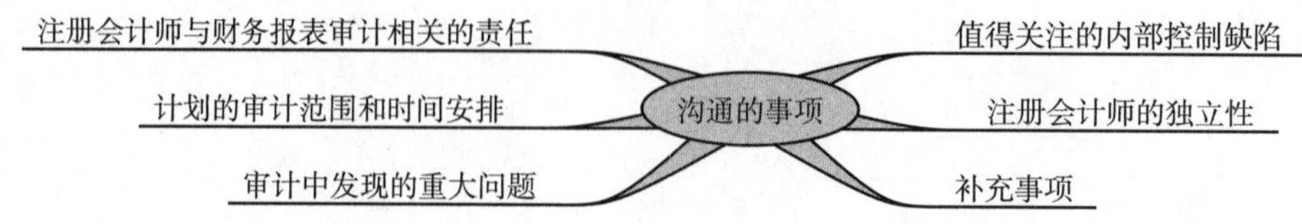

（一）沟通内容

1. 识别的特别风险；
2. 注册会计师拟如何应对由于舞弊或错误导致的特别风险以及重大错报风险评估水平较高的

领域；

3. 注册会计师对与审计相关的内部控制采取的方案；

4. 在审计中对重要性概念的运用（不是具体的重要性水平）；

5. 实施计划的审计程序或评价审计结果需要专门技术或知识的性质和程度，包括利用专家的工作；

6. 当准则适用时，注册会计师对哪些事项可能需要重点关注因而可能构成关键审计事项所作的初步判断。

尽管与治理层的沟通可以帮助注册会计师计划审计的范围和时间安排，但并不改变注册会计师独自承担制订总体审计策略和具体审计计划（包括获取充分、适当的审计证据所需程序的性质、时间安排和范围）的责任。

【例题 14－1·单选题】 如果被审计单位是上市实体，下列事项中，注册会计师通常不应与治理层沟通的是（　　）。(2012 年)

A. 已与管理层讨论的审计中出现的重大事项

B. 就审计项目组成员、会计师事务所其他相关人员及会计师事务所按照相关职业道德要求保持了独立性的声明

C. 审计工作中遇到的重大困难

D. 已确定的财务报表整体的重要性

【答案】 D

【解析】 不用沟通的事项包括：(1) 具体审计程序的性质和时间安排（易于被预见而降低有效性）；(2) 重要性的具体金额或底线（只沟通对重要性概念的运用）；(3) 财务报表的重要性；(4) 管理层已更正的事项；(5) 与管理层沟通时，不宜沟通管理层胜任能力或诚信问题。

（二）审计中发现的重大问题

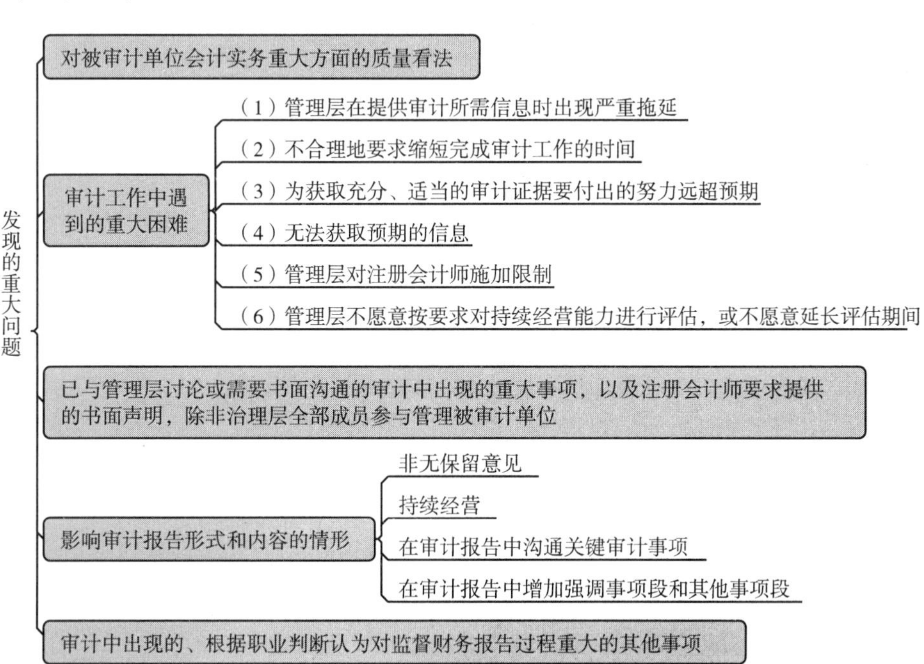

（三）值得关注的内部控制缺陷

1. 内部控制缺陷，是指在下列任一情况下内部控制存在的缺陷：

（1）某项控制的设计、执行或运行不能及时防止或发现并纠正财务报表错报；

（2）缺少用以及时防止或发现并纠正财务报表错报的必要控制。

2. 值得关注的内部控制缺陷，是指注册会计师根据职业判断，认为足够重要从而值得治理层关注的内部控制的一个缺陷或多个缺陷的组合。

注册会计师应当以书面形式及时向治理层通报审计过程中识别出的值得关注的内部控制缺陷。

报告的事项仅限于注册会计师在审计过程中识别出的、认为足够重要从而值得向治理层报告的缺陷。

【例题 14－2·多选题】下列各项中，注册会计师应当与治理层沟通的有（　　）。(2014 年)

A. 注册会计师发现的可能导致财务报表重大错报的员工舞弊行为

B. 注册会计师识别出的特别风险

C. 注册会计师对会计政策、会计估计和财务报表披露重大方面的质量的看法

D. 管理层已更正的重大审计调整

【答案】ABC

【解析】选项 A 正确，舞弊行为性质严重，且可能导致财务报表重大错报，应当与治理层沟通；选项 B 正确，注册会计师应当与治理层沟通计划的审计范围和时间安排的总体情况，包括识别的特别风险；选项 C 正确，注册会计师应当与治理层沟通对会计政策、会计估计和财务报表披露重大方面的质量的看法；选项 D 错误，已更正的事项无须再沟通。

考点三：沟通的过程

（一）确定沟通过程

1. 与管理层的沟通。

在与治理层沟通某些事项前，注册会计师可以就这些事项与管理层讨论，除非这种做法并不适当。

2. 与第三方的沟通。

除非法律法规要求向第三方提供注册会计师与治理层的书面沟通文件的副本，否则注册会计师在向第三方提供前可能需要事先征得治理层同意。

（1）书面沟通文件仅为治理层的使用而编制，不应被第三方依赖。

（2）注册会计师对第三方不承担责任。

（3）书面沟通文件向第三方披露或分发的任何限制。

（二）沟通的形式

以下事项应当采取书面形式（致治理层的沟通函件）：

1. 对于审计准则要求的注册会计师的独立性；

2. 向治理层通报值得关注的内部控制缺陷；

3. 向治理层提供审计业务约定书。

【例题 14 –3 · 单选题】 下列各项中，注册会计师应当以书面形式与治理层沟通的是（　　）。(2016 年)

A. 计划的审计范围和时间安排

B. 审计过程中遇到的重大困难

C. 审计中发现的所有内部控制缺陷

D. 上市公司审计中注册会计师的独立性

【答案】 D

【解析】 选项 A 错误，计划的审计范围和时间安排可以采用书面或口头形式沟通；选择 B 错误，审计过程中遇到的重大困难可以与治理层书面沟通，但不一定要以书面形式沟通；选项 C 错误，审计中发现的值得关注（不是所有）的内部控制缺陷应当采用书面形式沟通。

【套路】 以下事项应当采取书面形式：（注意以下是必须采取书面形式，而其他情况是不一定，做题的时候首先注意以下事项）

（1）对于审计准则要求的注册会计师的独立性；

（2）向治理层通报值得关注的内部控制缺陷；

（3）向治理层提供审计业务约定书。

【例题 14 –4 · 单选题】 下列各项中，注册会计师应当以书面形式与治理层沟通的是（　　）。(2017 年)

A. 注册会计师识别出的舞弊风险

B. 未更正错报

C. 注册会计师确定的关键审计事项

D. 注册会计师识别出的值得关注的内部控制缺陷

【答案】 D

【解析】 注册会计师应当以书面形式及时向治理层通报审计过程中识别出的值得关注的内部控制缺陷。

以下事项应当采取书面形式：

（1）对于审计准则要求的注册会计师的独立性；

（2）向治理层通报值得关注的内部控制缺陷；

（3）向治理层提供审计业务约定书。

【套路】 注意题目说的是“应当”还是“可以”。

（三）沟通的时间安排

1. 对于计划事项的沟通，通常在审计业务的早期阶段进行，如系首次接受委托，沟通可以随同就审计业务条款达成一致意见一并进行。

2. 对于审计中遇到的重大困难，如果治理层能够协助注册会计师克服这些困难，或者这些困难可能导致发表非无保留意见，可能需要尽快沟通。

3. 如果识别出值得关注的内部控制缺陷，注册会计师可能在进行书面沟通前，尽快向治理层口头沟通。

4. 对独立性进行沟通，任何时候都可能是适当的。

5. 沟通审计中发现的问题，包括注册会计师对被审计单位会计实务质量的看法，可能作为总结性讨论的一部分。

（四）沟通不充分的应对措施

如果注册会计师与治理层之间的双向沟通不充分，并且这种情况得不到解决，注册会计师可以采取下列措施：

1. 根据范围受到的限制发表非无保留意见；
2. 就采取不同措施的后果征询法律意见；
3. 与第三方（如监管机构）、被审计单位外部的在治理结构中拥有更高权力的组织或人员（如企业的业主，股东大会中的股东）或对公共部门负责的政府部门进行沟通；
4. 在法律法规允许的情况下解除业务约定。

【例题14－5·多选题】注册会计师与治理层之间的双向沟通不充分，并且这种情况得不到解决，下列措施中，注册会计师可以（　　）。(2015年)

A. 根据范围受到的限制发表非无保留意见

B. 与监管机构、被审计单位外部的在治理结构中拥有更高权利的组织或人员进行沟通

C. 采取不同措施的后果征询法律意见

D. 法律法规允许的情况下解除业务约定

【答案】ABCD

【例题14－6·单选题】如果注册会计师与治理层之间的双向沟通不充分，并且这种情况得不到解决，下列有关注册会计师采取的措施中，错误的是（　　）。(2013年)

A. 根据范围受到限制的情况，发表非无保留意见或增加其他事项段

B. 就采取不同措施的后果征询法律意见

C. 与被审计单位外部的在治理结构中拥有更高权力的组织或人员进行沟通

D. 在法律法规允许的情况下解除业务约定

【答案】A

【解析】如果注册会计师与治理层之间的双向沟通不充分，并且这种情况得不到解决，注册会计师可以采取下列措施：

（1）根据范围受到的限制发表非无保留意见（没有其他事项段，选项A错误）；

（2）就采取不同措施的后果征询法律意见（选项B）；

（3）与第三方（如监管机构）、被审计单位外部的在治理结构中拥有更高权力的组织或人员（如企业的业主，股东大会中的股东）或公共部门负责的政府部门进行沟通（选项C）；

（4）在法律法规允许的情况下解除业务约定（选项D）。

（五）沟通的记录

1. 如果审计准则要求沟通的事项是以口头形式沟通的，注册会计师应当将其包括在审计工作底稿中，并记录沟通的时间和对象。

2. 如果审计准则要求沟通的事项是以书面形式沟通的，注册会计师应当保存一份沟通文件的副本，作为审计工作底稿的一部分。

3. 如果被审计单位编制的会议纪要是沟通的适当记录，注册会计师可以将其副本作为对口头

记录的补充，并作为审计工作底稿的一部分；如果发现这些记录不能恰当地反映沟通的内容，且有差别的事项比较重大，注册会计师一般会另行编制能恰当记录沟通内容的纪要，将其副本连同被审计单位编制的纪要一起致送治理层，提示两者的差别，以免引起不必要的误解。

【例题 14－7·单选题】 下列有关注册会计师记录与治理层沟通的重大事项的说法中，错误的是（　　）。（2014 年）

A. 对以口头形式沟通的事项，注册会计师应当形成审计工作底稿

B. 注册会计师应当保存沟通文件的副本，作为审计工作底稿的一部分

C. 如果根据业务环境不容易识别出适当的沟通人员，注册会计师应当记录识别治理结构中适当沟通人员的过程

D. 如果被审计单位编制了会议纪要，注册会计师应当将其副本作为对口头沟通的记录

【答案】 D

【解析】 选项 D 错误，如果被审计单位编制的会议纪要是沟通的适当记录，注册会计师可以将其副本作为对口头记录的补充，并作为审计工作底稿的一部分；如果发现这些记录不能恰当地反映沟通的内容，且有差别的事项比较重大，注册会计师一般会另行编制能恰当记录沟通内容的纪要，将其副本连同被审计单位编制的纪要一起致送治理层，提示两者的差别，以免引起不必要的误解。

第二节　前任注册会计师和后任注册会计师的沟通

考点一：前后任注册会计师

前任注册会计师还是后任注册会计师，判断的核心就是是否属于同一会计师事务所。

在未发生会计师事务所变更的情况下，同处于某一会计师事务所中的不同的注册会计师不属于前后任注册会计师的范畴。

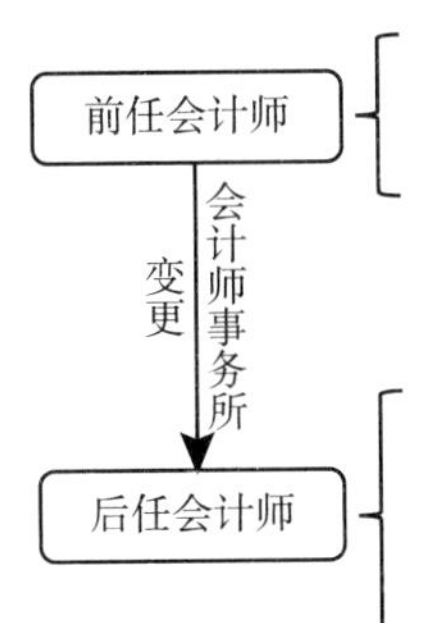

前任会计师：
（1）已对被审计单位上期财务报表进行审计，但被现任注册会计师接替的其他会计师事务所的注册会计师
（2）接受委托但未完成审计工作，已经或可能与委托人解除业务约定的注册会计师

后任会计师：
（1）正在考虑接受委托或已经接受委托，接替前任注册会计师对被审计单位本期财务报表进行审计的注册会计师
（2）被审计单位委托注册会计师对已审计财务报表进行重新审计，正在考虑接受委托或已经接受委托的注册会计师

【例题 14－8·单选题】 下列有关前后任注册会计师的说法中，正确的是（　　）。（2013 年）

A. 前任注册会计师包括对前期财务报表执行审阅的注册会计师

B. 在未发生会计师事务所变更的情况下，同处于某一会计师事务所的先后负责同一审计项目的不同注册会计师不属于前后任注册会计师的范畴

C. 在发生会计师事务所变更的情况下，先后就职于不同会计师事务所的同一注册会计师不属于前后任注册会计师的范畴

D. 如果委托人在相邻两个会计年度中连续变更多家会计师事务所，前任注册会计师不包括在后任注册会计师之前接受业务委托对当期财务报表进行审计但未完成审计工作的会计师事务所

【答案】 B

【解析】 前任注册会计师，是指已对被审计单位上期财务报表进行审计，但被现任注册会计师接替的其他会计师事务所的注册会计师，选项 A 错误；前后任注册会计师指的就是变更会计师事务所的情形，选项 B 正确，选项 C 错误。

当会计师事务所发生变更时（变更已经发生或正在进行之中），前任注册会计师通常包含两种情况：

（1）已对最近一期财务报表发表了审计意见的某会计师事务所的注册会计师；

（2）接受委托但未完成审计工作的某会计师事务所的注册会计师，选项 D 错误。

【套路】 区分前后任注会的核心就是不属于同一事务所。（投标方式承接的，只有中标的才是后任；注意跟审阅没有关系）

考点二：沟通的总体原则

1. 发起方：后任注册会计师主动发起。

2. 前提：征得被审计单位的书面同意。

3. 沟通方式：可以采取书面或口头的方式。

4. 记录：后任注册会计师应当将沟通的情况记录于审计工作底稿。

5. 保密：前后任注册会计师应当对沟通中获知的信息保密。即使未接受委托，后任注册会计师仍应履行保密议务。

【例题 14-9·单选题】 下列有关前后任注册会计师沟通的总体要求的说法中，错误的是（　　）。（2014 年）

A. 后任注册会计师负有主动沟通的义务

B. 前后任注册会计师的沟通需要征得被审计单位同意

C. 前后任注册会计师应当对沟通过程中获知的信息保密

D. 前后任注册会计师的沟通可以采用书面或口头形式，其中接受委托前的沟通应当采用书面形式

【答案】 D

【解析】 前后任注册会计师的沟通可以采用书面或口头的方式。即使是接受委托前的沟通，后任注册会计师也可以采用书面或口头形式进行。

【套路】 这类题目经常设置的陷阱有以下几个：

（1）一定要书面沟通吗？NO！可以口头沟通，但是必须记录！由后任注册会计师记录！

（2）接受委托前的沟通（必要程序）：后任注册会计师主动发起，但必须要经过被审计单位同意，可以采用书面或口头方式。

（3）接受委托后的沟通（不是必要程序）：后任注册会计师自己选择是否沟通，但依然要征得被审计单位同意。

（4）可查阅前任注册会计师的工作底稿。（前任注册会计师可自己决定是否要提供，提供哪些内容，也就是不一定要提供，也无须被审计单位同意；而后任注册会计师在查阅前要征得被审计单位同意，注意区分）

考点三：接受委托前的沟通（必要沟通）

接受委托前的沟通是必要的审计程序。

<table>
<tr><td>沟通的目的</td><td colspan="2">了解被审计单位更换会计师事务所的原因以及是否存在不应该接受委托的情况，以确定是否接受委托</td></tr>
<tr><td>沟通的内容</td><td colspan="2">（1）是否发现被审计单位管理层存在诚信方面的问题
（2）前任注册会计师与管理层在重大会计、审计等问题上存在的意见分歧
（3）前任注册会计师向被审计单位治理层通报的管理层舞弊、违反法律法规行为以及值得关注的内部控制缺陷
（4）前任注册会计师认为导致被审计单位变更会计师事务所的原因</td></tr>
<tr><td rowspan="2">前任注册会计师的答复</td><td>多家竞标</td><td>前任注册会计师应在被审计单位明确选定一家作为后任注册会计师之后，再对该后任的询问作出答复。例如，以投标方式承接业务时，前任注册会计师只需对中标的事务所的询问作出答复</td></tr>
<tr><td>决定不答复</td><td>前任注册会计师应当表明其答复是有限的，并说明原因
后任注册会计师需要考虑对接受委托的影响</td></tr>
<tr><td>被审计单位不同意沟通</td><td colspan="2">（1）后任注册会计师应当提请被审计单位以书面方式允许前任注册会计师对其询问作出充分答复
（2）如果受到被审计单位的限制或存在法律诉讼的顾虑，决定不向后任注册会计师作出充分答复，前任注册会计师应当向后任注册会计师表明其答复是有限的，并说明原因。如果得到的答复是有限的，或未得到答复，后任注册会计师应当考虑是否接受委托</td></tr>
</table>

【例题 14－10·简答题】 首次接受委托审计甲银行2014年度财务报表，中标后，经甲银行同意，A注册会计师（审计项目合伙人）立即与前任注册会计师进行了沟通，内容包括：（1）前任注册会计师认为甲银行更换会计师事务所的原因；（2）其是否发现甲银行管理层存在诚信问题；（3）其与甲银行管理层在重大会计和审计等问题上是否存在意见分歧；（4）其向甲银行治理层通报的管理层舞弊、违反法律法规行为以及值得关注的内部控制缺陷。

要求：指出上述做法是否恰当，如不恰当，简要说明理由。（2015年）

【答案】 恰当。

【例题 14－11·简答题】 ABC会计师事务所首次接受委托，在接受委托后，审计项目合伙人向甲公司前任注册会计师询问甲公司变更会计师事务所的原因，得知原因是甲公司在某一重大会计问题上与前任注册会计师存在分歧。

要求：指出上述做法是否符合规定，如不符合规定，简要说明理由。（2012年）

【答案】 不符合规定。应在接受委托前与前任注册会计师沟通变更事务所的原因，判断是否适宜接受委托。

考点四：接受委托后的沟通

1. 接受委托后的沟通不是必要程序，而是由后任注册会计师根据审计工作需要自行决定的。

2. 沟通方式：查阅前任注册会计师的工作底稿及询问有关事项等。沟通可以采用电话询问、举行会谈、致送审计问卷等方式，但最有效、最常用的方法是查阅前任工作底稿。

3. 查阅前任注册会计师的工作底稿。

前提	后任注册会计师应当征得被审计单位同意，并与前任注册会计师进行沟通
查阅要求	(1) 审计工作底稿的所有权属于会计师事务所，前任注册会计师所在的会计师事务所可自主决定是否允许查阅或摘录 (2) 前任注册会计师应当向后任注册会计师获取确认函，就工作底稿的使用目的、范围和责任等与其达成一致意见 (3) 为了获取对工作底稿的更多的接触机会，后任注册会计师可以在工作底稿的使用方面作出更高程度的限制性保证
利用工作底稿的责任	后任注册会计师应当对自身实施的审计程序和得出的审计结论负责 后任注册会计师不应在审计报告中表明，其审计意见全部或部分地依赖前任注册会计师的审计报告或工作

【例题14－12·单选题】下列有关前后任注册会计师沟通的说法中，错误的是（　　）。(2014年)

A. 在确定向后任注册会计师提供哪些审计工作底稿时，前任注册会计师应当征得被审计单位同意

B. 在查阅前任注册会计师的审计工作底稿前，后任注册会计师应当征得被审计单位同意

C. 在允许后任注册会计师查阅审计工作底稿前，前任注册会计师应当向其取得确认函

D. 为获取更多接触前任注册会计师审计工作底稿的机会，后任注册会计师可以在工作底稿使用方面作出较高程度的限制性保证

【答案】A

【解析】前任注册会计师应当自主决定可供后任注册会计师查阅、复印或摘录的工作底稿内容。

【套路】这类题目经常设置的陷阱有以下几个：

(1) 一定要书面沟通吗？NO！可以口头沟通，但是必须记录！由后任注册会计师记录！

(2) 接受委托前的沟通（必要程序）：后任注册会计师主动发起，但必须要经过被审计单位同意，可以采用书面或口头方式。

(3) 接受委托后的沟通（不是必要程序）：后任注册会计师自己选择是否沟通，但依然要征得被审计单位同意。

(4) 可查阅前任注册会计师的工作底稿。(前任注册会计师可自己决定是否要提供，提供哪些内容，也就是不一定要提供，也无须被审计单位同意；而后任注册会计师在查阅前要征得被审计单位同意，注意区分)

【例题14－13·多选题】下列有关前后任注册会计师沟通的说法中，错误的有（　　）。(2016年)

A. 后任注册会计师在接受委托前与前任注册会计师沟通，应当征得被审计单位同意

B. 在接受委托前，后任注册会计师应当采用书面形式与前任注册会计师进行沟通

C. 如果需要查阅前任注册会计师的审计工作底稿，后任注册会计师不必征得被审计单位同意

D. 在接受委托前和接受委托后，后任注册会计师均应与前任注册会计师沟通

【答案】BCD

【解析】选项B错误，接受委托前的沟通，可以是书面形式也可以是口头形式。选项C错误，查阅前任注册会计师的审计工作底稿，是必须要经过被审计单位同意的，至于内容，可以由前任

注册会计师自行决定。选项 D 错误，在接受委托后，后任注册会计师与前任注册会计师的沟通不是必须的。

【例题 14－14·单选题】 下列有关前任注册会计师与后任注册会计师的沟通的说法中，正确的是（　　）。（2017 年）

A. 后任注册会计师应当在接受委托前和接受委托后与前任注册会计师进行沟通

B. 前任注册会计师与后任注册会计师应当将沟通的情况记录于审计工作底稿

C. 后任注册会计师与前任注册会计师的沟通应当采用书面方式

D. 后任注册会计师应当在取得被审计单位的书面同意后，与前任注册会计师进行沟通

【答案】 D

【解析】 选项 A 错误，接受委托后与前任注册会计师的沟通不是必要程序，由后任注册会计师根据审计工作的需要自行决定；选项 B 错误，后任注册会计师应当将沟通的情况记录于审计工作底稿；选项 C 错误，后任注册会计师与前任注册会计师的沟通可以采用书面或口头的方式。

【例题 14－15·单选题】 下列有关前后任注册会计师沟通的说法中，错误的是（　　）。（2015 年）

A. 接受委托前的沟通是必要的审计程序，接受委托后的沟通不是必要的审计程序

B. 如果被审计单位不同意前任注册会计师对后任注册会计师的询问作出答复，后任注册会计师应当拒绝接受委托

C. 接受委托后，如果需要查阅前任注册会计师的审计工作底稿，后任注册会计师应当征得被审计单位同意

D. 当会计师事务所通过投标方式承接审计业务时，前任注册会计师无须对所有参与投标的会计师事务所进行答复

【答案】 B

【解析】 如果被审计单位不同意前任注册会计师作出答复，或限制答复的范围，后任注册会计师应当向被审计单位询问原因，并考虑是否接受委托（是考虑，而不是一定拒绝），选项 B 错误。

考点五：发现前任注册会计师审计财务报表可能存在重大错报时的处理

安排三方会谈	后任注册会计师应当提请被审计单位告知前任注册会计师。必要时，后任注册会计师应当要求被审计单位安排三方会谈	
无法参加三方会谈的处理	无法参加的原因	（1）被审计单位拒绝告知前任注册会计师 （2）前任注册会计师拒绝参加三方会谈 （3）后任注册会计师对解决问题的方案不满意
	后任注册会计师的考虑	（1）对当前审计业务的潜在影响，并根据具体情况出具恰当的审计报告 （2）是否退出当前审计业务 （3）考虑向其法律顾问咨询，以便决定如何采取进一步措施

前任注册会计师和后任注册会计师沟通——总结。

时间	前提条件	沟通方式	目的
接受委托前（必须）	被审计单位书面同意	后任注册会计师主动与前任注册会计师沟通	确定是否接受委托
接受委托后（可能）	后任注册会计师需要	后任注册会计师决定是否与前任注册会计师沟通	设计计划进一步审计程序
发现前任注册会计师财务报表审计可能存在重大错报（必须）	后任注册会计师发现前任注册会计师有未查出的重大错报时	后任注册会计师提请被审计单位告知前任注册会计师，必要时要求安排三方会议	按审计准则的要求执业

【例题 14－16·简答题】 ABC 会计师事务所首次接受委托审计甲公司 2018 年度财务报表，委派 A 注册会计师担任项目合伙人。与首次承接审计业务相关的部分事项如下：

（1）DEF 会计师事务所审计了甲公司 2017 年度财务报表。XYZ 会计师事务所接受委托审计甲公司 2018 年度财务报表，但未完成审计工作。A 注册会计师将 DEF 会计师事务所确定为前任注册会计师，与其进行了沟通。

（2）A 注册会计师在与甲公司签署审计业务约定书并征得管理层同意后，与前任注册会计师进行了口头沟通，沟通内容包括：是否发现甲公司管理层存在诚信方面的问题；前任注册会计师与甲公司管理层在重大会计、审计等问题上存在的意见分歧；向甲公司治理层通报的管理层舞弊、违反法律法规行为以及值得关注的内部控制缺陷；甲公司变更会计师事务所的原因。

（3）对于长期股权投资的期初余额，A 注册会计师检查了形成期初余额的会计记录，以及包括投资协议和被投资单位工商登记信息在内的相关支持性文件，结果满意。

（4）A 注册会计师对 2018 年末的存货实施了监盘，将年末存货数量调节至期初存货数量，并抽样检查了 2018 年度存货数量的变动情况，据此认可了存货的期初余额。

（5）在征得甲公司管理层同意，并向前任注册会计师承诺不对任何人作出关于其是否遵循审计准则的任何评论后，A 注册会计师通过查阅前任注册会计师的审计工作底稿，获取了有关甲公司固定资产期初余额的审计证据，并在审计报告的其他事项段中提及部分依赖了前任注册会计师的工作。

要求：

针对上述第（1）至（5）项，逐项指出 A 注册会计师的做法是否恰当。如不恰当，简要说明理由。(2019 年)

【答案】

（1）不恰当。前任注册会计师还包括 XYZ 会计师事务所/在后任注册会计师之前接受委托对当期财务报表进行审计但未完成审计工作的会计师事务所。

（2）不恰当。应在接受委托前/签署业务约定书前与前任注册会计师进行沟通。

（3）恰当。

（4）不恰当。还应对期初存货的计价实施审计程序。

（5）不恰当。后任注册会计师应当对自身实施的审计程序/得出的审计结论负责。

【例题 14－17·简答题】 ABC 会计师事务所首次接受委托，对甲公司 2012 年度财务报表进行审计，委派 A 注册会计师担任项目合伙人。甲公司 2011 年度财务报表由 XYZ 会计师事务所的 X 注册会计师负责审计。

相关事项如下：

(1) A注册会计师在接受委托前与X注册会计师进行电话沟通，询问其是否发现甲公司管理层存在正直诚信方面的问题以及与甲公司管理层在重大会计审计问题上是否存在意见分歧，并在沟通之后告知甲公司管理层。

(2) X注册会计师拒绝A注册会计师查阅其2011年度审计工作底稿，A注册会计师据此认为无法对存货的期初余额获取充分、适当的审计证据。

(3) 由于无法获得甲公司持有的某联营企业相关财务信息，无法就年末长期股权投资的账面价值以及当年确认的投资收益获取充分、适当的审计证据，X注册会计师对甲公司2011年度财务报表发表了保留意见。

甲公司于2012年处置了该项投资。A注册会计师认为，导致对上期财务报表发表保留意见的事项已经解决，该事项对2012年度审计意见无影响。

(4) A注册会计师发现甲公司2011年度财务报表存在一项重大错报。甲公司管理层调整了2012年度财务报表对应数据，在财务报表附注中做了充分披露，并将该事项告知X注册会计师。A注册会计师认为该问题已解决，无须实施其他程序。

要求：假定上述第（1）至（4）项均为独立事项，并且不考虑其他因素，逐项指出A注册会计师的处理是否恰当。如不恰当，简要说明理由。(2013年)

【答案】

第（1）项，不恰当。与前任注册会计师的沟通需要事先征得被审计单位的同意。还应当与前任注册会计师沟通：向被审计单位治理层通报的管理层舞弊、违反法律法规行为和值得关注的内部控制缺陷，以及前任注册会计师认为导致被审计单位变更会计师事务所的原因。

第（2）项，不恰当。除查阅前任注册会计师的审计工作底稿外，可以实施其他追加的审计程序以获得期初存货的相关证据（本小问知识点将在第十七章期初余额审计部分详细讲解）。

第（3）项，不恰当。由于无法获取该项股权投资的财务信息，无法知悉其对2012年度年初未分配利润和2012年投资收益的影响，因此该事项属于导致对上期财务报表发表保留意见的事项对本期仍有重大影响，且对对应数据的可比性存在影响，应当发表保留意见。

第（4）项，恰当。

【解析】

第（4）项，上期财务报表存在重大错报，存在错报的上期财务报表尚未更正，并且没有重新出具审计报告，但对应数据已在本期财务报表中得到适当重述或恰当披露，应增加强调事项段，以描述这一情况，并提及详细描述该事项的相关披露在财务报表中的位置。（此处并无须实施其他程序）

第十五章 注册会计师利用他人的工作

第一节 利用内部审计工作

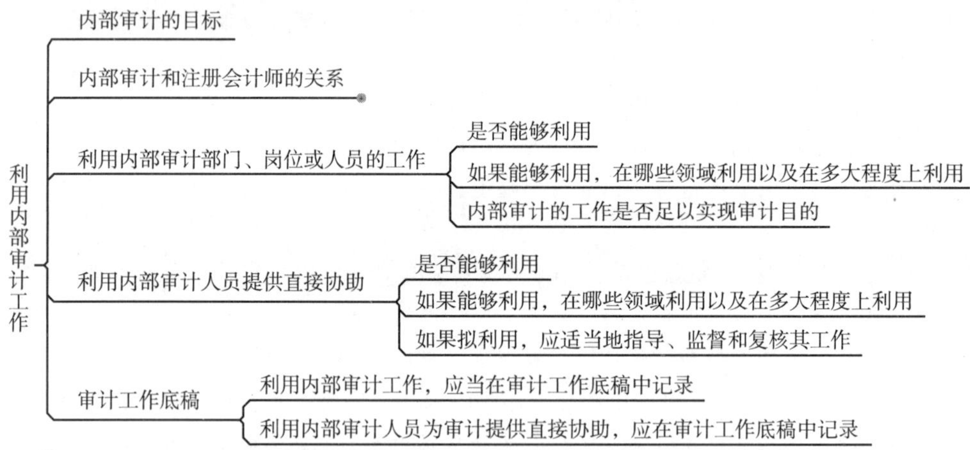

考点一：内部审计和注册会计师的关系

（1）两者存在诸多差异、但两者用以实现各自目标的某些方式是相似的
（2）通过了解和评估内部审计工作，注册会计师可以利用信赖的内部审计工作

内部审计

注册会计师审计

注册会计师利用内部审计工作的要求

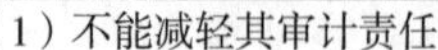

（1）不能减轻其审计责任
（2）应当对其发表的审计意见独立承担责任；
（3）应当对所有重大事项独立作出职业判断（不能利用）
①重大错报风险的评估
②重要性水平的确定
③样本规模的确定
④对会计政策和会计估计的评估

【例题 15－1·单选题】 下列各项中，注册会计师通常可以利用内部审计人员工作的是（　　）。(2018 年)

A. 确定财务报表整体的重要性　　B. 评估会计政策的恰当性

C. 实施控制测试　　D. 确定细节测试的样本规模

【答案】 C

【解析】 通常，审计过程中涉及的职业判断，如重大错报风险的评估、重要性水平的确定

(选项A)、样本规模的确定(选项D)、对会计政策和会计估计的评估等(选项B),均应当由注册会计师负责执行,而控制测试通常可以利用内部审计人员的工作,选项C正确。

考点二:确定是否利用、在哪些领域利用以及在多大程度上利用内部审计的工作

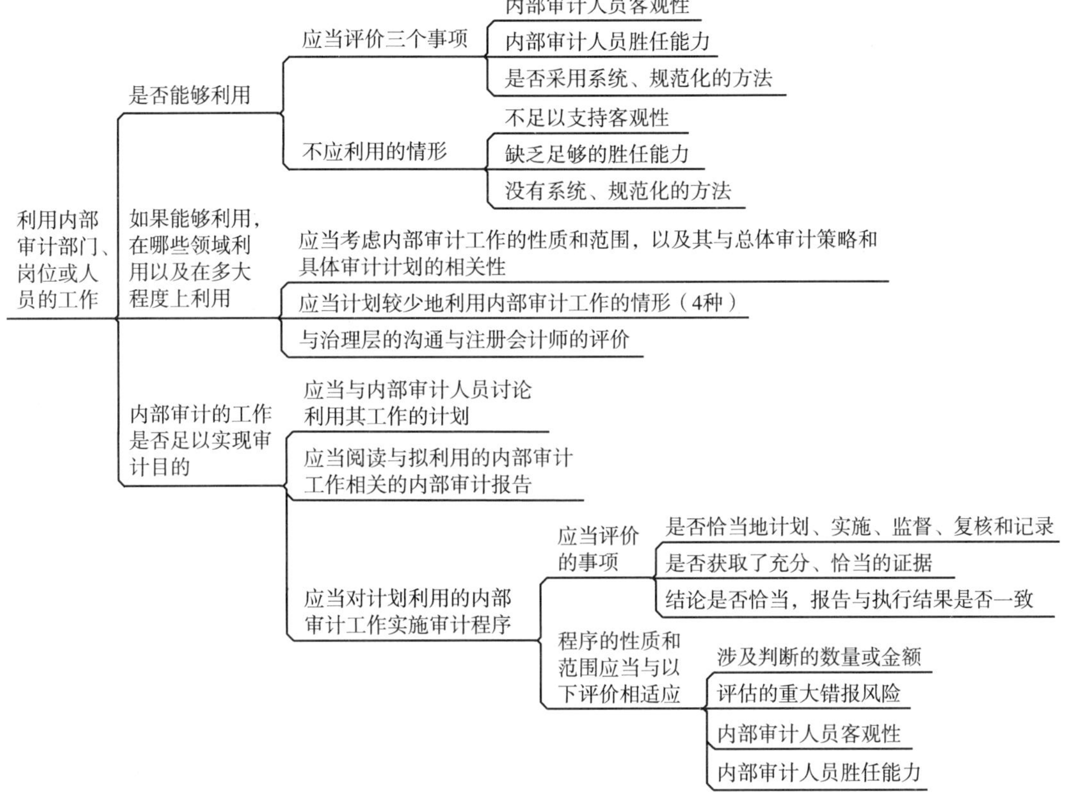

1. 注册会计师应当作出审计业务中的所有重大判断,并防止不当利用内部审计工作。当存在下列情况之一时,注册会计师应当计划较少地利用内部审计工作,而更多地执行审计工作:

(1)当在下列方面涉及较多判断时:

①计划和实施相关的审计程序;②评价收集的审计证据。

(2)当评估的认定层次重大错报风险较高,需要对识别出的特别风险予以特殊考虑时。

(3)当内部审计在被审计单位中的地位以及相关政策和程序对内部审计人员客观性的支持程度较弱时。

(4)当内部审计人员的胜任能力较低时。

2. 与治理层的沟通与注册会计师的评价。

当注册会计师按照《中国注册会计师审计准则第1151号——与治理层的沟通》的规定与治理层沟通计划的审计范围和时间安排的总体情况时,应当包括其计划如何利用内部审计工作。

由于注册会计师对发表的审计意见独立承担责任,注册会计师应当评价从总体上而言,在计划的范围内利用内部审计工作是否仍然能够使注册会计师充分地参与审计工作。

考点三：确定是否利用、在哪些领域利用以及在多大程度上利用内部审计人员提供直接协助

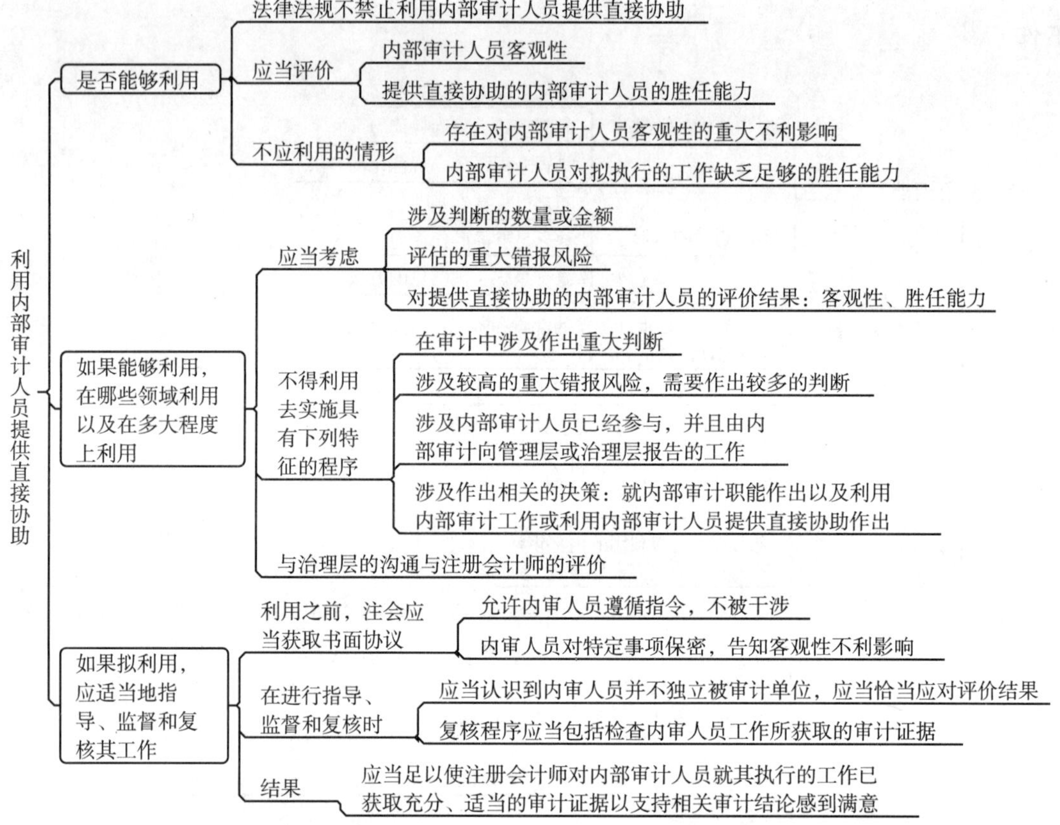

（一）注册会计师不得利用内部审计人员提供直接协助以实施具有下列特征的程序：

（1）在审计中涉及作出重大判断；

（2）涉及较高的重大错报风险，在实施相关审计程序或评价收集的审计证据时需要作出较多的判断；

（3）涉及内部审计人员已经参与并且已经或将要由内部审计向管理层或治理层报告的工作；

（4）涉及注册会计师按照规定就内部审计职能，以及利用内部审计工作或利用内部审计人员提供直接协助作出的决策。

（二）应当与治理层沟通拟利用内部审计人员提供直接协助的性质和范围，以使双方就在业务的具体情形下并未过度利用内部审计人员提供直接协助达成共识。

（三）如果拟利用内部审计人员提供直接协助，适当地指导、监督和复核其工作。

1. 在利用内部审计人员为审计提供直接协助之前，注册会计师应当：

（1）从拥有相关权限的被审计单位代表人员处获取书面协议，允许内部审计人员遵循注册会计师的指令，并且被审计单位不干涉内部审计人员为注册会计师执行的工作；

（2）从内部审计人员处获取书面协议，表明其将按照注册会计师的指令对特定事项保密，并将对其客观性受到的任何不利影响告知注册会计师。

2. 注册会计师应当按照《中国注册会计师审计准则第 1121 号——对财务报表审计实施的质量

控制》的规定对内部审计人员执行的工作进行指导、监督和复核。在进行指导、监督和复核时：

(1) 注册会计师在确定指导、监督和复核的性质、时间安排和范围时应当认识到内部审计人员并不独立于被审计单位，并且指导、监督和复核的性质、时间安排和范围应当恰当应对：对涉及判断的数量或金额、评估的重大错报风险、拟提供直接协助的内部审计人员客观性和胜任能力的评价结果；

(2) 复核程序应当包括由注册会计师检查内部审计人员执行的部分工作所获取的审计证据。

考点四：审计工作底稿

(一) 如果利用内部审计工作，注册会计师应当在审计工作底稿中记录：

1. 对下列事项的评价：

(1) 内部审计在被审计单位中的地位、相关政策和程序是否足以支持内部审计人员的客观性；

(2) 内部审计人员的胜任能力；

(3) 内部审计是否采用系统、规范化的方法（包括质量控制）。

2. 利用内部审计工作的性质和范围以及作出该决策的基础。

3. 注册会计师为评价利用内部审计工作的适当性而实施的审计程序。

(二) 如果利用内部审计人员为审计提供直接协助，注册会计师应当在审计工作底稿中记录：

1. 关于是否存在对内部审计人员客观性的不利影响其严重程度的评价，以及关于提供直接协助的内部审计人员的胜任能力的评价；

2. 就内部审计人员执行工作的性质和范围作出决策的基础；

3. 根据《中国注册会计师审计准则第 1131 号——审计工作底稿》的规定，所执行工作的复核人员及复核的日期和范围；

4. 从拥有相关权限的被审计单位代表人员和内部审计人员处获取的书面协议；

5. 在审计业务中提供直接协助的内部审计人员编制的审计工作底稿。

第二节　利用专家的工作

考点一：专家的概念

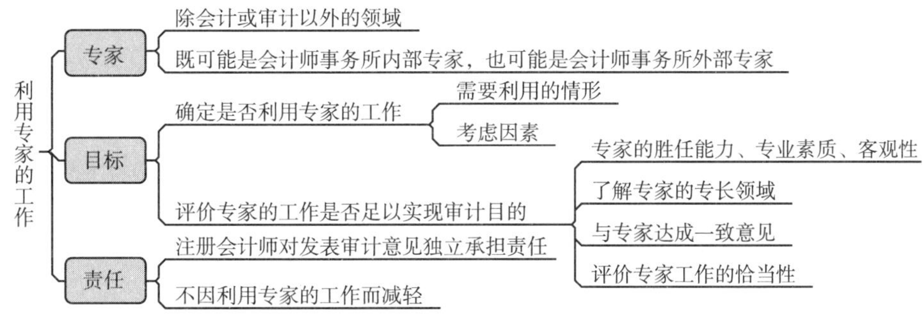

【例题 15－2·多选题】 下列有关注册会计师的专家的说法中，正确的有（　　）。(2019 年)

A. 注册会计师的专家包括在会计或审计领域具有专长的个人或组织

B. 注册会计师的专家可以是网络事务所的合伙人或员工

C. 注册会计师的专家可以是会计师事务所的临时员工

D. 注册会计师的专家包括被审计单位管理层的专家

【答案】BC

【解析】专家，即注册会计师的专家，是指在会计或审计以外的某一领域具有专长的个人或组织，并且其工作被注册会计师利用，以协助注册会计师获取充分、适当的审计证据。专家既可能是会计师事务所内部专家（如会计师事务所或其网络事务所的合伙人或员工，包括临时员工），也可能是会计师事务所外部专家。

【例题 15－3·单选题】下列有关注册会计师的专家的说法中，正确的是（　　）。(2016 年)

A. 无论是内部专家还是外部专家，都不包括会计、审计领域的专家

B. 无论是内部专家还是外部专家，都是项目组成员，受会计师事务所质量控制政策和程序的约束

C. 无论是内部专家还是外部专家，注册会计师都应当询问对专家客观性产生不利影响的利益和关系

D. 无论是内部专家还是外部专家，注册会计师都应当就专家工作的性质、范围和目标等事项与专家达成一致意见并形成书面协议

【答案】A

【解析】选项 B 错误，外部专家不属于审计项目组成员，不受会计师事务所的质量控制政策和程序约束；选项 C 错误，在评价外部专家的客观性时，注册会计师应当询问可能对外部专家客观性产生不利影响的利益和关系；选项 D 错误，无论是对外部还是内部专家，注册会计师都有必要就这些事项与其达成一致意见，并根据需要形成书面协议，而不是"应当"生成书面协议。

【套路】常考点包括：

相同点：都不包括会计、审计领域；都需要遵守保密规定。

不同点：质量控制政策（外部不需要遵守，内部需要遵守）；审计工作底稿（外部属于自己，内部属于审计工作底稿）。

考点二：确定专家的工作是否足以实现审计目的

（一）与专家达成一致意见

无论是对外部专家还是内部专家，注册会计师都有必要就相关事项与其达成一致意见，并根据需要形成书面协议。

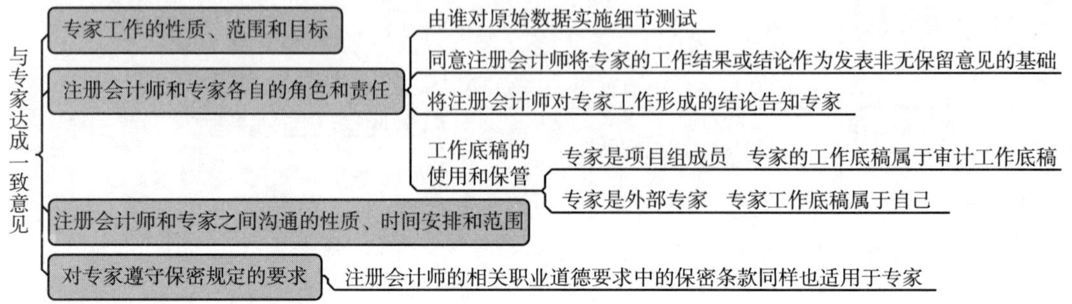

（二）评价专家工作的恰当性

1. 评价内容。

（1）专家的工作结果或结论的相关性和合理性以及与其他审计证据的一致性；

（2）如果专家的工作涉及使用重要的假设和方法（不是所有的），这些假设和方法在具体情况下的相关性和合理性；

（3）如果专家的工作涉及使用原始数据，这些原始数据的相关性、完整性和准确性。

2. 如果评价专家的结果为不恰当时，注册会计师的措施：

（1）就专家拟执行的进一步工作的性质和范围，与专家达成一致意见；

（2）根据具体情况，实施追加的审计程序；

（3）如果注册会计师认为专家的工作不足以实现审计目的，且注册会计师通过实施追加的审计程序，或者通过雇用、聘请其他专家仍不能解决问题，则意味着没有获取充分、适当的审计证据，注册会计师有必要按规定发表非无保留意见。

3. 外部专家不是项目组成员，不受会计师事务所的质量控制政策和程序的约束。

【例题15－4·单选题】 下列有关注册会计师的外部专家的说法中，错误的是（　　）。（2018年）

A. 外部专家不是审计项目组成员

B. 外部专家无须遵守注册会计师职业道德守则的要求

C. 外部专家不受会计师事务所质量控制政策和程序的约束

D. 外部专家的工作底稿通常不构成审计工作底稿

【答案】 B

【解析】 外部专家需要遵守注册会计师职业道德守则中的保密要求，选项B错误。

【例题15－5·多选题】 下列注册会计师的专家中，应当遵守会计师事务所根据质量控制准则制定的政策和程序的有（　　）。（2014年B卷）

A. 会计师事务所的合伙人和员工　　B. 网络事务所的合伙人

C. 网络事务所的临时员工　　D. 外部专家

【答案】 ABC

【解析】 外部专家不是项目组成员，不受会计师事务所根据质量控制准则制定的质量控制政策和程序的约束。

【例题15－6·简答题】 项目合伙人拟利用会计师事务所聘请的外部信息技术专家，对甲公司的信息系统进行测试。该信息技术专家不是项目组成员，不受ABC会计师事务所质量控制政策和程序的约束。

要求：指出上述做法是否恰当，如不恰当，简要说明理由。（2013年）

【答案】 恰当。

第十六章　对集团财务报表审计的特殊考虑

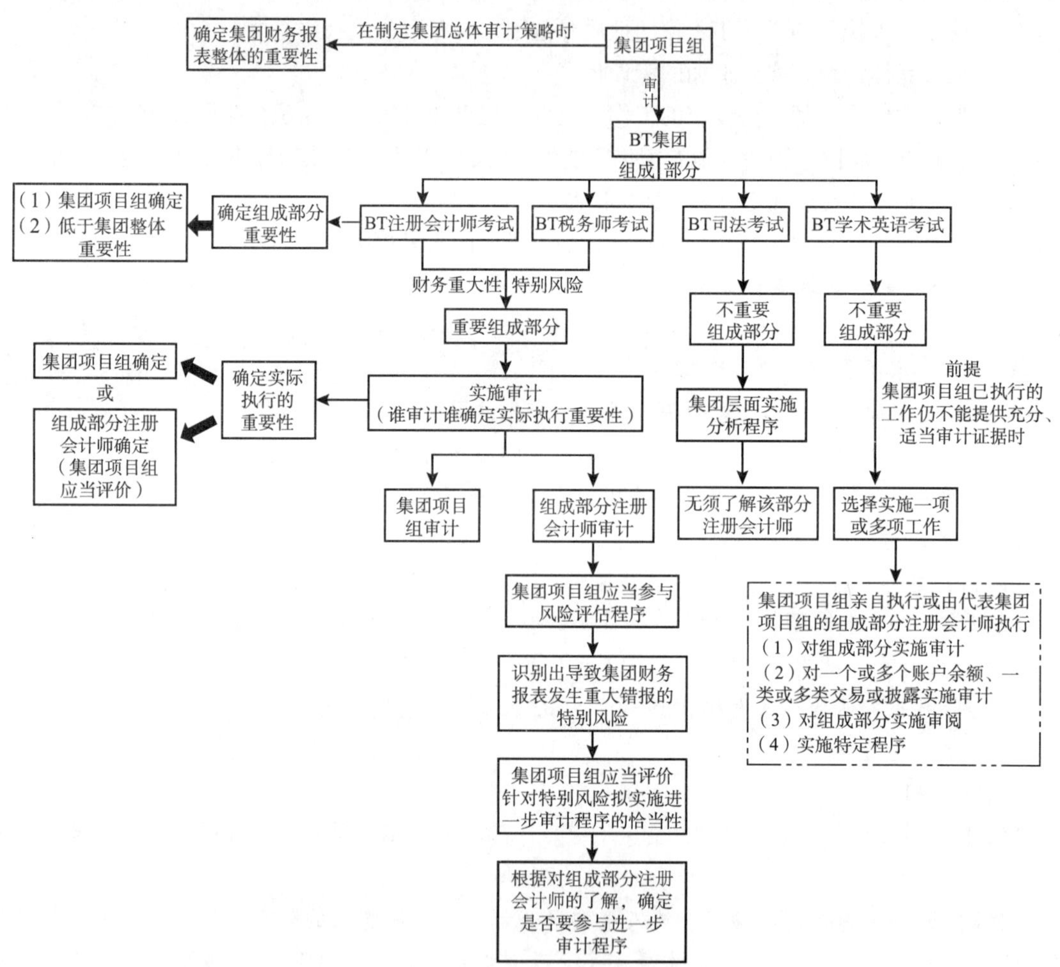

第一节　集团财务报表审计概述

考点一：与集团财务报表审计有关的概念

1. 重要组成部分，是指集团项目组识别出的具有下列特征之一的组成部分：

（1）单个组成部分对集团具有财务重大性；

（2）由于单个组成部分的特定性质或情况，可能存在导致集团财务报表发生重大错报的特别风险。

2. 判断重要组成部分特征。

(1) 将选定的基准乘以某一百分比，以协助识别对集团具有财务重大性的单个组成部分。

(2) 某些组成部分由于其特定性质或情况，可能存在导致集团财务报表发生重大错报的特别风险。

适当的基准可能包括集团资产、负债、现金流量、利润总额或营业收入。例如，集团项目组可能认为超过选定基准15%的组成部分是重要组成部分。

特定性质和情况：例如，某组成部分进行外汇交易，虽然其对集团并不具有财务重大性，但仍使集团面临导致重大错报的特别风险。

考点二：集团财务报表审计中的责任设定

1. 集团项目组对整个集团财务报表审计工作及审计意见负全部责任，这一责任不因利用组成部分注册会计师的工作而减轻。

2. 审计报告的要求。

(1) 注册会计师对集团财务报表出具的审计报告不应提及组成部分注册会计师，除非法律法规另有规定；

(2) 如果法律法规要求在审计报告中提及组成部分注册会计师，审计报告应当指明，这种提及并不减轻集团项目合伙人及其所在的会计师事务所对集团审计意见承担的责任；

(3) 如果因未能就组成部分财务信息获取充分、适当的审计证据，导致集团项目组在对集团财务报表出具的审计报告中发表非无保留意见，集团项目组需要在形成保留/否定/无法表示意见的基础部分中说明不能获取充分、适当审计证据的原因。此种情形下，除非法律法规要求在审计报告中提及组成部分注册会计师，并且这样做对充分说明情况是必须的，否则不应提及组成部分注册会计师。

第二节　集团财务报表审计计划

考点一：审计范围受到限制

如果集团项目合伙人认为由于集团管理层施加的限制，使集团项目组不能获取充分、适当的审计证据，集团项目合伙人应当视具体情况采取下列措施：

1. 如果是新业务，拒绝接受业务委托，如果是连续审计业务，在法律法规允许的情况下，解除业务约定；

2. 如果法律法规禁止注册会计师拒绝接受业务委托，或者注册会计师不能解除业务约定，在可能的范围内对集团财务报表实施审计，并对集团财务报表发表无法表示意见。

考点二：重要性

(一) 确定集团财务报表整体的重要性

在制定集团总体审计策略时，集团项目组确定集团财务报表整体的重要性。

（二）确定适用于特定类别交易、账户余额或披露的一个或多个重要性水平

集团项目组确定的“特定类别的交易、账户余额或披露”重要性水平应当低于集团财务报表整体的重要性水平。

（三）组成部分重要性

1. 组成部分重要性由集团项目组确定。

2. 组成部分重要性需设定为低于集团财务报表整体的重要性。

3. 确定组成部分重要性：

（1）针对不同的组成部分确定的重要性可能有所不同；

（2）在确定组成部分重要性时，无须采用将集团财务报表整体重要性按比例分配的方式；

（3）单个组成部分的重要性低于集团财务报表整体的重要性；

（4）对不同组成部分确定的重要性的汇总数，有可能高于集团财务报表整体重要性；

（5）在制定组成部分总体审计策略时，需要使用组成部分的重要性；

（6）组成部分注册会计师需要使用组成部分重要性，评估组成部分财务信息的重大错报风险。

4. 组成部分实际执行的重要性（谁审计，谁确定）：

（1）由组成部分注册会计师（或集团项目组）根据需要确定组成部分层面实际执行的重要性。

（2）如果基于集团审计目的，由组成部分注册会计师对组成部分财务信息执行审计工作，集团项目组应当评价在组成部分层面确定的实际执行的重要性的适当性。

（四）明显微小错报的临界值

注册会计师需要设定临界值，不能将超过该临界值的错报视为对集团财务报表明显微小错报。组成部分注册会计师需要将组成部分财务信息中识别出的超过临界值的错报通报给集团项目组。

第三节　集团财务报表审计的风险评估

考点一：了解集团及其环境、集团组成部分及其环境的程序（重要）

1. 集团项目组应当对集团及其环境、集团组成部分及其环境获取充分的了解，以足以：

（1）确认或修正最初识别的重要组成部分；

（2）评估由于舞弊或错误导致集团财务报表发生重大错报的风险。

2. 集团项目组可以基于下列信息，在集团层面评估集团财务报表重大错报风险：

（1）在了解集团及其环境、集团组成部分及其环境和合并过程时获取的信息，包括在评价集团层面控制以及在合并过程相关的控制的设计和执行时获取的审计证据；

（2）从组成部分注册会计师获取的信息。

考点二：了解组成部分注册会计师

1. 了解组成部分注册会计师的要求。

了解组成部分注册会计师的前提	处理
只有当基于集团审计目的，计划要求由组成部分注册会计师执行组成部分财务信息的相关工作时	集团项目组才需要了解组成部分注册会计师
如果集团项目组计划仅在集团层面对某些组成部分实施分析程序	无须了解这些组成部分注册会计师

2. 了解组成部分注册会计师的事项。

如果计划要求组成部分注册会计师执行组成部分财务信息的相关工作，集团项目组应当了解下列事项：（重点）

（1）组成部分注册会计师是否了解并将遵守与集团审计相关的职业道德要求，特别是独立性要求；

（2）组成部分注册会计师是否具备专业胜任能力；

（3）集团项目组参与组成部分注册会计师工作的程度是否足以获取充分、适当的审计证据；

（4）组成部分注册会计师是否处于积极的监管环境中。

3. 组成部分注册会计师的专业胜任能力。

<table>
<tr><th colspan="2"></th><th>集团项目组处理</th><th>能否消除相关影响</th></tr>
<tr><td colspan="2">组成部分注册会计师不符合与集团审计相关的独立性要求</td><td rowspan="2">应当就组成部分财务信息亲自获取充分、适当的审计证据，而不应要求组成部分注册会计师对组成部分财务信息执行相关工作</td><td>不能消除组成部分注册会计师不具有独立性的影响</td></tr>
<tr><td rowspan="2">集团项目组对组成部分注册会计师职业道德、专业胜任能力和所处的监管环境</td><td>存在重大疑虑</td><td>—</td></tr>
<tr><td>并非存在重大的疑虑</td><td>—</td><td>消除对专业胜任能力、未处于积极有效的监管环境中的影响</td></tr>
</table>

注：能否消除，是指通过参与组成部分注册会计师的工作，实施追加的风险评估程序或对组成部分财务信息实施进一步审计程序，能否消除相关影响。

【例题 16－1·单选题】 在审计集团财务报表时，下列情形中，导致集团项目组无法利用组成部分注册会计师工作的是（　　）。（2018 年）

A. 组成部分注册会计师不符合与集团审计相关的独立性要求

B. 组成部分注册会计师未处于积极有效的监管环境中

C. 集团项目组对组成部分注册会计师的专业胜任能力存有并非重大的疑虑

D. 组成部分注册会计师无法向集团项目组提供所有审计工作底稿

【答案】 A

【解析】 如果组成部分注册会计师不符合与集团审计相关的独立性要求，集团项目组不能通过参与组成部分注册会计师的工作、实施追加的风险评估程序或对组成部分财务信息实施进一步审计程序，以消除组成部分注册会计师不具有独立性的影响。也就是说不具有独立性的影响无法消除，因此选项 A 正确。

第四节 集团财务报表审计的风险应对

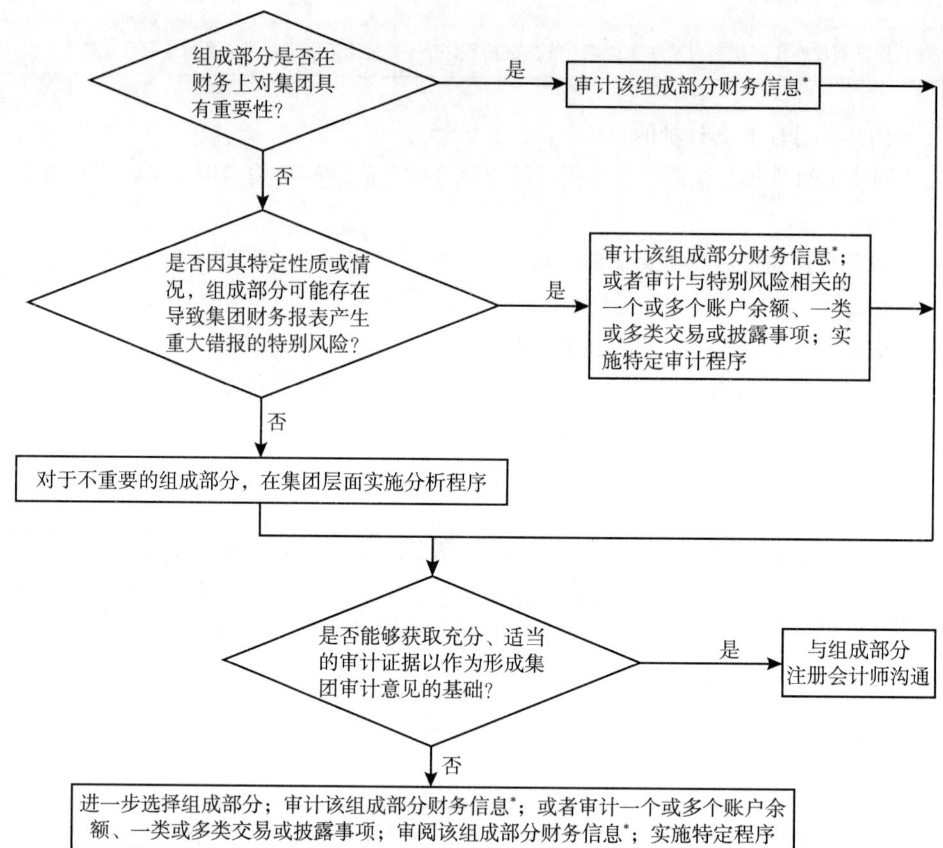

考点一：对组成部分需执行的工作

性质		谁负责	执行工作
重要组成部分	具有财务重大性	集团项目组或代表集团项目组的组成部分注册会计师	应当运用该组成部分的重要性，对该组成部分的财务信息实施审计
	具有特别风险		（1）使用组成部分重要性对组成部分财务信息实施审计 （2）针对可能导致集团财务报表发生重大错报的特别风险相关的一个或多个账户余额、一类或多类交易或披露事项实施审计 （3）针对可能导致集团财务报表发生重大错报的特别风险实施特定的审计程序
不重要的组成部分		集团项目组	应当在集团层面实施分析程序

如果集团项目组认为对重要组成部分财务信息执行的工作、对集团层面控制和合并过程执行的工作以及在集团层面实施的分析程序还不能获取形成集团审计意见所依据的充分、适当的审计证据，集团项目组应当选择某些不重要的组成部分，并对已选择的组成部分财务信息亲自执行或由代表集团项目组的组成部分注册会计师执行下列一项或多项工作：

（1）使用组成部分重要性对组成部分财务信息实施审计；

（2）对一个或多个账户余额、一类或多类交易或披露实施审计；

（3）使用组成部分重要性对组成部分财务信息实施审阅；

（4）实施特定程序。

【例题16－2·单选题】对于集团财务报表审计，下列有关组成部分重要性的说法中，错误的是（　　）。(2018年)

A. 组成部分重要性应当小于集团财务报表整体的重要性

B. 组成部分重要性应当由集团项目组确定

C. 不重要的组成部分无须确定组成部分重要性

D. 不同组成部分的组成部分重要性可能不同

【答案】C

【解析】选项C错误，当集团项目组需要对不重要组成部分财务信息实施审计或审阅时，需要确定该不重要组成部分的重要性。

【例题16－3·多选题】在集团财务报表审计业务中，如果集团项目组已执行的工作仍不能提供充分、适当审计证据时，集团项目组应选择不重要的组成部分执行的工作包括（　　）。(2015年)

A. 使用组成部分重要性对组成部分财务信息实施审计

B. 使用组成部分重要性对组成部分财务信息实施审阅

C. 对一个或多个账户余额实施审计

D. 实施特定程序

【答案】ABCD

考点二：参与组成部分注册会计师的工作

情形	集团项目组工作	目的
组成部分注册会计师对重要组成部分财务信息执行审计	应当参与组成部分注册会计师实施的风险评估程序	以识别导致集团财务报表发生重大错报的特别风险
由组成部分注册会计师执行相关工作的组成部分内，识别出导致集团财务报表发生重大错报的特别风险	应当评价针对识别出的特别风险拟实施的进一步审计程序的恰当性	根据对组成部分注册会计师的了解，集团项目组应当确定是否有必要参与进一步审计程序

集团项目组参与的性质、时间安排和范围受其对组成部分注册会计师所了解情况的影响，但至少应当包括：

1. 与组成部分注册会计师或组成部分管理层讨论对集团而言重要的组成部分业务活动；

2. 与组成部分注册会计师讨论由于舞弊或错误导致组成部分财务信息发生重大错报的可能性；

3. 复核组成部分注册会计师对识别出的导致集团财务报表发生重大错报的特别风险形成的审计工作底稿。审计工作底稿可以采用备忘录的形式，反映组成部分注册会计师针对识别出的特别风险得出的结论。

第五节 与集团管理层和治理层的沟通

考点：与集团治理层和管理层的沟通

沟通对象	沟通内容
集团管理层	（1）集团项目组识别出的集团层面内部控制缺陷 （2）集团项目组识别出的组成部分层面内部控制缺陷 （3）组成部分注册会计师提请集团项目组关注的内部控制缺陷
集团治理层	（1）对组成部分财务信息拟执行工作的类型的概述 （2）在组成部分注册会计师对重要组成部分财务信息拟执行的工作中，集团项目组计划参与其工作的性质的概述 （3）对组成部分注册会计师的工作作出的评价，引起集团项目组对其工作质量产生疑虑的情形 （4）集团审计受到的限制，如集团项目组接触某些信息受到的限制 （5）涉及集团管理层、组成部分管理层、在集团层面控制中承担重要职责的员工以及其他人员（在舞弊行为导致集团财务报表出现重大错报的情况下）的舞弊或舞弊嫌疑

【例题 16－4·简答题】甲集团公司拥有乙公司等 6 家全资子公司。ABC 会计师事务所负责审计甲集团公司 2011 年度财务报表，确定甲集团公司合并财务报表整体的重要性为 500 万元。集团项目组在审计工作底稿中记录了集团审计策略，部分内容摘录如下：

组成部分	是否为重要组成部分（是/否）	是否由其他会计师事务所执行相关工作（是/否）	拟执行工作的类型	组成部分重要性	说明
乙公司	是	否	审计	500 万元	确定该组成部分实际执行的重要性为 300 万元
丙公司	是	是	审计	200 万元	该组成部分实际执行的重要性由其他会计师事务所自行确定，无须评价
丁公司	是	是	审计	100 万元	确定该组成部分实际执行的重要性为 60 万元
戊公司	否	否	审阅	不适用	执行审阅工作，无须确定组成部分重要性
戊公司	否	否	集团层面分析程序	不适用	执行集团层面分析程序，无须确定组成部分重要性
庚公司	否	否	审计	400 万元	确定该组成部分实际执行的重要性为 240 万元

要求：假定不考虑其他条件，结合上表中第（1）（2）和（3）列，分别指出第（4）列所列内容是否恰当。如不恰当，简要说明理由。（2012 年）

【答案】

组成部分	是否恰当（是/否）	理由
乙公司	否	组成部分重要性应当低于集团财务报表整体的重要性
丙公司	否	如果实际执行的重要性由组成部分注册会计师确定，应当评价其适当性

续表

组成部分	是否恰当（是/否）	理由
丁公司	是	
戊公司	否	如果对组成部分财务信息执行审阅，应当确定组成部分重要性
戊公司	是	
庚公司	是	

【例题16-5·简答题】 ABC会计师事务所负责审计甲集团公司2011年度财务报表。集团项目组在审计工作底稿记录了集团审计策略，部分内容摘录如下：

序号	集团公司/组成部分	是否为重要组成部分（是/否）	集团审计策略
(1)	甲公司	不适用	初步预期集团层面控制运行有效，并拟实施控制测试
(2)	乙公司（子公司）	否	拟使用集团财务报表整体的重要性对乙公司财务信息实施审阅
(3)	丙公司（联营公司）	否	拟实施集团层面的分析程序，不利用丙公司注册会计师的工作，因此不对其进行了解
(4)	丁公司（子公司）	是	经初步了解，负责丁公司审计的组成部分注册会计师不符合与集团审计相关的独立性要求。拟通过参与该注册会计师对丁公司实施的审计工作，消除其不具有独立性的影响
(5)	戊公司（子公司）	是	拟要求组成部分注册会计师实施审计，并提交其出具的戊公司审计报告。对戊公司自2012年3月10日（戊公司财务报表审计报告日）至2012年3月31日（甲集团公司财务报表审计报告日）之间发生的、可能需要在甲集团公司财务报表中调整或披露的期后事项，拟要求组成部分注册会计师实施审阅予以识别
(6)	庚公司（子公司）	是	庚公司从事大量衍生工具交易，可能存在导致集团财务报表发生重大错报的特别风险。拟要求组成部分注册会计师针对上述特别风险实施特定的审计程序

要求：逐项指出上表所述的集团审计策略是否恰当。如不恰当，简要说明理由。(2012年)

【答案】

(1) 恰当。

(2) 不恰当。应当使用组成部分乙公司的重要性对乙公司财务信息实施审阅。

(3) 恰当。

(4) 不恰当。组成部分注册会计师不符合集团审计独立性要求。集团项目组应就该组成部分财务信息亲自获取充分、适当的审计证据。

(5) 不恰当。应要求戊公司组成部分注册会计师实施审计程序。

(6) 恰当。

【解析】

(1) 第 (1) 项，题目中“初步预期集团层面控制运行有效”，预期控制有效，在集团层面实施控制测试是恰当的。

(2) 第 (2) 项，乙为不重要的组成部分，但是在集团项目组认为，已执行的工作仍不能提供充分、适当的审计证据时，可以使用组成部分重要性对组成部分财务信息实施审阅。

(3) 第 (4) 项，组成部分注册会计师不符合与集团审计相关的独立性要求，不能消除组成部分注册会计师不具有独立性的影响。所以，集团项目组应就该组成部分财务信息亲自获取充分、适当的审计证据。

(4) 第 (5) 项，集团审计，以集团公司财务报表审计报告日为最终审计报告日。也就是2012 年 3 月 10 日（戊公司财务报表审计报告日）至 2012 年 3 月 31 日（甲集团公司财务报表审计报告日）之间，属于第一时段期后事项，应设计和实施审计程序。

【例题 16 -6 · 简答题】 ABC 会计师事务所的 A 注册会计师负责审计甲集团公司 2015 年度财务报表，与集团审计相关的部分事项如下：

(1) 乙公司为不重要的组成部分，A 注册会计师对组成部分注册会计师的专业胜任能力存在重大疑虑，因此，对其审计工作底稿实施了详细复核，不再实施其他审计程序。

(2) 丙公司为甲集团公司 2015 年新收购的子公司，存在导致集团财务报表发生重大错报的特别风险，A 注册会计师要求组成部分注册会计师使用组成部分重要性对丙公司财务信息实施审阅。

(3) 丁公司为海外子公司，A 注册会计师要求担任丁公司组成部分注册会计师的境外会计师事务所确认其是否了解并遵守中国注册会计师职业道德守则的规定。

(4) 联营公司戊公司为重要组成部分，因无法接触戊公司的管理层和注册会计师，A 注册会计师取得了戊公司 2015 年度财务报表和审计报告、甲集团公司管理层拥有的戊公司财务信息及作出的与戊公司财务信息有关的书面声明，认为这些信息已构成与戊公司相关的充分、适当的审计证据。

(5) 2016 年 2 月 15 日，组成部分注册会计师对己公司 2015 年度财务信息出具了审计报告，A 注册会计师对己公司 2016 年 2 月 15 日至集团审计报告日期间实施了期后事项审计程序，未发现需要调整或披露的事项。

要求：针对上述第 (1) 至 (5) 项，逐项指出 A 注册会计师做法是否恰当。如不恰当，简要说明理由。(2016 年)

【答案】

(1) 不恰当。对组成部分注册会计师的专业胜任能力存在重大疑虑，集团项目组应亲自获取审计证据，而不应由组成部分注册会计师执行相关工作。

(2) 不恰当。丙公司为重要组成部分，不应执行审阅/应当对丙公司执行财务信息审计/特定账户余额、披露或交易审计/实施特定审计程序。

(3) 恰当。

(4) 不恰当。戊公司是重要组成部分，A 注册会计师取得的这些信息不能构成与戊公司相关的充分、适当的审计证据。

(5) 恰当。

【解析】

(1) 第 (2) 项，丙为甲新收购的子公司，作为重要组成部分，对重要组成部分实施的程序中“没有审阅”，审阅是对不重要组成部分可以实施的其中一种程序。

（2）第（5）项，注意集团审计中，是以集团审计报告日为准，也就是“2016年2月15日至集团审计报告日期间”，属于第一时段发生的事项（财务报表日至审计报告日），应当设计专门的审计程序来识别，所以第（5）项恰当。

【例题16－7·简答题】 ABC会计师事务所负责审计甲集团公司2013年度财务报表。集团项目组在审计工作底稿中记录了集团审计总结，部分内容摘录如下：

（1）联营公司乙公司为重要组成部分。组成部分注册会计师拒绝向集团项目组提供审计工作底稿或备忘录，乙公司管理层拒绝集团项目组对乙公司财务信息执行审计工作，向其提供了乙公司审计报告和财务报表。集团项目组就该事项与集团治理层进行了沟通。

（2）丙公司为重要组成部分。集团项目组利用了组成部分注册会计师对丙公司执行法定审计的结果。集团项目组确定该组成部分重要性为300万元，组成部分注册会计师执行法定审计使用的财务报表整体重要性为320万元，实际执行的重要性为240万元。

（3）丁公司为重要组成部分，存在导致集团财务报表发生重大错报的特别风险。集团项目组评价了组成部分注册会计师拟对该风险实施的进一步审计程序的恰当性，但根据对组成部分注册会计师的了解，未参与进一步审计程序。

（4）戊公司为不重要的组成部分。其他会计师事务所的注册会计师对戊公司财务报表执行了法定审计。集团项目组对戊公司财务报表执行了集团层面分析程序，未对执行法定审计的注册会计师进行了解。

（5）己公司为不重要的组成部分。集团项目组要求组成部分注册会计师使用集团财务报表整体的重要性对己公司财务信息实施了审阅，结果满意。

（6）庚公司为不重要的组成部分。因持续经营能力存在重大不确定性，组成部分注册会计师对庚公司出具了带强调事项段的无保留意见审计报告。甲集团公司管理层认为该事项不会对集团财务报表产生重大影响。集团项目组同意甲集团公司管理层的判断，拟在无保留意见审计报告中增加其他事项段，提及组成部分注册会计师对庚公司出具的审计报告类型、日期和组成部分注册会计师名称。

要求：针对上述第（1）至（6）项，逐项指出集团项目组的做法是否恰当，并简要说明理由。（2014年）

【答案】

（1）恰当。该事项属于审计过程中遇到的重大困难，应当与治理层进行沟通。

（2）不恰当。组成部分注册会计师在执行法定审计时应使用300万元作为重要性/组成部分注册会计师执行法定审计使用的重要性大于集团项目组确定的该组成部分重要性，集团项目组不能利用法定审计的工作结果。

（3）恰当。集团项目组是否参与进一步审计程序取决于对组成部分注册会计师的了解。

（4）恰当。其他会计师事务所的注册会计师不构成组成部分注册会计师，集团项目组无须对其进行了解。仅实施集团层面分析程序，无须了解其他注册会计师。

（5）不恰当。应使用组成部分重要性实施审阅。

（6）不恰当。不应在审计报告中提及组成部分注册会计师，如果提及，应指明这种提及并不减轻甲集团公司审计项目合伙人及ABC会计师事务所对甲集团公司审计意见承担的责任。

【解析】

（1）第（2）项，单个组成部分的重要性低于集团财务报表整体的重要性；但对不同组成部分确定的重要性的汇总数，有可能高于集团财务报表整体重要性；组成部分实际执行的重要性（谁审计，谁确定），要低于集团项目组确定的组成部分重要性。如果实际执行的重要性由组成部分注册会计师确定，集团项目组应当评价其适当性。

（2）第（4）项，只有当基于集团审计目的，计划要求由组成部分注册会计师执行组成部分财务信息的相关工作时，集团项目组才需要了解组成部分注册会计师。

（3）第（5）项，要注意，审阅是对不重要组成部分使用的程序，对于重要组成部分来说，没有审阅这个程序。

【例题 16-8·简答题】 ABC 会计师事务所的 A 注册会计师负责审计甲集团公司 2018 年度财务报表。与集团审计相关的部分事项如下：

（1）A 注册会计师将资产总额、营业收入或利润总额超过设定金额的组成部分识别为重要组成部分，其余作为不重要的组成部分。

（2）乙公司为重要组成部分，各项主要财务指标均占集团财务报表相关财务指标的 50% 以上。A 注册会计师亲自担任组成部分注册会计师，选取乙公司财务报表中所有金额超过组成部分重要性的项目执行了审计工作，结果满意。

（3）A 注册会计师对不重要组成部分的财务报表执行了集团层面分析程序，并对这些组成部分的年末银行存款、借款和与金融机构往来的其他信息实施了函证程序，结果满意。

（4）A 注册会计师评估认为重要组成部分丙公司的组成部分注册会计师具备专业胜任能力，复核后认可了其确定的组成部分重要性和组成部分实际执行的重要性。

（5）A 注册会计师要求所有组成部分注册会计师汇报组成部分的控制缺陷和超过组成部分实际执行重要性的未更正错报，将其与集团层面的控制缺陷和未更正错报汇总评估后认为：甲集团公司不存在值得关注的内部控制缺陷；集团财务报表不存在重大错报。

要求：

针对上述第（1）至（5）项，逐项指出 A 注册会计师的做法是否恰当。如不恰当，简要说明理由。(2019 年)

【答案】

（1）不恰当。在识别重要组成部分时还要考虑可能存在导致集团财务报表发生重大错报的特别风险的组成部分。

（2）不恰当。乙公司是具有财务重大性的重要组成部分，应当对乙公司财务信息执行审计。

（3）恰当。

（4）不恰当。应当由集团项目组确定组成部分重要性。

（5）不恰当。应当要求组成部分注册会计师汇报超过集团层面明显微小错报临界值的错报。

第十七章　其他特殊项目的审计

第一节　审计会计估计

由于会计估计的主观性、复杂性和不确定性，管理层作出的会计估计发生重大错报的可能性较大，注册会计师应当确定会计估计的重大错报风险是否属于特别风险。

考点一：风险评估程序和相关活动

（一）风险评估程序和相关活动

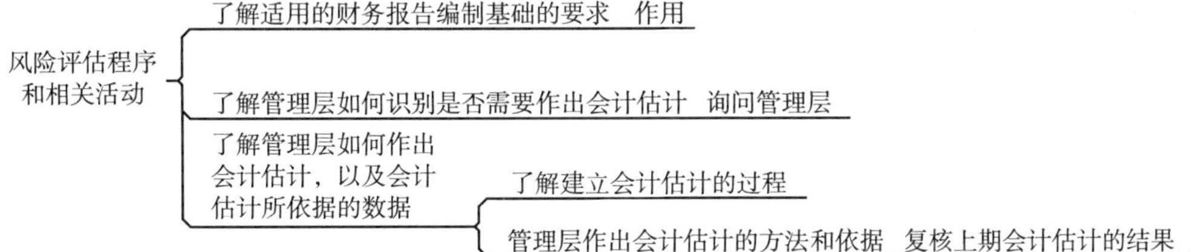

了解适用的财务报告编制基础的要求，有助于注册会计师确定该编制基础是否：

1. 规定了会计估计的确认条件和计量方法；

2. 明确了某些允许或要求采用公允价值计量的条件（如与管理层执行与某项资产或负债相关的特定措施的意图挂钩）；

3. 明确了要求作出或允许作出的披露。

注册会计师应当复核上期财务报表中会计估计的结果，或者复核管理层在本期财务报表中对上期会计估计作出的后续重新估计。注册会计师复核的目的不是质疑上期依据当时可获得的信息而作出的判断。

会计估计的结果与上期财务报表中已确认金额之间的差异，并不必然表明上期财务报表存在错报。

【例题 17－1・多选题】在识别和评估与会计估计相关的重大错报风险时，下列各项中，注册会计师认为应当了解的有（　　）。（2011 年）

A. 与会计估计相关的财务报告编制基础的规定

B. 被审计单位管理层如何识别需要作出会计估计的交易、事项和情况

C. 被审计单位管理层如何作出会计估计

D. 会计估计所依据的数据

【答案】ABCD

【解析】注册会计师应当了解下列内容，作为识别和评估会计估计重大错报风险的基础，主要从三个方面去了解：（有无要求、如何识别、如何作出三个方面）

（1）了解适用的财务报告编制基础的要求；

（2）了解管理层如何识别是否需要作出会计估计；

（3）了解管理层如何作出会计估计，以及会计估计所依据的数据。

（二）识别和评估重大错报风险

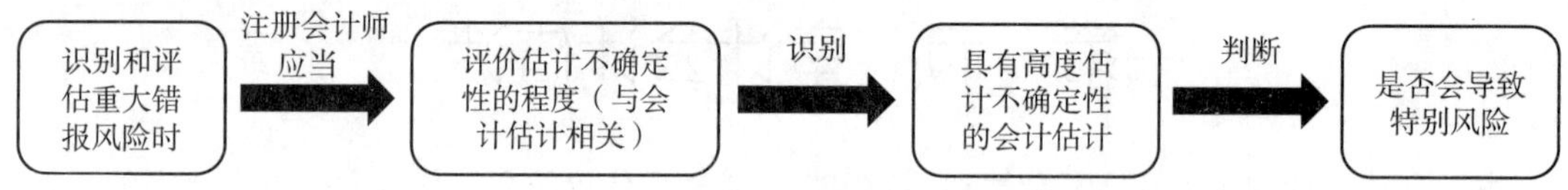

具有高度估计不确定性的会计估计：

1. 高度依赖判断的会计估计，如对未决诉讼的结果或未来现金流量的金额和时间安排的判断，而未决诉讼的结果或未来现金流量的金额和时间安排取决于多年后才能确定结果的不确定事项；

2. 未采用经认可的计量技术计算的会计估计；

3. 注册会计师对上期财务报表中类似会计估计进行复核的结果表明最初会计估计与实际结果之间存在很大差异，在这种情况下管理层作出的会计估计；

4. 采用高度专业化的、由被审计单位自主开发的模型，或在缺乏可观察到的输入数据的情况下作出的公允价值会计估计。

【例题 17－2·多选题】下列各项中，影响会计估计的估计不确定性程度的有（　　）。（2018 年）

A. 会计估计涉及的预测期的长度

B. 会计估计对假设变化的敏感性

C. 会计估计对判断的依赖程度

D. 会计估计依据不可观察到的输入数据的程度

【答案】ABCD

【解析】估计不确定性的影响因素包括：（1）会计估计对判断的依赖程度（选项 C）；（2）会计估计对假设变化的敏感性（选项 B）；（3）是否存在可以降低估计不确定性的经认可的计量技术；（4）预测期的长度和从过去事项得出的数据对预测未来事项的相关性（选项 A）；（5）是否能够从外部来源获得可靠数据；（6）会计估计依据可观察到的或不可观察到的输入数据的程度（选项 D）。

【例题 17－3·多选题】会计估计的不确定性越高越容易导致重大错报风险，下列属于具有高度估计不确定性的会计估计的有（　　）。（2015 年）

A. 未决诉讼的结果取决于多年后才能确定结果的不确定事项

B. 未采用经认可的计量方法计算的会计估计

C. 采用高度专业化模型作出的公允价值会计估计

D. 由被审计单位自主开发的模型作出的公允价值会计估计

【答案】 ABCD

【解析】 选项A，“多年后”具有高度不确定性；选项B，“未采用经认可”具有高度不确定性；选项C，“公允价值会计估计”本身就具有高度不确定性；选项D，“自主开发”具有高度不确定性。

考点二：风险应对

（一）应对评估的重大错报风险

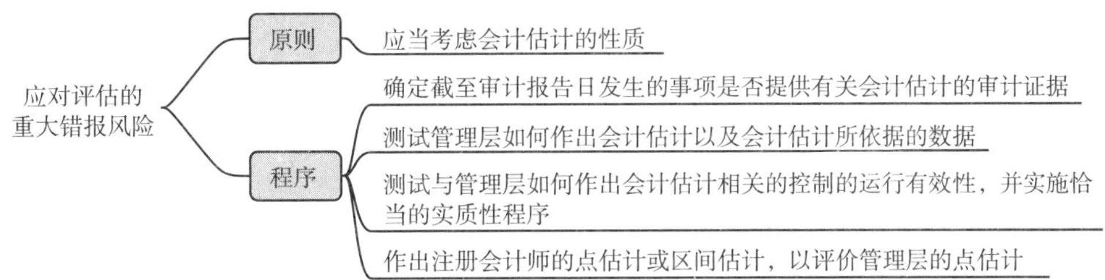

注册会计师的点估计或区间估计：是指从审计证据中得出的、用于评价管理层点估计的金额或金额区间。

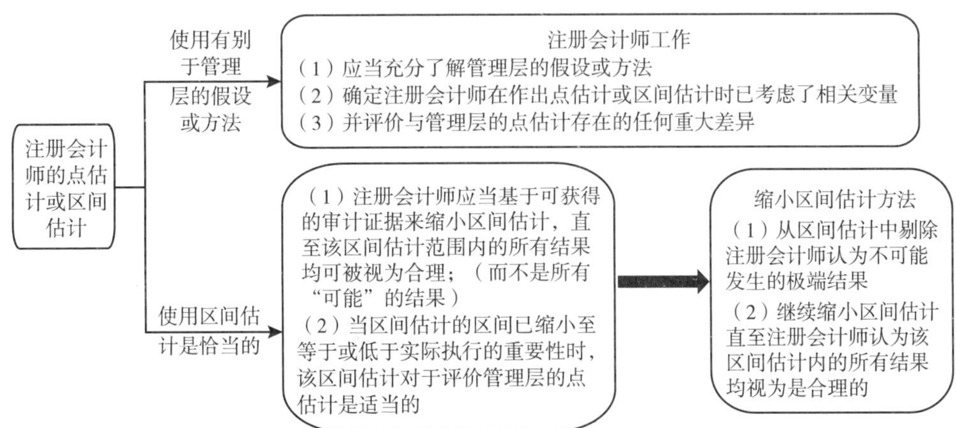

【例题17－4·单选题】 下列有关注册会计师作出区间估计以评价管理层的点估计的说法中，错误的是（　　）。（2019年）

A. 注册会计师作出区间估计时可以使用与管理层不同的假设

B. 在极其特殊的情况下，注册会计师可能缩小区间估计直至审计证据指向点估计

C. 注册会计师作出的区间估计需要包括所有可能的结果

D. 如果注册会计师难以将区间估计的区间缩小至低于实际执行的重要性，可能意味着与会计估计相关的估计不确定性可能导致特别风险

【答案】 C

【解析】 选项C错误，注册会计师作出的区间估计需要包括所有合理的结果，而非所有可能的结果。

【例题17－5·多选题】 下列有关注册会计师作出的区间估计的说法中，正确的有（　　）。

(2017 年)

A. 注册会计师作出的区间估计需要包括所有可能的结果

B. 注册会计师有可能缩小区间估计直至审计证据指向点估计

C. 当区间估计的区间缩小至等于或低于财务报表整体的重要性时，该区间估计对于评价管理层的点估计是适当

D. 如果使用有别于管理层的假设或方法作出区间估计，注册会计师应当充分了解管理层的假设或方法

【答案】 BD

【解析】 选项 A 错误，注册会计师作出的区间估计需要包括所有“合理”的结果，而非“可能”的结果；选项 C 错误，通常情况下，当区间估计的区间已缩小至等于或低于实际执行的重要性时，该区间估计对于评价管理层的点估计是适当的。

【套路】 关于会计估计错报，容易混淆的地方：

(1) 如果注册会计师作出了点估计（也就是确定的一个金额），并且这个点估计跟管理层在财务报表中的不一样，那这里可能构成错报；但如果是会计估计的结果与财务报表的不一样，则不是错报（因为是估计，结果肯定会有所差异）。

(2) 如果注册会计师作出了区间估计，如注册会计师认为某项费用应该在 30 万 ~50 万元之间，但是管理层在财务报表中作出的点估计不在这个区间之内（小于 30 万元，或大于 50 万元），那么这个时候可能就存在错报。

(3) 如果管理层在财务报表中作出的点估计在这个区间之内，这个时候就一定是正确的吗？NO！还要确定区间已缩小至等于或低于实际执行的重要性。

【例题 17－6・多选题】 在运用区间估计评价被审计单位管理层点估计的合理性时，下列说法中，注册会计师认为正确的有（ ）。(2011 年)

A. 注册会计师的区间估计应当采用与被审计单位管理层一致的假设和方法

B. 应当缩小区间估计，直至该区间估计范围内的所有结果均被视为是可能的

C. 应当从区间估计中剔除不可能发生的极端结果

D. 当区间估计的区间缩小至等于或小于实际执行的重要性时，该区间估计对于评价甲公司管理层的点估计通常是适当的

【答案】 CD

【解析】 选项 A，注册会计师的区间估计可以采用和被审计单位管理层不一致的假设和方法；选项 B，应当缩小区间估计，直至该区间估计范围内所有结果均被视为是合理的。

(二) 应对特别风险

在审计导致特别风险的会计估计时，注册会计师在实施进一步实质性程序时需要重点评价：

1. 管理层是如何评估不确定性对会计估计的影响，以及这种不确定性对财务报表中会计估计的确认的恰当性可能产生的影响；

2. 相关披露的充分性。

应对措施	审计程序
估计不确定性	（1）评价管理层如何考虑替代性的假设或结果，以及拒绝采纳的原因，或者在管理层没有考虑替代性的假设或结果的情况下，评价管理层在作出会计估计时如何处理估计不确定性 （2）评价管理层使用的重大假设是否合理 （3）当管理层实施特定措施的意图和能力与其使用的重大假设的合理性或对适用的财务报告编制基础的恰当应用相关时，评价这些意图和能力
作出区间估计	如果认为管理层没有适当处理估计不确定性对导致特别风险的会计估计的影响，注册会计师应当在必要时作出用于评价会计估计合理性的区间估计
确认和计量的标准	确定下列方面是否符合适用的财务报告编制基础的规定： （1）管理层对会计估计在财务报表中予以确认或不予确认的决策 （2）作出会计估计所选择的计量基础

（三）其他相关审计程序

关注与会计估计相关的披露	对导致特别风险的会计估计，注册会计师还应当评价在适用的财务报告编制基础下，财务报表对估计不确定性的披露的充分性
识别可能存在管理层偏向的迹象	注册会计师应当复核管理层作出会计估计时的判断和决策，以识别是否可能存在管理层偏向的迹象。但是，在得出某项会计估计是否合理的结论时，可能存在管理层偏向的迹象本身并不构成错报
获取书面声明	注册会计师应当向管理层和治理层（如适用）获取书面声明，以确定其是否认为在作出会计估计时使用的重大假设是合理的

考点三：评价会计估计的合理性并确定错报

一项错报，无论是由于舞弊还是错误导致，当与会计估计相关时，可能是由于下列因素导致的（联系第二章第三节错报的知识点）：

1. 事实错报，毋庸置疑地存在错报；

2. 判断错报，由注册会计师认为管理层对会计估计作出的判断不合理，或认为管理层对会计政策的选择或运用不恰当而产生的差异；

3. 推断错报，注册会计师对总体中错报的最佳估计，包括由审计样本中识别出的错报推断出总体中的错报。

那么，会计估计是否合理，我们从点估计和区间估计两种估计去看看：

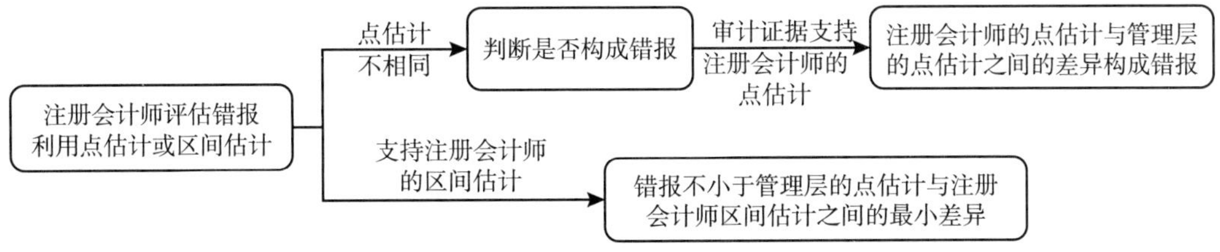

【例题 17－7·单选题】下列有关会计估计错报的说法中，正确的是（　　）。（2017 年）

A. 当审计证据支持注册会计师的点估计时，该点估计与管理层的点估计之间的差异构成错报

B. 由于会计估计具有主观性，与会计估计相关的错报是判断错报

C. 如果会计估计的结果与上期财务报表中已确认的金额存在重大差异，表明上期财务报表

存在错报

D. 如果管理层的点估计在注册会计师的区间估计内，表明管理层的点估计不存在错报

【答案】 A

【解析】 选项B错误，与会计估计相关的错报包括事实错报、判断错报和推断错报；选项C错误，会计估计的结果与上期财务报表中已确认金额之间的差异，并不必然表明上期财务报表存在错报；选项D错误，通常情况下，当区间估计的区间已缩小至等于或低于实际执行的重要性时，该区间估计对于评价管理层的点估计是适当的，需要评价注册会计师区间估计的恰当性。

【套路】 关于会计估计错报，容易混淆的地方：

（1）如果注册会计师作出了点估计（也就是确定的一个金额），并且这个点估计跟管理层在财务报表中的不一样，那这里可能构成错报；但如果是会计估计的结果与财务报表的不一样，则不是错报（因为是估计，结果肯定会有所差异）。

（2）如果注册会计师作出了区间估计，比如注册会计师认为某项费用应该在30万~50万元，但是管理层在财务报表中作出的点估计不在这个区间之内（小于30万元，或大于50万元），那么这个时候可能就存在错报。

（3）如果管理层在财务报表中作出的点估计在这个区间之内，这个时候就一定是正确的吗？NO！还要确定区间已缩小至等于或低于实际执行的重要性。

【例题17-8·多选题】 下列各项中，构成错报的有（　　）。（2013年）

A. 管理层对导致特别风险的会计估计的估计不确定性的披露不充分

B. 管理层作出的点估计小于注册会计师作出的区间估计的最小值

C. 管理层作出的点估计与注册会计师作出的点估计存在差异

D. 会计估计的结果与财务报表中原已确认的金额存在差异

【答案】 ABC

【解析】 管理层对导致特别风险的会计估计的估计不确定性的披露不充分构成错报，选择A正确；会计估计的结果与财务报表中原来已确认或披露的金额存在差异，并不必然表明财务报表存在错报，对于公允价值会计估计而言尤其如此，因为任何已观察到的结果都不可避免地受到作出会计估计的时点后所发生的事项或情况的影响。选项D错误。

【例题17-9·简答题】 ABC会计师事务所的A注册会计师负责审计甲公司2017年度财务报表。与会计估计审计相关的部分事项如下：

（1）A注册会计师就管理层确认的某项预计负债作出了区间估计，该区间包括了甲公司所有可能承担的赔偿金额。管理层确认的预计负债处于该区间内，A注册会计师据此认可了管理层确认的金额。

（2）2016年末，管理层对某项应收款项全额计提了坏账准备。因2017年全额收回该款项，管理层转回了相应的坏账准备。A注册会计师据此认为2016年度财务报表存在重大错报，要求管理层更正2017年度财务报表的对应数据。

（3）管理层编制盈利预测以评价递延所得税资产的可回收性。A注册会计师向管理层询问了盈利预测中使用的假设的依据，并对盈利预测实施了重新计算，结果满意，据此认可了管理层的评价。

（4）2017年末，甲公司确认与产品保修义务相关的预计负债400万元。A注册会计师作出的点估计为600万元。管理层将预计负债调增至550万元。A注册会计师将未调整的50万元作为错

报累积。

（5）A注册会计师认为应收账款坏账准备的计提存在特别风险，在了解相关内部控制后，对应收账款坏账准备实施了实质性分析程序，结果满意，据此认可了管理层计提的金额。

要求：

针对上述第（1）至（5）项，逐项指出A注册会计师的做法是否恰当。如不恰当，简要说明理由。（2018年）

【答案】

（1）不恰当。作出的区间估计需要包括所有合理的结果而不是所有可能的结果。

（2）不恰当。2016年度财务报表中的会计估计与实际结果存在差异，并不必然表明2016年度财务报表存在错报。

（3）不恰当。还应当执行程序评价盈利预测中假设的合理性，仅执行询问和重新计算无法获取有关假设合理性的充分、适当的审计证据。

（4）恰当。

（5）不恰当。对特别风险的应对程序仅为实质性程序时，应当包括细节测试。

【例题17－10·简答题】 甲公司是ABC会计师事务所的常年审计客户。A注册会计师负责审计甲公司2015年度财务报表，确定财务报表整体的重要性为200万元，审计工作底稿中与会计估计审计相关的部分事项摘录如下：

（1）因甲公司2015年度经营情况较上年度没有发生重大变化，A注册会计师通过实施分析程序对上年会计估计在本年的结果进行了复核，以评估与会计估计相关的重大错报风险。

（2）甲公司管理层实施固定资产减值测试时采用的重大假设具有高度估计不确定性，导致特别风险。A注册会计师评价了管理层采用的计量方法，测试了基础数据，并将重大假设与相关历史数据进行了比较，并未发现重大差异，据此认为管理层的减值测试结果合理。

（3）2015年甲公司聘请XYZ咨询公司提供精算服务，并根据精算结果进行了会计处理，A注册会计师评价了XYZ咨询公司的胜任能力和专业素质，了解和评价了其工作，认为可以将其工作结果作为审计证据。

（4）2015年12月，甲公司厂房发生重大火灾，管理层根据保险合同和损失情况估计和确认了应收理赔款1 000万元，A注册会计师检查了保险合同和甲公司管理层编制的损失情况说明，据此认为管理层的会计估计合理。

（5）因2014年末少计无形资产减值准备300万元，A注册会计师对甲公司2014年度财务报表发表了保留意见，甲公司于2015年处置了相关无形资产，并在2015年度财务报表中确认了处置损益，A注册会计师认为导致对上期财务报表发表保留意见的事项已经解决，不影响2015年度审计报告。

要求：针对上述第（1）至（5）项，逐项指出A注册会计师的做法是否恰当。如不恰当，简要说明理由。（2016年）

【答案】

（1）不恰当。对具有高度估计不确定性的会计估计仅实施分析程序不够。

（2）不恰当。对存在特别风险的会计估计，未评价管理层如何考虑替代性的假设/未评价管理层在作出会计估计时如何处理估计不确定性。

（3）不恰当。注册会计师还应评价管理层的专家的客观性。

（4）不恰当。应当考虑从保险公司获取相关证据/应当考虑利用专家工作对损失情况进行评估。

（5）不恰当。该事项对本期财务报表影响重大，A注册会计师应当考虑该事项对2015年审计意见的影响。

【解析】

（1）第（1）项，“以评估与会计估计相关的重大错报风险”表明这是最终的目的，而会计估计的风险评估，显然不是一个分析程序就能完成的。

（2）第（2）项，对导致特别风险的会计估计，需要重点评价：①管理层是如何评估不确定性对会计估计的影响，以及这种不确定性对财务报表中会计估计的确认恰当性可能产生的影响；②相关披露的充分性。（看到会计估计的特别风险时，要注意看是否漏了这两点）

（3）第（3）项，评价专家工作：①专家的胜任能力、专业素质、客观性；②专家的专长领域；③与专家达成一致意见；④评论专家工作恰当性。（这类题目，一般就是漏掉某一个步骤让你去找）

（4）第（4）项，题目中“检查了保险合同和甲公司管理层编制的损失情况说明”，要评价管理层的会计估计，而损失情况说明又是管理层编制的，显然得评估损失情况是否真实。

（5）第（5）项，2014年少计无形资产减值准备300万元，甲公司于2015年处置了并在2015年度财务报表中确认了处置损益，也就是对本期对应数据是有影响的，所以要考虑对2015年审计意见的影响。

【例题17－11·简答题】ABC会计师事务所负责审计甲公司2013年度财务报表，审计项目组在审计工作底稿中记录了与公允价值和会计估计审计相关的情况，部分内容摘录如下：

（1）为确定甲公司管理层在2012年度财务报表中作出的会计估计是否恰当，审计项目组复核了甲公司2012年度财务报表中的会计估计在2013年度的结果。

（2）甲公司年末持有上市公司乙公司的流通股股票100万股，账面价值为500万元，以公允价值计量。审计项目组核对了该股票于2013年12月31日的收盘价，结果满意。

（3）甲公司持有以公允价值计量的投资性房地产。审计项目组认为该项公允价值计量不存在特别风险，无须了解相关控制，聘请DEF资产评估公司对该投资性房地产的公允价值进行了评估。

（4）2013年末，甲公司针对一项未决诉讼确认了500万元预计负债。审计项目组作出的区间估计为550万～650万元，据此认为预计负债存在少计50万元的事实错报。

（5）为减少利润总额和应纳税所得额之间的差异，甲公司自2013年1月1日起将固定资产折旧年限调整为税法规定的最低年限。审计项目组根据变更后的折旧年限检查了甲公司2013年度计提的折旧额，结果满意。

（6）审计项目组向管理层获取了有关会计估计的书面声明，内容包括在财务报表中确认或披露的会计估计和未在财务报表中确认或披露的会计估计。

要求：针对上述第（1）至（6）项，逐项指出审计项目组的做法是否恰当。如不恰当，简要说明理由。（2014年）

【答案】

（1）不恰当。注册会计师复核上期财务报表中会计估计的结果，是为了识别和评估本期会计估计重大错报风险而执行的风险评估程序，目的不是质疑上期依据当时可获得的信息而作出的判断。

（2）恰当。

（3）不恰当。即使不存在特别风险，注册会计师也应了解相关控制。

（4）不恰当。根据审计项目组的区间估计，只能得出错报不小于50万元的结论，并不能确定就是50万元。该错报是判断错报，不是事实错报。

（5）不恰当。管理层变更折旧年限的理由不合理。

（6）恰当。

【解析】

（1）会计估计是根据当时所获得的信息作出的最佳估计，本身具有一定的不确定性，不能简单用现在或者未来的结果去否定当时作出的估计。

（2）股票收盘价是公允价格的最佳反映。

（3）不管是特别风险还是其他风险，了解被审计单位内部控制都是必须程序。但要注意，控制测试不是必需的。

（4）当注册会计师认为使用其区间估计能够获取充分、适当的审计证据时，则在注册会计师区间估计之外的管理层的点估计得不到审计证据的支持。在这种情况下，错报不小于管理层的点估计与注册会计师区间估计之间的最小差异。

（5）会计估计不能随意变更，只有满足以下两个条件才能变更，①法律、行政法规或者国家统一的会计制度等要求变更。②会计政策变更能够提供更可靠、更相关的会计信息。

（6）关于会计估计的书面声明内容既包括在财务报表中确认或披露的会计估计，也包括未在财务报表中确认或披露的会计估计。

【例题17-12·简答题】ABC会计师事务所的A注册会计师负责审计甲公司2015年度财务报表，审计工作底稿中与负责审计相关的部分内容摘录如下：

（1）由于2015年人员工资和维修材料价格持续上涨，甲公司实际发生的产品质量保证支出与以前年度的预计数相差较大，A注册会计师要求管理层就该差异进行追溯调整。

（2）甲公司年末与固定资产弃置义务相关的预计负债余额为200万元，A注册会计师作出了300万元到360万元之间的区间估计，与管理层沟通后同意其按100万元的错报进行调整。

要求：针对上述第（1）至（2）项，逐项指出A注册会计师做法是否恰当。如不恰当，简要说明理由。(2016年)

【答案】

（1）不恰当。资产负债表日后价格的变化并不表明前期会计估计存在差错。

（2）恰当。

【解析】

（1）第（1）项，会计估计是根据当时获得的信息作出的最佳判断，不能以以后的实际结果与会计估计存在差异就判定当时会计估计存在错报。“与以前年度的预计数相差较大”，以前的预计数是根据以前的价格计算的，所以预计数本身是没有问题的，不存在差错。

（2）第（2）项，区间估计的结果，都是可接受的结果。200+100=300（万元），在区间估计的范围内。

第二节　关联方的审计

即使适用的财务报告编制基础对关联方作出很少的规定或没有作出规定，注册会计师仍然需要了解被审计单位的关联方关系及其交易，以足以确定财务报表是否实现公允反映。

考点一：风险评估

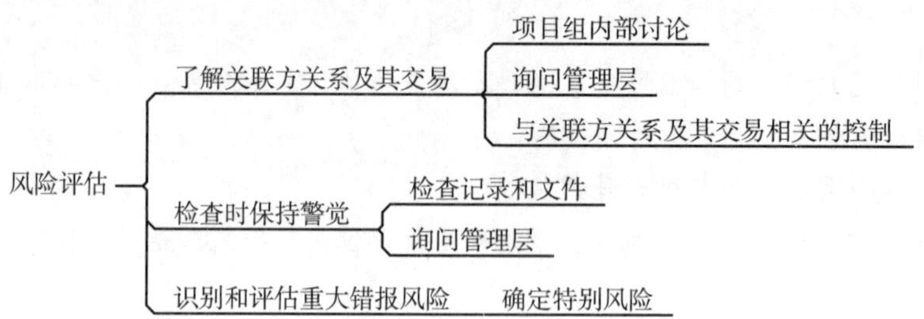

（一）了解关联方关系及其交易

注册会计师应当向管理层询问下列事项：

1. 关联方的名称和特征，包括关联方自上期以来发生的变化；
2. 被审计单位和关联方之间关系的性质；
3. 被审计单位在本期是否与关联方发生交易，如发生，交易的类型、定价政策和目的。

（二）在检查记录或文件时对关联方信息保持警觉

注册会计师应当检查：

1. 注册会计师实施审计程序时获取的银行和律师的询证函回函；
2. 股东会和治理层会议的纪要；
3. 注册会计师认为必要的其他记录和文件。

在检查记录和文件时，如果识别出被审计单位超出正常经营过程的重大交易，注册会计师应当向管理层询问这些交易的性质以及是否涉及关联方。

超出正常经营过程的交易的情形：

（1）复杂的股权交易，如公司重组或收购；

（2）与公司法制不健全的国家或地区的境外实体之间的交易；

（3）对外提供厂房租赁或管理服务，而没有收取对价；

（4）具有异常大额折扣或退货的销售业务；

（5）循环交易，如售后回购交易；

（6）在合同期限届满之前变更条款的交易。

（三）识别和评估重大错报风险

注册会计师应当将识别出的、超出被审计单位正常经营过程的重大关联方交易导致的风险确定为特别风险。

在出现下列风险因素的情况下，存在具有支配性影响的关联方，可能表明存在由于舞弊导致的特别风险。例如：

1. 异常频繁变更高级管理人员或专业顾问，可能表明被审计单位为关联方谋取利益而从事不道德或虚假的交易；

2. 利用中间机构从事难以判断是否具有正当商业理由的重大交易，可能表明关联方出于欺诈目的，通过控制这些中间机构从交易中获利；

3. 有证据显示关联方过度干涉或关注会计政策的选择或重大会计估计的作出，可能表明存在虚假财务报告。

【特别风险总结】

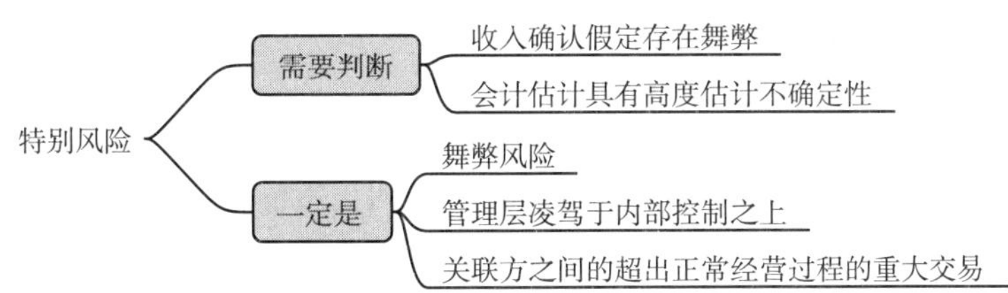

【例题 17－13·单选题】 审计过程中，注册会计师识别关联方关系及其交易时，下列说法中错误的是（　　）。(2015 年)

A. 关联方按照公平市场价格进行交易时，不存在重大错报风险

B. 频繁变更高级管理人员可能表明被审计单位为关联方谋取利益而从事虚假的交易

C. 临近期末进行大量关联方交易可能表明存在重大错报风险

D. 管理层不向注册会计师披露某些关联方关系或重大关联方交易可能表明存在重大错报风险

【答案】 A

【解析】 如果该项交易的其他条款和条件异于与独立各方之间通常达成的交易条款，可能存在重大错报风险。

考点二：风险应对

（一）针对重大错报风险的应对措施

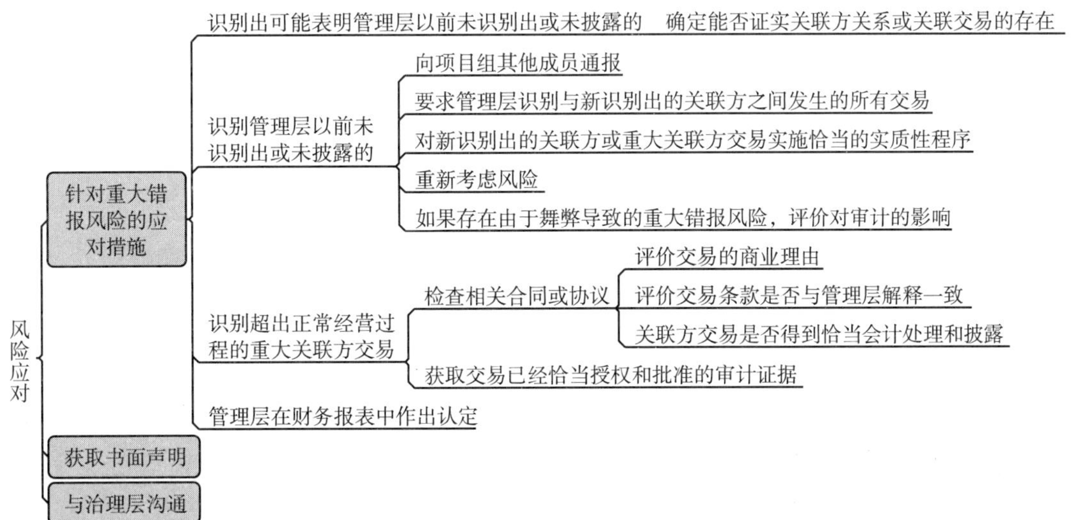

授权和批准本身并不足以就是否不存在由于舞弊或错误导致的重大错报风险得出结论，原因在于如果被审计单位与关联方串通舞弊或关联方对被审计单位具有支配性的影响，被审计单位与授权和批准相关的控制可能是无效的。

如果管理层在财务报表中作出认定，声明关联方交易是按照等同于公平交易（包括交易价格和交易条款）中通行的条款执行的，注册会计师应当就该项认定获取充分、适当的审计证据。

【例题 17－14·多选题】对于识别出的超出正常经营过程的重大关联方交易，如有相关合同或协议，注册会计师应当予以检查。下列各项中，注册会计师在检查时应当评估的有（　　）。（2014 年）

A. 交易的商业理由

B. 交易条款是否与管理层的解释一致

C. 关联方交易是否已按照适用的财务报告编制基础得到恰当会计处理

D. 关联方交易是否已按照适用的财务报告编制基础得到恰当披露

【答案】ABCD

【例题 17－15·单选题】下列有关超出被审计单位正常经营过程的重大关联方交易的说法中，错误的是（　　）。（2017 年）

A. 此类交易导致的风险可能不是特别风险

B. 注册会计师应当评价此类交易是否已按照适用的财务报告编制基础得到恰当会计处理和披露

C. 注册会计师应当检查与此类交易相关的合同或协议，以评价交易的商业理由

D. 此类交易经过恰当授权和批准，不足以就其不存在由于舞弊或错误导致的重大错报风险得出结论

【答案】A

【解析】选项 A 错误，注册会计师应当将识别出的、超出被审计单位正常经营过程的重大关联方交易导致的风险确定为特别风险。选项 B、C、D 是风险应对的原话。

【套路】确定特别风险的时候，不考虑控制的抵销效果，但应当了解相关的控制；题目的陷阱经常在于，我们需要区分哪些一定是特别风险，哪些还需要进一步判断。

需要判断的事项：收入确认假定存在舞弊；会计估计具有高度估计不确定性。

一定是特别风险：舞弊风险、管理层凌驾于内部控制之上；关联方之间的超出正常经营过程的重大交易。

【例题 17－16·多选题】注册会计师识别出管理层未向注册会计师披露的重大关联方交易，下列各项措施中，注册会计师应当采取的有（　　）。（2015 年）

A. 立即向相关信息项目组其他成员通报

B. 将与新识别的重大关联方交易相关的风险评估为特别风险

C. 针对新识别的重大关联方交易实施恰当的实质性程序

D. 重新考虑可能存在管理层以前未向注册会计师披露的其他关联方或重大关联方交易的风险

【答案】ACD

【解析】选项 B 错误，不能直接将未披露的重大关联方交易评估为特别风险，只有超出被审计单位正常经营过程的重大关联方交易导致的风险才能确定为特别风险。

【例题 17－17·单选题】 注册会计师识别出超出正常经营过程的重大关联方交易导致的舞弊风险，下列过程中，有效的审计程序是（　　）。（2015 年）

A. 检查交易是否经适当的管理层审批

B. 评价交易是否具有合理的商业理由

C. 就交易事项向关联方函证

D. 检查交易是否按照适用的财务报表编制基础进行会计处理和披露

【答案】 B

【解析】 选项 A 错误，授权和批准本身不足以就是否不存在由于舞弊或错误导致的重大错报风险得出结论，原因在于如果被审计单位与关联方串通舞弊或关联方对被审计单位具有支配性影响，被审计单位与授权和批准相关的控制可能是无效的；选项 B 正确，交易的商业理由是否表明被审计单位从事交易的目的可能是为了对财务信息作出虚假报告或为了隐瞒侵占资产的行为；选项 C 错误，如果被审计单位和关联方串通，并不能够有效应对该风险；选项 D 错误，应当为评价关联方交易是否按照适用的财务报告编制基础进行恰当的会计处理和披露。

（二）其他相关审计程序

如果适用的财务报告编制基础对关联方作出规定，注册会计师应当向管理层和治理层（如适用）获取下列书面声明：

1. 已经向注册会计师披露了全部已知的关联方名称和特征、关联方关系及其交易；

2. 已经按照适用的财务报告编制基础的规定，对关联方关系及其交易进行了恰当的会计处理和披露。

【例题 17－18·简答题】 ABC 会计师事务所负责审计上市公司甲公司 2012 年度财务报表。审计项目组在审计工作底稿中记录了与关联方关系及其交易相关的审计情况，部分内容摘录如下：

（1）2012 年度甲公司向其控股股东购入一项重大业务。审计项目组认为该交易是超出正常经营过程的重大关联方交易，存在特别风险。

（2）甲公司管理层在未审财务报表附注中披露，其向关联方采购原材料的交易按照等同于公平交易中通行的条款执行。

审计项目组将甲公司向关联方采购的价格与相同原材料活跃市场价格进行比较，未发现明显差异，据此认为该项披露不存在重大错报。

（3）因不拟信赖甲公司建立的与识别、记录和报告关联方关系及其交易相关的内部控制，审计项目组未了解和测试这些控制，通过实施细节测试应对相关重大错报风险。

（4）审计项目组向甲公司管理层获取了下列与关联方关系及其交易相关的书面声明：

①已向注册会计师披露了全部已知的关联方名称；

②已按照企业会计准则的规定，对关联方关系及其交易进行了恰当的会计处理和披露；

③所有关联方交易均不涉及未予披露的“背后协议”。

（5）审计项目组注意到，甲公司 2012 年发生的一项重大交易的交易对手很可能是管理层未向审计项目组披露的关联方。

审计项目组实施追加程序并与治理层沟通后，仍无法确定是否存在关联方关系，决定在审计报告中增加强调事项段，提请财务报表使用者关注财务报表附注中披露的该项交易。

要求：(1) 针对上述第（1）项，指出审计项目组应当采取哪些应对措施。

(2) 针对上述第（2）至（5）项，逐项指出审计项目组的做法是否恰当。如不恰当，提出改进建议。(2013 年)

【答案】

(1) 对于识别出的超出正常经营过程的重大关联方交易，注册会计师应当：

①检查相关合同或协议。在检查相关合同或协议时应当评价：交易的商业理由是否表明被审计单位从事交易的目的可能是为了对财务信息作出虚假报告或为了隐瞒侵占资产的行为；交易条款是否与管理层的解释一致；关联方交易是否已按照适用的财务报告编制基础得到恰当会计处理和披露。

②获取交易已经恰当授权和批准的审计证据。

(2)

第（2）项不恰当。审计项目组还应当关注关联方交易的其他条款和条件是否与独立各方之间通常达成的交易条款相同。

第（3）项不恰当。如果管理层建立了与识别、记录和报告关联方关系及其交易相关的内部控制，审计项目组应当获取对相关控制的了解。

第（4）项不恰当。管理层书面声明还应当包括：已经向审计项目组披露了全部已知的关联方的特征、关联方关系及其交易。

第（5）项不恰当。应当考虑在审计报告中发表非无保留意见/发表保留意见。

第三节　考虑持续经营假设

考点一：管理层的责任和注册会计师的责任

1. 管理层的责任。

不论财务报告编制基础是否要求管理层对持续经营能力进行评估作出明确规定，管理层都需要在编制财务报表时评估持续经营能力。

2. 注册会计师的责任。

（1）就管理层在编制和列报财务报表时运用持续经营假设的适当性获取充分、适当的审计证据，并就持续经营能力是否存在重大不确定性得出结论。即使编制财务报表时采用的财务报告编制基础没有明确要求管理层对持续经营能力作出专门评估，注册会计师的这种责任仍然存在。

（2）如果存在可能导致被审计单位不再持续经营的未来事项或情况时，注册会计师不能对这些未来的事项或情况作出预测。

（3）若注册会计师未在审计报告中提及持续经营的不确定性，不能被视为对被审计单位持续经营能力的保证。

【例题 17－19·单选题】 下列有关注册会计师对持续经营假设的审计责任的说法中，错误的是（　　）。(2014 年)

A. 注册会计师有责任就管理层在编制和列报财务报表时运用持续经营假设的适当性获取充分、适当的审计证据

B. 如果适用的财务报告编制基础不要求管理层对持续经营能力作出专门评估，注册会计师

没有责任对被审计单位的持续经营能力是否存在重大不确定性作出评估

C. 除询问管理层外，注册会计师没有责任实施其他审计程序，以识别超出管理层评估期间并可能导致对被审计单位持续经营能力产生重大疑虑的事项或情况

D. 注册会计师未在审计报告中提及持续经营能力的不确定性，不能被视为对被审计单位持续经营能力的保证

【答案】 B

【解析】 即使编制财务报表时采用的财务报告编制基础没有明确要求管理层对持续经营能力作出专门评估，注册会计师仍有责任就被审计单位持续经营能力是否存在重大不确定性得出结论。

【套路】 持续经营假设经常考核的几个点：

（1）必须评估：管理层需要在编制财务报表时评估持续经营能力，没有例外，一定要做的。

（2）财务报表日后12个月（最少都要这么久，如果实际不够，就要求管理层延长至12个月）。

（3）审计意见这里要特别注意：

①适当但存在重大不确定性，未做充分披露是保留意见或者否定意见，注意这两个一个都不能少，少一个就是错误！

②不适当是否定意见！

考点二：风险评估

导致对持续经营假设产生重大疑虑的事项或情况。（无须记忆，了解即可）

风险类别	具体事项或情况
财务方面	（1）净资产为负或营运资金出现负数 （2）定期借款即将到期，但预期不能展期或偿还，或过度依赖短期借款为长期资产筹资 （3）存在债权人撤销财务支持的迹象 （4）历史财务报表或预测性财务报表表明经营活动产生的现金流量净额为负数 （5）关键财务比率不佳 （6）发生重大经营亏损或用以产生现金流量的资产的价值出现大幅下跌 （7）拖欠或停止发放股利 （8）在到期日无法偿还债务 （9）无法履行借款合同的条款 （10）与供应商由赊购变为货到付款 （11）无法获得开发必要的新产品或进行其他必要的投资所需的资金
经营方面	（1）管理层计划清算被审计单位或终止经营 （2）关键管理人员离职且无人替代 （3）失去主要市场、关键客户、特许权、执照或主要供应商 （4）出现用工困难问题 （5）重要供应短缺 （6）出现非常成功的竞争者
其他方面	（1）违反有关资本或者其他法定要求 （2）未决诉讼或监管程序，可能导致其无法支付索赔金额 （3）法律法规或政府政策的变化预期会产生不利影响 （4）对发生的灾害未购买保险或保额不足

【例题 17 - 20 · 单选题】在下列事项中，最可能引起 A 注册会计师对持续经营能力产生疑虑的是（　　）。(2009 年)

A. 难以获得开发必要新产品所需资金　　B. 投资活动产生的现金流量为负数

C. 以股票股利替代现金股利　　D. 存在重大关联方交易

【答案】A

考点三：风险应对

（一）评价管理层对持续经营能力作出的估计

1. 管理层评估涵盖的期间。

一般指财务报表日后 12 个月，如果管理层评估持续经营能力涵盖的期间短于自财务报表日起的 12 个月，注册会计师应当提请管理层将其至少延长至自财务报表日起的 12 个月。

2. 管理层的评估、支持性分析和注册会计师的评价。

（1）纠正管理层缺乏分析的错误不是注册会计师的责任。

（2）在某些情况下，管理层缺乏详细分析以支持其评估，可能不妨碍注册会计师确定管理层运用持续经营假设是否适合具体情况。

（3）注册会计师应当考虑管理层作出的评估是否已考虑所有相关信息，其中包括注册会计师实施审计程序获取的信息。

（4）在考虑管理层作出的评估所依据的假设时，注册会计师需要考虑管理层对相关事项或情况结果的预测所依据的假设是否合理。

【例题 17 - 21 · 单选题】注册会计师应当评价管理层对持续经营能力作出的评估。下列说法中，错误的是（　　）。(2014 年)

A. 在某些情况下，管理层缺乏详细分析以支持其评估，并不妨碍注册会计师确定管理层运用持续经营假设是否适合具体情况

B. 注册会计师应当考虑管理层作出的评估是否已经考虑所有相关信息，这些信息不包括注册会计师实施审计程序时获取的信息

C. 如果管理层评价持续经营能力涵盖的期间短于自财务报表日起的 12 个月，注册会计师应当要求管理层延长评估期间

D. 注册会计师应当考虑管理层对相关事项或情况结果的预测所依据的假设是否合理

【答案】B

【解析】注册会计师应当考虑管理层作出的评估是否已经考虑所有相关信息，这些信息包括注册会计师实施审计程序时获取的信息。

【套路】持续经营假设经常考核的几个点：

（1）必须评估：管理层需要在编制财务报表时评估持续经营能力，没有例外，一定要做的。

（2）财务报表日后 12 个月。(最少都要这么久，如果实际不够，就要求管理层延长至 12 个月)

（3）审计意见这里要特别注意：

①适当但存在重大不确定性，未做充分披露是保留意见或者否定意见，注意这两个一个都不能少，少一个就是错误！

②不适当是否定意见！

【例题 17－22·单选题】 注册会计师对被审计单位 2011 年 1～6 月财务报表进行审计，并于 2011 年 8 月 31 日出具审计报告。下列各项中，管理层在编制 2011 年 1～6 月财务报表时，评估其持续经营能力应当涵盖的最短期间是（　　）。（2012 年）

A. 2011 年 7 月 1 日至 2012 年 6 月 30 日止期间

B. 2011 年 9 月 1 日至 2012 年 8 月 31 日止期间

C. 2011 年 7 月 1 日至 2011 年 12 月 31 日止期间

D. 2011 年 7 月 1 日至 2012 年 12 月 31 日止期间

【答案】 A

【解析】 管理层在编制 2011 年 1～6 月财务报表时，评估其持续经营能力应当涵盖的最短期间涵盖自财务报表日起的 12 个月。

（二）超出管理层评估期间的事项或情况

1. 注册会计师应当询问管理层是否知悉。

2. 只有持续经营事项的迹象达到重大时，注册会计师才需要考虑采取进一步措施。

3. 除询问管理层外，注册会计师没有责任实施其他任何审计程序，以识别超出管理层评估期间并可能导致对被审计单位持续经营能力产生重大疑虑的事项或情况。

（三）识别出事项或情况时实施追加的审计程序

如果识别出可能导致对持续经营能力产生重大疑虑的事项或情况，注册会计师应当通过实施追加的审计程序，获取充分、适当的审计证据，以确定是否存在重大不确定性。

这些程序应当包括：

1. 如果管理层尚未对被审计单位持续经营能力作出评估，提请其进行评估。

2. 评价管理层与持续经营能力评估相关的未来应对计划。这些计划的结果是否可能改善目前的情况，以及管理层的计划对于具体情况是否可行。管理层的应对计划可能包括管理层变卖资产、对外借款、重组债务、削减或延缓开支或者获得新的资本。

3. 如果被审计单位已编制现金流量预测，且对预测的分析是评价管理层未来应对计划时所考虑的事项或情况的未来结果的重要因素，评价用于编制预测的基础数据的可靠性，并确定预测所基于的假设是否具有充分的支持。

4. 考虑自管理层作出评估后是否存在其他可获得的事实或信息。

5. 要求管理层和治理层（如适用）提供有关未来应对计划及其可行性的书面声明。

考点四：审计结论

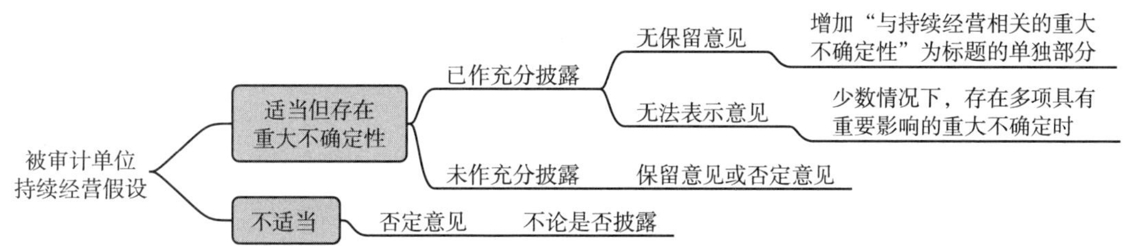

考点五：与治理层的沟通

注册会计师应当与治理层就识别出的可能导致对被审计单位持续经营能力产生重大疑虑的事项或情况进行沟通，除非治理层全部成员参与管理被审计单位。

与治理层的沟通应当包括下列方面：

（1）这些事项或情况是否构成重大不确定性；

（2）管理层在编制财务报表时运用持续经营假设是否适当；

（3）财务报表中的相关披露是否充分；

（4）对审计报告的影响（如适用）。

【例题 17－23 · 多选题】针对识别出的可能导致对被审计单位持续经营能力产生重大疑虑的事项或情况，假定治理层不参与管理被审计单位，下列各项中，注册会计师应当与治理层沟通的有（　　）。(2015 年)

A. 这些事项或情况是否构成重大不确定性

B. 注册会计师对这些事项或情况实施的追加审计程序

C. 在财务报表编制和列报中运用持续经营假设是否适当

D. 财务报表中的相关披露是否充分

【答案】ACD

【解析】选项 B 错误，不属于沟通的范围，因为如果沟通注册会计师对这些事项或情况实施的追加审计程序，会降低审计程序的不可预见性。

【本题套路】重点记住不用沟通的事项：

（1）具体审计程序的性质和时间安排（易于被预见而降低有效性）；

（2）重要性的具体金额或底线（只沟通对重要性概念的运用）；

（3）财务报表的重要性；

（4）管理层已更正的事项；

（5）与管理层沟通时，不宜沟通管理层胜任能力或诚信问题。

注册会计师应当与治理层就识别出的可能导致对被审计单位持续经营能力产生重大疑虑的事项或情况进行沟通，除非治理层全部成员参与管理被审计单位。与治理层的沟通应当包括下列方面：

（1）这些事项或情况是否构成重大不确定性；

（2）管理层在财务报表编制和列报中运用持续经营假设是否适当；

（3）财务报表中的相关披露是否充分；

（4）对审计报告的影响（如适用）。

第四节　首次接受委托时对期初余额的审计

首次接受委托包括两类情况：

1. 会计师事务所在被审计单位财务报表首次接受审计的情况下接受的审计委托。

2. 会计师事务所在被审计单位上期财务报表由其他会计师事务所审计的情况下接受的审计委托，即由于种种原因，被审计单位更换会计师事务所对其本期财务报表进行审计。

期初余额是指期初存在的账户余额。期初余额以上期期末余额为基础，反映了以前期间的交

易和事项以及上期采用的会计政策的结果。

注册会计师对财务报表进行审计，是对被审计单位所审期间财务报表发表审计意见，一般无须专门对期初余额发表审计意见，但因为期初余额是本期财务报表的基础，所以要对期初余额实施恰当的审计程序。

考点一：期初余额的审计目标

1. 确定期初余额是否含有对本期财务报表产生重大影响的错报。

2. 确定期初余额反映的恰当的会计政策是否在本期财务报表中得到一贯运用，或会计政策的变更是否已按照适用的财务报告编制基础作出恰当的会计处理和充分的列报与披露。

【例题 17－24·单选题】 首次接受委托时，下列审计工作中，注册会计师应当执行的是（　　）。（2018 年）

A. 评价期初余额是否含有对上期财务报表产生重大影响的错报

B. 为期初余额确定财务报表整体的重要性和实际执行的重要性

C. 查阅前任注册会计师的审计工作底稿

D. 确定期初余额反映的恰当的会计政策是否在本期财务报表中得到一贯应用

【答案】 D

【答案】 选项 A 错误，注册会计师应评价期初余额是否含有对本期财务报表产生重大影响的错报；选项 B 错误，注册会计师无须为期初余额确定财务报表整体的重要性和实际执行的重要性水平；选项 C 错误，查阅前任注册会计师的审计工作底稿，需要征得被审计单位的同意，且前任有自主决定权确定是否允许后任查阅以及摘录部分审计工作底稿。

考点二：审计程序

注册会计师应当阅读被审计单位最近期间的财务报表和相关披露，以及前任注册会计师出具的审计报告（如有），获取与期初余额相关的信息。

注册会计师对期初余额实施的审计程序通常包括：

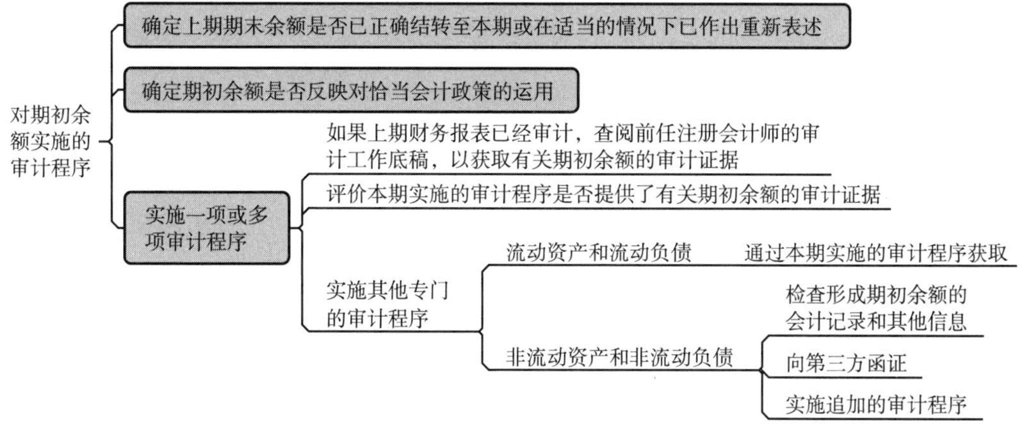

如果被审计单位上期适用的会计政策不恰当或与本期不一致，注册会计师在实施期初余额审计时应提请被审计单位进行调整或予以披露。

【例题 17－25·多选题】 有关注册会计师首次接受委托时就期初余额获取审计证据的说法

中，正确的是（　　）。(2015 年)

A. 对非流动资产和非流动负债，注册会计师可以通过检查形成期初余额的会计记录和其他信息获取有关期初余额的审计证据

B. 对流动资产和流动负债，注册会计师可以通过本期实施的审计过程获取有关期初余额的审计证据

C. 若上期财务报表已经审计，注册会计师可以通过审阅前任注册会计师的审计工作底稿获取有关期初余额的审计证据

D. 注册会计师可以通过向第三方函证获取有关期初余额的审计证据

【答案】ABCD

【例题 17-26·单选题】甲公司 2012 年度财务报表已经 XYZ 会计师事务所的 X 注册会计师审计。ABC 会计师事务所的 A 注册会计师负责审计甲公司 2013 年度财务报表。下列有关期初余额审计的说法中，错误的是（　　）。(2014 年)

A. A 注册会计师应当阅读甲公司 2012 年度财务报表和相关披露，以及 X 注册会计师出具的审计报告

B. 为确定期初余额是否含有对本期财务报表产生重大影响的错报，A 注册会计师需要确定适用于期初余额的重要性水平

C. A 注册会计师评估认为 X 注册会计师具备审计甲公司需要的独立性和专业胜任能力，因此，可能通过查阅 2012 年度审计工作底稿，获取关于非流动资产期初余额的充分、适当的审计证据

D. A 注册会计师未能对 2012 年 12 月 31 日的存货实施监盘，因此，除对存货的期末余额实施审计程序，有必要对存货期初余额实施追加的审计程序

【答案】B

【解析】要确定期初余额是否存在对本期财务报表产生重大影响的错报，主要是判断期初余额的错报对本期财务报表使用者进行决策的影响程度，因而无须确定适用于期初余额的重要性水平。

【套路】这类题目判断的时候记住两点：

(1) 注册会计师一般无须专门对期初余额发表审计意见（无须确定适用于期初余额的重要性水平）。

(2) 对于期初余额，除了从前任注册会计师那里得知，还可以通过实施其他审计程序获得。

考点三：审计结论和审计报告

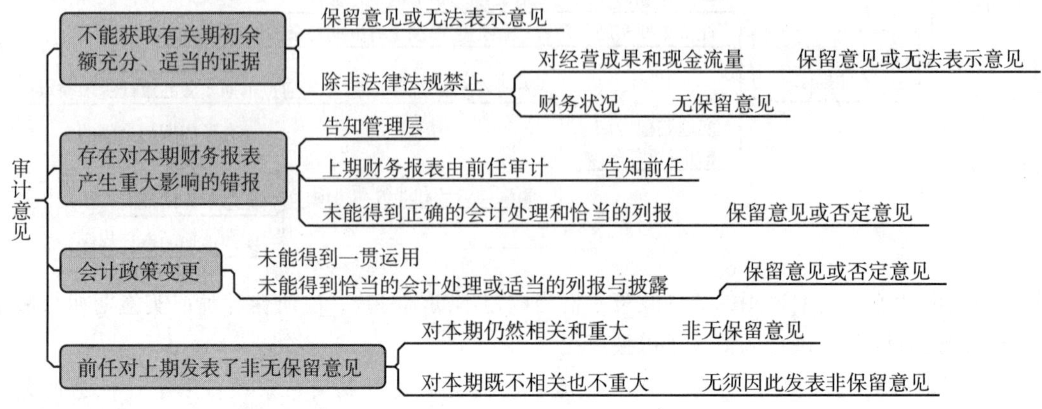

【例题 17－27·单选题】下列有关期初余额审计的说法中，正确的是（　　）。(2016 年)

A. 如果上期财务报表已经前任注册会计师审计，或未经审计，注册会计师可以在审计报告中增加其他事项段说明相关情况

B. 如果不能针对期初余额获取充分、适当的审计证据，注册会计师应当发表保留意见

C. 如果按照适用的财务报告编制基础确定的与期初余额相关的会计政策未能在本期得到一贯运用，注册会计师应当发表保留意见或否定意见

D. 如果期初余额存在对本期财务报表产生重大影响的错报，且错报的影响未能得到正确的会计处理和恰当的列报，注册会计师应当发表保留意见

【答案】C

【解析】选项 A 错误，如果上期财务报表已经前任注册会计师审计，当决定提及时，应当在审计报告中增加其他事项段说明相关情况；如果上期财务报表未经过审计，注册会计师应当（不是可以）在审计报告的其他事项段中说明对应数据未经审计，而不是“可以”；选项 B，如果不能对期初余额获取充分适当的审计证据，应当根据影响的广泛程度，发表保留或无法表示意见；选项 D，错报未能得到恰当的披露和列报，属于披露错报，应当根据影响的广泛性，发表保留意见或否定意见的审计报告。

第五编
完成审计工作与出具审计报告

第十八章 完成审计工作

第一节 完成审计工作概述

考点一：评价审计过程中发现的错报

（一）错报的沟通和更正

1. 除非法律法规禁止，注册会计师应当及时将审计过程中累积的所有错报与适当层级的管理层沟通。注册会计师还应当要求管理层更正这些错报。及时与适当层级的管理层沟通错报事项是重要的。

2. 管理层更正所有错报（包括注册会计师通报的错报），能够保持会计账簿和记录的准确性，降低由于与本期相关的、非重大的且尚未更正的错报的累积影响而导致未来期间财务报表出现重大错报的风险。

3. 如果管理层拒绝更正沟通的部分或者全部错报，注册会计师应当了解管理层不更正错报的理由，并在评价财务报表整体是否不存在重大错报时考虑该理由。

（二）评价未更正错报的影响（理解即可）

未更正错报，是指注册会计师在审计过程中累积的且被审计单位未予更正的错报。

1. 评价错报前可能需要对重要性作出修改。

（1）在评价未更正错报的影响之前，注册会计师可能有必要依据实际的财务结果对重要性作出修改（财务报表整体重要性；特定类别交易、账户余额或披露的重要性；实际执行的重要性）。

（2）注册会计师需要考虑每一单项错报，以评价其对相关类别的交易、账户余额或披露的影响，包括评价该项错报是否超过特定类别的交易、账户余额或披露的重要性水平（如适用）。

2. 某一单项错报的抵销是否恰当。

（1）如果注册会计师认为某一单项错报是重大的，则该项错报不太可能被其他错报抵销。

（2）对于同一账户余额或同一类别的交易内部的错报，这种抵销可能是适当的。

3. 确定一项分类错报是否重大，需要进行定性评估。

4. 在某些情况下，即使某些错报低于财务报表整体的重要性，但因与这些错报相关的某些情况，在将其单独或连同在审计过程中累积的其他错报一并考虑时，注册会计师也可能将这些错报评价为重大错报。例如，某项错报的金额虽然低于财务报表整体的重要性，但对被审计单位的盈亏状况有决定性的影响，注册会计师应认为该项错报是重大错报。

5. 除非法律法规禁止，注册会计师应当与治理层沟通未更正错报，以及这些错报单独或汇总起来可能对审计意见产生的影响。在沟通时，注册会计师应当逐项指明重大的未更正错报。注册会计师应当要求被审计单位更正未更正错报。

注册会计师应当与治理层沟通与以前期间相关的未更正错报对相关类别的交易、账户余额或披露以及财务报表整体的影响。

（三）书面声明

注册会计师应当要求管理层和治理层（如适用）提供书面声明，说明其是否认为未更正错报单独或汇总起来对财务报表整体的影响不重大。

考点二：复核审计工作底稿和财务报表

（一）对财务报表总体合理性进行总体复核（分析程序）

在审计结束或临近结束时，注册会计师运用分析程序的目的是确定经审计调整后的财务报表整体是否与对被审计单位的了解一致，是否具有合理性。

（二）复核审计工作底稿（包括项目组内部复核和项目质量控制复核）

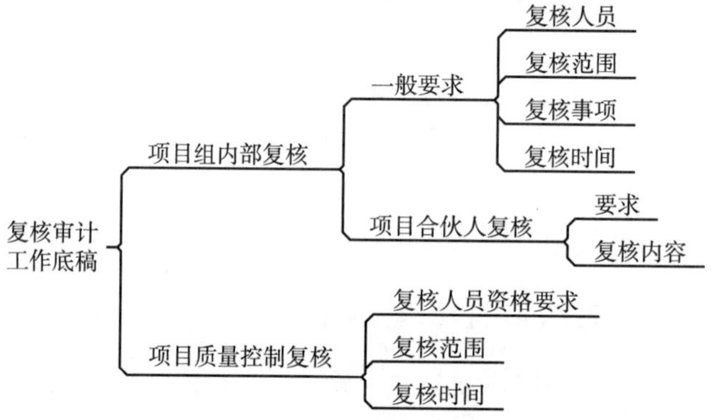

1. 项目组内部复核。（人员、时间、范围、项目合伙人的复核）

复核人员	（1）在安排复核工作时，应当由项目组内经验较多的人员复核经验较少的人员的工作 （2）项目组需要在制订审计计划时确定复核人员的指派 （3）对一些较为复杂、审计风险较高的领域，需要指派经验丰富的项目组成员执行复核，必要时可以由项目合伙人执行复核	
复核范围	所有的审计工作底稿至少要经过一级复核	
复核时间	审计项目复核贯穿审计全过程	
项目合伙人复核	责任承担	应当对会计师事务所分派的每项审计业务的总体质量负责
	复核范围	项目合伙人无须复核所有审计工作底稿
	复核的内容	（1）对关键领域所作的判断，尤其是执行业务过程中识别出的疑难问题或争议事项 （2）特别风险 （3）项目合伙人认为重要的其他领域
	复核时间	在审计报告日或审计报告日之前

2. 项目质量控制复核。（后面会有专门章节进行讲解，这里了解）

（1）只有完成了项目质量控制复核，才能签署审计报告。

（2）在审计过程中实施，而非在出具审计报告前才实施复核。

【例题 18－1·单选题】下列有关审计工作底稿复核的说法中，错误的是（　　）。（2019年）

A. 项目合伙人应当复核所有审计工作底稿

B. 审计工作底稿中应当记录复核人员姓名及其复核时间

C. 项目质量控制复核人员应当在审计报告出具前复核审计工作底稿

D. 应当由项目组内经验较多的人员复核经验较少的人员编制的审计工作底稿

【答案】A

【解析】选项A错误，项目合伙人无须复核所有审计工作底稿。项目合伙人复核的内容包括：（1）对关键领域所作的判断，尤其是执行业务过程中识别出的疑难问题或争议事项；（2）特别风险；（3）项目合伙人认为重要的其他领域。

【例题 18－2·简答题】根据复核计划，审计项目组经理复核了审计工作底稿，A注册会计师（审计项目合伙人）复核了财务报表和拟出具的审计报告，确信获取了充分、适当的审计证据。

要求：指出上述做法是否恰当。如不恰当，简写说明理由。（2014年）

【答案】不恰当。A注册会计师还应当复核审计工作底稿并与项目组讨论。

【例题 18－3·简答题】在签署审计报告前，审计项目合伙人授权会计师事务所另一合伙人C注册会计师复核了所有审计工作底稿，并就重大事项与其进行了讨论。

要求：指出上述做法是否符合规定。如不符合规定，简要说明理由。（2012年）

【答案】不符合规定。项目合伙人应复核工作底稿，而不应委托他人复核。

第二节　期后事项

期后事项是指财务报表日至审计报告日之间发生的事项，以及注册会计师在审计报告日后知悉的事实。

考点一：期后事项的种类

1. 期后事项的种类。

	财务报表日后调整事项	财务报表日后非调整事项
定义	对财务报表日已经存在的情况提供证据的事项，即对财务报表日已经存在的情况提供了新的或进一步证据的事项	对财务报表日后发生的情况提供证据的事项，即表明财务报表日后发生的事项
特点	影响财务报表金额	虽不影响财务报表金额，但可能影响对财务报表的正确理解
处理	提请被审计单位管理层调整财务报表及与之相关的披露信息	必要时在财务报表中以附注形式予以适当披露

注：判断哪些是“调整事项”，哪些是“非调整事项”。主要的区别就是看上一年是不是已经存在该事项。如果是上一年已经存在，现在才最终确定，那么这就是“调整事项”，如果是现在新发生的重大事项，那就是“非调整事项”。

2. 期后事项三个时间段。

期后事项可以按时段划分为三个时段：

（1）第一个时段是财务报表日后至审计报告日，即“第一时段期后事项”；

（2）第二个时段是审计报告日后至财务报表报出日，即“第二时段期后事项”；

（3）第三个时段是财务报表报出日后，即“第三时段期后事项”。

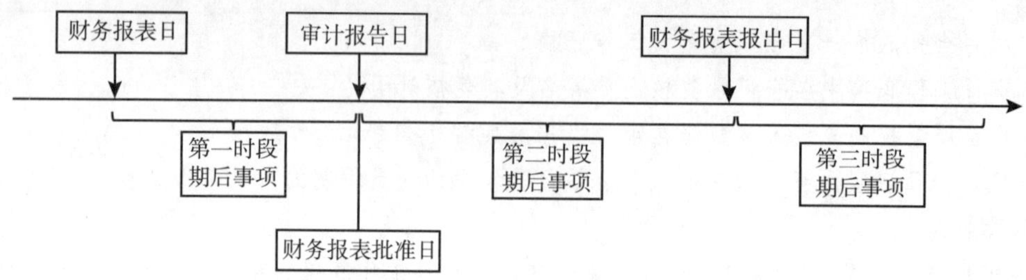

考点二：三个时段的审计要求

三个时段期后事项的责任划分：

时段	注册会计师责任	具体规定
第一时段（发生的事项）	主动识别	应当设计专门的审计程序来识别这些期后事项，并根据这些事项的性质判断其对财务报表的影响，进而确定是进行调整还是披露
第二时段（知悉的事实）	被动识别	（1）在审计报告日后至财务报表报出日前，如果知悉了某事实，且若在审计报告日知悉可能导致修改审计报告，注册会计师应当与管理层和治理层（如适用）讨论该事项 （2）确定财务报表是否需要修改 （3）如果需要修改，询问管理层将如何在财务报表中处理该事项
第三时段（知悉的事实）	没有义务识别	（1）与管理层和治理层（如适用）讨论该事项 （2）确定财务报表是否需要修改 （3）如果需要修改，询问管理层将如何在财务报表中处理该事项

（一）第一时段期后事项（财务报表日至审计报告日之间）

1. 注册会计师的责任（主动识别第一时段期后事项）。

注册会计师应当设计和实施审计程序，获取充分、适当的审计证据，以确定所有在财务报表日至审计报告日之间发生的、需要在财务报表中调整或披露的事项均已得到识别；

注册会计师并不需要对之前已实施审计程序并已得出满意结论的事项执行追加的审计程序。

2. 识别期后事项的审计时间：针对期后事项的专门审计程序，其实施时间越接近审计报告日越好。

3. “知悉”对财务报表有重大影响的期后事项时的考虑：

（1）应当确定这些事项是否按照适用的财务报告编制基础的规定在财务报表中得到恰当反映。

（2）如果所知悉的期后事项属于调整事项，注册会计师应当考虑被审计单位是否已对财务报表作出适当的调整。

（3）如果所知悉的期后事项属于非调整事项，注册会计师应当考虑被审计单位是否在财务报

表附注中予以充分披露。

（二）第二时段期后事项（审计报告日后至财务报表报出前）

1. 注册会计师的责任。没有义务针对财务报表实施任何审计程序。

2. 在审计报告日后至财务报表报出日前，如果知悉了某事实，且若在审计报告日知悉可能导致修改审计报告，注册会计师应当采取以下措施：

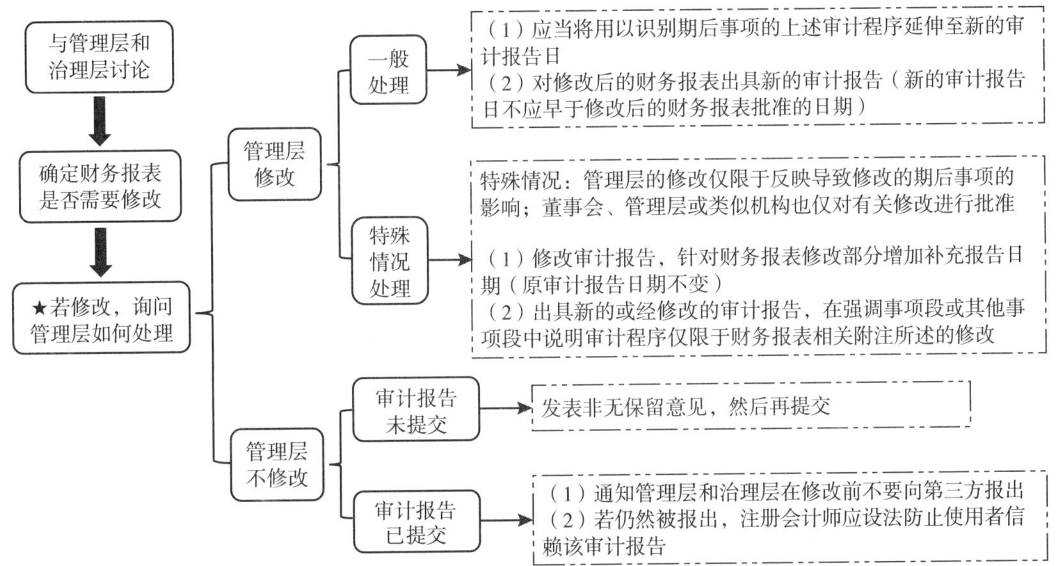

（三）第三时段期后事项（在财务报表报出后）

1. 注册会计师的责任。没有义务识别第三时段的期后事项。

2. 如果注册会计师在财务报表报出后知悉了某事实，且若在审计报告日知悉可能导致修改审计报告，注册会计师应当采取以下措施：

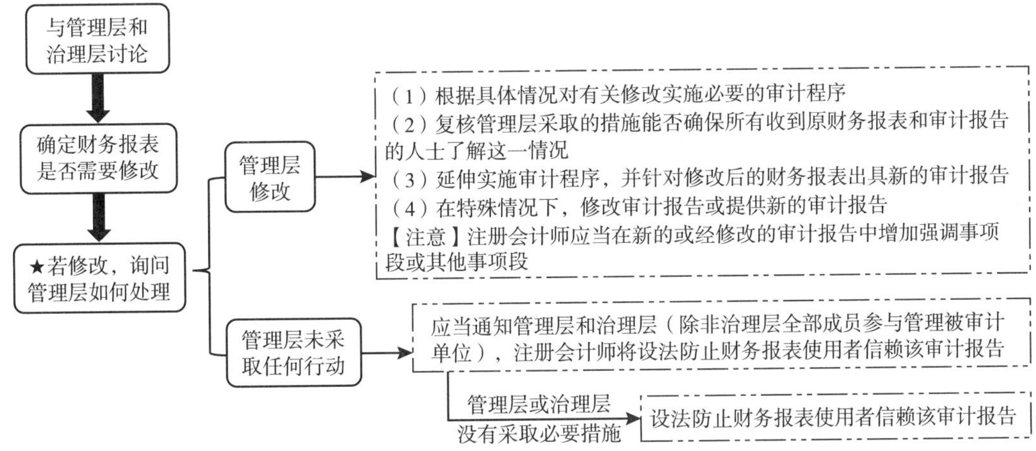

3. 注册会计师在知悉第三时段期后事项后，采取行动的条件（同时满足）：

（1）这类期后事项应当是在审计报告日已经存在的事实；

（2）该事实如果被注册会计师在审计报告日前获知，可能影响审计报告。

【例题 18－4·多选题】下列有关期后事项审计的说法中，正确的有（　　）。（2015 年）

A. 注册会计师应当设计和实施审计程序，获取充分、适当的审计证据，以确定所有在财务报表日至财务报表报出日之间发生的、需要在财务报表中调整或披露的事项均已得到识别

B. 注册会计师应当恰当应对审计报告日后知悉的、且如果在审计报告日知悉可能导致注册会计师修改审计报告的事项

C. 注册会计师应当要求管理层提供书面证明，确认所有在财务报表日后发生的、按照适用的财务报告编制基础的规定应予调整或披露的事项均已得到调整或披露

D. 财务报表报出后，注册会计师没有义务针对财务报表实施任何审计程序

【答案】BCD

【解析】选项 A 错误，题目中“在财务报表日至财务报表报出日之间”，包括了两个时段。注册会计师主动识别第一阶段（财务报表日至审计报告日），被动识别第二阶段（审计报告日至财务报表报出日），即在审计报告日后，注册会计师没有义务针对财务报表实施任何审计程序。

【套路】这类题目容易设置的陷阱：

（1）期后事项是指财务报表日至审计报告日之间发生的事项，以及注册会计师在审计报告日后知悉的事实。（一个是发生，一个是知悉，注意以审计报告日进行划分）

（2）注册会计师应当设计和实施审计程序，获取充分、适当的审计证据，以确定所有在财务报表日至审计报告日之间发生的、需要在财务报表中调整或披露的事项均已得到识别。（这里的“坑”是，需要将所有发生的事项识别，还是只是将其中“调整或披露”的事项识别？）

（3）审计报告日后至财务报表报出日、财务报表报出日后，这两个时段，注册会计师是被动识别和没有义务识别（无须主动），但是如果知悉了事实，那也应该去实施审计程序！这个不冲突！即“财务报表报出后，注册会计师没有义务针对财务报表实施任何审计程序”这句话并没有问题！

【例题 18－5·单选题】下列有关期后事项审计的说法中，错误的是（　　）。（2013 年）

A. 在财务报表报出后，如果被审计单位管理层修改了财务报表，且注册会计师提供了新的审计报告或修改了原审计报告，注册会计师应当在新的或经修改的审计报告中增加强调事项段或其他事项段予以说明

B. 如果组成部分注册会计师对某组成部分实施审阅，集团项目组可以不要求组成部分注册会计师实施审计程序以识别可能需要在集团财务报表中调整或披露的期后事项

C. 在设计用以识别期后事项的审计程序时，注册会计师应当考虑风险评估的结果，但无须考虑对之前已实施审计程序并已得出满意结论的事项执行追加的审计程序

D. 注册会计师应当设计和实施审计程序，以确定所有在财务报表日至审计报告日之间发生的事项均已得到识别

【答案】D

【解析】注册会计师应当设计和实施审计程序，获取充分、适当的审计证据，以确定所有在财务报表日至审计报告日之间发生的、需要在财务报表中调整或披露的事项均已得到识别，选项 D 错误。

【例题 18－6·多选题】下列有关期后事项审计的说法中，正确的有（　　）。（2012 年）

A. 期后事项是指财务报表日至财务报表报出日之间发生的事项

B. 期后事项是指财务报表日至审计报告日之间发生的事项，以及注册会计师在审计报告日后知悉的事实

C. 注册会计师仅需主动识别财务报表日至审计报告日之间发生的期后事项

D. 审计报告日后，如果注册会计师知悉某项若在审计报告日知悉将导致修改审计报告的事实，且管理层已就此修改了财务报表，应当对修改后的财务报表实施必要的审计程序，出具新的或经修改的审计报告

【答案】 BCD

【解析】 期后事项是指财务报表日至审计报告日之间发生的事项，以及注册会计师在审计报告日后知悉的事实。

第三节　书面声明

书面声明是指管理层向注册会计师提供的书面陈述，用以确认某些事项或支持其他审计证据。书面声明不包括财务报表及其认定，以及支持性账簿和相关记录。

书面声明的特征（重点）：

1. 书面声明是注册会计师在财务报表审计中需要获取的必要信息，是审计证据的重要来源；

2. 尽管书面声明提供了必要的审计证据，但其本身并不为所涉及的任何事项提供充分、适当的审计证据。

考点一：书面声明的类型

（一）针对管理层责任的书面声明

注册会计师应当要求管理层提供书面声明，确认其根据审计业务约定条款，履行了按照适用的财务报告编制基础编制财务报表并使其实现公允反映（如适用）的责任。

如果未从管理层获取其确认已履行责任的书面声明，注册会计师在审计过程中获取的有关管理层已履行这些责任的其他审计证据是不充分的；

1. 针对完整性的书面声明。

（1）按照审计业务约定条款，已向注册会计师提供所有相关信息，并允许注册会计师不受限制地接触所有相关信息以及被审计单位内部人员和其他相关人员；

（2）所有交易均已记录并反映在财务报表中。

2. 注册会计师要求管理层再次确认管理层自身责任的情况：

（1）代表被审计单位签订审计业务约定条款的人员不再承担相关责任；

（2）审计业务约定条款是在以前年度签订的；

（3）有迹象表明管理层误解了其责任；

（4）情况的改变需要管理层再次确认其责任。

（二）其他书面声明

除了针对财务报表的编制，注册会计师应当要求管理层提供基本书面声明以确认其履行了责任外，注册会计师可能认为有必要获取有关财务报表的其他书面声明。

额外书面声明的类型	说明
财务报表的	(1) 会计政策的选择和运用是否适当 (2) 是否按照适用的财务报告编制基础对下列事项进行了确认、计量、列报或披露 ①可能影响资产和负债账面价值或分类的计划或意图 ②负债（包括实际负债和或有负债） ③资产的所有权或控制权，资产的留置权或其他物权，用于担保的抵押资产 ④可能影响财务报表的法律法规及合同（包括违反法律法规及合同的行为）
与向注册会计师提供信息有关的	注册会计师可能认为有必要要求管理层提供书面声明，确认其已将注意到的所有内部控制缺陷向注册会计师通报
特定认定的	注册会计师可能认为有必要要求管理层提供有关财务报表特定认定的书面声明，尤其是支持注册会计师就管理层的判断或意图或者完整性认定从其他审计证据中获取的了解

【例题 18－7·单选题】下列有关管理层书面声明的作用的说法中，错误的是（　　）。(2017年)

A. 书面声明为财务报表审计提供了必要的审计证据

B. 管理层已提供可靠书面声明的事实，可能影响注册会计师就具体认定获取的审计证据的性质和范围

C. 书面声明可以促使管理层更加认真地考虑声明所涉及的事项

D. 书面声明本身不为所涉及的任何事项提供充分、适当的审计证据

【答案】B

【解析】管理层已提供可靠书面声明的事实，不影响注册会计师就管理层责任履行情况或具体认定获取的其他审计证据的性质和范围，所以选项 B 错误。

【套路】这类题目经常设置的陷阱在于哪些不属于书面声明：审计费用、将按照审计业务约定书中规定的审计报告用途使用审计报告不属于书面声明。

【例题 18－8·多选题】下列各项中，注册会计师应当要求被审计单位管理层提供书面声明的有（　　）。(2013 年)

A. 管理层是否认为在作出会计估计时使用的重大假设是合理的

B. 管理层是否已向注册会计师披露了从现任和前任员工、分析师、监管机构等方面获知的、影响财务报表的舞弊指控或舞弊嫌疑

C. 管理层是否已向注册会计师披露了所有知悉的、且在编制财务报表时应当考虑其影响的违反法律法规行为或怀疑存在的违反法律法规行为

D. 管理层是否认为未更正错报单独或汇总起来对财务报表整体的影响不重大

【答案】ABCD

【解析】四个选项都是正确的。选项 A 和选项 D 属于“财务报表”的书面声明，选项 B 和选项 C 属于管理层“提供的信息”。

【例题 18－9·多选题】下列各项中，应当列入书面声明的有（　　）。(2012 年)

A. 管理层认为，未更正错报单独或汇总起来对财务报表整体的影响不重大

B. 被审计单位已向注册会计师披露了管理层注意到的、可能影响被审计单位的与舞弊或舞弊嫌疑相关的所有信息

C. 所有交易均已记录并反映在财务报表中

D. 被审计单位将及时足额支付审计费用

【答案】ABC

【解析】选项D被审计单位将及时足额支付审计费用不属于书面声明的内容。

【套路】这类题目经常设置的陷阱在于哪些不属于书面声明：审计费用、将按照审计业务约定书中规定的审计报告用途使用审计报告不属于书面声明。

【例题18－10·多选题】下列各项中，注册会计师应当获取书面声明的有（　　）。(2012年)

A. 管理层确认其根据审计业务约定条款，履行了按照适用的财务报告编制基础编制财务报表并使其实现公允反映（如适用）的责任

B. 管理层按照审计业务约定条款，已向注册会计师提供所有相关信息，并允许注册会计师不受限制地接触所有相关信息以及被审计单位内部人员和其他相关人员

C. 管理层确认所有交易均已记录并反映在财务报表中

D. 管理层将按照审计业务约定书中规定的审计报告用途使用审计报告

【答案】ABC

【解析】选项D管理层将按照审计业务约定书中规定的审计报告用途使用审计报告不属于书面声明的内容。

考点二：书面声明的日期和涵盖的期间

由于书面声明是必要的审计证据，在管理层签署书面声明前，注册会计师不能发表审计意见，也不能签署审计报告。

若在审计报告中提及的所有期间内，出现现任管理层均尚未就任的情形，他们可能由此声称无法就上述期间提供部分或全部书面声明，注册会计师仍然需要向现任管理层获取涵盖整个相关期间的书面声明。

【例题18－11·单选题】下列有关书面声明日期的说法中，错误的是（　　）。(2018年)

A. 书面声明的日期不得晚于审计报告日

B. 书面声明的日期不得早于财务报表报出日

C. 书面声明的日期可以和审计报告日是同一天

D. 书面声明的日期可以早于审计报告日

【答案】B

【解析】选项B错误，书面声明的日期应当尽量接近对财务报表出具审计报告的日期，但不得在审计报告日后。

【例题18－12·多选题】A注册会计师负责审计甲公司2013年度财务报表，现场审计工作完成日为2014年2月28日，财务报表批准日为2014年3月20日，审计报告日为2014年3月29日，财务报表报出日为2014年3月31日。下列有关书面声明日期的说法中，正确的有（　　）。

（2014 年）

A. A 注册会计师取得日期为 2014 年 3 月 29 日的书面声明

B. A 注册会计师取得日期为 2014 年 3 月 31 日的书面声明

C. A 注册会计师取得日期为 2014 年 2 月 28 日的书面声明，并于 2014 年 3 月 29 日就 2014 年 2 月 28 日至 2014 年 3 月 29 日之间的变化获取管理层的更新声明

D. A 注册会计师取得日期为 2014 年 3 月 20 日的书面声明，并于 2014 年 3 月 31 日就 2014 年 3 月 20 日至 2014 年 3 月 31 日之间的变化获取管理层的更新声明

【答案】 AC

【解析】 书面声明的日期应当尽量接近对财务报表出具审计报告的日期，但不得在审计报告日后，选项 A 正确，选项 BD 错误；在某些情况下，在审计过程中获取有关财务报表特定认定的书面声明可能是适当的，此时，可能有必要要求管理层更新书面声明，选项 C 正确。

考点三：对书面声明可靠性的疑虑以及管理层不提供要求声明

（一）对书面声明可靠性的疑虑

1. 对管理层的胜任能力、诚信、道德价值观或勤勉尽责存在疑虑。（重点掌握）

（1）注册会计师应当确定这些疑虑对书面或口头声明和审计证据总体的可靠性可能产生的影响；

（2）注册会计师可能认为，管理层在财务报表中作出不实陈述的风险很大，以至于审计工作无法进行；在这种情况下，除非治理层采取适当的纠正措施，否则注册会计师可能需要考虑解除业务约定（如果法律法规允许）；

（3）很多时候，治理层采取的纠正措施可能并不足以使注册会计师发表无保留意见。

2. 书面声明与其他审计证据不一致。

注册会计师应当实施审计程序以设法解决这些问题。

（二）管理层不提供要求的书面声明（重点掌握）

1. 如果管理层不提供要求的一项或多项书面声明，注册会计师应当：

（1）与管理层讨论该事项；

（2）重新评价管理层的诚信，并评价该事项对书面或口头声明和审计证据总体的可靠性可能产生的影响；

（3）采取适当措施，包括确定该事项对审计意见可能产生的影响。

2. 如果存在下列情形之一，注册会计师应当对财务报表发表无法表示意见：

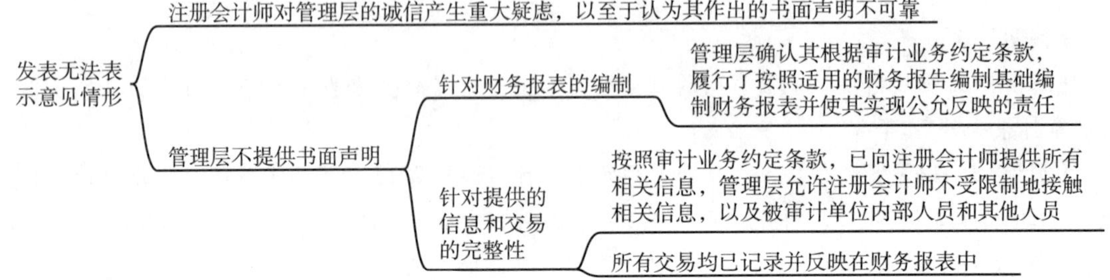

【例题 18－13·单选题】下列有关书面声明的说法中，错误的是（　　）。(2016 年)

A. 即使管理层已提供可靠的书面说明，也不影响注册会计师就管理责任履行情况或具体认定获取的其他审计证据的性质和范围

B. 为支持与财务报表或某项具体认定相关的其他审计证据，注册会计师可以要求管理层提供关于财务报表或特定认定的书面声明

C. 如果管理层不向注册会计师提供所有交易均已记录并反映在财务报表中的书面声明，注册会计师应当对财务报表发表保留意见或无法表示意见

D. 如果在审计报告中提及的所有期间内，现任管理层均尚未就任，注册会计师也需要向现任管理层获取涵盖整个相关期间的书面声明

【答案】C

【解析】针对所有交易均记录并反映在财务报表属于准则规定的基本书面声明，被审计单位是必须要提供的。如果管理层拒绝签署审计准则规定的书面声明，则出具无法表示意见的审计报告，不能出具保留意见审计报告，选项 C 错误。

【例题 18－14·单选题】下列关于书面声明的说法中，正确的是（　　）。(2015 年)

A. 书面声明的日期应当和审计报告日在同一天，且应当涵盖审计报告针对的所有财务报表期间

B. 管理层已提供可靠书面声明的事实，影响注册会计师就管理层责任履行情况或具体认定获取的其他审计证据的性质和范围

C. 如果书面声明与其他审计程序不一致，注册会计师应当要求管理层修改书面声明

D. 如果对管理层的诚信产生重大疑虑，以至于认为其作出的书面声明不可靠，注册会计师应该出具无法表示意见的审计报告

【答案】D

【解析】选项 A，书面声明的日期不一定与审计报告日为同一天，书面声明的日期应当尽量接近对财务报表出具审计报告的日期，但不得在审计报告日后；选项 B，尽管书面声明提供了必要的审计证据，但是其本身并不为所涉及的任何事项提供充分、适当的审计证据。而且，管理层已提供可靠书面声明的事实，并不影响注册会计师就管理层责任履行情况或具体认定获取的其他审计证据的性质和范围；选项 C，如果书面声明与其他审计证据不一致，注册会计师应当实施审计程序以设法解决这些问题，不能直接要求管理层修改书面声明。

【例题 18－15·多选题】下列有关书面声明的说法中，错误的有（　　）。(2014 年)

A. 管理层对注册会计师所要求的书面声明内容进行了调整，表明管理层没有提供可靠的书面声明

B. 注册会计师应当要求管理层在书面声明中确认，为作出所要求的书面声明，管理层已进行了适当询问

C. 如果管理层在书面声明中使用限定性语言，注册会计师不应当接受该书面声明

D. 如果在审计报告中提及的所有期间内，现任管理层均未就任，注册会计师仍然需要向现任管理层获取涵盖整个相关期间的书面声明

【答案】ABC

【解析】选项 A，管理层对注册会计师所要求的书面声明内容进行了调整，并不一定意味着管理层不提供书面声明，且注册会计师仍可能认为管理层已提供可靠的书面声明（应用指南）；

选项B，注册会计师可能要求管理层在书面声明中确认，为作出所要求的书面声明，管理层已经进行了适当的询问（应用指南）；选项C，在某些情况下，管理层可能在书面声明中使用限定性语言，以表明该声明是根据其已知的全部事项作出的。如果注册会计师确信声明是由承担适当责任并了解声明所涉及事项的人员作出的，则注册会计师可以接受对这些限定性语言的使用（应用指南）。

第十九章 审计报告

审计报告，是指注册会计师根据审计准则的规定，在执行审计工作的基础上，对财务报表发表审计意见的书面文件。

注册会计师一旦在审计报告上签名并盖章，就表明对其出具的审计报告负责！

第一节 审计报告概述

考点一：审计意见的类型

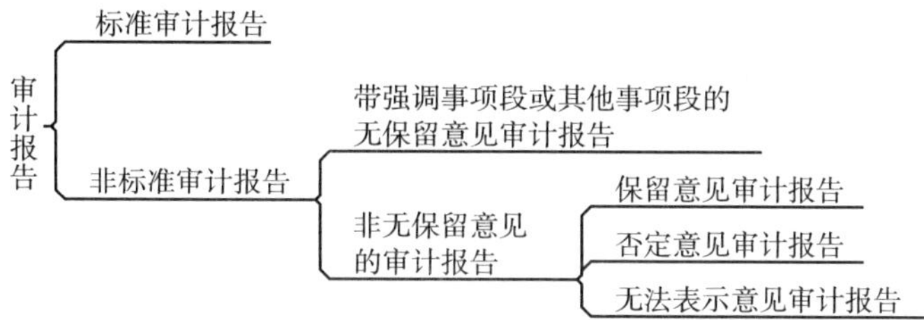

1. 无保留意见：是指当注册会计师认为财务报表在所有重大方面按照适用的财务报告编制基础编制并实现公允反映时发表的审计意见。

2. 非无保留意见：是指对财务报表发表的保留意见、否定意见或无法表示意见。

3. 发表非无保留意见的情形：

（1）根据获取的审计证据，得出财务报表整体存在重大错报的结论；

（2）无法获取充分、适当的审计证据，不能得出财务报表整体不存在重大错报的结论。

考点二：审计报告日期

1. 审计报告日不应早于注册会计师获取充分、适当的审计证据（包括管理层认可对财务报表的责任且已批准财务报表的证据），并在此基础上对财务报表形成审计意见的日期。

2. 审计报告日期的确定：

（1）注册会计师在正式签署审计报告前，通常把审计报告草稿和已审计财务报表草稿一同提交给管理层；

（2）如果管理层批准并签署已审计财务报表，注册会计师即可签署审计报告；

（3）注册会计师签署审计报告的日期通常与管理层签署已审计财务报表的日期为同一天，或晚于管理层签署已审计财务报表的日期。

【例题 19－1・单选题】 下列有关审计报告日的说法中，错误的是（　　）。(2016 年)

A. 审计报告日可以晚于管理层签署已审计财务报表的日期

B. 审计报告日不应早于管理层书面声明的日期

C. 在特殊情况下，注册会计师可以出具双重日期的审计报告

D. 审计报告日应是注册会计师获取充分、适当的审计证据，并在此基础上对财务报表形成审计意见的日期

【答案】 D

【解析】 选项A正确，注册会计师签署审计报告的日期通常与管理层签署已审计财务报表的日期为同一天，或晚于管理层签署已审计财务报表的日期。

审计报告日不应早于注册会计师获取充分、适当的审计证据（包括管理层认可对财务报表的责任且已批准财务报表的证据），并在此基础上对财务报表形成审计意见的日期，选项D错误，选项B正确。

在审计了审计报告日至会计报表公布日发生的期后事项后，注册会计师可选用以下两种方式确定审计报告日期：（1）签署双重报告日期，即保留原定审计报告日，并就该期后事项注明新的审计报告日；（2）更改审计报告日期，即将原定审计报告日推迟至完成追加审计程序时的审计报告日。选项C正确。

第二节　在审计报告中沟通关键事项

关键审计事项，是指注册会计师根据职业判断认为对当期财务报表审计最为重要的事项。

考点一：确定关键审计事项的决策框架

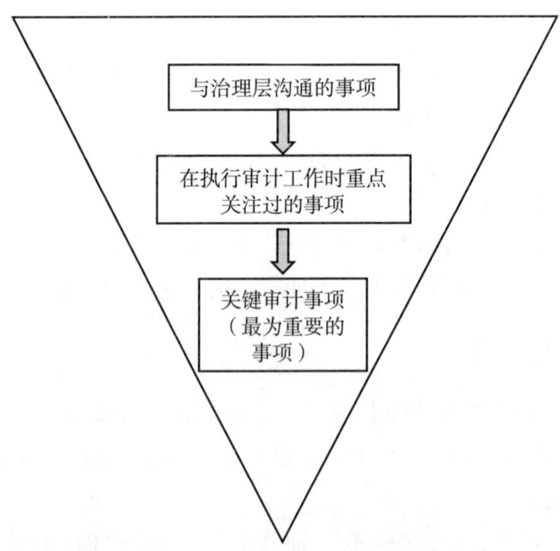

项目	考虑方面
确定重点关注过的事项	（1）评估的重大错报风险较高的领域或识别出的特别风险 （2）与财务报表中涉及重大管理层判断的领域相关的重大审计判断 （3）当期重大交易或事项对审计的影响

续表

项目	考虑方面
确定是否构成关键审计事项	（1）该事项对预期使用者理解财务报表整体的重要程度，尤其是对财务报表的重要性 （2）管理层在选择恰当的会计政策时涉及的复杂程度或主观程度 （3）从定性和定量方面考虑，与该事项相关的由于舞弊或错误导致的已更正错报和累积未更正错报（如有）的性质和重要程度 （4）为应对该事项所需要付出的审计努力的性质和程度，包括特殊知识技能或项目组之外的咨询 （5）在实施审计程序、评价实施审计程序的结果、获取相关的可靠的审计证据以作为发表审计意见的基础时，注册会计师遇到的困难的性质和严重程度，尤其是当注册会计师的判断变得更加主观时 （6）识别出的与该事项相关的控制缺陷的严重程度 （7）该事项是否涉及数项可区分但又相互关联的审计考虑

考点二：关键审计事项的沟通

（一）在审计报告中沟通关键审计事项

注册会计师应当在审计报告中单设一部分，以“关键审计事项”为标题，并在该部分使用恰当的子标题逐项描述关键审计事项。

注册会计师对财务报表整体形成审计意见，而不对关键审计事项单独发表意见。

1. 关键审计事项的披露要求。

（1）导致非无保留意见的事项、可能导致对被审计单位持续经营能力产生重大疑虑的事项或情况存在重大不确定性等，虽然符合关键审计事项的定义，但这些事项在审计报告中专门的部分披露，不在关键审计事项部分披露。

（2）关键审计事项部分披露的关键审计事项必须已经得到满意解决，即不存在审计范围受限，也不存在注册会计师与被审计单位管理层意见分歧的情况。

2. 原始信息。

原始信息是指与被审计单位相关、尚未由被审计单位公布的信息，提供这些信息是被审计单位管理层和治理层的责任。

注册会计师以一种简明且可理解的形式提供有用的信息，而不应成为被审计单位原始信息的提供者。

在描述关键审计事项时，注册会计师需要避免不恰当地提供与被审计单位相关的原始信息，对关键审计事项的描述通常不构成有关被审计单位的原始信息。

（二）不在审计报告中沟通关键审计事项的情形

1. 法律法规禁止公开披露某事项。

2. 在极其罕见的情况下，如果合理预期在审计报告中沟通某事项造成的负面后果超过产生的公众利益方面的益处，注册会计师确定不应在审计报告中沟通该事项，则注册会计师应当在审计报告中逐项描述关键审计事项。

参考格式 19 - 1　　　　　　关键审计事项——商誉的减值测试

相关信息披露详见财务报表附注——× ×

（一）事项描述

截至 201 × 年 12 月 31 日，集团因收购 YYY 公司而确认了 × × × 万元的商誉。贵公司管理层于每年年末对商誉进行减值测试。本年度，YYY 公司产生了经营损失，该商誉出现减值迹象。

报告期末，集团管理层对 YYY 公司的商誉进行了减值测试，以评价该项商誉是否存在减值。管理层采用现金流预测模型来计算商誉的可收回金额，并将其与商誉的账面价值相比较。该模型所使用的折现率、预计现金流，特别是未来收入增长率等关键指标需要作出重大的管理层判断。通过测试，管理层得出商誉没有减值的结论。

（二）实施的审计程序

我们针对管理层减值测试所实施的审计程序包括：

1. 对管理层的估值方法予以评估；
2. 基于我们对相关行业的了解，我们质疑了管理层假设的合理性，如收入增长率、折现率等；
3. 检查录入数据与支持证据的一致性，例如，已批准的预算以及考虑这些预算的合理性。

（三）实施审计程序的结果

我们认为，基于目前所获取的信息，管理层在对商誉减值测试所使用的假设是合理的，相关信息在财务报表附注——× × 中所作出的披露是适当的。

第三节　非无保留意见审计报告

考点一：确定非无保留意见的类型

注册会计师应当在审计报告中发表非无保留意见的情形：

根据获取的审计证据，得出财务报表整体存在重大错报的结论。

无法获取充分、适当的审计证据，不能得出财务报表整体不存在重大错报的结论。

（一）确定非无保留意见时一般考虑

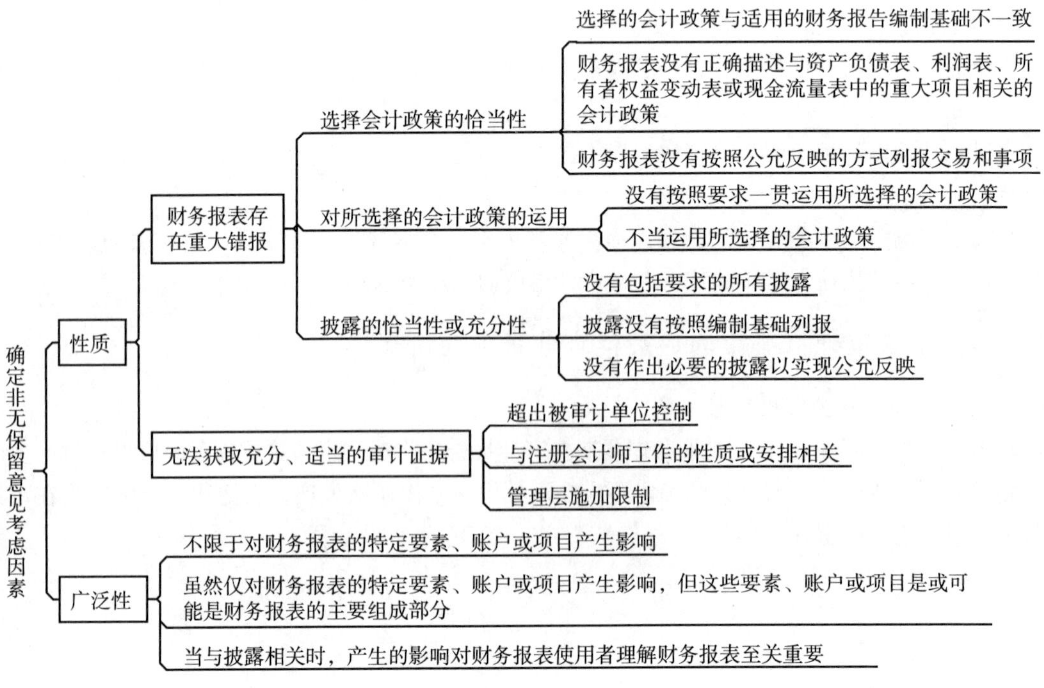

确定非无保留意见考虑因素

- 性质
  - 财务报表存在重大错报
    - 选择会计政策的恰当性
      - 选择的会计政策与适用的财务报告编制基础不一致
      - 财务报表没有正确描述与资产负债表、利润表、所有者权益变动表或现金流量表中的重大项目相关的会计政策
      - 财务报表没有按照公允反映的方式列报交易和事项
    - 对所选择的会计政策的运用
      - 没有按照要求一贯运用所选择的会计政策
      - 不当运用所选择的会计政策
    - 披露的恰当性或充分性
      - 没有包括要求的所有披露
      - 披露没有按照编制基础列报
      - 没有作出必要的披露以实现公允反映
  - 无法获取充分、适当的审计证据
    - 超出被审计单位控制
    - 与注册会计师工作的性质或安排相关
    - 管理层施加限制
- 广泛性
  - 不限于对财务报表的特定要素、账户或项目产生影响
  - 虽然仅对财务报表的特定要素、账户或项目产生影响，但这些要素、账户或项目是或可能是财务报表的主要组成部分
  - 当与披露相关时，产生的影响对财务报表使用者理解财务报表至关重要

事项的性质和影响的广泛性对审计意见的影响：

导致发表非无保留意见的事项的性质	这些事项对财务报表产生或可能产生影响的广泛性	
	重大但不具有广泛性	重大且具有广泛性
财务报表存在重大错报	保留意见	否定意见
无法获取充分、适当的审计证据	保留意见	无法表示意见

（二）确定非无保留意见时特殊考虑

1. 管理层对审计范围施加了限制。

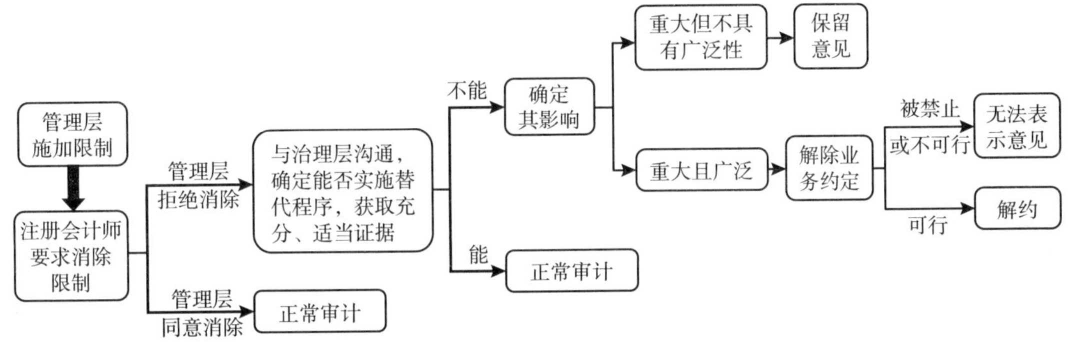

2. 审计意见的统一性。

（1）如果对财务报表整体发布否定意见或无法表示意见，注册会计师不应在同一审计报告中对按照相同财务报告编制基础编制的单一财务报表或者财务报表特定要素、账户或项目发表无保留意见。

（2）允许对经营成果、现金流量发表无法表示意见，而对财务状况发表无保留意见。

考点二：非无保留意见的审计报告格式和内容

（一）审计意见段

审计意见	在意见段中说明	
（1）发表保留意见	重大错报原因	注册会计师认为，除了“形成保留意见的基础”部分所述事项产生的影响外，财务报表在所有重大方面按照适用的财务报告编制基础编制，并实现公允反映
	无法获取充分、适当的审计证据的原因	注册会计师认为，除了“形成保留意见的基础”部分所述事项可能产生的影响外，财务报表在所有重大方面按照适用的财务报告编制基础编制，并实现公允反映
（2）否定意见	注册会计师认为，由于“形成否定意见的基础”部分所述事项的重要性，财务报表没有在所有重大方面按照适用的财务报告编制基础编制，未能实现公允反映	
（3）无法表示意见	由于“形成无法表示意见的基础”部分所述事项的重要性，注册会计师无法获取充分、适当的审计证据为发表审计意见提供基础，因此，注册会计师不对这些财务报表发表审计意见	

（二）发表无法表示意见的特别说明

1. 不应提及审计报告中用于描述注册会计师责任的部分，也不应说明注册会计师是否已获取充分、适当的审计证据以作为形成审计意见的基础。

2. 注册会计师对财务报表审计的责任部分，仅包括下列内容：

（1）注册会计师的责任是按照中国注册会计师审计准则的规定，对被审计单位财务报表执行审计工作，以出具审计报告；

（2）但由于形成无法表示意见的基础部分所述的事项，注册会计师无法获取充分、适当的审计证据以作为发表审计意见的基础；

（3）声明注册会计师在独立性和职业道德方面的其他责任。

【例题 19－2·单选题】下列有关披露错报的说法中，正确的是（　　）。（2012 年）

A. 由于叙述性披露错报无法量化，通常不会构成重大错报

B. 与应披露未披露信息相关的重大错报可能导致保留意见或否定意见

C. 如果注册会计师由于与应披露未披露信息相关的重大错报发表非无保留意见，应当在审计报告中包含对未披露信息的披露

D. 与披露相关的错报属于判断错报

【答案】B

【解析】选项 A 错误，财务报表中存在的重大错报或漏报，包括相关披露和其他审计调整，叙述性披露也会构成重大错报；选项 B 正确，属于财务报表存在重大错报的情形，根据这些事项对财务报表产生或可能产生影响的广泛性，可能发表保留意见（重大不广泛）或否定意见（重大且广泛）；选项 C 错误，如果财务报表中存在与应披露而未披露信息相关的重大错报，注册会计师应当：如果可行并且已针对未披露信息获取了充分、适当的审计证据，在导致非无保留意见的事项段中包含对未披露信息的披露，除非法律法规禁止。同时满足以上两个条件的情况下披露，而不是所有的情况下一定进行披露；选项 D 错误，与披露相关的错报属于事实错报。

第四节　在审计报告中增加强调事项段和其他事项段

考点：增加强调事项段或其他事项段的情形

强调事项段	（1）异常诉讼或监管行动的未来结果存在不确定性 （2）提前（在允许的情况下）应用对报表有广泛影响的新会计准则 （3）存在已经或持续对被审计单位财务状况产生重大影响的特大灾难 （4）运用持续经营假设不适当，但管理层被要求或自愿选择替代基础编制财务报表，并对此作出了充分披露，注册会计师可以发表无保留意见，但可以增加强调事项段 （5）即使某一项会计估计没有得到确认，且注册会计师认为这种处理是恰当的，可能仍然有必要在财务报表附注中披露具体情况。注册会计师也可能认为有必要在审计报告中增加强调事项段，以提醒财务报表使用者关注重大不确定性的存在 （6）上期财务报表存在重大错报时，若对应数据已在本期财务报表中得到适当重述或恰当披露，注册会计师可以在审计报告中增加强调事项段，以描述这一情况，并提及详细描述该事项的相关披露在财务报表中的位置

续表

其他事项段	(1) 与使用者理解审计工作相关的情形 ①由于管理层对审计范围施加的限制导致的影响具有广泛性，注册会计师不能解除业务约定，可以增加其他事项段，解释为何不能解除业务约定 ②法律法规可能要求注册会计师在审计报告中沟通与计划及范围相关的事项，或者注册会计师可能认为有必要在其他事项段中沟通这些事项 (2) 与使用者理解注册会计师的责任或审计报告相关的情形 (3) 对两套以上财务报表出具审计报告的情形 (4) 限制审计报告分发和使用的情形，说明审计报告只是提供给财务报表预期使用者，不应分发给其他机构或人员或者被其他机构或人员使用 (5) 如果上期财务报表已由前任注册会计师审计，注册会计师在审计报告中可以提及前任注册会计师的审计报告，并应在其他事项段中说明 (6) 如果上期财务报表已由前任注册会计师审计，除非前任注册会计师对上期财务报表出具的审计报告与财务报表一同对外提供，注册会计师除对本期财务报表发表意见外，还应当增加其他事项段 (7) 如果认为存在影响上期财务报表的重大错报，而前任注册会计师以前出具了无保留意见的审计报告，前任注册会计师可能无法或不愿对上期财务报表重新出具审计报告。注册会计师可以在审计报告中增加其他事项段，指出前任注册会计师对更正前的上期财务报表出具了报告 (8) 当因本期审计而对上期财务报表发表审计意见时，如果对上期财务报表发表的意见与以前发表的意见不同，注册会计师应当在其他事项段中披露导致不同意见的实质性原因 (9) 如果上期财务报表未经审计，注册会计师应当在审计报告的其他事项段中予以说明
强调或其他事项段	(1) 针对第二时段期后事项，如果管理层的修改仅限于反映导致修改的期后事项的影响，董事会、管理层或类似机构也仅对有关修改进行批准，注册会计师可以仅针对有关修改将用以识别期后事项的第一时段的审计程序延伸至新的审计报告日。在这种情况下，注册会计师可以出具新的或经修改的审计报告，在强调事项段或其他事项段中说明注册会计师对期后事项实施的审计程序仅限于财务报表相关附注所述的修改 (2) 针对第三时段期后事项，如果管理层修改财务报表，注册会计师应在修改或重新提交的审计报告中增加强调事项段或其他事项段，提醒财务报表使用者关注修改原财务报表的原因和注册会计师提供的原审计报告

【例题 19－3·简答题】ABC 会计师事务所的 A 注册会计师担任多家被审计单位 2014 年度财务报表审计的项目合伙人，遇到下列导致出具非标准审计报告的事项：

(1) 甲公司 2014 年初开始使用新的 ERP 系统，因系统缺陷导致 2014 年度成本核算混乱，审计项目组无法对营业成本、存货等项目实施审计程序。

(2) 2014 年，因采用新发布的企业会计准则，乙公司对以前年度投资形成的部分长期股权投资改按公允价值计量，并确认了大额公允价值变动收益，未对比较数据进行追溯调整。

(3) 因丙公司严重亏损，董事会拟于 2015 年对其进行清算。管理层运用持续经营假设编制了 2014 年度财务报表，并在财务报表附注中充分披露了清算计划。

(4) 丁公司是金融机构，在风险管理中运用大量复杂金融工具。因风险管理负责人离职，人事部暂未招聘到合适的人员，管理层未能在财务报表附注中披露与金融工具相关的风险。

(5) 戊公司 2013 年度财务报表未经审计。管理层将一项应当在 2014 年度确认的大额长期资产减值损失作为前期差错，重述了比较数据。

要求：

针对上述第 (1) 至 (5) 项，逐项指出 A 注册会计师应当出具何种类型的非标准审计报告，并简要说明理由。(2015 年)

【答案】

(1) 保留意见/无法表示意见审计报告。无法获取充分、适当的审计证据，对财务报表影响重大/重大而广泛。

(2) 保留意见审计报告。比较数据存在重大错报但不广泛，当期数据存在重大错报但不广泛。

(3) 否定意见审计报告。被审计单位运用持续经营假设不适当。

(4) 保留意见审计报告。存在影响重大但不具有广泛性的披露错报。

(5) 带其他事项段的保留意见审计报告。应当在其他事项段中说明对应数据未经审计，且存在影响重大但不广泛的错报。

【解析】

(1) 第 (1) 项，“系统缺陷、无法对营业成本、存货等项目实施审计程序”，表明影响到多个相关科目，影响是重大的，也可以是广泛的。当无法获取充分、适当的审计证据，只是重大 (保留意见)；重大且广泛 (无法表示意见)。

(2) 第 (2) 项，注意找关键词，“大额公允价值变动损益”说明影响重大，只影响长期股权投资说明影响不广泛。

(3) 第 (4) 项，注意找关键词，“大量复杂金融工具”说明构成重大影响，但影响对象只有单一金融工具，并不构成广泛。

【例题 19－4·简答题】 ABC 会计师事务所的 A 注册会计师担任多家被审计单位 2013 年度财务报表审计的项目合伙人，遇到下列事项：

(1) A 注册会计师认为，导致对甲公司持续经营能力产生重大疑虑的事项和情况存在重大不确定性。管理层不同意 A 注册会计师的结论，因此，未在财务报表附注中作出与其持续经营能力有关的披露。A 注册会计师拟在审计报告中增加其他事项段。

(2) 因持续经营能力存在重大不确定性，组成部分注册会计师对乙公司的子公司出具了带强调事项段的无保留意见审计报告。乙公司管理层认为该事项不会对乙公司财务报表产生重大影响。A 注册会计师同意乙公司管理层的判断，拟在无保留意见审计报告中增加其他事项段，提及组成部分注册会计师对子公司出具的审计报告类型、日期和组成部分注册会计师名称。

(3) 丙公司大部分采购和销售交易为关联方交易，管理层在 2013 年度财务报表附注中披露关联方交易价格公允。由于缺乏公开市场数据，A 注册会计师无法对该披露作出评估。鉴于关联方交易对丙公司的经营活动至关重要，A 注册会计师拟在审计报告中增加强调事项段，提请财务报表使用者关注附注中披露的关联方交易价格的公允性。

(4) A 注册会计师在阅读丁公司年度报告草稿时，注意到其他信息存在对事实的重大错报，且其他信息需要修改，但管理层拒绝作出修改，因此，A 注册会计师拟在审计报告中增加其他事项段说明这一事项。

(5) 戊公司 2013 年度某项重大交易的交易对方很可能是管理层未披露的关联方，A 注册会计师实施了追加审计程序并与治理层沟通后，仍无法证实。A 注册会计师认为，交易对方是否为关联方存在重大不确定性，拟在审计报告中增加强调事项段。

(6) 庚公司管理层在财务报表附注中披露了某项重大会计估计存在高度估计不确定性，A 注册会计师认为该项披露不充分，拟在审计报告中增加强调事项段。

要求：针对上述第 (1) 至 (6) 项，假定不考虑其他条件，逐项指出 A 注册会计师的做法是否恰当。如不恰当，简要说明理由。(2014 年)

【答案】

(1) 不恰当。管理层未披露持续经营能力存在重大不确定性/应当发表非无保留意见/保留意见/否定意见。

(2) 不恰当。不应在审计报告中提及组成部分注册会计师（如果提及组成部分注册会计师，应指明这种提及并不减轻ABC会计师事务所以及A注册会计师对乙公司审计意见承担的责任)。

(3) 不恰当。审计范围受到限制/应当发表保留意见/无法表示意见。

(4) 不恰当。该事项与财务报表使用者理解审计工作、注册会计师的责任或审计报告无关，不应在审计报告中增加其他事项段。/不应在审计报告中增加其他事项段，应告知治理层，并采取适当的进一步措施。

(5) 不恰当。审计范围受到限制/应当发表保留意见/无法表示意见。

(6) 不恰当。披露不充分属于错报/应当发表保留意见。

【解析】

(1) 持续经营假设存在重大不确定性，并且财务报表没有进行充分披露，应该发表保留意见或者否定意见。

(2) 利用组成部分注册会计师，在审计报告中不应提及，除非法律法规另有规定，才可以提及，并要说明提及并不减轻注册会计师的责任。

(3) 强调事项段不能作为保留意见或者无法表示意见的替代。审计范围受限，应根据受限是否重大和广泛，出具相应的审计意见。

(4) 其他信息存在重大错报且需要修改的，如果管理层不同意修改，注册会计师应当与治理层沟通，并采取其他适当的应对措施。

(5) 强调事项段不能作为保留意见或者无法表示意见的替代。审计范围受限，应根据受限是否重大和广泛，出具相应的审计意见。

(6) 披露不充分属于错报，如果影响重大但不广泛应当发表保留意见。

【例题19-5·简答题】 ABC会计师事务所的A注册会计师负责审计多家上市公司2016年度财务报表，遇到下列与审计报告相关的事项：

(1) A注册会计师对甲公司关联方关系及交易实施审计程序并与治理层沟通后，对是否存在未在财务报表中披露的关联方关系及交易仍存有疑虑，拟将其作为关键审计事项在审计报告中沟通。

(2) A注册会计师在乙公司审计报告日后获取并阅读了乙公司2016年年度报告的最终版本，发现其他信息存在重大错报，与管理层和治理层沟通后，该错报未得到更正。A注册会计师拟重新出具审计报告，指出其他信息存在的重大错报。

(3) ABC会计师事务所首次接受委托，审计丙公司2016年度财务报表。A注册会计师拟在审计报告中增加其他事项段，说明上期财务报表由前任注册会计师审计及其出具的审计报告的日期。

(4) 丁公司2016年发生重大经营亏损。A注册会计师实施审计程序并与治理层沟通，认为可能导致对持续经营能力产生重大疑虑的事项或情况不存在重大不确定性。因在审计工作中对该事项进行过重点关注，A注册会计师拟将其作为关键审计事项在审计报告中沟通。

(5) 戊公司管理层在2016年度财务报表附注中披露了2017年1月发生的一项重大收购。A注册会计师认为该事项对财务报表使用者理解财务报表至关重要，拟在审计报告中增加其他事项段予以说明。

（6）A注册会计师认为，已公司财务报表附注中未披露其对外提供的多项担保，构成重大错报，因拟就已公司持续经营问题对财务报表发表无法表示意见，不再在审计报告中说明披露错报。

要求：针对上述第（1）至（6）项，逐项指出A注册会计师的做法是否恰当。如不恰当，简要说明理由。(2017年)

【答案】

（1）不恰当。关键审计事项必须是已经得到满意解决的事项/关键审计事项不能替代非无保留意见/应当发表非无保留意见。

（2）恰当。

（3）不恰当。应当说明前任注册会计师发表的审计意见类型。

（4）恰当。

（5）不恰当。应当增加强调事项段/其他事项段用于提及未在财务报表附注中列报或披露的事项/其他事项段与财务报表使用者理解审计工作、注册会计师的责任或审计报告相关。

（6）不恰当。应当在形成无法表示意见的基础部分说明存在的披露错报。

【解析】

（1）第（2）项恰当。在审计报告日后获取其他信息，且其他信息未得到更正时，可以采取的措施包括：①向管理层提供一份新的或修改后的审计报告，其中指出其他信息的重大错报。②提醒审计报告使用者关注其他信息的重大错报。③与监管机构或相关职业团体沟通未更正的重大错报。④考虑对持续承接业务的影响。

（2）第（3）项不恰当。上期财务报表已由前任审计，除非前任注册会计师对上期财务报表出具的审计报告与财务报表一同对外提供，注册会计师除对本期财务报表发表意见外，还应当在其他事项段中说明：

①上期财务报表已由前任注册会计师审计；

②前任注册会计师发表的意见的类型（如果是非无保留意见，还应当说明发表非无保留意见的理由）；

③前任注册会计师出具的审计报告的日期。

（3）第（5）项不恰当。

①审计报告的强调事项段，是指审计报告中含有的一个段落，该段落提及已在财务报表中恰当列报或披露的事项，根据注册会计师的职业判断，该事项对财务报表使用者理解财务报表至关重要。

②其他事项段是指审计报告中含有的一个段落，该段落提及“未在财务报表中列报或披露的事项”，根据注册会计师的职业判断，该事项与财务报表使用者理解审计工作、注册会计师的责任或审计报告相关。

题目中是“已经披露”，且认为该事项对财务报表使用者理解财务报表至关重要，所以增加强调事项段。

第五节 比较信息

考点一：比较信息的含义

比较信息包括对应数据和比较财务报表，二者内容如下：

类型	说明	审计意见提及内容
（1）对应数据	指作为本期财务报表组成部分的上期金额和相关披露，这些金额和披露只能和与本期相关的金额和披露（称为“本期数据”）联系起来阅读。对应数据列报的详细程度主要取决于其与本期数据的相关程度	审计意见仅提及本期
（2）比较财务报表	指为了与本期财务报表相比较而包含的上期金额和相关披露。比较财务报表包含信息的详细程度与本期财务报表包含信息的详细程度相似。如果上期金额和相关披露已经审计，则将在审计意见中提及	提及列报的财务报表所属的各期，以及发表的审计意见涵盖的各期

考点二：审计程序

（一）注意到比较信息可能存在重大错报时的审计要求

1. 在实施本期审计时，如果注意到比较信息可能存在重大错报，注册会计师应当根据实际情况追加必要的审计程序，获取充分、适当的审计证据，以确定是否存在重大错报。

本期财务报表中的比较信息出现重大错报的情形：

（1）上期财务报表存在重大错报，该财务报表虽经审计，但注册会计师因未发现而未在针对上期财务报表出具的审计报告中对该事项发表非无保留意见，本期财务报表中的比较信息未做更正；

（2）上期财务报表存在重大错报，该财务报表未经注册会计师审计，比较信息未做更正；

（3）上期财务报表不存在重大错报，但比较信息与上期财务报表存在重大不一致，由此导致重大错报；

（4）上期财务报表不存在重大错报，但在某些特殊情形下，比较信息未按照会计准则和相关会计制度的要求恰当重述。

2. 上期财务报表已经审计。如果上期财务报表已经得到更正，注册会计师应当确定比较信息与更正后的财务报表是否一致。

3. 注册会计师在对本期财务报表进行审计时，可能注意到影响上期财务报表的重大错报，而以前未就该重大错报出具非无保留意见的审计报告，采取适当措施如下：

（1）如果上期财务报表未经更正，也未重新出具审计报告，且比较数据未经恰当重述和充分披露，注册会计师应当对本期财务报表出具非无保留意见的审计报告，说明比较数据对本期财务报表的影响；

（2）如果上期财务报表已经更正，并已重新出具审计报告，注册会计师应当获取充分、适当的审计证据，以确定比较信息与更正的财务报表是否一致。

（二）获取书面声明

在比较财务报表的情形下，由于管理层需要再次确认其以前作出的与上期相关的书面声明仍然适当，注册会计师需要要求管理层提供与审计意见所提及的所有期间相关的书面声明。

在对应数据的情形下，由于审计意见针对包括对应数据的本期财务报表，注册会计师需要要求管理层仅就本期财务报表提供书面声明。

考点三：审计报告：对应数据

当财务报表中列报对应数据时，由于审计意见是针对包括对应数据的本期财务报表整体的，审计意见通常不提及对应数据。只有在特定情况下，注册会计师才应当在审计报告中提及对应数据。特定情形如下：

<table>
<tr><th>特定情形</th><th colspan="2">具体处理</th></tr>
<tr><td rowspan="2">导致对上期财务报表发表了非无保留意见的事项在本期仍未解决</td><td>对本期对应数据的影响或可能的影响重大</td><td>应当在导致非无保留事项段中同时提及本期数据和对应数据</td></tr>
<tr><td>对本期对应数据的影响或可能的影响不重大</td><td>发表非无保留意见</td></tr>
<tr><td rowspan="2">上期财务报表存在重大错报时的报告要求</td><td>上期财务报表存在重大错报，而以前对该财务报表发表了无保留意见，且对应数据未经适当重述或恰当披露</td><td>应当就包括在财务报表中的对应数据，在审计报告中对本期财务报表发表保留意见或否定意见</td></tr>
<tr><td>存在错报的上期财务报表尚未更正，并且没有重新出具审计报告，但对应数据已在本期财务报表中得到适当重述或恰当披露</td><td>增加强调事项段，以描述这一情况，并提及详细描述该事项的相关披露在财务报表中的位置</td></tr>
<tr><td>上期财务报表已由前任注册会计师审计</td><td colspan="2">注册会计师在审计报告中可以提及前任注册会计师对对应数据出具的审计报告。决定提及时，在审计报告中增加其他事项段说明：
（1）上期财务报表已由前任注册会计师审计
（2）前任注册会计师发布的意见的类型（如果是非无保留意见，还应当说明发表非无保留意见的理由）
（3）前任注册会计师出具的审计报告的日期</td></tr>
<tr><td>上期财务报表未经审计</td><td colspan="2">注册会计师应当在审计报告的其他事项段中说明对应数据未经审计
但这种说明并不减轻注册会计师获取充分、适当的审计证据，以确定期初余额不含有对本期财务报表产生重大影响的错报的责任</td></tr>
</table>

【例题 19－6·单选题】如果上期导致非无保留意见的未解决事项对对应数据产生重大影响，也对本期数据产生重大影响，注册会计师应当（　　）。(2015 年)

A. 因为是上期的事项，注册会计师审计的是本期的财务报表，所以注册会计师不用予以关注

B. 在说明段中仅需说明未解决事项对比较数据的重大影响

C. 对本期财务报表整体发表非无保留意见，在导致非无保留意见事项段中同时提及本期数据和对应数据

D. 在审计报告中增加强调事项段说明这一情况

【答案】C

【解析】如果上期未解决事项对对应数据产生重大影响，也对本期数据产生重大影响，注册会计师应当对本期财务报表整体发表非无保留意见，在导致非无保留意见事项段中同时提及本期

数据和对应数据。

考点四：审计报告：比较财务报表

由于对比较财务报表出具的审计报告涵盖所列报的每期财务报表，注册会计师可以对一期或多期财务报表发表保留意见、否定意见或无法表示意见，或者在审计报告中增加强调事项段，而对其他期间的财务报表发表不同的审计意见。

<table>
<tr><th>情形</th><th colspan="2">具体处理</th></tr>
<tr><td>对上期财务报表发表的意见与以前发表的意见不同</td><td colspan="2">注册会计师应当在其他事项段中披露导致不同意见的实质性原因</td></tr>
<tr><td>上期财务报表已由前任审计</td><td colspan="2">除非前任注册会计师对上期财务报表出具的审计报告与财务报表一同对外提供，注册会计师除对本期财务报表发表意见外，还应当在其他事项段中说明：
（1）上期财务报表已由前任注册会计师审计
（2）前任注册会计师发表的意见的类型（如果是非无保留意见，还应当说明发表非无保留意见的理由）
（3）前任注册会计师出具的审计报告的日期</td></tr>
<tr><td rowspan="3">认为存在影响上期财务报表的重大错报，而前任注册会计师以前出具了无保留意见的审计报告</td><td colspan="2">（1）注册会计师应当与管理层进行沟通，并要求其告知前任注册会计师
（2）还应当与治理层进行沟通，除非治理层全部成员参与管理被审计单位</td></tr>
<tr><td>上期财务报表已经更正，且前任注册会计师同意对更正后的上期财务报表出具新的审计报告</td><td>仅对本期财务报表出具审计报告</td></tr>
<tr><td>前任注册会计师可能无法或不愿对上期财务报表重新出具审计报告</td><td>可以在审计报告中增加其他事项段，指出前任注册会计师对更正前的上期财务报表出具了报告</td></tr>
<tr><td>上期财务报表未经审计</td><td colspan="2">应当在其他事项段中说明比较财务报表未经审计
但这种说明并不减轻注册会计师获取充分、适当的审计证据，以确定期初余额不含有对本期财务报表产生重大影响的错报的责任</td></tr>
</table>

【例题 19－7·单选题】下列有关在审计报告中提及相关人员的说法中，错误的是（　　）。（2015 年）

A. 如果上期财务报表已由前任注册会计师审计，注册会计师不应在无保留意见审计报告中提及前任注册会计师的相关工作，除非法律法规另有规定

B. 注册会计师不应在无保留意见的审计报告中提及专家的相关工作，除非法律法规另有规定

C. 注册会计师对集团财务报表出具的审计报告不应提及组成部分注册会计师，除非法律法规另有规定

D. 注册会计师不应在无保留意见的审计报告中提及服务机构注册会计师的相关工作，除非法律法规另有规定

【答案】A

【解析】在对应数据中，注册会计师在其他事项段可以提及前任注册会计师对对应数据出具的审计报告。如果上期财务报表已由前任注册会计师审计，除非前任注册会计师对上期财务报表出具的审计报告与财务报表一同对外提供，注册会计师除对本期财务报表发表意见外，还应当在

其他事项段中提及前任注册会计师对上期财务报表出具的审计报告，选项A错误。

第六节　注册会计师对其他信息的责任

虽然注册会计师对财务报表发表的审计意见不涵盖其他信息，但是注册会计师应当阅读和考虑其他信息。

考点一：不同情况下存在重大错报时的应对

如果注册会计师识别出似乎存在重大不一致，或者知悉其他信息似乎存在重大错报，注册会计师应当与管理层讨论该事项，必要时，实施其他程序以确定：

1. 其他信息是否存在重大错报；
2. 财务报表是否存在重大错报；
3. 注册会计师对被审计单位及其环境的了解是否需要更新。

（一）其他信息存在重大错报时的应对

如果注册会计师认为其他信息存在重大错报，应当要求管理层更正其他信息：

1. 如果管理层同意更正，则注册会计师确定更正已经完成；
2. 如果管理层拒绝作出更正，则注册会计师就该事项与治理层沟通，并要求作出更正。

获取时间	采取措施	
审计报告日前获取，且与治理层沟通后未得到更正	（1）考虑对审计报告的影响，并就注册会计师计划如何在审计报告中处理重大错报与治理层进行沟通。注册会计师可在审计报告中指明其他信息存在重大错报。在少数情况下，当拒绝更正其他信息的重大错报导致对管理层和治理层的诚信产生怀疑，进而质疑审计证据总体上的可靠时，对财务报表发表无法表示意见可能是恰当的 （2）在相关法律法规允许的情况下，解除业务约定	
审计报告日后获取	其他信息得到更正	注册会计师应当根据具体情形实施必要的程序，包括确定更正已经完成，也可能包括复核管理层为与收到其他信息的人士沟通并告知其修改而采取的步骤
	其他信息未得到更正	（1）向管理层提供一份新的或修改后的审计报告，其中指出其他信息的重大错报 （2）提醒审计报告使用者关注其他信息的重大错报 （3）与监管机构或相关职业团体沟通未更正的重大错报 （4）考虑对持续承接业务的影响

（二）当财务报表存在重大错报或注册会计师对被审计单位及其环境的了解需要更新时的应对

如果注册会计师认为财务报表存在重大错报，或者注册会计师对被审计单位及其环境的了解需要更新，注册会计师应当作出恰当应对，包括修改注册会计师对风险的评估、评估错报、考虑注册会计师关于期后事项的责任。

考点二：报告

如果在审计报告日存在下列两种情况之一，审计报告应当包括一个单独部分，以“其他信息”为标题：

（1）对于上市实体财务报表审计，注册会计师已获取或预期将获取其他信息；

（2）对于上市实体以外其他被审计单位的财务报表审计，注册会计师已获取部分或全部其他信息。

【例题19-8·简答题】 ABC会计师事务所的A注册会计师负责审计多家上市公司2017年度财务报表，遇到下列与审计报告相关的事项：

（1）甲公司管理层在2017年度财务报表中确认和披露了年内收购乙公司的交易。A注册会计师将其作为审计中最为重要的事项与治理层进行了沟通，拟在审计报告的关键审计事项部分沟通该事项。同时，因该事项对财务报表使用者理解财务报表至关重要，A注册会计师拟在审计报告中增加强调事项段予以说明。

（2）A注册会计师无法就丙公司年末与重大诉讼相关的预计负债获取充分、适当的审计证据，拟对财务报表发表保留意见。A注册会计师在审计报告日前取得并阅读了丙公司2017年年度报告，未发现其他信息与财务报表有重大不一致或存在重大错报，拟在保留意见审计报告的其他信息部分说明无任何需要报告的事项。

（3）XYZ会计师事务所担任丁公司海外重要子公司的组成部分注册会计师。A注册会计师认为该事项与财务报表使用者理解审计工作相关，拟在对丁公司2017年度财务报表出具的无保留意见审计报告中增加其他事项段，说明该子公司经XYZ会计师事务所审计。

（4）因原董事长以公司名义违规对外提供多项担保，导致戊公司2017年发生多起重大诉讼，多个银行账户被冻结，业务停止，主要客户和员工流失。管理层在2017年度财务报表中确认了大额预计负债，并披露了持续经营存在的重大不确定性。A注册会计师认为存在多项对财务报表整体具有重要影响的重大不确定性，拟对戊公司财务报表发表无法表示意见。

（5）已公司的某重要子公司因环保问题被监管部门调查并停业整顿。A注册会计师将该事项识别为关键审计事项。因已公司管理层未在财务报表附注中披露该子公司停业整顿的具体原因，A注册会计师拟在审计报告的关键审计事项部分进行补充说明。

要求：

针对上述第（1）至（5）项，逐项指出A注册会计师的做法是否恰当。如不恰当，简要说明理由。(2018年)

【答案】

（1）不恰当。注册会计师已经在关键审计事项部分沟通该事项，不应增加强调事项段/该事项同时符合关键审计事项和强调事项的标准，应仅作为关键审计事项。

（2）不恰当。注册会计师需要考虑导致保留意见的事项对其他信息的影响/注册会计师需要在其他信息部分说明无法判断与导致保留意见的事项相关的其他信息是否存在重大错报。

（3）不恰当。注册会计师对集团财务报表出具的审计报告不应提及组成部分注册会计师，除非法律法规另有规定。

（4）恰当。

（5）不恰当。注册会计师不应在关键审计事项部分描述被审计单位的原始信息/关键审计事项不能替代管理层的披露/应要求管理层作出补充披露。

【例题19-9·简答题】 ABC会计师事务所的A注册会计师负责审计多家上市公司2018年度财务报表，遇到下列与审计报告相关的事项：

(1) 因无法就甲公司2018年度财务报表的多个项目获取充分、适当的审计证据，A注册会计师发表了无法表示意见，并在审计报告的关键审计事项部分说明：除形成无法表示意见的基础部分所述事项外，不存在其他需要在审计报告中沟通的关键审计事项。

(2) 乙公司管理层2017年末未计提商誉减值准备，A注册会计师无法就此获取充分适当的审计证据，对2017年度财务报表发表了保留意见。管理层于2018年末根据减值测试结果计提了商誉减值准备，并在2018年度利润表中确认了资产减值损失。A注册会计师认为导致上年度发表保留意见的事项已经解决，对2018年度财务报表发表了无保留意见。

(3) 因丙公司原董事长以子公司名义违规提供对外担保，导致该子公司2018年度发生多起诉讼。丙公司管理层针对年末未决诉讼在财务报表中估计并确认了大额预计负债。因丙公司在审计报告日前转让了该子公司的全部股权，A注册会计师认为违规担保事项已解决，对2018年度财务报表发表了无保留意见。

(4) 2018年11月初，丁公司因处置重要子公司戊公司的部分股权而对其丧失控制，自此不再将其纳入合并财务报表范围。由于无法获取戊公司2018年度财务报表和相关财务信息，A注册会计师认为无法就与剩余股权相关的财务报表项目获取充分、适当的审计证据，对财务报表发表了保留意见。

(5) 2018年末，己公司将大额债权转让给庚公司，因转回相关的坏账准备而产生的利润占当年利润总额的20%。因无法就该交易的商业理由获取充分、适当的审计证据，A注册会计师对财务报表发表了保留意见。

要求：

针对上述第(1)至(5)项，逐项指出A注册会计师的做法是否恰当。如不恰当，简要说明理由。(2019年)

【答案】

(1) 不恰当。当对财务报表发表无法表示意见时，注册会计师不得在审计报告中包含关键审计事项部分。

(2) 不恰当。导致上期发表保留意见的事项未得到解决/对本期数据仍有影响，应发表保留意见。

(3) 不恰当。可能存在未知悉的担保事项和潜在的诉讼风险/尚未就担保事项的完整性获取充分、适当的审计证据，不应发表无保留意见。

(4) 不恰当。戊公司为重要子公司，2018年1月至10月的经营成果对丁公司合并财务报表具有重大而广泛的影响/应发表无法表示意见。

(5) 恰当。

第六编
质 量 控 制

第二十章　会计师事务所业务质量控制

考点一：质量控制制度要素

会计师事务所应当制定统一的质量控制制度。

【例题20－1·简答题】 DEF会计师事务所与XYZ会计师事务所合并成立ABC会计师事务所，原DEF、XYZ两家会计师事务所的质量控制制度存在差异。ABC会计师事务所拟逐步进行整合，确保两年后建立统一的质量控制制度。

要求：指出上述做法是否恰当。如不恰当，简要说明理由。(2014年)

【答案】 不恰当。上述做法不符合质量控制准则的要求，会计师事务所应当制定统一的质量控制制度。

考点二：对业务质量承担的领导责任

1. 会计师事务所应当制定政策和程序，培育以质量为导向的内部文化，避免重商业利益轻业务质量。

2. 会计师事务所主任会计师对质量控制制度承担最终责任。

【例题20－2·简答题】 ABC会计师事务所提出了扩大鉴证业务市场份额的目标，要求合伙人及经理级别以上的员工在确保业务质量的前提下，每年完成一定金额的新鉴证业务收入指标，并纳入业绩评价范围。

要求：指出上述做法是否恰当。如不恰当，简要说明理由。(2014年)

【答案】 恰当。

【例题20－3·简答题】 合伙人考核的主要指标依次为业务收入指标的完成情况、参与事务所管理的程度、职业道德遵守情况及业务质量评价结果。

要求：指出上述做法是否恰当。如不恰当，简要说明理由。(2016年)

【答案】 不恰当，会计师事务所应建立以质量为导向的业绩评价政策/应将业务质量放在第一位。

【例题20－4·简答题】 质量控制部负责会计师事务所质量控制制度的设计和监控，其部门主管合伙人对质量控制承担最终责任。

要求：指出上述做法是否恰当。如不恰当，简要说明理由。(2017年)

【答案】 不恰当。会计师事务所主任会计师对质量控制制度承担最终责任。

【例题20－5·简答题】 事务所每年对业务收入考核排名前十位的合伙人奖励50万元，对业务质量考核排名后十位的合伙人罚款5万元。

要求：指出上述做法是否恰当，如不恰当，简要说明理由。(2019年)

【答案】不恰当。事务所的奖惩制度没有体现以质量为导向。

考点三：满足独立性要求

（一）书面确认函（纸质或电子形式）

1. 会计师事务所应当每年至少一次向所有按照相关职业道德要求保持独立性的人员获取其遵守独立性政策和程序的书面确认函；

2. 当有其他会计师事务所参与执行部分业务时，会计师事务所也可以考虑向其获取有关独立性的书面确认函。

【例题 20－6·简答题】事务所所有员工须每年签署其遵守相关职业道德要求的书面确认函。对参与业务的事务所外部专家或其他会计师事务所的注册会计师，由项目组自行决定是否向其获取有关独立性的书面确认函。

要求：指出上述做法是否恰当。如不恰当，简要说明理由。(2016 年)

【答案】恰当。

【例题 20－7·简答题】事务所每三年至少一次向所有需要按照相关职业道德要求保持独立性的人员获取其遵守独立性政策和程序的书面确认函。

要求：指出上述做法是否恰当。如不恰当，简要说明理由。(2019 年)

【答案】不恰当。对事务所中需要按照职业道德要求保持独立性的人员，须每年至少一次获得这些人员遵守独立性政策和程序的书面确认函。

（二）防范关系密切产生的不利影响

对所有上市实体财务报表审计业务，按相关职业道德要求和法律法规的规定，在规定期限届满时轮换合伙人、项目质量控制复核人员，以及受轮换要求约束的其他人员。

考点四：客户关系和具体业务的接受与保持

（一）业务接受与保持

会计师事务所应当制定有关客户关系和具体业务接受与保持的政策和程序，以合理保证只有在下列情况下，才能接受或保持客户关系和具体业务：

1. 会计师事务所及项目组能够胜任该项业务，并具有执行该项业务必要的素质、时间和资源；

2. 会计师事务所及项目组能够遵守相关职业道德要求；

3. 会计师事务所及项目组已考虑客户的诚信，没有信息表明客户缺乏诚信。

（二）形成书面业务约定书

如果决定接受或保持客户关系和具体业务，会计师事务所应与客户就相关问题达成一致理解，并形成书面业务约定书。

【例题 20－8·简答题】会计师事务所建立专门的系统用于记录对客户关系和具体业务的接受与保持的评估。该系统中记录的信息无须纳入业务工作底稿。

要求：指出上述做法是否符合规定。如不符合规定，简要说明理由。(2012 年)

【答案】 不符合规定。应将有关客户关系和审计业务的接受与保持的评估结论形成审计工作底稿。

考点五：人力资源

1. 会计师事务所应当指定人事管理部门负责定期或不定期的招聘人员。招聘有经验的从业人员尤其高级业务人员时，会计师事务所可执行额外的程序。

2. 在招聘有经验的从业人员尤其是高级业务人员时，会计师事务所可执行额外的程序。例如，进行背景检查、询问是否存在未决的法律问题等。

3. 会计师事务所应当在人力资源政策和程序中强调对各级别人员进行继续培训的重要性，并提供必要的培训资源和帮助。

4. 会计师事务所应当制定业绩评价、工薪及晋升程序，对遵守的人员给予应有的肯定和奖励。

5. 会计师事务所应当对每项业务委派至少一名项目合伙人。对于高风险的审计项目，会计师事务所可以规定委派具有丰富经验的审计人员担任第二项目合伙人或质量控制复核人。

6. 会计师事务所应当制定政策和程序，监控项目合伙人连续服务同一客户的期限及胜任情况。

【例题 20－9·单选题】 会计师事务所在委派项目组时，下列做法中正确的是（　　）。(2015 年)

A. 会计师事务所可以派遣刚考过注册会计师但没有实务经验的人员作为项目合伙人

B. 会计师事务所对某一项审计业务委派两名项目合伙人

C. 项目合伙人可以兼任该项目质量控制复核工作

D. 对于同一客户的连续审计业务应尽量委派同一富有经验的人员担任项目合伙人

【答案】 B

【解析】 选项 A，项目合伙人应具有履行职责所要求的适当的胜任能力、必要素质和权限，虽然考过了注册会计师，但是并没有实际经验是不具备项目合伙人所要求的胜任能力的；选项 C，项目质量控制复核工作应挑选不参与该业务的人员；选项 D，会计师事务所应当制定政策和程序，监控项目合伙人连续服务同一客户的期限及胜任情况。不能长时间内连续由同一项目合伙人负责审计同一客户，否则可能对独立性产生不利影响。

【例题 20－10·简答题】 A 注册会计师（审计项目合伙人）负责招聘了五位实习生参与甲银行审计项目，并通知 ABC 会计师事务所人事部办理了实习生登记手续。

要求：指出上述做法是否恰当。如不恰当，简要说明理由。(2015 年)

【答案】 不恰当。审计项目组实习生的招聘应由事务所人事部门负责。

考点六：业务执行

（一）业务复核

确定复核人员的原则是，由项目组内经验较多的人员复核经验较少的人员执行的工作，只有这样，复核才能达到目的。

（二）咨询

项目组在向会计师事务所内部或外部的其他专业人士咨询时，应当提供所有相关事实，以使其能够对咨询的事项提出有见地的意见。

注册会计师应当完整详细地记录咨询情况，包括记录寻求咨询的事项，以及咨询的结果，包括作出的决策、决策依据以及决策的执行情况。

【例题20－11·简答题】A注册会计师（审计项目合伙人）就一项重大会计问题咨询了ABC会计师事务所技术部的C注册会计师。之后，甲银行管理层进一步提供了与该问题相关的资料。A注册会计师认为这些资料不改变原咨询结论，未再与C注册会计师讨论。

要求：指出上述做法是否恰当。如不恰当，简要说明理由。(2015年)

【答案】不恰当。A注册会计师在咨询过程中应当充分提供相关事实。

（三）意见分歧

会计师事务所应当制定政策和程序，以处理和解决项目组内部、项目组与被咨询者之间以及项目合伙人与项目质量控制复核人员之间的意见分歧。

只有意见分歧得到解决，项目合伙人才能出具报告。

【例题20－12·简答题】A注册会计师就一项疑难会计问题同时咨询会计师事务所的技术部门和外部专家，得到的咨询意见存在分歧。A注册会计师决定采纳外部专家的意见，审计工作底稿中仅记录向外部专家咨询的情况。

要求：指出上述做法是否恰当。如不恰当，简要说明理由。(2013年)

【答案】不恰当。审计项目组应当完整详细地记录咨询情况，包括向技术部门咨询的情况。审计项目组与技术部门之间存在意见分歧，应当予以解决。

【例题20－13·简答题】项目合伙人对会计师事务所分派的业务的总体质量负责。如项目合伙人和项目质量控制复核人存在意见分歧，以项目合伙人的意见为准。

要求：指出上述做法是否恰当。如不恰当，简要说明理由。(2017年)

【答案】不恰当。意见分歧没有解决，不能出具审计报告。

（四）项目质量控制复核

要求	(1) 是由会计师事务所指派不参与该业务的人员担任 (2) 在出具报告前，对项目组作出的重大判断和在准备报告时形成的结论作出客观评价的过程 (3) 项目质量控制复核并不减轻项目合伙人的责任，更不能替代项目合伙人的责任
复核的对象	所有上市实体财务报表审计必须复核
复核范围	(1) 项目组就具体业务对会计师事务所独立性作出的评价 (2) 项目组是否已就涉及意见分歧的事项，或者其他疑难问题或争议事项进行适当咨询，以及咨询得出的结论 (3) 选取的用于复核的业务工作底稿，是否反映项目组针对重大判断执行的工作，以及是否支持得出的结论

续表

复核方法	(1) 与项目合伙人讨论 (2) 复核财务报表或其他业务对象信息及报告，尤其考虑报告是否恰当 (3) 选取与项目组作出重大判断及形成结论的有关的工作底稿进行复核
复核时间	(1) 应当在出具报告前完成项目质量控制复核 (2) 项目质量控制复核人员应当在业务过程中的适当阶段（不是完成审计工作时）及时实施复核
人员的权威性	(1) 需要具备履行职责所需的充分、适当的技术专长、经验和权限 (2) 需要具备质疑项目合伙人所需的适当资历（经验、能力），以便能切实履行复核责任 (3) 履行职责不应受到项目合伙人职级的影响
咨询要求	项目合伙人不应向项目质量控制复核人，进行性质和范围十分重大的咨询，否则影响其客观性
人员的客观性	(1) 如果可行，不由项目合伙人挑选 (2) 在复核期间不以其他方式参与业务（否则影响其客观性） (3) 不代替项目组进行决策
其他规定	(1) 当1名复核人员在一定时间内承担较多的项目质量控制复核任务时，可能对实现项目质量控制复核目标产生不利影响 (2) 对属于公众利益实体的被审计单位的特别要求：相关关键合伙人任职时间不得超过5年，在任期结束后2年内，不得为该被审计单位的审计业务（不是审阅）实施质量控制复核

【例题20－14·简答题】为确保客观性，项目质量控制复核人员不得为其复核的审计项目提供咨询。

要求：指出上述做法是否恰当。如不恰当，简要说明理由。(2019年)

【答案】恰当。

【例题20－15·简答题】A注册会计师（审计项目合伙人）就特别风险的评估、集团审计策略以及重要性的确定向B注册会计师（项目质量控制复核合伙人）进行了咨询。

要求：指出上述做法是否恰当。如不恰当，简要说明理由。(2015年)

【答案】不恰当。A注册会计师不应向项目质量控制复核合伙人进行性质和范围十分重大的咨询，否则影响其客观性。

【例题20－16·简答题】所有公众利益实体的财务报表审计业务和评价为高风险的业务均实施项目质量控制复核。

要求：指出上述做法是否恰当。如不恰当，简要说明理由。(2017年)

【答案】恰当。

【例题20－17·简答题】执行项目质量控制复核的范围为上市公司审计项目中被评估为高风险的审计项目。

要求：指出上述做法是否符合规定。如不符合规定，简要说明理由。(2012年)

【答案】不符合规定。所有上市公司审计项目均应执行质量控制复核。

【例题20－18·简答题】ABC会计师事务所规定，所有上市公司财务报表审计项目应当实施项目质量控制复核，其他项目根据相关标准判断是否需要实施项目质量控制复核。

要求：指出上述做法是否恰当。如不恰当，简要说明理由。(2014年)

【答案】不恰当。会计师事务所应对上市实体财务报表审计实施项目质量控制复核/上市实体比上市公司的范围大。

【例题 20-19·简答题】 审计报告日（2012 年 3 月 2 日），项目质量控制复核合伙人在 2012 年 3 月 5 日完成了项目质量控制复核。

要求：指出上述做法是否符合规定。如不符合规定，简要说明理由。(2012 年)

【答案】 不符合规定。项目质量控制复核应在报告日或之前完成。

【例题 20-20·简答题】 根据 ABC 会计师事务所质量控制制度的规定，项目质量控制复核合伙人对该项审计业务的总体质量负责。项目质量控制复核合伙人在审计报告日前通过实施下列程序完成了项目质量控制复核：

(1) 与项目合伙人讨论重大事项；

(2) 复核财务报表和拟出具的审计报告；

(3) 评价在编制审计报告时得出的结论，并考虑拟出具审计报告的恰当性。

要求：指出上述做法是否恰当。如不恰当，简要说明理由。(2013 年)

【答案】 不恰当。该项业务的质量应当由项目合伙人负责。

项目质量控制复核合伙人执行项目质量控制复核时还应当：复核选取的与项目组作出的重大判断和得出的结论相关的审计工作底稿。

【例题 20-21·简答题】 项目质量控制复核合伙人在审计工作底稿中就其执行的项目质量控制复核作出以下记录：

(1) 会计师事务所项目质量控制复核政策要求的程序均已实施；

(2) 没有发现任何尚未解决的事项，使其认为审计项目组作出的重大判断和得出的结论不适当；

(3) 项目质量控制复核在审计报告日之前已完成。

要求：指出上述做法是否恰当。如不恰当，简要说明理由。(2013 年)

【答案】 恰当。

【例题 20-22·简答题】 在执行业务过程中遇到难以解决的重大问题时，由项目合伙人和项目质量控制复核人共同决定是否需要调整工作程序以及如何调整，由项目合伙人执行调整后的业务计划。

要求：指出上述做法是否恰当。如不恰当，简要说明理由。(2016 年)

【答案】 不恰当。应由项目合伙人决定是否需要调整工作程序及如何调整/项目质量控制复核人不应参与决策，否则影响其客观性。

【例题 20-23·简答题】 ABC 会计师事务所负责审计上市公司甲公司 2011 年度财务报表，并委派 B 注册会计师担任该项目质量控制复核合伙人，并负责甲公司某重要子公司的审计。

要求：指出上述做法是否符合规定。如不符合规定，简要说明理由。(2012 年)

【答案】 不符合规定。项目质量控制复核人在复核期间不以其他方式参与审计业务，否则影响其客观性。

【例题 20-24·简答题】 项目合伙人由于事务繁忙，委托项目质量控制复核合伙人代为复核甲公司下属重要子公司乙公司的审计工作底稿。

要求：指出上述做法是否恰当。如不恰当，简要说明理由。(2013 年)

【答案】 不恰当。项目质量控制复核人员应当保持客观性，在复核期间不以其他方式参与该业务。

【例题 20－25·简答题】B 注册会计师（项目质量控制复核合伙人）在信息技术审计方面经验丰富，A 注册会计师（审计项目合伙人）安排其负责与甲银行信息系统审计相关工作。

要求：指出上述做法是否恰当。如不恰当，简要说明理由。(2015 年)

【答案】不恰当。A 注册会计师不应要求项目质量控制复核合伙人参与审计业务，否则影响其客观性。

（五）业务工作底稿

1. 归档期限：鉴证业务的工作底稿，包括历史财务信息审计和审阅业务、其他鉴证业务的工作底稿的归档期限为业务报告日后 60 日内；针对客户的同一财务信息执行不同委托业务，出具多个报告，应分别归档。

2. 业务工作底稿保密：应当对业务工作底稿予以保密，下列特定情形除外：

（1）取得客户授权；

（2）根据法律法规的规定，会计师事务所为法律诉讼准备文件或提供证据，以及向监管机构报告发现的违反法规行为；

（3）接受注册会计师协会和监管机构依法进行的质量检查。

3. 工作底稿的完整性：应当保留已扫描的原纸质记录。

4. 工作底稿的保存期限：自业务报告日起，对业务工作底稿至少保存 10 年。

5. 所有权：归会计师事务所。会计师事务所可自主决定是否允许客户获取业务工作底稿部分内容，但披露这些信息不得损害会计师事务所执行业务的有效性。

【例题 20－26·简答题】审计项目组部分成员首次参与银行审计项目。A 注册会计师（审计项目合伙人）向这些成员提供了其他银行审计项目的工作底稿做参考。

要求：指出上述做法是否恰当。如不恰当，简要说明理由。(2015 年)

【答案】不恰当。A 注册会计师未经授权将其他银行审计工作底稿发给甲公司审计项目组成员，违反了保密规定。

【例题 20－27·简答题】上市公司甲公司是 ABC 会计师事务所的常年审计客户，拥有乙公司和丙公司两家子公司。ABC 会计师事务所的网络事务所受聘对丙公司财务信息进行尽职调查，经 A 注册会计师批准，借阅了过去 3 年审计工作底稿中与丙公司相关的部分。

要求：指出上述做法是否恰当。如不恰当，简要说明理由。(2014 年)

【答案】不恰当。在未获得客户授权的情况下，同意尽职调查团队借阅与丙公司相关的审计工作底稿不符合保密规定/除非客户已授权披露信息，会计师事务所人员有义务始终对业务工作底稿包含的信息予以保密。

【例题 20－28·简答题】事务所应当自业务报告日起，对鉴证业务工作底稿至少保存 12 年。

要求：指出上述做法是否恰当。如不恰当，简要说明理由。(2016 年)

【答案】恰当。

【例题 20－29·简答题】所有项目组应当在每年 4 月 30 日之前将上一年度的业务约定书交给事务所行政管理部门集中保存。

要求：指出上述做法是否恰当。如不恰当，简要说明理由。(2016 年)

【答案】不恰当。审计业务约定书应当与审计工作底稿一起归档，属于审计工作底稿的一部分。

【例题 20－30·简答题】 如果审计工作底稿中的纸质记录经扫描后以电子形式归档，原纸质记录应销毁，以确保对客户信息的保密。

要求：指出上述做法是否恰当。如不恰当，简要说明理由。(2019 年)

【答案】 不恰当。原纸质记录应当予以保留。

【例题 20－31·简答题】 在所披露的信息不损害执行业务的有效性和会计师事务所及其人员的独立性的前提下，经项目合伙人批准，项目组可以向客户提供业务工作底稿的部分内容。

要求：指出上述做法是否恰当。如不恰当，简要说明理由。(2017 年)

【答案】 恰当。

考点七：监控

（一）实施检查

1. 检查周期：周期最长不得超过 3 年，在每个周期内，应对每个项目合伙人的业务至少选取一项进行检查。

2. 检查方式：会计师事务所可以决定某分支机构是否经授权执行自我检查，或只有总部才有检查的权利。

3. 检查的时间：会计师事务所在选取单项业务进行检查时，可以不事先告知相关项目组。

4. 检查人员：参与业务执行或项目质量控制复核的人员不应承担该项业务的检查工作。

5. 检查范围：会计师事务所可以考虑外部独立检查的范围或结论，但并不能替代自身的内部监控。

（二）定期告知监控结果

会计师事务所应当每年至少一次将质量控制制度的监控结果，向项目合伙人及会计师事务所内部的其他适当人员通报。

（三）投诉和指控的处理

1. 处理方式：投诉和指控人要求对其身份保密，注册会计师应当予以保密，未经本人许可，不得披露其姓名。

2. 处理记录：会计师事务所应当表明所有投诉和指控都将得到记录、调查并将结果反馈给投诉和指控人。反馈结果通常采用书面形式。

3. 处理人员：会计师事务所应当委派本所内部不参与该项业务的具有足够、适当经验和权限的人员负责对调查的监督。必要时，聘请法律专家参与调查工作。

【例题 20－32·简答题】 ABC 会计师事务所设立了不当行为举报热线，并制定了有关调查和处理举报事项的政策和程序。对所有举报事项的调查和处理过程均需执行监督，该项工作由具有适当经验和权限的业务部门的 A 合伙人兼任。

要求：指出上述做法是否恰当。如不恰当，简要说明理由。(2014 年)

【答案】 不恰当。投诉或指控所涉项目可能是 A 合伙人负责的项目，由其执行监督不具有客观性。

【例题 20－33·简答题】 事务所质量控制部门每三年进行一次业务检查，每次检查选取每位

合伙人已完成的一个项目。

要求：指出上述做法是否恰当。如不恰当，简要说明理由。(2016 年)

【答案】恰当。

【例题 20－34·简答题】每六年为一个周期，对每个项目合伙人已完成的业务至少选取两项进行检查。

要求：指出上述做法是否恰当。如不恰当，简要说明理由。(2017 年)

【答案】不恰当。至少每三年对每个项目合伙人检查一项已完成的业务。

【例题 20－35·简答题】ABC 会计师事务所的质量控制制度部分内容摘录如下：

(1) 在业务质量及职业道德考核成绩为优秀的前提下，连续两年业务收入排名靠前的高级经理可晋升合伙人。

(2) 审计部员工须每年签署其遵守事务所独立性政策和程序的书面确认函，其他部门员工须每三年签署一次该书面确认函。

(3) 对上市实体财务报表审计业务应实施项目质量控制复核，其他业务是否实施项目质量控制复核由各业务部门的主管合伙人决定。

(4) 审计项目组成员应当在执行业务时遵守事务所质量控制政策和程序。参与审计项目的实习生和事务所外部专家不受上述规定的限制。

(5) 历史财务信息审计和审阅业务的工作底稿应在业务报告日后 60 日内归档，除此之外的其他业务工作底稿应在业务报告日后 90 日内归档。

要求：

针对上述第 (1) 至 (5) 项，逐项指出 ABC 会计师事务所的质量控制制度的内容是否恰当。如不恰当，简要说明理由。(2018 年)

【答案】

(1) 恰当。

(2) 不恰当。针对其他部门参与审计业务的人员/需要按照职业道德要求保持独立性的人员，会计师事务所也须每年至少一次获得这些人员遵守独立性政策和程序的书面确认函。

(3) 不恰当。针对上市实体财务报表审计以外的其他业务，应根据事务所制定的明确标准确定是否应当实施项目质量控制复核/不应由各业务部主管合伙人自行决定。

(4) 不恰当。参加审计项目的实习生属于项目组成员，应在提供服务期间遵守事务所质量控制政策和程序。

(5) 不恰当。所有鉴证业务的工作底稿的归档期为业务报告日后 60 日内。

【例题 20－36·简答题】对新晋升合伙人，事务所每年选取其已完成的一项业务进行质量检查。如连续五年合格，之后以三年为周期进行业务质量检查；如连续两个周期合格，之后以五年为周期进行业务质量检查。

要求：指出上述做法是否恰当。如不恰当，简要说明理由。(2019 年)

【答案】不恰当。实施业务检查的周期最长不得超过 3 年。

第七编
职 业 道 德

第二十一章　职业道德基本原则和概念框架

第一节　职业道德基本原则

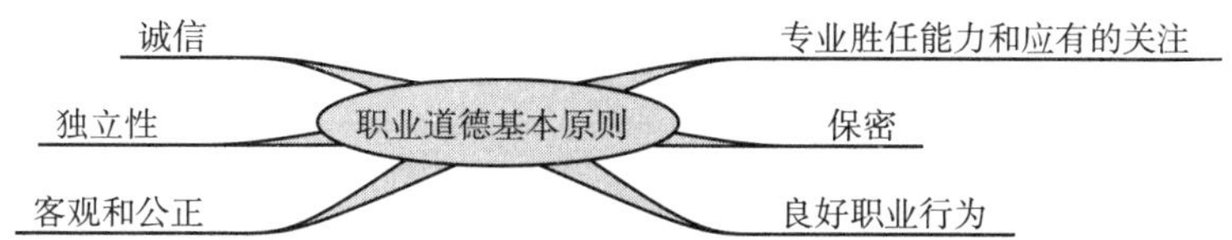

在鉴证业务中，如果注册会计师依据执业准则出具了恰当的非标准业务报告，则不被视为违反诚信原则。

考点：保密

注册会计师应当对在职业活动中获知的涉密信息保密，不得有下列行为：

1. 未经客户授权或法律法规允许，向事务所以外的第三方披露其所获知的涉密信息；
2. 利用自己所获知的涉密信息为自己或第三方谋取利益。

【例题 21-1·简答题】上市公司甲公司财务总监向A注册会计师（审计项目合伙人）私下透露，某电商公司正与甲公司秘密协商参股乙公司。A注册会计师就此事询问了其在该电商公司工作的朋友，并与朋友们讨论了该投资的可能性。

要求：指出上述做法是否恰当。如不恰当，简要说明理由。(2014 年)

【答案】不恰当。A注册会计师将客户和潜在投资方未公开的事项与朋友讨论不符合保密规定。注册会计师未经客户授权，不得向会计师事务所以外的第三方披露所获知的涉密信息。

第二节　注册会计师对职业道德概念框架的具体运用

注册会计师对职业道德基本原则的遵循可能受到多种因素的不利影响。

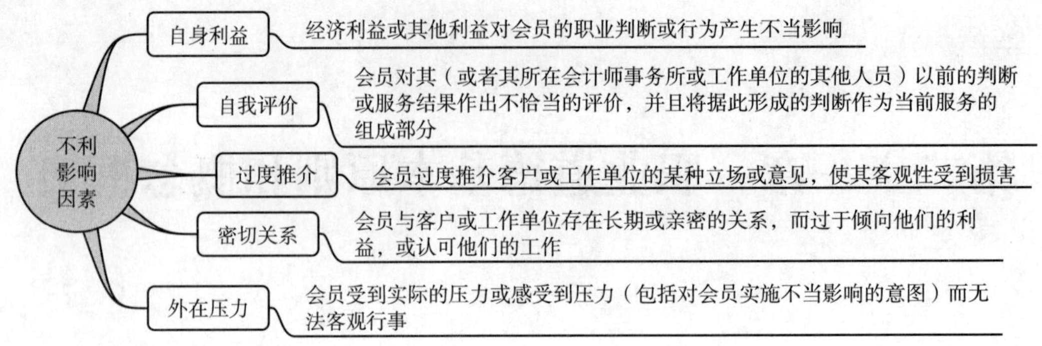

考点一：专业服务委托

专业服务委托主要从“接受客户关系”“承接业务”“客户变更委托”三方面分析了不利影响及防范措施。

情形	可能违反的原则
接受客户关系	注册会计师应当考虑客户的主要股东、关键管理人员和治理层是否诚信，以及客户是否涉足非法活动或存在可疑的财务报告问题，将对诚信、良好职业行为产生不利影响
承接业务	项目组不具备或不能获得执行业务所必需的胜任能力，将对专业胜任能力和应有的职业关注产生不利影响
客户变更委托	如果注册会计师在了解所有相关情况前就承接业务，可能对专业胜任能力和应有的关注原则产生不利影响

考点二：利益冲突

1. 利益冲突的情形有：

（1）与客户存在直接竞争关系，或与客户的主要竞争者存在合资或类似关系，可能对客观和公正原则产生不利影响。

（2）注册会计师为两个以上客户提供服务，而这些客户之间存在利益冲突或者对某一事项或交易存在争议，可能对客观和公正原则或保密原则产生不利影响。

2. 注册会计师应当根据具体情形，采取下列防范措施：

（1）如果会计师事务所的商业利益或业务活动可能与客户存在利益冲突，注册会计师应当告知客户，并在征得其同意的情况下执行业务。

（2）如果为存在利益冲突的两个以上客户服务，注册会计师应当告知所有已知相关方，并在征得他们同意的情况下执行业务。

（3）如果为某一特定行业或领域中的两个以上客户提供服务，注册会计师应当告知客户，并在征得他们同意的情况下执行业务。

3. 如果客户不同意注册会计师为存在利益冲突的其他客户提供服务，注册会计师应当终止为其中一方或多方提供服务。

4. 如果利益冲突对职业道德基本原则产生不利影响，并且采取防范措施无法消除不利影响或将其降低至可接受的水平，注册会计师应当拒绝承接某一特定业务，或者解除一个或多个存在冲突的业务约定。

考点三：应客户的要求提供第二次意见

如果被要求提供第二次意见，注册会计师应当评价不利影响的严重程度，并在必要时采取防范措施消除不利影响或将其降低至可接受的水平：

1. 征得客户同意与前任注册会计师沟通；
2. 在与客户沟通中说明注册会计师发表专业意见的局限性；
3. 向前任注册会计师提供第二次意见的副本。

考点四：收费

收费问题往往对注册会计师职业道德基本原则或对独立性产生重大影响，注册会计师行业中最主要的收费问题包括过低收费、或有收费。

项目	说明
过低收费	在承接业务时，如果收费报价过低，可能导致难以按照执业准则和职业道德规范的要求执行业务，从而对专业胜任能力和应有的关注原则产生不利影响
或有收费	或有收费可能对职业道德基本原则产生不利影响 除法律法规允许外，注册会计师不得以或有收费方式提供鉴证服务，收费与否或收费多少不得以鉴证工作结果或实现特定目的为条件
收取介绍费或佣金	注册会计师不得收取与客户相关的介绍费或佣金。若收取，可能对客观和公正原则以及专业胜任能力和应有的关注原则产生非常严重的不利影响 注册会计师不得向客户或其他方支付业务介绍费

【例题 21－2·简答题】审计业务约定书约定，审计费用为200万元，甲公司应当在ABC会计师事务所出具审计报告后10日内支付70%审计费用，成功上市后10日内支付其余30%审计费用。

要求：指出上述做法是否恰当。如不恰当，简要说明理由。(2013年)

【答案】不恰当。付款安排表明30%的审计费用实质是或有收费。

【例题 21－3·简答题】甲公司与ABC会计师事务所签订协议，由甲公司向其客户推荐ABC会计师事务所的服务。每次推荐成功后，由ABC会计师事务所向甲公司支付少量的业务介绍费。

要求：指出上述做法是否存在违反中国注册会计师职业道德守则有关职业道德和独立性规定的情况，并简要说明理由。(2012年)

【答案】违反。会计师事务所不得向审计客户（甲公司）支付业务介绍费。

【例题 21－4·简答题】ABC会计师事务所审计上市公司甲公司2016年度财务报表。ABC会计师事务所推荐甲公司与某开发区管委会签订了投资协议，因此获得开发区管委会的奖励10万元。

要求：指出上述做法是否存在违反中国注册会计师职业道德守则有关职业道德和独立性规定的情况，并简要说明理由。(2017年)

【答案】违反。ABC会计师事务所收取与甲公司有关的介绍费/收到的政府奖励实质构成介绍费，可能对客观和公正原则/专业胜任能力和应有的关注原则产生严重不利影响。

考点五：专业服务营销

注册会计师通过广告或其他营销方式招揽业务时，不得有下列行为：

1. 夸大宣传提供的服务、拥有的资质或获得的经验；
2. 贬低或无根据地比较其他注册会计师的工作；
3. 暗示有能力影响有关主管部门、监管机构或类似机构；
4. 作出其他欺骗性的或可能导致误解的声明；
5. 不得采用强迫、欺诈、利诱或骚扰等方式招揽业务。

【例题 21－5 · 简答题】 DEF 会计师事务所与 XYZ 会计师事务所合并成立 ABC 会计师事务所，ABC 会计师事务所以“强强联手，服务最优”为主题在多家媒体刊登广告，宣传两家会计师事务所的合并事宜。

要求：指出上述做法是否恰当。如不恰当，简要说明理由。(2014 年)

【答案】 不恰当。“强强联手，服务最优”夸大宣传了事务所提供的服务/无根据地比较其他注册会计师的工作/违反职业道德守则中有关专业服务营销的要求。

考点六：礼品和款待

注册会计师不得向客户索取、收受委托合同以外的酬金或其他财物，或者利用执行业务之便，牟取其他不正当的利益。

如果款待超出业务活动的正常往来，注册会计师应当拒绝接受。

考点七：保管客户资产

除非法律法规允许或要求，注册会计师不得提供保管客户资金或其他资产的服务。

考点八：对客观和公正原则的要求

在提供专业服务时，注册会计师如果在客户中拥有经济利益，或者与客户董事、高级管理人员或员工存在家庭和私人关系或商业关系，应当确定是否对客观和公正原则产生不利影响。

第二十二章　审计业务对独立性的要求

第一节　基本概念和要求

考点一：网络与事务所

判断一个联合体是否形成网络的标准（以下视为网络）：

1. 一个联合体旨在通过合作，在各实体之间共享收益或分担成本；

如果构成“联合体”的实体之间分担的成本不重要，或分担的成本仅限于与开发审计方法、编制审计手册或提供培训课程有关的成本，则不被视为网络事务所。如果会计师事务所与某一实体以联合方式提供服务或研发产品，虽然构成联合体，但不形成网络。

2. 一个联合体旨在通过合作，在各实体之间共享所有权、控制权或管理权；

3. 一个联合体旨在通过合作，在各实体之间共享统一的质量控制和程序；

4. 一个联合体旨在通过合作，在各实体之间共享同一经营战略；

5. 一个联合体旨在通过合作，在各实体之间使用同一品牌；

6. 一个联合体旨在通过合作，在各实体之间共享重要的专业资源。

在下列情形中，共享的资源被视为不重要：

（1）共享的资源仅限于共同的审计手册或审计方法；

（2）共享培训资源，而并不交流人员、客户信息或市场信息；

（3）没有一个共有的技术部门。

【例题22-1·单选题】在判断一个联合体是否形成网络时，注册会计师应当运用一定的标准。下列关于联合体是否构成网络的判断错误的是（　　）。(2015年)

A. 如果一个联合体旨在通过合作，在各实体之间共享所有权、控制权或管理权，应被视为网络

B. 如果一个联合体旨在通过合作，在各实体之间共享统一的质量控制政策和程序，应被视为网络

C. 如果一个实体与其他实体仅以联合方式应邀提供专业服务，虽然构成联合体，但不形成网络

D. 如果一个联合体旨在通过合作，在各实体之间共享共同的审计手册，应被视为网络

【答案】D

【解析】选项D，如果共享的资源仅限于共同的审计手册或审计方法，则共享的资源被视为不重要，不形成网络。

考点二：公众利益实体

公众利益实体包括：

1. 上市公司；
2. 法律法规界定的公众利益实体；
3. 法律法规规定按照上市公司审计独立性的要求接受审计的实体（如央企）；
4. 其债券在法律法规认可的证券交易所报价或挂牌，或是在法律法规认可的证券交易所或其他类似机构的监管下进行交易的实体。

考点三：关联实体

关联实体，是指与客户存在下列任一关系的实体：

1. 能够对客户施加直接或间接控制的实体，并且客户对该实体重要；
2. 在客户内拥有直接经济利益的实体，并且该实体对客户具有重大影响，在客户内的利益对该实体重要；
3. 受到客户直接或间接控制的实体；
4. 客户（或受到客户直接或间接控制的实体）拥有其直接经济利益的实体，并且客户能够对该实体施加重大影响，在实体内的经济利益对客户重要；
5. 与客户处于同一控制下的实体（即“姐妹实体”），并且该实体和客户对其控制方均重要。

如果审计客户是上市公司，审计客户包括其所有的“关联实体”。如果不是上市公司，则被审计客户仅包括该客户直接或间接控制的关联实体。

考点四：业务期间

注册会计师应当在业务期间和财务报表涵盖的期间独立于审计客户。

业务期间是指自审计项目组开始执行审计业务之日起，至出具审计报告之日止。

如果审计业务具有连续性，业务期间结束日应以其中一方通知解除业务关系或出具最终审计报告两者时间孰晚为准。

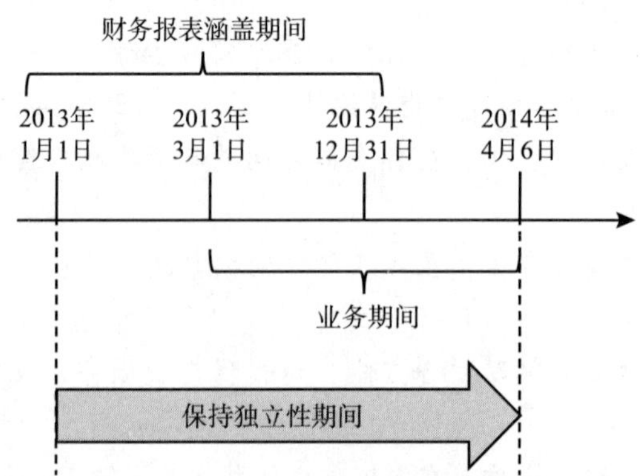

如果在财务报表涵盖的期间或之后，在审计项目组开始执行审计业务之前，会计师事务所向审计客户提供了非鉴证服务，并且该非鉴证服务在审计期间不允许提供，会计师事务所应当评价提供的非鉴证服务对独立性产生的不利影响。

【例题22-2·简答题】甲公司2014年度财务报表审计时，A注册会计师自2012年度起担任甲公司财务报表审计项目合伙人，其妻子在甲公司2013年度报告公告后购买了甲公司股票3000股，在2014年度审计工作开始前卖出了这些股票。

要求：指出上述做法是否存在违反中国注册会计师职业道德守则有关职业道德和独立性规定的情况，并简要说明理由。(2015年)

【答案】违反。因针对甲公司的审计业务具有连续性，2013年度审计报告出具后至2014年度审计工作开始前期间仍属于业务期间，A注册会计师的妻子在此期间持有甲公司的股票，因自身利益对独立性产生严重不利影响。

【例题22-3·简答题】ABC会计师事务所审计上市公司甲公司2015年度财务报表。审计项目组成员C曾任甲公司重要子公司的出纳，2014年10月加入ABC会计师事务所，2015年9月加入甲公司审计项目组，参与审计固定资产项目。

要求：指出上述做法是否存在违反中国注册会计师职业道德守则有关职业道德和独立性规定的情况，并简要说明理由。(2016年)

【答案】不违反。审计项目组成员C在财务报表涵盖期间之前加入事务所，且其在审计项目组中的工作，不涉及评价其就职于甲公司的子公司时所做的工作，因此，不会对独立性产生不利影响。

第二节　经济利益

考点一：经济利益的种类

直接经济利益	(1) 个人或实体直接拥有并控制的经济利益（包括授权他人管理的经济利益） (2) 个人或实体通过投资工具拥有的经济利益，并且有能力控制投资工具，或影响其投资决策
间接经济利益	个人或实体通过投资工具拥有经济利益，但受益人不能控制投资工具或不具有影响其投资决策的能力

考点二：在审计客户中不被允许拥有的经济利益（红线）

不被允许拥有的经济利益的人员	不被允许拥有的经济利益的条件	防范措施
会计师事务所、审计项目组成员或其主要近亲属	不得在审计客户中拥有	将因自身利益产生非常严重的不利影响，导致没有防范措施能够将其降低至可接受的水平
	不得在该实体中（当一个实体在审计客户中拥有控制性的权益，并且审计客户对该实体重要时）拥有	
其他合伙人或其主要近亲属	当其他合伙人与执行审计业务的项目合伙人同处一个分部时，不得在审计客户中拥有	
其他合伙人、管理人员或其主要近亲属	为审计客户提供非审计服务的，不得在审计客户中拥有	

【注意】上述的经济利益是指直接经济利益或重大间接经济利益。

【例题22-4·简答题】上市公司甲公司是ABC会计师事务所的常年审计客户。XYZ公司和ABC会计师事务所处于同一网络。审计项目组在甲公司2017年度财务报表审计中遇到下列事项：项目合伙人A注册会计师的妻子在甲公司担任人事部经理并持有该公司股票期权1万股，该期权自2018年1月1日起可以行权。A注册会计师的妻子于2018年1月2日行权后立即处置了该股票。

要求：指出上述做法是否存在违反中国注册会计师职业道德守则有关职业道德和独立性规定的情况，并简要说明理由。(2018年)

【答案】违反。A注册会计师不应参与甲公司审计/A注册会计师的妻子不得以任何形式/通过员工股票期权计划拥有甲公司的直接经济利益，否则将因自身利益对独立性产生严重不利影响。

【例题22－5·简答题】上市公司甲公司系ABC会计师事务所的常年审计客户，对甲公司2013年度财务报表执行审计。2013年12月，审计项目组成员B注册会计师通过银行按揭，按照市场价格500万元购买了甲公司出售的公寓房一套。

要求：指出上述做法是否存在违反中国注册会计师职业道德守则有关职业道德和独立性规定的情况，并简要说明理由。(2014年)

【答案】违反。该交易金额对B注册会计师而言较大，可能因自身利益对独立性产生不利影响。

【例题22－6·简答题】上市公司甲公司系ABC会计师事务所的常年审计客户，对甲公司2013年度财务报表执行审计。2013年10月，甲公司收购了乙公司25%的股权，乙公司成为甲公司的重要联营公司。审计项目组经理A注册会计师在收购生效日前一周得知其妻子持有乙公司发行的价值1万元的企业债券，承诺将在收购生效日后一个月内出售该债券。

要求：指出上述做法是否存在违反中国注册会计师职业道德守则有关职业道德和独立性规定的情况，并简要说明理由。(2014年)

【答案】违反。收购日后乙公司成为甲公司的关联实体，A注册会计师及其主要近亲属不得在乙公司拥有直接经济利益/应在收购生效日前处置该直接经济利益/得知持有该直接经济利益后立即处置该利益/否则将因自身利益对独立性产生严重不利影响。

【例题22－7·简答题】ABC会计师事务所审计甲银行2012年度财务报表。甲银行持有上市公司丁公司3%的股份，对丁公司不具有重大影响。该投资对甲银行也不重大。甲银行2012年度审计项目经理D注册会计师于2012年12月购买500股丁公司股票。截至2012年12月31日，这些股票市值为3 000元。

要求：指出上述做法是否存在违反中国注册会计师职业道德守则有关职业道德和独立性规定的情况，并简要说明理由。(2013年)

【答案】不违反。虽然D注册会计师与甲银行均拥有丁公司的股票，但因其持有的经济利益并不重大，且甲银行不能对丁公司施加重大影响，上述投资不被视为损害独立性。

【例题22－8·简答题】ABC会计师事务所审计甲银行2012年度财务报表。XYZ咨询公司是ABC会计师事务所的网络事务所。XYZ咨询公司的合伙人C的父亲持有甲银行少量股票，截至2012年12月31日，这些股票市值为6 000元。合伙人C自2011年起为甲银行下属某分行提供企业所得税申报服务，但在服务过程中不承担管理层职责。

要求：指出上述做法是否存在违反中国注册会计师职业道德守则有关职业道德和独立性规定的情况，并简要说明理由。(2013年)

【答案】违反。为甲银行的关联实体提供非审计服务的合伙人C及其主要近亲属不得在甲银行中拥有任何直接经济利益，否则将因自身利益对独立性产生严重不利影响。

【例题22－9·简答题】ABC会计师事务所审计上市公司甲公司2015年度财务报表。2015年

10月，审计项目组就某重大会计问题咨询了事务所技术部的B注册会计师。B注册会计师的妻子于2015年6月购买了甲公司的股票，于2015年12月卖出。

要求：指出上述做法是否存在违反中国注册会计师职业道德守则有关职业道德和独立性规定的情况，并简要说明理由。(2016年)

【答案】违反。B注册会计师属于审计项目组成员/B注册会计师的咨询意见直接影响审计结果，其妻子在审计期间拥有直接经济利益，将因自身利益对独立性产生严重不利影响。

考点三：审计项目组成员其他近亲属的经济利益

1. 如果审计项目组某一成员的其他近亲属在审计客户中拥有直接经济利益或重大间接经济利益，将因自身利益产生非常严重的不利影响。

2. 会计师事务所应当评价不利影响的严重程度，并在必要时采取防范措施消除不利影响或将其降低至可接受的水平。防范措施主要包括：

（1）其他近亲属尽快处置全部经济利益，或处置全部直接经济利益并处置足够数量的间接经济利益，以使剩余经济利益不再重大；

（2）由审计项目组以外的注册会计师复核该成员已执行的工作；

（3）将该成员调离审计项目组。

【例题22－10·简答题】审计项目组成员B注册会计师的父亲在丙公司持有重大经济利益。丙公司为甲公司不重要的联营企业，不是ABC会计师事务所的审计客户。

要求：指出上述做法是否存在违反中国注册会计师职业道德守则有关职业道德和独立性规定的情况，并简要说明理由。(2019年)

【答案】违反。甲公司对丙公司有重大影响，且项目组成员B的父亲在丙公司持有重大经济利益，因自身利益对独立性产生严重不利影响。

考点四：会计师事务所的退休金计划

如果审计项目组成员通过会计师事务所的退休金计划，在审计客户中拥有直接经济利益或重大间接经济利益的，将因自身利益产生不利影响。

考点五：主要近亲属因受雇于审计客户而产生的经济利益

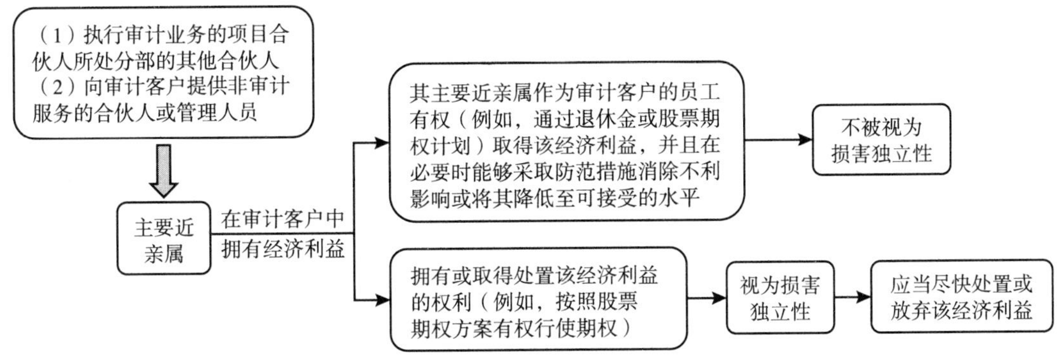

【例题22－11·简答题】ABC会计师事务所拟承接甲公司2013年度财务报表审计业务，C注册会计师是ABC会计师事务所金融保险业务部主管合伙人，其父亲通过二级市场买入并持有甲

公司股票2 000股。

要求：指出上述做法是否产生不利影响。如产生不利影响，简要说明理由。(2014年)

【答案】产生不利影响。C注册会计师作为同一分部的合伙人/审计项目组成员，其主要近亲属不得持有甲公司的股票，否则将因自身利益对独立性产生严重不利影响。C注册会计师的父亲在ABC会计师事务所接受审计委托之前卖出股票。

考点六：在非审计客户中拥有经济利益

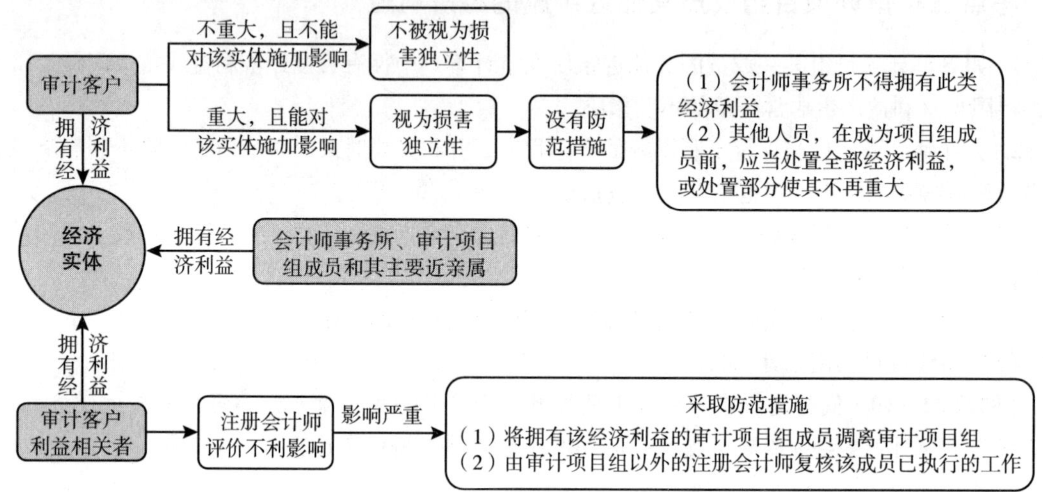

注：经济实体是指除审计客户之外的某一实体。
审计客户利益相关者是指：审计客户的董事、监事、高级管理人员或具有控制权的所有者。

考点七：通过继承、馈赠或因合并而获得经济利益

1. 如果会计师事务所、合伙人或其主要近亲属、员工或其主要近亲属从审计客户处通过继承、馈赠或因合并而获得直接经济利益或重大间接经济利益，在未采取防范措施前不能承接该审计业务。

2. 防范措施。

（1）会计师事务所、审计项目组成员或其主要近亲属，应当立即处置全部经济利益，或处置全部直接经济利益并处置足够数量的间接经济利益，以使剩余经济利益不再重大；

（2）审计项目组以外的人员或其主要近亲属，应当在合理期限内尽快处置。

【例题22－12·简答题】ABC会计师事务所委派A注册会计师担任上市公司甲公司2016年度财务报表审计项目合伙人。A注册会计师因继承其祖父的遗产获得甲公司股票20 000股，承诺将在有权处置这些股票之日起一个月内出售。

要求：指出上述做法是否存在违反中国注册会计师职业道德守则有关职业道德和独立性规定的情况，并简要说明理由。(2017年)

【答案】违反。A注册会计师应当在有权处置时立即处置甲公司股票，因自身利益对独立性产生严重不利影响。

受限制人员/实体	实体			
	审计客户①	在审计客户中拥有控制权并且审计客户对其重要的实体	在审计客户中拥有经济利益的非审计客户实体	审计客户的董事、高级管理人员或具有控制权的所有者拥有经济利益的实体
1. 会计师事务所	×	×	×③	评价不利影响
2. 审计项目组成员				
(1) 自身	×	×	×③	评价不利影响
(2) 其配偶、父母或子女	×	×	×③	评价不利影响
(3) 其兄弟姐妹、祖父母、外祖父母、孙子女、外孙子女	评价不利影响	√	√	√
3. 与执行审计业务的项目合伙人同处一个分部的其他合伙人				
(1) 自身	×	视情况而定	√	√
(2) 其配偶、父母或子女	×②	视情况而定	√	√
4. 为审计客户提供非审计服务的其他合伙人、管理人员				
(1) 自身	×	视情况而定	√	√
(2) 其配偶、父母或子女	×②	视情况而定	√	√
5. 除以上提及人员以外的其他人员				
(1) 合伙人或其主要近亲属	评价不利影响	√	√	√
(2) 专业人员或其主要近亲属	评价不利影响	√	√	√
(3) 与审计组成员有密切关系的人员	评价不利影响	√	√	√

注："√"表示可以在以下实体拥有直接经济利益或重大间接经济利益；"×"表示不可以在以下实体拥有直接经济利益或重大间接经济利益。

①包括通过继承、馈赠或因合并而获得经济利益。但不包括以受托人身份而获得经济利益。

②如果是作为审计客户的员工有权（例如，通过退休金或股票期权计划）取得该经济利益，并且在必要时能够采取防范措施消除不利影响或将其降低至可接受的水平，则不被视为损害独立性。但是，如果拥有或取得处置该经济利益的权利，例如，按照股票期权方案有权行使期权，则应当尽快处置或放弃该经济利益。

③如果经济利益重大，并且审计客户能够对该实体施加重大影响。

第三节 贷款和担保以及商业关系、家庭和私人关系

考点一：贷款和担保

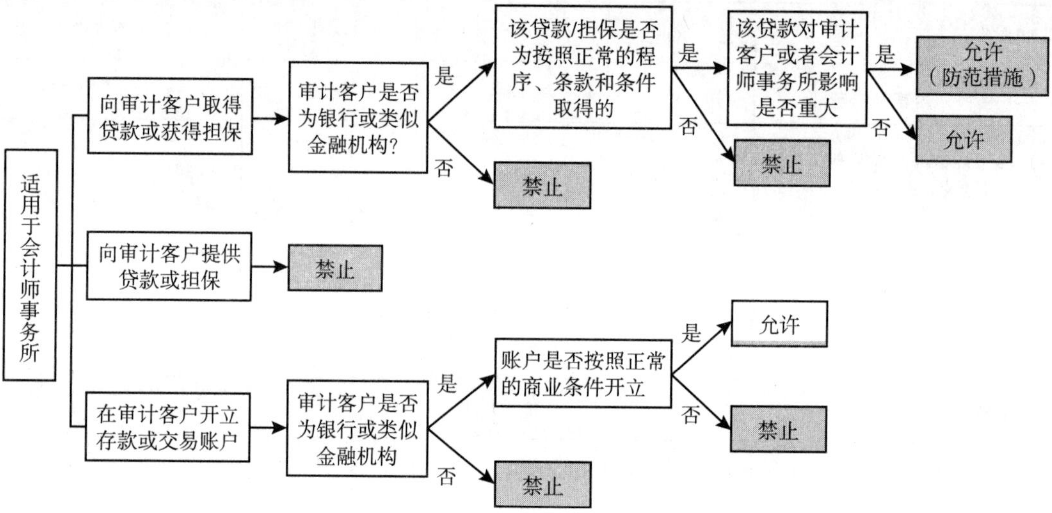

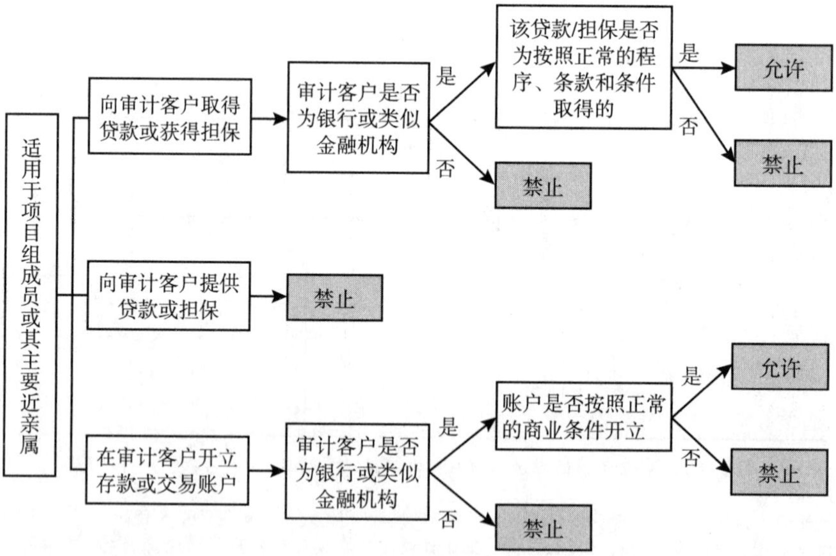

适用于会计师事务所

- 向审计客户取得贷款或获得担保 → 审计客户是否为银行或类似金融机构?
  - 是 → 该贷款/担保是否为按照正常的程序、条款和条件取得的
    - 是 → 该贷款对审计客户或者会计师事务所影响是否重大
      - 是 → 允许（防范措施）
      - 否 → 允许
    - 否 → 禁止
  - 否 → 禁止
- 向审计客户提供贷款或担保 → 禁止
- 在审计客户开立存款或交易账户 → 审计客户是否为银行或类似金融机构
  - 是 → 账户是否按照正常的商业条件开立
    - 是 → 允许
    - 否 → 禁止
  - 否 → 禁止

适用于项目组成员或其主要近亲属

- 向审计客户取得贷款或获得担保 → 审计客户是否为银行或类似金融机构
  - 是 → 该贷款/担保是否为按照正常的程序、条款和条件取得的
    - 是 → 允许
    - 否 → 禁止
  - 否 → 禁止
- 向审计客户提供贷款或担保 → 禁止
- 在审计客户开立存款或交易账户 → 审计客户是否为银行或类似金融机构
  - 是 → 账户是否按照正常的商业条件开立
    - 是 → 允许
    - 否 → 禁止
  - 否 → 禁止

【例题 22－13·简答题】 ABC 会计师事务所审计甲银行 2012 年度财务报表。A 注册会计师担任甲银行 2012 年度财务报表审计项目合伙人。其于 2012 年 10 月按正常商业条件在甲银行开立账户，并购买 10 000 元甲银行公开发行的三个月期非保本浮动收益型人民币理财产品。该理财产品主要投资于各类债券基金。

要求：指出上述做法是否存在违反中国注册会计师职业道德守则有关职业道德和独立性规定的情况，并简要说明理由。(2013 年)

【答案】 不违反。A注册会计师按正常商业条件在甲银行开立账户并购买甲银行的产品，且交易金额不大。该理财产品投资的各类债券基金也属于不重大的间接经济利益。因此，上述事项不会对独立性产生不利影响。

考点二：商业关系

商业关系	说明
(1) 在与客户或其控股股东、董事、高级管理人员共同开办的企业中拥有经济利益 (2) 按照协议，将会计师事务所的产品或服务与客户的产品或服务结合在一起，并以双方名义捆绑销售 (3) 按照协议，会计师事务所销售或推广客户的产品或服务，或者客户销售或推广会计师事务所的产品或服务	事务所不得介入上述涵盖情况中提及的商业关系，如果存在此类商业关系，应当予以终止。如果此类商业关系涉及审计项目组成员，会计师事务所应当将该成员调离审计项目组
	审计项目组成员的主要近亲属与审计客户或其高级管理人员存在此类商业关系，注册会计师应当评价不利影响的严重程度，并在必要时采取防范措施消除不利影响或将其降低至可接受的水平
与审计客户或利益相关者一同在某股东人数有限的实体中拥有利益	同时满足下列条件时，这种商业关系不会对独立性产生不利影响： (1) 这种商业关系对于会计师事务所、审计项目组成员或其主要近亲属以及审计客户均不重要 (2) 该经济利益对一个或几个投资者并不重大 (3) 该经济利益不能使一个或几个投资者控制该实体
从审计客户处购买商品或服务	(1) 如果按照正常的商业程序公平交易，通常不影响 (2) 如果交易性质特殊或金额较大，可能因自身利益产生不利影响
	会计师事务所应当评价不利影响，采取防范措施： (1) 取消交易或降低交易规模 (2) 将相关审计项目组成员调离审计项目组

【例题22－14·简答题】 甲公司研发的新型电动汽车于2018年12月上市。甲公司在ABC会计师事务所年会上为其员工举办了专场试驾活动，并宣布事务所员工可以按照甲公司给其同类大客户的优惠价格购车。

要求：指出上述做法是否存在违反中国注册会计师职业道德守则有关职业道德和独立性规定的情况，并简要说明理由。(2019年)

【答案】 违反。该试驾活动被视为ABC会计师事务所向其员工推销甲公司产品/属于禁止的商业关系，将因自身利益对独立性产生严重不利影响。

【例题22－15·简答题】 上市公司甲公司是ABC会计师事务所的常年审计客户。XYZ公司和ABC会计师事务所处于同一网络。审计项目组在甲公司2017年度财务报表审计中遇到下列事项：乙公司是甲公司的子公司，从事小额贷款业务。2017年12月，乙公司和ABC会计师事务所联合对外发布行业研究报告，对该行业现状与前景进行分析，并介绍了乙公司的业务。

要求：指出上述做法是否存在违反中国注册会计师职业道德守则有关职业道德和独立性规定的情况，并简要说明理由。(2018年)

【答案】 违反。ABC会计师事务所通过和乙公司共同发布的行业研究报告推广了乙公司的业务，属于禁止的商业关系。

【例题22－16·简答题】 上市公司甲公司是ABC会计师事务所的常年审计客户。XYZ公司和

ABC 会计师事务所处于同一网络。甲公司的子公司丁公司提供信息系统咨询服务，与 XYZ 公司组成联合服务团队，向目标客户推广营业税改增值税相关咨询和信息系统咨询“一揽子”服务。

要求：指出上述做法是否存在违反中国注册会计师职业道德守则有关职业道德和独立性规定的情况，并简要说明理由。(2015 年)

【答案】违反。XYZ 公司和丁公司以双方的名义捆绑提供服务，因自身利益/外在压力对独立性产生严重不利影响/上述关系属于守则禁止的商业关系。

【例题 22-17·简答题】上市公司甲公司系 ABC 会计师事务所的常年审计客户。经甲公司总经理批准，审计项目组成员可以按成本价购买甲公司的产品，每人限购 2 000 元。

要求：指出上述做法是否存在违反中国注册会计师职业道德守则有关职业道德和独立性规定的情况，并简要说明理由。(2012 年)

【答案】违反。该交易不属于公平交易，将对独立性产生不利影响。

【例题 22-18·简答题】上市公司甲公司系 ABC 会计师事务所的常年审计客户。XYZ 公司是 ABC 会计师事务所的网络事务所。甲公司的子公司丁公司从事咨询业务。2013 年 2 月，丁公司与 XYZ 公司合资成立了一家咨询公司。

要求：指出上述做法是否存在违反中国注册会计师职业道德守则有关职业道德和独立性规定的情况，并简要说明理由。(2014 年)

【答案】违反。属于职业道德守则禁止的商业关系，将因自身利益/外在压力对独立性产生严重不利影响。

【例题 22-19·简答题】ABC 会计师事务所拟承接甲公司 2013 年度财务报表审计业务，甲公司从事保险业务。ABC 会计师事务所自 2010 年起每年按通行商业条款购买甲公司的员工医疗补充保险产品。

要求：指出上述做法是否产生不利影响，并简要说明理由。(2014 年)

【答案】不产生不利影响。ABC 会计师事务所按通行商业条款/正常商业程序购买甲公司的保险产品，一般不会对独立性产生不利影响。

【例题 22-20·简答题】ABC 会计师事务所委派 A 注册会计师担任上市公司甲公司 2016 年度财务报表审计项目合伙人。D 注册会计师和 A 注册会计师同处一个分部，不是甲公司审计项目组成员。D 的母亲和甲公司某董事共同开办了一家早教机构。

要求：指出上述做法是否存在违反中国注册会计师职业道德守则有关职业道德和独立性规定的情况，并简要说明理由。(2017 年)

【答案】不违反。D 不是甲公司审计项目组成员，其母亲与甲公司董事的合作不属于被禁止的商业关系。

考点三：家庭和私人关系

如果审计项目组成员与审计客户的董事、高级管理人员，或所处职位能够对客户会计记录或被审计财务报表的编制施加重大影响的员工（以下简称特定员工）存在家庭和私人关系，可能因自身利益、密切关系或外在压力产生不利影响。

<table>
<tr><th colspan="2">情形</th><th>防范措施</th></tr>
<tr><td rowspan="2">审计项目组成员的主要近亲属</td><td>处于重要职位（是审计客户的董事、高级管理人员或特定员工，或者在业务期间或财务报表涵盖的期间曾担任上述职务）</td><td>只有把该成员调离审计项目组，才能将对独立性的不利影响降低至可接受的水平</td></tr>
<tr><td>可以对客户的财务状况、经营成果和现金流量施加重大影响</td><td rowspan="2">（1）将该成员调离审计项目组
（2）合理安排审计项目组成员的职责，使该成员的工作不涉及其主要近亲属的职责范围</td></tr>
<tr><td colspan="2">审计项目组的成员的其他近亲属处在重要职位（是审计客户的董事、高级管理人员或特定员工）</td></tr>
<tr><td colspan="2">审计项目组的成员与审计客户重要职位的人员存在密切关系，且该员工是审计客户的董事、高级管理人员或特定员工</td><td>（1）将该成员调离审计项目组
（2）合理安排该成员的职责，使其工作不涉及与之存在密切关系的员工的职责范围</td></tr>
<tr><td colspan="2">审计项目组以外的合伙人或员工，与审计客户的董事、高级管理人员或特定员工之间存在家庭或私人关系</td><td>（1）合理安排该合伙人或员工的职责，以减少对审计项目组可能产生的影响
（2）由审计项目组以外的注册会计师复核已执行的相关审计工作</td></tr>
</table>

【例题22－21·简答题】上市公司甲公司是ABC会计师事务所的常年审计客户。XYZ公司和ABC会计师事务所处于同一网络。审计项目组在甲公司2017年度财务报表审计中遇到下列事项：XYZ公司合伙人C的丈夫于2017年7月加入甲公司并担任培训部经理。合伙人C没有为甲公司提供任何服务。

要求：指出上述做法是否存在违反中国注册会计师职业道德守则有关职业道德和独立性规定的情况，并简要说明理由。(2018年)

【答案】不违反。合伙人C不是审计项目组成员，且其丈夫的职位对所审计的财务报表的编制不能施加重大影响，不会对独立性产生不利影响。

【例题22－22·简答题】ABC会计师事务所拟承接甲公司2013年度财务报表审计业务，B注册会计师是ABC会计师事务所金融保险业务部的合伙人，其妻子是甲公司某分公司的人事部经理。

要求：指出上述做法是否产生不利影响，并简要说明理由。(2014年)

【答案】不产生不利影响。B注册会计师的妻子不属于甲公司高级管理人员/能够对甲公司会计记录或财务报表的编制产生重大影响的员工/特定员工，因此该家庭关系不会对独立性产生不利影响。

【例题22－23·简答题】ABC会计师事务所审计上市公司甲公司2016年度财务报表。2016年11月，丙公司被甲公司收购成为其重要子公司。2017年1月1日，甲公司审计项目组成员C的妻子加入丙公司并担任财务总监。

要求：指出上述做法是否存在违反中国注册会计师职业道德守则有关职业道德和独立性规定的情况，并简要说明理由。(2017年)

【答案】违反。C的妻子在甲公司审计业务期间/执行审计期间担任丙公司财务总监，将因自身利益、密切关系或外在压力对独立性产生严重不利影响。

第四节　与审计客户发生人员交流

考点一：与审计客户发生雇佣关系

（一）一般规定

<table>
<tr><th colspan="2">情形</th><th>防范措施</th></tr>
<tr><td rowspan="2">审计项目组“前任合伙人、前任成员”加入审计客户，担任重要职位</td><td>会计师事务所仍保持重要联系</td><td>将产生非常严重的不利影响，导致没有防范措施能够将其降低至可接受的水平
如果同时满足下列条件，将不被视为损害独立性：
（1）“前任合伙人、前任成员”无权从会计师事务所获取报酬或福利（除非报酬或福利是按照预先确定的固定金额支付的，并且未付金额对会计师事务所不重要）
（2）“前任合伙人、前任成员”未继续参与，并且在外界看来未参与会计师事务所的经营活动或专业活动</td></tr>
<tr><td>与会计师事务所已经没有重要联系</td><td>（1）修改审计计划
（2）向审计项目组分派经验更丰富的人员
（3）由审计项目组以外的注册会计师复核前任审计项目组成员已执行的工作</td></tr>
<tr><td colspan="2">前任合伙人加入的某一实体成为审计客户</td><td>应当评价对独立性不利影响的严重程度，并在必要时采取防范措施消除不利影响或将其降低至可接受的水平</td></tr>
<tr><td colspan="2">审计项目组某成员拟加入审计客户</td><td>会计师事务所应当制定政策和程序，要求审计项目组成员在与审计客户协商受雇于该客户时，向会计师事务所报告。在接到报告后，会计师事务所应当评价不利影响的严重程度，并在必要时财务防范措施消除不利影响或将其降低至可接受的水平
防范措施主要包括：
（1）将该成员调离审计项目组
（2）由审计项目组以外的注册会计师复核该成员在审计项目组中作出的重大判断</td></tr>
</table>

注：重要职位是指“董事、高级管理人员、特定员工”。

【例题 22－24 · 简答题】 ABC 会计师事务所拟承接甲公司 2013 年度财务报表审计业务，A 注册会计师曾任 ABC 会计师事务所合伙人，自 2011 年 12 月退休后担任 ABC 会计师事务所技术顾问及甲公司独立董事。

要求：指出上述做法是否产生不利影响，并简要说明理由。（2014 年）

【答案】 产生不利影响。前任合伙人加入甲公司担任独立董事，并作为技术顾问继续参与 ABC 会计师事务所的专业活动/与事务所保持重要交往或联系，将因密切关系/外在压力对独立性产生严重不利影响。在 ABC 会计师事务所接受审计委托之前 A 注册会计师辞去独立董事职务/不再担任技术顾问。

（二）审计客户属于公众利益实体

<table>
<tr><th>情形</th><th>说明</th></tr>
<tr><td rowspan="2">关键审计合伙人加入审计客户担任重要职位</td><td>关键审计合伙人，是指项目合伙人、实施项目质量控制复核的负责人，以及审计项目组中负责对财务报表审计所涉及的重大事项作出关键决策或判断的其他审计合伙人（其他审计合伙人还包括负责审计重要子公司或分支机构的项目合伙人）</td></tr>
<tr><td>将因密切关系或外在压力产生不利影响
除非该合伙人不再担任关键审计合伙人后，该公众利益实体发布了已审计财务报表，其涵盖期间不少于12个月，并且该合伙人不是该财务报表的审计项目组成员，否则独立性将视为受到损害。从不再担任关键审计合伙人至最早可以加入客户的这一期间，称为“冷却期”</td></tr>
<tr><td>前任高级合伙人加入审计客户担任重要职位</td><td>将因外在压力产生不利影响
除非该高级合伙人离职已超过12个月，否则独立性将视为受到损害</td></tr>
<tr><td>因企业合并导致前任成员加入审计客户担任重要职位</td><td>同时满足下列条件，则不被视为独立性受到损害：
（1）当前任关键审计合伙人接受该职务时，并未预料到会发生企业合并
（2）前任关键审计合伙人在会计师事务所中应得的报酬或福利都已全额支付（除非报酬或福利是按照预先确定的固定金额支付的，并且未付金额对会计师事务所不重要）
（3）前任关键审计合伙人未继续参与，或在外界看来未参与会计师事务所的经营活动或专业活动
（4）已就前任关键审计合伙人在审计客户中的职位与治理层讨论</td></tr>
</table>

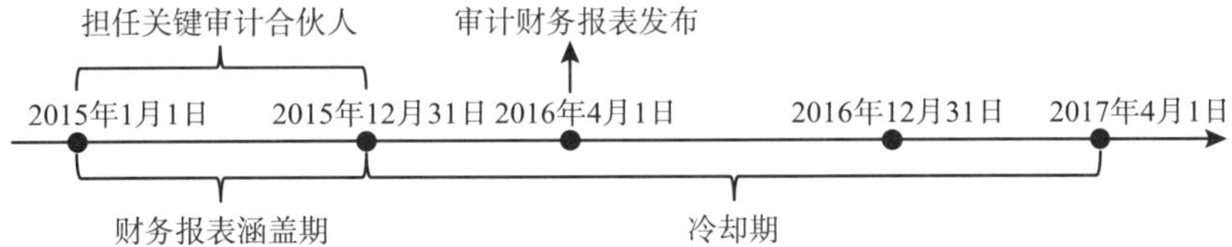

【例题22－25·简答题】上市公司甲公司是ABC会计师事务所的常年审计客户。XYZ公司和ABC会计师事务所处于同一网络。审计项目组在甲公司2017年度财务报表审计中遇到下列事项：B注册会计师曾担任甲公司2016年度财务报表审计的项目质量控制复核人，于2017年5月退休，之后未和ABC会计师事务所保持交往。2018年1月1日，B注册会计师受聘担任甲公司独立董事。

要求：指出上述做法是否存在违反中国注册会计师职业道德守则有关职业道德和独立性规定的情况，并简要说明理由。（2018年）

【答案】违反。B注册会计师在2017年已审财务报表发布前就已担任甲公司独立董事，因密切关系和外在压力对独立性产生严重不利影响。

【例题22－26·简答题】甲公司2014年度财务报表审计时，C注册会计师曾是ABC会计师事务所的管理合伙人，于2014年1月退休后担任甲公司董事。

要求：指出上述做法是否存在违反中国注册会计师职业道德守则有关职业道德和独立性规定的情况，并简要说明理由。（2015年）

【答案】违反。C注册会计师作为高级合伙人在离职后12个月内加入甲公司担任董事，因外在压力对独立性产生严重不利影响。

考点二：临时借调员工

如果会计师事务所向审计客户借出员工，可能因自我评价产生不利影响。会计师事务所应当评价借出员工产生不利影响的严重程度，并在必要时采取防范措施消除不利影响或将其降低至可接受的水平。

不会产生不利影响（同时满足）	采取防范措施
（1）只能短期向客户借出员工 （2）借出的员工不得为审计客户提供中国注册会计师职业道德守则禁止提供的非鉴证服务 （3）借出的员工不得承担审计客户的管理层职责	（1）对借出员工的工作进行额外复核 （2）合理安排审计项目组成员的职责，使借出员工不对其在借调期间执行的工作进行审计 （3）不安排借出员工作为审计项目组成员

【例题22－27·简答题】 上市公司甲公司系ABC会计师事务所的常年审计客户。甲公司在海外有一家规模很小的分公司，其财务经理突然离职。在新聘财务经理上任前，由ABC会计师事务所的海外网络事务所借调一名审计部经理临时负责其财务经理工作，借调时间为一周。

要求：指出上述做法是否存在违反中国注册会计师职业道德守则有关职业道德和独立性规定的情况，并简要说明理由。(2012年)

【答案】 违反。财务经理涉及管理层职责，短期借调员工不得承担甲公司的管理层职责，否则对独立性产生不利影响。

考点三：最近曾任审计客户的董事、高级管理人员或特定员工

如果审计项目组成员最近曾担任审计客户的董事、高级管理人员或特定员工，可能因自身利益、自我评价或密切关系产生不利影响。

情形	影响及措施	
在财务报表涵盖的期间	将产生非常严重的不利影响，导致没有防范措施能够将其降低至可接受的水平	注册会计师不得将此类人员分派到审计项目组
在财务报表涵盖的期间之前	可能因自身利益、自我评价或密切关系对独立性产生不利影响 评价不利影响存在与否以及严重程度取决于下列因素： （1）该成员在客户中曾担任的职务 （2）该成员离开客户的时间长短 （3）该成员在审计项目组中的角色	

受限制的时段示例：

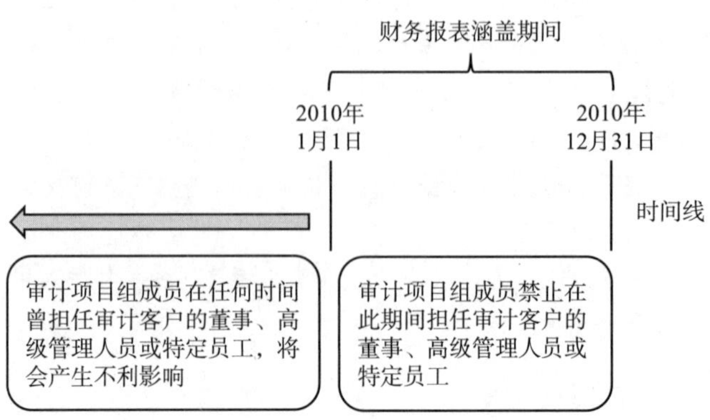

【例题22－28·简答题】 审计项目组成员C曾担任甲公司成本会计，2018年5月离职加入

ABC会计师事务所，同年10月加入甲公司审计项目组，负责审计固定资产。

要求：指出上述做法是否存在违反中国注册会计师职业道德守则有关职业道德和独立性规定的情况，并简要说明理由。（2019年）

【答案】 C在财务报表涵盖的期间曾担任甲公司的特定员工/财务人员，因自身利益、自我评价或密切关系对独立性产生严重不利影响。

考点四：兼任审计客户的董事或高级管理人员

1. 如果会计师事务所的合伙人或员工兼任审计客户的董事或高级管理人员，将因自我评价和自身利益产生非常严重的不利影响，导致没有防范措施能够将其降低至可接受的水平。

2. 会计师事务所的合伙人或员工不得兼任审计客户的公司秘书。

3. 会计师事务所提供日常和行政事务性的服务以支持公司秘书职能，或提供与公司秘书行政事项有关的建议，只要所有相关决策均由审计客户管理层作出，通常不会损害独立性。

【例题22－29·简答题】 ABC会计师事务所拟承接甲公司2013年度财务报表审计业务，2012年1月起，ABC会计师事务所智利网络事务所的D合伙人担任甲公司智利子公司的公司秘书，提供公司秘书服务。

要求：指出上述做法是否产生不利影响，并简要说明理由。（2014年）

【答案】 产生不利影响。担任公司秘书将因自我评价/过度推介对独立性产生严重不利影响。D合伙人在ABC会计师事务所接受审计委托之前终止担任公司秘书。

第五节　与审计客户长期存在业务关系

考点一：关键审计合伙人的任职时间

如果某关键审计合伙人负责审计属于公众利益实体的审计客户，五年后关键审计合伙人应当轮换。

审计公众利益实体的关键合伙人的任期时间：

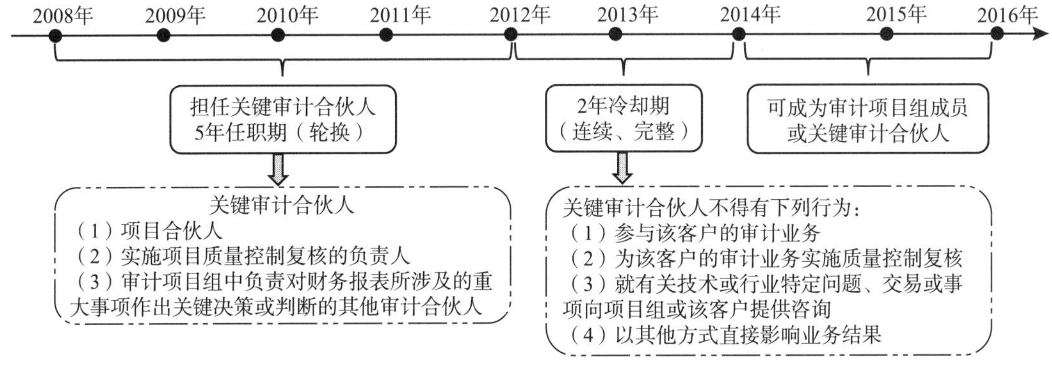

【例题22－30·简答题】 上市公司甲公司是ABC会计师事务所的常年审计客户，现审计甲公司2013年度财务报表。审计项目组就一疑难会计问题向ABC会计师事务所的技术部咨询。技术部的C注册会计师曾于2012年前连续5年负责甲公司审计项目质量控制复核，对甲公司比较熟悉，技术部分派其负责处理该咨询。

要求：指出上述做法是否恰当。如不恰当，简要说明理由。(2014 年)

【答案】 不恰当。作为关键审计合伙人，C 注册会计师不应在“冷却期”为审计项目组提供任何形式的技术咨询。

【例题 22－31·简答题】 在对甲公司 2011 年度财务报表审计中，A 注册会计师在 2006～2010 年度期间担任甲公司财务报表审计项目经理，并签署了 2009 年度和 2010 年度甲公司审计报告。2011 年度，A 注册会计师新晋升为合伙人，担任甲公司 2011 年度财务报表审计项目合伙人。

要求：指出上述做法是否存在违反中国注册会计师职业道德守则有关职业道德和独立性规定的情况，并简要说明理由。(2012 年)

【答案】 不违反。担任甲公司关键审计合伙人没有超过五年，不违反有关独立性要求。

【例题 22－32·简答题】 ABC 会计师事务所审计甲银行 2012 年度财务报表。B 注册会计师曾担任甲银行 2011 年度财务报表审计项目经理，并签署该年度审计报告。B 注册会计师于 2012 年 4 月 30 日辞职，于 2012 年末加入甲银行下属某分行担任财务负责人。

要求：指出上述做法是否存在违反中国注册会计师职业道德守则有关职业道德和独立性规定的情况，并简要说明理由。(2013 年)

【答案】 违反。作为甲银行 2011 年度审计报告签字注册会计师，B 注册会计师适用职业道德守则对项目合伙人/关键审计合伙人的规定。其离职加入甲银行下属分行担任财务负责人的时间，早于甲银行发布 2012 年已审财务报表之日，尚在“冷却期”内，因此将因密切关系或外在压力对独立性产生严重不利影响。

【例题 22－33·简答题】 ABC 会计师事务所审计上市公司甲公司 2016 年度财务报表。B 注册会计师曾担任甲公司 2011～2015 年度财务报表审计项目合伙人，之后调离甲公司审计项目组，担任乙公司 2016 年度财务报表审计项目合伙人。乙公司是甲公司重要的子公司。

要求：指出上述做法是否存在违反中国注册会计师职业道德守则有关职业道德和独立性规定的情况，并简要说明理由。(2017 年)

【答案】 违反。B 注册会计师在冷却期不应参与甲公司的审计业务，否则将因密切关系或自身利益对独立性产生严重不利影响。

考点二：关键审计合伙人任职时间延长

如果关键审计合伙人的连任对审计质量特别重要，并且通过采取防范措施能够消除对独立性产生的不利影响或将其降低至可接受的水平，则在法律法规允许的情况下，该关键审计合伙人在审计项目组的时限可以延长 1 年。

考点三：审计客户成为公众利益实体时，关键审计合伙人的轮换要求

1. 在审计客户成为公众利益实体之前，如果关键审计合伙人已为该客户服务的时间不超过 3 年，则该合伙人还可以为该客户继续提供服务的年限为 5 年减去已经服务的年限；

2. 如果关键审计合伙人为该客户服务了 4 年或更长的时间，在该客户成为公众利益实体之后，该合伙人还可以继续服务 2 年；

3. 如果审计客户是首次公开发行证券的公司，关键审计合伙人在该公司上市后连续提供审计服务的期限，不得超过两个完整会计年度。

适用于一般公众利益实体的审计客户：

已为公众利益实体的审计客户	轮换前最长服务年限	暂停期间
一般情况	5 年	2 年
特殊情况	5 +1 年	2 年

适用于客户成为公众利益实体后的轮换时间：

成为公众利益实体之前服务年限	成为公众利益实体后继续提供服务的年限	暂停期间
Y≤3 年	(5 - Y) 年	2 年
Y≥4 年	2 年	2 年
审计客户是首次公开发行证券	上市后连续提供审计服务的期限≤2 年	2 年

【例题 22 - 34 · 简答题】 B 注册会计师自 2009 年度起担任乙公司（非公众利益实体）财务报表审计项目合伙人，在 2014 年 6 月乙公司被上市公司甲公司收购后，继续担任乙公司 2014 年度财务报表审计项目合伙人，并成为甲公司的关键审计合伙人。

要求：指出上述做法是否存在违反中国注册会计师职业道德守则有关职业道德和独立性规定的情况，并简要说明理由。(2015 年)

【答案】 不违反。B 注册会计师在成为公众利益实体的关键审计合伙人后还可以继续服务 2 年。

【例题 22 - 35 · 简答题】 ABC 会计师事务所委派 A 注册会计师担任上市公司甲公司 2015 年度财务报表审计项目合伙人，甲公司于 2014 年 8 月首次公开发行股票并上市，A 注册会计师自 2010 年度起担任甲公司财务报表审计项目合伙人。

要求：指出上述做法是否存在违反中国注册会计师职业道德守则有关职业道德和独立性规定的情况，并简要说明理由。(2016 年)

【答案】 不违反。A 注册会计师在甲公司首次公开发行股票后/上市后担任关键审计合伙人的时间没有超过 2 年，不违反有关独立性的规定。

【例题 22 - 36 · 简答题】 项目合伙人 A 注册会计师曾负责审计甲公司 2013 年度至 2015 年度财务报表，之后调离甲公司审计项目组，担任乙公司 2016 年度至 2017 年度财务报表审计项目合伙人，乙公司是甲公司不重要的子公司。

要求：指出上述做法是否存在违反中国注册会计师职业道德守则有关职业道德和独立性规定的情况，并简要说明理由。(2019 年)

【答案】 不违反。A 注册会计师不是甲公司 2016 年度及 2017 年度关键审计合伙人，2016 年度及 2017 年度不计入甲公司关键审计合伙人五年连续任期。

第六节　为审计客户提供非鉴证服务

考点一：管理层职责

会计师事务所不得承担审计客户的管理层职责。

管理层职责	不视为管理层职责
(1) 制定政策和战略方针 (2) 指导员工的行动并对其行动负责 (3) 对交易进行授权 (4) 确定采纳会计师事务所或其他第三方提出的建议 (5) 负责按照适用的会计准则编制财务报表 (6) 负责设计、实施和维护内部控制	(1) 代客户从事日常和行政性的事务或不重要的活动 (2) 执行一项已由管理层授权的非重要交易 (3) 跟踪法定申报资料规定的提交日期，并告知审计客户这些日期 (4) 向管理层提供意见和建议，以协助管理层履行职责

【例题 22－37·简答题】 上市公司甲公司是 ABC 会计师事务所的常年审计客户。XYZ 公司和 ABC 会计师事务所处于同一网络。审计项目组在甲公司 2017 年度财务报表审计中遇到下列事项：甲公司聘请系统实施服务商提供财务系统的优化设计和实施服务，聘请 XYZ 公司负责执行系统用户权限测试。系统实施服务商与 ABC 会计师事务所不属于同一网络。

要求：指出上述做法是否存在违反中国注册会计师职业道德守则有关职业道德和独立性规定的情况，并简要说明理由。(2018 年)

【答案】 违反。为甲公司进行财务系统的用户权限测试属于财务系统实施服务/涉及承担管理层职责，将因自我评价对独立性产生严重不利影响。

【例题 22－38·简答题】 上市公司甲公司系 ABC 会计师事务所的常年审计客户。XYZ 公司是 ABC 会计师事务所的网络事务所。甲公司拟进军新的产业，聘请 XYZ 公司作为财务顾问，为其寻找、识别收购对象。双方约定服务费为 10 万元，该项收费对 ABC 会计师事务所不重大。

要求：指出上述做法是否存在违反中国注册会计师职业道德守则有关职业道德和独立性规定的情况，并简要说明理由。(2014 年)

【答案】 违反。XYZ 公司为甲公司寻找、识别收购对象，可能承担管理层职责，将因自我评价/过度推介对独立性产生不利影响。

【例题 22－39·简答题】 ABC 会计师事务所审计甲银行 2012 年度财务报表。XYZ 咨询公司是 ABC 会计师事务所的网络事务所。乙保险公司与甲银行均为丙公司的重要子公司。乙保险公司于 2012 年 2 月聘请 XYZ 咨询公司为其提供与财务会计系统相关的内部审计服务，并由乙保险公司承担管理层职责。乙保险公司及丙公司不是 ABC 会计师事务所的审计客户。

要求：指出上述做法是否存在违反中国注册会计师职业道德守则有关职业道德和独立性规定的情况，并简要说明理由。(2013 年)

【答案】 不违反。乙保险公司是甲银行的关联实体（即“姐妹实体”），但因其不是 ABC 会计师事务所的审计客户，且 XYZ 咨询公司为其提供内部审计服务结果不会构成 ABC 会计师事务所对甲银行实施审计程序的对象，因此不会因自我评价产生不利影响。鉴于由乙保险公司承担管理层职责，因此该服务也不存在其他对独立性的不利影响（须同时答出因乙保险公司承担管理层职责，所以不存在其他对独立性的不利影响）。

考点二：编制会计记录和财务报表

会计师事务所向审计客户提供编制会计记录或财务报表等服务，随后又审计该财务报表，将因自我评价产生不利影响。

具体情形		是否对独立性产生影响
沟通审计相关的事项	(1) 对会计准则或财务报表披露要求的运用 (2) 与财务报表相关的内部控制的有效性，以及资产、负债计量方法的适当性 (3) 会计调整分录的建议	不影响
提供特定技术支持（不承担管理层责任）	(1) 解决账户调节问题 (2) 分析和积累监管机构要求提供的信息 (3) 将按照某种会计准则编制的财务报表，转换成按照另一种会计准则编制的财务报表	
向非公众利益实体的审计客户提供日常性和机械性的工作（属于日常性和机械性的工作）	(1) 根据来源于客户的数据提供工资服务 (2) 在客户确定或批准账户分类的基础上记录交易 (3) 将已记录的交易过入总分类账 (4) 将客户批准的分录过入试算平衡表 (5) 根据试算平衡表中的信息编制财务报表	
非审计项目组成员向公众利益实体的审计客户提供日常性和机械性的工作	(1) 工资服务 (2) 编制所审计的财务报表 (3) 编制所审计财务报表依据的财务信息	影响 （不得提供）

【例题 22-40·简答题】 上市公司甲公司是 ABC 会计师事务所的常年审计客户。XYZ 公司和 ABC 会计师事务所处于同一网络。丙公司是甲公司新收购的海外子公司，为甲公司不重要的子公司。丙公司聘请 XYZ 公司将其按照国际财务报告准则编制的财务报表转化为按照中国企业会计准则编制的财务报表。

要求：指出上述做法是否存在违反中国注册会计师职业道德守则有关职业道德和独立性规定的情况，并简要说明理由。(2015 年)

【答案】 违反。该服务不属于日常性和机械性的工作，将因自我评价对独立性产生严重不利影响。

考点三：评估服务

如果审计客户要求会计师事务所提供评估服务，以帮助其履行纳税申报义务或满足税务筹划目的，并且评估结果不对财务报表产生直接影响，则通常不对独立性产生不利影响。

审计客户	评估结果	是否提供评估服务
不属于公众利益实体	评估服务对被审计财务报表具有重大影响，且评估结果涉及高度的主观性	不得提供 没有防范措施能够将因自我评价产生的不利影响降低至可接受水平
属于公众利益实体	评估结果单独或累积起来对被审计财务报表具有重大影响	不得提供

【例题 22-41·简答题】 上市公司甲公司是 ABC 会计师事务所的常年审计客户。XYZ 公司和 ABC 会计师事务所处于同一网络。在收购过程中，甲公司聘请 XYZ 公司对乙公司的各项资产和负债进行了评估，并根据评估结果确定了购买日乙公司可辨认净资产的公允价值。

要求：指出上述做法是否存在违反中国注册会计师职业道德守则有关职业道德和独立性规定的情况，并简要说明理由。(2015 年)

【答案】违反。该评估结果对甲公司合并财务报表影响重大，因自我评价对独立性产生严重不利影响。

【例题 22－42·简答题】甲公司是丁公司的重要联营企业。2018 年 8 月，XYZ 公司接受丁公司委托对其拟投资的标的公司进行评估，作为定价参考。丁公司不是 ABC 会计师事务所的审计客户。

要求：指出上述做法是否存在违反中国注册会计师职业道德守则有关职业道德和独立性规定的情况，并简要说明理由。(2019 年)

【答案】不违反。对丁公司投资标的评估结果不会对甲公司财务报表产生影响/不构成实施审计程序的对象，不会对独立性产生不利影响。

考点四：税务服务

税务服务种类	说明
编制纳税申报表	由于纳税申报表须经税务机关审查和批准，如果管理层对纳税申报表承担责任，会计师事务所提供此类服务通常不对独立性产生不利影响
为编制会计分录计算税额	在审计客户属于公众利益实体的情况下，除非出现紧急或极其特殊的情况，并征得相关监管机构的同意，会计师事务所不得计算当期所得税或递延所得税负债（或资产），以用于编制对被审计财务报表具有重大影响的会计分录
税务筹划和其他税务咨询服务	（1）具有法律依据，或得到税务机关的明确认可，通常不对独立性产生不利影响 （2）税务建议的有效性取决于某项特定会计处理或财务报表列报，且同时存在下列情况，将因自我评价产生非常严重的不利影响，导致没有防范措施能够消除不利影响或将其降低至可接受的水平： ①审计项目组对于相关会计处理或财务报表列报的适当性存有疑问 ②税务建议的结果或执行后果将对被审计财务报表产生重大影响
协助解决税务纠纷	（1）会计师事务所人员不得在为审计客户提供税务服务时担任辩护人 （2）在公开审理或仲裁期间，会计师事务所可以继续为审计客户提供有关法庭裁决事项的咨询

【例题 22－43·简答题】ABC 会计师事务所为甲公司进行 2011 年财务报表审计，2011 年 3 月 1 日，ABC 会计师事务所接受委托，为甲公司编制企业所得税纳税申报表，该表经甲公司财务总监签署后报出。

要求：指出上述做法是否存在违反中国注册会计师职业道德守则有关职业道德和独立性规定的情况，并简要说明理由。(2012 年)

【答案】不违反。在管理层承担责任的情况下，提供编制纳税申报表的服务不影响独立性。

【例题 22－44·简答题】上市公司甲公司系 ABC 会计师事务所的常年审计客户，甲公司聘请 ABC 会计师事务所为其提供税务服务，服务内容为协助整理税务相关资料。ABC 会计师事务所委派审计项目组以外的人员提供该服务，不承担管理层职责。

要求：指出上述做法是否存在违反中国注册会计师职业道德守则有关职业道德和独立性规定的情况，并简要说明理由。(2014 年)

【答案】不违反。由审计项目组以外的人员提供该税务服务，且未承担管理层职责，一般不会对独立性产生不利影响。

考点五：内部审计服务

会计师事务所人员在向审计客户提供内部审计服务时不得承担管理层职责。

在审计客户属于公众利益实体的情况下，会计师事务所不得提供与下列方面有关的内部审计服务：

1. 与财务报告相关的内部控制；
2. 财务会计系统；
3. 对被审计财务报表具有重大影响的金额或披露。

【例题22－45·简答题】上市公司甲公司是ABC会计师事务所的常年审计客户。XYZ公司和ABC会计师事务所处于同一网络。审计项目组在甲公司2017年度财务报表审计中遇到下列事项：甲公司内审部计划对新并购的子公司执行内部控制审计。因缺乏人手，甲公司聘请XYZ公司协助执行该项工作，但XYZ公司不参与制定内审计划或管理层决策。

要求：指出上述做法是否存在违反中国注册会计师职业道德守则有关职业道德和独立性规定的情况，并简要说明理由。（2018年）

【答案】违反。该内部审计服务涉及甲公司与财务报告相关的内部控制，将因自我评价对独立性产生严重不利影响。

【例题22－46·简答题】上市公司甲公司系ABC会计师事务所的常年审计客户。XYZ公司是ABC会计师事务所的网络事务所。甲公司内审部负责对所有子公司的内部控制进行评价。由于缺乏人手，甲公司聘请XYZ公司对其中3家子公司与财务报告相关的内部控制实施测试，并将结果汇报给甲公司内审部。该3家子公司对甲公司不重大。

要求：指出上述做法是否存在违反中国注册会计师职业道德守则有关职业道德和独立性规定的情况，并简要说明理由。（2014年）

【答案】违反。该项服务属于内审服务，因其涉及与财务报告相关的内部控制，将因自我评价对独立性产生严重不利影响。

【例题22－47·简答题】ABC会计师事务所拟承接甲公司2013年度财务报表审计业务，ABC会计师事务所的美国网络事务所与甲公司美国分公司正就2013年度有关精算系统的内审服务进行洽谈。

要求：指出上述做法是否产生不利影响。如产生不利影响，简要说明理由。（2014年）

【答案】产生不利影响。因甲公司是公众利益实体，该内审服务涉及财务会计系统，将因自我评价对独立性产生严重不利影响。ABC会计师事务所不提供有关精算系统的2013年度内审服务。

考点六：信息技术系统服务

如果会计师事务所人员不承担管理层职责，则提供下列信息技术系统服务不被视为对独立性产生不利影响：

1. 设计或操作与财务报告内部控制无关的信息技术系统；
2. 设计或操作信息技术系统，其生成的信息不构成会计记录或财务报表的重要组成部分；
3. 操作由第三方开发的会计或财务信息报告软件；
4. 对由其他服务提供商或审计客户自行设计并操作的系统进行评价和提出建议。

会计师事务所不得向属于公众利益实体的审计客户提供与设计或操作信息技术系统相关的服务的情形：

1. 信息技术系统构成财务报告内部控制的重要组成部分；

2. 信息技术系统生成的信息对会计记录或被审计财务报表影响重大。

【例题22－48·简答题】ABC会计师事务所审计甲银行2012年度财务报表。XYZ咨询公司是ABC会计师事务所的网络事务所。甲银行于2012年初收购戊银行，为将两个银行的财务信息系统进行整合，聘请XYZ咨询公司重新设计财务信息系统。

要求：指出上述做法是否存在违反中国注册会计师职业道德守则有关职业道德和独立性规定的情况，并简要说明理由。(2013年)

【答案】违反。重新设计后的财务信息系统所生成的信息对会计记录或被审计单位财务报表影响重大，因此，XYZ咨询公司不能为甲银行重新设计财务信息系统，否则将因自我评价对独立性产生严重不利影响。

【例题22－49·简答题】ABC会计师事务所审计上市公司甲公司2015年度财务报表，ABC会计师事务所和XYZ公司处于同一网络。甲公司购买的成本核算软件由XYZ公司和一家软件公司共同开发和推广，该软件公司不是ABC会计师事务所的审计客户或其关联实体。

要求：指出上述做法是否存在违反中国注册会计师职业道德守则有关职业道德和独立性规定的情况，并简要说明理由。(2016年)

【答案】违反。ABC会计师事务所和XYZ公司处于同一网络，XYZ公司参与开发和推广的成本核算软件对甲公司会计记录和财务报表产生重大影响，将因自我评价对独立性产生严重不利影响。

【例题22－50·简答题】ABC会计师事务所审计上市公司甲公司2016年度财务报表，ABC会计师事务所和XYZ公司处于同一网络。丁公司是甲公司的母公司，聘请XYZ公司为其共享服务中心提供信息系统的设计和实施服务。该共享服务中心承担丁公司下属各公司的财务及人力资源等职能。丁公司不是ABC会计师事务所的审计客户。

要求：指出上述做法是否存在违反中国注册会计师职业道德守则有关职业道德和独立性规定的情况，并简要说明理由。(2017年)

【答案】违反。丁公司共享服务中心承担甲公司的财务职能/所涉及的财务系统构成甲公司财务报告内部控制的重要组成部分/生成的信息对甲公司财务报表影响重大，为共享服务中心提供设计和实施服务将因自我评价对独立性产生严重不利影响。

【例题22－51·简答题】甲公司聘请XYZ公司提供人力资源系统的设计和实施服务，该系统包括考勤管理和薪酬计算等功能。

要求：指出上述做法是否存在违反中国注册会计师职业道德守则有关职业道德和独立性规定的情况，并简要说明理由。(2019年)

【答案】违反。人力资源系统包括薪酬计算功能，生成的信息对甲公司会计记录或财务报表影响重大/构成财务报告内部控制的重要组成部分，将因自我评价对独立性产生严重不利影响。

考点七：诉讼支持服务

会计师事务所向审计客户提供诉讼支持服务，可能因自我评价或过度推介产生不利影响。

诉讼支持服务可能包括下列活动：

1. 担任专家证人；

2. 计算诉讼或其他法律纠纷涉及的估计损失或其他应收、应付的金额；

3. 协助管理和检索文件。

考点八：法律服务

在审计客户解决纠纷或进行法律诉讼时，若纠纷或法律诉讼所涉金额对被审计财务报表有重大影响，会计师事务所人员不得担任辩护人。若影响不重大，则评价不利影响，并采取防范措施。

会计师事务所人员不得为审计客户提供担任首席法律顾问的服务。

【例题 22 - 52 · 简答题】 ABC 会计师事务所审计上市公司甲公司 2015 年度财务报表，ABC 会计师事务所和 XYZ 公司处于同一网络。甲公司聘请 XYZ 公司担任某合同纠纷的诉讼代理人，诉讼结果将对甲公司财务报表产生重大影响。

要求：指出上述做法是否存在违反中国注册会计师职业道德守则有关职业道德和独立性规定的情况，并简要说明理由。(2016 年)

【答案】 违反。为审计客户担任诉讼代理人，且该纠纷所涉金额对被审计财务报表有重大影响，将因自我评价/过度推介对独立性产生严重不利影响。

考点九：招聘服务

会计师事务所通常可以提供下列服务：

1. 审查申请者的专业资格；

2. 对申请者是否适合相关职位提出咨询意见；

3. 对候选人进行面试；

4. 对候选人在财务会计、行政管理或内部控制等职位上的胜任能力提出咨询意见。

如果属于公众利益实体的审计客户拟招聘董事、高级管理人员，或所处职位能够对客户会计记录或被审计财务报表的编制施加重大影响的高级管理人员，会计师事务所不得提供下列招聘服务：

(1) 寻找候选人，或从候选人中挑选出适合相应职位的人员；

(2) 对可能录用的候选人的证明文件进行核查。

考点十：公司理财服务

会计师事务所提供财务服务，可能因自我评价或过度推介产生不利影响。会计师事务所应当评价不利影响的严重程度，并在必要时采取防范措施消除不利影响或将其降低至可接受的水平。公司财务服务主要包括下列活动：

1. 协助审计客户制定公司战略；

2. 为审计客户并购识别可能的目标；

3. 对资产处置交易提供建议；

4. 协助实施融资交易；

5. 对合理安排资本结构提供建议。

第七节 收 费

考点一：收费结构

如果会计师事务所从某一审计客户收取的全部费用占其收费总额的比重很大，则对该客户的依赖及对可能失去该客户的担心将因自身利益或外在压力产生不利影响。

情形	影响及措施
占某一合伙人从所有客户收取的费用总额比重很大时	将因自身利益或外在压力产生不利影响。采取措施： (1) 降低对来源于该客户的收费的依赖程度 (2) 由审计项目组以外的注册会计师复核已执行的工作或必要时提出建议 (3) 定期实施独立的质量控制复核
连续两年从某一属于公众利益实体的审计客户及其关联实体收取的全部费用占其从所有客户收取的全部费用的比重较大时	比重超过15%，会计师事务所应当向审计客户治理层披露这一事实，并讨论选择下列何种防范措施，以将不利影响降低至可接受的水平： (1) 在对第二年度财务报表发表审计意见之前，由其他会计师事务所对该业务再次实施项目质量控制复核； (2) 在对第二年度财务报表发表审计意见之后、对第三年度财务报表发表审计意见之前，由其他会计师事务所对第二年度的审计工作再次实施项目质量控制复核。 在收费比例明显超过15%的情况下，如果采用发表审计意见后复核无法将不利影响降低至可接受的水平，会计师事务所应当采用发表审计意见前复核

考点二：逾期收费

如果审计客户长期未支付应付的审计费用，尤其是相当部分的审计费用在出具下一年度审计报告前仍未支付，可能因自身利益产生不利影响。

会计师事务所通常要求审计客户在审计报告出具前付清上一年度的审计费用。

会计师事务所应当确定逾期收费是否可能被视为同客户贷款。

考点三：或有收费

或有收费是指收费与否或收费多少取决于交易的结果或所执行工作的结果。如果一项收费是由法院或政府有关部门规定的，则该项收费不被视为或有收费。

会计师事务所不得采用这种收费安排。

【例题22－53·简答题】甲公司计划发行A股并上市，聘请ABC会计师事务所审计其2009年度、2010年度及2011年度财务报表。审计业务约定书约定，甲公司如上市成功，将另行奖励ABC会计师事务所，奖励金额按发行股票融资额的0.1%计算。

要求：指出上述做法是否存在违反中国注册会计师职业道德守则有关职业道德和独立性规定的情况，并简要说明理由。(2012年)

【答案】违反。提供审计服务不得采用或有收费，否则（因自身利益）严重影响独立性。

第八节　影响独立性的其他事项

考点一：薪酬或业绩评价政策

关键审计合伙人的薪酬或业绩评价不得与其向审计客户推销的非鉴证服务直接挂钩。

某一审计项目组成员的薪酬或业绩评价与其向审计客户推销的非鉴证服务挂钩，将因自身利益产生不利影响。

考点二：礼品和款待

会计师事务所或审计项目组成员不得接受礼品。

如果款待超出业务活动中的正常往来，会计师事务所或审计项目组成员应当拒绝接受。

【例题 22－54·简答题】 ABC 会计师事务所为甲公司进行财务报表审计，甲公司是 F1 赛事中国站的赞助商，送给 A 注册会计师（审计项目合伙人）5 张中国站的贵宾票。A 注册会计师将票分给了审计项目组成员。

要求：指出上述做法是否存在违反中国注册会计师职业道德守则有关职业道德和独立性规定的情况，并简要说明理由。(2012 年)

【答案】 违反。不得接受审计客户礼品，否则（因自身利益和密切关系）严重影响独立性。

【例题 22－55·简答题】 ABC 会计师事务所委派 A 注册会计师担任上市公司甲公司 2015 年度财务报表审计项目合伙人，A 注册会计师受邀参加了甲公司年度股东大会，全体参会人员均获得甲公司生产的移动硬盘作为礼品。

要求：指出上述做法是否存在违反中国注册会计师职业道德守则有关职业道德和独立性规定的情况，并简要说明理由。(2016 年)

【答案】 违反。A 注册会计师不得接受甲公司的任何礼品/收受甲公司礼品属于不当行为。

考点三：诉讼或诉讼产生威胁

如果会计师事务所或审计项目组成员与审计客户发生诉讼或很可能发生诉讼，将因自身利益和外在压力产生不利影响。

第八编
企业内部控制审计

第二十三章　企业内部控制审计

内部控制审计，是指会计师事务所接受委托，对特定基准日内部控制设计与运行的有效性进行审计。注册会计师执行的内部控制审计，是严格限定在财务报告内部控制审计。

第一节　内部控制审计的概念

考点一：内部控制审计的范围

在财务报告内部控制审计中，审计意见覆盖的范围是：

1. 针对财务报告内部控制，注册会计师对其有效性发表审计意见；

2. 针对非财务报告内部控制，注册会计师针对内部控制审计过程中注意到的非财务报告内部控制的重大缺陷，在内部控制审计报告中增加“非财务报告内部控制重大缺陷描述段”予以披露。

考点二：内部控制审计基准日

内部控制审计基准日，是指注册会计师评价内部控制在某一时日是否有效所涉及的基准日，也是被审计单位评价基准日，即最近一个会计期间截止日。

注册会计师对特定基准日内部控制的有效性发表意见，并不意味着注册会计师只测试基准日这一天的内部控制，而是需要考察足够长一段时间内部控制设计和运行的情况。

对控制有效性的测试涵盖的期间越长，提供的控制有效性的审计证据越多。

在整合审计中，控制测试所涵盖的期间应当尽量与财务报表审计中拟信赖内部控制的期间保持一致。

注：所谓整合审计，是指财务报表审计和内部控制的审计同时进行。

第二节　计划审计工作

考点：总体审计策略和具体审计计划

总体审计策略体现的内容	具体审计计划体现的内容
（1）确定审计业务的特征，以界定审计范围 （2）明确审计业务的报告目标，以计划审计的时间安排和所需沟通的性质 （3）根据职业判断，考虑用以指导项目组工作方向的重要因素 （4）考虑初步业务活动的结果，并考虑对被审计单位执行其他业务时获得的经验是否与内部控制审计业务相关 （5）确定执行业务所需资源的性质、时间安排和范围	（1）了解和识别内部控制的程序的性质、时间安排和范围 （2）测试控制设计有效性的程序的性质、时间安排和范围 （3）测试控制运行有效性的程序的性质、时间安排和范围

第三节　实施审计工作

考点一：选择拟测试的控制方法（自上而下的方法）

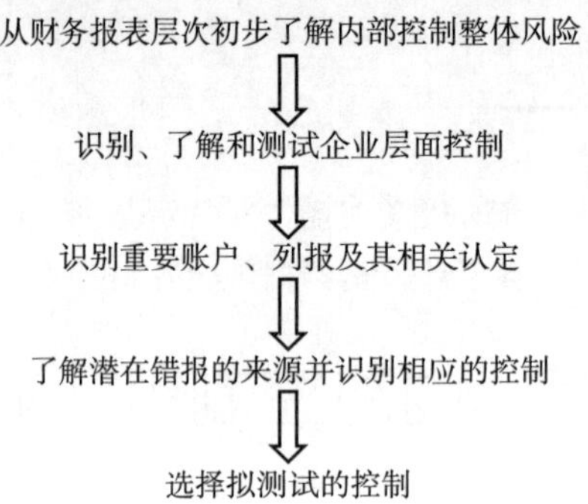

（一）识别、了解和测试企业层面控制

1. 企业层面控制的内涵。

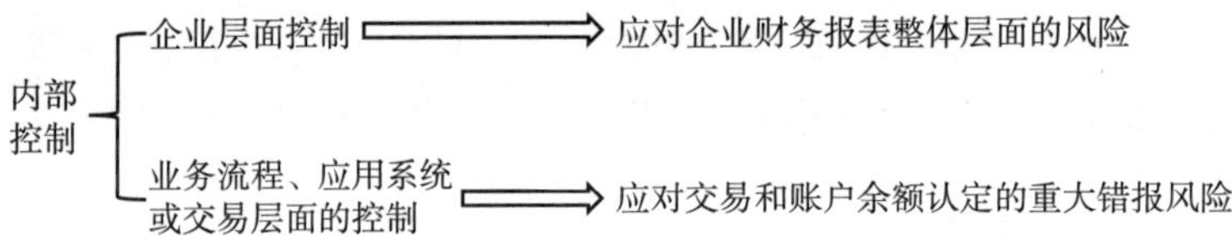

2. 企业层面控制的内容。

（1）与控制环境（即内部环境）相关的控制；

（2）针对管理层和治理层凌驾于控制之上的风险而设计的控制；

（3）被审计单位的风险评估过程；

（4）对内部信息传递和期末财务报告流程的控制；

（5）对控制有效性的内部监督（即监督其他控制的控制）和内部控制评价；

（6）集中化的处理和控制（包括共享的服务环境）、监控经营成果的控制以及针对重大经营控制及风险管理实务的政策。

3. 企业层面控制对其他控制及其测试的影响。

（1）某些与控制环境相关的控制，对及时防止或发现重大错报的可能性有间接的重要影响，可能影响注册会计师拟测试的其他控制及其对其他控制所执行程序的性质、时间安排和范围。

（2）某些企业层面控制能够监督其他控制的有效性。这些控制本身并非精确到足以及时防止或发现相关认定的重大错报。当这些控制运行有效时，注册会计师可以减少原本拟对其他控制的有效性进行测试。

（3）某些企业层面控制本身能精确到足以及时防止或发现一个或多个相关认定中存在的重大错报。如果一项企业层面控制足以应对已评估的重大错报风险，注册会计师可能可以不必测试与该风险相关的其他控制。

（二）识别重要账户、列报及其相关认定

注册会计师在确定重要性水平之后，应当识别重要账户、列报及其相关认定。

重要账户或列报	如果某账户或列报可能存在一个错报，该错报单独或连同其他错报将导致财务报表发生重大错报，则该账户或列报为重要账户或列报
相关认定	如果某财务报表认定可能存在一个或多个错报，这个或这些错报将导致财务报表发生重大错报，则该认定为相关认定

在识别重要账户、列报及其相关认定时，识别要求如下：

1. 会计师应当从定性和定量两个方面作出评价。

（1）定性：考虑舞弊和固有风险。

（2）定量：超过财务报表整体重要性的账户，通常情况下被认定为重要账户，但一个账户或列报的金额超过财务报表整体重要性，并不必然表明其属于重要账户或列报，还要考虑定性问题。

2. 在识别重要客户、列报及其相关认定时，注册会计师应当确定重大错报的可能来源。

3. 注册会计师不应考虑控制的影响，因为内部控制审计的目标本身就是评价控制的有效性。

4. 考虑以前年度审计中了解到的情况影响注册会计师对固有风险的评估。

5. 应当评价的风险因素，与财务报表审计中考虑的因素相同。因此，在这两种审计中识别的重要账户、列报及其相关认定应当相同。

（三）了解潜在错报的来源并识别相应的控制

穿行测试通常是评价控制设计的有效性以及确定控制是否得到执行的有效方法。

如果注册会计师首次接受委托执行内部控制审计，通常预期会对重要流程实施穿行测试（可以利用他人工作）。

（四）选择拟测试的控制

1. 选择拟测试控制的基本要求。

注册会计师应当针对每一相关认定获取控制有效性的审计证据，以便对内部控制整体的有效性发表意见，但没有责任对单项控制的有效性发表意见。

注册会计师没有必要测试与某些相关认定有关的所有控制。

在确定是否测试某项控制时，注册会计师应当考虑该项控制单独或连同其他控制，是否足以应对评估的某项相关认定的错报风险，而不论该项控制的分类和名称如何。

2. 选择拟测试的控制的考虑因素。

注册会计师通常不会选取整个流程中的所有控制，而是选择关键控制，需要注册会计师作出职业判断。

注册会计师无须测试那些即使有缺陷也合理预期不会导致财务报表重大错报的控制。

对于与所有重要账户和列报相关的所有相关认定，注册会计师都需要取得关于控制设计和运行是否有效的证据。

考点二：测试控制的有效性

内部控制的有效性包括内部控制设计的有效性和内部控制运行的有效性。注册会计师应当测

试控制设计和运行的有效性。

1. 控制设计的有效性。

如果某项控制由拥有有效执行控制所需的授权和专业胜任能力的人员按规定的程序和要求执行，能够实现控制目标，从而有效地防止或发现并纠正可能导致财务报表发生重大错报的错误或舞弊，则表明该项控制的设计是有效的。

2. 控制运行的有效性。

如果某项控制正在按照设计运行、执行人员拥有有效执行控制所需的授权和专业胜任能力，能够实现控制目标，则表明该项控制的运行是有效的。

如果被审计单位利用第三方的帮助完成一些财务报告工作，注册会计师在评价负责财务报告及相关控制的人员的专业胜任能力时，可以一并考虑第三方的专业胜任能力。

注册会计师获取的有关控制运行有效性的审计证据包括：

（1）控制在所审计期间的相关时点是如何运行的；

（2）控制是否得到一贯执行；

（3）控制由谁或以何种方式执行。

（一）与控制相关的风险

在测试所选定控制的有效性时，注册会计师应当根据与控制相关的风险，确定所需要获取的审计证据。

与控制相关的风险包括一项控制可能无效的风险，以及如果该控制无效，可能导致重大缺陷的风险。与控制相关的风险越高，注册会计师需要获取的审计证据就越多。

（二）测试控制有效性的程序的性质

测试控制有效性的审计程序类型包括询问、观察、检查和重新执行。

询问	仅实施询问程序不能为某一特定控制的有效性提供充分适当的证据。注册会计师通常需要获取其他信息以印证询问所取得的信息，这些其他信息包括被审计单位其他人员的佐证，控制执行时所使用的报告、手册或其他文件等
观察	观察是测试运行不留下书面记录的控制的有效方法。观察也可运用于测试对实物的控制。观察可以提供执行有关过程或程序的审计证据，但是观察所提供的审计证据，仅仅限于观察发生的时点，而且被观察人员的行为可能因被观察而受到影响，这也会使观察提供的审计证据受到限制
检查	检查通常用于确认控制是否得以执行。但是有些情况下，存在书面证据不一定表明控制一定有效
重新执行	重新执行的目的是评价控制的有效性而不是测试特定交易或余额的存在或准确性，即定性而非定量，因此一般不必选取大量的项目，也不必特意选取金额重大的项目进行测试

（三）控制测试的时间安排

1. 内部控制审计业务。

对于内部控制审计业务，注册会计师应当获取内部控制在基准日之前一段足够长的期间内有效运行的审计证据。

对控制有效性测试的实施时间越接近基准日，提供的控制有效性的审计证据越有力。

2. 整合审计。

在整合审计中，注册会计师控制测试所涵盖的期间应尽量与财务报表审计中拟信赖内部控制的期间保持一致。

在整合审计中测试控制在整个会计年度的运行有效性时：

（1）注册会计师可以进行期中测试，然后对剩余期间实施前推测试；

（2）将样本分成两部分，一部分在期中测试，剩余部分在临近年末的期间测试。

如果信息技术一般控制有效且关键的自动化控制未发生任何变化，注册会计师就不需要对该自动化控制实施前推测试。

【例题 23－1·单选题】对于内部控制审计业务，下列有关控制测试的时间安排的说法中，错误的是（　　）。（2019 年）

A. 注册会计师应当获取内部控制在基准日之前一段足够长的期间内有效运行的审计证据

B. 如果被审计单位在所审计年度内对控制作出改变，注册会计师应当对新的控制和被取代的控制分别实施控制测试

C. 注册会计师对控制有效性测试的实施越接近基准日，提供的控制有效性的审计证据越有力

D. 如果已获取有关控制在期中运行有效性的审计证据，注册会计师应当获取补充审计证据，将期中测试结果前推至基准日

【答案】B

【解析】对于内部控制审计业务，注册会计师应当获取内部控制在基准日之前一段足够长的期间内有效运行的审计证据（选项 A 正确）；在整合审计中，注册会计师控制测试所涵盖的期间应尽量与财务报表审计中拟信赖内部控制的期间保持一致。对控制有效性测试的实施时间越接近基准日，提供的控制有效性的审计证据越有力（选项 C 正确）；注册会计师执行内部控制审计业务旨在对基准日内部控制有效性出具报告。如果已获取有关控制在期中运行有效性的审计证据，注册会计师应当确定还需要获取哪些补充审计证据，以证实剩余期间控制的运行情况。在将期中测试结果前推至基准日时，注册会计师应当考虑相关因素以确定需获取的补充审计证据（选项 D 正确）；如果被审计单位为了提高控制效果和效率或整改控制缺陷而对控制作出改变，注册会计师应当考虑这些变化并适当予以记录。如果注册会计师认为新的控制能够满足控制的相关目标，而且新控制已运行足够长的时间，足以使注册会计师通过实施控制测试评估其设计和运行的有效性，则注册会计师不再需要测试被取代的控制的设计和运行有效性。但是如果被取代的控制的运行有效性对注册会计师执行财务报表审计时的控制风险评估具有重要影响，注册会计师应当适当地测试这些被取代的控制的设计和运行的有效性（选项 B 错误）。

（四）控制测试的范围

注册会计师在测试控制的运行有效性时，应当在考虑与控制相关的风险的基础上，确定测试的范围（样本规模）。

1. 测试人工控制的最小样本规模。

在测试人工控制时，如果采用检查或重新执行程序，注册会计师测试的最小样本规模区间参见下表：

控制运行频率	控制运行的总次数	测试的最小样本规模区间
每年 1 次	1	1
每季 1 次	4	2

续表

控制运行频率	控制运行的总次数	测试的最小样本规模区间
每月1次	12	2~5
每周1次	52	5~15
每天1次	250	20~40
每天多次	大于250	25~60

注：测试的最小样本规模是指所需测试的控制运行次数。

如何运用上表：

注册会计师应当注意的事项	(1) 测试的最小样本规模是指所需测试的控制运行次数 (2) 注册会计师应当根据与控制相关的风险，基于最小样本规模区间确定具体的样本规模 (3) 上表假设控制的运行偏差率预期为零。如果预期偏差率不为零，注册会计师应当扩大样本规模 (4) 如果注册会计师不能确定控制运行的频率，但是知道控制运行的总次数，仍可根据“控制运行的总次数”一列确定测试的最小样本规模
运用测试的最小样本规模区间的最低值的情况（无须全部具备）	(1) 与账户及其认定相关的固有风险和舞弊风险为低水平 (2) 是日常控制，执行时需要的判断很少 (3) 从穿行测试得出的结论和以前年度审计的结果表明未发现控制缺陷 (4) 管理层针对该项控制的测试结果表明未发现控制缺陷 (5) 存在有效的补偿性控制，且管理层针对补偿性控制的测试结果为运行有效 (6) 根据对控制的性质以及内部审计人员客观性和胜任能力的考虑，注册会计师拟更多地利用他人的工作

【例题23-2·单选题】 甲公司财务人员每月与前35名主要客户对账，如有差异进行调查。A注册会计师以与各主要客户的每次对账为抽样单元，采用非统计抽样测试该控制，确定最低样本数量时可以参照的控制执行频率是（　　）。(2014年)

A. 每月1次　　B. 每周1次　　C. 每日1次　　D. 每日数次

【答案】 D

【解析】 控制发生的总次数 $=35\times12=420$（次），大于250次，根据人工控制最低样本规模表，控制的执行频率应当是每日数次。

2. 测试自动化应用控制的最小样本规模。

信息技术处理具有内在一贯性，除非系统发生变动，一项自动化应用控制应当一贯运行。对于一项自动化应用控制，一旦确定被审计单位正在执行该控制，注册会计师通常无须扩大控制测试的范围。

在信息技术一般控制有效的前提下，除非系统发生变动，注册会计师或其专家可能只需要对某项自动化应用控制的每一相关属性进行一次系统查询以检查其系统设置，即可得出所测试自动化应用控制是否运行有效的结论。

3. 发现偏差时的处理。

如果发现控制偏差，注册会计师应当评价控制偏差的影响。

由于有效的内部控制不能为实现控制目标提供绝对保证，单项控制并非一定要毫无偏差地运行，才被认为有效。

注册会计师应当考虑偏差的原因及性质，如果发现的控制偏差是系统性偏差或人为有意造成

的偏差，注册会计师应当考虑舞弊的可能迹象以及对审计方案的影响。

当测试发现一项控制偏差，且该偏差不是系统性偏差时，注册会计师可以扩大样本规模进行测试。

考点三：控制测试

（一）企业层面控制的测试

1. 与控制环境相关的控制。

2. 针对管理层和治理层凌驾于控制之上的风险而设计的控制。

针对凌驾风险采用的控制包括但不限于：

（1）针对重大的异常（尤其是那些导致会计分录延迟或异常的交易）交易的控制；

（2）针对关联方交易的控制；

（3）与管理层的重大估计相关的控制；

（4）能够减弱管理层伪造或不恰当操纵财务结果的动机及压力的控制；

（5）建立内部举报投诉制度。

3. 被审计单位的风险评估过程。

风险评估过程包括识别与财务报告相关的经营风险，以及针对这些风险所采取的措施。

首先，被审计单位需要有充分的内部控制去识别来自外部环境的风险。其次，充分且适当的风险评估过程应当包括对重大风险的估计，对风险发生可能性的评定以及确定应对方法。

4. 对内部信息传递和期末财务报告流程的控制。

期末财务报告流程对内部控制审计和财务报表审计有重要影响，注册会计师应当对期末财务报告流程进行评价。

由于期末财务报告流程通常发生在管理层评价日之后，注册会计师一般只能在该日之后测试相关控制。

评价期末财务报告流程：

（1）被审计单位财务报表的编制流程，包括输入、处理及输出；

（2）期末财务报告流程中运用信息技术的程度；

（3）管理层中参与期末财务报告流程的人员；

（4）纳入财务报表编制范围的组成部分；

（5）调整分录及合并分录的类型；

（6）管理层和治理层对期末财务报告流程进行监督的性质及范围。

5. 对控制有效性的内部监督和内部控制评价。

监督层面：控制监督可以在企业层面或业务流程层面上实施。

监督方式：通过持续的监督和管理活动、审计委员会或内部审计部门的活动，以及自我评价的方式等来实现。

6. 集中化的处理和控制。

采用集中化管理可以降低各个下属单位或分部负责人对该单位或分部财务报表的影响，并且可能会使财务报表相关的内部控制更为有效，所以集中化的财务管理可能有助于降低财务报表错报的风险。

注册会计师可以考虑在较早的阶段执行对共享服务中心内部控制的有效性测试。

7. 经营成果的控制。

管理层对于各个单位或业务部门经营情况的监控是企业层面的主要内部控制之一。

（1）在了解监督经营成果相关的控制时，注册会计师可以从性质上分析这些监督经营成果的控制是否有足够的精确度以取代对业务流程、应用系统或交易层面的控制的测试。

（2）如果这些监督经营成果的内部控制是有效的，注册会计师可以考虑减少对其他控制的测试。

8. 针对重大经营控制及风险管理实务的政策。

保持良好的内部控制的企业通常针对重大经营控制及风险管理实务采用相应的内部控制政策，考虑因素（包括但不限于）：

（1）企业是否建立了重大风险预警机制，明确哪些风险是重大风险，哪些事项一旦出现必须启动应急处理机制；

（2）企业是否建立了突发事件应急处理机制，确保突发事件得到及时妥善处理。

（二）业务流程、应用系统或交易层面的控制的测试

1. 了解企业经营活动和业务流程。

注册会计师可以通过检查被审计单位的手册和其他书面指引获得有关信息，还可以通过询问和观察来获得全面的了解。

向负责处理具体业务人员的上级进行询问通常更加有效。

2. 识别可能发生错报的环节。

注册会计师需要了解和确认被审计单位应在哪些环节设置控制，以防止或发现并纠正各重要业务流程可能发生的错报。

评价是否实现这些目标的重要标志是，是否存在控制来防止错报的发生，或发现并纠正错报，然后重新提交到业务流程处理程序中进行处理。

3. 识别和了解相关控制。

（1）控制的类型。控制分为预防性控制和检查性控制。

（2）识别和了解方法。主要方法是，询问被审计单位各级别的负责人员。通常先询问级别较高的人员，再询问级别较低的人员。业务流程越复杂，注册会计师越有必要询问信息系统人员。

（三）信息系统控制的测试

1. 信息技术一般控制测试。

信息技术一般控制是指为了保证信息系统的安全，对整个信息系统以及外部各种环境要素实施的、对所有的应用或控制模块具有普遍影响的控制措施；

信息技术一般控制通常会对实现部分或全部财务报告认定作出间接贡献。在有些情况下，信息技术一般控制也可能对实现信息处理目标和财务报告认定作出直接贡献。

信息技术一般控制包括程序开发、程序变更、程序和数据访问以及计算机运行四个方面。

2. 信息技术应用控制测试。

信息技术应用控制一般要经过输入、处理及输出等环节，与手工控制一样，自动系统控制同样关注信息处理目标的四个要素：完整性、准确性、经过授权和访问限制。

所有的自动应用控制都会有一个手工控制与之相对应。在测试的时候，每个自动系统控制都要与其对应的手工控制一起进行测试，才能得到控制是否可信赖的结论。

3. 信息技术应用控制与信息技术一般控制之间的关系。

如果带有关键的某些功能的应用系统所依赖的计算机环境存在信息技术一般控制的缺陷，注册会计师可能就不能信赖上述功能按设计发挥作用。

第四节　内部控制缺陷评价

考点一：控制缺陷的分类

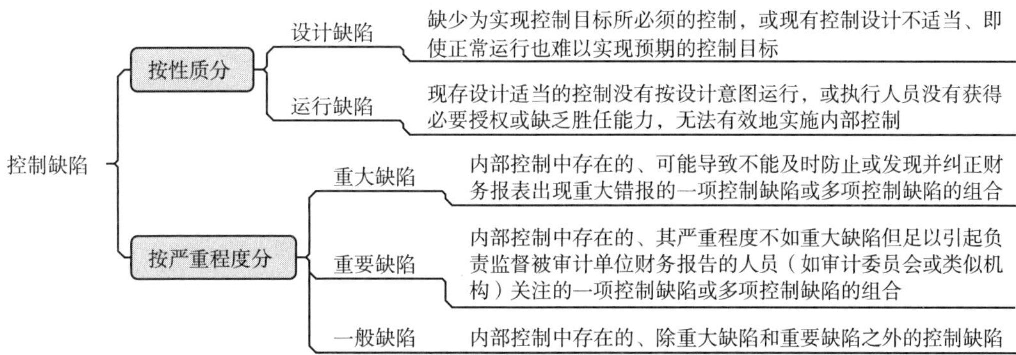

考点二：评价控制缺陷的严重程度

注册会计师应当评价其识别的各项控制缺陷的严重程度，以确定这些缺陷单独或组合起来，是否构成内部控制的重大缺陷。但是，在计划和实施审计工作时，不要求注册会计师寻找单独或组合起来不构成重大缺陷的控制缺陷。

控制缺陷的严重程度取决因素：

影响因素	说明
控制不能防止或发现并纠正账户或列报发生错报的可能性的大小	（1）控制缺陷的严重程度与错报是否发生无关，而取决于控制不能防止或发现并纠正错报的可能性的大小 （2）评价控制缺陷是否可能导致错报时，注册会计师无须将错报发生的概率量化为某特定的百分比或区间 （3）如果多项控制缺陷影响财务报表的同一账户或列报，错报发生的概率会增加
因一项或多项控制缺陷导致的潜在错报的金额大小	（1）在评价因一项或多项控制缺陷导致的潜在错报的金额大小时，注册会计师应当考虑的因素包括： ①受控制缺陷影响的财务报表金额或交易总额 ②在本期或预计的未来期间受控制缺陷影响的账户余额或各类交易涉及的交易量 （2）在评价潜在错报的金额大小时，账户余额或交易总额的最大多报金额通常是已记录的金额，但其最大少报金额可能超过已记录的金额 （3）小金额错报比大金额错报发生的概率更高

控制缺陷评价流程：

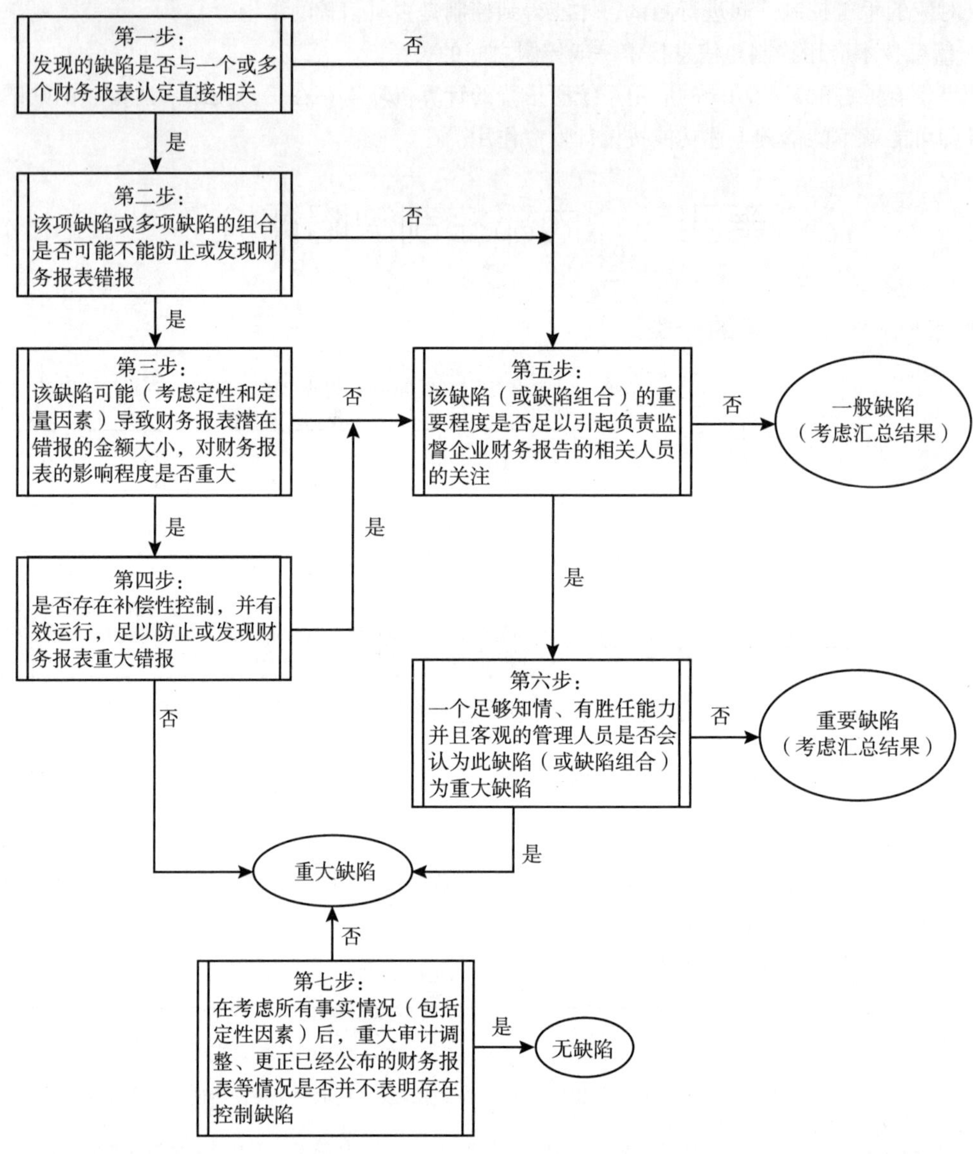

考点三：内部控制缺陷的整改

如果被审计单位在基准日前对存在缺陷的控制进行了整改，整改后的控制需要运行足够长的时间，才能使注册会计师得出其是否有效的审计结论。

如果被审计单位在基准日前对存在重大缺陷的内部控制进行了整改，但新控制尚没有运行足够长的时间，注册会计师应当将其视为内部控制在基准日存在重大缺陷。

注册会计师应当根据控制的性质和与控制相关的风险，合理运用职业判断，确定整改后控制运行的最短时间以及最少测试数量。

控制运行频率	整改后控制运行的最短期间或最少运行次数	最少测试数量
每季1次	2个季度	2
每月1次	2个月	2
每周1次	5周	5
每天1次	20天	20
每天多次	25次（分布于涵盖多天的期间，通常不少于15天）	25

【例题23－3·单选题】注册会计师执行内部控制审计时，下列有关评价控制缺陷的说法中，错误的是（　　）。(2017年)

A. 如果一项控制缺陷存在补偿性控制，注册会计师不应将该控制缺陷评价为重大缺陷

B. 注册会计师评价控制缺陷的严重程度时，无须考虑错报是否已经发生

C. 注册会计师评价控制缺陷是否可能导致错报时，无须量化错报发生的概率

D. 注册会计师评价控制缺陷导致的潜在错报的金额大小时，应当考虑本期或未来期间受控制缺陷影响的账户余额或各类交易涉及的交易量

【答案】A

【解析】在确定一项控制缺陷或多项控制缺陷的组合是否构成重大缺陷时，注册会计师应当评价补偿性控制的影响。在评价补偿性控制是否能够弥补控制缺陷时，注册会计师应当考虑补偿性控制是否有足够的精确度以防止或发现并纠正可能发生的重大错报。也就是注册会计师可能将该控制评价为重大缺陷。

【套路】评价控制缺陷，要考虑补偿性控制，但补偿性控制不一定有用。

【例题23－4·单选题】在执行内部控制审计时，下列有关注册会计师评价控制缺陷的说法中，错误的是（　　）。(2019年)

A. 在评价控制缺陷的严重程度时，注册会计师无须考虑错报是否发生

B. 在评价控制缺陷是否可能导致错报时，注册会计师无须量化错报发生的概率

C. 在评价一项控制缺陷或多项控制缺陷的组合是否构成重大缺陷时，注册会计师应当考虑补偿性控制的影响

D. 如果被审计单位在基准日完成了对所有存在缺陷的内部控制的整改，注册会计师可以评价认为内部控制在基准日运行有效

【答案】D

【解析】控制缺陷的严重程度与错报是否发生无关，而取决于控制不能防止或发现并纠正错报的可能性的大小，选项A正确；在确定一项控制缺陷或多项控制缺陷的组合是否构成重大缺陷时，注册会计师应当评价补偿性控制的影响，选项C正确；评价控制缺陷是否可能导致错报时，注册会计师无须将错报发生的概率量化为某特定的百分比或区间，选项B正确；如果被审计单位在基准日前对存在重大缺陷的内部控制进行了整改，但新控制尚没有运行足够长的时间，注册会计师应当将其视为内部控制在基准日存在重大缺陷，选项D错误。

第五节　出具审计报告

考点一：形成审计意见

注册会计师应当评价从各种来源获取的审计证据，包括对控制的测试结果、财务报表审计中发现的错报以及已识别的所有控制缺陷，形成对内部控制有效性的意见。

在评价审计证据时，注册会计师应当查阅本年度涉及内部控制的内部审计报告或类似报告，并评价这些报告中指出的控制缺陷。

只有在审计范围没有受到限制时，注册会计师才能对内部控制有效性形成意见。如果审计范围受到限制，注册会计师需要解除业务约定或出具无法表示意见的内部控制审计报告。

在整合审计中，注册会计师在完成内部控制审计和财务报表审计后，应当分别对内部控制和财务报表出具审计报告，并签署相同的日期。

考点二：审计报告类型

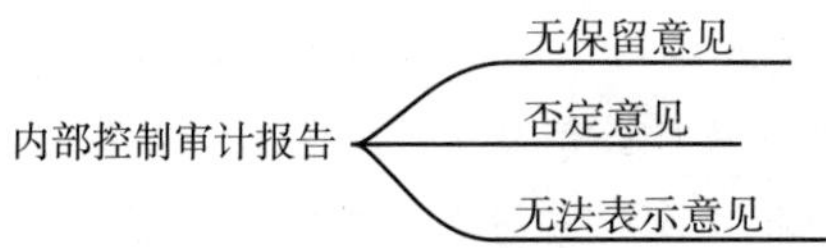

注意：内部控制审计报告只有三种类型，没有保留意见类型。而财务报表审计报告有四种类型。

【例题 23－5·多选题】 下列有关财务报表审计与内部控制审计的共同点的说法中，正确的有（　　）。(2017 年)

A. 两者识别的重要账户、列报及其相关认定相同

B. 两者的审计报告意见类型相同

C. 两者了解和测试内部控制设计和运行有效性的审计程序类型相同

D. 两者测试内部控制运行有效性的范围相同

【答案】 AC

【解析】 选项 B 错误，企业内部控制审计意见包括无保留意见、否定意见和无法表示意见三种类型，没有保留意见；选项 D 错误，在财务报表审计中，如果预期不信赖内部控制，可以不实施控制测试，不测试内部控制的有效性。在内部控制审计中，注册会计师应当针对所有重要账户和列报的每一个相关认定获取控制设计和运行有效性的审计证据，以便对内部控制整体的有效性发表审计意见。

【套路】 要特别注意的两点区别：内部控制审计是没有“保留意见”的；同时所有的重要账户和列报的认定都要进行审计，不管是否预期信赖控制。

（一）无保留意见内部控制审计报告

如果符合下列所有条件，应当对内部控制出具无保留意见的内部控制审计报告：

1. 在基准日，被审计单位按照适用的内部控制标准的要求，在所有重大方面保持了有效的内

部控制。

2. 注册会计师已经按照《企业内部控制审计指引》的要求计划和实施审计工作，在审计过程中未受到限制。

（二）否定意见的内部控制审计报告

适用情形：如果认为内部控制存在一项或多项重大缺陷，除非审计范围受到限制，注册会计师应当对内部控制发表否定意见。

特别内容：否定意见的内部控制审计报告中还应当包括重大缺陷的定义、重大缺陷的性质及其对内部控制的影响程度。注册会计师应当就重大缺陷情况以书面形式与治理层沟通。

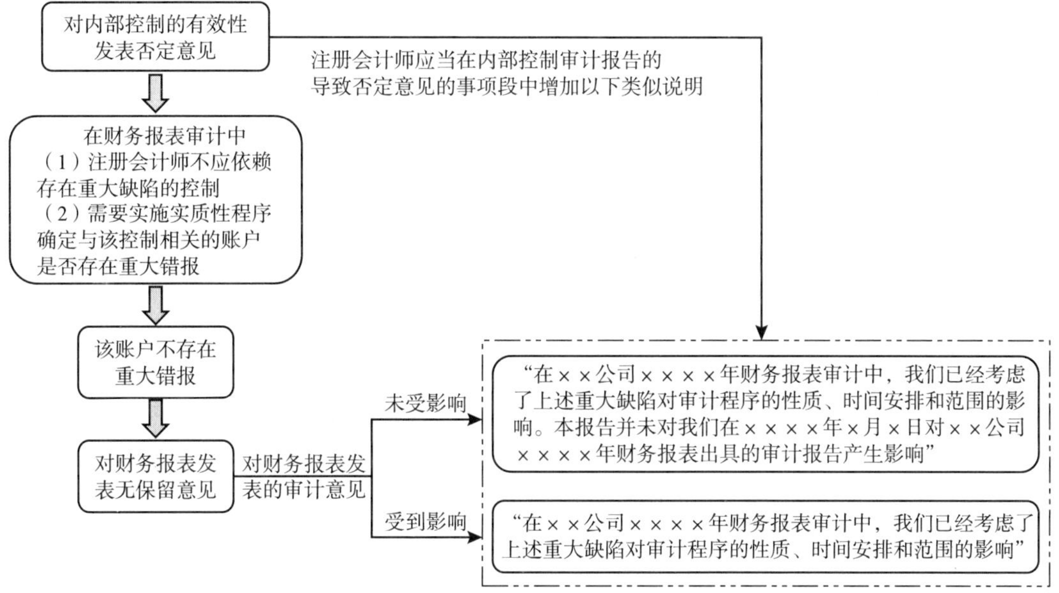

（三）无法表示意见的内部控制审计报告

适用情形：

1. 如果审计范围受到限制，注册会计师应当解除业务约定或出具无法表示意见的内部控制审计报告。

2. 如果法律法规的相关豁免规定允许被审计单位不将某些实体纳入内部控制的评价范围，注册会计师可以不将这些实体纳入内部控制审计的范围。这种情况不构成审计范围受到限制，但注册会计师应当在内部控制审计报告中增加强调事项段或者在注册会计师的责任段中，就这些实体未被纳入评价范围和内部控制审计范围这一情况，作出与被审计单位类似的恰当陈述。

只要认为审计范围受到限制将导致无法获取发表审计意见所需的充分、适当的审计证据，注册会计师不必执行任何其他工作即可对内部控制出具无法表示意见的内部控制审计报告。在这种情况下，内部控制审计报告的日期应当为注册会计师已就该报告中陈述的内容获取充分、适当的审计证据的日期。

在因审计范围受到限制而无法表示意见时，注册会计师应当就未能完成整个内部控制审计工作的情况，以书面形式与管理层和治理层沟通。

考点三：强调事项、非财务报告内部控制重大缺陷

1. 强调事项。

如果认为内部控制虽然不存在重大缺陷，但仍有一项或多项重大事项需要提请内部控制审计报告使用者注意，注册会计师应当在内部控制审计报告中增加强调事项段予以说明。

注册会计师应当在强调事项段中指明，该段内容仅用于提醒内部控制审计报告使用者关注，并不影响对内部控制发表的审计意见。

如果存在下列情况，注册会计师应当考虑在内部控制审计报告中增加强调事项段：

（1）如果确定企业内部控制评价报告对要素的列报不完整或不恰当，注册会计师应当在内部控制审计报告中增加强调事项段，说明这一情况并解释得出该结论的理由。

（2）如果注册会计师知悉在基准日并不存在、但在期后期间发生的事项，且这类期后事项对内部控制有重大影响，注册会计师应当在内部控制审计报告中增加强调事项段，描述该事项及其影响，或提醒内部控制审计报告使用者关注企业内部控制评价报告中披露的该事项及其影响。

2. 非财务报告内部控制重大缺陷。

对于审计过程中注意到的非财务报告内部控制缺陷，如果确定该项非财务报告内部控制缺陷为重大缺陷的，注册会计师应当以书面形式与企业董事会和经理层沟通，提醒企业加以改进。

在内部控制审计报告中增加非财务报告内部控制重大缺陷描述段，对重大缺陷的性质及其实现相关控制目标的影响程度进行披露，提示内部控制审计报告使用者注意相关风险，但无须对其发表审计意见。

【例题 23－6 · 多选题】 在执行内部控制审计时，下列有关非财务报告内部控制重大缺陷的说法中，正确的有（　　）。（2018 年）

A. 注册会计师应当以书面形式与被审计单位董事会沟通发现的非财务报告内部控制重大缺陷

B. 注册会计师可以以书面或口头形式与被审计单位经理层沟通发现的非财务报告内部控制重大缺陷

C. 注册会计师应当在内部控制审计报告中披露非财务报告内部控制重大缺陷

D. 非财务报告内部控制重大缺陷不影响内部控制审计报告的意见类型

【答案】 ACD

【解析】 选项 B 错误。确定该项非财务报告内部控制缺陷为重大缺陷的，注册会计师应当以书面形式与企业董事会和经理层沟通，提醒企业加以改进。

【专题】综合题

【2019 年真题】

甲公司是 ABC 会计师事务所的常年审计客户，主要从事轨道交通车辆配套产品的生产和销售。A 注册会计师负责审计甲公司 2018 年度财务报表，确定财务报表整体的重要性为 1 000 万元，实际执行的重要性为 500 万元。

资料一：

A 注册会计师在审计工作底稿中记录了所了解的甲公司情况及其环境，部分内容摘录如下：

（1）因 2017 年 a 产品生产线的产能利用率已接近饱和，甲公司于 2018 年初开始建设一条新的生产线，预计工期 15 个月。

（2）甲公司于 2018 年 5 月应乙公司要求，开始设计开发新产品 b 的模具。乙公司于 2018 年 10 月汇付甲公司 1 200 万元，为模具前期开发提供资金支持。双方约定该款项从 b 产品的货款中扣除。

（3）2018 年 3 月，甲公司与丙公司签订销售合同，为其定制 c 产品，并应丙公司要求与其签订采购合同，向其购买 c 产品的主要原材料。

（4）2018 年，由于竞争对手改进生产工艺，大幅提高了产品质量，甲公司 d 产品的订单量锐减。

（5）2018 年 9 月，甲公司委托丁公司研发一项新技术，甲公司承担研发过程中的风险并享有研发成果。委托合同总价款 5 000 万元，合同生效日预付 40%，成果交付日支付剩余款项。该研发项目 2018 年末的完工进度约为 30%。

资料二：

A 注册会计师在审计工作底稿中记录了甲公司的财务数据，部分内容摘录如下：

金额单位：万元

项目	未审数	已审数
	2018 年	2017 年
营业收入——a 产品	30 000	20 000
营业成本——a 产品	21 000	14 000
营业收入——c 产品	10 000	0
营业成本——c 产品	9 800	0
营业收入——d 产品	2 200	8 000

续表

项目	未审数	已审数
	2018 年	2017 年
营业成本——d 产品	2 000	5 500
其他收益——b 产品模具补贴	1 200	0
预付款项——丁公司研发费	2 000	0
存货——a 产品	9 000	7 000
存货——c 产品主要原材料	2 000	0
存货——d 产品	200	1 000
在建工程——b 产品模具	2 400	0
无形资产——d 产品专有技术	2 500	3 000

资料三：

A 注册会计师在审计工作底稿中记录了审计计划，部分内容摘录如下：

（1）甲公司利用生产管理系统中的自动化控制进行生产工人的排班调度，以提高生产效率。A 注册会计师认为该控制与审计无关，拟不纳入了解内部控制的范围。

（2）甲公司供应商数量多，采购交易量大。A 注册会计师拟对采购与付款循环相关的财务报表项目实施综合性方案，采用随意抽样测试相关内部控制的运行有效性，采用货币单元抽样测试应付账款的准确性和完整性

（3）A 注册会计师评估认为整个会计期间均存在舞弊导致的重大错报风险，将会计分录测试的范围确定为 2018 年度的所有非标准分录和其他调整。

资料四：

A 注册会计师在审计工作底稿中记录了实施进一步审计程序的情况，部分内容摘录如下：

（1）A 注册会计师抽样测试了与职工薪酬相关的控制，发现一个偏差。因针对职工薪酬实施实质性程序未发现错报，A 注册会计师认为该偏差不构成缺陷，相关控制运行有效。

（2）A 注册会计师采用实质性分析程序测试甲公司 2018 年度的借款利息支出，发现已记录金额与预期值之间存在 600 万元差异，因可接受差异额为 500 万元，A 注册会计师要求管理层更正了 100 万元的错报。

（3）甲公司年末存放在客户仓库的产品余额为 2 000 万元。由于无法实施监盘，且认为函证很可能无效，A 注册会计师检查了甲公司相关产品的发出和客户签收记录、与客户的对账记录以及期后结算单据，查询了客户网站上开放给供应商的库存信息，据此认可了该项存货的数量。

（4）甲公司原材料年末余额为 10 000 万元，包括 3 000 个项目。A 注册会计师在实施计价测试时，抽样选取了 50 个项目作为测试样本，发现两个样本存在错报，这两个样本的账面金额为 150 万元和 50 万元，审定金额为 120 万元和 40 万元。A 注册会计师采用比率法推断的总体错报为 2 400 万元。

资料五：

A 注册会计师在审计工作底稿中记录了重大事项的处理情况，部分内容摘录如下：

（1）A 注册会计师在审计过程中发现，甲公司出纳利用内部控制缺陷挪用公司资金 600 万

元。甲公司管理层追回了该款项，并将出纳开除。因该事项未对甲公司造成损失，且管理层已向治理层汇报，A注册会计师认为无须再与治理层沟通。

（2）甲公司2018年度财务报表存在一笔未更正错报400万元，系少计提企业所得税所致。因该错报金额小于财务报表整体的重要性，A注册会计师认为该错报不重大，不影响审计结论。

（3）甲公司于2019年初更换了管理层。因已获取新任管理层有关2018年度财务报表的书面声明，A注册会计师未再要求前任管理层提供书面声明。

（4）在审计报告日后、财务报表报出日前，甲公司2018年末的一项重大未决诉讼终审结案，管理层根据判决结果调整了2018年度财务报表。在对该调整实施审计程序后，A注册会计师对重新批准的财务报表出具了新的审计报告。

要求：

（1）针对资料一第（1）至（5）项，结合资料二，假定不考虑其他条件，逐项指出资料一所列事项是否可能表明存在重大错报风险。如果认为可能表明存在重大错报风险，简要说明理由，并说明该风险主要与哪些财务报表项目的哪些认定相关（不考虑税务影响）。将答案直接填入答题区的相应表格内。

（2）针对资料三第（1）至（3）项，假定不考虑其他条件，逐项指出A注册会计师的做法是否恰当。如不恰当，简要说明理由。将答案直接填入答题区的相应表格内。

（3）针对资料四第（1）至（4）项，假定不考虑其他条件，逐项指出A注册会计师的做法是否恰当。如不恰当，简要说明理由。将答案直接填入答题区的相应表格内。

（4）针对资料五第（1）至（4）项，假定不考虑其他条件，逐项指出A注册会计师的做法是否恰当。如不恰当，简要说明理由。将答案直接填入答题区的相应表格内。

【答案】

（1）

事项序号	是否可能表明存在重大错报风险（是/否）	理由	财务报表项目名称及认定
（1）	是	2017年产能利用率已接近饱和，2018年营业收入大幅增长，可能存在多计营业收入、营业成本的风险	营业收入（发生） 营业成本（发生）
（2）	是	客户汇入的款项不是补贴收入/是预收款，可能存在多计其他收益的风险	其他收益（发生） 合同负债（完整性）
（3）	是	c产品的主要原材料由客户提供，且毛利率很低，该业务可能是受托加工业务/需要采用净额法确认收入，可能存在多计存货、营业收入和营业成本的风险	存货（存在） 营业收入（发生） 营业成本（发生）
（4）	是	产品订单锐减，可能导致相关的无形资产/专有技术出现减值，可能存在少计无形资产减值的风险	资产减值损失（完整性/准确性） 无形资产（准确性、计价和分摊）
（5）	是	由于甲公司承担研发过程中的风险并享有研发成果，该项研发实质上是甲公司的自主研发，可能存在少计开发支出或研发费用，多计预付款项的风险	开发支出/研发费用（完整性） 预付款项（存在）

（2）

事项序号	是否恰当（是/否）	理由
（1）	是	
（2）	否	货币单元抽样不适用于测试总体的低估/完整性
（3）	否	测试范围还应当包括标准会计分录

（3）

事项序号	是否恰当（是/否）	理由
（1）	否	实施实质性程序未发现错报，并不能说明相关的控制运行有效
（2）	否	差异超过可接受的差异额，注册会计师应当调查该差异，而不是将超出部分直接作为错报
（3）	是	
（4）	否	推断的总体错报应为2000万元

（4）

事项序号	是否恰当（是/否）	理由
（1）	否	该事项表明存在值得关注的内部控制缺陷，应当与治理层沟通
（2）	否	是否构成重大错报还应当考虑错报的性质
（3）	是	
（4）	否	还应将对期后事项的审计程序延伸至新的审计报告日

【2018年真题】

上市公司甲公司是ABC会计师事务所的常年审计客户，主要从事汽车的生产和销售。

A注册会计师负责审计甲公司2017年度财务报表，确定财务报表整体的重要性为1 000万元，明显微小错报的临界值为30万元。

资料一：

A注册会计师在审计工作底稿中记录了所了解的甲公司情况及其环境，部分内容摘录如下：

（1）2017年，在钢材价格及劳动力成本大幅上涨的情况下，甲公司通过调低主打车型的价格，保持了良好的竞争力和市场占有率。

（2）2017年，甲公司首款互联网汽车研发项目取得突破性进展，于2017年末开始量产。

甲公司因此获得研发补助1 800万元，并于2017年12月将相关开发支出转入无形资产。

（3）自2017年1月起，甲公司将产品质量保证金的计提比例由营业收入的3%调整为2%。

（4）2017年12月31日，甲公司以1亿元购入丙公司40%股权。根据约定，甲公司按持股比例享有丙公司自评估基准日2017年6月30日至购买日的净利润。

（5）2017年12月，甲公司与非关联方丁公司签订意向书，以3 000万元价格向其转让一批旧设备。2018 年 1 月，该交易获得批准并完成交付。

资料二：

A 注册会计师在审计工作底稿中记录了甲公司的财务数据，部分内容摘录如下：

金额单位：万元

项目	未审数	已审数
	2017 年	2016 年
营业收入	100 000	95 000
营业成本	89 000	84 500
销售费用——产品质量保证	2 000	2 850
投资收益——权益法核算（丙公司）	1 200	0
其他收益一——互联网汽车项目补助	1 800	0
持有待售资产——拟销售给丁公司的设备	4 200	0
长期股权投资——丙公司	11 200	0
无形资产——互联网汽车开发项目	4 000	0

资料三：

A 注册会计师在审计工作底稿中记录了审计计划，部分内容摘录如下：

（1）因评估的舞弊风险较高，A 注册会计师拟将甲公司全年的会计分录和其他调整作为会计分录测试的总体，针对该总体实施完整性测试，并选取所有金额超过 30 万元的异常项目进行测试。

（2）A 注册会计师认为仅实施实质性程序不能获取与成本核算相关的充分、适当的审计证据，因此，拟实施综合性方案：测试相关内部控制在 2017 年 1 月至 10 月期间的运行有效性，并对 2017 年 11 月至 12 月的成本核算实施细节测试。

（3）A 注册会计师在询问管理层、阅读内控手册并执行穿行测试后，尽管认为甲公司与关联方交易相关的内部控制设计合理，但不拟信赖，拟直接实施细节测试。

（4）因其他应收款和其他应付款的年初年末余额均低于实际执行的重要性，A 注册会计师拟不对其实施进一步审计程序。

资料四：

A 注册会计师在审计工作底稿中记录了实施进一步审计程序的情况，部分内容摘录如下：

（1）A 注册会计师在测试与销售收款相关的内部控制时识别出一项偏差，经查系员工舞弊所致。因追加样本量进行测试后未再识别出偏差，A 注册会计师认为相关内部控制运行有效，并向管理层通报了该项舞弊。

（2）A 注册会计师选取甲公司的部分分公司实施库存现金监盘，发现某分公司存在以报销凭证冲抵现金的情况。因错报金额低于明显微小错报的临界值，A 注册会计师未再实施其他审计程序。

（3）A 注册会计师采用实质性分析程序测试甲公司 2017 年度的运输费用，已记录金额低于预期值 500 万元，因该差异低于实际执行的重要性，A 注册会计师认可了已记录金额。

（4）A 注册会计师在测试管理费用时发现两笔错报，分别为少计会议费 40 万元和多计研发支出50万元，因合计金额小于明显微小错报的临界值，未予累积。

资料五：

A注册会计师在审计工作底稿中记录了重大事项的处理情况，部分内容摘录如下：

（1）2018年1月初，甲公司对某型号汽车实施召回，免费更换安全气囊，预计将发生更换费用4 000万元。管理层在2017年度财务报表中确认了该项费用并进行了披露。A注册会计师在对更换费用及相关披露实施审计程序后，认可了管理层的处理。

（2）因不同意A注册会计师提出的某些审计调整建议，管理层拒绝在书面声明中说明未更正错报单独或汇总起来对财务报表整体的影响不重大。考虑到未更正错报对财务报表的影响很小，A注册会计师同意管理层不提供该项声明。

（3）因未能在审计报告日前获取甲公司2017年度报告，A注册会计师于审计报告日后从网上下载了甲公司公布的年度报告进行阅读，结果满意。

要求：

（1）针对资料一第（1）至（5）项，结合资料二，假定不考虑其他条件，逐项指出资料一所列事项是否可能表明存在重大错报风险。如果认为可能表明存在重大错报风险，简要说明理由，并说明该风险主要与哪些财务报表项目的哪些认定相关（不考虑税务影响）。将答案直接填入答题区的相应表格内。

（2）针对资料三第（1）至（4）项，假定不考虑其他条件，逐项指出审计计划的内容是否恰当。如不恰当，简要说明理由。将答案直接填入答题区的相应表格内。

（3）针对资料四第（1）至（4）项，假定不考虑其他条件，逐项指出A注册会计师的做法是否恰当。如不恰当，简要说明理由。将答案直接填入答题区的相应表格内。

（4）针对资料五第（1）至（3）项，假定不考虑其他条件，逐项指出A注册会计师的做法是否恰当。如不恰当，简要说明理由。将答案直接填入答题区的相应表格内。

【答案】

（1）

事项序号	是否可能表明存在重大错报风险（是/否）	理由	财务报表项目名称及认定
（1）	是	在原材料和人工成本上涨，而主要产品价格下降的情况下，毛利率仍与上年相当，可能存在多计收入、少计成本的风险	营业收入（发生） 营业成本（完整性/准确性）
（2）	是	互联网汽车开发资本化形成无形资产，相关补助可能是与资产相关的政府补助，可能存在多计其他收益的风险	其他收益（发生） 递延收益（完整性）/无形资产（准确性、计价和分摊）
（3）	是	该事项涉及会计估计变更且金额重大，可能存在少计预计负债和销售费用的风险	销售费用（准确性） 预计负债（准确性、计价和分摊）
（4）	是	长期股权投资购入之后才能采用权益法核算/权益法确认的投资收益不应包括购买前的损益，可能存在多计投资收益和长期股权投资的风险	长期股权投资（准确性、计价和分摊） 投资收益（准确性）

续表

事项序号	是否可能表明存在重大错报风险（是/否）	理由	财务报表项目名称及认定
（5）	是	截至2017年末，转让交易未经批准，尚不满足划分为持有待售资产的条件，可能存在多计持有待售资产的风险；转让价格低于账面值，可能存在少计资产减值准备的风险	持有待售资产（存在） 固定资产（完整性） 固定资产（准确性、计价和分摊） 资产减值损失（准确性）

（2）

事项序号	是否恰当（是/否）	理由
（1）	否	金额大小不是选取测试异常项目的考虑因素/应测试所有异常项目
（2）	否	还应当对内部控制在剩余期间的运行有效性获取审计证据。细节测试的总体应当是全年的成本核算/还应当对1月至10月的成本核算实施细节测试
（3）	是	
（4）	否	其他应付款存在低估风险/还应当考虑舞弊风险，不能仅因为其金额低于实际执行的重要性而不实施进一步审计程序

（3）

事项序号	是否恰当（是/否）	理由
（1）	否	控制偏差系由舞弊导致，扩大样本规模通常无效/该内部控制无效
（2）	否	该错报可能是系统性错报/其他分公司可能也会存在类似的错报/A注册会计师应当调查其他分公司是否有类似情况
（3）	否	应将差异额与可接受差异额比较
（4）	否	两笔错报金额均大于明显微小错报的临界值/两笔错报不能相互抵销，应予以累积

（4）

事项序号	是否恰当（是/否）	理由
（1）	是	
（2）	否	注册会计师仍应当要求管理层提供有关未更正错报的书面声明/书面声明可以增加有关不同意某事项构成错报的表述
（3）	否	注册会计师应当获取管理层提供的年度报告的最终版本/不应在网上下载。应当在公布前获取年度报告

【2017年真题】

ABC会计师事务所首次接受委托，审计上市公司甲公司2016年度财务报表，委派A注册会计师担任项目合伙人。A注册会计师确定财务报表整体的重要性为1 200万元。甲公司主要提供快递物流服务。

资料一：

A 注册会计师在审计工作底稿中记录了所了解的甲公司情况及其环境，部分内容摘录如下：

（1）2016 年 3 月，甲公司股东大会批准一项利润分享计划。如 2016 年度实现净利润较上年度增长 20% 以上，按净利润增长部分的 10% 给予管理层奖励。

（2）2015 年 6 月，甲公司开始经营航空快递业务，以经营租赁方式租入 2 架飞机，租期五年。管理层按实际飞行小时和预计每飞行小时维修费率计提租赁期满退租时的大修费用。2016 年 1 月起，甲公司航空运输服务降价 40%，业务出现爆发式增长。

（3）2016 年 9 月，甲公司出资 500 万元与非关联方乙公司共同投资设立丙公司，持有其 45% 股权，并按持股比例享有其净资产。丙公司的重大生产经营和财务决策须由股东双方共同作出。甲公司将丙公司作为合营企业核算。

（4）2016 年 4 月，甲公司推出加盟运营模式，一次性收取加盟费 50 万元，提供五年加盟期间的培训和网络服务。2016 年度甲公司共收到加盟费 3 000 万元。

（5）2016 年 6 月，甲公司向丁公司预付 1 000 万元用于某部电影拍摄，不享有收益权和版权。丁公司承诺在该电影中植入 3 分钟甲公司广告，如该电影不能上映，全额退款。2017 年 1 月，该电影已取得发行放映许可证，将于 2017 年春节上映。

资料二：

A 注册会计师在审计工作底稿中记录了甲公司的财务数据，部分内容摘录如下：

金额单位：万元

项目	未审数	已审数
	2016 年	2015 年
营业收入——航空运输收入	32 000	8 000
营业收入——加盟费收入	3 000	0
投资收益——丙公司	30	0
净利润	19 500	16 000
预付款项——丁公司	1 000	0
应付职工薪酬——管理层利润分享	350	0
长期应付款——退租大修费用	2 400	600

资料三：

A 注册会计师在审计工作底稿中记录了审计计划，部分内容摘录如下：

（1）A 注册会计师拟与治理层沟通计划的审计范围和时间安排，为避免损害审计的有效性，沟通内容不包括识别出的重大错报风险以及应对措施。

（2）A 注册会计师评价认为前任注册会计师具备专业胜任能力，因此，拟通过查阅其审计工作底稿，获取与非流动资产和非流动负债期初余额相关的审计证据。

（3）甲公司应收账款会计每月末向排名前 10 位的企业客户寄送对账单，并调查回函差异。因该控制仅涉及一小部分应收账款余额，A 注册会计师拟不测试该控制，直接实施实质性程序。

（4）甲公司的个人快递业务交易量巨大，单笔金额较小。因无法通过实施细节测试获取充分、适当的审计证据，也无法有效实施实质性分析程序，A注册会计师拟在审计该类收入时全部依赖控制测试。

资料四：

A注册会计师在审计工作底稿中记录了实施的进一步审计程序，部分内容摘录如下：

（1）在采用审计抽样测试甲公司付款审批控制时，A注册会计师确定总体为2016年度的所有付款单据，抽样单元为单张付款单据，选取2016年12月26日至12月31日的全部付款单据共计80张作为样本，测试结果满意。

（2）甲公司收入交易高度依赖信息系统。ABC事务所的信息技术专家对甲公司信息技术一般控制和与收入相关的信息技术应用控制进行了测试，结果满意。

（3）甲公司2016年末应收票据余额重大。A注册会计师于2016年12月31日检查了这些票据的复印件，并核对了相关信息，结果满意。

（4）甲公司的某企业客户利用甲公司的快递服务，向A注册会计师寄回了询证函回函。A注册会计师认为回函可靠性受到影响，重新发函并要求该客户通过其他快递公司寄回询证函。

（5）A注册会计师发现甲公司未与部分快递员签订劳动合同且未缴纳社会保险金。管理层解释系快递员流动频繁所致。A注册会计师检查了甲公司人事部门的员工入职和离职记录，认为解释合理，未再实施其他审计程序。

资料五：

A注册会计师在审计工作底稿中记录了审计完成阶段的工作，部分内容摘录如下：

（1）甲公司2016年末的一项重大未决诉讼在审计报告日前终审结案，管理层根据判决结果调整了2016年度财务报表。A注册会计师检查了法院判决书以及甲公司的账务处理和披露，结果满意，未再实施其他审计程序。

（2）因仅实施替代程序无法获取充分、适当的审计证据，A注册会计师就一份重要的询证函通过电话与被询证方确认了函证信息并被告知回函已寄出，于当日出具了审计报告；A注册会计师于次日收到回函，结果满意。

（3）A注册会计师未能在审计报告日前获取甲公司2016年度报告的最终版本，因此，未要求管理层提供有关其他信息的书面声明。

要求：

（1）针对资料一第（1）至（5）项，结合资料二，假定不考虑其他条件，逐项指出资料一所列事项是否可能表明存在重大错报风险。如果认为可能表明存在重大错报风险，简要说明理由。如果认为该风险为认定层次重大错报风险，说明该风险主要与哪些财务报表项目的哪些认定相关（不考虑税务影响）。

（2）针对资料三第（1）至（4）项，假定不考虑其他条件，逐项指出审计计划的内容是否恰当。如不恰当，简要说明理由。

（3）针对资料四第（1）至（5）项，假定不考虑其他条件，逐项指出A注册会计师的做法是否恰当。如不恰当，简要说明理由。

（4）针对资料五第（1）至（3）项，假定不考虑其他条件，逐项指出A注册会计师的做法是否恰当。如不恰当，简要说明理由。

【答案】

(1)

事项序号	是否可能表明存在重大错报风险（是/否）	理由	财务报表项目名称及认定
(1)	是	甲公司管理层为获得利润增长奖励，具有实施舞弊的动机和压力/2016 年度的净利润勉强达到利润分享条件，可能表明财务报表存在舞弊导致的重大错报风险	—
(2)	是	甲公司新业务收入增长迅猛且金额重大/可能存在多计收入的风险 甲公司按实际飞行小时计提退租大修费用，2016 年度计提的该项费用较上年的增长比例远低于航空货运收入/实际飞行小时的增长比例/存在少计大修费用的风险	应收账款（存在） 营业收入（发生） 营业成本（完整性/准确性） 长期应付款（完整性/计价和分摊）
(3)	否	—	—
(4)	是	加盟费应当在整个加盟期间确认/不能一次性计入收入	合同负债（完整性） 营业收入（发生）
(5)	否	—	—

【解析】

①第（1）项，根据资料（2）的表格，2015 年的净利润为 16 000 万元，2016 年的净利润为 19 500 万元，增长率 = (19 500 - 160 00)/16 000 = 21. 88%，刚好超过利润分享计划的增长要求 20%，所以可能是为了达到要求的增长率而虚构利润。这个影响的是财务报表整体，因此没有具体的名称及认定。

②第（2）项，第一，假设收入增长是没问题的，航空运输收入 2015 年 8 000 万元，2016 年 32 000 万元，增长 4 倍。收入 = 实际飞行小时 × 每小时价格，2016 年 1 月起，每小时价格降低 40%，也就是说，实际飞行小时增长倍数 = 4/60% = 6. 67 倍。

大修费用 = 实际飞行小时 × 每飞行小时维修费率，每小时维修费率不变，也就是说大修费用按实际小时增长倍数，应增长 6. 67 倍。

在表格中，大修费用在 2015 年是 600 万元，2016 年是 2 400 万元，增长了 4 倍，所以存在少计大修费用的风险，所以，长期应付款 - 退租大修费用属于资产负债表项目，少计，影响其完整性；金额不准确，影响其计价与分摊。同时，大修费用最终要归集到这项业务的营业成本（利润表项目），少计影响其完整性；金额不准确，影响其准确性。

第二，反过来，假设大修费用是正确的，大修费用 = 实际飞行小时 × 每飞行小时维修费率，大修费用增长 4 倍，实际飞行小时应增长 4 倍。根据，收入 = 实际飞行小时 × 每小时价格，每小时价格降低 40%，实际飞行小时增长 4 倍，收入增长倍数 = 4 × 60% = 2. 4 倍，而表格中的航空运输收入，增长 4 倍，所以也存在多计营业收入的风险。

首先影响到营业收入，属于利润表，多计，影响到发生认定。一部分营业收入可能还没收到款项，所以相关联的应收账款项目（资产负债表项目），也会存在高估的风险，影响存在的认定。

③第（4）项，一次性收费，提供后续服务的，应先计入预收账款，后面再分期计入收入。根据资料二，甲公司将 3 000 万元的加盟费全部在 2016 年确认，存在高估营业收入的风险（利润

表项目），影响发生认定。同时，没有计入预收账款，预收账款（资产负债表项目）少计，影响其完整性。

④第（5）项，题目中的表述“如该电影不能上映，全额退款”，同时“2017 年 1 月，该电影已取得发行放映许可证”，所以确认预付账款，不存在重大错报风险。

（2）

事项序号	是否恰当（是/否）	理由
（1）	否	注册会计师应当与治理层沟通识别的特别风险
（2）	否	注册会计师应当评价前任注册会计师的独立性
（3）	是	—
（4）	否	个人快递业务收入重大，注册会计师应当实施实质性程序

【解析】

①第（3）项，应收账款会计调查应收账款回函的差异，相当于自己检查自己的工作，不相容职务没有分离，且该控制仅涉及一小部分应收账款余额，注册会计师此时不应依赖内部控制，所以无须测试控制测试，直接实施实质性程序。

②第（4）项，题目中，“甲公司的个人快递业务交易量巨大，单笔金额较小”，交易量巨大，属于重大类别。要注意“重大”这个关键词，针对所有重大类别的交易、账户余额和披露应当实施实质性程序。（不是所有类别！是重大类别！）

（3）

事项序号	是否恰当（是/否）	理由
（1）	否	整群选样通常不适用于审计抽样/应从全年的付款单据中选取样本
（2）	是	—
（3）	否	注册会计师应当检查应收票据原件/仅检查应收票据复印件不能获取充分、适当的审计证据/还应实施其他审计程序
（4）	是	—
（5）	否	注册会计师应当评价违法违规行为对财务报表可能产生的影响/与治理层进行沟通

【解析】

①第（2）项，信息技术一般控制是为了保证信息系统的安全，题目中“甲公司收入交易高度依赖信息系统”，所以对信息技术一般控制进行测试是恰当的，同时要对收入相关的信息技术应用控制进行测试。

②第（4）项，回函应当由被询证者直接寄给注册会计师，题目中“甲公司的某企业客户利用甲公司的快递服务”，利用被审计单位的快递，相当于回函先到了被审计单位的手里，回函的可靠性受到影响。

（4）

事项序号	是否恰当（是/否）	理由
（1）	是	
（2）	否	口头回复不能作为可靠的审计证据/审计报告日前审计工作未完成/未获取充分、适当的审计证据
（3）	否	未能在审计报告日前获取年度报告的最终版本，应当要求管理层提供书面声明

【解析】

①第（1）项，“甲公司2016年末的一项重大未决诉讼在审计报告日前终审结案”，属于在财务报表日至审计报告日之间发生的调整事项，需要提请被审计单位管理层调整财务报表及与之相关的披露信息。题目中“A注册会计师检查了法院判决书以及甲公司的账务处理和披露，结果满意”，是恰当的。

②第（2）项，只对询证函进行口头回复不是对注册会计师的直接书面回复，不符合函证的要求，因此，不能作为可靠的审计证据。虽然在审计报告日后收到回函且结果满意，但是相当于在审计报告日前没有获取充分适当的审计证据，所以是不恰当的。

③第（3）项，注册会计师应当就及时获取组成年度报告的文件的最终版本与管理层作出适当安排。如果可能，在审计报告日前获取。如果组成年度报告的部分或全部文件在审计报告日后才能取得，要求管理层提供书面声明，声明上述文件的最终版本将在可获取时并且在被审计单位公布前提供给注册会计师，以使注册会计师可以完成准则要求的程序。

【2016年真题】

甲公司是会计师事务所的常年审计客户，主要从事肉制品的加工和销售。A注册会计师负责审计甲公司2015年度财务报表，确定财务报表整体的重要性为100万元。审计报告日为2016年4月30日。

资料一：

2015年3月15日，媒体曝光甲公司的某批次产品存在严重的食品安全问题。在计划审计阶段，A注册会计师就此事项及相关影响与管理层进行了沟通，部分内容摘录如下：

（1）受食品安全事件影响，甲公司产品出现滞销。为恢复市场占有率，甲公司未因本年度成本大幅上涨而提高售价，销量逐步回升。

（2）甲公司每年向母公司支付商标使用费300万元，2015年度母公司豁免了该项费用。

（3）2015年，甲公司多名关键员工离职。管理层正在考虑一项员工激励计划，向服务至2018年末的员工发放特别奖金。因计划未确定，管理层未在2015年度财务报表中确认。

（4）为对产品进行升级，2015年末，甲公司以其持有的账面价值为500万元的长期股权投资从非关联方换入账面价值为400万元的专利权，并收到补价100万元，换入资产和换出资产的公允价值均不能可靠计量。

（5）为增收节支，甲公司董事会决定将管理人员迁至厂区办公，并自2015年12月1日起将二号办公楼出租给乙公司，租期10年。管理层在起租日将该办公楼转为投资性房地产，采用公允价值模式进行计量。

资料二：

A 注册会计师在审计工作底稿中记录了甲公司的财务数据，部分内容摘录如下：

金额单位：万元

项目	未审数	已审数
	2015 年	2014 年
营业收入	7 200	7 500
营业成本	4 900	5 000
管理费用——商标使用费	300	300
营业外收入——母公司豁免商标使用费	300	0
投资收益——非货币性资产交换收益	100	0
公允价值变动收益——投资性房地产（二号办公楼）	4 000	0
投资性房地产——成本（二号办公楼）	10 000	0
无形资产——非货币性资产交换换入专利权	500	0

资料三：

A 注册会计师在审计工作底稿中记录了审计计划，部分内容摘录如下：

（1）拟实施的进一步审计程序的范围是：金额高于实际执行的重要性的财务报表项目；金额低于实际执行的重要性但存在舞弊风险的财务报表项目。

（2）A 注册会计师拟复核和评价甲公司内部审计人员编制的内部控制说明和流程图，以了解内部控制是否发生变化，并对拟信赖的控制实施测试。

（3）A 注册会计师和项目组成员就甲公司财务报表存在重大错报的可能性等事项进行了讨论。因项目组某关键成员无法参加会议，拟由项目组其他成员选取相关事项向其通报。

（4）2015 年有多名消费者起诉甲公司，管理层聘请外部律师担任诉讼代理人。A 注册会计师拟亲自向律师寄发由管理层编制的询证函，并要求与律师进行直接沟通。

资料四：

甲公司部分原材料系向农户采购，财务人员办理结算时应当查验农户身份证，并将身份证复印件及农户签字的收据作为付款凭证附件。2 000 元以上的付款应当通过银行转账。A 注册会计师在审计工作底稿中记录了与采购与付款交易相关的审计工作，部分内容摘录如下：

（1）2015 年 10 月，A 注册会计师在观察原材料验收流程时发现某农户向验收员支付回扣，以提高核定的品质等级。A 注册会计师认为该事项不重大，在审计完成阶段向管理层通报了该事项。

（2）注册会计师在实施控制测试时，发现有一笔 8 000 元的采购交易被拆分成八笔，以现金支付。财务经理解释该农户无银行卡，A 注册会计师询问了该农户，对控制测试结果满意。

（3）注册会计师在实施细节测试时，发现有一笔付款凭证后未附农户身份证复印件。财务经理解释付款时已查验原件，忘记索要复印件。A 注册会计师询问了该农户，验证了签字的真实性，并扩大了样本规模，未发现其他例外事项，结果满意。

资料五：

A 注册会计师在审计工作底稿中记录了重大事项的处理情况，部分内容摘录如下：

（1）2016 年 2 月，甲公司因 2015 年的食品安全事件向主管部门缴纳罚款 300 万元，管理层在 2015 年度财务报表中将其确认为营业外支出。A 注册会计师检查了处罚文件和付款单据，认可了管理层的处理。

（2）审计过程中累积的错报合计数为 200 万元。因管理层已全部更正，A 注册会计师认为错报对审计工作和审计报告均无影响。

（3）甲公司 2015 年末营运资金为负数，大额银行借款将于 2016 年到期，存在导致对持续经营能力产生重大疑虑的事项。A 注册会计师评估后认为管理层的应对计划可行，甲公司持续经营能力不存在重大不确定性，无须与管理层沟通。

（4）因甲公司 2015 年末多项诉讼的未来结果具有重大不确定性，A 注册会计师拟在审计报告中增加强调事项段，与治理层就该事项和拟使用的报告措辞进行了沟通。

要求：

（1）针对资料一第（1）至（5）项，结合资料二，假定不考虑其他条件，逐项指出资料一所列事项是否可能表明存在重大错报风险。如果认为可能表明存在重大错报风险，简要说明理由，并说明该风险主要与哪些财务报表项目（仅限于应收账款、存货、投资性房地产、无形资产、应付职工薪酬、资本公积、营业收入、营业成本、销售费用、管理费用、公允价值变动收益、投资收益、管业外收入）的哪些认定相关（不考虑税务影响）。

（2）针对资料三第（1）至（4）项，假定不考虑其他条件，逐项指出审计计划的内容是否恰当，如不恰当，简要说明理由。

（3）针对资料四第（1）至（3）项，假定不考虑其他条件，逐项指出 A 注册会计师的做法是否恰当。如不恰当，简要说明理由。

（4）针对资料五第（1）至（4）项，假定不考虑其他条件，逐项指出 A 注册会计师的做法是否恰当。如不恰当，简要说明理由。

【答案】

（1）

事项序号	是否可能表明存在重大错报风险（是/否）	理由	财务报表项目名称及认定
（1）	是	甲公司 2015 年毛利率为 32%，2014 年为 33%，与成本大幅上涨不符，可能存在少计营业成本、多计营业收入的风险	营业收入（发生/准确性） 营业成本（完整性） 应收账款（存在） 存货（存在）
（2）	是	豁免的商标使用费应该计入资本公积，存在多计营业外收入、少计资本公积的风险	营业外收入（发生） 资本公积（完整性）
（3）	否		
（4）	是	换入资产和换出资产的公允价值不能可靠计量，应以换出资产的账面价值为基础确认换入资产成本/补价不能确认收益，存在多计投资收益、多计无形资产的风险	无形资产（计价和分摊） 投资收益（发生）
（5）	是	该项投资性房地产的公允价值在 1 个月内上涨 40%，可能存在多计公允价值变动收益的风险	公允价值变动收益（准确性） 投资性房地产（计价和分摊）

【解析】

①第（1）项，毛利率 =（收入 − 成本）÷ 收入，相对收入，成本大幅度上涨，也就是毛利率应该降低。但从表格看，毛利率基本不变，根据公式，可能是收入计多了，或成本计少了。

营业收入：利润表科目，多计，影响发生、准确性认定；同时营业收入可能未收到款，同时计入应收账款（资产负债表科目），多计，影响存在认定。

营业成本：利润表科目，少计，影响完整性认定；同时营业成本是由存货科目转入的，因此存货转入营业成本的部分可能少计了，剩下的存货金额可能高估了，也就是影响存在认定。

②第（5）项，甲公司在 12 月 1 日将非投资性房地产转换为投资性房地产，很多人纠结非投转投会计上应该如何核算，实际上该题目的考点与此无关，因为第（5）的题干中并没有说明是上升还是下降，也没有具体数额，无法作出判断。我们能用到的是资料（二）中的数据：公允价值变动收益——投资性房地产（二号办公楼）4 000 万元，投资性房地产——成本（二号办公楼）10 000 万元，该项投资性房地产的公允价值在 1 个月内上涨 40%（4 000 ÷ 10 000）。此时要考虑的风险是：该房地产用公允模式计量后，1 个月上升 40% 的公允价值，被审计单位是否存在故意多计公允价值变动收益的风险。

（2）

事项序号	是否恰当（是/否）	理由
（1）	否	单个金额低于实际执行的重要性的项目汇总起来可能金额重大，需要考虑汇总后的潜在风险；对存在低估风险的财务报表项目，不能因为其金额低于实际执行的重要性而不实施进一步审计程序
（2）	是	—
（3）	否	应当由项目合伙人确定向未参与讨论的项目组成员通报哪些事项，而不是项目组其他成员
（4）	是	—

【解析】

第（4）项，注册会计师应当对函证的全过程保持控制。题目中，“A 注册会计师拟亲自向律师寄发由管理层编制的询证函”，发出前的控制体现为注册会计师“直接发出”，题目满足了这个要求。同时，为使函证程序能有效实施，在询证函发出前，注册会计师需要恰当地设计询证函并进行资料的核对，但在此题目中，注册会计师要求与律师进行直接沟通，所以即便询证函由管理层编制，注册会计师仍然保持了对这个过程的控制。

（3）

事项序号	是否恰当（是/否）	理由
（1）	否	涉及被审计单位员工舞弊，应当及时与管理层进行沟通
（2）	否	仅靠询问不足以提供充分、适当的审计证据，控制未能有效执行
（3）	是	—

【解析】

第（3）项，注册会计师在实施细节测试时发现差错，之后除了采用询问的程序之外，还考虑了对其他审计程序的影响，扩大了样本规模，所以该项正确。

（4）

事项序号	是否恰当（是/否）	理由
（1）	是	—
（2）	否	累积的错报合计数 200 万元超过财务报表整体的重要性，没有考虑对审计工作的影响/应当确定是否需要考虑修改审计计划
（3）	否	存在导致对持续经营能力产生重大疑虑的事项，应当与治理层进行沟通
（4）	是	—

【解析】

①第（1）项，缴纳罚款的主要审计证据就是处罚文件，所以注册会计师检查了处罚文件以及付款单据，是恰当的。

②第（4）项，“多项诉讼的未来结果具有重大不确定性”，属于增加强调事项段的情形，同时报告措辞也是可以与治理层沟通的内容。

【2015 年真题】

甲集团公司是 ABC 会计师事务所的常年审计客户，主要从事化妆品的生产、批发和零售。A 注册会计师负责审计甲集团公司 2014 年度财务报表，确定集团财务报表整体的重要性为 600 万元。

资料一：

A 注册会计师在审计工作底稿中记录了审计计划，部分内容摘录如下：

（1）子公司乙公司从事新产品研发。2014 年度新增无形资产 1 000 万元。为自行研发的产品专利。A 注册会计师拟仅针对乙公司的研发支出实施审计程序。

（2）子公司丙公司负责生产，产品全部在集团内销售。A 注册会计师认为丙公司的成本核算存在可能导致集团财务报表发生重大错报的特别风险，拟仅针对与成本核算相关的财务报表项目实施审计。

（3）甲集团公司的零售收入来自 40 家子公司，每家子公司的主要财务报表项目金额占集团的比例均低于 1%。A 注册会计师认为这些子公司均不重要，拟实施集团层面分析程序。

（4）DEF 会计师事务所作为组成部分注册会计师负责审计联营企业丁公司的财务信息，其审计项目组按丁公司利润总额的 3% 确定组成部分重要性为 300 万元，实际执行的重要性为 150 万元。

（5）子公司戊公司负责甲集团公司主要原材料的进口业务，通过外汇掉期交易管理外汇风险。A 注册会计师拟使用 50 万元的组成部分重要性对戊公司财务信息实施审阅。

资料二：

A 注册会计师在审计工作底稿中记录了甲集团公司的财务数据，部分内容摘录如下：

金额单位：万元

集团/组成部分	2014 年（未审数）		
	资产总额	营业收入	利润总额
甲集团公司（合并）	80 000	60 000 其中：批发收入 38 000 零售收入 20 000 其他 2 000	12 000
乙公司	1 900	200	(300)
丙公司	60 000	40 000	8 000
丁公司	20 000	50 000	10 000
戊公司	2 000	200	50

资料三：

A 注册会计师在审计工作底稿中记录了风险应对的情况，部分内容摘录如下：

（1）A 注册会计师在实施会计分录测试时，将甲集团公司全年的标准会计分录和非标准会计分录作为待测试总体，在测试其完整性后，对选取的样本实施了细节测试，未发现异常。

（2）A 注册会计师认为甲集团公司存在低估负债的特别风险，在了解相关控制后，未信赖这些控制，直接实施了细节测试。

（3）甲集团公司使用存货库龄等信息测算产成品的可变现净值。A 注册会计师拟信赖与库龄记录相关的内部控制，通过穿行测试确定了相关内部控制运行有效。

（4）甲集团公司的存货存放在多个地点。A 注册会计师基于管理层提供的存货存放地点清单，并根据不同地点所存放存货的重要性及评估的重大错报风险确定了监盘地点。

资料四：

A 注册会计师在审计工作底稿中记录了重大事项的处理情况，部分内容摘录如下：

（1）因审计中利用的外部专家并非注册会计师，A 注册会计师未要求其遵守注册会计师职业道德守则的相关规定。

（2）化妆品行业将于 2016 年执行更严格的化学成分限量标准，甲集团公司的主要产品可能因此被淘汰。管理层提供了其对该事项的评估及相关书面声明，A 注册会计师据此认为该事项不影响甲集团公司的持续经营能力。

（3）在审计过程中，A 注册会计师与甲集团公司管理层讨论了值得管理层关注的内部控制缺陷，并在审计报告日后、审计工作底稿归档日前以书面形式向集团管理层和治理层通报了值得关注的内部控制缺陷。

（4）A 注册会计师认为甲集团公司 2014 年某新增主要客户很可能是甲集团公司的关联方，在询问管理层和实施追加的进一步审计程序后仍无法确定，拟因此发表保留意见。

资料五：

A 注册会计师在审计工作底稿中记录了处理错报的相关情况，部分内容摘录如下：

（1）2014 年，甲集团公司推出销售返利制度，并在 ERP 系统中开发了返利管理模块。A 注册会计师在对某组成部分执行审计时发现，因系统参数设置有误，导致选取的测试项目少计返利 2 万元。A 注册会计师认为该错报低于集团财务报表明显微小错报的临界值，可忽略不计。

（2）A注册会计师发现甲集团公司销售副总经理挪用客户回款50万元，就该事项与总经理和治理层进行了沟通。因管理层已同意调整该错报并对相关内部控制缺陷进行整改，A注册会计师未再执行其他审计工作。

（3）A注册会计师使用审计抽样对管理费用进行了测试，发现测试样本存在20万元错报。A注册会计师认为该错报不重大，同意管理层不予调整。

（4）2014年10月，甲集团公司账面余额1 200万元的一条新建生产线达到预定可使用状态。截至2014年末，因未办理竣工决算，该生产线尚未转入固定资产。A注册会计师认为该错报为分类错误，涉及折旧金额很小，不构成重大错报，同意管理层不予调整。

要求：

（1）针对资料一第（1）至第（5）项，结合资料二，假定不考虑其他条件，逐项指出资料一所列审计计划是否恰当。如不恰当，简要说明理由。

（2）针对资料三第（1）至第（4）项，假定不考虑其他条件，逐项指出A注册会计师的做法是否恰当。如不恰当，简要说明理由。

（3）针对资料四第（1）至第（4）项，假定不考虑其他条件，逐项指出A注册会计师的做法是否恰当。如不恰当，简要说明理由。

（4）针对资料五第（1）至第（4）项，假定不考虑其他条件，逐项指出A注册会计师的做法是否恰当。如不恰当，简要说明理由并提出改进建议。

【答案】（1）

事项序号	是否恰当	理由
（1）	是	—
（2）	否	丙公司是具有财务重大性的重要组成部分，应当对丙公司的财务信息实施审计。
（3）	否	零售收入占集团营业收入的1/3/金额重大，对这40家子公司仅在集团层面实施分析程序不足够
（4）	否	组成部分重要性应当由集团项目组确定
（5）	否	戊公司的业务涉及外汇掉期交易，属于可能存在导致集团财务报表发生重大错报的特别风险的重要组成部分，应当实施审计/审计程序

【解析】

①根据资料二表格中的数据，乙公司不属于具有财务重大性的组成部分。但因其主要从事新产品研发，2014年新增无形资产1 000万元，且当年亏损，存在有可能导致集团财务报表发生重大错报的特别风险。针对具有特别风险的部分，可以选择对特定项目实施审计。

②丙公司资产总额、收入总额、利润总额均超过集团财务报表对应项目的15%，属于具有财务重大性的组成部分，必须利用组成部分重要性实施审计。

③虽然这些子公司均不重要，但因为零售收入占收入总额的1/3，所以只在集团层面分析程序不能获取充分适当的证据，集团项目组应当选择某些不重要的组成部分实施追加的审计程序。

④除了组成部分实际执行重要性，其他重要性都必须由集团项目组确定。组成部分实际执行的重要性可以由集团项目组来定，也可以由组成部分来定，但是如果由组成部分来定，集团项目组应当评价其适当性！

⑤戊公司的业务涉及外汇掉期交易，属于可能存在导致集团财务报表发生重大错报的特别风

险的重要组成部分，不能实施审阅，只能实施审计、对特定项目实施审计，或者实施特定的审计程序。

（2）

事项序号	是否恰当	理由
（1）	否	会计分录测试的总体应当包括在报告期末作出的其他调整
（2）	是	—
（3）	否	穿行测试不能为控制运行的有效性提供充分证据/穿行测试用于了解内部控制，还应当实施控制测试
（4）	否	注册会计师应当考虑存货存放地点清单的完整性

【解析】

①看到抽样首先就要想到总体的完整性，测试会计分录，包括标准分录、非标准分录和其他调整分录三个部分。

②看到内部控制，就要想到了解内部控制是必须的，但控制测试是可选的。只有在拟信赖的时候才进行控制测试（你不信赖，测出来结果如何都没意义）。

看到特别风险，要注意这里可能设置的坑：对于特别风险，必须实施细节测试？NO！如果控制测试跟实质性程序结合起来，就不是必须的，如果只是用实质性程序，那么就必须包含细节测试！

③穿行测试是风险评估程序，不是控制测试程序，重新执行才是控制测试的审计程序，要区分清楚。

④看到存货的存放地点，就要想到存货地点的完整性。地点清单是管理层提供的，首先得确定这个清单是不是完整的。

（3）

事项序号	是否恰当	理由
（1）	否	外部专家应当遵守职业道德要求中的保密条款
（2）	否	如果识别出可能导致对持续经营能力产生重大疑虑的事项，注册会计师应当通过实施追加的审计程序，获取充分、适当的审计证据，以确定是否存在重大不确定性/未对管理层的评估实施进一步审计程序/书面声明本身并不为所涉及的任何事项提供充分、适当的审计证据
（3）	是	—
（4）	否	注册会计师应当考虑将该事项作为审计中的重大困难与治理层进行沟通，要求治理层提供进一步的信息

【解析】

①外部专家不是项目组成员，不用遵守事务所质量控制政策和程序，但必须遵守保密规定。（内部专家两者都要遵守）

②书面声明本身并不为所涉及的任何事项提供充分、适当的审计证据，不能作为省略不可替

代程序的理由。

③根据准则1152号应用指南：

a. 注册会计师应当以书面形式及时向治理层通报值得关注的内部控制缺陷，但在确定何时致送书面沟通文件时，注册会计师可能考虑收到这些沟通文件是否是使治理层能够履行监督责任的重要因素。

b. 对于上市实体，治理层可能需要在批准财务报表前收到注册会计师的书面沟通文件，对于其他实体，注册会计师可能在较晚的日期致送书面沟通文件，但无论何种情况，因为书面沟通文件属于审计档案的一部分，都要在最终审计档案归档之前致送治理层。

c. 无论在何时以书面形式通报值得关注的内部控制缺陷，注册会计师都可以尽早向管理层和治理层（如适用）口头通报这些事项。

综上所述，审计报告日不是致送书面沟通文件的最终截止日期，同时，根据题目的描述“在审计过程中，A注册会计师与甲集团公司管理层讨论了值得管理层关注的内部控制缺陷”，注册会计师已经及时与管理层进行了口头沟通，可以帮助他们及时采取纠正措施以降低重大错报风险，并且在审计工作底稿归档日前向治理层致送了书面报告（甲集团也非上市实体），并无不妥。

④除非治理层全部成员参与管理被审计单位，注册会计师应当与治理层沟通审计工作中发现的与管理方相关的重大事项。其中，包括在识别被审计单位管理方遇到重大困难。

（4）

事项序号	是否恰当	理由及改进建议
（1）	否	理由：该错报为系统性错报/可能发生于其他组成部分 改进建议：集团项目组应当关注并汇总其他组成部分的这类错报，汇总考虑该类错报对集团财务报表的影响
（2）	否	理由：该错报涉及较高层级的管理层舞弊 改进建议：注册会计师应当采取下列措施： ①重新评估舞弊导致的重大错报风险 ②考虑重新评估的结果对审计程序的性质、时间安排和范围的影响 ③重新考虑此前获取的审计证据的可靠性
（3）	否	理由：没有推断总体错报 改进建议：注册会计师应当使用在抽样中发现的样本错报去推断总体的错报金额/应针对推断的总体错报金额评价其是否重大
（4）	是	—

【解析】

①错报可能不会单独发生，特别是对于系统缺陷导致的错误，更是要保持警惕，针对存在的重大错报风险，获取充分的审计证据。

②如果有理由认为该项错报是或可能是舞弊导致的，且涉及管理层，特别是涉及较高层级的管理层，无论该项错报是否重大，注册会计师都应当重新评价对由于舞弊导致的重大错报风险的评估结果，以及该结果对旨在应对评估的风险的审计程序的性质、时间安排和范围的影响。

③对于细节测试，样本错报并不等于总体错报，总体错报是要根据样本错报推断出来的。根据样本中发现的错报金额估计总体的错报金额时，注册会计师可以使用比率法、差额法及货币单元抽样法等。

④确定一项分类错报是否重大，需要进行定性评估，即使分类错报超过了在评价其他错报时运用的重要性水平，注册会计师可能仍认为该分类错报对财务报表整体不产生重大影响。

按照题目的描述，2014 年 10 月达到可使用状态，到 2014 年末的时候，少计的折旧只有两个月，金额很小。而且到 2014 年末的时候，还未办理竣工决算，按照会计上的处理，只是按照暂估价值计提折旧，后期还要调整暂估价值，也就是在这段时间的折旧额也不是绝对准确的。但按照会计上的处理，竣工决算后，不需要调整原来的折旧额。同理，该错报属于分类错报，且影响到利润表的折旧金额很小，说明对财务报表的影响并不重大，可以同意管理层不予调整。

（会计上的处理：所建造的固定资产已达到预定可使用状态，但尚未办理竣工决算的，应当自达到预定可使用状态之日起，暂估价值转入固定资产，计提固定资产折旧。待办理了竣工决算手续后再调整原来的暂估价值，但不需要调整原来的折旧额）

【2014 年 A 卷真题】

甲公司是 ABC 会计师事务所的常年审计客户。A 注册会计师负责审计甲公司 2013 年度财务报表，确定财务报表整体的重要性为 240 万元。（本题资料包括：资料一、资料二、资料三、资料四、资料五、资料六）

资料一：

A 注册会计师在审计工作底稿中记录了所了解的甲公司情况及其环境，部分内容摘录如下：

（1）甲公司原租用的办公楼月租金为 50 万元。自 2013 年 10 月 1 日起，甲公司租用新办公楼，租期 1 年，月租金 80 万元，免租期 3 个月。

（2）2012 年度，甲公司直销了 100 件 a 产品。2013 年，甲公司引入经销商买断销售模式，对经销商的售价是直销价的 90%，直销价较 2012 年基本没有变化。2013 年度，甲公司共销售 150 件 a 产品，其中 20% 销售给经销商。

（3）2013 年 10 月，甲公司推出新产品 b 产品，单价 60 万元。合同约定，客户在购买产品 1 个月后付款；如果在购买产品 3 个月内发现质量问题，客户有权退货。截至 2013 年 12 月 31 日，甲公司售出 10 件 b 产品。因上市时间较短，管理层无法合理估计退货率。

（4）2013 年 10 月，甲公司与乙公司签订销售合同，按每件 150 万元的价格为其定制 20 件 c 产品，约定 2014 年 3 月交货，如不能按期交货，甲公司需支付总价款的 20% 作为违约金。签订合同后，原材料价格上涨导致 c 产品成本上升。截至 2013 年 12 月 31 日，甲公司已生产 10 件 c 产品，单位成本为 175 万元。

（5）2013 年 12 月，甲公司首次获得 200 万元政府补助。相关文件规定，该补助用于补偿历年累计发生的污水处理支出。

（6）甲公司自 2011 年起研发一项新产品技术，于 2013 年 12 月末完成技术开发工作，并确认无形资产 300 万元。甲公司拟将其出售，因受国家产业政策的影响，市场对该类新产品尚无需求。

资料二：

A 注册会计师在审计工作底稿中记录了有关制造费用的财务数据，部分内容摘录如下：

金额单位：万元

项目	2013 年（未审数）			2012 年（已审数）
	a 产品	b 产品	c 产品	a 产品
营业收入	11 750	600	0	8 000
管理费用——污水处理		150		100
管理费用——租赁费		450		600
管理费用——研发费		0		200
营业外收入——政府补助		200		0
税前利润		180		100
应收账款	500	260	0	400
存货——产成品	900	80	1 750	800
存货——存货跌价准备	0	0	(250)	0
无形资产——非专利技术		300		0

资料三：

A 注册会计师在审计工作底稿中记录了审计计划，部分内容摘录如下：

（1）A 注册会计师认为，如果发生与关联方及其交易相关的财务报表项目和披露错报，即使其金额低于财务报表整体重要性，仍可能影响财务报表使用者依据财务报表作出的经济决策，因此，确定与关联方及其交易相关的财务报表项目和披露的重要性水平为 150 万元。

（2）2013 年，甲公司以 8 000 万元的价格向关联方购买一条生产线。A 注册会计师认为该交易超出甲公司正常经营过程，很可能不存在相关的内部控制，拟直接实施实质性程序。

（3）甲公司 2013 年度销售费用为 900 万元。A 注册会计师认为重大错报风险较低，拟仅实施控制测试。

资料四：

A 注册会计师在审计工作底稿中记录了实施的控制测试，部分内容摘录如下：

序号	控制	控制测试
（1）	财务总监负责审批金额超过 50 万元的付款申请单，并在系统中进行电子签署	A 注册会计师从系统中导出已经财务总监审批的付款申请单，抽取样本进行检查
（2）	超过赊销额度的赊销由销售总监和财务经理审批。自 2013 年 11 月 1 日起，改为由销售总监和财务总监审批	A 注册会计师测试了 2013 年 1 月至 10 月的该项控制，并于 2014 年 1 月询问了销售总监和财务总监控制在剩余期间的运行情况，未发现偏差。A 注册会计师认为控制在 2013 年度运行有效
（3）	财务人员将原材料订购单、供应商发票和入库单核对一致后，编制记账凭证（附上述单据）并签字确认	A 注册会计师抽取了若干记账凭证及附件，检查是否经财务人员签字

资料五：

A 注册会计师在审计工作底稿中记录了实施的实质性程序，部分内容摘录如下：

（1）甲公司年末应付账款余额为1 000万元。A注册会计师选取前10大供货商实施函证，均收到回函。回函显示一笔5万元的差异，管理层同意调整。因回函总额占应付账款余额的70%，错报明显微小且已更正，A注册会计师没有对剩余总体实施其他审计程序。

（2）2013年底，甲公司存在重大未决诉讼，内部法律顾问和外聘律师均认为败诉可能性较低，因此，管理层没有确认预计负债。A注册会计师认为该事项存在重大错报风险，检查了相关文件，并获取了管理层和内部法律顾问的书面声明，据此认可管理层的判断。

（3）甲公司财务人员手工编制了应收账款账龄分析表。A注册会计师了解了相关控制，认为控制设计有效，并就账龄分析表中账龄结构变化较大的项目询问了相关人员。A注册会计师基于该账龄分析表测试了坏账准备中按账龄法计提的部分。

资料六：

A注册会计师在审计过程中识别并累积了3笔错报，并认为这些错报均不重大，同意管理层不予调整。甲公司2013年度未更正错报列示如下（不考虑税务影响）：

金额单位：万元

序号	错报说明	借方项目	贷方项目	金额
（1）	2014年的管理费用计入2013年度	其他应付款	管理费用	50
（2）	2013年末提前确认a产品销售收入	营业收入	应收账款	1 000
		存货	营业成本	900
（3）	少计提固定资产减值准备	资产减值损失	固定资产	150

要求：

（1）针对资料一第（1）至（6）项，结合资料二，假定不考虑其他条件，逐项指出资料一所列事项是否可能表明存在重大错报风险。如果认为可能表明存在重大错报风险，简要说明理由，并说明该风险主要与哪些财务报表项目的哪些认定相关（不考虑税务影响）。

（2）针对资料三第（1）至（3）项，假定不考虑其他条件，逐项指出资料三所列审计计划是否恰当。如不恰当，简要说明理由。

（3）针对资料四第（1）至（3）项，假定不考虑其他条件，逐项指出资料四所列控制测试是否恰当。如不恰当，提出改进建议。

（4）针对资料五第（1）至（3）项，假定不考虑其他条件，逐项指出资料五所列实质性程序是否恰当。如不恰当，简要说明理由。

（5）针对资料六，结合资料二，假定不考虑其他条件，指出A注册会计师的判断存在哪些不当之处，并简要说明理由。

【答案】

（1）

事项序号	是否可能表明存在重大错报风险（是/否）	理由	财务报表项目名称及认定
（1）	是	应在免租期内确认租金费用和负债，存在少计管理费用和负债的风险	管理费用（完整性） 其他应付款（完整性）

续表

事项序号	是否可能表明存在重大错报风险（是/否）	理由	财务报表项目名称及认定
(2)	否	—	—
(3)	是	b产品附有销售退回条件，且不能合理估计退货可能性，不满足收入确认条件，可能存在多计营业收入和成本的风险	营业收入（发生）/应收账款（存在） 营业成本（发生）/存货（完整性）
(4)	是	该合同为亏损合同，且满足预计负债的确认条件，但是甲公司没有对预计损失超过已计提准备部分确认预计负债，存在少确认预计负债的风险	营业外支出（完整性） 预计负债（完整性）
(5)	否	—	—
(6)	是	甲公司无法证明该无形资产能够给企业带来经济利益，可能存在多计无形资产的风险	管理费用（完整性） 无形资产（存在）

【解析】

①第（2）项，“2013年度，甲公司共销售150件a产品，其中20%销售给经销商”：

直销模式的销售数量：150×80%=120（件），收入=单价×数量，“直销价较2012年基本没有变化”，假设价格没有变化，收入的变化比例=数量的变化比例（120÷100=1.2），2014年a产品的直销收入=2013年的营业收入（只有直销）×1.2=8 000×1.2=9 600（万元）；

经销商模式的销售数量：150×20%=30（件），假设价格不变，根据上面的公式，收入=30÷100×8 000=2 400（万元），但对经销商的售价是直销价的90%，因此经销模式收入=2 400×90%=2 160（万元）；

总的营业收入=2 160+9 600=11 760（万元），资料二的表格是11 750万元，已经是很接近的数字，而且题目说的是基本没有变化，而不是完全没有变化，所以第（2）的事项不存在重大错报风险。

②第（3）项，

营业收入：利润表科目，多计，影响发生认定；同时营业收入可能未收到款，同时计入应收账款（资产负债表科目），多计，影响存在认定；

营业成本：利润表科目，多计，影响发生认定；同时营业成本是由存货科目转入的，因此存货转入营业成本的部分可能少计了，就是影响完整性认定。

（2）

事项序号	审计计划是否恰当（是/否）	理由
(1)	是	—
(2)	否	超出正常经营过程的重大关联方交易应确定为特别风险，应了解相关的内部控制
(3)	否	针对重大类别的交易仅实施控制测试不足够/应针对重大类别的交易实施实质性程序

【解析】

①确定的重要性水平 150 万元，为实际执行的重要性水平，低于财务报表整体重要性，恰当。

②首先要知道哪些事项一定是特别风险：

需要判断的事项：收入确认假定存在舞弊；会计估计具有高度估计不确定性。

一定是特别风险：舞弊风险、管理层凌驾于内部控制之上；关联方之间的超出正常经营过程的重大交易。

其次，针对特别风险，了解相关的内部控制是必须的，但要注意，控制测试不是必需的。

③注册会计师都应当对所有重大类别的交易、账户余额和披露设计和实施实质性程序。（注意，是"所有重大类别"，而不是所有类别）

（3）

序号	控制测试是否恰当（是/否）	改进建议
（1）	否	控制测试的总体应为所有金额超过 50 万元的付款申请单
（2）	否	应实施询问以外的其他测试程序
（3）	否	应当对记账凭证后附的原材料订购单、供应商发票和入库单进行检查

【解析】

①该控制是"财务总监负责审批金额超过 50 万元的付款申请单"，要确定该控制是否有效运行，我们要确认的是，是否所有超过 50 万元的申请单都有财务总监的审批。所以，总体是所有金额超过 50 万元的申请单，仅导出已经审批的申请单检查并没有意义。

②询问本身并不足以测试控制运行的有效性，注册会计师需要将询问与其他审计程序结合使用。

③该控制有两个方面的内容，一个是"核对一致"，另一个是"签字确认"，所以除了检查财务人员签字之外，还要检查订购单、发票和入库单。

（4）

序号	实质性程序是否恰当（是/否）	理由
（1）	否	选取特定项目的测试不能为剩余总体提供审计证据/剩余总体可能存在重大错报
（2）	否	没有与外部法律顾问直接沟通/没有向外部法律顾问寄发询证函/没有向外部法律顾问寄发询问函
（3）	否	没有测试账龄分析表信息的准确性和完整性

【解析】

①题目中"A 注册会计师没有对剩余总体实施其他审计程序"，也就是 A 注册会计师是想以样本推断总体，要用抽样的方法选取样本，而不能选取特定样本，也就是"选取前 10 大供货商实施函证"错误。

②题目中"内部法律顾问和外聘律师均认为败诉可能性较低"，但 A 注册会计师只"获取了

管理层和内部法律顾问的书面声明”，还要考虑外部法律顾问。

③题目中“A注册会计师基于该账龄分析表测试了坏账准备中按账龄法计提的部分”，因为测试是基于账龄分析表，而账龄分析表是被审计单位编制的，所以首先要确定账龄分析表的准确性和完整性。

（5）

①对第2笔未更正错报的判断不当。注册会计师需要考虑每一单项错报，以评价其对相关类别交易、账户余额或披露的影响/不能以抵消后的影响评估错报是否重大/营业收入和营业成本的错报金额重大。

②对3笔未更正错报汇总影响的判断不当。汇总错报将导致甲公司由盈转亏/掩盖了损益变化的趋势。

【解析】财务报表整体重要性240万元。

①对于事项（2），A注册会计师认为该错报不重大的原因是，营业收入－营业成本＝1 000－900＝100（万元），低于财务报表整理重要性240万元，但是，错报不能抵消以后再考虑，要单独考虑每一项错报的影响。

②对于事项（3），错报的金额150万元，低于240万元，属于小的错报，但是2013年的税前利润是180万元，180＋50－100＝130（万元），此时是盈利状态，但考虑第（3）项的错报后，130－150＝－20（万元），此时是亏损状态，由盈转亏，这是一个比较重大的影响。

【2014年B卷真题】

上市公司甲集团公司是ABC会计师事务所的常年审计客户，主要从事化工产品的生产和销售。A注册会计师负责审计甲集团公司2013年度财务报表，确定集团财务报表整体的重要性为200万元。

资料一：

甲集团公司拥有一家子公司和一家联营企业，与集团审计相关的部分信息摘录如下：

组成部分	组成部分类型	执行工作的类型	组成部分注册会计师
子公司乙公司	重要	审计	XYZ会计师事务所的X注册会计师
持有20%股权的联营企业丙公司	不重要	集团层面分析程序	不适用

资料二：

A注册会计师制定了甲集团公司总体审计策略，部分内容摘录如下：

（1）A注册会计师拟在审计计划阶段与治理层沟通，主要内容为：注册会计师与财务报表审计相关的责任、注册会计师的独立性、计划的审计范围以及具体审计程序的性质和时间安排。

（2）×注册会计师未能参与集团项目组对集团财务报表重大错报风险的讨论。A注册会计师拟另行安排时间与×注册会计师进行沟通，并向其通报集团项目组讨论的情况。

（3）甲集团公司内部审计部门于2013年测试了集团层面控制的运行有效性。A注册会计师拟信赖集团层面控制，通过与人员讨论和阅读内部审计报告，评价了内部审计人员的测试工作，拟利用其测试结果，并认为该工作足以实现审计目的。

资料三：

A 注册会计师在审计工作底稿中记录了具体审计计划，部分内容摘录如下：

（1）A 注册会计师参与 × 注册会计师实施的风险评估程序的性质和范围包括：①与 × 注册会计师讨论对集团而言重要的乙公司业务活动；②复核 × 注册会计师对识别出的导致集团财务报表发生重大错报的特别风险形成的审计工作底稿。

（2）2013 年，甲集团公司以 500 万元向具有支配性影响的母公司购买一项资产。A 注册会计师了解到该交易已经董事会授权和批准，因此，认为不存在重大错报风险，拟通过检查合同等相关支持性文件获取审计证据。

（3）甲集团公司将经批准的合格供应商信息录入信息系统形成供应商主文档，生产部员工在信息系统中填制连续编号的请购单时只能选择该主文档中的供应商。供应商的变动需由采购部经理批准，并由其在系统中更新供应商主文档。A 注册会计师认为该内部控制设计合理，拟予以信赖。

（4）甲集团公司采用账龄分析法对部分应收账款计提坏账准备，财务人员根据信息系统生成的账龄信息计算坏账准备金额，由财务经理复核并报财务总监批准。A 注册会计师拟询问财务经理和财务总监，检查复核与批准记录，以测试该控制的运行有效性。

（5）甲集团公司在发货时开具出库单，在客户验收后确认销售收入。出库单按出库顺序连续编号。A 注册会计师拟选取 2013 年 12 月最后若干张和 2014 年 1 月最前若干张出库单，检查其对应的销售收入是否分别记录在 2013 年度和 2014 年度。

（6）2013 年，甲集团公司以非同一控制下企业合并的方式吸收合并了丁公司。因丁公司不是 ABC 会计师事务所的审计客户，且固定资产价值高，A 注册会计师拟测试丁公司设立以来至合并日的固定资产和累计折旧账户中的所有重要记录，以核实甲集团公司在合并日确认的固定资产公允价值的准确性。

资料四：

A 注册会计师在审计工作底稿中记录了审计程序的执行情况，部分内容摘录如下：

（1）甲集团公司的销售费用存在低估风险，预计错报率低于 10%，总体规模在 2 000 以上。A 注册会计师采用货币单元抽样方法对销售费用实施了细节测试。

（2）甲集团公司 2013 年发生一起员工虚领工资事件，金额 180 万元。考虑到相关控制存在缺陷，A 注册会计师未予以信赖，通过实施实质性分析程序获取了与职工薪酬相关的审计证据。

（3）A 注册会计师在测试甲集团公司临近 2013 年末的会计分录和其他调整时，选取了 35 笔符合预定特征的样本项目，检查这些会计分录和其他调整是否获得管理层批准，入账金额是否准确，未发现错报。

资料五：

A 注册会计师在审计工作底稿中记录了评估错报及处理重大事项的情况，部分内容摘录如下：

（1）丙公司的控股股东拒绝 A 注册会计师接触丙公司的治理层、管理层和注册会计师。A 注册会计师获取了甲集团公司管理层拥有的丙公司财务报表、审计报告及与丙公司相关的信息，在集团层面实施了分析程序，未发现异常，决定不再对丙公司财务信息执行进一步工作。

（2）A 注册会计师在审计过程中与甲集团公司管理层讨论了值得关注的内部控制缺陷和内部控制的其他缺陷，因此，不再以书面形式向管理层正式通报。

（3）2013 年 7 月，甲集团公司更换了主要管理层成员。由于现任管理层仅就其任职期间提供书面声明，A 注册会计师向前任管理层获取了其在任时相关期间的书面声明。

（4）2013 年 12 月，丙公司为提高产能向甲集团公司购入一条生产线。甲集团公司取得 300 万元的处置净收益，在按权益法确认对丙公司的投资收益时，未做抵销处理，并拒绝接受审计调整建议。A 注册会计师认为该错报金额重大，拟因此发表保留意见。

（5）2014 年 2 月 20 日，A 注册会计师出具了集团审计报告。在财务报表报出前，A 注册会计师获悉甲集团公司 2014 年 1 月 10 日发生了一笔大额销售退回，因此，要求管理层修改财务报表，并于 2014 年 2 月 25 日重新出具了审计报告。管理层于 2014 年 2 月 26 日批准并报出修改后的财务报表。

（6）审计报告日后，A 注册会计师发现甲集团公司已公告的年度报告中部分信息与已审计财务报表存在重大不一致，要求管理层修改年度报告，管理层拒绝作出修改。A 注册会计师认为该事项不影响已审计财务报表，无须采取进一步措施。

要求：

（1）针对资料二第（1）至（3）项，结合资料一，假定不考虑其他条件，逐项指出 A 注册会计师的处理是否恰当。如不恰当，简要说明理由。

（2）针对资料三第（1）至（6）项，结合资料一，假定不考虑其他条件，逐项指出 A 注册会计师的处理是否恰当。如不恰当，简要说明理由。

（3）针对资料四第（1）至（3）项，假定不考虑其他条件，逐项指出 A 注册会计师的处理是否恰当。如不恰当，简要说明理由。

（4）针对资料五第（1）至（6）项，结合资料一，假定不考虑其他条件，逐项指出 A 注册会计师的处理是否恰当。如不恰当，提出改进建议。

【答案】

（1）

事项序号	是否恰当（是/否）	理由
（1）	否	与治理层沟通具体审计程序的性质和时间安排，可能因这些程序易于被预见而降低其有效性
（2）	是	—
（3）	否	A 注册会计师没有/还应当实施审计程序以确定该内部审计工作是否足以实现审计目的

【解析】

①第（1）项，与治理层不用沟通的事项：a. 具体审计程序的性质和时间安排（易于被预见而降低有效性）；b. 重要性的具体金额或底线（只沟通对重要性概念的运用）；c. 财务报表的重要性；d. 管理层已更正的事项；e. 与管理层沟通时，不宜沟通管理层胜任能力或诚信问题。

②第（3）项，内部审计的工作是否足以实现审计目的，应当：

a. 与内部审计人员讨论利用其工作的计划；

b. 阅读与拟利用的内部审计工作相关的内部审计报告；

c. 应当对计划利用的内部审计工作实施审计程序。

（2）

事项序号	是否恰当（是/否）	理由
（1）	否	A注册会计师没有与×注册会计师讨论由于舞弊或错误导致乙公司财务信息发生重大错报的可能性，工作不充分
（2）	否	母公司对甲集团公司具有支配性影响，甲集团公司与授权和批准相关的控制可能是无效的，授权和批准本身不足以就是否不存在重大错报风险得出结论
（3）	否	对供应商信息修改的批准和录入是两项不相容职责/均由采购部经理执行，未设置适当的职责分离，该控制设计不合理，不应当信赖
（4）	否	由于该人工控制依赖信息系统生成的信息，A注册会计师还应当验证相关的信息系统控制（如答“信息技术一般控制”或“信息技术应用控制”也可得分）。A注册会计师还应当验证账龄信息的准确性
（5）	否	甲集团公司在客户验收时确认收入，按照产品出库时间选取样本项目/核对财务报表日前后连续编号的出库单并不足以有效测试收入截止
（6）	否	对于非同一控制下的吸收合并，甲集团公司取得的丁公司的固定资产应当按合并日的公允价值进行初始确认，审计丁公司固定资产的账面记录不能为公允价值的准确性提供审计证据

【解析】

①第（1）项，集团项目组参与的性质、时间安排和范围受其对组成部分注册会计师所了解情况的影响，但至少应当包括3项，缺一不可，注意题目经常是漏掉某个步骤让你判断。

②第（5）项，“在客户验收后确认销售收入”，也就是确认收入的证据应该是“客户的签收单”，题目检查的是出库单，不恰当。

（3）

事项序号	是否恰当（是/否）	理由
（1）	否	在货币单元抽样中，被低估的实物单元被选取的概率更低/未入账的交易未包括在总体中，因此货币单元抽样不适用于测试低估
（2）	否	虚领工资是舞弊行为，且金额重大，表明可能存在舞弊导致的特别风险。如果针对特别风险实施的程序仅为实质性程序，应当包括细节测试
（3）	否	测试报告期末的会计分录和其他调整的目的是应对管理层凌驾于控制之上的风险。仅检查管理层的批准和入账金额准确不足以实现测试目标

【解析】

①第（1）项，货币单元抽样以货币单位作为抽样单元进行选样的一种方法，也就是说，总体中的每个货币单元被选中的机会相同。所以项目金额越小，被选中的概率就越小。题目中要应对的是“销售费用存在低估风险”，低估的项目，金额偏小，但这也是要重点测试的项目，用货币单元抽样反而选取的概率小，不合适。

②第（3）项，在所有财务报表审计业务中（注意是“所有”），注册会计师都需要专门针对管理层凌驾于控制之上的风险设计和实施会计分录测试。因此会计分录测试，针对的是舞弊导致

的风险。舞弊风险主要是管理层导致的，所以管理层的批准，以及批准的金额，都是要重点去考虑是否存在舞弊的。仅仅检查是否批准是没有意义的，更多的是要检查这个批准是不是合适的，等等。

（4）

事项序号	是否恰当（是/否）	改进建议
（1）	是	—
（2）	否	A注册会计师向管理层通报值得关注的内部控制缺陷应当采取书面形式
（3）	否	A注册会计师应向现任管理层获取涵盖审计报告提及的所有期间的书面声明
（4）	否	甲集团公司应当按持股比例抵销与联营企业之间发生的内部交易损益/应当抵销的错报金额为60万元，应判断为金额不重大的错报，不应因此发表保留意见
（5）	否	新的审计报告日不应早于修改后的财务报表批准日/在出具新的审计报告前应当获取经批准的修改后的财务报表
（6）	否	A注册会计师还应当将对其他信息的疑虑告知治理层，并采取适当的进一步措施，包括征询法律意见

【解析】

①第（1）项，丙公司作为不重要的组成部分，由集团项目组在集团层面实施分析程序是恰当的。

②第（2）项，要记住必须采取书面形式沟通的事项：a. 对于审计准则要求的注册会计师的独立性；b. 向治理层通报值得关注的内部控制缺陷；c. 向治理层提供审计业务约定书。

③第（6）项，如果注册会计师认为其他信息存在重大错报，应当要求管理层更正其他信息：

a. 如果管理层同意更正，则注册会计师确定更正已经完成；

b. 如果管理层拒绝作出更正，则注册会计师就该事项与治理层沟通，并要求作出更正。

<table>
<tr><td rowspan="2">审计报告日后获取</td><td>其他信息得以更正</td><td>注册会计师应当根据具体情形实施必要的程序，包括确定更正已经完成，也可能包括复核管理层为与收到其他信息的人士沟通并告知其修改而采取的步骤</td></tr>
<tr><td>其他信息未得到更正</td><td>①向管理层提供一份新的或修改后的审计报告，其中指出其他信息的重大错报
②提醒审计报告使用者关注其他信息的重大错报
③与监管机构或相关职业团体沟通未更正的重大错报
④考虑对持续承接业务的影响</td></tr>
</table>